Não deixes de fazer bem a quem o merece, estando em tuas mãos a capacidade de fazê-lo.

Provérbios 3.27

DIREITO ELEITORAL

MARCOS RAMAYANA
DIREITO ELEITORAL

17ª edição, revista e atualizada

Niterói, RJ
2019

 © 2019, Editora Impetus Ltda.

Editora Impetus Ltda.
Rua Alexandre Moura, 51 – Gragoatá – Niterói – RJ
CEP: 24210-200 – Telefax: (21) 2621-7007

CONSELHO EDITORIAL
ANA PAULA CALDEIRA • BENJAMIN CESAR DE AZEVEDO COSTA
ED LUIZ FERRARI • EUGÊNIO ROSA DE ARAÚJO
FÁBIO ZAMBITTE IBRAHIM • FERNANDA PONTES PIMENTEL
IZEQUIAS ESTEVAM DOS SANTOS • MARCELO LEONARDO TAVARES
RENATO MONTEIRO DE AQUINO • ROGÉRIO GRECO
VITOR MARCELO ARANHA AFONSO RODRIGUES • WILLIAM DOUGLAS

PROJETO GRÁFICO: EDITORA IMPETUS LTDA.
EDITORAÇÃO ELETRÔNICA: EDITORA IMPETUS LTDA.
CAPA: CLAUDIO DUQUE
REVISÃO DE PORTUGUÊS: C&C CRIAÇÕES E TEXTOS LTDA.
IMPRESSÃO E ENCADERNAÇÃO: EDITORA E GRÁFICA VOZES LTDA.

R136d
    Ramayana, Marcos.
        Direito eleitoral – 17ª edição / Marcos Ramayana – Rio de Janeiro: Impetus, 2019.
        1128 p.; 17 x 24 cm.

        Inclui bibliografia.
        ISBN: 978-85-7626-996-0

    1. Direito eleitoral – Brasil. I. Título. II. Série.

        CDD – 342 . 8107

O autor é seu professor; respeite-o: não faça cópia ilegal.
TODOS OS DIREITOS RESERVADOS – É proibida a reprodução, salvo pequenos trechos, mencionando-se a fonte. A violação dos direitos autorais (Lei nº 9.610/1998) é crime (art. 184 do Código Penal). Depósito legal na Biblioteca Nacional, conforme Decreto nº 1.825, de 20/12/1907.

A Editora Impetus informa que quaisquer vícios do produto concernentes aos conceitos doutrinários, às concepções ideológicas, às referências, à originalidade e à atualização da obra são de total responsabilidade do autor/atualizador.

www.impetus.com.br

DEDICATÓRIA

Dedico essa obra para a minha esposa Lidia e filhas Ana Luiza e Christiana, sempre na fé de Deus.

O Autor

Marcos Ramayana é professor de Direito Eleitoral na Fundação Escola Superior do Ministério Público, Escola de Direito do Ministério Público do Rio de Janeiro, Escola da Magistratura do Estado do Rio de Janeiro e convidado na Pontifícia Universidade Católica (PUC) e Fundação Getulio Vargas.

São de sua autoria os livros: *Código Eleitoral Comentado, Resumo de Direito Eleitoral, Questões Objetivas Comentadas e Discursivas Resolvidas de Direito Eleitoral* e *Legislação Eleitoral.*

O autor é Procurador de Justiça no Estado do Rio de Janeiro e já exerceu a função de Procurador do Estado de São Paulo, participou da Banca Examinadora do Concurso de Ingresso na Carreira do Ministério Público do Estado do Rio de Janeiro, auxiliou a Procuradoria Regional Eleitoral e coordenou por vários anos as Promotorias Eleitorais no Estado do Rio de Janeiro, atuando em diversas eleições.

Assista vídeoaulas de Direito Eleitoral:

www.professorramayana.com

Palavras da Editora

O nome **Marcos Ramayana** já é conhecido no meio jurídico como referência em Direito Eleitoral. Por esta razão, a obra que vem a lume deve ser festejada com o entusiasmo daqueles que conhecem suas aulas, seus artigos e sua trajetória profissional.

Ressalte-se a clareza e a precisão dos conceitos aliadas à preocupação com o rigor acadêmico e à ênfase jurisprudencial, que permeiam este magnífico trabalho, o qual consegue, ao mesmo tempo, atingir tanto operadores do Direito quanto concursandos de todos os matizes, sem deixar de despertar o interesse do leitor a cada capítulo.

Ainda, como destaque, percebe-se a maneira didática do Autor em encadear os diversos temas, elencados de maneira a seguir e respeitar o processo eleitoral desde o seu princípio, levando o leitor a uma verdadeira viagem pelos meandros da matéria eleitoral e, ao mesmo tempo, desmitificando o tema, tornando-o de fácil compreensão para todos e cativando aqueles que o estudam ou operam.

Constantemente revisada e aprimorada, para a 16ª edição com a Emenda Constitucional nº 97, de 4 de outubro de 2017, e as Leis nºs 13.487 e 13.488, de 6 de outubro de 2017.

Louvemos, pois, o trabalho do autor com uma obra referencial para a compreensão do tema.

William Douglas
Juiz Federal, Professor Universitário e
Presidente do Conselho Editorial

Orientação para Leitura

Os ensinamentos contidos na obra *Direito Eleitoral* visam à abordagem de questões práticas e teóricas, especialmente com a divergência doutrinária e jurisprudencial das correntes de pensamento.

O Direito Eleitoral também abrange a análise detalhada das ações eleitorais, inelegibilidades, perda e suspensão dos direitos políticos, crimes eleitorais e dos recursos em geral.

O livro segue um cronograma de aulas de Direito Eleitoral para ingresso nas carreiras jurídicas e dos pontos que são exigidos nos concursos públicos, além de servir de rumo seguro aos consultores, candidatos, membros do Poder Judiciário, Ministério Público, Defensoria Pública e demais carreiras de Estado.

O leitor deve procurar acompanhar os capítulos do livro com o a Constituição da República Federativa do Brasil, o Código Eleitoral (Lei nº 4.737/65), a Lei das Inelegibilidades (Lei Complementar nº 64, de 18 de maio de 1990), e as Leis nºs 9.504/1997 e 9.096/1995, além de valer-se dos pontos do concurso público.

Cumpre frisar que o Egrégio Tribunal Superior Eleitoral edita um conjunto de resoluções eleitorais específicas para um determinada eleição.

SUMÁRIO

Capítulo 1 – Noções gerais de Direitos Políticos. Nacionalidade. Cidadania. Sufrágio. Voto. Plebiscito. Referendo. Iniciativa popular. Natureza jurídica do mandato eletivo...1

1.1.   Direitos Políticos. Noções. Conceito 1

1.2.   Conceitos básicos dos Direitos Políticos 2

1.3.   Pacto Internacional sobre os Direitos Civis e Políticos..............................5

1.4.   Sufrágio...6

1.5.   Sufrágio universal ou irrestrito..7

1.6.   Sufrágio Restrito 7

1.7.   Natureza jurídica do sufrágio e do voto...8

1.8.   Características do voto..9

1.9.   Conscritos 9

1.10.   Plebiscito. Referendo. Iniciativa popular 11

1.11.   Frentes eleitorais... 12

1.12.   Direitos políticos positivos e negativos 13

1.13.   Natureza jurídica do mandato eletivo 14

Capítulo 2 – Conceito de Direito Eleitoral. Democracia.Princípios e regras de interpretação 17

2.1.   Conceito de Direito Eleitoral 17

2.2.   Legislação Eleitoral. Noções básicas 19

2.3.   Democracia. Conceito. Noções... 20

2.4.   Princípios e regras de interpretação do Direito Eleitoral........................ 22

2.5.   Princípio da lisura das eleições 22

2.6.   Princípio da igualdade eleitoral 25

2.7.   Princípio da proporcionalidade das penalidades eleitorais 25

2.8.   Princípio do sigilo das votações.. 28

2.9.   Princípio da celeridade 29

2.10.   Celeridade e duração razoável do processo que ocasiona a perda do mandato eletivo... 30

2.11.   Princípio da execução imediata das decisões eleitorais. Exceções.......... 32

2.12.	Exceções. Efeito suspensivo. Exemplos	34
2.13.	Princípio da anualidade ou anterioridade	40
2.14.	A Lei Complementar nº 135/2010 e o princípio da anualidade ou anterioridade	48
2.15.	Princípio da responsabilidade solidária entre candidatos e partidos políticos	49
2.16.	Princípio da irrecorribilidade das decisões do Tribunal Superior Eleitoral	51
2.17.	Princípio da moralidade eleitoral	52
2.18.	Princípio da periodicidade das eleições	54
2.19.	Princípio da soberania popular. *Summa Sufragium*	55
2.20.	Princípio da pessoalidade na votação	56

Capítulo 3 – Sistemas Eleitorais **59**

3.1.	Conceito	59
3.2.	Sistema majoritário	60
3.3.	Sistema proporcional	61
3.4.	O que se entende por votos válidos?	64
3.5.	O que se entende por quociente eleitoral?	64
3.6.	O que se entende por quociente partidário?	64
3.7.	Percentual mínimo de votos	68
3.8.	Sistema eleitoral distrital	77
3.9.	Considerações genéricas sobre o Sistema Bicameral Federativo	79

Capítulo 4 – Justiça Eleitoral **83**

4.1.	Justiça Eleitoral	83
4.2.	Sistemas de controle do Direito Eleitoral	84
4.3.	O Tribunal Superior Eleitoral	86
4.4.	Os Tribunais Regionais Eleitorais	86
4.5.	Juiz Eleitoral	88
4.6.	Juntas Eleitorais	88
4.7.	Pontos importantes sobre a organização da Justiça Eleitoral	91
4.8.	Tribunal Superior Eleitoral	92
4.9.	Tribunais Regionais Eleitorais	92
4.10.	Juízes Eleitorais	93
4.11.	Juntas Eleitorais	95
4.12.	A função normativa e regulamentar da Justiça Eleitoral	96
4.13.	Fases e subfases do processo eleitoral	100

Capítulo 5 – Partidos Políticos **105**

5.1.	Origem dos Partidos Políticos. Noções gerais	105
5.2.	Pluripartidarismo. Sistemas partidários. Noções gerais	107
5.3.	Conceito e natureza jurídica	108
5.4.	Qual é a natureza jurídica do partido político?	109

5.5.	Impugnações por filiados	111
5.6.	Liberdade de fundação dos partidos políticos	112
5.7.	Participação dos partidos políticos nas eleições	112
5.8.	Lista de apoiamento mínimo	113
5.9.	Fidelidade partidária	116
5.10.	A regra de perda do mandato eletivo no sistema proporcional	118
5.11.	Saída ou "janela" do partido político, sem motivação	120
5.12.	Emenda Constitucional nº 91/2016	122
5.13.	Emenda Constitucional nº 97, de 4 de outubro de 2017. Justa Causa Para Nova Filiação Partidária	124
5.14.	Legitimidade ativa e passiva na ação de perda do mandato. Prazo	126
5.15.	Desfiliação partidária. Criação de novo partido político. Prazo para propor a ação	127
5.16.	Tutela antecipada	127
5.17.	Justa causa	128
5.18.	Impossibilidade de oposição	128
5.19.	Competência para o processo e julgamento	128
5.20.	Da constitucionalidade da Resolução do TSE nº 22.610/2007	129
5.21.	Expulsão do partido. Não cabimento da ação de perda do mandato	129
5.22.	Destaques importantes sobre a ação de perda do mandato eletivo	131
5.23.	Convenções partidárias	132
5.24.	No que tange à realização das convenções prevê o § 2º do art. 8º da Lei nº 9.504/1997 a possibilidade de utilização de prédios públicos para a sua realização	135
5.25.	Candidatos natos	136
5.26.	Coligações partidárias. Noções gerais	137
5.27.	Verticalização das coligações. Questão suprimida	139
5.28.	Licença de parlamentar. O suplente da coligação assume a vaga	139
5.29.	Prestação de contas dos partidos políticos. Considerações gerais	140
5.30.	Receitas dos partidos políticos	144
5.31.	Contas partidárias. Julgamento	145
5.32.	Fundo partidário. Destinação	145
5.33.	O inc. VI do art. 44 da Lei nº 9.096/1995 é inconstitucional?	146
5.34.	Doações de pessoas jurídicas para os partidos políticos. Inconstitucionalidade	147
5.35.	Distribuição do fundo partidário	148
5.36.	Suspensão das cotas do fundo partidário	151
5.37.	Do Fundo Especial de Financiamento de Campanha (FEFC)	152
5.38.	Partidos Políticos. Não incidência da Lei nº 12.846/2013	159
5.39.	Cláusula de barreira ou de desempenho	160
5.40.	Distribuição do tempo de propaganda política eleitoral gratuita	163
5.41.	Fusão e incorporação de partidos políticos. Lei nº 13.107/2015	165
5.42.	Candidato militar. Escolha pelo Partido Político	166

5.43.	Responsabilidade civil do Partido Político	169
5.44.	Multa eleitoral. Responsabilidade. Partidos Políticos e candidatos	173
5.45.	Duplicidade de filiação partidária	174
5.46.	Impossibilidade de filiação partidária. Suspensão dos direitos políticos	175
5.47.	Partido Político e Mandado de Segurança	176
5.48.	Controle judicial de questões políticas eleitorais	177
5.49.	Partido político. Não formação de litisconsórcio nas ações de cassação do diploma	178
5.50.	Pessoas físicas. Servidores públicos. Cargo ou função comissionada. Fonte vedada de financiamento aos partidos políticos	178

Capítulo 6 – Ministério Público **181**

6.1.	Ministério Público Eleitoral. Noções preliminares	181
6.2.	Normas funcionais de atuação	183
6.3.	Normalidade e legitimidade das eleições. Atuação protetiva do Ministério Público Eleitoral	184
6.4.	O Procurador-Geral Eleitoral e os Procuradores Regionais Eleitorais	186
6.5.	A impossibilidade de auxílio ao Procurador Regional Eleitoral pelos Promotores Eleitorais	188
6.6.	Missão institucional dos Procuradores Regionais Eleitorais e do Procurador-Geral de Justiça	189
6.7.	Designação de Promotores de Justiça para a função de Promotores Eleitorais. Ato complexo	191
6.8.	Vedação de filiação partidária aos membros do Ministério Público	197
6.9.	Filiação partidária. Ministério Público. Impugnação ao pedido de registro de candidatos	200
6.10.	Privação temporária do direito de voto aos membros do Ministério Público e da Magistratura. Omissão legislativa. Inconstitucionalidade	201
6.11.	Intervenção do membro do Ministério Público nos procedimentos eleitorais	202
6.12.	Nulidade do processo eleitoral em razão da ausência de intervenção do órgão do Ministério Público Eleitoral. Aplicação do Código de Processo Civil	203
6.13.	A intervenção do Ministério Público em função do tipo de eleição	207
6.14.	O Promotor Eleitoral pode ser nomeado como juiz eleitoral do Tribunal Regional Eleitoral?	208
6.15.	Ação civil pública. Procedimento. Não aplicação na disciplina eleitoral. Termo de ajustamento de conduta	209

Capítulo 7 – O Advogado Eleitoral **213**

7.1.	Subsunção constitucional da atuação do advogado na Justiça Eleitoral	213
7.2.	Atuações. Noções gerais	213
7.3.	Procuração	215
7.4.	Prazos	215

7.5.	Representações e reclamações. Ações eleitorais	216
7.6.	Prazo de sustentação na tribuna	216
7.7.	Ordem dos Advogados do Brasil. Preparação das urnas	217
7.8.	Honorários advocatícios	217
7.9.	Revelia	218

Capítulo 8 – Defensoria Pública Eleitoral **221**

8.1.	Função protetiva. Base legal	221
8.2.	Divisão de atribuições	222
8.3.	Assistência jurídica aos necessitados	222
8.4.	Prazo de manifestação	223
8.5.	Exercício de atividade político-partidária	223
8.6.	Atuação no processo eleitoral	224

Capítulo 9 – Alistamento Eleitoral **225**

9.1.	Noções gerais	225
9.2.	Etapas da cidadania eleitoral	225
9.3.	As idades mínimas elencadas pela Carta Magna no art. 14, § 3º, VI, alíneas *a*, *b*, *c* e *d*, consideram a data do registro, da diplomação ou da posse?	226
9.4.	Base legal das regras sobre o alistamento eleitoral	227
9.5.	Requerimento de alistamento eleitoral. Considerações gerais	227
9.6.	Alistamento do brasileiro nato e naturalizado	228
9.7.	Título eleitoral e transferência	229
9.8.	Informações ao cadastro eleitoral	231
9.9.	Fiscalização pelos partidos políticos	232
9.10.	Duplicidade e pluralidade de títulos eleitorais	232
9.11.	Perda e suspensão dos direitos políticos. Anotações cartorárias	233
9.12.	Revisão do eleitorado	233
9.13.	Recursos das decisões de alistamento e transferência de eleitores	233
9.14.	Não comparecimento do eleitor no dia da eleição. Justificação	234
9.15.	Domicílio eleitoral. Condição de elegibilidade do candidato	235
9.16.	Candidato militar e domicílio eleitoral	238
9.17.	Alistamento. Conscrito. Impedimento ao exercício do voto	238
9.18.	Alistamento eleitoral. Voto do preso provisório e do adolescente em regime de internação. Considerações gerais	239
9.19.	O alistamento e voto do índio	240
9.20.	Testemunho do indígena	242
9.21.	Estrangeiros. Impossibilidade do alistamento eleitoral	242
9.22.	Surdos e mudos. Direito de voto	242
9.23.	Multa eleitoral. Considerações gerais	243
9.24.	Natureza jurídica da multa eleitoral	244
9.25.	Prescrição da multa eleitoral. Prazo legal	247
9.26.	Embargos do devedor. Multa eleitoral. Defesa	247

9.27. Multa eleitoral. Competência para o julgamento 248

9.28. Legitimidade ativa para a cobrança de multas eleitorais 248

9.29. Parcelamento da multa eleitoral. Órgão com atribuição. Competência. Particularidades 249

9.30. Quitação ou parcelamento da multa eleitoral para a obtenção do deferimento do registro da candidatura. Condição de elegibilidade 252

9.31. *Querela nullitatis*. Multa eleitoral 255

9.32. Certificação do parcelamento da multa 257

9.33. Alistamento da pessoa travesti ou transexual 258

Capítulo 10 – Votação e Apuração **261**

10.1. Regras genéricas sobre o dia da votação. Questões mais comuns 263

10.2. A preferência para o eleitor votar encontra-se disciplinada no art. 143, § 2º, do Código Eleitoral. Quais são os casos? 263

10.3. Quais os documentos oficiais de comprovação da identidade do eleitor? 266

10.4. E se o eleitor se recusar a votar? 266

10.5. E se o eleitor não concluir os votos em todos os candidatos? 266

10.6. Qual o tempo de votação? 266

10.7. Qual é o eleitor apto para votar? 266

10.8. Qual é o eleitor impedido de votar? 266

10.9. O eleitor analfabeto pode lançar sua assinatura de que forma? 266

10.10. o que é eleitor com deficiências especiais? 267

10.11. Como agir na dúvida quanto à identidade do eleitor? 267

10.12. Quais as proibições dentro da seção eleitoral? 267

10.13. Quanto ao transporte de eleitores, quais são as regras? 268

10.14. Qual é a disciplina legal sobre hipóteses de deficiência no transporte público? 268

10.15. É proibido fornecer refeições aos eleitores? 268

10.16. E quanto à Lei Seca? 269

10.17. Quais as regras de instalação da seção eleitoral? 269

10.18. Qual o prazo de dispensa do serviço público ou particular, em relação aos mesários, membros da Junta Eleitoral e pessoas que trabalharam nas eleições? 270

10.19. Qual é o horário de início da votação? 270

10.20. Qual é o procedimento regular de votação? 270

10.21. Iniciada a votação, pode-se dar nova carga na urna? 270

10.22. Se a urna falhar durante a votação, o que deve ser feito? 271

10.23. E se falhar a urna de contingência? 271

10.24. Como se dá o voto do primeiro eleitor? 272

10.25. E se falhar a urna eletrônica, faltando apenas um eleitor? 272

10.26. Quais as regras quanto ao encerramento da votação? 272

10.27. Como se dá a distribuição dos boletins de urna? 273

10.28. Qual é a destinação dos boletins entregues à junta eleitoral? 273

10.29. Os partidos políticos podem credenciar fiscais?..273

10.30. Quem exerce a atribuição da polícia dos trabalhos eleitorais?.....................273

10.31. Mesários. Vedações. Considerações 274

10.32. Geração de mídias. Fiscalização. Apontamentos...274

10.33. Voto censitário...274

10.34. Voto capacitário 275

10.35. Voto feminino...275

10.36. Voto secreto 275

10.37. Voto indireto...276

10.38. Voto majoritário..277

10.39. Voto proporcional 277

10.40. Voto de lista aberta...277

10.41. Voto em lista fechada..278

10.42. Voto eletrônico 278

10.43. Das Seções Eleitorais. Apontamentos...278

10.44. Impugnação aos mesários. Apontamentos..279

10.45. Sanções aos mesários faltosos 279

10.46. Locais de votação. Impugnações..280

10.47. Voto do eleitor em trânsito para Presidente e vice-Presidente da república, Governador e vice, Senador, Deputado federal, Deputado estadual e Deputado distrital 282

10.48. Voto impresso. Apontamentos 284

10.49. Biometria. Identificação digital do eleitor...287

10.50. Identidade oficial com fotografia...288

10.51. Dia das eleições. Manifestação do eleitor. Considerações gerais.....................288

Capítulo 11 – Perda e Suspensãodos Direitos Políticos 293

11.1. Conceito e considerações gerais 293

11.2. Cancelamento da naturalização por sentença transitada em julgado. Hipótese conceituada como de perda dos direitos políticos................................295

11.3. Incapacidade civil absoluta. Os menores de 16 (dezesseis) anos. Caso *sui generis* de suspensão dos direitos políticos...297

11.4. Os relativamente incapazes. Não é caso de suspensão nem perda dos direitos políticos...298

11.5. Condenação criminal transitada em julgado, enquanto durarem os seus efeitos. Suspensão dos direitos políticos...305

11.6. É possível a suspensão dos direitos políticos, em virtude de condenação por contravenção penal?...305

11.7. A transação penal imposta pelo art. 76 da Lei nº 9.099/1995 acarreta a suspensão dos direitos políticos com subsunção no art. 15, III, da Carta Magna? 306

11.8. A suspensão condicional do processo suspende os direitos políticos com base no art. 15, III, da Carta Magna?..309

11.9. A condenação criminal a pena de multa transitada em julgado acarreta a suspensão dos direitos políticos?.. 309

11.10. A sentença penal absolutória transitada em julgado acarreta a suspensão dos direitos políticos?.. 311

11.11. O livramento condicional e o cumprimento de *sursis* da pena importam na suspensão dos direitos políticos?.. 311

11.12. A suspensão dos direitos políticos subsiste em razão da decretação da extinção da punibilidade com subsunção nas causas elencadas no art. 107 do Código Penal?.. 312

11.13. Qual o juízo competente para tratar da execução da pena imposta pela Justiça Eleitoral?.. 312

11.14. A suspensão dos direitos políticos é automática?... 313

11.15. É necessária a reabilitação para o restabelecimento dos direitos políticos?.... 313

11.16. Quais são os efeitos da Ação de Revisão Criminal na causa de suspensão dos direitos políticos por condenação criminal transitada em julgado?........... 314

11.17. Quais os efeitos da condenação criminal transitada em julgado como causa de suspensão dos direitos políticos e a efetiva perda do mandato eletivo?.. 316

11.18. E a perda do mandato para os membros do Poder Executivo?........................ 322

11.19. As inelegibilidades decorrentes de infrações penais. Comentários à alínea "e" do inc. I do art. 1º da Lei Complementar nº 64/1990. Prazo e hipóteses legais... 322

11.20. Não caracterização da inelegibilidade pela prática de específicas infrações penais... 323

11.21. Reconhecimento da prescrição da pretensão punitiva e executória................. 325

11.22. Infrações penais contempladas no rol do art. 1º, I, "e" da LC nº 64/1990......... 326

11.23. Crimes contra a economia popular.. 327

11.24. Crimes contra a fé pública... 328

11.25. Crimes contra a administração pública.. 328

11.26. Crimes contra o patrimônio público.. 328

11.27. Crimes contra o sistema financeiro... 329

11.28. Crimes contra o mercado de capitais.. 329

11.29. Crimes falimentares... 329

11.30. Crimes de tráfico de entorpecentes... 329

11.31. Crimes eleitorais.. 329

11.32. Crimes contra o patrimônio privado.. 329

11.33. Crimes contra o meio ambiente.. 330

11.34. Crimes contra a saúde pública.. 330

11.35. Crimes de abuso de autoridade... 330

11.36. Crimes de lavagem ou ocultação de bens, direitos e valores.......................... 330

11.37. Crime de racismo... 330

11.38. Crime de tortura.. 330

11.39. Crime de terrorismo... 330

11.40. Crimes hediondos.. 330

11.41.	Crime de redução à condição análoga à de escravo	331
11.42.	Crimes contra a vida	331
11.43.	Crimes contra a dignidade sexual	331
11.44.	Crimes praticados por organização criminosa, quadrilha ou bando	331
11.45.	A prática do ato infracional acarreta a suspensão dos direitos políticos?	331
11.46.	Escusa ou imperativo de consciência. Suspensão dos direitos políticos	332
11.47.	Os jurados no Tribunal do Júri e a escusa de consciência. Efeitos legais	335
11.48.	Improbidade administrativa. Causa de suspensão dos direitos políticos	337
11.49.	Extinção do mandato eletivo	339
11.50.	Atos de improbidade administrativa e crimes contra a Administração Pública	340

Capítulo 12 – Inelegibilidades **345**

12.1.	Conceito	345
12.2.	Apontamentos históricos	346
12.3.	Classificação	347
12.4.	Desincompatibilização	351
12.5.	Espécies de desincompatibilização	351
12.6.	Classificação das incompatibilidades	353
12.7.	Contagem do prazo de afastamento	354
12.8.	Período suspeito	354
12.9.	Afastamento de fato	355
12.10.	Desincompatibilização e diminuição do prazo para o registro de candidaturas. Lei nº 13.165/2015	369
12.11.	Desincompatibilização. Prefeito e vice	370
12.12.	Desincompatibilização e redução do período de propaganda política eleitoral	373
12.13.	Prefeito itinerante	373
12.14.	Inelegibilidades. Destaques jurisprudenciais	375
12.15.	Inelegibilidade reflexa e eleição suplementar	378
12.16.	Os inalistáveis e os analfabetos	380
12.17.	Membros do Poder Legislativo. Inelegibilidade	383
12.18.	Cláusulas uniformes	384
12.19.	Chefes do Poder Executivo. Inelegibilidade	385
12.20.	Abuso do poder econômico ou polÍtico. Inelegibilidade	390
12.21.	Contagem do prazo de inelegibilidade	393
12.22.	Inelegibilidade ampliativa de 8 (oito) anos incidentes sobre fatos anteriores	394
12.23.	Gravidade. Configuração do ato abusivo	397
12.24.	Inelegibilidade por infraÇÃo penal	398
12.25.	Momento em que a decisão do órgão colegiado passa a ter eficácia para fins da incidência da causa de inelegibilidade	399
12.26.	Decisão do Tribunal do Júri. Inelegibilidade	400

12.27.	Afastamento da causa de inelegibilidade. Prazo final de arguição	400
12.28.	Inelegibilidade por indignidade do oficialato	402
12.29.	Inelegibilidade decorrente de contas rejeitadas por irregularidade insanável	403
12.30.	Cargos, empregos ou funções públicas	404
12.31.	Órgão competente para apreciação das contas. Requisito legal	405
12.32.	Irregularidade insanável que configure ato doloso de improbidade administrativa. Requisitos legais	413
12.33.	DecisÃo suspensiva das contas rejeitadas por irregularidade insanável. Requisito legal	418
12.34.	Contagem do prazo de inelegibilidade	423
12.35.	Inelegibilidade do art. 1o, inc. I, alínea "h", da Lei Complementar nº 64/1990. Abuso do poder econômico ou político praticado por servidores públicos em benefício de candidatos	424
12.36.	Contagem do prazo de inelegibilidade do art. 1º, inc. I, alínea "h" da LC nº 64/1990	425
12.37.	Possibilidade de cumulação dos pedidos das alíneas "d" e "h" do inc. I, do art. 1º da LC nº 64/1990	425
12.38.	Inelegibilidade da alínea "i" do inc. I do art. 1º da LC nº 64/1990. Liquidação judicial ou extrajudicial	426
12.39.	Inelegibilidade da alínea "j" do inc. I do art. 1º da LC nº 64/1990	428
12.40.	Alínea "j". Chapa única e indivisível	431
12.41.	Inelegibilidade da alínea "k" do art. 1º, inc. I, da LC nº 64/1990	433
12.42.	Inelegibilidade como consequÊncia da improbidade administrativa. AlÍnea "l" do inc. I do art. 1º da LC no 64/1990	435
12.43.	Contagem do prazo de inelegibilidade da alínea "l" do inc. I do art. 1º da LC nº 64/1990	437
12.44.	Prazo final da inelegibilidade prevista na alínea "l" do inc. I do art. 1º da LC nº 64/1990	438
12.45.	Requisitos legais para incidir a causa de inelegibilidade prevista na alínea "l" do inc. I do art. 1º da LC nº 64/1990	441
12.46.	Prazo de inelegibilidade	446
12.47.	Agentes políticos e suspensão dos direitos políticos	447
12.48.	Inelegibilidade decorrente de sanção do órgão profissional. Art. 1º, inc. I, alínea "m" da LC nº 64/1990	451
12.49.	Inelegibilidade decorrente de simulação por desfazimento de vínculo conjugal ou de união estável. Art. 1º, inc. I, alínea "n", da LC nº 64/1990	452
12.50.	Inelegibilidade que decorre da pena de demissão imposta em processo administrativo ou judicial. Art. 1º, inc. I, alínea "o", da LC nº 64/1990	453
12.51.	Reflexos da decisão penal no âmbito administrativo e seus efeitos na causa de inelegibilidade	456
12.52.	Inelegibilidade decorrente de doações eleitorais ilegais. Art. 1º, inc. I, alínea "p", da LC nº 64/1990	458
12.53.	Inelegibilidade funcional aos membros do Ministério Público e da magistratura. Art. 1º, inc. I, alínea "q", da LC nº 64/1990	460

Capítulo 13 – Registro de Candidatura **463**

13.1. Registro de candidaturas. Considerações preliminares 463
13.2. Número de candidatos a serem registrados 463
13.3. Competência para o exame dos pedidos de registro de candidaturas 468
13.4. Forma de apresentação dos pedidos de registros. Considerações 468
13.5. Aspectos relevantes sobre registro de candidaturas 471
13.6. Verificação da condição de alfabetizado do postulante ao mandato eletivo 472
13.7. Formulários registrais 473
13.8. Requerimento individual de candidatura 474
13.9. Certidão de quitação eleitoral 475
13.10. Candidatura *sub judice* 476
13.11. Candidato *sub judice*. Art. 16A das eleições. Atos de campanha. Limitação temporal. 478
13.12. Substituição do candidato 483
13.13. Momento de verificação da causa de inelegibilidade ou da ausência de condições de elegibilidade. Registro da candidatura 485
13.14. Quitação eleitoral. Condição de elegibilidade 494
13.15. Proposta dos candidatos majoritários do Poder Executivo 495
13.16. Publicidade e transparência no processo de registro de candidaturas 496
13.17. Celeridade registral 496
13.18. Considerações genéricas sobre o registro de candidatos 497
13.19. Variações nominais 498
13.20. Litisconsórcio necessário entre o titular e o vice na chapa una e indivisível 498
13.21. Ação de Impugnação ao Requerimento de Registro de Candidatura (AIRRC) 499
13.22. Base legal 499
13.23. Finalidade 500
13.24. Legitimados ativos 500
13.25. Ministério Público 501
13.26. Natureza jurídica da intervenção do Ministério Público, no processo de registro de candidaturas 501
13.27. Suporte legal da intervenção do Ministério Público no processo eleitoral 502
13.28. Candidatos como legitimados ativos 502
13.29. Partidos Políticos e coligações. Legitimados ativos 503
13.30. Legitimados passivos 506
13.31. Citação do Vice. Litisconsórcio passivo necessário 507
13.32. Decisão na ação de impugnação ao pedido de registro de candidatura 508
13.33. Registro indeferido. Impossibilidade de diplomação do eleito 510
13.34. Prazo de impugnação 511
13.35. Antecipação da tutela 512
13.36. Julgamento antecipado da lide 513
13.37. Competência 513
13.38. Rito processual. Noções gerais 514

13.39. Prioridade para o julgamento do processo de registro de candidatura............. 515

13.40. Modelo básico da ação de impugnação ao requerimento de registro de candidatura (AIRRC)... 517

Capítulo 14 – Propaganda Eleitoral..**525**

14.1. Considerações gerais 525

14.2. Contrapropaganda 525

14.3. Elementos da propaganda 526

14.4. Propaganda política eleitoral. Conceito... 526

14.5. Base legal... 527

14.6. Início... 527

14.7. Gratuidade 528

14.8. Responsabilidade solidária 528

14.9. Propaganda política eleitoral nas ruas e logradouros públicos. Considerações gerais 529

14.10. Pode uma mesa com propaganda eleitoral ficar apoiada na rua das 6h às 22h?... 533

14.11. Propaganda política eleitoral em bens particulares. Engenhos publicitários. Vedação ao pagamento em troca do espaço................................... 534

14.12. Janelas Residenciais 537

14.13. Propaganda por carros de som, minitrio e trio elétrico 538

14.14. Propaganda política eleitoral na imprensa escrita 540

14.15. Propaganda permitida até às 22 horas do dia que antecede a eleição. Considerações gerais 542

14.16. Propaganda política partidária. Conceito e base legal 544

14.17. Propaganda extemporânea, antecipada ou prematura. Conceito. Considerações gerais 545

14.18. Vedação de propaganda política eleitoral no dia da eleição. Considerações gerais... 554

14.19. Programa apresentado ou comentado por pré-candidato 557

14.20. Sanção. Propaganda dos candidatos majoritários. Obrigação do nome dos vices e suplentes. Competência.. 559

14.21. Quanto à competência para o processo e julgamento da representação........... 560

14.22. Propaganda criminosa. Considerações gerais 561

14.23. Propaganda captativa ilícita de votos. Conceito... 562

14.24. Propaganda ilegal. Abuso do poder econômico ou políticos. Conceito................ 563

14.25. Sanções... 564

14.26. Propaganda ilegal. Centros Sociais. Clientelismo eleitoral....................... 564

14.27. Propaganda política eleitoral pela internet 567

14.28. Direito de Resposta... 578

14.29. Competência para a concessão do pedido de resposta................................ 578

14.30. Direito de resposta no âmbito da competência da Justiça Eleitoral. Considerações gerais 579

14.31. Direito de Resposta de competência não eleitoral.. 580

14.32. Desobediência eleitoral no direito de resposta.. 583

14.33. Terceiros atingidos no horário eleitoral gratuito...584
14.34. Não caracterização do direito de resposta...584
14.35. Propaganda institucional desvirtuada. Vedação eleitoral..............................584
14.36. Juiz eleitoral responsável pela fiscalização da propaganda política
eleitoral. Considerações gerais...585

Capítulo 15 – Arrecadação e Aplicação de Recursos na Campanha Eleitoral e a Prestação de Contas...587

15.1. Explicações básicas..587
15.2. Limite de gastos nas campanhas eleitorais...588
15.3. Comitês financeiros..589
15.4. Recibos eleitorais...590
15.5. Arrecadação de recursos...590
15.6. Recursos dos próprios candidatos..592
15.7. Recursos dos partidos políticos...595
15.8. Doações por cartões de crédito ou débito...596
15.9. Financiamento coletivo ou *crowdfunding*...596
15.10. Doações em dinheiro ou estimáveis em dinheiro feitas por pessoas físicas..... 599
15.11. Arrecadação sobre a comercialização de bens ou da realização de eventos..... 600
15.12. Fontes vedadas...600
15.13. Gastos eleitorais..602
15.14. Prestação de contas...603
15.15. Impugnações na prestação de contas..608
15.16. Fundo Especial de Financiamento de Campanha (FEFC). Irregularidade
na aplicação. Apropriação..613
15.17. Recursos no procedimento de prestação de contas......................................614

Capítulo 16 – Ação de Captação ou Gastos Ilícitos de Recursos.........................615

16.1. Base legal...615
16.2. Legitimados ativos...615
16.3. Legitimados passivos...616
16.4. Cabimento..618
16.5. Investigação sobre ilícitos na arrecadação e gastos de recursos nas
campanhas eleitorais...620
16.6. Prazo da representação do art. 30-A da Lei nº 9.504/1997...................621
16.7. Efeitos da decisão...622
16.8. Competência para o processo e julgamento da representação eleitoral............ 624
16.9. Prazo recursal...624
16.10. Modelo básico de representação do art. 30-A da Lei nº 9.504/1997..................625

Capítulo 17 – Representação Contra Doadores..629

17.1. Base legal. Limitação dos valores de doação..629
17.2. Competência para a representação ou ação contra doadores.................630
17.3. Legitimados ativos...630

17.4. Legitimado passivo 631

17.5. Rito processual 631

17.6. Prazo 632

17.7. Sanções 635

17.8. Prazo de recurso 638

17.9. Aspecto da produção da prova 638

17.10. Doações estimáveis 639

17.11. Modelo básico de representação contra doador 639

Capítulo 18 – Condutas Vedadas aos Agentes Públicos em Campanhas Eleitorais...643

18.1. Noções gerais 643

18.2. Sujeito ativo da infração. Candidatos ou terceiros 644

18.3. Prazo de ocorrência das condutas vedadas 645

18.4. Normas correlatas 645

18.5. Bens móveis ou imóveis. Vedações. Art. 73, inc. I, da Lei nº 9.504/1997 645

18.6. Materiais e serviços. Vedações. Art. 73, inc. II, da Lei nº 9.504/1997 647

18.7. Utilização do servidor público. Vedação. Art. 73, inc. III, da Lei
        n. 9.504/1997 648

18.8. Distribuição de bens e serviços. Vedação. Art. 73, inc. IV, da Lei
        nº 9.504/1997 649

18.9. Nomeações e contratações. Vedações. Art. 73, inc. V, da Lei nº 9.504/1997 651

18.10. Transferência de recursos. Vedações. Art. 73, inc. VI, da Lei nº 9.504/1997 653

18.11. Publicidade institucional. Vedação. Art. 73, inc. VII, da Lei nº 9.504/1997 656

18.12. Revisão geral remuneratória. Regra vedatória. Art. 73, inc. VIII, da Lei
        nº 9.504/1997 658

18.13. Distribuição de bens, valores e benefícios. Vedações. Art. 73, § 10, da Lei
        nº 9.504/1997 660

18.14. Art. 74 da Lei das Eleições. Abuso de Autoridade. Art. 37, § 10, da
        Constituição da República Federativa do Brasil 661

18.15. Shows artísticos pagos com recursos públicos. Vedação. Representação.
        Rito 662

18.16. O ressarcimento das despesas com o uso de transporte oficial 663

18.17. Comparecimento dos candidatos nas inaugurações de obras públicas.
        Sanções e rito processual 665

18.18. Centros Sociais. Programas sociais. Entidades nominalmente vinculadas
        ao candidato. Vedação. Art. 73, § 11, da Lei das Eleições 667

18.19. Sanções aplicáveis em razão da violação das regras sobre condutas
        vedadas aos agentes públicos 668

18.20. Rito processual da representação 670

18.21. Prazo final da representação prevista no § 12 do art. 73 das Eleições 671

18.22. Prazo recursal. Considerações 671

18.23. Modelo básico de representação por condutas vedadas aos agentes
        públicos 672

Capítulo 19 – Representação por Violação à Lei nº 9.504/1997..............................**675**

19.1. Base legal... 675
19.2. Rito processual 675
19.3. Representação por propaganda eleitoral irregular. prévio conhecimento........ 676
19.4. Causa de pedir. Objetivo... 679
19.5. Competência para o processo e julgamento 680
19.6. Legitimados ativos.. 682
19.7. Legitimidade. O mesmo fato jurídico eleitoral......................... 683
19.8. Ministério Público Eleitoral. Intervenção como fiscal da ordem jurídica eleitoral.. 691
19.9. Candidatos. Legitimados ativos... 692
19.10. Partidos políticos e coligações. Legitimados ativos................ 692
19.11. Das provas 693
19.12. Legitimados passivos... 693
19.13. Prazo 694
19.14. Recursos 696
19.15. Modelo básico de representação por propaganda irregular 698

Capítulo 20 – Investigação Judicial Eleitoral por abuso do Poder Econômicoou Político...**703**

20.1. Base legal... 703
20.2. Conceito do abuso do poder econômico ou político................ 703
20.3. Referências constitucionais e legais do abuso do poder 707
20.4. Natureza jurídica 707
20.5. Período de tempo da inelegibilidade 707
20.6. Legitimados ativos.. 709
20.7. Legitimados passivos... 711
20.8. Competência para o processo e julgamento 714
20.9. Causas de pedir... 715
20.10. Resposta do representado... 716
20.11. Efeitos. Momento do julgamento.. 717
20.12. Julgamento antecipado e tutela provisória de urgência........ 720
20.13. Prazos. Inicial e final 724
20.14. Benefício. Participação e inelegibilidade................................ 726
20.15. Renovação da eleição. Direta ou indireta. Art. 224 do Código Eleitoral. Efeito da decisão 728
20.16. Recursos 736
20.17. Modelo básico da ação de investigação judicial eleitoral ou representação por abuso do poder econômico.......................... 738
20.18. Resumo 740

Capítulo 21 – Ação de Impugnação ao Mandato Eletivo **743**

21.1. Base legal... 743
21.2. Cabimento.. 744

21.3.	Natureza jurídica	747
21.4.	Objetivo	747
21.5.	Diplomação	752
21.6.	Exercício do mandato eletivo durante o julgamento da AIME	753
21.7.	Prazo para propor a AIME	757
21.8.	Interdependência entre a ação de impugnação ao mandato eletivo e a ação penal decorrente da corrupção eleitoral	758
21.9.	Gratuidade de justiça	760
21.10.	Aspectos probatórios	760
21.11.	Nexo de causalidade. Abuso do poder econômico ou político	762
21.12.	Sigilo de justiça	763
21.13.	Competência para o processo e julgamento	763
21.14.	Legitimados ativos	764
21.15.	Legitimado passivo	766
21.16.	Procedimento	770
21.17.	Cautelar preparatória	771
21.18.	Recursos	772
21.19.	Modelo básico da ação de impugnação ao mandato eletivo	773
21.20.	Resumo da AIME	775

Capítulo 22 – Ação de Captação Ilícita de Sufrágio **777**

22.1.	Base legal	777
22.2.	Considerações sobre o crime do art. 299 do Código Eleitoral. Corrupção eleitoral	777
22.3.	Conceito. Características. Considerações penais relevantes	779
22.4.	Período de ocorrência da captação ilícita de sufrágio	783
22.5.	Prazo inicial e final para propor a ação de captação ilícita de sufrágio	785
22.6.	Procedimento	785
22.7.	Efeitos do julgamento	786
22.8.	Critério da proporcionalidade para a aplicação das sanções	787
22.9.	Participação do candidato. Aspecto probatório	789
22.10.	Pedido explícito ou implícito de votos. Aspecto probatório	790
22.11.	Legitimados ativos e passivos na ação de captação ilícita de sufrágio	791
22.12.	Competência. Recursos. Considerações gerais	792
22.13.	Modelo básico da ação de captação ilícita de sufrágio (ACIS)	793

Capítulo 23 – Recurso Contra a Diplomação **795**

23.1.	Base legal do RCED	795
23.2.	Conceito e natureza jurídica	795
23.3.	Diplomação. Regras específicas	797
23.4.	Competência	798
23.5.	Mudança na alteração de competência para o processo e julgamento do RCED em relação à compra de votos (corrupção eleitoral, art. 262, IV, do Código Eleitoral). Conversão do RCED em Ação de Impugnação ao Mandato Eletivo (AIME)	801

23.6.	Legitimados ativos	804
23.7.	Legitimados passivos	805
23.8.	Rito processual	806
23.9.	Prova pré-constituída. Não é imprescindível como requisito específico de admissibilidade	806
23.10.	Cabimento	808
23.11.	Efeitos	813
23.12.	Prazo de interposição	816
23.13.	Modelo básico do recurso contra a expedição do diploma	816
23.14.	Síntese das Ações Eleitorais. Considerações especiais	818

Capítulo 24 – Ação Rescisória Eleitoral **821**

24.1.	Base legal	821
24.2.	Legitimidade ativa	822
24.3.	Cabimento	822
24.4.	Competência	823
24.5.	Procedimento	824
24.6.	Recurso	825
24.7.	Tutela antecipada	825
24.8.	Prazo	825
24.9.	Prova nova. Ação rescisória	826
24.10.	Coisa julgada fundada em norma inconstitucional (art. 525, III, §§ 12 a 15 e art. 535, III, §§ 5º a 8º, do CPC/2015). Reflexos na Justiça Eleitoral. Aplicação supletiva do Novo CPC	826

Capítulo 25 – Considerações Gerais sobre os Crimes Eleitorais **829**

25.1.	Base legal	829
25.2.	Natureza jurídica dos delitos eleitorais	829
25.3.	Reincidência	831
25.4.	Aplicação supletiva e subsidiária do Código Penal aos crimes eleitorais	832
25.5.	Classificação dos crimes eleitorais	832
25.6.	Multa penal	833
25.7.	Interdependência das ações penais e representações eleitorais	834
25.8.	Crime eleitoral e causa de inelegibilidade	835
25.9.	Prescrição	837
25.10.	Facções criminosas e as eleições	838

Capítulo 26 – Comentários aos Crimes Eleitorais do Código Eleitoral **839**

26.1.	Funcionários para fins penais eleitorais. Art. 283 do Código Eleitoral	839
26.2.	Fixação da pena. Art. 284 do Código Eleitoral	840
26.3.	Aumento e diminuição de pena. Art. 285 do Código Eleitoral	841
26.4.	Pena de multa. Art. 286 do Código Eleitoral	841
26.5.	Aplicação subsidiária do Código Penal. Art. 287 do Código Eleitoral	842
26.6.	Crimes eleitorais praticados pelos meios de comunicação social. Art. 288 do Código Eleitoral	842

26.7. Inscrição fraudulenta. Art. 289 do Código Eleitoral 845
26.8. Indução à inscrição fraudulenta. Art. 290 do Código Eleitoral 849
26.9. Fraude no alistamento. Art. 291 do Código Eleitoral 851
26.10. Omissão judicial eleitoral. Art. 292 do Código Eleitoral 852
26.11. Impedimento ao alistamento. Art. 293 do Código Eleitoral 854
26.12. Retenção do título eleitoral. Art. 295 do Código Eleitoral 855
26.13. Desordem eleitoral. Art. 296 do Código Eleitoral 857
26.14. Impedimento ao sufrágio. Art. 297 do Código Eleitoral 858
26.15. Abuso de autoridade eleitoral. Art. 298 do Código Eleitoral 860
26.16. Corrupção eleitoral. Art. 299 do Código Eleitoral 869
26.17. Coação pelo servidor público. Art. 300 do Código Eleitoral 877
26.18. Violência ou grave ameaça eleitoral. Art. 301 do Código Eleitoral 878
26.19. Impedimento ao exercício do voto. Art. 302 do Código Eleitoral 881
26.20. Majoração de preços. Art. 303 do Código Eleitoral 882
26.21. Ocultação de alimentos e transportes. Art. 304 do Código Eleitoral 883
26.22. Intervenção indevida nos trabalhos da seção eleitoral. Art. 305 do Código Eleitoral 884
26.23. Desordem na votação. Art. 306 do Código Eleitoral 885
26.24. Cédula marcada. Art. 307 do Código Eleitoral 886
26.25. Entrega a destempo da cédula oficial. Art. 308 do Código Eleitoral 887
26.26. Falsa identidade na votação. Art. 309 do Código Eleitoral 888
26.27. Anulação proposital da votação. Art. 310 do Código Eleitoral 889
26.28. Votação em seção diversa. Art. 311 do Código Eleitoral 891
26.29. Violação ao sigilo no voto. Art. 312 do Código Eleitoral 892
26.30. Omissão na expedição de boletins de apuração. Art. 313 do Código Eleitoral 894
26.31. Omissão no recolhimento das cédulas. Art. 314 do Código Eleitoral 895
26.32. Mapismo. Art. 315 do Código Eleitoral 896
26.33. Omissão de protestos na ata de eleição. Art. 316 do Código Eleitoral 897
26.34. Violação do sigilo da urna. Art. 317 do Código Eleitoral 899
26.35. Contagem de votos sob impugnação. Art. 318 do Código Eleitoral 900
26.36. Subscrição de fichas de registro de partido. Art. 319 do Código Eleitoral 901
26.37. Inscrição simultânea. Art. 320 do Código Eleitoral 902
26.38. Fichas partidárias diversas. Art. 321 do Código Eleitoral 904
26.39. Divulgação de fatos inverídicos. Art. 323 do Código Eleitoral 904
26.40. Calúnia eleitoral. Art. 324 do Código Eleitoral 907
26.41. Difamação eleitoral. Art. 325 do Código Eleitoral 913
26.42. Injúria eleitoral. Art. 326 do Código Eleitoral 915
26.43. Causas de aumento de pena. Art. 327 do Código Eleitoral 917
26.44. Reparação do dano. Art. 330 do Código Eleitoral 919
26.45. Danos aos meios de propaganda. Art. 331 do Código Eleitoral 919
26.46. Impedir a propaganda. Art. 332 do Código Eleitoral 920
26.47. Prêmios e sorteios. Bingo eleitoral. Art. 334 do Código Eleitoral 921
26.48. Propaganda em língua estrangeira. Art. 335 do Código Eleitoral 925
26.49. Suspensão de atividade eleitoral. Art. 336 do Código Eleitoral 927

26.50. Participação de estrangeiro em atividades partidárias. Art. 337 do Código Eleitoral 929

26.51. Prioridade postal. Violação. Art. 338 do Código Eleitoral 930

26.52. Destruição de votos e documentos. Art. 339 do Código Eleitoral 932

26.53. Fabricação. Fornecimento e subtração de urnas e objetos eleitorais. Art. 340 do Código Eleitoral 933

26.54. Delonga e omissão das publicações eleitorais. Art. 341 do Código Eleitoral 935

26.55. Omissão no oferecimento da denúncia. Art. 342 do Código Eleitoral 936

26.56. Condescendência do juiz. Art. 343 do Código Eleitoral 938

26.57. Recusa ou abandono do serviço eleitoral. Art. 344 do Código Eleitoral 940

26.58. Descumprimento dos prazos eleitorais. Art. 345 do Código Eleitoral 943

26.59. Uso indevido de bens públicos. Art. 346 do Código Eleitoral 944

26.60. Desobediência eleitoral. Art. 347 do Código Eleitoral 945

26.61. Falsidade de documento público. Art. 348 do Código Eleitoral 950

26.62. Falsidade de documento particular. Art. 349 do Código Eleitoral 952

26.63. Falsidade ideológica eleitoral. Art. 350 do Código Eleitoral 954

26.64. Equiparação de documentos. Art. 351 do Código Eleitoral 960

26.65. Falso reconhecimento de firma ou letra. Art. 352 do Código Eleitoral 960

26.66. Uso de documento falso. Art. 353 do Código Eleitoral 961

26.67. Obtenção de documento falso. Art. 354 do Código Eleitoral 962

26.68. Apropriação indébita eleitoral 963

Capítulo 27 – Comentários aos Crimes Eleitorais Tipificados em Leis Eleitorais Especiais **969**

27.1. Pesquisa fraudulenta. Art. 33, § 4º, da Lei nº 9.504/1997 969

27.2. Impedimento da fiscalização de partidos. Art. 34, § 2º, da Lei nº 9.504/1997 972

27.3. Responsabilidade de representantes de empresas. Art. 35 da Lei nº 9.504/1997 974

27.4. Altofalantes. Som. Comício. Carreata. Arregimentação. Boca de urna e divulgação. Art. 39, § 5º, I, II e III, da Lei nº 9.504/1997 974

27.5. Uso indevido de símbolos, frases ou imagens. Art. 40 da Lei nº 9.504/1997 978

27.6. Contratação de pessoas para fins ofensivos. Art. 57-H da Lei nº 9.504/1997 980

27.7. Inobservância do prazo de direito de resposta. Art. 58, § 3º, alínea "a", e §§ 7º e 8º, da Lei nº 9.504/1997 983

27.8. Descumprimento da entrega da cópia do boletim de urna. Art. 68, § 2º, da Lei nº 9.504/1997 984

27.9. Impedir o exercício da fiscalização. Não mencionar os protestos em ata. Art. 70 da Lei nº 9.504/97 986

27.10. Crimes contra o sistema informatizado de apuração. Art. 72 da Lei nº 9.504/1997 987

27.11. Impedimento do direito de observação da abertura da urna, cédula e boletins. Art. 87 e parágrafos da Lei nº 9.504/1997 990
27.12. Responsabilidade penal dos representantes. Art. 90 da Lei nº 9.504/1997 992
27.13. Retenção do título eleitoral. Art. 91 da Lei nº 9.504/1997 994
27.14. Crime de responsabilidade. Art. 94, § 2º, da Lei nº 9.504/1997 995
27.15. Descumprimento dos limites de contratação de pessoal para a prestação de serviços na atividade de militância. Art. 100-A, § 5º, da Lei nº 9.504/1997 996
27.16. Descumprimento do serviço de transporte de eleitores. Art. 11, I, da Lei nº 6.091, de 15 de agosto de 1974 998
27.17. Impugnações temerárias. Lei Complementar nº 64, de 18 de maio de 1990 1004
27.18. Alteração de resultados. Art. 15 da Lei nº 6.996, de 7 de junho de 1982 1005
27.19. Destruição de lista de candidatos. Art. 5º da Lei nº 7.021, de 06 de setembro de 1982 1005

Capítulo 28 – Processo Penal Eleitoral **1007**
28.1. Aplicação subsidiária do Código de Processo Penal 1007
28.2. Ação penal pública 1009
28.3. Notícia da infração penal. Art. 356 do Código Eleitoral 1011
28.4. Competência para o processo e julgamento dos crimes eleitorais. Foro por prerrogativa de função 1012
28.5. Crime eleitoral e comum. Conexão 1017
28.6. Conexão entre delitos eleitorais e federais 1018
28.7. Crime doloso contra a vida e crime eleitoral 1021
28.8. Crime eleitoral e militar 1022
28.9. Crime eleitoral e ato infracional 1024
28.10. Prova emprestada no processo eleitoral 1024
28.11. Princípio da identidade física do Juiz eleitoral 1025
28.12. Procedimento processual penal na primeira instância. Juízes eleitorais das zonas eleitorais 1025
28.13. Prazo para oferecer a denúncia 1026
28.14. Arquivamento 1027
28.15. Requisitos da denúncia 1030
28.16. Número de testemunhas da acusação e defesa 1030
28.17. Representação pelo magistrado eleitoral 1031
28.18. Rejeição da denúncia 1032
28.19. Citação. Interrogatório. Defesa. Absolvição sumária. Rito processual 1036
28.20. Oitiva de testemunhas. Diligências 1044
28.21. Prazo para prolatar a sentença 1044
28.22. Decisão final. Recurso 1045
28.23. Embargos infringentes e inelegibilidade 1045
28.24. Execução da sentença 1046
28.25. Gráfico do rito do processo penal eleitoral perante os juízes eleitorais das zonas eleitorais 1048
28.26. Ação penal originária no Tribunal Regional Eleitoral 1049

Capítulo 29 – Recursos Eleitorais...**1051**

29.1.   Recursos eleitorais. Generalidades..1051

29.2.   Autocomposição. Medição ou conciliação. *Amicus Curiae*. Não aplicabilidade no processo eleitoral..1054

29.3.   Gratuidade...1055

29.4.   Prazos..1055

29.5.   Incidente de resolução de demanda repetitiva..............................1055

29.6.   Prejulgados...1056

29.7.   Recursos cabíveis das decisões dos juízes eleitorais....................1057

29.8.   Recursos contra as decisões das Juntas Eleitorais........................1058

29.9.   Recurso contra as decisões dos Tribunais Regionais Eleitorais...........1059

29.10. Recursos contra as decisões do Tribunal Superior Eleitoral...........1060

29.11. Arts. 264 e 265 do Código Eleitoral...1060

29.12. Duplo grau de jurisdição...1062

29.13. Prazos recursais. Considerações..1063

29.14. Considerações gerais sobre os efeitos devolutivo e suspensivo dos recursos eleitorais...1064

29.15. Quórum nos Tribunais Regionais Eleitorais...................................1067

29.16. Prevenção especial..1068

29.17. Consultas..1069

29.18. Reclamações...1073

29.19. Recurso ordinário..1074

29.20. Embargos de declaração..1076

29.21. Recurso especial..1078

29.22. Agravo de Instrumento...1080

Bibliografia...**1083**

Capítulo 1

Noções gerais de Direitos Políticos. Nacionalidade. Cidadania. Sufrágio. Voto. Plebiscito. Referendo. Iniciativa popular. Natureza jurídica do mandato eletivo

1.1. DIREITOS POLÍTICOS. NOÇÕES. CONCEITO

As teorias políticas emergem das reais condições do meio social que refletem os pensamentos e a evolução das civilizações.

Convicções do homem sobre a natureza e o espírito das instituições dominantes percorrem longas fases da história e moldam as formas políticas.

As doutrinas religiosas, por exemplo, influenciaram o pensamento político na Idade Média, assim como os motivos que geraram a decadência da Cidade-Estado na Grécia atribuíram sentido à República de Platão.

No século XVIII, os pensadores liberais lutaram pelas teorias políticas individualistas com o intuito de limitar a atividade dos governos tutelados pelo monarcas.

Assim, a filosofia política passou a se desenvolver com a ideia de soberania e com a personificação do Estado no governo e as relações entre soberanos e súditos.

Desta forma, a teoria da soberania popular, que assegura a defesa dos direitos políticos, se assenta como uma consequência dos ataques ao poder real por ações do conjunto total dos cidadãos.

As teorias políticas podem ser classificadas como: **conservadoras** ou **revolucionárias**. Temos como exemplo de conservadoras a teoria do **direito divino** em que a autoridade religiosa da Igreja se sobrepõe à autoridade política do Estado. As leis são frutos do espírito sobrenatural, sagradas e invioláveis. É a crença ilimitada nas instituições. Em contrapartida, a teoria revolucionária objetiva opor-se ao *status quo* e procura mudar as instituições políticas vigentes, exemplo, as doutrinas do pacto social dos pensadores *Locke* e *Rousseau*, que servem de base para as Revoluções Inglesa e Francesa e as teorias socialistas.

No entanto, ambos os rumos (*conservador ou revolucionário*) acabam sendo paradoxos. Em certos momentos, a vida em sociedade parece envolta na paz social, mas em curto espaço de tempo os conflitos humanos nos assombram e a sociedade, as crenças e os valores são destruídos.

O fator da desigualdade social e econômica motivou gradualmente a necessidade de construção dos direitos políticos. Assim, o homem criou a consciência de que não reside apenas numa cidade, mas é senhor do direito de votar e ser votado, competindo-lhe escolher os seus mandatários políticos.[1]

O rompimento histórico da figura do súdito, escravo ou serviçal para a lógica da proteção ao cidadão descortina no mundo hodierno uma liberdade positiva que se assegura pelo fortalecimento democrático.

Os códigos e regulamentos que governam a vida do homem não queimam suas energias, sonhos e vontades. A expectativa de mudança em busca da paz espiritual e material nutre os pretextos de alteração dos sistemas políticos e nas marés altas e baixas do contexto social moldam a essência dos sistemas de governabilidade.

Os direitos políticos são identificados, num primeiro momento, como os de primeira geração, ou seja, o primeiro período que marca a conquista histórica das liberdades públicas, mas ancorados em tradições que não podem retroceder no caminhar da humanidade.

Atualmente se preconiza a defesa da democracia deliberativa e a valorização do sufrágio como a quarta geração dos direitos.

Acresça-se, por oportuno, que os direitos políticos se dirigem à tutela eleitoral da personalidade do eleitor. Valoriza-se a cada dia a importância do saber votar e realizar uma digna escolha de candidatos, num primeiro momento, pelos partidos políticos, e numa segunda fase, pelo responsável critério dos eleitores.

A evolução dos meios de comunicação deve servir para a educação política--eleitoral, especialmente pela implementação de formas do exercício da democracia direta, quando o eleitor ficará mais próximo do eleito decidindo em conjunto os rumos da sociedade. A tecnologia é, sem dúvida, uma fortificação da liberdade eleitoral.

1.2. CONCEITOS BÁSICOS DOS DIREITOS POLÍTICOS

Os direitos políticos são situações subjetivas expressa ou implicitamente contidas em preceitos e princípios constitucionais,

---

1 Política. Origem na Grécia antiga, *Polis* designa uma forma de sociedade. Nas lições de Aristóteles: "o homem é um animal político", ou seja, sociável. Refere-se a uma forma de governo ou sistema eleitoral.

reconhecendo aos brasileiros o poder de participação na condução dos negócios públicos: (i) votando; (ii) sendo votado, inclusive investindo-se em cargos públicos; e (iii) fiscalizando os atos do Poder Público, visando ao controle da legalidade e da moralidade administrativa *(Antonio Carlos Mendes)*.

(...) em seu sentido estrito, é o conjunto de regras que regulam os problemas eleitorais, quase como sinônimo de Direito Eleitoral. Em acepção um pouco mais ampla, contudo, deveria incluir também as normas sobre partidos políticos *(José Afonso da Silva)*.

Consistem na disciplina dos meios necessários ao exercício da soberania popular *(Pimenta Bueno)*.

(...) encarnam o poder de que dispõe o indivíduo para interferir na estrutura governamental, através do voto *(Rosah Russomano)*.

São classificados em: a) direito de votar; b) direito de ser votado e ser eleito; c) direito de ser investido e permanecer em cargo público *(Pietro Virga)*.

(...) os direitos políticos são direitos subjetivos públicos, visando à eficácia do princípio da soberania popular *(Enrico Spagna Musso)*.

(...) o poder superior e independente, a pessoa moral formada pelo soberana e os imediatos funcionários que o auxiliam no governo da Nação *(Enrique Gil Robles)*.

(...) prerrogativas jurídico-constitucionais, verdadeiros direitos públicos subjetivos, que traduzem o grau de participação dos cidadãos no cenário governamental do Estado *(Uadi Lammêgo Bulos)*.

Na Grécia antiga, os escravos, estrangeiros, artesãos, idosos e menores não participavam das votações.

Ao longo da história de Roma, verifica-se que ser um cidadão romano era motivo de título de honra. Assim, a dignidade e os direitos de personalidade eram protegidos pelas leis romanas.

Certos cidadãos romanos podiam exercer o *Jus Suffragi*, elegendo os magistrados, e ainda, o *Jus Honorum*, sendo eleitos para essas funções.

Os povos antigos sempre ligaram a cidadania aos direitos políticos.

O jurista Manuel Estrada, em seu *Curso de Direito Constitucional, Federal e Administrativo*, salienta importante observação no sentido de que a Revolução Francesa "ao despertar nas massas intenso apetite de igualdade política, para baixar os antigos privilégios ao nível comum, privando-os de seus títulos, deu à palavra *cidadania* exagerada extensão que passou depois à linguagem comum em todos os povos que lhe sentiram a influência".

Ser cidadão é efetivamente intervir no exercício do poder político em determinada sociedade. É participar do elo popular na mais sublime expressão das suas preferências.

Leciona *Homero Pinho,* nos idos de 1964 em seu *Curso de Direito Eleitoral* do Tribunal Regional da Guanabara publicado pelo Departamento de Imprensa Nacional, na página 25, que em Portugal o Alvará de 2 de abril de 1716 considerava diversas classes de cidadãos. Os residentes na Cidade de Lisboa tinham o privilégio das chamadas **infanções**. Era uma prerrogativa da cidadania.

As **infanções** representavam títulos da nobreza. O título de **Rico-homem** era concedido aos filhos de maior dignidade depois do Rei. A expressão "rico" significava "magnata", que era um título concedido aos fidalgos de natureza muito nobre.

Por exemplo, o Conde Dom Pedro, no livro das Linhagens, era um **infançon**. Ele tinha dois títulos: a) **pendão**, que significa o poder de fazer gente e capitaneá-la e; b) **caldeira**, o dever de sustentar pelo menos 100 homens. Podia usar o título de Dom e os vassalos tinham privilégios agrícolas.

Assim, a **cidadania é escalonada** em diversos registros históricos, mas é identificada como uma emanação que se investe na pessoa e a transforma dentro do contexto social.

As **incapacidades eleitorais** podem ser vistas como a sujeição ao estado de inelegibilidade, a ausência de condições de elegibilidade, a perda e suspensão dos direitos políticos, mas podemos ainda ir mais longe dizendo que elas alcançam os estrangeiros e conscritos (*os inalistáveis*) pela atual legislação constitucional, art. 14, § 4º, da Carta Fundamental.

Assim, nem todos podem ser eleitos e ainda temos restrições ao exercício do voto, como no caso dos estrangeiros e conscritos.

Significativa é a afirmação de Ugo Krieg em sua obra *Elementi di Diritto Pubblico,* página 180, Milão, 1960, *in verbis*: *"In senso streto e próprio, però, diritto político e il diritto di partecipare al governo della cosa pubblica, mediante l' elettorato".*

A Carta Magna dispõe, nos arts. 14 a 16, sobre os direitos políticos, no sentido de conjunto de normas que regulam a atuação da soberania popular. Essas normas referem-se ao consectário lógico natural do art. 1º, parágrafo único, quando diz que o poder emana do povo, que o exerce por meio de seus representantes eleitos diretamente.

Todavia, a Carta Magna traça apenas as linhas mestras dos princípios básicos que devem ser observados sobre direitos políticos, cabendo ao Código Eleitoral, à Lei das Inelegibilidades e à Lei dos Partidos Políticos minudenciar os exatos campos de incidência e limites dos direitos políticos, sem incidirem em inconstitucionalidade, pois, como visto, a matéria regulada nessas normas infraconstitucionais possui natureza jurídica definida como norma materialmente constitucional.

Noções Gerais de Direitos Políticos. Nacionalidade.
Cidadania. Sufrágio. Voto. Plebiscito. Referendo.
Iniciativa Popular. Natureza Jurídica do Mandato Eletivo

Já a **nacionalidade** é um conceito mais amplo e constitui-se como pressuposto da cidadania, uma vez que só o titular da nacionalidade brasileira pode ser cidadão.

A nacionalidade brasileira é pressuposto da aquisição e do gozo dos direitos políticos.

Leciona *José Afonso da Silva*, que a nacionalidade está ligada a um vínculo territorial estatal por nascimento ou naturalização; e a cidadania, na verdade, qualifica os participantes da vida do Estado, sendo um atributo das pessoas integradas na sociedade estatal, atributo político decorrente do direito de participar no governo e direito de ser ouvido pela representação, enquanto o cidadão é o indivíduo titular dos direitos políticos de votar e ser votado. O cidadão é qualificado e devidamente inscrito pelo alistamento eleitoral (*Curso de Direito Constitucional Positivo, 28ª edição. Editora Malheiros. 2007*).

O centro nuclear, o átomo dos direitos políticos, pode ser concebido, indubitavelmente, como o direito eleitoral de votar e de ser votado, que pressupõe sempre o alistamento eleitoral. Por causa dessa característica, dessa constatação irreparável feita pela doutrina, é que se podem subdividir os direitos políticos em **ativos** e **passivos**.

Os **direitos políticos ativos** se identificam com os direitos eleitorais ativos, ou seja, são formas de participação nas questões públicas de interesse de toda a sociedade por meio do voto e os **direitos políticos passivos**, direitos eleitorais passivos, dizem respeito aos elegíveis, pois nem sempre a pessoa possui a capacidade de ser eleita em razão de causas impeditivas como a inelegibilidade ou a ausência de condição de elegibilidade.

Por exemplo, o analfabeto alistado é eleitor facultativo, mas não pode ser eleito por ser inelegível, art. 14, § 4º, da Constituição da República. Como se percebe ele é titular do direito político ativo, mas não do passivo, assim como os inelegíveis que se enquadram na Lei Complementar nº 64, de 18 de maio de 1990 (Lei das Inelegibilidades).

1.3. PACTO INTERNACIONAL SOBRE OS DIREITOS CIVIS E POLÍTICOS

Os direitos políticos assumem relevante importância na legislação interna brasileira, especialmente em razão da assinatura do Pacto Internacional sobre Direitos Civis e Políticos, com a promulgação do *Decreto nº 592, de 6 de julho de 1992* (*DOU de 7 de julho de 1992*).

No art. 25, e alíneas "a", "b" e "c", está disposto que o cidadão terá o direito de participar dos assuntos públicos escolhendo representantes de forma livre, votar e ser eleito para as eleições que são: "periódicas, autênticas, realizadas pelo sufrágio universal e igualitário e por voto secreto, que garantam a manifestação da vontade dos eleitores"; além de terem acesso "em condições de igualdade, às funções públicas de seu país".

Na obra *Comentários à Constituição do Brasil*, de autoria de *J. J. Gomes Canotilho, Gilmar Ferreira Mendes, Ingo Wolfgang Sarlet e Lenio Luiz Streck, Editora Saraiva/Almedina, 2013, na página 655*, ressalta-se a referência dos Direitos Políticos em normas internacionais como *"Declaração Universal dos Direitos Humanos (DUDH): Art. XXI; Pacto Internacional dos Direitos Civis e Políticos: arts. 1º, 3º e 25; Carta de Direitos Fundamentais da União Europeia (CDFUE): 12-2, 39-2 e 40"*.

O cumprimento efetivo das normas relativas aos direitos políticos implica uma adoção social das perspectivas cívicas e democráticas atribuindo um verdadeiro significado das eleições ao cidadão.

A autenticidade do processo eleitoral, a forma livre e igualitária do voto do eleitor são compromissos assumidos que devem respaldar o comportamento de toda a sociedade em busca do aperfeiçoamento da Democracia.

Como se depreende do art. 5º, § 3º, da Constituição Federal, *"Os tratados e convenções internacionais sobre direitos humanos que forem aprovados, em cada Casa do Congresso Nacional, em dois turnos, por três quintos dos votos dos respectivos membros, serão equivalentes às emendas constitucionais"*.

Inserindo-se os direitos políticos como um tratado de direitos humanos ressalta-se a natureza materialmente constitucional das normas. Nesse sentido ganha a democracia com as regras de *status* de emenda constitucional.

Completa-se a interpretação pelo disposto no § 4º, inc. II, do art. 60 do texto constitucional, que trata como cláusula pétrea *"o voto direto, secreto, universal e periódico"*.

A forma livre de votar, o voto direto, o sigilo do voto, a autenticidade das eleições, a igualdade no processo eleitoral e a possibilidade de acesso aos mandatos eletivos formam conexões sistemáticas com regras de natureza material e formalmente constitucionais. E ocorrendo conflito de interpretação com a lei prevalecem as normas equiparadas à emenda constitucional já inserida no bloco de constitucionalidade.

1.4. SUFRÁGIO

É a emanação, o desejo, a vontade política do cidadão expressada pelo voto, que pode resultar na eleição de representantes (*Presidente, Senadores, Deputados e outros*) ou na decisão direta sobre certos temas de interesse público da sociedade (*plebiscito ou referendo*). O voto deve dignificar o efetivo exercício da manifestação livre e soberana da vontade.

Leciona Pinto Ferreira que o sufrágio é *"a manifestação da opinião do eleitor, é a maneira concreta como ele exprime o seu modo de pensar a respeito dos problemas do governo,* é o processo menos defeituoso para a escolha dos agentes políticos" (*Teoria Geral do Estado*, Tomo II, *2ª ed., 1957. Editora José Konfino, Rio de Janeiro, p. 189*).

O sufrágio surgiu da luta contra o regime absolutista e no gradual aprimoramento do regime democrático nas civilizações que objetivam a amplitude da legitimidade do poder.

No preâmbulo da Constituição da República Federativa do Brasil destaca-se a expressa menção à instituição do **Estado Democrático**, o que nos permite afirmar que o modelo é categórico, imutável e perene, conforme já sustentado pelo renomado Alcino Pinto Falcão (*Novas Instituições do Direito Político Brasileiro*, Rio de Janeiro: Editor Borsoi, 1961, p. 21).

1.5. SUFRÁGIO UNIVERSAL OU IRRESTRITO

Aqui, encarta-se o sufrágio universal ou cosmopolita que inadmite as restrições atinentes às condições de fortuna ou capacidade intelectual. A expressão **universal** é no sentido da maximização do direito de voto ao povo de um determinado território (*circunscrição eleitoral*).

A Carta Fundamental, no art. 60, § 4º, II, trata como cláusula pétrea o sufrágio universal. Assim, o objetivo que deve ser alcançado pela legislação eleitoral é sempre no rumo da amplitude do direito de votar, do *Jus Suffragi.*

Ressaltam-se exceções: (i) os **conscritos** não votam durante o cumprimento de suas obrigações militares (*Lei nº 12.336/2010*); e (ii) os **estrangeiros**.

1.6. SUFRÁGIO RESTRITO

Compreende limitações a determinado tipo de situações. São obstáculos ao pleno exercício do voto impostos a membros de uma população por razões econômicas, políticas e sociais estipuladas em função de regimes e sistemas de governos.

Subdividem-se em: (i) **sufrágio capacitário,** que atribui o direito de voto para uma classe de cidadãos que comprovem um nível intelectual ou grau de instrução; e (ii) **sufrágio censitário**, só votavam os cidadãos que podiam demonstrar condições financeiras ou de fortuna.

Os exemplos de sufrágios restritos são encontrados na Constituição do Império de 1824, art. 92, que privava do voto os menores de 25 (*vinte e cinco*) anos de idade, os filhos-famílias, os criados de servir, os religiosos e os que não tinham renda líquida anual de cem mil réis por bens de raiz, indústria, comércio ou empregos.

Já a Constituição de 1891, no art. 80, estabeleceu a maioridade cívica aos 21 (*vinte e um*) anos de idade, excluindo do alistamento os mendigos, analfabetos, as praças de pré, excetuados os alunos das escolas militares do ensino e outros.

Impende observar a diferença entre **voto igual e desigual**.

Voto igual significa o mesmo valor do voto para todos os eleitores. Não existem distinções por critérios discriminatórios de idade, profissão, religião, sexo e outros. A base legal do voto igual é o art. 5º, *caput*, da Carta Magna, que trata do princípio da isonomia ligado à liberdade do voto: "*todos são iguais perante a lei (...)*".

Exemplos de **sufrágio desigual**, nas lições do doutrinador José Afonso da Silva, na obra já referida, *in verbis*: (i) **voto múltiplo** – o eleitor pode votar mais de uma vez, só que em mais de uma circunscrição eleitoral. Ex.: *Na Inglaterra, até 1948, os titulares de diploma universitário e os diretores de empresas e outros negócios podiam votar na circunscrição de seus domicílios, universidade e empresas*; (ii) **voto plural** – o eleitor pode votar mais de uma vez, só que na mesma circunscrição ou distrito. Isso se dá mais no tipo de eleição distrital em que um eleitor pode votar duas vezes no mesmo candidato; e (iii) **voto familiar** – o eleitor pai de família tem direito a um determinado número de votos, correspondentes ao número de membros do núcleo familiar; não vota a mulher.

Sobre os votos múltiplo e plural, é inegável que são formas de sufrágio privilegiado, conforme lições de *Ramón Infiesta* (*História Constitucional de Cuba*, p. 295, Havana, 1951). Estas modalidades de voto são contrárias ao voto singular expresso na frase "one *man, one vote*". É inegável, portanto, que o voto é uma consequência da evolução política e histórica.

Com inteira razão o renomado autor *Marcus Vinicius Furtado Coêlho* quando diz: "*O voto livre, possibilitado pelo método democrático, é* conditio sine qua non *para a legitimação do exercício do poder, transformando o povo em sujeito de sua própria história*" (*Direito Eleitoral e Processo Eleitoral, Editora Renovar, 3ª ed., Rio de Janeiro, 2012, p. 19*).

O escopo cognoscitivo da evolução política eleitoral é a utilização de métodos que possam valorizar a amplitude do sufrágio.

Assim, as hipóteses restritivas devem ser gradualmente abolidas na ordem jurídica.

1.7. NATUREZA JURÍDICA DO SUFRÁGIO E DO VOTO

O sufrágio é um direito público subjetivo cujo sustentáculo é a soberania popular abrangendo o exercício das capacidades eleitorais ativas e passivas.

O voto é uma das espécies de sufrágio. Trata-se de uma manifestação da vontade ativa do eleitor. É uma legítima forma de participação política nos destinos do país.

Noções Gerais de Direitos Políticos. Nacionalidade. Cidadania. Sufrágio. Voto. Plebiscito. Referendo. Iniciativa Popular. Natureza Jurídica do Mandato Eletivo

Capítulo 1

A ação de votar está vinculada à **liberdade política,** como já prenunciava *Ruy Barbosa*:

> Todos os direitos, que as constituições declaram irrenunciáveis, intangíveis e inalienáveis, se coassociam e coexistem num feixe. Mas a liberdade política, da qual a condição prática está no voto, é o liame, que nesse feixe os enlaça a todos, estabelecendo entre elles a união, por onde se conservam, e impõem (*Discurso em Alagoinhas*, Bahia, 1919).

A liberdade política eleitoral manifestada pelo ato sagrado do voto só é verificada no legítimo resultado da eleição, em razão da gradual ampliação do direito de informação e educação ao eleitor, objetivando-se uma razoável compreensão dos problemas do país e as formas possíveis de solucioná-los.

É possível concluir que a validade do voto está unificada com a **legitimidade** do processo eleitoral de votação. Votar sem legitimidade é anular o voto.

Nesse sentido disciplinam os arts. 220 *usque* 224 do Código Eleitoral, que consagram a nulidade ou anulação da votação.

1.8. CARACTERÍSTICAS DO VOTO

Destacam-se as seguintes características: **(i)** a **personalidade do voto**, significa que somente o eleitor poderá votar. Não se admite o voto por procuração; e **(ii)** a **liberdade de voto**, ou seja, é o próprio sigilo ou segredo do voto. O eleitor não pode ser devassado em sua preferência democrática.

Ocorrendo embaraços ao exercício do voto ou a violação ao sigilo da votação, a conduta é penalmente relevante, conforme disciplinam os arts. 297 e 312 do Código Eleitoral.

Os arts. 60, § 4º, II, da Carta Magna e 103 do Código Eleitoral consagram o sigilo do voto. Trata-se de cláusula pétrea.

Assim, o art. 91-A, parágrafo único, da Lei nº 9.504/1997, proíbe o eleitor de usar aparelhos de telefonia, máquinas fotográficas e filmadoras no momento em que ingressa na seção eleitoral e exerce o seu voto.

1.9. CONSCRITOS

A Constituição da República Federal do Brasil, no § 2º do art. 14, refere-se aos conscritos. A princípio são os recrutas ou os alistados no Exército, Marinha ou na Aeronáutica durante o período de prestação do serviço militar.

Ultrapassado o período obrigatório, a pessoa deixa de ser conscrito e surge o dever de se alistar que é exigível de todos os brasileiros maiores de 18 (dezoito) anos de idade.

Os conscritos também são os convocados fora do período militar obrigatório. A Lei nº 12.336/2010 disciplina o tema. Quanto ao impedimento para votar, já decidiu o Egrégio TSE (*Processo Administrativo nº 16.337 – Classe 19ª/GO (Goiânia). Rel. Min. Nilson Naves. Interessada: Corregedoria Regional Eleitoral/GO. Decisão: Unânime, respondido o expediente da Corregedoria Regional Eleitoral/ GO) e (Res. nº 15.072, de 28/2/1989, Rel. Min. Sydney Sanches no mesmo sentido a Res. nº 15.099, de 9/3/1989, Villas Boas*).

Leciona *Alexandre de Moraes* que, segundo lições extraídas da *Resolução nº 15.850*, do Tribunal Superior Eleitoral, incluem-se no conceito de conscritos os médicos, dentistas, farmacêuticos e veterinários que estejam prestando serviço militar obrigatório, inclusive os que prestam serviço militar na condição de prorrogação.

Cumpre observar que com a introdução do voto facultativo ao maior de 16 (*dezesseis*) anos e menor de 18 (*dezoito*) anos, pode ocorrer que o conscrito já possua alistamento eleitoral antes de se alistar para o serviço militar. Nessa hipótese, não se pode anular o alistamento eleitoral válido, mas ele ficará impossibilitado de votar na situação de conscrito.

Ao término do serviço militar obrigatório, o eleitor deve requerer o restabelecimento pleno de sua inscrição eleitoral, pois ficará obrigado ao exercício do voto.

É necessário refletir sobre a vedação do voto ao conscrito, porque não é vedada a candidatura do militar.

Impende observar as lições do Ministro *Gilmar Mendes* no *Curso de Direito Constitucional*,[2] quando, no item 5.5.6, trata do princípio da máxima efetividade: "*De igual modo, veicula um apelo aos realizadores da Constituição para que em toda situação hermenêutica, sobretudo em sede de direitos fundamentais, procurem densificar os seus preceitos, sabidamente abertos e predispostos a interpretações expansivas* (...)".

O exercício das capacidades ativas do cidadão-eleitor deve sempre ancorar interpretação referente à plenitude de realização do sufrágio.

A legislação constitucional e eleitoral não pode restringir o alistamento e, por via indireta, o voto dos conscritos. Na hipótese de o cidadão se encontrar impossibilitado de comparecer na seção eleitoral no dia da eleição por razão imposta pelo serviço militar, ele poderá justificar a ausência, mas se está de folga deve-se efetivar o direito do voto.

---

2 MENDES, Gilmar. *Curso de Direito Constitucional*. São Paulo: Saraiva/Instituto Brasiliense de Direito Público, 2007, p. 111.

Noções Gerais de Direitos Políticos. Nacionalidade.
Cidadania. Sufrágio. Voto. Plebiscito. Referendo.
Iniciativa Popular. Natureza Jurídica do Mandato Eletivo

1.10. PLEBISCITO. REFERENDO. INICIATIVA POPULAR

O plebiscito, o referendo e a iniciativa popular são formas especiais de atuação democrática do cidadão nas questões administrativas, políticas e legislativas em geral. São atributos efetivos da democracia participativa.

As formas dessa participação estão infraconstitucionalmente previstas na Lei nº 9.709, de 18 de novembro de 1998, que regulamenta a execução do disposto nos incs. I, II e III do art. 14 da Constituição Federal. Nessa linha, o exercício da democracia direta se efetiva por intermédio desses institutos (*art. 1º, parágrafo único, segunda parte, da Constituição da República*). O art. 14, I e II, da Carta Magna e a Lei nº 9.709/1998, no art. 2º, tratam do plebiscito e do referendo.

Entende-se por **plebiscito** uma espécie de consulta tipicamente popular sobre tema previamente estipulado. Diz o art. 2º, § 1º, da aludida lei: "*O plebiscito é convocado com anterioridade a ato legislativo ou administrativo, cabendo ao povo, pelo voto, aprovar ou denegar o que lhe tenha sido submetido*".

Registre-se que *plebiscito* significa *plebis* e *scitum*, ou seja, a ordem emanada da plebe (*no Direito Romano era uma lei que inicialmente obrigava apenas os plebeus*), posteriormente passou a ter um caráter de consulta popular.

Sobre o **referendo**, afirma o § 2º do art. 2º da norma acima: "*O referendo é convocado com posterioridade a ato legislativo ou administrativo, cumprindo ao povo a respectiva ratificação ou rejeição*". Desta forma, a convocação dos plebiscitos e referendos é disciplinada na *Lei nº 9.709/1998*, por exemplo, decreto legislativo, quando tratar de questões de relevância nacional.

O art. 49, XV, da Constituição da República atribui ao Congresso Nacional autorizar referendo e convocar plebiscito. Foi o caso dos Decretos Legislativos nos 136 e 137, de 2011, assinados pelo Presidente do Senado Federal, que convocaram o plebiscito para a criação dos Estados do Carajás e Tapajós.

Cumpriu ao Tribunal Regional Eleitoral do Pará realizar a eleição plebiscitária. Na hipótese, o Tribunal Superior Eleitoral expediu resoluções eleitorais para tratar da organização, realização, apuração, fiscalização e proclamação do resultado do plebiscito.

Se fosse favorável o resultado no sentido da criação dos novos Estados, a Assembleia Legislativa do Pará comunicaria ao Congresso Nacional na forma do art. 48, VI, da Carta Magna.

No caso concreto, por exemplo, o Egrégio TSE expediu a Resolução nº 23.347, de 18 de agosto de 2011, dispondo sobre a formação e o registro de **Frentes** para os plebiscitos.

1.11. FRENTES ELEITORAIS

Conceito. As Frentes são entes despersonalizados ou pessoas formais que possuem legitimidade ativa eleitoral e atuam nas campanhas plebiscitárias defendendo ideologias.

A formação das **Frentes** ocorre com a convenção especial destinada a deliberar sobre o tema dos plebiscitos.

A **Frente** deve ser registrada na Justiça Eleitoral, por exemplo, Tribunal Regional Eleitoral, e representada pelo Presidente escolhido na convenção.

Admite-se a ação de impugnação ao requerimento de registro pela pessoa formal (*Frente*).

Os legitimados ativos são: a) a Frente de oposição; e b) o Ministério Público Eleitoral (no caso da criação dos Estados de Carajás e Tapajós, o Procurador Regional Eleitoral, considerando o registro junto ao TRE).

As causas de pedir na impugnação são sobre o descumprimento de regras formais de criação das Frentes ou conflitos das correntes de pensamentos.

Aplicam-se às consultas plebiscitárias as regras do Código Eleitoral e da Lei nº 9.504/1997, o que enseja ao intérprete um norte normativo para a solução de questões específicas.

Com relação ao plebiscito, impende destacar que é um instituto fundamental para a criação de novos Municípios.

Os plebiscitos e referendos são convocados para questões de relevância nacional, formação e alteração territoriais dos Estados e Municípios, além da questão referente à forma e sistema de governo.

O Brasil pós-Constituição de 1988 tratou, no dia 21 de abril de 1993, sobre o plebiscito que deliberou sobre o **regime** e o **sistema** de governo: **monarquia parlamentar ou república** e **parlamentarismo** ou **presidencialismo**.

Naquela ocasião firmou-se que o Brasil seria **um regime republicano com o sistema de governo presidencialista**.

Mais recentemente, nos idos de 2005, realizou-se no Brasil o famoso referendo sobre a questão da proibição da comercialização das armas de fogo, optando-se pela liberdade comercial.

A **iniciativa popular** enseja *quorum* do eleitorado para apresentação do projeto de lei, como foi o caso da Lei nº 9.840/1999 (*Lei dos Bispos*), que alterou artigos da legislação eleitoral, e acresceu o art. 41-A na Lei nº 9.504/1997, consagrando a ação de captação ilícita de sufrágio e prevendo sanções não penais às infrações captativas.

O art. 13 da Lei nº 9.709/1996 prevê o *quorum* de 1% do eleitorado nacional, distribuído em cinco Estados da Federação com não menos de 0,3% dos eleitores de cada um deles.

Noções Gerais de Direitos Políticos. Nacionalidade.
Cidadania. Sufrágio. Voto. Plebiscito. Referendo.
Iniciativa Popular. Natureza Jurídica do Mandato Eletivo

Capítulo 1

De toda sorte, o *quorum* nos parece ainda muito quantificativo, quando se deveria facilitar o acesso mais amplo aos cidadãos na apresentação dos projetos de iniciativa popular, até porque compete à Câmara a correção de impropriedades técnicas. Esse projeto não poderá ser rejeitado por vício de forma.

A Lei Complementar nº 135, de 04 de junho de 2010 (*Lei da Ficha Limpa*), teve origem em projeto de iniciativa popular baseado na defesa da moralidade para o exercício dos mandatos eletivos. A aludida lei alterou e acrescentou dispositivos legais na Lei Complementar nº 64, de 18 de maio de 1990 (Lei das Inelegibilidades).

A participação popular ainda ocorre por intermédio do: (i) **recall**, cuja tradução é revogar ou demitir, ou seja, é a revogação do mandato eletivo antes do prazo terminal, pela demissão do parlamentar que não cumpriu as promessas de campanha eleitoral. No Estado da Califórnia (*EUA*) é previsto esse sistema; (ii) **veto popular**, quando o eleitor vota sobre a necessidade de permanência ou não de uma lei e (iii) **a ação popular** (*neste último caso, não entendemos ser a ação um mecanismo de sufrágio*).

1.12. DIREITOS POLÍTICOS POSITIVOS E NEGATIVOS

Nas lições de *José Afonso da Silva* em *Curso de Direito Constitucional Positivo*,[3] *in expressi verbis*: "*Os direitos políticos positivos consistem no conjunto de normas que asseguram o direito subjetivo de participação no processo político e nos órgãos governamentais*".

Nessa linha enumera que se situam o voto, o plebiscito, o referendo e a iniciativa popular, dentre outros institutos. E ainda ensina que os direitos políticos negativos são: "*Aquelas determinações constitucionais que, de uma forma ou de outra, importem em privar o cidadão do direito de participação no processo político e nos órgãos governamentais. São negativos precisamente porque consistem no conjunto de regras que negam, ao cidadão, o direito de eleger, ou de ser eleito, ou de exercer atividade político-partidária ou de exercer função pública*".[4]

As proposições jurídicas que se formam num juízo de valor na análise conflitante entre os direitos positivos e negativos devem objetivar a preservação do sufrágio e o resultado da votação.

Por exemplo, as hipóteses de perda e suspensão dos direitos políticos são restritas ao panorama legal do art. 15 da Lei Fundamental. E as causas de inelegibilidades são moldadas nos tipos enumerados na Lei Complementar nº 64/1990.

---

3 DA SILVA, José Afonso. *Curso de Direito Constitucional Positivo*. 28ª ed. São Paulo: Malheiros, 2007, p. 348.
4 *Ibidem*, p. 381.

Os direitos políticos podem ser divididos em exteriorização de **capacidades ativas e passivas**: (i) as **ativas** ocorrem, quando o eleitor exerce o direito de voto, após o preenchimento dos atributos legais impostos ao deferimento do alistamento eleitoral. Só pode votar quem está devidamente alistado; e (ii) as **passivas** são verificadas na condição de elegibilidade, na ausência de inelegibilidades, perda ou suspensão dos direitos políticos.

As condições de elegibilidade estão previstas no art. 14, § 3º, incs. I a VI, da Constituição da República Federativa do Brasil, no Código Eleitoral e na Lei nº 9.504/1997.

Quanto às inelegibilidades, a previsão é ancorada no art. 14, §§ 4º e 7º, da Lei Maior e na Lei Complementar nº 64, de 18 de maio de 1990.

Em relação às causas de perda ou suspensão dos direitos políticos, o art. 15 da Carta Magna contempla suas hipóteses restritivas.

1.13. NATUREZA JURÍDICA DO MANDATO ELETIVO

O mandato eletivo traduz a concretização da representação popular. Assim, o eleitorado emerge como fator da vontade coletiva para influenciar a vida política.

Distingue-se do **mandato imperativo**, que é sempre uma relação identificada com o direito privado, quando o eleito tornava-se vinculado ao eleitor. Verifica-se este tipo de mandato nas assembleias francesas, no período da Revolução Francesa. O eleito tinha de prestar satisfações diretamente ao eleitor, sob pena de ser revogado o mandato nos moldes do direito privado das relações. Não se tinha uma característica pública nessa relação.

No **mandato imperativo**, os eleitos eram representantes dos interesses do rei. "É aquele em que o representante recebe do eleitor poderes específicos para representá-lo e defender seus interesses". *O mandato imperativo terminou expressamente proibido em quase todas as Constituições europeias dos sécs. XIX e XX, como nas da Bélgica, Itália, Prússia, Suécia, Áustria, Alemanha, Holanda e Dinamarca" (Filho, Octaciano da Costa Nogueira, Vocabulário da Política, volume V, Brasília, 2010, p. 247 e 249).*

Já o **mandato representativo** é envolto pela teoria da representação, quando, em lições de *Giovanni Sartori*[5], se dá uma forma de nascimento de uma espécie de Estado representativo. O mandato está baseado numa fidúcia ou confiança.

No mandato representativo, a ideia de vínculo entre eleito e eleitor dá margem à criação da representação da Nação como fruto da vontade geral. O mandato

---

5 Teoria da Representação no Estado Representativo Moderno. In: *Revista Brasileira de Estudos Políticos*, 1962, p. 41.

político, dizia *Paulo Lacerda*,[6] "é singularíssimo por sua mesma natureza; sempre outorgado a certa e determinada pessoa (*intuito personae*). Por isso, se não pode ceder, transferir, nem subestabelecer".

Por fim, fala-se hodiernamente na formação de um **mandato partidário** que, trazendo um pouco das características do mandato imperativo, aproximará o eleito do eleitor e do partido político, assim, cumprem-se metas e programas partidários.

O eleito é fiel aos programas estatutários e o eleitor vota nessa fidelidade objetivando a concretização da melhoria da qualidade social, cultural, econômica e propriamente política.

O **mandato partidário-representativo** é igualmente lastreado na confiança entre o partido político, eleitor e representante político. Significa que os partidos passam a ter um papel de destaque na atuação parlamentar e de governabilidade entre mandatários e mandatantes. Tornam-se mais significativas as diretrizes partidárias e a fidelidade aos programas nacionais.

O mandato eletivo é do partido político e não exclusivamente do mandatário (*eleito*), quando se tratar do **sistema proporcional** que elege os Deputados Federais, Distritais, Estaduais e vereadores, porque no sistema majoritário, ou seja, nas eleições para Presidente, Governadores, Prefeitos, Vices e Senadores, não se verifica a mesma premissa valorativa.

O Egrégio STF decidiu que a perda do mandato por desfiliação partidária sem justa causa é aplicável apenas no sistema proporcional (*ADI 5.081/DF, Rel. Min. Roberto Barroso, j. 27/5/2015, DJE 162, em 18/8/2015*).

Por conseguinte, o Tribunal Superior Eleitoral editou o verbete sumular **nº 67**: "A perda do mandato em razão da desfiliação partidária não se aplica aos candidatos eleitos pelos sistema majoritário".

A natureza jurídica do **mandato proporcional** se identifica como uma espécie **representativa e partidária**, porque os votos atribuídos ao candidato não são exclusivamente alinhados dentro de uma relação entre eleitor e eleito, mas principalmente entre eleitor, partido político e eleito.

A Lei nº 9.096/1995 (*Lei dos Partidos Políticos*), no art. 22-A, e a Resolução do TSE nº 22.610/2007 disciplinam a ação de perda do mandato eletivo por desfiliação partidária, sem justa causa.

No **mandato majoritário** a natureza é **representativa e personalíssima**, pois a valorização reside na pessoa do eleito, e não, na agremiação partidária.

---

6 *Princípios de Direito Constitucional Brasileiro*. Rio de Janeiro: Editora Azevedo, 1929, v. II, p. 33.

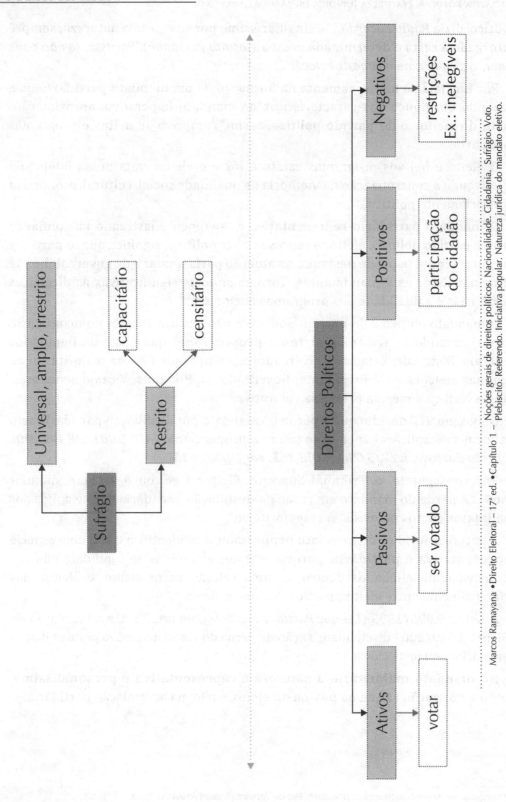

Marcos Ramayana • Direito Eleitoral – 17ª ed. • Capítulo 1 – Noções gerais de direitos políticos. Nacionalidade. Cidadania. Sufrágio. Voto. Plebiscito. Referendo. Iniciativa popular. Natureza jurídica do mandato eletivo.

CAPÍTULO 2
CONCEITO DE DIREITO ELEITORAL. DEMOCRACIA. PRINCÍPIOS E REGRAS DE INTERPRETAÇÃO

2.1. CONCEITO DE DIREITO ELEITORAL

O Direito Eleitoral é um conjunto de normas jurídicas que regulam o processo de alistamento, filiação partidária, convenções partidárias, registro de candidaturas, propaganda política eleitoral, votação, apuração, proclamação dos eleitos, prestação de contas de campanhas eleitorais e diplomação, bem como as formas de acesso aos mandatos eletivos por meio dos sistemas eleitorais.

Trata-se de um sistema de normas que regem as relações entre eleitores e eleitos, objetivando organizar o poder popular e o pluralismo, de forma a valorizar a cidadania democrática.

Nas lições de *Jorge Miranda:*

> Com efeito, as eleições que se realizem em associações de Direito privado pertencem ao Direito Civil; se se tratar de eleições no âmbito das sociedades comerciais, tratar-se-á de Direito eleitoral comercial; se se considerarem eleições sindicais, estaremos em Direito do Trabalho ou Sindical; se se tratar de eleições em associações públicas, universidades ou outras pessoas coletivas de Direito público não territoriais, mover-nos-emos dentro do Direito administrativo; e finalmente, se olharmos para eleições com vista a órgãos do poder político, estaremos perante uma parte integrante do Direito constitucional (*Revista do Ministério Público do Estado do Rio de Janeiro* nº 51, *jan.-mar. 2014, p. 135*).

Deveras, o Direito Eleitoral é dotado de essência normativa no Direito Constitucional, mas é inegável que se constituiu hodiernamente num sistema gradualmente aperfeiçoado e que nutre uma autonomia, seja no aspecto do direito substancial ou formal. Por exemplo: as ações eleitorais específicas, os crimes eleitorais próprios, registro de candidatos, propaganda e as regras de votação eletrônica.

O estudo do Direito Eleitoral é **multiforme,** pois necessita de complementação de regras relativas a todos os outros ramos do Direito e está ancorado nos princípios políticos e constitucionais, mas é possível identificar a sua autonomia.

> Conceitua-se a eleição como um efetivo processo em que o cidadão previamente alistado e, portanto, titular da capacidade eleitoral ativa, por intermédio do voto, manifesta sua vontade na escolha de um representante ou em uma proposta que se faz apresentar pelos poderes públicos políticos.

O Direito Eleitoral pode ser conceituado como: um ramo do Direito Público.

Na clássica divisão: um ramo do Direito Público que disciplina o alistamento eleitoral, o registro de candidatos, a propaganda política eleitoral, a votação, apuração e diplomação, além de regularizar os sistemas eleitorais, os direitos políticos ativos e passivos, a organização judiciária eleitoral dos partidos políticos, dispondo de um sistema repressivo penal especial.

A franquia eleitoral ou capacidade eleitoral ativa é que faz o indivíduo transformar-se em eleitor e ter assegurado, pelas normas jurídicas constitucionais e eleitorais vigentes, o pleno exercício do direito de votar. Dessa forma, é possível identificar que, nas democracias mais antigas, a franquia eleitoral era um atributo da própria cidadania.

No direito feudal era um privilégio dos senhores proprietários das terras.

Na fase do constitucionalismo, a franquia era uma espécie de direito natural do homem. No Direito moderno é uma função pública, e o eleitorado é visto conforme uma espécie de órgão governamental.

Por fim, hodiernamente, podemos identificar que a franquia ou capacidade eleitoral ativa deve ser analisada sob o prisma de se constituir em um atributo do eleitor na sua formação educacional pública de agente integrante dos destinos efetivos e imediatos das mutações rotineiras da vida e na formação das leis mais apropriadas à alteração da qualidade da cidadania.

> A legislação eleitoral deve sempre procurar formas de aproximação do eleitor com os representantes do mandato, inclusive na votação sobre a tramitação dos projetos de lei e de temas relevantes. O eleitor não é apenas um expectador do exercício enigmático do mandato eletivo, mas agente participante da fidedigna representação popular e partidária.

O Direito Eleitoral regulamenta as etapas de formação do alistamento do eleitor até a diplomação dos eleitos, disciplinando a vontade popular, partidária e dos representantes políticos em determinada sociedade. A competência jurisdicional da Justiça Eleitoral vai até a fase da diplomação dos candidatos e

CONCEITO DE DIREITO ELEITORAL. DEMOCRACIA.
PRINCÍPIOS E REGRAS DE INTERPRETAÇÃO
CAPÍTULO 2

prolonga-se no exame das ações propostas durante o registro de candidaturas, processo de propaganda política eleitoral e votação, bem como em relação ao julgamento da ação de impugnação ao mandato eletivo.

Nos anos não eleitorais a Justiça Eleitoral trata basicamente de questões sobre alistamentos eleitorais e filiações partidárias, zelando pelo cadastro dos eleitores; além de julgar processos decorrentes das eleições pretéritas e os crimes eleitorais.

Todavia, o ato da posse dos diplomados refoge à competência da Justiça Eleitoral, porque demanda análise regimental e é de feição típica da esfera do Poder Executivo ou Legislativo, controladores da atividade funcional do representante político.

Dessa forma, as questões de eleições já consolidadas pelo tempo não podem ser rediscutidas em ações eleitorais propostas de forma extemporânea, por exemplo, nos anos não eleitorais. Trata-se da incidência da preclusão temporal em homenagem à segurança jurídica das relações eleitorais consolidadas pelo tempo.

Ressalva-se, no entanto, e.g., a representação contra doadores, que segue o prazo previsto no § 3º do art. 24-C da Lei nº 9.504/1997; a ação de perda do mandato eletivo por desfiliação partidária sem justa causa prevista no art. 22-A da Lei dos Partidos Políticos e na Resolução TSE nº 22.610/2007 (*prazo não definido, pois depende da ocorrência do fato ensejador*); e, por exemplo, a realização de eleições suplementares ou complementares, quando se reabre o processo eleitoral específico de uma circunscrição eleitoral (*Estado ou Município*) em razão da anulação das eleições *(prazo não definido, pois depende da decisão da Justiça Eleitoral)*, sendo possível a propositura de representações e impugnações relativas à eleição suplementar.

2.2. LEGISLAÇÃO ELEITORAL. NOÇÕES BÁSICAS

As principais leis eleitorais são: a Lei nº 4.737, de 15 de julho de 1965, "Institui o Código Eleitoral"; Lei Complementar nº 64, de 18 de maio de 1990, "Estabelece, de acordo com o art. 14, § 9º, da Constituição Federal, casos de inelegibilidade, prazos de cessação, e determina outras providências"; Lei nº 9.096, de 19 de setembro de 1995, "Dispõe sobre partidos políticos, regulamenta os arts. 17 e 14, § 3º, inciso V, da Constituição Federal"; Lei nº 9.504, de 30 de setembro de 1997, "Estabelece normas para as eleições"; Lei nº 6.091, de 15 de agosto de 1974, "Dispõe sobre o fornecimento gratuito de transporte, em dias de eleição, a eleitores residentes nas zonas rurais, e dá outras providências"; Lei nº 6.996, de 7 de junho de 1982, "Dispõe sobre a utilização de processamento eletrônico de dados nos serviços eleitorais e dá outras providências"; e a Lei nº 7.444, de 20 de

19

dezembro de 1985, "Dispõe sobre a implantação do processamento eletrônico de dados no alistamento eleitoral e a revisão do eleitorado e dá outras providências".

O Código Eleitoral de 1965 deve ter sua leitura atualizada pela legislação superveniente acima referida, especialmente em razão do texto da Lei nº 9.504, de 30 de setembro de 1997, pois, sendo lei posterior, revogou expressa e tacitamente diversos artigos do Código Eleitoral, inclusive regulando de forma diversa algumas matérias. Como exemplo, podemos salientar os arts. 94 e 240 do Código Eleitoral, que foram revogados respectivamente pelos arts. 11 e 36 da Lei nº 9.504/1997.

No exame dos artigos do Código Eleitoral, o intérprete deve ter atenção e fazer uma comparação com a Constituição Federal.

Por exemplo, o art. 26 do Código Eleitoral faz menção à figura do terceiro desembargador como Corregedor do Tribunal Regional Eleitoral, mas o art. 120, I, *a*, da Constituição Federal, limitou a dois desembargadores do Tribunal de Justiça como integrantes da composição dos "juízes" dos Tribunais Regionais Eleitorais. Assim, os corregedores dos Tribunais Regionais Eleitorais são escolhidos dentre os outros juízes da Corte.

2.3. DEMOCRACIA. CONCEITO. NOÇÕES

A **democracia** pode ser conceituada como governo em que o povo exerce, de fato e de direito, a soberania popular, dignificando uma sociedade livre, na qual o fator preponderante é a influência popular no governo de um Estado. Origem etimológica: *demos* = povo e *kratos* = poder.

A democracia, em síntese conceitual, exprime-se como um governo do povo, sendo um regime político que se finca substancialmente na "soberania popular", compreendendo os direitos e garantias eleitorais, as condições de elegibilidade, as causas de inelegibilidade e os mecanismos de proteção disciplinados em lei para impedir as candidaturas viciadas e que atentem contra a moralidade pública eleitoral, exercendo-se a divisão das funções e dos poderes com aceitação dos partidos políticos, dentro de critérios legais preestabelecidos, com ampla valorização das igualdades e liberdades públicas.

Pelo exame do texto constitucional em vigor no Brasil, verifica-se a incidência de premissas da social-democracia, como nos arts. 170, 173, § 4º, 175, parágrafo único, 186, 194, 205, 215, 225, todos da Constituição Federal, entre outros.

A democracia pode ser classificada em:

(i) democracia direta;

(ii) democracia representativa ou indireta; e

(iii) democracia semidireta ou mista, também denominada do tipo plebiscitária.

CONCEITO DE DIREITO ELEITORAL. DEMOCRACIA.
PRINCÍPIOS E REGRAS DE INTERPRETAÇÃO

CAPÍTULO 2

Por democracia **direta** entende-se a ausência de outorga de mandato do povo aos parlamentares e representantes políticos em geral, sendo as funções políticas geridas e desenvolvidas pelos próprios detentores do direito de votar.

Historicamente, a democracia **direta** identifica-se em comunidades de pequena densidade demográfica, mas a capacidade eleitoral ativa é delimitada apenas a pequenos núcleos de cidadãos que podem exercer o direito ao voto.

Nas lições de *Sartori* (*Teoria e Prática*, São Paulo: Fundo de Cultura, 1965, p. 266), a expressão **democracia** teve sua origem em Heródoto, porque a finalidade é representar um modelo de maioria popular.

Critica-se a democracia direta, primeiramente pela sua inexpressividade no contingente eleitoral e, em segundo lugar, por representar uma "antessala da ditadura, um convite a um partido totalitário da oposição para manobrar a agitação, organizar o descontentamento e a vontade do povo (...)".[1]

Como forma de organicidade estatal, a democracia direta exerce um controle nas instituições políticas, v.g., Cantões da Suíça.

Na democracia representativa, **indireta**, manifestam-se duas vontades:

> A do grupo, imperativa, à margem de qualquer respaldo jurídico, e a dos governantes. Sendo assim, o poder legal, o poder do Estado, talvez não corresponda ao poder do povo. E é nesse hiato eventual que está a explicação do fenômeno político capital que caracteriza as democracias modernas: o advento dos poderes de fato ou de forças que geram agrupamentos, cuja formação decorre de um certo fim desejado por seus membros.[2]

Os eleitos detentores do *ius honorum* representam o eleitorado pulverizado, para cumprir os programas, metas e estratégias administrativas defendidas no decorrer da campanha eleitoral.

Na democracia **indireta** faz-se presente o **princípio da delegabilidade da soberania popular** em sua máxima expressão, pois os eleitores escolherão os candidatos previamente selecionados pelos partidos políticos para exercerem, por delegação, o integral cumprimento das promessas feitas.

Na **democracia semidireta**, mesclam-se institutos jurígenos concernentes a manifestações do exercício do poder de decisão, onde a soberania popular exterioriza-se mediata e imediatamente.

Esse tipo de democracia fica evidenciada em regime normativo constitucional, onde se situam institutos como a iniciativa popular, referendos e outros, inerentes à exteriorização da soberania popular.

---

1 TALMON, J. L. *The Rise of Totalitarian Democracy*. Boston: Beacon Press, 1952, p. 207.
2 BURDEAU, G. *La Democracia*. Barcelona: Ariel, 1960, pp. 43-46.

> No Brasil, a Constituição Federal vigente retrata nitidamente a democracia plebiscitária ou semidireta, por meio da adoção de instrumentos democráticos como o referendo, plebiscito, controle popular nas contas municipais (art. 31, § 3º), iniciativa popular de projetos de lei e vários outros.

Significativas ainda são as definições de democracia dos seguintes autores: 1) *Thomaz Cooper (1975)*: "*É o governo do povo e para o povo*"; 2) *Lincoln (1863)*: "*Governo do povo, pelo povo e para o povo*"; 3) *Daniel Webster*: "*O governo do povo, feito pelo povo, para o povo e responsável perante o povo*"; e 4) *Theodoro Parker*: "*Um governo de todo o povo, exercido por todo o povo, para todo o povo*".

2.4. PRINCÍPIOS E REGRAS DE INTERPRETAÇÃO DO DIREITO ELEITORAL

No panorama jurídico do Direito Eleitoral são aplicáveis os princípios gerais do direito, sejam de natureza constitucional ou infraconstitucional, positivos ou sistêmicos e as regras dos diversos ramos do Direito. Como exemplo: o devido processo legal e a ampla defesa (*art. 5º, LIV e LV, da Constituição Federal*); a legalidade da lei penal eleitoral (*art. 5º, XXXIX, da Constituição Federal*); a inafastabilidade da jurisdição eleitoral (*art. 5º, XXXV, da Constituição Federal*); a liberdade de informação (*art. 5º, XIV e XXXIII, da Constituição Federal*) e a garantia da estabilidade das relações jurídicas (*art. 5º, XXXVI, da Constituição Federal*) dentre outros, tais como os referentes aos recursos e à produção de prova no processo civil e penal.

Todavia, é possível identificar específicos princípios atinentes ao Direito eleitoral, que abaixo seguem em destaque apenas de forma exemplificativa.

2.5. PRINCÍPIO DA LISURA DAS ELEIÇÕES

A preservação da intangibilidade dos votos e da igualdade de todos os candidatos perante a lei eleitoral e na propaganda política eleitoral enseja a observância ética e jurídica deste princípio básico do Direito Eleitoral.

As eleições corrompidas, viciadas, fraudadas e usadas como campo fértil para a proliferação de crimes e abusos do poder econômico ou político atingem diretamente a soberania popular tutelada no art. 1º, parágrafo único, da Constituição Federal: "*Todo o poder emana do povo, que o exerce por meio de representantes eleitos ou diretamente, nos termos desta Constituição*". E ainda, os arts. *5º, LXXIII, 14, 27, 29, I a IV, 45, 46, 60, § 4º, II, e 61, § 2º*, todos da Constituição Federal.

No âmbito do Direito Eleitoral, o princípio está diretamente tratado no art. 23 da Lei das Inelegibilidades (*Lei Complementar nº 64, de 18 de maio de 1990*):

> O Tribunal formará sua convicção pela livre apreciação dos fatos públicos e notórios, dos indícios e presunções e prova produzida, atentando para circunstâncias ou fatos, ainda que não indicados ou alegados pelas partes, mas que preservem o interesse público de lisura eleitoral.

A norma ainda indica uma regra de interpretação pelos tribunais e juízes eleitorais, pois, na tutela da integridade das eleições, as provas indiciárias servem como base de fundamentação de uma decisão judicial, desde que concatenadas em elos de interligação para formarem um suporte razoável de convicção e fundamentação.

Deveras, os conflitos de interesse defluentes do processo eleitoral são de **ordem pública** e de **interesse indisponível da sociedade**. Assim, cumpre à Justiça Eleitoral reconhecer, de ofício, as causas de inelegibilidade, perda ou suspensão dos direitos políticos e a falta de condição de elegibilidade.

Não é necessária uma ação de impugnação ao requerimento de registro de candidatura para que o juiz eleitoral reconheça a causa de inelegibilidade estando ela devidamente provada e respeitado o contraditório e a ampla defesa.

Na tutela do contraditório e da ampla defesa o Egrégio TSE editou o verbete sumular **nº 45**, em 10/05/2016, nos seguintes termos: "*Nos processos de registro de candidatura, o Juiz Eleitoral pode conhecer de ofício da existência de causas de inelegibilidade ou da ausência de condição de elegibilidade, desde que resguardados o contraditório e a ampla defesa*".

O **art. 368-A do Código Eleitoral** foi acrescido pela *Lei nº 13.165, de 29 de setembro de 2015*, nos seguintes termos: "*A prova testemunhal singular, quando exclusiva, não será aceita nos processos que possam levar à perda do mandato*".

O legislador objetivou proteger o mandato eletivo do falso testemunho ou de uma testemunha singular que possa ter uma supervalorização probatória, deixando de forma expressa uma regra que não considera essa prova como sendo apta a embasar uma decisão, e.g., em ação de impugnação ao requerimento de registro de candidatura, representação por abuso do poder econômico ou político, ação de impugnação ao mandato eletivo ou recurso contra a expedição do diploma.

A regra da não aceitação da prova testemunhal única **não se aplica ao art. 96 da Lei nº 9.504/1997** nas hipóteses excepcionais da admissão testemunhal no rito sumaríssimo eleitoral previsto nos parágrafos do dispositivo legal, porque as sanções decorrentes desse procedimento não ocasionam a perda do mandato eletivo, mas, ao contrário, se limitam a multas e suspensão de atividades.

A princípio, a regra se apresenta como uma espécie de **tarifação probatória**, pois, como leciona *Humberto Theodoro Júnior, in expressi verbis*:

Já vigorou, no direito antigo, a regra de que o testemunho de uma só pessoa seria ineficaz para demonstrar a veracidade de um fato (*testis unus testis nullus*). Hoje, no sistema do Código, não é o número de testemunhas, mas a credibilidade delas que importa (*Curso de Direito Processual Civil*, 56ª ed., Editora Forense, 2015, vol. 1, p. 975).

Por outro lado, o art. 23 da Lei Complementar nº 64/1990 trata da livre apreciação probatória em razão de fatos públicos e notórios, no intuito de preservar o interesse público de lisura eleitoral.

Desta forma, a regra do art. 368-A do Código Eleitoral impede apenas o *testemunho singular*, quando manifestado de forma exclusiva, sem outros meios probatórios que possam corroborar as alegações.

O art. 442 do Código de Processo Civil assim versa: "*A prova testemunhal é sempre admissível, não dispondo a lei de modo diverso*". Nessa linha, o art. 368-A do Código Eleitoral é uma expressa exceção.

A norma eleitoral abrange a testemunha presencial e a referida por outra pessoa. No entanto, essa prova poderá servir de indício para outra ação ou representação eleitoral.

Disciplina o art. 15 do Código de Processo Civil a aplicação subsidiária e supletiva aos procedimentos eleitorais (*arts. 442 a 463 do CPC*). Nesse caso, em razão da omissão de regras eleitorais sobre a prova testemunhal, a adoção é totalmente supletiva.

Por exemplo:

Se o Partido X impugna o requerimento do registro da candidatura de um candidato a vereador apenas arrolando **uma testemunha** e essa ação é julgada após a diplomação do candidato quando já vitorioso na eleição, essa prova testemunhal singular não servirá para embasar a decisão que decreta a anulação do diploma e a consequente perda do mandato eletivo, mas se não for a única prova e existir uma certidão de que esse candidato está com os seus direitos políticos suspensos por uma condenação criminal transitada em julgado (art. 15, III, da Constituição Federal), a Justiça Eleitoral deverá anular o diploma em razão dessa restrição na capacidade política eleitoral passiva.

> A garantia da lisura das eleições nutre-se de especial sentido de proteção aos direitos fundamentais da cidadania (cidadão-eleitor), e está ancorada nos arts. 1º, II, e 14, § 9º, da Constituição Federal.

As questões eleitorais são referentes ao âmbito democrático, envolvendo a tutela mais ampla e protetiva sobre a cidadania, a regra do art. 270 do Código Eleitoral dá ensejo à produção de prova singela, mas significativa no âmbito recursal em busca do princípio da verdade material e da higidez da democracia e das eleições, cujo arrimo se perfaz em norma de índole constitucional, art. 14, § 9º, da Lei Fundamental.

24

CONCEITO DE DIREITO ELEITORAL. DEMOCRACIA.
PRINCÍPIOS E REGRAS DE INTERPRETAÇÃO

Por fim, o art. 268, parte final, contempla como exceção a juntada de documentos em grau de recurso em razão da incidência do art. 270, ambos do Código Eleitoral.

2.6. PRINCÍPIO DA IGUALDADE ELEITORAL

Deveras, o princípio da igualdade possui diversas vertentes de interpretação na doutrina e jurisprudência, art. 5º da Lei Maior.

No âmbito eleitoral, podemos identificar sua aplicabilidade de proteção em **três níveis:** em relação **aos eleitores;** aos **partidos políticos e candidatos;** e nas **ações eleitorais** ou representações, ou seja, no processo contencioso eleitoral.

Quanto aos eleitores, o art. 14 da Carta Magna dignifica um valor igual para cada eleitor, sem distinções econômicas, sociais ou de possibilidade discriminatória. Não é possível o voto familiar em que na época do Império o eleitor chefe de família tinha mais votos quando atingia um número maior de filhos.

Em relação aos partidos políticos e candidatos, a igualdade deve ser um rumo na aplicação da legislação eleitoral assegurando-se o equilíbrio nas eleições.

A igualdade entre partidos políticos ainda está muito distante de ser alcançada em razão da divisão financeira dos recursos do fundo partidário e do tempo de rádio e televisão, além de outros fatores que levam à formação das coligações partidárias de forma livre e até caótica numa determinada eleição.

Todavia, quando a norma constitucional no art. 17, incs. I a IV, determina aos partidos políticos a observância de preceitos relativos ao caráter nacional e à prestação de contas, dentre outros, é possível verificar uma equiparação de regras que revela a isonomia.

A Justiça Eleitoral exerce uma fiscalização contábil sobre os partidos políticos de forma isonômica julgando as contas na forma da Lei nº 9.096/1995.

O princípio da igualdade eleitoral se manifesta numa tríplice relação que envolve: a) eleitores; b) partidos políticos e candidato; e c) as medidas judiciais pertinentes que defluem da natural competência contenciosa da Justiça Eleitoral.

2.7. PRINCÍPIO DA PROPORCIONALIDADE DAS PENALIDADES ELEITORAIS

Na aplicação das penalidades da legislação eleitoral é possível identificar a incidência desse princípio de interpretação.

Leciona o renomado *Guilherme Peña de Moraes* sobre o princípio da proporcionalidade da seguinte forma: "(...) *a validade dos atos emanados do Poder Público é aferida à luz de três máximas: a adequação ou idoneidade, a necessidade ou exigibilidade e a proporcionalidade em sentido estrito*". E acrescenta:

"(...) *A proporcionalidade, ou qualquer outra nomenclatura que se lhe atribua, tem sido tanto do campo material para o processual quanto do campo cível para o penal* (...)" (*Curso de Direito Constitucional*, São Paulo: Editora Atlas, 6ª ed., p. 132/3, 2014).

Esse princípio é largamente aplicado pelo **Supremo Tribunal Federal** nos mais diferentes setores da experiência jurídica *(cf. STF, ADI nº 1.158-8/AM, Rel. Min. Celso de Mello, DJU de 26/5/1995)*" (*Curso de Direito Constitucional, 4ª ed., São Paulo: Editora Saraiva, 2009, p. 364*).

Em diversos dispositivos da Lei nº 9.504/1997 se identifica uma previsão mínima e máxima de multas que podem ser aplicadas aos infratores.

Por outro lado, o princípio da proporcionalidade não se exaure nessa constatação, mas possui ressonância, v.g., no art. 73, §§ 4º e 5º, da Lei das Eleições; considerando que a multa poderá ser aplicada independentemente de outras sanções como a cassação do registro ou diploma.

Pode ocorrer que a multa seja aplicada de forma independente de outras penalidades. Forma-se gradualmente uma natural divisão das sanções previstas na legislação em função de certos fatos efetivamente praticados.

A Justiça Eleitoral verificará o local em que se realizou o pleito eleitoral, a quantidade de propaganda apta a causar uma desproporcionalidade entre os candidatos e o tipo de eleição (*majoritária ou proporcional*).

Com o diagnóstico formado da eleição, será possível a adoção de todas ou de algumas das penalidades previstas na legislação eleitoral.

Como se pode notar, a proporcionalidade das penalidades aplicadas no âmbito da Justiça Eleitoral é de significativa consideração em razão da possível incidência das causas de inelegibilidade.

À guisa de exemplo, se o candidato infrator pratica uma conduta vedada ao agente público em campanha eleitoral e lhe é aplicada apenas a multa, sem a decretação de cassação do registro ou diploma, não incidirá a causa de inelegibilidade por oito anos a contar da eleição.

Vê-se, portanto, que o grau de punibilidade é de acentuada relevância, o que demanda uma correta análise do panorama da propaganda política eleitoral numa determinada eleição, escoimando-se os excessos indevidos, mas, por outro prisma, mantendo-se o caráter corretivo e de equilíbrio nas campanhas eleitorais.

Destaca-se no Egrégio TSE:

> também não é apta na espécie à cassação dos registros e à inelegibilidade, sendo suficiente a aplicação de multa. 3. Incidência dos princípios da proporcionalidade e da razoabilidade e do art. 22, XVI, da LC 64/1990, a teor da jurisprudência do Tribunal Superior Eleitoral (...) ºPrincípio do aproveitamento do voto

O aproveitamento do voto deve pautar a atuação da Justiça Eleitoral, preservando a soberania popular, a apuração dos votos e a diplomação dos eleitos.

De forma similar ao Direito Penal, que trata do princípio básico do *in dubio pro reo*, no âmbito do Direito Eleitoral deve-se adotar o princípio do *in dubio pro voto*. Neste sentido, o art. 219 do Código Eleitoral serve como norte de interpretação: *"Na aplicação da lei eleitoral o juiz atenderá sempre aos fins e resultados a que ela se dirige, abstendo-se de pronunciar nulidades sem demonstração de prejuízo"*.

O legislador eleitoral consagrou o conhecido princípio da *pas de nullité sans grief*. Aplica-se de forma subsidiária o art. 566 do Código de Processo Penal, até por expressa previsão no art. 364 do Código Eleitoral.

Adotou o legislador eleitoral o sistema mitigado do formalismo das nulidades, pois se contenta em admitir a sanabilidade de nulidades classificadas como absolutas, quando as partes interessadas não impugnarem, no momento preciso, os vícios e fraudes eleitorais. Neste sentido, dispõe o art. 149 do Código Eleitoral: *"Não será admitido recurso contra a votação, se não tiver havido impugnação perante a mesa receptora, no ato da votação, contra as nulidades arguidas"*.

Na verdade, o princípio do aproveitamento do voto deve ser correlacionado ao da **lisura das eleições**, pois se a fraude, a corrupção e os vícios captativos do processo eleitoral forem evidentes, o órgão jurisdicional poderá conhecê-los de ofício nos prazos das ações eleitorais (*AIME, AIJE, Captação de Sufrágio e RCED*).

É importante ainda ressaltar que as matérias de ordem constitucional ou de conhecimento superveniente ao prazo de sua arguição podem ser suscitadas, conforme dispõe o art. 223 do Código Eleitoral: *"A nulidade de qualquer ato, não decretada de ofício pela Junta, só poderá ser arguida quando de sua prática, não mais podendo ser alegada, salvo se a arguição se basear em motivo superveniente ou de ordem constitucional"*. Em consonância com este artigo, ainda temos o tratado no art. 259 do Código Eleitoral: *"São preclusivos os prazos para interposição de recurso, salvo quando neste se discutir matéria constitucional"*.

Como **matéria constitucional**, entende-se, por exemplo:

a) **condições de elegibilidade** dispostas no art. 14, § 3º, da Constituição Federal; b) **inelegibilidade reflexa**, art. 14, § 7º, da Constituição Federal; e c) causas de **perda** e **suspensão dos direitos políticos**, art. 15 da Constituição Federal.

O art. 262 do Código Eleitoral admite o cabimento do recurso contra a expedição do diploma quando ocorrer inelegibilidade superveniente ou de natureza constitucional e a falta de condição de elegibilidade.

Sobre o conhecimento de ofício das causas de inelegibilidade ou da ausência de condição de elegibilidade, o Egrégio TSE editou o verbete sumular nº **45,** *in verbis*: *"Nos processos de registro de candidatura, o Juiz Eleitoral pode conhecer* *de ofício da existência de causas de inelegibilidade ou da ausência de condição de elegibilidade, desde que resguardados o contraditório e a ampla defesa".*

O princípio do aproveitamento do voto pode ser aviventado para evitar a nulidade de votos contidos em urnas eletrônicas ou nas cédulas, quando a Junta Eleitoral verificar que é possível, pela adoção do princípio da razoabilidade, separar os votos nulos dos válidos (*não contaminados pela fraude*).

Quando for verificada numa eleição o abuso do poder econômico, político ou a captação ilícita de sufrágio é necessária a **prova da gravidade dos fatos** ou de sua **proporcionalidade** para que se tenha a nulidade do processo de votação com reflexo na inelegibilidade do candidato apontado como infrator.

2.8. PRINCÍPIO DO SIGILO DAS VOTAÇÕES

O sigilo das votações historicamente é apontado na edição da Lei nº 35, de 26 de janeiro de 1892, todavia, o marco principal da sua inclusão foi no Código Eleitoral de 1932 (*Decreto nº 21.076, de 24 de fevereiro de 1932, art. 57*).

Mister se faz ressaltar que na Constituição brasileira de 16/07/1934 foi expressamente garantida a indevassabilidade do voto com a adoção do voto secreto nos arts. 52, § 1º, e 181. Contrapõe-se ao **voto a descoberto**.

O Direito Eleitoral deve assegurar a liberdade plena na escolha do representante político, sem que se possa coagir ou utilizar de subterfúgios para a compra de votos dos eleitores.

A Constituição da República institui como cláusula pétrea o sigilo do voto (*art. 60, § 4º, II*).

O próprio art. 14 da Carta Magna dispõe sobre o voto secreto como um natural aperfeiçoamento da soberania popular, assim como o art. 82 do Código Eleitoral.

Nesse rumo, o art. 103 do Código Eleitoral elenca providências, e.g., o isolamento do eleitor na cabine de votação sem interferências de fiscais ou mesários.

As instruções repassadas aos mesários em prévias reuniões antes do dia da eleição objetivam a garantia da ação de liberdade em votar. Todo o cuidado com o eleitor na seção eleitoral resulta de inequívoca proteção ao sigilo do voto.

O art. 312 do Código Eleitoral tipifica a conduta penalmente relevante do agente que "*viola ou tenta violar o sigilo da votação*".

Com efeito, o art. 140, § 2º, do Código Eleitoral, ao tratar do poder de polícia eleitoral, não autoriza que pessoas estranhas aos mesários possam intervir no funcionamento da seção eleitoral, salvo o próprio juiz eleitoral.

Registre-se o art. 220, IV, do Código Eleitoral, que consagra a nulidade dos votos da seção eleitoral se for preterida uma formalidade atinente ao sigilo do voto.

No sistema eletrônico de votação a garantia da integridade do voto é efetivada com as mídias que são representadas em cartões de memória de carga, de votação e de resultado, quando são fiscalizadas pelo Ministério Público, Ordem dos Advogados do Brasil, partidos políticos e coligações.

De fato, as urnas eletrônicas são preparadas e lacradas, após a inserção de cartões de memória de votação com a realização de testes específicos no intuito de garantir a formalização essencial do sigilo do voto.

O art. 91-A, parágrafo único, da Lei nº 9.504/1997 proíbe que no dia da eleição o eleitor ingresse na cabine de votação com máquinas fotográficas, filmadoras e aparelhos celulares.

Os próprios mesários não podem ingressar na cabine de votação auxiliando o eleitor, pois essa conduta, além de violar o sigilo da votação, constitui crime eleitoral (*art. 312 do Código Eleitoral*).

De fato, a legislação não autoriza que outras pessoas ingressem na cabine de votação, exceto o eleitor para o exclusivo ato de votar, é o caso, e.g., dos menores de idade que procuram ingressar com seus pais eleitores na cabine de votação ou de candidatos que se cercam de familiares dentro da cabine de votação com a finalidade de serem fotografados. Esses atos não são permitidos.

Não são raros os casos em que eleitores deixam folhetos de propaganda eleitoral no interior da cabine de votação. Nesse caso, cumpre ao mesário fiscalizar e recolher esse material. Se o eleitor for flagrado nesse ato, responderá pelo crime do art. 39, § 5º, II, da Lei nº 9.504/1997 (*crime de "boca de urna"*).

Por fim, o sigilo do voto é uma ramificação do princípio da universalidade do sufrágio em sua plena consciência de liberdade.

Como se depreende, o sigilo do voto possui duas vertentes: a) o cidadão não pode sofrer pressões políticas, sociais, econômicas ou psicológicas para revelar o seu voto a terceiros interessados; e b) não se permite ao terceiro ou ao próprio eleitor revelar ou publicar o seu voto de forma ilegal.

2.9. PRINCÍPIO DA CELERIDADE

Significa que as decisões eleitorais devem ser imediatas, evitando-se delongas para fases posteriores à data da diplomação. A diplomação é a última fase do processo eleitoral e, a rigor, admite-se o julgamento da ação de impugnação ao mandato eletivo (*prazo de 15 dias*) e do recurso contra a diplomação (*prazo de 3 dias*), ambos tendo como marco inicial a data da outorga dos diplomas, além do julgamento posterior da ação de investigação judicial eleitoral com base no art. 22 da Lei das Inelegibilidades (*Lei Complementar nº 64, de 18 de maio de 1990*).

A celeridade manifesta-se no próprio cumprimento das decisões da Justiça Eleitoral. Nesse sentido, dispõe o art. 257, parágrafo único, do Código Eleitoral:

"A execução de qualquer acórdão será feita imediatamente, através de comunicação por ofício, telegrama, ou, em casos especiais, a critério do Presidente do Tribunal, através de cópia do acórdão".

Trata-se da adoção da *tutela de imediaticidade*, visando à pronta e eficaz adoção das medidas legais que ocorrem, muitas das vezes, durante o processo de votação.

Em atenção ao princípio da celeridade, os advogados dos candidatos, partidos políticos e coligações devem fornecer, de forma obrigatória, o número do *fax*, telefone e endereço, inclusive eletrônico, de seus escritórios ou do local de intimação, indicando o nome da pessoa responsável para recebê-la.

A imediata localização dos representantes dos partidos políticos ou coligações é de fundamental importância para a celeridade eleitoral.

O art. 169 do Código Eleitoral trata de impugnações durante a apuração dos votos, sob pena de preclusão. O renomado *Fávila Ribeiro* denominava **preclusão instantânea**, quando o fiscal partidário deixava de impugnar o voto contido na cédula.

O art. 170 do Código Eleitoral consagra a celeridade na hipótese da impugnação à identidade do eleitor no momento da votação.

2.10. CELERIDADE E DURAÇÃO RAZOÁVEL DO PROCESSO QUE OCASIONA A PERDA DO MANDATO ELETIVO

A Lei nº 12.034/2009 acrescentou o art. 97-A e seus §§ 1º e 2º na Lei nº 9.504/1997, firmando a necessidade de se observar no devido processo legal eleitoral um período máximo de julgamento de 1 (*um*) ano entre a propositura da ação e o resultado final nas instâncias eleitorais, inclusive sob pena de representação ao Conselho Nacional de Justiça, além de eventual responsabilidade administrativa funcional e renovação do pedido na via judicial com supressão de instância, objetivando a celeridade do julgado, art. 97 e §§ 1º e 2º da Lei das Eleições.

Como se nota, a regra da efetiva proteção jurisdicional se faz presente no processo eleitoral que conduz à perda do mandato eletivo, como por exemplo, a ação de impugnação ao requerimento de registro de candidatos (*art. 3º da Lei Complementar nº 64/1990*); a ação de captação ilícita de sufrágio (*art. 41-A da Lei nº 9.504/1997*); a ação de captação ou gastos ilícitos de recursos ou representação (*art. 30-A e parágrafos da Lei nº 9.504/1997*), a ação de investigação judicial eleitoral (*art. 22, XIV, da Lei Complementar nº 64/1990*), a ação de impugnação ao mandato eletivo (*art. 14, §§ 10 e 11, da Constituição Federal*), o recurso contra a expedição do diploma (*art. 262 do Código Eleitoral*), e a representação sobre condutas vedadas (*arts. 73, § 5º, e 75, parágrafo único, da Lei nº 9.504/1997*).

Qual é a consequência da inobservância do prazo previsto na lei?

O art. 97-A remete ao art. 97 da mesma lei, impondo: a) **desobediência** (*medida penal, art. 345 do Código Eleitoral*), quando não cumprido o prazo dolosamente, após determinação da instância superior; b) abertura de **procedimento disciplinar** na esfera das respectivas corregedorias; c) **representação** ao Conselho Nacional de Justiça; e d) **renovação da representação** (*na forma do art. 97, § 2º, da Lei das Eleições*) para o Colendo TSE, quando há omissão no cumprimento dos prazos.

Na mesma linha, é possível a propositura da representação no Tribunal Regional Eleitoral, quando a omissão decorrer de fato atribuível ao juiz eleitoral responsável pelo julgamento das ações eleitorais que acarretam a perda do mandato eletivo (*anulação do diploma*).

A regra do art. 97-A da Lei das Eleições é de natureza especial em comparação ao art. 94 da mesma norma, pois em relação à desídia ainda subsiste a menção ao crime de responsabilidade. No entanto, observa-se que não existe na Lei dos Crimes de Responsabilidade um fato típico específico para a hipótese de omissão culposa ou dolosa no cumprimento dos prazos.

Trata-se de remissão indevida, levando-se em conta que o tipo é natimorto ou suicida. Não existem preceitos primários ou secundários na lei especial para punir essas condutas, restando apenas na análise dolosa, as figuras típicas dos arts. 345 ou 347 do Código Eleitoral.

A Lei Complementar nº 135/2010 acrescentou o art. 26-B na Lei Complementar nº 64/1990, reforçando a máxima eficiência no cumprimento dos prazos para o julgamento final dos processos que envolvam a análise do abuso do poder econômico ou do poder de autoridade, por exemplo, a ação de investigação judicial eleitoral baseada no art. 22 desta norma e a ação de impugnação ao mandato eletivo ou o recurso contra a expedição do diploma, ressalvando-se, apenas, os processos de *habeas corpus* e mandado de segurança.

A prioridade no tratamento dessas ações refere-se à Justiça Eleitoral e ao Ministério Público, inclusive com a preferência sobre as atribuições regulares no que concerne à apuração dos delitos eleitorais.

Consagra-se a apresentação de relatórios mensais aos respectivos Conselho Nacional de Justiça e Ministério Público, com o objetivo de se estabelecer um controle sobre os eventuais descumprimentos injustificados de prazos, apurando-se a devida responsabilidade.

2.11. PRINCÍPIO DA EXECUÇÃO IMEDIATA DAS DECISÕES ELEITORAIS. EXCEÇÕES

Com a data preestabelecida das eleições não se pode prolongar a administração e a logística das etapas necessárias ao exercício do direito de voto.

De fato, as decisões da Justiça Eleitoral devem ser cumpridas de forma célere em observância aos prazos fixados pelo calendário eleitoral.

Por exemplo, o pedido de direito de resposta possui prazo reduzido (*72, 48 e 24 horas*), art. 58, § 1º, I, II e III, da Lei nº 9.504/1997, e as decisões são imediatas e a decisão em sede de representação do art. 96, § 7º, da Lei das Eleições é prolatada em 24 horas.

Os recursos eleitorais, em regra, possuem apenas efeito devolutivo.

Neste sentido é o art. 257 do Código Eleitoral: "*Os recursos eleitorais não terão efeito suspensivo*". Em certa contraposição está o art. 216 do mesmo diploma legal: "*Enquanto o Tribunal Superior não decidir o recurso interposto contra a expedição do diploma, poderá o diplomado exercer o mandato em toda a sua plenitude*".

Como se depreende, as decisões proferidas em sede de ação de impugnação ao mandato eletivo possuem eficácia imediata, sem que seja aplicável o art. 216 do Código Eleitoral que se reserva ao recurso contra a expedição do diploma (*art. 262 do Código Eleitoral*). Nesse sentido, art. 228, § 2º, da Resolução TSE nº 23.399/2013.

No entanto, existem regras que mitigaram o efeito imediato das decisões objetivando evitar a insegurança jurídica eleitoral com a alteração do mandatário político (*eleito*) pelo voto popular e em relação à constituição negativa da causa de inelegibilidade.

Assim, os recursos eleitorais passam a ter diversas exceções à regra do art. 257 do Código Eleitoral ensejando a suspensão da decisão judicial eleitoral.

Hodiernamente são raros os casos em que decisões judiciais eleitorais que acarretam a perda do mandato eletivo ou a exclusão do candidato da etapa da propaganda política eleitoral são imediatamente cumpridas, inclusive a inelegibilidade para ser constituída demanda uma decisão por órgão colegiado nos casos, e.g., de abuso do poder econômico ou político e compra de votos.

O art. 257 e parágrafos do Código Eleitoral foram alterados pela Lei nº 13.165, de 29 de setembro 2015, nos seguintes termos:

> Art. 257. Os recursos eleitorais não terão efeito suspensivo.
>
> § 1º A execução de qualquer acórdão será feita imediatamente, através de comunicação por ofício, telegrama, ou, em casos especiais, a critério do Presidente do Tribunal, através de cópia do acórdão. (Redação dada pela Lei nº 13.165, de 2015)

> **§ 2º O recurso ordinário interposto contra decisão proferida por juiz eleitoral ou por Tribunal Regional Eleitoral que resulte em cassação de registro, afastamento do titular ou perda de mandato eletivo será recebido pelo Tribunal competente com efeito suspensivo.** (Incluído pela Lei nº 13.165, de 2015). (Grifos nossos).

Foi revogado o parágrafo único do dispositivo legal, mas mantida a mesma redação no atual parágrafo primeiro, e ainda, incluídos os parágrafos segundo e terceiro.

Embora o § 2º do art. 257 do Código Eleitoral tenha feito referência apenas à "cassação do registro", o sentido teleológico alcança decisões que resultam no indeferimento do registro.

O indeferimento inviabiliza o postulado de uma candidatura e se comprovado um dano grave, ou até mesmo a probabilidade de provimento do recurso, é possível conferir efeito suspensivo numa espécie de antecipação de tutela recursal.

Com efeito, o Código de Processo Civil consagra a sua aplicação subsidiária e supletiva para os procedimentos eleitorais (*ações eleitorais*), conforme expressa previsão no art. 15. Incide, portanto, o art. 995 do Código de Processo Civil.

A lei fez menção apenas ao **recurso ordinário**, mas a norma se amplia ao **recurso inominado** em razão da referência à decisão singular do juiz eleitoral da zona eleitoral, e.g., nas eleições municipais.

Incidem os arts. 265, 276, II, "a" e "b", do Código Eleitoral e 121, § 4º, III, IV e V, da Constituição da República Federativa do Brasil.

Como se nota, se o Tribunal Regional Eleitoral decretar a perda do mandato eletivo com a nulificação do diploma, e.g., do Governador, Senador, Deputado Federal, Deputado Distrital ou Estadual, sendo interposto o recurso ordinário ao Tribunal Superior Eleitoral ele será recebido **com efeito suspensivo** não sendo afastado o mandatário político sem que o Tribunal Superior Eleitoral possa apreciar essa questão.

Há, ainda, em complemento ao § 2º do art. 257 do Código Eleitoral, o § 3º do art. 224 da mesma norma que diz: "*A decisão da Justiça Eleitoral que importe o indeferimento do registro, a cassação do diploma ou a perda do mandato de candidato eleito em pleito majoritário acarreta, após o trânsito em julgado, a realização de novas eleições, independentemente do número de votos anulados*". (grifos nossos).

Infere-se, pois, que o legislador da Lei nº 13.165, de 29 de setembro de 2015, ao tratar dos dispositivos legais acima aduzidos, deixou bem resoluta a necessidade de recebimento do recurso no efeito suspensivo amplíssimo, quando for o caso de eleição pelo sistema majoritário para a chefia do Poder Executivo (*Presidente,*

Governadores e Prefeitos), pois, somente serão realizadas novas eleições diretas ou indiretas com a certificação do trânsito em julgado da decisão.

Tem-se, portanto, que nas eleições majoritárias ou proporcionais, quando decretada a perda do mandato eletivo, o mandatário conservar-se-á no mandato, até ulterior decisão do Tribunal Superior Eleitoral ou em alguns casos do Supremo Tribunal Federal.

O recurso possui duplo efeito: devolutivo e suspensivo.

Todavia, no caso de Deputados Federais, Distritais, Estaduais e vereadores, convocar-se-á o suplente, pois não se anulam as eleições. No entanto, nas eleições majoritárias **aguarda-se o trânsito em julgado** para a efetivação de **novas eleições diretas ou indiretas**, nos termos dos incs. I e II do § 4º do art. 224 do Código Eleitoral (*inclusão da Lei nº 13.165/2015*).

O § 3º do art. 224 do Código Eleitoral faz menção às eleições majoritárias no sentido de que se deve aguardar o trânsito em julgado da decisão para realização de novas eleições. No caso de Senador não é necessário o trânsito em julgado, pois se convoca o primeiro ou segundo suplente.

A decisão do Tribunal Regional Eleitoral poderá ensejar ainda a interposição de embargos de declaração nos termos do art. 275 e parágrafos do Código Eleitoral observando-se a redação alteradora do art. 1.067 do novo Código de Processo Civil.

Se os embargos de declaração forem protelatórios nos termos dos parágrafos sexto e sétimo do art. 275 do Código Eleitoral (*redação do art. 1.067 do NCPC*), o juiz ou Tribunal aplicará a devida multa ao embargante para pagamento ao embargado.

O § 4º do art. 28 do Código Eleitoral ainda preconiza que a decisão do Tribunal Regional Eleitoral deverá ser com a **presença de todos os seus membros no caso de nulificação de registros, diplomas ou perda de mandatos eletivos**.

2.12. EXCEÇÕES. EFEITO SUSPENSIVO. EXEMPLOS

No processo eleitoral, como já visto, a regra é o efeito ser apenas devolutivo, mas é necessário esclarecer que existem as **exceções** apontadas abaixo que acabam **transmudando-se como uma verdadeira regra geral**:

1 – O recurso é recebido no **efeito suspensivo**, quando nega, cancela ou anula o diploma com base em sentença prolatada nos autos da ação de impugnação ao requerimento de registro de candidatos ou ação de registro de candidatos, aplicando-se a regra do art. 15 da Lei Complementar nº 64, de 18 de maio de 1990. Trata-se da hipótese em que foi reconhecida a causa de inelegibilidade ou a falta de condição de elegibilidade.

Conceito de Direito Eleitoral. Democracia.
Princípios e Regras de Interpretação

Capítulo 2

2 – No caso de a sentença declarar a inelegibilidade por abuso do poder econômico ou político (*art. 22, inc. XIV, da LC nº 64/1990, e verbete sumular nº 19 do TSE*), com base na aplicação da regra do art. 1º, *d*, da Lei Complementar nº 64/1990. Neste caso, percebe-se que **a inelegibilidade exige o trânsito em julgado da decisão ou que esta tenha sido proferida por órgão colegiado**. A decisão colegiada nem sempre é executada imediatamente, porque pode ser aplicável o art. 26-C da Lei Complementar nº 64/1990, que permite a suspensão da causa de inelegibilidade.

Versa o verbete sumular nº 66 do Egrégio TSE: "*A incidência do § 2º do art. 26-C da LC nº 64/90 não acarreta o imediato indeferimento do registro ou o cancelamento do diploma, sendo necessário o exame da presença de todos os requisitos essenciais à configuração da inelegibilidade, observados os princípios do contraditório e da ampla defesa*".

3 – A decisão penal condenatória, que desafia o recurso inominado, também chamado de apelação criminal eleitoral, previsto no art. 362 do Código Eleitoral: "*Das decisões finais de condenação ou absolvição cabe recurso para o Tribunal Regional, a ser interposto no prazo de 10 (dez) dias*". Neste caso, a execução da sentença penal está sujeita ao efeito suspensivo.

4 – No caso em que o candidato recorre para afastar a causa de inelegibilidade, quando presentes alterações fáticas ou jurídicas, nos termos do art. 11, § 10, da Lei nº 9.504/1997. E ainda, o verbete sumular nº 43 do TSE: "*As alterações fáticas ou jurídicas supervenientes ao registro que beneficiem o candidato, nos termos da parte final do art. 11, § 10, da Lei nº 9.504/1997, também devem ser admitidas para as condições de elegibilidade*".

5 – O Egrégio TSE já tinha firmado posição antes da minirreforma eleitoral de 2015 no sentido de que as decisões que importam em execução imediata para afastamento do eleito do exercício do mandato eletivo devem ser **esgotadas na instância originária**, inclusive para fins de publicação da sentença e eventual interposição de embargos declaratórios. Neste sentido: (*Agravo regimental no Mandado de Segurança nº 3.631/RN. Rel. Min. Caputo Bastos*).

6 – O art. 26-C da Lei Complementar nº 64/1990, que foi introduzido pela Lei Complementar nº 135/2010, admite em caráter cautelar a suspensão da inelegibilidade, quando o Tribunal verificar a plausibilidade da pretensão recursal. Como se nota, se o juiz eleitoral declarar a inelegibilidade do candidato, poderá o Tribunal Regional Eleitoral suspender os efeitos e, assim, permitir o registro da candidatura ou o exercício do mandato eletivo até o julgamento final da causa ou revogação da suspensão liminar, por exemplo, pelo Tribunal Superior Eleitoral.

7 – De qualquer maneira, o art. 16-A da Lei n° 9.504/1997 permite ao candidato *sub judice* participar da campanha eleitoral até o julgamento definitivo do seu registro, quando só então ocorrerá a coisa julgada material.

8 – O **efeito suspensivo** da decisão que indefere o pedido de registro de candidatura pode ser observado, pois o Egrégio TSE normatizou a questão nas eleições majoritárias, e.g., Prefeitos, seguindo as alterações da Lei n° 13.165/2015 (*Minirreforma Eleitoral*). Sobre o tema, destacamos o art. 167 e parágrafos da Resolução n° 23.456/2015 para melhor compreensão.

> **Art. 167.** Nas eleições majoritárias, respeitado o disposto no **§ 1° do art. 165**, serão observadas ainda as seguintes regras para a proclamação dos resultados:
>
> **I** – deverá a Junta Eleitoral proclamar eleito o candidato que obtiver o maior número de votos válidos, não computados os votos em branco e os votos nulos, se não houver candidato com registro indeferido que tenha obtido maior votação nominal;
>
> **II** – não deverá a Junta Eleitoral proclamar eleito o candidato que obtiver o maior número de votos válidos, se houver candidato com registro indeferido mas com recurso ainda pendente e cuja votação nominal tenha sido maior, o que poderá, **após o trânsito em julgado, ensejar nova eleição**, nos termos do **§ 3° do art. 224 do Código Eleitoral**;
>
> **III** – não deverá a Junta Eleitoral proclamar eleito o candidato que obtiver o maior número de votos válidos, se houver candidatos com registros indeferidos mas com recursos ainda pendentes e cuja soma das votações nominais tenha sido superior a cinquenta por cento da votação válida, o que poderá, **após o trânsito em julgado, ensejar nova eleição**, nos termos **do art. 224 do Código Eleitoral**;
>
> **IV** – se houver segundo turno e nele for eleito candidato que esteja sub judice e que venha a ter o registro indeferido posteriormente, caberá à Junta Eleitoral convocar novas eleições, **após o trânsito em julgado da decisão**.
>
> **§ 1°** Nas hipóteses dos **incisos II e IV**, o Tribunal Superior Eleitoral, ao apreciar o recurso no pedido de registro do candidato eleito, poderá aplicar o **art. 257 do Código Eleitoral e o art. 15 da Lei Complementar n° 64/1990**, determinando a imediata realização de novas eleições.
>
> **§ 2°** Na **hipótese do inciso III**:
>
> **I** – se houver decisões do Tribunal Superior Eleitoral indeferindo os pedidos de registro de candidatos não eleitos cujos votos recebidos alcançarem mais de cinquenta por

CONCEITO DE DIREITO ELEITORAL. DEMOCRACIA. PRINCÍPIOS E REGRAS DE INTERPRETAÇÃO

> cento dos votos válidos da circunscrição, as novas eleições deverão ser convocadas imediatamente;
>
> II – se não houver decisões do Tribunal Superior Eleitoral indeferindo os pedidos de registro de candidatos não eleitos cujos votos recebidos alcançarem mais de cinquenta por cento dos votos válidos da circunscrição, não se realizarão novas eleições e os respectivos feitos judiciais tramitarão em regime de urgência.
>
> § 3º Para fins de aplicação deste artigo, a validade da votação deve ser aferida levando-se em consideração o percentual de votos dados a todos os candidatos participantes do pleito, excluindo-se somente os votos em branco e os nulos decorrentes da manifestação apolítica ou erro do eleitor.
>
> § 4º As novas eleições previstas neste artigo correrão a expensas da Justiça Eleitoral e serão:
>
> I – **indiretas**, se a vacância do cargo ocorrer a menos de seis meses do final do mandato;
>
> II – **diretas**, nos demais casos. (Grifos nossos)

Observa-se que não são realizadas novas eleições enquanto não houver uma **decisão final** do Tribunal Superior Eleitoral. A legislação faz menção ao **trânsito em julgado** que deve firmar-se no **próprio TSE**. Dessa forma, objetiva-se a manutenção do chefe do Poder Executivo no mandato eletivo até o desfecho final do processo judicial eleitoral no TSE.

O objetivo é tutelar a segurança das relações jurídicas da representação popular evitando-se a constante modificação, por exemplo, de um Prefeito por outro, sem que se tenha uma solução final.

O § 3º do art. 224 do Código Eleitoral (*incluído pela Lei nº 13.165, de 29 de setembro de 2015*), não exige mais, a princípio, o critério quantitativo para realizar ou não uma eleição suplementar.

Acresça-se que o art. 224, § 3º, do Código Eleitoral assim dispõe:

> § 3º A decisão da Justiça Eleitoral que importe o indeferimento do registro, a cassação do diploma ou a perda do mandato de candidato eleito em **pleito majoritário** acarreta, após o trânsito em julgado, a realização de novas eleições, **independentemente do número de votos anulados**. (Incluído pela Lei nº 13.165, de 2015) (grifo nosso).

A alteração legislativa determina a realização de novas eleições "*independentemente do número de votos anulados*". No entanto, o Egrégio TSE disciplinou essa questão com maior cautela nos termos do art. 167 da Resolução nº 23.456/2015.

A interpretação do art. 224 e §§ 3º e 4º do Código Eleitoral se integram com a regulamentação da resolução eleitoral nº 23.456/2015.

Por exemplo No Município X a apuração para Prefeito foi a seguinte.

O candidato ao mandato de Prefeito Mário obteve 7.660 votos, mas está indeferido por inelegibilidade. Seus concorrentes somados e deferidos em seus registros somam 8.188 votos válidos. Os votos apurados são de 17.209. Votos nulos pela vontade do eleitor totalizam 995. Votos em branco somam 366. Os votos válidos são de 17.209 menos (995+366) 1.361 (*nulos e brancos*). O total é de 15.848.

Dessa forma os votos válidos contando os sufragados ao candidato Mário são de **15.848** que é igual a **100%**. O percentual, ou seja: 7.660 (votos exclusivos do Mário) X 100% divididos por 15.848 = **49%**. Assim, **Mário teve 49% dos votos válidos**, mas está *sub judice*.

O candidato Pedro (*segundo lugar*) não pode assumir, porque **Mário obteve maior votação nominal** e encontra-se indeferida a sua candidatura com recurso pendente. Incidem, no caso, os incs. I e II do art. 167 da Resolução nº 23.456/2015.

Se Mário for definitivamente indeferido pelo TSE será marcada nova eleição e ele não poderá participar, porque deu causa à nulidade. Trata-se da aplicação do § 1º do art. 167 da aludida resolução do TSE.

A legislação valoriza **a maior votação válida**, porque se o candidato vencedor está, a princípio, com a votação anulada, a representatividade popular fica abalada e a cidade não pode ser governada por um representante que foi eleito sem maior expressividade.

Serão realizadas novas eleições sempre que forem esgotadas as vias recursais perante o Egrégio TSE ou em razão de desistência do recurso interposto pelo candidato inelegível, o que enseja um **efeito suspensivo da decisão que indefere o registro da candidatura**.

O trânsito em julgado da decisão referida no § 3º do art. 224 do Código Eleitoral se aplica para as eleições majoritárias (*Presidente, Governadores, e Prefeitos*).

Em relação aos Prefeitos já seria suficiente o resultado do julgamento do Tribunal Regional Eleitoral em segunda instância para determinar-se a alternância do Poder Executivo com a realização de novas eleições, em certas hipóteses concretas, considerando o aspecto da impossibilidade de reexame de prova dos fatos abusivos ou captativos de votos pelo Tribunal Superior Eleitoral, ressalvando-se, no entanto, a análise da **revalorização probatória** que é admitida pelos Tribunais Superiores na linha interpretativa do verbete sumular nº 7 do Superior Tribunal de Justiça (*aplicável no âmbito recursal eleitoral*). O TSE editou o verbete sumular nº **24** nos seguintes termos: "*Não cabe recurso especial eleitoral para simples reexame do conjunto fático-probatório*".

A questão é que se o Tribunal Superior Eleitoral julgar que não se trata de reexame de prova, mas revalorização da mesma, a realização das eleições antes da decisão final transitada em julgado poderia ser novamente anulada.

Desta forma, quando a eleição for pelo **sistema eleitoral majoritário** (*Presidente, Vice, Governador, Vice, Prefeito e Vice*), aguarda-se o **trânsito em julgado da decisão** para a determinação de novas eleições em razão da perda do mandato eletivo.

No Egrégio STF tramita a **ADI nº 5.525**, sustentando a inconstitucionalidade dos §§ 3º e 4º do art. 224 do Código Eleitoral.

No caso de **eleições proporcionais** (*Deputados Federais, Distritais, Estaduais e vereadores*), a decisão já é eficaz, e cumprirá ao prejudicado obter a eventual concessão do efeito suspensivo para obstaculizar a imediata perda do mandato eletivo.

Cumpre frisar que a inelegibilidade declarada por órgão colegiado (*Tribunal Regional Eleitoral*) já é causa de inelegibilidade. O candidato é inelegível (*decisão do órgão colegiado*), mas tem o direito de aguardar a decisão final para sair da campanha eleitoral ou do exercício do mandato eletivo. Todavia, o recorrente poderá ainda obter a liminar na forma do art. 26-C da Lei Complementar nº 64/1990, ou seja, o efeito do recurso não é automaticamente de natureza suspensiva.

O art. 16-A da Lei nº 9.504/1997 deve ser interpretado de forma sistêmica com os arts. 15 e 26-C da LC nº 64/1990.

Tenha-se presente que o art. 16-A autoriza o candidato a permanecer na disputa das eleições realizando propaganda e tendo o seu nome, fotografia e número inseminados na urna eletrônica, enquanto estiver recorrendo aos Tribunais Eleitorais.

Nesse passo, a decisão judicial do magistrado eleitoral da zona eleitoral que julga o pedido de registro de candidato não possui executoriedade imediata, ou seja, negado o registro e interposto o recurso ao Tribunal Regional Eleitoral **suspende-se a decisão**, causando evidente desprestígio à tutela jurisdicional eleitoral em primeiro grau de jurisdição. É como se fosse uma sentença sujeita ao duplo grau de jurisdição eleitoral.

O mesmo fenômeno ocorre quando o registro do candidato é negado em acórdão pelo Tribunal Regional Eleitoral e a parte recorre ao Tribunal Superior Eleitoral.

Em virtude dessas considerações, *de lege ferenda*, objetivando compatibilizar a regra do art. 257 do Código Eleitoral com o art. 16-A da Lei das Eleições, quando a parte recorrente interpuser o recurso cumprirá ao juízo de admissibilidade verificar se concederá ou não o efeito suspensivo ensejando a interposição de outro recurso sobre essa nova decisão eleitoral.

Todavia, enquanto não se alterar a redação dos arts. 16-A e B da Lei nº 9.504/1997 permanecerá uma espécie de duplo grau obrigatório de jurisdição, o que cria nos eleitores um sentimento de evidente dúvida sobre a validade do seu voto, considerando que o voto em candidato inelegível é uma espécie de voto nulo.

Por fim, os itens acima elencados são apenas exemplificativos e retratam exceções específicas ao efeito imediato das decisões prolatadas pela Justiça Eleitoral.

2.13. PRINCÍPIO DA ANUALIDADE OU ANTERIORIDADE

O princípio é previsto no art. 16 da Constituição da República Federativa do Brasil.

A lei que alterar o processo eleitoral (*alistamento, votação, apuração e diplomação*) será publicada um ano antes da data da eleição. A data da eleição é sempre o primeiro domingo de outubro (*arts. 77 da Constituição Federal e 1º da Lei nº 9.504, de 30 de setembro de 1997*); portanto, a referência é vista no calendário eleitoral que coincide com esta data.

Por exemplo, as Leis nᵒˢ 13.487 e 13.488 foram publicadas no dia 06 de outubro de 2017, sendo que as eleições de 2018 ocorrem em 7/10/2018. Assim, atende-se ao princípio constitucional da anualidade.

É importante frisar que o Tribunal Superior Eleitoral possui o poder normativo, ou seja, o poder de regulamentar as eleições, conforme disciplinado nos arts. 1º, parágrafo único, e 23, IX, do Código Eleitoral, e 105 da Lei nº 9.504, de 30 de setembro de 1997. A Lei das Eleições permite que as resoluções decorrentes do poder normativo, por exemplo, resolução do registro de candidatos, propaganda política eleitoral, apuração e totalização dos votos, prestação de contas, sejam expedidas até o dia 5 de março do ano da eleição.

Como se nota, as resoluções eleitorais não estão sujeitas ao princípio da anualidade em matéria constitucional eleitoral.

A Emenda Constitucional nº 52, promulgada em 8 de março de 2006, foi questionada no Egrégio Supremo Tribunal Federal por ações diretas de inconstitucionalidade (**ADins nᵒˢ 3.685 e 3.686**) devidamente propostas pela Associação Nacional dos Membros do Ministério Público (*CONAMP*)[3] e Conselho Federal da Ordem dos Advogados do Brasil (*OAB*). A redação assim dispõe:

Emenda Constitucional nº 52.

"Dá nova redação ao § 1º do art. 17 da Constituição Federal, para disciplinar as coligações eleitorais".

---

3 Foi arquivada a ação direta de inconstitucionalidade (ADIn 3.686), proposta pela CONAMP, pois, segundo entendeu S. Exª. a Ministra Ellen Gracie não havia pertinência temática e, portanto, legitimidade deste órgão para tratar de preceitos referentes à organização e funcionamento de partidos políticos.

> Art. 1º O § 1º do art. 17 da Constituição Federal passa a vigorar com a seguinte redação:
>
> Art. 17 (...)
>
> § 1º É assegurada aos partidos políticos autonomia para definir sua estrutura interna, organização e funcionamento e para adotar os critérios de escolha e o regime de suas coligações eleitorais,[4] **sem a obrigatoriedade de vinculação entre as candidaturas em nível nacional, estadual, distrital ou municipal**, devendo seus estatutos estabelecer normas de disciplina e fidelidade partidária.
>
> Art. 2º Esta Emenda Constitucional **entra em vigor na data de sua publicação**, aplicando-se às eleições que ocorrerão no ano de **2006**.

Foi manifesta a intenção do legislador em aplicar no ano de 2006 a liberdade de alianças (*coligações*),[5] como já era feito até o ano de 2000. Aqui estão em jogo, de um lado, os valores da segurança jurídica das normas do processo eleitoral; e, de outro lado, a possibilidade da plena liberdade de formação **temporária do pluripartidarismo** impondo aos filiados e ao universo de eleitores aptos ao exercício do sufrágio no pleito de 2006, regras novas sem maiores sedimentações sobre sua pertinência em função do caráter nacional[6] dos partidos políticos e da futura Reforma Política.

---

4 A coligação é pessoa formal. Sua personalidade nasce com a deliberação de sua constituição temporária nas convenções e formaliza-se com o pedido de registro.

5 A coligação, como partido político temporário, perde a sua personalidade jurídica de pessoa formal, após a diplomação dos eleitos. Neste sentido, Acórdão 1.863 do TSE. No entanto, reconhece-se a legitimidade da coligação para fins de propositura da ação de impugnação ao mandato eletivo (art. 14, §§ 10 e 11, da Carta Magna/1988), pois o ente prorroga sua existência para resguardar a fiscalização da lisura das eleições. Igual legitimidade é atribuída para a interposição de recurso contra a diplomação (art. 262 do Código Eleitoral). A coligação recebe sempre o mesmo tratamento processual de um partido político.

A regra do art. 6º da Lei nº 9.504/1997 pode ser resumidamente exemplificada da seguinte forma: os partidos políticos 1, 2, 3 e 4 estão coligados para a eleição majoritária. Assim, estes mesmos partidos podem se coligar para as eleições proporcionais (Deputados). Para as eleições proporcionais os partidos 1 e 2 podem se coligar, sem que o 3 e o 4 participem desta aliança, pois, inclusive, nada impede que os de números 2 e 3 não façam coligação nenhuma e se lancem sozinhos no pleito eleitoral. Todavia, a norma impede que um destes partidos se coligue com um outro partido não integrante da coligação majoritária, por. exemplo, com o partido nº 5. Assim diz a lei em sua parte final: "[...] formar-se mais de uma coligação para a eleição proporcional dentre os partidos que integram a coligação para o pleito majoritário". Vê-se que existe uma limitação para a livre formação das coligações proporcionais. O TSE já decidiu sobre esta limitação na Res. nº 21.049. SP. Consulta 766-2002 e em outros precedentes (Consulta nº 715, de 26/02/2002).

Pela redação da Emenda Constitucional nº 52/2006, apenas é vedada a obrigatoriedade de vinculação entre as candidaturas em âmbito nacional, estadual, distrital ou municipal, sem que haja menção à alteração da regra estatuída no art. 6º da Lei nº 9.504/1997. Desta forma, entendemos que o dispositivo legal foi recepcionado, pois os critérios de escolha e o regime de suas coligações são relacionados à falta de obrigatoriedade das vinculações (verticalização). A Emenda nº 52/2006 não permitiu a plena liberdade sem que haja a incidência das normas da Lei nº 9.504/1997, bem como as interpretações normativas do Colendo Tribunal Superior Eleitoral.

6 E ainda, o sentido do que venha a ser caráter nacional, conforme dispõe o art. 17, I, da Constituição da República Federativa do Brasil, reflete-se no compromisso estatutário de consignação de regras direcionadas para a solução de problemas em toda a circunscrição eleitoral do País. Trata-se de construção de objetivos não regionais, mas que rumam para uma visão ampla dos problemas na nação brasileira.

Não haveria nenhum questionamento jurídico mais profundo, se a regra cuidasse de postergar a sua aplicabilidade para as eleições futuras. No entanto, a lide emerge, em razão do efeito imediato da aplicação da norma que **horizontaliza as coligações** com alegações de violação ao princípio da anualidade consagrado no art. 16 da Constituição da República Federativa do Brasil.

Os fundamentos das arguições de inconstitucionalidade podem ser resumidos nos seguintes pontos fundamentais: **a)** o art. 16, ao fazer menção à expressão "lei", a faz no sentido genérico, abrigando os atos normativos como a lei complementar, lei ordinária e as próprias emendas constitucionais; e **b)** a intenção do constituinte é de preservar a intangibilidade da segurança do processo eleitoral e do regime democrático. A segurança é tripartida nos seguintes tópicos: **(i)** segurança dos eleitores em votar nas regras previamente definidas; e **(ii)** segurança das decisões emanadas dos juízes e Tribunais Eleitorais, especialmente em função do poder normativo ou regulamentar, pois as regras são elaboradas até o dia 5 de março do ano eleitoral (*art. 105 da Lei nº 9.504/1997*).

Desta forma, a segurança jurídica tratada no art. 5º da Carta Magna é um direito fundamental e de garantia individual com repercussões políticas; portanto, é uma cláusula pétrea que foi atingida (*art. 60, § 4º, IV*).

A adoção da **verticalização** está arrimada não apenas na interpretação por resolução do Tribunal Superior Eleitoral, mas no próprio art. 17 da Lei Fundamental, na legislação infraconstitucional, no art. 6º da Lei nº 9.504/1997 (*Lei das Eleições*) e na Lei dos Partidos Políticos (*Lei nº 9.096/1995*). Trata-se de proteção necessária ao regime democrático em função da valorização do **caráter nacional** atribuído aos partidos políticos.

Aponta-se dentre as vantagens do sistema vertical, que nada mais é do que uma interpretação eficiente do sentido do caráter nacional, as seguintes: **a)** o direito de filiação partidária, que passaria a ganhar um sentido mais duradouro, pois os filiados não migrariam para outros partidos ao sabor das seduções captativas de legenda; **b)** para os eleitores e candidatos, haveria uma maior coerência ideológica partidária; **c)** aos poucos se reduziriam a corrupção e as fraudes, bem como os interesses de alianças em função do maior tempo obtido na propaganda pela televisão e rádio; e **d)** anteciparia uma reforma política necessária ao nosso regime democrático, moralizando as eleições.

O art. 16 da Constituição da República Federativa do Brasil consagra a necessidade de se respeitar os preceitos normativos existentes, evitando-se a surpresa das alterações legiferantes. Todavia, o artigo está imbricado com

---

O caráter nacional está vinculado aos programas políticos de abrangência nacional e se alinha ao disposto no art. 5º da Lei nº 9.096/1995: "A ação do partido tem caráter nacional e é exercida de acordo com seu estatuto e programa, sem subordinação a entidades ou governos estrangeiros"; além de se modelar nesta premissa de alargamento nacional a forma de criação de um partido político com o número de fundadores na base de 101, com domicílio eleitoral em, no mínimo, 1/3 (um terço) dos Estados, conforme dispõe o art. 8º da Lei dos Partidos Políticos.

CONCEITO DE DIREITO ELEITORAL. DEMOCRACIA.
PRINCÍPIOS E REGRAS DE INTERPRETAÇÃO

a definição do que é considerado "**processo eleitoral**". No fundo, trata-se de conceito vago, que a doutrina e a jurisprudência apontam como sedimentado em fases, a saber: alistamento, votação, apuração e diplomação. Ora, a rigor, nenhuma destas fases está sendo efetivamente alterada, mas sim uma **subfase antecedente ao registro das candidaturas** concernente às regras de alianças (*coligações*) nas convenções partidárias.

As convenções partidárias só ocorrerão entre os dias disciplinados no art. 8º da Lei nº 9.504/1997, com reflexos inegáveis no registro dos candidatos e diplomação em função do quociente partidário, pois uma coligação é tratada para esta finalidade como um partido único, segundo os arts. 107 e 109 do Código Eleitoral.

Tecnicamente, portanto, as regras da formação das coligações para uma determinada eleição não fazem parte de uma fase do processo eleitoral em sentido **restrito,** pois, na verdade, as coligações antecedem ao registro das candidaturas e são normas de abrangência estatutária e partidária. Dizem respeito à auto-organização partidária para fins de resultados eleitorais, até porque uma coligação não permanece após a eleição e diplomação dos eleitos. Na reforma política, a ideia é de extinção das coligações e criação da federalização dos partidos políticos, e assim, após as eleições a federação ficaria mantida por aproximadamente 3 (três) anos.

Numa visão **objetiva e literal** do que constitui o denominado **processo eleitoral** não estariam abrangidas as formas de coligação.

A **horizontalização** ou **verticalização** é matéria de auto-organização partidária cujo escopo é voltado para os interesses de um **pluripartidarismo temporário**, que se revela nos anos eleitorais.

Este tema precede ao arcabouço normativo das fases do processo eleitoral e, assim, apenas se sujeita ao princípio da anualidade porque o regime democrático possui densidade suficiente para estatuir regras partidárias de criação, extinção, fusão e outras, não se podendo afastar o sentido de que tudo aquilo que altera uma norma constitucional ou infraconstitucional sobre partidos políticos causa reflexos aos eleitores e aos candidatos, até porque atinge o sistema eleitoral.

Nesta conclusão, podemos incluir na fase do processo eleitoral as regras convencionais e, por via de projeção, as formas de deliberação das alianças (coligações).

Inicia-se o processo eleitoral com a escolha pelos partidos políticos dos seus pré-candidatos. Deve-se entender por processo eleitoral os atos que se refletem, ou de alguma forma se projetam no pleito eleitoral, abrangendo as coligações, convenções, registro de candidatos, propaganda política eleitoral, votação, apuração e diplomação.

A questão do poder regulamentar nas eleições sempre foi alvo de especial valorização jurídica do legislador constituinte.

Na Constituição Política do Império do Brasil, jurada a 25 de março de 1824, o art. 97 dizia que: *"Uma Lei regulamentar marcará o modo prático das Eleições, e o número dos Deputados relativamente à população do Império"*.

O art. 47, § 3º, da Constituição da República de 1891 assim dispunha: *"O processo de eleição e de apuração será regulado por lei ordinária"*.

Na Carta Magna de 1934, com o perfil constitucional da Justiça Eleitoral, competia-lhe fixar a data das eleições, além de regular a forma e processo de recursos, mas não havia um artigo expresso sobre o princípio da anualidade eleitoral. Em seguida, a Carta Magna de 1937 vedava ao Poder Judiciário conhecer de questões exclusivamente políticas (*art. 94*), não tratando da anualidade para fins eleitorais.

No texto da Constituição Federal de 1946, especialmente no art. 119, V, competia à Justiça Eleitoral regulamentar o "processo eleitoral", a apuração das eleições e a expedição dos diplomas aos eleitos.

Na sequência, a Carta de 1967 não tratava expressamente do princípio da anualidade, mas no art. 149, VIII, proibia as coligações partidárias.

Em 1969, a emenda outorgada especialmente não tratou da regulamentação, mas remeteu esta questão à lei infraconstitucional, cabendo, na forma da lei, o processo de apuração das eleições e expedição dos diplomas (*art. 137, V*). Todavia, acaba-se com a proibição das coligações partidárias.

Com a Constituição da República Federativa do Brasil de 1988 foi efetivamente positivado o princípio da anualidade em relação ao processo eleitoral com a seguinte redação: *"Art. 16. A lei que alterar o processo eleitoral só entrará em vigor um ano após sua promulgação"*.

O primitivo art. 16 da Constituição da República acarretava a possibilidade de incidência de várias leis alteradoras do processo eleitoral, desde que promulgadas há um ano.

Nos idos das eleições de 3 de outubro de 1992, v.g., a Lei nº 8.214, de 24 de julho de 1991, em seu art. 55, determinava de forma expressa que sua vigência se daria nos termos do art. 16 da Constituição Federal. Assim, a aludida lei só entraria em vigor no dia 25 de julho de 1992. Naquela ocasião vale destacar o teor do Processo 12.257, sendo relator S. Ex.ª, o Ministro Vilas Boas, do Tribunal Superior Eleitoral, que cuidou com acuidade de validar a lei, por Resolução nº 17.770, do Calendário Eleitoral, conforme destacamos em trecho de real valia:

> (...) 5. Não há dúvida de que muitas das disposições da aludida lei, incorporadas na minuta de resolução, alteram o processo eleitoral. Realmente, conforme destacado na exposição da Assessoria, as datas fixadas no calendário para comprovação de domicílio eleitoral e

transferência de eleitores, por exemplo, têm o condão de modificar o processo eleitoral, porquanto, nas eleições passadas, os prazos eram diferentes, consoante destacado na manifestação da Assessoria.

6. Assim, essas normas, a teor do citado preceito constitucional, não poderiam ter vigência antes de 25 de julho de 1992. Seriam, portanto, normas inócuas, porque inexequíveis (...).

8. Diante do quanto exposto e embora considere que o ideal seria a edição de uma norma de natureza geral e duradoura e não dirigida para determinada eleição, como é o caso da Lei nº 8.214/1991, não a tenho por inconstitucional ou inaplicável ao próximo pleito, porquanto em muitos aspectos ela não inova ou modifica o processo eleitoral.

Conclui sua Excelência que não haveria na ocasião, nenhum inconveniente em se conciliar o texto da lei com o art. 16 da *Lex Legun*, ressalvando que as normas inovadoras do processo eleitoral não deveriam incidir desde logo, protraindo sua vigência para o dia 25 de julho de 1992. Desta forma, não se aplicariam ao próximo pleito de 1992 as outras regras não inovadoras, ou seja, as regras já previamente conhecidas pelos candidatos, partidos políticos e eleitores teriam vigência imediata, desde a publicação da lei (1991).

O debate desta questão estava reservado à adequação de uma lei especial para determinada eleição. Não havia valores traduzidos em regras constitucionais. Não existia um debate entre validade de emendas constitucionais naquela época. Hodiernamente, o panorama é diverso.

Visando a sanar as dubiedades da redação do art. 16 da Carta de 1988, foi produzida a Emenda Constitucional nº 04, de 1993, passando o texto com a seguinte regra: **"Art. 16. A lei que alterar o processo eleitoral entrará em vigor na data de sua publicação, não se aplicando à eleição que ocorra até um ano da data de sua vigência".**

Cumpre ainda frisar o aspecto de que a alteração da regra do processo eleitoral sobre a maior amplitude de liberdade de coligações (fim da verticalização) é matéria que não estava regulamentada especificamente em lei, mas em resolução do Tribunal Superior Eleitoral (Resolução nº 20.993/2002 TSE – 26/02/2002). Não se pode olvidar que uma das sólidas bases de fundamentação da norma regulamentar é a interpretação do art. 17, I, da Constituição Federal, **"caráter nacional dos Partidos Políticos".**

Por outro lado, não se nega o cabimento de ação direta de inconstitucionalidade no Supremo Tribunal Federal para impugnação de emenda constitucional, quando houver violação aos limites do poder de reforma da Constituição. Não se nega que a alteração da regra constitucional em pleno ano de eleições defluiu de um processo legislativo especial. A questão proposta situa-se em saber se a emenda constitucional atingiu uma limitação expressa material, cláusula pétrea, art. 60,

§ 4º, IV, da Constituição Federal. Se atingir a segurança jurídica, obviamente é inconstitucional.

A segurança jurídica já havia sido enfraquecida neste campo, quando se tratou de interpretar, por intermédio do regulamento do Egrégio Tribunal Superior Eleitoral, o disposto no art. 6º da Lei nº 9.504/1997.

O Supremo Tribunal Federal ao julgar o tema verticalização decidiu validar posição do Tribunal Superior Eleitoral que no ano de eleição interpretou a regra do art. 6º da Lei nº 9.504/1997(*ADIn 2.626-DF e ADIn 2.628-DF, Rel. orig. Min. Sydney Sanches, red. para o acórdão Ministra Ellen Gracie, 18/04/2002*).

Naquela ocasião, a aludida decisão foi proferida em resposta à consulta apresentada no mês de agosto de 2001. A regra valeu para as eleições de 2002, ou seja, inseriu-se a verticalização por interpretação de legislação infraconstitucional, mas arrimada no foco do art. 17, I, da Carta Magna visando a preservar o caráter nacional dos partidos políticos.

Na atualidade, o processo legislativo de modificação da regra não está baseado no poder regulamentar do Tribunal Superior Eleitoral (*arts. 1º, parágrafo único, e 23, IX, do Código Eleitoral e art. 105 da Lei nº 9.504/1997*), mas especialmente em deliberação parlamentar com *quorum* qualificado para aprovação, além da necessidade de dupla votação em ambas as Casas, na Câmara e no Senado. Isto não significa que a regra esteja imune para fins de declaração de inconstitucionalidade.

É importante lembrar que para fins de aplicação de regras defluentes de emendas constitucionais no ano das eleições, o próprio Tribunal Superior Eleitoral, quando expediu a Resolução nº 21.702/2004, em 2 de abril de 2004, que trata do número de vereadores a eleger em função da população municipal, ressalvou, expressamente no art. 3º, o seguinte: "Sobrevindo emenda constitucional que altere o art. 29, IV, da Constituição, de modo a modificar os critérios referidos no art. 1º, o Tribunal Superior Eleitoral proverá a observância das novas regras".

Como se nota, já há precedente legal no Tribunal Superior Eleitoral, ressalvando a incidência de emenda constitucional no ano de eleição, quando já ultrapassada a data de 5 de março (*art. 105 da Lei nº 9.504/1997*), data destinada à regulamentação das eleições por resoluções.

O caso do Município de Mira Estrela, inovou no âmbito do processo eleitoral, pois introduziu regra modificadora do número de pré-candidatos que podiam ser escolhidos nas eleições de 2004, alterando a forma de coligações e, por via de consequência, as regras da diplomação em função do quociente partidário. De alguma forma a regra projetou-se em artigo constitucional com alteração de diversas leis orgânicas dos Municípios.

A alteração por emenda constitucional não atinge a proteção relativa à segurança jurídica com garantia individual contida no art. 60, § 4º, IV, da Constituição Federal, pois embora seja produzida no ano eleitoral, não modifica as regras das convenções, quando se deliberará sobre as coligações, que só se darão entre os dias (10 e 30 de junho pela lei antiga) e **20 de julho e 5 de agosto em razão da alteração da Lei nº 13.165/2015, por força do art. 8º da Lei nº 9.504/1997**, sendo, logo em seguida, efetuado o registro das candidaturas. E a opção valorativa dos parlamentares pela não verticalização não deixa de traduzir uma forma democrática de pluralismo político temporário, embora não seja adequada e oportuna sob o ângulo de diversas e abalizadas posições jurídicas e políticas.

O Colendo STF decidiu a questão. *"O Plenário do Supremo julgou procedente o pedido formulado na Ação Direta de Inconstitucionalidade (ADIn) 3.685 que questionava a Emenda Constitucional nº 52. Os ministros decidiram, por nove votos a dois, que as novas regras que põem fim à verticalização só poderão ser aplicadas após um ano da vigência da emenda, ou seja, não valerão para as eleições de 2006. Em seu voto, o ministro Eros Grau, também julgou procedente a ADIn, conferindo interpretação conforme a Constituição ao art. 2º da EC nº 52/2006, para definir que o seu art. 1º não se aplica às eleições de 2006 (fonte: site do STF)".*

Destaca-se que a douta decisão no voto de S. Exª. Ministro Eros Grau entendeu que não havia violação à cláusula pétrea, conforme destacou no teor do voto, *in verbis*: *"Uma emenda constitucional poderia inclusive e até mesmo ter revogado o preceito vinculado por esse art. 16, o que, contudo, não ocorreu. Esse ponto é extremamente relevante. Pois esse art. 16 seria emendável, até porque decorreu, em sua redação atual, de uma emenda à Constituição, a EC nº 04/1993. Daí por que, como observou na tribuna o Professor Marcelo Cerqueira, não cabe a atribuição, a esse preceito, do caráter de cláusula pétrea"* (ADIn 3.685-8. STF).

Em conclusão.

O Colendo Supremo Tribunal Federal manteve a regra normativa da verticalização das coligações para as eleições de 2006, cuja interpretação se extrai do art. 6º da Lei nº 9.504/1997 em função do caráter nacional dignificado no inc. I do art. 17 da Constituição da República Federativa do Brasil, situando a questão no âmbito da segurança jurídica das relações entre eleitores, candidatos e partidos políticos com as regras da eleição previamente aprovadas por lei e interpretadas por resoluções específicas.[7]

Com relação às eleições nacionais, estaduais e federais posteriores ao ano de 2006, não subsiste mais a denominada verticalização.

Nas eleições de 2014, a formação de coligações foi livre, quando se percebe que nos Estados os candidatos majoritários de determinados partidos políticos receberam apoios e formaram coligações totalmente diversas do nível nacional.

---

7 A interpretação em conformidade com a Constituição é bem explicada pelo renomado Ricardo Cunha Chimenti, em sua obra *Curso de Direito Constitucional*, 3ª ed. São Paulo: Saraiva, 2006, p. 428, *in expressi verbis:* "[...] o princípio é aplicado quando se está diante de normas polissêmicas, ou seja, plurissignificativas: a interpretação conforme só se legitima quando de fato existe um espaço de decisão; caso as interpretações possíveis levem ao reconhecimento de que há contradição entre a norma interpretada e a Constituição impõe-se o reconhecimento da inconstitucionalidade da norma; não é legítima a interpretação conforme quando, em lugar do resultado desejado pelo legislador, se obtém uma regulação nova e distinta, em contradição com o sentido desejado pelo legislador".

2.14. A LEI COMPLEMENTAR Nº 135/2010 E O PRINCÍPIO DA ANUALIDADE OU ANTERIORIDADE

O Colendo Supremo Tribunal Federal, por maioria de votos julgou que a Lei Complementar nº 135, de 04 de junho de 2010, conhecida como "Lei da Ficha Limpa" não teria validade para as eleições de 2010, por violar o princípio da anterioridade ou anualidade, previsto no art. 16 da Carta Magna.

A decisão do Supremo Tribunal Federal ocorreu no Recurso Extraordinário nº 633.703, no qual o recorrente candidato a Deputado Estadual por Minas Gerais alegava a aplicação do art. 16 da Carta Fundamental, não incidindo em seu registro de candidatura o art. 1º, I, alínea *l*, da Lei Complementar nº 64/1990, que foi acrescido pela Lei Complementar nº 135/2010.

O art. 16 da Carta Magna foi dignificado como cláusula pétrea, na medida em que estabelece a segurança jurídica das relações e a confiabilidade, não se admitindo alterações eleitorais, inclusive da Lei das Inelegibilidades, em espaço de tempo inferior a um ano antes da data da eleição, observando-se sempre o calendário eleitoral no primeiro domingo de outubro.

A interpretação extraída do art. 16 da Carta Magna sobre o *processo eleitoral* engloba três fases, nos termos dos votos majoritários no Recurso Extraordinário nº 633.703 (*STF, sessão plenária de 23/06/2011, Rel. Min. Gilmar Mendes*): (i) **pré-eleitoral** que se inicia com as filiações e domicílio eleitoral da escolha do pleiteante a mandato eletivo no prazo de seis meses antes das eleições (art. 9º da Lei nº 9.504/1997 e art. 18 da Lei nº 9.096/1995); (ii) **eleitoral** que se constata durante as convenções até as eleições; e (iii) **pós-eleitoral** com a apuração, prestação de contas e diplomação.

> O processo eleitoral, cuja estabilidade é assegurada pela regra da anualidade, compõe-se de três fases: fase pré-eleitoral, com as convenções partidárias e a definição do candidato; fase eleitoral, com o início, a realização e o encerramento da votação; e fase pós-eleitoral, com a apuração e contagem dos votos, seguida da diplomação dos candidatos (ADIn nº 3.345, Rel. Min. Celso de Mello).

Mister se faz ressaltar que objetivando alterações para as regras eleitorais de 2014, o legislador editou as Leis nºs 12.875/2013, 12.891/2013 e 12.976/2014. O Egrégio TSE decidiu, por unanimidade, nas Consultas nºs 84.742 e 433-44, que a Lei nº 12.875, de 30 de outubro de 2013, que altera a Lei dos Partidos políticos e a Lei nº 9.504/1997 não se aplicaria para as Eleições de 2014.

A lei referida altera a distribuição das cotas do Fundo Partidário e o tempo de propaganda dos partidos políticos, mas não observou o prazo de um ano antes da data da eleição, não tendo validade para o pleito de 2014 em razão da interpretação do art. 16 da Carta Magna.

Em seguida, o Egrégio TSE respondeu a Consulta nº 100.075, e, por maioria de votos, negou a aplicação da Lei nº 12.891, de 11 de dezembro de 2013, para as eleições de 2014, considerando que foi violado o art. 16 da Lei Maior. Trata-se de mais uma lei de minirreforma eleitoral.

No julgamento da Consulta nº 100.075, o voto do Excelentíssimo Ministro Relator João Otávio de Noronha ficou vencido, pois compreendia que alguns dispositivos legais inovadores não alterariam o "processo eleitoral", expressão aludida no art. 16 da Constituição da República.

A propósito, o Egrégio TSE também decidiu que a Lei nº 12.976, de 19 de maio de 2014, não será aplicada nas eleições de 2014. A lei alterou o § 3º do art. 59 da Lei nº 9.504/1997, modificando a ordem de votação na urna, inserindo, primeiramente, a escolha para Deputado federal, e, em seguida, o eleitor vota para Deputado estadual ou distrital.

No entanto, como já visto, o julgamento sobre a não aplicação da Lei Complementar nº 135, de 4 de junho de 2010 (*Lei da Ficha Limpa*), efetivamente marcou a questão controvertida sobre o significado do **"processo eleitoral"**, que hodiernamente possui amplo alcance sobre as normas de Direito Eleitoral, mesmo as que efetivamente não abalem o equilíbrio das forças políticas e que não modifiquem substancialmente as regras constitucionais referentes às eleições.

Por este prisma, é possível extrair a lição de que a mera alteração da ordem de votação na urna eletrônica, que foi introduzida pela Lei nº 12.976, de 19 de maio de 2014, não observou o art. 16 da Lei Maior.

Ad fidem, **o legislador não está mais autorizado à produção de legislação de surpresa, com edição de texto que possa não apenas afetar o "processo eleitoral", mas a segurança jurídica das relações eleitorais.**

O Colendo STF julgou o Recurso Extraordinário nº 929.670/DF, Relator Ministro Ricardo Lewandowski, em 28/9/2017, e, por maioria de votos, decidiu que o prazo de inelegibilidade de 8 (oito) anos introduzido pela Lei da Ficha Limpa, LC nº 135/2010, se aplica a fatos anteriores à vigência dessa lei.

2.15. PRINCÍPIO DA RESPONSABILIDADE SOLIDÁRIA ENTRE CANDIDATOS E PARTIDOS POLÍTICOS

Este princípio está expresso no art. 241 do Código Eleitoral:

> Art. 241. Toda propaganda eleitoral será realizada sob a responsabilidade dos partidos ou de seus candidatos, e por eles paga, imputando-se-lhes solidariedade nos excessos praticados pelos seus candidatos e adeptos.

O dispositivo legal consagra o princípio da corresponsabilidade entre partidos e candidatos que podem responder na esfera cível, administrativa, eleitoral e penal pelos abusos e excessos.

O art. 17 da Lei nº 9.504, de 30 de setembro de 1997, imputa a corresponsabilidade financeira pelas despesas de campanha aos partidos políticos e candidatos, e o art. 38 da mesma lei diz que os folhetos, volantes e outros impressos são editados por corresponsabilidade entre partidos políticos, candidatos e, coligações.

A questão da responsabilidade de candidatos pela distribuição de **folhetos apócrifos** de propaganda política eleitoral irregular, em regra, deflui da circunstância probatória sobre o conhecimento dos fatos, tanto que alguns candidatos costumam acompanhar pessoalmente a distribuição do material, especialmente em cidades do interior. Deve-se analisar se o candidato pretende sempre obter vantagem na campanha eleitoral, até porque, no próprio dia da eleição, os cabos eleitorais são previamente instruídos para distribuir o maior número possível de folhetos nas ruas e nos logradouros públicos, visando ao benefício do voto. Trata-se de presunção *juris tantum*.

O art. 38, § 1º, da Lei nº 9.504/1997 exige que todo o material impresso, como panfletos, volantes e outros, seja de responsabilidade dos candidatos, partidos e coligações. Observe-se que no dia da eleição a sua distribuição é crime eleitoral, conforme disposto no art. 39, § 5º, III, da mesma lei.

Quanto à aplicação deste princípio no TSE: (*Acórdão nº 21.026, de 25/9/2003. Embargos de declaração no Agravo Regimental no Recurso Especial Eleitoral nº 21.026/SP. Rel. Min. Carlos Velloso; Acórdão nº 4.291, de 1º/08/2003. Agravo regimental no Agravo de Instrumento nº 4.291/SP. Rel. Min. Luiz Carlos Madeira; Acórdão nº 19.797, de 24/06/2003. Agravo regimental no Recurso Especial Eleitoral nº 19.797/MG. Rel. Min. Carlos Velloso*).

Sobre o assunto, e.g., a Resolução TSE nº 22.261/2006 (*Resolução sobre propaganda nas eleições de 2006*) assim disciplinou (*a regra é repetida em sucessivas resoluções, conforme trata o art. 11 da Resolução (TSE) nº 23.370/2011 e assim sucessivamente*).

A norma jurídica sujeita *o responsável* às penas de multa e restauração dos bens. Por isso, a necessidade de se verificar o verdadeiro causador da propaganda irregular.

O Egrégio TSE disciplinou a sanção para o **derrame de material de propaganda no local da votação**, ainda que na véspera do dia da eleição, sujeitando o infrator à multa do § 1º do art. 37 da Lei nº 9.504/1997. Nesse sentido, art. 14, § 7º, da Resolução TSE nº 23.457/2015.

A responsabilidade solidária entre o candidato e o administrador financeiro da campanha eleitoral está prevista no art. 21 da Lei nº 9.504/1997.

Sobre a responsabilidade civil dos partidos políticos, cumpre ressaltar a modificação introduzida pela Lei nº 11.694/2008, que alterou a Lei dos Partidos Políticos, *in verbis*:

> Art. 1º A Lei nº 9.096, de 19 de setembro de 1995, passa a vigorar acrescida do seguinte art. 15-A:
>
> Art. 15-A. A responsabilidade, inclusive civil, cabe exclusivamente ao órgão partidário municipal, estadual ou nacional que tiver dado causa ao não cumprimento da obrigação, à violação de direito, a dano a outrem ou a qualquer ato ilícito, excluída a solidariedade de outros órgãos de direção partidária.

O § 13 do art. 37 da Lei nº 9.096/1995 ressalva a responsabilidade pessoal civil e criminal dos dirigentes partidários em razão da desaprovação de contas partidárias que somente ocorre se houver: (i) verificação de irregularidade grave e insanável; (ii) conduta dolosa; (iii) enriquecimento ilícito; e (iv) lesão ao patrimônio do partido.

A *ratio legis* é a de que só incidirá a responsabilidade quando verificados os requisitos de forma cumulativa, o que torna raríssima a aplicação.

> *Desta forma, o TSE vem pacificando o entendimento de que a multa deve ser aplicada individualmente aos responsáveis, quando for o caso de propaganda política eleitoral irregular, pois, assim, a sanção se torna mais efetiva e pode inibir a conduta dos infratores.*

2.16. PRINCÍPIO DA IRRECORRIBILIDADE DAS DECISÕES DO TRIBUNAL SUPERIOR ELEITORAL

A disciplina está no § 3º do art. 121 da Constituição Federal que prevê o cabimento de recurso extraordinário das decisões do TSE que contrariarem a Constituição e, ainda, o recurso ordinário das decisões que denegarem *habeas corpus* ou mandado de segurança. O art. 281 do Código Eleitoral, igualmente trata da irrecorribilidade.

Significa que a decisão final é do Tribunal Superior Eleitoral, que examina para a solução do caso concreto a questão constitucional na via de exceção ou defesa, sendo incabível recurso extraordinário interposto contra acórdão dos Tribunais Regionais Eleitorais para o Supremo Tribunal Federal. Assim, o TSE objetivando solucionar o litígio, faz uma prévia análise não apenas da legalidade, mas de alguma forma da própria constitucionalidade.

O verbete sumular nº 728 do Supremo Tribunal Federal versa sobre o prazo de 3 (três) dias para a interposição do recurso extraordinário contra decisão do Tribunal Superior Eleitoral.

2.17. PRINCÍPIO DA MORALIDADE ELEITORAL

Sobre o tema, a posição[8] sumulada do Egrégio Tribunal Superior Eleitoral no verbete de número 13 é no sentido da **não aplicabilidade** do princípio da moralidade eleitoral para fins de exame de candidaturas. Neste sentido: *"Não é autoaplicável o § 9º, art. 14, da Constituição, com a redação da Emenda Constitucional de Revisão 4/1994".*

Como se verifica, o Tribunal Superior Eleitoral entendeu que se faz necessária a produção de norma legal (*lei de natureza complementar*) para fins de explicitar quais os casos que ensejam a imoralidade eleitoral para fins de inelegibilidade nos termos da Constituição da República Federativa do Brasil, art. 14, § 9º.

Em todas as eleições nacionais, estaduais ou municipais aparecem candidatos que apresentam uma vida pregressa repleta de imoralidades públicas e anotações criminais em suas folhas de antecedentes criminais.

Impende frisar o verbete sumular **nº 9** do Tribunal Superior Eleitoral, que assim dispõe: *"A suspensão de direitos políticos decorrente de condenação criminal transitada em julgado cessa com o cumprimento ou a extinção da pena, independendo de reabilitação ou de prova de reparação dos danos".*

Na **Bélgica,** o Código Eleitoral, no art. 6º, com a alteração da Lei de 5 de julho de 1976 (art. 3º), assim dispõe: *"Ficarão definitivamente privados da capacidade eleitoral, não podendo ser admitidos à votação, os que tenham sido condenados a uma pena criminal".* A lei não especifica se deve haver o trânsito em julgado. Vê-se, portanto, que na legislação pátria deveria existir um dispositivo legal que não permitisse o deferimento de pedidos de candidaturas cujos interessados já estivessem condenados, sem trânsito em julgado. Nestes casos, poder-se-ia constituir uma espécie de inelegibilidade criminal.

A Lei Eleitoral da **Dinamarca** de 31 de maio de 1987, no art. 4º, item I, assim expressa: *"A elegibilidade para o Parlamento é atribuída a todo o indivíduo que gozar do direito de voto, nos termos dos arts. 1º e 2º, salvo se tiver sido condenado por um ato que, aos olhos da opinião pública, o torne indigno de ser membro do Parlamento".*

Outrossim, a Lei Orgânica nº 5, de 19 de junho de 1985, do **Regime Eleitoral Espanhol**, no art. 6º, item 2, disciplina: *"Não poderão ser eleitos: a) os condenados, por sentença transitada em julgado, à pena privativa de liberdade, durante o período de duração da mesma; b) ainda que a sentença não seja transitada em julgado, os*

---

8 Favor consultar o capítulo 11 sobre Perda e Suspensão dos Direitos Políticos, no item que trata do princípio da moralidade pública considerada a vida pregressa do candidato.

condenados por crime de rebelião ou os membros de organizações terroristas condenados por crime contra a vida, a integridade física ou liberdade das pessoas".

É interessante observar que na Lei Eleitoral de 31 de julho de 1924 (texto refundido), de **Luxemburgo,** o eleitor perde a capacidade ativa e, por via de consequência, a capacidade passiva, quando: *"Art. 4º: 2º os que tiverem sido objeto de condenação penal; 3º os que tiverem sido condenados, bem como seus cúmplices, à pena de prisão por furto, receptação, fraude ou abuso de confiança, contrafacção, emprego de falsificações, falso testemunho, falso juramento, suborno de testemunhas, peritos ou intérpretes (...)".*

Como se nota, as aludidas legislações dos países da União Europeia procuram adotar mecanismos impeditivos de candidaturas revestidas de imoralidade pela vida pregressa, quando já existe uma condenação, mesmo sem que haja o trânsito em julgado.

Outrossim, o princípio da moralidade administrativa é previsto no art. 37 da Carta Magna e está em consonância com os princípios da lealdade e boa-fé. Em igual sentido são os arts. 5º, LXXIII, e 85, V, da Constituição Federal. Os acessos ao Poder Público em geral, inclusive aos cargos decorrentes de mandatos eletivos se pautam pelas normas constitucionais. Todavia, o conceito subjetivo de moralidade é superlativo e toca ao direito natural de convivência social, ensejando uma sinergia de proteção pelas autoridades responsáveis pela defesa do regime democrático brasileiro.

Nas eleições de 2006, o Egrégio TSE assim decidiu:

> Recurso Ordinário nº 1.069 – Classe 27ª – Rio de Janeiro. Rel. Min. Marcelo Ribeiro.
>
> 1. O art. 14, § 9º, da Constituição não é autoaplicável (Súmula nº 13 do Tribunal Superior Eleitoral).
>
> 2. Na ausência de lei complementar estabelecendo os casos em que a vida pregressa do candidato implicará inelegibilidade, não pode o julgador, sem se substituir ao legislador, defini-los. Recurso provido para deferir o registro.
>
> Sala de Sessões do Tribunal Superior Eleitoral. Brasília, 20 de setembro de 2006.

Destacamos trecho do voto do Excelentíssimo Ministro Carlos Ayres de Britto:

> Assim como as leis eleitorais substantivas tanto punem o eleitor mercenário como o candidato comprador de votos. Mais ainda, esta a razão por que a nossa Constituição forceja por fazer do processo eleitoral um exercício da mais depurada ética e da mais firme autenticidade democrática. Deixando clarissimamente posto, pelo § 9º do seu art. 14, que todo seu empenho **é garantir a pureza do regime representativo**, traduzida na ideia de "normalidade e legitimidade das eleições contra a influência do poder econômico ou

o abuso de exercício de função, cargo ou emprego na administração direta ou indireta. Isso de parelha com a proteção da 'probidade administrativa e a moralidade para o exercício do cargo, considerada a vida pregressa do candidato'".

Como se nota, a questão resultou controversa no Egrégio TSE, e, por maioria, não se aplicou o princípio da moralidade eleitoral considerada a vida pregressa.

Posteriormente, o Supremo Tribunal Federal julgou uma Arguição de Descumprimento de Preceito Fundamental de nº 144, proposta pela Associação dos Magistrados do Brasil (*AMB*), Rel. Min. Celso de Mello, em 06/08/2008.

Nesta decisão entendeu-se que a pretensão deduzida pela AMB não deveria ser acolhida, considerando a garantia do princípio da inocência (*ou da não culpabilidade*), que se irradia além dos limites do processo penal.

Firmou-se, mais uma vez, o enunciado **nº 13** do verbete sumular do TSE, quando exige que lei complementar trate dos casos ensejadores da inelegibilidade dos cidadãos para candidaturas aos mandatos eletivos.

Registre-se que, a **Lei Complementar nº 135, de 4 de junho de 2010**, que consagrou os casos de inelegibilidade, considerou aspectos da vida pregressa dos candidatos.

Desta forma, o princípio da moralidade está atualmente contemplado na Lei Complementar nº 135, de 4 de junho de 2010, que alterou e acrescentou dispositivos legais na Lei Complementar nº 64, de 18 de maio de 1990. A lei foi declarada constitucional pelo Egrégio STF nas ADC nºs 29 e 30, mas ainda poderá ser reexaminada em pontos controvertidos.

2.18. PRINCÍPIO DA PERIODICIDADE DAS ELEIÇÕES

É um princípio de natureza republicana que importa na efetiva alternância do poder do mandatário político. Trata-se da temporariedade no exercício do mandato eletivo. Contrapõe-se à monarquia absolutista. O absolutismo é: "*um regime político em que o poder, diretamente e sem restrições, se exerce por um só indivíduo, por uma casta, classe ou partido*" (Joaquim Pimenta, *Enciclopédia de Cultura, Sociologia e Ciências Correlatas*, 1ª ed. São Paulo: Livraria Freitas Bastos S.A., 1955, p. 3).

No regime republicano consagra-se a responsabilidade do mandatário político e um prazo determinado no exercício do mandato eletivo, ou seja, "*é uma forma de governo sem monarca, associada mais à representação popular efetivada através de alguma forma de processo eletivo e, em diversos graus*" (*Dicionário de Ciências Sociais*, 2ª ed. São Paulo: FGV, 1987, p. 1.066).

O mandato eletivo decorre da representação política, quando o cidadão apto ao voto confere ao escolhido (*representante*) o direito de legislar e governar o conjunto da coletividade. No entanto, como o mandatário não é escolhido por critérios hereditários, o princípio da temporariedade está vinculado a um

Conceito de Direito Eleitoral. Democracia. Princípios e Regras de Interpretação — Capítulo 2

momento anterior, que é a aprovação da candidatura eleitoral do futuro eleito em critérios legais de elegibilidade e de não incidência de causa de inelegibilidade.

A República possui previsão no art. 1º da Carta Magna, e a violação da proteção republicana ainda enseja a hipótese de intervenção federal (*art. 34, VII, "a", da Constituição Federal*). Trata-se de uma **limitação material** de natureza implícita ao poder reformador.

O § 7º do art. 14 da Constituição da República Federativa do Brasil dispõe sobre hipóteses de inelegibilidades reflexas ou relativas, quando o mesmo núcleo familiar está impedido de se eternizar em sucessivas alterações de mandatos eletivos. É uma forma republicana.

Todavia, a Emenda Constitucional nº 16/1997, que introduziu a reeleição dos chefes do Poder Executivo na Constituição da República, art. 14, § 5º, além de atingir a regra do § 7º, também é apontada como uma norma contrária aos princípios republicanos.

Em complemento, o § 4º, inc. II, do art. 60 da Constituição Federal trata como cláusula pétrea a periodicidade dos mandatos eletivos obstaculizando ações legislativas que possam afetar a renovação dos mandatos.

No Egrégio TSE o princípio republicano é consagrado nos seguintes verbetes sumulares.

> **Súmula nº 6**. *São inelegíveis para o cargo de Chefe do Executivo o cônjuge e os parentes indicados no § 7º do art. 14 da Constituição Federal, do titular do mandato, salvo se este, reelegível, tenha falecido, renunciado ou se afastado definitivamente do cargo até seis meses antes do pleito.*

> **Súmula nº 12**. *São inelegíveis, no município desmembrado, e ainda não instalado, o cônjuge e os parentes consanguíneos ou afins, até o segundo grau ou por adoção, do Prefeito do município-mãe, ou de quem o tenha substituído, dentro dos seis meses anteriores ao pleito, salvo se já titular de mandato eletivo.*

2.19. PRINCÍPIO DA SOBERANIA POPULAR. *SUMMA SUFRAGIUM*

Consiste na concepção de que cada cidadão numa sociedade é possuidor de uma fração da soberania nacional, cabendo-lhe participar na escolha dos governantes. No campo da filosofia política significa uma autoridade moral de um governo legítimo.

Leciona *Hans Kelsen* que o "povo" no plano normativo pode ser identificado num conjunto de titulares de direitos políticos (*A Democracia*, editora Martins Fontes, São Paulo, 2000, p. 10).

Deveras, na essência da soberania popular sobressai uma concepção democrática em três suportes: (i) *liberdade na votação*; (ii) *igualdade entre os cidadãos votantes*; e (iii) *legitimidade do representante eleito*.

Consagra-se na ideia de soberania popular uma **autodeterminação política do cidadão** participando na escolha do seu governo, mas segundo *Rousseau: "A soberania reside na vontade geral e a vontade não admite representação. Não existe uma possibilidade intermediária. Os Deputados do povo, portanto, não são e não podem ser os seus representantes: são apenas seus agentes, e não podem levar a cabo nenhum ato definitivo [...]"*. (*O Contrato Social,* livro I, capítulo VI). E ainda escreve. "Suponhamos que o Estado seja composto de 10.000 cidadãos; cada membro do Estado não tem, por sua parte, senão a décima milésima parte da autoridade soberana". (Rosseau, *ob. cit.,* III, I, in: *Oeuvres Complètes, La Pléiade,* tomo III, p. 397).

Infere-se que a soberania popular se sustenta no sufrágio universal sendo a estrutura inicial da soberania nacional, constituindo a capacidade de autogoverno, quando os entes federados podem organizar o processo eletivo.

O **Pacto Internacional Sobre Direitos Civis e Políticos** (*assinado na Assembleia Geral das Nações Unidas em Nova York, (Estados Unidos), em 16/12/1966 e promulgado pelo Decreto nº 592, de 6/7/1992*), versa no **art. 25 letras "a", "b" e "c"** que: **o cidadão** terá o direito de participar na condução de assuntos públicos de forma direta ou indireta e: *"votar e ser eleito em eleições periódicas, autênticas, realizadas por sufrágio universal e igualitário e por voto secreto, que garantam a manifestação da vontade dos eleitores; além de ter acesso, em condições gerais de igualdade, às funções públicas de seu país"*.

Os arts. 1º, incs. I e II, e 14 da Constituição da República consagram a **soberania popular**, sendo que o exercício se efetiva pela capacidade eleitoral ativa e passiva. Forma-se um nexo de causalidade entre a exteriorização do sufrágio e a elegibilidade.

A concepção da soberania popular alcança diversas magnitudes como: votar, ser votado, propor a ação popular, participar de organizações partidárias, votar em plebiscitos, referendos e projetos de iniciativa popular.

Tenha-se presente que a soberania popular se arrima no **reino do voto**, que se ampara no **reino da lei**, menção a que já fazia referência *Dicey* (*Introduction a l'Étude du Droit Constitutionnel,* p. 180, 1902).

Se a soberania nacional é: *una, indivisível, inalienável* e *imprescritível*; a **soberania popular** simetricamente absorve essas feições peculiares, mas é acrescida da *igualdade* e *legitimidade* na votação que são elementos essenciais e, portanto, **inalienáveis**. Trata-se da adoção do ***Summa Sufragium***.

2.20. PRINCÍPIO DA PESSOALIDADE NA VOTAÇÃO

A capacidade eleitoral ativa deve ser exercida pessoalmente, significando que só vota o eleitor que estiver devidamente alistado e sem restrições. Não existe o voto por procuração, ou seja, valendo-se o eleitor de intermediários ou representantes.

Como se pode notar, o voto pessoal impede manobras de transferibilidade e retrata uma fiel ligação com o voto direto (*arts. 14 e 60, § 4º, II, da Constituição Federal*).

No entanto, a Lei Maior prevê excepcionalmente a regra da eleição indireta (*que não se confunde, exatamente, com a pessoalidade do voto*) nos termos do art. 81, § 2º, autorizando o Congresso Nacional a eleger o Presidente e o Vice--Presidente da República em caso de vacância dos mandatos nos últimos dois anos do período presidencial.

O art. 221, III, "c" do Código Eleitoral prevê a anulação dos votos em determinada seção eleitoral, quando outra pessoa com falsa identidade vota em lugar do eleitor.

O art. 309 do Código Eleitoral pune criminalmente a conduta de quem vota ou tenta votar em lugar de outrem.

Impende observar que no ato da votação não pode haver dúvida sobre a identidade do eleitor, dispondo o Código Eleitoral, no art. 146, V, de uma série de providências para a verificação da identidade do mesmo pelo Presidente da seção e mesários.

No ato de votação o eleitor deverá apresentar um documento oficial com fotografia com o intuito de comprovar a sua verdadeira identidade pela carteira de identidade, passaporte, certificado de reservista, carteira de trabalho ou carteira nacional de habilitação.

Vale ratificar que não poderá votar o eleitor que não figure no cadastro eleitoral da seção em que está se apresentando.

O art. 147, § 1º, do Código Eleitoral prevê a impugnação à identidade do eleitor.

Por outro lado, a legislação eleitoral consagra a **votação biométrica** como uma modalidade mais moderna de identificação do eleitor (*exemplo, art. 94 da Resolução TSE nº 23.399/2014*), o que revela a busca permanente de garantia da pessoalidade do voto.

De fato, a pessoalidade do voto é uma forma evidente do desdobramento do princípio constitucional democrático, inclusive nos casos de justificativa do voto, voto em trânsito e no exterior.

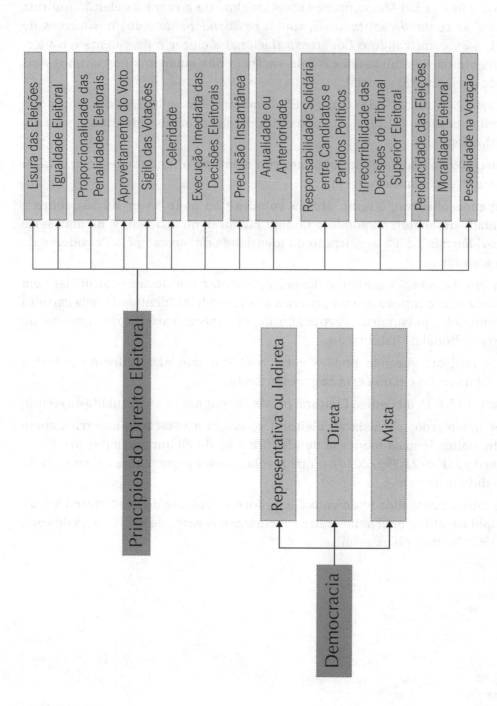

Marcos Ramayana • Direito Eleitoral. 17ª ed. • Capítulo 2 – Conceito de Direito Eleitoral. Democracia. Princípios e regras de interpretação

Capítulo 3
Sistemas Eleitorais

3.1. CONCEITO

É um conjunto de técnicas legais que objetiva organizar a representação popular, com base nas circunscrições eleitorais (*divisões territoriais entre Estados, Municípios, distritos e bairros*).

De fato, a representação política pode ser objetivada pelo princípio majoritário ou distribuindo-se o sufrágio por diversos partidos, de forma a possibilitar a representação proporcional das diferentes correntes partidárias que espelham a opinião pública de determinados segmentos de eleitores.

A forma de contagem dos votos induz à escolha de um sistema que melhor possa distribuir os mandatos eletivos entre os concorrentes a determinado tipo de eleição. O sistema é sempre uma forma jurídica de dominação política.

Existe uma busca pela perfeição do sistema eleitoral, e são diversas as soluções apresentadas ao longo da história. Já ensinava *Kelsen*, no *Tratado de Estado* (p. 134): "*O princípio proporcionalista realiza, melhor que o princípio majoritário, a ideia democrática, encarada como ideal de autonomia dos indivíduos*".

No estudo sobre Eleição e Representação, leciona *Gilberto Amado* que: "*O voto proporcional é dado às ideias, ao partido, ao grupo. O voto de circunscrição, o voto distrital, o voto de simples maioria é dado ao indivíduo, ao compadre, ao amigo, ao boss, ao chefe local, ao candidato que pede, insiste, trafica com o eleitor*" (p. 67, *Pongetti*, 1946).

Lembra o autor *Mário Pinto Serva* que: "*O princípio proporcional foi posto decididamente em foco em virtude de sua adoção em todas as novas Constituições elaboradas depois do Tratado de Versalhes, que deu novo regime ou existência a várias nacionalidades do velho mundo*" (*Problemas da Constituinte*, p. 154, São Paulo, 1933).

Historiadores atribuem a autoria do sistema proporcional ao *Duque de Richmond*, que em 1780, na Câmara dos Comuns, utilizou a expressão "*proporcionalidade quociente*".

Lembrava ainda *Machado Paupério* que o sistema representativo, na verdade, é um sistema de organização da nação.

O sistema majoritário sempre nos pareceu mais adequado. Nesse ponto seguimos a mesma opinião do renomado *Fernando Whitaker da Cunha*, em sua obra *Democracia e Cultura* (Rio de janeiro: Editora Forense, 1973). Dizia o jurista, (p. 162): "*Expurgado de algumas deficiências, parece-nos que o sistema majoritário ainda é o melhor, pelo menos enquanto a representação proporcional não atingir suas verdadeiras finalidades, que são as de encarnar autêntica e legitimamente as reais correntes de opinião, embasadas em princípios ideológicos-partidários*".

E, ainda, citando o pensamento de *Macdonald*, dizia *Whitaker*:

> O sistema de representação proporcional aumenta considera-velmente os gastos eleitorais, oferece oportunidades abundantes para maquinações clandestinas, torna as maiorias e os governos mais dependentes de individualidades dispersas no Parlamento, e leva, a este, grande número de homens que não representam opiniões, nem são portadores de nenhum mandato, porque são eleitos por grupos muito singularizados, como, por exemplo, sociedades de temperanças, grupos que, entretanto, terão de votar em todas as questões que suscitem ante o Parlamento.

Ainda sobre sistemas eleitorais podemos registrar certos tipos de votos que implicam a proteção do direito das minorias: a) **voto limitado,** que foi sugerido pelo *Lord Grey* (*1836*), na Inglaterra, mas utilizado segundo historiadores na Pensilvânia nos idos de 1839. Foi adotado também na monarquia brasileira, na chamada *Lei do Terço*, ou seja, um território é um distrito e o eleitor não vota em todos os candidatos, mas apenas em um determinado número para que sobre a vaga das minorias; b) **voto cumulativo**, quando o eleitor vota tantas vezes quanto são seus representantes a eleger, distribuindo arbitrariamente seus votos e facilitando a tarefa da minoria. Esse voto é conhecido em 1853, a referência é atribuída a Garth Marshall.

A lei brasileira, chamada de **Lei Rosa e Silva**, consagrou esse tipo de voto, quando ocorreu a divisão em distritos e eram eleitos representantes por esses locais; e c) **voto transferível**, explicado por *Assis Brasil*, quando os eleitores votam em tantos nomes quantos são os lugares a preencher. Adota-se o quociente resultante do número de votantes pelo de lugares a preencher. Transfere-se o voto para outros nomes da mesma lista. Na Inglaterra cita-se *Hare* e na Dinamarca, *Androe*, como entusiastas desse tipo de voto, que segundo eles garante todas as opiniões dos eleitores.

3.2. SISTEMA MAJORITÁRIO

A vitória é do candidato que tiver mais votos, considerando a maioria absoluta ou relativa. Exemplo: em eleições para Prefeito em Municípios com menos de 200 mil eleitores e para Senador é adotada a maioria relativa. Em eleições para Prefeitos em Municípios com mais de 200 mil eleitores (*art. 29, II, da CF*), Governadores de Estado, distrital e Presidente da República, adota-se a maioria absoluta.

A maioria absoluta dá-se em dois turnos: no primeiro é eleito o candidato que tiver mais votos que os de todos os concorrentes somados. Não ocorrendo esta hipótese, é realizado o segundo turno, com os dois mais votados.

Na hipótese excepcional de empate, é diplomado o mais idoso, por exemplo, nas eleições municipais de 2008, no Município de Dom Cavati no Estado de Minas Gerais, os dois candidatos a Prefeito (*candidatura majoritária*) terminaram empatados com 1.919 votos válidos.

Desta forma, o sistema majoritário elege o Presidente, Vice-Presidente, Governadores e Vices, Prefeitos e Vices e os Senadores com dois suplentes. A reforma eleitoral que se anuncia deverá manter apenas um dos suplentes.

Sobre o assunto tramita a **PEC nº 404/2009**, que estabelece apenas um suplente de Senador, mas os debates devem recair igualmente sobre os critérios de escolha do nome do suplente.

Os Senadores são eleitos com dois suplentes. No entanto, historicamente, por exemplo, em razão do Decreto-Lei nº 1.543, de 14 de abril de 1977, a eleição destinada a uma das vagas de Senador, na renovação de dois terços do Senado foi feita pelo sufrágio do **colégio eleitoral**, ou seja, a eleição se processava na sede da Assembleia Legislativa, na mesma data fixada para a eleição de Governador, em sessão pública e mediante votação nominal.

Todavia, em diversos exemplos históricos se elegem pessoas do vínculo familiar do próprio Senador para a suplência e que acabam assumindo parte do tempo do mandato eletivo em razão da licença do titular para exercer, por exemplo, uma função de cargo de confiança do Poder Executivo (Ministro).

3.3. SISTEMA PROPORCIONAL

O sistema da **representação proporcional** "*assegura aos diferentes partidos políticos no Parlamento uma representação correspondente à força numérica de cada um. Ela objetiva assim fazer do Parlamento um espelho tão fiel quanto possível do colorido partidário nacional.*"[1]

O sistema proporcional no Brasil é de **lista aberta**, ou seja, os eleitores escolhem diretamente os Deputados Federais, Distritais, Estaduais e vereadores.

No sistema proporcional chamado de **lista fechada**, o eleitor vota apenas no partido político, que seleciona por uma votação de lista os candidatos que

---

1 FERREIRA, Pinto. *Código Eleitoral Comentado*. 4ª ed. Rio de Janeiro: Saraiva, 1997, p. 169.

efetivamente ocuparão os mandatos eletivos. Quanto mais votos o partido recebe numa eleição, maior o número de mandatários políticos daquele partido.

Na lista fechada preconiza-se a possibilidade de o partido político realizar os seus projetos de forma coesa e uniforme. Vota-se não na pessoa do candidato, mas sim nos ideais partidários defendidos por regras estatutárias.

A lista também é referida na Itália. O território italiano se divide em círculos eleitorais. Em cada círculo, 75% do total de mandatos são atribuídos no âmbito de tantos colégios uninominais, nos quais será eleito o candidato que obteve o maior número de votos. Já os outros 25% são proporcionais de listas concorrentes.

Na reforma política em tramitação no Congresso Nacional se pretende a mudança do sistema eleitoral proporcional (*eleição de Deputados e vereadores*) com a implementação da **lista flexível**, ou seja, o modelo que é adotado na Bélgica, quando os partidos apresentam candidatos numa lista ordenada e de preferência (lista predefinida), mas que pode alterar a posição de um candidato se ele for individualmente mais bem votado do que o outro naquele partido político.

No sistema de lista flexível, o eleitor continua votando no candidato e na legenda ou somente na legenda, o que altera é a posição na lista ordenada.

A lista flexível é uma solução intermediária entre o sistema de lista fechada e o de lista aberta.

A lista aberta é o modelo brasileiro, quando o eleitor vota no partido ou vota no candidato e partido de forma indivisível, o que beneficia a eleição de outros candidatos que individualmente não teriam chances de serem eleitos.

No sistema proporcional é necessário verificar o **Quociente Populacional Nacional (QPN)** e o **Quociente Populacional Estadual (QPE)**.

Por exemplo, nas Eleições de 2010, o TSE expediu a Resolução nº 23.220/2010. Em relação às Eleições de 2014 foi mantido o texto de 2010 por decisão do Supremo Tribunal Federal, no julgamento das Ações Diretas de Inconstitucionalidade (ADIs) nºˢ 4.947, 4.963, 4.965, 5.020, 5.028 e 5.130 contra o texto da Resolução TSE nº 23.389/2013, que alterava o número de parlamentares e respectivas bancadas.

A decisão do STF sobre a inconstitucionalidade da Resolução nº 23.389/2013 estabeleceu que em razão do princípio da anualidade e da segurança jurídica, a inconstitucionalidade não deve pronunciar a nulidade do texto, pois haveria um vácuo legislativo e jurídico, até que seja produzida uma nova lei complementar sobre o assunto. Nesse rumo, é mantido o texto para eleições futuras se não ocorrer a alteração por lei complementar que precisa ser editada (*foram suspensos os efeitos da modulação na declaração de inconstitucionalidade*).

O poder normativo não poderá mais ser incidente na fixação do número de parlamentares. O número máximo de Deputados federais é de 513 que são proporcionalmente indicados para cada Estado na forma a seguir.

Calcula-se o que se chama de **quociente populacional nacional (QPN), que é o número da população brasileira (dados fornecidos pelo IBGE/Censo) dividindo-se por 513 (*número máximo de Deputados federais*).**

Em seguida, calcula-se o número da **população de cada Estado e é feita outra divisão pelo quociente populacional nacional (QPN), encontrando-se o quociente populacional estadual (QPE).**

Com a obtenção do número de Deputados federais em cada Estado é possível pelo art. 27 da Carta Magna determinar o número de Deputados estaduais nas Assembleias Legislativas, bem como o de Deputados distritais nas Câmaras Legislativas.

Lembrando sempre que, para cada eleição, pode haver alteração na população do Estado o que afeta o número de Deputados federais naquele Estado, e inclusive o número dos estaduais.

Vejamos o exemplo fornecido pelo Colendo TSE:

> O cálculo inicial do número de cadeiras destinadas ao Estado da Bahia: o quociente populacional nacional seria igual a 190.755.799 (população do País) dividido por 513 (total de cadeiras), no total de 371.843,66. Calcula-se o quociente populacional estadual, que seria a divisão entre 14.016.906 (população da BA) por 371.843,66 (QPN), com o resultado de 37,69 desprezando-se a fração. (Disponível em: <http://www.tse.jus.br/notícias /2013>. Acesso em: 10abr.2013).

Se, eventualmente, sobrarem cadeiras se adota o art. 109 do Código Eleitoral, ou seja, o cálculo da maior média ou média ideal distribuindo essas cadeiras pelos Estados.

Observe-se ainda que o Estado de São Paulo, por ser sempre o mais populoso, fica fora do cálculo sendo-lhe atribuídas 70 cadeiras (*número máximo de Deputados federais por Estado*).

Da mesma forma, a princípio, os Estados menos populosos como o Acre, Amapá, Mato Grosso do Sul, Rondônia, Roraima, Sergipe e Tocantis, além do próprio Distrito Federal, ficam com o número mínimo de 8 cadeiras na Câmara dos Deputados.

Se a divisão acarretar um número inferior a 8, por exemplo, 5 cadeiras para o Estado, deve-se arredondar para 8 cadeiras, que é sempre o mínimo legal por Estado, incluindo o Distrito Federal.

Em virtude do exposto, o QPN e o QPE são formas de calcular o número de Deputados federais, estaduais e distritais em cada circunscrição eleitoral (unidade da Federação brasileira).

Quando se alcança o número de cadeiras por cada Estado, o Egrégio TSE expede uma resolução eleitoral específica, como foi o caso da Resolução TSE nº 23.220/2010 com a tabela referente ao número exato de Deputados em cada Estado e no Distrito Federal, pois só assim é possível se calcular o quociente eleitoral e partidário para as eleições com o efetivo preenchimento das vagas (cadeiras) na Câmara dos Deputados, Assembleias Legislativas e Câmara Legislativa.

Destacamos o cálculo efetivado no Egrégio TSE na Petição nº 954-57, Manaus/AM, Rel.ª Min.ª Nancy Andrighi, em 9/4/2013, a saber:

> a) calcula-se inicialmente o Quociente Populacional Nacional (QPN) mediante a divisão da população do País apurada no Censo 2010 pelo número de cadeiras de Deputados federais; QPN = população do País / total de cadeiras na Câmara dos Dep. b) divide-se a população de cada unidade da Federação pelo QPN, originando o Quociente Populacional Estadual (QPE); QPE = população de cada Estado / QPN c) despreza-se a fração, independentemente se inferior ou superior a 0,5, considerando-se apenas o número inteiro; d) arredonda-se para 8 o QPE nos Estados cujos índices foram inferiores a esse valor, em atendimento ao art. 45, § 1º, da CF/88, ao passo que, no Estado de São Paulo (o mais populoso), adequa-se o QPE para 70, em observância ao referido dispositivo (Resolução nº 23.389, de 9/4/2013. Petição nº 954-57/AM. Rel.ª Min.ª Nancy Andrighi).

3.4. O QUE SE ENTENDE POR VOTOS VÁLIDOS?

Os votos válidos são votos da legenda partidária e de todos os candidatos; os votos nulos e em branco não entram na contagem. O art. 106 do Código Eleitoral determina a contagem dos votos em branco, mas o dispositivo legal não foi recepcionado pelo art. 77, § 2º, da Carta Magna.

3.5. O QUE SE ENTENDE POR QUOCIENTE ELEITORAL?

O quociente eleitoral (*art. 106 do Código* Eleitoral) é um mecanismo de cálculo determinado pela divisão do número total de votos válidos pelo número de lugares na Câmara dos Deputados, Assembleias Legislativas e Câmaras Municipais.

Por exemplo: na Câmara Municipal de Sumidouro existem nove lugares para vereadores. O número 9 servirá para o critério de divisão dos votos válidos. 90.000 divididos por 9 = 10.000 votos válidos.

Como resultado desta divisão se encontrará o quociente eleitoral representado por 10.000 votos válidos.

3.6. O QUE SE ENTENDE POR QUOCIENTE PARTIDÁRIO?

É o percentual (*art. 107 do Código* Eleitoral) obtido por partido ou coligação, através da divisão do número de votos alcançados pela legenda pelo quociente eleitoral. Atenção: os votos de um determinado candidato contam para a legenda.

No exemplo anterior, o quociente partidário ocorrerá da seguinte forma: se, na cidade de Sumidouro, existirem em disputa três partidos políticos e o partido

A teve 60.000 votos, o B, 20.000 e o C, 10.000, o quociente partidário (*quantidade de lugares ou vagas que determinado partido obterá na eleição*) dar-se-á pela divisão com o número do quociente eleitoral. Na hipótese, o partido A – 60.000 divididos por 10.000 = 6 lugares; B – 20.000 divididos por 10.000 = 2 lugares; e C – 10.000 divididos por 10.000 = 1 lugar.

Para o **cálculo do sistema proporcional** somam-se os votos válidos, que são os votos atribuídos aos candidatos e aos partidos políticos ou legenda. Em seguida, dividem-se os votos válidos, excluindo-se os nulos e os em branco pelo número de vagas ou cadeiras que serão preenchidas naquela eleição específica.

Feita esta primeira divisão, obtém-se o **quociente eleitoral.**

Obtido o quociente eleitoral, procura-se saber quantos votos foram conquistados por partido ou coligação e, em seguida, divide-se os votos pelo quociente eleitoral. Feita esta divisão, chega-se ao número de cadeiras que cada partido ou coligação preencherá, o que se denomina **quociente partidário.**

Dentro de cada partido ou coligação, observar-se-á a ordem de votação recebida individualmente por candidato específico para ocupação da vaga, conforme reza o art. 109, § 1º, do Código Eleitoral. (*"O preenchimento dos lugares com que cada partido ou coligação for contemplado far-se-á segundo a ordem de votação recebida por seus candidatos"*).

O § 2º do art. 109 do Código Eleitoral, em sua redação original, assim preconizava: *"Somente poderão concorrer à distribuição dos lugares os partidos ou as coligações que tiverem obtido o quociente eleitoral".*

Infere-se que, de forma superveniente, a Lei nº 13.488, de 6 de outubro de 2017, alterou o § 2º do art. 109 do Código Eleitoral, nos seguintes termos:

> *"Poderão concorrer à distribuição dos lugares todos os partidos e coligações que participaram do pleito".*

Não se exige mais que a agremiação partidária alcance o quociente eleitoral, pois o legislador melhor refletiu sobre esse assunto e verificou que todos os partidos devem ser tratados igualitariamente para disputar as vagas.

Como visto, a regra do § 2º do art. 109 do Código Eleitoral (alteração produzida pela Lei nº 13.488, de 6 de outubro de 2017), incidirá inovadoramente nas eleições de 2018 e permite que o partido que não atingiu o quociente eleitoral concorra à distribuição dos lugares, o que corrige uma distorção do sistema anterior, porque um candidato muito bem votado nas eleições proporcionais, se estivesse concorrendo por um partido menor, poderia não lograr êxito em uma das cadeiras da Câmara dos Deputados.

Por exemplo:

> [...] Os 38 vereadores eleitos para assumir uma vaga na Câmara de Curitiba a partir de 2017 não foram, necessariamente, os mais

votados da cidade. Trinta e cinco postulantes que não foram eleitos receberam mais votos nominais que candidatos que conseguiram a vaga. Isso acontece em decorrência do funcionamento do sistema proporcional, em que além dos votos nominais os candidatos dependem que seu partido ou coligação alcance o quociente eleitoral para ter direito a uma cadeira no Legislativo. O candidato não eleito que recebeu a maior votação foi o veterinário Fernando Ibanez (PHS). Com 5.572 votos nominais, ele foi o 26º candidato mais votado. Entretanto, o Partido Humanista da Solidariedade obteve apenas 15.384 votos, valor menor que o quociente eleitoral, fixado em 23.180 (*Gazeta do Povo, 2016, notícia. Disponível em: <http://www.gazetadopovo.com.br/vida-publica/eleicoes/2016/35>*).

Os votos de candidato bem votado eram desprezados, mas agora surge a possibilidade de ter acesso a uma das vagas em disputa nas sobras ou restos.

Por outra, essa regra de alguma forma possibilita a eleição de candidatos por partidos de menor expressividade nacional. Trata-se da adoção do princípio da isonomia para concorrer às sobras das cadeiras.

Os partidos e coligações que participam do pleito, independentemente de terem ou não atingido o quociente eleitoral, fazem *jus* ao cálculo de médias na forma do art. 109 do Código Eleitoral.

Desse modo, a média de cada partido ou coligação é determinada pela quantidade de votos válidos que foram atribuídos e incidirá a divisão pelo respectivo quociente partidário acrescido de um.

Quem apresentar a maior média preencherá a vaga, mas desde que o candidato atenda à exigência da votação nominal mínima, conforme art. 109, inc. I, do Código Eleitoral.

Por fim, para o cômputo do cálculo de médias, serão consideradas as vagas obtidas por quociente partidário e as sobras de vagas que já tenham sido conquistadas pelo partido ou pela coligação, em cálculos anteriores, ainda que não preenchidas. Nesse sentido, Supremo Tribunal Federal na ADI nº 5.420/2015.

O sistema proporcional objetiva atender a participação de um número maior de partidos políticos por critérios equitativos, e a regra nova de alguma forma faz um contraponto à cláusula de barreira que limita o acesso dos partidos ao fundo partidário e ao tempo de rádio e televisão.

É importante frisar que o sistema de eleição proporcional não despreza a ordem de votação de cada candidato de forma individual, pois as vagas que couberem a determinado partido ou coligação, quociente partidário, serão preenchidas pelos mais votados dentro da agremiação política.

Significativa foi a mudança na regra sobre o sistema eleitoral proporcional produzida pela Lei nº 13.165, de 29 de setembro de 2015, nos seguintes termos:

> Art. 108. Estarão eleitos, entre os candidatos registrados por um partido ou coligação que tenham obtido votos em número igual ou superior a 10% (dez por cento) do quociente eleitoral, tantos quantos o respectivo quociente partidário indicar, na ordem da votação nominal que cada um tenha recebido. (Redação dada pela Lei nº 13.165, de 2015)
>
> Parágrafo único. Os lugares não preenchidos em razão da exigência de votação nominal mínima a que se refere o *caput* serão distribuídos de acordo com as regras do art. 109. (Incluído pela Lei nº 13.165, de 2015)

Como se percebe, exige-se uma **votação nominal mínima** que deve ser obtida individualmente pelos candidatos que concorrem por um determinado partido político.

Não é possível por essa nova regra eleger um candidato apenas em razão do número de votos que ele obteve, bem como dos votos que o partido político lhe transferiu em razão do quociente partidário, pois é necessário que ele tenha conquistado um número igual ou superior a 10% do quociente eleitoral.

Por exemplo: se um vereador do partido X teve uma votação muito expressiva, os votos que correspondem ao seu partido político são transferidos para outros candidatos do mesmo partido que podem não ter logrado alcançar uma votação individual que atinja 10% do quociente eleitoral. Desta forma, cada candidato deverá buscar dentre os eleitores um número suficiente de votos para ter acesso ao mandato eletivo, ocupando uma das vagas no Parlamento.

O parágrafo único do art. 108 acima mencionado transfere os votos dos candidatos que não obtiveram a votação nominal mínima em 10% do quociente eleitoral para o cálculo do art. 109 do Código Eleitoral, ou seja, o cálculo das denominadas sobras ou restos, que também exige uma votação nominal mínima.

O art. 112 do Código Eleitoral, em seu parágrafo único, não exige a votação nominal mínima prevista pelo art. 108 na definição dos suplentes da representação partidária.

É importante assinalar que essa alteração referente à votação nominal mínima é apontada como inconstitucional, considerando que o Ex.mo Procurador-Geral da República ajuizou a **ADI nº 5.420** no Supremo Tribunal Federal.

Nessa ação é postulada a declaração de inconstitucionalidade do art. 4º da Lei nº 13.165, de 29 de setembro de 2015, especificamente na redação do art. 109, incs. I a III, do Código Eleitoral, e a repristinação da redação anterior desse artigo com seus respectivos incisos.

Como se nota, a questão torna-se controvertida e sujeita a futuras modificações, seja pela manutenção da regra atual ou pela regra anterior. Particularmente, somos favoráveis à redação anterior, pois a nova regra efetivamente afeta a distribuição das vagas remanescentes dentro de um critério mais igualitário das minorias participativas no processo eletivo.

Tenha-se presente que **um dos argumentos** da inconstitucionalidade se volta contra a redação da parte final do art. 109, I, do Código Eleitoral, ou seja, "(...) **desde que tenha candidato que atenda à exigência de votação nominal mínima.**"

A douta petição inicial da ADI nº 5.420, assim dispõe, *in verbis*:

> Em adicional e autônoma distorção do sistema proporcional, o inciso I limita a distribuição de vagas remanescentes ao partido com candidatos que hajam alcançado o patamar de 10% do quociente eleitoral. Se o partido, embora com maiores votações e restos, não tiver candidatos que logrem tal percentual (imagine-se, por exemplo, que seus candidatos hajam sido igualmente bem votados, recebendo cada qual 9% do quociente partidário), ele não terá vez na partilha das vagas remanescentes (fonte: site do STF).

A questão sobre a inconstitucionalidade é que essa alteração legislativa viola os princípios da soberania popular e democracia representativa do sistema proporcional (*art. 45 da Constituição da República*).

3.7. PERCENTUAL MÍNIMO DE VOTOS

Os partidos políticos conquistam suas vagas em razão do quociente partidário em cada eleição proporcional. Com efeito, é necessário que cada candidato também tenha um percentual mínimo de votos, o que corresponde a 10% do quociente eleitoral.

Não alcançado esse percentual mínimo de votos pelos candidatos de um determinado partido político ou coligação, a vaga é transferida para o cálculo da maior média, previsto no art. 109, I, do Código Eleitoral, desde que o candidato beneficiado também tenha o percentual mínimo de 10% do quociente eleitoral.

Assim, a votação mínima de votos para alcançar uma vaga é um critério majoritário, pois de alguma forma é preciso preencher todos os lugares disputados numa eleição.

O que é de resoluta inconstitucionalidade é a adoção pura e simples do quociente partidário para o cálculo das sobras de vagas sem considerar os números de lugares obtidos na votação anterior perpetuando-se o partido ou coligação na conquista de reiteradas vagas sucessivas. Na medida em que não se acrescenta mais uma vaga para o partido que alcançou a vaga anterior ele sempre ganhará as outras restantes desvirtuando o sentido da proporcionalidade.

Registre-se que a **outra argumentação** se substancia no fato de que a lei anterior tratava do critério da "*maior média*" ou "*média ideal*" para as vagas remanescentes.

A atual redação atribuída ao art. 109, I, do Código Eleitoral pela Lei nº 13.165/2015 não se refere mais ao número de lugares obtido pelo Partido ou Coligação e mais um. Não. A nova regra substitui essa expressão pela seguinte: "*número de lugares definido para o partido pelo cálculo do quociente partidário do art. 107, mais um*".

Conclui o Ex.mo Procurador-Geral da República, com plena razão que:

> (...) O que era antes variável – o número de lugares – foi substituído por número fixo: o quociente partidário (...). "O quociente partidário é que deverá ser utilizado para os seguidos cálculos de atribuição das vagas remanescentes, desprezando-se a aquisição de vagas nas operações anteriores. O divisor, antes alterável a cada operação, permanecerá fixo (...)". (fonte: site do STF).

Ressalta-se o disposto no atual art. 109 e respectivos incisos do Código Eleitoral:

> Art. 109. Os lugares não preenchidos com a aplicação dos quocientes partidários e em razão da exigência de votação nominal mínima a que se refere o art. 108 serão distribuídos de acordo com as seguintes regras: (Redação dada pela Lei nº 13.165, de 2015)
>
> I – dividir-se-á o número de votos válidos atribuídos a cada partido ou coligação pelo número de lugares definido para o partido pelo cálculo do quociente partidário do art. 107, mais um, cabendo ao partido ou coligação que apresentar a maior média um dos lugares a preencher, desde que tenha candidato que atenda à exigência de votação nominal mínima; (Redação dada pela Lei nº 13.165, de 2015)
>
> II – repetir-se-á a operação para cada um dos lugares a preencher; (Redação dada pela Lei nº 13.165, de 2015)
>
> III – quando não houver mais partidos ou coligações com candidatos que atendam às duas exigências do inciso I, as cadeiras serão distribuídas aos partidos que apresentem as maiores médias. (Redação dada pela Lei nº 13.165, de 2015)

Vamos imaginar que numa eleição municipal tenham 10 (dez) vagas de vereador na Câmara Municipal e os votos válidos para todos os vereadores dos diversos partidos totalizaram 10.000 (dez mil) votos, excluindo-se obviamente os nulos e em branco.

Nessa disputa, temos cinco partidos políticos, que apresentaram seus devidos candidatos. Para se obter o quociente eleitoral, que é a primeira fase da operação matemática, divide-se 10.000 (dez mil) por 10 (dez), ou seja, 1.000 (mil) é o quociente eleitoral.

Em seguida, calcula-se o quociente partidário, que se constitui pelo número de votos de cada partido dividido pelo quociente eleitoral.

O partido A obteve 4.000 (quatro mil) votos.

O partido B, 3.000 (três mil) votos.

O partido C, 2.000 (dois mil) votos.

O partido D, 700 (setecentos) votos.

O partido E, 300 (trezentos) votos.

Lembramos que os votos de todos esses partidos correspondem ao voto que cada candidato obteve e os votos na legenda.

Dividindo-se 4.000 (quatro mil) por 1.000 (mil), que é o quociente eleitoral, o partido A conquistou quatro vagas (quociente partidário); o B conquistou o direito a três vagas na divisão de 3.000 (três mil) por 1.000 (mil); o partido C conquistou duas vagas, na divisão de 2.000 (dois mil) votos por 1.000 (mil). Nesse primeiro momento, o partido D e E não obtiveram nenhuma vaga.

No exemplo acima, sobrou apenas uma vaga das 10 (dez), que deverá ser preenchida pelo critério das sobras ou restos.

Em relação aos partidos D e E, que obtiveram 700 e 300 votos, respectivamente, a redação anterior prevista no Código Eleitoral, no § 2º do art. 109, não permitia que estes partidos participassem da disputa das vagas das sobras ou restos, porque assim versava: *"Somente poderão concorrer à distribuição dos lugares os partidos e as coligações que tiverem obtido o quociente eleitoral"*.

Como se nota, esses partidos não atingiram o quociente eleitoral (1.000), e, portanto, não disputavam as vagas.

Com a redação implementada pela Lei nº 13.488, de 6 de outubro de 2017, essa previsão foi alterada pela seguinte redação: *"Poderão concorrer à distribuição dos lugares todos os partidos e coligações que participaram do pleito"*.

Todavia, a chance dos partidos D e E conquistarem a vaga pelo sistema das sobras é remota.

Pela redação da Lei nº 13.165/2015, no art. 109, I, leva-se em consideração no cálculo das sobras ou restos apenas o cálculo do quociente partidário + 1 (mais um). Não é mais considerado o número de lugares obtidos + 1 (mais um).

A diferença não é apenas sutil, é de alta relevância, como apontado na judiciosa Ação Direta de Inconstitucionalidade nº 5.420.

Desse modo, serão feitos novos cálculos na disputa dessa vaga faltante, a saber:

SISTEMAS ELEITORAIS   CAPÍTULO 3

O partido A tem 4.000 (quatro mil) votos, que serão divididos por 4 (quociente partidário), acrescido de + 1 (mais um), ou seja, 4.000 (quatro mil) será dividido por 5 (cinco), que resultará no número 800 (maior média desse partido).

O partido B tem 3.000 (três mil) votos, que serão divididos por 3 (quociente partidário), acrescido de + 1 (mais um), ou seja, 3.000 (três mil) será dividido por 4 (quatro), que resultará no número 750 (maior média desse partido).

O partido C tem 2.000 (dois mil) votos, que serão divididos por 2 (quociente partidário), acrescido de + 1 (mais um), ou seja, 2.000 (dois mil) será dividido por 3 (três), que resultará no número 666 (maior média do partido).

Como se nota, o partido A ganhou a última vaga, tendo em vista que obteve a maior média dentre os três partidos, ou seja, 800.

Todavia, se tivesse mais uma vaga para ser distribuída pelo cálculo das sobras ou restos, de acordo com a nova lei, o partido A não vai dividir 4.000 (quatro mil) votos por 5 + 1, ou seja, 6 (seis), porque o art. 109, I, do Código Eleitoral não leva mais em consideração como já referido alhures, o número de lugares ou vagas que o partido obteve, mas sim apenas o **critério inalterável, fixo e desproporcional** do quociente partidário + 1 (mais um) em todas as operações sucessivas para o cálculo das sobras ou restos. Sendo essa a intenção do legislador, é inconstitucional.

Com efeito, o partido A continuará com a sua maior média pelo número 800 neste exemplo, e assim, obterá todas as vagas remanescentes que forem destinadas ao cálculo das sobras ou restos. É como se fosse uma excessiva vantagem para o partido mais bem colocado pelo critério do quociente partidário.

Se fosse aplicada a regra anterior, que não deveria ter sido modificada, pois como já dito, essa nova alteração efetivamente é inconstitucional, nos termos da douta petição da ADI nº 5.420, o partido A teria dividido 4.000 (quatro mil) por 6 (ou seja, 5 + 1) na segunda operação de sobras e restos, obtendo a média de 666 (seiscentos e sessenta e seis), o que o colocaria em desvantagem em relação ao partido B, que tem a média superior, que no exemplo, é 750 (setecentos e cinquenta), ou seja, seria do partido B a segunda vaga remanescente.

Em resumo: a nova regra de alteração do sistema de cálculo de vagas na representatividade proporcional é realmente inconstitucional nos termos da ADI nº 5.420, até porque não permite nenhuma redistribuição de vagas para os demais partidos, exceto para o partido "todo-poderoso" que obteve o maior **quociente partidário**.

Tendo em vista a possibilidade de o Supremo Tribunal Federal declarar a inconstitucionalidade das alterações acima aviventadas, apresentamos abaixo, de forma exemplificativa, o sistema de cálculo de vagas pela redação anterior do art. 109 do Código Eleitoral, considerando que na **ADI nº 5.420**, o Ministro Dias Toffoli no STF suspendeu a eficácia da expressão contida na alteração

71

legislativa, ou seja, **"número de lugares definido para o partido pelo cálculo do quociente partidário do art. 107"**, nos termos do inc. I do art. 109 do Código Eleitoral. Assim, fica mantido até ulterior decisão o cálculo adotado pela legislação anterior.

O Ministro Dias Toffoli, do Supremo Tribunal Federal (STF), concedeu parcialmente liminar na Ação Direta de Inconstitucionalidade (ADI) 5.420 para suspender a eficácia da expressão "número de lugares definido para o partido pelo cálculo do quociente partidário do art. 107", constante do inc. I do art. 109 do Código Eleitoral (Lei nº 4.737/1965), mantido, nesta parte, o critério de cálculo vigente antes da edição da Lei nº 13.165/2015.

Vejamos um exemplo <u>ANTES</u> da alteração produzida pela Lei nº 13.488 de 6 de outubro de 2017, que no art. 3º modificou a redação do parágrafo segundo do art. 109 do Código Eleitoral:

No Município de Nilópolis, Baixada Fluminense, Estado do Rio de Janeiro, existem 11 (onze) cadeiras de vereadores na Câmara Municipal.

Em determinada eleição, os votos **válidos** (excluídos os nulos e os em branco; ver art. 5º da Lei nº 9.504/1997) totalizaram **110.000 (cento e dez mil)**, os quais são atribuídos aos candidatos e partidos políticos (legendas).

O número de 110.000 (cento e dez mil) votos deverá ser inicialmente dividido pelo número de cadeiras a preencher na Câmara Municipal, que, no caso em tela, é **11 (onze).**

Assim, ter-se-á o **quociente eleitoral** da Comarca de Nilópolis, que será de **10.000 (dez mil) votos**, o qual deverá ser atingido pelo partido político ou coligação (partido único).

Nessa hipotética eleição participaram 3 (três) partidos políticos e 2 (duas) coligações.

O **Partido A** obteve 75.000 (setenta e cinco mil) votos, que, divididos pelo quociente eleitoral de 10.000 (dez mil), totalizam 7,5. Dessa forma, o Partido A preencherá 7 (sete) cadeiras (esse número de cadeiras corresponde ao primeiro algarismo do resultado 7,5 obtido na divisão acima).

O **Partido B** obteve 18.000 (dezoito mil) votos, que, divididos pelo quociente eleitoral de 10.000 (dez mil), totalizam 1,8. Logo, o Partido B preencherá 1 (uma) cadeira.

A **Coligação C/D** obteve 16.000 (dezesseis mil) votos, que, divididos pelo quociente eleitoral de 10.000 (dez mil), totalizam 1,6. Assim, a Coligação preencherá 1 (uma) cadeira.

O **Partido E** obteve 500 (quinhentos) votos, não atingindo o quociente eleitoral, portanto, não elegerá um candidato.

SISTEMAS ELEITORAIS   CAPÍTULO 3

A **Coligação F/G** obteve 500 (quinhentos) votos, não perfazendo, portanto, o quociente eleitoral. Consequentemente, nenhum dos candidatos dela integrantes será eleito.

Nesses primeiros cálculos, foram totalizadas 9 (nove) vagas, sendo 7 (sete) para o Partido A, 1 (uma) para o B e 1 (uma) para a Coligação C/D.

As **sobras ou restos** são os números de cadeiras faltantes, que, no caso, são 2 (duas). Só podem participar do cálculo para distribuição destas os Partidos A e B e a Coligação C/D.

Adotando-se a técnica de **maior média**, segue-se outro cálculo:

- Os 75.000 votos do Partido A serão divididos pelo número de cadeiras que ele obteve, ou seja, 7 (sete), e acrescenta-se **+1** (esta adição é uma exigência prevista no Código Eleitoral, art. 109, inc. I), o que totalizará 8 (oito). Em seguida, divide-se 75.000 por 8, resultando **9.375.**

O Partido B, com 18.000 votos, participará de nova divisão pelo número de cadeiras que obteve, ou seja, 1 (uma), ao qual se acrescentará +1, o que totalizará 2 (dois). Em seguida, divide-se 18.000 por 2, tendo-se por resultado o número **9.000**.

A Coligação C/D, com 16.000 votos, participará de nova divisão pelo número de cadeiras que obteve, ou seja, 1 (uma), à qual se acrescenta +1, chegando-se ao algarismo 2 (dois). Sendo assim, divide-se 16.000 por 2 e obtém-se **8.000.**

Feitos os cálculos acima, terá direito a mais uma cadeira quem tiver feito a **maior média, o que, no caso em questão, foi obtido pelo Partido A, com 9.375.**

Desta feita, tem-se por preenchidas 10 das 11 vagas da seguinte forma: 8 cadeiras com o Partido A, 1 cadeira com o Partido B e outra cadeira com a Coligação C/D.

Assim, resta repetir os cálculos da técnica da maior média, com o fim de atribuir a titularidade da cadeira faltante, devendo-se considerar as cadeiras obtidas.

O partido A terá os 75.000 votos recebidos divididos pelo número de cadeiras que detém, qual seja, 8 (oito), acrescido de +1 (= 9). Dessa divisão, obtém-se o número **8.333.**

O Partido B, com 18.000 votos, participará de nova divisão pelo número de cadeiras que obteve, ou seja, 1 (uma), ao qual se acrescentará +1 (= 2). Em seguida, divide-se 18.000 por 2, de cujo cálculo resulta o número **9.000.**

A Coligação C/D, com 16.000 votos, participará de nova divisão pelo número de cadeiras que obteve, ou seja, 1 (uma), à qual se acrescenta +1 (= 2). Em seguida, divide-se 16.000 por 2, chegando-se ao número **8.000.**

Verifica-se que, com esse novo cálculo, o Partido B logrou a maior média, razão pela qual a titularidade da última vaga ser-lhe-á atribuída.

73

Por fim, as 11 cadeiras restaram assim distribuídas: 8 para o Partido A, 2 para o Partido B e 1 para a Coligação C/D.

Como se nota, na continuidade dos cálculos, os partidos são mantidos com o número de cadeiras preenchidas, utilizado na fórmula **mais um (+1),** conforme disciplina o inc. I do art. 109 do Código Eleitoral.

Vejamos agora um exemplo à luz da atual modificação produzida pelo art. 3º da Lei nº 13.488/2017:

No Município X temos 10 (dez) vagas na Câmara Municipal para Vereador.

Foram obtidos 10.000 (dez mil) votos válidos, ou seja, não são contados os votos nulos nem em branco.

Os votos válidos são aqueles dados para a legenda e candidato, ou somente para a legenda.

O **quociente eleitoral** corresponde ao número de votos válidos divididos pelo número de vagas, que resultará em 1.000 (mil).

O **quociente partidário** corresponde à divisão dos votos que cada partido obteve pelo quociente eleitoral.

O partido A conquistou 5.000 (cinco mil) votos que, divididos pelo quociente eleitoral (1.000), representam 5 vagas.

O partido B conquistou 2.300 (dois mil e trezentos) votos que, divididos pelo quociente eleitoral (1.000), representam 2 vagas.

O partido C conquistou 2.000 (dois mil) votos que, divididos pelo quociente eleitoral (1.000), representam 2 vagas.

O partido D conquistou 700 (setecentos) votos. Na divisão pelo quociente eleitoral (1.000) não será atribuída nenhuma vaga a este partido nessa primeira divisão, mas ele poderá participar das vagas das sobras ou restos.

Como apenas sobrou uma vaga, o partido D não terá chance de alcançá-la, mesmo depois da nova regra constante no § 2º do art. 109 do Código Eleitoral (Lei nº 13.488/2017).

Nesses primeiros cálculos foram totalizadas 9 (nove) vagas, sobrando apenas uma vaga que será preenchida pelo cálculo da maior média ou média ideal.

Dessa forma, observa-se, como a seguir.

O partido A obteve 5.000 (cinco mil), que será dividido por 5 + 1 = 6. A média é de 833 (oitocentos e trinta e três).

O partido B obteve 2.300 (dois mil e trezentos), que será dividido por 2 + 1 = 3. A média é de 766 (setecentos e sessenta e seis).

O partido C obteve 2.000 (dois mil), que será dividido por 2 + 1 = 3. A média é de 666 (seiscentos e sessenta e seis).

O partido D obteve 700 (setecentos). Pela regra anterior, ele não teria direito a disputar as vagas, mas com a modificação ele participa dessa disputa, tentando alcançar a maior média, ou seja, 700 (setecentos) dividido por 0 + 1 = 1. O zero é porque ele não obteve nenhuma vaga na primeira divisão. Desse modo, a sua média ideal é de 700 (setecentos).

Como só sobrou uma vaga nesse exemplo, ela irá para o partido A, que é o partido de maior média.

Se tivesse mais uma vaga, se repetiria o seguinte cálculo.

O partido A teria 5.000 (cinco mil) dividido por 6 + 1 = 7, pois ele obteve a última vaga. Sendo assim, a sua média cairia para 714 (setecentos e quatorze).

Os demais partidos permaneceriam com as mesmas médias acima, ou seja, partido B com 776, partido C com 666 e partido D com 700.

Desse modo, a próxima vaga seria para o partido B, que tem a maior média representada pelo número 776.

Como se nota, o partido D ainda não teria atingido uma vaga.

No entanto, vamos pensar que ainda existem mais duas vagas para preencher.

A próxima vaga seria preenchida da forma a seguir.

O partido A continua com a média de 714 (setecentos e quatorze).

O partido B teria sua média diminuída, ou seja, como ele obteve uma vaga, o cálculo é alterado. O número de votos é 2.300 que será dividido por 3 + 1 = 4, que totalizará a média de 575 (quinhentos e setenta e cinco).

O partido C continua com a média de 666 (seiscentos e sessenta e seis).

O partido D continua com a sua média original de 700 (setecentos).

Nesse caso, o partido A conquistou mais uma vaga, pois obteve novamente a melhor média.

Na próxima vaga a preencher, o partido A terá sua média reduzida, pois já ganhou duas vagas.

O cálculo será: 5.000 (cinco mil) dividido por 7 + 1 = 8. Sua média será de 625 (seiscentos e vinte e cinco).

A próxima vaga irá para o partido D, que agora terá a maior média, representada por 700 (setecentos).

Em conclusão, se julgada procedente a ADI nº 5.420 (STF), o cálculo da maior média para a disputa das sobras ou restos será o tradicionalmente adotado ao longo dos anos, ou seja, o partido que ganha uma vaga, deve computar essa vaga no cálculo subsequente, o que reduz a sua média ideal, e permite que os demais partidos disputem as vagas que restam.

Infere-se ainda que a alteração do § 2º do art. 109 do Código Eleitoral, em razão da Lei 13.488/2017, permite que todos os partidos concorram às vagas que sobram no cálculo do quociente partidário, considerando que alguns candidatos são individualmente muito bem votados nas eleições proporcionais, mas estão concorrendo por legendas de menor expressividade nacional e, portanto, antes da alteração legislativa suas chances de obter uma vaga no Poder Legislativo eram inexistentes.

Desse modo, corrige-se uma distorção do sistema proporcional.

Por fim, a Emenda Constitucional nº 97, de 4 de outubro de 2017, veda, no art. 2º, a celebração de coligações nas eleições proporcionais, mas essa regra só será aplicada a partir das eleições de 2020.

Como se nota, a partir de 2020 as coligações não poderão mais participar da divisão do quociente partidário prevista no art. 107 do Código Eleitoral.

O sistema proporcional visa em seus objetivos matemáticos a atender a participação de um número maior de partidos políticos por critérios equitativos, e assim, refletir na Câmara Municipal, nas Assembleias Legislativas, Câmara Legislativa – Distrito Federal, e Câmara dos Deputados (eleições de vereadores, Deputados estaduais, distritais e federais), uma ampla participação da cidadania ativa pelo exercício do voto.

No sistema proporcional de maior média é utilizada a fórmula de *D'Hondt*, e ainda, existem as fórmulas apresentadas por *Sainte-Laguë* e as quotas *Hare* e *Droop*. *(Sobre o assunto conferir a obra de Jairo Nicolau, Sistemas Eleitorais, 5ª ed. Rio de Janeiro: Editora FGV, 2004.)*

Cada país que adota o sistema proporcional segue uma destas fórmulas. No Brasil adotou-se a cota *Hare* na redação do quociente eleitoral e, após, seguiu-se para a fórmula *D'Hondt* no cálculo da maior média ou média ideal.

Cumpre ainda frisar alguns aspectos importantes sobre a representação proporcional:

1) O art. 112 do Código Eleitoral trata dos suplentes. O suplente é o mais votado no mesmo partido, mas que, em razão de sua posição alcançada pelo número de votos individuais, não logrou ingressar na relação das vagas do quociente partidário. Para os suplentes não se exige a votação nominal mínima prevista no art. 108 do Código Eleitoral.

2) A legislação eleitoral enseja sanção política-eleitoral de perda do mandato eletivo para o eleito que deixar o respectivo partido político. Neste sentido é o teor da Resolução TSE nº 22.610/2007, *"que disciplina o processo de perda de cargo eletivo, bem como de justificação de desfiliação partidária"*. Aplica-se o disposto no art. 22-A, parágrafo único, incs. I, II e III, da Lei nº 9.096/1995, redação determinada pela Lei nº 13.165, de 29 de setembro de 2015. Por outra, a Emenda Constitucional nº 97/2017 incluiu o § 5º no

art. 17 da Carta Magna, permitindo que o mandatário político mude de partido sem perder o mandato eletivo se o partido pelo qual foi eleito não obtiver o percentual necessário para auferir recursos do fundo partidário e ter acesso gratuito ao rádio e à televisão.

3) O número total de Deputados Federais por Estado é regulamentado pela Lei Complementar no 78, de 30 de dezembro de 1993, dentro do critério proporcional (art. 45, § 1º, da Constituição Federal).

3.8. SISTEMA ELEITORAL DISTRITAL

Pode ser adotado nas eleições de Deputados e vereadores.

No sistema distrital, fala-se em voto distrital, ou seja, o espaço geográfico do território nacional e dos Estados ou Municípios é devidamente dividido em regiões. Os candidatos concorrem por certas regiões e a escolha dos eleitores é majoritária. Quem tiver o maior número de votos é eleito. Esse é chamado de **distrital puro**. Não se levam em conta regras proporcionais.

Por exemplo, na Suécia formam-se círculos eleitorais. Um círculo eleitoral engloba uma área geograficamente dividida para a qual deverão ser eleitos membros para a Assembleia deliberativa. Nas eleições para o Parlamento Europeu, o país representa um círculo eleitoral, mas é dividido em 29 círculos e distritos.

O *distrital misto* também divide o Estado em regiões, mas metade dos Deputados é escolhida pelo sistema vigente proporcional e a outra metade, por regiões. Cria-se uma divisão do tipo de Deputado, ou seja, se ele é do distrito ou se recebe votos de outras regiões.

Aponta-se o distrital misto no sistema eleitoral alemão. De fato, a Lei Eleitoral Federal alemã (*art. 1º*) diz que o Parlamento (*Bundestag*) é composto de 656 Deputados eleitos pelo voto nominativo e, simultaneamente, por escrutínio proporcional.

Assim, 328 Deputados são eleitos nas listas de candidatura por círculos eleitorais. São os distritos. A outra parte dos Deputados é eleita por listas de candidaturas. Os círculos eleitorais são subdivididos em circunscrições eleitorais.

Para cada círculo eleitoral é eleito um Deputado, ou seja, o que reúne o maior número de votos.

Observa-se que cada eleitor tem dois votos. Um para o Deputado do distrito e o outro para a eleição da lista do Estado federado.

Na Áustria, de acordo com o regulamento eleitoral para o Conselho Nacional, são 183 membros eleitos, sendo o território federal dividido em nove círculos correspondentes aos Estados federados. Cada Estado é um círculo eleitoral.

Entende-se por **sistema eleitoral distrital** a divisão geográfica da circunscrição eleitoral (*Estado ou Município*) em regiões previamente delimitadas.

O sistema distrital pode ser **puro**, quando é adotado na sua inteireza, ou seja, com a divisão da circunscrição em regiões (*distritos eleitorais*) ou **misto**, na hipótese em que além de o Estado ou Município ser dividido em regiões, metade dos votos continua sendo contabilizada pelo sistema proporcional, seja ele aberto ou fechado.

No **sistema distrital**, os candidatos podem ser eleitos por distritos. Somente o eleitor do distrito, que compreende ruas, bairros ou Cidades é que pode eleger o seu representante distrital.

O voto válido para o candidato só seria computado pelo eleitor domiciliado no distrito, ou seja, cujo título eleitoral esteja vinculado à urna eletrônica (*seção*) daquela região. Se, por exemplo, o eleitor de uma cidade votasse em candidato de outra cidade ou distrito, o voto seria nulo. O exemplo é interessante nas eleições de Deputados federais.

É inválido, e.g., o voto do eleitor da cidade de Armação dos Búzios em Deputado federal do distrito de Copacabana, Rio de Janeiro.

Cada distrito elege um Deputado, mas deve-se observar o fator da igualdade da densidade populacional ou por eleitores; assim, um dos primados para o início da divisão dos distritos é escolher o número de habitantes ou de eleitores, bem como a avaliação sobre a área contígua para a formação do distrito e a unidade socioeconômica.

As dificuldades são evidentes num país com a dimensão geográfica continental como o Brasil.

Quem se posiciona a **favor do voto distrital** argumenta, dentre outros fatores, que a propaganda seria mais econômica; os candidatos ficariam mais conhecidos dos eleitores; surgiria uma atenção maior para as áreas e distritos; diminuiria o número de candidatos.

A **posição contrária** aduz que aumentaria a corrupção dentro do território do distrito, além de transformar os Deputados em representantes de interesses locais.

O voto distrital poderá ser desvirtuado e servir ao crescimento dos "Centros Sociais" de clientelismo político, com o expressivo aumento da troca de mercadorias e gêneros de primeira necessidade humana pelo voto dos candidatos distritais em acirrada competição do voto a voto do eleitor, que contam com o eventual enfraquecimento do poder de fiscalização.

Quanto ao voto distrital puro, entendido como a divisão de pequenas regiões em distritos, não é a melhor forma de modificação do sistema eleitoral brasileiro, no atual momento histórico, quando os eleitores são assediados nos segmentos sociais mais humildes com a intenção de votar por bens perecíveis, crédito pessoal e benefícios diretos e imediatos.

Diversas são as soluções para os melhores sistemas de eleição. Cada país adota pelos seus costumes eleitorais e tradições uma forma mais democrática de obtenção do mandato eletivo pela vontade popular.

A reforma política que desponta em breve deverá traçar os novos rumos do sistema eleitoral brasileiro.

Destacam-se na reforma eleitoral brasileira os **Projetos de Emendas Constitucionais nᵒˢ 3/1999 e 10/1995; além do projeto de Lei nº 1.538/2007**.

Tenha-se presente a observação feita nos estudos de *Duverger*, no sentido de que não há sistema eleitoral perfeito, e que este serve para dar peso desigual aos sufrágios expressos pelos diferentes eleitores. Talvez por isso se encontrem tantos sistemas eleitorais para além daquele que, pelo menos em teoria, seria o mais justo se se pretendesse apenas e tão somente que o leque de representantes correspondesse ao de opções políticas do eleitorado – o sistema proporcional puro – sem divisão territorial alguma e sem imposição de qualquer cláusula de barreira. Não é isso que acontece, e por isso constata-se que em variadíssimos países, quer tenham sistemas majoritários ou proporcionais, se desenvolvem adaptações ou mudanças do sistema (ver estudo da UIP *"Sistemas Electorales – Estudio comparativo mundial"*). Lições extraídas do *Dicionário de Legislação Eleitoral*. Lisboa: Editora Comissão Nacional das Eleições, vol. 1, 1995.

3.9. CONSIDERAÇÕES GENÉRICAS SOBRE O SISTEMA BICAMERAL FEDERATIVO

(i)   Existem três Senadores para cada um dos 26 Estados e três para o Distrito Federal. Trata-se de acolher a denominada representação igualitária. O mandato do Senador corresponde a duas legislaturas. Cada legislatura tem quatro anos. A renovação do senado é de 1/3 ou 2/3 a cada 4 (quatro) anos.

(ii) O art. 45, § 1º, da CF diz que nenhum Estado poderá ter menos de oito Deputados federais e que o Estado mais populoso, e.g., São Paulo, será representado por 70 Deputados federais.

(iii) A Lei Complementar nº 78, de 1993, regulamenta a questão e diz que o total de Deputados federais é de 513.

(iv) O número de Senadores é de 81. O mandato é de oito anos, com dois suplentes. Atualmente discute-se na PEC nº 37/2011, que já foi aprovada na Comissão de Constituição e Justiça, a existência de um só suplente. De fato, o suplente não sucederá, mas apenas substituirá, até novas eleições.

(v) O Distrito Federal tem oito Deputados federais e três Senadores, mais um Governador e Vice-Governador.

(vi) Os Estados possuem uma composição unicameral. Não existe a figura de um Senador estadual que seria "em tese" o representante dos Municípios.

(vii) O número de Deputados estaduais corresponde ao triplo da representação do Estado na Câmara dos Deputados e, atingindo 36, será acrescido de tantos quantos forem os Deputados federais acima de 12. Neste sentido, é o art. 27 da Constituição Federal.

A regra está no art. 29, inc. IV e alíneas "a" a "x" da Constituição da República e nas Leis Orgânicas Municipais.

(ix) As eleições são realizadas de forma simultânea em todo o país, sempre no primeiro domingo de outubro do ano eleitoral, arts. 1º e 82 da Lei nº 9.504/1997.

(x) Nas eleições presidenciais, a circunscrição eleitoral é o território do país; nas federais, estaduais e distritais, o respectivo Estado ou o Distrito Federal, art. 86 do Código Eleitoral. Quando a eleição é municipal, a circunscrição é apenas o território do Município.

(xi) O Senador é sempre eleito com a maioria simples dos votos, assim como os suplentes com ele registrados. No caso de empate, é eleito o mais idoso, arts. 46 e 77, § 5º, da Constituição Federal.

(xii) No sistema proporcional, o TSE, por precedente em Resolução nº 22.154/2006, art. 164, III e IV, firmou o seguinte entendimento: Se houver empate de médias entre dois ou mais partidos políticos ou coligações, será considerado o que tiver maior votação. Neste sentido, ver ainda. Res. TSE nº 16.844, de 18/09/1990. E, ocorrendo empate na média e no número de votos dados aos partidos políticos ou coligações, para fins de desempate ganha quem tiver o maior número de votos nominais recebidos (*Res. TSE nº 2.845, de 26/04/2001*).

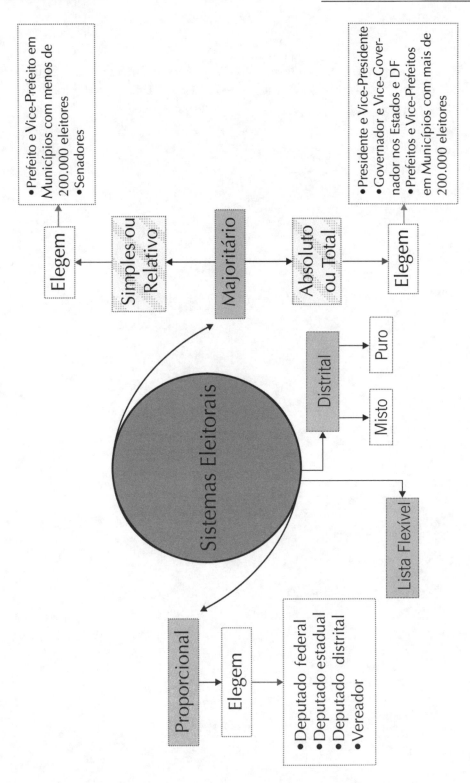

CAPÍTULO 4
JUSTIÇA ELEITORAL

4.1. JUSTIÇA ELEITORAL

A Justiça Eleitoral foi marcada pela criação do primeiro Código Eleitoral, que tratou de reunir diversas leis eleitorais de forma a assegurar a democracia.

Assim, o primeiro Código Eleitoral (*Decreto nº 21.076, de 24 de fevereiro de 1932*) foi fruto de um trabalho elaborado pela 19ª Subcomissão da Comissão Legislativa, composta dos juristas: *Assis Brasil*, *Mário Pinto Serva* e *João Cabral*, com a participação de outros renomados homens públicos.

Naquela ocasião histórica a maior preocupação dos movimentos políticos era com a garantia da verdade das urnas. A votação e a apuração necessitavam de maior proteção. Desta forma, surge a necessidade de entregar à Magistratura o efetivo trato das questões eleitorais, mas não faltavam posições contrárias que advertiam para o envolvimento político dos juízes com desprestígio da toga.

O renomado *João Cabral* se pronunciou na ocasião sobre a criação da Justiça Eleitoral: "*Com absoluta independência os magistrados dirão judicialmente da qualificação e de todas as contendas que se travarem a respeito do Direito Eleitoral, desde o alistamento dos eleitores até a proclamação final dos eleitos*" (*Curso de Direito Eleitoral*, Tribunal Regional Eleitoral da Guanabara, Centro de Estudos Políticos, 1964, Departamento da Imprensa Nacional, Desembargadores Homero Pinho e Oscar Tenório, p. 44).

Como visto, surgiu a Justiça Eleitoral com funções contenciosas e administrativas.

O atual Código Eleitoral é a Lei nº 4.737, de 15 de julho de 1965, mas a Lei das Eleições, Lei nº 9.504, de 30 de setembro de 1997, bem como a Lei Complementar nº 64, de 18 de maio de 1990, e a Lei dos Partidos Políticos, Lei nº 9.096, de 19 de setembro de 1995, formam o panorama legislativo eleitoral vigente.

Salientamos a necessidade de junção de todas as leis acima referidas em um **diploma eleitoral único**, para melhor servir aos destinos da vontade popular no século XXI, cujo estudo das regras poderá ser mais simples e de fácil compreensão, na medida em que estarão unidos em capítulos e títulos os temas atualmente esparsos, como a propaganda, o registro de candidatos, os crimes eleitorais e outros; além da criação de um processo judicial uniforme para canalização de todas as demandas propostas com base nos ilícitos eleitorais.

Diversas competências estão afetas à Justiça Eleitoral: questões de natureza administrativa, v.g., organização administrativa das zonas eleitorais, tais como locais destinados à votação, apuração, funcionários e o próprio alistamento eleitoral de natureza declaratória administrativa; questões atinentes ao poder regulamentar, pois o Poder Legislativo, ao editar as leis em matéria eleitoral, deixa sempre uma substanciosa margem de complementariedade afeta ao poder regulamentar do Tribunal Superior Eleitoral.

4.2. SISTEMAS DE CONTROLE DO DIREITO ELEITORAL

No Brasil, o sistema de controle do Direito Eleitoral ou das fases do "processo eleitoral" estão sob a tutela da Justiça Eleitoral, que exerce competências administrativas, judiciais e normativas.

O exemplo das **funções administrativas** é identificado na organização dos eleitores com o cadastro e emissão de títulos eleitorais, bem como nos preparativos para as eleições, com a convocação de mesários, reuniões, orientações, inseminação de urnas eletrônicas, requisição de prédios particulares e a formação da estrutura básica para o dia da votação.

As **funções normativas** decorrem do poder regulamentar de expedir resoluções eleitorais, v.g., sobre propaganda eleitoral, votação, prestação de contas, urnas, votos e outras, conforme previsão legal dos arts. 1º, parágrafo único, e 23, IX e XVIII, do Código Eleitoral, e 105 da Lei nº 9.504/1997.

As **competências jurisdicionais** são diversas, por exemplo, julgando recursos eleitorais, crimes, ações de impugnação ao requerimento de registro de candidatos; investigação judicial eleitoral; captação ilícita de sufrágio; recursos contra a diplomação; impugnação ao mandato eletivo, direito de resposta e representações em face da propaganda irregular.

Historicamente, a competência da Justiça Eleitoral decorreu da Revolução de 1930 com a posterior criação do Código Eleitoral de 1932, Decreto nº 21.076, de 24 de fevereiro de 1932. Em seguida a consagração na Constituição de 1934.

Identifica-se no Brasil, na Lei de 20 de outubro de 1875, a delegação de competência para juízes de Direito no exame das nulidades das eleições, quando se elegiam vereadores das Câmaras Municipais e juízes de paz. Foi a mesma lei que instituiu o título eleitoral.

Registramos a importância do papel da magistratura no Brasil, nas lições de *Manoel Rodrigues Ferreira*, na obra (*A evolução do sistema eleitoral brasileiro*,

Coleção Biblioteca Básica Brasileira, Brasília, 2001, Senado Federal, p. 243), em destaque para as palavras de *Tito Franco de Almeida*, "(...) *Prima ainda porque procura (a nova Lei) afastar a intervenção governamental, sempre eivada de espírito partidário, e a substitui pela intervenção do poder judicial"*.

Vários estudos de Direito Comparado se referem a **três sistemas básicos de controle do denominado processo eleitoral**: 1) **o sistema de controle exclusivamente político** pelo Poder Legislativo (*origem na Inglaterra nos idos de 1688, quando o Parlamento passou a verificar os poderes dos membros da Câmara*). Segue-se na Constituição norte-americana em 1787, bem como no Brasil na Carta do Império de 1824; 2) **sistema misto ou eclético** (*origem, Tribunal de Verificação Eleitoral nos idos de 1919, Constituição de Weimar, art. 31*), o controle era do Parlamento, mas se admitia recurso para o Tribunal Especial que tinha em sua composição membros do Poder Judiciário; 3) **sistema judicial** (*origem na Inglaterra, quando fracassou o sistema de controle pelo Parlamento, adotando-se o exame de petições por juízes em 1770*).

O Brasil adotou o sistema em 1932, eliminando-se o sistema político de verificação pelo Parlamento. Institui-se um controle imparcial (referências na obra de pesquisa de *Afranio Faustino de Paula Filho*. Rio de Janeiro: Lumen Juris, 1998).

O sistema judicial no Brasil é de extrema importância, pois se fazem frementes nas eleições os vícios da compra de votos, dos abusos do poder e de centenas de crimes eleitorais e manifestações que ensejam a tutela e proteção da dignidade dos eleitores e da democracia brasileira com a eleição de representantes que cumprem durante as campanhas a legislação eleitoral.

Quem sabe num futuro distante possamos controlar o processo de eleição por um órgão eclético formado por representantes de diversos segmentos da sociedade e dos partidos, mas nunca nos afastaremos da intervenção judicial nas situações de crise do lídimo exercício do voto.

A Justiça Eleitoral possui sua destinação diretamente vinculada à garantia dos direitos de votar e de ser votado, assegurando o pleno exercício da cidadania em suas diversas manifestações.

Eleitores, candidatos e partidos políticos fazem parte da engrenagem dinâmica da cidadania, tendo o Ministério Público Eleitoral a árdua tarefa de fiscalizar o processo eleitoral *lato sensu*, ainda que suas atribuições não estejam minudentemente regulamentadas no âmbito da vasta normatividade positiva de natureza subconstitucional, mas emergem de uma visão institucional, diante do preceituado no *caput* do art. 127 da Constituição Federal.

A sociedade, manifestada em suas mais variadas formas de organicidade, inclusive o principal personagem que é o eleitor, não pode abster-se de fiscalizar, *pari passu*, as vicissitudes eleiçoeiras que possam abalar o processo democrático, pois, como relembra o eminente *José Joaquim Gomes Canotilho*, existem como garantia do direito fundamental: (i) o *status activus processualis* e (ii) o *status interactivus socialis*, sendo o primeiro ligado à necessidade de as leis e normas dinamizarem maiores dimensões participatórias de cunho procedimental, e o segundo vinculado a uma dinamização, por parte do legislador, por exemplo, de leis eleitorais que assegurem igualdade de oportunidades.[1]

Cumpre, portanto, à Justiça Eleitoral a nobre missão de resguardar a democracia e o Estado Democrático, nos moldes do disposto no art. 1º e incisos da Constituição Federal, efetivando em múltiplas ações a soberania popular, a cidadania e o pluralismo político como princípios fundamentais trilhados pelo legislador.

4.3. O TRIBUNAL SUPERIOR ELEITORAL

O art. 118 da Constituição da República disciplina os órgãos da Justiça Eleitoral.

O TSE é composto de sete juízes: três ministros do Supremo Tribunal Federal, dois ministros do Superior Tribunal de Justiça e dois advogados nomeados pelo Presidente da República em lista tríplice (duas listas) dentre seis advogados indicados pelo Supremo Tribunal Federal.

Algumas observações: (i) o STF organiza a lista tríplice para indicação dos advogados seguindo as regras regimentais; (ii) os advogados devem ser considerados de notável saber jurídico e idoneidade moral, possuindo, portanto, esses dois requisitos; (iii) os futuros Presidente e Vice-Presidente do TSE são dois ministros do STF; (iv) o corregedor eleitoral é um ministro do STJ; (v) os mandatos duram dois anos, mas nunca por mais de dois biênios consecutivos; (vi) os dois anos contam da data de posse; (vii) a antiguidade no Tribunal segue a data da posse, a nomeação ou eleição e a idade (viii) não podem fazer parte do Tribunal pessoas que tenham entre si parentesco, ainda que, por afinidade, até o quarto grau; e (ix) os juízes efetivos tomarão posse perante o Tribunal e, os substitutos, perante o Presidente.

4.4. OS TRIBUNAIS REGIONAIS ELEITORAIS

São 27 (vinte e sete) Tribunais Regionais Eleitorais. Um na capital de cada Estado e um no Distrito Federal.

A composição é, em suma, a seguinte (art. 119 da Constituição Federal): (i) dois juízes dentre os desembargadores do Tribunal de Justiça, escolhidos por eleição e voto secreto; (ii) dois juízes dentre os juízes de direito, escolhidos pelo Tribunal de Justiça; (iii) um juiz do Tribunal Regional Federal;e (iv) dois juízes da classe dos advogados, nomeados pelo Presidente da República e esco-

---

1 *Direito Constitucional*. 6ª ed. Coimbra: Livraria Almedina,1993, p. 639.

lhidos numa lista tríplice, elaborada pelo Tribunal de Justiça, devendo possuir, igualmente, notável saber jurídico e idoneidade moral. As escolhas por eleição são fiéis à letra da Constituição Federal e ao regimento interno, bem como às respectivas leis de organização judiciária.

Pontos importantes sobre os TREs: 1) o Presidente e o Vice-Presidente são os desembargadores escolhidos em eleição interna; 2) o Corregedor Regional Eleitoral é escolhido, por eleição, na forma regimental; 3) os juízes dos TREs servem por um biênio, no mínimo, e nunca por mais de dois biênios consecutivos, sendo os substitutos escolhidos na mesma ocasião e pelo mesmo processo, em número igual para cada categoria; 4) compete privativamente ao TRE dividir a respectiva circunscrição eleitoral em zonas eleitorais, submetendo essa divisão, assim como a criação de novas Zonas Eleitorais por desmembramento, à aprovação final pelo Tribunal Superior Eleitoral; 5) compete, outrossim, ao TRE constituir as Juntas Eleitorais e designar as respectivas sedes e jurisdições dentre várias outras competências que seguem regramento normativo, *ex radice* dos regimentos internos; e 6) os juízes eleitorais são obrigatoriamente magistrados de carreira, designados pelos TREs para presidir as zonas eleitorais.

O **Tribunal Regional Eleitoral** disciplina o sistema de investidura a termo nas Zonas Eleitorais, estabelecendo regras para o provimento de juízes estaduais para acumularem as funções de juízes eleitorais, tratando a referida norma, dentre outras questões atinentes à investidura, especificamente do seguinte: (i) o exercício da jurisdição é privativo dos juízes de Direito do Estado; (ii) a temporariedade na investidura; (iii) o prazo de dois anos no exercício da função, sendo possível a recondução por igual período; (iv) a contagem ininterrupta dos biênios, independentemente de qualquer espécie de afastamento; (v) a possibilidade da investidura está afeta à condição de o juiz de Direito ser titular da comarca e, excepcionalmente, com competência nas Regiões Judiciárias; (vi) preserva-se, durante o biênio da investidura, a garantia da inamovibilidade pela forma e condições disciplinadas pela Lei Orgânica da Magistratura Nacional, Código Eleitoral e, principalmente, a Constituição Federal; (vii) trata da substituição nas férias e licenças, sendo de competência do Presidente do TRE a designação, *ad referendum* do Pleno, observando-se critérios de antiguidade; (viii) trata de uma hipótese de vacância quando o juiz perde a titularidade do órgão judiciário estadual; e (ix) inadmite permuta e remoção, além de disciplinar regras claras e precisas sobre os juízes eleitorais.

Tenha-se presente que o Código Eleitoral foi recepcionado, ao menos em parte, em razão do disposto no art. 121 da Constituição Federal (TSE – *RJTSE* 05/365) como lei de natureza complementar, e sobre designação de juízes eleitorais os TREs possuem ampla discricionariedade regulamentar – art. 32 do Código Eleitoral –, inclusive para designar juízes eleitorais para a propaganda eleitoral por meio de imprensa escrita, rádio, televisão, ruas e logradouros públicos, seja nas eleições municipais, quando a circunscrição abranger mais de uma zona eleitoral, seja na formação de comissões, onde os magistrados funcionem como auxiliares do Pleno do TRE, procedendo à fiscalização e coordenação em matéria de propaganda eleitoral, bem como na prestação de contas dos candidatos.

4.5. JUIZ ELEITORAL

Para cada zona eleitoral haverá necessidade de **investidura de um juiz eleitoral**, sendo que a competência fica circunscrita ao local onde ocorreu o fato, ressalvando-se as questões que envolvam prerrogativas de função e aquelas atinentes ao ajuizamento de medidas judiciais disciplinadas em lei.

As **zonas eleitorais** são consideradas como uma ideal parte territorial, cuja divisão é fomentada por critérios legais, tendo ampla jurisdição nos limites que foram predeterminados e sendo integrante da circunscrição judiciária eleitoral.

Algumas observações: a) não podem servir como escrivão eleitoral membros de diretórios de partido político, candidatos, cônjuges e parentes consanguíneos e afins até o segundo grau dos juízes eleitorais daquela zona eleitoral, onde exerçam jurisdição eleitoral; b) cabe aos juízes dividirem as zonas eleitorais em seções eleitorais; e c) designar, em até 60 (sessenta) dias antes da eleição, os locais das seções, além de outras competências previstas geralmente nos regimentos internos dos TREs.

A **seção eleitoral é uma subdivisão territorial da zona eleitoral**, para fins de votação e até apuração dos votos, sendo o local destinado ao efetivo exercício do sufrágio, ao qual o eleitor previamente alistado está vinculado ao *ius suffragi*.

4.6. JUNTAS ELEITORAIS

No Brasil identifica-se a origem das Juntas Eleitorais no Decreto de 7 de março de 1821, na época de D. João VI. No entanto, em 1934, a Constituição, no art. 83, § 3º, tratou da competência desse órgão de apuração eleitoral.

As **Juntas Eleitorais** são compostas de um juiz de Direito, que exerce a função de Presidente da Junta Eleitoral, e dois ou quatro membros (*juízes de fato*) titulares e dois suplentes que se fizerem necessários.

São as Juntas Eleitorais órgãos não monocráticos, que se situam hierarquicamente na mesma posição do juiz de direito que é, na verdade, o Presidente da Junta. O voto, portanto, do juiz Presidente terá o mesmo valor do voto do juiz leigo, tendo a Junta Eleitoral competências fixadas na legislação eleitoral.

Ao Presidente da Junta Eleitoral caberá: (i) fiscalizar, coordenar e orientar os trabalhos de escrutinação realizados; e (ii) nomear um secretário-geral e, na medida em que ocorrer o desdobramento da Junta em Turmas Apuradoras, nomear um secretário para cada uma das Turmas, escolhido dentre os escrutinadores.

O **secretário-geral** deverá: (i) lavrar as atas, assinar boletins e urnas, providenciar o controle sobre o real comparecimento dos escrutinadores, pois é comum ocorrerem faltas injustificadas ou justificadas; (ii) providenciar as assinaturas dos fiscais e representantes dos comitês interpartidários nos respectivos boletins de urnas, separando e orientando a melhor forma de encaminhar os boletins para a digitação, além de ficar responsável pela entrega da via dos boletins de urnas ao representante do comitê interpartidário, afixando, ainda, em quadro, parede ou local de livre disponibilidade visual, uma via dos boletins de urnas para conhecimento amplo dos interessados, sejam candidatos, fiscais e pessoas diversas, bem como da imprensa; e (iii) providenciar o credenciamento dos representantes da imprensa, partidos políticos, fiscais, autoridades e candidatos, além de outras atribuições ligadas à otimização dos serviços eleitorais e da fase apuratória do processo eleitoral.

Os **escrutinadores** devem: (i) efetivar a contagem dos votos atribuídos aos candidatos e legendas partidárias, mas, antes de tudo, devem separar os votos nulos e em branco para agilizar o processo de escrutinação, tendo cuidado para, de pronto, colocar o carimbo em branco e nulo nesses tipos de voto, pois tal medida evita tentativas de fraudes eleitorais com o preenchimento, v.g., do voto por integrante da escrutinação ou terceiros; e (ii) antes de iniciarem o trabalho de contagem de votos, contar se o total de votos corresponde ao número de votantes daquela seção eleitoral, pois uma substancial discrepância entre o número de votos e o número de votantes enseja motivo para impugnação e, consequentemente, anulação dos votos, mas cada caso deverá merecer uma análise, evitando-se a decretação de nulidade em hipótese que possa aproveitar a vontade dos eleitores, diante do princípio do aproveitamento do voto e do sufrágio.

Na composição da **Turma Apuradora** deverá ter um secretário, que terá as funções de: (i) somar os votos e preencher as colunas de fechamento dos boletins de urna; (ii) seguir as orientações e as regras de supervisão estipuladas pelo Presidente da Turma; (iii) ficar responsável pelo preenchimento dos boletins de urna, pois a prática está a demonstrar que a delegação de função a mais de um escrutinador poderá ser altamente prejudicial, em razão da parcial ausência de controle quanto aos mecanismos de fraude eleitoral, na alteração dos resultados dos boletins de urnas, que podem ser manipulados, daí a importância legal de preencherem-se os boletins de urna com caneta esferográfica vermelha, evitando-se rasuras que podem indicar uma tentativa de fraude ou simples erro material.

Cumpre aos **escrutinadores** conferir os materiais destinados ao processo de escrutinação, e.g., canetas, carimbos, envelopes, listas de candidatos. Cai a lanço notar que é fundamental que o escrutinador tenha se familiarizado com a listagem dos candidatos, ao menos dos mais votados, pois isso agiliza o processo de apuração dos votos.

Se o escrutinador, por exemplo, o vogal, sabe o número do candidato José, deve esse número ser de conhecimento amplo de toda a Turma, evitando-se a fraude na indicação de número diverso. Nesse ponto, os fiscais devem estar atentos, colaborando com os trabalhos de apuração.

Sobre **impugnações,** recursos e tipos de votos, cumpre observar a regra do art. 160 do Código Eleitoral, pois, em razão do número de urnas a apurar, a Junta poderá subdividir-se em Turmas, até o limite de cinco, sendo todas presididas por algum de seus componentes.

Em razão de prática costumeira, os juízes eleitorais, substitutos ou titulares de zonas eleitorais, indicam ao Presidente do TRE os nomes dos escrutinadores, em sessão do Pleno do TRE, que aprova os respectivos nomes.

Qualquer **impugnação** quanto aos integrantes da Junta Eleitoral deve ser ajuizada no TRE, tendo legitimidade ativa o Ministério Público Eleitoral, candidatos, partidos políticos, sendo o prazo de três dias. Essas impugnações devem ser dirigidas ao Presidente do TRE, cabendo recurso inominado para o Pleno do TRE.

Dentre outros **impedimentos** para exercer a função de escrutinador, são elencados os seguintes: a) candidatos, parentes de candidatos, ainda que por afinidade até o segundo grau, e cônjuge; b) membros de diretórios de partidos políticos; c) agentes policiais; d) funcionários públicos no exercício de funções e cargos de confiança; e) filiados a partidos políticos; f) pessoas que estejam suspensas dos direitos políticos, inelegíveis e com a perda dos direitos políticos decretada; g) menores de 21 (vinte e um) anos; e h) outras hipóteses.

Nessa questão, a lei é lacônica, deixando ampla margem de possibilidade à nomeação de pessoas que possam, direta ou indiretamente, ter influência na manipulação e escrutinação ilícita dos votos; portanto, uma das melhores formas de combate à fraude eleitoral deveria ser a reformulação e ampliação das hipóteses de impedimento da nobre função de escrutinador (juiz de fato) da Junta Eleitoral, *pari passu* com os jurados que formam o Conselho de Sentença no Tribunal do Júri.

Compete às **Juntas Eleitorais**, primordialmente: a) resolver as impugnações e os incidentes durante o processo de apuração de votos, dirimindo as questões por maioria de votos; b) apurar as eleições no prazo de 10 (dez) dias (art. 40 do CE); e c) expedir os boletins de urnas e o diploma dos candidatos eleitos, na última hipótese, somente nas eleições municipais, pois ao TRE compete a expedição de diplomas nas eleições para Governador, Senador, Deputado federal, estadual e distrital, e ao TSE, para as eleições de Presidente e Vice-Presidente da República.

JUSTIÇA ELEITORAL CAPÍTULO 4

Os serviços prestados pelos membros das juntas eleitorais são considerados de relevância nos termos do art. 379 do Código Eleitoral, servindo como critério de promoção no caso de servidor público, quando houver empate, depois de observados os regulamentos específicos.

4.7. PONTOS IMPORTANTES SOBRE A ORGANIZAÇÃO DA JUSTIÇA ELEITORAL

1) Os órgãos da Justiça Eleitoral são: Tribunal Superior Eleitoral, Tribunais Regionais Eleitorais, juízes eleitorais e juntas eleitorais.

2) As zonas eleitorais são divisões de ruas e avenidas, inclusive de parte de circunscrições (espaço geográfico do Município) para fins de organização do eleitorado. Uma zona eleitoral poderá abranger um único Município; e poderá existir uma zona que abranja dois Municípios.

3) As zonas eleitorais não exercem jurisdição eleitoral, pois não são órgãos da Justiça Eleitoral.

4) A Junta Eleitoral é um órgão eclético, misto e colegiado, sendo formada por três ou cinco integrantes, o seu Presidente é um juiz de direito e mais dois ou quatro cidadãos de notória idoneidade (art. 36 do Código Eleitoral).

5) O juiz de direito que for Presidente da Junta Eleitoral poderá nomear cidadãos de notória idoneidade como escrutinadores e auxiliares. Todavia, compete ao Tribunal Regional Eleitoral constituir as juntas eleitorais e ao Presidente do TRE nomear os membros (cidadãos de idoneidade moral) indicados pelo juiz eleitoral (arts. 30, V, e 38 do Código Eleitoral).

6) A Junta Eleitoral tem uma competência especial, ou seja, expedir o diploma aos eleitos para Prefeito, Vice-Prefeito e vereador (art. 40, IV, do Código Eleitoral).

7) O art. 64 da Lei nº 9.504/1997 veda que os integrantes de uma mesma Junta Eleitoral sejam parentes. O impedimento atinge qualquer grau.

8) O art. 37 do Código Eleitoral permite que o Tribunal Regional Eleitoral constitua Juntas Eleitorais sem juízes titulares de zonas eleitorais, pois a regra é que para cada zona exista uma junta; no entanto, é possível existir uma junta eleitoral presidida por juiz eleitoral temporário, designado somente para a votação, apuração e diplomação.

9) As seções eleitorais são locais de votação (arts. 117 e 135 do Código Eleitoral), sendo que para cada seção haverá uma urna eletrônica, mas a lei permite duas cabines por seção (duas urnas). Uma zona eleitoral possui diversas seções eleitorais.

Em virtude dessas considerações gerais destacam-se os órgãos componentes da Justiça Eleitoral da seguinte forma:

4.8. TRIBUNAL SUPERIOR ELEITORAL

Base legal: (*CF, arts. 118, I; 119; CE, art. 16*).
Composição:

- 3 Ministros do STF – Presidente e Vice-Presidente;
- 2 Ministros do STJ – um será o Corregedor Eleitoral;
- 2 advogados (classe dos juristas) (indicados pelo STF e nomeados pelo Presidente da República).

Observação: cabe ao Supremo Tribunal Federal eleger os três ministros do TSE, bem como realizar a organização das listas da classe dos juristas, conforme dispõe o seu próprio regimento interno.

4.9. TRIBUNAIS REGIONAIS ELEITORAIS

Base legal: (*CF, arts. 118, II; 120; CE, art. 25*).
Composição:

- 2 desembargadores dos Tribunais de Justiça – Presidente e Vice-Presidente;
- 2 juízes estaduais escolhidos pelo Tribunal de Justiça (a escolha segue o regimento interno e a Resolução-TSE nº 20.958/2001);
- 1 juiz federal escolhido pelo Tribunal Regional Federal (a escolha segue o regimento interno do TRF e a Resolução-TSE nº 20.958/2001);
- 2 advogados (classe dos juristas). A indicação deveria ser feita pela OAB, Conselho Regional ou Seccional. No entanto, os Tribunais de Justiça elaboram uma lista tríplice (Res.-TSE nº 20.958/2001, art. 12) que é encaminhada ao Tribunal Superior Eleitoral, por meio dos Tribunais Regionais Eleitorais, e, após análise pelo TSE, é submetida ao Presidente da República para nomeação de um dentre os três nomes indicados pelo Tribunal de Justiça.

No Brasil existem 27 Tribunais Regionais Eleitorais (*um em cada Estado da Federação e um no Distrito Federal*). A competência da Justiça Eleitoral envolve questões compreendidas nas fases do alistamento, convenções, registro de candidaturas, propaganda política eleitoral e partidária, votação, apuração e diplomação dos candidatos, além de fiscalizar a prestação de contas anuais dos Partidos Políticos.

A função de Corregedor Regional nos Tribunais Regionais Eleitorais pode ser acumulada pelo Vice-Presidente, que é um desembargador, e regimentalmente pode recair em qualquer outro membro integrante do Tribunal. No Estado do Rio de Janeiro a tradição é que a escolha incida sobre um dos juízes estaduais do Tribunal de Justiça.

É importante frisar que, segundo prevê o art. 1º da Res.-TSE nº 20.958/2001: "*Os juízes dos tribunais eleitorais, efetivos ou substitutos, servirão obrigatoriamente por dois anos e, facultativamente, por mais um biênio*".

4.10. JUÍZES ELEITORAIS

Base legal: (*CF, art. 118, III; CE, art. 32*).

Os juízes eleitorais são investidos temporariamente nas respectivas zonas eleitorais (*divisão territorial dentro dos Estados que compreendem ruas e avenidas para fins de alistamento eleitoral*).

Segundo dispõe o art. 37, parágrafo único, do Código Eleitoral, o Presidente dos Tribunais Regionais Eleitorais pode designar juízes de direito, exclusivamente, para presidir Juntas Eleitorais e, neste caso, não são os juízes titulares das zonas eleitorais que já presidem as Juntas referentes às respectivas zonas eleitorais, ou seja, pode haver uma zona eleitoral que tenha uma ou mais juntas eleitorais presididas por outros juízes designados somente para o período da votação e apuração dos votos.

Os juízes eleitorais investidos temporariamente nas zonas eleitorais são de primeira instância ou grau de jurisdição. Das decisões dos juízes caberá recurso para o Tribunal Regional Eleitoral. Os juízes eleitorais servem por um biênio e, nas comarcas do interior dos Estados, podem ser reconduzidos, considerando as peculiaridades do juízo único, segundo a Lei de Organização Judiciária local.

O Egrégio Tribunal Superior Eleitoral disciplina a investidura dos juízes de direito nas funções de juízes eleitorais, por intermédio da Resolução nº 21.009/2002.

No Código Eleitoral, o art. 32 faz expressa menção aos juízes eleitorais como juízes de direito.

O Egrégio TSE, já firmou precedente no sentido de que a atividade judicante nas zonas eleitorais é de **exclusiva competência de juízes de direito estaduais**.

> (TSE). Jurisdição eleitoral. Primeiro grau. Juízes de direito. Tribunais regionais eleitorais. Juízes de direito e juízes federais. A Justiça Eleitoral de primeiro grau, isto é, os juízes eleitorais, têm seus cargos providos e recrutados dentre juízes de direito da Justiça Comum dos Estados, com fundamento nos arts. 32 e 36 do Código Eleitoral (Lei nº 4.737/1965), segundo os quais a jurisdição das zonas eleitorais cabe a um juiz de direito. O texto constitucional em vigor expõe regra que menciona explicitamente juízes de direito como representativos da Justiça Estadual comum. A alínea *b* do inc. I do § 1º do art. 120 da Constituição, ao disciplinar a composição dos tribunais regionais eleitorais, assentou inequivocamente que além do juiz federal (inc. II) o integram "dois juízes, dentre juízes de direito, escolhidos pelo Tribunal de Justiça". Sendo assim, há designação expressa na Constituição de juízes de direito escolhidos pelos tribunais de justiça estaduais para a composição dos tribunais regionais eleitorais. Além disso, há participação dos juízes federais na composição dos tribunais regionais. O controle

do processo eleitoral diz diretamente com o exercício da cidadania e a nacionalidade, por isso a jurisdição eleitoral é especialmente nacional e seus agentes magistrados, tipicamente nacionais. Assim, o hibridismo de que se serviu a Constituição para a composição dos tribunais regionais e do Tribunal Superior Eleitoral revela-se sobremaneira apropriado no sentido da Federação e da nacionalidade. Mostra-se aceitável que juízes estaduais e federais tenham a mesma capacidade constitucional para exercer a função eleitoral e, então, a opção constitucional encontra perfeita justificativa que não discrimina qualquer deles e, bem ao contrário, incorpora-os ao melhor projeto constitucional. Quando a Constituição relaciona os juízes eleitorais aos juízes de direito estaduais, não está praticando uma exorbitância constitucional, mas acomodando, nos órgãos da Justiça Nacional Eleitoral (embora organizada como ramo do Poder Judiciário da União), **juízes de direito estaduais no primeiro grau e juízes estaduais e federais no segundo grau de jurisdição sem quebrar os valores federativos e nacionais**. A despeito da crescente interiorização da Justiça Federal, ainda é muito limitada sua atuação na maioria das comarcas, o que não recomenda a cessação da atuação dos juízes de direito estaduais no exercício da jurisdição eleitoral. **A substancial capilaridade da Justiça Comum estadual se acomoda muito mais adequadamente ao serviço eleitoral do que as unidades da Justiça Federal, cuja penetração no interior do país, além das dificuldades de instalação, sofre também com notórias dificuldades de provimento perene**. Em divergência, o Ministro Marco Aurélio entende que a Constituição não reserva, em caráter exclusivo, a função eleitoral de primeiro grau aos juízes de direito estaduais, porque a Justiça Eleitoral é uma justiça federal e o juiz federal também é juiz de direito. De acordo com o ministro, é recomendável a participação da Justiça Federal na Justiça Eleitoral em todas as instâncias, atuando a magistratura estadual supletiva apenas nas localidades em que não houver a magistratura federal, como ocorre na Justiça do Trabalho. Nesse entendimento, o Tribunal, por maioria, indeferiu o pedido. Petição nº 332-75/DF, Rel. Min. Gilson Dipp, em 29/03/2012. Informativo TSE Assessoria Especial (Asesp) Ano XIV – nº 8, Brasília, 26/03 a 08/04/2012. Informativo TSE nº 3. (grifos nossos).

O exercício das competências eleitorais por juízes de direito estaduais segue o disposto no art. 96, I e § 2º, da Lei nº 9.504/1997, ou seja, nas eleições municipais o Presidente do Tribunal Regional Eleitoral, por resolução específica deve designar juízes eleitorais de zonas eleitorais, em cada Município, para as seguintes funções:

a) julgar representações e reclamações relativas ao descumprimento da Lei nº 9.504/1997;

b) fiscalizar a propaganda eleitoral e exercer o devido poder de polícia, inclusive apreciando os pedidos de resposta; e

c) registro de pesquisas eleitorais, representações e reclamações sobre o tema, registro de candidaturas, apreciações de prestação de contas de campanhas eleitorais, cassação de registros ou diplomas.

Cumpre esclarecer que as designações são efetivadas sem prejuízo da concomitante competência pelos magistrados exercida nas respectivas jurisdições eleitorais, ou seja, trata-se de uma competência cumulativa em razão da matéria, e, portanto, exige do designado um maior acúmulo laboral. Nada impede que sejam designados outros juízes de direito em auxílio, especialmente para as competências atinentes às zonas eleitorais.

4.11. JUNTAS ELEITORAIS

Base legal: (*CF, art. 118, IV; CE, art. 36*).
Composição:

- 1 juiz de direito (Presidente da Junta Eleitoral). Pode ou não ser titular da zona eleitoral.
- 2 ou 4 cidadãos de notória idoneidade. Nomeados pelo Presidente do Tribunal Regional Eleitoral e indicados pelo juiz eleitoral. Os impedimentos estão no art. 36, § 3º, do Código Eleitoral e 64 da Lei nº 9.504/1997. Para cada zona eleitoral existe uma junta eleitoral, mas pode haver mais de uma, dependendo da hipótese local, segundo análise do universo de eleitores de uma região, distrito ou município.

Nas eleições municipais compete à Junta Eleitoral expedir os diplomas aos eleitos por intermédio do juiz eleitoral mais antigo, quando houver mais de uma junta eleitoral (*art. 40 e parágrafo único do Código Eleitoral*).

Registre-se ainda, por oportuno, que o leitor deve consultar as Resoluções do Tribunal Superior Eleitoral nᵒˢ 19.994/1997; 20.958/2001 e 21.009/2002, que tratam da organização das zonas eleitorais e da investidura temporária dos juízes eleitorais.

Como se nota, as juntas eleitorais são **órgãos temporários** da Justiça Eleitoral, que atuam nas fases de votação e de apuração.

No dia da eleição, em cada zona eleitoral estarão presentes os membros da Junta Eleitoral, que decidirão sobre eventuais impugnações ao voto e à apuração, resolvendo a questão por maioria.

Pode um juiz eleitoral ser designado para presidir uma junta eleitoral, sem ser juiz eleitoral titular de zona eleitoral, em razão das peculiaridades do Município local. As designações são atos do Tribunal Regional Eleitoral.

Nas eleições manuais (*voto por cédula*) os juízes eleitorais (Presidentes das juntas), por diversas vezes, desdobravam as juntas em turmas de apuração, objetivando facilitar a escrutinação dos votos.

Registre-se uma das funções judicantes da Junta Eleitoral, quando analisa se o número de votantes está em consonância com o número de votos.

Como visto, a junta eleitoral possui competências (*Código Eleitoral, art. 40, I a IV*), sendo a sua atuação mais intensa na eleição manual, quando a apuração é pela escrutinação de cédulas eleitorais.

Os partidos políticos, coligações e Ministério Público (*por intermédio do Procurador Regional Eleitoral*) podem impugnar os nomes dos membros das Juntas Eleitorais no Tribunal Regional Eleitoral.

E ainda, os parentes em qualquer grau ou servidores da mesma repartição pública e empresa privada não podem participar da mesma Turma ou Junta Eleitoral (*art. 64 da Lei nº 9.504/1997*).

A impugnação será oferecida no prazo de 3 (*três*) dias contados da publicação dos nomes indicados no Diário de Justiça em petição fundamentada.

As juntas eleitorais podem se desdobrar em turmas.

Tenha-se presente que, para cada eleição, existe um resolução específica do TSE tratando da normatização das juntas eleitorais, inclusive no sistema eletrônico de votação e apuração.

Os eleitores que forem nomeados para as Juntas Eleitorais serão dispensados do serviço pelo dobro dos dias da convocação, sem prejuízo do salário, conforme art. 98 da Lei nº 9.504/1997. Em complemento, art. 473, V e VIII, da Consolidação das Leis do Trabalho.

Não observadas as normas sobre a suspensão do contrato de trabalho nos termos da CLT, nos casos que envolvem membros das juntas eleitorais e até os mesários e auxiliares, é possível a incidência "em tese" do delito do art. 347 do Código Eleitoral, ou seja, a desobediência as normas eleitorais por parte do empregador, desde que seja comprovado o dolo.

4.12. A FUNÇÃO NORMATIVA E REGULAMENTAR DA JUSTIÇA ELEITORAL

O poder regulamentar está disciplinado nos arts. 1º, parágrafo único, e 23, incs. IX e XVIII, do Código Eleitoral e nas respectivas leis específicas que disciplinam as eleições, e.g., art. 105 da Lei nº 9.504/1997.

A normatização geral das matérias eleitorais é de competência do Tribunal Superior Eleitoral. Os Tribunais Regionais Eleitorais também expedem resoluções para regulamentar, e.g., as eleições suplementares em Municípios específicos (*art. 30 do Código Eleitoral*).

Saliente-se, ainda, que a própria Lei nº 9.504/1997, em seu art. 105, fixa prazo para que o Tribunal Superior Eleitoral expeça as resoluções necessárias à executoriedade da lei, onde são "ouvidos" previamente, em audiência pública, os delegados dos partidos participantes do pleito eleitoral vindouro.

Formalmente, o poder regulamentar, em matéria eleitoral, processa-se por meio de resoluções e instruções sobre propaganda eleitoral, votação, apuração, registro de candidatos, calendários eleitorais e outras.

As resoluções são classificadas em: a) **definitivas ou permanentes**, quando regulamentam situações fáticas relativas ao dia a dia da Justiça Eleitoral, bem como quando são normas aplicáveis a todas as eleições, por exemplo, a Resolução nº 21.538/2003, que disciplina o alistamento eleitoral, e a Resolução nº 21.975/2004, que trata das multas eleitorais; e b) **temporárias ou específicas** que são dirigidas para uma determinada eleição federal/estadual ou municipal, por exemplo, a Resolução nº 23.457/2015, que normatizou a propaganda eleitoral e as condutas vedadas em campanhas eleitorais nas eleições de 2016.

Sobre essa matéria, impende observar que o poder regulamentar deve situar--se *secundum* e *praeter legem*, sob pena de invalidação e, em atendimento ao disposto no art. 5º, inc. II, da Constituição Federal, pois *"ninguém será obrigado a fazer ou deixar de fazer alguma coisa senão em virtude de lei"*.

É cabível, portanto, um controle pelos partidos políticos e Ministério Público, quando se detectar uma extensão demasiada na regulamentação da matéria, axiomada a regulamentação *contra legem*; além de ser viável o ajuizamento do mandado de injunção (*art. 5º, LXXI*) nas hipóteses de inércia do órgão regulamentador, ou seja, na ausência de norma regulamentadora sobre determinada matéria eleitoral.

Saliente-se, ainda, que é cabível o mandado de segurança, se determinada resolução, e.g., atingir efeitos concretos.

Todavia, cumpre observar que as competências do TSE, no que diz respeito ao reexame de decisões administrativas dos TREs, restringem-se àquelas que tenham características jurisdicionais de fundo eleitoral, como no caso dos plebiscitos. Para que se determine tal competência, a matéria deve ser atinente à administração das eleições, que não se confunde com a administração da própria máquina judiciária eleitoral (*Acórdão nº 12.693 – 02/09/1996 – Recurso Especial Eleitoral nº 12.693 – Brasília – DF, DJ de 11/09/1996, p. 32.818*).

A competência da Justiça Eleitoral está cingida às fases elencadas pela doutrina. A doutrina majoritária entende que à Justiça Eleitoral compete processar e julgar causas que estejam compreendidas entre o **alistamento e a diplomação** dos candidatos eleitos, e, por força de ação de natureza constitucional, que é a ação de impugnação ao mandato eletivo (art. 14, § 10), ainda possui competência para decidir essas ações que são ajuizadas no prazo decadencial de 15 (quinze) dias, contados da diplomação.

A Lei nº 12.034/2009 introduziu substancial reforma na disciplina envolvendo o poder normativo do Egrégio TSE. Disciplina o texto legal:

> Art. 105. Até o dia 5 de março do ano da eleição, o Tribunal Superior Eleitoral, atendendo ao caráter regulamentar e sem restringir direitos ou estabelecer sanções distintas das previstas nesta Lei, poderá expedir todas as instruções necessárias para sua fiel execução, ouvidos, previamente, em audiência pública, os delegados ou representantes dos partidos políticos (redação dada pela Lei nº 12.034, de 2009).
>
> § 1º O Tribunal Superior Eleitoral publicará o código orçamentário para o recolhimento das multas eleitorais ao Fundo Partidário, mediante documento de arrecadação correspondente.
>
> § 2º Havendo substituição da UFIR por outro índice oficial, o Tribunal Superior Eleitoral procederá à alteração dos valores estabelecidos nesta Lei pelo novo índice.
>
> § 3º Serão aplicáveis ao pleito eleitoral imediatamente seguinte apenas as resoluções publicadas até a data referida no *caput* (incluído pela Lei nº 12.034, de 2009).

Verifica-se que a redação do art. 105 da Lei nº 9.504/1997 confirma que o poder regulamentar exercido pela Justiça Eleitoral limita-se *secundum legem*. Desta forma, não seria possível a criação de regras que fossem *contra legem*.

No entanto, é perceptível que a evolução normativa da legislação eleitoral decorre, efetivamente, do aprimoramento de matérias contidas dentro do poder de regulamentação eleitoral. A Lei nº 12.034/2009 acrescentou parágrafos ao art. 37 da Lei nº 9.504/1997, que, no fundo, possuem a gênese baseada em normas contidas em resoluções do TSE. Como exemplo, o § 4º do art. 37 considera bens de uso comum aqueles em que a população em geral tem acesso, do tipo clubes, lojas, cinemas etc., que já correspondiam à disciplina normativa do Egrégio TSE.

A redação do atual art. 105 revela um retrocesso à evolução da legislação eleitoral, pois é inegável que a demora do legislador em produzir uma reforma eleitoral e partidária conduzem ao cenário de vazios normativos intransponíveis, que demandam uma atuação pioneira do poder normativo do TSE no sentido primacial de melhor conduzir os postulados fundamentais que servem de rumo seguro ao nosso sistema jurídico eleitoral.

Infere-se que não seriam necessárias dezenas de resoluções eleitorais se tivéssemos um Código Eleitoral atualizado, v.g: votação eletrônica, propaganda, prestação de contas, crimes, processo judicial eleitoral e outros temas que estivessem plenamente contemplados e em observância das diretrizes jurídicas modernas.

Até os dias atuais, o legislador não tratou da lei que regulamenta a ação de impugnação ao mandato eletivo, prevista no art. 14, §§ 10 e 11, da Carta Magna, ou seja, a omissão legiferante, neste exemplo, dentre outros, serve de instrumento indutor ao poder normativo da Justiça Eleitoral, que procura assegurar a observância da Constituição e das leis. Não se pode paralisar o trabalho normativo da Justiça Eleitoral, em razão de uma interpretação mais simples e literal do art. 105 da nova lei.

Assim sendo, as resoluções eleitorais permanecem como instrumentos normativos fundamentais ao aperfeiçoamento democrático.

É interessante observar que a Lei nº 12.034/2009 estabeleceu, no § 3º do art. 105, uma espécie de **princípio da anterioridade das resoluções** eleitorais, pois, como visto, o Egrégio TSE terá até o **dia 5 de março do ano de eleição** como prazo limite para expedir as resoluções conhecidas como temporárias, que normatizam o pleito eleitoral imediatamente seguinte. No entanto, é sabido que em alguns casos, por culpa do próprio legislador, as leis eleitorais são aprovadas de forma excepcional no próprio ano de eleição, e ensejam regulamentação posterior, como foi o caso da Lei nº 11.300, de 10 de maio de 2006, que acarretou a edição da Resolução do TSE nº 22.205, de 23 de maio de 2006.

Não se pode perder de vista que graças ao poder regulamentar do Tribunal Superior Eleitoral, certos temas fundamentais para a higidez do processo democrático são efetivamente deliberados e servem para a evolução da legislação. Não podemos conviver sem os avanços normativos conferidos à Justiça Eleitoral. Neste sentido, podemos relembrar o teor da Resolução nº 22.610, de 25 de outubro de 2007, que disciplina o processo de perda de cargo eletivo, e que foi declarada constitucional pelo Supremo Tribunal Federal, não obstante ter inovado no âmbito da legislação de Direito Eleitoral.

Desta sorte, a Justiça Eleitoral permanecerá regulamentando as eleições sempre em busca do aperfeiçoamento da votação e das formas mais igualitárias de manutenção da lisura nas campanhas eleitorais.

Assim, as resoluções eleitorais devem ser apenas **atos normativos secundários ou de natureza interpretativa**.

Nesta hipótese, constatada a desconformidade entre a lei ordinária e a resolução, estaremos diante de uma ilegalidade não controlável por ação direta de inconstitucionalidade, ajuizada em sua maioria por partidos políticos.

Todavia, quando a resolução pode ser vista como um ato normativo autônomo, cuja feição é de verdadeira lei eleitoral inovadora, podemos vislumbrar a violação ao princípio da anualidade (*art. 16 da CF*), bem como a consagração da própria invasão da esfera do legislador, ou seja, um problema de afetação à competência legislativa do Congresso Nacional (*arts. 22, I, e 48, da Constituição Federal*).

Neste último caso, é perfeitamente possível o controle da constitucionalidade por ação direta de inconstitucionalidade em face do texto da resolução. No sentido acima: as ADIns nᵒˢ 2.626-DF e 2.628 –DF.

O Supremo Tribunal Federal já examinou essa questão na ação direta de inconstitucionalidade em face das Resoluções nᵒˢ 21.702/2004 e 21.803/2004 do Tribunal Superior Eleitoral, que disciplinavam o número de vereadores em cada Câmara Municipal em relação à proporcionalidade defluente do número de habitantes (*ADI nº 3.345/DF e ADI nº 3.365/DF, Rel. Min. Celso de Mello, 25/8/2005*).

Cumpre frisar que o Supremo Tribunal Federal decidiu, por maioria, conhecer de ações diretas de inconstitucionalidade em face de resoluções do Tribunal Superior Eleitoral que disciplinam a desfiliação partidária como hipótese de perda do cargo eletivo.

Não significa que o Egrégio STF passe a admitir, como regra geral, o controle da constitucionalidade pela via abstrata nas resoluções. No caso, mereceu especial significação o fato de que as resoluções eram decorrentes de determinação em julgado do próprio STF, quando analisou os mandados de segurança sobre a matéria. Nesse sentido (*Informativo nº 528 do STF*).

O Egrégio STF decidiu sobre a inconstitucionalidade do art. 8º da Resolução nº 23.396/2013 que trata da apuração dos crimes eleitorais (*ADIn 5.104*).

As resoluções são regras legais que devem ser aplicadas pelos juízes de todos os graus de jurisdição da Justiça Eleitoral.

4.13. FASES E SUBFASES DO PROCESSO ELEITORAL

Cumpre observar que a expressão *"processo eleitoral"*, não significa o procedimento judicial relativo a atos processuais antecedentes e subsequentes que objetivam a tutela jurisdicional.

A expressão aqui empregada refere-se ao art. 16 da Lei Maior e está no sentido de uma etapa de competência da jurisdição tipicamente eleitoral.

A primeira **fase** é o **alistamento eleitoral**. A segunda é a **votação** ou **eleição**. A terceira a **apuração**. E a quarta e última fase é a **diplomação**.

As **subfases** são: as convenções partidárias, registro de candidaturas, propaganda política eleitoral, proclamação dos eleitos e a prestação de contas de campanhas eleitorais.

Nessa classificação objetiva-se delimitar etapas marcantes da jurisdição eleitoral.

Fases e subfases

1. **Alistamento eleitoral**. (FASE).

   (i) Convenções nacionais, estaduais ou municipais para a escolha de pré--candidatos (art. 8º da Lei nº 9.504/1997) (SUBFASE).

   (ii) Pedido de registro de candidaturas (art. 11 da Lei nº 9.504/1997) (SUBFASE).

   (iii) Propaganda política eleitoral (art. 36 da Lei nº 9.504/1997) (SUBFASE).

2. **Votação** (FASE).

3. **Apuração** (FASE).

   (iv) Proclamação dos eleitos (SUBFASE).

   (v) Prestação de contas das campanhas eleitorais (SUBFASE).

4. **Diplomação**. (FASE).

Como se percebe, a Justiça Eleitoral atuará administrativa e judicialmente nas fases e subfases do "*processo eleitoral*", inclusive processando e julgando as ações típicas e os crimes eleitorais.

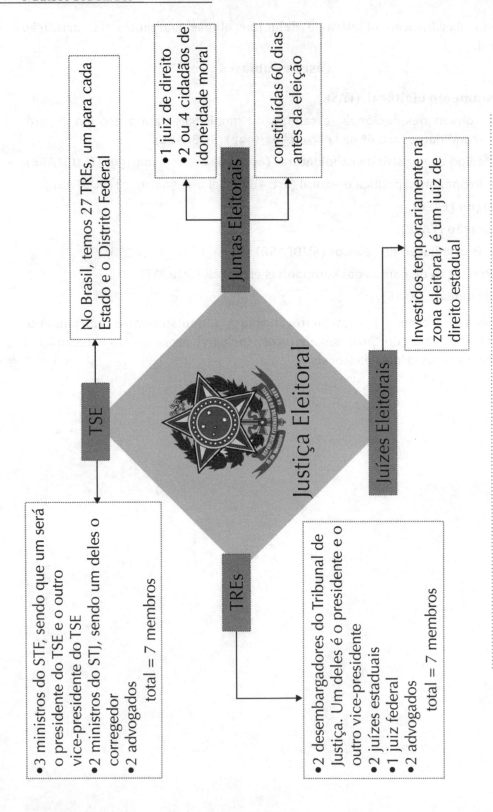

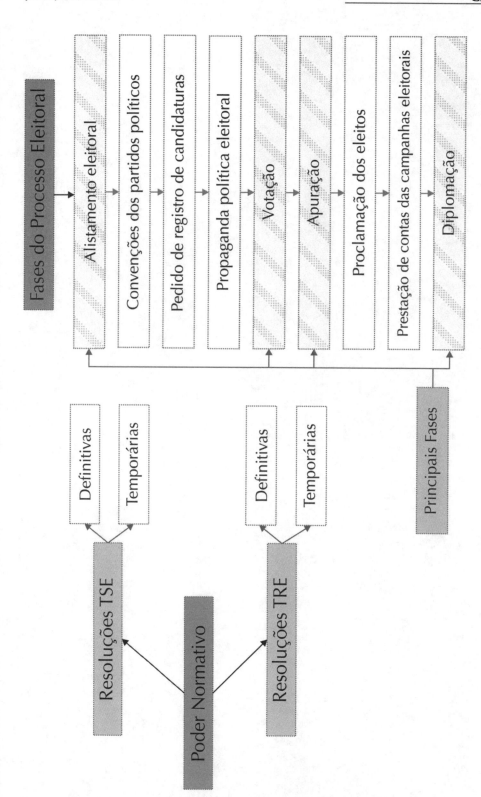

104

Capítulo 5
Partidos Políticos

5.1. ORIGEM DOS PARTIDOS POLÍTICOS. NOÇÕES GERAIS

Identifica-se a origem dos partidos políticos na **Inglaterra** (*1558/1603*), na época da **Rainha Isabel**, mas *Afonso Arinos de Mello Franco*, em sua obra *História e Teoria do Partido Político no Direito Constitucional Brasileiro*, p. 9, leciona que na Inglaterra certos grupos disputavam o poder, como os *tories*, que representavam interesses feudais e agrários, e os *whigs*, representantes de forças urbanas e capitalistas defensores de princípios mais liberais. Nessa disputa surgem os partidos. Os *tories*, no século XIX, são do Partido Conservador e os *whigs*, do Partido Liberal.

Nas lições de *Pinto Ferreira* em referência ao professor *Munro* no livro *Os Governos da Europa* (New York, 1945, p. 50), e ainda citando *Rudlin* no livro *Partidos Políticos*, diz que *"eles surgiram depois do ano de 1680, com a polêmica travada a respeito do Exclusion Bill. Desde então aceitou-se pacificamente a doutrina da oposição política, isto é, a doutrina clássica da democracia, segundo a qual os inimigos do governo não são rebeldes ou inimigos do Estado, porém simples oposicionistas, cujos direitos devem ser respeitados (...). E segue o autor, "(...) articularam-se, destarte, do século XVII em diante as duas grandes forças políticas inglesas, o Partido Conservador e o Partido Liberal, ao qual se agregou desde o início do século XX o Partido Trabalhista, assumindo um conteúdo socialista em 1918"* (*Comentários à Lei Orgânica dos Partidos Políticos*, São Paulo: Editora Saraiva, 1992, p. 10).

Ressalta-se a excelente obra de *Orides Mezzabora, Introdução ao Direito Partidário Brasileiro*, quando nos ensina sobra a conquista da representação política já na Idade Média, século XI, Inglaterra com *"(...) o movimento dos senhores feudais ingleses pela conquista de mais independência frente ao Rei Guilherme I, buscando instituir mecanismos que de alguma forma pudessem limitar as atribuições da realeza (...)"* (Rio de Janeiro, Editora Lumen Juris, 2003, p. 21).

Em Roma existiam os chamados *optimates* e os *populares* como nos ensina *Wilson Accioli, em sua obra Instituições de Direito Constitucional*, p. 244/8, Editora Forense, Rio de Janeiro, 1981.

Sobre Roma, "*quer nos comícios das centúrias, quer nos das tribos, a ínfima minoria dos nobres e proprietários sobrepujava forçadamente, graças ao mecanismo eleitoral, a imensa maioria dos plebeus e proletários. E o Senado, apesar das suas transformações sucessivas, nunca representou verdadeiramente senão a classe dominante de aristocratas e proprietários rurais*" (*Léon Homo, Les Institutionis Politiques Romaines.* Paris: Ed. Albin Michel, 1927, p. 137 e ss. e 361 e ss.).

Já na **França**, os partidos surgem com a Revolução de 1789, mas naquela ocasião os jacobinos fundaram o Clube dos Jacobinos. Posteriormente, foram criados os Partidos Conservador e Liberal, já sob o regime de Luiz XVIII, em 1814.

Nos **Estados Unidos da América** localiza-se como primeiro partido, em 1792, o **Partido Democrático**, cuja fundação é atribuída a *Jefferson*, e, posteriormente, o **Partido Progressista**, ligado a *Wallace*.

Nas lições de Bryce, *The American Commonwealth* (*The Mac Millan Co.*, New York, 1920), os partidos políticos nos Estados Unidos da América se iniciam na **Convenção da Filadélfia em 1787**. Assim, identifica-se o nascimento dos **Partidos Republicano** e **Democrático**.

Na **Alemanha**, após a revolução liberal em 1848, com a criação da Prússia, emergiram os Partidos: **Conservador** e **Liberal**.

No **Brasil**, destacam-se as obras de consulta de *Afonso Arinos, Joaquim Nabuco (Um Estadista do Império); Américo Brasiliense (Os Programas dos Partidos e o Segundo Império); Octávio Tarquino Souza (Bernardo Pereira de Vasconcellos e Seu Tempo)*, dentre outros renomados autores. Segundo lições de **Joaquim Nabuco**, formam-se os dois primeiros partidos em 1838, no final da Regência, quando também têm os nomes de **Conservador** e **Liberal**.

Os monarquistas eram do Partido Conservador e os moderados e radicais, do Partido Liberal. Na 1ª fase da República surgem os Partidos Republicanos Federal, Conservador e Liberal. Naquela época registra-se o Partido Comunista Brasileiro cassado em 1947.

Significativa foi a Lei nº 4.740 que tratava do Estatuto dos Partidos Políticos. Naquela ocasião surgiram a **Arena** (*Aliança Renovadora Nacional*) e o **MDB** (*Movimento Democrático Brasileiro*). Momento do **bipartidarismo no sistema eleitoral brasileiro**.

5.2. PLURIPARTIDARISMO. SISTEMAS PARTIDÁRIOS. NOÇÕES GERAIS

O art. 17 da Constituição da República Federativa do Brasil consagra o **pluripartidarismo**. É a adoção de um sistema próprio que valoriza a existência de diversos partidos políticos como instituições dentro do Estado Democrático.

A liberdade de criação dos partidos políticos não é plena, pois encontra preceitos que devem ser observados como: o caráter nacional e outros elencados no art. 17, incs. I a IV, da Lei Maior.

A vantagem do **pluripartidarismo** é a possibilidade de externar posições de vários segmentos da sociedade sem a polarização de programas, mas especialmente a formação de coligações partidárias que podem ser majoritárias e até proporcionais.

Registre-se que não vemos como essência do multipartidarismo a formação das coligações, mas apenas uma das formas de manifestação da fragmentação de ideais e objetivos que podem ser alcançados na coalizão de forças políticas permitidas por lei em cada eleição.

Ao contrário do sistema pluripartidário se observa o **bipartidarismo**, quando existem dois partidos políticos. Na Inglaterra registram-se os Partidos (*Conservador e o Liberal*) e nos Estados Unidos, os (*Democratas e Republicanos*).

Aponta-se como uma das virtudes do bipartidarismo a alternância no poder e a maior fiscalização crítica da opinião dos eleitores.

O sistema bipartidário não impede a formação de candidaturas avulsas ou independentes, como é o caso dos Estados Unidos da América e de países anglo--saxônicos.

A **candidatura avulsa** representa uma expressão da sociedade e dos anseios de uma minoria que se identifica com a pessoa específica do candidato. É o candidato sem filiação partidária.

A Lei nº 13.488, de 6 de outubro de 2017, inclui o § 14 no art. 11 da Lei nº 9.504/1997, vedando as candidaturas avulsas, ou seja, sem vinculação aos partidos políticos, nos seguintes termos: "É vedado o registro de candidatura avulsa, ainda que o requerente tenha filiação partidária".

A redação cria certa dúvida, porque se o cidadão tem filiação partidária pressupõe que irá concorrer pelo partido político a que está filiado dentro do prazo legal fixado no art. 9º da Lei das Eleições (seis meses antes da data da eleição, considera-se o primeiro turno), pois participará da convenção partidária. No entanto, mesmo que ele possua uma filiação veda-se o requerimento de registro independente.

Desse modo, se o cidadão está filiado é necessário que seja escolhido na convenção partidária para se tornar candidato com o requerimento do registro da candidatura. Se estiver filiado e não for escolhido na convenção não será registrado, ressalvadas as exceções, por exemplo, dos militares das Forças Armadas e da Polícia Militar e Corpo de Bombeiros, sendo suficiente apenas a escolha convencional, considerando que não podem se filiar em razão da proibição nos estatutos militares.

Todavia, o Egrégio Supremo Tribunal Federal na ARE 1.054.490/RJ, Relator Ministro Roberto Barroso, reconheceu a repercussão geral no exame da candidatura avulsa (5/10/2017), sendo noticiado no Informativo do STF nº 880, *in expressi verbis*:

> [...] O Plenário, ao resolver questão de ordem suscitada pelo Ministro Roberto Barroso (relator), reconheceu a repercussão geral da questão constitucional tratada em recurso extraordinário com agravo. Nele, se discute a possibilidade de candidato sem filiação partidária disputar eleições (candidatura avulsa). No caso, o recorrente, sem filiação partidária, teve a sua candidatura para a eleição de prefeito em 2016 indeferida. O Plenário, de início e por maioria, entendeu que, muito embora a questão constitucional em debate esteja prejudicada na hipótese dos autos – em razão do esgotamento do pleito municipal de 2016 –, ela deve se revestir do caráter de repercussão geral tendo em vista sua relevância social e política. Vencidos, no ponto, os Ministros Alexandre de Moraes, Ricardo Lewandowski, Gilmar Mendes e Marco Aurélio, que entenderam pela prejudicialidade do recurso. Superada a preliminar, acompanharam os demais quanto à questão de ordem.

A candidatura avulsa pode parecer que é uma evidente antítese aos partidos políticos por autorizar todo o tipo de aventuras eleitorais, quando pessoas desvinculadas das origens partidárias apenas buscam o voto do eleitor. No entanto, representa mais uma forma democrática de sufrágio e, portanto, tem o seu valor na balança da soberania popular.

Já no sistema pluripartidário corre-se o risco da criação de um grande número de partidos políticos afetando a credibilidade do sistema partidário e dos programas e objetivos da sociedade na área econômica, cultural, política, educacionais e diversas outras causando a ruptura da fé eleitoral nas agremiações partidárias.

Registre-se ainda o sistema **unipartidário**, ou seja, apenas um partido político no Estado, como exemplo histórico é o caso do Partido Comunista da ex-União Soviética, o Partido Nacional Socialista, que culminou na ascensão do Nazismo na Alemanha e o Partido Fascista na Itália.

5.3. CONCEITO E NATUREZA JURÍDICA

Os partidos políticos são identificados, por diversos autores, como: (i) "verdadeiros institutos de direito público" (*Amuchastegui*); (ii) "instrumento necessário ao mecanismo do regime constitucional" (*Posada*); (iii) "órgãos da democracia" (*Palácios*); (iv) "parte integrante do processo governativo" (*A. F. Mac Donald*); (v) "verdadeiros órgãos do governo" (*Willoughby*); (vi) "uma parte do governo mesmo" (*Merrian-Gosnell*); (vii) "órgãos para a vontade estatal" (*Kelsen*); e (viii) "grupos sociológicos ou entidades político-sociais" (*Bluntschli*). (Referência ainda na obra de *Linares Quintana, Los Partidos Politicos,* Buenos Aires, 1945).

Atualmente, a natureza jurídica dos partidos políticos na legislação constitucional e eleitoral brasileira é identificada como sendo de **pessoa jurídica de direito privado**, mas jamais podem ser equiparados ao fim mercantil que é natural das pessoas privadas. Trata-se de uma consolidação de posições e ideologias de direita, esquerda, centro e que importam na dignificação da vontade popular.

No conceito histórico de *Benjamin Constant* os partidos políticos são: "*Uma reunião de homens que professem a mesma doutrina política*" (*apud Enciclopédia Mirador Internacional,* Encyclopaedia Britannica do Brasil Publicações Ltda, São Paulo/Rio de Janeiro, Brasil, 1976, vol. 16, p. 8.639).

E ainda, na conceituação de *Maurice Duverger* é necessário um caráter de organização fazendo menção a uma estrutura especial, ou seja, uma "anatomia".

Deveras, no arquétipo partidário é preciso identificar a auto-organização e autoadministração, e, em especial, a assunção de responsabilidades na condução da agremiação partidária perante os filiados e a sociedade de eleitores.

Os partidos políticos possuem requisitos essenciais ou intrínsecos: (i) disciplina partidária; (ii) unidade de ideologia; e (iii) composição de órgãos com divisão de tarefas.

Na busca das ideologias não se pode olvidar a manutenção dos postulados da Declaração Universal dos Direitos do Homem; das normas do art. 17 da Lei Fundamental; e dos princípios republicanos e federativos, dentre outros de substância que preservem a qualidade da cidadania em seus múltiplos aspectos, seja do nascimento da personalidade humana até o degrau mais elevado da escala do poder.

5.4. QUAL É A NATUREZA JURÍDICA DO PARTIDO POLÍTICO?

O partido político é pessoa jurídica de direito privado (arts. 17, § 2º, da Constituição Federal, 7º, *caput,* da Lei nº 9.096/1995 e 1º da Resolução nº 23.465/2015-TSE).

O parágrafo único do art. 1º da Lei nº 9.096/1995 (Lei dos Partidos Políticos) foi incluído pela Lei nº 13.488, de 6 de outubro de 2017, com a seguinte redação:

"O partido político não se equipara às entidades paraestatais". Desse modo, não são empresas públicas, sociedades de economia mista nem serviços sociais autônomos como, v.g., o Sesi, Sesc, Senai e Senac.

Infere-se que sua natureza é de pessoa jurídica de direito privado, mas que deve prestar contas à Justiça Eleitoral de recursos públicos como o Fundo Partidário e o Fundo Especial de Financiamento de Campanha (FEFC); portanto, exerce ainda o acesso ao rádio e televisão na propaganda política eleitoral, não mais na partidária, bem como escolhem os pré-candidatos nas convenções partidárias e autorizam as filiações na forma legal como condição de elegibilidade (art. 14, §3º, inc. V, da Lei Fundamental).

Assim sendo, os partidos políticos se inscrevem no Cadastro Nacional de Pessoa Jurídica (CNPJ).

O requerimento do registro de partido político é de natureza complexa, pois é dirigido ao Registro Civil das Pessoas Jurídicas da Capital Federal – Brasília, e, após o cumprimento de exigências legais mediante certidão de inteiro teor expedida pelo oficial (arts. 8º, § 2º, da Lei nº 9.096/1995 e 10, § 2º da Resolução nº 23.465/TSE), ainda deverá seguir um roteiro de constituição dos órgãos de direção regionais e municipais com registro nos Tribunais Regionais Eleitorais e, somente vencidas estas etapas, registrados os órgãos de direção regional em, pelo menos, um terço dos Estados, o Presidente solicitará o registro do estatuto e do órgão diretivo nacional no Tribunal Superior Eleitoral.

As exigências impostas pelo Registro Civil não são da competência da Justiça Eleitoral. Nesse sentido (TSE): *"A Justiça Eleitoral não detém competência para dirimir dúvidas ou impor gestões ante as diretrizes e exigências impostas por Cartórios de Registro Civil e pela Secretaria da Receita Federal para viabilizar o registro dos diretórios partidários estaduais e municipais (art. 30, XIII, da Lei nº 8.935/1994 e art. 109, I, da Constituição Federal). 2. Pedidos não conhecidos. DJE de 28/8/2012. Informativo TSE nº 21/2012"*.

Na criação de um Partido Político devem ser observadas etapas complexas, que, em síntese, são as seguintes: (i) funda-se o Partido Político com pelo menos 101 (cento e um) eleitores, no pleno exercício dos direitos políticos, com domicílio em 1/3 dos Estados, observando-se um programa e o estatuto com eleição dos dirigentes provisórios, especialmente de caráter nacional que devem cuidar de efetivar o registro do estatuto, ou seja, os fundadores do partido político; (ii) publicação do programa e estatuto no Diário Oficial da União; (iii) aquisição da personalidade jurídica com um requerimento ao registro civil das pessoas jurídicas da Capital Federal, observando-se as exigências legais; (iv) comunicação aos Tribunais Regionais Eleitorais com o nome de pessoas responsáveis que vão providenciar a lista de apoio mínimo; (v) obtenção de apoio mínimo com a coleta de assinaturas dos eleitores em cada zona eleitoral, nos percentuais legais, ou seja, 0,5% dos votos na última eleição para a Câmara dos Deputados, não computados os votos em branco e os nulos. Todavia, esse percentual de 0,5% de apoio deve estar distribuído por 1/3 ou mais dos Estados; além de ser equivalente, no mínimo, na quantidade de 0,10% do eleitorado que sufragou respectivamente em cada um desses Estados; (vi) formação dos órgãos de direção estadual e municipal (criação de comissões provisórias e dos responsáveis pela apresentação das listas de apoio, além de exibição de documentos exigidos pela legislação); (vii) registro nos Tribunais Regionais Eleitorais por solicitação do Presidente Regional do Partido Político; e (viii) escolhidos os representantes da Comissão Executiva Nacional juntamente com o órgão de direção nacional, devem eles providenciar o requerimento do registro no Tribunal Superior Eleitoral.

Com o registro deferido no Tribunal Superior Eleitoral os partidos políticos podem receber recursos do Fundo Partidário e ter acesso aos programas de televisão e de rádio, além de lhes ser assegurada a denominação própria com os símbolos específicos.

O Brasil possui uma quantidade exagerada de partidos políticos e cresce o número reiteradamente de forma desproporcional ao princípio do pluripartidarismo, pois o art. 17 da Constituição da República, nos incs. I e IV exige o devido caráter nacional e o funcionamento parlamentar como preceitos de suporte constitucional.

Tem-se, na verdade, uma exasperação numérica crescente de agremiações partidárias cujas ideologias são similares e não dignificam pontos sociais eleitorais e políticos diversificados e que possam de alguma forma autorizar uma credibilidade da sociedade brasileira nessa fomentação.

A sobrepujança de sucessivas criações partidárias enfraquece a democracia com o passar do tempo e nem se cogita de décadas para que esse fenômeno possa ser percebido.

A Emenda Constitucional nº 97, de 4/10/2017, instituiu a denominada cláusula de barreira progressiva para que as legendas tenham acesso aos recursos do fundo partidário e acesso gratuito ao rádio e televisão, enquanto as Leis nºs 13.487 e 13.488, de 6 de outubro de 2017, criaram o inovador Fundo Especial de Financiamento de Campanha (FEFC), conforme previsão nos arts. 16-C e 16-D da Lei nº 9.504/1997.

Ressalte-se que embora o partido político tenha natureza jurídica de direito privado, não pode ser equiparado a uma sociedade empresarial, pois recebe recursos públicos e os utiliza na medida da conveniência nas campanhas eleitorais.

5.5. IMPUGNAÇÕES POR FILIADOS

A legislação eleitoral (*Resolução nº 23.465, de 17 de dezembro de 2015*) prevê a possibilidade de impugnações formuladas por qualquer filiado ou partido político, tanto nos Tribunais Regionais Eleitorais quanto no Tribunal Superior Eleitoral.

O verbete sumular nº 53 do TSE assim dispõe: "*O filiado a partido político, ainda que não seja candidato, possui legitimidade e interesse para impugnar pedido de registro de coligação partidária da qual é integrante, em razão de eventuais irregularidades havidas em convenção*".

5.6. LIBERDADE DE FUNDAÇÃO DOS PARTIDOS POLÍTICOS

O art. 17 da Constituição Federal dispõe sobre a liberdade de fundação dos partidos políticos, o que revela um direito subjetivo de cidadania na constituição das agremiações. Neste ponto, o partido deve aglutinar as classes sociais e tendências hodiernas de uma sociedade, sendo, nas lições do eminente *Joaquim José Gomes Canotilho*, um elo entre a expressão de vontade popular e a participação de órgãos representativos, e, assim, possui uma qualidade jurídico-constitucional.

Como elementos funcionais de uma ordem constitucional, os partidos situam-se no ponto nevrálgico de imbricação do poder do Estado juridicamente sancionado com o poder da sociedade politicamente legitimado.

A liberdade partidária está associada à isonomia. Numa dimensão fundamental, a isonomia representa equilíbrio nas propagandas políticas eleitorais e partidárias, financiamento transparente, prestação de contas e acatamento dos preceitos dispostos nos incisos do art. 17 da Carta Magna.

5.7. PARTICIPAÇÃO DOS PARTIDOS POLÍTICOS NAS ELEIÇÕES

A participação dos partidos políticos nas eleições de forma mais concreta se dá pela: propositura de ações, fiscalização dos programas de computador; fiscalização da propaganda política eleitoral; direito de resposta; atuação na escolha de pré-candidatos em convenções e outras atribuições fixadas nas Leis nᵒˢ 9.504/1997 e 9.096/1995, e no próprio Código Eleitoral e resoluções específicas do Tribunal Superior Eleitoral.

O art. 17 da Constituição da República Federativa do Brasil determina os rumos que devem ser obedecidos na criação dos partidos políticos, pois a liberdade não é plena e irrestrita, mas, ao contrário, se sujeita aos preceitos básicos de dignidade da pessoa humana, respeito aos direitos do eleitor e de toda a sociedade brasileira na qualidade de direitos fundamentais.

Valemo-nos das lições de *Renato Ventura Ribeiro*, em sua excelente obra *Lei Eleitoral Comentada* (Editora Quartier Latin do Brasil, São Paulo, 2006, pp. 71/2), *in expressi verbis*:

> A norma estabelece duas condições para o partido participar das eleições. Uma referente à organização nacional, o registro do estatuto no Tribunal Superior Eleitoral no prazo de até um ano

PARTIDOS POLÍTICOS   CAPÍTULO 5

antes do pleito. Outra, quanto à organização local, exigindo até a data da convenção órgão de direção constituído na circunscrição, de acordo com o estatuto partidário. Não basta o registro nacional, deve haver a constituição de órgãos de direção na circunscrição (diretórios regionais e municipais) para que o partido esteja apto a participar do pleito, devendo haver a observância dos prazos de um ano antes da eleição para o deferimento do registro do partido e da convenção para constituição dos órgãos de direção regionais e municipais.

Registre-se que o partido político só pode participar das eleições se estiver de acordo com o art. 4º da Lei nº 9.504/1997, ou seja, "[...] que, até seis meses antes do pleito, tenha registrado seu estatuto no Tribunal Superior Eleitoral, conforme disposto em lei, e tenha, até a data da convenção, órgão de direção constituído na circunscrição, de acordo com o respectivo estatuto" (alteração da Lei nº 13.488, de 2017).

A redação anterior fazia menção ao prazo de 1 (um) ano, sendo que o Supremo Tribunal Federal julgou improcedente a ADIN nº 1.817, que questionava o prazo como restritivo ao art. 17 da Carta Magna, que tratava da liberdade de criação dos partidos políticos.

5.8. LISTA DE APOIAMENTO MÍNIMO

A exigência das listas de apoiamento é forma de manifestação dos eleitores na legítima criação da agremiação partidária. Trata-se de uma forma de adesão dos eleitores aos novos objetivos partidários.

O art. 12 da Resolução nº 23.465/2015 do TSE assim preconiza:

> Art. 12. Adquirida a personalidade jurídica na forma do art. 10 desta Resolução, o partido político em formação promove a obtenção do apoiamento mínimo de eleitores a que se refere o § 1º do art. 7º desta resolução e realiza os atos necessários para a constituição definitiva de seus órgãos e designação dos dirigentes, na forma do seu estatuto (Lei nº 9.096/1995, art. 8º, § 3º).

A **lista de apoiamento mínimo** em certos casos não corresponde aos eleitores que tenham domicílio nas circunscrições das zonas eleitorais.

Ocorrendo a fraude é possível a incidência 'em tese' dos delitos dos arts. 349, 350 ou 353 do Código Eleitoral, independentemente da inequívoca constatação da falta de cumprimento da determinação legal, o que inviabiliza a constituição regular do partido político.

De fato, as listas de apoio mínimo são entregues nas zonas eleitorais, mas na prática existem assinaturas que não correspondem a eleitores locais. Já decidiu o EGRÉGIO TSE *(AC de 22.2.2007 no RHC nº 104, Rel. Min. José Delgado; no mesmo sentido o AC de 17/4/2007 nos EDclRHC nº 104, Rel. Min. José Delgado).*

Com a evolução da *internet* e meios informatizados devemos pensar sobre a implementação da lista *on-line*, quando será possível uma melhor celeridade desde que observada a devida fé pública na verificação da autenticidade das assinaturas com senhas específicas.

O art. 2º da Lei nº 13.107/2015 alterou a redação do § 1º do art. 7º da Lei dos Partidos Políticos *(Lei nº 9.096/95)*, e, no caso, especialmente, somente admitiu que a **lista de apoiamento** dos eleitores para fins de registro de estatuto partidário seja subscrita por **não filiados aos partidos políticos**.

Um dos critérios para a criação de um novo partido político é o **caráter nacional**. E se exige a lista de apoiamento de eleitores, desde que **não filiados**.

Diz o § 1º do art. 7º da Lei nº 9.096/95:

> Art. 7º O partido político, após adquirir personalidade jurídica na forma da lei civil, registra seu estatuto no Tribunal Superior Eleitoral.
>
> § 1º Só é admitido o registro do estatuto de partido político que tenha caráter nacional, **considerando-se como tal aquele que comprove, no período de dois anos, o apoiamento de eleitores não filiados a partido político**, correspondente a, pelo menos, 0,5% (cinco décimos por cento) dos votos dados na última eleição geral para a Câmara dos Deputados, não computados os votos em branco e os nulos, distribuídos por um terço, ou mais, dos Estados, com um mínimo de 0,1% (um décimo por cento) do eleitorado que haja votado em cada um deles. (Redação dada pela Lei nº 13.165, de 2015) (**grifo nosso**).

Observe-se que antes da inovação legislativa *(Lei nº 13.107, de 24 de março de 2015)*, o § 1º do art. 7º assim versava: *"Só é admitido o registro de estatuto de partido político que tenha caráter nacional, considerando-se como tal aquele que comprove o* **apoiamento de eleitores**". Não se fazia a distinção entre eleitores filiados ou não filiados.

O Supremo Tribunal Federal *"por maioria, indeferiu pedido formulado em medida cautelar em ação direta de inconstitucionalidade, ajuizada em face do art. 2º da Lei nº 13.107/2015, na parte que alterara os arts. 7º e 29 da Lei dos Partidos Políticos"* (ADI 5.311-MC/DF, Rel.ª Min.ª Cármen Lúcia, 30/9/2015).

A decisão que indeferiu o pedido cautelar na ADIn analisou que a limitação aos **não filiados na lista de apoiamento** estaria em consonância com o sistema representativo, pois não estariam comprometidos com determinado partido político e seriam cidadãos com liberdade de escolha.

Nesse contexto afirma a Ministra Cármen Lúcia, *in verbis*:

> **A disseminação de práticas antidemocráticas que iriam desde a compra e venda de votos ao aluguel de cidadãos e de partidos inteiros deveriam ser combatidas pelo legislador, sem prejuízo da autonomia partidária** (*ADI 5.311*) (grifos nossos).

Ressalta-se no Egrégio Supremo Tribunal Federal:

> São constitucionais as normas que fortalecem o controle quantitativo e qualitativo dos partidos, sem afronta ao princípio da igualdade ou qualquer ingerência em seu funcionamento interno. 3. **O requisito constitucional do caráter nacional dos partidos políticos objetiva impedir a proliferação de agremiações sem expressão política, que podem atuar como "legendas de aluguel", fraudando a representação, base do regime democrático** (*Med. Cautelar em Adi nº 5.311-DF. Informativo nº 813 do STF, fevereiro de 2016, Rel.ª Min.ª Cármen Lúcia*) (grifos nossos).

E ainda, o art. 13 da Lei nº 13.165, de 29/09/2015, assim dispõe: "*O disposto no § 1º do art. 7º da Lei nº 9.096, de 19 de setembro de 1995, no tocante ao prazo de dois anos para comprovação do apoiamento de eleitores, não se aplica aos pedidos protocolizados até a data de publicação desta lei*". A lei foi publicada em 29/09/2015 no **Diário Oficial da União.**

Assim, o § 1º do art. 7º da Lei nº 9.096/1995 trata de **dois requisitos básicos nas listas de apoiamento**: (i) os eleitores não podem estar filiados a partidos políticos; e (ii) o prazo, máximo, de dois anos de comprovação de apoiamento de eleitores.

Desse modo, a legislação altera a criação de novos Partidos Políticos, considerando o prazo mínimo de dois anos de nomes de eleitores que devem constar da lista de apoiamento, ressalvadas as listas que integram pedidos até a publicação da Lei nº 13.165, de 29/09/2015. Nesse ponto foi autorizada, por exemplo, a criação do **Partido Novo e Rede Sustentabilidade no ano de 2015**, pois as listas já haviam sido confeccionadas antes do prazo de publicação da lei alteradora.

No entanto, a Lei nº 13.165, de 29 de setembro de 2015, alterou novamente a redação do § 1º do art. 7º da Lei nº 9.096/1995, *in verbis*:

> Art. 7º [...]
>
> § 1º Só é admitido o registro do estatuto de partido político que tenha caráter nacional, considerando-se como tal aquele que comprove, **no período de dois anos, o apoiamento de eleitores não filiados a partido político**, correspondente a, pelo menos, 0,5% (cinco décimos por cento) dos votos dados na última eleição geral para a Câmara dos Deputados, não computados os votos em branco e os nulos, distribuídos por

> um terço, ou mais, dos Estados, com um mínimo de 0,1% (um décimo por cento) do eleitorado que haja votado em cada um deles. (Redação dada pela Lei nº 13.165, de 2015) (grifos nossos).

Firmam-se assim **dois requisitos básicos para a aceitação da lista de apoiamento**: **(i)** período de dois anos, o que significa que não se pode correr com o tempo na formação de listas improvisadas; e **(ii)** apoiamento de eleitores não filiados a partidos políticos atendendo à jurisprudência do Supremo Tribunal Federal.

5.9. FIDELIDADE PARTIDÁRIA

Nesse tema, é preciso diferenciar duas disciplinas: a infidelidade partidária, tratada pela Lei nº 9.096/1995 (art. 22-A) e Resolução do TSE nº 22.610/2007, que acarreta a perda do mandato; e a infidelidade partidária por violação a algum preceito normativo constante do estatuto do partido político, a qual vem disciplinada pela Lei nº 9.096/1995, nos arts. 23 a 25. Esta última não gera a perda do mandato, mas pode acarretar algumas sanções, que deverão ter previsão estatutária, e.g., advertência.

A infidelidade partidária decorre da violação ao estatuto do partido político, que está correlacionada aos deveres ali impostos ao seu filiado (eleito ou não). A lei faz menção à fidelidade e disciplina, o que enseja uma evidente interligação entre as expressões, que resvalam no acatamento das diretrizes e nos objetivos partidários.

No entanto, o parlamentar é livre para votar de acordo com os ditames de sua própria consciência e em respeito ao seu mandante (*cidadão eleitor*).

No conflito intersubjetivo entre seguir as normas impostas sobre disciplina partidária e a intangibilidade da consciência ética do parlamentar, é possível impor a sanção partidária.

A tipicidade quanto aos fatos ensejadores das hipóteses de infidelidade deve estar nos estatutos de cada partido, sob pena de não incidir nenhuma sanção. Trata-se do **princípio da legalidade partidária**.

O parlamentar tem o **direito de oposição** democrática que pode se revelar no uso das liberdades de expressão e manifestação; **direito de informação**; e garantias do direito da palavra nas assembleias na forma regimental.

O art. 26 da Lei nº 9.096/1995 assim diz: "*Perderá automaticamente a função ou cargo que exerça, na respectiva Casa Legislativa, em virtude da proporção partidária, o parlamentar que deixar o partido sob cuja legenda tenha sido eleito*".

Como se nota, o partido político que perde um parlamentar eleito pela sua legenda, na verdade, torna-se enfraquecido em termos de bancada e representatividade, além de ser atingido na vaga do quociente eleitoral (*arts. 107 e 109, § 1º, do Código Eleitoral*).

Assim, sobre o tema **fidelidade partidária,** ou melhor, infidelidade à identidade política partidária, o plenário do Tribunal Superior Eleitoral, por maioria de 6x1, respondendo à Consulta (*CTA nº 1.398 do Partido da Frente Liberal, hoje com o nome de DEM*), decidiu que os mandatos conquistados pelos Deputados federais da eleição de 2006, assim como todos os eleitos pelo sistema de representação proporcional, no fundo, pertencem aos respectivos partidos políticos, e não aos parlamentares.

A pergunta que originou a resposta é a seguinte: **Os partidos têm o direito de preservar a vaga obtida pelo sistema eleitoral proporcional quando houver pedido de cancelamento de filiação ou de transferência do candidato eleito por um partido para outra legenda?**

A decisão seguiu a premissa de que o mandato é do partido político e, assim, a troca de legenda caracteriza ato de **infidelidade partidária**, que sujeita o infrator à perda do mandato eletivo.

Os argumentos sustentados na douta decisão da Consulta nº 1.398 sistematizam os arts. 14, § 3º, V, e 17, § 1º, da Constituição da República, ou seja, relembram que a **filiação partidária é uma condição de elegibilidade constitucional** e que os partidos podem estabelecer normas de fidelidade partidária, além de regras de disciplina.

Em consonância ao preconizado, os doutos Ministros utilizam interpretação sistêmica dos arts. 108, 175, § 4º, e 176 do Código Eleitoral.

Os artigos acima aludidos tratam da preservação dos votos na legenda, quando a Justiça Eleitoral decreta a nulidade do diploma de um determinado candidato eleito, ou seja, os votos são contados para o partido e servem para a convocação do suplente. Desta forma, é lógico que por analogia se aplique a regra para o caso de mudança voluntária de filiação, após a diplomação.

Ainda de forma resoluta, salientou o douto Ministro Marco Aurélio, a importância dos arts. 24 *usque* 26 da Lei dos Partidos Políticos, considerando a existência de regras objetivas sobre a fidelidade partidária, especialmente a expulsão pela agremiação do infiel à sua identidade política original. Enfatizou ainda, o relevante aspecto do art. 37 da Carta Constitucional, que disciplina os princípios da moralidade, eficiência, publicidade, legalidade e impessoalidade como atributos de ingresso aos cargos e funções públicas.

O voto divergente do Ministro Marcelo Ribeiro se baseou em precedente do Supremo Tribunal Federal, especificamente nos mandados de segurança nºs 2.927 e 23.405, e no art. 55 da Constituição da República, pois a perda do mandado eletivo segue rol exaustivo, não sendo o caso de se ampliar hipóteses não contempladas expressamente no texto legal, ou seja, a infidelidade partidária ensejaria apenas uma sanção *interna corporis*, mas jamais a perda do mandato eletivo.

O Egrégio Supremo Tribunal Federal, em decisão histórica, consagrou que os mandatos eletivos pertencem aos partidos políticos e, no caso de mudança de filiação partidária de um candidato, após sua eleição, sem que exista justificativa verificada como justa por órgão da Justiça Eleitoral, o parlamentar perderá o mandato eletivo.

Nos votos dos Excelentíssimos Ministros do Supremo Tribunal Federal, foram salientados os arts. 14, § 3º, inc. V, 55 e 56, da Constituição da República, e os arts. 106 a 108 do Código Eleitoral, dentre outros, inclusive o aspecto da **natureza jurídica do mandato eletivo**, que evoluiu do imperativo para o representativo, e, hodiernamente, para o **tipo partidário-representativo**.

Dessa forma, o Tribunal Superior Eleitoral expediu resolução para regulamentar o procedimento que acarretará a decretação de perda do mandato eletivo, adotando-se, conforme orientação jurisprudencial, os arts. 3º a 17 da Lei Complementar nº 64/1990, na criação do rito processual.

Os parlamentares infiéis estarão sujeitos à perda do mandato eletivo, após 27 de março de 2007, data em que a Consulta do TSE nº 1.398 foi amplamente divulgada, conforme anteriormente enaltecido.

E ainda, o Colendo Tribunal Superior Eleitoral ampliou em resposta a nova consulta à mesma decisão da Consulta nº 1.398 para os casos de cidadãos eleitos pelo sistema majoritário (Presidente, Vice-Presidente, Governadores e Vices, inclusive os Senadores), que também estarão sujeitos à perda do mandato eletivo.

Atualmente a regra não se aplica ao sistema majoritário, mas somente ao proporcional.

5.10. A REGRA DE PERDA DO MANDATO ELETIVO NO SISTEMA PROPORCIONAL

Nesse contexto, sempre com a necessidade de aperfeiçoamento, o Supremo Tribunal Federal tratou novamente da disciplina da desfiliação partidária, sem justa causa na ADI nº 5.081/DF, Relator o Ministro Roberto Barroso, em 27/05/2015 (*Informativo STF nº 787/2015*).

Assim, concluiu-se que a regra de fidelidade partidária está limitada e vinculada apenas ao **sistema eleitoral proporcional** (*eleições de Deputados Federais, Distritais, Estaduais e vereadores*).

No Egrégio TSE, é o verbete sumular nº **67**: "*A perda do mandato em razão da desfiliação partidária não se aplica aos candidatos eleitos pelo sistema majoritário*".

Infere-se, pois, que não é cabível a ação de perda do mandato com base na Resolução TSE nº 22.610/2007 em relação aos **mandatários do sistema**

majoritário (*Presidente, Governadores, Prefeitos e Senadores, vices e suplentes*). Foi reconhecida pelo Supremo Tribunal Federal, no julgamento das ADIns 3.999 e 4.086, a constitucionalidade dessa resolução.

A Lei nº 13.165, de 29/09/2015, no art. 3º, acrescentou o art. 22-A, parágrafo único e incs. I, II e III, na Lei nº 9.096/1995 (*Lei dos Partidos Políticos*), com a previsão legal da ação de perda do mandato eletivo por desfiliação partidária, sem justa causa, ou seja, não apenas na Resolução nº 22.610/2007 se abrigam regras sobre essa questão.

Nas eleições majoritárias a soberania popular está voltada para a figura pessoal dos candidatos e não dos Partidos Políticos. Nesse rumo, desvinculam--se os sistemas eleitorais, majoritário e proporcional para fins de desfiliação partidária.

A Resolução nº 22.610/2007 do TSE disciplina como justa causa o seguinte: I) incorporação ou fusão do partido; II) criação de novo partido; III) mudança substancial ou desvio reiterado do programa partidário; e IV) grave discriminação pessoal.

No entanto, o art. 22-A da Lei nº 9.096/1995 (*introduzido pela Lei nº 13.165, de 29/09/2015*) assim versa:

Art. 22-A. Perderá o mandato o detentor de cargo eletivo que se desfiliar, sem justa causa, do partido pelo qual foi eleito. (Incluído pela Lei nº 13.165, de 2015)

Parágrafo único. Consideram-se justa causa para a desfiliação partidária somente as seguintes hipóteses: (Incluído pela Lei nº 13.165, de 2015)

I – mudança substancial ou desvio reiterado do programa partidário; (Incluído pela Lei nº 13.165, de 2015)

II – grave discriminação política pessoal; e (Incluído pela Lei nº 13.165, de 2015)

III – mudança de partido efetuada durante o período de trinta dias que antecede o prazo de filiação exigido em lei para concorrer à eleição, majoritária ou proporcional, ao término do mandato vigente. (Incluído pela Lei nº 13.165, de 2015) (grifos nossos).

Note-se que no confronto entre o texto da lei e o da resolução do TSE, foi mantida a mudança substancial ou desvio reiterado do programa partidário.

No entanto, quanto ao tema relativo à grave discriminação, exige-se que ela seja **política pessoal**. Significa que deve existir uma conexão causal discriminatória com as posições políticas do filiado em relação aos programas e normas contidas no Estatuto do Partido Político ou perseguições efetivas que impeçam o direito de voto ou de acesso aos meios de comunicação interno e externo.

Os atos discriminatórios devem ser punidos na forma da legislação não eleitoral (penal ou civil), mas as ações dolosas de integrantes partidários que possam caracterizar discriminações aos direitos do filiado na participação (*em termos estatutários*) podem ser motivo de justa causa, especialmente quando protraídos em significativo lapso temporal. Exemplo: impedir o exercício de voto, não convocação para deliberações, negar acesso ao Fundo Partidário, não apresentar a prestação de contas e outros.

A Lei nº 13.165/2015 não contemplou o caso de justa causa quando se trata da **criação de um novo partido político**. Dessa forma, se for criado um Partido X não podem os filiados aos outros partidos migrarem para essa nova legenda. Razões políticas motivaram a omissão.

Nesse rumo foi proposta no STF a ADIn nº 5.398 cuja relatoria é do Ministro Luís Roberto Barroso com o pedido liminar de suspender a eficácia do art. 22-A da Lei dos Partidos Políticos. A arguição é a de que a margem de discricionariedade do legislador lesa direitos fundamentais na liberdade de criação partidária, porque impede que mandatários possam optar por ulterior filiação.

5.11. SAÍDA OU "JANELA" DO PARTIDO POLÍTICO, SEM MOTIVAÇÃO

A inovação legiferante retira a possibilidade de mudança para um novo partido, mas não se pode olvidar o fato de que foi criada uma saída ou janela no inc. III do art. 22-A. Permite o **inc. III do art. 22-A** da Lei dos Partidos Políticos, que o filiado escolha um novo partido político sem que se sujeite a responder pela ação de perda do mandato eletivo.

Nesse caso, o filiado se filia no **período de 30 (trinta) dias** que antecede o prazo de filiação exigido pela lei para fins de concorrer à eleição.

O art. 18 da Lei dos Partidos Políticos estipulava um prazo mínimo de 1 (*um*) ano antes da data da eleição. Exemplo: Se a eleição é no dia 2/10/2016 o filiado que objetiva concorrer a um mandato eletivo proporcional ou majoritário deve estar filiado até 2/10/2015. Caso contrário, incide em falta de condição de elegibilidade (*art. 14, § 3º, V, da Constituição Federal*).

Todavia, **o art. 18 da lei mencionada foi revogado pela Lei nº 13.165, de 29/09/2015**.

O prazo de filiação partidária foi reduzido para **6 (seis) meses antes da data da eleição**. No exemplo acima será até 2/4/2015 e não até 2/10/2015. Essa contagem considera o dia exato da eleição em primeiro turno pelo calendário eleitoral do ano de eleição regular.

A redução do prazo de filiação partidária está prevista no art. 9º da Lei nº 9.504/1997 (*redação alteradora da Lei nº 13.165/2015*), pois se revogou o art. 18 da Lei dos Partidos Políticos e não se incluiu nessa mesma lei o aludido prazo. Neste caso, adota-se uma integração normativa com a Lei das Eleições (*Lei nº 9.504/1997*).

A regra quanto ao prazo de filiação é de no mínimo 6 (*seis*) meses antes da data exata do 1º turno.

Como se nota, o **inc. III do art. 22-A** da Lei nº 9.096/1995 (*LPP*) criou uma **saída ou "janela" possibilitando que no período de 30 (*trinta*) dias o filiado detentor de mandato eletivo possa se filiar a um novo partido político, desde que seja ao término do mandato vigente que é ocupado pelo mesmo. Não é possível essa filiação, e.g., no primeiro ano do mandato eletivo, mas somente no último ano.**

Por exemplo: se o vereador X está filiado ao Partido Y e é o último ano do mandato eletivo de 4 (*quatro*) anos ele pode utilizar essa saída filiando-se a um novo Partido Z, observando o prazo do período de 30 (*trinta*) dias e de 6 (*seis*) meses. Se a eleição é em 2/10/2016, a filiação será até 2/04/2015 no Partido Z (*o vereador X ainda exerce o mandato eletivo*), mas o dia 2/4/2015 é o último dia, impreterivelmente, para se filiar, pois ele terá o período de 30 (*trinta*) dias até o dia 2/4/2014, ou seja, de 2/3/2015 até 2/4/2015 o vereador X pode se filiar no Partido Z, sem se sujeitar à ação de perda do mandato eletivo por ausência de justa causa.

Convém ressaltar que a criação da **"janela"** é uma efetiva exceção ao critério insculpido na Resolução TSE nº 22.610/2007 que estava alicerçada em prévia decisão do Supremo Tribunal Federal no julgamento dos mandados de segurança nºs 26.602, 26.603 e 26.604, pois possibilita a simples retirada da agremiação partidária por critério de lapso temporal, sem nenhuma outra exigência que possa convencer a Justiça Eleitoral da eventual não permanência do mandatário no Partido Político.

Trata-se de uma **justa causa imotivada ou sem justificabilidade,** sem perquirir o grau de insatisfação do mandatário com sua legenda partidária e sem ciência do eleitor, além de não subsumida em averiguações pontuais sobre fatos. O período de 30 (*trinta*) dias possui um simbolismo temporal que autoriza *aliter* uma escapada partidária.

O rol do art. 22-A da Lei nº 9.096/1995 é taxativo e de certa forma protege um bem jurídico fundamental que se traduz na natureza do mandato eletivo-partidário cuja incidência se faz presente no sistema eleitoral proporcional.

Por exemplo: o eleitor ao votar no candidato de sua preferência também vota na primeira dezena do número que é o voto de legenda. Trata-se de um sufrágio de natureza dúplice (*mandatário e partido político*).

O mandatário eleito pelo sistema proporcional, v.g., um Deputado Federal representa o mandante que é o eleitor indeterminado (*todo o conjunto da cidadania*) e o Partido Político.

A Lei nº 13.165/2015 não tratou de aspectos relevantes da ação de perda do mandato eletivo por ausência de justa causa, v.g., rito processual, legitimados ativos e passivos, competência, prazos e recursos.

Em razão da omissão sobre pontos fundamentais, prevalece o texto da Resolução do TSE nº 22.610/2007, até ulterior normatização pelo Congresso Nacional.

5.12. EMENDA CONSTITUCIONAL Nº 91/2016

Foi promulgada pela Mesa da Câmara dos Deputados e do Senado Federal, a Emenda Constitucional nº 91, de 18 de fevereiro de 2016, nos seguintes termos, *in expressi verbis*: "*Art. 1º É facultado ao detentor de mandato eletivo desligar-se do partido pelo qual foi eleito nos trinta dias seguintes à promulgação desta Emenda Constitucional, sem prejuízo do mandato, não sendo essa desfiliação considerada para fins de distribuição dos recursos do Fundo Partidário e de acesso gratuito ao tempo de rádio e televisão*" (*DOU de 18/01/2016*).

Pode-se dizer, então, que não apenas o inc. III do parágrafo único do art. 22-A da Lei nº 9.096, acrescido pela Lei nº 13.165/2015, disciplinou a chamada "janela" ou saída sem motivação, como hodiernamente a regra está consolidada em perfil normativo constitucional temporário.

É possível observar alguns aspectos relevantes, a saber:

Primeiro, a Emenda Constitucional nº 91/2016 não alterou nem acrescentou uma nova redação em artigo previsto no texto constitucional, v.g., o inc. V do § 3º do art. 14 da Constituição da República, que nomina a filiação partidária como condição de elegibilidade, permanece inalterado, não sendo ainda modificado o art. 17 do texto constitucional em seus incisos e parágrafos, considerando o Capítulo V do Título II da Carta Magna, que trata "*DOS PARTIDOS POLÍTICOS*". Com efeito, diz a ementa da EC nº 91/2016 que: "*Altera a Constituição Federal para estabelecer a possibilidade, excepcional e em período determinado, de desfiliação partidária, sem prejuízo do mandato*", o que significa que a regra é sempre uma efetiva **exceção** considerando a natureza excepcional ali referida, mas em termos infraconstitucionais o inc. III do parágrafo único do art. 22-A da Lei nº 9.096/1995 (*redação da Lei nº 13.165/2015*) colmata essa questão autorizando, portanto, a desfiliação partidária dos mandatários políticos.

Todavia, a EC nº 91/2016 **se dirige aos Deputados Federais** que pleiteiam concorrer, v.g., nas **eleições municipais de 2016** ao mandato eletivo de Prefeito. Nesse rumo, cria-se oportunamente essa "janela" para a mudança partidária.

Deveras, o art. 1º da EC nº 91/2016 faz menção à "**distribuição dos recursos do Fundo Partidário e de acesso gratuito ao tempo de rádio e televisão**". Nesse panorama, é evidente que ela se dirige, exclusivamente, aos Deputados Federais em razão dos arts. 41-A inc. II, da Lei nº 9.096/1995 (distribuição do Fundo Partidário) e 47, § 2º, incs. I e II, da Lei nº 9.504/1997 (critérios de distribuição do tempo de propaganda).

Todavia, **o prazo previsto na EC nº 91/2016 conta-se do dia 18/02/2016 a 18/03/2016**.

Segundo, a EC nº 91/2016 estabelece o prazo de **30 (trinta) dias** que se contam após a promulgação do texto legal, que foi no dia 18 de fevereiro de 2016 e termina no dia 18 de março do mesmo ano, o que é diferente do prazo do art. 22-A, parágrafo único, inc. III, da Lei nº 9.096/1995, pois, como já visto, o prazo infraconstitucional e que serve para todas as eleições até ulterior modificação, se for o caso, é "*durante o período de trinta dias que antecede o prazo de filiação*", ou seja, **considerando as eleições municipais de 2016, o prazo dessa janela se perpetua no tempo entre 2 de março e 2 de abril do ano de 2016.**

Como se vê, a EC nº 91/2016 possui um **caráter de disposição transitória** atendendo apenas às eleições municipais de 2016 e no intuito de obstaculizar eventual declaração de inconstitucionalidade da alteração contida no inc. III do parágrafo único do art. 22-A pela Lei nº 13.165/2015, considerando que a orientação do Supremo Tribunal Federal anterior à redação legislativa é no sentido de não admitir esse tipo de desfiliação, sem justa causa. Essa alteração trazida pela Lei nº 13.165/2015 é uma espécie de reação legislativa ou congressual que alcança o respaldo constitucional.

Quando a ementa da EC nº 91/2016 faz menção à possibilidade de desfiliação partidária "em período determinado", é possível que a norma infraconstitucional fixe esse período, como o fez. Por outro lado se pode ter a interpretação que essa emenda constitucional possui uma natureza temporária e transitória. Preferimos a última interpretação.

Terceiro, a EC nº 91/2015 não faz a distinção específica entre mandatários eleitos pelo sistema majoritário e proporcional, sendo a jurisprudência do Egrégio TSE no sentido de que a desfiliação partidária, sem justa causa está vinculada apenas aos eleitos pelo sistema proporcional. Nesse ponto a EC nº 91/2015 menciona o "detentor de mandato eletivo". **No entanto, sua aplicação jurígena é exclusiva aos mandatos eletivos de Deputados Federais**.

É importante relembrar que o Egrégio STF, ao determinar a edição pelo Egrégio TSE da Resolução nº 22.610/2007, após julgar os mandados de segurança originários, enfrentou esse tormentoso tema priorizando o fortalecimento dos partidos políticos e não apenas de candidaturas eleitorais, sendo que a "janela" ou "desligamento imotivado" representa uma fragilidade ao arquétipo do sistema partidário, mas já era previsto que um dia aconteceria essa alteração por reação congressual e por política legislativa.

Uma das causas do cancelamento da filiação partidária é a *"filiação a outro partido, desde que a pessoa comunique o fato ao juiz da respectiva Zona Eleitoral"*, nos termos do inc. V do art. 22 da Lei nº 9.096/1995.

Assim, para a validação da nova filiação no tempo oportuno e com intuito de uma futura candidatura, é necessário ter esmero para essa diligência, sob pena de não concretização do ato de filiação como uma condição de elegibilidade.

O Tribunal Superior Eleitoral **admitiu a adequação da norma estatutária ao novo prazo de seis meses**, *conforme voto do Ministro Gilmar Mendes (protocolo nº 7.945/2016), in verbis: Com base na compreensão sistemática dessas regras, bem como no Direito Constitucional e elegibilidade, a Lei dos Partidos Políticos veda que, no ano das eleições, o estatuto seja alterado para aumentar o prazo de filiação partidária fixado em lei, não proibindo a redução quando a modificação simplesmente busca a compatibilização à novel legislação eleitoral, editada e promulgada em conformidade com o art. 16 da Constituição Federal que trata da anterioridade de um ano da lei que altera o processo eleitoral".*

Essa questão possui caráter transitório e não se projetará para vindouras eleições.

5.13. EMENDA CONSTITUCIONAL Nº 97, DE 4 DE OUTUBRO DE 2017. JUSTA CAUSA PARA NOVA FILIAÇÃO PARTIDÁRIA

O § 5º do art. 17 da Constituição da República Federativa do Brasil foi introduzido pela Emenda Constitucional nº 97, de 4 de outubro de 2017, e observou o princípio da anualidade, conforme previsão do art. 16 da Carta Constitucional.

Destaca-se: "Ao eleito por partido que não preencher os requisitos previstos no § 3º deste artigo é assegurado o mandato e facultada a filiação, sem perda do mandato, a outro partido que os tenha atingido, não sendo essa filiação considerada para fins de distribuição dos recursos do fundo partidário e de acesso gratuito ao tempo de rádio e de televisão".

Cria-se, desse modo, uma nova modalidade de justa causa.

Dessa forma, por exemplo, se José foi eleito pelo Partido X ao mandato eletivo de Deputado Federal poderá se filiar ao partido Y, sem estar sujeito à ação de perda do mandato, levando-se apenas em consideração o fato de que o partido original (X), não atingiu o percentual mínimo de votos válidos, conforme versa a cláusula de barreira prevista no § 3º do art. 17 da Carta Magna.

Essa nova filiação, que permite a manutenção do mandato eletivo, não se aplica aos vereadores e deputados estaduais, pois está ligada, exclusivamente, à cláusula de barreira que se vincula aos deputados federais.

Todavia, não se pode olvidar que o art. 3º da Emenda Constitucional nº 97/2017 estabelece um escalonamento do percentual para que o partido tenha acesso ao tempo de rádio, televisão e recursos públicos, ou seja, em 2018, o mínimo é de 1,5 (um e meio por cento) dos votos válidos, distribuídos em pelo menos um terço das Unidades da Federação, com o mínimo de 1% (um por cento) de votos válidos em cada uma delas, e somente em 2030 é que se exigirão os 3% (três por cento).

Vê-se, nesse cenário, que o deputado federal terá o direito de mudar de partido político, quando for originariamente eleito por um partido que não tenha alcançado, na escala da graduação, os votos válidos suficientes para a obtenção do tempo de rádio, televisão e do acesso aos recursos do fundo partidário.

A Emenda Constitucional nº 97/2017 não permite uma saída imotivada do deputado federal do seu partido originário, ou seja, o que o levou à vaga na eleição disputada.

Restringe-se essa nova filiação partidária para uma análise específica do art. 17, § 3º, incs. I e II, da Lei Fundamental, observando-se a escala gradual do limite imposto pela cláusula de barreira.

Se o partido original preenche de alguma forma os requisitos alternativos dos incs. I ou II do § 3º do art. 17 da Carta Magna, não se autoriza a mudança partidária pretendida pelo Deputado Federal. Não haverá justa causa.

Essa nova justa causa, embora não tenha sido ainda contemplada de forma infraconstitucional, com a inclusão no inc. IV do art. 22-A da Lei nº 9.096/1995, se aplicará nas eleições de 2018 e nas subsequentes.

Infere-se, no entanto, que a migração do deputado federal eleito por uma legenda que lhe assegure o tempo de rádio, televisão e o acesso ao fundo partidário, não permitirá ao partido que o acolhe, que essa nova filiação seja considerada para fins de distribuição dessas vantagens dentro da divisão proporcional com os demais partidos.

No entanto, se o Deputado Federal for reeleito por essa nova legenda, aí sim, será considerada a filiação para o fim de distribuição do direito de antena e dos recursos do fundo partidário.

Esvazia-se aos poucos a possibilidade de que pequenas legendas tenham o direito de participar dos recursos do fundo partidário e do tempo de rádio e televisão.

A EC nº 97/2017 não tratou dos recursos do Fundo Especial de Financiamento de Campanha (FEFC), que possui outros critérios de distribuição previstos nos arts. 16-C e 16-D da Lei nº 9.504/1997 (introdução das Leis nºs 13.487 e 13.488/2017).

5.14. LEGITIMIDADE ATIVA E PASSIVA NA AÇÃO DE PERDA DO MANDATO. PRAZO

No que tange à **legitimidade ativa** quanto ao prazo para propor a ação de perda do mandato, emergem três entendimentos: **o primeiro** sustenta que o prazo inicial de 30 (*trinta*) dias é exclusivo do partido político detentor do mandato. Com o término do prazo de 30 (*trinta*) dias inicia-se os 30 (*trinta*) dias subsequentes como prazo para um terceiro interessado ou para o Ministério Público.

Esta é a posição correta.

Um **segundo entendimento** defende que o Ministério Público Eleitoral não teria um termo final para o ajuizamento da ação; isso em razão do interesse público que o *Parquet* visa a tutelar, o que o diferencia dos demais legitimados. Ademais, considera-se que a expressão "ou" que precede a menção ao Ministério Público estaria por segregá-lo do limite de prazo previsto. Por este entendimento, o segundo prazo de 30 (*trinta*) dias estaria restrito ao terceiro interessado, e não ao *Parquet*.

Um **terceiro posicionamento** considera os prazos estipulados, diferenciando--se, apenas, do primeiro entendimento no que se refere ao prazo para o *Parquet*, que engloba o prazo inicial de 30 dias, concorrentemente com os partidos políticos. A instituição ministerial teria, portanto, 60 dias para ajuizar a ação.

O Egrégio TSE vem decidindo pela natureza decadencial do prazo (*conforme ação cautelar nº 2.374/RO, Rel. Min. Joaquim Barbosa, em 05/06/2008, Informativo TSE – Ano X – nº 18, Brasília, 02 a 08/06/2008*), ou seja, pelo primeiro entendimento acima salientado.

Salientam-se as importantes decisões do TSE:

> (...) 2. A princípio, não se revela plausível a alegação de ilegitimidade do segundo suplente para propor processo de perda de cargo eletivo, já que, na espécie, o referido feito foi ajuizado contra o titular e a 1ª suplente, além do que o art. 2º, § 2º, da Res. – TSE nº 22.610/2007 estabelece essa legitimidade em relação a quem tenha interesse jurídico. Agravo regimental a que se nega provimento (TSE, Agravo Regimental na Ação Cautelar nº 2.410/RO, Rel. Min. Caputo Bastos, *DJ* de 14/08/2008, *Informativo* nº 23/08).

> Agravo regimental. Medida cautelar. Desfiliação partidária. Sistema proporcional. Cargo eletivo. Perda. Limite de prazo. Partido político. Ilegitimidade ativa. É pacífica a jurisprudência deste Tribunal no sentido de que partido político não tem legitimidade para pedir a cassação do mandato de ocupante de cargo eletivo por desfiliação partidária sem justa causa em data anterior a 27/03/2007 (art. 13 da Res. – TSE nº 22.610/2007). Nesse entendimento, o Tribunal negou provimento ao agravo regimental. Unânime" (*TSE, Agravo Regimental na Medida Cautelar nº 2.312/PA, Rel. Min. Eros Grau, em 05/08/2008*).

Tenha-se presente que a **legitimidade passiva** é dúplice, ou seja, do mandatário que praticou o ato de desfiliação e do Partido Político que aceitou a sua nova filiação.

Forma-se um litisconsórcio passivo necessário e a petição inicial da ação de perda de mandato eletivo deve indicar ambos os legitimados passivos, sob pena de incidência do prazo decadencial.

O Egrégio TSE não reconheceu a decadência num caso *sui generis* em que não se tinha a certeza sobre a nova filiação em razão de documentação fornecida pela própria Justiça Eleitoral (*Recurso Especial Eleitoral nº 235-17/PA. Rel. Min. Luiz Fux. Informativo nº 12. Ano XVII, em 6/8/2015*).

5.15. DESFILIAÇÃO PARTIDÁRIA. CRIAÇÃO DE NOVO PARTIDO POLÍTICO. PRAZO PARA PROPOR A AÇÃO

Definiu o Egrégio TSE que o prazo de 30 (*trinta*) dias para propor a ação considera o registro do estatuto partidário pelo TSE. Nesse sentido: "*Agravo Regimental no Agravo de Instrumento nº 382-19/RS. Relatora: Ministra Nancy Andrighi. 1. A criação de novo partido político – como termo inicial do prazo decadencial de 30 dias para desfiliação partidária, com base na justa causa de que trata o art. 1º, § 1º, II, da Res.-TSE 22.610/2007* – **opera-se no momento do registro do estatuto partidário pelo TSE**. *Precedentes. 2. Agravo regimental não provido. DJE de 6/8/2012. Informativo nº 18/2012*". (grifos nossos).

5.16. TUTELA ANTECIPADA

O Egrégio TSE não tem aceitado a antecipação dos efeitos da tutela para a decretação da perda do cargo eletivo em decorrência de desfiliação partidária sem justa causa. Tal vedação se justifica em razão do inegável prejuízo que a medida pode resultar, *periculum in mora* inverso. Entretanto, a análise deve ser casuística. Neste sentido: (*TSE – Mandado de Segurança nº 3.699, Acará – PA 11/03/2008, Rel. José Augusto Delgado, DJ – Diário da Justiça, 11/04/2008, p. 9*). E ainda:" *É prematuro antecipar os efeitos da tutela quando o parlamentar nem sequer apresentou as razões pelas quais se desfiliou da agremiação partidária. Economia e celeridade processual não têm a força de aniquilar a garantia do devido processo legal. 3. Incumbe ao tribunal decretar ou não a perda do cargo, quando do julgamento de mérito, assegurados a ampla defesa e o contraditório. 4. Liminar deferida* (*TSE – Mandado de Segurança 3671, Avelinópolis – GO, 27/11/2007, Rel. Carlos Augusto Ayres de Freitas Britto, DJ – Diário de justiça, 11/02/2008, p. 4*).

5.17. JUSTA CAUSA

As hipóteses de justa causa vêm enumeradas no art. 22-A da Lei nº 9.096/1995 e na Resolução TSE nº 22.610/2007, no § 1º do art. 1º, e encontra-se em rol taxativo, uma vez que se trata de norma restritiva de direitos.

O art. 22- A da Lei nº 9.096/1995 acrescido pela minirreforma eleitoral (Lei nº 13.165/2015), como já visto alhures, tratou das hipóteses de justa causa, o que modifica o texto original da Resolução nº 22.610/2007.

5.18. IMPOSSIBILIDADE DE OPOSIÇÃO

Quanto ao processo, o Colendo TSE já decidiu ser inviável a intervenção de terceiros na modalidade oposição (*TSE – Agravo Regimental em petição 2.775, Resolução 22.704, João Pessoa – PB. 19/02/2008, Rel. Ari Pargendler, DJ – Diário de justiça, 18/03/2008, p. 12*).

5.19. COMPETÊNCIA PARA O PROCESSO E JULGAMENTO

É importante observar a competência para processo e julgamento da ação em comento, que vem disciplinada no art. 2º da Resolução TSE nº 22.610/2007. Assim, a competência para tais ações nunca será do juízo de 1º grau. Todavia, neste aspecto, entendemos que em relação aos mandatos eletivos de vereadores, a competência deveria ser do juiz eleitoral mais antigo da comarca, pois, além de ampliar as chances de defesa do mandatário político, firma-se uma real simetria com os arts. 40, IV, e parágrafo único, e 89, III, do Código Eleitoral, e art. 2º da Lei Complementar nº 64, de 18 de maio de 1990.

Não se nega que o art. 2º da aludida resolução transfere aos Tribunais uma competência originária para a questão, ensejando a supressão de instância em face da falta de simetria com o julgamento das demais ações eleitorais, especificamente nas ações em face de Prefeitos, Vices e vereadores.

Todavia, nada impede que o processamento seja desenvolvido em primeiro grau, sendo apenas o julgamento ato privativo dos Tribunais Regionais Eleitorais, no caso de eleições municipais, até porque a omissão legislativa pelo Congresso Nacional é latente nessa matéria.

O Tribunal Regional Eleitoral do Rio de Janeiro expediu a Resolução nº 680/2007, regulamentando o processamento, pelos juízes eleitorais, na fase instrutória dos feitos que tratem de perda do cargo eletivo com base na Resolução nº 22.610/2007.

Desta forma, quando a ação for proposta em face de Prefeitos, Vices e vereadores, a petição é protocolada na zona eleitoral competente por indicação do próprio Tribunal Regional Eleitoral (*no caso, a indicação ocorreu pelo teor da Resolução nº 679/2007*).

O juiz eleitoral da zona eleitoral indicada será o competente para processar, mas não para julgar a ação de perda do mandato com base na Resolução nº 22.610/2007 do TSE.

Atua com o juiz eleitoral o promotor eleitoral que deverá ter vista dos autos para emissão de parecer, seja na qualidade de parte ou fiscal da lei.

Encerrada a instrução e apresentadas as alegações finais, os autos são encaminhados ao Tribunal para o seu devido julgamento, quando o processo será distribuído ao relator que remeterá o feito à Procuradoria Regional Eleitoral para alegações. Em seguida, o relator preparará o voto e incluirá o feito em pauta de julgamento do Tribunal Regional Eleitoral.

É importante observar que o Tribunal Regional Eleitoral expedirá carta de ordem para que juízes eleitorais cumpram determinadas diligências.

5.20. DA CONSTITUCIONALIDADE DA RESOLUÇÃO DO TSE Nº 22.610/2007

O Supremo Tribunal Federal julgou duas ações diretas de inconstitucionalidade em face das Resoluções nºs 22.610/2007 e 22.733/2008, que tratam da perda do cargo eletivo em decorrência de desfiliação partidária sem justa causa.

> No mérito, julgaram-se válidas as resoluções impugnadas até que o Congresso Nacional disponha sobre a matéria. Considerou-se a orientação fixada pelo Supremo no julgamento dos mandados de segurança nºs 26.602/DF (*DJE* de 17/10/2008), 26.603/DF (j. em 04/10/2007) e 26.604/DF (*DJE* de 03/10/2008), no sentido de reconhecer aos partidos políticos o direito de postular o respeito ao princípio da fidelidade partidária perante o Judiciário, e de, a fim de conferir-lhes um meio processual para assegurar concretamente as consequências decorrentes de eventual desrespeito ao referido princípio, declarar a competência do TSE para dispor sobre a matéria durante o silêncio do Legislativo (...) (*ADIn nº 3.999/DF e ADIn nº 4.086/DF, Rel. Min. Joaquim Barbosa, 12/11/2008*).

5.21. EXPULSÃO DO PARTIDO. NÃO CABIMENTO DA AÇÃO DE PERDA DO MANDATO

A expulsão do filiado de um partido político deve estar fundamentada em ato de violação dos deveres partidários e punida pelo órgão partidário competente nos termos da estrita previsão estatutária.

O art. 23 da Lei nº 9.096/1995 garante a prévia tipificação da conduta apta ao ato extremo de expulsão, sendo assegurada a ampla defesa, contraditório e o devido processo legal.

Advertência, suspensão e destituição de funções são espécies de sanções partidárias que podem anteceder o ato mais drástico que é a expulsão.

A disciplina partidária enseja o cumprimento respeitoso aos princípios programáticos e à probidade no próprio exercício dos mandatos eletivos e funções partidárias.

A antiga Lei Orgânica dos Partidos Políticos dos idos de 1971 no art. 70 disciplinava esse assunto.

O art. 26 da Lei dos Partidos Políticos (*Lei nº 9.096/1995*) trata da perda automática da função do parlamentar na Casa Legislativa, quando se desfilia da agremiação partidária. Não será hipótese de perda do mandato eletivo.

A disciplina partidária está subsumida no texto constitucional (*§ 1º do art. 17 da Constituição da República*).

É possível concluir que a expulsão é uma repulsa de último grau ao filiado que demonstra concretamente ações antagônicas às diretrizes partidárias.

A fraude na ação de expulsão é possível de ocorrer. Nesse caso o ato é anulável aplicando-se o texto do estatuto partidário e subsidiariamente as regras do Código Civil.

O parlamentar expulso não perde o mandato eletivo, pois a natureza jurídica dessa representação é dúplice: vontade partidária que se origina no ato de filiação e posterior escolha em convenção partidária como pré-candidato; e o sufrágio universal, popular cuja concretização do voto do eleitor é irrevogável.

A expulsão equipara-se a ato de preceito secundário incriminador de tipicidade administrativa, disciplinar e eleitoral; portanto, somente nos estritos limites da interpretação típica da ação praticada dolosamente pelo filiado é que será aplicada.

O cancelamento imediato da filiação decorre do ato final de expulsão (*art. 22, III, da Lei nº 9.096/1995*).

A competência deve ser da Justiça Eleitoral, quando se identificar que o ato de expulsão afeta a condição de elegibilidade constitucional prevista no art. 14, § 3º, V, da Constituição da República para uma determinada candidatura. Nesse caso, o fato pode ser tratado por mandado de segurança ou em ação de impugnação ao requerimento de registro de candidatura.

Embora o ato de expulsão tenha um sentido *interna corporis* e disciplina estatutária, não impede o exame pela Justiça Eleitoral quando ilegal. No entanto, o Egrégio TSE possui precedente em sentido contrário em que **não se autoriza o exame do ato punitivo de expulsão** (*Recurso Especial Eleitoral nº 11.967/MG. Acórdão nº 11.967 de 19/07/1994. Rel. Min. Antônio de Pádua Ribeiro*).

Na Consulta Eleitoral nº 27.785, o Egrégio Tribunal Superior Eleitoral, salientou no voto do Relator Ministro Gilmar Mendes, que: "(...) *seria incabível a propositura de ação de perda de cargo eletivo por desfiliação partidária se o partido expulsa o mandatário da legenda, pois a questão alusiva à infidelidade partidária envolve o desligamento voluntário da agremiação (...)".*

5.22. DESTAQUES IMPORTANTES SOBRE A AÇÃO DE PERDA DO MANDATO ELETIVO

1) Os legitimados para ingressar com a ação de decretação da perda do mandato eletivo em decorrência da desfiliação partidária são os partidos políticos que perderam os eleitos; v.g., os suplentes (interessados jurídicos) e o Ministério Público.

2) A atuação do Ministério Público **ocorre** pelo **Procurador-Geral Eleitoral** no **Tribunal Superior Eleitoral**, nas hipóteses de mandatos federais, tais como: Presidente, Vice-Presidente, Senadores, suplentes de Senadores, Deputados federais e suplentes: e, por intermédio dos **Procuradores Regionais Eleitorais nos Tribunais Regionais Eleitorais**, "nos demais casos", ou seja, Governadores, Vices, Deputados estaduais, distritais, suplentes, Prefeitos, Vices, e vereadores. Observa-se, no entanto, uma delegação de competência aos juízes eleitorais em relação aos mandatos municipais para o processamento da ação, sendo o julgamento um ato de competência privativa dos Tribunais. Nessa hipótese, os **Promotores Eleitorais** acompanham a tramitação da ação nas zonas eleitorais.

3) O mandatário poderá se antecipar à propositura da ação pelos legitimados e requerer, por ação declaratória da existência de justa causa, que não seja declarada a perda do mandato eletivo. Nesse caso, a competência é a mesma para processar e julgar a ação de perda do mandato. Trata-se de uma tutela de obstáculo, que impedirá a declaração da perda na outra ação, mas nesta não se declara a perda, apenas a existência da justa causa.

4) O Ministério Público atua nesta ação como parte ou fiscal da ordem jurídica eleitoral.

5) A prova do autor se faz com certidões de filiação e desfiliação. Quanto ao réu será necessária a prova documental, como cópias dos estatutos dos partidos políticos, certidões de filiação, indicação do desvio do programa partidário e a prova testemunhal, cujo máximo é de 3 (três) testemunhas, art. 3º da Resolução.

6) A grave discriminação política pessoal se constituiu numa justa causa, que poderá servir de subterfúgio aos infiéis. Trata-se de prova subjetiva que demandará razoável análise do órgão julgador para não acarretar a impunidade na aplicação da regra moralizadora. Não basta alegar a discriminação política pessoal, é necessário prová-la de forma resoluta. A ação tem natureza dúplice, porque é do tipo declaratória. Assim, se o mandatário deflagra ação

contra o partido político, é possível na contestação formular-se pretensão de declaração de perda do mandato eletivo, inclusive por economia processual.

7) A Justiça Eleitoral passa a ter competência prorrogada para a decretação da perda do mandato eletivo, sem que seja por ação de impugnação (art. 14, §§ 1º e 11, da CF). Não há prazo legal. Significa dizer que a Justiça Eleitoral poderá julgar a ação de perda do mandato assim que surgir a desfiliação sem justa causa.

8) Os mandatários não podem mudar de partido político, sem que comprovem a justa causa.

9) O Supremo Tribunal Federal só admite essa ação contra mandatários eleitos pelo sistema proporcional (Deputados Federais, Distritais, Estaduais e vereadores) (ADIn nº 5.081). No Egrégio TSE salienta-se o verbete sumular nº 67: "*A perda do mandato em razão de desfiliação partidária não se aplica aos candidatos eleitos pelo sistema majoritário*".

10) Por fim, a mudança de filiados entre os partidos sem que eles ocupem mandatos eletivos é fato que não se incluiu na competência da Justiça Eleitoral. Decerto que é matéria *interna corporis* (Consulta nº 1.679/DF. Rel. Min. Arnaldo Versiani).

5.23. CONVENÇÕES PARTIDÁRIAS

As convenções são espécies de assembleias intrapartidárias fundadas em critérios estatutários e legais que objetivam a escolha democrática dos pré--candidatos ao pleito eleitoral.

A denominação do escolhido em convenção é de: **candidato a candidato** ou **pré-candidato**, porque somente com o requerimento de registro das candidaturas o escolhido passa a ter o *status civitatis* de candidato. Não é necessário que o registro seja definitivo para que o pré-candidato torne-se candidato, pois basta um registro temporário ou provisório que ocorre com o requerimento do pedido de candidatura. A partir deste momento, o candidato já possui legitimidade ativa para propor ações no âmbito da Justiça Eleitoral.

Em função do calendário eleitoral (art. 11), o prazo final de requerimento de registro de candidatos se dá até o dia 15 de agosto do ano eleitoral, sendo que as convenções são celebradas entre os dias 20 de julho e 5 de agosto (art. 8º).

Conforme terminam os atos convencionais de pré-escolha dos futuros candidatos, os Partidos Políticos cuidam de requerer à Justiça Eleitoral o regular registro das candidaturas.

Os estatutos devem tratar das espécies de convenções: nacionais, regionais e municipais.

O órgão de maior importância da administração partidária é a convenção, que geralmente é convocada pelo Presidente ou Secretário-Geral do órgão de execução, bem como pela maioria do órgão de direção por intermédio de edital.

Nos Municípios, as Convenções podem ser convocadas pelo Presidente Regional do Partido, cuja deliberação pode ser para a eleição do Diretório (*em seus diversos níveis*), de acordo com o calendário fixado pela Comissão Executiva Nacional.

As Convenções Partidárias podem ser realizadas pelos diretórios e na sua falta pelas comissões provisórias. Trata-se de aspecto atinente à autonomia partidária. Nesse ponto a solução deve estar abrigada em norma estatutária partidária.

Os Partidos Políticos devem disciplinar o aspecto do número de votantes, *quorum* mínimo e admissão do voto.

As chapas dos candidatos ao Diretório e de Delegados, assim como suplentes são regidas pelas regras estatutárias.

Geralmente, as Convenções Nacionais são compostas de: I – o Diretório Nacional; II – os Delegados eleitos pelas Convenções Regionais; III – os Deputados Federais e os Senadores; e IV – os Presidentes das Comissões Regionais Provisórias.

Compete à Convenção Nacional deliberar sobre coligações partidárias nacionais, assim como escolher os pré-candidatos à Presidência e à Vice--Presidência da República. Desta forma, em simetria são as competências das Convenções Regionais e Municipais para escolha dos representantes nos diversos níveis, ou seja, Governador, Senadores, Deputados Federais, Estaduais, Distritais e, por fim, os Prefeitos, Vices e vereadores.

A Lei nº 12.891, de 11 de dezembro de 2013, alterou a redação do art. 8º da Lei nº 9.504/1997 determinando a publicação por qualquer meio de comunicação social (*Diário Oficial ou jornal local*) no prazo de 24 (*vinte e quatro*) horas da ata que deliberou sobre a escolha dos pré-candidatos, objetivando atribuir maior transparência pública ao ato *interna corporis*.

A Lei nº 9.504/1997 adotou critério de delegação sobre a forma de eleição e escolha dos pré-candidatos dentro de regras disciplinadas nos estatutos. A violação as regras legais constitui matéria de ilegalidade que pode ser dirimida pelo Poder Judiciário.

O § 2º do art. 7º da Lei nº 9.504/1997 sofreu alteração em sua redação pela Lei nº 12.034/2009, sendo suprimida a necessidade de as diretrizes serem fixadas em convenções nacionais com a finalidade de anulação das deliberações de convenções partidárias inferiores. Assim, o órgão de direção nacional terá mais poderes para anular deliberações em convenções de níveis inferiores, mas sendo necessária, também, uma adequação estatutária.

O § 3º também foi alterado em sua redação pela nova lei que estipulou o prazo de 30 (*trinta*) dias, após a data limite para o registro de candidatos com a finalidade de serem comunicadas à Justiça Eleitoral as anulações das deliberações. Essa regra se coaduna com a jurisprudência do Tribunal Superior Eleitoral, ressalvando-se, apenas, que o prazo de comunicação era até o fim do prazo de impugnação de registro de candidatos, enquanto a nova regra legal modifica esse prazo.

É importante salientar que quando a lei faz menção ao prazo de 30 (*trinta*) dias para comunicação à Justiça Eleitoral visando à anulação das deliberações, é evidente que esse prazo deve ser contado da solicitação ou do pedido do registro da candidatura (*dia 15 de agosto do ano da eleição, art. 11 da Lei nº 9.504/1997*), e não do seu julgamento final. Isso porque, segundo o calendário eleitoral previsto para as eleições, as decisões finais sobre registros ocorrem no mês de setembro.

Não se pode imaginar que foi intenção do legislador dificultar o processo de registro de candidaturas, que é caracterizado pelo princípio da celeridade.

Por fim, o § 4º fixou o prazo de 10 (*dez*) dias para que sejam apresentados à Justiça Eleitoral os candidatos substitutos, observando-se o art. 13 da mesma lei e o Estatuto dos Partidos Políticos.

Não é possível afastar sumariamente a tutela jurisdicional (*art. 5º, XXXV, da Carta Magna: "a lei não excluirá da apreciação do Poder Judiciário lesão ou ameaça a direito"*), sob o manto de que o assunto se situa sempre na seara *interna corporis* de deliberação dos partidos políticos.

Se o Poder Judiciário for instado a intervir deverá prestar a jurisdição, desde que a ação preencha as suas condições, e seja verificada a plausibilidade do direito violado.

A autonomia dos partidos políticos não é absoluta, porque deve resguardar os preceitos tratados nos incs. I a IV do art. 17 da Constituição da República, os direitos políticos ativos e passivos (*capacidade de votar e ser votado*), as regras democráticas de eleição, a cidadania e o pluralismo, na forma dos princípios fundamentais do art. 1º, II e V, da norma constitucional. Assim, os estatutos não podem se afastar destas normas e preceitos.

O art. 14 da Lei dos Partidos Políticos (*Lei nº 9.096/1995*) é expresso ao determinar a observância das disposições constitucionais como ponto de convergência irremediável que levará à fixação das regras de estrutura interna, organização e funcionamento.

Assim, as regras devem se pautar por ordem de valores normativos, a saber: a Constituição da República e seus preceitos de regência; a Lei nº 9.096/1995; as normas das Resoluções do Tribunal Superior Eleitoral; e os estatutos partidários, quando a matéria não for exclusivamente *interna corporis*, pois, sendo, os estatutos partidários estarão compreendidos como norma imediatamente abaixo do texto constitucional e acima da Lei dos Partidos Políticos. Na omissão, delega-se

PARTIDOS POLÍTICOS   CAPÍTULO 5

ao órgão de direção nacional estabelecer o assunto, reservando-se o prazo de 180 dias antes da eleição para fins de garantir a segurança jurídica das relações por intermédio do conhecimento dos interessados (*art. 7º, § 1º*).

Todavia, o Egrégio TSE possui relevante precedente que consagra a autonomia partidária em função da norma do § 1º do art. 17 da Carta Magna, nos seguintes termos: "*Quando a matéria tratada nos respectivos estatutos partidários ou legais conflitarem com as disposições da Lei nº 5.682/1971 (LOPP), devem prevalecer as normas estatutárias*" (*Res. TSE nº 13.966, de 16/12/1993, Rel. Min. José Cândido*).

Em sentido contrário posição do Rel. Min. Eduardo Ribeiro, TSE, que reza: "*Possibilidade de a lei dispor sobre questões que se inserem no processo eleitoral, estabelecendo critérios para a admissão das candidaturas, tema que não diz com a matéria interna corporis a que se refere a Constituição e que constitui campo defeso ao legislador.*"

A correta aplicação das normas estatutárias é matéria afeta ao Poder Judiciário, especialmente quando exercido o direito de ação com base em: violação à ampla defesa; regras que regem o processo eleitoral; violação às regras do art. 36 da Lei dos Partidos Políticos e assuntos diversos da organização interna e funcionamento dos Partidos Políticos. Por fim: "*Cabe ao Poder Judiciário apreciar a legalidade de norma estatutária, sem interferir na autonomia partidária*" (*Egrégio TSE nº 16.873, de 27/09/2000, Rel. Min. Costa Porto*).

O § 2º consagra norma de diretriz superior, quando permite a dissolução da convenção partidária por medida de exceção na falta de observância e descumprimento das normas de decisão das convenções nacionais. Trata-se de manter, de forma interna, o preceito do caráter nacional dos Partidos Políticos.

5.24. NO QUE TANGE À REALIZAÇÃO DAS CONVENÇÕES PREVÊ O § 2º DO ART. 8º DA LEI Nº 9.504/1997 A POSSIBILIDADE DE UTILIZAÇÃO DE PRÉDIOS PÚBLICOS PARA A SUA REALIZAÇÃO

Existe regra similar no art. 51 da Lei dos Partidos Políticos, ressalvando-se que os eventuais danos causados ao patrimônio público devem ser indenizados pelos responsáveis.

A responsabilidade civil decorrente do dano ao imóvel ou móveis públicos deverá seguir as regras do Direito Civil e Administrativo, sendo a eventual ação proposta no âmbito da Justiça Comum ou Federal, independentemente das medidas administrativas e sanções penais correspondentes.

O art. 73, I, da Lei nº 9.504/1997, prevê as condutas vedadas aos agentes públicos em campanhas eleitorais, ressalvando a realização de convenções partidárias em prédios públicos.

A Administração Pública não poderá exigir aluguel ou valores para fins de ceder temporariamente o espaço solicitado, mas ressalva-se a recusa natural quando o bem for tombado ou protegido pela legislação ambiental, considerando a tutela constitucional ao patrimônio urbanístico, como museus, teatros, cinemas, e outros prédios.

Destarte, a Lei nº 9.096/1995, expressamente prevê no art. 44, I, que os recursos oriundos do Fundo Partidário devem ser aplicados na manutenção das sedes e serviços dos partidos. Assim, entendemos que os partidos só poderiam utilizar os bens públicos para a realização de suas convenções se comprovassem à Justiça Eleitoral a falta de recursos para arcar com esta despesa em determinado Município.

5.25. CANDIDATOS NATOS

O § 1º do art. 8º da Lei nº 9.504/1997 permite que determinado parlamentar possa ter assegurado o registro de sua candidatura para o mesmo mandato pelo partido a que esteja filiado.

Sobre candidatos natos, o Colendo TSE já reiterou posição atinente ao tema na *Resolução nº 21.778, Consulta nº 1.060 – Brasília, Distrito Federal, Rel.ª Min.ª Ellen Gracie, em 27 de maio de 2004, DJ de 03/11/2004*, fazendo menção ao decidido pelo Egrégio Supremo Tribunal Federal, que, suspendeu, liminarmente, a eficácia do § 1º (*ADIn nº 2.530-9, de 24/04/2002*). Naquela decisão foi reconhecida a plausibilidade jurídica da ação por maioria de votos, sendo que três votos fundaram-se nos princípios da isonomia (*art. 5º, caput, da Constituição Federal*) e da autonomia partidária (*art. 17 da Carta Magna*), e os outros cinco votos apoiaram-se unicamente neste princípio.

Com a decisão na ADIn nº 2.530-9, o parlamentar deverá submeter o seu nome em igualdade de condições com os demais pré-candidatos para a devida escolha em convenção. O registro mencionado na redação do parágrafo não é o de candidaturas perante a Justiça Eleitoral, porque este exige o preenchimento de condições de elegibilidade e não incidência em casos de inelegibilidades, perda ou suspensão dos direitos políticos. Trata-se de critério interno do próprio partido político. Neste sentido, exige o TSE: "*O fato de tratar-se de candidato nato não impede a apreciação de inelegibilidades opostas ao registro (...)*", (*Ac nº 267, de 10/09/1998, Rel. Min. Néri da Silveira*).

A recandidatura referida no § 1º exige prévia manifestação expressa do interessado e implica na pretensão ao mesmo cargo. Assim, um vereador não poderá pleitear direito adquirido nato ao cargo de Deputado estadual, pois não é o exercício do mandato que autoriza o direito de preferência, mas sim, o exercício do mesmo cargo. Exemplo: o vereador teria direito nato ao cargo de vereador (*reeleição ou recandidatura*).

PARTIDOS POLÍTICOS   CAPÍTULO 5

A candidatura nata não alcança os mandatos de Senador, considerando a omissão normativa e posição do TSE neste sentido (*Res. nº 20.221/1998, DJU 19/06/1998*).

Desse modo, com a devida vênia, entendemos que o sistema preconizado é inconstitucional, porque além de atingir a autonomia partidária, a isonomia e o livre sistema de escolha por critérios democráticos, implica em frontal violação à cláusula pétrea do art. 60, § 4º, II, da Constituição Federal, especialmente no aspecto da periodicidade das votações e renovações dos mandatos eletivos, considerando que compete aos partidos políticos apresentar aos eleitores os seus candidatos, após regular escolha. Trata-se, aqui, de impedir uma alteração do quadro político, o que certamente resulta em violação ao próprio sistema republicano.

Sob o ângulo da periodicidade dos mandatos eletivos, firmamos posição sobre a inconstitucionalidade da regra, somada aos demais aspectos jurídicos legais acolhidos na interpretação da decisão cautelar na ADIn nº 2.530-9 do Egrégio STF.

5.26. COLIGAÇÕES PARTIDÁRIAS. NOÇÕES GERAIS

A coligação partidária é uma relação estabelecida com um grupo de pessoas por interesses ou valores políticos e eleitorais, objetivando a coesão para o processo de ajustamento de integração ideológica partidária.

As coligações são consideradas pessoas formais ou entes despersonalizados. Essa é a natureza jurídica.

As coligações podem ser proporcionais ou majoritárias.

Todavia, a Emenda Constitucional nº 97, de 4 de outubro de 2017, modificou a redação do § 1º do art. 17 da Constituição da República Federativa do Brasil, vedando a formação de coligações do tipo proporcional.

No entanto, segundo dispõe o art. 2º da EC nº 97/2017, essa proibição só se aplicará, primeiramente, para as eleições de 2020, ou seja, eleições municipais (candidaturas de vereadores) e, posteriormente, para as eleições subsequentes.

As formas das coligações devem ser estabelecidas nos respectivos estatutos dos partidos políticos, mas seguem a diretriz fixada no § 1º do art. 17 da Constituição da República, cuja redação foi alterada pela Emenda Constitucional nº 52/1996, que afastou a denominada "verticalização". Sobre o assunto, *ADIn nº 3.685-8, de 31/03/2006*.

Os líderes políticos procuram alianças em função da divisão do número de vagas, horário eleitoral gratuito e rateio do Fundo Partidário, e celebram coligações tendo a finalidade de priorizar metas políticas comuns.

137

Como afirmado por *Daniel-Louis Seiler*: "*As relações entre partidos podem ser conflituais ou de cooperação*". Realmente, se todos os partidos são concorrentes – todos buscam angariar o maior número de votos possível –, as relações que eles estabelecem entre si podem mostrar-se conflituais ou cooperativas.

A vida política francesa está repleta de exemplos desse tipo: "a União da esquerda", nos anos 1970, "a União pela França", vinte anos mais tarde e à "direita". Isso pode levar até a uma federação de partidos, a exemplo da UDF, ou a uma confederação com grupo parlamentar único, como a CDU-CSU na Alemanha" (*Os Partidos Políticos*, Imprensa Oficial, tradução de Renata Maria Parreira Cordeiro, Brasília, São Paulo: Editora Universidade de Brasília, 2000, p. 138-9).

As coligações são **partidos políticos temporários** e estão referidas no art. 6º da Lei nº 9.504, de 30 de setembro de 1997.

Uma coligação tem **denominação própria** e possui um representante que terá atribuições idênticas às do Presidente de um partido político, especialmente no trato das questões eleitorais perante a Justiça Eleitoral.

Numa futura reforma política e eleitoral se discute a manutenção ou não das coligações, especialmente em relação às eleições proporcionais (Deputados e vereadores). Trata-se de tema que poderá ser revisto na legislação eleitoral, pois as coligações são analisadas como uniões que objetivam apenas conquistar os votos dos eleitores sem um caráter de maior permanência de programas comuns entre os partidos coligados.

Os arts. 3º e 22 da Lei Complementar nº 64, de 18 de maio de 1990, estabelecem a legitimidade ativa das coligações para a propositura de ações de impugnação ao pedido de registro de candidatos e investigação judicial eleitoral.

Uma coligação é considerada uma **superlegenda** e, no fundo, **retrata uma aliança de partidos para um determinado pleito** eleitoral. É importante frisar que as alianças ou coligações nascem por deliberações das Convenções Regionais ou Estaduais em relação aos Deputados federais, estaduais e distritais. Quando se referir às eleições de vereadores, a deliberação será da Convenção Municipal.

O registro das convenções é efetuado perante o órgão jurisdicional responsável pelo exame dos pedidos de candidatura, v.g., juiz eleitoral nas eleições municipais (*vereador*).

Os partidos políticos que desejarem se coligar devem respeitar os prazos do art. 8º da Lei nº 9.504/1997, ou seja, entre os dias 20 de julho até 5 de agosto do ano eleitoral devem ser realizadas as convenções.

No que tange às coligações, a Lei nº 12.034/2009 estabeleceu algumas disciplinas específicas. O art. 6º da Lei nº 9.504/1997 foi alterado, tendo sido incluídos o § 1º-A e o § 4º.

O § 1º do art. 6º da Lei das Eleições que trata sobre aspectos da coligação foi considerado em harmonia com as regras do art. 17, § 1º, da Constituição da República.

PARTIDOS POLÍTICOS

CAPÍTULO 5

O § 1º-A evita que o nome atribuído à coligação faça referência a um candidato específico, assegurando, nesse tema, o princípio da impessoalidade. E ainda, estabelece uma igualdade entre os partidos para que nenhum dos que sejam coligados possa obter vantagem na propaganda do nome da coligação.

Já o § 4º disciplina que após a formação de uma coligação entre partidos políticos fica vedada a legitimidade para que um desses atue de forma isolada, salvo na hipótese em que se questiona a validade da própria coligação.

No entanto, para se questionar se é válida ou não a formação de uma coligação, a lei fixou um período, que vai da data da celebração das convenções (*de 20 de julho até 5 de agosto do ano da eleição, conforme art. 8º da Lei nº 9.504/1997*) até o termo final do prazo para a impugnação do registro de candidatos (*cinco dias contados da publicação do pedido de registro de candidatos, segundo o art. 3º da Lei Complementar nº 64/1990*).

5.27. VERTICALIZAÇÃO DAS COLIGAÇÕES. QUESTÃO SUPRIMIDA

Como já visto alhures, a expressão "verticalização" significava a obrigatoriedade de formação de coligações com os mesmos partidos, sob o prisma nacional e estadual.

A Emenda Constitucional nº 52/2006 alterou a redação do art. 17 da Constituição da República. Atualmente, a regra constitucional está assim descrita:

> É assegurada aos partidos políticos autonomia para definir sua estrutura interna, organização e funcionamento e para adotar os critérios de escolha e o regime de suas coligações eleitorais, sem obrigatoriedade de vinculação entre as candidaturas em âmbito nacional, estadual, distrital ou municipal, devendo seus estatutos estabelecer normas de disciplina e fidelidade partidária.

O Supremo Tribunal Federal decidiu em ação direta de inconstitucionalidade (*ADIn nº 3.685-8, de 31/03/2006*), que as novas regras sobre coligações tratadas no § 1º do art. 17 da Constituição da República, com a redação da EC nº 52/2006, devem observar o princípio da anualidade do art. 16 da norma constitucional.

5.28. LICENÇA DE PARLAMENTAR. O SUPLENTE DA COLIGAÇÃO ASSUME A VAGA

O Supremo Tribunal Federal decidiu nos Mandados de Segurança nºs 30.260 e 30.272 que quando um parlamentar está licenciado quem deve assumir a vaga é o primeiro suplente da coligação e não do partido político.

O Supremo Tribunal Federal possui precedente sobre a questão. Ressalta-se o Ag. Reg. ARE nº 728.180-GO, STF, Rel. Min. Luiz Fux: "*Os parlamentares licenciados devem ser substituídos por suplentes das coligações partidárias, e não dos partidos políticos".*

No Tribunal Superior Eleitoral, precedente no sentido de ser o suplente da coligação nos casos de licença do parlamentar (*Agravo Regimental no Recurso em Mandado de Segurança nº 1459-48/GO, Rel. Min. Arnaldo Versiani, em 18/9/2012*).

5.29. PRESTAÇÃO DE CONTAS DOS PARTIDOS POLÍTICOS. CONSIDERAÇÕES GERAIS

A lei impõe ao partido político o dever de prestação de contas e a fiscalização pela Justiça Eleitoral.

O envio das contas dos partidos políticos (*balanço contábil*) é feito de forma anual, até o dia 30 de abril (*art. 32 da Lei nº 9.096/1995*). Não se podem aceitar documentos inidôneos: *"Documentos sem indicação da natureza das despesas, tornam-se inidôneos para comprovar a aplicação dos recursos do Fundo Partidário, dificultando a verificação do disposto no art. 34, III, da Lei nº 9.096/1995"* (*Resolução nº 22.989, de 18/12/2008. Petição nº 1.616/DF. Rel. Min. Felix Fischer. TSE. Informativo 02/2009, DJE 09/02/2009*).

O Tribunal Superior Eleitoral recebe o balanço do diretório nacional, os Tribunais Regionais Eleitorais, o dos órgãos estaduais, e os juízes eleitorais, o dos órgãos municipais.

As sanções pela violação das normas contábeis vão desde a suspensão da participação do dinheiro oriundo do Fundo Partidário até o cancelamento do registro civil e do estatuto do partido.

E, nessa linha, também se incluiu que nos processos de prestação de contas não se admitem as sucessivas e contínuas oportunidades de suprimento de falhas.

O Egrégio TSE regulamenta o aspecto financeiro e contábil dos partidos políticos por meio da **Resolução nº 23.464, de 17 de dezembro de 2015**.

Sobre o assunto podemos salientar alguns pontos fundamentais.

1) Os partidos políticos devem: a) prestar contas; b) manter escrituração contábil de acordo com as normas brasileiras de contabilidade, inclusive com o respaldo de um profissional habilitado na matéria.

2) O dinheiro depositado no Fundo Partidário deve ser movimentado em estabelecimentos bancários específicos.

3) Existem vedações ao recebimento de recursos, inclusive em campanhas eleitorais.

4) As doações aos partidos políticos seguem regras de avaliação e comprovação oficial.

5) O recebimento de recurso de fonte não identificada acarreta a perda do recurso proporcional distribuído em função dos valores do fundo partidário.

6) As sobras de campanha devem ser contabilizadas, de forma integral e exclusiva; portanto, a lei impõe uma destinação especial aos denominados institutos de pesquisa e doutrinação e educação política.

7) A prestação de contas segue um sistema informatizado próprio.

8) A falta de prestação de contas anual acarreta a suspensão automática do Fundo Partidário.

9) O julgamento das contas está baseado em três hipóteses: a) aprovadas, quando regulares; b) aprovadas com ressalvas, quando não estão comprometidas as regularidades globais; c) desaprovadas, quando as falhas comprometem a regularidade em sua visão de conjunto.

10) O Tribunal Superior Eleitoral pode suspender o repasse do dinheiro do Fundo Partidário ao diretório nacional; os Tribunais Regionais Eleitorais podem determinar ao diretório nacional que não faça o repasse aos diretórios regionais, e os juízes eleitorais podem determinar aos diretórios nacional e regional que não distribuam as cotas do fundo partidário ao diretório municipal ou zonal.

Ressalta-se, portanto, a importância da prestação de contas dos partidos políticos afastando-se o dinheiro proveniente de atos ilícitos e no intuito da preservação da lisura partidária e eleitoral.

As questões dirimidas em processo de prestação de contas de partidos políticos possuem **caráter jurisdicional**, conforme definiu o Egrégio Tribunal Superior Eleitoral: *"No tocante aos processos de prestação de contas partidárias, sejam observados os procedimentos relativos aos processos de natureza jurisdicional. Unânime. Prestação de Contas nº 32/RJ, Rel. Min. Fernando Gonçalves, em 15/12/2009. Informativo nº 41/09* (TSE)".

A Lei nº 12.034/2009, no art. 2º, incluiu os §§ 3º a 6º no art. 37 da Lei nº 9.096/1995, *in verbis*:

> § 3º A sanção de suspensão do repasse de novas quotas do Fundo Partidário, por desaprovação total ou parcial da prestação de contas de partido, deverá ser aplicada de forma proporcional e razoável, pelo período de 1 (um) mês a 12 (doze) meses, ou por meio do desconto, do valor a ser repassado, da importância apontada como irregular, não podendo ser aplicada a sanção de suspensão, caso a prestação de contas não seja julgada, pelo juízo ou tribunal competente, após 5 (cinco) anos de sua apresentação.
>
> § 4º Da decisão que desaprovar total ou parcialmente a prestação de contas dos órgãos partidários caberá recurso para os Tribunais Regionais Eleitorais ou para o Tribunal

Superior Eleitoral, conforme o caso, o qual deverá ser recebido com efeito suspensivo.

§ 5º As prestações de contas desaprovadas pelos Tribunais Regionais e pelo Tribunal Superior poderão ser revistas para fins de aplicação proporcional da sanção aplicada, mediante requerimento ofertado nos autos da prestação de contas.

§ 6º O exame da prestação de contas dos órgãos partidários tem caráter jurisdicional.

Cumpre observar que o § 3º fixa um prazo de duração razoável do processo (art. 5º, LXXVIII, da Constituição Federal) de cinco anos para julgamento dos procedimentos de prestação de contas e respectiva aplicação de sanção, o que enseja maior atenção na tramitação desses procedimentos, pois escoado o prazo decadencial de 5 (cinco) anos para o julgamento das contas, mesmo existindo uma desaprovação total, elas restarão convalidadas pelo decurso do tempo.

Na verdade, o legislador foi omisso em punir os responsáveis pela demora.

A prescrição eleitoral não impede o ajuizamento de outras ações no âmbito penal e da improbidade administrativa.

O art. 51 da Resolução TSE nº 23.464/2015 assim versa:

Art. 51. A responsabilização pessoal civil e criminal dos dirigentes partidários decorrente da desaprovação das contas partidárias e de atos ilícitos atribuídos ao partido político somente ocorrerá se verificada irregularidade grave e insanável resultante de conduta dolosa que importe enriquecimento ilícito e lesão ao patrimônio do partido (Lei nº 9.096/1995, art. 37, § 13).

§ 1º O disposto neste artigo não impede que a autoridade judiciária, diante dos fatos apurados, verifique a incidência das regras e princípios constitucionais que regem a responsabilidade daqueles que manuseiam recursos públicos.

§ 2º Identificados indícios de irregularidades graves na prestação de contas, o Juiz ou Relator, antes de aplicar as sanções cabíveis, deve intimar os dirigentes, os tesoureiros e os responsáveis pelo órgão partidário, concedendo-lhes a oportunidade de defesa prevista no art. 38 desta resolução.

E ainda diz o art. 72 da resolução:

Art. 72. O julgamento da prestação de contas pela Justiça Eleitoral não afasta a possibilidade de apuração por outros órgãos quanto à prática de eventuais ilícitos antecedentes e/ou vinculados, verificados no curso de investigações em andamento ou futuras.

> Parágrafo único. A autoridade judicial responsável pela análise das contas, ao verificar a presença de indícios de irregularidades que possam configurar ilícitos, remeterá as respectivas informações e documentos aos órgãos competentes para apuração de eventuais crimes (Lei nº 9.096/1995, art. 35; e Código de Processo Penal, art. 40).

Como se percebe, se o partido político recebe valores oriundos de ações ilícitas, o fato de lograr êxito na aprovação das contas partidárias quando não subsistiam provas da ilicitude, não autoriza a inibição da *persecutio criminis extra judicio* e da responsabilidade em outros campos da ordem jurídica.

O § 4º atribui efeito suspensivo aos recursos que versarem sobre decisões de desaprovação total ou parcial da prestação de contas dos órgãos partidários. Trata-se de consagração de uma exceção à regra geral dos efeitos dos recursos eleitorais, pois, como é sabido, o art. 257 do Código Eleitoral não dá efeito suspensivo aos recursos, ou seja, enquanto não transitar em julgado a sanção de suspensão do repasse de novas quotas do Fundo Partidário, os respectivos órgãos partidários continuarão percebendo os valores devidos.

Quanto ao § 5º, é importante frisar que foi criado um instituto processual *sui generis*, assemelhado a um pedido de reconsideração sem fixação de prazo, embargos de declaração ou ação rescisória, pois como se nota, após o trânsito em julgado da decisão que importa na desaprovação total ou parcial das contas, é possível emergir um requerimento de oferta nos próprios autos de revitalização da questão decidida.

No entanto, não podemos admitir que esse procedimento incidental de revisão formulado em requerimento *sui generis*, seja ofertado e revisto a qualquer tempo. Vê-se, que o legislador não utilizou a expressão "*a qualquer tempo*". Não fixou prazo. Assim, por simetria, é possível aplicar-se o disposto no art. 258 do Código Eleitoral, ou seja, "*sempre que a lei não fixar prazo especial, o recurso deverá ser interposto em 3 (três) dias da publicação do ato, resolução ou despacho*".

O **pedido de revisão tem natureza recursal**, porque oferta nova proposta incidental ao julgado para fins de alteração. Caso contrário admitir-se-ia a insegurança jurídica das relações, pois seria possível "a qualquer tempo" a revisão do julgado.

Como se nota, o § 6º faz questão de frisar o caráter jurisdicional dos procedimentos de prestação de contas, que importa na possibilidade de os recursos eleitorais chegarem às instâncias superiores, como por exemplo, ao próprio Tribunal Superior Eleitoral, alterando a jurisprudência de que esses procedimentos tinham natureza meramente administrativa (*TSE, Recurso em Mandado de Segurança nº 562, SP, 20/05/2008, DJ 16/06/2008*).

11) Cumpre frisar que a sanção de perda das novas cotas do Fundo Partidário não é extensível aos diretórios que não sejam responsáveis pela irregularidade.

143

12) Quando findar o julgamento das contas, os juízes, Tribunais Regionais e Superior Eleitoral devem informar ao Ministério Público (promotor das Fundações) para que o mesmo possa pleitear as medidas de sanação, fiscalização e eventual extinção da fundação de pesquisa e de doutrinação e educação política. A hipótese é inovadora, porque as fundações devem ser entes diferentes dos partidos políticos, com constituição, receita e despesas próprias e, portanto, estão sujeitas a regulares fiscalizações como qualquer outra espécie de fundação.

13) O **processo de cancelamento do registro** de partido político pode ser iniciado no Tribunal Superior Eleitoral por notícia de qualquer eleitor, de representante de partido político ou de representação do Procurador--Geral Eleitoral. A legitimidade foi ampliada a "qualquer eleitor", ensejando ampla atuação da cidadania, embora não se tenha adotado a regra geral dos colegitimados para as ações eleitorais, por exemplo, partidos políticos, candidatos e Ministério Público.

5.30. RECEITAS DOS PARTIDOS POLÍTICOS

Os Partidos Políticos possuem receitas como: (i) recursos do Fundo Partidário nos termos do art. 38 da Lei nº 9.096/1995; (ii) doações; (iii) sobras de campanhas; (iv) comercialização de produtos e bens; (v) realização de eventos; (vi) empréstimos; e (vii) rendimentos de aplicações financeiras.

As doações, por exemplo, podem ser de pessoas físicas por meio de cheque cruzado e nominal ou depósito bancário em conta específica.

Quanto à doação de bens ou serviços estimáveis é necessária a comprovação por documentação específica, por exemplo, um contrato de comodato.

Os órgãos partidários devem emitir recibos para fins contábeis.

Por outra: os partidos políticos **não podem receber recursos de fontes vedadas**, e.g., de origem estrangeira, pessoa jurídica, autoridades públicas e pessoas físicas cuja atividade comercial decorra de concessão ou permissão (art. 12 da Resolução TSE nº 23.464/2015).

Se o recurso financeiro não for identificado em sua origem, também é vedado ao partido político receber e utilizar essa fonte de receita.

Pode-se dizer, então, que se o partido político recebe recursos de origem não identificada ou de fontes proibidas, o órgão partidário responsável deve recolher o valor ao Tesouro Nacional por meio de Guia de Recolhimento da União (GRU).

O órgão partidário responsável pela ilegalidade ou irregularidade ao receber fontes vedadas, além de recolher o dinheiro ao Tesouro Nacional ficará sujeito à suspensão da distribuição de recursos do Fundo Partidário pelo período de 1 (um) ano. Se forem valores de origem não identificada o repasse do Fundo

Partidário ficará suspenso até posterior esclarecimento aceito pela Justiça Eleitoral.

E ainda, é possível a propositura de ação de cancelamento do registro partidário pelo Ministério Público Eleitoral, conforme previsão no art. 28 da Lei nº 9.096/1995.

A ação de cancelamento deve estar lastreada em causas de pedir como: a) prova de recebimento de recursos de origem estrangeira; b) não prestação de contas nos termos legais; ou c) manutenção de organização paramilitar.

5.31. CONTAS PARTIDÁRIAS. JULGAMENTO

As contas dos partidos políticos são julgadas pela Justiça Eleitoral e podem ser: (i) **aprovadas**; (ii) **aprovadas com ressalvas**; (iii) **desaprovadas**; e (iv) **não prestadas**, ou seja, simplesmente não apresentadas.

Se o órgão partidário **deixa de prestar contas** não receberá recursos do Fundo Partidário até ulterior regularização. Se a não prestação de contas for do órgão nacional partidário estará sujeito ao cancelamento do registro do partido nos termos do art. 28, III, da Lei nº 9.096/1995.

No caso de **desaprovação das contas partidárias** o órgão partidário deverá devolver a importância irregular ao Tesouro Nacional, além de pagar uma multa que é acrescida ao valor total em 20% (*vinte por cento*), conforme art. 37 da Lei nº 9.096/1995.

5.32. FUNDO PARTIDÁRIO. DESTINAÇÃO

O Fundo Partidário tem sua destinação fixada expressamente no art. 44 da Lei dos Partidos Políticos, a saber: para a manutenção da sede do partido, investimento na propaganda doutrinária e política, investimento nas campanhas eleitorais e para criação de institutos ou fundações educacionais de doutrinação política, cumprindo à Justiça Eleitoral a fiscalização da aplicação desses recursos.

Convém ressaltar que o art. 44 da Lei dos Partidos Políticos apresenta uma destinação exclusiva e restrita para a utilização dos recursos do Fundo Partidário, considerando a sua natureza mista, pois é composto de dinheiro público e privado.

A Lei nº 12.891, de 11 de dezembro de 2013, alterou a redação do § 3º do art. 44 da Lei dos Partidos Políticos criando ampla autonomia para as contratações e despesas dos órgãos partidários, sem incidência da Lei de Licitações (*Lei nº 8.666/1993*).

Todavia, a prestação de contas dos partidos políticos demanda rigorosa fiscalização pela Justiça Eleitoral e Ministério Público Eleitoral, inclusive dispondo o § 2º do art. 34 da LPP (*redação dada pela Lei nº 12.891/2013*) que, para a fiscalização contábil, podem ser requisitados técnicos do Tribunal de Contas da União e dos Estados por tempo indeterminado. Os técnicos devem verificar as contas, notas fiscais, recibos e todo o tipo de gastos com suas finalidades específicas.

O **art. 44, IV**, da **Lei dos Partidos Políticos** trata da destinação de recursos do fundo partidário para institutos ou fundações de pesquisas, doutrinação e educação política, sendo que o § 6º foi incluído pela Lei nº 12.891/2013, autorizando que eventuais sobras de recursos não utilizadas possam ser revertidas para outras atividades partidárias.

É ilícita a utilização dos recursos do Fundo Partidário para o pagamento de outras despesas, inclusive multas eleitorais por infrações à legislação eleitoral que são praticadas por candidatos na propaganda eleitoral. No Egrégio TSE, *Consulta nº 1.396-23/DF.DJE de 15/09/2015*.

A Lei nº 12.034/2009 aumentou o limite máximo de 20% para 50% no pagamento de despesas de pessoal, alterando o art. 44, inc. I, da Lei dos Partidos Políticos. Posteriormente, a Lei nº 13.165/2015 modificou esse percentual revogando o inc. I do art. 44 da Lei dos Partidos. Assim, 50% (cinquenta por cento) são para o órgão nacional e 60% (sessenta por cento) para órgãos estaduais e municipais.

Dentre as alterações, foi criado o inc. V, que fomenta a participação das mulheres em programas relacionados à atividade política.

5.33. O INC. VI DO ART. 44 DA LEI Nº 9.096/1995 É INCONSTITUCIONAL?

A Lei nº 13.165/2015 incluiu o inc. VI no art. 44 da Lei dos Partidos Políticos que autoriza que as agremiações partidárias efetuem pagamentos para organismos partidários internacionais.

Com essa inusitada inclusão legiferante, os recursos do Fundo Partidário podem ser destinados a pessoas jurídicas internacionais, sendo preenchidos os seguintes requisitos: (i) o organismo partidário internacional deve se destinar ao apoio de pesquisas, estudos e doutrinação política; e (ii) o partido político brasileiro deve estar filiado a esse organismo.

A regra é inexoravelmente inconstitucional, porque atinge o preceito normativo constitucional do art. 17 da Carta Magna, *in expressi verbis*: *"Proibição de recebimento de recursos financeiros de entidades ou governo estrangeiros ou de subordinação a estes"*.

Como se depreende, parte dos recursos do Fundo Partidário é composto de dotações orçamentárias da União nos termos do inc. I do art. 38 da Lei dos

Partidos Políticos. Desse modo, esse financiamento acarreta uma subordinação política e financeira que atinge frontalmente preceitos de ordem constitucional.

A subordinação está resoluta na medida em que obriga uma espécie de **filiação do partido ao ente estrangeiro**; além de observância a sua doutrinação política. É inequívoca a lesão ao regime democrático e à soberania nacional.

O art. 31 da Lei dos Partidos Políticos veda o recebimento de valores por entidades estrangeiras, mas esse fato, por si só, não autoriza a doação de recursos dos próprios partidos políticos para esses organismos internacionais.

Cumpre salientar que além de as dotações orçamentárias da União serem receitas do Fundo Partidário, as multas e penalidades pecuniárias também são fontes de sua constituição.

O preceito insculpido no inc. II do art. 17 da Constituição da República está vinculado aos dogmas democráticos e aos princípios republicanos federativos, sendo a regra do inc. VI do art. 44 da Lei dos Partidos Políticos inconstitucional.

Os valores que integram o Fundo Partidário são previstos no art. 38 da Lei dos Partidos Políticos, a saber: multas eleitorais, recursos financeiros decorrentes de lei, doações de pessoas físicas ou jurídicas e dotações orçamentárias da União.

5.34. DOAÇÕES DE PESSOAS JURÍDICAS PARA OS PARTIDOS POLÍTICOS. INCONSTITUCIONALIDADE

O art. 31 da Lei dos Partidos Políticos trata das vedações aos partidos políticos de contribuições, auxílios pecuniários ou estimáveis em dinheiro por determinadas pessoas e entidades.

A Lei nº 13.488, de 2017, modificou a redação do inc. II do art. 31 da Lei nº 9.096/1995 nos seguintes termos: "entes públicos e pessoas jurídicas de qualquer natureza, ressalvadas as dotações referidas no art. 38 desta Lei e as provenientes do Fundo Especial de Financiamento de Campanha".

Como se nota, os partidos políticos não podem receber recursos de pessoas jurídicas.

No entanto, antes da alteração legislativa, o Supremo Tribunal Federal, por maioria, julgou parcialmente procedente a **ADI nº 4.650/DF**, relator **Ministro Luiz Fux** para declarar a inconstitucionalidade parcial, sem redução de texto nos seguintes termos, *in verbis*: *"Ação direta de inconstitucionalidade julgada parcialmente procedente para assentar apenas e tão somente a inconstitucionalidade parcial sem redução de texto do art. 31 da Lei nº 9.096/1995, na parte em que autoriza, a contrario sensu, a realização de doações por pessoas jurídicas a partidos políticos, e pela declaração de inconstitucionalidade das* *expressões 'ou pessoa jurídica', constante no art. 38, inc. III, e 'e jurídicas', inserta no art. **39, caput e § 5º, todos os preceitos da Lei nº 9.096/1995".** (grifos nossos).*

5.35. DISTRIBUIÇÃO DO FUNDO PARTIDÁRIO

Os partidos políticos não recebem igualitariamente o valor do fundo partidário, ou seja, a distribuição dos recursos.

Sobre a repartição do Fundo Partidário, foi editada a Lei nº 11.459, de 21 de março de 2007, que acresceu o art. 41-A na Lei nº 9.096/1995 (Lei dos Partidos Políticos), além de revogar o inc. V do art. 56 e o inc. II do art. 57, ambos da Lei nº 9.096/1995.

Com a edição da lei foram amenizados os critérios da divisão proporcional do fundo partidário, ampliando-se para o percentual de 5% do total do Fundo Partidário para entrega em partes iguais, a todos os partidos que tenham seus estatutos registrados no TSE, quando a lei anterior fixava no art. 41, inc. I, o percentual de apenas 1%: sendo que 95%, ao invés de 99%, serão distribuídos aos partidos na proporção dos votos obtidos na última eleição geral para a Câmara dos Deputados.

Decidiu o Egrégio TSE sobre a **participação proporcional no Fundo Partidário, quando for criado um novo partido político** que:

> (TSE) **O Plenário do Tribunal Superior Eleitoral, por maioria, reafirmou que partido recém-criado que não tenha participado da última eleição geral tem direito ao rateio de 95% do Fundo Partidário, considerando-se os votos dados aos candidatos, eleitos ou não, que tenham migrado para a legenda criada, em até 30 dias após o registro neste Tribunal Superior**. Na espécie vertente, o Partido Ecológico Nacional (PEN) postulou o acesso proporcional ao Fundo Partidário, com base no art. 41-A da Lei nº 9.096/1995, que preconiza: 5% (cinco por cento) do total do Fundo Partidário serão destacados para entrega, em partes iguais, a todos os partidos que tenham seus estatutos registrados no Tribunal Superior Eleitoral e 95% (noventa e cinco por cento) do total do Fundo Partidário serão distribuídos a eles na proporção dos votos obtidos na última eleição geral para a Câmara dos Deputados. Requereu ainda que a participação proporcional considerasse os votos destinados a dois parlamentares titulares e oito suplentes, que teriam migrado no trintídio após o registro do partido. O Plenário asseverou que, apesar de o partido ter direito ao rateio proporcional em razão das migrações dos participantes do pleito de 2012, no caso concreto, a agremiação deve contar apenas com os votos obtidos por dois parlamentares, por serem os únicos que se transferiram no prazo de 30 dias da decisão que deferiu o registro do novo partido. Em divergência, o Ministro Marco Aurélio acolhia

PARTIDOS POLÍTICOS   CAPÍTULO 5

integralmente o pedido, afirmando não ser possível analisar, em sede de procedimento administrativo, a legitimidade das transferências dos parlamentares indicados pelo partido. Nesse entendimento, o Tribunal, por maioria, deferiu parcialmente o pedido (Petição nº 30-75, Brasília/DF, Rel. Min. Henrique Neves da Silva, em 27/6/2013) (grifo nosso).

A Lei nº 12.875/2013 alterou a Lei nº 9.096/1995 assim dispondo sobre o art. 41-A:

> I – 5% (cinco por cento) serão destacados para entrega, em partes iguais, a todos os partidos que tenham seus estatutos registrados no Tribunal Superior Eleitoral; e
>
> II – 95% (noventa e cinco por cento) serão distribuídos aos partidos na proporção dos votos obtidos na última eleição geral para a Câmara dos Deputados.
>
> Parágrafo único. Para efeito do disposto no inciso II, serão **desconsideradas as mudanças de filiação partidária, em quaisquer hipóteses**, ressalvado o disposto no § 6º do art. 29. (grifo nosso).

O § 6º do art. 29 dispõe:

> *Havendo fusão ou incorporação, devem ser somados exclusivamente os votos dos partidos fundidos ou incorporados obtidos na última eleição geral para a Câmara dos Deputados, para efeito da distribuição dos recursos do Fundo Partidário e do acesso gratuito ao rádio e à televisão.*

Como se percebe, foram parcialmente desconsideradas as mudanças de filiação partidária com a finalidade de distribuição do repasse dos recursos do fundo partidário na proporção de 95% (noventa e cinco por cento), prevista no inc. II do art. 41-A, aos partidos políticos que aceitarem as novas filiações. A contagem só servirá nos casos de fusão ou incorporação (§ 6º do art. 29 da LPP).

Dessa forma, o candidato eleito ao mudar de partido político não será contabilizado para os fins da proporção referida no inc. II do art. 41-A da Lei nº 9.096/1995, permanecendo o percentual para a legenda de origem, o que enseja a aceitação do novo parlamentar sem interesses nesses recursos.

É possível observar que a Lei nº 12.875/2013 evitou que os novos partidos políticos tenham acesso aos recursos do fundo partidário e ao tempo de rádio e televisão.

Com a crescente multiplicação de partidos políticos, é necessária a criação de uma regra de maior transparência no direito de repasse dos recursos públicos oriundos do Fundo Partidário, pois quantias elevadas vindas de doações de empresas e de pessoas físicas, bem como de multas eleitorais passam a constituir o patrimônio repentino de agremiações que possuem número reduzido de filiados, considerando ainda o fato de que grande parte desses recursos não é efetivamente distribuída aos diretórios estaduais ou municipais.

Por fim, a **Lei nº 13.165/2015 revogou o inc. I do art. 41-A da Lei nº 9.096/1995 dizendo:** *"5% (cinco por cento) serão destacados para a entrega, em partes iguais, a todos os partidos que atendam aos requisitos constitucionais de acesso aos recursos do Fundo Partidário".* O § 3º do art. 17 da Constituição da República assim versa: *"Os partidos políticos têm direito a recursos, do fundo partidário e acesso gratuito ao rádio e à televisão, na forma da lei".*

Assim, a Lei nº 13.165/2015, no art. 41-A da Lei Partidária, tratou de determinar que 5% (cinco por cento) serão destacados igualitariamente para todos os partidos, desde que **preencham os requisitos constitucionais de acesso aos recursos do Fundo Partidário**, enquanto 95% (noventa e cinco por cento) devem ser proporcionalmente distribuídos em razão dos votos obtidos na última eleição de Deputados Federais para a Câmara dos Deputados, ou seja, o partido que tenha sempre o maior número de parlamentares receberá o maior percentual.

Deveras, mesmo sem a formação de uma representatividade parlamentar, as legendas passam a ter direito aos recursos oriundos do fundo partidário (duodécimos e multas eleitorais). A questão do repasse de recursos para as legendas sem representatividade é polêmica e envolve **a cláusula de barreira**.

Atendidos os preceitos do art. 17 da Carta Magna, o partido terá direito ao fundo partidário.

Em relação à divisão do Fundo Partidário, salienta-se a redação alteradora na Lei dos Partidos Políticos pela **Lei nº 13.165, de 29 de setembro de 2015**:

> Art. 41-A. Do total do Fundo Partidário:
>
> I – 5% (cinco por cento) serão destacados para entrega, em partes iguais, a todos os partidos que atendam aos requisitos constitucionais de acesso aos recursos do Fundo Partidário; e *(Redação dada pela Lei nº 13.165, de 2015)*
>
> II – 95% (noventa e cinco por cento) serão distribuídos aos partidos na proporção dos votos obtidos na última eleição geral para a Câmara dos Deputados. *(Incluído pela Lei nº 12.875, de 2013)*
>
> **Parágrafo único**. Para efeito do disposto no inciso II, serão desconsideradas as mudanças de filiação partidária em quaisquer hipóteses. *(Redação dada pela Lei nº 13.107, de 2015)*

Significativo foi o julgamento da ADI nº 5.617, de 02/10/2018, Informativo do STF nº 918/2018, quando o Plenário do STF decidiu sobre a distribuição

PARTIDOS POLÍTICOS   CAPÍTULO 5

de recursos do Fundo Partidário para a campanha eleitoral das candidatas mulheres, objetivando implementar a transferência de valores para as contas específicas nos seguintes termos:

> "(...) A referida ação direta de inconstitucionalidade foi julgada procedente, por maioria, para: a) declarar a inconstitucionalidade da expressão "três", contida no art. 9º da Lei nº 13.165/2015, eliminando o limite temporal até agora fixado; b) dar interpretação conforme a Constituição ao art. 9º da Lei nº 13.165/2015 de modo a equiparar o patamar legal mínimo de candidaturas femininas (hoje o do art. 10, § 3º, da Lei nº 9.504/1997, isto é, ao menos 30% de cidadãs), ao mínimo de recursos do Fundo Partidário a lhes serem destinados, que deve ser interpretado como também de 30% do montante do Fundo alocado a cada partido, para as eleições majoritárias e proporcionais, e fixar que, havendo percentual mais elevado de candidaturas femininas, o mínimo de recursos globais do partido destinados a campanhas lhe seja alocado na mesma proporção; e c) declarar a inconstitucionalidade, por arrastamento, dos §§ 5º-A e 7º do art. 44 da Lei nº 9.096/1995 (Informativo 894)".

5.36. SUSPENSÃO DAS COTAS DO FUNDO PARTIDÁRIO

As regras estão previstas nos arts. 30 a 37 da Lei nº 9.096/1995, mas é importante frisar que, conforme visto acima, o § 5º do art. 37 (*introdução criada pela Lei nº 12.034/2009*) criou critérios proporcionais em razão do tempo ou por descontos, quando for aplicada a suspensão do repasse de novas quotas.

Por exemplo, no caso de sanção imposta ao diretório municipal, o juiz eleitoral determinará a comunicação da sua decisão aos órgãos de direção estadual e nacional do partido. Sobre o assunto, é importante consultar o teor da Resolução TSE nº 23.464, de 17 de dezembro de 2015, que disciplina as finanças e contabilidades partidárias.

O art. 37 diz: "*A desaprovação das contas do partido implicará exclusivamente a sanção de devolução da importância apontada como irregular, acrescida de multa de até 20% (vinte por cento)*".

O § 13 do art. 37 da Lei nº 9.096/1995 foi incluído pela Lei nº 13.165/2015 e trata da responsabilidade pessoal civil e criminal dos dirigentes partidários em razão da desaprovação das contas partidárias.

Todavia, a lei apenas considera possível a responsabilidade civil e penal quando verificados: (i) irregularidade grave e insanável; (ii) conduta dolosa; (iii) enriquecimento ilícito; e (iv) lesão ao patrimônio do partido.

O § 13 do art. 37 da Lei Partidária é simétrico com o disposto no art. 1º, inc. I, alínea "l" da Lei Complementar nº 64, de 18 de maio de 1990 (*inclusão pela Lei nº 135, de 4 de junho de 2010, Lei da Ficha Limpa*).

A dificuldade punitiva é extrema, porque nem sempre é possível comprovar o enriquecimento ilícito de dirigentes partidários. Desse modo, o enriquecimento pode ser próprio, ou seja, do dirigente responsável ou de terceiros vinculados ao desvio dos recursos partidários.

5.37. DO FUNDO ESPECIAL DE FINANCIAMENTO DE CAMPANHA (FEFC)

Nas lições dos renomados juristas, Amilton Augusto Kufa e Karina Kufa, o que ratificamos em conjunto nas explicações abaixo transcritas, subsistem evidentes incongruências e inconstitucionalidade parcial das regras sobre o Fundo Especial de Financiamento de Campanha.

A Lei nº 13.487, de 6 de outubro de 2017, criou o Fundo Especial de Financiamento de Campanha (FEFC), que fora complementado pela Lei nº 13.488, publicada na mesma data, as quais incluíram, respectivamente, os arts. 16-C e 16-D, com seus parágrafos e incisos, no corpo da Lei das Eleições (Lei nº 9.504/1997).

O art. 79 da referida Lei nº 9.504/1997 já dizia que *o financiamento das campanhas eleitorais com recursos públicos será disciplinado em lei específica*. Como se nota, a lei específica referida no dispositivo citado mostrou-se somente em 2017, através da Lei nº 13.487, o que se deve à extrema dificuldade de aprovação dessa delicada matéria, por envolver dinheiro público.

Especula-se que nas eleições de 2018, o valor do dinheiro público das dotações orçamentárias da União que serão canalizadas ao FEFC ultrapassará a quantia de um bilhão e setecentos mil reais.

Registre-se que parte dos recursos do Fundo Partidário que ainda está mantida na legislação vigente é composta de recursos públicos, v.g., dotações orçamentárias da União, conforme art. 38, inc. IV, da Lei nº 9.096/1995.

Assim, para o FEFC, o Tesouro Nacional deposita os recursos no Banco do Brasil sob o controle inicial do Tribunal Superior Eleitoral, sendo que os partidos políticos recebem o dinheiro após definição dos critérios de distribuição que, aliás, são aprovados por maioria absoluta dos membros do órgão de direção executiva nacional de cada partido.

Trata-se de uma regra confusa instituída pela legislação alteradora, mas que prioriza a decisão partidária coletiva restrita, considerando que somente integrantes da direção executiva é que aprovariam os critérios definidos.

Para que o candidato tenha acesso à quantia parcial do dinheiro do FEFC, segundo versa o § 2º do art. 16-D da Lei nº 9.504/1997, deverá fazer um requerimento por escrito ao órgão partidário; portanto, a direção executiva, baseada em regra que certamente constará do estatuto partidário, poderá deferir ou não o pleito formulado pelo candidato.

Os candidatos ficam, então, submetidos aos puros critérios da minoria de direção partidária, o que ensejará evidente violação ao princípio da isonomia, no que concerne aos candidatos que concorrem pela mesma legenda. Por outro lado, nada foi dito em relação ao candidato que não almeja receber recursos públicos em sua campanha, o que nos leva ao entendimento de que a recusa será considerada quando da ausência de simples manifestação.

A legislação é omissa quanto ao candidato receber ou não recursos do FEFC, por exemplo, se em eleições pretéritas o mesmo teve suas contas desaprovadas por irregularidades insanáveis, ou nos casos de, simplesmente, o partido abrir mão desse sistema de financiamento público, como ocorre com o Partido Novo.

Como dito, persiste a omissão legislativa, no que tange ao direito de o partido político receber o dinheiro público, quando as contas partidárias forem reprovadas ou não prestadas, na forma das normas sobre prestação de contas partidárias.

Desse modo, o art. 48 da Resolução TSE nº 23.464/2015 consagra que a falta de prestação de contas implica na proibição de recebimento de recursos oriundos do Fundo Partidário, enquanto não regularizada a situação omissiva. E o art. 49, do mesmo diploma legal, trata da desaprovação das contas que implicará na sanção de devolução da importância acrescida de multa de 20% (vinte por cento), obstáculos que não foram observados pela nova legislação.

Assim sendo, transfere-se ao Egrégio Tribunal Superior Eleitoral a missão de regulamentar essas questões relacionadas ao FEFC, de forma similar ao dinheiro proveniente do Fundo Partidário, pois, além de tudo, ambos são recursos que possuem natureza pública.

Diversas irregularidades conduzem à desaprovação de contas partidárias, seja por aspectos formais, com a apresentação de notas fiscais inidôneas, e até mesmo por gastos com bens particulares adquiridos por dirigentes partidários indevidamente, o que, novamente, não fora previsto para o FEFC, que deverá ser regulamentado pelo Colendo TSE.

É resoluta a elevação do financiamento público para as agremiações partidárias, sem uma exata previsão pródroma da verba pública. O art. 16-C, no seu inc. II, v.g., indica que 30% (trinta por cento) do FEFC possui a origem em recursos de reserva específica, nos termos do inc. II do § 3º do art. 12 da Lei nº 13.473/2017, ou seja, trata-se de uma lei específica de execução orçamentária de 2018, com base na Lei Complementar nº 101/2000 (Lei de Responsabilidade Fiscal) e no art. 165, § 2º, da Carta Magna, *verbo ad verbum*: "[...] § 3º O Projeto de Lei Orçamentária de 2018 conterá reservas específicas para atendimento de: [...] II – programações decorrentes de emendas de bancada estadual de execução obrigatória e de despesas necessárias ao custeio de campanhas eleitorais".

Retiram-se, assim, recursos que seriam destinados, exclusivamente, às emendas de bancada parlamentar para o financiamento de campanhas eleitorais, ou seja,

1/3 (um terço) dos aludidos recursos não mais serão destinados à educação, saúde e outros importantes setores do desenvolvimento econômico e social.

O problema que se põe, nesse ponto, é o risco evidente do desvio ilícito dos recursos públicos nas campanhas eleitorais e o privilégio de serem gastos por um número seleto de candidatos, quando a direção partidária poderá indeferir o requerimento do acesso ao recurso, conforme previsto no § 2º do art. 16-D da Lei nº 9.504/1997, privilegiando uns em detrimento de outros candidatos dentro da mesma legenda.

Deveras, a solução da disjuntiva entre a previsão legal e o poder discricionário da direção partidária que analisará o repasse de parte da quantia para determinado candidato acabará ultrapassando a eventual regulamentação *interna corporis* que será adotada pelas legendas.

Não se pode olvidar que os partidos políticos continuarão recebendo recursos públicos do Fundo Especial de Assistência Financeira aos Partidos (Fundo Partidário), conforme art. 38 da Lei nº 9.096/1995, que não foi revogado pelas Leis nºˢ 13.487 e 13.488, de 2017, em especial pela análise da minuta da Resolução do TSE, que tratará do tema para as próximas eleições, que traz a possibilidade expressa do uso deste junto com o FEFC nas próximas campanhas. Assim, subsistem dois sistemas públicos de financiamento partidário e eleitoral.

Desse modo, a nosso entender, em regra, subsiste uma duplicidade de "financiamento público" para as campanhas eleitorais, considerando os recursos do FEFC e do Fundo Partidário, uma vez que, por exemplo, o art. 38 da Lei nº 9.096/1995, especialmente, em seu § 5º, que não foi revogado, prevê que em ano eleitoral os partidos apliquem e distribuam recursos pelas diversas eleições.

Portanto, em tese, até que sobrevenha a regulamentação da legislação pelo TSE, os partidos políticos continuam podendo aplicar nas campanhas eleitorais os recursos do Fundo Partidário, pois está mantido o art. 44 da Lei dos Partidos Políticos, sujeitando-se à prestação de contas na forma legal.

Os recursos do FEFC, segundo previsão do § 11º do art. 16-C da Lei nº 9.504/1997 (incluído pela Lei nº 13.487, de 2017), quando não utilizados, deverão ser devolvidos ao Tesouro Nacional, integralmente, quando da prestação de contas de campanhas eleitorais, sob pena de possível caracterização do crime de apropriação indébita eleitoral, previsto no art. 354-A do Código Eleitoral (recentemente incluído pelo art. 3º da Lei nº 14.488, de 2017).

Acresça-se que, segundo o art. 3º, *caput*, da Lei nº 13.487/2017, entre outros, o valor que será definido pelo TSE para o FEFC, nos termos do inc. I do art. 16-C, da Lei das Eleições, é a soma das compensações fiscais que as emissoras de rádio e televisão recebem pela divulgação da propaganda partidária.

Registre-se ainda que a propaganda política partidária não será mais veiculada a partir de 1º de janeiro de 2018, considerando que a Lei nº 13.487/2017, em razão do art. 5º, revogou expressamente os arts. 45 a 49 da Lei nº 9.096/1995, que tratavam dessa modalidade de propaganda.

Impende ainda frisar que os recursos do FEFC, segundo critérios definidos pela Lei nº 13.488/17 e elencados no art. 16-D da Lei nº 9.504/1997, são divididos, curiosamente, em proporções que violam uma tradição da divisão do Fundo Partidário, porque considera, por exemplo, o percentual de 15% (quinze por cento) de representantes do Senado Federal.

Nesse aspecto, restará evidente uma quebra com a proporção dos representantes da Câmara dos Deputados, até porque o número de representantes do Senado Federal jamais serviu de parâmetro para se calcular valores do fundo partidário e do tempo de rádio e televisão, critério que terá, possivelmente, sua constitucionalidade questionada.

Como dito, a inovação não se afigura simétrica e está inserida no âmbito de resoluta inconstitucionalidade, por afastar o parâmetro da isonomia, ou "igualdade de chances" na representação popular como fiel critério democrático, pois é a efetiva representação do partido político na Câmara dos Deputados, com base no resultado das eleições, que deve ser considerada, garantindo-se, assim, um grau razoável de igualdade política e financeira.

Nesse sentido, temos que a nossa Carta Magna, no § 3º do art. 17, assegura aos partidos políticos o acesso aos recursos do fundo partidário e, ratificado pelo teor da Emenda Constitucional nº 97/2017, utiliza como critério apenas o número de Deputados Federais, ou seja, na Câmara dos Deputados.

Como se nota, a norma constitucional eleitoral (EC nº 97/2017), em momento algum incluiu o Egrégio Senado Federal na graduação da cláusula de barreira. Vê-se, portanto, a evidente inconstitucionalidade material do inc. IV do art. 16-D da Lei nº 9.504/1997 (incluído pela Lei nº 13.488, de 2017), até porque não é razoável o percentual de 15% (quinze por cento) para os partidos políticos, em razão do maior número de senadores, ainda considerando as legendas dos atuais titulares, conforme parte final da norma legal aduzida.

Inferem-se, assim, aspectos relevantes para se concluir pela inconstitucionalidade do art. 16-D da Lei das Eleições, no que tange ao critério da divisão dos valores, bem como no que se refere à inclusão dos Senadores para fins de divisão percentual do (FEFC), a saber:

> i. a Carta Magna apenas considera para o acesso aos recursos do Fundo Partidário e, do mesmo modo, como requisito para alcance da cláusula de barreira, o número de representantes partidários da Câmara de Deputados. Trata-se de escora constitucional que assegura a maior participação popular, valorizando a soberania pelo sufrágio dos representantes do povo eleitos pelo sistema proporcional, em cada Estado e no

Distrito Federal, sendo os lugares a preencher estabelecidos pela Lei Complementar nº 78, de 30/12/1993 e em referência ao art. 45, § 3º, da Carta Fundamental. Deveras, a Câmara dos Deputados é um verdadeiro panorama da sociedade brasileira de eleitores;

ii. a prévia previsão do número de deputados e senadores, consideradas as legendas dos titulares atuais do mandato eletivo, quando da publicação da Lei nº 13.488, de 6 de outubro de 2017, ou seja, quando todos já sabem de antemão quantos membros cada partido possui para fins do rateio do percentual elencado evidencia lesão ao princípio da isonomia em relação ao futuro das próximas eleições de 2018 (eleições estaduais e federais);

iii. a divisão dos recursos do FEFC afasta-se ainda mais dos princípios fundamentais do pluralismo político e da igualdade (arts. 1º, inc. V, e 5º, *caput*, da Carta Política), na medida que atribui o percentual de 15% (quinze por cento) dos recursos ao partido político que tenha número de representantes no Senado Federal;

iv. O inc. II do art.16-D da Lei nº 9.504/1997 traz uma dúvida sobre como se dará a sua divisão, uma vez que a previsão é de que o FEFC será dividido *"35% (trinta e cinco por cento), [...] entre os partidos que tenham pelo menos um representante na Câmara dos Deputados, na proporção do percentual de votos por eles obtidos na última eleição geral para a Câmara dos Deputados"*, uma vez que não ficou claro que esse percentual será dividido entre os eleitos, independente da atual representação, ou se dependerá de o partido ter representação atual na Câmara dos Deputados, o que vai contra a previsão constante da divisão do Fundo Partidário, bem como cria um dupla divisão, levando-se em conta a previsão constante do inciso III, o que a torna totalmente desproporcional;

v. a Lei dos Partidos Políticos, no seu art. 41-A, incs. I e II, trata do critério de distribuição dos recursos do fundo partidário de modo totalmente diverso do previsto para o FEFC, sendo 5% (cinco por cento), em partes iguais, para todos os partidos, e 95% (noventa e cinco por cento), distribuídos na proporção dos votos obtidos para a Câmara dos Deputados na eleição, o que torna o sistema totalmente contraditório e incoerente;

vi. a divisão de recursos para o financiamento eleitoral deve atender ao princípio do pluralismo político, com previsão no art. 1º, inc. V, da Lei Fundamental, e que se encontra sempre vinculado ao princípio da isonomia ("igualdade de chances"), acolhendo-se uma maior oportunidade aos futuros candidatos de participarem democraticamente da disputa eleitoral, o que, verificados os critério adotados para divisão do FEFC, quando da análise da cláusula de barreira, trazida pela EC 97/2017, acaba gerando um duplo obstáculo para que os partidos possam buscar alcançar os percentuais exigidos;

vii. o art. 4º da Lei nº 13.488/2017 condiciona a distribuição dos recursos do FEFC nas eleições de 2018 ao lastro no número de representantes da Câmara dos Deputados e do Senado Federal, apurado em 28 de agosto de 2017, em relação às eleições de 2018. Vê-se, portanto, a violação ao princípio da igualdade de oportunidades ou chances nas eleições, pois com a aprovação da Lei nº 13.488/2017, já se encontrava previamente ajustada uma divisão de recursos, quando o correto é ter por base a legislatura seguinte às eleições, o que, aliás, é o parâmetro temporal para o acesso aos recursos do Fundo Partidário e do tempo de rádio e televisão, nos termos do art. 3º, incs. I, II e III da Emenda Constitucional nº 97/2017;

viii. o pluripartidarismo consagrado na Carta Política, princípio fundamental, art. 1º, inc. V, enseja sempre a heterogeneidade, a diversidade de ideias e programas, razão pela qual necessário se faz a garantia da isonomia na divisão do Fundo Especial, uma vez que o cidadão por meio do sufrágio pode melhor se expressar e obter o amplo direito de escolha na representação política;

ix. parte dos recursos do FEFC, segundo previsão do art. 16-C, inc. I, da Lei nº 9.504/1997 (inclusão da Lei nº 13.487/2017), será obtida pela matemática instituída no art. 3º dessa lei alteradora, ou seja, terá uma equivalência "[...] à somatória da compensação fiscal que as emissoras de rádio e televisão receberam pela divulgação da propaganda partidária efetuada no ano da publicação desta Lei e no ano imediatamente anterior, o que, além de todas as incoerências, pode elevar o valor do FEFC para além dos 2 bilhões;

No que tange a esse aspecto das compensações, cumpre enfatizar que permanecerá intacto em relação à divulgação da propaganda política eleitoral prevista no art. 99 da Lei nº 9.504/1997, portanto, a somatória referida no art. 3º da Lei nº 13.487/2017 refere-se ao conjunto da veiculação da propaganda política partidária, considerando a revogação dessa modalidade de propaganda, nos termos constantes do art. 5º da norma acima citada.

A compensação fiscal pela cedência do horário "gratuito" nas emissoras de rádio e televisão sempre foi muito questionada, pois num primeiro plano a veiculação deveria ser gratuita, considerando que essas emissoras usufruem de concessões do Poder Público. Por outra, é possível verificar uma inconstitucionalidade formal por vício de iniciativa reservada ao Presidente da República, quando a Lei nº 13.487/2017, no art. 3º, prevê que os recursos oriundos da compensação fiscal da propaganda partidária pelas emissoras de rádio e televisão podem ser destinados ao FEFC, ou seja, transferem-se recursos públicos da União Federal para o financiamento das campanhas eleitorais, ingressando o legislador comum na seara tributária e orçamentária, violando o disposto no art. 61, § 1º, inc. II, alínea "b" da Carta Política.

Essa inconstitucionalidade não se convalesce pela sanção presidencial ao projeto de lei, em razão do vício de nulidade em sua origem. O que temos em termos práticos é que, ao invés de a União apenas não efetuar a cobrança do crédito parcial para fins do Imposto de Renda da Pessoa Jurídica (IRPJ) das empresas de rádio e televisão sobre a veiculação do horário gratuito na propaganda partidária, agora terá que destinar recursos públicos equivalentes ao montante dessa "isenção", que não se sabe, a princípio, qual é o valor que será alcançado e destinado para o FEFC.

Impende observar, ainda, uma evidente renúncia de receita pública tributária e a destinação de despesa nova, o que poderá ensejar a aplicação do art. 14 da Lei de Responsabilidade Fiscal (Lei Complementar nº 101/2000).

Como se vê, o Fundo Especial de Financiamento de Campanha (FEFC), criado pela Lei nº 13.487/2017 e complementado pela Lei nº 13.488/2017, que trouxe a forma de sua divisão e demais peculiaridades é confuso e traz algumas incongruências com o ordenamento jurídico nacional e até mesmo com o que se tem no direito comparado acerca do financiamento público das campanhas e dos partidos políticos, o que leva a discussão acerca da sua inconstitucionalidade, o que será motivo de intenso debate no Plenário do Colendo Supremo Tribunal Federal, seja no que tange à forma de abastecimento, seja no que tange à forma da divisão, uma vez que ofende diretamente a isonomia (igualdade de chances), a proporcionalidade, pois traz uma diferenciação maléfica entre as legendas, seguindo na contramão do que se espera do regime republicano e democrático.

Em função das peculiaridades do FEFC, o Egrégio TSE regulamentou diversos aspectos expedindo a Resolução nº 23.568/2018, por exemplo: (i) O FEFC integra o orçamento geral de União; (ii) os recursos do FEFC serão distribuídos em parcela única pelo TSE aos diretórios nacionais dos partidos políticos; (iii) em reunião da executiva nacional serão tratados os critérios de distribuição do FEFC e será encaminhado ofício ao TSE sobre esse tema; (iv) a regularidade dos gastos eleitorais na campanha será examinada na prestação de contas dos candidatos; e (v) os casos omissos serão decididos pelo Presidente do TSE.

5.38. PARTIDOS POLÍTICOS. NÃO INCIDÊNCIA DA LEI Nº 12.846/2013

A Lei nº 12.846/2013 tratou da responsabilidade administrativa e civil de pessoas jurídicas quando praticarem atos contra a Administração Pública, nacional ou estrangeira.

O objetivo da lei é a punição da pessoa jurídica e não apenas das pessoas físicas envolvidas em ações de corrupção. Os exemplos de pessoas jurídicas responsáveis são: sociedades empresárias (*mesmo que constituídas de fato e temporariamente*), fundações, associações, sociedades simples e estrangeiras.

Destaca-se que a responsabilidade da pessoa jurídica é do tipo objetiva e independente da pessoa física. A responsabilidade subjetiva é em relação à pessoa física dos dirigentes na medida da culpabilidade apurada.

Os partidos políticos não foram expressamente mencionados no parágrafo único do art. 1º da Lei nº 12.846, de 1º de agosto de 2013.

No entanto, a interpretação extraída do dispositivo legal é de amplitude, considerando que os partidos políticos são pessoas jurídicas de direito privado, o que pode ensejar uma errônea interpretação.

Diz o texto legal que: *"independe da forma de organização ou modelo societário adotado"*. E ainda: *"bem como quaisquer entidades ou pessoas, que tenham sede, filial ou representação no território brasileiro"*.

A norma, a princípio, inclui os partidos políticos, mas o processo de responsabilização deve seguir a Lei nº 9.096/1995 com sanções aplicadas na forma estatutária e pela Justiça Eleitoral, porque não se pode atribuir a instauração e julgamento de procedimentos administrativos a entidades do Poder Executivo ou Legislativo, quando o sistema eleitoral partidário contempla regras próprias como, por exemplo, o cancelamento do partido político nos termos do art. 28 da Lei dos Partidos.

Ocorre que o art. 34 da Lei dos Partidos Políticos atribui à Justiça Eleitoral a fiscalização da escrituração contábil e a prestação de contas dos partidos e despesas, inclusive com a responsabilidade de dirigentes e comitês, que possuem responsabilidade civil e criminal.

Desta forma, a Controladoria-Geral da União, nos termos do art. 9º da Lei nº 12.846/2013 passaria a ter atribuições de apuração, processo e julgamento sobre os valores do Fundo Partidário e desvios de condutas dos dirigentes partidários? Não é essa a correta solução jurídica eleitoral.

Trata-se de uma competência reservada à Justiça Eleitoral que poderá contar com a colaboração investigativa de outros órgãos públicos como a própria Receita Federal estabelecendo convênios; aliás, como já previsto nos arts. 94, § 3º, e 94-A, I, da Lei nº 9.504/1997.

Os partidos políticos integram o núcleo do regime democrático constitucional, devendo resguardar os ditames do art. 17 da Carta Magna, não se sujeitando a controles setoriais do Poder Executivo ou Legislativo, quando cumpre apenas ao Poder Judiciário no âmbito da Justiça Eleitoral a fiscalização, até porque a condição jurídica da agremiação não pode ser equiparada a pessoas jurídicas que objetivam a mercantilização.

Em virtude dessas considerações, não se aplicam aos Partidos Políticos a sanção de multa administrativa imposta na nova lei referida.

Quanto à responsabilidade na esfera judicial, já existem meios legais na Lei dos Partidos Políticos e nas Resoluções do Colendo Tribunal Superior Eleitoral, inclusive atuando o Ministério Público Eleitoral na propositura de ação específica eleitoral.

Não é o caso de aplicação do art. 19 da Lei nº 12.846/2013, que permite o ajuizamento de ação civil pública pelo Ministério Público e Advocacia-Geral da União com a adoção do rito da Lei nº 7.347, de 24 de julho de 1985. Até porque, na Justiça Eleitoral, o art. 105-A da Lei nº 9.504/1997 é expresso: *"Em matéria eleitoral, não são aplicáveis os procedimentos previstos na Lei nº 7.347, de 24 de julho de 1985"*.

Por fim, podemos **concluir pela não incidência da Lei nº 12.846/2013 aos Partidos Políticos** (*pessoas jurídicas de direito privado*), pois existe uma normatividade constitucional e eleitoral específica, ressalvando-se, no entanto, a prática de atos criminosos e de improbidade (*Lei nº 8.429/1992*) como foi dito no art. 30 da Lei nº 12.846/2013.

Em conclusão: a competência para a fiscalização das prestações de contas partidárias e despesas de campanhas eleitorais é da Justiça Eleitoral. Trata-se de competência em razão da matéria nos termos do art. 34 da Lei nº 9.096/1995.

5.39. CLÁUSULA DE BARREIRA OU DE DESEMPENHO

A cláusula de barreira também é conhecida como de exclusão ou desempenho. Trata-se de uma forma adotada no sistema eleitoral de efetivo funcionamento dos partidos políticos apenas quando sejam obtidas quantidades percentuais de votos válidos.

Leciona o renomado *Walter Costa Porto, in expressi verbis*: *"Alguns sistemas eleitorais exigem, para funcionamento dos partidos, que alcancem eles um certo patamar de votos"* (*Dicionário do Voto*, Editora UnB, Imprensa Oficial, p. 120). No Brasil, a cláusula de exclusão historicamente é identificada na **Lei nº 4.740/1965 (Lei Orgânica dos Partidos Políticos), no art. 7º**.

O art. 13 da Lei nº 9.096/1995 consagrava a cláusula de barreira, mas foi declarado inconstitucional pelo Supremo Tribunal Federal (ADINs nºs 1.351 e 1.354).

PARTIDOS POLÍTICOS   CAPÍTULO 5

O inextinguível nascimento de partidos políticos pode ser contido pela cláusula de barreira, que significa o estabelecimento de um percentual mínimo de votos válidos nacionalmente, e.g., 5% (*cinco por cento*), além de 1/3 (um terço) de votos nos Estados, ou seja, o partido político que não alcançar o desempenho fixado em lei perde o direito à vaga na Câmara dos Deputados, ocorrendo a redistribuição da vaga não ocupada para outro partido. Trata-se de uma racionalidade básica.

Destaca-se no Supremo Tribunal Federal:

> **Partidos Políticos e Cláusula de Barreira – 1.** O Tribunal julgou procedente pedido formulado em duas ações diretas ajuizadas, uma pelo Partido Social Cristão – PSC, e outra pelo Partido Comunista do Brasil – PC do B, pelo Partido Democrático Trabalhista – PDT, pelo Partido Socialista Brasileiro – PSB e pelo Partido Verde – PV, para declarar a inconstitucionalidade do art. 13; da expressão "*obedecendo aos seguintes critérios*", contida no *caput* do art. 41; dos incs. I e II do art. 41; do art. 48; da expressão "*que atenda ao disposto no art. 13*", contida no *caput* do art. 49, com redução de texto; e da expressão "*no art. 13*", constante do inc. II do art. 57, todos da Lei nº 9.096/1995. O Tribunal também deu ao *caput* dos arts. 56 e 57 interpretação que elimina de tais dispositivos as limitações temporais deles constantes, até que sobrevenha disposição legislativa a respeito, e julgou improcedente o pedido no que se refere ao inciso II do art. 56, todos da referida lei. Os dispositivos questionados condicionam o funcionamento parlamentar a determinado desempenho eleitoral, conferindo, aos partidos, diferentes proporções de participação no Fundo Partidário e de tempo disponível para a propaganda partidária ("direito de antena"), conforme alcançados, ou não, os patamares de desempenho impostos para o funcionamento parlamentar. ADIn nº 1.351/DF e ADIn nº 1.354/DF, Rel. Min. Marco Aurélio, 07/12/2006.
>
> **Partidos Políticos e Cláusula de Barreira – 2** Entendeu-se que os dispositivos impugnados violam o art. 1º, V, que prevê como um dos fundamentos da República o pluralismo político; o art. 17, que estabelece ser livre a criação, fusão, incorporação e extinção de partidos políticos, resguardados a soberania nacional, o regime democrático, o pluripartidarismo, os direitos fundamentais da pessoa humana; e o art. 58, § 1º, que assegura, na constituição das Mesas e das comissões permanentes ou temporárias da Câmara dos Deputados e do Senado Federal, a representação proporcional dos partidos ou dos blocos parlamentares que participam da respectiva Casa, todos da CF. Asseverou-se, relativamente ao inciso IV do art. 17 da CF, que a previsão quanto à competência do legislador ordinário para tratar do funcionamento parlamentar não deve ser tomada a ponto de esvaziar-se os princípios constitucionais, notadamente o revelador do pluripartidarismo, e inviabilizar, por completo, esse funcionamento, acabando com as bancadas dos partidos minoritários e impedindo os respectivos Deputados de comporem

a Mesa Diretiva e as comissões. Considerou-se, ainda, sob o ângulo da razoabilidade, serem inaceitáveis os patamares de desempenho e a forma de rateio concernente à participação no Fundo Partidário e ao tempo disponível para a propaganda partidária adotados pela lei. Por fim, ressaltou-se que, no Estado Democrático de Direito, a nenhuma maioria é dado tirar ou restringir os direitos e liberdades fundamentais da minoria, tais como a liberdade de se expressar, de se organizar, de denunciar, de discordar e de se fazer representar nas decisões que influem nos destinos da sociedade como um todo, enfim, de participar plenamente da vida pública. ADIn nº 1.351/DF e ADIn nº 1.354/DF, Rel. Min. Marco Aurélio, 07/12/2006.

A cláusula de barreira ou de exclusão é necessária, pois impede a desmedida proliferação partidária. Trata-se de mecanismo vigente em vários países, considerando a necessidade de estabilização e segurança jurídica governamental.

Desse modo, evita-se a formação de bancadas de partidos sem nenhuma expressividade nacional; além da criação de "partidos de aluguel". A multiplicação infindável de partidos políticos implica na efetiva desestabilização de qualquer sentido de governabilidade no sistema presidencialista.

A gradual modificação do sistema partidário eleitoral, e.g., adoção da fidelidade partidária, vedação de coligações proporcionais e quiçá o voto distrital misto são arquétipos necessários, mas é inexorável que o sistema infinitesimal partidário macula a própria sobrevivência das agremiações partidárias e além de tudo afeta a organização governamental e social.

O art. 13 da Lei dos Partidos Políticos necessita de urgente alteração de interpretação diversa da adotada nas ADins 1.351-3 e 1.354-8 pelo Egrégio Supremo Tribunal Federal, independentemente da longa espera de uma reforma política eleitoral.

Por esse ângulo, deve ser mantido o pluripartidarismo sem excessos, sob pena de lesão e risco permanente a segurança jurídica do processo eleitoral partidário, cujos valores são de essência constitucional.

A cláusula de barreira foi novamente tema da reforma política em 2017 .

De fato, adotada a cláusula de desempenho, o número de partidos políticos no Brasil seria em torno de 7 (*sete*) ou 8 (*oito*) que teriam maior representação na Câmara dos Deputados.

A cláusula de barreira evita a proliferação desmedida de partidos políticos cujos objetivos são colidentes com outros já tradicionalmente existentes.

O pluripartidarismo não é sinônimo de infinitude partidária, considerando que todo o excesso está ligado ao extremo da ação desproporcional com abalo resoluto ao regime democrático e aos princípios republicanos, mas devem ser encontradas formas de preservação dos partidos pequenos que também representam significativa parcela do eleitorado brasileiro.

Foi promulgada a Emenda Constitucional nº 97, de 4 de outubro de 2017, estabelecendo a cláusula de barreira ou desempenho nos termos dos incs. I e II do § 3º do art. 17 da Constituição da República Federativa do Brasil.

O legislador mostrou-se sensível ao desmedido crescimento de legendas partidárias e chamadas "de aluguel" para evoluir no aspecto da limitação ao acesso dos recursos do Fundo Partidário e ao tempo de rádio e televisão e estabelecer um sistema gradual até a plena implementação nas eleições de 2030, quando se exigirá, no mínimo, 3% (três por cento) dos votos válidos, distribuídos em pelo menos um terço das Unidades da Federação, com um mínimo de 2% (dois por cento) dos votos válidos em cada uma delas, nos termos do § 3º do art. 17 da Carta Fundamental.

Desta forma, o art. 3º da EC nº 97/2017 proclama um percentual que começa com 1,5 (um e meio por cento) e chega até 3% (três por cento), nas eleições de 2030, embora essa questão ainda seja passível de julgamento em nova ação em curso no Supremo Tribunal Federal.

5.40. DISTRIBUIÇÃO DO TEMPO DE PROPAGANDA POLÍTICA ELEITORAL GRATUITA

A Lei nº 12.875/2013, que alterou a Lei nº 9.504/1997 (*Lei das Eleições*) tratou do tempo de rádio e televisão.

De fato, 2/3 (*dois terços*) do total do horário reservado é distribuído de forma proporcional aos partidos políticos que tenham **candidatos**, não se exigindo mais a representação na Câmara dos Deputados, conforme redação anterior do § 2º do art. 47 da Lei das Eleições.

A norma legal consagrou o entendimento do Supremo Tribunal Federal na **ADI nº 4.430/DF**, Relator **Ministro Dias Toffoli**, que declarou inconstitucional a expressão "e representação na Câmara dos Deputados", inserida no § 2º do art. 47 da Lei nº 9.504/1997.

A Lei nº 13.165/2015 atribuiu redação aos incs. I e II do § 2º do art. 47 nos seguintes termos:

> I – 90% (noventa por cento) distribuídos proporcionalmente ao número de representantes na Câmara dos Deputados, considerados, no caso de coligação para eleições majoritárias, o resultado da soma do número de representantes dos seis maiores partidos que a integrem e, nos casos de coligações para eleições proporcionais, o resultado da soma do número de representantes de todos os partidos que a integrem;
>
> II – 10% (dez por cento) distribuídos igualitariamente.

Quanto às restrições criadas pelos arts. 1º e 2º da Lei nº 12.875, de 30 de outubro de 2013, em relação ao acesso ao Fundo Partidário e ao tempo de rádio e televisão, direito de antena, o Supremo Tribunal Federal, por maioria, julgou procedente o pedido em Ação Direta de Inconstitucionalidade (**ADIn 5.105/DF, Rel. Min. Luiz Fux, 1º/10/2015**).

Sobre esse tema específico, ressaltamos *in expressi verbis* partes da douta decisão (**grifos nossos**). Texto a seguir extraído do *Informativo* nº 801 do Supremo Tribunal Federal, Brasília, 28 de setembro a 2 de outubro de 2015:

> Com a imposição de severas limitações ao Fundo Partidário e ao direito de antena, as novas agremiações seriam alijadas do processo político. Por esses motivos, a reação jurisprudencial materializada na Lei nº 12.875/2013, ao subtrair dos partidos novos, criados no curso da legislatura, o direito de antena e o acesso a recursos do Fundo Partidário remanesceria eivada de inconstitucionalidade, na medida em que, além de o legislador não ter logrado trazer novos e consistentes fundamentos para infirmar o pronunciamento da Corte, o diploma inviabiliza, no curto prazo, o funcionamento e o desenvolvimento de minorias político-partidárias, em ofensa aos postulados do pluralismo político e da liberdade partidária (CF, art. 17, § 3º). Vencidos os Ministros Edson Fachin, Teori Zavascki, Gilmar Mendes, Celso de Mello e Ricardo Lewandowski (Presidente), que julgavam o pedido improcedente.

Em relação à **propaganda político partidária, direito de antena,** a **Lei nº 13.165, de 29 de setembro de 2015**, alterou a **Lei nº 9.096/1995 (Lei dos Partidos Políticos)** e no art. 49 assegurou um tempo mínimo quando o partido tenha apenas um Deputado Federal e adotou um critério quantitativo do tempo de antena em relação ao número de Deputados Federais, ou seja, o maior número de parlamentares eleitos num Partido Político aumenta os minutos do programa partidário em cadeia nacional.

Todavia, a Lei nº 13.487, de 6 de outubro de 2017, por fim, acabou revogando os arts. 45 a 49 e o parágrafo único do art. 52 da Lei nº 9.096/1995 (Lei dos Partidos Políticos), **a partir de 1º de janeiro de 2018**, ou seja, não existirá mais o acesso gratuito ao rádio e televisão para a veiculação da propaganda política partidária, mas somente para a política eleitoral, sendo que as emissoras de rádio e televisão não terão mais recursos das compensações fiscais pela cedência dos horários gratuitos.

Dessa forma, parte do valor destinado ao Fundo Especial de Financiamento de Campanha (FEFC) será provida com os recursos equivalentes à somatória da compensação fiscal, nos termos do art. 3º da Lei nº 13.487, de 6 de outubro de 2017.

5.41. FUSÃO E INCORPORAÇÃO DE PARTIDOS POLÍTICOS. LEI Nº 13.107/2015

A Lei nº 13.107, de 24 de março de 2015, dispôs sobre a fusão de partidos políticos alterando os arts. 7º, § 1º, e 29 da Lei nº 9.096/1995, além de atribuir nova redação ao § 7º do art. 47 da Lei nº 9.504/1997.

Com a vigência da Lei nº 13.107/2015, além da limitação temporal de 5 (cinco) anos (*contados do registro do partido político no TSE*) para a admissibilidade da fusão ou incorporação, o que dificulta de forma extrema essas formas de mobilidade, a atual redação do § 7º do art. 47 da Lei nº 9.504/1997 (*redação da Lei nº 13.107/2015*) não autoriza mais a alteração do cálculo do tempo de propaganda gratuita no rádio e televisão.

O § 2º do art. 47 da Lei nº 9.504/1997 foi sucessivamente alterado pela Lei nº 12.875/2013 e pela Lei nº 13.107/2015, o que demonstra a necessidade de uma visão mais panorâmica dos temas relacionados à fidelidade e filiação partidárias. Desconsideram-se as mudanças de filiações partidárias em quaisquer hipóteses.

Na **fusão** de partidos políticos, dois ou mais partidos se unem para formar uma nova agremiação partidária. O que existia antes se extingue objetivando a formação de uma pessoa jurídica diversa.

Quando ocorre a **incorporação**, um ou mais partidos políticos são absorvidos deixando de existir para integrar o partido incorporador, o qual continuará com a sua própria personalidade jurídica.

Basicamente as regras sobre criação, fusão e incorporação de partidos políticos se encontram na Lei nº 9.096/1995.

A decisão sobre a fusão ou incorporação será deliberada na convenção nacional, que possui essa atribuição, conforme rezam os estatutos partidários que pretendem adotar essa nova feição institucional.

Sobre esse tema é importante frisar que existem limitações para a implementação da fusão ou incorporação de partidos políticos, pois, segundo disciplinado no § 9º do art. 29 da Lei nº 9.096/1995 (*inserção da Lei nº 13.107/2015*), só é possível a admissão dessas formas quando as agremiações interessadas tiverem registro definitivo no Tribunal Superior Eleitoral, "*há, pelo menos, 5 (cinco) anos*".

Exige-se, portanto, um **critério temporal mínimo**, que deverá ser verificado sob pena de inadmissibilidade da fusão ou incorporação. Não é possível a criação de um partido e sua sucessiva fusão ou incorporação.

5.42. CANDIDATO MILITAR. ESCOLHA PELO PARTIDO POLÍTICO

A prova da filiação partidária é feita mediante certidão expedida pelo escrivão eleitoral ou chefe de cartório, tendo como base a última relação de eleitores filiados, conferida e respectivamente arquivada no cartório da zona eleitoral correspondente. A relação dos eleitores deve ser encaminhada pelos partidos políticos, por meio de seus órgãos de direção municipal (*diretórios municipais*), na segunda semana dos meses de abril e outubro, conforme disciplinado no art. 19 da Lei dos Partidos Políticos (*Lei nº 9.096/1995*).

O **militar da reserva** remunerada deve ter efetivamente filiação partidária deferida pelo prazo de seis meses antes do pleito eleitoral. O prazo de filiação está no art. 9º da Lei nº 9.504/97.

Todavia, em relação ao **militar da ativa**, a regra é regulamentada em resoluções do Egrégio TSE, ou seja, a condição de elegibilidade relativa à filiação partidária contida no art. 14, § 3º, inc. V, da Constituição Federal, não é exigível ao militar da ativa que pretenda concorrer a cargo eletivo, sendo suficiente para o deferimento do registro de candidatura, a prévia escolha em convenção partidária.

De fato, os estatutos militares (*Exército, Marinha e Aeronáutica*) e das Policiais Militares e do Corpo de Bombeiros não permitem a filiação partidária, quando o militar estiver na ativa. O **militar da inatividade** deve se filiar (*é o caso dos reformados e da reserva*).

Como interpretar o § 8º, I, do art. 14 da Carta Magna?

O dispositivo legal exige determinadas condições para o afastamento do militar.

Uma hipótese merece destaque: o militar **com menos de dez anos de serviço**. Neste caso, a Carta Magna obriga-o ao afastamento da atividade.

Em razão de precedente jurisprudencial do Egrégio TSE, trata-se de **afastamento definitivo** que é exigível com o deferimento do registro da candidatura (Ac *nº 20.318, de 19/9/2002, Rel. Min. Sepúlveda Pertence.*)

O art. 98 do Código Eleitoral, no inc. I, faz menção ao caso do militar com menos de 5 (*cinco*) anos de serviço, ensejando a exclusão.

O dispositivo constitucional, art. 14, § 8º, I, diz: "*se contar menos de 10 (dez) anos de serviço, deverá afastar-se da atividade*".

Não subsistem dúvidas quanto à ampliação do prazo de 5 (*cinco*) para 10 (*dez*) anos. A questão é se o afastamento é definitivo ou provisório.

Algumas premissas básicas podem ser extraídas do "afastamento da atividade". Em julgados do TSE, constata-se que: **(i)** o militar não pode ser conscrito, pois o conscrito é inalistável (*art. 14, § 2º, da Carta Magna*); **(ii)** a filiação só pode ocorrer após a escolha do seu nome em convenção

PARTIDOS POLÍTICOS

CAPÍTULO 5

partidária ou com o registro da candidatura, mas, como visto, é necessário que ele satisfaça sempre a condição de elegibilidade constitucional, sendo escolhido em convenção partidária; **(iii)** o § 4º do art. 121 diz expressamente que o militar licenciado não tem direito a qualquer remuneração. A questão já foi decidida pelo Egrégio STJ em sentido contrário, garantida a paridade e isonomia com o servidor público civil[1]; **(iv)** opera-se o afastamento, mediante demissão ou licenciamento *ex officio*, na forma da legislação de que trata o serviço militar e dos regulamentos específicos de cada Força Armada; **(v)** o afastamento é uma forma de exclusão do serviço ativo; e **(vi)** é vedado o uso de armas da corporação e farda durante o licenciamento, sob pena de caracterização da inelegibilidade por incompatibilização.

A questão não prescinde da análise dos arts. 5º, parágrafo único, e 98, I, II e III, ambos do Código Eleitoral. Estes dispositivos, especialmente os incisos do art. 98, tratavam do **instituto da exclusão**. Diversamente, a Carta Magna trata do afastamento da atividade. Não são expressões sinônimas, pois, por isonomia com o servidor público civil, o militar, pela disciplina imposta pela Constituição, poderia obter uma licença (afastamento provisório) até a posse e o exercício do mandato eletivo.

O termo **exclusão**, usado no art. 98 do Código Eleitoral, foi substituído pela norma constitucional (*art. 14, § 8º, I, da Carta Magna*) por **afastamento**. O afastamento ocorre também por **licença**, remunerada em igualdade de tratamento com o servidor público civil.

A remuneração deve estender-se até o início do exercício do mandato eletivo. Ao término do mandato, poderá ele retornar à atividade militar.

Por fim, a questão da desincompatibilização do militar deve ser vista por simetria ao servidor público civil.

O eminente *Joel José Cândido* entende que, se o militar contar com menos de dez anos de serviço nas Forças Armadas, "deverá afastar-se da atividade, indo, sem remuneração, para a categoria de militar inativo".[2]

O Egrégio Tribunal Superior Eleitoral possui precedente no sentido da desnecessidade de desincompatibilização de **policiais militares**. *"Militar: elegibilidade (CF, art. 14, § 8º, e Res./TSE nº 20.993/2002), independentemente da*

---

1 STJ. Tratamento isonômico entre o servidor civil e o servidor militar: Inteligência do art. 14, § 8º, II, da Constituição c/c art. 1º, II, letra *i*, da Lei Complementar nº 64/1990. Segurança concedida. Sargento da ativa do Exército requereu o afastamento das fileiras da corporação, "sem prejuízo do soldo", para candidatar-se a Deputado estadual. A licença foi dada, mas sem a remuneração. A Constituição em vigor, diferente da Carta de 1969 (art. 150, § 1º, letra *b*), suprimiu a cláusula "para tratar de interesse particular", permitindo ao servidor militar, tal como ao servidor civil, afastar-se, com remuneração, para candidatar-se a cargo eletivo público. Aberta ficou à legislação infraconstitucional a via de tratamento paritário entre o servidor civil e o militar (Lei Complementar nº 64/1990, art. 1º, II, letra *i*). No caso, o que é válido para um é válido para outro: legítima representatividade de segmentos sociais cujos integrantes não têm como disputar cargos eletivos públicos sem receber seus estipêndios" (STJ – 3ª seção – *Ementário* STJ nº 14/47).

2 Inelegibilidades *no Direito Brasileiro*. 2ª ed. São Paulo: Edipro, p. 114.

desincompatibilização reclamada pelo art. 1º, II, L, da LC nº 64/1990, pois só com o **deferimento do registro de candidatura** *é que se dará, conforme o caso, a transferência para a inatividade ou a agregação (REspe nº 8.963)" (grifo nosso).*

O aludido acórdão é silente em relação ao inc. IV, alínea *c,* do art. 1º da Lei Complementar nº 64/1990, que faz menção à desincompatibilização das *"autoridades policiais, civis e* **militares***, com exercício no Município, nos 4 (quatro) meses anteriores ao pleito".*

Neste aspecto, portanto, emergem **duas correntes** de pensamento: a **primeira**, salientada acima, ou seja, no sentido de que não há necessidade de desincompatibilização do policial militar, considerando que o seu afastamento é feito naturalmente pelo deferimento do registro da candidatura. Neste sentido é a norma expressa no parágrafo único do art. 98 do Código Eleitoral.

Com relação a **primeira corrente, deferido o registro de militar candidato, o juiz eleitoral comunicará imediatamente a decisão à autoridade a que o militar estiver subordinado, cabendo igual obrigação ao partido político, quando o escolher candidato (Código Eleitoral, art. 98, parágrafo único)".**

> "[...] O Plenário do Tribunal Superior Eleitoral, por unanimidade, respondeu à consulta, afirmando que militar elegível que não ocupe função de comando deverá estar afastado do serviço ativo no momento em que for requerido o registro de candidatura" (Consulta nº 0601066-64, Brasília/DF, Rel. Min. Napoleão Nunes Maia Filho, j. 20/2/2018).

A **segunda corrente** realiza uma interpretação harmônica entre a Constituição e os dispositivos infraconstitucionais envolvidos na questão, para considerar a necessidade de afastamento do militar no mesmo prazo previsto para os servidores civis, ou seja, 3 meses. A tal conclusão se chega após a análise conjunta dos arts. 5º, *caput,* e 14, § 8º, da Carta Magna.

Entretanto, ao se considerar o texto referido tal como o é, diga-se firmado em lei dos idos de 1965 (*Código Eleitoral*), sem uma nova leitura da atual Constituição e da Lei das Inelegibilidades, ter-se-ia o absurdo de o militar ser eleito sem que se concretizasse qualquer afastamento, nos casos em que indeferido o registro e o candidato viesse a se eleger em razão de tutela jurisdicional. Tal conclusão violaria a própria Constituição, que determina o afastamento do militar.

Por outro lado, não se coaduna com a atual ordem jurídica, acabando por violar o **princípio da isonomia** previsto no **art. 5º,** *caput,* **da Carta Magna**, o tratamento diferenciado e discriminatório entre servidores civis e militares no que tange ao prazo de desincompatibilização, previsto na Lei Complementar nº 64/1990, art. 1º, inc. II, letra *l.*

Daí por que uma interpretação harmônica entre tais dispositivos resultaria no seguinte: a comunicação à autoridade a que o militar estiver subordinado não deverá ser

PARTIDOS POLÍTICOS

CAPÍTULO 5

feita na data do deferimento do registro, mas na data de seu requerimento ou solicitação, cujo termo final a lei prevê para o dia 15 de agosto (art. 11 da Lei nº 9.504/1997).

Assim, o fundamento para o afastamento do servidor civil seria a Lei Complementar nº 64/1990, art. 1º, inc. II, letra *l*; enquanto para os servidores militares o fundamento legal seria a Resolução do TSE em interpretação conforme a Carta Magna, art. 14, § 8º, e art. 5º.

Considerando que a Lei Complementar nº 64/1990 disciplinou o prazo de afastamento das atividades funcionais dos servidores militares que exercem cargo ou função de comando e pretendem concorrer a mandato eletivo (*seis meses anteriores ao pleito*), sendo os demais militares servidores públicos *lato sensu*, aplica-se a regra geral prevista no art. 1º, inc. II, alínea *l*, da mesma lei, combinado com as disposições do art. 14, § 8º, da Constituição Federal.

Como interpretar o § 8º, II, do art. 14 da Carta Magna?

Será o militar agregado pelo Departamento Geral de Pessoal, tendo direito à remuneração até a data da diplomação (*STJ, 6ª Turma, REsp nº 69.744-0/RO – Rel. Min. Fernando Gonçalves, Diário da Justiça, Seção I, 18/08/1997*).

A agregação está definida no art. 80 do Estatuto dos Militares, *in verbis*:

> Art. 80. A agregação é a situação na qual o militar da ativa deixa de ocupar vaga na escala hierárquica de seu Corpo, Quadro, Arma ou Serviço, nela permanecendo sem número.

Vê-se que a agregação é uma forma de afastamento temporário (*art. 82 do Estatuto dos Militares, Lei nº 6.880, de 9 de dezembro de 1980*). Sendo assim, o afastamento temporário permite a remuneração até a data da diplomação, que ainda obriga o ingresso na reserva remunerada, após 10 (dez) anos de serviço.

Pensamos que a remuneração deve estender-se até o início do exercício do mandato eletivo, pois não existe nenhuma norma vedatória à percepção da remuneração integral. As restrições são normas de exceção.

5.43. RESPONSABILIDADE CIVIL DO PARTIDO POLÍTICO

A Lei nº 11.694, de 12 de junho de 2008, tratou da disciplina da **responsabilidade civil dos partidos políticos**, alterando a Lei nº 9.096/1995 e o Código de Processo Civil/1973.

A responsabilidade partidária será direcionada exclusivamente ao órgão que deu causa à responsabilização, seja ele no âmbito municipal, estadual ou nacional, sendo excluída a solidariedade de outros órgãos de direção, nos termos do art. 15-A da Lei nº 9.096/1995 alterada pela Lei nº 12.034/2009.

169

A organização básica dos partidos compreende-se em três níveis: nacional, estadual e municipal. Em cada nível, há vários órgãos em atuação, cujas atribuições se encontram delimitadas por regras estabelecidas no estatuto do partido.

Todavia, o art. 2º da Lei nº 12.034, de 29 de setembro de 2009 (*Lei da minirreforma eleitoral*), incluiu os §§ 4º, 5º e 6º ao art. 28 da Lei nº 9.096/1995, nos seguintes termos:

> Art. 28. (...)
>
> § 4º Despesas realizadas por órgãos partidários municipais ou estaduais ou por candidatos majoritários nas respectivas circunscrições devem ser assumidas e pagas exclusivamente pela esfera partidária correspondente, salvo acordo expresso com órgão de outra esfera partidária.
>
> § 5º Em caso de não pagamento, as despesas não poderão ser cobradas judicialmente dos órgãos superiores dos partidos políticos, recaindo eventual penhora exclusivamente sobre o órgão partidário que contraiu a dívida executada.
>
> § 6º O disposto no inciso III do *caput* refere-se apenas aos órgãos nacionais dos partidos políticos que deixarem de prestar contas ao Tribunal Superior Eleitoral, não ocorrendo o cancelamento do registro civil e do estatuto do partido quando a omissão for dos órgãos partidários regionais ou municipais.

Verifica-se na análise dos §§ 4º e 5º que a responsabilidade subsidiária também foi excluída, porque, em ambos os dispositivos legais, o legislador fez questão de mencionar a exclusividade das obrigações na esfera partidária correspondente, inclusive, no § 6º, exclui-se a responsabilidade dos órgãos nacionais dos partidos políticos em razão de falhas e omissões na prestação de contas dos órgãos regionais ou municipais. Na verdade seccionou-se a responsabilidade civil, trabalhista, tributária e eleitoral para cada esfera de organização partidária nos moldes estatutários que devem ser adequados à nova Lei nº 12.034/2009.

No entanto, o novo texto legal está frontalmente antagônico ao § 2º do art. 2º da Consolidação das Leis do Trabalho, porque o empregado que for contratado por um órgão de direção municipal de determinado partido político e não receber seus direitos trabalhistas, não poderá ser prejudicado nesta relação, sob o manto da exclusão da responsabilidade.

O partido político é um todo orgânico que possui subdivisões departamentais em seus diretórios.

A jurisprudência dos Tribunais Superiores e os próprios estatutos partidários, bem como o § 2º do art. 7º da Lei nº 9.096/1995 (*com a redação dada pelo art. 2º da*

Lei nº 12.034/2009), admitem, por exemplo, que as deliberações de nível inferior que se opuserem às diretrizes estabelecidas por órgãos superiores, podem ser anuladas. Não se nega o poder de direção e comando dos órgãos superiores em relação aos inferiores.

Embora os partidos não sejam propriamente gestores de atividades econômicas ou grupos equiparados aos industriais, conforme previsto no § 2º do art. 2º da CLT, é inegável que existe uma relação de responsabilidade social e jurídica entre os diversos níveis de organização destas agremiações políticas, a demandar, no mínimo, uma responsabilidade subsidiária.

Cumpre enfatizar que não se trata de apontar a invalidade da norma como um todo, mas de priorizar a aplicação que seja mais favorável ao trabalhador, respeitando a garantia dos seus direitos, em total prestígio ao princípio do *In dubio pro operario*. Logo, embora a norma em questão seja válida quanto às dívidas civis e tributárias, deve-se priorizar, na interpretação da lei, inclusive, o disposto no art. 17 da Constituição Federal em que cumpre aos partidos políticos resguardar os direitos fundamentais da pessoa humana, sendo os direitos sociais como o trabalho e do trabalhador (*arts. 6º e 7º da Constituição Federal*) classificados na escala dos direitos de segunda geração.

Desta forma, podemos concluir que, em **relação à responsabilidade trabalhista**, deve o partido político responder pelos seus órgãos nacionais e estaduais, por exemplo, quando o descumprimento da obrigação laboral decorrer de ato do diretório municipal, pois somente desta forma se estará assegurando a efetividade dos preceitos constitucionais acima mencionados.

Todavia, em relação à responsabilidade civil, as novas alterações da Lei dos Partidos Políticos estão em consonância com o art. 265 do Código Civil brasileiro: "*A solidariedade não se presume; resulta da lei ou da vontade das partes*".

Assim, as novas contratações celebradas entre órgãos de direção municipal e terceiros, já se fazem sob a égide da nova lei, cientes as partes da limitação na responsabilidade, na esfera disponível da relação paritária que permeia as negociações na esfera civil.

Para as relações anteriores à vigência da nova lei, vige, inequivocamente, a responsabilidade subsidiária, ante o respeito à boa-fé objetiva e da irretroatividade da norma para garantia da segurança jurídica.

No § 4º do art. 28 da Lei nº 9.096/1995 (*já com a nova redação*), ressalva-se que, por acordo, podem as dívidas dos candidatos majoritários ou dos próprios órgãos partidários serem pagas por esfera partidária que tenha maior solvência financeira.

Outra questão se refere à impenhorabilidade dos recursos públicos do fundo partidário recebidos por partido político, a qual vem disciplinada no art. 833 do Código de Processo Civil.

O Fundo Partidário a que se refere o dispositivo supratranscrito é constituído de receitas previstas no art. 38 da Lei nº 9.096/1995, tais como multas e penalidades, doações e dotações orçamentárias da União.

A lei só se refere à parcela da receita proveniente de dinheiro público, ou seja, as **dotações orçamentárias da União destinadas ao Fundo Partidário** são impenhoráveis, pois revestidas de caráter público. Caso contrário, todo o dinheiro aplicado no Fundo Partidário seria impenhorável, o que frustraria a satisfação da responsabilidade imposta expressamente no próprio art. 15-A da Lei nº 9.096/1995.

É importante frisar a redação do § 4º do art. 655-A do Código de Processo Civil corresponde ao art. 854, § 9º, do NCPC.

> Quando se tratar de execução contra partido político, o juiz, a requerimento do exequente, **determinará às instituições financeiras, por meio de sistema eletrônico gerido por autoridade supervisora do sistema bancário, que tornem indisponíveis ativos financeiros** somente em nome do órgão partidário que tenha contraído a dívida executada ou que tenha dado causa à violação de direito ou ao dano, ao qual cabe exclusivamente a responsabilidade pelos atos praticados, **na forma da lei** (grifos nossos, que se referem à alteração legislativa).

A hipótese se refere à penhora *on-line*, no âmbito de cada nível de organização partidária (nacional, estadual ou municipal), em que o juízo competente para a execução da dívida determinará a indisponibilidade daqueles recursos próprios do órgão especificamente responsabilizado.

A Lei nº 12.891, de 11 de dezembro de 2013, acrescentou um parágrafo único ao art. 15-A da Lei nº 9.096/1995 nos seguintes termos: *"Art. 15-A. (...) Parágrafo único. O órgão nacional do partido político, quando responsável, somente poderá ser demandado judicialmente na circunscrição especial judiciária da sua sede, inclusive nas ações de natureza cível ou trabalhista"*.

O art. 53, III, "a" do novo Código de Processo Civil trata da competência territorial para processar e julgar a pessoa jurídica, quando for ré, que é a sede da mesma. No Código Civil, o art. 75, IV, também está em consonância com os dispositivos acima destacados.

A responsabilidade da pessoa jurídica (*partido político*) tem suporte nos arts. 37, § 6º, da Constituição da República e 927 e 932, III, do Código Civil.

5.44. MULTA ELEITORAL. RESPONSABILIDADE. PARTIDOS POLÍTICOS E CANDIDATOS

O art. 241 do Código Eleitoral já trata da **responsabilidade solidária**, mas a Lei nº 12.891, de 11/12/2013 acrescentou o § 5º no art. 6º da Lei nº 9.504/1997 (Lei das Eleições) nos seguintes termos: "*A responsabilidade pelo pagamento de multas decorrentes de propaganda eleitoral é solidária entre os candidatos e os respectivos partidos, não alcançando outros partidos mesmo quando integrantes de uma mesma coligação*".

O termo "propaganda eleitoral" referido no dispositivo legal é identificado como hipóteses de antecipação ou irregularidade excluindo-se a responsabilidade das coligações eleitorais (*pessoas formais*), o que reforça o papel diretivo na condução da escolha e desenvolvimento dos candidatos dos partidos políticos. A Lei nº 9.504/1997 deve ter sua leitura vinculada à solidariedade entre candidatos e partidos políticos. Assim, quando o dispositivo legal faz menção ao "responsável" irrefutavelmente se incluem os partidos políticos e candidatos. Por exemplo, o § 3º do art. 36 dispõe sobre o "responsável" ou "beneficiário"; o § 1º do art. 37, por sua vez, faz menção ao "responsável".

A responsabilidade solidária está prevista no art. 264 do Código Civil, quando na mesma obrigação concorre mais de um responsável (*candidato e partido político*), que respondem pela multa na sua integralidade.

É possível ao partido político ser cobrado pela totalidade da multa eleitoral e, posteriormente, ingressar com ação de regresso contra o candidato.

O art. 11, § 8º, inc. II, da Lei nº 9.504/1997 diz que os candidatos devem pagar a multa eleitoral, individualmente, **excluindo-se a responsabilidade solidária**.

O art. 17 da Lei das Eleições versa que as despesas de campanha são de responsabilidade dos candidatos e partidos. Cada um assume as suas obrigações perante terceiros assinando contratos e emitindo recibos eleitorais específicos.

No caso de doações de campanha, v.g., pela *internet*, os erros e fraudes do doador não podem atingir o candidato ou o partido, exceto se tinham conhecimento dos ilícitos nos termos do art. 26, § 6º, da Lei nº 9.504/1997.

O art. 38 da Lei das Eleições atribui a responsabilidade pelos adesivos e impressos aos candidatos e partidos.

Por outra, o art. 76 da Lei das Eleições trata da responsabilidade dos partidos e coligações pelo ressarcimento em razão do uso de transportes oficiais na campanha presidencial.

O art. 23, § 6º, da Lei nº 9.504/1997 (redação da Lei nº 13.488/2017) ressalva a responsabilidade dos partidos políticos por erros ou fraudes dos doadores que realizarem as doações por meio de financiamento coletivo, *crowdfunding*.

5.45. DUPLICIDADE DE FILIAÇÃO PARTIDÁRIA

A filiação partidária efetivada no prazo legal de seis **meses antes da data da eleição**, segundo o art. 14, § 3º, V, da Constituição Federal e o art. 9º da Lei nº 9.504/1997 (*Lei das Eleições*) é uma condição de elegibilidade constitucional (*matéria constitucional para fins dos arts. 223, 259, parágrafo único, e 262 do Código Eleitoral*).

A Lei nº 13.165/2015 alterou a redação do art. 9º da Lei nº 9.504/1997, diminuindo o prazo de filiação de 1 (*um*) ano para 6 (*seis*) meses antes da data do primeiro turno das eleições.

A Justiça Eleitoral é competente para exercer o controle certificatório das filiações, mas não da qualidade pessoal dos filiados.

A lei prevê que, anualmente, na segunda semana dos meses de abril e outubro, os partidos políticos devem encaminhar as listas dos seus respectivos filiados. Na hipótese de não encaminhamento para a Justiça Eleitoral, a lista anterior dos filiados será válida para fins de comprovação da filiação tempestiva. Nesse sentido, art. 19 da Lei dos Partidos Políticos.

Impende observar que, por descuido ou má-fé, o nome de um dos filiados pode não ser encaminhado à Justiça Eleitoral. Nesta hipótese, o interessado poderá basear seus argumento no verbete sumular nº 20 do TSE, *in verbis*: "*A prova de filiação partidária daquele cujo nome não constou da lista de filiados de que trata o art. 19 da Lei nº 9.096/1995, pode ser realizada por outros elementos de convicção, salvo quando se tratar de documentos produzidos unilateralmente, destituídos de fé pública*".

Os outros elementos de prova, referidos no enunciado sumular nº 20, podem ser os registros cartorários dotados de fé pública. Quanto ao nome em uma das listas anteriores (abril/outubro) e, ainda, cópia da ficha de filiação partidária do recorrido como documento idôneo para comprovar tal filiação (*Recurso Especial Eleitoral nº 20.207/BA. Rel. Min. Sálvio de Figueiredo*)[3].

O importante é evitar a fraude com filiações inexistentes ou feitas fora do prazo de um ano antes da data das eleições[4].

Se uma pessoa estiver filiada ao partido X e desejar filiar-se ao partido Y, deverá atentar para alguns cuidados indispensáveis a fim de evitar a dupla filiação.

---

3 A jurisprudência do TSE posiciona-se no sentido de que: "O Tribunal *a quo*, para concluir pela imprestabilidade da prova de filiação partidária do recorrente procedeu, à evidência, a acurado exame do material probante constante dos autos. Decidir diversamente demandaria o revolver dessa matéria, o que é vedado em sede de recurso especial, a teor dos Enunciados nº 7 e nº 279, respectivamente, das Súmulas do STJ e do STF".

4 "(TSE). Recurso Especial Eleitoral nº 20.112/MT, Rel.ª Min.ª Ellen Gracie. Registro de candidatura. Filiação partidária não demonstrada. Documento sem autenticação. Reexame de prova. Súmula do STF nº 279 e Súmula do STF nº 7".

No caso, deverá fazer uma comunicação por escrito ao partido político (por exemplo, Diretório Municipal) e ao juiz eleitoral da zona eleitoral respectiva de sua inscrição. Nesse sentido, é o art. 21 e parágrafo único da Lei dos Partidos Políticos.

O interessado só poderá filiar-se a outro partido após escoar o prazo de dois dias da comunicação, mas, na prática, é muito comum o pré-candidato não observar os prazos de comunicação ao partido e ao juiz.

O pré-candidato que não fizer o seu desligamento de forma correta, ou seja, com a dupla comunicação (partido e juiz eleitoral) e filiar-se a outro partido estará duplamente filiado, sendo ambas as filiações consideradas nulas.

Cumpre destacar que o art. 22, parágrafo único, da Lei dos Partidos Políticos (*com a redação da Lei nº 12.891, de 11/12/2013*), tratou da hipótese de **coexistência de filiações partidárias** e o legislador optou por salvaguardar a filiação mais recente do eleitor que importará em decisão do juiz eleitoral no cancelamento das mais antigas.

O Tribunal Regional Eleitoral do Rio de Janeiro analisando a questão expediu o verbete sumular nº 13: "*Diante da coexistência de duas filiações partidárias, deve prevalecer a filiação mais recente, nos termos do art. 22, parágrafo único, da Lei nº 9.096/1995*" (*Petição nº 3803-66.2014.6.19.0000*).

E ainda. "*A duplicidade de que cuida o parágrafo único do art. 22 da Lei nº 9.096/1995 somente fica caracterizada caso a nova filiação houver ocorrido após a remessa das listas previstas no parágrafo único do art. 58 da referida lei*" (verbete sumular **nº 14** do TSE).

5.46. IMPOSSIBILIDADE DE FILIAÇÃO PARTIDÁRIA. SUSPENSÃO DOS DIREITOS POLÍTICOS

O art. 16 da Lei nº 9.096/1995 permite a filiação partidária dos eleitores que estiverem no **gozo dos direitos políticos**.

Desta forma, os que estiverem com os direitos políticos perdidos ou suspensos (*art. 15, I a V, da Constituição Federal*), não podem se filiar ou permanecer filiados, pois incidem em nulidade da filiação.

A regra não atinge **os inelegíveis**. Assim, quem for inelegível, a princípio, pode se filiar ou se manter filiado. No entanto, o requerimento de registro da candidatura será indeferido nos casos em que o inelegível pretender concorrer aos mandatos eletivos durante o lapso temporal da incidência da causa de inelegibilidade.

De acordo com o Egrégio TSE, "*é nula a filiação partidária ocorrida no período em que os direitos políticos do eleitor estão suspensos por condenação criminal transitada em julgado*" (Recurso Especial Eleitoral nº 114-50, Selvíria/MS, Rel.ª Min.ª Laurita Vaz, em 6/8/2013).

A esse propósito, TSE: "(...) *a suspensão dos direitos políticos afeta a filiação partidária do eleitor, de modo que impossibilita sua escolha como candidato em convenção partidária, ainda que o termo da sanção política ocorra antes do pleito ao qual pretenda concorrer (Agravo Regimental no Recurso Especial Eleitoral nº 111-66, Petrolina de Goiás/GO, rel. Min. Napoleão Nunes Maia Filho, julgado em 30.3.2017).*

5.47. PARTIDO POLÍTICO E MANDADO DE SEGURANÇA

A Lei nº 12.016, de 07 de agosto de 2009, disciplinou o mandado de segurança individual e coletivo, e no § 1º do art. 1º equiparou às autoridades, para os fins da Lei de Mandado de Segurança, os **representantes** ou **órgãos de partidos políticos**.

A Lei nº 1.533, de 31 de dezembro de 1951, havia sido derrogada no § 1º do art. 1º pela Lei nº 9.259, de 09 de janeiro de 1996, que retirou a configuração como autoridade coatora dos órgãos partidários.

Os órgãos municipais ou zonais, estaduais e os nacionais, possuem obrigações previstas na Lei nº 9.096/1995 e nas Resoluções do TSE de nºs 21.841/2004 e 19.406/1995, bem como definidas nos respectivos estatutos. Assim, sujeitam-se ao *writ*.

Por exemplo, existem normas sobre finanças e contabilidade que devem estar previstas nos estatutos dos partidos políticos. Cumpre, dentre outras obrigações dos partidos políticos, manter escrituração contábil e prestar contas à Justiça Eleitoral.

É oportuno salientar a decisão infradestacada, do Egrégio TSE, que já havia admitido o órgão do partido político como autoridade coatora, numa hipótese especial. "*Hipótese especialíssima em que o **órgão partidário** afastou a possibilidade de os recorrentes disputarem a eleição, por não mais haver tempo, antes do pleito, para se filiar a outro partido político. Caracteriza-se, na espécie, **ato de autoridade pública, impugnável pela via do mandado de segurança.*** (*AC nº 79, de 09/06/98, Rel. Min. Eduardo Ribeiro, red. designado Min. Néri da Silveira.*) (*grifos nossos*).

É importante salientar que o Código Eleitoral já prevê o cabimento do mandado de segurança em matéria eleitoral nos arts. 22, I, "e"; 29, I, "e". No entanto, não são todos os casos que envolvem violações a direitos líquidos e certos por atos ilegais de representantes partidários que ensejam a competência para o processo e julgamento do *writ* na Justiça Eleitoral. Nesse sentido (TSE), "*a Justiça Eleitoral não é competente para julgar mandado de segurança contra ato de Presidente de diretório nacional que destituiu Presidente de comissão executiva estadual*" (*Embargos de Declaração em Agravo Regimental em Mandado de Segurança 3890, Acórdão Salvador – BA 21/05/2009, Rel. Marcelo Henriques Ribeiro de Oliveira, DJe 18/06/2009, p. 30*).

PARTIDOS POLÍTICOS   CAPÍTULO 5

Se a autoridade coatora for um representante ou um órgão partidário só caberá mandado de segurança na Justiça Eleitoral se a questão estiver correlacionada com as condições de elegibilidade; pois, caso contrário, diversas questões que não atingem as eleições, ou seja, de natureza *interna corporis*, afastadas de um nexo causal direto com o processo eleitoral, seriam inadequadamente dirimidas na Justiça Eleitoral, fazendo com que esta Justiça especializada ampliasse a sua competência para além das hipóteses previstas na legislação eleitoral, invadindo temas de direito puramente partidário.

A interpretação deve ser restrita. Quando um ato de um representante partidário afetar o processo eleitoral, aí sim, incidirá a competência da Justiça Eleitoral.

Significativa é a decisão abaixo elencada do Egrégio TSE sobre a questão dos limites da competência, no âmbito da Justiça Eleitoral, para o processo e julgamento do mandado de segurança. (TSE).

> A Justiça Eleitoral só é competente para conhecer de mandado de segurança em matéria eleitoral relativa a atos das autoridades indicadas na letra e do inciso I do art. 22 do Código Eleitoral e, excepcionalmente, de órgãos de partidos políticos, quando possam **afetar direitos estritamente ligados a condições de elegibilidade**. 2. Foge da competência desta Corte especializada o julgamento de mandado de segurança contra ato de Presidente de diretório nacional que destituiu Presidente de comissão executiva estadual. 3. Agravo regimental desprovido (TSE, Agravo Regimental em Mandado de Segurança nº 3.890, Acórdão Salvador – BA 05/03/2009, Rel. Marcelo Henriques Ribeiro de Oliveira, *DJe* 07/04/2009, p. 26). (grifos nossos).

5.48. CONTROLE JUDICIAL DE QUESTÕES POLÍTICAS ELEI-TORAIS

O controle judicial sobre questões políticas eleitorais é recorrente na jurisprudência do Supremo Tribunal Federal.

Registre-se o Mandado de Segurança nº 32.033 MC/DF, da relatoria do Ex.mo Ministro Gilmar Mendes.

Desta maneira se evidencia uma forma de controle judicial quando a lei possa afetar as regras eleitorais, como foi, v.g., o caso Mira Estrela que gerou a Resolução TSE nº 21.702/2004 fixando o número de vereadores nas Câmaras Municipais e ainda as ADIns 2.626-DF e 2.628 DF.

Observe-se que na ADI nº 3.685, julgada pelo Egrégio STF foi questionada a Emenda Constitucional nº 52/2006, que tratava do fim da chamada verticalização das coligações, conferindo-se interpretação conforme à Constituição ao art. 2º para definir que o novo texto não se aplicava para as eleições de 2006.

Acresça-se ainda, as decisões do Egrégio STF nos Mandados de Segurança nᵒˢ 26.602, 26.603 e 26.604 que tratam da perda do mandato eletivo quando ocorre a desfiliação partidária, sem justa causa, ensejando a edição da Resolução TSE nº 22.610/2007, que disciplina o tema.

5.49. PARTIDO POLÍTICO. NÃO FORMAÇÃO DE LITISCONSÓRCIO NAS AÇÕES DE CASSAÇÃO DO DIPLOMA

Versa o verbete sumular **nº 40** do Egrégio Tribunal Superior Eleitoral que: *"O partido político não é litisconsorte passivo necessário em ações que visem à cassação de diploma"*.

Desse modo, *v.g.*, não há litisconsórcio com o partido político na ação de investigação judicial eleitoral, ação de impugnação ao mandato eletivo e no recurso contra a expedição do diploma.

Todavia, há que se reexaminar essa questão, pois no sistema proporcional, e.g., eleição de vereador, é evidente que a cassação do diploma importará em alteração do quociente partidário devendo figurar no polo passivo da relação jurídica processual a agremiação partidária.

A natureza incindível entre a figura da pessoa física do candidato e a jurídica do partido político pode ser facilmente percebida, quando os votos não são computados para o partido político, o que ensejará o refazimento do cálculo do quociente partidário para outros partidos e candidatos. Não se trata de litisconsórcio unitário, mas sim, necessário.

5.50. PESSOAS FÍSICAS. SERVIDORES PÚBLICOS. CARGO OU FUNÇÃO COMISSIONADA. FONTE VEDADA DE FINANCIAMENTO AOS PARTIDOS POLÍTICOS

A Lei nº 13.488/2017 inseriu o inc. V no art. 31 da Lei dos Partidos Políticos (Lei nº 9.096/1995) proibindo que "pessoas físicas que exerçam função ou cargo público de livre nomeação e exoneração, ou cargo ou emprego temporário, ressalvados os filiados a partido político" doem valores ou bens para as legendas partidárias.

A norma é abrangente, considerando a proibição a servidor de função temporária e até de natureza permanente, por exemplo, assessoramento, direção ou chefia, o que enseja também as funções de confiança (livre provimento e exoneração).

Nessa linha não podem efetuar doações os contratados por tempo determinado para realizar serviços de natureza excepcional.

Infere-se que a finalidade do legislador foi de evitar o uso da máquina pública, ou seja, dos servidores públicos para financiamento partidário.

Por exemplo, se o Prefeito contou com a ajuda de militantes partidários para se eleger e uma vez eleito os nomeia para funções comissionadas objetivando um desconto mensal no salário para auxílio de doação ao partido político. Essa conduta é vedada.

No entanto, a lei cria uma ressalva que acaba por reduzir a sua aplicabilidade, considerando que o servidor público poderá se filiar ao partido político e, assim, efetuar as doações prometidas, pois não existe uma proibição de filiação partidária, exceto aos militares, membros da Magistratura e do Ministério Público.

Por outra, os servidores públicos podem se candidatar aos mandatos eletivos se filiando no prazo previsto no art. 9º da Lei das Eleições e se desincompatibilizando no prazo legal, que geralmente é de 3 (três) meses antes da data da eleição, observando-se ainda o art. 38 da Constituição da República.

A Lei nº 9.504/1997 contempla como condutas vedadas os incs. II e V do art. 73, no sentido de o candidato utilizar o servidor público na campanha eleitoral, sendo que os atos de abuso de autoridade serão punidos na forma do art. 74 da aludida norma, o que poderá ainda ensejar eventual análise, por exemplo, de improbidade administrativa (art. 78 da Lei das Eleições).

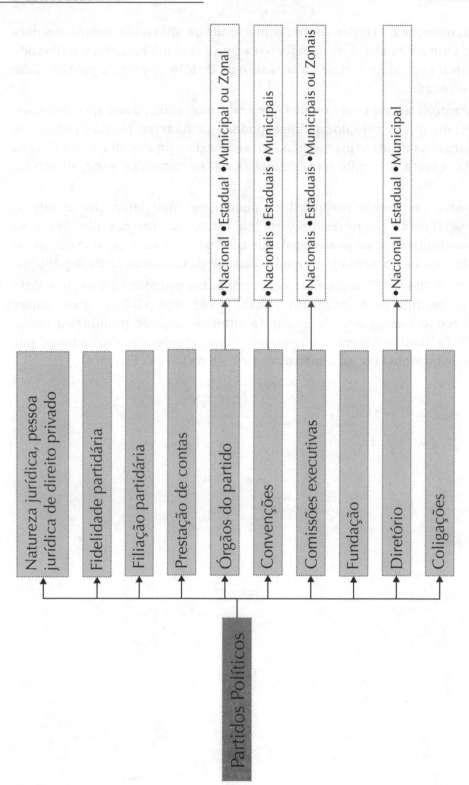

CAPÍTULO 6

MINISTÉRIO PÚBLICO

6.1. MINISTÉRIO PÚBLICO ELEITORAL. NOÇÕES PRELIMINARES

O art. 127 da Constituição da República Federativa do Brasil atribui ao Ministério Público a incumbência de defesa do regime democrático na ordem jurídica nacional.

A atuação do órgão do Ministério Público é marcante no curso da história brasileira. Significativa foi a edição do Decreto nº 22.838, de 19 de junho de 1933, por Getúlio Vargas.

Essa norma jurídica fixava a recíproca independência entre os órgãos do Ministério Público e os da Magistratura Eleitoral; além de salientar que o *Parquet* é o advogado da lei eleitoral e o fiscal de sua execução (art. 1º); fazia referência ao Procurador-Geral Eleitoral com atuação no Tribunal Superior de Justiça Eleitoral e ao número de 22 Procuradores Regionais Eleitorais, que eram designados em comissão, pelo chefe do Governo Provisório; além de fixar no art. 4º diversas atribuições que até os dias atuais são efetivamente exercidas, a saber: a) exercer a ação pública; b) velar pela execução das leis eleitorais; c) ofertar representações; e d) consultar o Tribunal sobre matéria eleitoral.

O Ministério Público, quando exerce suas atribuições no âmbito eleitoral, defende o regime democrático como cláusula pétrea e, portanto, como bem enfatizou Sua Excelência, o Ministro do Supremo Tribunal Federal, *Carlos Ayres Britto, in litteris*:

> As cláusulas pétreas da Constituição não são conservadoras, mas impeditivas do retrocesso. São a salvaguarda da vanguarda constitucional. A Constituição é aquele documento único que não é produzido pelo Estado, mas diretamente pela nação, através da Assembleia Nacional Constituinte. É o único documento que governa permanentemente quem governa provisoriamente. O único momento que vai da sociedade civil para o Estado e não do Estado para a sociedade civil é esse momento constituinte. É importante fazer esta distinção entre poder constituinte e poder reformador. Esta linha divisória não pode ser esmaecida porque senão o poder

reformador se faz de atrevido, se traveste de poder constituinte e golpeia a Constituição (...)

Conclui, Sua Excelência:

A democracia é o mais pétreo dos valores. E quem é o supremo garantidor e o fiador da democracia? **O Ministério Público**. Isto está dito com todas as letras no art. 127 da Constituição. Se o MP foi erigido à condição de garantidor da democracia, o garantidor é tão pétreo quanto ela. Não se pode fragilizar, desnaturar uma cláusula pétrea. O MP pode ser objeto de emenda constitucional? Pode. Desde que para reforçar, encorpar, adensar as suas prerrogativas, as suas destinações e funções constitucionais, explicou (*Revista do Ministério Público do Estado do Rio de Janeiro* nº 20, p. 476-7, jul.-dez. 2004).

Deveras, a função constitucional e eleitoral conferida ao órgão do *Parquet* para dirigir a atividade do setor de fiscalização das fases do processo eleitoral (alistamento, votação, apuração e diplomação) obriga-o a atuar por dever de ofício e intervir na persecução criminal, nas lides decorrentes da propaganda política eleitoral, partidária, no registro de candidatos e outras.

A atuação institucional e funcional desta árdua missão deve ser reservada a todas as fases do conceituado processo eleitoral, inclusive no alistamento dos eleitores, quando se percebe em determinadas comarcas as fraudes com a migração de eleitores não residentes na localidade.

Neste ponto, não sustentamos sobre a necessidade de o Ministério Público funcionar, obrigatoriamente, na fase de expedição de títulos eleitorais (não lhe cabe assinar títulos). Todavia, sua função institucional lhe exige exercer a fiscalização do processo de alistamento, transferência, revisão do eleitorado e correições cartorárias (*Resolução TSE nº 21.538/2003*).

A atuação do Ministério Público deve ocorrer nas eleições nacionais, estaduais, municipais, plebiscitárias, referendo e, inclusive, nas que escolhem membros para o Conselho Tutelar previsto no Estatuto da Criança e do Adolescente, que permitem a aplicação subsidiária da legislação eleitoral (*neste último caso, a intervenção se dá pelos promotores da infância e adolescência, e não pelos promotores eleitorais*).

A Lei Complementar nº 75/1993, no art. 72, diz que: "*Compete ao Ministério Público Federal exercer, no que couber, junto à Justiça Eleitoral, as funções do Ministério Público, atuando em todas as fases e instâncias do processo eleitoral*".Todavia, o art. 78 da mesma lei, assim dispõe: "*As funções eleitorais do Ministério Público Federal perante os Juízes e Juntas Eleitorais serão exercidas pelo promotor eleitoral*".

Dessa forma, a intervenção nos feitos eleitorais está subsumida na própria defesa do regime democrático, zelando o órgão do *Parquet* pelo interesse público

MINISTÉRIO PÚBLICO   CAPÍTULO 6

não apenas na fase da eleição "dia da votação". Atua em todos os processos de preservação da Lei Maior e da legislação eleitoral, que inclui os textos normativos das resoluções e consultas.

Saliente-se que mesmo não existindo expressa previsão legal em um determinado artigo específico da legislação eleitoral, o Egrégio TSE reiteradamente consagra a necessidade de atuação do Ministério Público Eleitoral: "(...) *o Ministério Público Eleitoral é parte legítima para o ajuizamento de representação por infração ao art. 45 da Lei nº 9.096/1995, haja vista que o § 3º do referido dispositivo deve ser interpretado em consonância com o art. 127 da Constituição Federal, o qual incumbe ao* Parquet *a defesa da ordem jurídica, do regime democrático e dos interesses sociais e individuais indisponíveis (...)*" (*AgR-REspe – Agravo Regimental em Recurso Especial Eleitoral no 636.240/SP. Acórdão de 30/04/2013. Rel. Min. Henrique Neves da Silva. DJe – Diário de Justiça eletrônico, Tomo 99, Data 28/05/2013, p. 33-34*).

O poder de investigação do Ministério Público, em matéria criminal, foi reconhecido pelo Supremo Tribunal Federal no julgamento do Recurso Extraordinário nº 593.727, o que autoriza a investigação por crimes eleitorais e ilícitos não penais com reflexos na prática de crimes eleitorais, v.g., a instauração de procedimentos preparatórios eleitorais pelos Promotores Eleitorais no exercício da função eleitoral (*Resolução do Procurador-Geral de Justiça do Rio de Janeiro nº 1.935, de 26 de setembro de 2014, publicada no Diário Oficial do Estado do Rio de Janeiro, em 29/09/2014*).

Desse modo, cumpre ao Ministério Público com atribuições eleitorais fiscalizar a ordem jurídica, assegurando a aplicação da legislação eleitoral e dos direitos fundamentais interligados à soberania popular.

6.2. NORMAS FUNCIONAIS DE ATUAÇÃO

A Lei nº 8.625, de 12 de fevereiro de 1993 (Lei Orgânica Nacional do Ministério Público), dispõe que:

> Art. 32. Além de outras funções cometidas nas Constituições Federal e Estadual, na Lei Orgânica e demais leis, compete aos promotores de justiça, dentro de suas esferas de atribuições:
>
> (...)
>
> III – oficiar perante a Justiça Eleitoral de primeira instância, com as atribuições do Ministério Público Eleitoral previstas na Lei Orgânica do Ministério Público da União que forem pertinentes, além de outras estabelecidas na legislação eleitoral e partidária.

Como se nota, entre as múltiplas atribuições do *Parquet*, se notabiliza a magna tarefa de intervir como fiscal da ordem jurídica ou parte autônoma perante a Justiça Eleitoral.[1]

Cumpre aos promotores eleitorais a função de atuar nas causas defluentes do processo eleitoral em primeira instância, seja impugnando por escrito ou verbalmente, seja arrazoando por promoções, pareceres e propondo ações, *v.g.*, ação de impugnação ao pedido de registro; representações por abuso do poder econômico; ação de impugnação ao mandato eletivo e outras.

A Lei nº 8.625/1993 nos remete à Lei Complementar nº 75, de 20 de maio de 1993 (*que dispõe sobre a organização, as atribuições e o estatuto do Ministério Público da União*), naquilo que for "pertinente"; portanto, aplicar-se-ão, subsidiariamente, aos membros do Ministério Público Estadual (*promotores eleitorais*), as regras da aludida lei. Vê-se, assim, a incidência da norma da União de forma complementar ao vazio da norma nacional.

O art. 72 da LC nº 75/1993 se refere às funções do Ministério Público Federal, sem, contudo, descurar da atuação conjunta do *Parquet* Estadual, pois, nas funções eleitorais existe verdadeiro compartilhamento de atribuições direcionadas ao escopo de defesa do regime democrático na preservação da ordem jurídica.

A expressão do artigo: **"no que couber"**, delimita a atuação do Parquet Federal no Tribunal Superior Eleitoral e nos Tribunais Regionais Eleitorais, pois, como visto, o Ministério Público Estadual atua na 1ª instância com os juízes e juntas eleitorais (órgãos da Justiça Eleitoral, conforme o art. 118 da Carta Magna).

Em resumo: o Ministério Público Federal, por intermédio do Procurador-Geral eleitoral, atua no Tribunal Superior Eleitoral; os procuradores regionais eleitorais, nos respectivos Tribunais Regionais Eleitorais; e os promotores eleitorais, com os juízes e juntas eleitorais.

Impende ainda esclarecer que não existe, de forma orgânica constitucional, um **Ministério Público Eleitoral**, pois o Ministério Público da União compreende: o do Distrito Federal, Militar, do Trabalho e Federal; enquanto nos Estados organiza-se o Ministério Público Estadual. Assim, não se perfilha uma unidade hierárquica, mas funcional de atribuições cujo objetivo é **proteger a normalidade e legitimidade das eleições** combatendo os abusos do poder econômico e político, fraudes e captações ilícitas de sufrágio.

6.3. NORMALIDADE E LEGITIMIDADE DAS ELEIÇÕES. ATUAÇÃO PROTETIVA DO MINISTÉRIO PÚBLICO ELEITORAL

O art. 72 da Lei Complementar nº 75/1993, sem dessemelhança ao texto constitucional do art. 14, § 9º, expressamente atribui ao Ministério Público Federal,

---

1 O primeiro grau de jurisdição da Justiça Eleitoral é impulsionado por juízes e juntas eleitorais (sobre o assunto remetemos o leitor ao capítulo que trata da organização da Justiça Eleitoral).

o que não exclui o Estadual, a função institucional de proteger a normalidade e a legitimidade das eleições, contra a influência do poder econômico ou o abuso do poder político ou administrativo.

A função do Ministério Público é ser o guardião do processo democrático defendendo a cidadania como interesse substancialmente nacional.

No desiderato desta missão institucional, agem os seus membros imbuídos do *jus publicium*, como já observava o renomado *Antônio Cláudio da Costa Machado* em seus comentários à intervenção do Ministério Público no processo civil brasileiro.

Como eficaz instrumento de coesão social, deve o órgão ministerial funcionar de forma **suprapartidária**.

A natureza processual interventiva do Ministério Público no processo eleitoral é atinente à tutela de indisponibilidade impregnada de todos os consectários legais da capacidade ativa e passiva dos cidadãos. Trata-se de lide pública e envolta na exclusiva guarda da higidez das eleições.

Na investigação da corrupção eleitoral, a instituição adquire perfil de intervenção protetiva da cidadania em elevadíssimas dimensões do supremo interesse social.

As condutas vedadas aos agentes públicos em campanhas eleitorais espelham, nos arts. 73 a 78 da Lei nº 9.504, de 30 de setembro de 1997 (*rol exemplificativo*), a fiscalização pela instituição, seja em relação aos abusos do poder econômico e político, seja na contratação de servidores para cargos de comissão; realização ilegal de concurso público; aprovação de projetos sociais camuflados com a nítida função captativa de votos; o uso de servidores em campanhas eleitorais e o financiamento privado oriundo de fontes vedadas ou não identificadas, além de várias outras previstas na legislação eleitoral e partidária.

Os agentes administrativos e candidatos, assim como os financiadores de campanhas eleitorais, costumam não respeitar o dever de neutralidade que se interliga ao princípio da imparcialidade das entidades públicas nas eleições.

Ao contrário, não é rara a intervenção de pessoas representativas de entidades favorecendo concorrentes e violando a neutralidade em detrimento do princípio da isonomia entre os candidatos.

As interferências exteriores são frementes no processo de formação da vontade dos eleitores, ensejando um sistema repressivo adequado que possa cautelarmente impedir a desigualdade.

Os abusos das funções públicas parecem não ter freios nas campanhas eleitorais, restando à Justiça Eleitoral e ao Ministério Público acompanhar e intervir para evitar ao máximo a quebra do sistema equitativo, cujas repercussões podem se dar na área da improbidade administrativa eleitoral.

6.4. O PROCURADOR-GERAL ELEITORAL E OS PROCURADORES REGIONAIS ELEITORAIS

A Lei Complementar nº 75/1993 assim dispõe:

> Art. 73. O procurador-geral eleitoral é o procurador-geral da República.
>
> Parágrafo único. O procurador-geral eleitoral designará, dentre os subprocuradores-gerais da República, o vice-procurador-geral Eleitoral, que o substituirá em seus impedimentos e exercerá o cargo em caso de vacância, até o provimento definitivo.
>
> Art. 74. Compete ao procurador-geral eleitoral exercer as funções do Ministério Público nas causas de competência do Tribunal Superior Eleitoral.
>
> Parágrafo único. Além do vice-procurador-geral eleitoral, o procurador-geral poderá designar, por necessidade de serviço, membros do Ministério Público Federal para oficiarem, com sua aprovação, perante o Tribunal Superior Eleitoral.
>
> Art. 75. Incumbe ao procurador-geral eleitoral:
>
> I – designar o procurador regional eleitoral em cada Estado e no Distrito Federal;
>
> II – acompanhar os procedimentos do corregedor-geral eleitoral;
>
> III – dirimir conflitos de atribuições;
>
> IV – requisitar servidores da União e de suas autarquias, quando o exigir a necessidade do serviço, sem prejuízo dos direitos e vantagens inerentes ao exercício de seus cargos ou empregos.

Como se nota, a chefia do Ministério Público na disciplina eleitoral é de incumbência do procurador-geral eleitoral que conta em seu auxílio com o Vice-Procurador-Geral Eleitoral, membro escolhido para um biênio na forma legal, tendo assento nas seções do Tribunal Superior Eleitoral e atuando por parecer nos recursos eleitorais; além de funções de parte ativa, quando, *v.g.*, propõe ação de impugnação ao mandato eletivo em face de candidatos a Presidente e Vice-Presidente da República (*art. 2º da Lei Complementar nº 64, de 18 de maio de 1990*).

O art. 24 do Código Eleitoral atribui funções ao procurador-geral eleitoral. Entre as nominadas funções, cumpre ao PGE **"expedir instruções aos órgãos do Ministério Público junto aos Tribunais Regionais"** (*art. 24, VIII, do Código Eleitoral*). Desta forma, as diretrizes estabelecidas para todos os procuradores regionais eleitorais são defluentes da chefia institucional (princípio *da unidade formal do Parquet*).

186

Os conflitos positivos ou negativos de atribuições que possam surgir entre procuradores regionais eleitorais devem ser dirimidos pelo procurador-geral eleitoral, na forma da lei. Quanto aos conflitos entre promotores eleitorais, a solução fica com o procurador regional eleitoral, e não com o Procurador-Geral de Justiça.

Na hipótese de conflitos de atribuição entre promotores eleitorais de Estados diversos, a solução institucional correta é submeter o parecer final ao procurador--geral eleitoral, pois, não podemos olvidar que as funções eleitorais se submetem ao princípio da unidade formal com abstração do caráter hierárquico.

A atribuição é uma função típica do procurador-geral eleitoral para dirimir os conflitos com a aplicação do **princípio da unificação formal eleitoral e institucional na preservação da normalidade e legitimidade das eleições**, especialmente pela regra do art. 128, § 1º, da Carta Magna.

Os Procuradores Regionais Eleitorais são designados pelo Pocurador-Geral Eleitoral dentre os Procuradores Regionais da República nos Estados. Neste sentido:

> Art. 76. O procurador regional eleitoral, juntamente com o seu substituto, será designado pelo procurador-geral eleitoral, dentre os Procuradores Regionais da República no Estado e no Distrito Federal, ou, onde não houver, dentre os procuradores da República vitalícios, para um mandato de dois anos.
>
> § 1º O procurador regional eleitoral poderá ser reconduzido uma vez.
>
> § 2º O procurador regional eleitoral poderá ser destituído, antes do término do mandato, por iniciativa do procurador--geral eleitoral, anuindo à maioria absoluta do Conselho Superior do Ministério Público Federal.

O art. 76 prevê que nos Estados onde não houver procurador regional da República para exercer a função de procurador regional eleitoral, o procurador--geral eleitoral deverá designar um membro vitalício. Nesse caso, a designação recai sobre um procurador da república.

É possível a destituição pelo Conselho Superior do Ministério Público Federal das funções temporárias exercidas pelo procurador regional eleitoral, desde que garantido o devido processo de defesa e nos termos regimentais.

Por fim, o mandato do PRE é de apenas 2 (dois) anos, admitindo-se uma única recondução pelo procurador-geral eleitoral.

O art. 27 do Código Eleitoral estabelece regras sobre o procurador regional eleitoral nos Estados.

6.5. A IMPOSSIBILIDADE DE AUXÍLIO AO PROCURADOR REGIONAL ELEITORAL PELOS PROMOTORES ELEITORAIS

O art. 27, § 4º, do Código Eleitoral assim disciplina: *"Mediante prévia autorização do procurador-geral, poderão os procuradores regionais requisitar, para auxiliá-los nas suas funções, membros do Ministério Público local, não tendo estes, porém, assento nas sessões do Tribunal".*

O dispositivo legal não tem mais aplicação, porque o exercício das atribuições eleitorais junto aos Tribunais Regionais Eleitorais é de atribuição dos membros do **Ministério Público Federal**. O procurador regional eleitoral poderá ter auxílio apenas dos procuradores da República, recaindo a preferência em membros vitalícios.

O artigo em comento está revogado tacitamente pelo art. 77, parágrafo único, da Lei Complementar nº 75/1993, que vedou o auxílio aos membros do Ministério Público Estadual. Destaca-se: *"O procurador-geral eleitoral poderá designar, por necessidade de serviço, outros membros do Ministério Público Federal para oficiar, sob a coordenação do Procurador Regional, perante os Tribunais Regionais Eleitorais".*

Outrossim, o art. 10, IX, alínea *h*, da Lei nº 8.625/1993, na parte final, que permite a designação de promotor eleitoral para atuar com o procurador regional eleitoral, igualmente está revogado pelo art. 77, parágrafo único, da Lei Complementar nº 75/1993 (lei posterior revoga a anterior, segundo o art. 2º, § 1º, da Lei de Introdução às Normas do Direito Brasileiro).

O Superior Tribunal de Justiça possui decisão no sentido de admitir que membros do Ministério Público Estadual atuem junto ao próprio STJ, mas a nova interpretação não altera a regra de atuação do Ministério Público Federal nos Tribunais Regionais Eleitorais e no Tribunal Superior Eleitoral. Destaca-se parte do julgado: *"A nova orientação baseia-se no fato de que a CF estabelece como princípios institucionais do MP a unidade, a indivisibilidade e a independência funcional (art. 127, § 1º, da CF), organizando-o em dois segmentos: o MPU, que compreende o MPF, o MPT, o MPM e o MPDFT; e o MP dos Estados (art. 128, I e II, da CF). O MP estadual não está vinculado nem subordinado, no plano processual, administrativo e/ou institucional, à chefia do MPU, o que lhe confere ampla possibilidade de postular, autonomamente, perante o STJ" (AgRg no AgRg no AREsp 194.892-RJ, Rel. Min. Mauro Campbell Marques, julgado em 24/10/2012. Informativo no 0507. Período: 18 a 31 out. 2012*).

A disciplina das atribuições eleitorais cria um vetor específico de atuação compartilhada entre o Ministério Público Federal e o Estadual, sendo que cumpre ao Federal atuar nos Tribunais e ao Estadual, perante os juízes e juntas eleitorais (*primeiro grau de jurisdição*). Os fundamentos que motivam sempre a atribuição do Ministério Público Eleitoral rumam para a defesa do regime democrático e legitimidade do processo eleitoral, sem alusão a vícios do processo federativo ou de autonomias, considerando a atuação finalística que se ancora na unidade institucional e no sentido proativo da instituição ministerial.

É preciso insistir que a atuação do Ministério Público Estadual no Tribunal Regional Eleitoral, por intermédio dos Promotores Eleitorais, deveria ser plenamente admitida pela legislação, desde que em conjunto e concordância com o Procurador Regional Eleitoral, após indicação do Procurador-Geral de Justiça, pois seria uma forma evidente de fortalecimento da instituição em busca da melhor solução jurídica eleitoral.

Tenha-se presente, por exemplo, uma eleição municipal em que o Promotor Eleitoral atuou na fiscalização da propaganda política eleitoral e acompanhou todas as anfractuosidades do caso concreto podendo numa sustentação oral no Tribunal Regional Eleitoral relatar os detalhes da prova coligida.

De lege ferenda, faz-se necessária a inserção em norma específica para a compartilhada atuação funcional.

No Estado do Rio de Janeiro foi editada a Resolução nº 1.935, de 26 de setembro de 2014 (*publicada no Diário Oficial do Estado de 29/09/2014*), que disciplina o Procedimento Preparatório Eleitoral (PPE), a ser instaurado pelos Promotores de Justiça no exercício da função eleitoral.

Basicamente a resolução trata da apuração de infrações eleitorais de natureza não penal objetivando a colheita de subsídios necessários para instruir ações eleitorais, *v.g.*, a ação de investigação judicial eleitoral e a ação de captação ilícita de sufrágio, inclusive normatizando a juntada de depoimentos testemunhais e documentos em geral no âmbito do gabinete com publicidade aos interessados, resguardando-se o sigilo.

Trata-se de significativo avanço institucional que padroniza os procedimentos preparatórios das futuras representações específicas e, em especial, traduz um desenvolvimento na atuação conjunta entre o Ministério Público Federal e Estadual nas Eleições.

6.6. MISSÃO INSTITUCIONAL DOS PROCURADORES REGIONAIS ELEITORAIS E DO PROCURADOR-GERAL DE JUSTIÇA

A função institucional dos procuradores regionais eleitorais é comandar o Ministério Público com atribuições eleitorais nos Estados, procurando estabelecer diretrizes comuns de atuação contra os abusos do poder econômico, político, captações ilícitas de sufrágios e ações eleitorais.

Em virtude de lhes competir expedir normas e instruções eleitorais aos auxiliares (*Procuradores da República*) e, principalmente, aos promotores eleitorais, a função eleitoral é identificada num panorama de uniformidade formal de atuação, sob pena de fragmentação do conteúdo pétreo de defesa do regime democrático.

Dirigindo as atividades do setor (*disciplina eleitoral*), entre outras tarefas, incumbe aos procuradores regionais eleitorais nos Estados, por exemplo, disciplinar a fiscalização do registro de candidatos, propaganda política eleitoral e prestação de contas. O objetivo é otimizar em todas as comarcas regras de posicionamento no exercício de funções dos promotores eleitorais, sem, obviamente, atingir a independência funcional; pois, na essência, as orientações são genéricas e destinam-se a eliminar certas dúvidas durante o processo eleitoral.

No Estado do Rio de Janeiro existe a Coordenação das Promotorias Eleitorais (5º Centro de Apoio), que serve para intermediar as questões entre os promotores eleitorais e o procurador regional eleitoral, *v.g.*, apresentando planos de atuação, apoio material e estratégico e implementando a unificação institucional entre os Ministérios Públicos (*Federal e Estadual*).[2]

As funções eleitorais devem ser compartilhadas entre o Ministério Público Federal (Procurador Regional Eleitoral) e o Estadual (Promotores Eleitorais), que, contando sempre com o apoio incondicional do procurador-geral de Justiça, podem, todos, unidos, combater a corrupção, o abuso e a captação nas fases do processo eleitoral.

As missões institucionais se imbricam em prol do interesse da cidadania e nos lídimos termos da Carta Magna, formando uma união entre os Ministérios Públicos: Federal e Estadual, com a imbatível tarefa constitucional de preservação da lisura das eleições.

Não temos receio de afirmar que o Ministério Público exerce uma das mais dificultosas atribuições, sem dúvida, a eleitoral, pois com a plenitude do exercício de suas atribuições e propositura de ações eleitorais é possível afastar a corrupção. É por intermédio de suas ações que os partidos políticos podem canalizar suas "denúncias"; e, por sua intervenção, a Justiça Eleitoral pode manter a isenção necessária ao julgamento das lides político eleitorais, cuidando de toda gama de conflituosidades, consoante princípios constitucionais informativos do nosso sistema democrático.

Os promotores eleitorais devem pautar seus atos e atitudes pela coerência, discrição, firmeza de caráter, independência e senso de oportunidade, que formam o arcabouço dos predicados inerentes ao exercício das atribuições eleitorais.

Não se deve descurar de que "*o Ministério Público, no desempenho de seu munus, mesmo quando atua como fiscal da lei, pode requerer providências visando à escorreita aplicação das normas eleitorais*" (*TSE – Agravo Regimental no Agravo de Instrumento nº 4.985/MS, Rel. Min. Gilmar Mendes, em 09/12/2004*).

---

2 O procurador-geral de Justiça contribui efetivamente para o aprimoramento da unificação do *Parquet*, quando indica o seu assessor para ocupar a função de coordenador das Promotorias Eleitorais.

6.7. DESIGNAÇÃO DE PROMOTORES DE JUSTIÇA PARA A FUNÇÃO DE PROMOTORES ELEITORAIS. ATO COMPLEXO

A designação dos promotores eleitorais é ato de natureza complexa entre os Procuradores-Gerais de Justiça nos Estados e os procuradores regionais eleitorais. Na prática, o Procurador-Geral de Justiça deve indicar os nomes por critérios de antiguidade na comarca e rodízio,[3] cabendo ao Procurador Regional Eleitoral a designação em assinatura de ato conjunto firmado por ambas as autoridades com lastro no princípio da unidade institucional.

A base legal da designação e indicação dos nomes forma-se pela interpretação sistêmica dos *arts. 27, § 3º, do Código Eleitoral; 77 a 79 da Lei Complementar nº 75/1993 e 10, IX, 32, III e 73 da Lei nº 8.625/1993.*

O Supremo Tribunal Federal decidiu que a designação é ato de natureza complexa **com a indicação do Procurador-Geral de Justiça e designação do Procurador Regional Eleitoral** (*ADI 3.802/DF, Rel. Min. Dias Toffoli, 10/3/2016. Informativo STF, Brasília, 7 a 11/03/2016, nº 817*). Ressalta-se:

> A designação do promotor eleitoral seria ato de natureza complexa, resultado da conjugação de vontades tanto do Procurador-Geral de Justiça, responsável por indicar um membro do Ministério Público estadual, quanto do Procurador Regional Eleitoral, a quem competiria o ato formal de designação. Dessa maneira, o art. 79, *caput* e parágrafo único, da Lei Complementar nº 75/ 1993, não teria o condão de ofender a autonomia do Ministério Público Estadual, porque não incidiria sobre a esfera de atribuição do *parquet* local, mas sobre ramo diverso da instituição, o Ministério Público Eleitoral. Por consequência, não interviria nas atribuições ou na organização do Ministério Público Estadual.

A resolução disciplinadora da designação deve ser conjunta e se pautar pela preponderância do princípio da unidade institucional. Assim, evita-se a interpretação isolada do art. 79 da Lei Complementar nº 75/1993 em detrimento da missão institucional de proteção aos interesses da cidadania.

Os promotores eleitorais só devem ser designados por prévia indicação do Procurador-Geral de Justiça em obediência ao princípio da hierarquia previsto em sede constitucional, art. 127, § 2º, da Carta Magna, na medida em que o Ministério Público Estadual goza de **autonomia administrativa**, o que não gera obstáculo, ao ato conjunto, cuja complexidade se determina pela verdadeira união de propósitos, ou seja, estabelecer de forma coesa a atribuição eleitoral de cada um dos membros (*promotores eleitorais*) em razão das peculiaridades locais. Neste sentido, o TSE em Recurso Especial Eleitoral 12.704; e precedentes em Resolução

---

3 O Egrégio Tribunal Superior Eleitoral possui precedente no sentido de que a questão que envolve a designação de promotores eleitorais não é matéria de competência eleitoral. Hipótese que não se enquadra no art. 29, I, *e*, do Código Eleitoral. Neste sentido: Recurso em Mandado de Segurança nº 234, Juiz de Fora – MG. Brasília, 10/09/2002. Min. Nelson Jobim, Presidente – Min. Fernando Neves, relator. Publicado no *DJ* de 25/10/2002.

nº 20.932/2001 (*Consulta 737/PB, Rel. Min. Sepúlveda Pertence: Resoluções TSE nºs 14.442/1994 e 20.842/2001*). E ainda:

> (Acórdão nº 19.657, de 15/06/2004. Agravo regimental no Recurso Especial Eleitoral nº 19.657/MA. Rel. Min. Humberto Gomes de Barros. Ementa: Recurso especial. Agravo regimental. Designação de promotor eleitoral. Improvimento. Cabe ao procurador regional eleitoral a designação de promotor para exercer a função eleitoral, devendo o procurador-geral de Justiça apenas indicá-lo (*DJ* de 06/08/2004)

> Resolução nº 20.842, de 07/08/2001. Processo administrativo nº 18.623/ES. Rel. Min. Sepúlveda Pertence. Ementa: Ministério Público Eleitoral. Designação de promotor eleitoral. Gratificação eleitoral. Pagamento.

> 1. Impossibilidade de designação de promotor de justiça por ato unilateral do procurador-geral de justiça estadual para atuar na Justiça Eleitoral (art. 79, *caput*, da LC nº 75/1993).

> 2. A gratificação eleitoral prevista pelo art. 70 da Lei nº 8.625/1993 não pode ser paga a membro do Ministério Público local que não o promotor eleitoral, nos termos do art. 79, *caput*, da LC nº 75/1993. Precedentes: resoluções TSE nº 14.442/1994, 20.447/1999, REspe nº 16.038/1999 e RMS nº 1. *DJ* de 14/09/2000).

Sobre o assunto não podemos descurar da regra dos arts. 10, IX, *h*, e 73 da Lei Orgânica Nacional do Ministério Público (*Lei nº 8.625/1993*), que atribui ao procurador-geral de Justiça o dever de designar os promotores eleitorais, preservando a autonomia administrativa e o princípio hierárquico. De fato, os procuradores regionais eleitorais não são, hierarquicamente, os chefes dos promotores eleitorais, mas, sim, os responsáveis pelas diretrizes da unificação eleitoral nos Estados.

É sempre valiosa a lição de *Pedro Roberto Decomain* em sua obra *Comentários à Lei Orgânica Nacional do Ministério Público*, São Paulo: Editora Obra Jurídica, p. 456-457, quando sustenta a validade do art. 73 da Lei nº 8.625/1993 em relação ao art. 79 da Lei Complementar nº 75/1993, firmando premissas básicas, a saber: a) o art. 79 viola o art. 127, § 2º, da Carta Magna (*autonomia administrativa do MP Estadual*); b) a Lei Complementar nº 75/1993 é de iniciativa do procurador-geral da República (*art. 128, § 5º, da Carta Magna*), enquanto a Lei nº 8.625/1993 é de iniciativa privativa do Presidente da República (art. 61, § 1º, II, *d*). E neste conflito de iniciativas para reger a ordem estadual deve prevalecer a Lei nº 8.625/1993, bem como as leis estaduais; e c) a Lei Complementar nº 75/1993 só se aplica aos Ministérios Públicos Estaduais de forma subsidiária. Da mesma posição é o renomado autor *Joel José Cândido*, em sua obra *Direito Eleitoral Brasileiro*, Editora Edipro.

Não é da competência da Justiça Eleitoral decidir sobre a atribuição de promotores eleitorais por via de mandado de segurança, pois não incidente o art. 29, I, *e*, do Código Eleitoral, *in expressi verbis: "Rel. Min. Fernando Neves.Ementa: Mandado de Segurança. Adoção do sistema de rodízio para a designação de promotor eleitoral. Incompetência da Justiça Eleitoral. Hipótese que não se enquadra no art. 29, I, e, do Código Eleitoral. Recurso não conhecido. DJ de 25/10/2002"* (Acórdão nº 234, de 10/09/2002. Recurso em Mandado de Segurança no 234/MG).

Cumpre observar que compete à União legislar, privativamente, sobre Direito Eleitoral, art. 22, I, da Carta Magna. Nesta linha, a Lei Complementar nº 75/1993 disciplinou, no art. 79 e parágrafo único, uma regra lacônica sobre a designação do promotor eleitoral, porquanto não atende as diferenças de auto-organização local e comarcana da instituição.

Vê-se, portanto, a falência desta regra diante das diversas formas de estruturação do Ministério Público, tais como: Promotorias de Tutelas Coletivas, de Proteção à Criança e Adolescentes, Idosos e Centrais de Inquéritos.

No fundo, a regra do art. 79 não prescinde da indicação do Procurador-Geral de Justiça, que possui a ampla visão da organização interna do Ministério Público "local", podendo perscrutar diante do critério da territorialidade a melhor aproximação do promotor eleitoral com o cidadão, protegendo de forma eficaz toda a sociedade e garantindo um adequado desempenho das funções eleitorais. A exclusão do chefe institucional do Ministério Público nos Estados do poder de designação baseado em critérios prévios e legais não contribui para o aperfeiçoamento do combate às fraudes, corrupção e abusos eleitorais.

Assim ecoa que o art. 79 faz menção expressa de vinculação do promotor eleitoral ao "juízo", e não ao juiz eleitoral. Como se nota, numa visão nacional da questão, diversos Tribunais Regionais Eleitorais não adotam a vinculação ao "juízo", órgão previamente determinado pelo Tribunal Regional Eleitoral para exercer por meio do juiz que estiver ali investido as funções temporárias da Justiça Eleitoral. Por exemplo: o "juízo" da 1ª Vara de Família vincula a 1ª Zona Eleitoral.

Na verdade, não é o "juízo" que exerce a investidura temporária, mas, sim, o juiz (pessoa) escolhida por critérios da Resolução nº 21.009, de 5 de março de 2002.

Pelo texto da Res. TSE nº 21.009/2002, o juiz exerce a jurisdição eleitoral na comarca por critério de antiguidade e sistema de rodízio. No fundo, as normas sobre o assunto têm o propósito de promover aos juízes a vivência desta singular função.

Por outra linha, não se podem engendrar critérios de vinculação dos promotores eleitorais à pessoa física de um juiz eleitoral, sob pena de desfiguração da autonomia administrativa prevista na Carta Magna aos Ministérios Públicos: Federal e Estadual.

Se, por exemplo, o juiz Pedro fosse promovido ao cargo de desembargador, ou fosse removido voluntariamente de uma comarca, por via indireta, o promotor eleitoral não seria mais o titular daquela Promotoria Eleitoral, fulminando suas atribuições e atingindo todo um trabalho de investigação eleitoral em prejuízo da sociedade e da cidadania.

Como bem explicitado pelo eminente *Carlos Roberto de Castro Jatahy*: *"Esta interpretação permitiria que o magistrado – e não o Ministério Público – investisse e removesse, a seu talante, o membro do Ministério Público de suas funções eleitorais"* (*Curso de Princípios Institucionais do Ministério Público*, Rio de Janeiro: Editora Roma Victor, p. 82).

Desta forma, faz-se necessária uma legislação uniforme sobre o assunto, cuja iniciativa legiferante tenha lastro no art. 61, II, *d*, da Carta Magna; portanto, ao Presidente da República caberá a tarefa de propor projeto de lei que efetivamente discipline a organização do Ministério Público nesta árdua missão em toda a circunscrição nacional, jamais olvidando do princípio da territorialidade entre o cidadão e o promotor eleitoral; ou a iniciativa poderá ser de forma concorrente do procurador-geral da República, na linha de entendimento do disposto no art. 128, § 5º, da Lei Maior.

O Conselho Nacional do Ministério Público editou a Resolução nº 30, de 19 de maio de 2008, objetivando disciplinar os critérios de designação dos promotores de justiça para exercerem as funções de promotores eleitorais.

Ressaltamos alguns aspectos fundamentais dessa Resolução.

(i)   A designação dos Promotores de Justiça para exercer as funções eleitorais não deve se basear em membro que esteja lotado, exclusivamente, na circunscrição eleitoral (território da zona eleitoral), porque se um Promotor Eleitoral residir em bairro diverso ocorrerá extrema dificuldade da designação. Desta forma, consagra-se a antiguidade na comarca como critério de designação, inclusive permanecendo o rodízio na função eleitoral.

(ii) A Resolução consagrou que o critério de designação é, efetivamente, um ato complexo quando temos a manifestação de vontade do Procurador-Geral de Justiça e do Procurador Regional Eleitoral.

(iii) O prazo de designação é de 2 (dois) anos, inclusive sendo prorrogado, automaticamente, em relação aos Promotores Eleitorais já designados no momento de vigência da Resolução nº 30/2008. O ato de prorrogação não necessita de regulamentação no âmbito estadual pelo Procurador Regional Eleitoral e Procurador-Geral de Justiça. Neste caso, entendemos que é suficiente a expedição de um ato de aviso no Diário Oficial aos Promotores Eleitorais que já estavam designados.

Na verdade, rompe-se os critérios temporais anteriores para adequação ao prazo de 2 (dois) anos.

Todavia, não é possível a prorrogação da investidura temporária de membros do Ministério Público que, no momento da vigência da Resolução, estejam afastados da função eleitoral, *v.g.*, exercendo cargo ou função de confiança na Administração Superior da Instituição.

Tratando o art. 7º de membros "indicados ou designados", não há que se falar em prorrogação da investidura de quem se encontra afastado temporariamente da função, pois, esses afastamentos transformam-se em definitivos.

(iv) O art. 1º, § 1º, I, trata do impedimento para a função eleitoral e da recusa justificada. Estas exceções devem ser analisadas conjuntamente pelo Procurador-Geral de Justiça e Procurador Regional Eleitoral.

A recusa justificada não pode servir ao pretexto de fomentar a omissão no exercício da atividade funcional.

Assim, o Promotor de Justiça que está exercendo funções eleitorais poderá apresentar a recusa justificada para casos que envolvam relações de parentesco, suspeição, motivos de saúde, licenças anteriormente concedidas e hipóteses excepcionais.

Cumpre frisar que os membros das Juntas Eleitorais e os mesários também podem recusar, justificadamente, o exercício desse munus público (art. 344 do Código Eleitoral).

(v) O art. 1º, § 1º, III, impede que seja designado membro do Ministério Público que esteja respondendo a processo administrativo disciplinar em razão do atraso injustificado do serviço. Trata-se de medida preventiva, uma vez que a desídia funcional pode prejudicar, consideravelmente, o desempenho eficaz da função eleitoral, já que os feitos eleitorais, segundo dispõe o art. 94 da Lei nº 9.504/1997, "*no período entre os registros das candidaturas até 5 dias após a realização do segundo turno das eleições terão prioridade para participação do Ministério Público*".

Com efeito, o art. 16 da Lei Complementar nº 64/1990 disciplina que os prazos sobre registros de candidatos não se suspendem aos sábados, domingos e feriados, além de serem contínuos e peremptórios e correrem em secretaria e cartório.

É importante frisar que o princípio da celeridade é imbricado nas regras eleitorais, até porque o art. 127 da Constituição da República impõe ao Ministério público o dever de defesa do regime democrático.

Nesta linha de raciocínio, é desarrazoado que o processo administrativo deva estar julgado definitivamente para a incidência de tal regra, pois o mandamento constitucional não pode ceder a uma vontade unilateral do Promotor, vez que não haverá prejuízo em seus subsídios e prerrogativas institucionais.

(vi) É importante frisar que a natureza jurídica do ato de designação e indicação não é cogente, quando são disponibilizadas escolhas aos Promotores de

Justiça de determinadas zonas eleitorais (Promotorias Eleitorais), até porque a função é retribuída monetariamente com a gratificação eleitoral.

Se um Promotor de Justiça é mais antigo do que o outro na comarca, ele poderá escolher a melhor zona eleitoral para exercer a sua investidura temporária pelo prazo de dois anos. Assim, ele não está obrigado a escolher e ser indicado para a zona eleitoral para a qual não concorreu ou não manifestou vontade, exceto em comarcas de Juízo único ou em hipóteses que demandem uma designação específica (por exemplo, acompanhar o sistema de geração de mídias para as urnas eletrônicas). Em outras palavras, se um Promotor é mais antigo que o outro, tem o direito de escolher a zona eleitoral de sua preferência e ser indicado para a mesma.

(vii) Os Procuradores Regionais Eleitorais devem editar, juntamente com os Procuradores-Gerais de Justiça, resoluções específicas para os respectivos Estados, objetivando preencher eventuais lacunas em razão de peculiaridades locais.

No Estado do Rio de Janeiro, e.g., foi editada a Resolução Conjunta entre o Ministério Público Federal e Estadual de nº 12, de 2016, disciplinando as atribuições dos Promotores Eleitorais em complemento ao normatizado na Resolução nº 30 do Conselho Nacional do Ministério Público.

Acresça-se ainda a expedição da Resolução Conjunta nº 15/2018, que: "Dispõe sobre a unificação de datas dos biênios de exercício da função eleitoral de primeiro grau no Rio de Janeiro e critérios de designação dos Promotores Eleitorais".

Os arts. 4º e 6º da Resolução nº 15/2018 são abaixo transcritos objetivando ilustrar determinadas regras e vedações ao exercício da função de Promotor Eleitoral pelos Promotores de Justiça.

> Art. 4º O Promotor de Justiça não poderá recusar a indicação e tampouco renunciar ao exercício da função eleitoral, salvo em situações de caráter excepcional, que deverão ser motivadamente noticiadas à Procuradoria-Geral de Justiça e à Procuradoria Regional Eleitoral, nos termos do art. 1º, § 2º, da Resolução CNMP nº 30/2008.
>
> (...)
>
> Art. 6º Não poderá ser indicado para exercer a função eleitoral Promotor de Justiça:
>
> I – lotado em localidade não abrangida pela Zona Eleitoral perante a qual deverá oficiar, salvo em caso de ausência, impedimento ou recusa justificada, e quando ali não houver outro membro desimpedido;
>
> II – filiado a partido político;
>
> III – que tenha obtido o cancelamento da filiação partidária em período inferior a 2 (dois) anos;

MINISTÉRIO PÚBLICO CAPÍTULO 6

IV – que se encontre afastado do exercício das funções regulares do cargo do qual é titular, salvo nas hipóteses de férias e licenças voluntárias;

V – que esteja exercendo função gratificada ou ocupando cargo de confiança perante a Administração Superior, independentemente de estar afastado ou não de suas funções regulares;

VI – que tenha sido punido ou que responda a processo administrativo ou judicial, nos 3 (três) anos subsequentes, em razão da prática de ilícito que atente contra:

a) a celeridade da atuação ministerial;

b) a isenção das intervenções no processo eleitoral;

c) a dignidade da função e a probidade administrativa.

Como se observa, o efetivo exercício cumulativo das funções de Promotor Eleitoral e Promotor de Justiça exige o preenchimento de requisitos objetivos, inclusive a ausência de instauração de procedimento administrativo ou judicial nos termos das letras "a", "b" e "c" do inc. VI do art. 6º da Resolução nº 15/2018, o que deverá ser certificado pelo Procurador-Geral de Justiça ou pela Corregedoria do Ministério Público Estadual, ou seja, subsistindo vedações ao membro do Ministério Público (Promotor de Justiça), ele não será indicado pelo Procurador-Geral de Justiça e, consequentemente não poderá ser designado pelo Procurador Regional Eleitoral.

A absolvição ou improcedência do processo judicial ou administrativo permitirá a concretude de futuro ato complexo administrativo de indicação e designação, mas enquanto subsistir o andamento processual é o *quantum libet* da norma vedatória.

6.8. VEDAÇÃO DE FILIAÇÃO PARTIDÁRIA AOS MEMBROS DO MINISTÉRIO PÚBLICO

Acrescendo sobre o assunto, o art. 80 da Lei Complementar nº 75/1993 assim diz:

Art. 80. A filiação a partido político impede o exercício de funções eleitorais por membro do Ministério Público até dois anos do seu cancelamento.

Trata-se de dispositivo que impede o comprometimento ou suspeita de envolvimento do membro do Ministério Público com atribuições eleitorais, pois, após se desfiliar deve ficar dois anos sem atuar nas funções eleitorais.[4]

Esta regra tem uma destinação temporária bem reduzida no âmbito interno da instituição, porque sendo vedada a filiação aos membros do Ministério Público

---

4 Sobre a desfiliação, favor consultar os arts. 21, parágrafo único, e 22 da Lei nº 9.096/1995 (Lei dos Partidos Políticos).

pela Emenda Constitucional nº 45, os casos são transitórios. Todavia, em relação aos candidatos aprovados nos concursos públicos e recém-ingressos, o dispositivo terá inteira aplicabilidade. Os aprovados devem providenciar, antes da posse, a devida desfiliação do partido político e aguardar por dois anos até estarem aptos a atuar em feitos eleitorais e nas eleições.

Outrossim, a regra do art. 204 da Lei Complementar nº 75/1993, que trata a desincompatibilização por licença e remuneração,[5] é norma de restritíssima aplicabilidade, pois se destina aos aprovados no concurso público que fizeram a opção pelo regime anterior, nos moldes do art. 29, § 3º, do Ato das Disposições Constitucionais Transitórias da Lei Maior. Quem optou, faz *jus* ao respeito pelas garantias; sendo-lhe permitida a filiação partidária como condição de elegibilidade constitucional. Trata-se de assegurar o direito adquirido ao regime transitório em face de emenda constitucional superveniente que afasta a regra por ser decorrente do poder constituinte derivado, enquanto o Ato das Disposições Constitucionais Transitórias defluiu do poder originário.[6]

O Egrégio Tribunal Superior Eleitoral decidiu: *"O membro do Ministério Público que pretende concorrer nas eleições do próximo ano (2006) poderá realizar sua filiação partidária até seis meses antes do pleito. Já o prazo de desincompatibilização dependerá do cargo para o qual o candidato concorrer. Essa foi a resposta dada pelo Tribunal Superior Eleitoral à consulta feita pelo Senador Alberto Silva (PMDB-PI) e relatada pelo ministro Cesar Rocha.* Nesse sentido a **Consulta nº 22.012/2005 do Egrégio TSE**. *Os membros do Ministério Público, por estarem submetidos à vedação constitucional de filiação partidária, estão dispensados de cumprir o prazo de filiação fixado em lei ordinária, devendo satisfazer tal condição de elegibilidade até seis meses antes das eleições, de acordo com o art. 1º, inc. II, letra j, da LC nº 64/1990, asseverando ser*

---

5 (*Informativo* 409 do STF. ADIn: Membros do MP e Exercício de Outros Cargos e Funções). O Tribunal julgou improcedente pedido formulado em ação direta de inconstitucionalidade ajuizada pelo Governador do Estado do Rio de Janeiro contra a alínea *c* do § 1º do art. 9º e do art. 165, ambos da Lei Complementar estadual nº 106/2003 – Lei Orgânica do Ministério Público do Estado do Rio de Janeiro, que, respectivamente, estabelece a inelegibilidade para o cargo de procurador--geral de Justiça dos procuradores e promotores de Justiça que ocupem cargo ou função de confiança e deles não se desincompatibilizem, por afastamento, pelo menos 60 dias antes da data de eleição; e assegura aos membros do Ministério Público, admitidos antes da promulgação da CF/88, o que dispõe o § 3º do art. 29 do ADCT ("Art. 29. Enquanto não aprovadas as leis complementares relativas ao Ministério Público[...] § 3º Poderá optar pelo regime anterior, no que respeita às garantias e vantagens, o membro do Ministério Público admitido antes da promulgação da Constituição, observando-se, quanto às vedações, a situação jurídica na data desta."). Entendeu-se que o primeiro preceito atacado não autoriza o exercício de outros cargos ou funções de confiança, tal como alegado, em ofensa ao art. 128, II, *d*, da CF, mas tão só determina que os que os ocupem, e desejem concorrer à eleição de procurador-geral de Justiça, deles se afastem, pelo menos 60 dias antes do pleito. Rejeitou-se também a apontada inconstitucionalidade relativa ao segundo preceito, ao fundamento de que este apenas repete o disposto no art. 29, § 3º, da CF, não havendo previsão, nem na Constituição Federal nem na Lei Orgânica do Ministério Público União, acerca do prazo para o exercício da opção nele veiculada. ADIn nº 2.836/RJ, Rel. Min. Eros Grau, 17/11/2005.

6 A regra da opção pelo regime anterior foi corretamente criticada pelo eminente Hugo Nigro Mazzilli: "Fruto de poderoso *lobby*, tal dispositivo transitório, visando a acomodar situações e interesses particulares, acabou desnaturando em grande parte o perfil constitucional que fora reservado ao Ministério Público. A uma, porque os membros do Ministério Público Federal que já advogavam poderão continuar a fazê-lo; a duas, porque o afastamento da carreira, para atividades político-partidárias ou para cargos administrativos, poderá continuar a ser utilizado quase que irrestritamente [...]" (*Regime Jurídico do Ministério Público*. 5ª ed. São Paulo: Saraiva, p. 379).

o prazo de filiação dos membros do Ministério Público, o mesmo dos magistrados. O prazo para desincompatibilização dependerá do cargo para o qual o candidato concorrer, prazos previstos na LC nº 64/1990. Brasília, 12 de abril de 2005".

O Tribunal Superior Eleitoral, analisando a questão após a Consulta 22.012/2005, especificamente, na Resolução nº 22.095, de 4 de outubro de 2005 (*Consulta nº 1.154*), decidiu que a aplicação da Emenda Constitucional nº 45/2004 é "*imediata e sem ressalvas, abrangendo tanto aqueles que adentraram nos quadros do Ministério Público antes, como depois da referida emenda à Constituição*" (*Diário da Justiça, vol. I, 24 out. 2005, p. 89*).[7]

A questão é relevante e polêmica, inclusive em outra decisão, o Conselho Nacional do Ministério Público apreciando o exercício da atividade política partidária (*processo 06/2005*), Rel. Ex.mo Conselheiro Hugo Melo, entendeu, por maioria, que a vedação é absoluta para os ingressados após a EC nº 45, mas permitiu a atividade aos membros ingressos de 1988 até a EC nº 45. Destacam-se os doutos votos vencidos dos Excelentíssimos Conselheiros Hugo Melo, Ricardo Mandarino, Luiz Carlos Madeira, Alberto Cascais e Janice Ascari, no sentido de que a vedação era absoluta para todos, conforme precedente da Resolução do Egrégio Tribunal Superior Eleitoral, ressalvando-se os mandatos em curso.

Por fim, a questão referente à filiação partidária de membros do Ministério Público que optaram pelo regime jurídico anterior foi definida, quando do julgamento do RO nº 999, em 19/09/2006, o TSE assegurou a filiação: "*1. O art. 29, § 3º, do Ato das Disposições Constitucionais Transitórias, ao assegurar aos membros do Ministério Público, no tocante às vedações que a Constituição lhes impõe, a observância da situação jurídica que detinham quando da promulgação da Carta, assegura-lhes o direito ao exercício de atividade político-partidária, e tal exercício antecedia a promulgação (Acórdão nº 999, de 19/09/2006, Rel. Min. Gerardo Grossi)*".

A restrição imposta aos membros do Ministério Público e da magistratura no que tange à capacidade eleitoral passiva é de evidente inconstitucionalidade e merece alteração constitucional.

Com respeito, o sufrágio restrito é resoluta exceção ao texto constitucional e atinge o Estado democrático e o princípio da cidadania (*art. 1º, II, da Carta Magna*).

Na evolução jurisprudencial do Colendo Tribunal Superior Eleitoral e do Supremo Tribunal Federal fica registrado o afastamento gradual das limitações ao voto dos índios, bem como a amplitude do sufrágio aos menores de 18 anos, inclusive o menor com 15 anos pode se alistar, como já visto, desde que complete 16 anos na data da eleição.

---

7 Nesta obra sustentamos a posição contrária, ressalvando os ingressos antes da aludida emenda constitucional, porque não se trata de aplicação linear em relação a todos os membros, pois existe, a nosso pensar, um direito adquirido por norma decorrente do poder constituinte originário no Ato das Disposições Constitucionais Transitórias, não podendo esta matéria ser alterada por Emenda Constitucional.

Tem-se pretendido evoluir na busca da amplitude dos direitos políticos positivos. Os direitos políticos negativos são interpretados limitadamente. Essa exegese sistêmica se aplica em diversos vetores jurisprudenciais como, por exemplo: na interpretação das causas de inelegibilidade e da falta de condições de elegibilidade.

Múltiplos argumentos podem ser aviventados no sentido da permissibilidade do sufrágio aos membros das instituições do Ministério Público e Magistratura, ressalvando-se o retorno às atividades eleitorais no exercício das funções públicas.

Os fiscais de renda, funcionários em geral, policiais federais, civis e militares, defensores públicos, advogados da União e procuradores federais, estaduais e municipais estão aptos a serem sufragados em todos os níveis de eleição, sejam as nacionais, federais, estaduais e municipais, inclusive representantes de todos os segmentos públicos e privados da sociedade que devem apenas observar as hipóteses de desincompabilização, inclusive sem afetação dos subsídios ou vencimentos de qualquer natureza. Trata-se da licença especial.

Registre-se, por oportuno, a Proposta de Emenda à Constituição (PEC) 392/2014 que ruma na proteção da Constituição da República permitindo a candidatura dos membros do Ministério Público.

Em síntese: os membros do Ministério Público, atualmente, só podem se candidatar se realizarem o ato de desincompatibilização pela exoneração ou aposentadoria, não lhes é permitida a concessão de licença especial pelo sistema normativo atual, ressalvando-se, no entanto, os que ingressaram antes da Carta de 1988 e manifestaram a opção pelo regime jurídico anterior nos moldes do art. 29, § 3º, da ADCT.

6.9. FILIAÇÃO PARTIDÁRIA. MINISTÉRIO PÚBLICO. IMPUGNAÇÃO AO PEDIDO DE REGISTRO DE CANDIDATOS

O art. 3º da Lei Complementar nº 64/1990 assim dispõe:

> Art. 3º Caberá a qualquer candidato, a partido político, coligação ou ao Ministério Público, no prazo de 5 (cinco) dias, contados da publicação do pedido de registro do candidato, impugná-lo em petição fundamentada.
>
> (...)
>
> § 2º Não poderá impugnar o registro de candidato o representante do Ministério Público que, nos 4 (quatro) anos anteriores, tenha disputado cargo eletivo, integrado diretório de partido ou exercido atividade político-partidária.

Pergunta-se:

O art. 80 da Lei Complementar nº 75, de 20 de maio de 1993, que dispõe sobre a organização, as atribuições e o estatuto do Ministério Público da União

MINISTÉRIO PÚBLICO   CAPÍTULO 6

(*Art. 80. A filiação a partido político impede o exercício de funções eleitorais por membro do Ministério Público, até 2 [dois] anos do seu cancelamento*) revogou o § 2º do art. 3º da Lei Complementar nº 64/1990?

Sim. Com a vigência da Emenda Constitucional nº 45, a atividade política partidária dos membros do Ministério Público foi vedada de forma absoluta.

O art. 128, § 5º, II, alínea "e" da Constituição Federal assim dispõe: "*exercer atividade político partidária*". Trata-se de expressão bem genérica que abrange a impossibilidade de filiação partidária e de atos de campanhas partidárias ou eleitorais.

As regras vedatórias aplicáveis aos juízes e membros dos Tribunais de Contas passam a ser extensíveis aos membros dos Ministérios Públicos, sendo-lhes vedada a filiação (*condição constitucional de elegibilidade*) e, por via de consequência, o registro de suas candidaturas, exceto nas hipóteses de desincompatibilização por afastamento definitivo (*exoneração ou aposentadoria*).

Ressalve-se, no entanto, o disposto no art. 29, § 3º, do Ato das Disposições Constitucionais Transitórias, que trata dos membros do Ministério Público com ingresso antes da Constituição/1988, pois, nestes casos, é possível a opção pelo regime anterior que permite a filiação partidária e o acesso ao registro das candidaturas.

Por fim, acreditamos que a regra vedatória prevista no art. 128, § 5º, II, alínea "e" deve ser revista possibilitando aos membros do Ministério Público o registro de candidaturas eleitorais objetivando-se a plenitude da representação política.

No retorno à atividade do membro do Ministério Público em suas atribuições regulares poder-se-ia criar um mecanismo legal vedatório ao exercício de funções eleitorais, mas a exclusão, por completo, do direito à capacidade eleitoral passiva caminha em direção oposta aos direitos fundamentais e políticos, inclusive acarreta limitações ao sufrágio universal.

A cidadania engloba as condições de elegibilidade

A restrição indevida aos membros do Ministério Público atinge o núcleo fundamental da plena capacidade política diminuindo o terreno do direito ao sufrágio universal na livre escolha pelo eleitor. Retira o direito de voto afetando a soberania popular.

6.10. PRIVAÇÃO TEMPORÁRIA DO DIREITO DE VOTO AOS MEMBROS DO MINISTÉRIO PÚBLICO E DA MAGISTRATURA. OMISSÃO LEGISLATIVA. INCONSTITUCIONALIDADE

Por fim, é importante ressaltar que os membros do Ministério Público (*Promotores Eleitorais*) e da magistratura eleitoral (*juízes eleitorais*) ficam impossibilitados de exercer o próprio direito/dever de voto, considerando que atuam em zonas eleitorais

201

diversas das em que exercem regularmente o voto, sendo obrigados indevidamente a justificar a ausência.

Trata-se de uma restrição omissiva inconstitucional que afeta parâmetros da cidadania e democracia.

Com efeito, é de fundamental importância a criação de um sistema informatizado pela Justiça Eleitoral que permita essa votação do tipo "em separado", nos moldes do voto em trânsito, pois protrair no tempo a injustificada omissão legislativa atenta contra os primados democráticos.

Por esse prisma é lamentável a verificação de reiterada lesão aos direitos políticos dos membros do Ministério Público e do Poder Judiciário, impedindo-lhes, sem paradigma justificável, o exercício da capacidade eleitoral ativa.

Por exemplo, se um Promotor Eleitoral está exercendo suas atribuições numa determinada zona eleitoral que não corresponde à zona em que está alistado e é eleitor, ficará impossibilitado de votar, principalmente se for comarca longínqua.

A exclusão do magistrado e do membro do Ministério Público do exercício do *jus sufraggi* carece de uma urgente remodelação jurídica para permitir nos pleitos vindouros a plena possibilidade de votação, pois a situação de resoluta inconstitucionalidade se protrai no tempo sem maiores reflexões, inclusive causando no eleitorado local comarcano uma surreal perplexidade.

Trata-se de evidente violação aos direitos políticos do cidadão com resquícios de sentimento jurídico de repulsa, consagrando-se o sufrágio restrito em detrimento do princípio da universalidade.

6.11. INTERVENÇÃO DO MEMBRO DO MINISTÉRIO PÚBLICO NOS PROCEDIMENTOS ELEITORAIS

O Ministério Público, como instituição predestinada à defesa da cidadania e da amplitude democrática, jamais poderá ser esquecida ou omitida na atuação eleitoral, seja na condição de fiscal da ordem jurídica ou de parte autônoma.

O Estado Democrático conta, essencialmente, com a atividade de fiscalização do Ministério Público nas lides eleitorais e nas diversas fases do processo eleitoral, cujos interesses são de ordem pública primária e indisponível.

A obrigatoriedade de intervenção nas ações eleitorais defluiu da indisponibilidade objetiva (*natureza da lide*), mas não se pode olvidar a questão referente à qualidade das partes envolvidas: (*partidos políticos, candidatos e coligações, inclusive em alguns casos, o próprio cidadão*). Assim, podemos concluir que a intervenção é dúplice (*objetiva: pela natureza da lide; e subjetiva, pela qualidade das partes*).

Nesta última hipótese, não estamos diante de incapazes, mas agindo como órgão fiscal e substitutivo da pulverizada legitimação *ad causam*. É como se a ordem jurídica clamasse pela intervenção de órgão suprapartidário e isento, com a finalidade de carrear aos Tribunais a justiça democrática e constitucional, considerando serem eventualmente frágeis as partes originalmente legitimadas para sustentar suas irresignações em grau recursal ou por via impugnativa autônoma.

Todavia, independentemente da atitude ativa do colegitimado, compete ao Ministério Público a inafastável função institucional, agindo com todos os meios possíveis na produção da prova dentro de parâmetros razoáveis, cujo reconhecimento é firme e pacífico na jurisprudência dos Tribunais Regionais Eleitorais e do Tribunal Superior Eleitoral e doutrina.

Cumpre observar, no entanto, que o interesse de agir em determinado processo eleitoral é posição exclusivamente discricionária do membro do Ministério Público, pois não se pode chegar ao exagero de se exigir a intervenção na assinatura de títulos eleitorais, mas, ao contrário, é possível a fiscalização na transferência de eleitores ou no alistamento eleitoral.

Por exemplo: pode um eleitor fornecer um endereço falso como sendo de sua residência, o que obriga a intervenção do promotor eleitoral.

Quanto à obrigatoriedade de intervenção do Ministério Público destacamos as valiosas lições do professor *Carlos Roberto de Castro Jatahy*, *in expressi verbis*: "*Note- se que a obrigatoriedade da atuação deve ser tida como oportunidade do* Parquet *estar presente no processo, sendo devidamente intimado a se manifestar acerca da existência ou não do interesse público". É importante destacar que só se vislumbra nulidade por ausência de oportunidade para a intervenção e não por ausência de efetiva intervenção"* (obra referida, p. 207).

6.12. NULIDADE DO PROCESSO ELEITORAL EM RAZÃO DA AUSÊNCIA DE INTERVENÇÃO DO ÓRGÃO DO MINISTÉRIO PÚBLICO ELEITORAL. APLICAÇÃO DO CÓDIGO DE PROCESSO CIVIL

O Código de Processo Civil no art. 279, *caput* e § 2º, estabelece que: "É nulo o processo quando o membro do Ministério Público não for intimado a aco*mpanhar o feito em que deva intervir. (...)* § 2º *A nulidade só pode ser decretada após a intimação do Ministério Público, que se manifestará sobre a existência ou a inexistência de prejuízo".* Trata-se de hipótese de nulidade absoluta.

Todavia, como lecionam Teresa Arruda Alvim Wambier e outros: "(...) É do Ministério Público a última palavra".

Significa que subsiste a possibilidade de sanabilidade de eventual vício, mas que sempre será inexorável a manifestação do órgão do *Parquet* eleitoral.

Sobre a necessidade impostergável de intimação do Ministério Público, sublinhamos excelente assertiva do eminente Emerson Garcia, ao ressaltar a incidência da Lei Complementar nº 75/1993, que disciplina e obriga a intimação pessoal, *in verbis*: "É relevante ressaltar que a LC nº *75/1993 é posterior à LC nº 64/1990 tendo estabelecido norma específica com relação à intimação dos membros do Ministério Público, logo, derrogou a norma genérica prevista no art. 16 da LC nº 64/1990, a qual somente seria passível de aplicação aos demais interessados. E ainda, o que reforça a assertiva de que não poderia ser desconsiderada a prerrogativa prevista na norma especial"* (*Abuso de Poder nas Eleições*, Rio de Janeiro: Lumen Juris, p. 105).

Se o membro do Ministério Público nas funções eleitorais não for intimado de um processo eleitoral, o feito estará acobertado pela nulidade com base no art. 279 do Código de Processo Civil, aplicável subsidiariamente. Nota-se, ainda, que a legislação eleitoral em diversos artigos contempla de forma expressa a atuação do *Parquet*.

Impende frisar a hipótese de não intervenção do promotor eleitoral, quando o juiz eleitoral entende pela sua obrigatoriedade, havendo discordância de posições. Neste caso, a solução é a remessa dos autos ao procurador regional eleitoral com base nos arts. 140 do CPC e 357, § 1º, do Código Eleitoral (*adoç*ão de interpretação analógica ao art. 28 do Código de Processo Penal).

Caberá ao procurador regional eleitoral perscrutar sobre o interesse da intervenção, e, se concluir positivamente, deverá encaminhar ofício ao Procurador- -Geral de Justiça para a indicação do nome de outro promotor eleitoral para substituir, sem prejuízo de eventual análise de responsabilidade funcional, inclusive pela observância da regra do art. 94 da Lei nº 9.504/1997, que prioriza a intervenção do Ministério Público no período entre o registro das candidaturas e até cinco dias após o segundo turno.

Por fim, acaso seja negada a intervenção do *Parquet* pelo órgão jurisdicional, é possível a impetração de mandado de segurança ou, alternadamente, a interposição de reclamação ou correição parcial previstos no regimento interno e Código de Organização Judiciária.

O Egrégio TSE tem precedente quanto à supressão da intervenção do Ministério Público pela adoção da regra do § 2º do art. 249 do Código de Processo Civil (*no novo CPC é o art. 288, § 2º*), *in expressi verbis*: *"Recurso Especial Eleitoral nº 23.515/TO. Rel. Min. Humberto Gomes de Barros. Ausência de intimação do promotor eleitoral. Nulidade. Possibilidade de aplicação do § 2º do art. 249, CPC. A nulidade decorrente da ausência de intimação do promotor eleitoral, em impugnação de registro de candidaturas, não deve ser proclamada, quando for possível decidir o mérito conforme seu pronunciamento, nos termos do § 2º do art. 249 do CPC".*

Há também um precedente no Conselho Nacional de Justiça no sentido da necessidade de entrega do processo com vista ao Ministério Público nas dependências deste.

> I. Essencial ao exercício da função jurisdicional do Estado (art. 127, *caput*, da CF/1988), as prerrogativas dos Membros do Ministério Público prestam à proteção do Jurisdicionado;

II. A recomendação feita pela Corregedoria mato-grossense implica na descontinuidade da prestação jurisdicional, acarreta atrasos na tramitação dos processos e, portanto, prejudica o cidadão usuário dos serviços da Justiça, tudo isto a caracterizar a urgência do sobrestamento do ato.

III. Não pode uma recomendação do Corregedor Geral da Justiça modificar disposição legal contida em Lei Federal.

IV. Pedido julgado procedente, tornada definitiva a liminar antes concedida (*CNJ, Procedimento de Controle Administrativo nº 200810000028234*)".

Em acréscimo ao tema decidiu o Colendo TSE, *in verbis:*

> *Agravo Regimental no Recurso Especial Eleitoral nº 36.794/PI.Rel. Min. Felix Fischer. 1. Nos processos de registro de candidatura, aplica-se a regra geral da intimação pessoal do Ministério Público Eleitoral, com exceção do disposto no art. 6º da Lei Complementar nº 64/90. Precedentes: AgRREspe nº 29.883/SP, de minha relatoria, Rel. desig. Min. Henrique Neves, PSESS em 11/10/2008; AgRREspe 30.322/MG, Rel. Min. Arnaldo Versiani, PSESS em 9/10/2008; AgR-REspe 32.510/PB, Rel. Min. Eros Grau, PSESS em 12/11/2008".*

É importante frisar que sendo o processo democrático eleitoral substancialmente de ordem indisponível de interesses da cidadania, não é permitido ao membro do Ministério Público negar a sua intervenção sob o singelo argumento da falta de interesse, ao contrário, o interesse é estatutário jurídico-político constitucional e a cobrança da sociedade decorre da participação popular, *ius suffragi* ensejando a legitimidade da Justiça constitucional.[8]

Em virtude dessas considerações, leciona Nelson Nery Júnior:

> Decisão sobre a intervenção do MP. Trata-se de ato complexo. Somente quando as duas instituições (Magistratura e MP) quiserem e estiverem de acordo é que se dará a intervenção. Caso uma das duas não queira, não intervirá o MP. A nenhuma delas cabe, sozinha, decidir se haverá intervenção do MP. Se só o MP quiser, o juiz poderá indeferir sua intervenção, que será definitiva, se o Tribunal negar provimento a eventual recurso. Se só o juiz quiser, não poderá ele, tampouco o Tribunal, ordenar que o MP intervenha no processo, dado a

---

8 (Recurso Ordinário nº 113, Acórdão nº 113, de 1º.09.1998, Rel. Min. Néri da Silveira): "[...] A impugnação do Ministério Público Eleitoral não foi conhecida, porque intempestiva. Considerou-se aplicável, na espécie, o disposto no art. 3º da Lei Complementar nº 64/1990, regra especial, e não a norma do art. 18, II, letra *h*, da Lei Complementar nº 75/1993. Nesse sentido, decidiu a Corte na sessão de 31/08/1998, no Recurso Ordinário nº 117/PE, de que fui relator. O prazo para o Ministério Público flui, também, da data da publicação do edital referente ao pedido de registro, não cabendo, nesta matéria, pretender-se a intimação pessoal do Ministério Público. Por conseguinte, a questão encontrava-se preclusa, não podendo ser conhecida. No mesmo sentido: "Registro de candidatura. Perda de mandato (art. 1º, I, *b*, da LC nº 64/1990). Impugnação não oferecida no prazo previsto no art. 3º da LC nº 64/1990, a que se sujeita, também, o Ministério Público. Conhecimento de ofício da matéria. Inviabilidade, na espécie, por se tratar de inelegibilidade infraconstitucional. Precedentes. Recurso provido. Sujeita-se o Ministério Público ao prazo do art. 3º da LC nº 64/1990, para o oferecimento de ação de impugnação de registro de candidatura. Não se conhece de ofício de matéria relativa à causa de inelegibilidade infraconstitucional."

independência jurídica e funcional do órgão do MP. Incorreta a decisão que entendeu poder o juiz ordenar a intervenção do MP, que teria de obedecer (*TJ/MG-RT* 599/189, e *Código de Processo Civil Comentado*, São Paulo: Editora Revista dos Tribunais, 2002, p. 402).

Por fim, o art. 129, § 5º, da Constituição da República Federativa do Brasil assim dispõe: "*A distribuição de processos no Ministério Público será imediata*". A novidade foi introduzida pela Emenda Constitucional nº 45/2004, que tratou da Reforma do Judiciário.

Para cumprir a meta jurígena constitucional da razoabilidade da duração dos processos, a distribuição imediata importará na permanente estruturação da instituição em um sistema de plantão, inclusive pela regra constitucional do art. 93, XII, *in expressi verbis: "A atividade jurisdicional será ininterrupta, sendo vedado férias coletivas nos juízos e tribunais de segundo grau, funcionando nos dias em que não houver expediente forense normal, juízes em plantão permanente*".

De toda sorte, a expressão "imediata distribuição" sublinha um conteúdo indeterminado, vago ou impreciso, cujos significados podem ser amplos ou restritos. Podemos entender, a princípio, que a norma constitucional está exigindo modificações nas regras de autuação dos processos; alteração dos setores administrativos das secretarias e Tribunais com a pronta remessa dos autos; e instituição de prioridades. Todas as contribuições que possam conduzir a sinergia processual célere devem ser adotadas pelos legisladores infraconstitucionais e aplicadores da lei.

Na prática, os Tribunais, juízes e membros do Ministério Público já estão implementando alterações regimentais e procedimentais, por exemplo, com a instituição do plantão forense permanente.

Acresça-se como prerrogativa do Ministério Público a forma de garantia de o membro sentar-se à direita dos juízes em audiências e sessões, a decisão do Egrégio **Superior Tribunal de Justiça** que se aplica na **Justiça Eleitoral** por equivalência e objetividade de atribuições institucionais, *in expressi verbis*:

> É prerrogativa institucional dos membros do Ministério **Público sentar-se à direita dos juízes singulares ou Presidentes dos órgãos judiciários perante os quais oficiem**, independentemente de estarem atuando como parte ou fiscal da lei. Com efeito, o Ministério Público é instituição permanente, essencial à função jurisdicional do Estado, incumbindo-lhe a defesa da ordem jurídica, do regime democrático e dos interesses sociais e individuais indisponíveis, conforme estabelece o art. 127 da CF. Dessa forma, em razão da sua relevância para o Estado Democrático de Direito, essa instituição possui prerrogativas e garantias para que possa exercer livremente suas atribuições. Ademais, não se pode falar em privilégio ou quebra da igualdade entre os litigantes, uma vez que a citada **garantia é proveniente de lei** (*art. 41, XI, da Lei nº 8.625/1993 e art. 18, I, a, da LC 75/1993). Precedentes citados: RMS 6.887-RO, Primeira Turma, DJ 15/12/1997; AgRg na MC 12.417-SP, Segunda Turma, DJ 20/6/2007; e RMS 19.981-RJ, Quinta Turma,*

DJ 3/9/2007. RMS 23.919-SP, Rel. Min. Mauro Campbell Marques, julgado em 5/9/2013. (Grifos nossos).

6.13. A INTERVENÇÃO DO MINISTÉRIO PÚBLICO EM FUNÇÃO DO TIPO DE ELEIÇÃO

O Procurador-Geral Eleitoral atuará no Tribunal Superior Eleitoral como órgão interveniente. Todavia, poderá atuar como parte, não abdicando de sua função de fiscal da lei nas eleições de Presidente e Vice-Presidente da República e nos plebiscitos e referendos.

O art. 2º da Lei Complementar nº 64, de 18 de maio de 1990, estabelece uma divisão dos órgãos jurisdicionais incumbidos de julgar as inelegibilidades.

Os Procuradores Regionais Eleitorais atuam diretamente nos respectivos Tribunais Regionais Eleitorais, especialmente nas eleições de Governador, Vice--Governador, Senadores, Deputados federais, estaduais e distritais.

Neste prisma de divisão de atribuições entre o Ministério Público Federal e Estadual, cabe aos promotores eleitorais nas eleições de Prefeitos, Vice-Prefeitos e vereadores propor as ações de reclamação, representação por abuso do poder econômico ou político, impugnações aos mandatos eletivos e outras. Ao juiz eleitoral cumpre julgar estas ações.

Outrossim, os Tribunais Regionais Eleitorais por normas internas (*Resolu*ções, decorrentes do poder normativo), ou seguindo instruções do Tribunal Superior Eleitoral, estão autorizados a criar comissões ou delegar a um ou mais juízes especialmente designados: o poder de processar e julgar, monocraticamente, as questões referentes ao registro de candidatos, propaganda política eleitoral, prestação de contas e outros incidentes: competindo aos Tribunais a revisão destas decisões por recurso da parte interessada ou do Ministério Público.

Como se nota, cabe ao Ministério Público Federal, por intermédio do procurador regional eleitoral atuar nas questões eleitorais perante estas comissões ou juiz especialmente designado, quando a eleição for de Governador, Vice-Governador, Senadores e Deputados federal, estadual e distrital.

Nestes casos, poderá o procurador regional eleitoral designar, para seu auxílio, apenas outros membros do Ministério Público Federal, com subsunção no art. 77, parágrafo único, da Lei Complementar nº 75/1993, não incidindo o art. 27, § 4º, do Código Eleitoral.

Todavia, não significa que, nas eleições estaduais, os promotores eleitorais se quedem inertes diante dos abusos do poder político e econômico, fraudes e captações ilícitas de sufrágios.

Desta forma, devem os promotores eleitorais instaurar peças de informação em suas comarcas sobre fatos ilegais específicos e encaminhar ao procurador regional eleitoral por via direta, visando a unificar uma estratégia de atuação.

Assim, o Ministério Público Estadual, por intermédio dos promotores eleitorais, exerce especial vigilância nas eleições, exteriorizando de forma qualificada o direito de petição previsto no art. 5º, XXXIV, da Constituição Federal. Havendo delegação de competência para juízes eleitorais em comarcas do interior, cumpre aos promotores eleitorais dirigir suas petições aos respectivos juízes, especialmente em relação à aplicação da correta fiscalização da propaganda política eleitoral, reservando-se ao procurador regional eleitoral a adoção das medidas judiciais cabíveis.[9]

Na fase da votação, mesmo se tratando de eleição estadual (Governador, Senador e Deputados), os promotores eleitorais devem estar presentes nas zonas eleitorais e funcionar nos incidentes desta fase do processo eleitoral.

Como se depreende, a máxima atuação funcional dos promotores eleitorais se dá sem sombra de dúvidas, nas eleições do tipo municipais, quando lhes cabe adotar todas as medidas legais perante os juízes eleitorais designados para o registro, propaganda e prestação de contas.

Em resumo.

O Procurador-Geral Eleitoral atua no Tribunal Superior Eleitoral; os Procuradores Regionais Eleitorais nos Tribunais Regionais Eleitorais e os Promotores Eleitorais com os juízes e juntas eleitorais.

6.14. O PROMOTOR ELEITORAL PODE SER NOMEADO COMO JUIZ ELEITORAL DO TRIBUNAL REGIONAL ELEITORAL?

O art. 94 da Lei Maior prevê o instituto do "quinto constitucional" para os membros do Ministério Público e da advocacia de forma alternada para ocupar as vagas nos Tribunais Regionais Federais e Tribunais de Justiça dos Estados.

A redação do art. 120, § 1º, III, da Carta Magna, só permite o acesso aos Tribunais Regionais Eleitorais de pessoas da classe dos advogados. Não há parametricidade nesta matéria entre os Tribunais Regionais Eleitorais, Tribunais Regionais Federais e Tribunais de Justiça.

Vê-se, portanto, a inaplicabilidade do art. 94. Desta forma, não é possível ao promotor eleitoral (*membro do Ministério Público Estadual, promotor de Justiç*a) ter acesso ao Tribunal Regional Eleitoral como juiz temporário.[10]

---

9 As irregularidades na propaganda eleitoral também ficam a cargo de juízes designados pelos Tribunais Regionais Eleitorais nas comarcas, cabendo aos promotores eleitorais atuar com estes juízes, visando a instrumentalizar a prova necessária para que o procurador regional eleitoral possa ajuizar alguma medida pertinente, reclamação, IJE etc.

10 Por fim, ressalva-se o art. 29, § 3º, da Carta Magna, ou seja, os membros do Ministério Público que optaram pelo regime anterior à Carta Constitucional de 1988, no que respeita às garantias e vantagens, podem advogar. Nesta linha de raciocínio, é possível aos membros inseridos nesta condição excepcional o acesso ao Tribunal Regional Eleitoral pela classe dos juristas ou advogados.

6.15. AÇÃO CIVIL PÚBLICA. PROCEDIMENTO. NÃO APLICAÇÃO NA DISCIPLINA ELEITORAL. TERMO DE AJUSTAMENTO DE CONDUTA

A Lei nº 12.034/2009 introduziu o art. 105-A na Lei das Eleições com o seguinte texto: *"Em matéria eleitoral, não são aplicáveis os procedimentos previstos na Lei nº 7.347, de 24 de julho de 1985"*.

Convém ressaltar que nada impede que o Ministério Público na função eleitoral, v.g., o promotor eleitoral, possa instaurar no âmbito de suas atribuições, peças de informação que se assemelhem ao inquérito civil público tratado na Lei nº 7.347/1985, objetivando uma atividade instrumental probatória, até porque outras normas amparam a atuação da instituição, tais como: (*art. 129, III, da Constituição Federal, art. 6º da Lei Complementar nº 75/1993 e art. 26, I, da Lei nº 8.625/1993*).

Na atividade investigatória da propaganda política eleitoral irregular, abusiva ou captativa, não se pode negar a atuação institucional que prima pela preservação da normalidade e legitimidade das eleições, art. 127 da Constituição Federal. O interesse público das eleições sobreleva-se ao acordo privado e qualifica o Ministério Público Eleitoral nessa atividade persecutória, até porque em alguns casos pode se vislumbrar crimes eleitorais correlacionados aos abusos e desvios do poder econômico ou político.

Por exemplo, a compra e venda de votos, além de ensejar análise do art. 41-A da Lei nº 9.504/1997, poderá demandar o oferecimento da ação penal em relação ao tipo do art. 299 do Código Eleitoral.

Como se depreende, o procedimento do inquérito civil eleitoral ou peças de informação não se encontra vedado pelo art. 105-A, pois se trata de medida administrativa informal, facultativa e restrita ao órgão do Ministério Público.

Todavia, significativo é o precedente do Egrégio TSE, por maioria:

> (...) Impossibilidade de instauração de inquérito civil pelo Ministério Público para subsidiar ação eleitoral. O Plenário do Tribunal Superior Eleitoral, por maioria, assentou a ilegalidade do inquérito civil instaurado pelo Ministério Público Eleitoral para consubstanciar representação eleitoral, em desfavor de candidato, por suposta prática de conduta vedada. Destacou a previsão constante do art. 105-A da Lei nº 9.504/1997, que dispõe: "em matéria eleitoral, não são aplicáveis os procedimentos previstos na Lei nº 7.347, de 24 de julho de 1985". Ressaltou que o inquérito civil está disciplinado no § 1º do art. 8º da Lei nº 7.347/1985, Lei da Ação Civil Pública, nos seguintes termos: "O Ministério Público poderá instaurar, sob sua presidência, inquérito civil, ou requisitar, de qualquer organismo público ou particular, certidões, informações, exames ou perícias, no prazo que assinalar, o qual não poderá ser inferior a 10 (dez) dias úteis". Concluiu, dessa forma, que o preceito do art. 105-A afastou a possibilidade de o

Ministério Público Eleitoral proceder ao inquérito administrativo para colher elementos de prova a serem utilizados em ação que verse sobre matéria eleitoral. Vencidos o Ministro Dias Toffoli, relator, e a Ministra Laurita Vaz. O Ministro Dias Toffoli argumentava que o inquérito civil não está previsto apenas na Lei da Ação Civil Pública, mas também na Carta Magna/1988 e na Lei Complementar nº 75/1993, Lei Orgânica do Ministério Público da União. Afirmava que a limitação prevista no art. 105-A não tem o condão de inviabilizar a instauração de inquérito civil ou de outros expedientes administrativos, com vistas à colheita de elementos para subsidiar o ajuizamento de ações e o exercício das prerrogativas institucionais do Ministério Público em matéria eleitoral. Enfatizava ainda que o inquérito civil constituía-se em instrumento que revela maior transparência às ações do Ministério Público. A Ministra Laurita Vaz, por sua vez, pontuava que o § 1º do art. 7º da Lei Complementar nº 75/1993 também estabelece como incumbência do Ministério Público a instauração de inquérito civil e outros procedimentos administrativos correlatos. O Tribunal, por maioria, acolheu a preliminar quanto à ilicitude da prova e extinguiu o processo sem apreciação do mérito (Recurso Ordinário nº 4.746-42, Manaus/AM, redator para o acórdão Min. Marco Aurélio, em 26/11/2013. Informativo TSE. Brasília, 25 nov.-1º/dez. 2013 – Ano XV – nº 34).

Em consonância com o tema, pensamos que a nova lei não vedou a formulação do chamado Termo de Ajustamento de Conduta, previsto no art. 5º, § 6º, da Lei nº 7.347/1985.

A menção referente a não aplicação dos procedimentos da Lei de Ação Civil Pública em matéria eleitoral significa que não podem valer as regras da própria lei quanto ao rito processual, legitimados ativos e passivos, formação de litisconsórcio, efeitos da coisa julgada e temas ligados aos atos sucessivos e contínuos da lei da ação civil pública.

O Termo de Ajustamento de Conduta é um instrumento de real valia e de proteção de norma fundamental democrática que previne lides e deve ser estimulado e usado em matéria eleitoral, por exemplo, para que os Promotores Eleitorais junto com os partidos políticos nas comarcas do interior possam firmar compromisso de aplicar os recursos do fundo partidário na educação política escolar; e ainda para que nas campanhas eleitorais se evite a poluição sonora e o lixo urbano produzido por cartazes e panfletos jogados na via pública e que atingem questões ambientais.

Os TACs têm previsão em outras normas legais como, por exemplo, na Lei nº 8.069/1990, art. 211 (ECA), CLT, art. 627-A e Lei nº 9.605/1998 (Lei Ambiental), art. 79-A, não sendo a intenção do legislador proibi-los, pois, se assim o fosse, teria expressamente feito menção à vedação da celebração desses acordos. Como se nota, a Lei de Ação Civil Pública não é a única que trata do compromisso de ajustamento de condutas.

MINISTÉRIO PÚBLICO

CAPÍTULO 6

Os termos de ajustamentos de conduta não se configuram como procedimentos, nem tampouco procedimentos específicos da lei de ação civil pública, pois independentemente da posição doutrinária adotada quanto à sua natureza jurídica, o que se pode verificar de plano, é que o TAC é um ato único, e não um procedimento[11], já que não se desenvolve em um rito a objetivar uma decisão final. Por ele se tem um acordo de vontades.

É salutar que o acordo celebrado possa somar esforços para melhorar o aperfeiçoamento das eleições em determinadas cidades e locais, especialmente em função de aspectos ambientais. Por exemplo, o lixo eleitoral.

Todavia, o **Egrégio TSE possui precedente pela não admissão do TAC.** No entanto, por razões diversas, pois no caso em destaque foram estipuladas outras cláusulas que atingem a validade da legislação eleitoral (*Recurso Especial Eleitoral nº 322-31/RN. Rel. Min. Henrique Neves da Silva. DJE de 30/5/2014*).

Nesse contexto ressalta-se a correta decisão do Egrégio TSE da lavra do Ex.mo Relator Ministro João Otávio de Noronha, *in expressi verbis*:

> O art. 105-A da Lei nº 9.504/97 não alcança a interpretação proposta pelos recorrentes no sentido de serem consideradas ilícitas – para a ação penal eleitoral – as provas angariadas pelo Ministério Público em inquérito civil e as delas derivadas. Interpretação literal e histórica do dispositivo vergastado não permite essa conclusão.
>
> 2. A ilicitude da prova, em nosso sistema, liga-se à sua forma de obtenção: inobservância de direitos e garantias fundamentais (inclusive no âmbito de sua eficácia horizontal). Hipótese não configurada na espécie.
>
> 3. Na fase investigativa não há garantia plena à ampla defesa e ao contraditório, os quais apenas se estabelecem integralmente na fase judicial. Inocorrência de lesão.
>
> 4. Entre outras atribuições, cabe ao Ministério Público promover a ação penal pública, inclusive a eleitoral e, em âmbito cível, a defesa dos interesses individuais e coletivos lato sensu. Exegese do art. 129 da Constituição da República" (Recurso em *Habeas Corpus* nº 3.488-22/PR. Rel. Min. João Otávio de Noronha. Informativo TSE – Ano XVII – nº 77).

---

11 Procedimento "é o modo pelo qual o processo se forma e se movimenta, para atingir o respectivo fim". Ernane Fidélis dos Santos, *Manual de Direito Processual Civil*, 4ª ed. São Paulo: Saraiva, p. 25. v. 1,

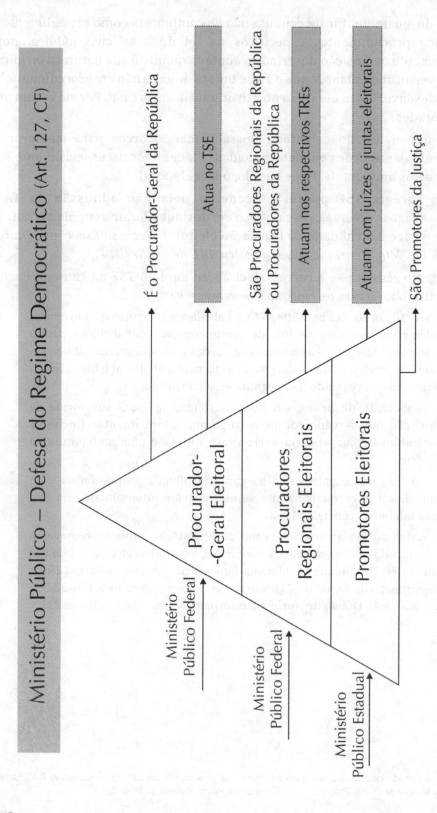

CAPÍTULO 7
O Advogado Eleitoral

7.1. SUBSUNÇÃO CONSTITUCIONAL DA ATUAÇÃO DO ADVOGADO NA JUSTIÇA ELEITORAL

O art. 133 da Constituição da República Federativa do Brasil assim proclama: *"O advogado é indispensável à administração da justiça, sendo inviolável por seus atos e manifestações no exercício da profissão, nos limites da lei".*

A atuação do advogado nos procedimentos administrativos e judiciais eleitorais sempre objetivará a defesa do regime democrático e dos direitos fundamentais dos eleitores e candidatos.

De fato, o exercício da profissão enseja a inscrição nos quadros da Ordem dos Advogados do Brasil. Nesse sentido:

> Art. 4º São nulos os atos privativos de advogado praticados por pessoa não inscrita na OAB, sem prejuízo das sanções civis, penais e administrativas.
>
> Parágrafo único. São também nulos os atos praticados por advogado impedido – no âmbito do impedimento – suspenso, licenciado ou que passar a exercer atividade incompatível com a advocacia (Lei nº 8.906, de 4 de julho de 1994).

Consagra-se, portanto, o **princípio da indispensabilidade do advogado na Justiça Eleitoral** em todas as instâncias e graus de jurisdição.

7.2. ATUAÇÕES. NOÇÕES GERAIS

O advogado eleitoral atuará na defesa dos candidatos e partidos políticos, mas deve observar que em diversas hipóteses as notificações são efetivadas *por fac-símile,* considerando o princípio da celeridade que rege os procedimentos eleitorais.

No Requerimento de Registro de Candidaturas, o advogado do partido político ou do candidato deve fornecer o número do *fac-símile* e o endereço em que receberá as intimações e comunicados, além de indicar a pessoa que representa a coligação. Neste sentido, versam os arts. 6º, § 3º, IV, letra "a" e 96-A da Lei nº 9.504/1997.

As comunicações podem ser ainda efetivadas por via postal com aviso de recebimento, bem como por oficial de justiça (*observando que não existe ainda o cargo de oficial de justiça nos Tribunais Eleitorais e cartórios eleitorais*), sendo designado *ad hoc* para a função.

O § 5º do art. 94 da Lei nº 9.504/1997 (*incluído pela Lei nº 13.165/2015*), assim versa:

> Nos Tribunais Eleitorais, os advogados dos candidatos ou dos partidos e coligações serão intimados para os feitos que não versem sobre a cassação do registro ou do diploma de que trata esta Lei por meio da publicação de edital eletrônico publicado na página do respectivo Tribunal na internet, iniciando-se a contagem do prazo no dia seguinte ao da divulgação.

Como se percebe, o procedimento previsto no art. 96 e parágrafos da Lei nº 9.504/1997, não acarreta a cassação do registro ou diploma, pois é utilizado especialmente para a aplicação da multa eleitoral, por exemplo, infrações ao art. 37 da Lei das Eleições.

Nesse caso, a intimação é por edital eletrônico, desde que o processo seja julgado pelo Tribunal Regional Eleitoral ou Tribunal Superior Eleitoral, pois proposta a representação perante o juiz eleitoral da zona eleitoral nas eleições municipais, a notificação será feita por via postal com aviso de recebimento ou por *fac-símile*.

Os documentos que instruem o registro de candidaturas são públicos e podem livremente ser consultados pelos advogados e interessados, que podem, também, solicitar cópias de peças arcando com os custos correspondentes. Nesse sentido é o art. 11, § 6º, da Lei nº 9.504/1997.

Observe-se que "qualquer cidadão" (*que esteja no gozo de seus direitos políticos, ou seja, com a quitação eleitoral e não se enquadrar em suspensão ou perda dos direitos políticos*) poderá formular por petição notícias de inelegibilidades em face de candidatos aos juízes eleitorais e membros do Ministério Público Eleitoral, apresentando a petição em duas vias e com fundamentos aptos a viabilizar um suporte mínimo de investigação da veracidade do fato.

É aconselhável, não é obrigatório, no entanto, que a petição seja subscrita por advogado na forma legal.

Por outro lado, o advogado eleitoral terá acesso às investigações eleitorais que possam ensejar a propositura de representações; além de acompanhar os inquéritos policiais. Nesse sentido versa o verbete sumular vinculante **nº 14** do STF, *in verbis*: *"É direito do defensor, no interesse do representado, ter acesso aos elementos de prova que, já documentados em procedimento investigatório realizado por órgão com competência de polícia judiciária, digam respeito ao exercício do direito de defesa".*

Acresça-se que as intimações eleitorais das partes, por exemplo, de admissibilidade de recursos será mediante publicação na Secretaria dos Tribunais.

7.3. PROCURAÇÃO

O instrumento de mandato outorgado pelo candidato ao advogado deve conter os poderes da cláusula *ad judicia* e os específicos para a prática de certos atos, e.g., a audiência de verificação das fotografias e dos dados que serão inseminados nas urnas eletrônicas, mas é dispensado o reconhecimento de firma.

Cumpre ao advogado deixar arquivada a procuração no cartório eleitoral dispensando-se a juntada do instrumento em cada petição, especialmente quando estiver tratando de representações sobre emissoras de televisão, rádio, provedores e servidores de internet e jornais, bem como em relação a empresas de pesquisas.

A representação processual em caso de recursos aos Tribunais Eleitorais deve ser certificada nos autos ou apresentada a procuração especial.

Quando o juiz eleitoral verificar o vício da representação processual determinará a sua regularização em 24 (*vinte e quatro*) horas, indeferindo-se a petição inicial, quando não atendida a diligência aplicando-se supletivamente os arts. 76 e 321 do Código de Processo Civil.

7.4. PRAZOS

Os prazos que tratam de determinados temas eleitorais como pedidos de resposta, reclamações e representações são **contínuos** e **peremptórios** e não se suspendem aos sábados, domingos e feriados entre julho e novembro do ano de eleição. Nesse sentido dispõe o art. 16 da Lei Complementar nº 64/1990.

A defesa no direito de resposta, por exemplo, é no prazo de 24 (vinte e quatro) horas, segundo o art. 58, § 1º, I, da Lei nº 9.504/1997, quando se tratar do horário eleitoral gratuito.

É sempre oportuna a consulta específica da legislação eleitoral, incluindo as resoluções e portarias expedidas pela Justiça Eleitoral.

O Egrégio TSE *"assentou que a sistemática de contagem de prazo prevista no art. 219 do novo Código de Processo Civil não é aplicável aos processos eleitorais"* (*Recurso Especial Eleitoral nº 533-80, Belo Horizonte/MG, Rel.ª Min.ª Maria Thereza de Assis Moura, em 2/6/2016*).

A Resolução TSE nº 23.478/2016, tratou de estabelecer diretrizes para a aplicação do novo CPC no âmbito da Justiça Eleitoral e nos arts. 7 usque 10 disciplina a aplicação de regras sobre prazos processuais.

Relevante é a atenção com o prazo final de propositura das representações, que é em regra geral até a **data da diplomação**, com exceção dos arts. 30-A da Lei nº 9.504/1997 e 14, §§ 10 e 11, da Carta Magna, que é de 15 (*quinze*) dias da diplomação, e do art. 23 da Lei nº 9.504/1997, cujo prazo é até o final do exercício financeiro do ano seguinte ao da eleição, ou seja, 31 de dezembro (*representação contra doador, art. 24-C, § 3º, da Lei nº 9.504/1997*).

7.5. REPRESENTAÇÕES E RECLAMAÇÕES. AÇÕES ELEITORAIS

A propositura das representações ou ações eleitorais é obrigatoriamente subscrita por advogados com poderes especiais, que devem relatar os fatos e indicar as provas.

Os advogados devem observar os ritos processuais das representações (*ações eleitorais*), por exemplo, quando se trata dos arts. 23, 30-A, 41-A, 73, 74, 75, e 77 da Lei nº 9.504/1997, segue-se, obrigatoriamente, o rito do art. 22 da Lei Complementar nº 64, de 18 de maio de 1990.

A regra geral para outros casos é a adoção do rito do art. 96 da Lei nº 9.504/1997.

No caso de propaganda irregular (*art. 37 da Lei nº 9.504/1997*), por exemplo, uma faixa fixada em bem público, é necessária a demonstração da prova da autoria imputada ao candidato como beneficiário ou em relação aos responsáveis. Aplica-se o art. 40-B da Lei nº 9.504/1997.

Desta forma, a responsabilidade do candidato ficará demonstrada se ele, intimado (*a intimação deve ser para o endereço fornecido à Justiça Eleitoral*), não providenciar no prazo de 48 (*quarenta e oito*) horas a retirada do material ou a sua regularização.

Deve ser identificada de forma precisa a propaganda eivada de irregularidade.

7.6. PRAZO DE SUSTENTAÇÃO NA TRIBUNA

Aos advogados é assegurado, em regra, o prazo de 10 (*dez*) minutos, tempo máximo na tribuna dos Tribunais Regionais Eleitorais e Tribunal Superior Eleitoral, quando devem sustentar suas razões em defesa da parte representada.

7.7. ORDEM DOS ADVOGADOS DO BRASIL. PREPARAÇÃO DAS URNAS

A Ordem dos Advogados do Brasil, que é essencial ao regime democrático, pode acompanhar por representante designado a geração das mídias, que são cartões de memória de carga nas urnas eletrônicas, inclusive solicitar os arquivos e sistemas de gerenciamento de dados fiscalizando os procedimentos de geração das mídias, bem como a preparação e lacre das urnas.

Quanto aos lacres, o representante da OAB os assinará juntamente com outras autoridades na cerimônia designada pela Justiça Eleitoral.

Cumpre ainda observar a conferência por amostragem em percentual de 3% (*três por cento*) das urnas que é regulamentada por resolução específica do Tribunal Superior Eleitoral para cada eleição.

Acresça-se ainda a fiscalização sobre os programas de computador desenvolvidos pelo Tribunal Superior Eleitoral e auditorias com o acompanhamento das fases de desenvolvimento dos sistemas, sendo ainda assinadas as chaves públicas dos respectivos programas.

Verifica-se, portanto, uma fiscalização especialíssima e de feição técnica que exige a presença em cerimônia de assinatura digital e a lacração de sistemas.

Os representantes podem requerer a verificação das assinaturas digitais dos sistemas eleitorais, observando-se os prazos estipulados na resolução eleitoral específica sobre o assunto.

7.8. HONORÁRIOS ADVOCATÍCIOS

Registre-se precedente do Egrégio Tribunal Superior Eleitoral quanto ao não cabimento de fixação de honorários advocatícios em razão da sucumbência decorrente de ações eleitorais (*Recurso Especial Eleitoral nº 12.783. Patrápolis/MG. DJ de 18/4/1997. Min. Paulo Roberto Saraiva da Costa Leite*).

Com o aperfeiçoamento da Justiça Eleitoral a tendência será a fixação dos honorários advocatícios, que possuem natureza alimentar, remunerando o advogado pelo efetivo trabalho realizado no processo judicial eleitoral. Atualmente só existem os honorários convencionais ou contratuais entre as partes e o advogado.

De fato, a verba honorária deverá ser fixada nos moldes do Código de Processo Civil, art. 85, § 2º, considerando o local da prestação do serviço, o zelo profissional, o tempo exigido e a importância da causa, bem como a própria dedicação ao trabalho.

Uma determinada ação judicial eleitoral pode se iniciar perante o juiz eleitoral da zona eleitoral de uma comarca do interior e terminar no Tribunal Superior Eleitoral ou no Supremo Tribunal Federal.

E ainda, a prestação do trabalho do advogado eleitoral exige dedicação aos sábados, domingos e feriados, especialmente em função da celeridade dos prazos judiciais e notificações.

Sobre o tema é importante verificar o art. 23 da Lei nº 8.609/1994 (*Estatuto da Ordem dos Advogados do Brasil*), sendo a verba honorária de titularidade exclusiva do advogado.

Sobre honorários advocatícios nos gastos de campanhas eleitorais, o Colendo TSE decidiu em significativo precedente que:

> (...) os honorários relativos aos serviços advocatícios e de contabilidade referentes a processo jurisdicional contencioso não são considerados gastos eleitorais de **campanha**. O Ministro Henrique Neves (relator) ressaltou que a atuação do advogado no âmbito eleitoral divide-se em serviços advocatícios de consultoria e atuação contenciosa. Esclareceu que a consultoria consiste em prestar orientações acerca da adequação dos atos de campanha à legislação e constitui atividade-meio da campanha eleitoral. Por sua vez, a atuação contenciosa ocorre em processos jurisdicionais. Afirmou que os honorários de serviços advocatícios e de contabilidade em processo jurisdicional contencioso não são considerados gastos eleitorais de campanha, nem estão sujeitos à contabilização ou à limitação que possa dificultar o exercício da ampla defesa. O Ministro Gilmar Mendes, em voto-vista, observou a importância da distinção da atividade de consultoria da atividade contenciosa, especialmente após o advento da Lei nº 13.165/2015, que fixa rígidos limites de gastos para as campanhas eleitorais. Asseverou que as despesas referentes à atuação contenciosa serão pagas com recursos do candidato, cabendo aos órgãos fiscais a apuração de eventual irregularidade. Tratando-se de partido político, destacou que tais gastos deverão compor a prestação de contas anual a ser apresentada à Justiça Eleitoral. O Tribunal, por unanimidade, desproveu o agravo regimental, nos termos do voto do relator (Agravo Regimental no Recurso Especial Eleitoral nº 773-55, Aracaju/SE, Rel. Min. Henrique Neves, em 1º/03/2016).

7.9. REVELIA

Impende destacar o precedente do Egrégio TSE nos seguintes termos: *"Segundo o entendimento deste Tribunal, é aplicável no processo eleitoral a regra prevista no art. 241, II, do Código de Processo Civil, que estabelece a juntada do mandado de notificação como marco inicial para a contagem do prazo para apresentação de defesa, **não havendo falar em revelia se não observado o procedimento**"* (Recurso Ordinário nº 693.136/RJ. Rel. Min. Gilson Langaro Dipp. DJ em 05/06/2012) (grifos nossos).

Cumpre afirmar que a presunção de veracidade dos fatos alegados pelo autor é relativa, especialmente nas ações eleitorais em que se discutem direitos indisponíveis atinentes ao regime democrático, lisura das eleições e processos eleitorais.

O juiz eleitoral formará seu convencimento pela livre apreciação dos fatos (*art. 133 do Código de Processo Civil e 23 da Lei Complementar nº 64/1990*). Na jurisprudência do Egrégio TSE (*Representação nº 422.171. Brasília/DF. Acórdão de 06/10/2011. Rel. Min. Marcelo Henriques Ribeiro de Oliveira. Diário da Justiça Eletrônico. 03/11/2011*).

CAPÍTULO 8
DEFENSORIA PÚBLICA ELEITORAL

8.1. FUNÇÃO PROTETIVA. BASE LEGAL

A função protetiva da assistência judiciária é essencial. *"A Defensoria Pública é instituição essencial à função jurisdicional do Estado incumbindo-lhe a orientação jurídica e a defesa, em todos os graus, dos necessitados na forma do art. 5º, LXXIV"* (*art. 134 da Carta Magna*).

O art. 134 da Constituição Federal (*redação da Emenda Constitucional nº 80, de 4 de junho de 2014*) disciplina que a *"Defensoria Pública é instituição permanente, essencial à função jurisdicional do Estado, incumbindo-lhe, como expressão e instrumento do regime democrático, fundamentalmente, a orientação jurídica, a promoção dos direitos humanos e a defesa, em todos os graus, judicial e extrajudicial, dos direitos individuais e coletivos, de forma integral e gratuita, aos necessitados, na forma do inciso LXXIV do art. 5º desta Constituição Federal"*.

Nesse rumo, é dever do Defensor Público a atuação na defesa dos candidatos necessitados, em todos os graus de jurisdição eleitoral (*zona eleitoral, Tribunais Regionais Eleitorais e Tribunal Superior Eleitoral*).

Trata-se de efetiva função institucional de proteção à igualdade material e processual na preservação do regime democrático, inclusive na esfera pródroma da orientação jurídica.

O art. 14 da Lei Complementar nº 80, de 12 de janeiro de 1994, assim dispõe: *"A Defensoria Pública da União atuará nos Estados, no Distrito Federal e nos Territórios, junto às Justiças Federal, do Trabalho, **Eleitoral**, Militar, Tribunais Superiores e instâncias administrativas da União"* (grifo nosso).

A lei de natureza complementar disciplina as normas gerais e relativas à organização da Defensoria Pública da União, estabelecendo inclusive a possibilidade de celebração de convênios com as Defensorias Públicas dos Estados para o desempenho das funções.

Dessa maneira, celebrado o convênio entre a Defensoria Pública da União e do Estado, é possível a atuação dos defensores públicos estaduais na Justiça

Eleitoral, especialmente nas comarcas do interior em razão da dificuldade de locomoção e célere designação.

Em função da falta de membros da Defensoria Pública, os juízes eleitorais passam a nomear advogados dativos, que não são equiparados aos defensores da União ou dos Estados, mas temporariamente exercem a defesa dos acusados e representados em processos judiciais penais e não penais. No Egrégio TSE (*Advogado que presta serviço à população, em razão de convênio firmado pela OAB, não pode ser considerado defensor público. Recurso Especial Eleitoral nº 18.189. Timburi/SP. Acórdão nº 18.189 de 24/10/2000. Rel. Min. Walter Ramos da Costa Porto*).

Cumpre assinalar que o legislador deverá instituir a gratificação pela efetiva atuação na Justiça Eleitoral em todos os graus de jurisdição aos Defensores Públicos. A remuneração condigna não atende apenas a nobre função dos Defensores Públicos, mas ao cidadão que estará inquestionavelmente protegido em sua ampla defesa.

É inegável a função protetiva da atuação dos defensores públicos na disciplina do Direito Eleitoral, v.g., propondo ações eleitorais para candidatos merecedores da assistência gratuita ou na defesa dos candidatos e eleitores que necessitam da tutela pública, quando hipossuficientes.

Como exemplo: é o caso do mesário faltoso, do crime de "boca de urna" e do delito de corrupção eleitoral, quando praticados por cabos eleitorais ou candidatos hipossuficientes, além da interposição de recursos e múltiplas atuações que possam efetivamente garantir a igualdade processual na ampla defesa e no contraditório.

8.2. DIVISÃO DE ATRIBUIÇÕES

Os arts. 20, 21 e 22 da LC nº 80/1994 tratam das atribuições dos defensores públicos.

Por exemplo, os de 2ª categoria atuam perante os juízes eleitorais das zonas eleitorais e, certamente, com as juntas eleitorais (art. *40 do Código Eleitoral*); os de 1ª categoria, nos Tribunais Regionais Eleitorais, e os de categoria especial, no Tribunal Superior Eleitoral.

8.3. ASSISTÊNCIA JURÍDICA AOS NECESSITADOS

A atribuição da Defensoria Pública está vinculada à condição de hipossuficiência da parte (*autor ou réu*) nos processos administrativos e judiciais na Justiça Eleitoral. Precedente do Egrégio TSE nesse sentido, *in verbis*:

> Atribuir à Defensoria Pública a defesa e a orientação jurídica gratuita de pessoas que não se enquadram no conceito de hipossuficiente

econômico extrapola o modelo consagrado na Constituição Federal, o qual restringe suas atribuições à assistência jurídica dos necessitados. (...) No processo penal, se o réu que não for pobre não constituir advogado particular, ser-lhe-á nomeado defensor dativo. Nesse caso, o acusado pagará, ao final, os honorários do defensor dativo, arbitrados pelo juiz (art. 263, parágrafo único, do Código de Processo Penal). (Agravo Regimental em Recurso Especial Eleitoral nº 3.973.097. Teresina/PI. Acórdão de 06/03/2012. Rel. Min. Aldir Guimarães Passarinho Junior).

8.4. PRAZO DE MANIFESTAÇÃO

No Egrégio TSE: *"Em conformidade com o disposto no art. 128, I, da Lei Complementar nº 80, de 1994, ao defensor público do estado contam-se em dobro todos os prazos"* (*Agravo Regimental em Agravo de Instrumento nº 3.941, Amapá/ AP. Acórdão nº 3.941, de 03/02/2004. Rel. Min. Carlos Mário da Silva Velloso*).

Diz a doutrina: *"Onde a assistência judiciária for organizada e mantida pelo Estado, o defensor público, ou quem exerce cargo equivalente, será intimado pessoalmente de todos os atos do processo, em ambas as instâncias, contando- -se-lhes em dobro todos os prazos (Lei nº 1.060, art. 5º, § 5º)"* (*Curso Didático de Direito Processual Civil, Elpídio Donizetti, 16ª ed. São Paulo. Editora Atlas. 2010, p. 335*).

8.5. EXERCÍCIO DE ATIVIDADE POLÍTICO-PARTIDÁRIA

Os arts. 46, V, 91, V e 130, V, da Lei Complementar nº 80/1994 impedem que os Defensores Públicos da União, Distrito Federal e Estados exerçam atividades político-partidárias, enquanto estiverem atuando junto à Justiça Eleitoral.

Como se depreende, a atividade político-partidária engloba: (i) a filiação a partido político (*arts. 16 a 22 da Lei nº 9.096/1995 – Lei dos Partidos Políticos*); e (ii) a atuação nas fases e subfases do processo eleitoral, por exemplo, nas questões que tratam de registro de candidatos, propaganda política eleitoral, voto, eleição, prestação de contas de campanhas eleitorais e partidárias e diplomação.

Com efeito, não poderá, nesse caso, o Defensor Público atuar na defesa ou propor ações eleitorais, v.g., ação de impugnação ao requerimento de registro de candidatos, representação por abuso do poder econômico ou político, ação de captação ilícita de sufrágio, representação por propaganda antecipada ou irregular, representação por condutas vedadas aos agentes públicos, defesas em processo penal eleitoral, interposição de recursos e assistência jurídica aos hipossuficientes em temas eleitorais.

As regras sobre desfiliação partidária se encontram nos arts. 21 e 22 da Lei nº 9.096/1995.

Dessa forma, quando o membro da Defensoria Pública desliga-se do Partido Político tornando-se extinto o vínculo é possível a sua plena atuação, porque a Lei Complementar nº 80 não estabeleceu um período de impedimento superveniente ao prazo de desfiliação.

Por exemplo, para o Ministério Público, o art. 80 da Lei Complementar nº 75/1993 impede o exercício de funções eleitorais **até dois anos do seu cancelamento**.

A filiação partidária é **condição de elegibilidade**. Se o membro da Defensoria Pública almejar futura candidatura deverá observar os prazos funcionais de desincompatibilização e a Lei das Inelegibilidades.

Registre-se no TSE: "(...) *Não é proibida a filiação partidária aos defensores públicos, que podem exercer atividade político-partidária, limitada a atuação junto à Justiça Eleitoral. 2. Sujeitam-se os defensores públicos à regra geral de filiação, ou seja, até um ano antes do pleito no qual pretendam concorrer" (RO – Recurso Ordinário nº 1.248. Porto Alegre/RS. Acórdão de 19/10/2006. Rel. Min. Antônio Cezar Peluso).*

8.6. ATUAÇÃO NO PROCESSO ELEITORAL

Sempre com o escopo de assegurar a defesa formal e material das partes, a Defensoria Pública deverá atuar na proteção constitucional e eleitoral dos hipossuficientes em fases e subfases do *"processo eleitoral"*: a) no alistamento eleitoral; b) na impugnação ao pedido de registro de candidatos; c) nas representações sobre propaganda política eleitoral e partidária *(ação de investigação judicial eleitoral, ação de captação ilícita de sufrágio, representação por propaganda antecipada ou extemporânea, representação por propaganda irregular e direito de resposta dentre outras)*; d) nas impugnações; e) nas eleições; e f) nos recursos eleitorais.

Capítulo 9

Alistamento Eleitoral

9.1. NOÇÕES GERAIS

O alistamento é a primeira fase do que se convencionou denominar "processo eleitoral". É um ato composto em procedimento administrativo cartorário que se perfaz pelo preenchimento do requerimento de alistamento eleitoral (*RAE*), na forma da Resolução TSE nº 21.538/2003.

É por meio do alistamento que a pessoa **qualifica-se** e **inscreve-se** como eleitor, passando a ter o atributo jurígeno constitucional da cidadania, podendo votar e, portanto, exteriorizar sua capacidade eleitoral ativa.

Diz-se, assim, que a aquisição de direitos políticos, na ordem jurídica vigente, materializa-se por etapas, fases ou graus de cidadania. A cidadania torna-se um atributo jurídico-político que o nacional obtém, desde o momento em que se torna eleitor.

9.2. ETAPAS DA CIDADANIA ELEITORAL

Com 16 (*dezesseis*) anos de idade, o nacional pode alistar-se, facultativamente (*voto facultativo*); após 18 (*dezoito*) anos, é obrigatório alistar-se, podendo candidatar-se a vereador; aos 21 (*vinte e um*) anos, o cidadão (*nacional eleitor*) incorpora o direito de ser votado para Deputado federal, estadual e distrital, Prefeito, Vice-Prefeito e juiz de paz; aos 30 (*trinta*) anos, pode ser eleito Governador e Vice-Governador de Estado e do Distrito Federal; e aos 35 (*trinta e cinco*) anos, chega-se ao ápice da cidadania formal, com o direito de ser votado para Presidente e Vice-Presidente da República e para Senador federal (*art. 14, § 3º, da Constituição Federal*).

225

9.3. AS IDADES MÍNIMAS ELENCADAS PELA CARTA MAGNA NO ART. 14, § 3º, VI, ALÍNEAS *A, B, C* E *D*, CONSIDERAM A DATA DO REGISTRO, DA DIPLOMAÇÃO OU DA POSSE?

A condição de elegibilidade constitucional, referente à idade para fins eleitorais, leva em consideração a data da posse, conforme disciplinado no art. 11, § 2º, da Lei nº 9.504/1997.

Somente se pode falar em condição de elegibilidade tendo como meta uma determinada eleição. O candidato A pode ser elegível para a eleição de Prefeito e não o ser para a de Presidente da República, porque não tem a idade mínima. Ora, o correto seria conferir o requisito da idade no momento do registro, ao invés de postergar-se a análise de um requisito constitucional para a data da posse, quando a Justiça Eleitoral já perdeu a competência.

É condição de elegibilidade constitucional a idade mínima de 18 (dezoito) anos para o mandato eletivo de vereador.

A Lei nº 13.165, de 29 de setembro de 2015, e alterou a redação do § 2º do art. 11 da Lei nº 9.504/1997 nos seguintes termos:

> A idade mínima constitucionalmente estabelecida como condição de elegibilidade é verificada tendo por referência a data da posse, **salvo em dezoito anos, hipótese em que será aferida na data-limite para o pedido de registro** (grifos nossos).

Como se nota, a idade mínima para objetivar os mandatos eletivos de vereador exige que o pré-candidato tenha 18 (*dezoito*) anos na data-limite para o pedido de registro, ou seja, no dia 15 de agosto do ano de eleição.

A vedação legal atinge o pedido de candidatura para mandatos eletivos de vereador, pois para os outros tipos, a idade mínima ultrapassa os 18 (*dezoito*) anos, conforme previsto no art. 14, § 3º, VI, alíneas "a", "b" e "c" da Carta Constitucional.

No caso do RRCI (*requerimento de registro de candidatura individual*), § 4º do art. 11 da Lei das Eleições, o pré-candidato poderá requerer o seu registro, quando o Partido Político tiver omitido o seu nome. A norma prevê o prazo subsequente de 48 (*quarenta e oito*) horas seguintes à publicação da lista com o nome dos candidatos.

No entanto, com a prorrogação legal da data-limite, é jurígeno aceitar que o candidato complete os 18 (*dezoito*) anos entre a omissão do pedido originário do RRC (requerimento de registro de candidatura) que é até o dia 15 de agosto do ano de eleição, e a data personalíssima limitativa, que se prorroga pelo prazo de 48 (*quarenta e oito*) horas após a publicação da lista dos candidatos.

ALISTAMENTO ELEITORAL   CAPÍTULO 9

Por exemplo: no dia 15 de agosto de 2016, o candidato não tem 18 (dezoito) anos de idade como condição de elegibilidade para vereador. Todavia, o Partido Político omitiu a remessa do seu nome dentro do prazo. Assim, o § 4º do art. 11 da Lei das Eleições autoriza o RRCI no prazo de 48 (*quarenta e oito*) horas, após a publicação da listagem. Se a listagem foi publicada no dia 17 de agosto e o candidato completou 18 (*dezoito*) anos no dia 18 de agosto ele poderá ter o seu registro individual deferido, pois a sua data-limite, por expressa autorização legal e excepcional é dotada de uma prorrogação.

9.4. BASE LEGAL DAS REGRAS SOBRE O ALISTAMENTO ELEITORAL

As regras sobre o alistamento eleitoral estão disciplinadas nos arts. 42 a 81 do Código Eleitoral, Lei nº 7.444, de 20 de dezembro de 1985, e na Resolução nº 21.538/2003 do Egrégio Tribunal Superior Eleitoral.

No estudo das normas que disciplinam a primeira fase do processo eleitoral, ou seja, o alistamento, deve-se priorizar o texto da Resolução nº 21.538/2003, pois o mesmo condensou, incorporou e tornou congruentes diversos aspectos da matéria, facilitando a compreensão do assunto.

9.5. REQUERIMENTO DE ALISTAMENTO ELEITORAL. CONSI-DERAÇÕES GERAIS

O requerimento de alistamento eleitoral serve para a entrada de dados, qualificando e inscrevendo o eleitor numa determinada zona eleitoral. A zona eleitoral é a menor fração territorial dentro de uma circunscrição eleitoral. Por exemplo, o Município do Rio de Janeiro tem 98 zonas eleitorais que compreendem ruas e avenidas, inclusive bairros.

O requerimento de alistamento eleitoral é preenchido apenas por servidor da Justiça Eleitoral (*art. 9º da Resolução nº 21.538/2003*), que digitará as informações pessoais do eleitor. O eleitor deverá estar presente no momento do preenchimento.

Faculta-se ao eleitor exercer uma preferência sobre o local de votação com a consulta e informação da relação de todas as seções que pertencem à zona eleitoral.

O analfabeto (*alistamento e voto facultativos, art. 14, § 1º, II, a, da Constituição Federal*) poderá fazer a aposição da impressão digital do polegar, quando não souber assinar o seu nome.

O número da inscrição eleitoral é composto de 12 algarismos, por Unidade da Federação, sendo os Estados representados por dois dígitos, por exemplo, 01 – São Paulo, 02 – Minas Gerais e 03 – Rio de Janeiro, e os dois dígitos finais são denominados verificadores.

227

O art. 13 da Resolução nº 21.538/2003 dispõe:

> Art. 13. Para o alistamento, o requerente apresentará um dos seguintes documentos do qual se infira a nacionalidade brasileira (Lei nº 7.444/1985, art. 5º, § 2º):
>
> a) carteira de identidade ou carteira emitida pelos órgãos criados por lei federal, controladores do exercício profissional;
>
> b) certificado de quitação do serviço militar;
>
> c) certidão de nascimento ou casamento, extraída do Registro Civil;
>
> d) instrumento público do qual se infira, por direito, ter o requerente a idade mínima de 16 anos e do qual constem, também, os demais elementos necessários à sua qualificação.

A apresentação do documento a que se refere a alínea *b* é obrigatória para maiores de 18 (*dezoito*) anos, do sexo masculino, conforme disciplina o parágrafo único do art. 13 da Resolução nº 21.538/2003.

Admite-se o certificado de reservista, certificado de isenção, certificado de cumprimento de prestação alternativa do serviço militar (*art. 53, II, b, da Res. nº 21.538/2003*).

A jurisprudência e o art. 14 da Resolução nº 21.538/2003 do TSE admitem o alistamento do menor de 16 (*dezesseis*) anos, ou seja, com apenas 15 (*quinze*) anos, desde que complete 16 (*dezesseis*) anos até a data da eleição. Decerto que deve ser a data do primeiro turno, que sempre ocorre no primeiro domingo de outubro (*art. 1º da Lei nº 9.504/1997*).

Como se nota, o menor de 16 (*dezesseis*) anos poderá votar com o implemento efetivo da idade até a data do pleito eleitoral vindouro ao da sua inscrição como eleitor. O direito de votar sujeita-se a uma condição futura e biológica.

É importante frisar que o menor poderá requerer seu alistamento eleitoral até o encerramento do prazo fixado em lei. Neste sentido é o § 1º do art. 14 da Resolução nº 21.538/2003.

O prazo está disposto no art. 91 da Lei nº 9.504/1997: "*Nenhum requerimento de inscrição eleitoral ou de transferência será recebido dentro dos 150 (cento e cinquenta dias) anteriores à data da eleição*". A regra evita inscrições fraudulentas de eleitores que migram a pedido de cabos eleitorais e por compra de votos futuros de uma circunscrição (*Município*) para outro.

9.6. ALISTAMENTO DO BRASILEIRO NATO E NATURALIZADO

Os arts. 8º do Código Eleitoral e 15 da Resolução nº 21.538/2003 permitem ao brasileiro nato o alistamento tardio, com 19 (*dezenove*) anos de idade. É uma

ALISTAMENTO ELEITORAL   CAPÍTULO 9

exceção expressa à obrigatoriedade do alistamento e do voto prevista no art. 14, § 1º, I, da Constituição Federal.

O não alistado poderá alistar-se aos 19 (*dezenove*) anos de idade, desde que formule seu requerimento no prazo de 151 dias anteriores à data da eleição. A eleição aqui considerada é apenas a data prevista no calendário eleitoral do primeiro turno (*primeiro domingo de outubro do ano eleitoral*).

Quanto ao naturalizado, não existe exceção, pois deverá requerer o seu alistamento eleitoral até 1 (*um*) ano depois da aquisição da nacionalidade brasileira. É a regra do art. 15 da Resolução nº 21.538/2003.

> Art. 15. O brasileiro nato que não se alistar até os 19 (dezenove) anos ou o naturalizado que não se alistar até um ano depois de adquirida a nacionalidade brasileira incorrerá em multa imposta pelo juiz eleitoral e cobrada no ato da inscrição.
>
> Parágrafo único. Não se aplicará a pena ao não alistado que requerer sua inscrição eleitoral até o centésimo quinquagésimo primeiro dia anterior à eleição subsequente à data em que completar 19 anos (Código Eleitoral, art. 8º, c/c a Lei nº 9.504/1997, art. 91).

9.7. TÍTULO ELEITORAL E TRANSFERÊNCIA

O título é o documento solene e formal que expressa a prova da cidadania brasileira, sendo impresso nas cores preta e verde com marca d'água, constando ao fundo as Armas da República, sendo contornado por serrilha.

O título faz prova, até a data de sua emissão, que o eleitor está em situação regular com a Justiça Eleitoral. Todavia o que importa é sempre a quitação eleitoral, ou seja, a prova do cumprimento de suas obrigações cívicas e políticas. No entanto, após sua emissão, poderá o eleitor deixar de votar em eleições alternadas, conforme possibilita a regra do art. 71, V, do Código Eleitoral.

Preconiza o art. 71, V, do CE que, se o eleitor deixar de votar em três eleições consecutivas (*e cada turno é uma eleição*), se sujeitará ao cancelamento de sua inscrição e, por via de consequência, o seu título deixará de fazer prova legal das obrigações eleitorais. Assim, deve-se exigir a **certidão de quitação com a Justiça Eleitoral**, no sentido da plenitude dos direitos políticos, com a finalidade de perquirição da real cidadania.

A Constituição Federal aduz, no art. 14, § 3º, II, como condição de elegibilidade constitucional para fins de deferimento do pedido de registro de candidaturas aos mandatos eletivos, que o cidadão esteja na plenitude dos seus direitos políticos.

229

A emissão do título deve ser feita por computador (*obrigatoriamente*), sendo assinado pelo juiz eleitoral, contendo a assinatura do eleitor para fins de conferência na folha de votação que fica no dia da eleição nas seções eleitorais. No caso do eleitor analfabeto, poderá constar a impressão digital do seu polegar.

O ideal para a confecção do título eleitoral seria sua condensação em documento único de identidade ou cartão que contivesse a fotografia do eleitor, pois, no sistema atual, não podemos ignorar a possibilidade da prática do delito do art. 309 do Código Eleitoral, mesmo diante dos mais precavidos mesários.

Dispõe ainda o § 2º do art. 23 da Res. nº 21.538/2003: "*Nas hipóteses de alistamento, transferência, revisão e segunda via, a data da emissão do título será a de preenchimento do requerimento*".

A entrega do título é sempre pessoal, por intermédio da comprovação de documento oficial de identidade do eleitor.

Por fim, destaca-se, da Resolução nº 21.538/2003, o art. 25:

> Art. 25. No período de suspensão do alistamento, não serão recebidos requerimentos de alistamento ou transferência (Lei nº 9.504/1997, art. 91, *caput*).
>
> Parágrafo único. O processamento reabrir-se-á em cada zona logo que estejam concluídos os trabalhos de apuração em âmbito nacional (Código Eleitoral, art. 70).

As exigências legais elencadas abaixo estão previstas na Resolução nº 21.538/2003, art. 18:

> I – recebimento do pedido no cartório eleitoral do novo domicílio no prazo estabelecido pela legislação vigente;
>
> II – transcurso de, pelo menos, um ano do alistamento ou da última transferência;
>
> III – residência mínima de três meses no novo domicílio, declarada, sob as penas da lei, pelo próprio eleitor (Lei nº 6.996/1982, art. 8º);
>
> IV – prova de quitação com a Justiça Eleitoral.

Quanto à análise e à aceitação do **pedido de transferência**, é recomendável a verificação por critérios individuais ou por seleção (*amostragem*) de alguns pedidos. O juiz eleitoral, *ex officio* ou por provocação de partido político ou do Ministério Público (*promotor eleitoral*), deve promover diligências por meio da **expedição de mandado de verificação** nos locais indicados como domicílio eleitoral, caso suspeite de fraude. Pode-se adotar o art. 65 da Resolução 21.538/2003, evitando-se a consumação dos crimes tipificados nos arts. 289 e 290 do Código Eleitoral.

> Art. 65. A comprovação de domicílio poderá ser feita mediante um ou mais documentos dos quais se infira ser o eleitor residente ou ter vínculo profissional, patrimonial ou comunitário no município a abonar a residência exigida.
>
> § 1º Na hipótese de ser a prova de domicílio feita mediante apresentação de contas de luz, água ou telefone, nota fiscal ou envelopes de correspondência, estes deverão ter sido, respectivamente, emitidos ou expedidos no período compreendido entre os 12 e 3 meses anteriores ao início do processo revisional.
>
> § 2º Na hipótese de ser a prova de domicílio feita mediante apresentação de cheque bancário, este só poderá ser aceito se dele constar o endereço do correntista.
>
> § 3º O juiz eleitoral poderá, se julgar necessário, exigir o reforço, por outros meios de convencimento, da prova de domicílio quando produzida pelos documentos elencados nos §§ 1º e 2º.
>
> § 4º Subsistindo dúvida quanto à idoneidade do comprovante de domicílio apresentado ou ocorrendo a impossibilidade de apresentação de documento que indique o domicílio do eleitor, declarando este, sob as penas da lei, que tem domicílio no município, o juiz eleitoral decidirá de plano ou determinará as providências necessárias à obtenção da prova, inclusive por meio de verificação *in loco*.

Exige-se, ainda, que o eleitor, ao pedir a transferência, entregue seu título eleitoral e esteja quite com a Justiça Eleitoral, pois, caso contrário, o juiz eleitoral fixará o valor da multa a ser paga.

Infere-se que a "(...) *falsificação de cópia de conta de luz e sua posterior apresentação à Justiça Eleitoral visando à transferência de domicílio eleitoral subsume-se ao ilícito eleitoral previsto no art. 349 do Código Eleitoral*" (*REspe – Recurso Especial Eleitoral nº 34511 – Pará de Minas/MG. Acórdão de 25/11/2010. Rel. Min. Aldir Guimarães Passarinho Junior. Publicação: DJE – Diário da Justiça Eletrônico, Tomo 030, Data 11/02/2011, p. 72*).

Nas hipóteses de perda ou extravio do título eleitoral, o juiz expedirá a segunda via, mas o eleitor deverá requerê-la ao juiz de seu domicílio eleitoral, e pessoalmente, sendo que o título inutilizado ou dilacerado deverá instruir o pedido (*art. 19 da Resolução nº 21.538/2003*).

9.8. INFORMAÇÕES AO CADASTRO ELEITORAL

Os órgãos jurisdicionais e o Ministério Público têm acesso aos dados cadastrais, mas é necessária a vinculação da utilização das informações obtidas com as atividades funcionais (*arts. 29 a 32 da Resolução nº 21.538/2003*).

9.9. FISCALIZAÇÃO PELOS PARTIDOS POLÍTICOS

Os partidos políticos se fazem representar na Justiça Eleitoral pelos seus delegados e fiscais. Na hipótese, para evitar-se o tumulto fiscalizatório durante os trabalhos cartorários do alistamento eleitoral, apenas admitem-se dois delegados perante o Tribunal Regional Eleitoral e até três em cada zona eleitoral (*art. 28 da norma salientada anteriormente*).

As irregularidades verificadas pelos fiscais partidários devem ser encaminhadas ao juiz eleitoral, obedecendo-se o rito procedimental dos arts. 77 a 80 do Código Eleitoral (*art. 27, parágrafo único, Resolução nº 21.538/2003*). Na verdade, os partidos políticos, assim como o Ministério Público, podem receber notícias de tentativas de inscrições fraudulentas. Neste caso devem comunicar ao juiz eleitoral.

9.10. DUPLICIDADE E PLURALIDADE DE TÍTULOS ELEITORAIS

O tema refere-se ao batimento ou cruzamento de informações constantes do cadastro eleitoral, evitando-se a emissão ou permanência de mais de um título ou inscrição eleitoral.

O eleitor, de forma não rara, por vezes dirige-se à zona eleitoral para requerer nova inscrição, quando já detentor de outra(s) em circunscrições diversas.

Cumpre verificar, por meio de procedimento administrativo cartorário, se agiu o eleitor de forma dolosa (*a pedido de candidato*), pois sua inscrição poderá ser fraudulenta e o eleitor responsabilizado criminalmente (*arts. 289, 290, 291 e 350*).

A questão da duplicidade pode afetar o futuro pedido de registro de candidaturas, pois o candidato não teria condição de elegibilidade. "*Afasta-se a coisa julgada quando reconhecido o erro material da Justiça Eleitoral ao indeferir registro de candidato por duplicidade de filiação partidária que não existia*" (*AC nº 24.845, de 16/12/2004, Rel. Min. Peçanha Martins, red. designado Min. Gilmar Mendes. TSE*).

O art. 41 da Resolução nº 21.538/2003 trata da competência para a decisão administrativa das duplicidades ou pluralidades de inscrições eleitorais (*alistamentos*).

No caso de duplicidade, a competência é do juiz eleitoral onde foi efetuada a inscrição mais recente. Já na hipótese de pluralidade, será do juiz eleitoral, mas somente quando envolver inscrições de uma mesma zona eleitoral (*juiz titular da zona eleitoral*), cabendo ao corregedor regional as decisões que envolvam zonas eleitorais de circunscrições diversas.

Das decisões do juiz eleitoral caberá recurso ao corregedor regional no prazo de três dias (*interposição e razões*). E das decisões do corregedor regional caberá recurso ao corregedor-geral eleitoral que atua no Tribunal Superior Eleitoral, igualmente no prazo de três dias.

Os legitimados para a interposição são eleitores, partidos políticos e Ministério Público. Nos casos de ilícito penal, segue-se o disposto nos arts. 48 e 49 da Resolução nº 21.538/2003.

9.11. PERDA E SUSPENSÃO DOS DIREITOS POLÍTICOS. ANOTAÇÕES CARTORÁRIAS

O disciplinamento administrativo cartorário nas hipóteses de perda e suspensão dos direitos políticos é tratado nos arts. 51 a 53 da Resolução nº 21.538/2003. Os casos de perda e suspensão estão no art. 15 da Constituição da República Federativa do Brasil.

No entanto, a título de acréscimo ao tema, as anotações cadastrais sobre as hipóteses de perda e suspensão ingressam no sistema, por intermédio de certidões comprobatórias emitidas por outros órgãos jurisdicionais ou públicos, não prescindindo de uma análise do juiz eleitoral e do membro do Ministério Público (*promotor eleitoral*).

9.12. REVISÃO DO ELEITORADO

O procedimento oficial de Revisão do Eleitorado está detalhado na Resolução nº 21.538/2003 e deve ser sempre deflagrado nos casos de denúncias fundadas e sérias, cuja fraude tenha uma potencialidade efetiva comprometedora em relação às eleições vindouras.

É o caso de número de eleitores superior ao de habitantes ou de migração fraudulenta de eleitores de um município para outro, o que inegavelmente causará abalo na igualdade dos candidatos perante as regras eleitorais, além de obviamente atentar contra a lisura das eleições e da própria estrutura da Justiça Eleitoral.

9.13. RECURSOS DAS DECISÕES DE ALISTAMENTO E TRANSFERÊNCIA DE ELEITORES

O despacho do juiz eleitoral que **deferir** o alistamento do eleitor poderá ser alvo de recurso, interposto pelos partidos políticos e, embora a lei não faça expressa menção, pelo promotor eleitoral, no **prazo de 10 (*dez*) dias.** O prazo é contado da colocação da listagem dos eleitores à disposição dos partidos, conforme a Lei nº 6.996/1982, art. 7º, e a Resolução nº 21.538/2003, TSE, art. 17, § 1º.

Ao contrário, do despacho que **indeferir** o pedido de alistamento, o eleitor (e os partidos políticos e o promotor eleitoral) podem recorrer, no prazo de **5 (*cinco*) dias.**

233

Os partidos políticos e o Ministério Público possuem legitimidade para todos os recursos eleitorais, considerando a amplitude de suas fiscalizações e a salvaguarda da lisura do regime democrático.

Sobre a transferência, a regra é idêntica (*arts. 8º da Lei nº 6.996/1982 e 18, § 5º, da Resolução nº 21.538/2003*).

9.14. NÃO COMPARECIMENTO DO ELEITOR NO DIA DA ELEIÇÃO. JUSTIFICAÇÃO

Como consectário da obrigatoriedade do voto aos maiores de 18 (*dezoito*) anos, excluindo-se os votos facultativos previstos ao analfabeto e ao menor de 18 (*dezoito*) e maior de 16 (*dezesseis*) anos e do maior de 70 (*setenta*) anos de idade (*não há incidência do Estatuto do Idoso, que considerou idoso o maior de 60 (sessenta) anos, porque a norma aqui tratada é de natureza constitucional*), o não comparecimento ao primeiro ou segundo turnos das eleições enseja a aplicação de multa e, deixando o eleitor de votar em três eleições consecutivas (*art. 71, V, do Código Eleitoral*), terá sua inscrição cancelada.

Diante deste quadro de imposição do voto, a legislação eleitoral permite que o eleitor pague uma multa ou justifique, caso não vote no dia da eleição.

Sobre o assunto, destacamos o art. 80 da Resolução nº 21.538/2003.

Art. 80. O eleitor que deixar de votar e não se justificar perante o juiz eleitoral até 60 dias após a realização da eleição incorrerá em multa imposta pelo juiz eleitoral e cobrada na forma prevista nos arts. 7º e 367 do Código Eleitoral, no que couber, e 85 desta Resolução.

§ 1º Para eleitor que se encontrar no exterior na data do pleito, o prazo de que trata o *caput* será de 30 dias, contados do seu retorno ao país.

Por fim, as regras aqui tratadas referentes ao alistamento eleitoral são de suma importância, porque se referem ao cotidiano dos serviços cartorários eleitorais e representam o fruto do aprimoramento de estudos desenvolvidos pela honrada comissão dos servidores da Corregedoria-Geral, da Secretaria de Informática do TSE e dos Tribunais Regionais Eleitorais, que procuraram sintetizar, em um texto legal, os artigos de lei disciplinadores do assunto, além de traduzirem premissas norteadoras para todos os aplicadores do Direito Eleitoral, em um rumo mais seguro e consentâneo com a prática.

O eleitor que não justificar ou não pagar a multa eleitoral pela ausência no dia da eleição fica sem a quitação eleitoral e sofre os impedimentos referidos nos incs. I a VII do art. 7º do Código Eleitoral.

ALISTAMENTO ELEITORAL   CAPÍTULO 9

Por exemplo: não pode tomar posse em concursos públicos, participar de concorrência pública, obter passaporte ou carteira de identidade.

Todavia, a Lei nº 13.165, de 29 de setembro de 2015, incluiu o § 4º ao art. 7º do Código Eleitoral no sentido de que o eleitor que estiver no exterior pode requerer novo passaporte que o identifique para retornar ao Brasil.

Trata-se de uma **exceção** relativa à proibição de obtenção de passaporte ou carteira de identidade, ou seja, para o retorno ao território brasileiro não se levará em consideração a falta de quitação eleitoral.

9.15. DOMICÍLIO ELEITORAL. CONDIÇÃO DE ELEGIBILIDADE DO CANDIDATO

O domicílio eleitoral é uma condição de elegibilidade prevista no art. 14, § 3º, IV, da Constituição da República Federativa do Brasil.

Os arts. 9º da Lei nº 9.504/1997 e 42, parágrafo único, do Código Eleitoral, bem como resoluções temporárias e específicas do Egrégio Tribunal Superior Eleitoral disciplinam o tema.

A prova do domicílio eleitoral na circunscrição eleitoral, Estado ou Município é requisito essencial para o deferimento da candidatura, mas curiosamente a mudança do domicílio no curso do mandato não enseja a propositura de ações eleitorais que possam decretar a perda do mandato eletivo.

Assim, é suficiente que, v.g., o candidato a Prefeito tenha domicílio no Município X em que pretende obter votos e uma vez eleito e diplomado poderá mudar sua residência para outro Município, pois essa questão é matéria de disciplinamento normativo apenas nas leis orgânicas municipais.

O **domicílio eleitoral** é uma ficção jurídica e, na verdade, consagra uma expressão ímpar, adotada de forma específica no Código Eleitoral, e que tem a finalidade de organizar o eleitorado, conferindo certeza e segurança ao colégio eleitoral.

Diz o parágrafo único do art. 42 do Código Eleitoral:

> Parágrafo único. É domicílio eleitoral o lugar de residência ou moradia do requerente e, verificado ter o alistando mais de uma, considerar-se-á domicílio qualquer delas.

Não existe coincidência entre o domicílio do Código Civil, que é o correto em sua conceituação por exigir o *animus,* e o domicílio eleitoral, totalmente atípico, porque se trata de um domicílio sem intenção de morar ou habitar, violando-se com indiferentismo as regras básicas de hermenêutica sobre o conceito estrutural do próprio instituto do domicílio.

235

Assim, basta que o eleitor escolha o local, demonstrando e provando o lugar de moradia ou residência. A jurisprudência do TSE é iterativa nesse sentido, entendendo que domicílio eleitoral não se confunde com domicílio civil.

A Justiça Eleitoral poderá exigir a comprovação do elemento objetivo do domicílio.

Não se pode admitir endereços de terceiros no Município da transferência ou de pessoas não relacionadas diretamente com o interessado. Nestas hipóteses, é cabível a expedição de um mandado judicial de verificação[1] para certificar a veracidade da residência ou moradia naquele novo endereço fornecido, podendo ser indeferido o pedido em desacordo com as informações prestadas, independentemente da análise de eventual crime tipificado no art. 350 do Código Eleitoral (*falsidade ideológica eleitoral*).[2]

Registre-se ainda que, em outra decisão, afirma-se:

> A jurisprudência desse Tribunal Superior é no sentido de que a demonstração de interesse eleitoral, de vínculo afetivo, patrimonial e comunitário do eleitor com o município é requisito necessário para o seu alistamento eleitoral naquele local. A teor das disposições inscritas no Código Eleitoral, art. 55, § 1º, III, a transferência do domicílio eleitoral só será admitida se a residência mínima de 3 (três) meses no novo domicílio for atestada por autoridade policial ou provada por outros meios convincentes.

Em conclusão: o ânimo definitivo, próprio do Direito Civil, não compõe o conceito em Direito Eleitoral (*TSE, HC nº 210, Rel. Min. Marco Aurélio, JTSE 6(1), p. 11; Recurso nº 14.104, DJU de 14/04/1997; Ag. nº 329, Rel. Min. Rezek, DJU de 06/09/1996*).

O art. 14, § 3º, inciso IV, da Constituição da República enumera como condição de elegibilidade o domicílio eleitoral na circunscrição, ou seja, no Estado ou Município.

---

1 "TSE [...] Sua palavra pode, no entanto, ser elidida por prova contrária, obtida mediante diligência de verificação promovida pela Justiça Eleitoral, dispensáveis tanto o inquérito policial quanto a comunicação lavrada a termo (CE, art. 356; TSE, *HC* nº 196, Rel. Min. Pertence, *DJU* de 06/05/1993)".

2 "TSE. Acórdão nº 18.803, de 11/9/2001. Recurso Especial Eleitoral nº 18.803/SP. Rel. Min. Sepúlveda Pertence. Recurso especial: domicílio eleitoral: transferência indeferida com base na negativa do único fato declinado no requerimento e reafirmado na defesa à impugnação: questão de fato a cuja revisão não se presta a via extraordinária do recurso especial (Súmula-STF nº 279). 1. O TSE, na interpretação dos arts. 42 e 55 do CE, tem liberalizado a caracterização do domicílio para fim eleitoral e possibilitado a transferência ainda quando o eleitor não mantenha residência civil na circunscrição, à vista de diferentes vínculos com o município (histórico e precedentes). 2. Não obstante, se o requerimento de transferência funda-se exclusivamente na afirmação de residir o eleitor em determinado imóvel no município e nela unicamente entrincheira-se a defesa à impugnação, a conclusão negativa das instâncias ordinárias, com base na prova, não pode ser revista em recurso especial, ainda quando as circunstâncias indiquem que poderia o recorrente ter invocado outros vínculos locais, que, em tese, pudessem-lhe legitimar a opção pelo novo domicílio eleitoral. Vistos etc., acordam os Ministros do Tribunal Superior Eleitoral, por unanimidade, em não conhecer do recurso, nos termos das notas taquigráficas, que ficam fazendo parte integrante desta decisão. Sala de Sessões do Tribunal Superior Eleitoral. Brasília, 11 de setembro de 2001. Ministro Nelson Jobim, Presidente. Ministro Sepúlveda Pertence, Relator".

A circunscrição municipal se refere às eleições de Prefeitos, Vice-Prefeitos e vereadores; a estadual abrange as candidaturas de Governadores, Vice--Governadores, Senadores, Deputados Federais, Estaduais e Distritais. Já para as eleições aos cargos de Presidente e Vice-Presidente da República, é possível que o pleiteante tenha domicílio em qualquer Município brasileiro.

Na hipótese de uma zona eleitoral abranger mais de um Município, o domicílio eleitoral será considerado o local de residência física do interessado.

O prazo pela legislação revogada era de 1 (*um*) ano, sendo contado de forma retroativa até a data exata da eleição (primeiro turno) do ano seguinte.

Exemplo: eleições municipais de 2/10/2016. O prazo limite para ter domicílio eleitoral na comarca era até 2/10/2015. Ultrapassada essa data o futuro candidato não teria condição de elegibilidade.

A Lei nº 13.488, de 6 de outubro de 2017, alterou a redação do art. 9º da Lei nº 9.504/1997 para a seguinte: "Art. 9º Para concorrer às eleições, o candidato deverá possuir domicílio eleitoral na respectiva circunscrição pelo prazo de seis meses e estar com a filiação deferida pelo partido no mesmo prazo".

Como se nota, os prazos de domicílio e filiação partidária foram unificados em seis meses antes da data da eleição.

Não se pode negar a importância do conceito preciso de domicílio, pois é natural que o sujeito fixe em determinado local o centro de seus negócios, atividades, trabalhos e diversão. Trata-se do local em que se desenvolvem certas atividades jurídicas, fala-se em certos tipos de domicílio, tais como: de eleição, necessário, legal, voluntário e ocasional.

Correta a jurisprudência que está a exigir que o eleitor-candidato tenha certos vínculos profissionais, patrimoniais, comunitários ou familiares no Município, pois a simples comprovação fática objetiva da residência (casa ou apartamento), não preenche o sentido da norma legal.

O art. 65 da Resolução TSE nº 21.538/2003 pode servir de base para este entendimento, assim como já se tem observado em reiteradas decisões dos Tribunais Regionais Eleitorais e do próprio Egrégio Tribunal Superior Eleitoral. Admitem-se outros meios de prova, tais como: conta de luz e comprovantes de contratos de aluguel.

A prova do domicílio eleitoral se dá basicamente pela transferência do título eleitoral. As regras para a transferência do título estão disciplinadas no art. 18 da Resolução TSE nº 21.538/2003.

É importante ressaltar que o cancelamento do título em razão da prova de sua transferência fraudulenta importará na adoção do procedimento previsto no art. 71 do Código Eleitoral, com a observância da ampla defesa e do contraditório.

Assim, o cancelamento do título afetará as pretensões políticas eleitorais do interessado, que estará inserido na falta do preenchimento de outra condição de elegibilidade, que está referida no art. 14, § 3º, III, do Código Eleitoral, ou seja, o próprio alistamento eleitoral.

As arguições de falta de domicílio eleitoral na circunscrição podem ser deflagradas em ação de impugnação ao requerimento de registro de candidatos, no próprio requerimento de registro, ou ainda, em recurso contra a expedição do diploma.

Cabe a arguição em RCED, art. 262 do Código Eleitoral, pois trata-se de matéria constitucional, que embora não seja superveniente ao exame registral está na hipótese de cabimento recursal.

O magistrado eleitoral poderá reconhecer de ofício a ausência do requisito nos termos do verbete sumular **nº 45** do TSE: "*Nos processos de registro de candidatura, o Juiz Eleitoral pode conhecer de ofício da existência de causas de inelegibilidade ou da ausência **de condição de elegibilidade**, desde que resguardados o contraditório e a ampla defesa*" (*grifos nossos*).

A arguição sobre a falha com relação ao domicílio eleitoral não está sujeita à preclusão temporal, pois incide sobre esta matéria constitucional a ressalva do art. 259 do Código Eleitoral.

9.16. CANDIDATO MILITAR E DOMICÍLIO ELEITORAL

Sendo **militar** ou civil, o prazo mínimo de domicilio eleitoral deve ser respeitado (*TSE. Recurso Especial Eleitoral nº 35.674, Ponta Porã/MS, redator para o acórdão Min. Dias Toffoli, em 20/6/2013*). Não aplicação do art. 55, § 2º do Código Eleitoral que permite a transferência de título eleitoral, quando por motivo de remoção ou transferência do eleitor ele ocupa uma função pública.

Assim, o prazo de domicílio eleitoral do militar como condição de elegibilidade é de, no mínimo, de 6 (seis) meses antes da data do primeiro turno das eleições do ano seguinte. Não existe diferença.

9.17. ALISTAMENTO. CONSCRITO. IMPEDIMENTO AO EXERCÍCIO DO VOTO

Um adolescente que, aos 16 (dezesseis) anos, facultativamente, exerce o direito de alistar-se eleitoralmente e, aos 18 (dezoito) anos, alista-se nas Forças Armadas, para cumprir sua obrigação militar. Nesse caso, poderá votar?

O conscrito não pode alistar-se, só que, no caso, antes de o adolescente ser conscrito, já era alistado facultativamente. Em consulta nº 9.881/1990 o Egrégio TSE, apreciando a matéria, decidiu que o eleitor inscrito, ao ser incorporado para prestação do serviço militar obrigatório, deve ter sua inscrição mantida, porém ficará impedido de votar. A decisão tem assento no art. 6º, inc. II, alínea c, do Código Eleitoral.

9.18. ALISTAMENTO ELEITORAL. VOTO DO PRESO PROVISÓRIO E DO ADOLESCENTE EM REGIME DE INTERNAÇÃO. CONSIDE-RAÇÕES GERAIS

O preso que está cumprindo decisão definitiva com trânsito em julgado, é classificado como um típico caso de suspensão dos direitos políticos (*art. 15, III, da Carta Magna*). Não é detentor da capacidade eleitoral ativa e passiva.

Versa o verbete sumular nº 09 do Egrégio TSE: "*A suspensão de direitos políticos decorrente de condenação criminal transitada em julgado cessa com o cumprimento ou a extinção da pena, independendo de reabilitação ou de prova de reparação dos danos*".

Regulamentando esse tema para as eleições municipais de 2016, o TSE editou a Resolução nº 23.461, de 15/12/2015.

Desta forma, a Justiça Eleitoral no exercício do poder normativo (*arts. 1º, parágrafo único, e 23, IX, do Código Eleitoral, e 105 da Lei nº 9.504/1997*) adota a melhor forma de aperfeiçoar a vontade da Constituição.

Os presos provisórios e os adolescentes internados podem votar, mas desde que os títulos sejam transferidos temporariamente para uma seção específica do estabelecimento, após um processo de alistamento.

O alistamento e a transferência dos títulos serão realizados por servidores da Justiça Eleitoral, inclusive com a designação de mesários, observando-se o calendário eleitoral.

Algumas questões merecem reflexão.

No dia da eleição somente os presos e adolescentes que tenham participado do processo de transferência poderão votar, sendo que coexistem no mesmo estabelecimento outros detentos que não votarão; não se permite a propaganda no interior do prédio público, exceto por rádio e televisão, limitando-se o acesso à ampla informação sobre o candidato e propostas, até por razões de segurança; as propostas de melhoria do sistema carcerário e dos direitos do preso podem ser um foco de abordagem nas campanhas eleitorais; é possível a identificação de certos candidatos com facções criminosas, o que comprometeria o sigilo da votação e a liberdade do voto, pois ao se emitir o boletim de urna, após a votação o candidato poderia saber a quantidade de detentos que foram fiéis às suas ordens.

Não se sabe quem não votou, mas é perfeitamente possível quantificar o resultado setorial daquela votação.

O controle do abuso do poder político dentro do estabelecimento carcerário é extremamente dificultoso.

Observando-se a escala de ponderação de valores: permissão do voto do preso cautelar e do adolescente infrator e o comprometimento do sigilo da votação e da ampla liberdade de informação nas campanhas eleitorais, faz-se necessária a efetivação do voto como um desdobramento da ordem jurídica de valoração do sufrágio universal.

No entanto, devem ser criados outros sistemas que possam abrigar a total segurança jurídica dentro de uma lógica multidirecional, sem influências abusivas ou delituosas e que contemple a igualdade de todos perante a lei, o que é extremamente dificultoso.

9.19. O ALISTAMENTO E VOTO DO ÍNDIO

O alistamento do índio (*analfabeto*) é facultativo, por exemplo, os que vivem isoladamente ou em vias de integração, e se baseia na certidão de nascimento ou documento administrativo emitido pela Fundação Nacional do Índio (*Funai*). No entanto, quando o índio está alistado passa a votar de forma obrigatória.

O Estatuto do Índio (Lei nº 6.001, de 19 de dezembro de 1973) dispõe, no art. 4º, o seguinte:

> Art. 4º Os índios são considerados:
>
> I – isolados – quando vivem em grupos desconhecidos ou de que se possuem poucos e vagos informes através de contatos eventuais com elementos da comunhão nacional;
>
> II – em vias de integração – quando, em contato intermitente ou permanente com grupos estranhos, conservam menor ou maior parte das condições de sua vida nativa, mas aceitam algumas práticas e modos de existência comuns aos demais setores da comunhão nacional, da qual vão necessitando cada vez mais para o próprio sustento;
>
> III – integrados – quando incorporados à comunhão nacional e reconhecidos no pleno exercício dos direitos civis, ainda que conservem usos, costumes e tradições característicos da sua cultura.

O índio é considerado brasileiro nato (*art. 5º do Estatuto do Índio*) e, no gozo de seus direitos políticos, pode ocupar os cargos privativos listados no art. 12, § 3º, da Carta Magna.

No Brasil, tivemos o famoso índio *Juruna* que foi Deputado federal, mas não chegou a ocupar efetivamente cargo privativo de brasileiro nato. Sobre os índios, os *arts. 231 e 232 da Carta Magna*.

ALISTAMENTO ELEITORAL   CAPÍTULO 9

Os direitos civis e políticos dos índios ficam na dependência da verificação das condições especiais estabelecidas na legislação especial. Destaca-se: "(...) *quem pode exercer direitos políticos está habilitado para os atos da vida civil"* (*Consolidação das Leis Civis,* de Teixeira de Freitas).

O Egrégio Tribunal Superior Eleitoral possui precedente que considera que o silvícola ou índio deve se submeter às mesmas exigências de quitação eleitoral impostas aos cidadãos em geral. Neste sentido:

> Resolução nº 20.806, de 15/05/2001. Processo Administrativo nº 18.391/AP. Rel. Min. Garcia Vieira. Ementa: Alistamento eleitoral. Exigências. São aplicáveis aos indígenas integrados, reconhecidos no pleno exercício dos direitos civis, nos termos da legislação especial (Estatuto do Índio), as exigências impostas para o alistamento eleitoral, inclusive de comprovação de quitação do serviço militar ou de cumprimento de prestação alternativa. *DJ* de 24/08/2001.

Significativa é a Resolução TSE nº 23.274, de 1º/06/2010, decorrente do processo administrativo nº 19.840/AM, Relator o Ministro Fernando Gonçalves, quando foi declarada não recepcionada a regra do art. 5º, II, do Código Eleitoral.

Desta forma, o índio mesmo sem fluência da língua pátria estará submetido ao alistamento eleitoral. De fato, se o alistamento e voto são permitidos aos analfabetos, é evidente que os índios podem se alistar.

Convém ressaltar decisão do Egrégio TSE:

> Processo Administrativo nº 1806-81/PR. Rel.ª Min.ª Nancy Andrighi.
> 1. A atual ordem constitucional, ao ampliar o direito à participação política dos cidadãos, restringindo o alistamento somente aos estrangeiros e aos conscritos, enquanto no serviço militar obrigatório, e o exercício do voto àqueles que tenham suspensos seus direitos políticos, assegurou-os, em caráter facultativo, a todos os indígenas, independentemente da categorização estabelecida na legislação especial infraconstitucional anterior, observadas as exigências de natureza constitucional e eleitoral pertinentes à matéria, como a nacionalidade brasileira e a idade mínima.
> 2. Os índios que venham a se alfabetizar, devem se inscrever como eleitores, não estando sujeitos ao pagamento de multa pelo alistamento extemporâneo, de acordo com a orientação prevista no art. 16, parágrafo único, da Res.-TSE 21.538, de 2003.
> 3. **Para o ato de alistamento, faculta-se aos indígenas que não disponham do documento de registro civil de nascimento a apresentação do congênere administrativo expedido pela Fundação Nacional do Índio** (*Funai*). DJE de 08/03/2012 (grifos nossos).

241

9.20. TESTEMUNHO DO INDÍGENA

O índio integrado pode ser **testemunha**. O Tribunal Superior Eleitoral já se pronunciou sobre esse caso. "(...) *Não há nulidade na oitiva de testemunha indígena sem o representante da Funai, quando o índio está integrado à comunhão nacional e possui, inclusive, título de eleitor. Não incide, nesta hipótese, o* caput *do art. 8º da Lei nº 6.001/1973, pois caracterizada a exceção prevista no parágrafo único do referido dispositivo"* (*Recurso Especial Eleitoral nº 603-69/MS. Rel. Min. Henrique Neves da Silva. DJE de 15/8/2014*).

9.21. ESTRANGEIROS. IMPOSSIBILIDADE DO ALISTAMENTO ELEI-TORAL

Quanto ao **estrangeiro**, pouco importa se sabe a língua nacional; simplesmente não pode alistar-se. Na verdade, a restrição ao voto do estrangeiro é a consagração do sufrágio do tipo restrito. Assim, o estrangeiro não poderá votar.

A outorga aos brasileiros do direito de voto e gozo dos direitos políticos em Portugal, quando for comunicada ao Tribunal Superior Eleitoral, ensejará a suspensão destes mesmos direitos no Brasil.

O Brasil e Portugal assinaram o Tratado de Amizade (*Decreto nº 3.927, de 19.9.2001*), firmando no art. 17 que:

> 1. O gozo de direitos políticos por brasileiros em Portugal e dos portugueses no Brasil só será reconhecido aos que tiverem três anos de residência habitual e depende de requerimento à autoridade competente.
>
> 2. A igualdade quanto aos direitos políticos não abrange as pessoas que, no Estado da nacionalidade, houverem sido privadas de direitos equivalentes.
>
> 3. O gozo de direitos políticos no Estado de residência importa na suspensão do exercício dos mesmos direitos no Estado da nacionalidade.

No Congresso Nacional estão em tramitação os projetos de emenda constitucional nos 14/2007, 88/2007 e 25/2012 que objetivam conceder o direito de voto aos estrangeiros que residem no Brasil há mais de 5 (*cinco*) anos e autorizar a capacidade eleitoral passiva de serem eleitos ao mandato de vereador.

9.22. SURDOS E MUDOS. DIREITO DE VOTO

Os surdos-mudos devem exercer o direito de voto como qualquer pessoa apta e capaz, desde que tenham conquistado a capacidade especial de exteriorizar o voto.

Tratando-se de medida de efetividade constitucional e asseguradora da amplitude da cidadania, o art. 25, § 1º, da Resolução TSE nº 22.718, determinou a utilização da Linguagem Brasileira de Sinais ou recursos de legendas para a propaganda eleitoral gratuita pela televisão.

A Resolução TSE nº 21.991/2005 prevê no art. 1º, § 2º, que não serão canceladas as inscrições eleitorais (*títulos eleitorais*) de eleitores portadores de deficiências físicas que estejam impossibilitados de votar, ou para quem seja extremamente oneroso o cumprimento das obrigações eleitorais. Neste caso será comunicado o fato no período estipulado no § 8º do art. 80 da Res. TSE nº 21.538/2003, ou seja, 60 (*sessenta*) dias da data do batimento que verificar a abstenção eleitoral como causa de cancelamento.

A Lei nº 13.146, de 6 de julho de 2015, "*Estatuto da Pessoa com Deficiência*", no art. 76 garantiu ao deficiente físico e mental o direito de votar e ser votado, sendo que a decisão de interdição, se for o caso, deverá avaliar a capacidade eleitoral passiva, pois nem sempre o interditado terá como manifestar a sua vontade nas eleições e ser candidato de forma livre e soberana.

Exemplo: pessoas internadas em estado de coma, sem prazo estabelecido de recuperação.

A decisão do juízo competente que decreta a curatela do interdito, além de nomear o curador deverá, em respeito ao princípio da dignidade humana, fixar os limites da potencialidade pessoal do cidadão.

Registre-se que: "*A sentença de interdição tem natureza constitutiva, pois não se limita a declarar uma incapacidade preexistente, mas também a constituir uma nova situação jurídica de sujeição do interdito à curatela, com efeitos* ex nunc" (*STJ, 3ª Turma, REsp 1.251.728/PE, Rel. Min. Paulo de Tarso Sanseverino, DJe 23/05/2013*).

Os atos praticados pelo curatelado sem a presença do curador são nulos, nos termos do art. 166, I, do Código Civil, mas **o curador não poderá votar nem tampouco se candidatar como substituto do curatelado**.

O **voto é personalíssimo**, sendo a função do curador apenas de auxílio em casos determinados para facilitar o voto próprio do interdito.

A propaganda política eleitoral e partidária deverá possuir recursos da linguagem de Libras (*sinais*), e o deficiente poderá ser auxiliado na votação por pessoa de sua escolha, cumprindo ao Presidente da seção eleitoral verificar se a liberdade do eleitor está mantida durante o processo de votação.

9.23. MULTA ELEITORAL. CONSIDERAÇÕES GERAIS

As multas eleitorais estão previstas como sanções aplicáveis em cinco hipóteses.

Em uma primeira hipótese aplicam-se multas aos **eleitores** faltosos que não justificaram a ausência nos pleitos eleitorais, conforme previsão contida no art. 80 e § 6º da Resolução do TSE nº 21.538/2003.

Em outro plano, as multas decorrem de atos de **servidores públicos** que violam prazos e instruções da Justiça Eleitoral, por exemplo, os mesários faltosos (agentes públicos honoríficos, ou seja, que cumprem um múnus público sem remuneração). Neste caso, prevê o **art. 124 do Código Eleitoral** a sanção pela via da multa, independentemente do aspecto penalmente relevante da conduta em face do crime do art. 344 do Código Eleitoral.

São cabíveis as multas em face de **candidatos** e **partidos políticos**, que tenham violado as regras sobre a propaganda, praticado atos abusivos e captações ilícitas de sufrágio.

Os exemplos são os tipificados nos arts. 37, § 1º, 41-A e 73, § 4º, da Lei nº 9.504/1997, dentre outros.

Por fim, aos **criminosos** cujos tipos penais eleitorais preveem a aplicação de multa em seus preceitos secundários, tais como os delitos dos arts. 324 (*calúnia eleitoral*) e 325 (*difamação eleitoral*).

9.24. NATUREZA JURÍDICA DA MULTA ELEITORAL

Primeiramente, em relação a **multas penais**, o Código Eleitoral atribui sua destinação ao Tesouro Nacional.

As multas previstas na legislação penal comum se destinam ao Fundo Penitenciário, a norma especial eleitoral tratou de forma diversa. Dessa maneira, a **multa penal eleitoral** é dívida da União e sua natureza jurídica se identifica como receita deste ente federativo.

Se a multa não for satisfeita no prazo de 30 (*trinta*) dias do trânsito em julgado da decisão da Justiça Eleitoral, é considerada dívida líquida e certa da **União Federal**. A disciplina jurídica mais atualizada sobre as multas está no texto da Resolução TSE nº 21.975/2004.

Todavia, a multa é recolhida à conta do **Fundo Partidário**, não sendo propriamente uma receita que ingresse nos cofres públicos da União, pois a Lei nº 9.096/1995 (Lei dos Partidos Políticos), disciplina no art. 38, inc. I, que: "*O Fundo Especial de Assistência Financeira aos Partidos Políticos (Fundo Partidário) é constituído por: I – multas e penalidades pecuniárias aplicadas nos termos do Código Eleitoral e leis conexas*".

Considerando que a multa é receita do Fundo Partidário, a sua natureza jurídica, nesse caso, é tipicamente partidária, sendo seu processo executivo regido por execução fiscal, especificamente pela Lei de Execução Fiscal (*Lei nº 6.830, de 22 de setembro de 1980*).

Cumpre observar, no entanto, que a multa não é dotada apenas de caráter tipicamente partidário, pois sua inadimplência pode acarretar a **negativa da falta de quitação com a Justiça Eleitoral**, ensejando, por exemplo, para os **eleitores e servidores**, a impossibilidade da expedição de certidão de nada consta para fins civis, eleitorais e funcionais; e, em relação aos **candidatos**, é possível se negar o registro de candidatura por ausência de uma condição de elegibilidade referente à própria quitação eleitoral, considerando que os inadimplentes não se encontram na plenitude dos direitos políticos (art. 14, § 3º, inc. II, da Constituição Federal).

Significativa é ainda a afirmação do § 1º do art. 7º do Código Eleitoral: *"Sem a prova de que votou na última eleição, **pagou a respectiva multa** ou de que se justificou devidamente, não poderá o eleitor: I – **inscrever-se em concurso** ou prova para cargo ou função pública, **investir-se** ou **empossar-se** neles".*

Não podem inscrever-se, ou seja, registrar-se em concursos, incluindo os decorrentes do certame popular (*eleições*), os candidatos, nem investir-se ou empossar-se para o regular exercício do mandato eletivo.

A multa eleitoral em relação **aos candidatos** é, portanto, uma **condição de elegibilidade constitucional**, pois implica na ausência do pleno exercício dos direitos políticos.

Em reforço à questão da carência de uma condição de elegibilidade, aplica-se o disposto no art. 11, § 1º, inc. VI, da Lei nº 9.504/1997, assim, a quitação eleitoral é condição para o deferimento do pedido de registro de candidaturas.

Todavia, o Egrégio TSE alterou o entendimento, por maioria de votos, quanto ao prazo limite de quitação eleitoral por multas em razão de o eleitor não ter votado em turnos das eleições.

Nesse rumo, se o eleitor que pretende ser candidato não tiver quitado a multa até a data da formalização do requerimento de registro de candidatura é possível que ainda lhe seja facultado, em diligência registral, o pagamento tardio, o que autorizará o deferimento de sua candidatura.

> (...) O Plenário deste Tribunal Superior, por maioria, **modificando entendimento jurisprudencial aplicado às eleições de 2010 e 2012**, assentou que a **aferição das condições de elegibilidade pode ser considerada após a data da formalização do registro de candidatura, enquanto o feito se encontra na instância ordinária**. (Recurso Especial Eleitoral nº 809-82, Manaus/AM, Rel. Min. Henrique Neves da Silva, em 26/8/2014) (grifos nossos).

Posteriormente, em 10/05/2016, o TSE editou o enunciado sumular **nº 50** nos seguintes termos: *"O pagamento da multa eleitoral pelo candidato ou a comprovação do cumprimento regular de seu parcelamento após o pedido* *de registro, mas antes do julgamento respectivo, afasta a ausência de quitação eleitoral".*

Infere-se, portanto, que para a verificação da quitação eleitoral, quem estiver condenado ao pagamento de multa possui um prazo limite até o julgamento do pedido de candidatura para quitar o valor integral do débito ou comprovar a regularidade do parcelamento.

Quanto ao **parcelamento da multa** cumpre enfatizar que: "(...) *O parcelamento da multa imposta afasta a pecha de o cidadão não estar quite com a Justiça Eleitoral, sendo desinfluente o fato de a definição pela Fazenda Nacional ocorrer após a data limite para a feitura do registro, uma vez comprovado haver sido requerido o parcelamento em data anterior. TSE. Recurso Especial Eleitoral nº 308-50/SP. Rel. Min. Marco Aurélio. DJE de 14/8/2013".*

A esse respeito ainda o Egrégio TSE na Consulta nº 1.576, Relator Ministro Félix Fischer assim respondeu: "(...) *O parcelamento de débito oriundo da aplicação de multa eleitoral, embora inadmissível a "certidão positiva com efeitos negativos", obtido na Procuradoria-Geral da Fazenda Nacional ou na Justiça Eleitoral, possibilita o reconhecimento da quitação eleitoral, para fins de pedido de registro de candidatura, desde que tal parcelamento tenha sido requerido e obtido antes de tal pedido, estando devidamente pagas as parcelas vencidas (Precedente: Recurso Especial Eleitoral nº 28.373, Rel. Min. Arnaldo Versiani, DJ de 18/4/2008; Agravo Regimental no Recurso Especial Eleitoral nº 26.821, Rel. Min. José Delgado, Sessão de 29/9/2006)".*

A Lei nº 9.504/1997 autoriza o parcelamento em 60 (*sessenta*) meses, art. 11, § 8º, inc. III.

O § 8º do art. 11 da Lei das Eleições foi alterado na redação do inciso III e incluído o inciso IV (Lei nº 13.488/2017), mantendo o parcelamento em sessenta meses, exceto se o valor da parcela ultrapassar 5% (cinco por cento) da renda mensal, na hipótese do cidadão que foi multado, ou de 2% (dois por cento) do faturamento, quando se tratar de pessoa jurídica. Nesse último caso, o parcelamento poderá se estender para além dos sessenta meses.

Assegura-se aos partidos políticos o parcelamento das multas eleitorais, inclusive de outros débitos de natureza não eleitoral que tiverem sido impostos pelo Poder Público.

Quando a multa é aplicada **aos eleitores**, é uma condição cívica e eleitoral.

A multa aplicada **aos servidores** transmuda-se em sanção de índole funcional.

E a multa, sob o ângulo dos **delinquentes** eleitorais, é dívida da União referente ao Tesouro Nacional, que não possui caráter tributário.

Por fim, em relação aos **Partidos Políticos** a multa tem feição de natureza partidária, sem ser tributária.

ALISTAMENTO ELEITORAL   CAPÍTULO 9

9.25. PRESCRIÇÃO DA MULTA ELEITORAL. PRAZO LEGAL

O Egrégio Tribunal Superior Eleitoral possui precedente sobre a prescrição das multas eleitorais e sua **natureza jurídica, que é identificada como sendo "dívida não tributária"**. Nesta linha:

> Resolução nº 21.197, de 03/09/2002. Processo Administrativo 18.882/SP. Rel. Min. Sálvio de Figueiredo. **A multa eleitoral constitui dívida ativa não tributária, para efeito de cobrança judicial**, nos termos do que dispõe a legislação específica, incidente em matéria eleitoral, por força do disposto no art. 367, incisos III e IV, do Código Eleitoral. **À dívida ativa não tributária não se aplicam as regras atinentes à cobrança dos créditos fiscais, previstas no Código Tributário Nacional**, ficando, portanto, sujeita à prescrição ordinária das ações pessoais, nos termos da legislação civil, conforme já decidiu o Supremo Tribunal Federal. O termo inicial do prazo prescricional, observado o disposto no § 3º do art. 2º da Lei nº 6.830/ 1980, será o primeiro dia seguinte aos 30 (trinta) dias posteriores à realização da eleição a que tiver deixado de comparecer e de justificar a ausência. *DJ* de 04/10/2002.

Por fim, o TSE editou o verbete sumular **nº 56** nos seguintes termos: *"A multa eleitoral constitui dívida ativa de natureza não tributária, submetendo-se ao prazo prescricional de 10 (dez) anos, nos moldes do art. 205 do Código Civil"*.

9.26. EMBARGOS DO DEVEDOR. MULTA ELEITORAL. DEFESA

Se a cobrança da multa em execução fiscal ensejar uma defesa, a regra é a oposição de **embargos do devedor** na forma legalmente prevista.

Pode ocorrer uma causa de prescrição do débito e o devedor valer-se da objeção de pré-executividade, mas o que importa para fins de deferimento do registro da candidatura é o pagamento do valor devido ou seu parcelamento no prazo legal.

O verbete sumular **nº 50** do TSE autoriza o pagamento ou parcelamento antes do julgamento do pedido de registro de candidatura. O prazo foi dilatado, pois não é mais do requerimento, mas do julgamento.

No Colendo TSE salienta-se a seguinte hipótese.

> (...) Nessa ação de execução fiscal promovida pela Fazenda Nacional, o candidato ajuizou **exceção de pré-executividade**, na qual **alegou a prescrição do débito, e requereu, em petição diversa, o parcelamento da dívida antes do pedido de registro de candidatura** (TSE. Recurso Especial Eleitoral nº 106-76/AL, Rel.ª Min.ª Laurita Vaz, em 4/10/2012) (grifos nossos).

247

9.27. MULTA ELEITORAL. COMPETÊNCIA PARA O JULGAMENTO

O Egrégio Tribunal Superior Eleitoral possui precedente sobre a possibilidade de o juiz eleitoral, inclusive os substitutos exercerem a jurisdição eleitoral, impondo multas eleitorais nos termos do art. 367 do Código Eleitoral (*Recurso Especial Eleitoral nº 19.260/GO, Rel. Min. Fernando Neves, em 1º/03/2001*).

A questão está disciplinada na Resolução TSE nº 21.975/2004.

O juiz eleitoral da zona eleitoral especificamente designada pelo Tribunal Regional Eleitoral exercerá a competência para o processo e julgamento das multas eleitorais.

9.28. LEGITIMIDADE ATIVA PARA A COBRANÇA DE MULTAS ELEITORAIS

O inc. V do art. 367 do Código Eleitoral faz menção ao membro do Ministério Público para exercer esse tipo de atribuição. Todavia, a atribuição não é mais deflagrada por este órgão do *Parquet.* Trata-se de norma de encerramento de função.[3]

A hipótese mencionada não foi recepcionada pelo texto constitucional, em razão do disposto no art. 29, § 5º, do ADCT da Carta Magna.

Assim sendo, após a edição da Lei Complementar nº 73, de 10 de fevereiro de 1993, as atribuições dos Procuradores da Fazenda Nacional ficaram expressamente definidas no art. 12, incs. I a VIII, da citada norma, excluindo--se, por conseguinte, a participação do Ministério Público de qualquer fase do processo de cobrança da dívida decorrente da multa administrativa prevista, por exemplo, nos arts. 7º, 8º, 9º, 61 e parágrafos, 124 e parágrafos, 159, § 5º, e 146, inc. VIII, todos do Código Eleitoral.

Igualmente, as multas administrativas decorrentes do descumprimento das regras da propaganda eleitoral e outros institutos eleitorais estão previstas na Resolução TSE nº 21.975/2004 quanto ao procedimento destinado à cobrança da multa, não fazendo menção ao Promotor Eleitoral, mas, sim, à necessidade de remessa à Procuradoria da Fazenda Nacional.

Com efeito, subsiste apenas em relação ao Promotor Eleitoral a manifestação no procedimento de aplicação da multa administrativa, cuja inscrição na dívida ativa da União a torna apta à cobrança pelos Procuradores da Fazenda Nacional.

Dessa forma, o Tribunal Superior Eleitoral "(...) *assentou que a Procuradoria--Geral da Fazenda Nacional é parte legítima para ajuizar ação de execução de astreintes imposta pelo descumprimento de ordem de juízo eleitoral. (...) asseverou que as multas eleitorais, incluindo as astreintes, estão submetidas à ação executiva na forma prevista para a cobrança da dívida ativa da Fazenda*

---

3 Pedimos ao leitor para verificar o capítulo sobre o Ministério Público.

Pública, as quais obedecem à sistemática do art. 367, IV, do Código Eleitoral (...) Destacou ainda que o valor aplicado às astreintes deve ser destinado ao Fundo Partidário, de acordo com o art. 38, I, da Lei nº 9.096/1995 (...)" (Recurso Especial Eleitoral nº 1168-39, Almirante Tamandaré/PR, Rel.ª Min.ª Luciana Lóssio, em 9/9/2014).

O Egrégio TSE editou o verbete sumular **nº 63** nos seguintes termos: *"A execução fiscal de multa eleitoral só pode atingir os sócios se preenchidos os requisitos para a desconsideração da personalidade jurídica previstos no art. 50 do Código Civil, tendo em vista a natureza não tributária da dívida, observados, ainda, o contraditório e a ampla defesa".*

E ainda, o TSE editou o verbete sumular **nº 68** do TSE que defere à União a legitimidade para a cobrança de astreintes: *"A União é parte legítima para requerer a execução de astreintes, fixada por descumprimento de ordem judicial no âmbito da Justiça Eleitoral".*

9.29. PARCELAMENTO DA MULTA ELEITORAL. ÓRGÃO COM ATRIBUIÇÃO. COMPETÊNCIA. PARTICULARIDADES

A Resolução nº 21.975/2004 do Egrégio Tribunal Superior Eleitoral normatiza o recolhimento e a cobrança de multas previstas na legislação eleitoral.

A atribuição executiva é da Procuradoria da Fazenda Nacional, cumprindo ao magistrado proferir a decisão de homologação do acordo *(TSE. Agravo Regimental no Recurso Especial Eleitoral nº 36.019/CE. Rel. Min. Arnaldo Versiani. DJe de 12/08/2011).*

No entanto, a atribuição executiva da Fazenda Nacional só se estabelece após a inscrição da multa na dívida ativa da União observando-se o prazo legal.

Todavia, a atribuição do órgão fazendário não poderá excluir a competência judicial eleitoral, considerando, em especial, que a multa eleitoral possui destinação constitutiva para o Fundo Partidário.

Registre-se o art. 3º da Resolução TSE nº 21.975/2004:

> Art. 3º As multas não satisfeitas no prazo de trinta dias do trânsito em julgado da decisão serão consideradas dívida líquida e certa, para efeito de cobrança, mediante executivo fiscal.

E acresce o § 1º que:

> § 1º Caberá aos juízes eleitorais enviar os respectivos autos ao Tribunal Eleitoral competente, em cinco dias, após o decurso do prazo estabelecido no *caput*.

O § 1º do art. 1º da Resolução nº 21.538/2003 (TSE) assim versa:

> § 1º A inscrição das multas eleitorais para efeito de cobrança mediante executivo fiscal será feita em livro próprio no juízo ou Secretaria do Tribunal Eleitoral competente.

É possível concluir que a competência da Justiça Eleitoral para homologar os acordos decorrentes do parcelamento da multa eleitoral nos termos do art. 11, § 8º, inc. III, da Lei nº 9.504/1997 **não pode ser afastada**.

A arrecadação dos valores destinados ao Fundo Partidário é controlada previamente pelo Poder Judiciário Eleitoral, até porque novos critérios legais devem ser razoavelmente avaliados como: **o direito do cidadão e dos partidos políticos e o limite de 10% (dez por cento) da renda nos termos da inclusão normativa da Lei nº 12.891/2013**.

Ressalta-se: *"(...) o parcelamento das multas eleitorais é direito do cidadão, seja ele eleitor ou candidato, e dos partidos políticos, podendo ser parceladas em até 60 (sessenta) meses, desde que não ultrapasse o limite de 10% (dez por cento) de sua renda" (art. 11, § 8º, III, da Lei nº 9.504/1997).*

De fato, o pagamento integral ou o reduzido do número de meses das prestações da multa eleitoral não poderá ser exigido de forma exclusiva pela Fazenda Nacional e sem controle jurisdicional eleitoral, quando a condição financeira do devedor comprometer a sua renda no percentual que ultrapasse os 10% (*dez por cento*), bem como se for muito elevado o valor. Confira-se, e.g., o (*Recurso Eleitoral nº 997847, acórdão nº 28.981, Tribunal Regional Eleitoral de Santa Catarina*).

Nesse ponto, é inquestionável que a lei eleitoral possui critério de **especialidade** sobre a matéria e sua **vigência é posterior**, *lex posterior derogat legi priori*. Como se nota, a norma eleitoral sobreleva à norma tributária fixada em primeiro plano cronológico.

A competência para dirimir eventual conflito é da Justiça Eleitoral, que deferirá ou não o pedido do número de parcelas.

A princípio, cabe ao juiz eleitoral da zona eleitoral designado, nas eleições municipais, ao Presidente do Tribunal Regional Eleitoral, nas eleições federais e estaduais, ou ao Presidente do Tribunal Superior Eleitoral, nas eleições presidenciais, analisar os acordos de parcelamento de multas eleitorais que foram aplicadas em representações específicas em função de cada pleito eleitoral.

O pedido de parcelamento deve ser formulado nos próprios autos objetivando uma proporcional análise da Justiça Eleitoral, seja pelo juiz eleitoral da zona eleitoral ou Presidentes dos Tribunais Eleitorais.

Como já salientado, as multas eleitorais não pagas no prazo de 30 (*trinta*) dias podem ser inscritas como Dívida Ativa da União.

Assim, com o trânsito em julgado da decisão que condenou o infrator a pagamento de multa em processo cível eleitoral, no cartório da zona eleitoral fará o registro em código específico, objetivando o controle cartorário.

Em seguida, o devedor poderá efetuar o pagamento no prazo de 30 (*trinta*) dias, (*o pagamento é feito por Guia de Recolhimento da União/GRU*), pois se, porventura, permanecer a inadimplência, aí sim, o valor será dívida líquida e certa para fins de execução fiscal. Nesse caso, será lavrado um Termo de Inscrição da Multa Eleitoral para fins de anotação no cartório eleitoral.

Cumpre frisar que a execução fiscal do débito da multa só será proposta para valores significativos, por exemplo, a Portaria nº 75/2012 do Ministério da Fazenda atribui o patamar de R$ 20.000.00 (*vinte mil reais*), mas esse valor pode ser alterado a qualquer momento. Trata-se de um critério fazendário.

Registre-se que as execuções fiscais são propostas em zonas eleitorais especialmente designadas, observando-se quanto à competência, o domicílio do devedor. É comum a expedição de cartas precatórias.

Por outro lado, é possível ao devedor (*pessoa física ou jurídica*) obter um parcelamento pelo sistema previsto na Lei nº 11.941/2009, que trata do programa de recuperação fiscal (**Refis**), ou seja, a dívida poderá ser parcelada em até **180 (cento e oitenta) meses** observando-se as regras específicas sobre esse direito contido na norma não eleitoral.

Trata-se de norma mais benéfica ao contribuinte eleitoral que poderá ser utilizada em seu favor, assim como os débitos decorrentes de multa penal e trabalhista.

O parcelamento da multa eleitoral deve levar em consideração a situação econômica da pessoa jurídica e do eleitor, pois em certas hipóteses torna-se extremamente oneroso o pagamento integral ou em reduzidas parcelas. Nesses casos, cumpre ao devedor o ônus da prova da necessidade razoável do número de parcelas objetivando-se assegurar o adimplemento da obrigação assumida.

Deveras, uma vez permitido pela legislação eleitoral o parcelamento, cumprirá ao devedor adimplir as prestações mensais e sucessivas.

Esse rotineiro proceder causará ao infrator a protraída lembrança de que não deverá repetir o ato ilegal nos próximos pleitos eleitorais, pois não é tão simples expungir o passado de sua ação injurídica.

É importante relembrar que a falta de quitação eleitoral com a Justiça Eleitoral impede a renovação de passaporte, impossibilita a posse nos concursos públicos, bem como a participação em concorrências públicas e a obtenção de empréstimos nos termos do art. 7º, § 1º, incs. I *usque* VII, do Código Eleitoral; além de ser para o eleitor uma falta de condição de elegibilidade que servirá de causa para o indeferimento do requerimento de registro de uma eventual candidatura (*art. 11, § 7º, da Lei nº 9.504/1997*).

As multas eleitorais são definidas como dívida ativa não tributária. Desse modo, infere-se que sobre elas incidem atualização monetária, juros e multa de mora, conforme previsto no art. 2º, § 2º, da Lei nº 6.830/1980 (*Lei de Execução Fiscal*) no TSE, *Agravo Regimental em Recurso Especial Eleitoral nº 57.928/SP. Acórdão de 25/11/2014. Rel.ª Min.ª Maria Thereza Rocha de Assis Moura. DJe. Tomo 233, Data 11/12/2014, p. 26.*

Todavia, na legislação eleitoral não estão disciplinados os juros moratórios e a correção monetária, emergindo posição no sentido de sua inaplicabilidade para as multas eleitorais. A propósito, os juros e a correção monetária devem seguir a legislação tributária (*Lei nº 10.522/2002*).

Observe-se que no âmbito das representações ou processos eleitorais podem ser aplicadas multas previstas na legislação processual civil, nos arts. 81, 497, 538, § 3º, e 1.026, por exemplo, ao litigante de má-fé. Neste caso, a multa não será considerada Dívida Ativa da União, mas um ônus processual da parte, sendo o valor destinado ao depósito judicial específico até o desfecho do processo e o levantamento da quantia pela parte favorecida.

Já a multa processual civil prevista no art. 77, inc. III, do Código de Processo Civil, por atos da parte infratora que afetem a dignidade da Justiça será destinada ao tesouro nacional como uma espécie de Dívida Ativa da União, não integrando o Fundo Partidário.

9.30. QUITAÇÃO OU PARCELAMENTO DA MULTA ELEITORAL PARA A OBTENÇÃO DO DEFERIMENTO DO REGISTRO DA CANDIDATURA. CONDIÇÃO DE ELEGIBILIDADE

O Egrégio Tribunal Superior Eleitoral, com base nas informações contidas no sistema informatizado, faz a verificação referente à quitação eleitoral de multas aplicadas pela Justiça Eleitoral contra candidatos que pleiteiam o requerimento de registro de suas candidaturas (RRC).

Por exemplo, se o candidato Bonifácio, nas eleições passadas, ficou devendo multas eleitorais decorrentes de propagandas políticas eleitorais irregulares, não poderá ter o registro de sua candidatura deferido numa próxima eleição se não providenciar a quitação eleitoral das multas ou o seu regular parcelamento.

Assim, mister se faz que as multas sejam quitadas ou parceladas até a data da formalização do pedido de registro de candidatura. Trata-se de prazo peremptório que obriga o candidato interessado a diligenciar junto ao órgão competente para sanar essa obrigação.

O inc. I do § 8º do art. 11 da Lei nº 9.504/1997 consagra uma permissibilidade ao candidato para fins de quitação eleitoral, pois o mesmo poderá, até a data da formalização do seu pedido (do dia 20 de julho até 15 de agosto do ano de eleição), quitar multas de eleições passadas, observando que o parcelamento dessas multas segue o disposto na legislação tributária federal (§ 11 do art. 11 da Lei nº 9.504/1997).

As multas eleitorais decorrem, em sua maioria, de sanções impostas por violação aos arts. 36, § 3º, 37 e 41-A da Lei nº 9.504/1997. Nesse rumo, a aplicação das multas defluiu de um devido processo legal eleitoral já transitado em julgado, pois o que se trata nesse momento é sobre a forma de adimplemento.

No caso do art. 43, § 2º, da Lei nº 9.504/1997, cumpre ressaltar que a multa no valor de mil a dez mil reais, sujeita "os responsáveis pelos veículos de divulgação e os partidos, coligações ou candidatos beneficiados" ao devido pagamento, que deve ser especificado na decisão judicial, podendo ser alvo, no caso de omissão, de embargos de declaração (art. 275 do Código Eleitoral).

Registre-se que o inc. I do § 8º do art. 11 da Lei nº 9.504/1997 firmou que o conceito de quitação eleitoral importa no efetivo pagamento da multa até a data de formalização do registro de candidatura, que é até o dia 15 de agosto do ano de eleição (art. 11 da Lei das Eleições).

Formalizar o registro significa a apresentação inicial dos documentos exigidos por lei até a data limite fixada, que é o próprio dia 15 de agosto, pois a complementação da documentação faltante ao deferimento do requerimento de registro de candidatura é considerada um ato acessório que sucede ao elementar.

A comprovação do pagamento, portanto, deve ser feita até a apresentação do requerimento de registro de candidatura perante a Justiça Eleitoral, que tem como termo final o dia 15 de agosto do ano de eleição, admitindo-se, excepcionalmente, que seja feita em data posterior, na hipótese de substituição do candidato, pois o substituído não teria ciência dessa medida.

No entanto, o Colendo TSE, editou o verbete sumular **nº 50** autorizando o pagamento da multa ou o seu parcelamento, após o pedido de registro, mas antes do julgamento respectivo que deve ser na instância ordinária.

Já em relação aos eventuais pré-candidatos que não constaram da lista inicial apresentada pelos partidos e coligações na forma do § 4º do art. 11 da Lei das Eleições, não se pode duvidar que o prazo é idêntico aos demais, considerando que todos devem estar com suas obrigações adimplidas até o dia 15 de agosto, sob pena de se deferir condições diferenciadas entre candidatos que, nesse ponto, possuem condições similares.

Assim, o fato de o partido ou coligação ter omitido o nome de determinado pré-candidato, não garante o direito de estar o mesmo quite em época posterior aos demais pré-candidatos que tiveram formalizados os seus requerimentos no momento inicial.

Em relação ao parcelamento da dívida regularmente cumprida, o inc. I do art. 8º da Lei nº 9.504/1997, também obriga que essa medida seja efetivada até a data da formalização do pedido, o que significa que o pagamento das prestações decorrentes deste parcelamento deve estar absolutamente em dia no momento da formalização do requerimento de registro.

A Lei nº 9.504/1997 (*redação da Lei nº 12.891/2013*) no art. 11, § 8º, inc. III, permite o parcelamento da multa pelo candidato ou eleitor em até 60 (sessenta) meses.

O inc. III do § 8º do art. 11 foi modificado pela Lei nº 13.488/2017, que ainda incluiu o inc. IV, autorizando o parcelamento das multas em parcelas que não ultrapassem 5% (cinco por cento) da renda mensal (pessoa física) e 2% (dois por cento) do faturamento, no caso de pessoa jurídica.

Por outra, os partidos políticos conquistaram o direito de parcelar suas dívidas de natureza não eleitoral, desde que impostas pelo Poder Público.

O § 9º do art. 11 da Lei nº 9.504/1997 (*alteração da Lei nº 12.034/2009*), assim dispõe:

> Art. 11. (...)
>
> § 9º A Justiça Eleitoral enviará aos partidos políticos, na respectiva circunscrição, até o dia 5 de junho do ano da eleição, a relação de todos os devedores de multa eleitoral, a qual embasará a expedição das certidões de quitação eleitoral.

Como se verifica, criou-se a obrigação de a Justiça Eleitoral enviar aos partidos políticos para os diretórios nacionais, regionais e municipais, até o dia 5 de junho, a relação dos devedores de multas (*o período das convenções foi alterado pela Lei nº 13.165/2015 para 20 de julho a 5 de agosto*). Trata-se de medida preventiva que norteará a melhor escolha dos "candidatos a candidatos" e fomentará diligências mais céleres pelos pleiteantes à pré-candidatura na efetiva quitação das multas, pois, os nomes dos devedores constam no cadastro da Justiça Eleitoral e servem de base para a emissão da certidão de quitação na época do registro, que se dá logo após a escolha na convenção em razão do calendário eleitoral.

Nesta linha evita-se que um pré-candidato escolhido na convenção tenha seu registro indeferido, em data posterior, por falta de quitação eleitoral em razão do não pagamento da multa.

Observamos, no entanto, que o § 9º só demanda a obrigação da comunicação da relação de **devedores de multas**, mas olvidou-se que no item do § 7º, é feita menção à "**apresentação de contas de campanha eleitoral**", como requisito para a quitação eleitoral, pois quem não apresentou suas contas nas últimas eleições está em débito com a Justiça Eleitoral. No entanto, esse item pode ser sanado em razão da expedição de resolução eleitoral pelo Egrégio TSE sobre o registro de candidatos ou consulta pelo próprio partido político no *site* do Tribunal Superior Eleitoral.

Registre-se que o Egrégio TSE editou o verbete sumular **nº 57** nos seguintes termos: *"A apresentação das contas de campanha é suficiente para a obtenção da quitação eleitoral, nos termos da nova redação conferida ao art. 11, § 7º, da Lei nº 9.504/1997, pela Lei nº 12.034/2009"*.

Como se nota, os candidatos devem quitar os débitos de multas eleitorais pretéritas, objetivando o deferimento do registro de suas candidaturas. No TSE é a consulta nº 1.576, *DJ* de 21/05/2008.

A Lei nº 12.034/2009 trouxe uma definição assemelhada, assim dispondo em seu art. 11, § 7º, *verbis*:

> Art. 11. (...)
>
> § 7º A certidão de quitação eleitoral abrangerá exclusivamente a plenitude do gozo dos direitos políticos, o regular exercício do voto, o atendimento a convocações da Justiça Eleitoral para auxiliar os trabalhos relativos ao pleito, a inexistência de multas aplicadas, em caráter definitivo, pela Justiça Eleitoral e não remitidas, e a apresentação de contas de campanha eleitoral.

A aplicação das multas eleitorais segue o disposto na Resolução do TSE nº 21.975/2004, especialmente o previsto no art. 3º: *"As multas não satisfeitas no prazo de trinta dias do trânsito em julgado da decisão serão consideradas dívida líquida e certa, para efeito de cobrança, mediante execução fiscal"*.

Primeiramente, a multa deve estar apta a ser cobrada de forma definitiva, pois não ocorrendo o trânsito em julgado para fins de execução fiscal, não há que se falar em exigência do valor da multa.

A regular quitação ou purgação da mora não afasta, apenas, o débito com a Justiça Eleitoral, mas permite que seja aperfeiçoada uma condição de elegibilidade para o acesso aos mandatos eletivos, dentro de critérios básicos da cidadania (*art. 3º do Código Eleitoral*).

Nesta matéria não se discute a proporção de valores, mas o inadimplemento das obrigações da cidadania e enquanto não exigíveis as multas em razão do trânsito em julgado, o candidato pode concorrer ao pretendido mandato eletivo.

9.31. *QUERELA NULLITATIS*. MULTA ELEITORAL

As multas eleitorais são cobradas por ação de execução fiscal com observância da Lei nº 6.830/1980 que "(...) *admite a execução fiscal como procedimento judicial aplicável tanto à cobrança de créditos tributários como dos não tributários*" (*Júnior, Humberto Theodoro. Lei de Execução Fiscal.* 9ª ed. São Paulo: Saraiva,

2004, p. 14). Segundo lições do renomado autor, certas dívidas não tributárias são exequíveis pela via da Lei nº 6.830/1980.

A Lei nº 4.320/1964, no art. 39, § 2º, trata como um dos créditos da Fazenda Pública as **"multas de qualquer origem ou natureza"**, o que engloba as aplicadas em processos tipicamente eleitorais, por exemplo, as representações contra doadores de campanhas eleitorais, art. 23 da Lei nº 9.504/1997, inclusive as que punem as propagandas irregulares, art. 96 da mesma norma, bem como as que se referem às pesquisas e outros temas.

A execução não é o meio de apuração da responsabilidade eleitoral, pois objetiva especificamente a realização final dos créditos exigíveis, líquidos e certos com base no título executivo.

A forma defensiva pode ser o embargo de devedor, impugnação ou até mesmo a exceção de pré-executividade.

Acresça-se que é possível a propositura autônoma de ação de nulidade ou *querela nullitatis* eleitoral que deve ser deflagrada perante o juízo da Zona Eleitoral especialmente designada em cada comarca para processar e julgar as execuções fiscais de multas eleitorais. Trata-se do juiz eleitoral da sentença.

Registre-se precedente do Egrégio TSE: *"A relativização da coisa julgada é admissível, ao menos em tese, apenas nas situações em que se evidencia colisão entre direitos fundamentais, fazendo-se uma ponderação dos bens envolvidos, com vistas a resolver o conflito e buscar a prevalência daquele direito que represente a proteção a um bem jurídico maior. Precedentes" (REspe nº 967.904, Rel.ª Min.ª Nancy Andrighi, DJe de 20/6/2012).*

De fato, a competência para a ação de nulidade será sempre do juiz que proferiu a decisão nula, em regra, o juiz da Zona Eleitoral. Não é uma ação anulatória, art. 966, § 4º, do NCPC que almeja atacar o ato da parte, nem uma ação rescisória que em matéria eleitoral tem o prazo reduzido de apenas 120 (*cento e vinte*) dias, art. 22, alínea "j" do Código Eleitoral e possui cabimento restrito aos casos de inelegibilidade. Dessa forma, não há um prazo especial definido na lei para a propositura da *querela nullitatis eleitoral.*

A *querela nullitatis eleitoral* pode ser proposta para típicos casos em que o processo correu à revelia do executado por defeito da citação ou vícios se aplicando subsidiariamente os arts. 475-L (no novo CPC é o art. 525) e 741, I, do Código de Processo Civil (no novo CPC é o art. 535).

Trata-se de uma alegação de **vício transrescisório**, conforme lecionam *José Maria Tesheiner,* em sua obra *Pressupostos processuais e nulidades do processo civil, Alexandre Câmara,* em sua obra *A nova execução de sentença e Fredie Didier Jr.,* na obra *Curso de Direito Processual Civil, dentre outros renomados autores).*

Em situação análoga entendeu o Egrégio Superior Tribunal de Justiça:

> Processual Civil. Embargos de Declaração. Omissão verificada.
> Ação Rescisória. Ausência de citação de litisconsorte passivo

necessário. Hipótese de *Querela Nullitatis*. Remessa dos autos ao Juízo Competente (EDcl nos EDcl na AR.569/PE, Rel. Min. Mauro Campbell Marques, Primeira Seção, julgado em 24/08/2011, DJe 30/08/2011).

Em conclusão, é possível afirmar que se admite a ***querela nullitatis eleitoral*** na Justiça Eleitoral para fins específicos e restritos não abrangidos pela ação rescisória, quando, v.g., nos autos da execução fiscal o executado não foi citado ou ocorreu defeito na citação.

9.32. CERTIFICAÇÃO DO PARCELAMENTO DA MULTA

O juiz eleitoral da zona eleitoral do domicílio do devedor da multa deve certificar o pagamento ou o parcelamento da mesma. No entanto, o chefe de cartório não poderá dar a certificação da quitação de prestações vindouras do parcelamento eleitoral referente às multas.

A certificação deve abranger apenas o lapso temporal até o momento da solicitação do pedido pelo eleitor e candidato.

As futuras prestações não são certificadas e cumpre ao eleitor estar quite com as mesmas no ato da formalização do requerimento de registro de sua candidatura (*art. 11 da Lei das Eleições*) e em observância ao prazo ampliado pelo verbete sumular **nº 50** do TSE, ou seja, até o **julgamento do pedido**.

O pagamento das prestações deve ser criteriosamente cumprido, porque o art. 262 do Código Eleitoral (*Recurso Contra a Expedição do Diploma*) autoriza a interposição desse recurso por ausência de condição de elegibilidade.

O não pagamento das parcelas além de impedir o deferimento do registro da candidatura enseja o cabimento do recurso contra a expedição do diploma por falta de condição de elegibilidade, art. 262 do Código Eleitoral.

A este respeito o verbete sumular **nº 50** do TSE autoriza a interpretação de que ocorrerá a quitação eleitoral da seguinte forma: (i) com o pagamento integral da multa devida; e (ii) o regular parcelamento da mesma.

No caso da irregularidade no cumprimento das prestações devidas, mesmo após o pedido de registro, mas antes do julgamento respectivo, não se permitirá o deferimento do registro, pois o candidato não se encontrará com a devida condição de elegibilidade atendida.

Por outro lado, o legislador, no art. 262 do Código Eleitoral, RCED, usou a expressão "(...) *falta de condição de elegibilidade*". Não fazendo a distinção se é superveniente ou não ao pedido de registro de candidatura, bem como se são as constitucionais ou infraconstitucionais, o que poderá permitir duas interpretações.

A **primeira** será no sentido de que a quitação eleitoral é condição de elegibilidade de natureza infraconstitucional e, portanto, se sujeita à preclusão se não for impugnada no exame do registro da candidatura, não cabendo o RCED, considerando que o art. 262 do Código Eleitoral só permite a interposição recursal para a falta de condição de elegibilidade superveniente ou constitucional.

Uma **segunda** interpretação de natureza sistemática e progressiva, mais consentânea com o escopo normativo, é no sentido de que a quitação eleitoral com o adimplemento da multa é uma condição de elegibilidade, inclusive de natureza constitucional, porque está sistematicamente relacionada com o art. 14, § 3º, II, da Constituição da República Federativa do Brasil "(...) *o pleno exercício dos direitos políticos*".

A quitação eleitoral decorrente da multa adimplida ou devidamente parcelada e cumprida, é condição de elegibilidade de simetria constitucional. Trata-se de adequar a norma do art. 262 do Código Eleitoral ao conjunto normativo vigente e evitar restrições ao cabimento dos recursos eleitorais, no caso o RCED.

O silêncio do legislador em distinguir no art. 262 do Código Eleitoral as condições de elegibilidade constitucionais e infraconstitucionais, num paralelo com as causas de inelegibilidade, autoriza o intérprete a incluir como hipóteses de cabimento do RCED todas as ausências de condição de elegibilidade.

Desse modo, as parcelas vincendas que não forem pagas até a data do pleito eleitoral possibilitam a real constatação de que o candidato está inadimplente e sem condição de elegibilidade de natureza superveniente ao julgamento do registro, cabendo o RCED.

Por exemplo: o candidato tinha uma multa de R$ 10.000,00 (*dez mil reais*), e conseguiu o parcelamento em 10 (*dez*) vezes. Quando foi requerido o registro de sua candidatura, pagou todas as prestações até o julgamento que deferiu o seu registro. No entanto, antes da eleição, ficou inadimplente no cumprimento das demais prestações, o que enseja a ausência de uma condição de elegibilidade que deve estar presente até a data da eleição, sob pena de cabimento do RCED no momento oportuno.

9.33. ALISTAMENTO DA PESSOA TRAVESTI OU TRANSEXUAL

O Colendo TSE editou a Resolução nº 23.562/2018 permitindo o alistamento eleitoral com o nome social e respectiva identidade de gênero.

Assim, o nome social constará do título impresso ou digital, mas preservam-se os dados do registro civil.

Nesse ponto consagra-se o postulado reivindicado por múltiplos cidadãos com inserção no cadastro de eleitores da escolha do nome social e da identidade de gênero com repercussão, inclusive, franqueando-se a participação como candidatos(as) no número da cota do sexo escolhido para fins de registro de candidatura.

Alistamento Eleitoral — Capítulo 9

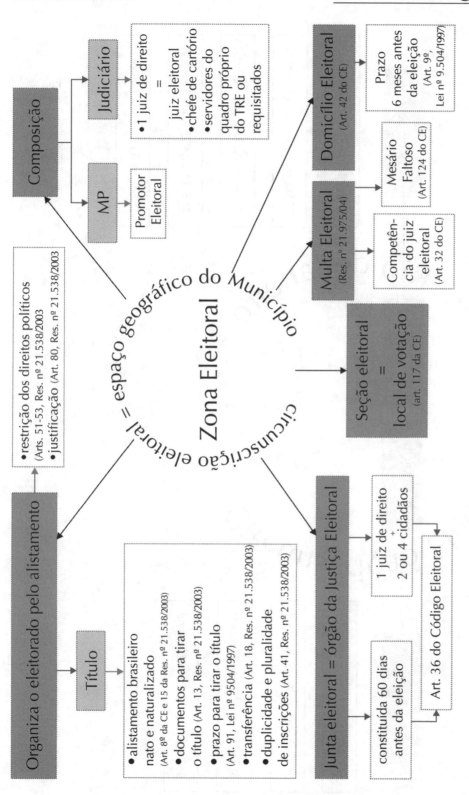

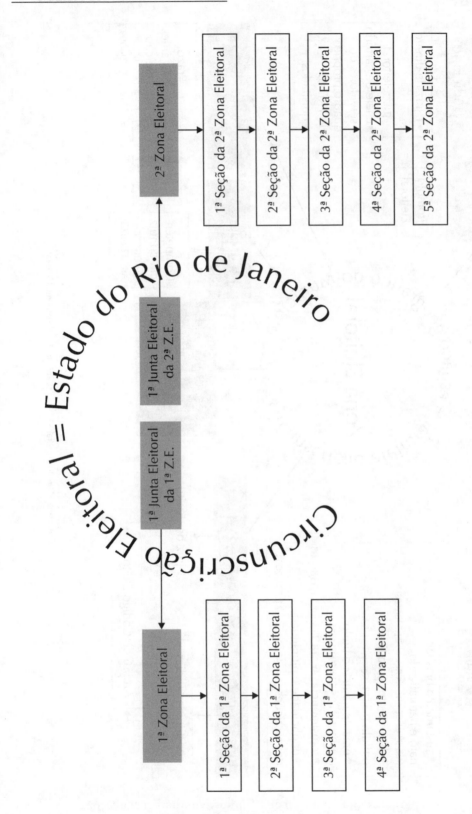

CAPÍTULO 10
VOTAÇÃO E APURAÇÃO

A votação é considerada a segunda fase do processo eleitoral e a apuração, a terceira. No sistema eletrônico de votação a apuração é um ato contínuo. As fases se interligam.

Relembrando.

1ª fase = alistamento; 2ª fase = votação; 3ª fase = apuração e 4ª fase = diplomação.

Identificamos, ainda, subfases, e, dessa forma, assim se apresentam, a seguir, inseridas dentro das quatro fases básicas apontadas pela construção doutrinária e jurisprudencial, a saber:

I – ALISTAMENTO

1. Convenção para escolha dos pré-candidatos (*art. 8º da Lei nº 9.504/1997, entre os dias 20 de julho e 5 de agosto do ano eleitoral*).
2. Requerimento de Registro de Candidaturas (*RRC, art. 11 da Lei nº 9.504/1997, período até o dia 15 de agosto do ano de eleição*).
3. Propaganda Política Eleitoral (*art. 36 da Lei nº 9.504/1997, período oficial inicial no dia 16 de agosto do ano de eleição*).

II – VOTAÇÃO

Às 8 horas do primeiro domingo de outubro (*dia da eleição*) se inicia a votação (*Código Eleitoral, art. 144*).

Às 17 horas é o encerramento da votação (*Código Eleitoral, arts. 144 e 153*). Depois das 17 horas se dá a emissão do boletim de urna e início da apuração e da totalização dos resultados.

III – APURAÇÃO

4. Proclamação dos eleitos.
   Lembramos a valiosa lição do eminente doutrinador Tito Costa, a saber:

> A proclamação é um ato que contempla todo o processo eleitoral, mas não comporta qualquer tipo de recurso. Eventuais reclamações

contra esse ato só poderão ser apresentadas, sob a forma de recurso adequado, ao ensejo da diplomação (COSTA, 1996, p. 122).

O art. 200 e §§ 1º e 2º, do Código Eleitoral tratam das impugnações e reclamações contra o relatório da Comissão Apuradora dos Tribunais Regionais Eleitorais. As irresignações contra falhas no relatório da apuração podem ser questionadas pelos candidatos, partidos políticos, Ministério Público e coligações, e, depois, serão proclamados os eleitos na forma legal. Eventuais impugnações ou recursos contra a proclamação dos eleitos não estão a impedir ou obstaculizar a diplomação, pois no Recurso Contra a Diplomação podem ser questionados os temas pertinentes ao cabimento deste recurso.

Joel José Cândido leciona sobre as hipóteses em que se pode arguir a nulidade da solenidade de diplomação, a saber:

> a) quando realizadas por autoridade incompetente;
>
> b) quando o diplomado, por qualquer razão, não devia receber o diploma (parcial);
>
> c) quando o diploma não se originar da eleição válida (parcial); ou
>
> d) quando o diploma for expedido em manifesta desconformidade com os resultados da apuração (parcial) (CÂNDIDO, 2000, p. 232).

5. Prestação de contas das campanhas eleitorais art. 29, incs. III e IV, da Lei nº 9.504/1997, encaminhamento até o trigésimo dia posterior à realização das eleições, e havendo segundo turno, o prazo é até o vigésimo dia posterior à realização do mesmo.

IV – DIPLOMAÇÃO

Assim, os itens 1, 2, 3, 4 e 5 correspondem às **subfases**, que só existem com as fases de votação, apuração e diplomação, ou seja, nos anos eleitorais.

Nos anos sem eleição, a regra é que a Justiça Eleitoral exerce mais propriamente a aplicação rotineira da fase e elementos do alistamento eleitoral, competindo-lhe ainda o julgamento das ações eleitorais defluentes da eleição que já ocorreu.

A competência da Justiça Eleitoral vai até a fase da diplomação dos candidatos e prolonga-se no exame das ações propostas durante a fase do processo de propaganda política eleitoral e votação.

São restritas as ações eleitorais cabíveis, após a diplomação e que ensejam o exame de questões de competência da Justiça Eleitoral, e.g., a ação de impugnação ao mandado eletivo (*art. 14, §§ 10 e 11, da Carta Constitucional*), o recurso contra a expedição do diploma (*art. 262 do Código Eleitoral*), a ação de captação ou gastos ilícitos de recursos (*representação do art. 30-A da Lei nº 9.504/1997*) e a representação contra doadores de campanhas eleitorais (*art. 23 da Lei nº 9.504/1997*).

O ato da **posse** dos diplomados escapa à competência da Justiça Eleitoral.

VOTAÇÃO E APURAÇÃO   CAPÍTULO 10

No entanto, os atos de improbidade administrativa do mandatário político não estão imunes ao controle jurisdicional, v.g., mandado de segurança, ação popular e ação civil pública (*Lei nº 8.429/1992*).

Como se percebe, o sistema de votação conjuga o voto manual pelo uso de cédulas em situações específicas e a urna eletrônica.

O Egrégio Tribunal Superior Eleitoral disciplina por resolução os sistemas de votação (*cédula e eletrônico*), organizando as regras eleitorais previstas nos arts. 114 a 156 do Código Eleitoral e nos arts. 59 a 72 da Lei nº 9.504/1997.

A apuração é conceituada como a terceira fase do processo eleitoral, que se conecta de forma imediata com a votação.

Os arts. 158 a 214 do Código Eleitoral e 87 e 88 da Lei nº 9.504/1997 disciplinam a fase metodológica da apuração dos votos, que deve sempre traduzir a normalidade e legitimidade das eleições.

Sobre a **apuração**, trata o art. 158 da divisão de competências na Justiça Eleitoral, *in expressi verbis*:

> Art. 158. A apuração compete:
>
> I – às Juntas Eleitorais quanto às eleições realizadas na Zona sob sua jurisdição;
>
> II – aos Tribunais Regionais a referente às eleições para Governador, Vice-Governador, Senador, Deputado Federal e Estadual, de acordo com os resultados parciais enviados pelas Juntas Eleitorais;
>
> III – ao Tribunal Superior Eleitoral nas eleições para Presidente e Vice-Presidente da República, pelos resultados parciais remetidos pelos Tribunais Regionais.

10.1. REGRAS GENÉRICAS SOBRE O DIA DA VOTAÇÃO. QUESTÕES MAIS COMUNS

As principais orientações se encontram disciplinadas em resolução específica do Tribunal Superior Eleitoral. Por exemplo, para as eleições de 2016 foi editada a Resolução nº 23.456/2015, que disciplinou os atos preparatórios.

10.2. A PREFERÊNCIA PARA O ELEITOR VOTAR ENCONTRA-SE DISCIPLINADA NO ART. 143, § 2º, DO CÓDIGO ELEITORAL. QUAIS SÃO OS CASOS?

Terão preferência para votar os candidatos, os juízes, seus auxiliares e servidores da Justiça Eleitoral, os promotores eleitorais e os policiais militares em serviço e, ainda, os eleitores maiores de 60 (*sessenta*) anos, os enfermos, os portadores de necessidades especiais e as mulheres grávidas e lactantes.

A Lei nº 13.146, de 6 de julho de 2015 *"Instituiu a Lei Brasileira de Inclusão da Pessoa com Deficiência"*, compreendendo deficientes: i) físicos; ii) mentais; iii) intelectuais ou sensoriais, desde que tenha impedimento por longo prazo nos termos do art. 2º.

O art. 96 do Estatuto do Deficiente alterou a redação do § 6º-A do art. 135 do Código Eleitoral assim dispondo:

> Os Tribunais Regionais Eleitorais deverão, a cada eleição, expedir instruções aos Juízes Eleitorais para orientá-los na escolha dos locais de votação, de maneira a garantir acessibilidade para o eleitor com deficiência ou mobilidade reduzida, inclusive em seu entorno e nos sistemas de transporte que lhe dão acesso.

Cumpre salientar que a Resolução TSE nº 21.920/2004 disciplina a obrigatoriedade do voto do deficiente, mas ressalva a possibilidade de o juiz eleitoral deferir requerimento do cidadão com deficiência ou de seu representante legal para fins de emissão de certidão de quitação eleitoral com prazo de validade indeterminado.

Assim, se a deficiência torna impossível ou extremamente oneroso o cumprimento da obrigação eleitoral (*votar*), o juiz eleitoral deve emitir a certidão de quitação eleitoral com prazo indeterminado, após a análise dos documentos comprobatórios.

O art. 3º da norma eleitoral é expresso ao dizer que: *"Não impede, a qualquer tempo, o alistamento eleitoral de seu beneficiário, que não estará sujeito à penalidade prevista no art. 8º do Código Eleitoral"*.

Por outro lado, a Resolução TSE nº 21.008/2002 já disciplina a criação de seções eleitorais especiais que se destinam aos votos dos deficientes, antes mesmo da regra legal do "Estatuto do Deficiente", o que não é óbice para sempre se evoluir em eventuais aprimoramentos.

Inferem-se algumas observações sobre o tema, a saber:

i) os eleitores portadores de deficiência devem solicitar ao Juiz Eleitoral de sua Zona Eleitoral uma seção especial para o exercício do direito do voto;

ii) o prazo atualmente fixado é até 151 (*cento e cinquenta e um*) dias antes da data do primeiro turno das eleições (*arts. 2º da Res. TSE nº 21.008/2002 e 91 da Lei nº 9.504/1997*), ou seja, não se pode pedir a transferência de seção nos 150 ou 149 dias antes da eleição, pois nesse prazo os pedidos de transferências não podem ser aceitos, até ulterior modificação normativa, se for o caso;

VOTAÇÃO E APURAÇÃO

CAPÍTULO 10

iii) os eleitores até 90 (*noventa*) dias antes da eleição podem expor ao Juiz Eleitoral suas necessidades especiais com a finalidade de melhorar a acessibilidade, inclusive pelo sistema de transporte que dá acesso à seção eleitoral.

Ressalta-se que o art. 6º, I, "a" do Código Eleitoral já exclui da obrigatoriedade do alistamento eleitoral e do voto, os inválidos, desde que obtenham a certidão de quitação eleitoral nos termos da regulamentação do Egrégio TSE.

A Resolução nº 23.381/2012 do TSE disciplina o programa de acessibilidade dos deficientes como a realização de convênios e a verificação de seções para o aperfeiçoamento da acessibilidade.

Nesse rumo, o Estatuto do Deficiente, no art. 76, assegura à pessoa portadora da deficiência os direitos políticos, inclusive de votar e ser votado, permitindo o auxílio no ato de votar.

A norma legal permite que o deficiente escolha a pessoa que lhe auxiliará na votação no interior da seção eleitoral, mas tal fato demanda autorização judicial eleitoral de forma prévia ao momento da votação, pois é conhecida a possibilidade de fraudes perpetradas por candidatos que possam indicar pessoas para auxiliar o deficiente e angariar o voto praticando os crimes dos arts. 309 e 312 do Código Eleitoral.

O auxílio pelo mesário ou terceiros devidamente autorizados pelo Presidente da seção ou juiz eleitoral, ao eleitor deficiente no ato de votação, é uma exceção ao sigilo do voto e não acarreta a nulidade da votação em razão do disposto no art. 76, § 1º, IV, da norma protetiva.

A Lei nº 13.165/2015 ampliou a possibilidade do **voto em trânsito** para os membros das Forças Armadas, os integrantes dos órgãos de segurança pública (*policiais federais, civis e militares*), e para os membros das guardas municipais, quando esses agentes estiverem em serviço no dia da eleição (*1º e 2º turnos*), conforme previsão nos §§ 2º a 4º do art. 233-A do Código Eleitoral.

Com relação aos agentes referidos, as chefias e comandos devem encaminhar uma listagem até 45 (*quarenta e cinco*) dias antes da eleição indicando as pessoas que estão em serviço, bem como as seções de origem e destino possibilitando o cumprimento dessa forma de votação, pois ocorrerá uma transferência provisória do título eleitoral para uma determinada seção eleitoral que abrange o local de prestação de serviço.

Tenha-se presente que se não for encaminhada a listagem pelas chefias e comandos, o voto em trânsito para essas pessoas não poderá ser efetivado.

Nesse caso, não sendo possível o deslocamento do agente público (*em serviço*) para a sua seção de origem em razão da necessidade pública de guarnecer o local das eleições, o mesmo poderá apresentar a justificação de ausência e estará quite com a Justiça Eleitoral.

265

10.3. QUAIS OS DOCUMENTOS OFICIAIS DE COMPROVAÇÃO DA IDENTIDADE DO ELEITOR?

O eleitor pode votar com: a) título eleitoral; b) carteira de identidade ou documento de valor idêntico (oficial de órgão público ou profissional, ex.: Cremerj, OAB etc.; c) carteira de trabalho; e d) modelo novo da carteira de habilitação.

Atenção: não são aceitas as certidões de nascimento ou casamento.

10.4. E SE O ELEITOR SE RECUSAR A VOTAR?

O Presidente da seção eleitoral suspende a liberação da votação através de um código especial, retendo ainda o comprovante de votação. Deve consignar o fato em ata e assegurar o direito de voto ao eleitor até o término da votação.

10.5. E SE O ELEITOR NÃO CONCLUIR OS VOTOS EM TODOS OS CANDIDATOS?

Na hipótese de o eleitor deixar de confirmar um dos votos, cabe ao Presidente da seção admoestá-lo e solicitar que ele retorne para a cabine e conclua o voto.

Se o eleitor se recusar a concluir o voto, o Presidente usará um código especial e liberará a urna para votação de outro eleitor que estiver na fila.

Neste caso, o voto é nulo por não conclusão, mas deve-se entregar ao eleitor o comprovante de votação.

10.6. QUAL O TEMPO DE VOTAÇÃO?

Não há definição precisa, mas subjetivamente é pelo prazo estritamente necessário para indicar os números dos candidatos de sua preferência.

10.7. QUAL É O ELEITOR APTO PARA VOTAR?

Somente aquele cujo nome constar na folha de cotação ou caderno de votação de determinada urna eletrônica da seção eleitoral.

10.8. QUAL É O ELEITOR IMPEDIDO DE VOTAR?

O eleitor que não figure no caderno de votação ou no cadastro de eleitores da seção. Nesta hipótese, é retido o título e o eleitor é orientado a encaminhar-se à zona eleitoral para regularizar sua situação.

10.9. O ELEITOR ANALFABETO PODE LANÇAR SUA ASSINATURA DE QUE FORMA?

Impressão digital ou assinatura no caderno de votação.

10.10. O QUE É ELEITOR COM DEFICIÊNCIAS ESPECIAIS?

Por exemplo, o eleitor sem braços ou o cego que não saiba ler pelo sistema *Braille*. Nestes casos e em outros similares, é possível que o eleitor possa usar recursos que o possibilitem a votar ou a ser auxiliado por terceira pessoa de sua confiança.

10.11. COMO AGIR NA DÚVIDA QUANTO À IDENTIDADE DO ELEITOR?

O mesário ou juiz eleitor deverá seguir a regra do art. 147 do Código Eleitoral:

> Art. 147. O Presidente da mesa dispensará especial atenção à identidade de cada eleitor admitido a votar. Existindo dúvida a respeito, deverá exigir-lhe a exibição da respectiva carteira, e, na falta desta, interrogá-lo sobre os dados constantes do título, ou da folha individual de votação, confrontando a assinatura do mesmo com a feita na sua presença pelo eleitor, e mencionando na ata a dúvida suscitada.
>
> § 1º A impugnação à identidade do eleitor, formulada pelos membros da mesa, fiscais, delegados, candidatos ou qualquer eleitor, será apresentada verbalmente ou por escrito, antes de ser o mesmo admitido a votar.

O promotor eleitoral poderá impugnar, mas raramente atuará na seção eleitoral, até porque, no dia da eleição, costuma-se fiscalizar o delito do art. 39, § 5º, II, da Lei nº 9.504/1997, ou seja, a eventual prática de "boca de urna".

10.12. QUAIS AS PROIBIÇÕES DENTRO DA SEÇÃO ELEITORAL?

a) Uso de aparelhos celulares.

b) Os servidores da Justiça Eleitoral, os mesários e os escrutinadores não podem vestir ou pôr objetos que contenham propaganda de partido político, coligação ou candidato.

c) Quanto aos fiscais e delegados de partidos políticos, permite-se a utilização de vestes e crachás com o nome e sigla dos respectivos, mas é vedado o uso de vestes que peçam votos aos eleitores.

d) O eleitor pode portar bandeira (*permite-se o adesivo em veículos ou objetos*). Todavia, é vedada a aglomeração que possa caracterizar aliciamento ou manifestação coletiva, cabendo aos órgãos policiais, sob determinação judicial, admoestarem o eleitor e evitarem esta prática de coação e aliciamento e de manifestação tendente a influir na vontade do eleitorado.

10.13. QUANTO AO TRANSPORTE DE ELEITORES, QUAIS SÃO AS REGRAS?

Neste sentido, destacamos o art. 5º da Lei nº 6.091/1974:

> Art. 5º Nenhum veículo ou embarcação poderá fazer transporte de eleitores desde o dia anterior até o posterior à eleição, salvo:
>
> I – a serviço da Justiça Eleitoral;
>
> II – coletivos de linhas regulares e não fretados;
>
> III – de uso individual do proprietário, para o exercício do próprio voto e dos membros da sua família;
>
> IV – o serviço normal, sem finalidade eleitoral, de veículos de aluguel não atingidos pela requisição de que trata o art. 2º.

10.14. QUAL É A DISCIPLINA LEGAL SOBRE HIPÓTESES DE DEFICIÊNCIA NO TRANSPORTE PÚBLICO?

A resposta está no art. 6º da Lei nº 6.091/1974:

> Art. 6º A indisponibilidade ou as deficiências do transporte de que trata esta Lei não eximem o eleitor do dever de votar.
>
> Parágrafo único. Verificada a inexistência ou deficiência de embarcações e veículos, poderão os órgãos partidários ou os candidatos indicar à Justiça Eleitoral onde há disponibilidade para que seja feita a competente requisição.

10.15. É PROIBIDO FORNECER REFEIÇÕES AOS ELEITORES?

A resposta encontra-se nos artigos infraindicados da Lei nº 6.091/1974:

> Art. 9º É facultado aos Partidos exercer fiscalização nos locais onde houver transporte e fornecimento de refeições a eleitores.
>
> Art. 10. É vedado aos candidatos ou órgãos partidários, ou a qualquer pessoa, o fornecimento de transporte ou refeições aos eleitores da zona urbana.

A conduta do fornecedor pode encontrar tipicidade penal eleitoral no art. 299 do Código Eleitoral e ainda ensejar a propositura de representação por captação ilícita de sufrágio na forma do art. 41-A da Lei nº 9.504/1997.

10.16. E QUANTO À LEI SECA?

O Secretário de Segurança Pública nos Estados deve publicar portaria suspendendo a venda de bebidas alcoólicas de qualquer espécie pelo período de 24 horas, a partir das 18h do dia anterior até às 18h do dia da eleição.

Sobre o assunto, o fato penalmente relevante pelo descumprimento da ordem pode ser amoldado na figura do art. 347 do Código Eleitoral:

> Art. 347. Recusar alguém cumprimento ou obediência a diligência, ordens ou instruções da Justiça Eleitoral ou opor embaraços à sua execução:
>
> Pena: detenção de 3 (três) meses a 1 (um) ano e pagamento de 10 (dez) a 20 (vinte) dias-multa.

O tipo penal é norma penal em branco em sentido restrito, cuja fonte de colmatação é heterogênea; portanto, as instruções do Tribunal Superior Eleitoral, na verdade, preenchem o vazio da ordem.

Admite-se até que as ordens estejam em portarias do Secretário de Segurança Pública, como no caso da proibição de venda de bebidas alcoólicas na véspera e no dia da eleição. Particularmente, entendemos que estas portarias não podem colmatar o tipo penal, exceto se foram expedidas pela própria Justiça Eleitoral. Impõe-se o reconhecimento da atipicidade, podendo o infrator responder pelo delito do art. 297 do Código Eleitoral e a contravenção penal do art. 62 da LCP.

De toda sorte, a ordem deve ser direta e revestir-se de legalidade formalística e substancial, sendo o agente mandante da ordem juiz eleitoral ou servidor público eleitoral.

A ordem genérica não é típica. *"O crime de desobediência (CP, art. 330) só se configura se a ordem legal é endereçada diretamente a quem tem o dever legal de cumpri-la (STJ – 5ª T. – HC nº 10.150 – Rel. Edson Vidigal – j. 07/12/1999 – RSTJ nº 128/431).*

10.17. QUAIS AS REGRAS DE INSTALAÇÃO DA SEÇÃO ELEITORAL?

Sobre o assunto, disciplina o art. 142 do Código Eleitoral:

> Art. 142. No dia marcado para a eleição, às 7 (sete) horas, o Presidente da mesa receptora, os mesários e os secretários verificarão se no lugar designado estão em ordem o material remetido pelo juiz e a urna destinada a recolher os votos, bem como se estão presentes os fiscais de partido.

O Presidente da mesa imprime a zerézima (*é um extrato impresso de que não constam votos na urna eletrônica e que confere autenticidade*), que é assinada por ele e pelo primeiro secretário, bem como pelos que desejarem, inclusive o fiscal do partido político.

Se o Presidente não comparecer até às 7h30min, assumirá a presidência o primeiro mesário; na sua falta ou impedimento, o segundo mesário, um dos secretários ou suplente (*art. 123, § 2º, do Código Eleitoral*).

10.18. QUAL O PRAZO DE DISPENSA DO SERVIÇO PÚBLICO OU PARTICULAR, EM RELAÇÃO AOS MESÁRIOS, MEMBROS DA JUNTA ELEITORAL E PESSOAS QUE TRABALHARAM NAS ELEIÇÕES?

O art. 98 da Lei nº 9.504/1997 disciplina que não haverá prejuízo ao salário e a dispensa é pelo dobro dos dias de convocação.

10.19. QUAL É O HORÁRIO DE INÍCIO DA VOTAÇÃO?

O art. 144 do Código Eleitoral diz que o seu início é às 8h e o término às 17h, sendo entregues senhas numeradas a todos os eleitores presentes, começando pelo último da fila, sendo que os títulos ficam retidos.

Só podem votar os eleitores que estiverem liberados com os nomes no caderno de votação da própria seção (*Lei nº 9.504/1997, art. 62*).

10.20. QUAL É O PROCEDIMENTO REGULAR DE VOTAÇÃO?

a) O eleitor posta-se na fila organizada pelo secretário.

b) O eleitor apresenta o título quando ingressa. Neste momento, o fiscal poderá impugnar a identidade do mesmo, consignando-se em ata.

c) Estando em ordem a conferência do nome com o número do título no caderno de votação, o Presidente da seção solicita que o eleitor aponha sua impressão digital (*analfabeto*) ou assine.

d) Autoriza-se o eleitor a votar.

e) Observa-se na tela de votação o disposto no art. 59, § 1º, da Lei nº 9.504/1997, ou seja, aparece a fotografia do(a) candidato(a), a sigla do partido e o número do mesmo.

f) É exibida na tela a ordem tratada no art. 59, § 3º, da Lei nº 9.504/1997.

10.21. INICIADA A VOTAÇÃO, PODE-SE DAR NOVA CARGA NA URNA?

Não, salvo se for urna de contingência.

VOTAÇÃO E APURAÇÃO   CAPÍTULO 10

10.22. SE A URNA FALHAR DURANTE A VOTAÇÃO, O QUE DEVE SER FEITO?

O Presidente da mesa, à vista dos candidatos e fiscais, deve desligar e religar a urna com chave própria.

Persistindo a falha, deve-se solicitar a presença de técnico da equipe do Tribunal Regional Eleitoral, que deverá: a) desligar a urna e romper os lacres do disquete e do cartão de memória da votação; b) abrir os compartimentos da urna eletrônica e retirar o disquete e o cartão de memória com os dados da votação e inseri-los na urna substituída (contingência).

Em seguida, liga-se a urna substituída, digitando-se o código de reinício e fechando-se os compartimentos.

Logo após, colocam-se os lacres pelo juiz eleitoral, componentes da mesa e fiscais presentes.

Por fim, lacra-se a urna defeituosa e remete-se a mesma à junta eleitoral.

10.23. E SE FALHAR A URNA DE CONTINGÊNCIA?

A equipe técnica deverá: a) com a urna eletrônica desligada, recolocar o disquete na urna original e substituir o cartão de memória de votação pelo cartão de memória de contingência, verificando o envelope sem violações na presença de fiscais e mesários; b) ligar a urna original, digitar o código de reinício da votação e, se operar corretamente, fechar os compartimentos com lacre previamente assinado pelo juiz eleitoral ou, na impossibilidade, pelo Presidente da seção eleitoral com a presença de fiscais de partidos; c) colocar o cartão de memória de votação danificado em envelope específico e inviolável, que deverá ser lacrado e encaminhado à junta eleitoral; e d) lacrar a urna de contingência, remetendo a mesma à junta eleitoral.

ATENÇÃO: não tendo êxito os procedimentos de contingência, deve-se:

a) colocar o cartão de memória de votação original na urna defeituosa;

b) a urna eletrônica original deve ser lacrada e remetida, ao final da votação, à junta eleitoral;

c) o Presidente deverá seguir a votação por cédulas (sistema tradicional). Este sistema vai até a conclusão final dos trabalhos de votação na seção eleitoral;

d) a urna de contingência é lacrada e fica sob a guarda da equipe de técnicos; e

e) o cartão de memória é colocado em envelope específico e remetido para a junta eleitoral.

Observação: todo o incidente deverá ser registrado em ata.

271

10.24. COMO SE DÁ O VOTO DO PRIMEIRO ELEITOR?

Ele é convidado a aguardar, junto à mesa receptora, que o segundo eleitor conclua a votação. Se o eleitor não concluir o voto, ocorrendo falha impeditiva de continuidade do sistema eletrônico, o primeiro eleitor votará por cédula, e o voto eletrônico é considerado insubsistente.

10.25. E SE FALHAR A URNA ELETRÔNICA, FALTANDO APENAS UM ELEITOR?

A votação será encerrada, entregando-se ao eleitor o comprovante de quitação e o fato constará em ata.

10.26. QUAIS AS REGRAS QUANTO AO ENCERRAMENTO DA VOTA-ÇÃO?

a) utiliza-se código próprio para encerrar a urna;

b) emissão do boletim de urna em vias específicas e um de justificativa;

c) assinatura de todos os boletins pelo primeiro secretário e por fiscais de partidos políticos, estes últimos se estiverem presentes;

d) emissão de até dez cópias extras de Bus, entregando-se oito cópias aos fiscais de partidos políticos, uma cópia para eventual jornalista e uma para o representante do Ministério Público;

e) retirada do disquete da urna e relacre do compartimento do disquete, colocando o mesmo numa embalagem própria;

f) desligar a chave da urna e a tomada;

g) identificação dos eleitores faltosos, anotando no caderno de votação com a observação "não compareceu";

h) lavratura de ata da eleição com as seguintes observações:

   1. nomes dos membros da mesa que compareceram e estiveram presentes até o final da votação, inclusive eventuais nomeados *ad hoc*;

   2. nomes dos fiscais que compareceram;

   3. relato da causa do retardamento no início da votação, caso tenha ocorrido o fato;

   4. registro dos protestos e impugnações;

   5. registro da causa eventual de interrupção da votação;

   6. entrega ao Presidente da junta eleitoral (*Juiz de Direito*), ou pessoa designada pelo mesmo, mediante recibo, da ata da eleição, dos boletins de urna, do disquete acondicionado e lacrado, do relatório

VOTAÇÃO E APURAÇÃO   CAPÍTULO 10

da zerézima, do boletim de justificativa eleitoral, do caderno de votação e dos demais documentos;

7. devolução da urna acondicionada em embalagem própria.

10.27. COMO SE DÁ A DISTRIBUIÇÃO DOS BOLETINS DE URNA?

a) um deles fica afixado na seção;

b) outras vias são encaminhadas com o disquete à junta eleitoral;

c) o outro boletim é entregue ao representante do partido político, se estiver presente.

10.28. QUAL É A DESTINAÇÃO DOS BOLETINS ENTREGUES À JUNTA ELEITORAL?

a) um deles é entregue ao representante do comitê interpartidário; se ele não estiver no local, guarda-se no cartório;

b) outro é afixado na sede da junta eleitoral (*cartório*) para que os interessados possam fazer as anotações;

c) o outro fica em cartório com o disquete.

Atenção: a não expedição de boletim de urna é crime eleitoral (*arts. 313 e 179, § 9º, do Código Eleitoral e art. 68, § 2º, da Lei nº 9.504/1997*).

O boletim eleitoral é um meio de prova que serve de comparação entre o número de votos e eleitores constantes do caderno de votação que efetivamente votaram.

As vias dos boletins de urna são assinadas, inclusive, pelos promotores eleitorais.

10.29. OS PARTIDOS POLÍTICOS PODEM CREDENCIAR FISCAIS?

Sim, a base legal está nos arts. 131 do Código Eleitoral e 65 da Lei nº 9.504/1997. Neste caso, podem nomear dois delegados para cada Município.

Perante as mesas receptoras, podem fiscalizar os próprios candidatos, os fiscais de partidos políticos e os advogados dos candidatos.

O fiscal só pode votar na seção eleitoral de inscrição do seu título.

Os fiscais podem participar da auditoria das urnas, por meio do sistema de amostragem (*art. 66, § 6º, da Lei nº 9.504/1997*).

10.30. QUEM EXERCE A ATRIBUIÇÃO DA POLÍCIA DOS TRABALHOS ELEITORAIS?

É incumbência do Presidente da mesa receptora e do juiz eleitoral a polícia dos trabalhos eleitorais, não podendo nenhuma autoridade estranha à mesa intervir, sob pretexto algum, no seu funcionamento.

273

O Presidente da mesa, durante os trabalhos, é a autoridade superior, podendo retirar do recinto ou do edifício quem não guardar a ordem e a compostura devida ou estiver praticando qualquer ato atentatório à liberdade eleitoral.

A força pública ficará a cem metros da seção eleitoral, não podendo se aproximar do lugar de votação ou nele ingressar sem ordem do Presidente da mesa.

10.31. MESÁRIOS. VEDAÇÕES. CONSIDERAÇÕES

É vedada a nomeação para serem mesários na mesma seção eleitoral: (i) parentes em qualquer grau; (ii) servidores da mesma repartição pública; e (iii) pessoas da mesma empresa privada.

No entanto, o Egrégio TSE firmou em devido precedente (*Res. nº 22.154/2006*), que não estão incluídos na vedação, os servidores de dependências diversas do mesmo ministério, secretaria de Estado ou de Município, autarquias, fundação pública de qualquer dos entes federativos, nem os de sociedade de economia mista ou empresa pública, e, ainda, os serventuários de cartórios judiciais e extrajudiciais.

10.32. GERAÇÃO DE MÍDIAS. FISCALIZAÇÃO. APONTAMENTOS

Com o julgamento dos pedidos de registro de candidatos, e visando à preparação das urnas eletrônicas, os partidos políticos, o Ministério Público e a Ordem dos Advogados do Brasil poderão acompanhar a geração das mídias (*cartões de memória para carga das urnas e votação e disquetes das urnas*).

Trata-se de regra já adotada pelo Eg. TSE, visando a dar ampla transparência ao processo eletrônico de votação e apuração dos votos.

Neste procedimento de geração das mídias, lavra-se uma ata circunstanciada e de acordo com as especificações técnicas tratadas pela resolução específica do TSE.

A participação do Ministério Público e demais entidades é medida que visa a garantir uma conferência por critério de amostragem dos dados constantes das urnas eletrônicas, especialmente em função da carga dos dados inseridos e da lacração oficial.

10.33. VOTO CENSITÁRIO

É espécie de voto que se baseia no *status* econômico do cidadão. No Brasil, no século XIX, se exigia prova de renda mensal para votar.

Atualmente não é adotado.

VOTAÇÃO E APURAÇÃO   CAPÍTULO 10

10.34. VOTO CAPACITÁRIO

Tipo de voto que só pode ser exercido por pessoas com certo nível de instrução. O analfabeto está excluído. Este não é adotado, mas o foi na época da Constituição Imperial de 1824.

10.35. VOTO FEMININO

Sobre o assunto é relevante o destaque:

> A aceitação do voto feminino foi outra grande vitória do direito eleitoral, que só veio a se generalizar no século XX, com o grande movimento, que ainda prossegue, da liberação social da mulher. Apesar de nos E.U.A. e na Inglaterra se ter processado desde cedo (início do séEgrégio XIX) um movimento em favor do direito de voto para as mulheres, só tardiamente esse direito foi alcançado, e não primeiramente em nenhum desses países: Nova Zelândia (1893), Austrália (1902), Finlândia (1906) e Noruega (1913). Nos E.U.A., foi a participação das mulheres nas campanhas pela abolição da escravatura que fez surgir o movimento em favor do sufrágio feminino. Elizabeth Cady Stanton (1815-1902) e Lucretia Mott (1793-1880) propugnavam que, tal como os negros, os direitos da mulher deveriam ser reconhecidos.[1]

10.36. VOTO SECRETO

É o adotado pelo Código Eleitoral, art. 103, sendo considerado pelo nosso sistema constitucional vigente como cláusula pétrea, art. 60, § 4º, inc. II, da Constituição Federal. Não é permitido a terceiros observar em quem o eleitor vota, nem tampouco exigir-lhe a revelação de sua preferência, sob pena de nulidade da votação.

O Tribunal Superior Eleitoral, ao elaborar o Manual para Juízes e Promotores Eleitorais, assim disciplinou para garantir o sigilo do voto durante a instalação da urna eletrônica:

Durante a instalação, observar os seguintes procedimentos:

– retirar a urna eletrônica da caixa, guardando-se a embalagem;

– verificar se a urna eletrônica corresponde à zona e à seção. Para isso, deve- -se conferir o número da etiqueta na caixa com o que está impresso no relatório sobre o terminal do eleitor. Caso esses números não sejam os mesmos, o Presidente comunicará a irregularidade imediatamente ao juiz eleitoral;

---

1 Cf. vasto ensinamento resumido nas páginas 3.695-96 da *Enciclopédia Mirador Internacional*. São Paulo: Antonio Houaiss (Editor), 1976.

– posicionar o microterminal sobre a mesa do Presidente;

– posicionar o terminal do eleitor e a cabina sobre uma mesa, de tal forma que seja resguardado o sigilo do voto;

– conectar a urna eletrônica na tomada da sala, independentemente da voltagem do local, ou, se for o caso, conectá-la à bateria externa.

Para garantir o sigilo do voto, o primeiro eleitor a votar na seção deverá ser convidado a permanecer no local até que o segundo eleitor conclua sua votação.

> II – isolamento do eleitor em cabina indevassável para o só efeito de assinalar na cédula o candidato de sua escolha e, em seguida, fechá-la;

O isolamento é *conditio sine qua non* para a lisura do processo de votação.

Os mesários ou os fiscais não podem ajudar o eleitor a votar, entrando na cabine de votação. Se o isolamento for violado, a arguição deve constar em ata para fins de declaração de nulidade da votação. Admite-se auxílio apenas aos deficientes.

O art. 312 do Código Eleitoral considera crime a tentativa ou violação ao sigilo de voto. Trata-se de delito de atentado em que a pena da tentativa é igual à do crime consumado.

Embora o inc. faça menção à votação manual, o princípio do isolamento é garantido como cláusula pétrea na Carta Magna (*art. 60, § 4º, inc. II*).

O sistema eletrônico estipula um prazo limite para o exercício do voto após a habilitação do eleitor.

> III – verificação da autenticidade da cédula oficial à vista das rubricas;

No voto manual as cédulas devem conter as rubricas dos mesários (*duas rubricas*). A falta de uma rubrica é nulidade relativa do voto que será apurado.

> IV – emprego de urna que assegure a inviolabilidade do sufrágio e seja suficientemente ampla para que não se acumulem as cédulas na ordem em que forem introduzidas.

O artigo veda o uso de urna de lona inapropriada para o número de votantes. Os votos devem ficar acondicionados de forma a evitar sua visibilidade para o lado de fora da urna.

10.37. VOTO INDIRETO

O eleitor é dividido em categorias: por exemplo, um primário que escolhe e confere a outro eleitor secundário a potencialidade de exercer o voto na eleição final.

Destacamos:

> O que se chama no Brasil voto indireto, processo que serviu para a eleição de alguns Presidentes da República, como Deodoro da Fonseca, Getúlio Vargas e os eleitos a partir de 1964, de fato não corresponde àquela denominação. Nos casos brasileiros referidos, trata-se, na verdade, de voto direto oriundo de um colégio eleitoral especializado. Existe pelo menos um caso de voto direto em dois graus, que é aquele que rege as eleições de Presidente da República nos E.U.A. O voto é direto, porque o eleitor presidencial não pode alterar a comissão que recebeu do eleitor primário, mas é em dois graus, porque, formalmente, a eleição presidencial só se completa com a reunião e votação do grupo dos eleitores eleitos pelo voto primário.[2]

Em suma: os cidadãos, primeiramente, escolhem os representantes dos diversos Estados que integram a Federação (*União*), e são eles que, em um segundo momento, formando uma espécie de colégio eleitoral, elegem o Presidente dos Estados Unidos.

10.38. VOTO MAJORITÁRIO

Prioriza-se a pessoa do candidato. Trata-se de voto personalíssimo, sendo eleito o candidato que obtiver o maior número de votos em relação aos competidores.

10.39. VOTO PROPORCIONAL

Objetiva contemplar as minorias na disputa eleitoral, bem como valorizar mais o quociente partidário e, por via direta, os próprios partidos políticos. Serve para as eleições de Deputados e vereadores.

Um dos pioneiros na idealização desse voto no século XIX foi o inglês *Stuart Mill*, sendo esse o tipo de sistema eleitoral adotado no Brasil, arts. 106 a 109 do Código Eleitoral.

10.40. VOTO DE LISTA ABERTA

Lista aberta – "O eleitor pode alterar a ordem dos candidatos, incluir nomes existentes noutras listas e até introduzir novos nomes, compondo a que será a 'sua lista' a partir das que lhe foram propostas (*panachage*). Estas variantes possibilitam diferentes formas de voto: *múltiplo* – o eleitor tem vários votos ou tantos quantos os Deputados a eleger; *múltiplo limitado* – tem menos votos do que o número de Deputados a eleger; *alternativo* – pode indicar 2as, 3as ou

---

2 Op. cit., pp. 3.696-7.

4as preferências; *cumulativo* – dispõe de vários votos juntando-os em um só candidato; *duplo* – tem dois votos, sendo um para o candidato do seu partido no círculo eleitoral e outro para a lista de partido a nível nacional ou regional."[3]

10.41. VOTO EM LISTA FECHADA

Por exemplo:

> Em Portugal, o voto é expresso *em listas fechadas e bloqueadas*, o mesmo é dizer que limitam o eleitor a assinalar o quadrado da sua preferência. A opção por listas fechadas decorre não do texto constitucional, mas da lei ordinária, que corporiza consequência do monopólio partidário da representação política. As direções partidárias escolhem e ordenam os candidatos. Ao eleitor não é facultada a intervenção nessa fase, ficando limitado a posterior mera "ratificação". Existem outras modalidades de listas de partidos. Permitem ao eleitor expressar a sua preferência na seleção dos candidatos: a) *Lista fechada e não bloqueada* – O eleitor pode alterar a ordem dos candidatos, o que possibilita a expressão mais fiel das suas opções (...)[4]

10.42. VOTO ELETRÔNICO

O Egrégio Tribunal Superior Eleitoral disciplina que: *"O conjunto da urna eletrônica é formado pelo terminal do eleitor e pelo microterminal. Convencionou-se denominar o terminal do eleitor de urna eletrônica."*

Registramos algumas conclusões de estudos realizados pela *Unicamp*, sobre a urna eletrônica. Segundo a fonte apontada, o sistema eletrônico de votação é seguro e confiável; complexo; é construído em um microcomputador de arquitetura da *IBM-PC*; possui matriz de partidos, candidatos e eleitores; armazenam-se dados em memória não volátil, *flash cards*, que permite, em caso de falhas, a retomada da aplicação do ponto de interrupção sem perda de informações; e não são armazenados dados que vinculem o eleitor ao voto.

10.43. DAS SEÇÕES ELEITORAIS. APONTAMENTOS

As seções eleitorais são os locais de votação, art. 117 do Código Eleitoral. Não são órgãos da Justiça Eleitoral, uma vez que o art. 118 da Carta Magna considera órgãos o Tribunal Superior Eleitoral; os Tribunais Regionais Eleitorais; os juízes eleitorais e as juntas eleitorais.

---

3 *Dicionário de Legislação Eleitoral.* Lisboa: Comissão Nacional de Eleições, 1995, p. 380.
4 *Ibidem*, p. 380.

Segundo o art. 11, parágrafo único, da Lei nº 6.996, de 7 de junho de 1982: *"Cada seção eleitoral terá, no mínimo, duas cabinas."*

Compete ao juiz eleitoral titular da zona eleitoral dividi-la em seções eleitorais, conforme preceitua o art. 35, inc. X, do Código Eleitoral. Somente o juiz eleitoral, mediante prévio estudo das peculiaridades locais, poderá melhor avaliar a aproximação do eleitor com a seção eleitoral levando em consideração a residência.

Dentre as competências administrativas do juiz eleitoral, encontra-se a designação dos locais das seções eleitorais (*Código Eleitoral, art. 35, inc. XIII*). O prazo fixado para a publicação dessas designações é de 60 (*sessenta*) dias antes do pleito eleitoral (*primeiro turno*).

Conforme visto anteriormente: *"Cada Seção Eleitoral terá, no mínimo, duas cabinas"* (*Lei nº 6.996/1985, art. 11, parágrafo único*).

O Código Eleitoral instituído pelo Decreto nº 21.076, de 24 de fevereiro de 1932, no art. 64, tinha idêntica redação. Por mesa receptora entende-se o local em que o eleitor vai votar, sendo formada pelo conjunto de servidores públicos temporários da Justiça Eleitoral (*mesários*).

10.44. IMPUGNAÇÃO AOS MESÁRIOS. APONTAMENTOS

O art. 121 do Código Eleitoral assim versa:

> Art. 121. Da nomeação da mesa receptora qualquer partido poderá reclamar ao juiz eleitoral, no prazo de 2 (dois) dias, a contar da audiência, devendo a decisão ser proferida em igual prazo.
>
> § 1º Da decisão do juiz eleitoral caberá recurso para o Tribunal Regional, interposto dentro de 3 (três) dias, devendo, dentro de igual prazo, ser resolvido.

Entende-se que o recurso é o inominado. As razões devem ser apresentadas dentro do mesmo prazo de interposição (*prazo comum*).

A legitimidade recursal abrange também as coligações, o Ministério Público (*Promotor Eleitoral*) e os candidatos que disputam as eleições.

O recurso inominado não tem efeito suspensivo.

O artigo foi modificado pelo art. 63 da Lei nº 9.504/1997, alterando o prazo para cinco dias de impugnação, sendo a decisão proferida nas 48 horas seguintes.

10.45. SANÇÕES AOS MESÁRIOS FALTOSOS

A contumácia dos mesários é verificada de forma reiterada em todas as eleições.

Na condição de agentes honoríficos, os mesários devem cumprir um múnus público obrigatório e sem remuneração, sob pena de responderem por infração administrativa e penal.

Sobre este tema disciplina o art. 124 do Código Eleitoral. O artigo trata do aspecto administrativo-eleitoral quanto à ausência do mesário no dia da eleição. Cada turno eletivo deve ser analisado sob o aspecto da contumácia voluntária.

A multa administrativa deve ser imposta, independentemente da análise do tipo penal do art. 344 do Código Eleitoral. O art. 344 é crime de menor potencial ofensivo e enseja a aplicação da transação penal (*instituto despenalizador previsto no art. 76 da Lei nº 9.099/1995*).

Dessa forma, a multa administrativa e a de origem penal (*transação penal*) são sanções diversas. Não se confundem. São aplicáveis de forma autônoma. O juiz eleitoral deverá instruir o cartório a autuar separadamente o procedimento penal e o administrativo, pois o processo penal terá seguimento por rito próprio (*Código Eleitoral, arts. 359 e ss.*).

No entanto, a corrente majoritária na jurisprudência considera o fato apenas como infração administrativa, sob o fundamento de que o Direito Penal deve ser aplicado residualmente, quando existe sanção administrativa.[5]

A norma do art. 344 do Código Eleitoral **não está revogada**.

Não se pode olvidar que a contumácia de um mesário torna-se rapidamente motivo de divulgação para os demais eleitores da comarca acarretando reiteradas faltas nas eleições subsequentes e, por consequência, dificultando o trabalho da Justiça Eleitoral.

Sobre multa eleitoral, a Resolução TSE nº 21.975/2004 disciplina o tema. Na interpretação sistemática, *vide* os artigos: CE, art. 344; Res. TSE nº 21.538/2003, art. 85; e a Lei nº 5.143/1966, que tratou da abolição do imposto do selo.

10.46. LOCAIS DE VOTAÇÃO. IMPUGNAÇÕES

Diz o art. 135 e §§ 7º a 9º do Código Eleitoral:

> Art. 135. Funcionarão as mesas receptoras nos lugares designados pelos juízes eleitorais 60 (sessenta) dias antes da eleição, publicando-se a designação.

---

5 Ausência de comparecimento para compor mesa receptora de votos. Não configuração do crime previsto no art. 344 do Código Eleitoral, uma vez que prevista sanção administrativa, no art. 124 do mesmo Código, sem ressalva da incidência da norma de natureza penal. Entendimento relativo ao crime de desobediência que também se aplica no caso, já que constitui modalidade especial daquele. Acórdão nº 21, de 10/11/1998 – Recurso em *Habeas Corpus* 21 – Classe 23ª/SP (São Paulo). Rel. Min. Eduardo Ribeiro. Recorrente: Dagmar de Oliveira. Advogados: Dr. Arnaldo Malheiros Filho e outros. Recorrida: Procuradoria Regional Eleitoral/SP. Decisão: Unânime em dar provimento ao recurso.

VOTAÇÃO E APURAÇÃO

CAPÍTULO 10

> § 7º Da designação dos lugares de votação poderá qualquer partido reclamar ao juiz eleitoral, dentro de 3 (três) dias a contar da publicação, devendo a decisão ser proferida dentro de 48 (quarenta e oito) horas.

Os legitimados para a reclamação são: promotor eleitoral e partido político. Os aspirantes a candidato podem noticiar o fato aos partidos políticos, assim como qualquer eleitor. A notícia poderá ser encaminhada ao juiz eleitoral, através do chefe de cartório ou serventuário da Justiça Eleitoral, que deverá autuar o procedimento e submeter ao exame do juiz eleitoral. O procedimento administrativo enseja promoção prévia do promotor eleitoral.

> 8º Da decisão do juiz eleitoral caberá recurso para o Tribunal Regional, interposto dentro de 3 (três) dias, devendo, no mesmo prazo, ser resolvido.

O artigo adotou o prazo geral dos recursos eleitorais (*art. 258 do Código Eleitoral*). O recurso é o **inominado**.

> 9º Esgotados os prazos referidos nos §§ 7º e 8º deste artigo, não mais poderá ser alegada, no processo eleitoral, a proibição contida em seu § 5º.

A matéria é sujeita à preclusão temporal. Não é questão constitucional (*Código Eleitoral, art. 259, parágrafo único*). A alegação deve ser feita no prazo legal, sob pena de preclusão.

Significativa é a vedação da localização de seção eleitoral na propriedade particular do candidato. Neste sentido é expresso o § 4º do art. 135 do Código Eleitoral, *in expressi verbis*:

> § 4º É expressamente vedado o uso de propriedade pertencente a candidato, membro do Diretório de partido, delegado de partido ou autoridade policial, bem como dos respectivos cônjuges e parentes, consanguíneos ou afins, até o 2º grau, inclusive.

Deveras, o rol não é *numerus clausus*, pois tutela-se a lisura das eleições e a igualdade de oportunidade nas campanhas eleitorais. A norma, primeiramente, protege o princípio da igualdade material ou substancial. Assim, deve-se evitar a instalação de seções eleitorais em igrejas, templos ou cultos que tenham celebrações religiosas fomentadas por candidatos. Nesse sentido, destacamos:

> Representação formulada pela Congregação Cristã do Brasil contra a instalação em seus templos, de seções eleitorais. O Tribunal acolheu a representação, determinando que os imóveis reservados a cultos

religiosos não sejam requisitados pela Justiça Eleitoral (TSE, Res. nº 9.863, Peçanha Martins, BE 290, p. 430).

A Lei nº 11.300/2006, que alterou a Lei nº 9.504/1997, expressamente, no art. 24, inc. VIII, proibiu os partidos e candidatos de receber recursos ou publicidade de "entidades beneficentes e religiosas".

Dessa forma, a localização de seção eleitoral em Igreja ou Templo de qualquer culto, enseja a nulidade da votação, pois é modalidade de vedação quanto à aplicação de recursos nas campanhas eleitorais, considerando a inegável influência do ambiente na diretriz do voto.

E ainda, significativa é a vedação do § 5º do art. 135 do Código Eleitoral, confere-se:

> § 5º Não poderão ser localizadas seções eleitorais em fazenda, sítio ou qualquer propriedade rural privada, mesmo existindo no local prédio público, incorrendo o juiz nas penas do art. 312, em caso de infringência.

O Tribunal Superior Eleitoral tem precedente de que a localização da seção eleitoral em propriedade privada deve ser alvo de impugnação no prazo legal, sob pena de ficar caracterizada nulidade de cunho relativo. Incide, portanto, a preclusão temporal. Nesse sentido, Acórdão nº 10.780, de 8 de junho de 1989.

O art. 312 tipifica o crime de violação ao sigilo do voto. O sigilo do voto é assegurado pelas regras dispostas no art. 103 do Código Eleitoral, além dessa norma vedatória.

A localização da seção (*local físico de instalação das urnas – mesa receptora*) deve ser criteriosamente escolhida, pois, em Municípios do interior, os políticos inescrupulosos se valem do expediente ilícito, conseguindo a instalação de seções em fazendas, sítios e propriedades dos próprios candidatos ou de cabos eleitorais.

O art. 73, inc. I, da Lei nº 9.504/1997, veda que o servidor público ceda, em benefício de candidato, partido político ou coligação, bens imóveis pertencentes à administração, ressalvando-se o ato de convenção partidária. A violação a esta regra enseja ato de abuso do poder com a cassação do registro ou do diploma e a adoção da ação de investigação judicial eleitoral com base no art. 22 da Lei Complementar nº 64, de 18 de maio de 1990.

10.47. VOTO DO ELEITOR EM TRÂNSITO PARA PRESIDENTE E VICE--PRESIDENTE DA REPÚBLICA, GOVERNADOR E VICE, SENADOR, DEPUTADO FEDERAL, DEPUTADO ESTADUAL E DEPUTADO DIS-TRITAL

O eleitor em trânsito é aquele que se encontra fora do domicílio eleitoral, ou seja, do local de votação. Por exemplo, Maria vota na Cidade do Rio de Janeiro, mas

Votação e Apuração   Capítulo 10

está no dia da eleição na Cidade de São Paulo. Ela não precisará necessariamente justificar ou pagar a multa, abrindo-se a possibilidade de exercer o voto.

Esta nova modalidade de voto está vinculada à prévia habilitação do eleitor na qualidade de eleitor em trânsito, o que significa que ele deverá procurar a Justiça Eleitoral dentro do prazo fixado em lei (*art. 233-A, § 1º, do Código Eleitoral*), transferindo o seu título. É uma transferência provisória do título.

Não se trata propriamente do voto em separado, mas de um **voto de circulação temporária** que compreende uma **transferência provisória do título para a urna especial**. Terminada a eleição, o eleitor retorna para a sua zona e seção eleitoral de origem. Ele não abre mão de forma definitiva da sua inscrição na origem, mas apenas por um período de tempo suficiente para exercer o voto fora de sua zona eleitoral. Faculta-se ao eleitor transferir o título temporariamente. O voto é obrigatório para o eleitor neste tipo de transferência.

Como se nota, a lei objetivou alcançar eleitores em circulação pelo País e que por diversas razões apenas se limitavam a justificar a ausência no dia da eleição ou em momento posterior. Agora, os novos eleitores viajantes ou temporários podem votar, mas não é possível o exercício do voto sem a prévia previsão da transferência do título ainda que em caráter estritamente provisório, pois só assim assegura-se o sigilo do voto e o impedimento de fraudes com duplicidade de votação.

Para as eleições de 2010, o Egrégio TSE expediu a Resolução nº 23.215, de 02 de março de 2010, que estabeleceu o voto em trânsito para as eleições presidenciais, sendo que, de 15 de julho até 15 de agosto o eleitor deveria habilitar-se em qualquer cartório eleitoral para votar em trânsito indicando a Capital do Estado onde estará presente de passagem ou em deslocamento.

Nas Eleições de 2014 o Eg.TSE ampliou o direito de votar em trânsito permitindo que não apenas nas Capitais, mas em Municípios com mais de 200 (*duzentos mil*) eleitores sejam oferecidas seções para esse tipo de voto. Por exemplo, no Estado do Rio de Janeiro, 10 (*dez*) Municípios possuem seções para o voto em trânsito como é o caso de Niterói e Petrópolis.

A Lei nº 13.165, de 29 de setembro de 2015, alterou a redação do art. 233-A e acrescentou parágrafos permitindo o voto em trânsito não apenas para Presidente da República, ou seja, ampliou esse tipo de votação temporária ou transitória para a escolha de Governadores, Senadores, Deputados Federais, Estaduais e Distritais, sendo as urnas especiais instaladas não apenas nas Capitais, mas nos Municípios de até cem mil eleitores.

Nesse contexto, não é possível o voto em trânsito nas Eleições Municipais (*Prefeitos, Vices e vereadores*), sendo que nas Eleições Nacionais, Federais e Estaduais a regra é obrigatória somente nas Capitais e em alguns Municípios, considerando o critério quantitativo do espaço geográfico do território brasileiro, pois somente ocorrerá esse tipo de eleição quando o número de eleitores for superior a cem mil.

O critério não é o número de habitantes, mas sim, de eleitores que é sempre menor.

Vale registar ainda que os eleitores que se encontram **fora da unidade da Federação de seu domicílio** somente podem se habilitar para votar em trânsito para as Eleições Presidenciais.

Exemplo: se o eleitor estiver em São Paulo no dia da eleição, mas o seu domicílio eleitoral de origem é no Rio de Janeiro poderá habilitar-se para votar em trânsito em São Paulo, mas apenas escolhendo o candidato a Presidente e Vice-Presidente da República. Ele não votará nos demais candidatos.

Por outro lado, se o eleitor é vinculado a uma seção de origem na Capital do Rio de Janeiro ou de algum Município do Estado do Rio de Janeiro ele poderá votar em qualquer seção de um Município situado no Estado do Rio de Janeiro, desde que previamente habilitado, pois ele estará em trânsito dentro da **mesma unidade da Federação**. Nesse caso, ele poderá manifestar o seu voto em todos os candidatos (*Presidente, Vice, Governador, Vice, Senador, Deputados Federais, Estaduais e Distritais*).

Como já referido, os integrantes dos órgãos de segurança pública e membros das guardas municipais podem exercer o voto em trânsito nos termos dos §§ 2º a 4º do art. 233-A do Código Eleitoral.

Convém ressaltar a omissão legislativa que não contempla a possibilidade do voto em trânsito para os Juízes Eleitorais e Promotores Eleitorais que exercem suas funções nos dias de eleição.

A grande maioria dos Juízes Eleitorais e Promotores Eleitorais trabalham em zonas eleitorais diversas da seção de sua origem e ao longo do árduo dia de eleição ficam privados do direito do votar.

Trata-se de evidente omissão inconstitucional que se protrai ao longo do tempo.

10.48. VOTO IMPRESSO. APONTAMENTOS

A Lei nº 12.034/2009, no art. 5º e seus §§ 1º a 5º, tratou do voto impresso nas eleições de 2014 (*eleições para Presidente, Vice-Presidente da República, Governadores e Vice-Governadores, Senadores, Deputados federais, estaduais e distritais*) com a confirmação final do voto do eleitor, quando a urna eletrônica imprime o chamado "**número único de identificação do voto**".

Diz a lei:

> Art. 5º Fica criado, a partir das eleições de 2014, inclusive, o voto impresso conferido pelo eleitor, garantido o total sigilo do voto e observadas as seguintes regras:

VOTAÇÃO E APURAÇÃO   CAPÍTULO 10

> § 1º A máquina de votar exibirá para o eleitor, primeiramente, as telas referentes às eleições proporcionais; em seguida, as referentes às eleições majoritárias; finalmente, o voto completo para conferência visual do eleitor e confirmação final do voto.
>
> § 2º Após a confirmação final do voto pelo eleitor, a urna eletrônica imprimirá um número único de identificação do voto associado à sua própria assinatura digital.
>
> § 3º O voto deverá ser depositado de forma automática, sem contato manual do eleitor, em local previamente lacrado.
>
> § 4º Após o fim da votação, a Justiça Eleitoral realizará, em audiência pública, auditoria independente do *software* mediante o sorteio de 2% (dois por cento) das urnas eletrônicas de cada Zona Eleitoral, respeitado o limite mínimo de 3 (três) máquinas por município, que deverão ter seus votos em papel contados e comparados com os resultados apresentados pelo respectivo boletim de urna.
>
> § 5º É permitido o uso de identificação do eleitor por sua biometria ou pela digitação do seu nome ou número de eleitor, desde que a máquina de identificar não tenha nenhuma conexão com a urna eletrônica.

É oportuno lembrar que já existiu nos idos de 2002, e foi extinto em 2004, o sistema de voto impresso em razão dos seguintes argumentos: elevado custo da impressão do voto; treinamento especial para os mesários; demora na votação; defeitos nas urnas eletrônicas; trava do papel impresso na urna; desinteresse do eleitor em verificar a autenticidade do processo de votação; saída do eleitor da cabine de votação sem confirmar o voto; e falhas na correção do voto, além de outros problemas apresentados.

Ressurge na nova lei a ideia já abolida de que é possível alcançar pelo voto impresso uma maior segurança contra as fraudes, além de se ter uma maior transparência do processo eleitoral de votação e apuração. No entanto, restará aos técnicos e especialistas em informática criarem novos programas e sistemas capazes de enfrentar as dificuldades acima elencadas e manter a agilidade do processo eleitoral, sob pena da demora e falhas, por si só, comprometerem a segurança já existente na celeridade das informações da apuração e na lisura das eleições.

Registre-se que são raras ou inexistentes as informações sobre a apresentação de números diferentes do boletim de votação com os dados armazenados na memória das urnas eletrônicas.

O § 4º do art. 5º da lei acima referida, prevê um sorteio de dois por cento das urnas eletrônicas de cada Zona Eleitoral **"respeitado o limite mínimo de 3 (três) máquinas por Município"**. Assim, o Município que tenha apenas uma zona eleitoral sorteará três urnas para a realização da audiência pública com o comparecimento dos representantes de partidos políticos interessados, membros do Ministério Público, candidatos e representantes da Ordem dos Advogados do Brasil.

Na referida audiência pública será feita uma auditoria independente do *software*, ou seja, do conteúdo dos votos armazenados na urna. Desta forma, cada zona eleitoral terá que sortear dois por cento da quantidade total de suas urnas eletrônicas objetivando a finalidade do novo diploma legal. Todavia, é inegável que esse fato atrasará o processo final de apuração e a assinatura da ata de encerramento, até porque já existe a previsão da emissão dos boletins de urna após a votação, bem como da impressão da zerézima (*comprovante de que na urna não tem votos*) antes de o primeiro eleitor votar na urna eletrônica.

A nova medida legal se preocupa com a possibilidade de fraude durante o processo de votação quando verificada a falta de compatibilidade entre o número de votantes e o de votos, mas mesmo que ocorra uma eventual falha, a nulidade se restringe à seção apurada (*urna eletrônica*), não tendo o condão de contaminar todo o processo de votação, considerando ainda que pequenas divergências não acarretam nulidades (*art. 219 do Código Eleitoral*).

A nulidade pode ser decretada de ofício pela Junta Eleitoral e deve constar da ata, sendo que as impugnações devem ser apresentadas no momento da apuração, sob pena de preclusão (*art. 223 do Código Eleitoral*).

Por fim, em relação ao **voto impresso**, o Supremo Tribunal Federal concluiu pela inconstitucionalidade da previsão normativa (*art. 5º da Lei nº 12.034/2009 na Ação Direta de Inconstitucionalidade nº 4.543*).

A decisão foi **unânime** no Egrégio STF, sendo relatora a Ministra Cármen Lúcia, que confirmou a liminar que suspendia os efeitos da norma legal. Os fundamentos jurídicos são resumidamente baseados no fato de que o voto impresso atinge: a) **o sigilo do voto**; e b) **a inviolabilidade do sistema de votação**.

Destaca-se: "*(...) A quebra desse direito fundamental – posto no sistema constitucional a partir da liberdade de escolha feita pelo cidadão, a partir do art. 14 – configura afronta à Constituição, e a impressão do voto fere, exatamente, esse direito. Eventual vulneração do segredo do voto, conforme destacou a ministra, também comprometeria o inc. II do parágrafo 4º do art. 60 da CF – cláusula pétrea – o qual dispõe que o voto direto, secreto, universal e periódico não pode ser abolido por proposta de emenda constitucional*" (*ADI nº 4.543*).

A Lei nº 13.165, de 29 de setembro de 2015, tratou novamente do voto impresso incluindo-o no art. 59-A da Lei nº 9.504/1997.

A princípio o artigo foi vetado pelo Presidente da República, mas em seguida o Congresso Nacional, na forma do § 5º do art. 66 da Constituição da República, promulgou a lei alteradora e derrubou o veto, sendo a redação a seguinte:

VOTAÇÃO E APURAÇÃO

CAPÍTULO 10

> Art. 59-A. No processo de votação eletrônica, a urna imprimirá o registro de cada voto, que será depositado, de forma automática e sem contato manual do eleitor, em local previamente lacrado.
>
> Parágrafo único. O processo de votação não será concluído até que o eleitor confirme a correspondência entre o teor de seu voto e o registro impresso e exibido pela urna eletrônica.

A nova regra será primeiramente aplicada para a eleição geral subsequente à aprovação da Lei nº 13.165/2015, ou seja, para as **eleições de 2018 (Eleições nacionais, federais e estaduais)**. Não incide nas eleições municipais de 2016. Essa afirmação se encontra no art. 12 da Lei nº 13.165/2015, publicada no Diário Oficial de 25 de novembro de 2015 (*publicação sobre a manutenção do voto impresso*).

O voto impresso além de emitir um recibo, preserva o sigilo do voto em determinado candidato ou partido politico.

O eleitor pode conferir se o voto impresso corresponde ao eletrônico, bem como é possível a realização de eventual auditoria futura para a verificação ou não de fraude eleitoral com a comparação dos votos impressos e eletrônicos.

Trata-se de um sistema diverso do adotado nas eleições de 2002.

Ressalva-se, contudo, a possibilidade de nova arguição de inconstitucionalidade no Supremo Tribunal Federal sobre o voto impresso, em razão do precedente na ADIn nº 4.543.

10.49. BIOMETRIA. IDENTIFICAÇÃO DIGITAL DO ELEITOR

O § 5º do art. 5º da Lei nº 12.034/2009 ainda tratou da nova forma de identificação do eleitor, ou seja, pela biometria. Significa a garantia da personalidade individual do eleitor por características próprias com o uso da tecnologia moderna.

O armazenamento das informações biométricas dos eleitores será catalogado ao longo de mais ou menos 10 (*dez*) anos, segundo atuais estimativas técnicas.

As imagens capturadas da impressão digital se constituem em valioso banco de dados sigiloso da Justiça Eleitoral, que poderá servir de base para outros órgãos públicos. Junta-se a impressão digital, por exemplo, com o reconhecimento fotográfico e dos números do cadastro eleitoral.

A identificação pela impressão digital (*biométrica*) já foi pioneiramente utilizada pelo Colendo TSE nas seguintes cidades: Colorado do Oeste-RO, Fátima do Sul-MS e em São João Batista-SC, além de Armação de Búzios-RJ e outras.

287

Busca-se com a identificação biométrica evitar que um eleitor vote em nome de outro, considerando a ausência da fotografia no atual título eleitoral. Objetiva-se a redução da fraude na fase de votação (*art. 309 do Código Eleitoral*).

Durante o amplo período de tempo do novo tipo de cadastramento pela impressão digital, os eleitores votarão pelo sistema atual.

O recadastramento biométrico é obrigatório e não sendo atendido pelo eleitor acarreta o cancelamento do título eleitoral. No entanto, o sistema biométrico carece de maior aperfeiçoamento em busca da celeridade na votação.

10.50. IDENTIDADE OFICIAL COM FOTOGRAFIA

O art. 91-A da Lei nº 9.504/1997 (*acrescido pela Lei nº 12.034/2009*) prevê a votação com o uso da identidade oficial, além do próprio título. Aliás, deve-se aceitar a identidade oficial com fotografia, pois tal medida evitará a prática de crime eleitoral.

A regra do art. 91-A da Lei das Eleições protege a votação, pois é crime *"votar ou tentar votar mais de uma vez, ou em lugar de outrem"*, conforme trata o art. 209 do Código Eleitoral.

Cumpre ao Presidente da seção eleitoral e aos mesários a correta verificação da identidade do eleitor permitindo o exercício do voto quando for apresentado um documento oficial com fotografia.

O Egrégio STF se pronunciou sobre a não obrigatoriedade da apresentação do título eleitoral e mais um documento oficial com fotografia. É suficiente o documento oficial com a fotografia, pois o título serve apenas para o eleitor identificar a seção de votação.

> (...) Concluiu-se que se deveria apresentar, no momento da votação, tanto o título de eleitor como documento oficial de identificação com fotografia. Contudo, enfatizou-se que **apenas a frustração na exibição deste último** é que teria o condão de impedir o exercício do voto (ADIn 4.467 MC/DF, Rel.ª Min.ª Ellen Gracie, 29 e 30/9/2010 (grifos nossos).

10.51. DIA DAS ELEIÇÕES. MANIFESTAÇÃO DO ELEITOR. CONSIDERAÇÕES GERAIS

O art. 39-A da Lei nº 9.504/1997 e seus parágrafos, assim dispõem:

> Art. 39-A. É permitida, no dia das eleições, a manifestação individual e silenciosa da preferência do eleitor por partido político, coligação ou candidato, revelada exclusivamente pelo uso de bandeiras, broches, dísticos e adesivos.

VOTAÇÃO E APURAÇÃO — CAPÍTULO 10

§ 1º É vedada, no dia do pleito, até o término do horário de votação, a aglomeração de pessoas portando vestuário padronizado, bem como os instrumentos de propaganda referidos no *caput*, de modo a caracterizar manifestação coletiva, com ou sem utilização de veículos.

§ 2º No recinto das seções eleitorais e juntas apuradoras, é proibido aos servidores da Justiça Eleitoral, aos mesários e aos escrutinadores o uso de vestuário ou objeto que contenha qualquer propaganda de partido político, de coligação ou de candidato.

§ 3º Aos fiscais partidários, nos trabalhos de votação, só é permitido que, em seus crachás, constem o nome e a sigla do partido político ou coligação a que sirvam, vedada a padronização do vestuário.

§ 4º No dia do pleito, serão afixadas cópias deste artigo em lugares visíveis nas partes interna e externa das seções eleitorais.

As regras contidas nos dispositivos legais acima elencados, no fundo, já traduzem a normatização das resoluções do Egrégio TSE sobre a manifestação do eleitor no dia das eleições (*1º e 2º turnos*). São formas de permissibilidade ao eleitor de comemorar e participar da democracia.

No entanto, verifica-se que não são raros os casos em que cabos eleitorais e simpatizantes das campanhas dos candidatos formam grupos portando bandeiras e utilizando vestuário padronizado e outros instrumentos de propaganda, gerando uma evidente manifestação coletiva.

Verifica-se que o art. 39-A acima transcrito restringiu a utilização, pelo eleitor, de determinados instrumentos e objetos, pois a lei utiliza a seguinte expressão: "(...) **revelada exclusivamente**". Nesse sentido, o eleitor só pode utilizar bandeiras, broches, dísticos e adesivos, não sendo contemplado o uso de camisas ou de bonés, como estava disciplinado, por exemplo, no art. 70 da Resolução do TSE nº 22.718/2008 (*Eleições de 2008*).

Outrossim, no art. 70 daquela resolução, permitia-se a utilização de adesivos em veículos particulares, mas o atual texto legal permite o uso de adesivos, não fazendo esta expressa menção. Todavia, quanto a este aspecto, é proibido usar adesivos em veículos públicos, tais como ônibus, vans e táxis, considerando que são concessionários e permissionários do serviço público, incidindo a regra do art. 24, III, da Lei nº 9.504/1997, uma vez que é inequívoca a publicidade do candidato por meio de fonte vedada.

Embora o uso do boné e camiseta, no dia da eleição, não seja conduta amoldada ao tipo penal do art. 39, § 5º, III, da Lei nº 9.504/1997, a nosso pensar, em razão da limitação imposta pela redação do art. 39-A da mesma lei, sua utilização pelo eleitor é uma forma irregular de propaganda eleitoral, mas não criminosa.

Todavia, se os simpatizantes políticos formarem uma aglomeração ou assediarem o eleitor para uma boca de urna, restará configurado o crime do art. 39, § 5º, II, da Lei nº 9.504/1997.

Saliente-se que o legislador não estipulou uma sanção específica para a violação ao art. 39-A em comento. Nessa linha de raciocínio, poderão ocorrer as seguintes hipóteses: (i) o caso enquadra-se numa hipótese penal do art. 39, § 5º, e seus incisos; e (ii) o eleitor estará praticando uma propaganda irregular sem sanção na lei, mas, neste caso, o eleitor poderá ser notificado, previamente, pelo juiz eleitoral para abster-se de utilizar a forma irregular de propaganda, sob pena de incidir no crime do art. 347 do Código Eleitoral (desobediência eleitoral), e, ainda, ter o material devidamente apreendido.

Na análise do caso, poderá a Justiça Eleitoral concluir que o material apreendido é, na verdade, um gasto ilícito de recurso que ensejará a medida judicial do art. 30-A da Lei nº 9.504/1997 e, além de tudo, por ocasião da prestação de contas da campanha eleitoral do candidato, o aludido material poderá autorizar a desaprovação das contas por irregularidade insanável, nos termos do art. 30, III, da Lei nº 9.504/1997.

Por fim, a quantidade das camisetas e bonés apreendidos pode caracterizar a análise do abuso do poder econômico, em razão das peculiaridades locais e das circunstâncias examinadas pelas provas produzidas no processo.

É cediço que a fiscalização da propaganda política eleitoral procura, juntamente com o apoio dos órgãos policiais, impedir e afastar os grupos formados em esquinas e pontos estratégicos das ruas nas proximidades das seções eleitorais; mas, durante o período de votação (*das 8h às 17h*), tais aglomerações perambulam e fogem da repressão, dificultando o trabalho da Justiça Eleitoral.

O § 2º do artigo acima aludido consagra a proibição da utilização de vestuário e objetos referentes à propaganda de partido político, coligação ou candidato pelos mesários, escrutinadores (*os que contam os votos*) e servidores da Justiça Eleitoral. Trata-se de norma já consagrada em resolução do TSE e que objetiva garantir o sigilo da votação e a liberdade do eleitor em escolher o seu candidato.

Destaca-se, ainda, no § 3º do artigo em comento, que os fiscais partidários que se encontram previamente escolhidos pelos partidos políticos e coligações, ao transitarem pelas seções eleitorais, portem os seus devidos crachás e estejam limitados a utilizar, nestes documentos de identificação, o nome e a sigla do partido ou coligação. Veda-se, portanto, a utilização de vestuário padronizado que possa conter nome e números indutores de pedido de votos.

O dispositivo legal proibiu a padronização do vestuário, que é uma técnica ostensiva adotada pelos fiscais de partido político quando utilizam camisas e bonés com o número do partido político que corresponde nas eleições

VOTAÇÃO E APURAÇÃO

majoritárias, ao mesmo número do candidato a Prefeito, Governador, Senador ou Presidente.

A nova lei eleitoral procura, nos dispositivos enfocados, tutelar a garantia democrática da verdadeira liberdade de manifestação do voto sem influências por objetos, vestuários e outras formas de propaganda que possam alterar a vontade do eleitor, pois é sabido que uma grande quantidade de pessoas, ao se dirigir para as seções eleitorais, ainda não tem a noção exata dos candidatos de sua preferência.

O § 4º do art. 39-A da lei em comento prevê uma forma salutar de divulgação das regras proibidas no dia da eleição quanto ao uso dos objetos e materiais acima aludidos.

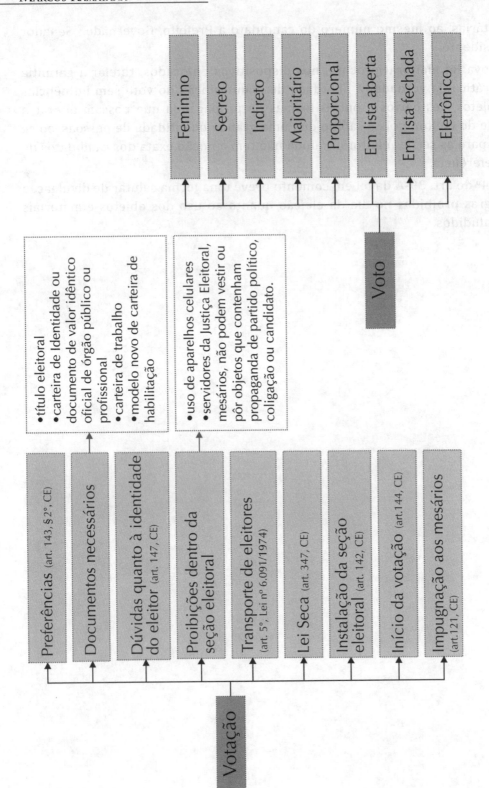

CAPÍTULO 11
PERDA E SUSPENSÃO
DOS DIREITOS POLÍTICOS

11.1. CONCEITO E CONSIDERAÇÕES GERAIS

O renomado Pimenta Bueno[1] já definia os direitos políticos, *in expressi verbis:*

> Os direitos políticos são as prerrogativas, os atributos, faculdades ou poder de intervenção dos cidadãos ativos no governo de seu país, intervenção direta ou só indireta, mais ou menos ampla, segundo a intensidade do gozo desses direitos.

> São o *jus civitatis,* os direitos cívicos, que se referem ao Poder Público, que autorizam o cidadão ativo a participar na formação ou exercício da autoridade nacional, a exercer o direito de vontade ou eleitor, os direitos de Deputado ou Senador, a ocupar os cargos políticos e a manifestar suas opiniões sobre o governo do Estado.

É sobremodo importante assinalar as lições de *Savigny,* fazendo a distinção entre o *jus honorum (direito de ser votado)* e o *jus suffragii (direito de votar).*

Na suspensão dos direitos políticos, o cidadão fica afastado temporariamente da capacidade eleitoral ativa e passiva *(direito de votar e ser votado);* na perda dos direitos políticos, a privação é definitiva.

Há de considerar-se, ainda, o aspecto relativo ao ponto de diferença fundamental entre a perda e a suspensão dos direitos políticos, pois, na perda, o cidadão ficará afastado de suas capacidades ativas e passivas *(direito de votar e ser votado)* por absoluta impossibilidade de reversibilidade *(reaquisição)* destes direitos/deveres ou, ainda, por ato de omissão voluntária. Não haverá estipulação de prazo final do cerceamento das capacidades eleitorais.

Na suspensão dos direitos políticos, o cidadão sofre a restrição por prazo fixado na lei ou aguarda a aquisição do direito pelo transcurso do prazo legal como no caso, v.g., do menor de 16 *(dezesseis)* anos de idade.

---

1 *Apud* Pinto Ferreira. *Princípios Gerais do Direito Constitucional Moderno.* 5ª ed. São Paulo: RT, p. 38.

Nas lições do Ministro Teori Zavascki, a suspensão dos direitos políticos alcança restrições não apenas ao direito de votar e ser votado, *in verbis*:

> (...) Estar em gozo dos direitos políticos significa, pois, estar habilitado a alistar-se eleitoralmente, habilitar-se a candidatura para cargos eletivos ou a nomeações para certos cargos públicos não eletivos (Constituição Federal, arts. 87; 89, VII; 101; 103, § 1º), participar de sufrágios, votar em eleições, plebiscitos e referendos, apresentar projetos de lei pela via da iniciativa popular (Constituição Federal, arts. 61, § 2º e 29, XI) e propor ação popular (Constituição Federal, art. 5º, inc. LXXIII). Quem não está em gozo dos direitos políticos não poderá filiar-se a partido político (Lei nº 5.682, de 21/07/1971, art. 62) e nem investir-se em qualquer cargo público, mesmo não eletivo (Lei nº 8.112, de 11/12/90, art. 5º, II). Não pode, também, ser diretor ou redator-chefe de jornal ou periódico (Lei nº 5.250, de 09/02/1967, art. 7º, § 1º) e nem exercer cargo em entidade sindical (Consolidação das Leis do trabalho, art. 530, V) (ZAVASCKI, Teori Albino. *Direitos Políticos – perda, suspensão e controle jurisdicional.* Site/institucional/ publicações, artigos doutrinários).

A perda e a suspensão dos direitos políticos são restrições que incidem no *status* da pessoa (*nacional por direito originário ou derivado*) e implicam na não fruição dos direitos políticos.

São espécies de privação do gozo dos direitos de natureza política, ou seja, limitam a participação nos plebiscitos, referendos, projetos de iniciativa popular e eleições nacionais, federais, estaduais e municipais.

Dessa forma, se o cidadão se encontra com os direitos políticos perdidos ou suspensos não pode ter o *jus ad officium* ou o *jus in officio*, ou seja, o direito de ingressar ou se manter no cargo público exercendo as funções públicas.

O cidadão que não se encontra na plenitude do gozo dos direitos políticos, art. 14, § 3º, II, da Carta Constitucional, na verdade, está impossibilitado de exercer o serviço público e se manter no cargo ocupado, especialmente nas hipóteses de perda ou suspensão.

A restrição impede que a pessoa seja mesário, membro de junta eleitoral, jurado e exerça qualquer múnus público como agente honorífico, pois até mesmo para o êxito do alistamento eleitoral se exige do alistando não estar privado, temporária ou definitivamente, dos direitos políticos (*art. 5º, III, do Código Eleitoral*).

O art. 16 da Lei nº 9.096/1995 só permite a filiação partidária do eleitor que estiver no "*pleno gozo de seus direitos políticos*", o que significa não estar tipificado em hipóteses de perda ou suspensão dos direitos políticos.

A imunidade prisional prevista no art. 236 do Código Eleitoral que impede a prisão do "eleitor", desde 5 (*cinco*) dias antes até 48 (*quarenta e oito horas*) depois de encerrada a eleição, não se aplica para quem estiver com os direitos políticos tipificados em hipóteses de perda ou suspensão. Trata-se de norma que merece urgente alteração legislativa, pois cria indevida imunidade prisional.

O exercício de "(...) *função, atividade, direito, autoridade ou múnus* (...)", por pessoa que teve os direitos políticos suspensos pode caracterizar o tipo penal previsto no **art. 359 do Código Penal**, cuja pena é de 3 (três) meses a 2 (dois) anos, pois é atingida a Administração da Justiça.

Trata-se do delito comum de "*desobediência a decisão judicial sobre perda e suspensão de direito*", sendo de menor potencial ofensivo enseja a aplicação dos institutos despenalizadores da Lei nº 9.099/1995 (*transação penal e suspensão condicional do processo*).

11.2. CANCELAMENTO DA NATURALIZAÇÃO POR SENTENÇA TRANSITADA EM JULGADO. HIPÓTESE CONCEITUADA COMO DE PERDA DOS DIREITOS POLÍTICOS

A hipótese está disciplinada no art. 15, I, da Carta Magna. O caso é de **perda dos direitos políticos**. No caso de perda dos direitos políticos, a pessoa deixa de votar e ser votada, pois, de forma definitiva, é privada da capacidade eleitoral ativa e passiva.

O dispositivo legal trata da perda da naturalização. A naturalização é espécie do gênero nacionalidade (relação jurídica entre o indivíduo e o Estado).

A nacionalidade pode ser **primária** ou **secundária**. Entende-se por nacionalidade primária, também chamada de **originária**, a adquirida pelo nascimento pelo critério do *jus soli* ou *jus sanguinis*. A secundária ou **adquirida** dá-se pelo pedido ou opção do apátrida ou estrangeiro.

Cumpre enfatizar que o cancelamento da naturalização é uma restrição imposta pela legislação pátria.

O art. 12, § 4º, da Carta Magna diz que a perda da nacionalidade pode ocorrer: a) pelo cancelamento da naturalização, por sentença judicial, em decorrência de atividade nociva ao interesse nacional; e b) aquisição de outra nacionalidade, com exceção das hipóteses de reconhecimento de nacionalidade originária (*ex.: caso dos filhos de italianos*) e imposição de naturalização (*ex.: no Iraque, o brasileiro que desejar casar com uma iraquiana deverá adquirir a nacionalidade iraquiana*).

O art. 15, I, da Carta Magna trata como caso de perda dos direitos políticos o desenvolvimento de **atividade nociva ao interesse nacional**. Vê-se que o cancelamento é da "naturalização", não podendo ser cancelada a nacionalidade primária ou originária.

A perda da nacionalidade *(vínculo jurídico de união entre o cidadão e o Estado)* acarreta a perda dos direitos políticos. Este fato se dá em decorrência das ações caracterizadoras da atividade nociva ao interesse nacional ou da aquisição de outra nacionalidade.

Impende observar que a perda não é automática (*Lei nº 818/1949*), pois enseja processo especial e os efeitos são *ex nunc*, considerando que a decisão é constitutiva e negativa de um anterior direito político.

Analisando a perda da nacionalidade por aquisição de outra, não podemos descurar que o brasileiro, neste caso, preferiu imigrar para outro país e sujeitar-se, também, às regras políticas e eleitorais do novo Estado.

A concessão da naturalização por aquisição voluntária ocorre por ato de outro Estado (*país*). Todavia, o decreto presidencial que trata da perda da nacionalidade sempre levará em conta a audiência da pessoa interessada (*Lei nº 818/1949*). Assim, a perda da nacionalidade é atingida pela naturalização ocorrida em outro Estado, sem que haja imposição, mas voluntariedade do interessado.

Cai a lanço notar o fato de que, mesmo não contemplada na Carta Magna, a aquisição de outra nacionalidade, como o caso de perda dos direitos políticos, na prática acarretará efetivamente a perda, pois o nacional estará sujeito ao decreto presidencial e às consequências da decisão administrativa. Decidida a perda da nacionalidade brasileira, o caso é registrado no Ministério da Justiça e comunicado ao Tribunal Superior Eleitoral, para os fins legais de cancelamento da inscrição eleitoral.

No caso do desenvolvimento de **atividade nociva**, a perda não prescinde de processo específico, assegurada ampla defesa e os recursos inerentes. A Lei nº 818/1949 disciplina a perda da nacionalidade, no caso de desenvolvimento de atividade nociva. A atividade nociva está identificada com os seguintes casos: (i) atentados contra a segurança nacional; (ii) ordem política (crimes eleitorais) ou social; (iii) a tranquilidade ou moralidade pública; e (iv) a economia popular, ou, ainda, genericamente, a qualquer procedimento que se torne nocivo à convivência e aos interesses nacionais.

Posta assim a questão, é evidente que a decisão só produz efeitos com o trânsito em julgado na Justiça Federal; portanto, não é de competência da Justiça Eleitoral a imposição da causa de perda dos direitos políticos. Se esta questão for trazida a exame numa ação de impugnação ao pedido de registro, o órgão jurisdicional competente não poderá analisar o mérito do cancelamento da naturalização, mas apenas reconhecer no âmbito eleitoral os efeitos, negando o pedido de registro com base no art. 15, I, da Constituição da República.

O Ministério Público Federal atuará nestes casos, conforme preceitua o art. 26 da Lei nº 818/1949. A atuação dá-se na Justiça Federal.

PERDA E SUSPENSÃO DOS DIREITOS POLÍTICOS   CAPÍTULO 11

Por fim, a decisão que conclui pelo cancelamento da naturalização é remetida, em cópia, para o Ministério da Justiça e averbada à margem do registro do respectivo decreto (*art. 32 da Lei nº 818/1949*). A partir deste instante, operam-se os efeitos, sendo a decisão comunicada à Justiça Eleitoral (*TSE*), com a finalidade de cancelamento da inscrição eleitoral, com base no art. 71, II, do Código Eleitoral. Sem alistamento eleitoral, a pessoa não poderá preencher a condição de elegibilidade para candidatar-se a mandatos eletivos (*art. 14, § 3º, III, da Carta Magna*).

A Lei nº 818/1949, em seus arts. 36 e 37, não prevê a reaquisição da nacionalidade na hipótese de cancelamento da naturalização, em razão de desenvolvimento de atividade nociva ao interesse nacional.

O juiz eleitoral da zona eleitoral do antigo eleitor que perdeu os direitos políticos anotará no sistema, conforme previsto no art. 51 da Resolução TSE nº 21.538/2003, o que enseja a verificação da restrição ao direito político.

Se, porventura, um determinado candidato perdeu os direitos políticos, a questão será examinada no requerimento de registro de sua candidatura ou no recurso contra a expedição do diploma (*art. 262 do Código Eleitoral*).

11.3. INCAPACIDADE CIVIL ABSOLUTA. OS MENORES DE 16 (*DE-ZESSEIS*) ANOS. CASO *SUI GENERIS* DE SUSPENSÃO DOS DIREITOS POLÍTICOS

Os menores de 16 (*dezesseis*) anos são impúberes e, nas relações jurídicas civis são representados por seus pais ou tutores. O Código Civil, em seu art. 3º, I, consagra a hipótese (*dispositivo correspondente no Código Civil de 1916, art. 5º, I*).

Causa inadequação o fato de que se o menor de 16 (*dezesseis*) anos não pode se alistar e consequentemente não pode votar, não é correto o seu enquadramento jurígeno num caso de suspensão dos direitos políticos, pois só se pode pensar na causa de suspensão para quem tinha o direito político e, por alguma razão legal, deixou de tê-lo.

O art. 15 da Carta Magna trata de perda e suspensão dos direitos políticos, não deixando uma alternativa para a adequação do menor de 16 (*dezesseis*) anos de idade. *Quid iuris* para exercer o voto antes da idade?

O menor com 15 (*quinze*) anos pode apenas se alistar, mas não vota e, portanto, não se suspende o direito de quem nem sequer o adquiriu. Diz o art. 14 da Resolução TSE nº 21.538/2003 *in expressi verbis*:

> Art. 14. É facultado o alistamento, no ano em que se realizarem eleições, do menor que completar 16 anos até a data do pleito, inclusive.

297

> § 1º O alistamento de que trata o *caput* poderá ser solicitado até o encerramento do prazo fixado para requerimento de inscrição eleitoral ou transferência.
>
> § 2º O título emitido nas condições deste artigo somente surtirá efeitos com o implemento da idade de 16 anos.

Todavia, na ausência de uma expressão mais equável no texto do art. 15, inc. II, da Carta Política, resta apenas a conclusão de que o menor de 16 (*dezesseis*) anos está com os direitos políticos suspensos, porque é absolutamente incapaz.

A causa de suspensão dos direitos políticos não é proveniente de uma sanção jurídica, política ou eleitoral, mas sim de um **fato jurídico biológico**. Os fatos jurídicos, na definição do eminente doutrinador Teixeira de Freitas, são: "*Todos os acontecimentos suscetíveis de produzir alguma aquisição, modificação ou extinção de direitos entram na ordem dos fatos de que trata esta seção*".[2] Portanto, a questão é relativa ao período ordinário da vida, às etapas cronológicas (*fatos da natureza*). Por esta razão trata-se de uma hipótese *sui generis* da suspensão dos direitos políticos, porque a pessoa ainda não o adquiriu, mas estará ele suspenso.

Outrossim, é vedada a possibilidade de emancipação para atingir a idade mínima constitucionalmente exigida como condição de elegibilidade. Nesse sentido: "*(TSE) Candidato a Deputado estadual, com idade inferior a 21 (vinte e um) anos, mas emancipado. 3. Acórdão do TRE que indeferiu o registro, em face da condição constante do art. 14, § 3º, VI, c, da Constituição, não suprível pela emancipação. 4. Recurso interposto pelo próprio candidato, sem assistência de advogado habilitado. 5. Lei nº 8.906/1994, arts. 1º, I, e 4º; Código de Processo Civil, art. 36. 6. Recurso não conhecido. Acórdão nº 15.402, de 31/8/1998 – Recurso Especial Eleitoral nº 15.402 – Classe 22ª/MG (Belo Horizonte). Rel. Min. Néri da Silveira. Decisão: Unânime, recurso não conhecido. No mesmo sentido, os Acórdãos de nº 15.405, de 31/08/1998, nº 204, de 04/09/1998, e nº 283, de 22/09/1998*".

De fato, com a emancipação afasta-se a incapacidade para a prática de certos atos da vida civil, mas não a menoridade para fins eleitorais. No entanto, o menor aos 16 (*dezesseis*) anos já pode se alistar e, portanto, exercer o direito facultativo do voto.

11.4. OS RELATIVAMENTE INCAPAZES. NÃO É CASO DE SUSPENSÃO NEM PERDA DOS DIREITOS POLÍTICOS

Cumpre-nos assinalar a edição da Lei nº 13.146, de 6 de julho de 2015, publicada no Diário Oficial de 6/7/2015 que "*Institui a Lei Brasileira de Inclusão da Pessoa com Deficiência*" (*Estatuto da Pessoa com Deficiência*).

---

2 *Apud* Silvio Rodrigues. *Direito Civil*. São Paulo: Saraiva, p. 155.

O art. 114 dessa nova legislação revogou os incs. I, II e III do art. 3º do Código Civil, além de modificar a redação dos incs. I e III do art. 4º do mesmo diploma legal e do seu parágrafo único.

Dessa forma, o Código Civil alterado assim dispõe:

> Art. 3º São **absolutamente incapazes** de exercer pessoalmente os atos da vida civil os menores de 16 (dezesseis) anos. (*Vide* Lei nº 13.146, de 2015.)
>
> I – Revogado. (*Vide* Lei nº 13.146, de 2015.)
>
> II – Revogado. (*Vide* Lei nº 13.146, de 2015.)
>
> III – Revogado. (*Vide* Lei nº 13.146, de 2015.)
>
> Art. 4º São **incapazes**, **relativamente** a certos atos, ou à maneira de os exercer: (*Vide* Lei nº 13.146, de 2015.)
>
> I – os maiores de dezesseis e menores de dezoito anos;
>
> II – os ébrios habituais e os viciados em tóxico. (*Vide* Lei nº 13.146, de 2015.)
>
> III – aqueles que, por causa transitória ou permanente, não puderem exprimir sua vontade; (*Vide* Lei nº 13.146, de 2015.)
>
> IV – os pródigos.
>
> Parágrafo único. A capacidade dos indígenas será regulada por legislação especial. (*Vide* Lei nº 13.146, de 2015.)

O art. 127 do Estatuto da Pessoa com Deficiência disciplina uma *vacatio legis* de 180 (*cento e oitenta*) dias da publicação oficial para a entrada em vigor.

Como se pode notar, o **absolutamente incapaz** é considerado apenas o menor de 16 (*dezesseis*) anos, sendo que todos os enfermos, deficientes mentais, que mesmo não tendo o necessário discernimento para a prática de atos, até mesmo por causa transitória, são **relativamente incapazes**, conforme disciplina o art. 4º, inc. III, do Código Civil.

Quanto aos **relativamente incapazes**, como já salientado, o art. 4º, inc. III, do Código Civil, incluiu nesse rol os absolutamente incapazes por doença mental, enfermos e outros.

Pode-se dizer, então, que todos os cidadãos que por causa transitória ou permanente, não puderem exprimir a sua vontade estão aptos ao direito de votar e ser votado? Possuem capacidades eleitorais ativas e passivas, ou seja, o *ius sufragi* e o *ius honorum*?

À primeira vista parece que sim. No entanto, é necessária uma melhor reflexão da questão até com a finalidade protetiva dos relativamente incapazes.

O art. 76, § 1º, do Estatuto da Pessoa com Deficiência assim determina: "*À pessoa com deficiência será assegurado o direito de votar e ser votada, inclusive por meio das seguintes ações (...)*".

No elenco dessas ações objetiva-se garantir o direito de votar com a utilização de instalações, materiais, equipamentos apropriados e acessíveis ao deficiente, inclusive a permissão de auxílio de terceira pessoa (curador ou membro da família) no ato da votação na seção eleitoral.

Ressalta-se ainda o art. 96 da norma protetiva que alterou a redação do art. 135, § 6º-A, do Código Eleitoral, assegurando a escolha pelo deficiente eleitor do melhor local de votação (*seção eleitoral*), além da expedição de resoluções eleitorais que possam garantir a acessibilidade.

Uma das hipóteses de incapacidade relativa se refere à pessoa em **estado de coma** *(este caso era considerado como sendo de um absolutamente incapaz)*.

Nesse rumo, será nomeado um curador, mas nem a pessoa em estado de coma e nem o curador podem exercer o direito de voto, o que é uma constatação natural que objetiva a proteção do cidadão, considerando ainda a **natureza personalíssima do direito de voto**.

Com efeito, o "louco de todo o gênero" referido no Código Civil de 1916 e o surdo-mudo sem educação nessa deficiência (*art. 5º, incs. II e III*) não terão a capacidade de exprimir a sua vontade com clareza, como lecionava *San Tiago Dantas* (*Programa de Direito Civil*, edição histórica, Editora Rio, jul. 1977, p. 177).

Trazemos as lições de *Pontes de Miranda, in expressi verbis*:

> (...) A incapacidade civil absoluta por doença mental pode proceder ou sobrevir à capacidade política (isto é, ocorrer antes, ou depois dos 18 (dezoito) anos). Se ocorreu antes, não suspende direitos políticos, porque só se suspende o que há, e, antes dos 18 (dezoito) anos completos, não há capacidade política. Se ocorrer depois, suspende-os, porque já há capacidade política e o direito de alistar--se e de votar, ou, pelo menos, aquele. Diga-se o mesmo quanto à incapacidade civil absoluta, por surdo-mudez, que também pode dar-se antes ou depois dos 18 (dezoito) anos (...) (*Comentários à Constituição de 1967, com Emenda nº 1, de 1969*, p. 575).

Leciona o renomado *Fábio de Oliveira Azevedo* que:

> (...) Enfermidade é a doença relacionada a problema no cérebro, que conduz a um baixo rendimento no conhecimento. Deficiência é insuficiência, significando um QI inferior a 70, de acordo com a Organização Mundial de Saúde, incluindo-se no gênero representado pela enfermidade (*Direito Civil. Introdução e Teoria Geral*. 4ª ed. Rio de Janeiro: Editora Forense, 2014, p. 168/9).

Nas lições de *Flávio Tartuce*.

> (...) O comando legal em questão trata das pessoas que padeçam de doença ou deficiência mental, congênita ou adquirida em vida em caráter duradouro e permanente, e que não estão em condições de administrar seus bens ou praticar atos jurídicos de qualquer espécie. O ordenamento jurídico não admite os chamados intervalos lúcidos, pelo fato de a incapacidade mental estar revestida de caráter permanente (*Manual de Direito Civil*. São Paulo: Editora Método, 2011, p. 76).

Registre-se que o art. 1.767 do Código Civil teve a redação modificada pela Lei nº 13.146/2015 (*Estatuto do Deficiente*), e os relativamente incapazes por causas transitórias ou permanentes que não puderem exprimir a sua vontade serão curatelados, sendo que o juiz competente "(...) *determinará, segundo as potencialidades da pessoa, os limites da curatela* (...)" (*art. 1.772 do Código Civil*). Nesse caso, o juiz será "(...) *assistido por equipe multidisciplinar* (...)" (*art. 1.771 do Código Civil*).

Em face do quanto se expôs é importante frisar que o **deficiente físico** poderá votar e ser votado. No ato de votar é possível ser auxiliado por terceira pessoa (*Resoluções do TSE nºs 21.008/2002 e 21.920/2004*).

Cumpre ao Presidente da seção eleitoral e ao juiz eleitoral da zona eleitoral respectiva, o poder de polícia dos trabalhos eleitorais (*art. 139 do Código Eleitoral*), evitando possíveis fraudes de terceiros que possam agir em nome do deficiente alterando a lídima manifestação da vontade do mesmo, pois não são raros os casos em que militantes políticos penetram como terceiros auxiliares no ato de votação para violar o sigilo do voto.

O **deficiente físico** pode ser eleito (*possui a capacidade eleitoral passiva*), e a legislação eleitoral deverá ser aprimorada para fomentar o registro de candidatura, inclusive por uma participação mais efetiva na "política do País" e na administração dos Partidos Políticos (*art. 76, § 2º, I, da Lei nº 13.146/2015*).

Nesse contexto, o deficiente deverá ser tratado sem discriminações priorizando-se a igualdade de oportunidades.

A propaganda política eleitoral e partidária deve observar o art. 67 da Lei nº 13.146/2015, ou seja: subtitulação por meio de legenda oculta; linguagem de Libras; e audiodescrição.

E o deficiente mental? Pode votar e ser votado?

Na verdade, cumpre ao juiz com competência para decretar a curatela do interdito avaliar as potencialidades dos direitos políticos ativos e passivos (*votar e ser votado*), louvando-se da conclusão da equipe multidisciplinar e da entrevista pessoal com o curatelado nos termos do art. 1.771 do Código Civil.

Destarte, o juiz competente observará se o curetado possui o discernimento suficiente para exercer o direito de votar e com mais profundidade ser eleito, pois os valores afirmativos das pessoas com deficiência não podem colidir com o sistema de proteção social e democrática. O equilíbrio deve ser equidiferente.

Não é crível permitir o voto do deficiente mental que está em estado de incompreensão geral da realidade, não sabendo discernir uma opção sobre a escolha política eleitoral, pois quiçá, e.g., se lembra da data de seu aniversário ou do nome de parentes que lhe guarnecem no convívio familiar. Cada caso é um caso que será avaliado criteriosamente pelo juiz competente.

Por outro lado, como os **relativamente incapazes** não estão tipificados no art. 15, II, da Carta Magna, **não é caso de decretar a suspensão dos direitos políticos**, ou seja, a sentença de interdição proferida pelo juízo não eleitoral e encaminhada para o juiz eleitoral da zona eleitoral do curatelado será anotada na forma do art. 51 da Resolução TSE nº 21.538/2003, mas não como sendo propriamente um caso de suspensão dos direitos políticos. É necessária a observação de que o cidadão está impossibilitado de ser eleito.

Qual seria a solução jurídica eleitoral para tratar de um cidadão deficiente, por exemplo, em estado de demência e que o diagnóstico é agravado com o passar do tempo?

Nesse contexto aplicar-se-ia o disposto no art. 6º, I, "a" e II, "a" do Código Eleitoral, sendo considerado inválido ou enfermo e, por via de consequência, cumprindo ao juiz eleitoral da zona eleitoral do deficiente expedir uma certidão de quitação eleitoral com prazo de validade indeterminado nos termos do art. 2º da Resolução TSE nº 21.920/2004.

Dessa forma, no exemplo acima, o eleitor deficiente mental não precisa votar e estará quite com as obrigações eleitorais.

Não é possível atribuir ao curador o direito de voto do deficiente, pois o exercício da capacidade eleitoral ativa é **personalíssimo** e insuscetível de delegação para terceiros que certamente votariam em razão do seu próprio interesse desvirtuando a manifestação de vontade do eleitor acometido da demência.

O art. 85, § 1º, da Lei nº 13.146/2015 diz que a curatela não alcança o direito de voto. Essa assertiva reafirma a natureza jurídica personalíssima do direito de votar nas eleições populares, plebiscitárias, referendos e projetos de iniciativa popular.

Reitere-se que ao abrigo da proteção ao princípio da dignidade da pessoa humana como núcleo fundamental do Estado Democrático e com lastro no art. 14, § 1º, II, "b", da Constituição da República, o Egrégio Tribunal Superior Eleitoral firmou regulamentação (*Resolução nº 21.920/2004*) no sentido de que as pessoas

Perda e Suspensão dos Direitos Políticos

CAPÍTULO 11

portadoras de deficiência podem deixar de se alistar e votar, quando for impossível ou demasiadamente oneroso o cumprimento das obrigações eleitorais.

E com relação à capacidade eleitoral passiva do deficiente mental diagnosticado, e.g., como uma psicopatia grave ou demência em face de conclusões médicas periciais?

Em prol da proteção do regime democrático e dos interesses primários de normalidade e legitimidade das eleições não é possível o registro desse tipo de candidatura, pois é um caso que pode ser tipificado **como espécie de falta de condição de elegibilidade nos termos do art. 14, § 3º, II, considerando que não está o cidadão no pleno exercício dos direitos políticos.**

Não será caso de suspensão dos direitos políticos em razão do novo enquadramento jurígeno na categoria dos relativamente incapazes. Trata-se da ausência de uma **condição de elegibilidade.**

O § 7º do art. 11 da Lei nº 9.504/1997 trata da certidão de quitação eleitoral que deve abranger "**a plenitude do gozo dos direitos políticos**".

Na decisão de interdição o juiz competente deverá fundamentar o grau de demência e o juiz eleitoral ao receber a cópia da sentença, após o parecer do Promotor Eleitoral fará ou não a anotação impeditiva como ausência de condição de elegibilidade (*arts. 14, § 3º, II, da Constituição Federal e 11, § 7º, da Lei nº 9.504/1997*).

Como se percebe em casos específicos, o curatelado não estará na plenitude ou com a potencialidade mental mínima e apta para discernir sua vontade na escolha do representante (*candidato*) ou se eleger como mandatário político eleitoral.

Ressalva-se a necessidade sempre da participação plena e efetiva do deficiente físico e mental na sociedade em prol da igualdade, mas cada caso concreto será analisado na ponderação de valores fundamentais.

Por fim, mesmo sem a sentença de curatela, em casos excepcionais, o juiz eleitoral *ex officio* pode indeferir o pedido de registro de candidatura, desde que fundamentada a decisão em provas razoáveis, até porque as condições de elegibilidade são aferidas no momento da formalização do requerimento de registro de candidatura, art. 11, § 10, da Lei nº 9.504/1997 e o art. 44 da Resolução TSE nº 23.405/2014 (*Resolução sobre Registro nas Eleições de 2014*), assim disciplina:

> Art. 44. O pedido de registro será indeferido, ainda que não tenha havido impugnação, quando o candidato for inelegível ou não atender a qualquer das condições de elegibilidade.

A regra acima é reiterada por resoluções temporárias do Egrégio TSE para cada eleição específica, quando o tema é registro de candidatura.

Por outra via, a Justiça Eleitoral e o Ministério Público Eleitoral devem perscrutar se o estado de deficiência do cidadão está sendo alvo de **ação ilícita de terceiros** com objetivo de lançarem essas pessoas como futuros candidatos e em razão do voto carismático obterem o aumento do quociente partidário.

Tenha-se presente que a pessoa do ausente não era mais uma hipótese de incapacidade civil absoluta, conforme tratava o art. 5º, IV, do Código Civil de 1916. Assim constatada a ausência e, após o devido processo legal, o título eleitoral será cancelado em razão da morte presumida (*art. 71, IV, do Código Eleitoral*).

Quanto aos ébrios habituais, viciados em tóxicos e pródigos, a legislação eleitoral é omissa. A princípio, não impede que os relativamente incapazes sejam eleitores e candidatos.

De fato, os arts. 14, § 3º, incs. I a VI, e 15, incs. I a V, da Constituição da República, bem como a Lei Complementar nº 64, de 18 de maio de 1990, o Código Eleitoral, a Lei nº 9.504/1997 e a Lei nº 9.096/1995 não disciplinam um tratamento jurígeno específico dessas incapacidades civis como causas de impedimentos eleitorais.

Todavia, nada impede que no processo de interdição a sentença devidamente fundamentada possa analisar a ausência do pleno exercício dos direitos políticos, até porque segundo versa o art. 3º do Código Eleitoral o cidadão só pode pleitear a investidura em cargo eletivo, desde que respeitadas as condições constitucionais e legais de elegibilidade.

O art. 14, § 3º, inc. II, da Carta Magna, disciplina como condição de elegibilidade "*o pleno exercício dos direitos políticos*", e, como já salientado, o § 7º do art. 11 da Lei nº 9.504/1997, diz que um dos itens da certidão de quitação eleitoral é "*a plenitude do gozo dos direitos políticos*".

A sentença de interdição das pessoas relativamente incapazes como, e.g., os pródigos devem estabelecer o direito de voto e analisar o direito de ser votado.

Se o pródigo pode praticar de forma válida os atos da vida civil, incluiu-se o direito de votar e ser votado, sendo que nessa última hipótese é possível a averiguação da plenitude ou não dos direitos políticos como **ausência de condição de elegibilidade**.

Em relação aos ébrios habituais e viciados em tóxicos o limite ou não da capacidade eleitoral ativa e passiva necessariamente decorre da análise médica psiquiátrica e pericial da gravidade do estado de saúde mental que os impossibilite de exteriorizar a sua legítima manifestação de vontade pelo sufrágio e de serem eleitos.

De lege ferenda, cumpre ao legislador uma alteração inadiável na legislação eleitoral, em especial, na Lei das Inelegibilidades para contemplar de forma expressa as incapacidades relativas ao direito de votar e ser votado do pródigo, ébrio habitual e viciado em tóxico e suas eventuais exceções em razão de exames técnicos periciais.

11.5. CONDENAÇÃO CRIMINAL TRANSITADA EM JULGADO, EN-QUANTO DURAREM OS SEUS EFEITOS. SUSPENSÃO DOS DIREITOS POLÍTICOS

O art. 15, III, da Carta Magna disciplina esta hipótese de suspensão dos direitos políticos. A regra constitucional é uma causa de suspensão dos direitos políticos.

No Egrégio Tribunal Superior Eleitoral, destaca-se o verbete sumular **nº 9**: "*A suspensão de direitos políticos, decorrente de condenação criminal transitada em julgado, cessa com o cumprimento ou a extinção da pena, independendo de reabilitação ou de prova de reparação dos danos*".

A decisão penal transitada em julgado possui efeito automático (*Agravo Regimental na Ação Cautelar nº 193-26/MG, Rel. Min. Arnaldo Versiani, em 12/05/2011*).

11.6. É POSSÍVEL A SUSPENSÃO DOS DIREITOS POLÍTICOS, EM VIRTUDE DE CONDENAÇÃO POR CONTRAVENÇÃO PENAL?

Existem duas interpretações: a) **a primeira** é que os direitos políticos negativos devem ser interpretados restritivamente. No caso, o intérprete somente poderá fazer uma interpretação literal ou gramatical da expressão "criminal". Leia-se: as condenações decorrentes de crimes. Posição de alguns julgados jurisprudenciais, pois o art. 15, III, só alcançaria as penas que acarretassem prisões. Havia entendimento no sentido do afastamento da causa de suspensão, na hipótese de aplicação do *sursis* da pena; b) **a segunda** entende que o termo "condenação criminal" não faz diferença entre tipos penais dolosos ou culposos, abrangendo, inclusive, as contravenções penais *("delitos anões", no dizer de Nelson Hungria*).

Trata-se de aplicar a norma constitucional dentro do sistema jurídico vigente. A tutela reside na defesa da ordem democrática contra a indignidade penal. Nesse sentido, é o voto do Ministro *Celso de Mello – STF – Pleno. Recurso Extraordinário nº 179.502-6 (SP). Ementário nº 1.799-09.*

Para cargos públicos de menor escalão, exige-se que os cidadãos sejam insuspeitos; sendo assim, para os cargos mais elevados, devemos evitar o acesso de condenados por delitos dolosos, culposos e contravenções penais, enquanto as decisões produzirem seus efeitos jurídicos.

Na doutrina, são os ensinamentos de *Pontes de Miranda, José Afonso da Silva, Alexandre de Moraes, Torquato Jardim, Tito Costa, Joel José Cândido e Pedro Henrique Távora Niess* no sentido de que a suspensão dos direitos políticos, em razão de condenação criminal transitada em julgado, é aplicável até nos delitos culposos (*Acórdão nº 13.027, Recurso Especial nº 13.207, Rel. Min. Marco Aurélio, 18/09/1996. TSE 09/II, p. 19*).

Assiste razão à segunda corrente, porque não é crível que se faça distinção entre condenação criminal e condenação contravencional. O gênero "infração penal" abrange as espécies "crime" e "contravenção". Na verdade, o legislador quis dizer: "**infração penal**".

A interpretação constitucional no sentido favorável à segunda corrente leva em consideração o efeito integrador; a justeza ou conformidade funcional; a utilidade da norma no ordenamento jurídico; a interpretação da Constituição deve ser explícita e implícita, a fim de alcançar o verdadeiro significado; o verbete sumular **nº 9º** do TSE não tratou de diferenciar o crime da contravenção; e, por fim, a Constituição não deve ser interpretada com o rigor exegético da norma penal, pois o legislador constituinte busca sempre fixar os princípios básicos.

11.7. A TRANSAÇÃO PENAL IMPOSTA PELO ART. 76 DA LEI Nº 9.099/1995 ACARRETA A SUSPENSÃO DOS DIREITOS POLÍTICOS COM SUBSUNÇÃO NO ART. 15, III, DA CARTA MAGNA?

É possível a transação penal nos crimes eleitorais, independentemente da ritualidade especial. Nesse sentido, a doutrina majoritária: *Damásio Evangelista de Jesus, Luiz Flávio Gomes* e *Joel José Cândido* e outros renomados autores. Admitindo a transação penal (*princípio da isonomia constitucional*) aos procedimentos especiais, destacam-se as decisões do Superior Tribunal de Justiça. (*Acórdão nº 36.545/RS, 2/6/2003, Ministro Gilson Dipp, e Habeas Corpus nº 22.881, de 26/05/2003, Ministro Félix Fischer*).

Sobre o assunto, existem **duas correntes de pensamento**: (i) **a primeira** é defendida pelo eminente *Adriano Soares Costa*, no sentido de que "na hipótese de transação prevista no art. 76 desta lei, há inflição de pena restritiva de direitos ou multa, com a incidência do art. 15, III, da CF/1988";[3] (ii) **a segunda**, é no sentido de que a aplicação e aceitação da transação penal não importam na suspensão dos direitos políticos, porque a natureza da sentença não é condenatória própria nem imprópria. No dizer sempre expressivo de *Ada Pellegrini Grinover*, a sentença é simplesmente "homologatória" da transação.

Outrossim, a decisão é inquestionavelmente uma sentença, que faz coisa julgada material, acarretando um título executivo penal. Trata-se de sentença **sem natureza jurídica condenatória** (*Tese 1 – do 1º Congresso Brasileiro de Direito Processual e Juizados Especiais*).

Vê-se, portanto, que a sentença não ingressa no mérito da tipicidade, ilicitude e culpabilidade, além de não produzir os efeitos da sentença condenatória comum.

---

3 COSTA, Adriano Soares da. *Instituições de Direito Eleitoral*. 3ª ed. Belo Horizonte: Del Rey, p. 88.

PERDA E SUSPENSÃO DOS DIREITOS POLÍTICOS   CAPÍTULO 11

Impende ainda frisar o fato relativo aos efeitos da transação homologada e transitada em julgado, ou seja, apenas impedirá ao autor do fato a obtenção de benefício idêntico (*transação penal*), no prazo de cinco anos da data da homologação. Conclusivamente, a aceitação da transação penal não implica considerar o réu reincidente e lançar o nome dele no rol dos culpados (*art. 76, § 6º, da Lei nº 9.099/1995*).

A transação penal não acarreta os efeitos civis do art. 91, I, do Código Penal e, nas lições de *Julio Fabbrini Mirabete*:[4] *"Não causa a sentença os efeitos civis e administrativos previstos no art. 92 do Código Penal, eventualmente aplicáveis ao autor da infração de menor potencial ofensivo, mesmo porque tais efeitos não são automáticos, devendo ser motivadamente declarados na sentença (art. 92, parágrafo único, do CP)".*

É importante frisar a decisão do **Tribunal Superior Eleitoral**, no sentido de que, no crime do **art. 334 do Código Eleitoral**, não é cabível a transação penal, pois adota como pena autônoma a cassação do registro do candidato (agente ativo da empreitada delitiva), *in verbis*: *"Resolução nº 21.294, de 07/11/2002. Processo administrativo nº 18.956/DF. Rel. Min. Sálvio de Figueiredo. Ementa: Infrações penais eleitorais. Procedimento especial. Exclusão da competência dos Juizados Especiais. Termo circunstanciado de ocorrência em substituição a auto de prisão. Possibilidade. Transação e suspensão condicional do processo. Viabilidade. Precedentes. I) As infrações penais definidas no Código Eleitoral obedecem ao disposto nos seus arts. 355 e seguintes e o seu processo é especial, não podendo, via de consequência, ser da competência dos Juizados Especiais a sua apuração e julgamento. II) O termo circunstanciado de ocorrência pode ser utilizado em substituição ao auto de prisão em flagrante, até porque a apuração de infrações de pequeno potencial ofensivo elimina a prisão em flagrante. III) O entendimento dominante da doutrina brasileira é no sentido de que a categoria jurídica das infrações penais de pequeno potencial ofensivo, após o advento da Lei nº 10.259/2001, foi parcialmente alterada, passando a ser assim consideradas as infrações com pena máxima de até dois anos ou punidas apenas com multa. IV) É possível, para as infrações penais eleitorais cuja pena não seja superior a dois anos, a adoção da transação e da suspensão condicional do processo, salvo para os crimes que contem com um sistema punitivo especial, entre eles aqueles a cuja pena privativa de liberdade cumula-se a cassação do registro se o responsável for candidato, a exemplo do tipificado no art. 334 do Código Eleitoral. DJ de 07/02/2003".*

Na análise do art. 334 do Código Eleitoral, a jurisprudência apresenta alguns exemplos: distribuição de prêmios, sorteios, bingos etc. Comprovada a autoria, coautoria ou participação do candidato, é possível a imposição de pena privativa

---

4 *Juizados Especiais Criminais*, São Paulo: Jurídica Atlas, p. 151.

307

de liberdade, além da pena autônoma de cassação do registro de candidatura. Todavia, o registro só poderá ser cassado se a sentença transitar em julgado antes da diplomação, pois, caso contrário, deve-se seguir o sistema processual eleitoral da ação de impugnação ao mandato eletivo ou do recurso contra a diplomação.

Convém ressaltar o fato de que a cassação do registro imposta no preceito secundário da norma incriminadora, a princípio, não é óbice à transação penal, porque, assim como na Lei de Abuso de Autoridade (*Lei nº 4.898/1965*), a perda do cargo também não é barreira intransponível à transação penal.

Sobre o relevante tema, trazemos à baila as lições, sempre elucidadoras lições de *Ada Pellegrini Grinover, in verbis*:

> Haverá discussão, com certeza, sobre se tais delitos entram ou não no novo regime jurídico das infrações de menor potencial ofensivo. Aliás, já se salientou a incompatibilidade entre o sistema punitivo da Lei de Abuso de Autoridade (Lei nº 4.898/1965, art. 6º) e a transação penal. Impõe-se considerar a seriedade e a gravidade dos delitos de abuso de autoridade, que afetam os direitos humanos fundamentais. Não é fácil conciliar uma ofensa grave à liberdade (ou ius libertatis) ou ao domicílio alheio com a noção de infração de menor potencial ofensivo. Antes do advento da Lei nº 10.259/2001, o sistema dos juizados não se aplicava aos crimes de abuso de autoridade, em razão de contarem com o procedimento especial (STF, HC nº 77.216, Rel. Sepúlveda Pertence, DJU de 21/08/1998, p. 4); agora, depois da citada lei, continuaria impossível essa incidência, porque a Lei nº 4.898/1965 prevê um específico sistema punitivo (inconciliável com os juizados). Os argumentos que acabam de ser lançados impressionam, mas não seriam absolutamente inabaláveis pelo seguinte: por força do § 4º do art. 6º da Lei nº 4.898/1965, "as penas previstas no parágrafo anterior – multa, detenção, perda de cargo e inabilitação poderão ser aplicadas autônoma ou cumulativamente".

Como se vê, o sistema punitivo previsto para os delitos de abuso de autoridade é especial (*não se pode questionar*), mas não é inflexível. Leia-se: a pena de perda de cargo não deve ser imposta sempre. Cabe ao juiz, em cada caso concreto, decidir qual ou quais penas irá fixar. Rege aqui o princípio da suficiência (*e o da proporcionalidade*). Cada um deve ser punido na medida de sua culpabilidade.

Ora, se na própria cominação legal nada existe de inflexível, isto é, se cabe ao juiz, em cada caso concreto, decidir qual a resposta ou quais as respostas penais mais adequadas, então impõe-se concluir que, doravante, dentre todas as possibilidades com as quais ele conta, nos delitos que estamos examinando, uma delas (*ou melhor, mais uma delas*) é a da transação penal, afastando-se, evidentemente, a possibilidade de transacionar-se sobre a perda de cargo (*que, repita-se, é uma pena que nem sempre deve ter incidência*).

PERDA E SUSPENSÃO DOS DIREITOS POLÍTICOS   CAPÍTULO 11

Em fatos graves, certamente o juiz refutará a transação penal (*nos termos do art. 76, § 2º*), por não ser ela suficiente para reprovar a culpabilidade do agente. Isso ocorrendo, instaura-se o processo criminal e, no final, o juiz imporá as sanções cabíveis.

De outro lado, observe-se que o Código Penal (*art. 92*) pode servir de parâmetro para o juiz e este diploma legal só permite a pena de perda de cargo quando a privativa de liberdade alcance pelo menos 1 (*um*) ano.[5]

11.8. A SUSPENSÃO CONDICIONAL DO PROCESSO SUSPENDE OS DIREITOS POLÍTICOS COM BASE NO ART. 15, III, DA CARTA MAGNA?

Neste ponto, a questão é, até o presente momento, pacífica na doutrina (*Damásio Evangelista de Jesus, Julio Fabbrini Mirabete, Afrânio Silva Jardim* e outros renomados doutrinadores). Desta forma, a decisão do *sursis* processual (*art. 89 da Lei nº 9.099/1995*) evidentemente não ingressa no mérito da culpabilidade.

Cumprido o *sursis* processual, é declarada a extinção da punibilidade na forma legal (*art. 89, § 5º, da Lei nº 9.099/1995*). No Egrégio TSE *Acórdão nº 546, de 10/09/2002. Recurso Ordinário nº 546, Classe 27ª/RO (Porto Velho). Rel. Min. Sálvio de Figueiredo*.

Não é causa de suspensão dos direitos políticos.

11.9. A CONDENAÇÃO CRIMINAL A PENA DE MULTA TRANSITADA EM JULGADO ACARRETA A SUSPENSÃO DOS DIREITOS POLÍTICOS?

A aplicação da pena de multa, prevista na legislação penal, produz os mesmos efeitos das penas restritivas de direito e privativas de liberdade (*suspensão dos direitos políticos*). Enquanto o réu não quitar a pena de multa e não for declarada extinta a pena pelo seu cumprimento, o condenado não poderá votar e ser votado.

O art. 66 da Lei nº 7.210, de 11 de julho de 1994, dá competência para que o juiz da execução penal declare a extinção da pena pelo seu cumprimento.

Cumpre ainda frisar que o art. 47, I, do Código Penal contempla como espécie de pena de interdição temporária de direitos a proibição do exercício de mandato eletivo.

A proibição decorre naturalmente do art. 15, III, da Carta Magna, pois a suspensão dos direitos políticos retira o *ius honorum* do pretenso postulante ao mandato eletivo, enquanto durarem os efeitos da condenação criminal.

Assim, o apenado que cumpre pena específica de interdição temporária de direitos, por ter praticado delitos vinculados ao abuso dos deveres de cargos,

---

5 *Juizados Especiais Criminais*, 4ª ed. São Paulo: Revista dos Tribunais, pp. 379-380.

funções, atividades ou ofícios, enquanto o juiz não declarar a extinção da pena pelo cumprimento, estará sujeito à causa constitucional de suspensão dos seus direitos políticos e não poderá obter o registro de sua candidatura.

Como se depreende, o art. 15, III, da Lei Maior não faz distinção sobre a qualidade da pena imposta ao réu.

O que é essencial é o fato de que emergiu uma condenação transitada em julgado afetando as capacidades eleitorais ativa e passiva por prazo determinado que se escoa no cumprimento da pena imposta na decisão condenatória.

O art. 15, III, da Constituição Federal pode acarretar a perda do mandato eletivo nos casos mencionados no art. 92 do Código Penal. Trata-se de efeito específico da condenação.

O efeito genérico da condenação criminal transitada em julgado é imediato e se traduz na suspensão dos direitos políticos que é sempre por prazo limitado.

Desta maneira, nem todo o apenado que esteja com os direitos políticos suspensos estará numa hipótese de perda do mandato eletivo, mas sem dúvida ficará impedido temporariamente de votar e ser votado e dependendo do crime cometido ficará inelegível nos termos do art. 1º, I, alínea "e", da Lei Complementar nº 64/1990 com a ressalva do § 4º, que retira do rol dos inelegíveis os autores de crimes culposos, de menor potencial ofensivo e de ação penal privada. No Egrégio TSE, *REspe nº 151-12, Rel. Min. Arnaldo Versiani em 16/10/2012. E ainda, Recurso Especial Eleitoral. nº 398-22/RJ. Rel. Min. Henrique Neves da Silva, em 07/05/2013.*

Mister se faz ressaltar que se o legislador da Lei Complementar nº 135/2010, incluiu o § 4º no art. 1º, I, afastando a causa de inelegibilidade da alínea "e" do mesmo dispositivo legal, entendeu que certos delitos não ensejam a inelegibilidade.

A inelegibilidade é a ausência da capacidade eleitoral passiva por prazo determinado, ou seja, restrição de nível político e eleitoral de menor graduação na esfera da cidadania do que a suspensão dos direitos políticos que afeta a capacidade eleitoral ativa e passiva.

Assim, se o agente praticasse um crime culposo, de menor potencial ofensivo ou de ação penal privada não ficaria com os direitos políticos suspensos, pois não está sujeito à inelegibilidade superveniente ao cumprimento da pena.

Neste passo, é apenas a constatação de um senso de ponderação ou dever de proporcionalidade. Não é pela natureza da pena (*de multa, restritiva de direito ou privativa de liberdade*) que se afastaria a hipótese de suspensão dos direitos políticos, mas pelo tipo de delito praticado em razão do disposto no atual § 4º do inc. I do art. 1º da Lei Complementar nº 64/1990 que foi incluído pela Lei Complementar nº 135/2010 (*Lei da Ficha Limpa*).

PERDA E SUSPENSÃO DOS DIREITOS POLÍTICOS   CAPÍTULO 11

11.10. A SENTENÇA PENAL ABSOLUTÓRIA TRANSITADA EM JULGADO ACARRETA A SUSPENSÃO DOS DIREITOS POLÍTICOS?

Cumpre trazer à baila as valiosas lições de *Fernando da Costa Tourinho Filho*:

> A absolutória imprópria é aquela em que, sem embargo da absolvição, impõe medida de segurança, tal como previsto no art. 386, parágrafo único, III, do CPP. A rigor, tal decisão é condenatória, porquanto, no *decisum*, o órgão jurisdicional impõe a medida de segurança, que não deixa de ser, a despeito da sua finalidade, uma *sanctio juris*, prevista pela ordem jurídico-penal.[6]

Tenha-se presente que dentre os pressupostos das medidas de segurança, deve ser feita a análise se o agente praticou fato previsto como crime e a avaliação da periculosidade. Trata-se de fato típico e antijurídico, que ensejará a internação em casos específicos, excluindo-se apenas a culpabilidade, segundo o art. 386, VI, do Código de Processo Penal e o art. 97 do Código Penal.

É caso de suspensão dos direitos políticos por análise simétrica e teleológica da legislação.

O art. 171 da Lei nº 7.210/1984 (*LEP*) faz menção à expedição de guia para a execução da medida de segurança. Assim, verifica-se que o paciente cumpre pelo prazo legal, e durante o tempo que for necessário, a imposição da medida de segurança, inclusive dentro dos Manicômios Judiciários e, desta forma, estará sujeito à suspensão dos direitos políticos durante o prazo em que perdurar a medida de segurança.

11.11. O LIVRAMENTO CONDICIONAL E O CUMPRIMENTO DE *SURSIS* DA PENA IMPORTAM NA SUSPENSÃO DOS DIREITOS POLÍTICOS?

A suspensão condicional da pena e o livramento condicional não afastam a inelegibilidade (*TSE. AC nº 13.012, Rel. Min. Torquato Jardim*). Nesse sentido, na doutrina: *Adriano Soares da Costa, Antônio Carlos Mendes, Joel José Cândido e Pedro Henrique Távora Niess*.

Mister faz-se ressaltar o disposto no art. 131 da Lei nº 7.210/1984 (*LEP*), ao tratar do livramento condicional como forma de execução da pena privativa de liberdade. Só se executa a pena de réus condenados definitivamente. Trata-se de "medida penal de natureza restritiva da liberdade".[7] Seguimos a posição majoritária.

Destaca-se:

> (TSE). Ementa: Registro de candidato. Impugnação. Impugnado beneficiado pelo *sursis*. Direitos políticos suspensos. Exegese do art. 15, III, e art. 14, § 3º, II, da Constituição Federal. Indeferimento do registro. Constatando-se dos autos que o requerente está com os direitos

---

6 FILHO, Fernando da Costa Tourinho. *Prática de Processo Penal*. São Paulo: Saraiva, pp. 395-396.
7 Ver lições de Damásio de Jesus em sua obra *Código Penal Comentado*.

políticos suspensos, em virtude de sentença criminal transitada em julgado, com o benefício do *sursis*, é de julgar-se procedente a impugnação, indeferindo-se seu pedido de registro de candidatura. Exegese dos arts. 15, III, e 14, § 3º, II, da Constituição Federal.

No Supremo Tribunal Federal, no RE nº 179.502, de 31 de maio de 1995, Relator *Moreira Alves*, *DJ* de 08/09/1995, infere-se *"que a condenação criminal, seja ela qual for, implica, ainda quando sustada a execução da pena privativa de liberdade pelo* sursis, *suspensão de direitos políticos enquanto durem os seus efeitos"*.

11.12. A SUSPENSÃO DOS DIREITOS POLÍTICOS SUBSISTE EM RAZÃO DA DECRETAÇÃO DA EXTINÇÃO DA PUNIBILIDADE COM SUBSUNÇÃO NAS CAUSAS ELENCADAS NO ART. 107 DO CÓDIGO PENAL?

Nas lições de *Joel José Cândido*, por qualquer das causas enumeradas no art. 107 do Código Penal, decretada a extinção da punibilidade, os efeitos da suspensão dos direitos políticos não subsistem. Assiste parcial razão.

A questão é que nem sempre o juiz da execução penal, nos casos de **graça e indulto**, reconhece a extinção da punibilidade. Conforme nos ensina *Damásio Evangelista de Jesus*, *"a graça e o indulto podem ser: a) plenos, quando extinguem totalmente a punibilidade; e b) parciais, quando concedem diminuição da pena ou sua comutação (substituição da pena por outra de menor gravidade)"*.[8]

Nas hipóteses de comutação de pena (*indulto parcial*), não há extinção de punibilidade. Idêntica situação ocorre no indulto incidente, ou seja, apenas sobre uma das penas sofridas pelo réu e que ainda esteja em cumprimento. Feitas estas distinções, concordamos inteiramente com a posição do renomado autor.

Destaca-se no Egrégio TSE: *"Indulto parcial, referente, apenas, ao aspecto da pena restritiva de liberdade, não se estendendo às penas acessórias e aos efeitos da condenação. Permanência,* in casu, *da pena acessória relativa à suspensão dos direitos políticos. Recurso não provido" (Acórdão nº 95, de 10/09/1998 – Recurso Ordinário nº 95 – Classe 27ª/PR (Curitiba). Rel. Min. Eduardo Alckmin. Decisão: Unânime em negar provimento ao recurso).*

11.13. QUAL O JUÍZO COMPETENTE PARA TRATAR DA EXECUÇÃO DA PENA IMPOSTA PELA JUSTIÇA ELEITORAL?

A questão está devidamente sumulada (*verbete nº 192 do STJ*): *"Compete ao Juízo das Execuções Penais do Estado a execução das penas impostas a sentenciados*

---

8 JESUS, Damásio Evangelista de. *Direito Penal*. Parte Geral. São Paulo: Saraiva. v. 1.

PERDA E SUSPENSÃO DOS DIREITOS POLÍTICOS · CAPÍTULO 11

pela Justiça Federal, Militar ou Eleitoral, quando recolhidos a estabelecimentos sujeitos à administração estadual".

Ressalte-se, por oportuno, que a extinção da punibilidade, decorrente do cumprimento integral da pena, para efeito de elegibilidade, deve ser declarada pelo **juízo da execução penal**, depois de observado, também, o pagamento da multa imposta pelo decreto condenatório.

11.14. A SUSPENSÃO DOS DIREITOS POLÍTICOS É AUTOMÁTICA?

Como visto, não é necessário que a sentença penal, expressamente, disponha sobre a suspensão dos direitos políticos. No caso, é suficiente o juiz eleitoral receber a certidão do juiz criminal e verificar seu trânsito em julgado e se o eleitor pertence à zona eleitoral. O efeito é automático e é consectário legal do disposto no art. 15, III, da Lei Maior. Precedente do TSE: *O art. 15, III, da CF/1988 é autoaplicável, constituindo a suspensão dos direitos políticos efeito automático da condenação. 2. A condenação criminal transitada em julgado é suficiente à imediata suspensão dos direitos políticos, ainda que a pena privativa de liberdade tenha sido posteriormente substituída por uma restritiva de direitos" (Agravo Regimental no Recurso Especial Eleitoral nº 651-72/SP. Rel. Min. João Otávio de Noronha. DJE de 28/05/2014).*

O art. 51 da Resolução do TSE nº 21.538/2003 determina que o juiz eleitoral da zona eleitoral do eleitor deverá anotar a inclusão da causa de suspensão dos direitos políticos e das inelegibilidades no sistema informatizado. Assim, compete ao juiz criminal oficiar ao juiz da zona eleitoral do condenado para a devida anotação na certidão do eleitor.

O art. 18 da Resolução nº 113/2010 do Conselho Nacional de Justiça disciplina que ocorrendo o trânsito em julgado da sentença penal condenatória deverá ser comunicada a Justiça Eleitoral para as devidas anotações.

11.15. É NECESSÁRIA A REABILITAÇÃO PARA O RESTABELECI-MENTO DOS DIREITOS POLÍTICOS?

O verbete sumular **nº 9º** do TSE afirma que não é necessária a reabilitação. Uma vez declarada a extinção da punibilidade ou extinção da pena, o interessado não precisa ser reabilitado.

Ensina *Guilherme de Souza Nucci*, em sua obra *Código Penal Comentado, da Editora Revista dos Tribunais*, que reside o desinteresse na reabilitação, diante da norma assecuratória do art. 202 da LEP.

Nas hipóteses de ações de pedido de registro de candidatos, o órgão jurisdicional competente para exame e concessão dos mesmos poderá exigir, a título de complementação da prova das inelegibilidades decorrentes de

313

condenação criminal transitada em julgado (*art. 1º, I, alínea e, da Lei Complementar nº 64, de 18 de maio de 1990*), que sejam esclarecidos os antecedentes criminais dos pré-candidatos.

11.16. QUAIS SÃO OS EFEITOS DA AÇÃO DE REVISÃO CRIMINAL NA CAUSA DE SUSPENSÃO DOS DIREITOS POLÍTICOS POR CONDENAÇÃO CRIMINAL TRANSITADA EM JULGADO?

A admissibilidade da ação de revisão criminal eleitoral é indiscutível, considerando a aplicação subsidiária do Código de Processo Penal no processo penal eleitoral, nos termos do art. 364 do Código Eleitoral.

Na doutrina e na jurisprudência não existem divergências. O Regimento Interno do TSE prevê a ação de revisão, Resolução nº 4.510/1952, assim como os respectivos Regimentos Internos dos Tribunais Regionais Eleitorais.

O art. 621 do CPP prevê o cabimento da ação revisional nos casos que ali são enumerados e servem de parâmetro simétrico na Justiça Eleitoral.

O ajuizamento da ação de revisão criminal tem por escopo a desconstituição de decisão condenatória transitada em julgado. Suas hipóteses de cabimento estão previstas taxativamente no art. 621 do Código de Processo Penal, quais sejam: *I – quando a sentença condenatória for contrária ao texto expresso da lei penal ou à evidência dos autos; II – quando a sentença condenatória se fundar em depoimentos, exames ou documentos comprovadamente falsos; e III – quando, após a sentença, se descobrirem novas provas de inocência do condenado ou de circunstância que determine ou autorize diminuição especial da pena.*

Os pressupostos para o ajuizamento da revisão criminal são a existência de decisão judicial condenatória (*não se admitindo a revisão pro societate*) e a ocorrência do trânsito em julgado da condenação, estando preclusas todas as vias recursais cabíveis.

Dispõe o art. 625, § 1º, do CPP, que "*o requerimento será instruído com a certidão de haver passado em julgado a sentença condenatória e com as peças necessárias à comprovação dos fatos arguidos*". A petição inicial deverá ser acompanhada de provas pré-constituídas quanto aos fatos alegados pelo autor e a comprovação do trânsito em julgado da condenação.

As consequências jurídicas da procedência da revisão criminal estão previstas no art. 626 do Código de Processo Penal, que estabelece "*julgada procedente a revisão, o tribunal poderá alterar a classificação da infração, absolver o réu, modificar a pena ou anular o processo*".

Na hipótese de absolvição do réu ou anulação do processo, os efeitos condenatórios que antes emanaram da decisão desconstituída, não poderão subsistir. Nesse caso, tanto a suspensão dos direitos políticos que incidiram após o

PERDA E SUSPENSÃO DOS DIREITOS POLÍTICOS   CAPÍTULO 11

trânsito em julgado, quanto a futura inelegibilidade após o cumprimento da pena, não subsistirão, retomando o indivíduo as suas capacidades eleitorais plenas.

Registre-se, no TSE: *"Registro de candidato. Vice-Prefeito. Inelegibilidade. Condenação criminal. Trânsito em julgado. Revisão criminal. Absolvição. Vida pregressa. ADPF nº 144/DF. Desprovimento. 1. A inelegibilidade decorrente de condenação criminal transitada em julgado é afastada pela absolvição do condenado em processo de revisão criminal. 2. O Supremo Tribunal Federal decidiu, na ADPF nº 144/DF, que a pretensão de impedir a candidatura daqueles que ainda respondem a processo – sem trânsito em julgado da decisão – viola o princípio constitucional da presunção de inocência. 3. Não é autoaplicável o disposto no art. 14, § 9º, da Constituição Federal"* (REsp nº 33.685, Rel. Min. Marcelo Ribeiro em 3/11/2008).

A legitimação ativa está prevista no art. 623 do CPP e cabe ao réu por seu procurador com capacidade postulatória.

Todavia, não se pode limitar a legitimação apenas ao réu, especialmente na disciplina eleitoral. Assim, cumpre também ao Ministério Público Eleitoral essa legitimidade concorrente, até porque a atuação do órgão do *Parquet* não objetivará a *reformatio in pejus*, mas a correta aplicação da lei, por exemplo, quando surgirem provas da inocência do condenado (*art. 621, III, do CPP*).

Quanto à competência por crimes eleitorais, a ação de revisão criminal será proposta no Tribunal Regional Eleitoral ou Tribunal Superior Eleitoral. Leciona Eugênio Pacelli, *in verbis*: *"Nos demais casos, condenações de primeiro e segundo grau, a competência será dos Tribunais de Justiça, Tribunais Regionais Federais, segundo o disposto no art. 624, §§ 2º e 3º, do CPP, incluídos os Tribunais Regionais Eleitorais"* (Curso de Processo Penal, 18ª ed. São Paulo: Editora Atlas, p. 1.018).

Se o Tribunal Superior Eleitoral não admitir o recurso especial da decisão do Tribunal Regional Eleitoral, na hipótese de ação penal originária eleitoral, a revisão será proposta no Tribunal Regional Eleitoral. Por outro prisma, se o TSE apreciar o mérito da condenação, a ação revisional deverá ser de sua competência.

A revisão criminal é de significativa importância no Direito Eleitoral, pois pode afastar a causa de suspensão dos direitos políticos (*art. 15, III, da Constituição Federal*) e, por via consequencial, a inelegibilidade criminal do art. 1º, inc. I, alínea "e", da Lei das Inelegibilidades.

A absolvição acarreta o restabelecimento integral dos direitos políticos.

No entanto, a simples propositura de revisão criminal não suspende a inelegibilidade (*TSE. Acórdão nº 19.986, de 1º/10/2002 Agravo Regimental no Recurso Especial Eleitoral nº 19.986 – Classe 22ª/ES (Vitória). Rel. Min. Luiz Carlos Madeira. Decisão: Unânime em negar provimento ao agravo regimental*).

Saliente-se, ainda, que o ajuizamento da ação de revisão criminal não suspende a execução da sentença penal condenatória. Na hipótese, é resguardada

315

a autoridade da coisa julgada, pois somente com a procedência do pedido da revisão é que será desfeita a coisa julgada.

11.17. QUAIS OS EFEITOS DA CONDENAÇÃO CRIMINAL TRANSITADA EM JULGADO COMO CAUSA DE SUSPENSÃO DOS DIREITOS POLÍTICOS E A EFETIVA PERDA DO MANDATO ELETIVO?

Os Deputados federais e Senadores que forem condenados criminalmente com sentença transitada em julgado, no exercício do mandato eletivo, perdem o mandato, mas estão sujeitos a procedimento *interna corporis*, conforme disciplina o § 2º do art. 55 da Carta Magna.

A perda deverá ser decretada pela Casa a que ele pertencer. Nesse sentido, o RE nº 179.502-6/SP.

Outrossim, a mesma regra aplica-se aos Deputados estaduais por disciplinamento nas Constituições Estaduais. E, ainda, as decisões: (*RE nº 13.053/RN, Rel. Min. Ilmar Galvão, julgado em 11/09/1961; RE nº 14.119/SP, Rel. Min. Francisco Rezek, julgado em 02/10/1962; o Recurso Ordinário nº 174/SP, Rel. Min. Eduardo Alckmin, julgado em 02/09/1983; e o RE nº 15.338/ES, Rel. Min. Edson Vidigal, julgado em 19/08/1994*).

Como se depreende, a **antinomia** entre o **art. 15, III** (autoaplicável, *segundo pacífica jurisprudência do TSE*) e o **art. 55, VI**, ambos da Constituição Federal resolve-se pela especialidade, nos termos do voto do Ministro Moreira Alves no RE nº 179.502/SP, *DJU* 08/09/1995.

Na verdade, o art. 55, VI, da Carta Magna é especial e destina-se, exclusivamente, aos Deputados federais, estaduais e Senadores, não se aplicando aos vereadores. Trata-se de uma exceção ao art. 15, III, da Lei Maior e, portanto, de âmbito restritivo. Somente, desta forma, os dispositivos são compatíveis no sistema constitucional brasileiro, resolvendo-se a aparente antinomia pelo critério da especialidade. Destacamos parte do acórdão do TSE sobre a *vexata quaestio*:

> A norma inscrita no art. 55, § 2º, da Carta Federal, enquanto preceito de direito singular, encerra uma importante garantia constitucional destinada a preservar, salvo deliberação em contrário da própria instituição parlamentar, a intangibilidade do mandato titularizado pelo membro do Congresso Nacional, impedindo, desse modo, que uma decisão emanada de outro poder (o Poder Judiciário) implique, como consequência virtual dela emergente, a suspensão dos direitos políticos e a própria perda do mandato parlamentar. Não se pode perder de perspectiva, na análise da norma inscrita no art. 55, § 2º, da Constituição Federal, que esse preceito acha-se vocacionado a dispensar efetiva tutela ao exercício do mandato parlamentar, inviabilizando qualquer ensaio de ingerência de outro poder na esfera de atuação institucional do Legislativo. Trata-se de

prerrogativa que, instituída em favor dos membros do Congresso Nacional, veio a ser consagrada pela própria Lei Fundamental da República. O legislador constituinte, ao dispensar esse especial e diferenciado tratamento ao parlamentar da União, certamente teve em consideração a necessidade de atender ao postulado da separação de poderes e de fazer respeitar a independência político--jurídica dos membros do Congresso Nacional. Essa é, portanto, a *ratio* subjacente ao preceito consubstanciado no art. 55, § 2º, da Carta Política, que subtrai, por efeito de sua própria autoridade normativa, a nota de imediatidade que, tratando-se de cidadãos comuns, deriva, exclusivamente, da condenação penal transitada em julgado. Esse sentido da norma constitucional em questão tem sido acentuado, sem maiores disceptações, pela doutrina, cujo magistério proclama que, nessa particular e específica situação (CF, art. 55, VI), a privação dos direitos políticos somente gerará a perda do mandato legislativo, se a instituição parlamentar, em deliberação revestida de natureza constitutiva, assim o decidir em votação secreta e sempre por maioria absoluta. Ante esses fundamentos, tenho que a solução contrária, defendida com o costumeiro brilho pelo ora relator, Ministro Sepúlveda Pertence, implicaria um esforço hermenêutico que ultrapassa a liberdade conferida ao juiz pelo ordenamento jurídico, notadamente em se tratando de interpretação que, afinal, restringiria a eficácia da norma constitucional. À luz do exposto, acompanho a divergência, **não conhecendo** do recurso. Voto. O Senhor Ministro Barros Monteiro: Sr. Presidente, peço vênia ao eminente relator para acompanhar a divergência inaugurada com o voto da Senhora Ministra Ellen Gracie, na linha do precedente citado do Supremo Tribunal Federal. Voto (vencido). O Senhor Ministro Luiz Carlos Madeira: Sr. Presidente, com a devida vênia, acompanho o eminente relator, porquanto considero, fundamentalmente, o princípio da isonomia e o disposto no art. 55 da Constituição. Vejo esta a única forma de conciliar a interpretação que o eminente relator dá ao art. 15, inciso III, da Constituição Federal. Voto (desempate). O Senhor Ministro Nelson Jobim (Presidente): Acompanho a divergência da Senhora Ministra Ellen Gracie. Publicado em sessão de 19/09/2002.

Posta assim a questão, era absolutamente desnecessária a regra do art. 55, VI, especial e enfraquecedora da executoriedade da decisão judicial. Trata-se de dispositivo que submete o exame da autoria, materialidade, provas, tipicidade, ilicitude e culpabilidade ao critério puramente político, quando a causa de mérito foi analisada pelo Poder Judiciário.

O art. 92 do Código Penal trata de efeitos específicos da condenação que devem ser motivados na sentença penal condenatória, conforme dispõe o parágrafo único.

Destacamos:

> Art. 92. São também efeitos da condenação:
>
> I – a perda de cargo, função pública ou mandato eletivo:
>
> a) quando aplicada pena privativa de liberdade por tempo igual ou superior a um ano, nos crimes praticados com abuso de poder ou violação de dever para com a Administração Pública;
>
> b) quando for aplicada pena privativa de liberdade por tempo superior a 4 (quatro) anos nos demais casos.
>
> Parágrafo único. Os efeitos de que trata este artigo não são automáticos, devendo ser motivadamente declarados na sentença.

Desta forma, a perda do mandato eletivo em razão de decisão penal condenatória transitada em julgado depende dos seguintes requisitos:

I) No caso da alínea *a* do artigo acima, o agente deve ter praticado tipos penais que punem o abuso do poder ou violação de dever em relação à Administração Pública. O juiz criminal deve ter imposto uma pena igual ou superior a um ano. São dois requisitos básicos para incidir o efeito especial.

Se o mandatário político praticou crime em que o juiz fixou pena de multa, ou ainda, a pena privativa de liberdade for convertida em restritiva de direitos, entendemos que não será possível a decretação da perda do mandato eletivo.

II) O mandatário político praticou crime cuja pena seja superior a um ano, mas não aos quatro anos referidos na alínea *b*, não estará sujeito à perda do mandato eletivo.

III) O mandatário político praticou delito cuja pena seja superior a quatro anos, não importa o tipo de crime, aplica-se a alínea *b*, e, assim, se sujeitará à perda do mandato eletivo.

Em todas as hipóteses, sempre que a decisão penal condenatória transitar em julgado, o réu estará com os direitos políticos suspensos, mas nem sempre perderá o mandato eletivo como efeito específico da condenação.

O Supremo Tribunal Federal ao julgar a ação penal nº 470/MG, (*dezembro de 2012*), por maioria, decidiu, nas hipóteses que envolvem condenações criminais transitadas em julgado em razão de delitos contra a Administração Pública e que tenham elementares típicas de feição de improbidade administrativa, sendo ainda aplicável o art. 92 do Código Penal, que a decisão possui um efeito irreversível, que é **a perda do mandato eletivo**.

A nova interpretação consagra que a decisão transitada em julgado, além de ser uma causa de suspensão dos direitos políticos (*art. 15, III, da Carta Magna*), possui **o efeito**, em certos casos, de decretar a perda do mandato eletivo, sem que o Poder Legislativo delibere sobre o assunto em votação secreta e por maioria, conforme prevê o § 2º do art. 55 da Constituição Federal.

Destaca-se parte do informativo do Egrégio STF, com grifos nossos:

> O Plenário concluiu julgamento de ação penal movida, pelo Ministério Público Federal, contra diversos acusados pela suposta prática de esquema a envolver crimes de peculato, lavagem de dinheiro, corrupção ativa, gestão fraudulenta e outras fraudes – v. Informativos 673 a 685 e 687 a 692. Inicialmente, decidiu-se que, uma vez transitado em julgado o processo: a) por unanimidade, ficam suspensos os direitos políticos de todos os réus ora condenados, com base no art. 15, III, da CF ("Art. 15. É vedada a cassação de direitos políticos, cuja perda ou suspensão só se dará nos casos de: (...) III – condenação criminal transitada em julgado, enquanto durarem seus efeitos") e; b) **por maioria, fica decretada a perda de mandato eletivo dos atuais Deputados federais** acusados na presente ação penal, nos termos do art. 55, VI e § 3º, da CF ("Art. 55. Perderá o mandato o Deputado ou Senador: (...) VI – que sofrer condenação criminal em sentença transitada em julgado(...) § 3º Nos casos previstos nos incisos III a V, a perda será declarada pela Mesa da Casa respectiva, de ofício ou mediante provocação de qualquer de seus membros ou de partido político representado no Congresso Nacional, assegurada ampla defesa"). Assinalou-se que as hipóteses de perda ou suspensão de direitos políticos seriam taxativas (CF, art. 15) e que o Poder Legislativo poderia decretar a perda de mandato de Deputado federal ou Senador, com fundamento em perda ou suspensão de direitos políticos, bem assim em condenação criminal transitada em julgado (CF, art. 55, IV e VI). Ressaltou-se que **esta previsão constitucional estaria vinculada aos casos em que a sentença condenatória não tivesse decretado perda de mandato, haja vista não estarem presentes os requisitos legais (CP, art. 92), ou por ter sido proferida anteriormente à expedição do diploma, com o trânsito em julgado ocorrente em momento posterior. Afastou-se, na espécie, a incidência de juízo político**, nos moldes do procedimento previsto no art. 55 da CF, uma vez que a perda de mandato eletivo seria efeito irreversível da sentença condenatória. Consignou-se, ademais, a possibilidade de suspensão do processo, com o advento da EC 35/2001, para evitar que o parlamentar fosse submetido à perseguição política. Entretanto, não ocorrida a suspensão, o feito seguiria trâmite regular. Frisou-se que esses réus teriam cometido crimes contra a Administração Pública quando no exercício do cargo, a revelar **conduta incompatível com o exercício de mandato eletivo**. (AP 470/MG, rel. Min. Joaquim Barbosa, 17.12.2012)" (grifos nossos).

Todavia, o Supremo Tribunal Federal em **decisão posterior** (*08 de agosto de 2013*) firmou, **por maioria**, o entendimento de que a **perda do mandato eletivo é uma decisão do Parlamento**, nos termos do art. 55, inc. VI e § 2º da Lei Maior.

Trata-se do julgamento da ação penal nº 565. "*Em relação ao mandato de Senador da República, por maioria, decidiu-se pela aplicação do art. 55, inciso VI e parágrafo 2º, da Constituição Federal, segundo o qual a deliberação compete à Casa Legislativa. Nesse ponto ficaram vencidos os ministros Marco Aurélio, Gilmar Mendes, Celso de Mello e Joaquim Barbosa, que votavam pela perda imediata do mandato com o trânsito em julgado da condenação*" (STF. Notícias, site).

Assim, o Egrégio Supremo Tribunal Federal decidiu, por maioria, que cumpre à Casa Legislativa decretar a perda do mandato eletivo.

A decisão se refere a julgamento de Senador da República que foi condenado com decisão transitada em julgado e, portanto, ficará com os direitos políticos suspensos.

Cumpre enfatizar que o cidadão que está com os direitos políticos suspensos não poderá se filiar ao partido político conforme disciplina o art. 16 da Lei nº 9.096/1995 (*Lei dos Partidos Políticos*), porque não estará no pleno exercício dos direitos políticos; não poderá ter o registro de sua candidatura deferido pela Justiça Eleitoral em razão da incidência do art. 15, III, da Constituição da República e se for diplomado terá o diploma anulado em razão do art. 262 do Código Eleitoral (*RCED*).

Em destaque, parte da decisão do Egrégio STF sobre o tema (*Informativo nº 714 do STF*):

> (...) Além disso, o Tribunal determinou a perda de cargo, emprego ou função pública do então Presidente e Vice-Presidente da comissão licitatória, se estiverem em exercício. Relativamente ao atual mandato de Senador da República, decidiu-se, por maioria, competir à respectiva Casa Legislativa deliberar sobre sua eventual perda (CF: "Art. 55. Perderá o mandato o Deputado ou Senador: (...) VI – que sofrer condenação criminal em sentença transitada em julgado (...) § 2º – Nos casos dos incisos I, II e VI, a perda do mandato será decidida pela Câmara dos Deputados ou pelo Senado Federal, por voto secreto e maioria absoluta, mediante provocação da respectiva Mesa ou de partido político representado no Congresso Nacional, assegurada ampla defesa"). A relatora e o revisor, no que foram seguidos pela Min. Rosa Weber, reiteraram o que externado sobre o tema na apreciação da AP 470/MG. O revisor observou que, se por ocasião do trânsito em julgado o congressista ainda estivesse no exercício do cargo parlamentar, dever-se-ia oficiar à Mesa Diretiva do Senado Federal para fins de deliberação a esse respeito. O Min. Roberto Barroso pontuou haver obstáculo intransponível na literalidade do § 2º do art. 55 da CF. O Min. Teori Zavascki realçou que a condenação criminal transitada em julgado conteria como efeito secundário, natural e necessário, a suspensão dos direitos políticos, que independeria de declaração. De outro passo, ela não geraria,

necessária e naturalmente, a perda de cargo público. Avaliou que, no caso específico dos parlamentares, essa consequência não se estabeleceria. No entanto, isso não dispensaria o congressista de cumprir a pena. O Min. Ricardo Lewandowski concluiu que o aludido dispositivo estaria intimamente conectado com a separação dos Poderes. Vencidos os Ministros Gilmar Mendes, Marco Aurélio, Celso de Mello e o Presidente, que reafirmavam os votos proferidos na ação penal já indicada. Reputavam ser efeito do trânsito em julgado da condenação a perda do mandato. Dessa maneira, caberia à mesa da Casa respectiva apenas declará-la. O Colegiado ordenou que, após a decisão se tornar definitiva e irrecorrível, os nomes dos réus fossem lançados no rol dos culpados e expedidos os competentes mandados de prisão. Por fim, em votação majoritária, registrou-se que a data desta sessão plenária constituiria causa interruptiva da prescrição (CP, art. 117, IV), vencido, neste aspecto, o Min. Marco Aurélio, que considerava necessária a publicação. AP 565/RO, Rel.ª Min.ª Cármen Lúcia, 7 e 8/8/2013.

Com a alteração da interpretação acima aviventada a Câmara dos Deputados ou o Senado Federal é que possuem a decisão final referente à perda do mandato eletivo.

Na hipótese, portanto, do candidato que se encontra com os direitos políticos suspensos (*art. 15, III, da Carta Fundamental*), ele não terá o registro da candidatura deferido pela Justiça Eleitoral, e se a causa de suspensão for superveniente ao deferimento do registro, com base no art. 262 do Código Eleitoral (RCED), terá o diploma nulificado, observando-se apenas o prazo de 3 (três) dias contados da diplomação para interposição do aludido recurso.

A propósito, o Egrégio STF possui precedente de que somente com a expedição do diploma é que se pode aduzir sobre a competência originária. Registre-se:

> "(...) A competência penal originária do Supremo Tribunal Federal, como se sabe, tratando-se de membro do Congresso Nacional, somente se instaura a partir da expedição do diploma, conforme prescreve, de modo expresso, o art. 53, § 1º, da Constituição da República. Enquanto não sobrevier a diplomação, o candidato, embora eleito para qualquer das Casas do Congresso Nacional, não dispõe de prerrogativa de foro "ratione muneris", prevista no texto constitucional (CF, art. 102, I, "b" e "c"), da mesma forma como não sofre as incompatibilidades a que se refere o inciso I do art. 55 da Lei Fundamental. Desse modo, a outorga de prerrogativa de foro perante o Supremo Tribunal Federal, nas infrações penais comuns, não se concretiza com a mera eleição para qualquer das Casas que compõem o Poder Legislativo da União (...)" (STF. Inquérito nº 3.927. Santa Catarina. Rel. Min. Celso Mello. 5/12/2014).

A diplomação é uma marco essencial para a aquisição das imunidades formais e materiais.

Sem a apresentação do diploma, o parlamentar não tomará posse e, portanto, não ingressará no exercício do mandato eletivo.

11.18. E A PERDA DO MANDATO PARA OS MEMBROS DO PODER EXECUTIVO?

Se o Presidente da República for condenado por sentença penal transitada em julgado, o art. 15, III, é autoaplicável. Nesse sentido, é o pensamento doutrinário de Alexandre de Moraes. Em uníssono posicionamento, o Egrégio Supremo Tribunal Federal, *Recurso Extraordinário nº 0179.502/SP. Ministro Moreira Alves, DJ 8 de setembro 1995, p. 28.389*. O Presidente da República ficará com os direitos políticos suspensos e perderá o mandato imediatamente. Não é necessária nenhuma deliberação legislativa. Trata-se de efeito da condenação. O mesmo ocorre com os Governadores de Estado e do Distrito Federal.

Quanto aos Prefeitos, o Decreto-Lei nº 201/1967 prevê o seu afastamento. Trata-se de medida cautelar com dúplice fundamento: preservar as provas judiciais e garantir a moralidade pública.

Os Prefeitos devem perder o mandato por decisão do Presidente da Câmara Municipal (*aplica-se a regra do art. 92, I, do Código Penal*). A perda, portanto, não é automática, pois é necessária a declaração de extinção do mandato pela Mesa da Câmara. Não é hipótese de cassação (art. 6º, I, do Decreto-Lei nº 201/1967).

11.19. AS INELEGIBILIDADES DECORRENTES DE INFRAÇÕES PENAIS. COMENTÁRIOS À ALÍNEA "E" DO INC. I DO ART. 1º DA LEI COMPLEMENTAR Nº 64/1990. PRAZO E HIPÓTESES LEGAIS

No dia posterior ao decreto de extinção da pena, o cidadão passa a ser inelegível. Agora poderá votar, mas durante 8 (*oito*) anos não poderá ser votado.

Trata-se da fixação de uma causa de inelegibilidade, após a condenação proferida por órgão judicial colegiado ou de uma decisão transitada em julgado.

Como se depreende no Egrégio TSE: "*Tendo sido o agravante condenado, por decisão colegiada, pela prática do crime de corrupção passiva, ele está inelegível desde a condenação até o transcurso de oito anos após o cumprimento da pena, nos termos do art. 1º, I, e, 1, da LC nº 64/1990. (Agravo regimental a que se nega provimento. DJE de 18/3/2013. Agravo Regimental no Recurso Especial Eleitoral nº 148-23/SP. Rel. Min. Henrique Neves da Silva*).

Verifica-se que o legislador tratou de dois marcos iniciais relativos ao prazo de contagem da inelegibilidade de 8 (*oito*) anos decorrentes destas infrações penais.

PERDA E SUSPENSÃO DOS DIREITOS POLÍTICOS   CAPÍTULO 11

Vejamos um exemplo: se Odorico foi condenado por decisão do juiz criminal da comarca de Petrópolis a pena de 3 (*três*) anos de reclusão por crime de estelionato (*art. 171 do Código Penal*), ocorrendo o trânsito em julgado da sentença penal condenatória, estará com os direitos políticos suspensos durante todo o prazo de cumprimento da pena. No entanto, após o juiz decretar a extinção da pena pelo devido cumprimento, ficará inelegível por 8 (*oito*) anos para qualquer tipo de mandato eletivo popular.

Nesta hipótese, se Odorico recorresse ao Tribunal de Justiça objetivando diminuir a pena de 3 (*três*) anos aplicada pelo juiz da comarca, e fosse confirmada a sentença condenatória, ele estaria devidamente condenado por um **órgão judicial colegiado** e, antes mesmo do trânsito em julgado, já estaria inelegível.

E, ainda, se ele insistisse em sua defesa e recorresse ao Superior Tribunal de Justiça, estaria inelegível entre o período da data da condenação pelo órgão colegiado e o julgamento definitivo (*decisão transitada em julgado*).

Como se nota, a inelegibilidade se inicia com a decisão do Tribunal de Justiça (*órgão colegiado*) e é suspensa até a data em que for certificado nos autos do processo o trânsito em julgado da decisão penal condenatória, pois a partir deste momento o réu estará enquadrado na suspensão dos direitos políticos, o que significa dizer que o título de sua restrição política não é, neste momento de cumprimento da pena, uma inelegibilidade, mas, sim, uma causa constitucional prevista no art. 15, III, da Carta Magna.

Após cumprida a pena, inicia-se o prazo de inelegibilidade.

Nesse sentido é o verbete sumular **nº 61** do Egrégio TSE, *in expressi verbis*: "*O prazo concernente à hipótese de inelegibilidade prevista no art. 1º, I, e, da LC nº 64/1990 projeta-se por oito anos após o cumprimento da pena, seja ela privativa de liberdade, restritiva de direito ou multa*".

Se o eleitor for condenado por órgão colegiado e convertida a pena em restritiva de direitos continua incidindo a causa de inelegibilidade, pois a forma da execução da pena não causa alterações no regime jurídico das inelegibilidades. Precedente do TSE (*Agravo Regimental no Recurso Especial Eleitoral nº 364-40/BA. Rel. Min. Henrique Neves da Silva*).

11.20. NÃO CARACTERIZAÇÃO DA INELEGIBILIDADE PELA PRÁTICA DE ESPECÍFICAS INFRAÇÕES PENAIS

Registre-se que o art. 1º, I, *e*, enumera alguns bens jurídicos tutelados, tais como: fé pública, Administração Pública e patrimônio público.

É importante salientar que a Lei Complementar nº 135/2010 acrescentou o § 4º ao art. 1º da Lei Complementar nº 64/1990, nos seguintes termos:

323

> § 4º A inelegibilidade prevista na alínea *e* do inciso I deste artigo não se aplica aos crimes culposos e àqueles definidos em lei como de menor potencial ofensivo, nem aos crimes de ação penal privada (incluído pela Lei Complementar nº 135, de 2010).

Observa-se que estão excluídos do rol dos crimes que acarretam as inelegibilidades posteriores ao prazo da condenação ou do cumprimento da pena, os delitos culposos, de menor potencial ofensivo, e os de ação penal privada.

Feitas essas considerações, é necessário que o intérprete, na consulta do rol dos delitos referidos na alínea "e", inc. I, do art. 1º da Lei Complementar nº 64/1990, faça a devida exclusão destas 3 (*três*) hipóteses.

Os **delitos culposos** são aqueles praticados por imprudência, negligência ou imperícia. Não se pode olvidar que a punição por dolo é sempre uma regra geral, no entanto, a punição por culpa é de caráter excepcional. Significa dizer que na consulta de cada tipo penal é necessário verificar se o legislador contemplou a modalidade culposa. Trata-se do que a doutrina denomina **excepcionalidade do crime culposo.** Nesse sentido, é o que determina o parágrafo único do art. 18 do Código Penal.

Os crimes previstos na legislação penal especial também se sujeitam ao **princípio da excepcionalidade do crime culposo**, conforme previsão do art. 12 do Código Penal.

Estão excluídos do rol dos crimes que acarretam a inelegibilidade aqueles que a lei considera de **menor potencial ofensivo**, conforme art. 61 da Lei nº 9.099/1995.

Desta forma, a pesquisa sobre a incidência ou não da causa de inelegibilidade deve ser feita casuisticamente, pois o delito cuja pena máxima não seja superior a 2 (*dois*) anos, não acarreta a inelegibilidade.

Por exemplo, os delitos eleitorais do art. 39, § 5º, I, II e III, da Lei nº 9.504/1997, como: o uso de alto-falantes, a carreata, a propaganda de boca de urna e outros, por serem de menor potencial ofensivo e, ainda, se sujeitarem à transação penal e ao *sursis* processual, como institutos despenalizadores da Lei nº 9.099/1995.

Não se pode olvidar que para o enquadramento do crime como sendo de menor potencial ofensivo (*cuja pena máxima não ultrapasse dois anos*) se considera a pena máxima abstratamente cominada ao delito no preceito secundário da norma incriminadora, e não a pena concretamente aplicada, pois a legislação deve ser interpretada de forma harmônica (*TSE. Agravo Regimental no Recurso Especial Eleitoral nº 494-08, Cajati. São Paulo. Rel. Min. Henrique Neves da Silva, em 20/11/2012*).

PERDA E SUSPENSÃO DOS DIREITOS POLÍTICOS
CAPÍTULO 11

No rol dos delitos da alínea "e" são excluídos aqueles cuja iniciativa da **ação penal seja privada**, mediante queixa do ofendido ou das pessoas que tenham qualidade para representá-lo.

O art. 100 do Código Penal diz que: *"A ação penal é pública, salvo quando a lei expressamente a declara privativa do ofendido"*.

Assim sendo, caberá ao intérprete verificar se a lei expressamente diz se o crime é processado por ação de iniciativa privada (*queixa-crime*). Esta regra não se aplica aos delitos eleitorais, pois todos são de ação penal pública incondicionada, segundo trata o art. 355 do Código Eleitoral.

O crime de dano previsto no art. 163, *caput*, do Código Penal poderá ser praticado por motivo egoístico ou acarretando considerável prejuízo para a vítima, quando a pena é aumentada de 6 (*seis*) meses a 3 (*três*) anos. Nesta hipótese, o art. 167 do Código Penal determina que a ação seja de iniciativa privada, mediante queixa. Assim, embora este delito se encontre no rol dos crimes contra o patrimônio privado, ele não ensejará a inelegibilidade na forma da lei.

O § 3º do art. 100 do Código Penal assim preceitua: *"A ação de iniciativa privada pode intentar-se nos crimes de ação pública, se o Ministério Público não oferece denúncia no prazo legal"*.

Trata-se da ação penal privada subsidiária da pública, conforme previsão matriz no art. 5º, LIX, da Constituição da República. No entanto, esta ação só é cabível se o Ministério Público não requer o arquivamento ou promove diligências, deixando de oferecer a denúncia dentro do prazo legal, nos moldes do previsto no art. 46 do Código de Processo Penal, cujo prazo em regra geral é de 5 (*cinco*) dias quando o réu está preso; e de 15 (*quinze*) dias, quando solto ou afiançado. Não se pode esquecer que diversas leis penais especiais possuem prazos diversos dessa regra geral, por exemplo, o Código Eleitoral estipula o prazo de 10 (*dez*) dias para o oferecimento da denúncia, independentemente de o réu se encontrar preso ou solto (*art. 357, Código Eleitoral*).

Cumpre salientar que, se a ação penal for **privada subsidiária da pública**, não haverá nenhuma alteração quanto à incidência das inelegibilidades tratadas na alínea "e" do inc. I do art. 1º da Lei Complementar nº 64/1990, porque o crime continua sempre sendo de iniciativa pública e de atribuição do Ministério Público, tanto que poderá assumir a sua titularidade consoante o art. 29 do Código de Processo Penal.

11.21. RECONHECIMENTO DA PRESCRIÇÃO DA PRETENSÃO PUNITIVA E EXECUTÓRIA

Não é de competência da Justiça Eleitoral o reconhecimento da causa de prescrição penal, exceto se o crime é eleitoral ou conexo e está sendo processado e julgado pela justiça especializada, pois o art. 61 do Código de Processo Penal que permite em qualquer fase processual a decretação da extinção da punibilidade pelo magistrado preserva a competência jurisdicional específica.

O Colendo TSE editou a súmula **nº 58** nos seguintes termos: *"Não compete à Justiça Eleitoral, em processo de registro de candidatura, verificar a prescrição da pretensão punitiva ou executória do candidato e declarar a extinção da pena imposta pela Justiça Comum".*

Sendo reconhecida na hipótese concreta uma causa de prescrição, não incide a inelegibilidade criminal prevista na norma jurídica.

Pode-se dizer que decretada a extinção da punibilidade desaparece o efeito da inelegibilidade que é uma espécie de efeito acessório e político eleitoral da pena principal em função da tutela da moralidade prevista no § 9º do art. 14 da Lei Maior. Na jurisprudência do TSE, *Agravo Regimental no Recurso Especial Eleitoral nº 63-17/RN, Rel. Min. Arnaldo Versiani, em 6/11/2012.*

Na hipótese de prescrição da pretensão executória, subsistirá a causa de inelegibilidade prevista no art. 1º, inc. I, alínea "e" da LC nº 64/1990.

No TSE, confira-se o verbete sumular **nº 59**: *"O reconhecimento da prescrição da pretensão executória pela Justiça Comum não afasta a inelegibilidade prevista no art. 1º, I, e, da LC nº 64/1990, porquanto não extingue os efeitos secundários da condenação".*

Por outra, a **prescrição executória** pode não ser prontamente reconhecida no processo criminal. Nesse caso, a data para cálculo do prazo de inelegibilidade por 8 (*oito*) anos deve retroagir ao momento em que se verificou no âmbito fático a incidência da prescrição. Sobre esse tema, o Egrégio TSE editou o verbete sumular **nº 60**, *in verbis*: *"O prazo da causa de inelegibilidade prevista no art. 1º, I, e, da LC nº 64/90 deve ser contado a partir da data em que ocorrida a prescrição da pretensão executória e não do momento da sua declaração judicial".*

11.22. INFRAÇÕES PENAIS CONTEMPLADAS NO ROL DO ART. 1º, I, "E" DA LC Nº 64/1990

Os bens jurídicos tutelados pelo legislador na Lei das Inelegibilidades podem ser de **dupla subjetividade passiva**.

O legislador não adotou critério limitativo, pois, se fosse essa a *ratio legis*, teria seguido estritamente um rol de crimes específicos, e.g., a Lei de Crimes Hediondos (*Lei nº 8.072/1990*).

A enumeração abaixo transcrita é apenas **exemplificativa**.

11.23. CRIMES CONTRA A ECONOMIA POPULAR

Lei nº 1.521, de 26 de dezembro de 1951, "Crimes contra a economia popular" (arts. 2º a 4º); Lei nº 4.591, de 16 de dezembro de 1964, que "Dispõe sobre o condomínio em edificações e as incorporações imobiliárias" (art. 65); Lei nº 4.595, de 31 de dezembro de 1964, que "Dispõe sobre a política e as instituições monetárias, bancárias e creditícias. Cria o Conselho Monetário Nacional e dá outras providências" (art. 34); Lei nº 4.728, de 14 de julho de 1965, que "Disciplina o mercado de capitais e estabelece medidas para seu desenvolvimento"(arts. 72 a 74); Lei nº 4.729, de 14 de julho de 1965, que "Define o crime de sonegação fiscal e dá outras providências" (art. 1º); Lei nº 7.134, de 26 de outubro de 1983, que "Dispõe sobre a obrigatoriedade de aplicação dos créditos e financiamentos de organismos governamentais e daqueles provenientes de incentivos fiscais, exclusivamente nos projetos para os quais foram concedidos" (arts. 1º e 2º); Lei nº 7.492, de 16 de junho de 1986, que "Define os crimes contra o sistema financeiro nacional e dá outras providências" (arts. 2º a 23); Lei nº 7.505, de 2 de julho de 1986, que "Dispõe sobre benefícios fiscais na área do imposto de renda concedidos a operações de caráter cultural e artístico" (arts. 11 e 14); Lei nº 7.752, de 14 de abril de 1989, que "Dispõe sobre benefícios fiscais na área do imposto de renda e outros tributos, concedidos ao desporto amador" (art. 14); Lei nº 8.078, de 11 de setembro de 1990, que "Dispõe sobre a proteção ao consumidor"; Lei nº 8.137, de 27 de dezembro de 1990, que "Define os crimes contra a ordem tributária, econômica e contra as relações de consumo, e dá outras providências"; Lei nº 8.176, de 8 de fevereiro de 1991, que "Define os crimes contra a ordem econômica e cria o Sistema de Estoque de Combustíveis" (arts. 1º e 2º); Lei nº 8.212, de 24 de julho de 1991, que "Dispõe sobre a organização da Seguridade Social, institui o Plano de Custeio e dá outras providências"; Lei nº 12.529/2011; Lei nº 9.249, de 26 de dezembro de 1995, que "Altera a legislação do Imposto de Renda das pessoas jurídicas, bem como da Contribuição Social sobre Lucro Líquido, e dá outras providências" (art. 34); Lei nº 9.613, de 3 de março de 1998, que "Dispõe sobre os crimes de 'lavagem' ou ocultação de bens, direitos e valores; a prevenção da utilização do sistema financeiro para os ilícitos previstos nesta Lei; cria o Conselho de Controle de Atividades Financeiras – COAF e dá outras providências"; e Lei nº 10.303, de 31 de outubro de 2001, que "Altera e acrescenta dispositivos na Lei nº 6.404, de 15 de dezembro de 1976, que dispõe sobre as Sociedades por Ações, e na Lei nº 6.385, de 7 de dezembro de 1976, que dispõe sobre o mercado de valores mobiliários e cria a Comissão de Valores Mobiliários".

A enumeração não é exaustiva e procura identificar os crimes tipificados nas leis penais especiais, por identidade de bem jurídico tutelado com os crimes de economia popular. As leis acima aludidas podem ter crimes com dupla objetividade jurídica, sendo que pelos menos uma é contra a economia popular.

11.24. CRIMES CONTRA A FÉ PÚBLICA

Compreende os delitos tipificados nos arts. 289 a 311 do Código Penal. Registramos, ainda, os seguintes: a) arts. 36 a 39 da Lei nº 6.538/1978 (Dispõe sobre os serviços postais); art. 25 da Lei nº 7.170/1983 (Lei de Segurança Nacional); arts. 7º, 9º, 10, 14, 15, 16, 21 da Lei nº 7.492/1986 (Crimes contra o Sistema Financeiro Nacional); art. 1º, VII-B, da Lei nº 8.072/1990; arts. 63, 66 e 71 da Lei nº 8.078/1990 (Código de Defesa do Consumidor); arts. 1º a 3º da Lei nº 8.137/1990 (Crimes contra a Ordem Tributária); art. 64 da Lei nº 8.383/1991 (Institui a Unidade Fiscal de Referência, altera a legislação do imposto de renda e dá outras providências); art. 17 da Lei nº 8.929/1994 (Institui a Cédula de Produto Rural e dá outras providências); arts. 192 e 195, I, II e VIII, da Lei nº 9.279/1996 (Regula direitos e obrigações relativos à propriedade industrial); art. 312 da Lei nº 9.503/1997 (Código de Trânsito Brasileiro); art. 66 da Lei nº 9.605/1998 (Lei Ambiental); art. 79 da Lei nº 9.615/1998 (Normas gerais de Desporto); art. 49 do Decreto-Lei nº 5.452/1943 (CLT); art. 256 do Decreto nº 3.000/1999 (Regulamenta a tributação, fiscalização, arrecadação e administração do Imposto de Renda e Proventos de Qualquer Natureza); art. 27-C da Lei nº 10.303/2001 (Comissão de Valores Mobiliários) e arts. 311 a 318 do Código Penal Militar.

11.25. CRIMES CONTRA A ADMINISTRAÇÃO PÚBLICA

São os arts. 312 a 337-D do Código Penal. No Código Penal Militar, compreende os crimes dos arts. 289 a 339; e, ainda, o art. 9º da Lei nº 1.079/1950 (Crimes de responsabilidade); os delitos tipificados no art. 1º do Decreto-Lei nº 201/1967 (Dispõe sobre os crimes de Prefeitos); Lei nº 8.137/1990 (Crimes contra a ordem tributária, econômica e relações de consumo); arts. 89 a 98 da Lei nº 8.666/1993 (Institui normas de licitações e contratos na Administração Pública); e arts. 66 a 69 da Lei nº 9.605/1998 (Lei Ambiental).

Destaca-se:

> (TSE). Recurso Ordinário nº 555/SP. Rel. Min. Sálvio de Figueiredo. Decisão. Direito Eleitoral. Registro de candidatura. Recurso ordinário. Condenação criminal. Desacato. Registro de candidato. Cargo: Deputado federal. Eleições 2002. Condenação por crime de desacato (art. 331 do CP). Delito incluído no rol daqueles praticados contra a Administração Pública. Inelegibilidade configurada (art. 1º, inciso I, alínea *e*, da Lei Complementar nº 64/90). Registro indeferido.

11.26. CRIMES CONTRA O PATRIMÔNIO PÚBLICO

Por patrimônio público, deve-se entender apenas os seguintes delitos: arts. 163, parágrafo único, III; 165, 166, 168-A, 177 a 179, todos do Código Penal;

arts. 240, § 5º, 251, § 3º, 257, § 1º, 259, parágrafo único, 262 a 266, 268, § 1º, II, 383 a 385, todos do Código Penal Militar; arts. 38, 40, 49, 62, 63, 64 e 65 da Lei nº 9.605/1998 (Lei Ambiental).

11.27. CRIMES CONTRA O SISTEMA FINANCEIRO

São os delitos tipificados nas Leis nº 4.595/1964; nº 4.728/1965; nº 7.492/1986; nº 9.613/1998 e na Lei Complementar nº 105/2001.

11.28. CRIMES CONTRA O MERCADO DE CAPITAIS

Lei nº 6.385/1976.

11.29. CRIMES FALIMENTARES

Previstos na Lei nº 11.101/2005.

11.30. CRIMES DE TRÁFICO DE ENTORPECENTES

Compreende a Lei nº 11.343/2006, além dos crimes dos arts. 290 e 291 do Código Penal Militar.

11.31. CRIMES ELEITORAIS

No Código Eleitoral, arts. 289 a 354; art. 25 da Lei Complementar nº 64/1990; art. 11 da Lei nº 6.091/1974; art. 15 da Lei nº 6.996/1982; arts. 33, §§ 3º e 4º, 34, § 2º, 39, § 5º, 40, 68, § 2º, 72, 91, parágrafo único, e 94, § 2º, da Lei nº 9.504/1997 (Lei das Eleições).

Em relação aos crimes eleitorais, é importante frisar que somente aqueles *"para os quais a lei comine pena privativa de liberdade"* acarretam a inelegibilidade por 8 (oito) anos após o cumprimento da pena, segundo previsto no nº 4 da alínea "e" do inc. I do art. 1º da Lei Complementar nº 64/1990, de acordo com a nova redação da Lei Complementar nº 135/2010.

Desta forma, não acarretam inelegibilidade os seguintes delitos eleitorais: arts. 292, 303, 304, 306, 313, 320, 338 e 345 do Código Eleitoral; além do art. 11, incs. II e V, da Lei nº 6.091/1974.

11.32. CRIMES CONTRA O PATRIMÔNIO PRIVADO

No Código Penal, são incluídos os delitos dos arts. 155 a 180. No Código Penal Militar incluem-se os arts. 240 a 267 e 404 a 406.

No Decreto-Lei nº 3.688, de 3 de outubro de 1941 (Lei das Contravenções Penais), incluem-se as infrações dos arts. 24 a 26. No entanto, a Lei Complementar nº 64/1990, atualizada pela Lei Complementar nº 135/2010, não compreende os delitos de menor potencial ofensivo, os culposos e os de ação penal privada, conforme redação do § 4º do art. 1º da Lei das Inelegibilidades. Neste caso, a violação às regras penais da Lei de Contravenções Penais não deve ser anotada para fins de inelegibilidade.

11.33. CRIMES CONTRA O MEIO AMBIENTE

Lei nº 9.605/1998 e Lei nº 6.938/1981.

11.34. CRIMES CONTRA A SAÚDE PÚBLICA

Código Penal, arts. 267 a 285; Lei nº 8.072/1990; Lei nº 9.677/1998; Lei nº 8.137/1990; Lei nº 9.279/1996; Lei nº 10.357/2001; Código Penal Militar, arts. 290 a 297.

11.35. CRIMES DE ABUSO DE AUTORIDADE

Lei nº 4.898/1965 e Código Penal, art. 350.

11.36. CRIMES DE LAVAGEM OU OCULTAÇÃO DE BENS, DIREITOS E VALORES

Lei nº 9.613/1998.

11.37. CRIME DE RACISMO

Lei nº 7.716/1989.

11.38. CRIME DE TORTURA

Lei nº 9.455/1997.

11.39. CRIME DE TERRORISMO

Lei nº 7.170/1983, art. 20; Lei nº 8.072/1990.

11.40. CRIMES HEDIONDOS

Lei nº 8.072/1990.

11.41. CRIME DE REDUÇÃO À CONDIÇÃO ANÁLOGA À DE ESCRAVO

Código Penal, art. 149.

11.42. CRIMES CONTRA A VIDA

Código Penal, arts. 121 a 128; Código Penal Militar, arts. 205 a 208, 401 e 402.

11.43. CRIMES CONTRA A DIGNIDADE SEXUAL

Código Penal, arts. 213 a 234-C; Código Penal Militar, arts. 232 a 239.

11.44. CRIMES PRATICADOS POR ORGANIZAÇÃO CRIMINOSA, QUADRILHA OU BANDO

Código Penal, art. 288, e Lei nº 12.850/2013.

11.45. A PRÁTICA DO ATO INFRACIONAL ACARRETA A SUSPENSÃO DOS DIREITOS POLÍTICOS?

O art. 103 do Estatuto da Criança e do Adolescente disciplina que: *"Considera-se ato infracional a conduta descrita como crime ou contravenção penal"*.

Sobre o assunto, trazemos à baila as valiosas lições do Desembargador Napoleão do Amarante, *in expressi verbis*:

> A infração penal, como gênero, no sistema jurídico nacional, das espécies crime ou delito e contravenção, só pode ser atribuída, para efeito da respectiva pena, às pessoas imputáveis, que são, em regra, no Brasil, os maiores de 18 (dezoito) anos Significa dizer que o fato atribuído à criança ou ao adolescente, embora enquadrável como crime ou contravenção, só pela circunstância de sua idade, não constitui crime ou contravenção, mas, na linguagem do legislador, simples ato infracional. O desajuste existe, mas na acepção técnico--jurídica, a conduta do seu agente não configura outra daquelas modalidades de infração, por se tratar simplesmente de uma realidade diversa. Não se cuida de uma ficção, mas de uma entidade jurídica a encerrar a ideia de que também o tratamento a ser deferido ao seu agente é próprio e específico (*Estatuto da Criança e do Adolescente Comentado*, 3ª ed. São Paulo: Malheiros, p. 325).

O art. 15, III, da Constituição da República Federativa do Brasil faz apenas menção à "condenação criminal", o que por interpretação simétrica engloba "o crime e a contravenção", ou seja, como já visto, a norma constitucional optou pelo gênero. Todavia, o legislador constituinte não contemplou o ato infracional, permitindo ao candidato com 17 (*dezessete*) anos de idade e responsável por violação ao fato análogo ao crime sua plena aceitação ao mandato eletivo.

O § 2º do art. 11 da Lei nº 9.504/1997 permite o registro de candidatura ao cidadão que complete 18 (*dezoito*) anos na data da formalização do requerimento desse registro, ou seja, se completar a idade mínima até 15 de agosto do ano de eleição.

Faz-se absolutamente necessária uma urgente alteração legislativa para a criação de hipótese de inelegibilidade, quando menores praticam atos infracionais de gravidade social, até porque caminha a criminalidade para o recrutamento de crianças e adolescentes.

11.46. ESCUSA OU IMPERATIVO DE CONSCIÊNCIA. SUSPENSÃO DOS DIREITOS POLÍTICOS

A base legal desse tema está nos arts. 5º, VIII, 15, IV e 143, § 1º, da Carta Magna.

A Lei nº 8.239, de 4 de outubro de 1991, trata da prestação alternativa. A regulamentação legal está na Portaria nº 2.681, de 28 de julho de 1992 (*COSEMI*).

O art. 15, IV, estabelece a *"recusa de cumprir obrigação a todos imposta ou prestação alternativa, nos termos do art. 5º, VIII"*.

O cidadão que recusa a obrigação de servir às Forças Armadas em tempo de paz ou guerra deixa de participar imediatamente do exercício ou estabelecimento do poder, como dizia o eminente *Teixeira de Freitas*.

A **escusa de consciência** é uma decorrência do direito fundamental de proteção da crença religiosa ou de convicção filosófica ou política, visando a eximir-se de atividades de caráter essencialmente militar.

Não se pode restringir direitos políticos sob a alegação da obrigatoriedade do cumprimento da prestação do serviço obrigatório militar, salvo se for atribuído o serviço alternativo na forma legal.

O renomado *Alexandre de Moraes* leciona que a hipótese do art. 15, IV, da Lei Maior é de perda dos direitos políticos e fundamenta, *in verbis*: *"Apesar de a lei referir-se à suspensão, trata-se de perda, pois não configura uma sanção com prazo determinado para terminar. O que a lei possibilita é a reaquisição dos direitos políticos, a qualquer tempo, mediante o cumprimento das obrigações devidas [...]"*.[9]

Na doutrina, é majoritária a posição dos que sustentam ser hipótese de **perda dos direitos políticos a escusa de consciência**. Nesse sentido, *José Afonso da Silva, Celso Ribeiro Bastos* e *Manoel Gonçalves Ferreira Filho*. Registramos a posição de *Antônio Carlos Mendes* como caso de suspensão dos direitos políticos, bem como a de *Joel José Cândido*.

---

9 MORAES, Alexandre de. *Direito Constitucional*. São Paulo: Atlas, p. 257.

Deveras, a partir da vigência da lei regulamentadora torna-se possível a reversibilidade e a reinserção do eleitor, desde que cumpra a prestação alternativa ou o serviço militar obrigatório. A falta de definitividade na sanção política torna o instituto mais identificado com uma hipótese de **suspensão dos direitos políticos**. Nesse sentido, ver art. 4º, § 2º, da Lei nº 8.239/1991.

O cidadão que incidir nesta sanção política terá seu título excluído do rol de eleitores (*art. 71, II, do Código Eleitoral*). Todavia, a penalidade só incidirá na hipótese de descumprimento da prestação alternativa ou sua recusa injustificada.

A autoridade militar deve certificar o descumprimento da prestação alternativa e, consequentemente, os deveres jurídicos cívicos de votar e ser votado serão obstados. Como se vê, a autoridade administrativa é incumbida de certificar o cumprimento ou não dos deveres, inclusive. Após a certificação positiva, o "cidadão" será reinscrito como eleitor no cadastro do Tribunal Superior Eleitoral.

Como visto, compete à autoridade militar "decretar" a suspensão dos direitos políticos, em razão da recusa do cumprimento do serviço militar obrigatório ou da prestação alternativa (*§ 4º do art. 43 da Portaria nº 2.681/92-Cosemi*). Após, o título eleitoral é encaminhado ao Tribunal Regional Eleitoral respectivo para as devidas anotações.[10]

O interessado poderá, a qualquer momento, manifestar por escrito que deseja cumprir o serviço militar ou o serviço alternativo (*o pedido é dirigido ao órgão alistador militar mais próximo da residência*), após o qual receberá um novo certificado militar e passará a concorrer à primeira seleção geral. De posse do certificado ou atestado, a opção é encaminhada ao Ministério Militar, que a notificará ao Ministério da Justiça, para a devida anulação da situação de eximido e a natural reaquisição dos direitos políticos.

O Tribunal Superior Eleitoral receberá a comunicação do Ministério da Justiça e o certificado de cumprimento da prestação alternativa ou do serviço militar obrigatório (*caso do conscrito*), fazendo as anotações no cadastro eleitoral e restabelecendo o título eleitoral, possibilitando ao eleitor o retorno de sua capacidade eleitoral ativa e passiva.

Do exposto, verifica-se a complexidade do restabelecimento dos direitos políticos nesta hipótese. A autoridade militar decreta a suspensão dos direitos políticos, em decisão puramente administrativa, sem nenhuma possibilidade de contraditório. Em seguida, o caso é comunicado ao Ministério da Justiça e ao Tribunal Superior Eleitoral. Se o interessado desejar a reaquisição dos direitos políticos, deverá percorrer longo caminho burocrático e administrativo: autoridade militar, Ministério da Justiça e Justiça Eleitoral.

---

10 Como, por exemplo, as pessoas que seguem a crença conhecida por "Testemunha de Jeová" estão proibidas de servir a qualquer Corporação Militar, mas podem, assim que o desejarem, cumprir a prestação alternativa ou servir às Forças Armadas.

Sobre o serviço alternativo cumpre enfatizar **dois pontos importantes**:

Primeiro, a duração da prestação é de 18 (*dezoito*) meses. E, *"começa a partir da opção do alistado por este Serviço e subsistirá até 31 de dezembro do ano em que completar 45 (quarenta e cinco) anos"* (art. 5º da Portaria nº 2.681 – Cosemi, de 28 de julho de 1992 que é o regulamento da Lei de Prestação de Serviço Alternativo).

A conclusão é a de que após o prazo final acima especificado não é mais possível a prestação do serviço alternativo, o que leva o cidadão a uma situação **irreversível nos direitos políticos**, **transformando a causa de suspensão em uma espécie de perda ou morte cívica**. Registre-se que a solução deve ser de *lege ferenda* modificada para possibilitar o cumprimento da prestação alternativa até um prazo razoável ou o prazo final da obrigatoriedade do voto, que é antes do cidadão completar 70 (*setenta*) anos de idade (art. 14, § 2º, II, "b", da Constituição Federal).

Parece ilógico, mas não se pode perpetuar no tempo uma restrição aos direitos políticos como uma máxima imorredoura.

Segundo, no caso de **recusa à prestação do serviço alternativo** será apresentada uma declaração de próprio punho, expressando a intenção com a posterior emissão de um certificado de recusa com a entrega dos títulos eleitorais para remessa ao Tribunal Regional Eleitoral com o objetivo de se anotar a causa de suspensão dos direitos políticos. Nos termos do art. 69 do regulamento acima citado: *"Não podem alistar-se como eleitores os prestantes do Serviço Alternativo ao Serviço Militar, à semelhança dos convocados para o Serviço Militar Inicial"*.

Não se afigura a solução correta qualquer apreensão dos títulos eleitorais já emitidos pela Justiça Eleitoral. O certo é a anotação do número, seção e zona eleitoral com outros dados qualificativos do eleitor para expedição de ofício comunicando que o eleitor manifestou a recusa ao devido cumprimento da prestação alternativa com o objetivo de anotação cartorária eleitoral na zona eleitoral em código próprio da causa de suspensão dos direitos políticos.

A causa de suspensão é *sui generis*, pois não tem prazo certo de duração temporal. Cessa com o cumprimento da prestação alternativa em momento de conveniência e manifestação de vontade do cidadão desde que possível em razão do limite da idade.

De lege ferenda, a hipótese não prescinde de exame judicial e deveria ficar sob a responsabilidade da Justiça Eleitoral, até porque é medida cerceadora dos direitos políticos, cuja natureza é de direito público subjetivo.

Não se pode admitir nos tempos atuais que o procedimento administrativo de restabelecimento dos direitos políticos seja extremamente dificultoso para o alistamento eleitoral tardio da pessoa apta a ingressar na cidadania ativa eleitoral. O tempo em que o não alistado permaneceu nessa condição já é uma prova de que ele se arrependeu e pretende exercer a plena vontade política que o sistema eleitoral vigente determina.

A privação dos direitos políticos está associada a duas conjugações básicas: (i) a manifestação de pensamento contrário ao dever cívico que acarreta o não cumprimento da obrigação a todos imposta; e (ii) o efetivo descumprimento da obrigação de prestação alternativa. Sem que o cidadão se negue a praticar estes dois atos distintos, não há sanção política.

A objeção de consciência é sempre uma forma livre de manifestação do pensamento que se concretiza numa negativa ao dever que todos os cidadãos são compelidos numa ordem jurídica democrática.

11.47. OS JURADOS NO TRIBUNAL DO JÚRI E A ESCUSA DE CONSCIÊNCIA. EFEITOS LEGAIS

A **escusa de consciência** pode ainda ocorrer na hipótese em que o cidadão maior de 18 (*dezoito*) anos e de notória idoneidade, integrar a **lista geral dos jurados** na forma do art. 426 do Código de Processo Penal.

Neste caso, deverá manifestar a recusa por escrito e justificadamente em procedimento autônomo ou por consignação em ata específica do Tribunal do Júri. Pode-se admitir a recusa até o momento do sorteio previsto no art. 435 do CPP, quando o cidadão apresentará seus motivos religiosos, políticos e filosóficos para eximir-se do dever cívico de agente honorífico (*jurado*).

É possível a recusa por **imperativo de consciência** ao serviço do júri na função de jurado, desde que o cidadão cumpra um determinado **serviço alternativo**. A recusa neste caso encontra amparo no art. 5º, VIII, da Constituição da República Federativa do Brasil.

Diversa é a hipótese do art. 436, § 2º, do CPP, que trata da recusa injustificada: "(...) *§ 2º A recusa injustificada ao serviço do júri acarretará multa no valor de 1 (um) a 10 (dez) salários-mínimos, a critério do juiz, de acordo com a condição econômica do jurado*" (*incluído pela Lei nº 11.689, de 2008*).

Na recusa injustificada é cabível a aplicação de multa. Na justificada por **imperativo de consciência a sanção é constitucional e eleitoral**, acarretando a **suspensão dos direitos políticos** somente no caso de descumprimento ou não aceitação da prestação alternativa.

Não podemos olvidar que a sanção de suspensão dos direitos políticos só ocorrerá quando o cidadão se recusar a cumprir o serviço alternativo que é fixado pelo juiz Presidente do Tribunal do Júri, importando: "(...) *atividades de caráter administrativo, assistencial, filantrópico ou mesmo produtivo, no Poder Judiciário, na Defensoria Pública, no Ministério Público ou em entidade conveniada para esses fins*".

De fato, o serviço alternativo objetiva substituir a atividade judicante do jurado pelo período de tempo em que ele, por exemplo, figuraria na lista geral anual ou serviria como jurado em um determinado julgamento.

Cumpre ao juiz Presidente do Tribunal do Júri impor a prestação alternativa podendo utilizar como simetria o disposto na Lei nº 8.239/1991, no que couber, sempre abrindo vista dos autos ao órgão do Ministério Público com atribuições junto ao Tribunal do Júri.

A recusa ao cumprimento da prestação alternativa ensejará a causa de **suspensão dos direitos políticos** que perdurará até o devido cumprimento da prestação imposta, conforme dispõe a parte final do art. 438 do Código de Processo Penal, *in verbis*: "(...) *sob pena de suspensão dos direitos políticos, enquanto não prestar o serviço imposto*".

Quanto ao **prazo de cumprimento da prestação alternativa,** não existe uma regulamentação específica, o que poderá gerar diversas interpretações.

O juiz Presidente do Tribunal do Júri imporá, após parecer do órgão do Ministério Público, o tipo de prestação alternativa e o prazo de duração, que não poderá ultrapassar 1 (*um*) ano, que corresponde à formação anual da lista de jurados. Na omissão legal, pode o juiz fixar 3 (*três*) meses ou até o prazo correspondente a uma sessão de julgamento pelo Tribunal do Júri.

Na fixação das condições da prestação alternativa sugerem-se critérios razoáveis e que não prejudiquem as condições sociais, trabalhistas, familiares e econômicas do cidadão, compatibilizando-se os horários e dias da semana com as atividades rotineiras.

O cidadão poderá discordar das condições impostas e promover uma reclamação contra o juiz Presidente do Tribunal do Júri, por intermédio de seu advogado ou defensor público, na forma regimental, ao Tribunal de Justiça, apresentando argumentos razoáveis e proporcionais, que possam alterar os parâmetros fixados na decisão monocrática judicial.

Imposta e aceita a condição não implica sua imutabilidade, pois a critério do juiz Presidente do Tribunal do Júri e em razão de justos motivos é possível adequar a prestação alternativa ao longo do tempo de cumprimento. Todavia, a recusa injustificada à prestação alternativa, sem a apresentação de justa causa, ensejará a decretação pelo juiz Presidente do Tribunal do Júri da suspensão dos direitos políticos, até cumprimento das condições determinadas na decisão judicial.

Assim, é o juiz Presidente do Tribunal do Júri que deverá decretar a suspensão dos direitos políticos, inclusive fixando o prazo de início, pois o termo final é até o cumprimento da prestação alternativa. No entanto, a conveniência do cumprimento ou não da prestação ficará ao prudente critério do cidadão interessado.

Cumprida a prestação, o interessado obterá o certificado da prestação alternativa sem qualquer restrição aos direitos políticos, restabelecendo-se os direitos de votar e ser votado.

Determinada a suspensão dos direitos políticos, a autoridade judicial do Tribunal do Júri oficiará à Justiça Eleitoral para anotação no cadastro eleitoral do cidadão, que estará no código específico, na forma do adotado na Resolução TSE nº 21.538/2003, arts. 51 a 53, até o efetivo cumprimento da prestação alternativa, quando tal fato será novamente comunicado para restabelecimento da causa de suspensão.

Embora a lei processual penal aponte como sendo um caso de suspensão dos direitos políticos, observamos que não existe um prazo fixado na lei para o cumprimento da prestação alternativa, pois é da livre vontade do interessado o cumprimento célere ou tardio desta prestação.

Assim, durante o lapso temporal de descumprimento ocorre um caso especial de perda dos direitos políticos. Trata-se de perda e não de suspensão. No entanto, o legislador optou pelo instituto da **suspensão dos direitos políticos**, assim como o fez quando da edição da Lei nº 8.239/1991. Seja perda ou suspensão, os efeitos são idênticos já que foram projetados para o art. 71, inc. II, do Código Eleitoral, causas de cancelamento do título eleitoral.

É inegável que a nova disciplina legal da escusa de consciência relativa aos jurados deve ser devidamente regulamentada.

11.48. IMPROBIDADE ADMINISTRATIVA. CAUSA DE SUSPENSÃO DOS DIREITOS POLÍTICOS

A base legal da causa de suspensão se subsume nos arts. 15, V, e 37, § 4º, da Lei Maior e na Lei nº 8.429/1992 (*art. 12*).

A moralidade administrativa é considerada um princípio de natureza constitucional. Leciona José Afonso da Silva, que os atos de improbidade administrativa são **imoralidades qualificadas**.

A doutrina identifica o tema como: norma superior que exige dos agentes honestidade e lealdade (*Antônio José de Mattos Neto*); proibição de atos desonestos (*Juarez Freitas*); função instrumentalizadora da moralidade administrativa (*Wallace Paiva Martins Júnior*); ato que fere, agride, macula, tisna a moralidade pública (*Ives Gandra Martins*); atos que possuem natureza civil e que ferem os princípios constitucionais e legais da Administração Pública (*Alexandre de Moraes*) e a conduta da autoridade que exerce o Poder Público de modo indevido, beneficiando interesses privados (*Manoel Gonçalves Ferreira Filho*).

A improbidade possui certas peculiaridades: (i) afeta a moral e a ética no serviço público; (ii) possui natureza civil; (iii) deve encontrar tipificação na legislação vigente; (iv) o agente ativo da improbidade pode ser servidor ou não (arts. 1º a 3º da Lei de Improbidade, Lei nº 8.429/1992).

Lecionam *Alexandre de Moraes* e *Marcelo de Figueiredo* uma distinção entre **improbidade própria** (praticada por servidor público) e **imprópria** (praticada por particular como partícipe); e (v) o sujeito passivo mediato é o Estado e o imediato são os elencados no art. 1º da Lei de Improbidade.

A Lei de Improbidade trata das seguintes **sanções**: suspensão dos direitos políticos; perda da função pública, ressarcimento ao erário e indisponibilidade dos bens. No art. 12, incs. I a III, da Lei nº 8.429/1992, também está prevista a sanção de multa.

A suspensão dos direitos políticos deve ser aplicada de 3 (*três*) até 10 (*dez*) anos, em razão da violação aos arts. 9º, 10 e 11 da Lei de Improbidade.

Todavia, a aplicação da sanção de suspensão dos direitos políticos, decorrente de ato de improbidade administrativa, é efetivada após o trânsito em julgado da sentença na ação civil (*art. 20 da Lei de Improbidade*) ou ação popular; portanto, não é uma sanção propriamente eleitoral, ou seja, obtida no âmbito da competência da Justiça Eleitoral.

O efeito da sentença é que repercute na capacidade eleitoral ativa e passiva e tem pertinência subjetiva no exame do pedido de registro de candidatura, bem como na higidez do mandato eletivo.

O membro do Ministério Público, os partidos políticos, os candidatos e as coligações podem valer-se da matéria probatória contida nos autos da ação civil pública ou ação popular (*improbidade administrativa*) para impugnarem o registro dos candidatos ímprobos (*art. 3º da LC nº 64/1990*).

A competência para o processo e julgamento do ato de improbidade não é da Justiça Eleitoral, mas sim da Justiça Comum ou Federal, considerando o local do dano ou do ato de improbidade.

A decisão, no âmbito da Justiça Eleitoral, poderá até servir como **prova emprestada** ao julgamento da ação civil por improbidade administrativa.

Por exemplo: o Prefeito de um determinado Município usa verba pública do Fundo de Educação para um churrasco eleitoral na véspera do pleito eleitoral, convidando todos os eleitores da cidade.

Essa questão, indubitavelmente, é um ato de improbidade administrativa, mas também servirá para a propositura de uma representação por abuso do poder econômico/político ou ação de captação ilícita de sufrágio.

As hipóteses de **improbidades eleitorais típicas** estão descritas no art. 73 da Lei nº 9.504/1997 (*Lei das Eleições*). Vejam que o legislador tratou de remissão expressa no § 7º do art. 73:

> § 7º As condutas enumeradas no *caput* caracterizam, ainda, atos de improbidade administrativa, a que se refere o art. 11, inciso I, da Lei nº 8.429, de 2 de junho de 1992, e sujeitam-se às disposições daquele diploma legal, em especial às cominações do art. 12, inciso III.

Outrossim, o art. 74 da Lei nº 9.504/1997 caracteriza como abuso de autoridade a violação ao disposto no art. 37, § 1º, da Carta Magna. O art. 37, § 1º, trata da publicidade dos atos, programas, obras e serviços que não podem veicular nomes, símbolos ou imagens de promoção pessoal.

Exemplo:

Um candidato usou material gráfico da Câmara Municipal, excedendo sua cota (*art. 73, II, da Lei nº 9.504/1997*). Ele foi eleito e com a diplomação foi empossado no mandato de vereador. Este caso não inibe que o promotor de justiça proponha a ação civil pública por ato de improbidade, cuja competência para processo e julgamento não é da Justiça Eleitoral. O caso apresenta uma improbidade administrativa tipicamente eleitoral que acarretará a suspensão dos direitos políticos. Trata-se, portanto, de uma decisão de competência não eleitoral, mas com reflexos eleitorais.

11.49. EXTINÇÃO DO MANDATO ELETIVO

Nas lições de *Wallace Paiva Martins Júnior, in verbis*: "(...) *A extinção do mandato (renúncia, término) não tolhe a possibilidade da aplicação das demais sanções radicadas na Lei Federal nº 8.429/1992, nem mesmo a rejeição do processo político-administrativo, como deflui do art. 21, II, da Lei Federal nº 8.429/1992. Por fim, não há que se cogitar, em razão da natureza jurídica diferenciada, da subordinação entre uma ou outra instância. Nem mesmo a aposentadoria ou desligamento do servidor público inibe a aplicação da Lei Federal nº 8.429/1992*".[11]

O art. 23 da Lei de Improbidade Administrativa fixa prazos prescricionais para a aplicação das sanções, *e.g.*, "até cinco anos após o término do exercício do mandato eletivo" (*inc. I do art. 23 da Lei nº 8.429/1992*).

Quando o Prefeito é reeleito a contagem do prazo prescricional só se inicia após o término do período de reeleição. Nesse sentido, AgRg no AREsp 161.420-TO, 2ª Turma, relator Ministro Humberto Martins, em 03/04/2014.

---

11 JÚNIOR. Wallace Paiva Martins. *Probidade Administrativa*. São Paulo: Saraiva, p. 294.

11.50. ATOS DE IMPROBIDADE ADMINISTRATIVA E CRIMES CONTRA A ADMINISTRAÇÃO PÚBLICA

Os casos de improbidade possuem relação com eventuais crimes contra a Administração Pública. A responsabilidade penal aparecerá quando a conduta funcional consistir em **crime contra a Administração Pública**, mais propriamente aqueles que resultam de abuso de poder ou de violação de dever para com a Administração Pública. Na legislação penal, no Código Penal, corresponderá aos crimes definidos nos arts. 312 a 326.

Aponte-se que a sentença penal condenatória poderá produzir, como um dos seus efeitos específicos, a perda do cargo público, na exata previsão constante do art. 92, inc. I, alínea *a*, do Código Penal.

A apuração de cada uma das responsabilidades do servidor faz-se de forma autônoma e independente, podendo haver, desse modo, cumulação de sanções, sem que represente um *bis in idem*.

De outra parte, é imprescindível dizer que a decisão penal de cunho absolutório, em determinadas hipóteses, produzirá repercussões nas demais instâncias.

Assim, a **decisão absolutória** que afirma a inexistência do fato imputado ao servidor (*art. 386, I, do CPP*) ou afasta expressamente sua condição de autor do fato impedirá que a Administração Pública puna o servidor pelo mesmo fato decidido na esfera penal.

Por fim, cabe deduzir a repercussão da **decisão condenatória penal** nos crimes comuns (*não funcionais*) praticados pelo servidor, a qual, quando ensejar a aplicação de pena privativa de liberdade superior a 4 (*quatro*) anos, poderá acarretar o efeito específico de perda do cargo, na forma do disposto no art. 92, inc. I, alínea *b*, do Código Penal.

Na **Lei de Abuso de Autoridade**, por exemplo, é prevista "**perda do cargo e a inabilitação para o exercício de qualquer outra função pública por prazo até 3 (três) anos**".

O Egrégio STF possui significativo precedente: "(...) *A inabilitação para o exercício de função pública, decorrente da perda do cargo de Presidente da República por crime de responsabilidade (CF, art. 52, parágrafo único), compreende o exercício de cargo ou mandato eletivo. Com esse entendimento, a turma manteve o acórdão da tese que julgou procedente a impugnação do pedido de registro do ex-Presidente Fernando Collor (Rel. Min. Otávio Gallotti, decisão 1º/09/1998 – Informativo STF nº 121, set. 1998)*".

Deveras, a **inabilitação** é restrição de cunho não meramente administrativo, mas de natureza política, e atinge o *ius honorum*, ou direito de ser votado (*capacidade eleitoral passiva*). Trata-se de medida de natureza mista e multifária, compreendendo o âmbito das restrições estatutárias de cunho administrativo e

PERDA E SUSPENSÃO DOS DIREITOS POLÍTICOS   CAPÍTULO 11

as políticas pertinentes ao direito de ser votado. O inabilitado não pode ingressar no serviço público, mesmo em cargos de confiança.

Quanto à **competência** para processar e julgar os casos de improbidade administrativa, destaca-se no Supremo Tribunal Federal:

> "(...) Improbidade administrativa. Crimes de responsabilidade. Os atos de improbidade administrativa são tipificados como crime de responsabilidade na Lei nº 1.079/1950, delito de caráter político-administrativo.
>
> II.2. Distinção entre os regimes de responsabilização político-administrativa. O sistema constitucional brasileiro distingue o regime de responsabilidade dos agentes políticos dos demais agentes públicos. A Constituição não admite a concorrência entre dois regimes de responsabilidade político-administrativa para os agentes políticos: o previsto no art. 37, § 4º (regulado pela Lei nº 8.429/1992) e o regime fixado no art. 102, I, "c", (disciplinado pela Lei nº 1.079/1950). Se a competência para processar e julgar a ação de improbidade (CF, art. 37, § 4º) pudesse abranger também atos praticados pelos agentes políticos, submetidos a regime de responsabilidade especial, ter-se-ia uma interpretação ab-rogante do disposto no art. 102, I, "c", da Constituição.
>
> II.3. Regime especial. Ministros de Estado. Os Ministros de Estado, por estarem regidos por normas especiais de responsabilidade (CF, art. 102, I, "c"; Lei nº 1.079/1950), não se submetem ao modelo de competência previsto no regime comum da Lei de Improbidade Administrativa (Lei nº 8.429/1992).
>
> II.4. Crimes de responsabilidade. Competência do Supremo Tribunal Federal. Compete exclusivamente ao Supremo Tribunal Federal processar e julgar os delitos político-administrativos, na hipótese do art. 102, I, "c", da Constituição. Somente o STF pode processar e julgar Ministro de Estado no caso de crime de responsabilidade e, assim, eventualmente, determinar a perda do cargo ou a suspensão de direitos políticos.
>
> II.5. Ação de improbidade administrativa. Ministro de Estado que teve decretada a suspensão de seus direitos políticos pelo prazo de 8 anos e a perda da função pública por sentença do Juízo da 14ª Vara da Justiça Federal – Seção Judiciária do Distrito Federal. Incompetência dos juízos de primeira instância para processar e julgar ação civil de improbidade administrativa ajuizada contra agente político que possui prerrogativa de foro perante o Supremo Tribunal Federal, por crime de responsabilidade, conforme o art. 102, I, "c", da Constituição.
>
> III. Reclamação julgada procedente (*STF, Rcl. 2138/DF – Distrito Federal, Rel. Min. Nelson Jobim, Rel. p/ Acórdão: Min. Gilmar Mendes*

(Art. 38, IV, b, do RISTF), Julgamento: 13/06/2007, Órgão Julgador: Tribunal Pleno).

E ainda no Colendo STF.

É cabível a responsabilização civil por improbidade administrativa nos moldes da Lei nº 8.429/1992 para ex-Governador de Estado, objetivando resguardar a moralidade administrativa no regime republicano, quando no exercício do mandato eletivo tenham sido praticados atos ilegais (*STF. Recurso Extraordinário nº 803.297 sendo relator o Ministro Celso de Mello*).

Por fim, a Lei Complementar nº 135/2010, acrescentou na Lei Complementar nº 64, de 18 de maio de 1990, a **alínea *l* no art. 1º, inc. I**, no sentido de que são **inelegíveis por 8 (*oito*) anos**, após o cumprimento da pena de suspensão dos direitos políticos, os que forem condenados por improbidade administrativa dolosa que importe lesão ao patrimônio público e enriquecimento ilícito.

Significativa é a nova lei, pois impõe a inelegibilidade como marco inicial contado da decisão por **órgão judicial colegiado** até o trânsito em julgado da decisão. Sim, porque transitada em julgado, não é mais caso de inelegibilidade, mas de suspensão dos direitos políticos pelo prazo fixado no art. 12 da Lei nº 8.429/1992.

A inelegibilidade conta-se da data da decisão do órgão colegiado até o dia anterior ao trânsito em julgado e, após o cumprimento do prazo de suspensão dos direitos políticos, ainda incidirá 8 (*oito*) anos de inelegibilidade. Aplica-se de forma analógica o enunciado sumular nº 61 do Tribunal Superior Eleitoral, ou seja, **projeta-se por mais 8 (*oito*) anos uma inelegibilidade superveniente ao prazo de suspensão dos direitos políticos**.

De fato, a aplicação da alínea *l* do art. 1º, inc. I, da Lei das Inelegibilidades exige os seguintes **requisitos**: a) ato doloso de improbidade administrativa; b) lesão ao patrimônio público; e c) enriquecimento ilícito.

Perda e Suspensão dos Direitos Políticos — Capítulo 11

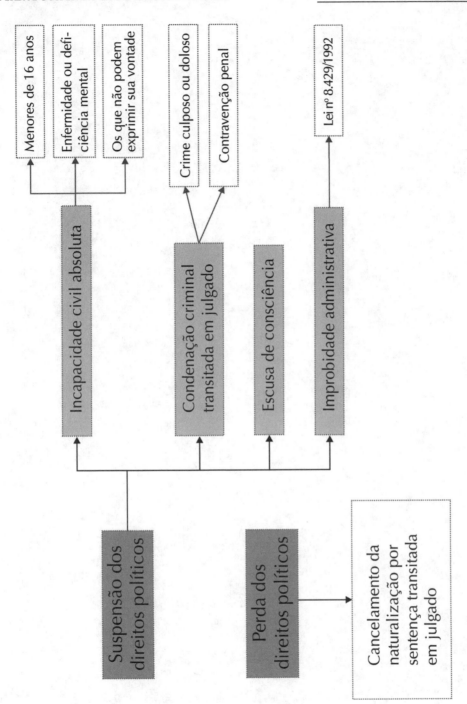

Marcos Ramayana • Direito Eleitoral • 17ª ed. • Capítulo 11 – Perda e Suspensão dos Direitos Políticos

CAPÍTULO 12

INELEGIBILIDADES

12.1. CONCEITO

A inelegibilidade é conceituada como sendo a ausência temporária da capacidade eleitoral passiva. O cidadão pode votar, propor a ação popular e noticiar causas de inelegibilidades praticadas por eventuais postulantes aos mandatos eletivos, mas estará impedido de registrar a sua própria candidatura.

Como as inelegibilidades são restrições políticas cuja raiz está subsumida em perfil constitucional eleitoral, a disciplina normativa exige um panorama normativo especial que cuide da tipificação detalhada das hipóteses fáticas e jurídicas de sua incidência.

Nesse arquétipo, se o cidadão é considerado inelegível, significa que o seu direito público político subjetivo passivo estará incapacitado de ser temporariamente exercido. Ele atravessa um período restritivo de impossibilidade jurídica de ser votado.

As inelegibilidades são consideradas em razão da: (i) base territorial; (ii) relação de parentesco; e (iii) sanções impostas pela lei, elegibilidade e desincompatibilizações, além de outros aspectos disciplinados na Lei das Inelegibilidades (*Lei Complementar nº 64, de 18 de maio de 1990*).

As inelegibilidades estão prevista Carta Política o em lei de natureza complementar, conforme o tratamento do **§ 9º do art. 14 da Constituição da República**. São esabecidas em função de padrões ordenadores de um estatuto jurídico político. O Estado, adotando estruturas jurídicas, formula certas normas que criam uma espécie de *"efeito de filtro do político"*. Nessa linha, prescrevem-se impedimentos ou obstáculos que procuram isolar uma determinada candidatura do universo do sufrágio e, consequentemente da soberania popular.

A tipologia dos casos de inelegibilidades pode ser analisada sob o seguinte prisma:

(i) decorrentes de uma **realidade social**, e.g., o caso do analfabeto;

(ii) do **núcleo familiar**, como, o § 7º do art. 14 da Constituição da República, que impede a candidatura do cônjuge e parentes na circunscrição eleitoral;

(iii) **funcionais e administrativas**, os casos de falta de desincompatibilização, por impedimentos ao alistamento (os *inalistáveis, e.g., os estrangeiros e conscritos*). Na verdade, esta hipótese não é um caso de inelegibilidade, mas, sim, de falta de condição de elegibilidade que é o alistamento eleitoral (*art. 14, § 3º, inc. III, da Carta Magna*); e

(iv) **sancionatórias**, as decorrentes do abuso do poder econômico ou político.

12.2. APONTAMENTOS HISTÓRICOS

Convém ressaltar que o instituto da inelegibilidade durante o período Imperial não era identificado como um efetivo impedimento da capacidade eleitoral passiva.

Leciona *Walter Costa Porto*, que "(...) *no Império, somente se falou de incompatibilidades, envolvendo os impedimentos anteriores e posteriores às eleições*" (*Dicionário do Voto*, Editora UnB, Imprensa Oficial, p. 243, Brasília, 2000).

Ao longo da história, por exemplo, o art. 82 da Lei nº 387, de 19 de agosto de 1846, exigia que o candidato ao Senado tivesse virtudes e rendimento anual, por bens de indústria, comércio ou emprego na quantia líquida de oitocentos mil réis avaliada em prata.

Como se percebe, as eleições sempre foram alvo de restrições ao direito de votar e ser votado.

Todavia, é importante a verificação histórica e de natureza infraconstitucional sobre o teor do Decreto nº 2.419, de 11 de julho de 1911, que prescrevia os casos de inelegibilidade, inclusive instituía a nulidade dos votos aos declarados inelegíveis.

Naquele diploma legal, o art. 3º, II, letra "a" tratava da inelegibilidade que atualmente é denominada reflexa ou relativa dos parentes e cônjuges afins de primeiro e segundo grau dos Governadores e Presidente.

Ressalta-se ainda o Decreto nº 22.364, de 17 de janeiro de 1933, que disciplinava os casos de inelegibilidade para a Assembleia Nacional Constituinte, e o art. 5º, que reconhecia a nulidade dos votos ao inelegível.

Nesse rumo temos a Lei nº 4.738, de 15 de julho de 1965, que estabeleceu casos de inelegibilidade com fundamento no art. 2º da Emenda Constitucional nº 14 da época.

De fato nessa norma jurídica é possível extrair hipóteses específicas de inelegibilidade diversas das incompatibilidades. Por exemplo, eram considerados inelegíveis: a) quem praticou atentado contra o regime democrático; b) os indignos do oficialato; c) os que praticaram atos de improbidade administrativa e; d) quem respondeu a processo judicial eleitoral e está condenado em sentença irrecorrível por atos contra a lisura e normalidade das eleições.

Posteriormente surgiu a Lei Complementar nº 5, de 29 de abril de 1970, estabelecendo casos de inelegibilidade, v.g., a) os membros do legislativo que perderam o mandato eletivo; b) quem praticou atentado contra o regime democrático e aos direitos individuais concernentes à vida, à liberdade, à segurança e à propriedade; c) atos de subversão ou de improbidade; e d) atos de abuso do poder econômico, atos de corrupção e abusos políticos e outros.

Por fim, a Lei Complementar nº 64, de 18 de maio de 1990, e atualizações significativas como a Lei Complementar nº 86, de 14 de maio de 1996, e a Lei Complementar nº 135, de 4 de junho de 2010 (*Lei da Ficha Limpa*).

12.3. CLASSIFICAÇÃO

Leciona *Adriano Soares da Costa* que as inelegibilidades podem ser: (i) inata, primária, implícita ou imprópria – *é aquela que advém da ausência de uma ou mais condições de elegibilidade*. Ex.: se determinado candidato não estiver filiado a um partido político, é carente de uma condição de elegibilidade constitucional (*art. 14, § 3º, V, da Carta Magna*) e, portanto, inelegível; e (ii) cominada, secundária ou própria – é uma restrição sancionatória aplicada em determinada eleição, em virtude da prática de fato com revestimento de ilicitude eleitoral. A classificação é fornecida pelo eminente eleitoralista Adriano Soares da Costa, baseado na teoria do fato jurídico, *in expressi verbis*:

> A inelegibilidade cominada simples é a sanção de perda da elegibilidade para "essa eleição", vale dizer, para a eleição na qual foi declarada a prática do ato reprochado como injurídico. Sua decretação tem por escopo mondar o *ius honorum* do candidato, impedindo a sua candidatura, ou a sua diplomação, ou o exercício do seu mandato eletivo obtido por meio ilícito (...) A inelegibilidade cominada potenciada é a sanção aplicada ao nacional pela prática de algum ilícito, quer de natureza eleitoral, quer de outra natureza, ao qual a lei atribua efeitos eleitorais.[1]
>
> O exemplo seria o disposto no art. 1º, I, alínea *e*, da Lei das Inelegibilidades, ou seja, o cidadão, após cumprir a pena, ainda será inelegível por 3 (três) anos (inelegibilidade superveniente à causa de suspensão dos direitos políticos, decorrente de sentença penal condenatória transitada em julgado). Não é inconstitucional este exemplo de inelegibilidade, conforme precedente do TSE.

As inelegibilidades podem ser classificadas em:

(i) **constitucionais** – são aquelas tratadas diretamente no texto da Carta Magna, v.g., o § 4º do art. 14, ou seja, os inalistáveis e os analfabetos são inelegíveis. Sobre os analfabetos, registre-se o verbete sumular nº **15** do

---

1 COSTA, Adriano Soares da. *Instituições de Direito Eleitoral*. Belo Horizonte: Del Rey, 2000, pp. 149-150.

TSE, sendo legal a exigência de comprovação de escolaridade no pedido de registro de candidaturas.

E ainda, o verbete nº **55**/TSE nos seguintes termos. "*A Carteira Nacional de Habilitação gera a presunção de escolaridade necessária ao deferimento do registro de candidatura*".

(ii) **infraconstitucionais** – são as disciplinadas, por exemplo, no art. 1º, I, alíneas *d* e *e*, da Lei Complementar nº 64/1990 (Lei das Inelegibilidades).

(iii) **absolutas** – referem-se às vedações extensíveis em todo o território nacional ou a qualquer cargo eletivo. Por exemplo, os analfabetos e condenados criminalmente com sentença transitada em julgado por crime eleitoral, no período de 8 (oito) anos, após o cumprimento da pena.

O renomado *Alexandre de Moraes* explica que as inelegibilidades absolutas são excepcionais e estabelecidas de forma taxativa na Constituição da República. Nesta análise, apenas haveria as hipóteses dos inalistáveis e dos analfabetos. Os outros casos previstos na Lei das Inelegibilidades classificam-se de relativas (*página 215 da obra já referida*).

(iv) **relativas** – estão afetas às limitações territoriais geográficas de um Estado ou Município (lições em *José Afonso da Silva* e *Antônio Carlos Mendes*.) Compreendem-se, no conceito, as inelegibilidades para uma determinada eleição, e.*g*., o cidadão é servidor municipal e não se desincompatibilizou no prazo legal antes da eleição, ou seja, não se afastou do cargo público. Assim, para a eleição que pretende concorrer, é inelegível, mas, para as eleições futuras, não incidirá a vedação.

Neste tipo de inelegibilidade a previsão normativa está na Constituição da República ou na própria Lei Complementar nº 64, de 18 de maio de 1990.

A expressão "**relativa**" tem o significado específico de restrição ao direito de ser votado para: (a) uma determinada eleição em razão de relações de parentesco; (b) pela condição funcional do servidor público, seja o militar ou civil; e (c) por motivos vedatórios do sistema de reeleição e desincompatibilização.

(v) **nacionais** – dizem respeito às eleições nos cargos de Presidente da República e Vice-Presidente. A classificação leva em consideração a circunscrição territorial eleitoral do País.

(vi) **estaduais** – relacionam-se, exclusivamente, com as eleições de âmbito estadual (Governador, Vice-Governador, Deputados estaduais e distritais).

(vii) **municipais** – estão afetas à circunscrição eleitoral do Município, ou seja, da comarca e atingem as eleições de Prefeitos, Vice-Prefeitos e vereadores.

As inelegibilidades nacionais, estaduais e municipais também levam em conta o aspecto da relevância temporal.

(viii) **reflexa** – refere-se ao princípio da contaminação de cônjuge, parentes, consanguíneos ou afins, até o segundo grau. Atinge o(a) companheiro(a), os

INELEGIBILIDADES   CAPÍTULO 12

casos de união estável, genros, sogras, cunhados, noras, filhos e netos. Estão excluídos dos reflexos impeditivos do *ius honorum* (*capacidade eleitoral passiva*) os primos e tios. O art. 14, § 7º, da Carta Magna disciplina a hipótese.

A inelegibilidade pode ser classificada em razão do **momento de sua ocorrência**, ou seja, o **elemento temporal de incidência**.

Assim temos:

(i) **Inelegibilidades preexistentes**: quando ocorrem antes do requerimento do registro de determinada candidatura até o julgamento. Exemplo: o dia 15 de agosto do ano de eleição (*art. 11 da Lei nº 9.504/1997*) é o último dia para o Requerimento de Registro de Candidatura, RRC.

   Esse tipo de inelegibilidade deve ser arguido no requerimento de registro de candidatura ou na ação de impugnação ao RRC, sob pena de preclusão, pois nem sempre será possível a interposição do Recurso Contra a Expedição do Diploma.

(ii) **Inelegibilidades supervenientes**: surgem a partir do deferimento do registro da candidatura e se protraem no tempo até a data da eleição. Podem ser tratadas no Recurso Contra a Expedição do Diploma, art. 262 do Código Eleitoral.

As inelegibilidades supervenientes são referidas nos verbetes sumulares números **47** e **70** do Egrégio Tribunal Superior Eleitoral.

A inelegibilidade superveniente surge, na esfera jurígena de uma candidatura, quando ocorre entre o deferimento do registro e a eleição.

O lapso temporal do surgimento dessa inelegibilidade é bem restrito, pois o Enunciado sumular nº 47 do TSE o limitou apenas até a eleição.

Se a inelegibilidade superveniente emergir entre o dia posterior ao da eleição (primeiro domingo de outubro) e a diplomação (mês de dezembro), não será classificada como superveniente e não permitirá o cabimento do Recurso Contra a Expedição do Diploma.

Trata-se de limitação temporal que autoriza a diplomação de um cidadão inelegível.

Diversos juristas como Silvana Batini, Marcio Alvim e outros renomados, já se pronunciaram contra o Enunciado sumular nº 47 (disponível em: <http://www.eleitoralista.com.br>).

Os argumentos estão corretos, ou seja, o enunciado foi idealizado num período de maior amplitude da campanha eleitoral, até que surgiu a Lei nº 13.165/2017 e reduziu o tempo de propaganda. A Justiça Eleitoral não pode diplomar um inelegível e é necessário uniformizar o período de aplicação do § 10 do art. 11 da Lei nº 9.504/1997 até a diplomação, seja para incidir ou não a causa de inelegibilidade.

Vejamos um exemplo de julgado do Egrégio TSE em que, por maioria, foi permitida a diplomação de uma candidata inelegível em razão do Enunciado nº 47, *verbo ad verbum*:

[...] O Plenário do Tribunal Superior Eleitoral, por maioria, reafirmou que a inelegibilidade superveniente que justifica o manejo do recurso contra expedição de diploma é a ocorrida até a data da eleição, nos termos da Súmula nº 47 desta Corte.

Trata-se de recurso especial interposto pelo *Parquet* contra acórdão proferido pelo Tribunal Regional Eleitoral de Minas Gerais, que desproveu recurso contra expedição de diploma manejado em desfavor de vereadora condenada em primeiro grau por ato doloso de improbidade administrativa.

No caso, a candidata teve seu registro de candidatura deferido em razão de obtenção, no STJ, com base no art. 26-C da LC nº 64/1990, de efeito extensivo em cautelar para suspender a inelegibilidade prescrita no art. 1º, inciso I, alínea *l*, da Lei de Inelegibilidades. No entanto, a liminar foi revogada em 5.10.2016, ou seja, em data posterior ao pleito eleitoral.

O Ministro Tarcisio Vieira de Carvalho Neto, relator, asseverou o cabimento do RCED para arguir as inelegibilidades previstas no *caput* do art. 26-C da LC nº 64/1990, desde que a causa superveniente que enseje tal inelegibilidade tenha ocorrido até a data da eleição.

Na oportunidade, destacou o teor da Súmula nº 47 desta Corte, que assim dispõe: A inelegibilidade superveniente que autoriza a interposição de recurso contra expedição de diploma, fundado no art. 262 do Código Eleitoral, é aquela de índole constitucional ou, se infraconstitucional, superveniente ao registro de candidatura, e que surge até a data do pleito.

O Ministro Sérgio Banhos, ao acompanhar o relator, ponderou que a alteração da jurisprudência para as eleições de 2016 ocasionaria insegurança jurídica, em razão de a súmula ter sido publicada no *DJE* de 28.6.2016, véspera do pleito eleitoral.

Vencidos os Ministros Luiz Fux, Herman Benjamin e a Ministra Rosa Weber por entenderem que a candidata concorreu à eleição ciente da causa de inelegibilidade que lhe era imputada, apesar de estar suspensa por força de decisão precária.

O Tribunal, por maioria, negou provimento ao recurso especial eleitoral, nos termos do voto do relator (Recurso Especial Eleitoral nº 550-80, Guaxupé/MG, Rel. Min. Tarcisio Vieira de Carvalho Neto, j. 17.10.2017) (Texto abaixo extraído do Informativo nº 14. Brasília, 9 a 22 de outubro. Ano XIX).

(iii) **Inelegibilidades pós-diplomação**: aparecem posteriormente ao prazo final do prazo de interposição do RCED, e se fazem presentes na posse e no curso do mandato eletivo. Não são cognoscíveis para a eleição que se

INELEGIBILIDADES — CAPÍTULO 12

findou, mas eventualmente podem ser resolutas nas eleições vindouras em razão do tempo de sua durabilidade, e.g., 8 (*oito*) anos e obstaculizar o futuro pedido de registro de candidatura.

Por exemplo.

O candidato foi eleito Deputado Federal, e não incidia nenhuma inelegibilidade. No entanto, após a diplomação e escoado o prazo de interposição do recurso contra a expedição do diploma surge uma causa de inelegibilidade decorrente da condenação por crime eleitoral do Tribunal Regional Eleitoral (*órgão colegiado, alínea "e" do inc. I do art. 1º da LC nº 64/90*). Não compete à Justiça Eleitoral reconhecer essa inelegibilidade e anular o diploma, pois já terminou o prazo processual de arguição dessa questão no âmbito eleitoral.

Com essa peculiaridade, transfere-se para a Câmara dos Deputados o exame de eventual cassação do mandato eletivo nos termos do art. 55, VI e § 2º, da Lei Maior, quando transitar em julgado a condenação criminal.

Dentro da teorização das inelegibilidades, fala-se ainda em **autodesincompatibilização** (*quando é o próprio titular do mandato que se afasta temporária ou definitivamente*) e **heterodesincompatibilização**, na hipótese de afastamento do titular do mandato eletivo para não atingir (*contaminar a elegibilidade*) de um parente, cônjuge e das pessoas referidas no § 7º do art. 14 da Lei Maior.

12.4. DESINCOMPATIBILIZAÇÃO

Leciona *José Afonso da Silva* que a desincompatibilização é:

> O ato pelo qual o candidato se desvencilha da inelegibilidade a tempo de concorrer à eleição cogitada. O mesmo termo, por conseguinte, tanto serve para designar o ato, mediante o qual o eleito sai de uma situação de incompatibilidade para o exercício do mandato, como para o candidato desembaraçar-se da inelegibilidade.[2]

12.5. ESPÉCIES DE DESINCOMPATIBILIZAÇÃO

As desincompatibilizações ou afastamentos podem ser basicamente de duas espécies: **definitivas** ou **temporárias**.

A forma definitiva ocorre por **renúncia** ao mandato eletivo, pedido de **exoneração** dos que ocupam funções de confiança, ou, ainda, a **aposentadoria**.

O afastamento temporário manifesta-se por intermédio da **licença especial** requerida por servidores públicos.

A falta de desincompatibilização acarreta a inelegibilidade. Nesse sentido, *Pedro Henrique Távora Niess*.[3]

---

2 *Curso de Direito Constitucional Positivo*. 18ª ed. São Paulo: Malheiros, p. 395.

3 *Direitos Políticos – Elegibilidade, Inelegibilidade e Ações Eleitorais*. 2ª ed. São Paulo: Edipro, p. 165.

351

Na verdade, a incompatibilidade é uma restrição à capacidade eleitoral passiva (*direito de ser votado*), porque o interessado deixou de providenciar seu afastamento temporário ou definitivo dentro do prazo legal.

Tutela-se com a desincompatibilização a isonomia entre os pré-candidatos ao pleito eleitoral específico, bem como a lisura das eleições contra a influência do poder político ou econômico e a captação ilícita de sufrágio, porque incide uma presunção *jure et de jure* que o incompatível utilizará em seu benefício a máquina da Administração Pública. Previnem-se ainda ações de improbidade administrativa.

A Lei Complementar nº 64, de 18 de maio de 1990, disciplina as desincompatibilizações como hipóteses de inelegibilidades infraconstitucionais. Desta forma, as arguições referentes às inelegibilidades estão sujeitas à preclusão. Aplica-se a exegese do art. 259 e parágrafo único do Código Eleitoral.

Leciona *Pedro Henrique Távora Niess* que: "*A desincompatibilização evita que se opere a incompossibilidade, virtualmente existente, da função ou cargo exercido pelo interessado com a sua candidatura; não a faz cessar, como poderia dar a ideia o prefixo "des", porque não chegou a incidir*".[4]

É importante salientar que as incompatibilidades de funções previstas no art. 54 da Constituição Federal não dizem respeito às "incompatibilidades" tratadas na Lei das Inelegibilidades como incapacidades políticas ao deferimento do registro de candidaturas.

O Tribunal Superior Eleitoral, ao regulamentar o registro de candidaturas, trata dos formulários de requerimento de registro de candidaturas (*RRC*) com a apresentação da prova de desincompatibilização, quando for o caso concreto.

No entanto, se um pré-candidato não se afasta da função pública e este fato não é alegado no seu pedido de registro, a questão simplesmente ficará preclusa de argumentação (*decairá o direito de invocar-se esta causa de inelegibilidade infraconstitucional*).

Assim, poderá o "inelegível" exercer o mandato eletivo, não sendo o caso de ajuizamento de recurso contra a diplomação, porque a matéria não é considerada de natureza constitucional, incidindo o disposto no art. 259, parágrafo único, do Código Eleitoral. Incide ainda o verbete sumular **nº 47** do Egrégio TSE. Trata-se de inelegibilidade preexistente e infraconstitucional.

Percebe-se que as "incompatibilidades" podem ser: causas de inelegibilidades infraconstitucionais ou hipóteses de perda de mandatos eletivos.

Assim, o tratamento legal das desincompatibilizações na ordem jurídica vigente é diferenciado em relação aos efeitos, pois o termo serve tanto para os casos de desvencilhamento das inelegibilidades,[5] como pré-requisito para a

---

4 *Direitos Políticos – Elegibilidade, Inelegibilidade e Ações Eleitorais*. 2ª ed. São Paulo: Edipro, p. 164.
5 Decerto que as inelegibilidades são exceções e formam um direito excepcional e livre da mera dedução. As inelegibilidades não são presumíveis, mas decorrem de expresso arrimo legiferante, conforme é pacífica a

INELEGIBILIDADES   CAPÍTULO 12

diplomação ou o exercício do mandato eletivo. Na primeira hipótese, o caso será de inelegibilidade relativa e, na segunda, a sanção é a perda do mandato eletivo.

De toda sorte, não há que se confundir inelegibilidade com incompatibilidade. A inelegibilidade do candidato é matéria de competência exclusiva do Poder Judiciário (*Justiça Eleitoral*), já a incompatibilidade do parlamentar para o exercício de outros cargos é matéria de competência do Poder Legislativo, cabendo o posterior e eventual exame pelo Judiciário quando evidenciada uma violação à ordem jurídica constitucional.

12.6. CLASSIFICAÇÃO DAS INCOMPATIBILIDADES

Em observância ao disposto no art. 54, incs. I e II, da Constituição Federal, a doutrina apresenta uma classificação das incompatibilidades, a saber: "(...) **funcionais** (art. 54, I, *b*, e II, *b*), **negociais** ou **contratuais** (art. 54, I, a), **políticas** (art. 54, II, *d*) e **profissionais** (art. 54, II, *a*, e II, *c*)" (lições de *Alexandre de Moraes. Constituição do Brasil Interpretada.* São Paulo: Editora Atlas. 2002., p. 1.040). Em igual sentido *José Afonso da Silva* e *Grabriel Dezen Junior*.

A **diplomação eleitoral** é um marco para que o candidato eleito e agora diplomado não firme contratos, aceite ou exerça cargos vedados na norma do art. 54 da Lei Maior.

Todavia, o recurso contra a expedição do diploma, previsto no art. 262 do Código Eleitoral, não é a via processual adequada para tratar dessa questão, que, no fundo, é revestida de improbidade administrativa do agente político eleito. **A Justiça Eleitoral não possui competência para em sede de RCED julgar a violação ao art. 54 da Lei Maior.**

Desta forma, a via processual será a ação civil que trate da improbidade administrativa na Justiça não eleitoral, e.g., Federal, mas caberá o controle da Casa Legislativa correspondente que poderá aplicar o § 2º do art. 55 da Constituição Federal (*norma que é repetida nas Cartas Estaduais*).

Como visto, o termo "incompatibilidade" é empregado em duplo sentido, ou seja, ao obstáculo que surge quanto à apresentação da candidatura, assim como ao que se opõe à diplomação ou exercício do mandato eletivo.

Na doutrina, autores como *Romano* e *Paolo Biscaretti di Ruffia* também fazem expressa menção ao conflito de interesses ínsito nas incompatibilidades, pois

---

jurisprudência do Egrégio Tribunal Superior Eleitoral. Desta forma, as hipóteses que conduzem à obrigatoriedade de desincompatibilização defluem da interpretação legal da Lei das Inelegibilidades, em consonância com o princípio da isonomia entre candidatos nos pleitos eleitorais. Nesse sentido, "os objetivos gerais do estabelecimento de inelegibilidades são, presumidamente, os de repressão às influências corruptoras, no sentido de continuísmo pessoal ou de nepotismo, no exercício do poder. Visa-se assim, portanto, a impedir que determinadas autoridades possam exercer o seu poder de força e de graça, em benefício de suas próprias candidaturas ou das candidaturas de seus parentes, para coagir ou corromper o eleitorado" (PACHECO, Cláudio. *Tratado das Constituições Brasileiras.* 1ª ed., São Paulo: Freitas Bastos, 1965, p. 114. v. IX).

se referem ora à impossibilidade de ocupação de outro ofício, ora ao pleito das candidaturas.

Desse modo o pré-candidato deverá desincompatibilizar-se no prazo fixado na legislação eleitoral e nos respectivos estatutos dos servidores públicos como exigência ao deferimento do seu registro.[6]

12.7. CONTAGEM DO PRAZO DE AFASTAMENTO

O prazo alcança o mês completo e deve ser contado segundo preceitua a Lei nº 810, de 6 de setembro de 1949. Leva-se em conta o dia do primeiro turno das eleições, v.g., dia 3 de outubro de 2004 (eleições para Prefeito, Vice-Prefeito e vereadores), primeiro domingo de outubro. Assim, se o pré-candidato tiver que se desincompatibilizar nos seis meses que antecedem o dia do pleito eleitoral, deverá afastar-se no máximo até o dia 2 de abril de 2004, sob pena de tornar--se incompatível e, consequentemente, inelegível relativamente para a eleição pleiteada. Nesse sentido, *Acórdão nº 252, 04/09/1998, Rel. Maurício Corrêa – TSE.*

12.8. PERÍODO SUSPEITO

É o período relativo ao prazo de afastamento que varia entre seis, quatro e três meses em função dos mandatos eletivos que o pré-candidato objetiva conquistar. Dentro do prazo, o pleiteante ao registro estará em período suspeito.

Os prazos são diferenciados, porque o legislador procurou adotar um critério relativo à influência política das autoridades no âmbito em que exercem suas funções.

Lembra o renomado *Themístocles Brandão Cavalcanti* que o mandonismo político é uma tradição enraizada na vida brasileira. O prazo previsto na Lei das Inelegibilidades deveria de *lege ferenda* ser unificado, pois, na prática, a regra é confusa e cria diferenças entre situações isonômicas, além de dificultar a aplicação exata da lei.

---

6 O doutrinador Themístocles Brandão Cavalcanti ensina que o "registro é exigência de direito formal, interessa ao Direito Processual Eleitoral e como ele não deve limitar-se o exercício de um direito, mas discipliná-lo.

Pelo registro, verifica-se a situação do candidato em face da Constituição e das leis eleitorais; apura-se liminarmente a sua condição.

Por isso mesmo não deve o registro restringir o exercício do direito, mas apenas favorecer e assegurar o seu exercício. Bem compreendido, é uma garantia para o candidato, cuja elegibilidade se presume pelo registro.

Pretendem alguns que o registro é mero ato administrativo revogável. Entendemos, porém, que é ato administrativo em sentido material porque constitutivo de direito, e não revogável, senão nos casos e condições em que se revogam os atos jurídicos – nulidade manifesta, erro, dolo etc.

Muitas vezes é consequência de processo contencioso, precedido de contestação. Não há como negar-se ao ato do Tribunal Eleitoral caráter decisório.

Em todo o caso, o registro cria para o candidato um direito público subjetivo, reconhecendo-lhe qualidade para intervir no pleito" (*A Constituição Federal Comentada.* 3ª ed., São Paulo: Editora José Konfino, 1958. v. III).

12.9. AFASTAMENTO DE FATO

A averiguação do afastamento efetivo, real ou de fato é suficiente para o deferimento do registro pela Justiça Eleitoral, pois o que importa não é o formalismo rigoroso documental da prova da desincompatibilização.

Consagra-se, nesta assertiva, a tutela substancial da preservação da isonomia entre os aspirantes aos mandatos eletivos: "(...) *Desincompatibilização. Afastamento de fato. Improvimento. Médico municipal; candidatura a Deputado estadual; é suficiente o afastamento de fato; LC nº 64/1990, art. 1º, II, l" (TSE. AC nº 15.360, de 25 de agosto de 1998, Rel. Min. Costa Porto).*

O Tribunal Superior Eleitoral já tem observado, com inteira procedência, que a comunicação formulada à repartição, após a data limite, é irrelevante para o efeito da desincompatibilização, pois se opera no plano fático. A comunicação torna--se relevante para garantir a percepção de vencimentos. Nesse sentido, *acórdão nº 12.890, de 11 de setembro de 1996, Rel. Min. Eduardo Alckmin.* Sobre a questão do afastamento de fato, *REsp nº 16.595 – PB. Rel. Min. Waldemar Zveiter, TSE.*

Também não há exigência legal de que o pedido de afastamento seja registrado em cartório, conforme já decidiu o TSE (*AC nº 17.406, de 21/09/2000, Rel. Min. Fernando Neves*).

Podemos verificar que a fraude ao afastamento factual acarreta o indeferimento do pedido de registro de candidatura, inclusive, se for o caso de o beneficiário ser eleito, caberá o recurso contra a diplomação, art. 262 do Código Eleitoral, sendo o fato de conhecimento superveniente, considerando a ilaqueação da boa--fé da Justiça Eleitoral no exame do pedido de candidatura, com afetação real ao princípio da isonomia e da lisura do processo eleitoral. Nesta hipótese, não há que se falar de preclusão (*art. 259, parágrafo único, do Código Eleitoral*).

Aqui, o candidato protocolizou formalmente o seu pedido de afastamento no prazo legal, mas continuou exercendo suas funções e usando em seu benefício a máquina administrativa, contaminando e viciando a legitimidade das eleições. Trata-se de reconhecer, no caso concreto, a inelegibilidade superveniente ao registro como causa suficiente de nulidade dos votos ao infrator. Desse modo incide o verbete sumular **nº 47** do TSE.

Por fim, o pré-candidato deve afastar-se de direito e de fato nos prazos previstos na legislação, mas a verificação dessa matéria é questão de fato, sendo aplicáveis os verbetes sumulares **nº 279** do Supremo Tribunal Federal e **nº 7** do Superior Tribunal de Justiça. Assim, o reexame das provas não desafia os recursos extraordinário ou especial.

No Colendo TSE é o verbete sumular **nº 24**. "*Não cabe recurso especial para simples reexame do conjunto fático-probatório*".

Diferente é a disciplina destinada à desincompatibilização dos candidatos na eleição complementar.

A comprovação do afastamento é ônus da prova do candidato interessado na obtenção de seu registro de candidatura, sendo que a questão deve ser resolvida no prazo de diligências do procedimento de registro e de forma excepcional em certas hipóteses (*TSE. AC de 15/09/2010 no AgR-RO nº 196.025, Rel. Min. Arnaldo Versiani*).

Sobre esse tormentoso tema, é imprescindível a esmerada consulta da jurisprudência do Egrégio Tribunal Superior Eleitoral, além da eventual busca na legislação específica estatutária dos servidores federais, estaduais e municipais.

Cumpre enfatizar que membros das Câmaras dos Deputados, Assembleias Legislativas, Câmara Legislativa e Câmaras Municipais não precisam se desincompatibilizar, e.g., para disputar a reeleição.

Por exemplo, a **regra geral** para o prazo de afastamento de servidores públicos que objetivam concorrer ao mandato de vereador é de **3 (três)** meses antes da data da eleição (*primeiro turno*).

As convenções partidárias ocorrem entre os dias 20 de julho e 5 de agosto do ano eleitoral. Em seguida, o dia 15 de agosto é o último dia para o requerimento de registro de candidatura (*arts. 8º e 11 da Lei nº 9.504/1997*).

TABELA REFERENTE ÀS ELEIÇÕES MUNICIPAIS

PRÉ-CANDIDATO	PRAZO	REFERÊNCIA LEGAL
Diretor de autarquias, empresas públicas, sociedades de economia mista, fundações públicas e as mantidas pelo Poder Público (eleições municipais).	4 meses antes da data da eleição.	Resolução nº 19.519, de 18 de abril de 1996, Rel. Min. Diniz de Andrada (TSE).
Autoridades policiais, civis ou militares, com exercício no município (eleições municipais).	4 meses antes da data da eleição.	Art. 1º, II, l da Lei Complementar nº 64, de 18 de maio de 1990, e Acórdão nº 210, de 2 de setembro de 1998, Rel. Min. Costa Porto.
Delegado de Polícia que quer ser candidato a vereador.	6 meses antes da data da eleição.	Art. 1º, IV, c e VII, b, da Lei Complementar nº 64, de 18 de maio de 1990, e Acórdão nº 13.621, de 5 de novembro de 1996, Rel. Min. Eduardo Alckmin.
Comandante da Polícia Militar que quer ser candidato a vereador.	6 meses antes da data da eleição.	Art. 1º, VII, b e IV, c, da Lei Complementar nº 64, de 18 de maio de 1990, e Acórdão nº 16.743, de 21 de setembro de 2000, Rel. Min. Waldemar Zveiter.
Policial rodoviário que quer ser candidato a vereador.	6 meses antes da data da eleição.	Art. 144, II, e § 2º, da CARTA MAGNA. Art. 1º, VII, b e IV, c, da Lei Complementar nº 64, de 18 de maio de 1990, e Acórdão nº14.358, de 25 de fevereiro de 1997, Rel. Min. Ilmar Galvão.
Conselheiro tutelar. Membro do Conselho Tutelar previsto no Estatuto da Criança e do Adolescente que quer ser candidato a vereador.	4 meses antes da data da eleição.	Art. 1º, II, l, e IV, a, da Lei Complementar nº 64, de 18 de maio de 1990 e Acórdão nº 16.878, de 27 de setembro de 2000, Rel. Min. Nelson Jobim.
Defensor público.	4 meses antes da data da eleição, se for candidato a Prefeito ou Vice-Prefeito. 6 meses antes da data da eleição, se for candidato a vereador.	Art. 1º, VII, b e IV, b, da Lei Complementar nº 64, de 18 de maio de 1990 e Resolução nº 19.508, de 16 de abril de 1996, Rel. Min. Diniz de Andrade.
Diretor de empresa pública internacional.	4 meses antes da data da eleição, se for candidato ao Executivo Municipal.	Art. 1º, II, a, nº 09, da Lei Complementar nº 64, de 18 de maio de 1990 e Resolução nº 17.939, de 24 de março de 1992, Rel. Min. Américo Luz.
Presidente do conselho de fundo municipal de previdência dos servidores públicos.	6 meses antes da data da eleição se for candidato a vereador. 4 meses antes da data da eleição, se for candidato a Prefeito e Vice-Prefeito.	Art. 1º, VII, b e g, e IV, a, da Lei Complementar nº 64, de 18 de maio de 1990 e Resolução nº 20.618, de 11 de maio de 2000, Rel. Min. Eduardo Alckmin.
Membro da OAB que ocupa cargo ou função de direção de entidade representativa de classe.	4 meses antes da data da eleição.	Art. 1º, inciso II, alínea g, da Lei Complementar nº 64, de 18 de maio de 1990 e Acórdão nº 14.316, de 10 de outubro de 1996, Rel. Min. Ilmar Galvão.
Presidente de entidade patronal estadual representativa de classe.	4 meses antes da data da eleição, que deseja ser candidato ao Senado.	Art. 1º, II, alínea g e incisos V e VI da Lei Complementar nº 64, de 18 de maio de 1990 e Resolução nº 20.155, de 2 de abril de 1998, Rel. Min. Eduardo Alckmin.

PRÉ-CANDIDATO	PRAZO	REFERÊNCIA LEGAL
Dirigente sindical.	4 meses antes da data da eleição para o cargo de Prefeito ou de vereador.	Art. 1ª, II, g e Resolução nº 20.623, de 16/5/2000, Rel. Min. Maurício Corrêa, Acórdão nº 13.763, de 3/2/1997, Rel. Min. Francisco Rezek, e Resolução nº 19.558, de 16/5/1996, Rel. Min. Diniz de Andrada.
Diretor-técnico de fundação hospitalar municipal.	6 meses antes da data da eleição para ser candidato a Prefeito.	Art. 1ª, II, nº 09, e inciso IV, letra a e Acórdão nº 16.947, de 21 de setembro de 2000, Rel. Min. Waldemar Zveiter.
Magistrado e membro do Tribunal de Contas.	6 meses antes da data da eleição para qualquer cargo eletivo. Trata-se de afastamento definitivo.	Resolução nº 19.978, de 25 de setembro de 1997, Rel. Min. Costa Leite.
Ator, jogadores de futebol e basquete, árbitro de futebol etc. Profissional cujas atividades aparecem na mídia.	Não há previsão legal de afastamento, mas, segundo o art. 45, VI, e § 1ª, da Lei nº 9.504/1997, não podem, a partir de 1ª de agosto do ano eleitoral, apresentar ou comentar programa.	Subsunção legal art. 45, VI, e § 1ª, da Lei nº 9.504/1997.
Secretário executivo da Coordenadoria Municipal de Defesa Civil.	6 meses antes da data da eleição para a candidatura de vereador.	Art. 1ª, inciso IV, a, e VII, b, da Lei Complementar nº 64, de 18 de maio de 1990, e Resolução nº 20.631, de 23 de maio de 2000, Rel. Min. Eduardo Alckmin.
Servidor público.	4 meses antes da data da eleição para a candidatura de vereador.	Art. 1ª, II, a, 16, da Lei Complementar nº 64, de 18 de maio de 1990, e Acórdão nº 13.214, de 18 de dezembro de 1992, Rel. Min. Flaquer Scartezzini.
Servidor público que está nas hipóteses do art. 1ª, II, a, 16, da Lei Complementar nº 64, de 18 de maio de 1990. Diretor regional de educação.	6 meses antes da data da eleição para concorrer a vereador. Não são suficientes os 3 meses exigidos, em geral, dos servidores.	Art. 1ª, II, a, da Lei Complementar nº 64, de 18 de maio de 1990, e Acórdão nº 12.761, de 24 de setembro de 1992, Rel. Min. Sepúlveda Pertence.
Servidor público que está nas hipóteses do art. 1ª, II, a, 16, da Lei Complementar nº 64, de 18 de maio de 1990. Diretor regional de educação.	6 meses antes da data da eleição para concorrer a vereador. Não são suficientes os 3 meses exigidos, em geral, dos servidores.	Art. 1ª, II, a, da Lei Complementar nº 64, de 18 de maio de 1990, e Acórdão nº 12.761, de 24 de setembro de 1992, Rel. Min. Sepúlveda Pertence.
Coordenador regional do Inamps e diretor de programa da LBA.	4 meses antes da data da eleição para concorrer a Prefeito.	Art. 1ª, II, a, e 16, III, a e IV, a, da Lei Complementar nº 64, de 18 de maio de 1990, e Resolução nº 17.974, de 26 de março de 1992, Rel. Min. Hugo Gueiros.
Servidor público.	A regra geral é de 3 meses, seja para eleições nacionais, estaduais e municipais.	Art. 1ª, II, l da Lei Complementar nº 64, de 18 de maio de 1990, e Acórdão nº 14.267, de 1ª de outubro de 1996, Rel. Min. Eduardo Ribeiro.
Empregado de sociedade de economia mista (Petrobras).	3 meses antes da data da eleição para vereador.	Art. 1ª, II, l, da Lei Complementar nº 64, de 18 de maio de 1990, e Acórdão nº 14.392, de 30 de setembro de 1996, Rel. Min. Eduardo Ribeiro.
Servidor público de fato. Empregado de empresa que presta serviços ao município.	Não está sujeito a prazo de desincompatibilização.	Acórdão nº 16.723, de 17 de outubro de 2000, Rel. Min. Fernando Neves.
Médico do INSS.	3 meses antes da data da eleição para a candidatura de Prefeito ou de Vice-Prefeito.	Art. 1ª, II, l e IV, a, da Lei Complementar nº 64, de 18 de maio de 1990, e Resolução nº 20.611, de 2 de maio de 2000, Rel. Min. Nelson Jobim.

PRÉ-CANDIDATO	PRAZO	REFERÊNCIA LEGAL
Secretário da junta do serviço militar.	3 meses antes da data da eleição para a candidatura de vereador ou de Prefeito.	Art. 1º, II, *d*, da Lei Complementar nº 64, de 18 de maio de 1990, e Resolução nº 20.618, de 11 de maio de 2000, Rel. Min. Eduardo Alckmin.
Servidor contratado temporariamente. Agente censitário do IBGE.	3 meses antes da data da eleição para a candidatura de vereador.	Art. 1º, II, *l*, da Lei Complementar nº 64, de 18 de maio de 1990, e Acórdão nº 16.759, de 12 de setembro de 2000, Rel. Min. Garcia Vieira.
Servidor público em cargo de comissão.	3 meses antes da data da eleição para as candidaturas de Prefeito e vereador.	Art. 1º, II, *l*, da Lei Complementar nº 64, de 18 de maio de 1990, e Resolução nº 20.623, de 16 de maio de 2000, Rel. Min. Maurício Corrêa.
Assessor especial de ministro.	3 meses antes da data da eleição para qualquer candidatura.	Art. 1º, II, *l*, da Lei Complementar nº 64, de 18 de maio de 1990, e Resolução nº 20.172, de 16 de abril de 1998, Rel. Min. Costa Porto.
Servidor do Fisco que tem atribuição para o lançamento, arrecadação e fiscalização de impostos, taxas e contribuições.	6 meses antes da data da eleição para os candidatos a Prefeito e vereador.	Art. 1º, II, *d*, da Lei Complementar nº 64, de 18 de maio de 1990, e Acórdão nº 16.734, de 12 de setembro de 2000, Rel. Min. Costa Porto.
Titulares de serventias judiciais e extrajudiciais.	3 meses antes da data da eleição para os candidatos a Deputado.	Art. 1º, II, *l*, da Lei Complementar nº 64, de 18 de maio de 1990, e Resolução nº 14.239, de 10 de maio de 1994, Rel. Min. Pádua Ribeiro.
Vogal de Junta Comercial.	3 meses antes da data da eleição para as candidaturas de Prefeito e vereador.	Art. 1º, II, *l*, da Lei Complementar nº 64, de 18 de maio de 1990, e Resolução nº 19.995, de 9 de outubro de 1997, Rel. Min. Costa Porto.
Membros de conselhos diretor, fiscal ou consultivo de entidade representativa de municípios.	4 meses antes do pleito se for para candidaturas de Prefeito ou Vice-Prefeito e 6 meses para vereador.	Arts. 1º, III, *b*, 3, IV, *a* e VII, *b* da Lei Complementar nº 64, de 18 de maio de 1990, e Resolução nº 20.643, de 1º de junho de 2000, Rel. Min. Maurício Corrêa.
Membros do Ministério Público (vedação de filiação, EC nº 45, ver comentários na p. 252).	6 meses antes da data da eleição. Adota-se o mesmo prazo da filiação partidária.	ADINs nº 1.377 e nº 1.371 e ADInMC nº 2.084 do Supremo Tribunal Federal, e Resolução nº 20.836, de 7 de agosto de 2001 (TSE), Rel. Min. Sepúlveda Pertence.

TABELA REFERENTE ÀS ELEIÇÕES FEDERAIS E ESTADUAIS

Cargo pretendido Função ocupada	Presidente e Vice-Presidente da República	Governador e Vice-Governador	Senador	Deputado Federal	Deputado Estadual
Advogado-Geral da União	6 meses Definitivo LC nº 64/1990, art. 1º, II, a, 5 Não há precedente específico	6 meses Definitivo LC nº 64/1990, art. 1º, II, a, 5 c/c III, a Não há precedente específico	6 meses Definitivo LC nº 64/1990, art. 1º, II, a, 5 c/c V, a Não há precedente específico	6 meses Definitivo LC nº 64/1990, art. 1º, II, a, 5 c/c VI Não há precedente específico	6 meses Definitivo LC nº 64/1990, art. 1º, II, a, 5 c/c VI Não há precedente específico
Autarquia Dirigente	6 meses Definitivo Res. nº 14.435/1994 LC nº 64/1990, art. 1º, II, a, 9	6 meses Definitivo Res. nº 14.182/1994 LC nº 64/1990, art. 1º, II, a, 9 c/c III, a	6 meses Definitivo Res. nº 14.182/1994 LC nº 64/1990, art. 1º, II, a, 9 c/c V, a	6 meses Definitivo LC nº 64/1990, art. 1º, II, a, 9 c/c VI Não há precedente específico	6 meses Definitivo LC nº 64/1990, art. 1º, II, a, 9 c/c VI Não há precedente específico
Chefe de missão diplomática	Não há precedente específico	Res. nº 14.349/1994 LC nº 64/1990, art. 1º, III, a	Res. nº 14.349/1994 LC nº 64/1990, art. 1º, V, a	3 meses Definitivo LC nº 64/1990, art. 1º, II, l Res. nº 22.096/2005	3 meses Definitivo LC nº 64/1990, art. 1º, II, l Res. nº 22.096/2005
Chefe do Executivo					
Presidente da República	Reeleição Desnecessidade AEgrégio nº 19.178/2001 Res. nº 19.952/1997 CF, art. 14, § 5º	6 meses Definitivo Res. 21.053/2002 CF/1988, art. 14, § 6º LC nº 64/1990, art. 1º, § 1º	6 meses Definitivo Res. nº 21.053/2002 CF/1988, art. 14, § 6º LC nº 64/1990, art. 1º, § 1º	6 meses Definitivo Res. nº 21.053/2002 CF/1988, art. 14, § 6º LC nº 64/1990, art. 1º, § 1º	6 meses Definitivo Res. nº 21.053/2002 CF/1988, art. 14, § 6º LC nº 64/1990, art. 1º, § 1º
Governador	6 meses Definitivo Res. nº 22.119/2005 CF/1988, art. 14 § 6º LC nº 64/1990, art. 1º, II, a, 10 LC nº 64/1990, art. 1º, § 1º	Reeleição Desnecessidade AEgrégio nº 19.178/2001 Res. nº 19.952/1997 CF/1988, art. 14, § 5º	6 meses Definitivo Res. nº 22.119/2005 CF/1988, art. 14 § 6º LC nº 64/1990, art. 1º, § 1º	6 meses Definitivo Res. nº 22.119/2005 CF/1988, art. 14 § 6º LC nº 64/1990, art. 1º, § 1º	6 meses Definitivo Res. nº 22.119/2005 CF/1988, art. 14 § 6º LC nº 64/1990, art. 1º, § 1º
Prefeito	6 meses Definitivo Res. nº 21.695/2004 CF/1988, art. 14, § 6º LC nº 64/1990, art. 1º, II, a, 13 LC nº 64/1990, art. 1º, § 1º	6 meses Definitivo Res. nº 21.695/2004 CF/1988, art. 14, § 6º LC nº 64/1990, art. 1º, § 1º	6 meses Definitivo Res. nº 21.695/2004 CF/1988, art. 14, § 6º LC nº 64/1990, art. 1º, § 1º	6 meses Definitivo Res. nº 21.695/2004 CF/1988, art. 14, § 6º LC nº 64/1990, art. 1º, § 1º	6 meses Definitivo Res. nº 21.695/2004 CF/1988, art. 14, § 6º LC nº 64/1990, art. 1º, § 1º

Cargo pretendido / Função ocupada	Presidente e Vice-Presidente da República	Governador e Vice-Governador	Senador	Deputado Federal	Deputado Estadual
Chefe dos órgãos de assessoramento direto, civil e militar, da Presidência da República	6 meses Definitivo LC nº 64/1990, art. 1º, II, a, 2 Não há precedente específico	6 meses Definitivo LC nº 64/1990, art. 1º, II, a, 2 c/c III, a Não há precedente específico	6 meses Definitivo LC nº 64/1990, art. 1º, II, a, 2 c/c V, a Não há precedente específico	6 meses Definitivo LC nº 64/1990, art. 1º, II, a, 2 c/c VI Não há precedente específico	6 meses Definitivo LC nº 64/1990, art. 1º, II, a, 2 c/c VI Não há precedente específico
Chefe do órgão de assessoramento de informações da Presidência da República	6 meses Definitivo LC nº 64/1990, art. 1º, II, a, 3 Não há precedente específico	6 meses Definitivo LC nº 64/1990, art. 1º, II, a, 3 c/c III, a Não há precedente específico	6 meses Definitivo LC nº 64/1990, art. 1º, II, a, 3 c/c V, a Não há precedente específico	6 meses Definitivo LC nº 64/1990, art. 1º, II, a, 3 c/c VI Não há precedente específico	6 meses Definitivo LC nº 64/1990, art. 1º, II, a, 3 c/c VI Não há precedente específico
Chefe do Estado-Maior das Forças Armadas	6 meses Definitivo LC nº 64/1990, art. 1º, II, a, 4 Não há precedente específico	6 meses Definitivo LC nº 64/1990, art. 1º, II, a, 4 c/c III, a Não há precedente específico	6 meses Definitivo LC nº 64/1990, art. 1º, II, a, 4 c/c V, a Não há precedente específico	6 meses Definitivo LC nº 64/1990, art. 1º, II, a, 4 c/c VI Não há precedente específico	6 meses Definitivo LC nº 64/1990, art. 1º, II, a, 4 c/c VI Não há precedente específico
Chefe do Estado Maior da Marinha, Exército e Aeronáutica	6 meses Definitivo LC nº 64/1990, art. 1º, II, a, 6 Não há precedente específico	6 meses Definitivo LC nº 64/1990, art. 1º, II, a, 6 c/c III, a Não há precedente específico	6 meses Definitivo LC nº 64/1990, art. 1º, II, a, 6 c/c V, a Não há precedente específico	6 meses Definitivo LC nº 64/1990, art. 1º, II, a, 6 c/c VI Não há precedente específico	6 meses Definitivo LC nº 64/1990, art. 1º, II, a, 6 c/c VI Não há precedente específico
Comandante da Marinha, Exército e Aeronáutica	6 meses Definitivo LC nº 64/1990, art. 1º, II, a, 7 Não há precedente específico	6 meses Definitivo LC nº 64/1990, art. 1º, II, a, 7 c/c III, a Não há precedente específico	6 meses Definitivo LC nº 64/1990, art. 1º, II, a, 7 c/c V, a Não há precedente específico	6 meses Definitivo LC nº 64/1990, art. 1º, II, a, 7 c/c VI Não há precedente específico	6 meses Definitivo LC nº 64/1990, art. 1º, II, a, 7 c/c VI Não há precedente específico
Comandantes do Distrito Naval, Região Militar e Zona Aérea	Não há precedente específico	6 meses Definitivo LC nº 64/1990, art. 1º, III, b, 2	6 meses Definitivo LC nº 64/1990, Art. 1º, III, b, 2 c/c V, b	6 meses Definitivo LC nº 64/1990, art. 1º, III, b, 2 c/c VI	6 meses Definitivo LC nº 64/1990, art. 1º, III, b, 2 c/c VI
Conselho Municipal dos Direitos da Criança e do Adolescente	Desnecessidade Res. nº 14.265/1994	Desnecessidade Res. nº 14.265/1994	Desnecessidade Res. nº 14.265/1994	Desnecessidade Res. nº 14.265/1994	Desnecessidade Res. nº 14.265/1994

Cargo pretendido / Função ocupada	Presidente e Vice-Presidente da República	Governador e Vice-Governador	Senador	Deputado Federal	Deputado Estadual
Consultor Geral da República	6 meses Definitivo LC nº 64/1990, art. 1º, II, a, 5 Não há precedente específico	6 meses Definitivo LC nº 64/1990, art. 1º, II, a, 5 c/c III, a Não há precedente específico	6 meses Definitivo LC nº 64/1990, art. 1º, II, a, 5 c/c V, a Não há precedente específico	6 meses Definitivo LC nº 64/1990, art. 1º, II, a, 5 c/c VI Não há precedente específico	6 meses Definitivo LC nº 64/1990, art. 1º, II, a, 5 c/c VI Não há precedente específico
Defensor público	Não há precedente específico	Não há precedente específico	Não há precedente específico	3 meses Res. 21.074/2002 LC nº 64/1990, art. 1º, II, l c/c VI	3 meses Res. nº 21.074/2002 LC nº 64/1990, art. 1º, II, l c/c VI
Delegado de polícia	Não há precedente específico	Não há precedente específico	Não há precedente específico	Não há precedente específico	3 meses AEgrégio nº 210/1998 LC nº 64/1990, art. 1º, II, l c/c VI
Empresa pública – Dirigente	6 meses Definitivo LC nº 64/1990, art. 1º, II, a, 9 Não há precedente específico	6 meses Definitivo LC nº 64/1990, art. 1º, II, a, 9 c/c III, a Não há precedente específico	6 meses Definitivo LC nº 64/1990, art. 1º, II, a, 9 c/c V, a Não há precedente específico	6 meses Definitivo LC nº 64/1990, art. 1º, II, a, 9 c/c VI Não há precedente específico	6 meses Definitivo LC nº 64/1990, art. 1º, II, a, 9 c/c VI Não há precedente específico
Empresas que, pelo âmbito e natureza de suas atividades, possam influir na economia nacional – Dirigente (Lei nº 8.884/1994, que revogou a Lei nº 4.137/62)	6 meses LC nº 64/1990, art. 1º, II, e Não há precedente específico	6 meses LC nº 64/1990, art. 1º, II, e, c/c III, a Não há precedente específico	6 meses LC nº 64/1990, art. 1º, II, e c/c V, a Não há precedente específico	6 meses LC nº 64/1990, art. 1º, II, e c/c VI Não há precedente específico	6 meses LC nº 64/1990, art. 1º, II, e c/c VI Não há precedente específico
Empresas que atuem no Brasil, em condições monopolísticas - Controladores que não apresentarem prova da cessação do abuso do poder econômico apurado ou de que transferiram o controle das referidas empresas	6 meses LC nº 64/1990, art. 1º, II, f Não há precedente específico	6 meses LC nº 64/1990, art. 1º, II, f, c/c III, a Não há precedente específico	6 meses LC nº 64/1990, art. 1º, II, f, c/c V, a Não há precedente específico	6 meses LC nº 64/1990, art. 1º, II, f c/c VI Não há precedente específico	6 meses LC nº 64/1990, art. 1º, II, f c/c VI Não há precedente específico

Cargo pretendido Função ocupada	Presidente e Vice-Presidente da República	Governador e Vice-Governador	Senador	Deputado Federal	Deputado Estadual
Empresas que tenham objetivos exclusivos de operações financeiras e façam publicamente apelo à poupança e ao crédito, inclusive cooperativas e estabelecimentos que gozem de vantagens asseguradas pelo Poder Público – Dirigente		6 meses LC nº 64/1990, art. 1º, II, h, c/c III, a Não há precedente específico	6 meses LC nº 64/1990, art. 1º, II, h, c/c V, a Não há precedente específico	6 meses LC nº 64/1990, art. 1º, II, h, c/c VI Não há precedente específico	6 meses LC nº 64/1990, art. 1º, II, h, c/c VI Não há precedente específico
Entidade de classe (Dirigente, administrador ou representante)					
CREA (Presidente) Anuidades e taxas que se enquadram no conceito de contribuição parafiscal.	Não há precedente específico	Não há precedente específico	Não há precedente específico	Não há precedente específico	6 meses AEgrégio nº 290/1998 LC nº 64/1990, art. 1º, II, d, c/c VI
Dirigente sindical	4 meses Res. nº 21.041/2002 LC nº 64/1990, art. 1º, II, g	4 meses Res. nº 21.041/2002 LC nº 64/1990, art. 1º, II, g, c/c III, a	4 meses Res. nº 21.041/2002 LC nº 64/1990, art. 1º, II, g, c/c V, a	4 meses Res. nº 21.041/2002 LC nº 64/1990, art. 1º, II, g, c/c VI	4 meses Res. nº 21.041/2002 LC nº 64/1990, art. 1º, II, g, c/c VI
Dirigente sindical não remunerado	4 meses AEgrégio nº 622/2002 LC nº 64/1990, art. 1º, II, g	4 meses AEgrégio 622/2002 LC nº 64/1990, art. 1º, II, g, c/c III, a	4 meses AEgrégio nº 622/2002 LC nº 64/1990, art. 1º, II, g, c/c V, a	4 meses AEgrégio nº 622/2002 LC nº 64/1990, art. 1º, II, g, c/c VI	4 meses AEgrégio nº 622/2002 LC nº 64/1990, art. 1º, II, g, c/c VI
Entidade patronal estadual	Não há precedente específico	Não há precedente específico	4 meses Res. nº 20.155/1998 LC nº 64/1990, art. 1º, II, g, c/c V, a	4 meses Res. nº 20.155/1998 LC nº 64/1990, art. 1º, II, g, c/c VI	4 meses Res. 20.155/1998 LC nº 64/1990, art. 1º, II, g, c/c VI
Entidade de classe em geral	4 meses LC nº 64/1990, art. 1º, II, g	4 meses Res. nº 22.168/2006 LC nº 64/1990, art. 1º, II, g, c/c III, a	4 meses Res. nº 22.168/2006 LC nº 64/1990, art. 1º, II, g, c/c V, a	4 meses Res. nº 22.168/2006 LC nº 64/1990, art. 1º, II, g, c/c VI	4 meses Res. nº 22.168/2006 LC nº 64/1990, art. 1º, II, g, c/c VI
Entidade patronal nacional (CNI ou CNC)	Não há precedente específico	4 meses Res. nº 21.041/2002 LC nº 64/1990, art. 1º, II, g, c/c III, a	4 meses Res. nº 21.041/2002 Res. nº 20.018/2002 Res. nº 20.140/1998 LC nº 64/1990, art. 1º, II, g, c/c V, a	4 meses Res. nº 21.041/2002 Res. nº 20.140/1998 LC nº 64/1990, art. 1º, II, g, c/c VI	4 meses Res. nº 20.140/1998 LC nº 64/1990, art. 1º, II, g, c/c VI

Cargo pretendido / Função ocupada	Presidente e Vice-Presidente da República	Governador e Vice-Governador	Senador	Deputado Federal	Deputado Estadual
Motorista de sindicato	Não há precedente específico	Não há precedente específico	Não há precedente específico	Não há precedente específico	Desnecessidade AEgrégio nº 181/1998
OAB	4 meses AEgrégio nº 14.316/1996 Res. nº 16.551/1990 LC nº 64/1990, art. 1º, II, *g*	4 meses AEgrégio nº 14.316/1996 Res. nº 16.551/1990 LC nº 64/1990, art. 1º, II, *g*, c/c III, *a*	4 meses AEgrégio nº 14.316/1996 Res. nº 16.551/1990 AEgrégio nº 11.206/1990 LC nº 64/1990, art. 1º, II, *g*, c/c V, *a*	4 meses AEgrégio nº 14.316/1996 Res. nº 16.551/1990 LC nº 64/1990, art. 1º, II, *g*, c/c VI	4 meses AEgrégio nº 14.316/1996 Res. nº 16.551/1990 LC nº 64/1990, art. 1º, II, *g*, c/c VI
SESI e SENAI	Não há precedente específico	4 meses Res. nº 20.018/2002 LC nº 64/1990, art. 1º, II, *g*	Não há precedente específico	Não há precedente específico	Não há precedente específico
Entidade mantida pelo Poder Público – Dirigente	6 meses LC nº 64/1990, art. 1º, II, *a*, 9 Não há precedente específico	LC nº 64/1990, art. 1º, II, *a*, 9, c/c III, *a* Não há precedente específico	LC nº 64/1990, art. 1º, II, *a*, 9, c/c V, *a* Não há precedente específico	LC nº 64/1990, art. 1º, II, *a*, 9, c/c VI Não há precedente específico	LC nº 64/1990, art. 1º, II, *a*, 9, c/c VI Não há precedente específico
Entidade que mantenha contrato com o Poder Público ou sob seu controle, salvo contrato com cláusulas uniformes – Dirigente	6 meses LC nº 64/1990, art. 1º, II, *i* Não há precedente específico	6 meses LC nº 64/1990, art. 1º, II, *i*, c/c III, *a* Não há precedente específico	6 meses Res. nº 20.116/1998 AEgrégio nº 20.069/2002 LC nº 64/1990, art. 1º, II, *i*, c/c V, *a*	6 meses Res. nº 20.116/1998 AEgrégio nº 556/2002 LC nº 64/1990, art. 1º, II, *i*, c/c VI	6 meses LC nº 64/1990, art. 1º, II, *i*, c/c VI Não há precedente específico
Membro de conselho de administração de empresa concessionária de serviço público federal	Não há precedente específico	Não há precedente específico	6 meses Res. nº 20.116/1998 LC nº 64/1990, art. 1º, II, *i*, c/c V, *a*	6 meses Res. nº 20.116/1998 LC nº 64/1990, art. 1º, II, *i*, c/c VI	Não há precedente específico
Sociedade civil que mantém contrato de prestação de serviços de assistência social no município	Não há precedente específico	Não há precedente específico	6 meses AEgrégio nº 20.069/2002. Candidatura a suplente de Senador LC nº 64/1990, art. 1º, II, *i*, c/c V, *a*	Não há precedente específico	Não há precedente específico
Contrato de publicidade	Não há precedente específico	Não há precedente específico	6 meses AEgrégio nº 19.988/2002 LC nº 64/1990, art. 1º, II, *i*, c/c V, *a*	Não há precedente específico	Não há precedente específico
Presidente de empresa municipal	Não há precedente específico	Não há precedente específico	Não há precedente específico	6 meses AEgrégio nº 15.396/1998 LC nº 64/1990, art. 1º, II, *i*, c/c VI	Não há precedente específico

Cargo pretendido / Função ocupada	Presidente e Vice-Presidente da República	Governador e Vice-Governador	Senador	Deputado Federal	Deputado Estadual
Secretários municipais ou membros de órgãos congêneres	Não há precedente específico	6 meses Definitivo LC nº 64/1990, art. 1º, III, b, 4	6 meses Definitivo LC nº 64/1990, art. 1º, III, b, 4 c/c V, b	6 meses Definitivo LC nº 64/1990, art. 1º, III, b, 4 c/c VI	6 meses Definitivo LC nº 64/1990, art. 1º, III, b, 4, c/c VI
Servidores públicos, estatutários ou não, dos órgãos da administração direta ou indireta da União, Estados, DF, Municípios e Territórios.	3 meses Remunerado AEgrégio nº 14.267/1996 Res. nº 20.623/2000 LC nº 64/1990, art. 1º, II, l	3 meses Remunerado AEgrégio nº 14.267/1996 Res. nº 20.623/2000 LC nº 64/1990, art. 1º, II, l, c/c III, a	3 meses Remunerado AEgrégio nº 14.267/1996 Res. nº 20.623/2000 LC nº 64/1990, art. 1º, II, l, c/c V, a	3 meses Remunerado AEgrégio nº 14.267/1996 Res. nº 20.623/2000 LC nº 64/1990, art. 1º, II, l, c/c VI	3 meses Remunerado AEgrégio nº 14.267/1996 Res. nº 20.623/2000 LC nº 64/1990, art. 1º, II, l, c/c VI
Agente comunitário de saúde	3 meses Definitivo (Contrato temporário) Remunerado (Efetivo) Res. nº 21.809/2004	3 meses Definitivo (Contrato temporário) Remunerado (Efetivo) Res. nº 21.809/2004	3 meses Definitivo (Contrato temporário) Remunerado (Efetivo) Res. nº 21.809/2004	3 meses Definitivo (Contrato temporário) Remunerado (Efetivo) Res. nº 21.809/2004	3 meses Definitivo (Contrato temporário) Remunerado (Efetivo) Res. nº 21.809/2004
Agente de polícia	Não há precedente específico	Não há precedente específico	Não há precedente específico	Não há precedente específico	3 meses AEgrégio nº 252/1998
Agente penitenciário	3 meses AEgrégio nº 173/1998	3 meses AEgrégio nº 173/1998	3 meses AEgrégio nº 173/1998	3 meses AEgrégio nº 173/1998	3 meses AEgrégio nº 173/1998
Auxiliar de enfermagem	Não há precedente específico	Não há precedente específico	Não há precedente específico	Não há precedente específico	3 meses AEgrégio nº 559/2002
Empregado de sociedade de economia mista	Não há precedente específico	3 meses Remunerado AEgrégio nº 15.459/1998	Não há precedente específico	3 meses Remunerado AEgrégio nº 554/2002	3 meses Remunerado AEgrégio nº 15.481/1998
Médico	Não há precedente específico	Não há precedente específico	Não há precedente específico	Não há precedente específico	3 meses AEgrégio nº 11.445/1990 AEgrégio nº 15.360/1998
Presidente de programa de desestatização	3 meses Res. nº 20.171/1998	3 meses Res. nº 20.171/1998	3 meses Res. nº 20.171/1998	3 meses Res. nº 20.171/1998	3 meses Res. nº 20.171/1998
Servidor da Justiça Eleitoral	Afastamento hábil para cumprir o prazo de filiação partidária, seis meses. Definitivo Res. nº 22.088/2005	Afastamento hábil para cumprir o prazo de filiação partidária, seis meses. Definitivo Res. nº 22.088/2005	Afastamento hábil para cumprir o prazo de filiação partidária, seis meses. Definitivo Res. nº 22.088/2005	Afastamento hábil para cumprir o prazo de filiação partidária, seis meses. Definitivo Res. nº 22.088/2005	Afastamento hábil para cumprir o prazo de filiação partidária, seis meses. Definitivo Res. nº 22.088/2005
Servidor da Secretaria Municipal de Saúde	Não há precedente específico	Não há precedente específico	Não há precedente específico	Não há precedente específico	3 meses AEgrégio nº 11.444/1990

Cargo pretendido / Função ocupada	Presidente e Vice-Presidente da República	Governador e Vice-Governador	Senador	Deputado Federal	Deputado Estadual
Servidor de escola ou universidade pública	3 meses Remunerado (Efetivo) Definitivo (Comissionado) Res. nº 21.097/2002	3 meses Remunerado (Efetivo) Definitivo (Comissionado) Res. nº 21.097/2002	3 meses Remunerado (Efetivo) Definitivo (Comissionado) Res. nº 21.097/2002	3 meses Remunerado (Efetivo) Definitivo (Comissionado) Res. nº 21.097/2002	3 meses Remunerado (Efetivo) Definitivo (Comissionado) Res. nº 21.097/2002 AEgrégio nº 646/2002
Servidor do Poder Legislativo	Não há precedente específico	Não há precedente específico	3 meses Res. nº 20.181/1998	Não há precedente específico	Não há precedente específico
Titular de cartório	Não há precedente específico	Não há precedente específico	Não há precedente específico	3 meses Res. nº 14.239/1994	3 meses Res. nº 14.239/1994
Servidor público ocupante de cargo efetivo ou em comissão relativo a arrecadação e fiscalização de impostos, taxas e contribuições	6 meses Sem remuneração Res. nº 19.506/1996 Remuneração – 3 meses Res. nº 18.136/1992 Res. nº 20.145/1998 Remuneração integral STJ, Resp. nº 58.129/SP LC nº 64/1990, art. 1º, II, d	6 meses Sem remuneração Res. nº 19.506/1996 Remuneração – 3 meses Res. nº 18.136/1992 Res. nº 20.145/1998 Remuneração integral STJ, Resp. nº 58.129/SP	6 meses Sem remuneração Res. nº 19.506/1996 Remuneração – 3 meses Res. nº 18.136/1992 Res. nº 20.145/1998 AEgrégio nº 335/1998 Remuneração integral STJ, Resp. nº 58.129/SP	6 meses Sem remuneração Res. nº 19.506/1996 Remuneração – 3 meses Res. nº 18.136/1992 Res. nº 20.145/1998 Remuneração integral STJ, Resp. nº 58.129/SP	6 meses Sem remuneração Res. nº 19.506/1996 Remuneração – 3 meses Res. nº 18.136/1992 Res. nº 20.145/1998 AEgrégio nº 108/1998 Remuneração integral STJ, Resp. nº 58.129/SP
Servidor público ocupante de cargo em comissão					
Membro de direção escolar	3 meses Definitivo Res. nº 21.097/2002	3 meses Definitivo Res. nº 21.097/2002	3 meses Definitivo Res. nº 21.097/2002	3 meses Definitivo Res. nº 21.097/2002	Não há precedente específico
Assessoria extraordinária do governo	Não há precedente específico	3 meses Definitivo AEgrégio nº 19.987/2002	Não há precedente específico	Não há precedente específico	Não há precedente específico
Ocupante de cargo em comissão por tempo certo não demissível ad nutum	3 meses Remunerado Res. nº 4.355/1994	3 meses Remunerado Res. nº 14.355/1994	3 meses Remunerado Res. nº 14.355/1994	3 meses Remunerado Res. nº 14.355/1994	3 meses Remunerado Res. nº 14.355/1994
Assessor especial de ministro	Não há precedente específico	Não há precedente específico	3 meses Definitivo Res. nº 20.172/1998	3 meses Definitivo Res. nº 20.172/1998	Não há precedente específico
Servidor público ocupante de cargo em comissão em geral	3 meses Definitivo Res. nº 20.623/2000	3 meses Definitivo Res. nº 20.623/2000	3 meses Definitivo Res. nº 20.145/1998	3 meses Definitivo Res. nº 20.145/1998	3 meses Definitivo Res. nº 20.145/1998

INELEGIBILIDADES — CAPÍTULO 12

Cargo pretendido / Função ocupada	Presidente e Vice-Presidente da República	Governador e Vice-Governador	Senador	Deputado Federal	Deputado Estadual
Ocupante de cargo em comissão de nomeação pelo Presidente da República sujeito à aprovação pelo Senado Federal					
Chefe de missão diplomática	Não há precedente específico	Não há precedente específico	3 meses Definitivo Sem remuneração Res. nº 22.096/2005	3 meses Definitivo Sem remuneração Res. nº 22.096/2005	3 meses Definitivo Sem remuneração Res. nº 22.096/2005
Cargo comissionado por tempo certo, não demissível *ad nutum*	Definitivo Res. nº 14.355/1994	Definitivo Res. nº 14.355/1994	Definitivo Res. nº 14.355/1994	Definitivo Res. nº 14.355/1994	Definitivo Res. nº 14.355/1994
Conselho Administrativo de Defesa Econômica (membros)	6 meses Definitivo Res. nº 14.435/1994 LC nº 64/1990, art. 1º, II, *b*	6 meses Definitivo Res. nº 14.435/1994 LC nº 64/1990, art. 1º, II, *b*, *c/c* III, *a*	6 meses Definitivo Res. nº 14.435/1994 LC nº 64/1990, art. 1º, II, *b c/c* V, *a*	6 meses Definitivo Res. nº 14.435/1994 LC nº 64/1990, art. 1º, II, *b c/c* VI	6 meses Definitivo Res. nº 14.435/1994 LC nº 64/1990, art. 1º, II, *b c/c* VI
Vogal de Junta Comercial	Não há precedente específico	Não há precedente específico	Não há precedente específico	3 meses Remunerado Res. nº 19.995/1997 LC nº 64/1990, art. 1º, II, *l c/c* VI	3 meses Remunerado Res. nº 19.995/1997 LC nº 64/1990, art. 1º, II, *l c/c* VI
Sociedade de assistência a municípios – Dirigente	Não há precedente específico	6 meses Resolução nº 20.645/2000 LC nº 64/1990, art. 1º, III, *b*, 3	6 meses Resolução nº 20.645/2000 LC nº 64/1990, art. 1º, III, *b*, 3 *c/c* V, *b*	6 meses Resolução nº 20.645/2000 LC nº 64/1990, art. 1º, III, *b*, 3 *c/c* VI	6 meses Resolução nº 20.645/2000 LC nº 64/1990, art. 1º, III, *b*, 3 *c/c* VI
Sociedade de economia mista – Dirigente	6 meses LC nº 64/1990, art. 1º, II, *a*, 9 *c/c*, III, *a* Não há precedente específico	6 meses LC nº 64/1990, art. 1º, II, *a*, 9 *c/c*, III, *a* Não há precedente específico	6 meses LC nº 64/1990, art. 1º, II, *a*, 9 *c/c* V, *a* Não há precedente específico	6 meses LC nº 64/1990, art. 1º, II, *a*, 9 *c/c* VI Não há precedente específico	6 meses Res. nº 20.060/2002 LC nº 64/1990, art. 1º, II, *a*, 9 *c/c* VI
Tribunal de Contas da União, dos Estados e do Distrito Federal – Membros	6 meses Definitivo Res. nº 20.539/1999 LC nº 64/1990, art. 1º, II, *a*, 14	6 meses Definitivo Res. nº 20.539/1999 LC nº 64/1990, art. 1º, II, *a*, 14 *c/c* III, *a*	6 meses Definitivo Res. nº 20.539/1999 LC nº 64/1990, art. 1º, II, *a*, 14 *c/c* V, *a*	6 meses Definitivo Res. nº 20.539/1999 LC nº 64/1990, art. 1º, II, *a*, 14 *c/c* VI	6 meses Definitivo Res. nº 20.539/1999 LC nº 64/1990, art. 1º, II, *a*, 14 *c/c* VI
Vice-Chefe do Executivo					
Vice-Presidente da República que não substituiu o titular nos 6 meses nem o sucedeu	Desnecessidade para titular Res. nº 20.889/2001 AEgrégio nº 20.144/1998 LC nº 64/1990, art. 1º, § 2º Desnecessidade para vice Res. nº 20.547/1997 CF/1988, art. 14, § 5º	Desnecessidade Res. nº 20.889/2001 Res. nº 20.144/1998 LC nº 64/1990, art. 1º, § 2º	Desnecessidade Res. nº 20.889/2001 Res. nº 20.144/1998 LC nº 64/1990, art. 1º, § 2º	Desnecessidade Res. nº 20.889/2001 Res. nº 20.144/1998 LC nº 64/1990, art. 1º, § 2º	Desnecessidade Res. nº 20.889/2001 Res. nº 20.144/1998 LC nº 64/1990, art. 1º, § 2º

Cargo pretendido / Função ocupada	Presidente e Vice-Presidente da República	Governador e Vice-Governador	Senador	Deputado Federal	Deputado Estadual
Vice-Presidente da República que sucedeu o titular	Desnecessidade para presidente e 6 meses para vice Res. nº 22.129/2005 CF/1988, art. 14, § 5º CF/1988, art. 14, § 6º	6 meses Res. nº 20.889/2001 Res. nº 22.129/2005 CF/1988, art. 14, § 6º	6 meses Res. nº 20.889/2001 Res. nº 22.129/2005 CF/1988, art. 14, § 6º	6 meses Res. nº 20.889/2001 Res. nº 22.129/2005 CF/1988, art. 14, § 6º	6 meses Res. nº 20.889/2001 Res. nº 22.129/2005 CF/1988, art. 14, § 6º
Vice-Presidente da República que substituiu o titular nos seis meses anteriores à eleição	Desnecessidade para titular Res. nº 20.889/2001	Desnecessidade para titular Res. nº 21.082/2002 Res. nº 20.605/2000 Res. nº 20.144/1998	Res. nº 21.082/2002 Res. nº 20.605/2000 Res. nº 20.144/1998	Res. nº 21.082/2002 Res. nº 20.605/2000 Res. nº 20.144/1998	Res. nº 21.082/2002 Res. nº 20.605/2000 Res. nº 20.144/1998
Vice-Governador que não substituiu o titular nos 6 meses nem o sucedeu	Desnecessidade Res. nº 20.889/2001 LC nº 64/1990, art. 1º, § 2º	Desnecessidade Res. nº 20.889/2001 LC nº 64/1990, art. 1º, § 2º Desnecessidade para vice Res. nº 19.952/1997 CF, art. 14, § 5º	Desnecessidade Res. nº 20.889/2001 LC nº 64/1990, art. 1º, § 2º	Desnecessidade Res. nº 20.889/2001 LC nº 64/1990, art. 1º, § 2º	Desnecessidade Res. nº 20.889/2001 LC nº 64/1990, art. 1º, § 2º
Vice-Governador que sucedeu o titular	6 meses Definitivo Res. nº 20.889/2001 Res. nº 22.129/2005 CF/1988, art. 14, § 6º	Desnecessidade para titular 6 meses para vice Definitivo Res. nº 20.889/2001 Res. nº 22.129/2005 CF/1988, art. 14, § 6º	6 meses Definitivo Res. nº 20.889/2001 Res. nº 22.129/2005 CF/1988, art. 14, § 6º	6 meses Definitivo Res. nº 20.889/2001 Res. nº 22.129/2005 CF/1988, art. 14, § 6º	6 meses Definitivo Res. nº 20.889/2001 Res. nº 22.129/2005 CF/1988, art. 14, § 6º
Vice-Governador que substituiu o titular nos 6 meses anteriores à eleição	Res. nº 20.889/2001 Res. nº 20.605/2000 Res. nº 20.144/1998 LC nº 64/1990, art. 1º, § 2º	Desnecessidade para titular Res. nº 20.889/2001 Desnecessidade para vice Res. nº 21.151/2006 Res. nº 20.148/1998	Res. nº 20.889/2001 Res. nº 20.605/2000 Res. nº 20.144/1998 LC nº 64/1990, art. 1º, § 2º	Res. nº 20.889/2001 Res. nº 20.605/2000 Res. nº 20.144/1998, art. 1º, § 2º	Res. nº 20.889/2001 Res. nº 20.605/2000 Res. nº 20.144/1998 LC nº 64/1990, art. 1º, § 2º
Vice-Prefeito que não substituiu o titular nos 6 meses nem o sucedeu	Desnecessidade Res. nº 20.889/2001 Res. nº 20.605/2000 LC nº 64/1990, art. 1º, § 2º	Desnecessidade Res. nº 20.889/2001 Res. nº 20.605/2000 LC nº 64/1990, art. 1º, § 2º	Desnecessidade Res. nº 20.889/2001 Res. nº 20.605/2000 LC nº 64/1990, art. 1º, § 2º	Desnecessidade Res. nº 20.889/2001 Res. nº 20.605/2000 LC nº 64/1990, art. 1º, § 2º	Desnecessidade Res. nº 20.889/2001 Res. nº 20.605/2000 LC nº 64/1990, art. 1º, § 2º
Vice-Prefeito que sucedeu o titular	6 meses Definitivo Res. nº 22.129/2005 AEgrégio nº 4.494/2004 Res. nº 20.889/2001 CF/1988, art. 14, § 6º	6 meses Definitivo Res. nº 22.129/2005 AEgrégio 4.494/2004 Res. nº 20.889/2001 CF/1988, art. 14, § 6º	6 meses Definitivo Res. nº 22.129/2005 AEgrégio nº 4.494/2004 Res. nº 20.889/2001 CF/1988, art. 14, § 6º	6 meses Definitivo Res. nº 22.129/2005 AEgrégio nº 4.494/2004 Res. nº 20.889/2001 CF/1988, art. 14, § 6º	6 meses Definitivo Res. nº 22.129/2005 AEgrégio nº 4.494/2004 Res. nº 20.889/2001 CF/1988, art. 14, § 6º
Vice-Prefeito que substituiu o titular nos 6 meses anteriores à eleição	Res. nº 21.695/2004 Res. nº 20.605/2000 Res. nº 20.144/1998 LC nº 64/1990, art. 1º, § 2º	Res. nº 21.695/2004 Res. nº 20.605/2000 Res. nº 20.144/1998 LC nº 64/1990, art. 1º, § 2º	Res. nº 21.695/2004 Res. nº 20.605/2000 Res. nº 20.144/1998 LC nº 64/1990, art. 1º, § 2º	Res. nº 21.695/2004 Res. nº 20.605/2000 Res. nº 20.144/1998, art. 1º, § 2º	Res. nº 21.695/2004 Res. nº 20.605/2000 Res. nº 20.144/1998 LC nº 64/1990, art. 1º, § 2º

Tabela retirada do site oficial do Tribunal Superior Eleitoral: www.tse.gov.br

INELEGIBILIDADES   CAPÍTULO 12

12.10. DESINCOMPATIBILIZAÇÃO E DIMINUIÇÃO DO PRAZO PARA O REGISTRO DE CANDIDATURAS. LEI Nº 13.165/2015

Os prazos de desincompatibilização são os estabelecidos na legislação eleitoral e funcional.

Todavia, a Lei nº 13.165, de 29 de setembro de 2015, ao alterar os prazos das convenções olvidou os prazos específicos para fins de desincompatibilização criando um intervalo temporal significativo entre a data de afastamento e a possível escolha como pré-candidato na convenção partidária.

As convenções ocorrem entre 20 de julho e 5 de agosto do ano eleitoral (*art. 8º da Lei nº 9.504/1997*).

Convém assinalar, no entanto, a necessidade de desincompatibilização antes mesmo da realização das convenções partidárias, quando o pretenso candidato objetiva determinada candidatura.

Por exemplo: funcionário público (*técnico fazendário de administração e finanças*) que ocupa função de arrecadação e fiscalização de impostos, taxas e contribuições de melhoria, segundo decisão do Egrégio TSE no Acórdão nº 959/2006, necessita se afastar da função 4 (*quatro*) meses antes da eleição, quando pretende concorrer ao mandato eletivo de Prefeito.

Considerando as Eleições Municipais de 2016, em 02/10/2016, o prazo de desincompatibilização é até 1º/06/2016, sendo que as convenções só ocorrerão a partir de 20 de julho até 5 de agosto, ou seja, no mínimo durante um mês, o servidor não estará trabalhando na Administração Pública e, por via de consequência estará percebendo a remuneração.

Nesta mesma hipótese, se esse servidor pretender se candidatar a vereador, o afastamento será de 6 (*seis*) meses. Licença em 1º/04/2016 e eleição em 02/10/2016, mas as convenções somente ocorrem de 20/07/2016 a 05/08/2016. Nesse caso, a licença remunerada será de mais de 3 (*três*) meses.

Como posto em relevo, a Administração Pública arcará com o salário do servidor por longo período sem a certeza da efetiva escolha do mesmo em convenção partidária.

***Quid iuris* se porventura não for o mesmo escolhido na convenção?**

A legislação eleitoral não resolve esse tema, o que naturalmente desloca o enfrentamento da questão para a seara do Direito Administrativo exigindo-se a cautela no exame casuístico.

De lege ferenda é inadiável uma normatização específica que possibilite o exercício da concretização da desincompatibilização com a preservação do erário público e da prestação contínua dos serviços escoimando-se a fraude em tentativas de concessões de licenças de ocasião absolutamente

369

desarrazoadas, até porque é possível que em certos casos incida a improbidade administrativa.

Por fim, não se pode olvidar que a concessão da licença é direito do servidor que almeja a escalada da candidatura.

Na omissão legislativa eleitoral sobre esse tema deverá o servidor comprovar administrativamente a sua escolha em convenção partidária pela ata respectiva ou justificar de forma fundamentada as razões da não pré-candidatura.

12.11. DESINCOMPATIBILIZAÇÃO. PREFEITO E VICE

Ressalta-se a norma expressa do § 2º do art. 1º da Lei Complementar nº 64, de 18 de maio de 1990, *in expressi verbis*:

> § 2º O Vice-Presidente, o Vice-Governador e o Vice-Prefeito poderão candidatar-se a outros cargos, preservando os seus mandatos respectivos, desde que, nos últimos 6 (seis) meses anteriores ao pleito, não tenham sucedido ou substituído o titular.

Deve-se preservar a evitabilidade de burlas ao sistema da reeleição e das recandidaturas, porque a Carta Magna apenas permite uma única continuidade político-administrativa, e não a perpetuidade de integrantes da unidade da chapa em sucessivos mandatos eletivos.[7]

Na linha deste entendimento, é importante salientar que:

> (TSE). Cidadão eleito vice que sucede o titular. Impossibilidade de candidatura para o exercício de um terceiro mandato.
>
> 1. O cidadão eleito vice de qualquer dos titulares enumerados na CF, art. 14, § 5º, e que vier a sucedê-los, só poderá candidatar-se ao mesmo cargo para um único período subsequente" (Resoluções nº 20.510, de 23/11/1999, Rel. Min. Edson Vidigal, e nº 20.462, de 31/08/1999, Rel. Min. Maurício José Corrêa). Ocorrendo a morte do titular, é igualmente possível a reeleição para apenas um mandato subsequente (art. 14, § 5º, da Carta Magna). Nesse sentido, Acórdão nº 430, de 19/09/2000, Rel. Min. Walter Ramos da Costa Porto.

Quanto à vedação de um terceiro mandato[8] consecutivo, é importante registrar a decisão do Tribunal Superior Eleitoral:

---

7 Consulta nº 947/DF, Rel. Min. Carlos Madeira, em 30/09/2003.
Consulta. Elegibilidade. Chefe do Poder Executivo. Art. 14, §§ 5º e 7º, da Constituição Federal.
Impossibilidade de o Vice-Prefeito que vive maritalmente com irmã de Prefeito reeleito se candidatar ao mesmo cargo deste, por configurar hipótese vedada pelo art. 14, §§ 5º e 7º, da Constituição Federal.
A jurisprudência desta Corte se consolidou no sentido de impedir a perenização no poder de membros de uma mesma família. Nesse entendimento, o Tribunal respondeu negativamente à consulta. Unânime.
8 Consulta. Vice-prefeita reeleita que sucede o cônjuge no segundo mandato. Candidatura ao cargo de Prefeito. Impossibilidade. É vedada nova candidatura de Vice-prefeita que, reeleita com o marido Prefeito, a ele sucede no

INELEGIBILIDADES   CAPÍTULO 12

Resolução nº 21.480, de 02/09/2003. Consulta nº 897/DF. Rel.ª Min.ª Ellen Gracie. Ementa: Consulta. Vice-Prefeito reeleito. Desincompatibilização para concorrer a cargo de Deputado federal. Candidatura a Vice-Prefeito. Impossibilidade. Vice-Prefeito reeleito em 2000, ainda que tenha se desincompatibilizado para se candidatar a Deputado federal em 2002, não pode candidatar-se ao cargo de Vice-Prefeito novamente em 2004, pois restaria configurado um terceiro mandato sucessivo, o que é vedado pelo art. 14, § 5º, da Constituição Federal.

É muito comum, nas eleições municipais, a **assunção interina do mandato político eletivo de Prefeito pelo Presidente da Câmara Municipal**. Neste diapasão, faz-se necessário ressaltar precedente do TSE no sentido de considerar que o prazo do exercício da interinidade não é um mandato antecedente que estaria sendo cumprido pelo Presidente da Câmara.

O mandato chamado "tampão", ou seja, que se exaure no período remanescente da eleição suplementar integra a mesma fração temporal do mandato interino.

Visando a exemplificar esta temática, salientamos:

Registro de candidatura. Candidato que, Presidente da Câmara Municipal, ocupou interinamente o cargo de Prefeito enquanto não realizada eleição suplementar. Concorreu ao cargo de Prefeito na eleição suplementar. Elegeu-se. Reelegeu-se nas eleições 2000. CF, art. 14, § 5º. A interinidade não constitui um "período de mandato antecedente" ao período do "mandato tampão". O período de "mandato tampão" não constitui um "período de mandato subsequente, ao período de interinidade". O período de interinidade, assim como o "mandato tampão" constituem frações de um só período de mandato. Não houve eleição para um terceiro mandato. A reeleição se deu nas eleições de 2000 (Acórdão nº 18.260, de 21 de novembro de 2000, Rel. Min. Nelson Azevedo Jobim).

Normatizando as eleições de 2012, o Egrégio TSE tratou da questão do Vice na Resolução nº 23.373/2011:

Art. 13. Os Prefeitos e quem os houver sucedido ou substituído no curso dos mandatos poderão concorrer à reeleição para um único período subsequente (Constituição Federal, art. 14, § 5º).

Parágrafo único. O Prefeito reeleito não poderá candidatar-se ao mesmo cargo, nem ao cargo de Vice, para mandato consecutivo no mesmo Município (Resolução nº 22.005/2005).

---

exercício do segundo mandato, porque isso configura a perpetuação de uma mesma família no exercício do Poder Executivo, por três períodos sucessivos, o que encontra óbice nos §§ 5º e 7º do art. 14 da Constituição Federal. Nesse entendimento, o Tribunal respondeu negativamente à consulta. Unânime. Consulta nº 957/DF, Rel. Min. Fernando Neves, em 09/10/2003.

No mesmo sentido, resoluções subsequentes que disciplinam o registro de candidaturas, e.g., o art. 13 da Resolução TSE nº 23.455/2015. E ainda, a CTA no TSE (*consulta eleitoral*) nº 4.678.

Admite-se a incidência da inelegibilidade para evitar a continuidade política e administrativa que afeta o regime republicano: *"(...) Prefeito reeleito afastado do mandato por decisão judicial é inelegível para um terceiro período consecutivo, não importando o tempo de exercício no segundo mandato (...)" (TSE. Consulta nº 238-54/DF. Rel.ª Min.ª Luciana Lóssio, DJE de 2/8/2016).*

O objetivo é sempre evitar a possibilidade da continuidade política administrativa de um terceiro mandato. Ressalta-se:

> **Vice-Prefeito. Poder Executivo. Chefia. Assunção. Reeleição. Ocorrência.** O titular do mandato pode participar de nova eleição para disputar um mandato sucessivo ao que está desempenhando, sem necessidade de desincompatibilização, não sendo permitido, todavia, o exercício de um terceiro mandato. O Vice-Prefeito que assumir a chefia do Poder Executivo em decorrência do afastamento, ainda que temporário, do titular, seja por que razão for, somente poderá se candidatar ao cargo de Prefeito para um único período subsequente, tratando-se, nesta hipótese, de reeleição. Não poderá, contudo, candidatar-se para mais um período, pois estaria configurado o exercício de terceiro mandato, vedado pela Constituição. Nesse entendimento, o Tribunal, por unanimidade, respondeu afirmativamente à primeira indagação e negativamente à segunda indagação. *Consulta nº 1699-37/DF. Rel. Min. Arnaldo Versiani, em 29/03/2012.*

Significativa é a posição do Egrégio TSE em precedente sobre o Secretário Municipal, quando se verifica que no Município (*circunscrição*) em que ele pretende concorrer, o mesmo não exerce influência do cargo. Destaca-se:

> **Consulta. Secretário municipal. Candidatura. Município diverso. Desincompatibilização. Desnecessidade.** A aferição de elegibilidade leva em conta o território da eleição, consoante o art. 86 do Código Eleitoral. Assim, relativamente à eleição municipal a circunscrição é o respectivo município. A razão de ser da desincompatibilização de determinadas funções e cargos públicos objetiva evitar que o prestígio deles decorrente, ou a possível utilização da máquina governamental em benefício de candidato, desequilibre a igualdade de oportunidades que deve prevalecer entre os participantes dos certames eleitorais. Esse desequilíbrio, todavia, somente ocorre se a eleição se der no território de jurisdição do detentor de mandato eletivo ou do ocupante do cargo ou função pública. Deste modo, secretário municipal pode se candidatar ao cargo de Prefeito em Município diverso daquele onde atua, sem necessidade de desincompatibilização, salvo hipótese de Município desmembrado.

INELEGIBILIDADES

CAPÍTULO 12

A desincompatibilização em comento se daria em virtude da condição de agente político que detém o secretário municipal. Nesse entendimento, o Tribunal, por unanimidade, respondeu afirmativamente à consulta. *Consulta nº 46-63/DF. Rel. Min. Marcelo Ribeiro, em 25/04/2012.*

Observe-se que é muito comum ao candidato residir em uma comarca e exercer suas funções administrativas em outra.

A desincompatibilização objetiva afastar influências políticas de uso da Administração Pública em uma candidatura no local em que o servidor público exerce suas funções, e não na circunscrição de sua residência.

12.12. DESINCOMPATIBILIZAÇÃO E REDUÇÃO DO PERÍODO DE PROPAGANDA POLÍTICA ELEITORAL

A Lei nº 13.165/2015 reduziu o período da propaganda política eleitoral. Antes da alteração legislativa ao art. 36 da Lei nº 9.504/1997, começava no dia 6 de julho do ano eleitoral. No entanto, hodiernamente se inicia no dia **16 de agosto**.

Essa redução do prazo de propaganda política eleitoral não alterou o período de desincompatibilização do servidor público, que é de 3 (três) meses anteriores ao dia da eleição.

No entanto, a finalidade desse afastamento é evitar o uso da função pública na campanha eleitoral.

Por outra via, o art. 36-A também foi alterado pela Lei nº 13.165/2015 aumentando o rol de condutas não caracterizadoras de propaganda eleitoral, por exemplo, a realização de prévias partidárias, distribuição de material informativo, divulgação de posicionamento pessoal e reuniões de iniciativa da sociedade civil.

Nesse panorama, o afastamento no período de 3 (*três*) meses antes da eleição deve ser observado para evitar ações que possam de alguma forma comprometer a utilização da estrutura administrativa pelo servidor público.

12.13. PREFEITO ITINERANTE

É a impossibilidade de reeleição de Prefeito, para um terceiro mandato, ainda que em Município diferente daquele no qual havia exercido o cargo de Prefeito por duas vezes.

Ementa: Recurso Especial Eleitoral. Mudança de domicílio eleitoral. "Prefeito itinerante". Exercício consecutivo de mais de dois mandatos de chefia do Executivo em Municípios diferentes. Impossibilidade. Indevida perpetuação no poder.

373

Ofensa aos §§ 5º e 6º do art. 14 da Constituição da República. Nova jurisprudência do TSE. Não se pode, mediante a prática de ato formalmente lícito (mudança de domicílio eleitoral), alcançar finalidades incompatíveis com a Constituição: a perpetuação no poder e o apoderamento de unidades federadas para a formação de clãs políticos ou hegemonias familiares. O princípio republicano está a inspirar a seguinte interpretação basilar dos §§ 5º e 6º do art. 14 da Carta Política: somente é possível eleger-se para o cargo de "Prefeito municipal" por duas vezes consecutivas. Após isso, apenas permite-se, respeitado o prazo de desincompatibilização de 6 meses, a candidatura a "outro cargo", ou seja, a mandato legislativo, ou aos cargos de Governador de Estado ou de Presidente da República; não mais de Prefeito Municipal, portanto. Nova orientação jurisprudencial do Tribunal Superior Eleitoral, firmada no REspe 32.507 (TSE, Recurso Especial Eleitoral 32.539, Palmeira dos Índios – AL 17/12/2008, Relator Marcelo Henriques Ribeiro de Oliveira, publicado em Sessão, 17/12/2008).

O Supremo Tribunal Federal ao analisar o *Recurso Extraordinário nº 637.485/RJ, Rel. Min. Gilmar Mendes*, em 1º de agosto de 2012, reconheceu a repercussão geral da matéria e decidiu que os Prefeitos só podem se reeleger, considerando dois mandatos eletivos.

No caso, o Prefeito já tinha exercido dois mandatos eletivos consecutivos e transferiu o domicílio eleitoral para outro Município, conseguindo ser eleito.

Assim, a hipótese não é mais possível, porque é de elegibilidade restrita, que permite apenas uma reeleição de igual natureza ao chefe do Poder Executivo Municipal.

A condição eleitoral de Prefeito, mesmo que em Municípios não contíguos gera uma perpetuação política administrativa que atinge o regime republicano, considerando a renovação das eleições e a periodicidade, além de ficar configurado o perfil do **Prefeito profissional**.

Todavia, no caso concreto, foi mantido o mandato eletivo do Prefeito em razão do **princípio da segurança jurídica das relações**, considerando a mudança de orientação jurisprudencial em razão de nova interpretação constitucional no curso do pleito eleitoral, especialmente em função do princípio da anterioridade ou anualidade, art. 16 da Constituição da República.

Desta maneira, "(...) *as decisões do TSE que acarretassem mudança de jurisprudência no curso do pleito eleitoral ou logo após o seu encerramento não se aplicariam imediatamente ao caso concreto e somente teriam eficácia sobre outras situações em pleito eleitoral posterior*" (*STF, RE 637.485/RJ*).

INELEGIBILIDADES   CAPÍTULO 12

A vedação ao **Prefeito itinerante não se amplia aos familiares**. Não há inelegibilidade reflexa do § 7º do art. 14 da Constituição da República como extensão.

12.14. INELEGIBILIDADES. DESTAQUES JURISPRUDENCIAIS

(i)   "(...) O **descendente até 2º grau** do Governador pode candidatar-se ao cargo de Vice-Governador desde que o Governador esteja no primeiro mandato e tenha renunciado até seis meses antes da eleição"(Res. nº 20.949, de 06/12/2001, Rel. Min. Luiz Carlos Madeira.). Fonte: *Ementário TSE. Temas selecionados.*

(ii) "Inelegibilidade. **Viúva de Prefeito**. Dissolvida a sociedade conjugal, em virtude da morte, não subsiste a inelegibilidade da mulher do Prefeito, prevista no art. 14, § 7º, da Constituição" (AC nº 14.385, de 29/10/1996, Rel. Min. Eduardo Ribeiro; no mesmo sentido os acórdãos nᵒˢ 12.533, de 15/09/1992, 12.461, de 03/09/1992, Rel. Min. Américo Luz, e 12.685, de 22/09/1992, Rel. Min. José Cândido.) Fonte: *Ementário TSE. Temas selecionados.* E ainda, no Egrégio STF (*Informativo nº 703, Agravo regimental em Medida Cautelar nº 3.298/PB*).

(iii) "(...) Inelegibilidade. Não ocorrência. CF, art. 14, § 7º. Como os afins dos cônjuges não são afins entre si, pode o concunhado do Prefeito concorrer ao Executivo Municipal na mesma circunscrição" (*Res. nº 20.651, de 06/06/2000, Rel. Min. Edson Vidigal*) Fonte: *Ementário TSE. Temas selecionados.*

(iv) É interessante notar a questão relativa à **separação de fato** ocorrendo antes do primeiro mandato. Em 2004, o TSE entendeu que nestes casos persistia a inelegibilidade CTA nº 977, Rel. Min. Luiz Carlos Lopes Madeira, *DJ* 18/02/2004: "*Consulta. Ex-cônjuge do titular do Poder Executivo reeleito, elegibilidade. Cargo de Prefeito. Impossibilidade. Precedentes. É inelegível ex-cônjuge do chefe do Poder Executivo reeleito, na eleição subsequente, se o divórcio ocorreu durante o exercício do mandato, ainda que a separação de fato tenha sido reconhecida como anterior ao início do primeiro mandato. Respondida negativamente.*"

Todavia, o Colendo Supremo Tribunal Federal, em 2005, se pronunciou pelo afastamento da inelegibilidade, quando se verificar que a separação de fato ocorreu antes do mandato. Neste sentido: 'Registro de candidatura ao cargo de Prefeito. Eleições de 2004. Art. 14, § 7º, da CF. Candidato separado de fato da filha do então Prefeito. Sentença de divórcio proferida no curso do mandato do ex-sogro. Reconhecimento judicial da separação de fato antes do período vedado. Interpretação teleológica da regra de inelegibilidade. A regra estabelecida no art. 14, § 7º, da CF, iluminada pelos mais basilares princípios republicanos, visa obstar o monopólio do poder político por grupos hegemônicos ligados por laços familiares. Precedente. Havendo a sentença reconhecido a ocorrência da separação de fato em momento anterior ao início do mandato do ex-sogro do recorrente, não há falar em perenização no poder da mesma família (...)'" (*RE nº 446.999, Rel.ª Min.ª Ellen Gracie, DJ 09/09/2005*).

O Supremo Tribunal Federal manteve a inelegibilidade de ex-cônjuge, conforme decisão abaixo transcrita:

> **Dissolução do Casamento no Curso de Mandato e Inelegibilidade de Ex-Cônjuge.** A dissolução da sociedade conjugal, durante o exercício do mandato, não afasta a regra da inelegibilidade, prevista no art. 14, § 7º, da CF. Com base nesse entendimento, o Tribunal, por maioria, desproveu recurso extraordinário interposto contra acórdão do TSE e cassou liminar, que suspendera os efeitos do recurso extraordinário, deferida em favor de ex-cônjuge de Prefeito (eleito no período de 1997 a 2000, e reeleito no período de 2001 a 2004), que fora eleita vereadora, em 2004, para o período de 2005 a 2008. Na espécie, a separação de fato da vereadora, ora recorrida, ocorrera em 2000, a judicial em 2001, tendo o divórcio se dado em 2003, antes do registro de sua candidatura. Asseverou-se, na linha de precedentes da Corte, que o vínculo de parentesco persiste para fins de inelegibilidade até o fim do mandato, inviabilizando a candidatura do ex-cônjuge ao pleito subsequente, na mesma circunscrição, a não ser que o titular se afaste do cargo seis meses antes da eleição. Aduziu-se que, apesar de o aludido dispositivo constitucional se referir à inelegibilidade de cônjuges, a restrição nele contida se estende aos ex-cônjuges, haja vista a própria teleologia do preceito, qual seja, a de impedir a eternização de determinada família ou clã no poder, e a habitualidade da prática de separações fraudulentas com o objetivo de contornar essa vedação. Precedentes citados: RE 433.460/PR. (*DJU* de 19/10/2006); RE 446.999/PE (*DJU* de 09/09/2005). RE 568.596/MG, Rel. Min. Ricardo Lewandowski, 1º/10/2008.

É importante observar a regra trazida pela Lei Complementar nº 135/2010, que incluiu a alínea "n" no inc. I do art. 1º da Lei Complementar nº 64/1990, *verbis*:

> Art. 1º São inelegíveis:
>
> I – para qualquer cargo:
>
> (...)
>
> n) os que forem condenados, em decisão transitada em julgado ou proferida por órgão judicial colegiado, em razão de terem desfeito ou simulado desfazer vínculo conjugal ou de união

estável para evitar caracterização de inelegibilidade, pelo prazo de 8 (oito) anos após a decisão que reconhecer a fraude.

Antes da edição da Lei Complementar nº 135/2010, já existia o verbete sumular vinculante **nº18**, nos seguintes termos: *"A dissolução da sociedade ou vínculo conjugal, no curso do mandato, não afasta a inelegibilidade prevista no § 7º do art. 14 da Constituição Federal"*.

A questão da inelegibilidade reflexa ou relativa exige sempre uma interpretação sistêmica dos §§ 5º e 7º do art. 14 da Lei Maior. Sobre o assunto confira-se a decisão do TSE, considerando que a elegibilidade do cônjuge ou dos parentes está vinculada à possibilidade de renúncia do titular do mandato dentro do prazo legal previsto na legislação especial (*Recurso Especial Eleitoral nº 9.356.275-66/GO. Rel.ª Min.ª Nancy Andrighi*).

E ainda: "(...) O TSE, ao interpretar sistematicamente o art. 14, §§ 5º e 7º, da CF/1988, consignou que os parentes dos chefes do Poder Executivo são elegíveis para o mesmo cargo, no período subsequente, desde que os titulares dos mandatos sejam reelegíveis e tenham renunciado ao cargo ou falecido até seis meses antes do pleito, o que não ocorreu na espécie" (*Precedentes: REspe 19.442/ES, Rel.ª Min.ª Ellen Gracie, DJ de 07/12/2001; AI 3.043/BA, Rel.ª Min.ª Jacy Vieira, DJ de 08/03/2002*).

Registre-se no Egrégio TSE, nova jurisprudência no sentido de que **períodos considerados de curta duração no exercício do mandato eletivo, não estão sendo considerados para fins de impedimento à reeleição nos casos de inelegibilidade do tipo reflexa**. Dessa forma, "(...) *não configura perpetuidade familiar no poder, rechaçada pelo § 5º c/c o § 7º do art. 14 da Constituição da República, a candidatura à reeleição de filho de ex-Prefeito que, no mandato anterior, assumiu por curto período e de maneira precária a chefia do Executivo"* (*Agravo Regimental no Recurso Especial Eleitoral nº 83-50. São José de Piranhas. Paraíba. Rel. Min. Henrique Neves da Silva em 12/3/2013*).

A interpretação pode ensejar uma falta de simetria com outros casos. Qual seria, por exemplo, o critério de definição de "período curto" na assunção do mandato eletivo?

Na ausência de uma legislação específica, é possível normatizar a questão por resolução do Egrégio TSE ou resposta a eventual consulta nos termos legais.

Sobre o tema da inelegibilidade reflexa (§ 7º do art. 14 da Carta Magna), o Egrégio TSE no Agravo Regimental no Recurso Especial nº 177-20 MG, dezembro de 2017, sendo relator o Ministro Luiz Fux, rememorou o decidido pelo Colendo Supremo Tribunal Federal do Recurso Extraordinário nº 758.461, quando reafirma que não se pode igualar uma situação de dissolução da sociedade ou vínculo conjugal pela morte e a que deflui da vontade dos cônjuges. Desse modo concluiu-se pela não incidência da inelegibilidade.

Nesse julgado no TSE, a dissolução do vínculo conjugal com o anterior Prefeito ocorreu no segundo mandato, mas quando já tinha transcorrido o tempo de mais de um ano e meio do pleito eleitoral de 2016. Caracterizou-se o rompimento do continuísmo do grupo familiar.

12.15. INELEGIBILIDADE REFLEXA E ELEIÇÃO SUPLEMENTAR

O Supremo Tribunal Federal, ao interpretar o § 7º do art. 14 da Carta Magna, não aceitou a tese de que no caso de eleição suplementar o prazo de desincompatibilização deveria ser modificado; portanto, seja eleição regular ou suplementar (*para completar o período do mandato eletivo remanescente*) deve ser mantido o texto constitucional que disciplina 6 (*seis*) meses de afastamento (*desincompatibilização*).

Nesse passo a r. decisão no *Recurso Extraordinário nº 843.455/DF, Rel. Min. Teori Zavascki, em 7/10/2015. Informativo nº 802 do STF*:

> (...) **A Corte consignou que, como a perda do mandato de Prefeito se dera em menos de seis meses do pleito complementar, a desincompatibilização no prazo fixado no § 7º do art. 14 da CF constituiria uma condição inalcançável para a recorrente, mesmo que ela desejasse.** Entretanto, a questão em análise não diria respeito à desincompatibilização da esposa candidata, já que ela não exercera o cargo do qual devesse, ela própria, desincompatibilizar--se. **A hipótese seria de inelegibilidade e, nessa condição, deveria ser considerada para todos os efeitos.** Salientou que o § 7º do art. 14 da CF teria o desiderato ético, político e social de prevenir possível apoderamento familiar dos mandatos eletivos, inclusive com utilização indevida da estrutura administrativa. Trataria, portanto, de hipótese constitucional de inelegibilidade e, assim, insuscetível de mitigação em favor dos seus destinatários. A par disso, a orientação da Corte seria a de compreender os §§ 5º, 6º e 7º do art. 14 da CF na sua perspectiva sistemática e teleológica, especialmente em face da introdução, em nosso sistema, do instituto da reeleição. Nessa perspectiva, nas hipóteses em que a reeleição de um dos cônjuges fosse constitucionalmente autorizada, a inelegibilidade do outro soaria incongruente. Em razão disso, o STF firmara entendimento no sentido de que quem pudesse se reeleger poderia ser sucedido pelo cônjuge, e assim, ao contrário, quem não pudesse se reeleger não poderia por ele ser sucedido. Nessa linha, cumpriria dar atenção, não tanto à circunstância da irredutibilidade do prazo constitucional de seis meses da suposta desincompatibilização, mas sim à condição de reelegibilidade do Prefeito cassado. **Não haveria dúvida, por conseguinte, que o cônjuge da recorrente tornara-se irrelegível, seja para a eleição complementar, seja para novo pleito** (...)" (grifos nossos).

INELEGIBILIDADES   CAPÍTULO 12

No Supremo Tribunal Federal (RE 1.128.439/RN, Rel. Min. Celso de Mello, j. 23/10/2018), firmou-se a posição, conforme transcrição do *Informativo* nº 921/2018:

> "(...) A vedação ao exercício de três mandatos consecutivos de prefeito pelo mesmo núcleo familiar aplica-se na hipótese em que tenha havido a convocação do segundo colocado nas eleições para o exercício de mandato-tampão.
>
> Com base nessa orientação, a Segunda Turma negou provimento a agravo regimental para manter acórdão do Tribunal Superior Eleitoral que reconhecera a inelegibilidade de candidato ao cargo de prefeito ante a impossibilidade de exercício do terceiro mandato consecutivo pelo mesmo núcleo familiar.
>
> No caso, o cunhado do ora recorrente obteve o segundo lugar nas eleições municipais de 2008 para o cargo de prefeito, mas acabou assumindo a função de forma definitiva em 2009, em decorrência de decisão da Justiça Eleitoral que cassou o mandato do primeiro colocado. Posteriormente, o recorrente disputou as eleições municipais em 2012, ocasião em que foi eleito, pela primeira vez, para o mandato de prefeito. Entretanto, ao se candidatar à eleição seguinte para o mesmo cargo, sua candidatura foi impugnada ante o reconhecimento do exercício, pela terceira vez consecutiva, por integrante do mesmo núcleo familiar, da chefia do Poder Executivo local, em ofensa ao que disposto no art. 14, §§ 5º e 7º, da Constituição Federal.
>
> A Turma afirmou que o Poder Constituinte se revelou hostil a práticas ilegítimas que denotem o abuso de poder econômico ou que caracterizem o exercício distorcido do poder político-administrativo.
>
> Com o objetivo de proteger a normalidade e a legitimidade das eleições contra a influência do poder econômico ou o abuso do exercício de função pública, foram definidas situações de inelegibilidade destinadas a obstar, entre outras hipóteses, a formação de grupos hegemônicos que, ao monopolizarem o acesso aos mandatos eletivos, virtualmente patrimonializam o poder governamental, convertendo-o em verdadeira res doméstica.
>
> As formações oligárquicas constituem grave deformação do processo democrático. Nessa medida, a busca do poder não pode limitar-se à esfera reservada de grupos privados, sob pena de frustrar-se o princípio do acesso universal às instâncias governamentais. Legitimar o controle monopolístico do poder por núcleos de pessoas unidas por vínculos de ordem familiar equivale a ensejar, em última análise, o domínio do próprio Estado por grupos privados. A patrimonialização do poder revela inquestionável anomalia a que o Supremo Tribunal Federal não pode permanecer indiferente, pois a consagração de práticas hegemônicas na esfera institucional do poder político conduzirá o processo de governo a verdadeiro retrocesso histórico, o que constituirá situação inaceitável.

12.16. OS INALISTÁVEIS E OS ANALFABETOS

Na Lei Fundamental é prevista esta espécie no art. 14, § 4º. Trata-se de **inelegibilidade constitucional** e de natureza **absoluta**, pois se refere a qualquer tipo de eleição.

Como já examinado, o sufrágio é classificado como **universal**. Todavia, restrito ele ainda se apresenta, em razão, por exemplo, das seguintes vedações: os inalistáveis; estrangeiros; conscritos e absolutamente incapazes, que não podem votar, pois, antes de tudo não são aptos ao próprio alistamento eleitoral.

A nossa legislação proíbe que os **inalistáveis** sejam candidatos a mandatos eletivos. Na verdade, a hipótese se assemelha ao instituto jurígeno eleitoral da falta de condição de elegibilidade, pois o art. 14, § 3º, inc. III, da Constituição Federal trata especialmente do **alistamento eleitoral** como condição constitucional de elegibilidade e do próprio exercício do mandato eletivo. Ora, primeiramente se veda o próprio deferimento do requerimento de alistamento eleitoral, ou seja, sem o título não se permite o requerimento de registro de candidaturas.

Como se percebe, na verdade, os inalistáveis, ao contrário dos analfabetos, não são alistáveis, e, portanto, não possuem uma condição de elegibilidade. Assim, não é técnico afirmar que eles são classificados como inelegíveis, mas a opção do legislador constituinte os tipificou nesta outra categoria restritiva ao direito de voto (*ius honorum*), e, dessa forma, em perguntas objetivas, os inalistáveis são inelegíveis (*art. 14, § 4º, da Constituição Federal*).

Quem são os inalistáveis?[9]

Além dos estrangeiros e conscritos, assim definidos pela própria Carta Magna no § 2º do art. 14 da CF, os inalistáveis são:

1. **Os índios não integrados** (*art. 5º, inc. II, do Código Eleitoral*), porque não sabem exprimir-se na língua nacional (o Egrégio TSE mudou o entendimento permitindo o alistamento do índio).
2. **Os estrangeiros**, que embora possam se expressar no idioma nacional, são obrigados a se alistar por nossa legislação, após a regular naturalização (*destaca-se o texto da Resolução nº 21.538/2003 do TSE*):

---

9 *Vide* art. 53 da Res. TSE nº 21.538/2003: Art. 53. São considerados documentos comprobatórios de reaquisição ou restabelecimento de direitos políticos: I – Nos casos de perda: a) decreto ou portaria; b) comunicação do Ministério da Justiça. II – Nos casos de suspensão: a) para interditos ou condenados: sentença judicial, certidão do juízo competente ou outro documento; b) para conscritos ou pessoas que se recusaram à prestação do serviço militar obrigatório: Certificado de Reservista, Certificado de Isenção, Certificado de Dispensa de Incorporação, Certificado do Cumprimento de Prestação Alternativa ao Serviço Militar Obrigatório, Certificado de Conclusão do Curso de Formação de Sargentos, Certificado de Conclusão de Curso em Órgão de Formação da Reserva ou similares; c) para beneficiários do Estatuto da Igualdade: comunicação do Ministério da Justiça ou de repartição consular ou missão diplomática competente, a respeito da cessação do gozo de direitos políticos em Portugal, na forma da lei. III – Nos casos de inelegibilidade: certidão ou outro documento.

INELEGIBILIDADES · CAPÍTULO 12

> Art. 15. O brasileiro nato que não se alistar até os 19 anos ou o naturalizado que não se alistar até um ano depois de adquirida a nacionalidade brasileira incorrerá em multa imposta pelo juiz eleitoral e cobrada no ato da inscrição.
>
> Parágrafo único. Não se aplicará a pena ao não alistado que requerer sua inscrição eleitoral até o centésimo quinquagésimo primeiro dia anterior à eleição subsequente à data em que completar 19 anos.

Quanto aos apátridas ou heimatlos, cumpre enfatizar que esta hipótese pode se caracterizar como espécie de situação similar aos estrangeiros, quando, por exemplo, ocorre o cancelamento da naturalização nos termos do art. 12, § 4º, da CF:

> Será declarada a perda da nacionalidade do brasileiro que:
>
> I – tiver cancelada sua naturalização, por sentença judicial, em virtude de atividade nociva ao interesse nacional;
>
> II – adquirir outra nacionalidade, salvo nos casos:
>
> *a)* de reconhecimento de nacionalidade originária pela lei estrangeira;
>
> *b)* de imposição de naturalização, pela forma estrangeira, ao brasileiro residente em Estado estrangeiro, como condição para permanência em seu território ou para o exercício de direitos civis.

Os sem pátria são pessoas nascidas em um determinado país, mas que, por razões territoriais ou pelos critérios de vínculo de sangue, não são brasileiros. O art. 12, I, *c*, da Constituição Federal, assim diz:

> Art. 12. (...)
>
> I – (...)
>
> c) os nascidos no estrangeiro de pai brasileiro ou de mãe brasileira, desde que sejam registrados em repartição brasileira competente ou venham a residir na República Federativa do Brasil e optem, em qualquer tempo, depois de atingida a maioridade, pela nacionalidade brasileira;

Ora, se não existe registro em repartição brasileira competente, ou opção pela nacionalidade brasileira, os apátridas permanecem nesta condição, e, portanto, são inalistáveis, assim como os estrangeiros.

3. As pessoas que estão com os direitos políticos suspensos ou que os perderam nos termos do disposto no art. 15 da Constituição da República Federativa do Brasil. Destaca-se:

> Art. 15. É vedada a cassação de direitos políticos, cuja perda ou suspensão só se dará nos casos de:
>
> I – cancelamento da naturalização por sentença transitada em julgado;
>
> II – incapacidade civil absoluta;
>
> III – condenação criminal transitada em julgado, enquanto durarem seus efeitos;
>
> IV – recusa de cumprir obrigação a todos imposta ou prestação alternativa, nos termos do art. 5º, VIII;
>
> V – improbidade administrativa, nos termos do art. 37, § 4º.

4. Os conscritos[10] são os recrutas que servem às Forças Armadas de forma obrigatória, mas a expressão também está tratada na abrangência do texto da *"Res. TSE nº 15.850/1989*: a palavra 'conscrito' alcança também aqueles matriculados nos órgãos de formação de reserva e os médicos, dentistas, farmacêuticos e veterinários que prestam serviço militar inicial obrigatório."

A restrição ao alistamento eleitoral, por via reflexa ao voto do conscrito, (*porque sem título eleitoral ele não constará do registro da Justiça Eleitoral*) é, sem dúvida, medida que restringe o sufrágio universal e não se justifica na fase contemporânea da democracia brasileira.

A cidadania não pode ser interpretada restritivamente, mas sim na classe das ampliações das capacidades de participação na vida política e social do Estado.

Na verdade, o alistamento e o voto não se fazem obrigatórios, pois o conscrito está temporariamente servindo às Forças Armadas e pode ser amoldado na hipótese do art. 6º, inc. II, *c*, do Código Eleitoral, ou seja, é um servidor que exerce múnus público e função honorífica relevante, que, por certas contingências funcionais, não estará presente no dia da votação. Ele estará apenas impossibilitado de votar por razões de locomoção, mas não por motivos que possam ir contra as raízes estruturais do sufrágio universal.

A impossibilidade circunstancial física de comparecimento à seção eleitoral de votação não pode ser comparada a uma forma de sufrágio restrito, como se estivéssemos na fase do sufrágio censitário ou capacitário.

Por essas razões o conscrito, seja ele recruta ou pessoa equiparada (*médicos, dentistas, farmacêuticos e veterinários que prestam serviço militar inicial obrigatório*), não pode ser afastado do alistamento e nem tampouco do voto, mas essa regulamentação deve ser expressa na legislação vigente, o que não é o caso, ou

---

10 O insubmisso é aquela pessoa que, sendo devidamente convocada para o serviço militar, não se apresenta. Já o desertor cumpre o serviço militar, e, em determinado momento, o abandona. Ambos os casos são de crimes militares.

INELEGIBILIDADES   CAPÍTULO 12

ainda extraída de uma interpretação sistemática constitucional que possa abrigar o denominado princípio da eficácia integradora, ou seja, o intérprete deve objetivar uma unidade política-cidadã do texto normativo constitucional.

12.17. MEMBROS DO PODER LEGISLATIVO. INELEGIBILIDADE

A alínea "b" do inc. I do art. 1º da LC nº 64/1990 foi alterada pela incidência da Lei Complementar nº 81, de 13 de abril de 1994.

São inelegíveis: *"Os membros do Congresso Nacional, das Assembleias Legislativas, da Câmara Legislativa e das Câmaras Municipais, que hajam perdido os respectivos mandatos por infringência do disposto nos incisos I e II do art. 55 da Constituição Federal, dos dispositivos equivalentes sobre perda de mandato das Constituições Estaduais e Leis Orgânicas dos Municípios e do Distrito Federal, para as eleições que se realizarem durante o período remanescente do mandato para o qual foram eleitos e nos 8 (oito) anos subsequentes ao término da legislatura".*

O art. 55, incs. I e II, da Constituição Federal, consagra hipóteses que ensejam a extinção ou cassação do mandato eletivo em razão de deliberações internas das Casas Legislativas.

No caso do art. 55, inc. I, diz a Lei Fundamental que perderão o mandato por decisão de voto secreto e maioria absoluta, os Deputados e Senadores que praticarem atos classificados como incompatibilidades. Neste sentido é o § 1º do art. 55.

As incompatibilidades são restrições, neste caso, aplicáveis como normas de condutas éticas e funcionais aos Deputados e Senadores, que incidem a partir de marcos estabelecidos: a diplomação e a posse, conforme disciplina o inc. I do art. 55 da Lei Maior.

Como se nota, a diplomação é o último ato formal da Justiça Eleitoral e a posse não é ato privativo do Poder Judiciário Eleitoral, mas é encargo administrativo das Casas Legislativas respectivas.

O legislador constituinte elegeu marcos ou balizas: **diplomação** (*que equivale à* **nomeação** *do servidor*) e **posse** como limites finais de celebração de contratos, aceitação de empregos, funções e cargos por parte dos eleitos, que nessas novas fases da vida política passam ao *status* do *ius honorum*. Não são apenas candidatos, mas cidadãos especiais cuja missão é resguardar a representatividade partidária e defender os interesses da sociedade de eleitores e a *res publica*.

O art. 54, inc. I, *a*, veda desde a diplomação a contratação com pessoa jurídica de direito público, autarquia, empresas públicas, sociedades de economia mista ou empresas do serviço público, salvo quando o contrato estabelecer cláusulas uniformes.

383

12.18. CLÁUSULAS UNIFORMES

Identifica-se essa expressão com os denominados contratos de adesão.

Não é possível ao parlamentar eleito prestar serviços que possam lhe acarretar vantagens econômicas sem que se estabeleça o padrão típico, ou seja, o teor ou conteúdo do contrato é estabelecido como direito potestativo pelo contratante, com cláusulas padrões, independentemente das partes contratadas.

A Constituição Federal procura proteger a ética dos contratos públicos, afastando o diplomado e empossado pelo voto popular de eventuais manobras de exploração de prestígio com a obtenção de cláusulas contratuais que lhe favoreçam direta ou indiretamente em detrimento do interesse da *res publica*.

Equiparando-se o contrato chamado de cláusulas uniformes com o de adesão, objetiva-se evitar contratações não éticas e que possam comprometer a lisura do exercício do mandato eletivo, inclusive com reflexos no financiamento das campanhas eleitorais, pois o art. 24 da Lei nº 9.504/1997 veda que concessionários e permissionários de bens públicos, dentre outros órgãos, pessoas e entidades possam direta ou indiretamente dar dinheiro, publicidade ou recursos em geral para as campanhas eleitorais.

Como casos típicos de contratos de adesão são apontados: os de seguro, de fornecimento de energia elétrica, água, luz, telefone, cartões de crédito, dentre outros.

As licitações que seguem a modalidade pregão (*Lei nº 10.520/2002*) estabelecem cláusulas uniformes, mas é possível investigar se ocorreram desvios. No Egrégio TSE, os Recursos Especiais Eleitorais nºˢ 23.763 e 19.344.

Já se reconheceram como hipóteses de incompatibilidades, os casos de vereadores eleitos e diplomados que pretendiam celebrar contrato de serviços advocatícios de Procurador do Município; e de manutenção de prestação de serviços odontológicos.

Considera-se ainda a Lei nº 9.784, de 29 de janeiro de 1999, que regula o processo administrativo no setor da Administração Pública Federal, quando no art. 2º exige padrões éticos do agente público com os negócios da Administração. Daí ser ainda extremamente relevante a incidência da Lei de Improbidade Administrativa, Lei nº 8.429/1992, que trata a malícia como ato de improbidade.

E ainda, o art. 54, inc. I, *b*, e inc. II, *b*, denominados pelo renomado José Afonso da Silva **incompatibilidades funcionais**; o art. 54, inc. II, *a* e *c*, como do tipo **profissionais** e, por fim, a **incompatibilidade política**, prevista no art. 54, inc. II, *d*, que veda a titularidade simultânea de mais de um cargo ou mandato público eletivo.

Por exemplo. Bonifácio não pode ser Deputado Estadual e vereador ao mesmo tempo.

INELEGIBILIDADES CAPÍTULO 12

É importante frisar que, quando se verificar a ocorrência da incompatibilidade, não competirá à Justiça Eleitoral o exame dos casos, mas sim, à própria Casa Legislativa, ensejando um processo regimental de cassação do mandato eletivo, que em vários casos não chega a um veredicto positivo. Restará apenas à Justiça Comum o exame da hipótese de improbidade administrativa, que, se julgada procedente, ao final acarretará a suspensão dos direitos políticos nos termos do art. 15, inc. V, da Constituição Federal.

Dessa forma, se o mandato eletivo for cassado ocorrerá a inelegibilidade, pois foi reconhecida pela Casa Legislativa a hipótese de incompatibilidade. Caso contrário, somente será possível deflagrar-se a ação de improbidade ou o processo penal na forma da legislação vigente, se o fato for tipificado como crime.

A condenação criminal transitada em julgado acarretará a suspensão dos direitos políticos na forma do art. 15, inc. III, da CF.

As incompatibilidades deveriam ser analisadas pelo Poder Judiciário em função de ação promovida pelo Ministério Público e partidos políticos, sendo adotadas sanções eficazes e imediatas no próprio âmbito da Justiça Eleitoral, que nesses casos poderia ter sua competência prorrogada para declarar a inelegibilidade na forma legal.

O atual sistema é ineficiente e acarreta a possibilidade de corrupção.

Por fim, a inelegibilidade defluiu da perda do mandato eletivo pelo processo de cassação, sendo o prazo contado de oito anos após o término da legislatura, bem como pelo período remanescente do mandato.

Assim, e.g., se o Deputado federal estava no início da legislatura, terá um prazo superior de término da inelegibilidade em relação ao que já estava no final do prazo de 4 (*quatro*) anos.

A inelegibilidade aqui tratada é considerada automática.

> (TSE) (...) Na linha dos precedentes desta Corte, o parlamentar cassado pelo Poder Legislativo correspondente é inelegível, nos termos do art. 1º, I, *b*, da LC nº 64/1990. A anotação dessa inelegibilidade pela Justiça Eleitoral é automática, em face da comunicação da Câmara Municipal e não depende de trânsito em julgado em processo judicial específico que discuta tal pronunciamento. (...) (*AC de 06/10/2010 no AgR-RO nº 460.379, Rel. Min. Marcelo Ribeiro*). E ainda: *AC de 03/02/2009 no AgR-REspe nº 28.795, Rel. Min. Arnaldo Versiani.*

12.19. CHEFES DO PODER EXECUTIVO. INELEGIBILIDADE

Nos termos do art. 1º, inc. I, alínea "c" da LC nº 64/1990, são considerados inelegíveis: *"O Governador e o Vice-Governador de Estado e do Distrito Federal e o Prefeito e o Vice-Prefeito que perderem seus cargos eletivos por infringência a dispositivo da Constituição Estadual, da Lei Orgânica do Distrito Federal ou da Lei Orgânica do Município, para as eleições que se realizarem durante o período remanescente e nos 8 (oito) anos subsequentes ao término do mandato para o qual tenham sido eleitos (redação dada pela Lei Complementar nº 135/2010)".*

O caso do Presidente, Vice-Presidente da República e ministros de Estado é classificado como **inabilitação**.

Essas autoridades ao sofrerem condenação imposta pelo Senado Federal na análise de crimes de responsabilidade, além de perderem o mandato e cargo que ocupam, são consideradas inabilitadas para o exercício de função pública (qualquer tipo de função ou serviço público), pelo prazo de oito anos.

Conforme prevê a Constituição Federal, em seu art. 52, I e II.

Aponta-se a perda dos mandatos do Presidente e do Vice-Presidente da República, no caso acima, como punitiva, porque demanda um processo de *impeachment.*

Os agentes políticos, na chefia do poder, respondem pelas infrações conhecidas como político-administrativas. São sanções não penais, que independem da aplicação da legislação penal (Lei nº 1.079/1950, que trata dessas infrações).

Os arts. 51, inc. I, 52, inc. I, e 86, da Constituição da República Federativa do Brasil consagram de forma sistemática o processo de *impeachment* **(impedimento)** do exercício do mandato eletivo do Presidente e do Vice- -Presidente da República.

O processo de *impeachment* é bifásico ou escalonado: na **primeira etapa,** a **Câmara dos Deputados** analisa a acusação e autoriza a instauração do devido processo legal. Numa **segunda etapa** instaura-se no próprio **Senado Federal** o julgamento. Realiza o Senado uma função judicante, atípica e anômala, mas que no equilíbrio da separação dos poderes na República e nas democracias é de relevante missão institucional.

Quem preside o julgamento no Senado Federal é o Presidente do Supremo Tribunal Federal, que não tem direito de voto. A condenação só se impõe pelo voto de 2/3 (*dois terços*) dos Senadores e **acarreta a inabilitação por oito anos**, sem prejuízo da **ação penal cabível**, que, se for julgada procedente, e transitar em julgado, acarretará a **suspensão dos direitos políticos** na forma do art. 15, inc. III, da Constituição Federal.

A Lei Complementar nº 135/2010 acresceu a alínea "k" ao art. 1º, inc. I, da Lei Complementar nº 64/1990, criando uma hipótese de inelegibilidade por oito anos para o período remanescente do mandato e subsequente ao término da legislatura, quando ocorrer a renúncia ao mandato em razão do oferecimento de representação ou petição capaz de gerar a abertura de um processo no âmbito das Casas Legislativas respectivas.

INELEGIBILIDADES · CAPÍTULO 12

É possível concluir que a inabilitação engloba a inelegibilidade durante o período de oito anos, conforme previsto no parágrafo único do art. 52 da Carta Magna. A inelegibilidade é um *minus* em relação ao *plus* da inabilitação, que impede a nomeação e posse em concursos públicos e o acesso aos cargos de servidor público em geral. A inabilitação é ampla. A inelegibilidade é restrita.

A perda do mandato eletivo do Presidente e vice ainda é apontada pela doutrina como **natural**, nos casos de **extinção**, ou seja, morte, perda ou suspensão dos direitos políticos e renúncia, acresça-se a ação de impugnação ao mandato eletivo e os casos em que a decretar a Justiça Eleitoral, ou ainda **voluntária** (*ausência do país, sem justificação ou não assunção na posse*).

É possível que o Presidente da República pratique crime comum, incluindo os delitos eleitorais. Nesse caso, a denúncia é oferecida ao Supremo Tribunal Federal pelo Procurador-Geral da República, seguindo-se o rito processual da Lei nº 8.038/1990 e as regras do Regimento Interno do próprio Supremo Tribunal Federal.

O Presidente da República se sujeita à prisão, quando sobrevier a decisão condenatória pelo crime praticado.

Cai a lanço notar que o processo criminal se apresenta em duas etapas: a primeira enseja uma licença por parte da Câmara dos Deputados de 2/3 (dois terços) dos membros. A licença só é solicitada pelo STF para iniciar o processo criminal, não sendo exigível nos inquéritos e oferecimento da denúncia ou ação penal privada subsidiária da pública. Com ela, o acusado é notificado para defesa prévia em 15 (quinze) dias. Na **segunda etapa**, o STF recebe a denúncia.

Sobre o relevante tema, o art. 84 do Código de Processo Penal, com as modificações produzidas pela Lei nº 10.628/2002.

No caso dos **Governadores e Vices**, quando praticarem infrações político-administrativas, se sujeitarão ao julgamento pela Assembleia Legislativa ou Câmara Legislativa (*Distrito Federal*), formando-se uma espécie de Tribunal Especial, conforme indicado na Lei nº 1.079/1950.

A cidadania é vista sob dois ângulos: o primeiro é o ativo, que consiste no atributo de exercício do voto; o segundo é o passivo, ou seja, o *ius honorum*, o direito de ser votado.

Se a inabilitação é restrição mais drástica aos direitos da cidadania, inclusive impeditiva de acesso a qualquer cargo público, conforme já decidiu o *STF, no Recurso Extraordinário – caso Fernando Collor de Mello, nº 234.223/DF, Rel. Min. Octávio Gallotti, 1º/09/1998, Informativo STF nº 121*; não seria exigível uma regra de simples repetição a nível estadual para consagrar aos Governadores e Vices, similitude com a sanção de inabilitação, invadindo competência privativa da União, quando a Lei Complementar nº 64, de 18 de maio de 1990, no dispositivo acima enaltecido, consagra a sanção de inelegibilidade durante o período

387

remanescente e nos 3 (*três*) anos subsequentes ao término do mandato para o qual tenham sido eleitos; e a Lei nº 1.079/1950 estipula o prazo máximo de 5 (*cinco*) anos de inabilitação.

Ressalte-se a posição de *Pedro Roberto Decomain*, em *Elegibilidades e Inelegibilidades*,[11] quando sustenta a possibilidade de as Constituições Estaduais tratarem da inabilitação para os Governadores, sem incidir em nenhuma inconstitucionalidade, *in expressi verbis*:

> Desta sorte, em caso de perda do mandato do Governador de Estado, pela prática de crime de responsabilidade, a inabilitação para o exercício de qualquer outro cargo prolonga-se por oito anos, e não apenas por mais três, após o término do período normal do mandato perdido, como prevê o presente dispositivo da Lei Complementar nº 64/1990.

> Nessa parte, portanto, incidiu ela em inconstitucionalidade. Corrigível, todavia. O prazo de inelegibilidade é que não corresponderá ao período que faltasse para o término do mandato perdido, e mais três anos, mas sim corresponderá a oito anos, contados da data da decisão que haja proferido a condenação por crime de responsabilidade.

Em conclusão, existem duas possibilidades de solução sobre o tema, a primeira entende que as Cartas Estaduais não podem tratar desta regra como repetição da norma prevista no art. 52, parágrafo único, da Constituição Federal; a segunda, que a Lei das Inelegibilidades incidiu em inconstitucionalidade firmando prazo e sanções diversas. Posicionamo-nos pela primeira, *data venia* as relevantes e jurídicas posições da segunda corrente.

Em acréscimo ao tema, é possível afirmar que a inelegibilidade e a inabilitação não são institutos inconciliáveis para incidirem contra determinado cidadão, como no caso dos chefes do Executivo estadual, quando estes praticarem infrações tipificadas na Lei nº 1.079, de 10 de abril de 1950 (*define os crimes de responsabilidade e regula o respectivo processo de julgamento*).

Nesse sentido, o art. 74 da mencionada lei amplia suas normas no âmbito estadual aos Governadores e secretários de Estados, *in expressi verbis*: *Constituem crimes de responsabilidade dos Governadores dos Estados ou dos seus Secretários, quando por eles praticados, os atos definidos como crimes nesta lei.*

Ressalta-se que o art. 2º da lei acima mencionada diz:

> Art. 2º Os crimes definidos nesta lei, ainda quando simplesmente tentados, são passíveis da pena de perda do cargo, com inabilitação, até cinco anos, para o exercício de

---

11 *Elegibilidades e Inelegibilidades*. São Paulo: Dialética, 2004, pp. 158-60.

INELEGIBILIDADES

CAPÍTULO 12

> qualquer função pública, imposta pelo Senado Federal nos processos contra o Presidente da República ou Ministros de Estado, contra os Ministros do Supremo Tribunal Federal ou contra o Procurador Geral da República.

Nessa linha, não é possível, por exemplo, que o parágrafo único do art. 99 da Constituição do Estado do Rio de Janeiro, v.g., fixe prazo de oito anos para a inabilitação, quando a Lei nº 1.079/1950 o estipula em cinco anos.

O Egrégio Supremo Tribunal Federal possui precedente sobre relevante questão em ação direta proposta pelo Excelentíssimo Governador do Estado de Santa Catarina na *ADIn nº 1.628/SC, Rel. Min. Eros Grau, em 10/08/2006, in verbis*:

> (...) Quanto à expressão "por oito anos", considerou-se que, em razão de a CF/1988 ter se pronunciado, no parágrafo único de seu art. 52, apenas relativamente ao prazo de inabilitação das autoridades federais, permanecendo omissa, no que se refere às estaduais, o prazo de cinco anos previsto na Lei nº 1.079/1950 para estas subsistiria. Dessa forma, não tendo sido a Lei nº 1.079/1950 alterada ou revogada, o Estado-membro, ao majorar esse último prazo, também teria usurpado a competência legislativa da União para tratar da matéria.

A competência privativa da União é fremente nos arts. 22, inc. I, c/c 85, parágrafo único, da Constituição da República Federativa do Brasil, sendo que o art. 78 ainda atribui a competência para julgar o Governador a um tribunal especial.

A Lei Complementar nº 135/2010 alterou o prazo de 3 (*três*) para 8 (*oito*) anos. A inabilitação (*sanção mais drástica*) incide junto com a pena de perda do cargo prorrogando-se pelo tempo, até perfazer o prazo total de 5 (*cinco*) anos.

Assim, incidirão de forma concomitante a inelegibilidade e a inabilitação, e esta última, por ser mais severa, abrangerá a outra, até perfazer os 5 (*cinco*) anos previstos na Lei nº 1.079/1950, observando-se que durante todo o mandato ele será sempre inelegível, pois a Lei Complementar faz menção ao período remanescente do mandato eletivo, além de ficar inelegível por mais 8 (oito) anos, após a perda efetiva do mandato eletivo.

A Lei nº 7.106, de 28 de junho de 1983, que *define os crimes de responsabilidade do Governador do Distrito Federal, dos Governadores dos Territórios Federais e de seus respectivos secretários, e dá outras providências*, diz no art. 4º:

> Art. 4º Declarada a procedência da acusação e suspensão do Governador, a Comissão Especial, constituída por 5 (cinco) Senadores e 5 (cinco) Desembargadores do Tribunal de Justiça, presidida pelo Presidente do Tribunal de Justiça do Distrito Federal, no prazo improrrogável de 90 (noventa)

> dias, concluirá pela condenação, ou não, do Governador à perda do cargo, com **inabilitação até 5 (cinco) anos para o exercício de qualquer função política**, sem prejuízo da ação da justiça comum.

Cumpre ao legislador, por lei nacional (*especialmente lei complementar*), fixar o prazo de inabilitação de 8 (*oito*) anos para os Governadores do Estado e do Distrito Federal, alterando a regra dos 5 (*cinco*) anos e criando a isonomia nesse instituto para Presidente e Governadores, pois não existe motivo para a manutenção de prazos diversos, quando a essência da ilicitude que conduziu à perda do cargo e à inabilitação é idêntica.

A ação penal por **crime comum** (*incluindo o delito eleitoral*) contra os **Governadores** é de competência do **Superior Tribunal de Justiça**, art. 105, inc. I, *a*, da Constituição Federal, após licença concedida pela Assembleia Legislativa ou Câmara Legislativa, suspendendo-se a prescrição até a concessão da devida licença.

A Carta Magna não consagrou aos vices o foro por prerrogativa, e, assim, entendemos que eles são processados e julgados nos crimes eleitorais pelos juízes eleitorais do local da infração, até porque as Constituições Estaduais não podem alargar o foro por prerrogativa de função, sendo a matéria privativa da União.

Em relação aos **Prefeitos e vices**, a regra está prevista no Decreto-Lei nº 201, de 27 de fevereiro de 1967, art. 1º, § 2º, que fixa, também, o prazo de cinco anos, quando, por similitude à sanção do art. 52, parágrafo único, da Constituição Federal, referente ao Presidente da República deveria ser de oito anos, conforme já salientado.

Os Prefeitos se sujeitam ao processo por infração político-administrativa, *impeachment* no âmbito da Câmara Municipal, mas podem ainda responder por ações judiciais que acarretam perda do mandato eletivo, inelegibilidade, a suspensão dos direitos políticos, multa e até inabilitação proveniente da sanção penal condenatória, como na Lei de Abuso de Autoridade, em que o agente é condenado criminalmente à perda do cargo e à inabilitação para o exercício de qualquer outra função pública por prazo de até três anos (*art. 6º, § 3º, c*).

Por fim, a atual redação da alínea *c* do art. 1º, I, da Lei Complementar nº 64/1990, atualizada pela LC nº 135/2010, ampliou a inelegibilidade de 3 (*três*) para 8 (*oito*) anos.

12.20. ABUSO DO PODER ECONÔMICO OU POLÍTICO. INELEGIBILI-DADE

São inelegíveis nos termos do art. 1º, inc. I, alínea "d" da LC nº 64/1990: *"Os que tenham contra sua pessoa representação julgada procedente pela Justiça Eleitoral, em decisão transitada em julgado ou proferida por órgão colegiado, em processo de apuração de abuso do poder econômico ou político, para a eleição na qual concorrem ou tenham sido diplomados, bem como para as que se realizarem nos 8 (oito) anos seguintes* (redação dada pela Lei Complementar nº 135, de 2010)".

A Lei Complementar nº 135/2010 alterou a redação da lei antiga, disciplinando que uma condenação por órgão colegiado, mesmo sem o trânsito em julgado acarreta a inelegibilidade. E ainda, aumentou o prazo de 3 (*três*) para 8 (*oito*) anos.

Essa alínea tem correlação com o inc. XIV do art. 22 da Lei Complementar nº 64/1990, e com a alínea *h* deste art. 1º, inc. I.

O abuso do poder econômico ou político é reconhecido em "representação", ou seja, ação eleitoral. São as hipóteses de representações específicas, e.g., a ação de investigação judicial eleitoral (*art. 22, I a XIII, da LC nº 64/1990*) e a ação de impugnação ao mandato eletivo. Com respeito a posições divergentes, insistimos no ponto em que a ação de impugnação ao mandato eletivo é uma das ações cabíveis em que se pode reconhecer o abuso do poder econômico, bem como do político quando estiver interligado ao econômico.

Acresça-se ainda o fato de que o Egrégio TSE possui precedente **não admitindo a declaração de inelegibilidade em sede de ação de impugnação ao mandato eletivo**, quando se reconhece o abuso do poder econômico (*Recurso Especial Eleitoral nº 10-62, Pojuca. Bahia. Redatora para o acórdão Min.ª Laurita Vaz. 27/8/2013*).

Data venia, é possível a reapreciação desse modelo jurídico, porque a representação referida nessa alínea "d" deve ser sistêmica, ou seja, é uma expressão de gênero procedimental.

Se o candidato eleito responde a uma ação de impugnação ao mandato eletivo por abuso do poder econômico, a decisão não pode se limitar a anular ou nulificar o diploma afastando o reconhecimento negativo da causa de inelegibilidade. Trata-se de uma interpretação lógica ou teleológica.

O fato de não constar uma previsão de inelegibilidade de forma expressa no texto constitucional (art. 14, §§ 10 e 11), não afasta que o julgamento de mérito reconheça a causa de inelegibilidade. Trata-se de efeito natural, automático, quando satisfeitos os requisitos legais.

O art. 14, § 10, da Lei Maior diz que "*O mandato eletivo poderá ser impugnado ante a Justiça Eleitoral* (...)". Anula-se o mandato eletivo com lastro em um dos pedidos afetos ao abuso do poder econômico, sendo o abuso causa de pedir da alínea "d" ou "h", que se materializa em hipótese de inelegibilidade.

A propósito, na ação de impugnação ao mandato eletivo estaremos com um **pedido complexo:** (i) a anulação do mandato eletivo e (ii) a declaração de inelegibilidade em razão de ação abusiva sob o prisma econômico das eleições. Não se podem separar os pedidos, pois ambos estão baseados no mesmo fato gerador.

O abuso do poder econômico além de ser causa de inelegibilidade é fator que acarreta a nulificação do diploma e do mandato eletivo.

O art. 175, § 3º, do Código Eleitoral preconiza que o voto atribuído ao candidato inelegível é espécie de voto nulo.

Cumpre salientar que o § 3º do art. 224 do Código Eleitoral (*acrescido pela Lei nº 13.165/2015*) determina a realização de novas eleições, "(...) *independentemente do número de votos anulados* (...)".

Sem dúvida, se a Justiça Eleitoral indeferir o registro, cassar o diploma ou de alguma forma decretar a perda do mandato eletivo para candidatos votados no sistema majoritário, são realizadas **novas eleições diretas ou indiretas**.

Na eleição suplementar ou complementar, o candidato inelegível não participará, nem tampouco o que deu causa à nulidade (*art. 219, parágrafo único, do Código Eleitoral*).

Todavia, objetivando padronizar as consequências do reconhecimento do abuso do poder econômico ou político nas eleições, não é razoável a manutenção da interpretação que afasta a declaração da inelegibilidade em sede de ação de impugnação ao mandato eletivo, considerando ainda a questão de que no âmbito do RCED (*art. 262 do Código Eleitoral*) não é possível a declaração negativa da inelegibilidade decorrente do abuso, restando apenas a ação de investigação judicial eleitoral (*art. 22, I a XIII, da LC nº 64/1990*).

O Colendo TSE já possui precedente pela não admissão da incidência da alínea "d" em sede de RCED antes da alteração da Lei nº 12.891/2013, que modificou as causas de pedir (*AC de 16/11/2010 no RO nº 60.283, Rel. Min. Aldir Passarinho Junior*).

Dessa forma, se a ação de impugnação ao mandato eletivo (*art. 14, §§ 10 e 11, da Constituição Federal*) protege a normalidade e legitimidade das eleições contra a influência do poder econômico, deve-se reconhecer a inelegibilidade das alíneas "d" ou "h" do art. 1º, I, da Lei das Inelegibilidades, quando anulado o diploma por esse fundamento.

Registre-se, no entanto, que a posição pacífica no Egrégio TSE, é no sentido de que na ação de impugnação ao mandato eletivo não se declara a inelegibilidade por ausência de previsão no texto constitucional, sendo uma indevida restrição aos direitos políticos.

A redação da alínea *d* efetivamente consagra uma amplitude de oito anos na inelegibilidade defluente de declarações pela Justiça Eleitoral de hipóteses de abuso do poder econômico ou político, independentemente de o agente infrator haver sido eleito ou não para o mandato eletivo almejado.

A redação atual do verbete sumular **nº 19** é: "*O prazo de inelegibilidade decorrente de condenação por abuso do poder econômico ou político tem início no dia da eleição em que este se verificou e finda no dia de igual número no oitavo ano seguinte*".

A inelegibilidade só se constituiu negativamente com a decisão do **órgão colegiado** da Justiça Eleitoral (*Tribunais Regionais Eleitorais ou Tribunal Superior Eleitoral*), ou o **trânsito em julgado**, desde que publicado o acórdão no Diário Oficial.

Com efeito, a decisão do juiz eleitoral da zona eleitoral em primeiro grau de jurisdição ao julgar a representação por abuso do poder econômico não produz como efeito a inelegibilidade, pois apenas a decisão colegiada da Justiça Eleitoral é revestida de aptidão jurígena para essa tipificação política da cidadania. É como se a decisão estivesse sujeita a uma espécie de duplo grau de jurisdição.

Assim, se a decisão proferida pelo magistrado da zona eleitoral transitar em julgado ela constituiu a causa de inelegibilidade ou aguarda-se a decisão colegiada para esse efeito.

12.21. CONTAGEM DO PRAZO DE INELEGIBILIDADE

O prazo é retroativo, ou seja, *ex tunc.* Conta-se o prazo da data exata da eleição projetando-se para o futuro. O termo *a quo* do prazo de inelegibilidade é, portanto, **a data da eleição**, mas a sua formação ou constituição é decorrente do trânsito em julgado ou decisão de órgão judicial eleitoral colegiado.

Subsistia certa controvérsia na interpretação sobre a contagem do prazo, ou seja, se terminava no dia que correspondeu ao da eleição ou se era prolongado até o fim do ano (*confira-se Recurso Especial Eleitoral nº 16.512*).

Observe-se que a regra do inc. XIV do art. 22 da Lei das Inelegibilidades faz menção aos 8 (*oito*) anos subsequentes à data da eleição em que se verificou. Assim, numa interpretação literal, sem ampliar restrições aos direitos políticos, é correto firmar **o dia exato da eleição** como sendo o dia do término da causa de inelegibilidade.

As inelegibilidades do art. 1º, I, alíneas "d", "h" e "j" devem possuir um tratamento igualitário, especialmente na contagem do prazo, sem ampliar direitos políticos negativos que possam diminuir a capacidade eleitoral passiva do cidadão.

No Egrégio TSE existiam **duas correntes** de pensamento: **a primeira**, no sentido de que o prazo deve ser contado englobando **o ano inteiro** (*Agravo Regimental no Recurso Especial Eleitoral nº 348-11, Nova Soure/BA, Rel.ª Min.ª Laurita Vaz, em 11/4/2013*); a **segunda** considera a data da eleição. Inclusive se houver segundo turno, a data é contada do primeiro turno, ou seja, o dia da eleição é o marco do prazo inicial da contagem da inelegibilidade por 8 (*oito*) anos.

Exemplo: Eleição de 2014, dia 5/10/2014 (*primeiro turno*) acarretando a inelegibilidade até 5/10/2022, mesmo que tenha ocorrido a causa de inelegibilidade entre o dia 5 (primeiro turno) e o dia 26 (*segundo turno*) de outubro de 2014 (*Recurso Ordinário nº 566-35, João Pessoa/PB, Rel. Min. Gilmar Mendes, em 16/9/2014*).

Essa questão controvertida foi sanada pela edição do verbete sumular nº **19** do Egrégio TSE, ou seja, "*finda no dia de igual número no oitavo ano seguinte*". E ainda, o enunciado sumular do TSE **nº 69**. "*Os prazos de inelegibilidade previstos nas alíneas j e h do inc. I do art. 1º da LC nº 64/1990 têm termo inicial no dia do primeiro turno da eleição e termo final no dia de igual número no oitavo ano seguinte*".

12.22. INELEGIBILIDADE AMPLIATIVA DE 8 (*OITO*) ANOS INCIDENTES SOBRE FATOS ANTERIORES

Como já salientado, a Lei da Ficha Limpa (*Lei Complementar nº 135, de 4 de junho de 2010*) aumentou o prazo de inelegibilidade de 3 (*três*) para 8 (*oito*) anos, sendo que o Egrégio Tribunal Superior Eleitoral reafirma a posição majoritária no sentido de que o prazo de 8 (*oito*) anos tem aplicação a fatos praticados antes da vigência da LC nº 135/2010. Nesse sentido ressalta-se:

> (TSE). O Plenário do Tribunal Superior Eleitoral, por maioria, **reafirmou que o prazo de oito anos de inelegibilidade previsto na alínea *d* do inc. I do art. 1º da Lei Complementar nº 64/1990 incide sobre fatos pretéritos**, mesmo quando transcorrido o prazo anterior de três anos de inelegibilidade. Na espécie vertente, o pretenso candidato foi condenado, em ação de impugnação de mandato eletivo e em ação de investigação judicial eleitoral – transitadas em julgado –, à sanção de três anos de inelegibilidade, pela prática de abuso do poder econômico e captação ilícita de sufrágio nas eleições de 2004. O Plenário destacou que a jurisprudência deste Tribunal Superior é no sentido de que a inelegibilidade prevista na alínea *d* do inc. I do art. 1º da Lei Complementar nº 64/1990 não constitui pena, motivo pelo qual é possível a retroação do novo prazo sancionatório. Ressaltou que não há direito adquirido a regime de inelegibilidade e que não se pode cogitar de ofensa a ato jurídico perfeito ou a coisa julgada, pois as condições de elegibilidade, assim como as causas de inelegibilidade, devem ser aferidas no momento da formalização do pedido de registro de candidatura. Agravo Regimental no Recurso Especial Eleitoral nº 348-11, Nova Soure/BA, Rel.ª Min.ª Laurita Vaz, em 11/4/2013 (grifos nossos).

E ainda, no STF: "[...] O Plenário concluiu julgamento de recurso extraordinário em que se discutiu a possibilidade de aplicação da causa de inelegibilidade prevista no art. 1º, I, *d*, da LC nº 64/90, com a redação dada pela LC nº 135/2010, à hipótese de representação eleitoral julgada procedente e transitada em julgado antes da entrada em vigor da LC nº 135/2010, que aumentou de 3 para 8 anos o prazo de inelegibilidade (Informativos 807, 879 e 880). O Tribunal fixou a seguinte tese de repercussão geral: 'A condenação por abuso do poder econômico ou político em ação de investigação judicial eleitoral, transitada em julgado, *ex vi* do art. 22, inc. XIV, da Lei Complementar nº 64/90, em sua redação primitiva, é apta a atrair a incidência da inelegibilidade do art. 1º, inc. I, alínea *d*, na redação dada pela Lei Complementar nº 135/2010, aplicando-se a todos os processos de registros de candidatura em trâmite'. Não foi alcançado o quórum de 2/3 para modulação dos efeitos da decisão, consoante proposta formulada pelo Ministro Ricardo Lewandowski (relator originário), no sentido de que a aplicação da novel redação do art. 1º, I, *d*, da LC nº 64/90 ocorresse apenas a partir da análise dos requerimentos de registro de candidaturas às eleições de 2018".

A posição jurisprudencial está em aparente consonância com as decisões do Supremo Tribunal Federal nas Ações Declaratórias de Constitucionalidade nºs 29 e 30 e na Ação Direta de Inconstitucionalidade nº 4.578, quando se entendeu que não há direito adquirido ao regime de elegibilidade, sendo a nova Lei das Inelegibilidades aplicada imediatamente. No EgrégioTSE ressalta-se, no sentido da conclusão acima, a decisão no *Agravo Regimental no Recurso Especial Eleitoral nº 82-74, Nova Trento, Santa Catarina, Rel.ª Min.ª Lúcia Lóssio, em 18/12/2012.*

O prazo de inelegibilidade de 8 (*oito*) anos se aplica para processos "(...) *já findos, desde que ainda em curso o prazo*" (*AgR-REspe 94.681/SP, Rel. Min. José Antônio Dias Toffoli, DJE de 3/4/2013*).

Nesse rumo, firma-se na jurisprudência majoritária, que poderá ser alterada no futuro, que o prazo de inelegibilidade aumentado para 8 (*oito*) anos não afeta o princípio da irretroatividade das leis (*art. 5º, XXXVI, da Constituição da República*), especialmente em função do julgamento das *Ações Diretas de Constitucionalidade nºs 29 e 30 e na ADI nº 4.578.*

Convém ressaltar que o referido julgamento do Supremo Tribunal Federal possui efeito vinculante para os órgãos do Poder Judiciário em razão do art. 102, § 2º, da Constituição Federal.

Leciona *Joel José Cândido, in expressi verbis*: "(...) *A aplicação retroativa da LC nº 64/1990, com a redação que lhe deu a LC nº 135/2010, nos termos do que foi autorizado pelo Supremo Tribunal Federal, permite que se formule duas teorias sobre suas diversas alíneas. Uma, absoluta; outra, relativa*" (*Direito Eleitoral Brasileiro*. 15ª ed. São Paulo: Editora Edipro, 2012, p. 119).

Cumpre destacar as lições de *Edson de Resende Castro*, a saber: "(...) *Para as candidaturas que se apresentarem após a vigência e aplicabilidade da lei nova, isto sim, eles são considerados nos seus efeitos futuros, se ainda não ultrapassado o prazo de cessação do impedimento consignado na lei*" (*Curso do Direito Eleitoral*. 7ª ed. Belo Horizonte: Editora Del Rey, 2014, p. 138).

Os autores *Richard Pae Kim* e *Paulo Hamilton Siqueira Junior, in expressi verbis*: *"Embora já julgada a questão da constitucionalidade desses dispositivos, há que se salientar que a aplicação da LC 135/2010 sobre fatos anteriores não viola o princípio da irretroatividade das leis"* (*Ficha Limpa*. 1ª ed. São Paulo: Revista dos Tribunais, 2014, p. 80).

Impende destacar a posição mais antiga do Egrégio TSE em sentido contrário sobre a não aplicação do prazo de 8 (*oito*) anos de inelegibilidade para fatos pretéritos (*Agravo Regimental no Recurso Ordinário nº 902-41/AL, Rel. Min. Arnaldo Versiani, em 19/10/2010*).

Acresça-se ainda o precedente sobre a não incidência do prazo de 8 (oito) anos de inelegibilidade para casos em que já se efetivou o trânsito em julgado com a fixação da inelegibilidade por 3 (três) anos em função da norma anterior. O Ministro *Ricardo Lewandowski* concedeu liminar na **Ação Cautelar nº 3.786**, proposta no Supremo Tribunal Federal em relação ao prazo de inelegibilidade previsto no art. 1º, inc. I, alínea "d" da Lei Complementar nº 64/1990, alterada pela Lei Complementar nº 135/2010. Em complemento, a questão será decidida pelo **Plenário do Supremo Tribunal Federal no Recurso Extraordinário com Agravo (ARE) nº 790.744**.

O acórdão do Tribunal Regional Eleitoral de Santa Catarina transitou em julgado em abril de 2009. A decisão liminar se baseou, dentre outros judiciosos fundamentos, no art. 5º, XXXVI, da Constituição, *in verbis*: "(...) *a lei não prejudicará o direito adquirido, o ato jurídico perfeito e a coisa julgada*".

O Egrégio STF ao julgar o **Recurso Extraordinário nº 929.670/DF**, Relator Ministro Ricardo Lewandowski, em 28/9/2017, concluiu, por **maioria de votos**, que se aplica a causa de inelegibilidade prevista no art. 1º, inc. I, alínea "d" da LC nº 64/1990 com a redação da Lei da Ficha Limpa, LC nº 135/2010, no que tange ao aumento do prazo de 3 (três) para 8 (oito) anos, mesmo quando já tenha ocorrido o trânsito em julgado em representação que aplicou o prazo de 3 (três) anos.

A hipótese se referia às eleições de 2004, e a LC nº 135/2010, como já visto, aumentou o prazo de inelegibilidade para 8 (oito) anos, mas esse fato não significou o exaurimento do prazo, pois é possível ao legislador aumentar os prazos, desde que tenha uma proporcionalidade, em razão do abuso do poder econômico.

O aumento foi de 3 (três) para 8 (oito) anos, sem que fosse caracterizada violação à coisa julgada, pois a inelegibilidade possui natureza de requisito negativo e de adequação do candidato ao regime jurídico do processo eleitoral, conforme noticiado no Informativo do STF nº 807.

Concluiu-se que não se trata de sanção e, portanto, não haveria ofensa à retroatividade máxima. Trata-se de retroatividade inautêntica ou de retrospectividade.

Nesse novo panorama interpretativo, quando for requerido o registro de candidatura afigura-se a causa de inelegibilidade pelo prazo de 8 (oito) anos em razão de decisões anteriores já julgadas e que aplicaram o prazo de 3 (três) anos.

Por exemplo: se o candidato foi declarado inelegível pelo prazo de 3 (três) anos nas eleições de 2008 ou 2010 por ter praticado atos configuradores de abuso do poder econômico, a inelegibilidade projeta-se por 8 (oito) anos em razão do novo regime jurídico instituído pela LC nº 135/2010, o que poderá obstar o deferimento de um novo pedido de registro de candidatura.

Se deferido o pedido de candidatura e o julgamento da representação por abuso do poder econômico ocorrer antes da eleição, também será cabível o recurso contra a expedição do diploma (art. 262 do Código Eleitoral), considerando que surgiu uma inelegibilidade superveniente ao deferimento do registro. Adota-se o Enunciado sumular nº 47 do Tribunal Superior Eleitoral.

12.23. GRAVIDADE. CONFIGURAÇÃO DO ATO ABUSIVO

O inc. XVI do art. 22 da LC nº 64/1990, incluído pela LC nº 135/2010, assim dispõe:

> XVI – para a configuração do ato abusivo, não será considerada a potencialidade de o fato alterar o resultado da eleição, mas apenas a gravidade das circunstâncias que o caracterizam.

A **gravidade** da conduta do infrator deve considerar basicamente alguns pressupostos factuais: (i) o local da eleição; (ii) o tipo de eleição; e (iii) a quantidade de dinheiro, publicidade, atos excessivos ou o comércio ilegal de votos.

Desta forma, o conjunto probatório fornecerá ao órgão julgador o correto panorama da conduta "grave", ou seja, a tradução de um ato excessivo na competição eleitoral entre os participantes atingindo a normalidade das eleições.

Não é necessária a prova de que o candidato aumentou o número de votos em seções de zonas eleitorais, ou seja, a potencialidade sobre a alteração do resultado da votação.

A gravidade pode ser analisada em razão de alguns parâmetros específicos: (i) realização de gastos na contratação direta ou terceirizada de pessoal para prestação de serviços de militância, considerando o limite legal previsto no art. 100-A da Lei nº 9.504/1997; (ii) quantidade de reiterações referentes à propaganda antecipada; (iii) a ausência ou desaprovação das contas de campanha; (iv) quantidade excessiva de doadores (pessoas físicas) que não residem na circunscrição eleitoral; (v) extrapolação do limite legal de gastos de campanha para cada eleição, por exemplo, violação aos arts. 5º a 7º da Lei nº 13.488, de 6 de outubro de 2017; (vi) excessivo uso de bens e serviços públicos; (vii) evidente desvio dos meios de comunicação social em benefício da candidatura, seja pela televisão, rádio, internet ou imprensa escrita (jornais e tabloides); e (viii) elevados gastos com material gráfico, impressos, adesivos, veículos e outros nas ruas e logradouros públicos.

12.24. INELEGIBILIDADE POR INFRAÇÃO PENAL

Versa o art. 1º, inc. I, alínea "e" da LC nº 64/1990 que são inelegíveis:

> "Os que forem condenados, em decisão transitada em julgado ou proferida por órgão judicial colegiado, desde a condenação até o transcurso do prazo de 8 (oito) anos após o cumprimento da pena, pelos crimes (redação dada pela Lei Complementar nº 135, de 2010):
>
> 1. contra a economia popular, a fé pública, a administração pública e o patrimônio público (incluído pela Lei Complementar no 135, de 2010);
>
> 2. contra o patrimônio privado, o sistema financeiro, o mercado de capitais e os previstos na lei que regula a falência (incluído pela Lei Complementar no 135, de 2010);
>
> 3. contra o meio ambiente e a saúde pública (incluído pela Lei Complementar nº 135, de 2010);
>
> 4. eleitorais, para os quais a lei comine pena privativa de liberdade (incluído pela Lei Complementar nº 135, de 2010);
>
> 5. de abuso de autoridade, nos casos em que houver condenação à perda do cargo ou à inabilitação para o exercício de função pública (incluído pela Lei Complementar nº 135, de 2010);
>
> 6. de lavagem ou ocultação de bens, direitos e valores (incluído pela Lei Complementar nº 135, de 2010);
>
> 7. de tráfico de entorpecentes e drogas afins, racismo, tortura, terrorismo e hediondos (incluído pela Lei Complementar nº 135, de 2010);
>
> 8. de redução à condição análoga à de escravo (incluído pela Lei Complementar nº 135, de 2010);
>
> 9. contra a vida e a dignidade sexual; e (incluído pela Lei Complementar nº 135, de 2010);
>
> 10. praticados por organização criminosa, quadrilha ou bando (incluído pela Lei Complementar nº 135, de 2010)".

Em acréscimo ao tema, destacamos, para a devida remissão, os arts. 15, inc. III, e 55, inc. VI, da Carta Magna, bem como o verbete sumular **nº 9** do TSE, publicado no *DJ* de 28, 29 e 30/10/1992.

A nova redação deste dispositivo legal ampliou o rol das infrações penais que impedem, após o cumprimento da pena pelo réu, o registro de sua candidatura na Justiça Eleitoral pelo prazo de 8 (oito) anos.

Enquanto o réu cumpre pena pelos delitos elencados na regra legal, ele estará em um caso de suspensão dos direitos políticos, ou seja, não poderá votar e ser votado até o término de cumprimento da pena. Assim, depois de cumprida a pena criminal, o ex-apenado será inelegível (impedido *de ser eleito*), mas poderá votar (*terá a capacidade eleitoral ativa*).

O cumprimento da pena decorre de decisão do Juízo da Execução Penal, independendo de reabilitação ou da prova de reparação dos danos, conforme tratado no verbete sumular **nº 9** do Egrégio TSE.

O Colendo TSE possui julgado sobre a necessidade de publicação da decisão condenatória pelo crime ensejador da inelegibilidade. Nesse sentido (*Agravo Regimental no Recurso Ordinário nº 684-17/TO, Rel. Min. Aldir Passarinho Junior, em 5/10/2010*).

O Egrégio TSE editou os verbetes sumulares **59, 60 e 61** que se aplicam à alínea "e" do art. 1º, inc. I, da LC nº 64/1990.

Desta forma, o prazo final de inelegibilidade *"projeta-se por 8 (oito) anos após o cumprimento da pena, seja ela privativa de liberdade, restritiva de direito ou multa"*, nos termos do verbete sumular **nº 61** do TSE.

12.25. MOMENTO EM QUE A DECISÃO DO ÓRGÃO COLEGIADO PASSA A TER EFICÁCIA PARA FINS DA INCIDÊNCIA DA CAUSA DE INELEGIBILIDADE

A inelegibilidade deve incidir a partir da publicação do julgamento no Diário Oficial, quando começa a correr o prazo dos recursos eleitorais.

Quanto ao acórdão (*decisão de órgão colegiado*), decidiu, **por maioria**, o **Egrégio TSE**, que se a parte interpuser embargos de declaração, mesmo interrompendo o prazo de outros recursos, a decisão do colegiado já é causa de incidência da inelegibilidade em função de condenação criminal, por exemplo, por crime de tráfico de drogas.

Se o recorrente pretende suspender os efeitos da decisão do órgão jurisdicional eleitoral, não deve interpor apenas os embargos de declaração, mas buscar a medida cautelar nos termos do art. 26-C da Lei Complementar nº 64/1990. Nesse sentido, *Recurso Especial Eleitoral nº 122-42/CE, Rel. Min. Arnaldo Versiani, em 9/10/2012*.

12.26. DECISÃO DO TRIBUNAL DO JÚRI. INELEGIBILIDADE

As decisões do Tribunal do Júri são consideradas como de órgãos colegiados para a incidência da inelegibilidade tratada no dispositivo legal, conforme já decidiu o Egrégio Tribunal Superior Eleitoral.

> (...) 1. Incorre em inelegibilidade aquele que foi condenado por crime doloso contra a vida julgado pelo Tribunal do Júri, que é órgão judicial colegiado, atraindo a incidência do disposto no art. 1º, inciso I, alínea *e*, nº 9, da LC nº 64/1990, com as modificações introduzidas pela LC nº 135/2010. 2. Recurso especial a que se nega provimento. Recurso Especial Eleitoral nº 611-03/RS. Rel. orig. Min. Marco Aurélio. Redatora para o acórdão: Min.ª Laurita Vaz. *DJE* de 13/8/2013. Noticiado no *Informativo* nº 14/2013.

12.27. AFASTAMENTO DA CAUSA DE INELEGIBILIDADE. PRAZO FINAL DE ARGUIÇÃO

Como se depreende, o afastamento da causa de inelegibilidade não é uma situação jurígena que possa ter uma arguição sem fixação de prazo final, considerando o princípio da celeridade no julgamento dos processos eleitorais, especialmente a ação de impugnação ao requerimento de registro de candidatos.

Por outro prisma, se o candidato é inelegível, mas pretende se candidatar para uma determinada eleição específica, a causa de inelegibilidade poderá ser afastada e considerada como fato superveniente, quando o prazo final de sua incidência ocorrer antes do dia da eleição. O Egrégio TSE já enfrentou essa questão na Consulta nº 380-63, Brasília/DF, Rel. Min. Marco Aurélio, em 21/11/2013.

Se o candidato, no dia da eleição, ainda está inelegível, os votos que lhe são atribuídos são nulos, na forma do art. 175, § 3º, do Código Eleitoral, exceto se em razão de medida cautelar a inelegibilidade estiver suspensa (*art. 26-C da LC nº 64/1990*).

O Egrégio TSE editou o verbete sumular **nº 70** nos seguintes termos. "*O encerramento do prazo de inelegibilidade antes do dia da eleição constitui fato superveniente que afasta a inelegibilidade, nos termos do art. 11, § 10, da Lei nº 9.504/1997*".

O verbete sumular **nº 43** amplia as alterações fáticas ou jurídicas, quando se referem às condições de elegibilidade.

"*As alterações fáticas ou jurídicas supervenientes ao registro que beneficiem o candidato, nos termos da parte final do art. 11, § 10, da Lei nº 9.504/1997, também devem ser admitidas para às condições de elegibilidade*".

O Tribunal Superior Eleitoral decidiu que: "(...) As circunstâncias fáticas e jurídicas supervenientes ao registro de candidatura que afastem a inelegibilidade, com fundamento no art. 11, § 10, da Lei nº 9.504/1997, podem ser conhecidas em qualquer grau de jurisdição, inclusive nas instâncias extraordinárias, até a data da diplomação (...)" (*Agravo Regimental no Recurso Especial Eleitoral nº 124-31/CE, Rel.ª Min.ª Rosa Weber. DJE de 10/4/2017*).

E ainda: "(...) O Plenário do Tribunal Superior Eleitoral, por unanimidade, afirmou que a data a ser fixada como termo final para a consideração de fato superveniente apto a afastar a inelegibilidade do candidato, conforme o previsto no § 10 do art. 11 da Lei nº 9.504/1997, deverá ser o último dia do prazo para a diplomação dos eleitos" (*Embargos de Declaração no Recurso Especial Eleitoral nº 166-29, Senhora dos Remédios/MG, Rel. Min. Henrique Neves da Silva, julgado em 7/3/2017*).

A questão está na interpretação do art. 11, § 10, da Lei nº 9.504/1997 que diz:

> § 10. As condições de elegibilidade e as causas de inelegibilidade devem ser aferidas no momento da formalização do pedido de registro da candidatura, ressalvadas as alterações, fáticas e jurídicas, supervenientes ao registro que afastem a inelegibilidade.

O encerramento do prazo de inelegibilidade antes do dia marcado para a eleição permite e legitima a validade dos votos ao candidato eleito, sendo que o verbete sumular **nº 47** do TSE só autoriza o cabimento do RCED (*art. 262 do Código Eleitoral*) para inelegibilidades que surjam até a data do pleito.

Por esse prisma, é incabível o RCED para inelegibilidades que se efetivem após o dia da eleição, sendo que o ato de diplomação só ocorrerá no mês de dezembro do ano eleitoral. **Tecnicamente se autoriza a diplomação de um candidato inelegível**.

Cremos que é necessária uma remodelação jurídica sobre essa questão objetivando o aperfeiçoamento do sistema de investidura do agente político que é ocupante de mandato eletivo.

Conclui-se: se a causa de afastamento da inelegibilidade beneficiar o candidato poderá ser reconhecida até a diplomação. Não é a data da eleição (enunciado sumular **nº 43** do Tribunal Superior Eleitoral). No entanto se a causa de inelegibilidade emergir após a data do pleito, não caberá o Recurso contra a Expedição do Diploma (*art. 262 do Código Eleitoral*), segundo o verbete sumular **nº 47** do Colendo TSE.

Insistimos na questão do urgente reexame do Enunciado sumular nº 47, objetivando-se ampliar o prazo da inelegibilidade superveniente **até a diplomação** com a possibilidade de interposição do Recurso Contra a Expedição do Diploma (art. 262 do Código Eleitoral).

Se for mantida a data da eleição como limite temporal da causa de inelegibilidade é evidente que se concluiu pela ineficácia da tutela jurisdicional eleitoral, em razão dos seguintes tópicos: (i) fragilidade à estabilização das instituições políticas; (ii) insegurança jurídica; (iii) lesão ao regime republicano; (iv) desvalorização do acesso à justiça; (v) incongruência com o Enunciado sumular nº 43 do Tribunal Superior Eleitoral em razão da falta de interpretação homogênea; e (vi) diminuição da eficácia material da Lei das Inelegibilidades.

12.28. INELEGIBILIDADE POR INDIGNIDADE DO OFICIALATO

Diz o art. 1º, inc. I, alínea "f" da LC nº 64/1990 que são inelegíveis. "*Os que forem declarados indignos do oficialato, ou com ele incompatíveis, pelo prazo de 8 (oito) anos*".

Como se nota, a pena de indignidade para o oficialato é matéria de competência não eleitoral, mas que acarreta efeitos eleitorais, como a inelegibilidade daí decorrente.

Não se pode perder de vista que os réus condenados por crimes comuns, militares ou eleitorais ficam com os direitos políticos suspensos durante o prazo em que cumprem a pena.

Dessa forma, o prazo de 8 (*oito*) anos da inelegibilidade conta-se da data do trânsito em julgado da sentença: não é superveniente à condenação criminal transitada em julgado, mas, sim, concomitante. Desse modo, a suspensão dos direitos políticos (*sanção mais ampla que impede ao cidadão votar e ser votado*) pode abranger por completo a sanção de inelegibilidade por 8 (*oito*) anos (*que impede o cidadão de ser votado*), ou pode terminar antes do prazo de 8 (*oito*) anos da inelegibilidade, dependendo do prazo de imposição da pena.

A lei deveria ter previsto que a inelegibilidade seria superveniente ao prazo de cumprimento da pena, porque da forma que está redigida não permite a ilação de que seriam os réus indignos do oficialato inelegíveis por 8 (*oito*) anos, após o cumprimento da pena, mas, em contrapartida, cria-se aparente conflito de normas com a alínea *e* da LC nº 64/1990, art. 1º, inc. I, conforme acima destacado.

A alínea *e* trata da inelegibilidade superveniente à suspensão dos direitos políticos por condenação criminal transitada em julgado ou decisão proferida por órgão judicial colegiado e, ainda, permite a contagem do prazo de inelegibilidade antes do trânsito em julgado da sentença. A alínea *f* não contempla essas hipóteses.

Todavia, a indignidade para o oficialato em sua essência é crime contra a Administração Pública, e, portanto, gera a inelegibilidade por oito anos, após o cumprimento da pena.

Exemplo: se a pena imposta for de 10 (*dez*) anos de reclusão por crime militar (*arts. 100 e 242 do Código Penal Militar – roubo simples*). Durante o prazo de cumprimento da pena o réu estará com os direitos políticos suspensos. Sendo

INELEGIBILIDADES   CAPÍTULO 12

oficial, será declarado, na mesma sentença, indigno do oficialato, e, assim, ficará inelegível por 8 (*oito*) anos, mas essa sanção de indignidade que gera a inelegibilidade é inócua, porque está compreendida dentro do prazo da suspensão dos direitos políticos. No entanto, o acusado ainda ficará inelegível após o cumprimento da pena, não pela alínea *f* do art. 1º, I da Lei das Inelegibilidades, mas sim pela alínea *e*, considerando que se trata de crime contra o patrimônio. Aplica-se o verbete sumular **nº 61** do TSE.

A alínea *f* do art. 1º, inciso I, da Lei das Inelegibilidades, ao fixar o prazo de 8 (*oito*) anos de inelegibilidade, não tratou da decisão por órgão colegiado.

Os oficiais declarados indignos são depositários de sanções mais drásticas em função da atividade de direção e comando desenvolvida, e que foi violada nos deveres de regras militares de defesa da sociedade, não sendo possíveis suas candidaturas de forma mais facilitada que a de outros não oficiais, que permanecem inelegíveis por oito anos após o cumprimento da pena.

12.29. INELEGIBILIDADE DECORRENTE DE CONTAS REJEITADAS POR IRREGULARIDADE INSANÁVEL

O art. 1º, inc. I, alínea "g" da LC nº 64/90 assim diz:

> Os que tiverem suas contas relativas ao exercício de cargos ou funções públicas rejeitadas por irregularidade insanável que configura ato doloso de improbidade administrativa, e por decisão irrecorrível do órgão competente, salvo se esta houver sido suspensa ou anulada pelo Poder Judiciário, para as eleições que se realizarem nos 8 (oito) anos seguintes, contados a partir da data da decisão, aplicando-se o disposto no inciso II do art. 71 da Constituição Federal, a todos os ordenadores de despesa, sem exclusão de mandatários que houverem agido nessa condição.

A Lei das Inelegibilidades trata a questão e exige **cinco requisitos básicos**, a saber: **(i)** o exercício de cargos, empregos ou funções públicas; **(ii)** contas rejeitadas por irregularidade insanável; **(iii)** ato doloso de improbidade administrativa; **(iv)** decisão irrecorrível do órgão competente; e **(v)** inexistência de decisão judicial que suspenda ou anule a decisão que rejeitou as contas.

Na jurisprudência do TSE, Recurso Especial Eleitoral nº 39-14 AM, ação cautelar 0600032-54/AM, Relator Ministro Luiz Fux, *verbo ad verbum*:

> [...] O art. 1º, inciso I, alínea *g*, do Estatuto das Inelegibilidades reclama, para a sua caracterização, o preenchimento, cumulativo, dos seguintes pressupostos fático-jurídicos: (i) o exercício de cargos ou funções públicas; (ii) a rejeição das contas pelo órgão competente; (iii) a insanabilidade da irregularidade apurada; (iv) o ato doloso de improbidade administrativa; (v) a irrecorribilidade

403

do pronunciamento que desaprovara; e (vi) a inexistência de suspensão ou anulação judicial do aresto que rejeitara as contas. Consectariamente, a ausência de qualquer desses requisitos afasta a sua incidência [...].

É importante frisar que a Lei de Improbidade Administrativa (*Lei nº 8.429/1992*) trata a questão de forma semelhante. De toda sorte, na lei da imoralidade pública qualificada, a sanção não é a inelegibilidade, mas sim a suspensão dos direitos políticos (*art. 15, V, da Carta Magna c/c art. 12, I, II e III, da Lei de Improbidade*).

Assim, a suspensão dos direitos políticos é uma consequência da norma constitucional e da Lei de Improbidade Administrativa, mas o campo normativo das inelegibilidades está situado na Lei Complementar (*art. 14, § 9º, da Constituição da República*).

Caracterizada a hipótese da causa de inelegibilidade o prazo de sua incidência conta-se na forma prevista no art. 1º, inciso I alínea "g", ou seja, nos 8 (*oito*) anos seguintes da decisão que pode ser do Tribunal de Contas ou do Poder Legislativo, por exemplo, da Câmara Municipal em relação aos Prefeitos.

12.30. CARGOS, EMPREGOS OU FUNÇÕES PÚBLICAS

O primeiro requisito trata do exercício de cargos, empregos ou funções públicas. E a Lei nº 8.429/1992 define o que é servidor público, no seu art. 2º.

A Lei das Eleições, ao tratar das condutas vedadas aos agentes públicos em campanhas eleitorais também possui a definição de agentes públicos no art. 73.

E ainda versa o art. 73, em seu § 7º, que:

> § 7º As condutas enumeradas no *caput* caracterizam, ainda, atos de improbidade administrativa, a que se refere o art. 11, inciso I, da Lei nº 8.429, de 2 de junho de 1992, e sujeitam-se às disposições daquele diploma legal, em especial às cominações do art. 12, inciso III.

O artigo possui ampla aplicação e, portanto, abrange toda espécie ou classificação de funcionário público.

A decisão que acarreta a inelegibilidade por oito anos atinge os servidores públicos, não apenas os que têm o dever de prestar contas em razão de sua gestão, como, por exemplo, os chefes do Poder Executivo, mas também "*ordenadores de despesa e seus mandatários*".

O dever de prestar contas se aplica às pessoas físicas ou representantes legais das jurídicas que arrecadem, guardem ou gerenciem bens ou valores públicos, conforme determinado no art. 70, parágrafo único, da Constituição Federal, bem como na Lei de Responsabilidade Fiscal, Lei Complementar nº 101/2000, e na Lei nº 4.320/1964 (*normas gerais de Direito Financeiro*).

Os arts. 80 e 81 do Decreto-Lei nº 200, de 25 de fevereiro de 1967 (*que dispõe sobre a organização da Administração Federal, estabelece diretrizes para a reforma administrativa e dá outras providências*), conceitua o que é um ordenador de despesas, a saber: "(...) *é toda e qualquer autoridade de cujos atos resultarem emissão de empenho, autorização de pagamento, suprimento ou dispêndio de recursos da União ou pela qual esta responda" (§ 1º do art. 80*).

Os **ordenadores de despesa** são tratados em razão de disciplinas normativas dos regimentos internos, e.g., das Câmaras Municipais, das Assembleias Legislativas e do Senado Federal, em relação às despesas e empenhos efetuados pelas próprias Casas Legislativas, em função de suas disponibilidades orçamentárias.

Por exemplo, a Mesa Diretora do Senado é que estabelece as competências para autorizar despesas, inclusive licitações, e aprovar calendário de compras, por meio de seu Diretor Geral, que poderá ser responsabilizado pela atual Lei de Inelegibilidades, e, inclusive, os seus mandatários.

Outrossim, nas Câmaras Municipais, a responsabilidade poderá recair sobre o Presidente da própria Casa Legislativa, a depender do que previsto no Regimento Interno.

A Lei de Inelegibilidades criou uma espécie de coautoria entre autoridades que são responsáveis pelo pagamento e gestão de recursos públicos.

12.31. ÓRGÃO COMPETENTE PARA APRECIAÇÃO DAS CONTAS. REQUISITO LEGAL

A apreciação das contas ocorre pelo órgão do Tribunal de Contas da União (*verba federal*), dos Estados (*verbas estaduais*) e pelo Conselho Municipal ou Tribunal de Contas dos Municípios (*verbas municipais*). Assim, a competência tem relação com a prestação das contas.

Sobre o assunto, destaca-se na Carta Magna:

> Art. 70. A fiscalização contábil, financeira, orçamentária, operacional e patrimonial da União e das entidades da Administração Direta e Indireta, quanto à legalidade, legitimidade, economicidade, aplicação das subvenções e renúncia de receitas, será exercida pelo Congresso Nacional, mediante controle externo, e pelo sistema de controle interno de cada Poder.
>
> Parágrafo único. Prestará contas qualquer pessoa física ou jurídica, pública ou privada, que utilize, arrecade, guarde, gerencie ou administre dinheiros, bens e valores públicos ou pelos quais a União responda, ou que, em nome desta, assuma obrigações de natureza pecuniária.

Todavia, não é suficiente para declarar a inelegibilidade apenas o parecer do órgão técnico (*Tribunais de Contas*), quando as contas forem prestadas por Presidente da República, Governadores de Estado e Prefeitos municipais. Para alcançarmos a inelegibilidade, é necessária a decisão como um **ato complexo**.

a) Prefeito

No caso dos chefes do Poder Executivo Municipal, as contas anualmente prestadas são analisadas pelo Tribunal de Contas do Estado ou do Município, sendo emitido um parecer prévio, mas o julgamento é ato de atribuição da Câmara Municipal, nos termos do art. 31 e parágrafos da Constituição Federal.

O parecer só deixa de prevalecer, ou seja, só não se efetivará, por decisão de 2/3 (dois terços) dos vereadores. A jurisprudência do Tribunal Superior Eleitoral é pacífica (*Acórdãos nº 18.772, de 31/10/2000, Rel. Min. Fernando Neves, e nº 18.313, de 05/12/2000, Rel. Min. Maurício Corrêa*).

Nesse arquétipo, o Egrégio TSE possui precedente da lavra do Ex.mo Ministro Luiz Fux, *in expressi verbis*:

> [...] A contabilidade do chefe do Poder Executivo deverá ser julgada pela Câmara Municipal, após emissão de parecer técnico emitido pelo Órgão de Contas, o qual somente deixará de prevalecer pelo voto de dois terços dos membros da Casa Legislativa. Caso o Tribunal de Contas acolha pedido de reconsideração ou de qualquer outro modo rescinda o acórdão primeiro e exare novo parecer prévio, deverá este ser submetido a novo julgamento pelo órgão competente, qual seja, Câmara dos Vereadores, em obediência ao procedimento constitucional [...] (Recurso Especial Eleitoral nº 39-14/AM. Ação Cautelar nº 0600032-54/AM).

Desta forma, para o Egrégio TSE, não é possível a incidência da inelegibilidade se não houver a perfectibilidade do ato complexo, ou seja, a rejeição das contas pelo **órgão técnico** e o *referendum* da **Câmara Municipal** pelo *quorum* qualificado de 2/3 (*dois terços*).

Destaca-se no Egrégio TSE (*DJ em 19/12/2016*):

> (...) A Câmara Municipal, e não a Corte de Contas, é o órgão investido de competência constitucional para processar e julgar as contas do chefe do Executivo, sejam elas de governo ou de gestão, ante o reconhecimento da existência de unicidade nesse regime de contas prestadas, *ex vi* dos arts. 31, § 2º, 71, I, e 75, todos da Constituição (Precedente: STF, RE nº 848.826 – repercussão geral).
>
> 2. A Câmara Municipal ostenta a prerrogativa constitucional de pronunciar-se, em sede de definitividade, acerca do resultado das contas prestadas pelo Chefe do Executivo local, de sorte que a omissão na apreciação do parecer prévio exarado pelo Tribunal

de Contas não autoriza a desaprovação (Precedente: STF, RE nº 729.744).

3. *In casu*, a Câmara de vereadores quedou-se omissa quanto ao parecer da Corte de Contas, razão pela qual reformou-se a decisão do Tribunal a quo que indeferiu, com base apenas no parecer opinativo do Tribunal de Contas, o registro de candidatura do ora Agravado.

4. Agravo regimental desprovido.

Agravo Regimental no Recurso Ordinário nº 118-39/MT Rel. Min. Luiz Fux).

Apenas o parecer técnico não gera a inelegibilidade (*TSE. Recurso Ordinário nº 751-79/TO, Rel. Min. Arnaldo Versiani, em 08/09/2010*).

O tema emerge de forma significativa, pois se procura estabelecer uma distinção entre **contas de governo**, julgadas pela Câmara Municipal e as **contas de gestão** cujo julgamento é do Tribunal de Contas, resultando que da decisão da corte arrimada em atos de improbidade dolosa e irregularidade insanável desponta a causa de inelegibilidade.

O Tribunal de Contas exerce a fiscalização sobre a higidez da aplicação dos recursos públicos no âmbito de procedimentos de natureza administrativa com ritos próprios e independentes (*o que não exclui a análise judicial das responsabilidades civis, criminais e eleitorais*).

Exemplos de irregularidades nas contas: (i) superfaturamento na aquisição de medicamentos; (ii) fraudes ou simulações em processo licitatório; e (iii) omissão do administrador público no dever de prestar contas sobre a aplicação de recursos públicos dentro do prazo legal.

Todavia, nem sempre o parecer ou julgamento das contas de gestão se baseia em uma comprovação de lesão ao erário com desvios e locupletamento (*por exemplo: peculato desvio de verbas públicas e outros tipos*). Ocorrem hipóteses de **negligência** com a constatação da culpa e imposição de multas (*casos de falhas e impropriedades nas contas*).

Sobre o tema: a Reclamação 14.299 e Ações Diretas de Inconstitucionalidade nºs 849, 1.779 e 3.715, bem como o RE nº 682.011/SP. Rel. Min. Celso de Mello (*informativo do STF nº 678*), que bem esclarece a necessidade de observância da ampla defesa e do devido processo legal na decisão da Câmara Municipal, que importará na incidência da causa de inelegibilidade.

O Egrégio TSE, por maioria, decidiu em outro julgado que as contas de gestão devem ser julgadas pelo **Tribunal de Contas**. Destaca-se:

> (...) Constitucionalidade do art. 1º, I, *g*, da Lei Complementar nº 64/1990 e competência para julgamento de contas dos chefes do Executivo. O Tribunal Superior Eleitoral, por unanimidade, reafirmou o entendimento de que a Justiça Eleitoral tem plena

autonomia para valorar os fatos ensejadores da rejeição de contas decididas pelos órgãos competentes, a fim de averiguar a presença dos requisitos necessários para a configuração da inelegibilidade, bem como apontar se ela caracteriza ato doloso de improbidade administrativa (...) Na questão de fundo, **o Plenário, por maioria, modificou entendimento deste Tribunal Superior e assentou que a Corte de Contas é competente para proceder ao exame das contas de gestão do chefe do Poder Executivo nas hipóteses em que este atue como ordenador de despesas** (*Informativo* TSE nº 13/2014. Recurso Ordinário nº 401-37, Fortaleza/CE, Rel. Min. Henrique Neves da Silva, em 26/8/2014)" (grifos nossos).

Cumpre assinalar que em razão do julgamento do Egrégio TSE no precedente *RO nº 401-37/CE* e *Agravo Regimental no Recurso Ordinário nº 2604-09/RJ*, Rel. Ministro Henrique Neves da Silva admite-se que a *"decisão irrecorrível" pode ser apenas do Tribunal de Contas em contas classificadas como de "gestão".* É o *quantum sufficit*, até superveniente alteração jurisprudencial.

A este respeito, a questão não é pacífica em relação às contas de gestão, quando se verificam duas correntes de pensamento: **a primeira**, no sentido de que cumpre ao Poder Legislativo; **e a segunda**, ao Tribunal de Contas.

Na disquisição do tema ressaltam-se as lições do Ministro *Gilmar Mendes*.

> (...) A avaliação dos Tribunais de Contas não será definitiva para a desaprovação das contas do Prefeito. Um parecer pela desaprovação dessas contas necessitará da ratificação de dois terços dos membros da Câmara Municipal. Há que se dizer que andou bem o legislador constituinte quando uniu a desaprovação à manifestação da representação política do povo na Câmara Municipal. Parece importante ponderar que um Prefeito eleito diretamente pelo povo não pode vir a perder seu cargo, por seus atos administrativos, em razão de outra decisão que não compatível com a decisão política que lhe outorgou o mesmo cargo. De outra maneira, converge inteiramente com o preceito democrático, a possibilidade de o mesmo povo, por seus representantes, vir a dispor da perda do cargo daquele que elegeu (*Comentários à Constituição do Brasil*, 1ª ed., 2013, Editora Almedina, p. 789).

Leciona o Ex.mo *Ministro Gilmar Mendes*, nos doutos comentários ao art. 71 da Lei Maior, p. 1.168 da obra referida, *in expressi verbis*:

> Um primeiro ponto a ser destacado diz respeito à natureza jurídica do "parecer prévio" previsto no inciso I, que deverá ser elaborado sobre as contas do Presidente da República. Será este vinculativo ou meramente opinativo sobre o julgamento das contas? A norma não esclarece este aspecto, e o entendimento dominante, com acerto, coloca o julgamento das contas a cargo do Congresso Nacional, que é meramente auxiliado pelo Tribunal de Contas.

Desse modo, **a natureza jurídica do parecer prévio é opinativa, e não vinculativo, da decisão que vier a ser proferida pelo Poder Legislativo.** De certo modo, esse entendimento esvazia a importância da atividade de controle, uma vez que as conclusões esposadas podem vir a ser relevadas pelos julgadores – Deputados e Senadores. Todavia, este entendimento destaca a natureza auxiliar da atividade exercida pelo Tribunal de Contas da União, e seus congêneres estaduais. A análise das contas é um ato técnico, cuja análise é presidida por critérios de legalidade, legitimidade e economicidade, dentre outros, mas o julgamento das contas é um critério político (grifos nossos).

Tem-se, portanto, que o **parecer técnico não é essencial para nortear a decisão política de julgamento das contas,** se o Prefeito obteve uma liminar de caráter naturalmente provisório sobre aspecto técnico do parecer, a Câmara Municipal é soberana e não está limitada, louva-se no amplo exame político--administrativo e financeiro da utilização dos recursos públicos.

O parecer técnico do Tribunal de Contas, em suas conclusões, não inibe o julgamento político da Câmara Municipal. Respeita-se a soberania do Parlamento, a vontade popular e o sufrágio universal.

No Colendo Superior Tribunal de Justiça "(...) *Sendo peça opinativa, o parecer prévio do Tribunal de Contas do Estado não vincula o pronunciamento posterior da Assembleia Legislativa, cujo exercício da competência não pode ser impedido pelo Judiciário. Entendimento diverso implica em contrariedade ao princípio da independência dos Poderes*" (*STJ, 2ª Turma, RMS nº 2.6220/BA, Rel. Min. Peçanha Martins, Diário da Justiça, Seção I, 10/06/1996*).

Realçando o caráter meramente opinativo do Tribunal de Contas, já decidiu o Supremo Tribunal Federal, *Pleno, Adin nº 1.779-1, PE, Medida Liminar, Rel. Min. Ilmar Galvão, Diário da Justiça, Seção I, 22/05/1998, p. 2.*

Leciona *Uadi Lammêgo Bulos, in verbis*: "*Portanto, o papel desempenhado pelos Tribunais de Contas no julgamento das contas dos Chefes do Poder Executivo da União, Estados, Distrito Federal e Municípios é de natureza **auxiliar** e **opinativa**"* (*Curso de Direito Constitucional*, 4ª ed., Editora Saraiva, São Paulo, p. 1.089) (grifos nossos).

Como se nota, a **natureza opinativa** não pode se sobrepor ao teor do julgamento. Desse modo, se subsiste alguma questão apontada como duvidosa na tramitação ou no mérito do parecer, diga-se, opinativo, esse fato não desautoriza nem limita a plena cognoscibilidade do julgamento popular pelos vereadores da Câmara Municipal, que nesse momento exteriorizam a vontade popular em reprimir atos eivados de improbidade administrativa.

A máxima é valorizar o **Direito dos Eleitos**. Assim ecoam as lições de *Jellinek* quando tratou da classificação dos **direitos públicos subjetivos** *(sistema dei* *diritti pubblici subbiettivvi)*, ou seja, dentre diversos apontamentos resumiu efetivamente as relações entre os sujeitos ativos e passivos na manutenção do equilíbrio político.

O parecer técnico é a peça fundamental e complementa o suporte que nutre a formação do convencimento dos *edis* para o veredicto final, mas não é elemento de eficácia política que possa produzir o nexo causal da inelegibilidade, quando se trata de contas do chefe do Poder Executivo, até ulterior normatização constitucional que altere essa modelação jurídica.

Desse modo, o Supremo Tribunal Federal julgou conjuntamente os Recursos Extraordinários nºˢ 848.826 e 729.744, e concluiu, por maioria, que é de exclusiva competência da Câmara Municipal julgar as **contas de governo** e as **contas de gestão dos Prefeitos**, cabendo ao Tribunal de Contas, que exerce a função de auxiliar do Poder Legislativo Municipal, emitir um parecer prévio e opinativo, que somente não será confirmado por decisão de 2/3 (*dois terços*) dos vereadores.

E ainda no Colendo TSE:

> "Eleições 2016. Recursos especiais. Registro de candidatura deferido. Prefeito eleito (coligação de mãos dadas por Cabo Frio – PMDB/PTB/PTN/SD/PT do B/Pros/PPS/PSC/PRB/PEN/DEM/ PRTB/PSB). Inelegibilidade. Art. 1º, I, *d*, da Lei Complementar nº 64/90. Incidência. Preenchimento dos requisitos. Retrospectividade da LC nº 135/2010. Inelegibilidade reconhecida. Art. 1º, I, *g*, da Lei Complementar nº 64/90. Competência da Câmara Municipal para o julgamento das contas de gestão e de governo do prefeito. Parecer do Tribunal de Contas suspenso antes da decisão da Câmara. Condição de procedibilidade. Deliberação sobre relatório. Comissão interna. Impossibilidade. Inelegibilidade afastada" (Recurso Especial Eleitoral nº 266-94/RJ. Rel.ª Min.ª Rosa Weber).

Registre-se, no entanto, controvérsia ainda subsistente sobre os **convênios**, considerando que envolvem recursos estaduais ou federais *À exceção das contas relativas à aplicação de recursos oriundos de convênios, a competência para o julgamento das contas prestadas por Prefeito, inclusive no que tange às de gestão relativas a atos de ordenação de despesas, é da respectiva Câmara Municipal, cabendo aos Tribunais de Contas tão somente a função de emitir parecer prévio, conforme o disposto no art. 31 da Constituição Federal" (Agravo Regimental em Recurso Especial Eleitoral nº 65.895. DJE, Tomo 110, Data 13/6/2014, p. 43. Rel.ª Min.ª Laurita Hilário Vaz).*

A esse propósito, o TSE concluiu pela competência do Tribunal de Contas referente ao julgamento de convênios intermunicipais:"(...) *O Supremo Tribunal Federal, ao julgar os **recursos extraordinários nºˢ 848.826/CE e 729.744/MG**, em 17/8/2016, fixou a atribuição exclusiva da Câmara Municipal para o exame das contas, sejam de governo ou de gestão, dos chefes do Poder Executivo.*

INELEGIBILIDADES CAPÍTULO 12

No entanto, tais decisões não abrangeram a competência para o julgamento das contas relativas aos **convênios firmados entre diferentes entes federativos**, *entendimento que deve ser estendido ao caso dos autos. 2. In casu, o entendimento perfilhado no acórdão regional, segundo o qual o* **Tribunal de Contas do Estado de São Paulo é o órgão competente para julgamento das contas de Prefeito relativas à atuação como representante legal de consórcio público intermunicipal não contradiz o atual posicionamento adotado pelo STF sob o regime de repercussão geral** *(REspe, nº 177-51/SP. Rel.ª Min.ª Luciana Lóssio. DJE de 7/4/2017)* (grifos nossos).

Assim, se o julgamento das contas dos **servidores públicos** ocorre no Tribunal de Contas o efeito da inelegibilidade é resoluto, exceto se violados o contraditório ou ampla defesa, na linha de interpretação sistêmica do verbete sumular **nº 45** do TSE que assim versa: *"Nos processos de registro de candidatura, o Juiz Eleitoral pode conhecer de ofício da existência de causas de inelegibilidade ou da ausência de condições de elegibilidade, desde que resguardados o contraditório e a ampla defesa".*

b) Presidente da Câmara Municipal

O órgão competente é o Tribunal de Contas do Município ou do Estado. O Tribunal de Contas Municipal não pode submeter a sua decisão à aprovação da própria Câmara Municipal. Não é um órgão parecerista, e sim, julgador, conforme precedente, *AC de 28/09/1994 no REspe nº 12.113, Rel. Min. Diniz de Andrade, red. designado Min. Carlos Velloso.*

Tratando-se de verba oriunda da União (*verba federal*), a competência é do Tribunal de Contas da União (*Acórdão nº 595, de 19/09/2002. Rel. Min. Sepúlveda Pertence*).

É importante salientar que na existência de um convênio federal com o Estado, a competência para o julgamento das contas está afeto ao Tribunal de Contas da União. Nesse sentido: *RO nº 1.329, Rel. Min. Gerardo Grossi, AC de 24/10/2006.* Quando se tratar de convênios estaduais, o julgamento das contas será do respectivo Tribunal de Contas do Estado (*AC de 06/10/2004, no AgRgREspe nº 24.180, Rel. Min. Gilmar Mendes*).

c) Governadores de Estado
Por exemplo, a Constituição Estadual do Rio de Janeiro dispõe que:

> Art. 99. Compete privativamente à Assembleia Legislativa:
>
> (...)
>
> VIII – julgar anualmente as contas do Governador, apreciar os relatórios sobre a execução dos planos de Governo e proceder à tomada de contas, quando não apresentadas dentro de 60 dias, após a abertura da Sessão Legislativa.

Portanto, o julgamento é realizado após o parecer do Tribunal de Contas do Estado. A decisão da Assembleia é que será a decisão irrecorrível referida na alínea *g* do art. 1º, I, da Lei das Inelegibilidades.

Outrossim, versa a Carta Estadual do Rio de Janeiro que:

> Art. 123. O controle externo, a cargo da Assembleia Legislativa, será exercido com o auxílio do Tribunal de Contas do Estado, ao qual compete:
>
> (...)
>
> II – julgar as contas dos administradores e demais responsáveis por dinheiros, bens e valores públicos dos três poderes, da Administração Direta e Indireta, incluídas as empresas públicas, autarquias, sociedades de economia mista e as fundações instituídas ou mantidas pelo Poder Público Estadual, e as contas daqueles que derem causa a perda, extravio ou outra irregularidade de que resulte prejuízo à Fazenda Estadual.

Como se vê, para os demais administradores é suficiente a decisão do Tribunal de Contas transitada em julgado para acarretar-lhes a inelegibilidade por 8 (*oito*) anos, na forma da Lei das Inelegibilidades.

d) Presidente da República

Quanto ao cargo de Presidente da República, o julgamento é realizado pelo Congresso Nacional, após decisão do Tribunal de Contas da União (*arts. 49, IX, e 71, I, da Carta Magna*). A inelegibilidade só decorre da decisão final do Congresso Nacional.

As diretrizes da Carta Magna, em seu art. 71, II, versam:

> Art. 71. O controle externo, a cargo do Congresso Nacional, será exercido com o auxílio do Tribunal de Contas da União, ao qual compete:
>
> (...)
>
> II – julgar as contas dos administradores e demais responsáveis por dinheiros, bens e valores públicos da Administração Direta e Indireta, incluídas as fundações e sociedades instituídas e mantidas pelo Poder Público Federal, e as contas daqueles que derem causa a perda, extravio ou outra irregularidade de que resulte prejuízo ao Erário Público.

Em razão do art. 75 da Constituição da República Federativa do Brasil, aplicam-se também aos Tribunais de Contas Estaduais:

INELEGIBILIDADES — CAPÍTULO 12

> Art. 75. As normas estabelecidas nesta seção aplicam-se, no que couber, à organização, composição e fiscalização dos Tribunais de Contas dos Estados e do Distrito Federal, bem como dos Tribunais e Conselhos de Contas dos Municípios.

Por fim, o art. 35 da Lei nº 8.443/1992 trata do **recurso de revisão** no Tribunal de Contas da União. Nesse sentido "(...) *A mera interposição de recurso de revisão perante o Tribunal de Contas da União não afasta a natureza irrecorrível da respectiva decisão de rejeição de contas" (Recurso Especial Eleitoral nº 15105 Coari/AM. DJE, Tomo 54, Data 19/03/2015, p. 36/37. Min. José Antônio Dias Toffoli)*".

12.32. IRREGULARIDADE INSANÁVEL QUE CONFIGURE ATO DOLOSO DE IMPROBIDADE ADMINISTRATIVA. REQUISITOS LEGAIS

A redação da alínea *g* do inc. I do art. 1º da Lei das Inelegibilidades não considera apenas o ato de irregularidade insanável para fins de rejeição de contas e a consequente declaração de inelegibilidade.

Exige-se a prática de um ato intencional (*doloso*) que seja revestido de características de improbidade administrativa. Não se admite a culpa para fins de inelegibilidade, mas apenas para se reconhecer a rejeição das contas.

No entanto, o dolo e a culpa dos atos de improbidade administrativa, segundo preceitua o art. 12, I, II e III, da mesma lei acarretam a suspensão dos direitos políticos, por ação própria, que não é de competência da Justiça Eleitoral.

Nesse sentido, impende observar o disposto no § 7º do art. 73 e o art. 78 da Lei nº 9.504/1997, que ressalvam a análise dos atos de improbidade administrativa eleitoral por outras jurisdições.

Por exemplo, se o Prefeito distribui cestas básicas com dinheiro público para fins eleitorais responderá por medidas judiciais de natureza eleitoral, penal e na esfera da improbidade administrativa.

É importante ressaltar que não são todas as decisões proferidas pelo Tribunal de Contas ou o órgão legislativo correspondente que se revestem do atributo causal da inelegibilidade. É possível o rompimento desse nexo de causalidade eleitoral pela culpa, pois não subsistirá um vínculo consciente de intencionalidade.

Tenha-se presente que a Lei da Ficha Limpa (*Lei Complementar nº 135/2010*) ao atribuir nova redação para a alínea "g" estabelece uma simetria com a alínea "l", quando em ambos os dispositivos legais se exige a comprovação inequívoca do ato doloso de improbidade administrativa, excluindo-se a modalidade de negligência, imperícia ou imprudência do agente político no exercício da chefia do Poder Executivo Municipal.

Nesta matéria, os erros administrativos não servem para moldar a tipicidade da causa de inelegibilidade.

As alíneas "g" e "l" da Lei das Inelegibilidades objetivam uma simetria de incidência direcionada tão somente aos atos dolosos revestidos da negativa qualidade da improbidade administrativa.

No Egrégio Supremo Tribunal Federal destaca-se precedente sobre o tema, a saber:

> (...) Para que se configure a conduta de improbidade administrativa é necessária a perquirição do elemento volitivo do agente público e de terceiros (dolo ou culpa), não sendo suficiente, para tanto, a irregularidade ou a ilegalidade do ato. Isso porque não se pode confundir ilegalidade com improbidade. A improbidade é ilegalidade tipificada e qualificada pelo elemento subjetivo da conduta do agente (STF. Recl. 2186-DF, Rel. Min. Gilmar Mendes, e ainda REsp 827.445 SP, Rel. Min. Teori Zavascki, DJE 8/3/2010; STJ REsp 997.564-SP, Rel. Min. Benedito Gonçalves, j. 18/03/2010. DJ 25/03/2010).

Acresça-se o esclarecedor precedente do Egrégio Superior Tribunal de Justiça:

> (...) Contudo, ao considerar a gravidade das sanções e restrições a serem impostas ao agente público, a exegese do art. 11 da referida lei deve ser tomada com temperamentos, pois uma interpretação ampliativa poderia ter por ímprobas condutas que são meramente irregulares, por isso susceptíveis de correção administrativa, visto que ausente a má-fé e preservada a moralidade pública, o que extrapolaria a real intenção do legislador. Assim, a má-fé tornar-se premissa do ato ilegal e ímprobo: a ilegalidade só adquire o *status* de improbidade quando a conduta antijurídica ferir os princípios constitucionais da Administração Pública e se somar à má intenção do administrador. Em essência, conforme a doutrina, a improbidade administrativa seria uma imoralidade qualificada pelo dano ao erário e correspondente vantagem ao ímprobo ou a outrem (...) (STJ, REsp 909.446- RN, Rel. Min. Luiz Fux, j. 06/04/2010, DJ 20/04/2010).

Não ocorrendo o ato de improbidade, não há que se presumir a causa de inelegibilidade, quando verificada apenas a irregularidade.

O efeito da causa de inelegibilidade de 8 (*oito*) anos, consagrado na alínea "g" da LC nº 64/1990, quase se equipara à suspensão dos direitos políticos prevista no art. 12, I e II, da Lei de Improbidade, que fixa o prazo de 5 (*cinco*) a 8 (*oito*) anos e de 8 (*oito*) a 10 (*dez*) anos, quando o ímprobo terá restringidos os direitos políticos em dupla incidência, ou seja, na capacidade eleitoral ativa e passiva.

Assim, a afetação da inelegibilidade deverá pautar-se por critério valorativo que seja de proporcionalidade ou até gravidade do fato imputado ao agente

INELEGIBILIDADES

CAPÍTULO 12

político na análise da possível afetação ao princípio da igualdade material dos atos.

Como se nota, as tipicidades das improbidades qualificadas devem estar resolutas para ensejar o reflexo da inelegibilidade no julgamento pela Justiça Eleitoral.

Já se tem reiteradamente observado que as capitulações nos casos de improbidade administrativa seguem a teoria subjetiva para responsabilizar o agente. **Afasta-se a responsabilidade objetiva**, conforme julgado no *REsp 765.212/AC (2ª Turma do Superior Tribunal de Justiça em 23/6/2010). "(...) Ademais, não há como se impor a pecha de inelegível ao gestor público, apenas em decorrência de decisão proferida em relatório de inspeção, que, como o próprio nome diz, decorre de fiscalização exercida pelo órgão de contas, diferente, portanto, do parecer prévio, este emitido após análise das contas anuais e de gestão" (TRE-SE. RCAND – Registro de Candidatura nº 162.788 – Aracaju/SE. Acórdão nº 389/2010, de 05/08/2010. Rel. Juvenal Francisco da Rocha Neto. Publicado em Sessão, data 06/08/2010).*

Leciona *Daniel Amorim Assumpção Neves*, ao comentar o art. 12 da Lei de Improbidade Administrativa, nos seguintes termos: "(...) *Assim, além dos elementos previstos pelo dispositivo ora mencionado, deve o juiz considerar a personalidade do agente, sua vida pregressa na Administração Pública, seu grau de participação no ato ilícito, os reflexos de seu ato e a efetiva ofensa ao interesse público*" (*Manual de Improbidade Administrativa.* 2ª ed. São Paulo: Método, p. 227).

A fortiori, ressalta-se precedente do Colendo TSE, sendo relator o Ex.mo Ministro Luiz Fux, *in verbis*:

> [...] Sem embargo, a tipologia da alínea *g* traz em seu bojo, ainda, requisitos que habilitam o magistrado eleitoral a exarar juízos de valor concretos acerca de cada um deles. Assentar o caráter *insanável* de uma irregularidade apurada ou qualificar certa conduta ímproba como dolosa ou culposa, por exemplo, não se resume a uma atividade intelectiva meramente mecânica. Ao revés: a apuração desses requisitos envolve maior espectro de valoração, notadamente quando o acórdão de rejeição de contas ou o decreto legislativo forem omissos com relação a tais pontos ou os examinarem de forma açodada, sem perquirir as particularidades das circunstâncias de fato. Justamente por isso, afigura-se viável debruçar-se sobre a presença desses pressupostos à luz das premissas fáticas constantes da moldura do título proferido pelo Órgão Legislativo ou pela Corte de Contas que fundamenta a impugnação de registro [...] (Recurso Especial Eleitoral nº 39-14/ AM. Ação Cautelar nº 0600032-54/AM).

Na disquisição sobre o exame da **irregularidade insanável** deve o magistrado eleitoral reconhecer a causa de inelegibilidade quando subsista um conteúdo

415

de improbidade qualificada. A amplitude da vinculação judicial se circunscreve para ações do tipo: fraude, abusos e atos simulados com aptidão de lesar o erário público. Afasta-se, assim, para a manutenção da racionalidade do sistema da lei das inelegibilidades, meras irregularidades próprias da gestão administrativa cuja punição ficará no âmbito da tutela exclusiva do Tribunal de Contas não se projetando aos direitos públicos políticos subjetivos passivos do infrator.

As hipóteses de **irregularidades insanáveis** estão previstas nos respectivos regimentos internos dos Tribunais de Contas, p. ex., no TCE/RJ, o art. 21, inc. III, diz:

III – **irregulares**, quando comprovada qualquer das seguintes ocorrências:

a) **grave infração a norma legal ou regulamentar de natureza contábil, financeira, orçamentária, operacional ou patrimonial**;

b) **injustificado dano ao erário, decorrente de ato ilegal, ilegítimo ou antieconômico**;

c) **desfalque, desvio de dinheiros, bens e valores públicos**.

Parágrafo único. O Tribunal poderá julgar irregulares as contas no caso de reincidência no descumprimento de determinação de que o responsável tenha tido ciência, feita em processo de prestação ou tomada de contas anterior (grifos nossos).

O descumprimento dos limites de gastos instituídos pela Lei de Responsabilidade Fiscal, a falta de recolhimento de contribuições previdenciárias e a ausência de pagamentos de precatórios são causas de irregularidade insanável (*Recurso Especial Eleitoral nº 259-86/SP, Rel.ª Min.ª Luciana Lóssio, em 11/10/2012. Informativo TSE, Ano XIV, nº 29*).

Na mesma linha: (*Agravo Regimental no Recurso Especial Eleitoral nº 86-13 Ceará, Rel.ª Min.ª Nancy Andrighi. DJE 08/03/2013*). Ainda no TSE, como **irregularidade insanável** é considerada a não aplicação de percentual mínimo na saúde pública. Nesse sentido: *Agravo Regimental no Recurso Especial Eleitoral nº 441-44/SP, Rel. Min. Henrique Neves da Silva. DJE de 6/03/2013*.

Como **irregularidade insanável** aponta-se a não execução de serviços que foram pagos por convênios (*TSE. Agravio regimental no Recurso Especial Eleitoral nº 273/74/GO. Rel. Min. Henrique Neves da Silva. DJE de 7/02/2013*). E ainda: pagamento de subsídio a vereadores das Câmaras Municipais em descumprimento ao art. 29 VI, da Constituição Federal (*Recurso Especial Eleitoral nº 103-28, Lajé do Muriaé, Rio de Janeiro, Min. Dias Toffoli em 19/2/2013*).

No Egrégio TSE, registre-se precedente considerando uma **regularidade sanável**, *déficit* de execução orçamentária que é superado no exercício seguinte

INELEGIBILIDADES   CAPÍTULO 12

com superávit (*Agravo regimental no Recurso Especial Eleitoral nº 123-36 ES. Rel.ª Min.ª Nancy Andrighi. DJE de 8/03/2013*).

Em face do quanto se expôs é fato que a inelegibilidade da alínea "g" do art. 1º, inc. I, da Lei Complementar nº 64/1990 só se aperfeiçoa se ficar inequivocamente demonstrada a improbidade administrativa de cunho doloso, cuja intencionalidade do agente político seja inequívoca para afrontar o patrimônio público, enriquecer ilicitamente ou violar deliberadamente em grau de proporcionalidade os princípios da Administração Pública. Confira-se o Recurso Especial nº 4932 no TSE em 18/10/2016.

Caberá à Justiça Eleitoral, no procedimento de requerimento de registro de candidatura ou na ação de impugnação de requerimento de registro de candidatura, o pronunciamento casuístico da hipótese dolosa de improbidade administrativa vinculada à decisão que rejeitou as contas por irregularidade insanável.

Assim, é inegável que a Justiça Eleitoral se pronunciará, exclusivamente, sobre a natureza do ato doloso de improbidade, sem que esta decisão possa se revestir de coisa julgada na esfera da ação própria de improbidade administrativa no âmbito da Justiça Comum.

Se a Justiça Eleitoral reconhecer que a rejeição das contas por irregularidade insanável não tem a qualificação de uma imoralidade qualificada (improbidade), isso não impede que o juiz da vara cível possa reconhecer a prática do ato de improbidade e aplicar as suas sanções.

No Egrégio TSE: "(...) *Com efeito, não compete à Justiça Eleitoral aferir o acerto ou desacerto da decisão prolatada pelo Tribunal de Contas, mas sim proceder ao enquadramento jurídico das irregularidades como sanáveis ou insanáveis, para fins de incidência da inelegibilidade da alínea g do inc. I do art. 1º da Lei Complementar nº 64/1990*" (*Agravo Regimental no Recurso Ordinário nº 3.230-19/MA, Rel. Min. Aldir Passarinho Junior, em 3/11/2010*).

Por fim, não se pode olvidar do teor do verbete sumular **nº 41** do TSE: "*Não cabe à Justiça Eleitoral decidir sobre o acerto ou desacerto das decisões proferidas por outros Órgãos do Judiciário ou dos Tribunais de Contas que configurem causa de inelegibilidade*".

Infere-se que se a Justiça Comum reconhecer em ação própria que o agente praticou ato de improbidade, antes da análise do requerimento de registro, essa questão faz coisa julgada para a Justiça Eleitoral, com eficácia preclusiva externa.

Por fim, o Tribunal de Contas, ao elaborar a lista dos administradores que tiveram suas contas julgadas irregulares, poderá ou não fazer constar o ato doloso de improbidade administrativa, pois, no âmbito deste julgamento, são aplicadas outras sanções, tais como: multa, declaração de inidoneidade do licitante e até a inabilitação para cargos em comissão.

417

12.33. DECISÃO SUSPENSIVA DAS CONTAS REJEITADAS POR IRREGULARIDADE INSANÁVEL. REQUISITO LEGAL

A prestação de contas que enseja esse tipo de inelegibilidade da alínea "g" do inc. I do art. 1º da LC nº 64/1990, é considerada de governo ou gestão.

Nesse ponto a redação anterior era a seguinte: *"salvo se a questão houver sido ou estiver sendo submetida à apreciação do Poder Judiciário [...]*

Foi **cancelado** o verbete sumular **nº 01** do TSE que dizia: *"Proposta a ação para desconstituir a decisão que rejeitou as contas, anteriormente à impugnação, fica suspensa a inelegibilidade (Lei Complementar nº 64/1990, art. 1º, I, g)"*.

Cumpre observar que a Lei Complementar nº 135/2010 produziu a mudança de redação da alínea "g" do art. 1º, I da Lei Complementar nº 64/90.

A atual redação assim versa: *"salvo se esta houver sido suspensa ou anulada pelo Poder Judiciário"*.

Desta forma, não é suficiente a simples propositura da ação anulatória. O juiz deverá decidir de forma fundamentada para deferir a suspensão, pois, caso contrário, afrontar-se-ia o disposto no art. 93, IX, da Constituição da República.

Envoltos no espírito de aproveitamento, os inelegíveis aguardavam o momento propício do calendário eleitoral, ou seja, antes de serem registrados na Justiça Eleitoral e eventualmente acionados por ação de impugnação ao registro ou indeferimento do próprio registro para, só então, ingressarem com a ação anulatória.

A propósito, no Colendo TSE: *"(...) Contas desaprovadas pela Câmara Municipal: a liminar deferida na Justiça Comum suspendendo os efeitos do decreto legislativo que rejeitou a prestação de contas do candidato é suficiente para* **afastar a inelegibilidade** *do art. 1º, inc. I, alínea g, da LC nº 64/1990" (Embargos de Declaração no Recurso Especial Eleitoral nº 411-60/BA. Rel. Min. Gilmar Mendes DJE de 18/8/2014)* (grifos nossos).

Como já visto, o afastamento da causa de inelegibilidade deve ocorrer antes da data exata do dia da eleição, porque o voto atribuído ao inelegível é nulo nos termos do art. 175, § 3º, do Código Eleitoral.

No Egrégio TSE reafirma-se: (...) *a jurisprudência deste Tribunal Superior é no sentido de que a concessão de liminar por Tribunal de Contas não possui eficácia para suspender a cláusula de inelegibilidade prevista no art. 1º, inc. I, alínea g, da Lei Complementar nº 64/1990 (Agravo Regimental no Recurso Especial Eleitoral nº 136-05, Manari/PE, Rel. Min. Dias Toffoli, em 30/4/2013)*.

A **multa** aplicada pelo **Tribunal de Contas**, quando já fulminada pela **prescrição** afasta a causa de inelegibilidade. *Exempli gratia*: "(...) *reconhecimento da prescrição de multa imposta pelo Tribunal de Contas, decorrente de rejeição de contas, impede a incidência da inelegibilidade prevista na alínea g do inciso*

I do art. 1ª da Lei Complementar nº 64/1990" (*Recurso Especial Eleitoral nº 28-41.2016.602.0034, Rel. Min. Napoleão Nunes Maia Filho, julgado em 28/11/2016*).

Compete à Justiça Eleitoral verificar se foram atacados todos os fundamentos do ato de rejeição de contas na ação proposta para desconstituir a decisão?

Sobre o tema, formam-se **duas posições** no Tribunal Superior Eleitoral: a **primeira** entende que a inelegibilidade não se suspende e o ato de rejeição é mantido, se não foram atacados todos os pontos em que se baseou a decisão de rejeição (*Acórdão nº 14.648/1996, Min. Eduardo Ribeiro*); a **segunda** entende que não cabe à Justiça Eleitoral verificar se foram atacados todos os fundamentos. Nesse sentido, o *Acórdão nº 19.300/2001, Rel. Min. Garcia Vieira*.

Assiste razão à segunda corrente, uma vez que a hipótese de suspensão da causa de inelegibilidade é restritiva, não servindo de abrigo ao candidato infrator. O Egrégio TSE tem entendido que *"a propositura de ação rescisória não tem o condão de suspender a inelegibilidade decorrente da rejeição de contas"* (*Acórdão nº 15.107, de 22/10/1998, Rel. Min. Eduardo Alckmin*).

Não se pode perder de vista que o prazo de inelegibilidade de 8 (oito) anos conta-se da decisão irrecorrível do órgão competente (*Tribunal de Contas ou Conselho de Contas*) e dos órgãos do Poder Legislativo.

A inelegibilidade poderá ser provisoriamente analisada em cognição liminar da Justiça Comum, que se sujeita à confirmação na Justiça Eleitoral quando do julgamento da ação de impugnação ao requerimento de registro de candidatura ou na própria ação de registro.

Exemplo: o Prefeito candidato à reeleição teve suas contas julgadas de forma insanável pela Câmara Municipal, que se louvou em parecer do Tribunal de Contas. Propôs ação anulatória e conseguiu uma liminar na Justiça Comum antes do prazo do registro de candidatura. Alegou que não é suficiente a decisão sem que seja analisado se ele praticou ato doloso de improbidade administrativa, defendendo que o ato é culposo. O registro será deferido, mas ele responde por uma ação de impugnação ao requerimento de registro proposta pelo candidato da oposição na Justiça Eleitoral em que se alega ser o candidato infrator, inelegível.

O fundamento da ação anulatória também encontra respaldo na tese da alteração jurídica (*análise do ato doloso de improbidade*) que lhe é favorável (*art. 11, § 10, da Lei nº 9.504/1997*).

Somente com o julgamento da ação de impugnação ao requerimento de registro de candidato pelo órgão colegiado (*Tribunal Regional Eleitoral*) será decidido se ele é ou não inelegível, modificando-se a liminar em caso positivo, ou seja, julgada procedente a impugnação.

A decisão de suspensão da inelegibilidade deverá ser obtida na própria ação anulatória que é eventualmente proposta. Esse é o campo processual apropriado.

Tem-se, ainda, a observância do verbete sumular **nº 41** do TSE: "*Não cabe à Justiça Eleitoral decidir sobre o acerto ou desacerto das decisões proferidas por outros Órgãos do Judiciário ou dos Tribunais de Contas que configurem causa de inelegibilidade*".

Assim ecoa que não compete à Justiça Eleitoral examinar o mérito da decisão dos Tribunais de Contas nos casos em que não emitem parecer, mas efetivas decisões, e.g., sobre contas de gestores públicos.

Nessa remodelação jurídica a Justiça Eleitoral deverá: **(i)** verificar o respeito ao contraditório e ampla defesa do processo oriundo do Tribunal de Contas e que serviu de lastro em certos casos para o julgamento do Poder Legislativo, e.g., julgamento das contas do Prefeito pela Câmara Municipal; e **(ii)** se estão presentes os requisitos legais previstos na tipicidade especial da norma da alínea "g", inc. I, do art. 1º da LC nº 64/1990.

Ressalta-se no Egrégio TSE: "*(...) Cabe à Justiça Eleitoral, rejeitadas as contas, proceder ao enquadramento das irregularidades como insanáveis ou não e verificar se constituem atos dolosos de improbidade administrativa, não lhe competindo, todavia, a análise do acerto ou desacerto da decisão da Corte de Contas. Precedentes. (...) A mera inclusão do nome do agente público na lista remetida à Justiça Eleitoral pelo órgão de Contas, nos termos do § 5o do art. 11 da Lei no 9.504/1997, não gera, por si só, presunção de inelegibilidade e nem com base nela se pode afirmar ser elegível o candidato, por se tratar de procedimento meramente informativo* (TSE. Agravo Regimental no Recurso Especial Eleitoral nº 427-81/RR. Rel.ª Min.ª Rosa Weber DJE de 11/4/2017).

Se o aspirante ao registro de candidatura ingressar com uma ação anulatória na Justiça Comum poderá pedir: **a)** a anulação do ato; e **b)** a declaração de que não praticou ato doloso de improbidade.

A ação poderá **cumular dois pedidos**: a **anulação** e a **declaração**. A anulação da decisão, por exemplo, por não ser o autor responsável pelo ato e a declaração da inexistência de relação jurídica ensejadora de inelegibilidade. Trata-se de uma cumulação de pedidos (CPC, art. 503, § 1º).

A inelegibilidade é uma questão prejudicial aviventada na Justiça Comum, mas que será decidida na esfera da competência da ação de impugnação ao pedido de registro de candidatura, quando a matéria recebe o tratamento de **questão principal**.

Nota-se que o tema reside na **inelegibilidade, que é matéria afeta à competência da Justiça Eleitoral**. Assim, a decisão sobre a inelegibilidade no âmbito da Justiça Eleitoral prevalece sobre a eventual liminar da Justiça Comum, cujo propósito foi suspender temporariamente a decisão do Tribunal de Contas.

INELEGIBILIDADES   CAPÍTULO 12

A liminar perde a eficácia natural em razão do julgamento colegiado do Tribunal Regional Eleitoral ou do Tribunal Superior Eleitoral.

A questão prejudicial liminar (*inelegibilidade*) decidida na Justiça Comum nos autos da ação anulatória cumulada com declaratória não faz coisa julgada, porque não está em total harmonia com o art. 503, § 1º, do CPC.

Se a questão for decidida temporariamente no âmbito de uma liminar da Justiça Comum, ela servirá para que a Justiça Eleitoral defira o Requerimento de Registro de Candidatura. No entanto, não se pode perder de vista que se este requerimento for impugnado por intermédio da ação prevista nos arts. 3º a 8º da Lei das Inelegibilidades (*AIRRC*), o ato doloso de improbidade administrativa que acarreta a causa de inelegibilidade será devidamente examinado como questão principal da disciplina eleitoral.

Sobre a possibilidade de concessão de medida cautelar suspendendo a inelegibilidade decidiu o Egrégio TSE. "(...) *Na jurisprudência desta Corte, se o candidato, no instante do pedido de registro, estava amparado por tutela antecipada suspendendo os efeitos de decisão de rejeição de contas, não há falar na inelegibilidade do art. 1º, I, g, da Lei Complementar nº 64/1990, não importando a revogação posterior da tutela acautelatória (AgR-REspe nº 125-04/BA, Rel. Min. Dias Toffoli, julgado em 14/2/2013)*".

No entanto, é cabível o recurso contra a expedição do diploma por inelegibilidade superveniente. Nesse ponto: "(...) *Cabível o recurso contra expedição de diploma contra o candidato eleito, pois a inelegibilidade superveniente surgiu após o pedido de registro de candidatura (revogação da liminar que suspendia as decisões do TCE/CE), mas antes da data da realização do pleito (a revogação ocorreu em 14/8/2012). (Informativo TSE – Ano XVIII – nº 56. Recurso Especial Eleitoral nº 10-19/CE . Rel. originário: Min. João Otávio de Noronha Red. para o acórdão: Min. Gilmar Mendes)*.

Não será considerada a inelegibilidade como superveniente, quando o julgamento das contas conclui pela aprovação, antes da data da eleição.

> (...) Se conclui que a inelegibilidade superveniente pode ser apreciada em ação de impugnação de registro de candidatura, em fase recursal, inclusive, desde que o recurso seja de natureza ordinária, e a referida inelegibilidade tenha surgido antes da eleição, com maior razão a possibilidade de se considerar o fato superveniente que afasta a causa de inelegibilidade, mormente quando a ação ainda se encontrava na instância originária, pois a Constituição Federal de 1988 prestigia o direito à elegibilidade.
>
> Desconsiderar uma decisão de mérito do TCM aprovando as contas, além de configurar grave violação à soberania popular, traduzida nos votos obtidos pelos candidatos eleitos e plenamente elegíveis

na ocasião do julgamento do RCED na origem, revelaria uma decisão socialmente inexplicável, pois a Justiça Eleitoral retiraria do regular exercício do mandato cidadãos que não têm contra si nenhuma causa de inelegibilidade, acarretando "indiscutível efeito instabilizador na condução da máquina administrativa e no próprio quadro psicológico dos munícipes, tudo a acarretar descrédito para o Direito e a Justiça Eleitoral" (AgRgMC nº 2.241/RN, Rel. Min. Ayres Britto, julgado em 20/11/2007).

Por fim, a atual norma jurídica da alínea *g* criou uma dificuldade prática no âmbito do processo de registro de candidatura, porque a lista do Tribunal de Contas encaminhada à Justiça Eleitoral não esclarece detalhadamente o teor da decisão. O conteúdo da decisão é obtido posteriormente, quando o prazo de impugnação ao requerimento de registro já pode ter transcorrido.

Em razão do espaço temporal entre a remessa da lista e sua verificação detalhada pela Justiça Eleitoral bem como pelos impugnantes (*por exemplo, o Ministério Público Eleitoral*) é de todo aconselhável deflagrarem-se as impugnações necessárias ao pedido de registro de candidatos com base apenas na lista, evitando-se a preclusão sobre a matéria da inelegibilidade infraconstitucional (*arts. 223 e 259 do Código Eleitoral*) e a ilegalidade no deferimento de candidaturas de inelegíveis.

No curso da AIRRC verifica-se o ato doloso de improbidade administrativa, pois é inegável que a Justiça Eleitoral, por intermédio dos juízes responsáveis pelo exame do registro de candidaturas, é absolutamente competente para decidir sobre a inelegibilidade aqui tratada.

Objetivando a razoabilidade para a efetivação da norma, faz-se necessária uma dilação probatória no curso do processo de registro, com a finalidade de carrear aos autos a decisão integral do Tribunal de Contas, na qual constam os fundamentos para a rejeição das contas.

Considerando ser inafastável a análise do teor da decisão que considerou as contas irregulares, para que a Justiça Eleitoral julgue o caso concreto, o impugnante deverá, em sua petição inicial, juntar este documento, em conformidade com os arts. 320 e 434 do CPC.

Todavia, se a parte impugnante encontrar obstáculos para obter o documento necessário ao exame do pedido (*o inteiro teor da decisão de rejeição de contas*), poderá valer-se do disposto no art. 438 do CPC, requerendo ao juiz que solicite o documento necessário. Neste caso, deve ser relativizado o rigor da distribuição do ônus da prova alinhavado no art. 373 desse diploma legal.

Outrossim, os arts. 4º, 7º, parágrafo único, e 23 da Lei Complementar nº 64/1990 autorizam que o juiz ou relator possa, no processo de registro, requisitar, com a máxima celeridade possível, os documentos do Tribunal de Contas.

12.34. CONTAGEM DO PRAZO DE INELEGIBILIDADE

Como já visto, a inelegibilidade é incidente pelo prazo de 8 (oito) anos que são contados da data da decisão de **rejeição das contas** proferida pelo Tribunal de Contas ou órgão legislativo, conforme a hipótese. A norma faz menção à data da decisão que deve ser **definitiva**.

A controvérsia é se os 8 (*oito*) anos são contados até o final do ano (v.g., 31/12) ou se termina no dia que corresponde ao trânsito em julgado da decisão que rejeitou as contas (*por exemplo, contas rejeitadas no dia 31/08/2004 e término da inelegibilidade no dia 31/08/2012*).

No Colendo TSE, por maioria, se entende que o prazo final da inelegibilidade é o dia exato e não o último dia do ano civil. No exemplo apontado é o dia 31/08/2012.

A questão é relevante, porque o § 10 do art. 11 da Lei nº 9.504/1997 permite o afastamento da causa de inelegibilidade se o fato ocorrer antes da data da eleição. Como as eleições ocorrem no mês de outubro (*primeiro domingo de outubro*), surge a possibilidade do afastamento da inelegibilidade quando o prazo final de 8 (*oito*) anos se efetivar no dia da eleição.

O Egrégio TSE editou o verbete sumular **nº 70**. "*O encerramento do prazo de inelegibilidade antes do dia da eleição constitui fato superveniente que afasta a inelegibilidade, nos termos do art. 11, § 10, da Lei nº 9.504/1997*".

Com o término no dia exato torna-se possível o deferimento do registro da candidatura e, por via de consequência, a diplomação e o exercício do mandato eletivo. Trata-se da eliminação da causa geradora da inelegibilidade.

Por outra, o Egrégio TSE assim tratou no verbete sumular **nº 47**: "*A inelegibilidade superveniente que autoriza a interposição de recurso contra a expedição de diploma, fundado no art. 262 do Código Eleitoral, é aquela de índole constitucional ou, se infraconstitucional, superveniente ao registro de candidatura, e que surge até a data do pleito*".

Tem-se, então, a necessidade de construção de uma interpretação sistêmica entre os Enunciados sumulares acima, em especial o de nº 43, que permite que uma alteração jurídica que beneficie a candidatura possa ocorrer após a eleição e até a diplomação.

12.35. INELEGIBILIDADE DO ART. 1º, INC. I, ALÍNEA "H", DA LEI COMPLEMENTAR Nº 64/1990. ABUSO DO PODER ECONÔMICO OU POLÍTICO PRATICADO POR SERVIDORES PÚBLICOS EM BENEFÍCIO DE CANDIDATOS

Assim versa a alínea "h" do inc. I do art. 1º da LC nº 64/1990. São inelegíveis.

> Os detentores de cargo na administração pública direta, indireta ou fundacional, que beneficiarem a si ou a terceiros, pelo abuso do poder econômico ou político, que forem condenados em decisão transitada em julgado ou proferida por órgão judicial colegiado, para a eleição na qual concorrem ou tenham sido diplomados, bem como para as que se realizarem nos 8 (oito) anos seguintes.

No caso supracitado, os servidores públicos praticam atos típicos de abuso do poder político ou eleitoral com a finalidade de favorecer uma candidatura específica.

Como se depreende, a inelegibilidade pode alcançar diretores, Presidentes de instituições, agentes políticos, militantes partidários que ocupem, por exemplo, o *IBGE, Petrobras, Empresa de Correios e Telégrafos*, e outras similares, desde que tenham se beneficiado ou a terceiros se valendo de ações de abuso do poder político ou econômico, ou seja, no exercício da função pública excederam os limites dos estatutos funcionais e éticos com objetivos evidentemente eleitorais e direcionados para uma eleição.

No caso da alínea *h*, o ato do agente público deve ter nexo de causalidade com a finalidade eleitoral. Objetiva-se afastar o desequilíbrio das eleições que atingem os competidores ao pleito eleitoral, por intervenção de agentes administrativos e políticos, que, praticando atos caracterizadores da improbidade administrativa (*e que se sujeitam também, às sanções da Lei nº 8.429/1992, inclusive a suspensão dos direitos políticos*), usam da exploração do seu prestígio para influenciar o eleitorado e atingir o equilíbrio ideal protegido dentro do binômio: normalidade e legitimidade das eleições (*art. 14, § 9º, da Carta Magna*).

Como se nota, a LC nº 64/1990, nesta alínea *h*, procura evitar que o cargo público e as funções públicas em geral sejam usurpados para beneficiarem as campanhas eleitorais de terceiros ou do próprio. Na alínea *d*, qualquer pessoa pode ser responsabilizada; aqui não, a responsabilidade situa-se na figura do detentor do poder que abusa ou desvia da finalidade rompendo com os **princípios da Administração Pública** do art. 37 da Constituição da República Federativa do Brasil.

Os agentes públicos que agirem de forma abusiva em benefício de um candidato ou de si próprio, mas com finalidade eleitoral, sujeitam-se à sanção de inelegibilidade que, nesta hipótese, é contada de 8 (*oito*) anos da data da eleição em que se verificou o abuso.

INELEGIBILIDADES

CAPÍTULO 12

12.36. CONTAGEM DO PRAZO DE INELEGIBILIDADE DO ART. 1º, INC. I, ALÍNEA "H" DA LC Nº 64/1990

O verbete sumular **nº 69** do TSE assim diz: *"Os prazos de inelegibilidade previstos nas alíneas j e h do inc. I do art. 1º da LC nº 64/90 têm o termo inicial no dia do primeiro turno da eleição e termo final no dia de igual número no oitavo ano seguinte"*.

Tem-se, então, que o infrator ficará inelegível no momento da decisão do órgão colegiado da Justiça Eleitoral ou do trânsito em julgado, e.g., da representação por abuso do poder econômico ou político, mas a data inicial da contagem do prazo de 8 (*oito*) anos de inelegibilidade retrocederá até o dia do primeiro turno das eleições.

Se a representação for julgada pelo Tribunal Superior Eleitoral no ano seguinte ao da eleição, sendo publicado o acórdão confirmatório da inelegibilidade, forma-se a inelegibilidade, mas os 8 (*oito*) anos são contados desde o passado, *ex tunc*, ou seja, retroage ao dia exato da eleição em que se verificou a hipótese fática abusiva.

12.37. POSSIBILIDADE DE CUMULAÇÃO DOS PEDIDOS DAS ALÍNEAS "D" E "H" DO INC. I, DO ART. 1º DA LC Nº 64/1990

A ação de investigação judicial eleitoral (*art. 22, I a XIII, da LC nº 64/1990*) é um dos meios processuais aptos a fazer incidir essa inelegibilidade.

> O agente público e terceiros empresários beneficiaram o candidato valendo-se de dinheiro público da corrupção, estando todos conscientes das ações ilícitas. Neste caso cumulam-se na ação de investigação judicial eleitoral as alíneas "d" e "h", e, uma vez transitada em julgada a questão referente ao abuso do poder político e econômico ou prolatada a decisão pelo órgão colegiado da Justiça Eleitoral, o candidato fica inelegível por oito anos nos termos do verbete sumular **nº 69** do TSE.

A inelegibilidade é punição personalíssima. Não se aplica às pessoas jurídicas ou formais.

Observe-se que o inc. XIV do art. 22 da LC nº 64/1990, trata de ampliar a punição por abuso do poder econômico ou político para todos os que *"hajam contribuído para a prática do ato"*.

A expressão **"quantos hajam contribuído"** permite concluir, que uma vez identificadas e comprovadas as devidas responsabilidades com a efetividade causal no resultado abusivo, é indispensável a inclusão de todos que tenham relevância na cadeia causal dos fatos, ou seja, os agentes públicos e terceiros que com suas condutas conscientes e voluntárias aderiram e agiram de forma deliberada para a eclosão do resultado ilícito.

A separação das condutas dos servidores públicos e dos terceiros só se afigura possível se não tiverem relevância para a concretização do ato abusivo, ou se outras ações levariam naturalmente ao estado de gravidade lesivo ao regime de lisura e normalidade das eleições.

12.38. INELEGIBILIDADE DA ALÍNEA "I" DO INC. I DO ART. 1º DA LC Nº 64/1990. LIQUIDAÇÃO JUDICIAL OU EXTRAJUDICIAL

Diz o art. 1º, inc. I, alínea "i" da LC nº 64/1990, que são inelegíveis. *"Os que, em estabelecimentos de crédito, financiamento ou seguro, que tenham sido ou estejam sendo objeto de processo de liquidação judicial ou extrajudicial, hajam exercido, nos 12 (doze) meses anteriores à respectiva decretação, cargo ou função de direção, administração ou representação, enquanto não forem exonerados de qualquer responsabilidade".*

E ainda se pode constatar que a situação ensejadora da intervenção decorre de atitudes ilícitas na gestão da instituição financeira. Os credores e a sociedade em geral são atingidos pelos desmandos dos responsáveis.

Assim, o *Banco Central* atua de ofício decretando a intervenção na forma legal. A intervenção é de 6 (*seis*) meses e pode ser prorrogada por igual prazo.

Como se nota, o prazo de tempo de inelegibilidade é de 12 (*doze*) meses anteriores à decretação até a exoneração de qualquer responsabilidade, o que pode levar meses e anos de espera.

O processo de liquidação judicial é a própria falência, e a extrajudicial pode emergir da intervenção das autarquias controladoras ou de atitude dos próprios sócios, administradores e controladores.

O fato é que a situação de "quebra" demanda um universo de relações sociais, comerciais e humanas que, de certa forma, colocam o cidadão numa margem obrigatória de afastamento da plena cidadania, pois ele não soube tratar dos credores e das relações sociais, inclusive podendo em certos casos ocasionar a ruína financeira e empresarial de diversos órgãos e setores de organização social e das instituições.

Os verdadeiros gestores dos estabelecimentos de crédito, financiamento ou seguro e os empresários em geral, quando chegam ao estágio de liquidação judicial ou extrajudicial precisam sempre exonerar-se de suas responsabilidades, inclusive perante a Junta Comercial, setores do empresariado em geral e órgãos públicos para poderem retomar atividades mercantis e empresariais.

O processo de exoneração é autônomo e rege-se por normas jurídicas que demandam uma decisão pelo juiz ou credor. Não é possível se autorizar a candidatura de um cidadão que não se exonera legalmente de suas responsabilidades, por intermédio do devido processo legal.

INELEGIBILIDADES   CAPÍTULO 12

Se, e.g., um empresário no cargo de direção da empresa ocasiona, por má-gestão, impontualidade e outros ilícitos, e a ruína de milhares de trabalhadores, famílias e das organizações sociais em geral, não é possível que ele se restabeleça, sem antes se exonerar legalmente por processo especial e legal dos ônus e encargos. Trata-se de uma *conditio sine qua non* para a nova formação de uma empresa e, também para o acesso aos mandatos eletivos.

Concordamos que a hipótese é uma exceção. Trata-se de uma inelegibilidade sem prazo certo, mas que é imprescindível como mecanismo de proteção do cidadão-eleitor e dos partidos políticos, pois, inclusive o art. 16 da Lei nº 9.096/1995 é bem esclarecedor: "**Só pode filiar-se a partido o eleitor que estiver no pleno gozo de seus direitos políticos**." Ora, se o empresário falido não pode nem iniciar outra empresa, sem antes estar devidamente exonerado de suas responsabilidades, não é imaginável o deferimento do requerimento de registro de sua candidatura pela Justiça Eleitoral.

Trata-se de causa de **inelegibilidade permanente**, ou **sem prazo certo para terminar**, ou seja, que se protrai no tempo enquanto durar a situação de não exoneração da responsabilidade. A culpa pela não exoneração das responsabilidades decorre da análise de diversos critérios subjetivos advindos do processo de liquidação judicial ou extrajudicial, cuja decisão exonerativa deve ser buscada de forma comprobatória da real reinserção social empresarial.

A omissão do cidadão interessado em deflagrar o processo autônomo de exoneração ou obter a declaração dos credores, impede-lhe por **inelegibilidade sem prazo certo, anômala**, de ter acesso à filiação ao partido político, art. 16 da Lei nº 9.096/1995, bem como de obter o deferimento do registro de sua candidatura. Vê-se que a perpetuação no tempo da causa de inelegibilidade decorre de **ação voluntária do interessado cidadão**.

Cumpre frisar que a situação de inelegibilidade é uma das restrições impostas ao falido e pessoas equiparadas, e a jurisprudência não consagra as demais restrições eventualmente inconstitucionais por impedirem o acesso à empresa, negócios e atividades econômicas. Ora, se o agente não pode nem ser empresário de um simples comércio,[12] quanto mais ser o representante político da classe empresarial ou dos setores ligados à classe dos trabalhadores.

O art. 14, § 9º, da Constituição Federal é norma de máxima eficiência constitucional que impede a fraude e corrupção. Neste contexto a Lei Complementar nº 64, de 18 de maio de 1990, deve ser interpretada, e assim o dispositivo em comento é plenamente constitucional e atende à norma de proteção social.

---

12 Em destaque o art. 48, inc. I, da Lei nº 11.101, de 9 de fevereiro de 2005: "Poderá requerer recuperação judicial o devedor que, no momento do pedido, exerça regularmente suas atividades há mais de 2 (dois) anos e que atenda aos seguintes requisitos, cumulativamente:
I – não ser falido e, se o foi, estejam declaradas extintas, por sentença transitada em julgado, as responsabilidades daí decorrentes".

12.39. INELEGIBILIDADE DA ALÍNEA "J" DO INC. I DO ART. 1º DA LC Nº 64/1990

Versa o texto legal:

> Os que forem condenados, em decisão transitada em julgado ou proferida por órgão colegiado da Justiça Eleitoral, por corrupção eleitoral, por captação ilícita de sufrágio, por doação, captação ou gastos ilícitos de recursos de campanha ou por conduta vedada aos agentes públicos em campanhas eleitorais que impliquem cassação do registro ou do diploma, pelo prazo de 8 (oito) anos a contar da eleição. (incluído pela Lei Complementar nº 135, de 2010).

Verifica-se que a norma legal equaliza duplamente a corrupção eleitoral e a captação ilícita de sufrágio.

A princípio as expressões se equivalem, e.g., arts. 299 do Código Eleitoral e 41-A da Lei das Eleições.

A conduta de compra de votos possui duas vertentes: uma penal, art. 299 do Código Eleitoral, e outra civil-eleitoral, art. 41-A da Lei nº 9.504/1997. A compra de votos, como crime, pode ainda ser identificada no delito do art. 334 do Código Eleitoral.

É importante frisar que a intenção inequívoca do legislador foi enfatizar que a violação ao delito do art. 299 do Código Eleitoral acarreta a inelegibilidade. No entanto, como a condenação pelo crime do art. 299 do Código Eleitoral não possui no preceito secundário da norma incriminadora a sanção de cassação do registro ou do diploma, não é possível que possa resultar desta específica condenação criminal um efeito automático de inelegibilidade pelo prazo de 8 (oito) anos.

A inelegibilidade se constituiu em um obstáculo jurígeno ao deferimento do registro de uma candidatura ou até mesmo poderá ser tratada no âmbito da ação de impugnação ao mandato eletivo ou do recurso contra a expedição do diploma. Tudo depende do momento em que surge a causa de inelegibilidade.

Como se nota, se a ação penal transitar em julgado não se pode falar em inelegibilidade, mas sim, em suspensão dos direitos políticos durante o prazo de cumprimento da pena. Incide a alínea "e" do inc. I do art. 1º da LC nº 64/1990.

A condenação pelo crime do art. 299 do Código Eleitoral não produz um efeito automático de inelegibilidade com base nesta alínea, pois, como firmado, o juiz eleitoral não condena à pena de reclusão e cassação do registro ou diploma, mas apenas à reclusão e multa.

Todavia, o crime de corrupção eleitoral (*art. 299 do Código Eleitoral*) já está contemplado como causa de inelegibilidade na alínea *e*, nº 4, inc. I, art. 1º da Lei das Inelegibilidades. Equiparam-se as condutas penal e civil eleitoral como causas de inelegibilidades.

Estará configurada a inelegibilidade da alínea *e*, desta lei, quando o réu praticar o delito do art. 299 do Código Eleitoral. Se ele também for condenado na representação do art. 41-A da Lei das Eleições, que segue o rito do art. 22 da Lei das Inelegibilidades, ocorrerão duas hipóteses de incidência da inelegibilidade pelo mesmo fato.

No caso, não se poderá admitir o *bis in idem*, devendo ser feita uma detração do prazo já cumprido de inelegibilidade, seja pelo art. 299 ou pelo 41-A, pois do contrário é resoluta a dupla punição e sua ilegalidade.

Quanto ao art. 41-A da Lei nº 9.504/1997, as decisões colegiadas com base na captação ilícita de sufrágio, por si só, acarretam o efeito automático da inelegibilidade, o que enseja a comunicação e inserção no banco de dados da Justiça Eleitoral. Assim, quando o Tribunal Regional Eleitoral julgar e condenar o infrator pelo art. 41-A, é necessário anotar na zona eleitoral e em código específico, a inelegibilidade deste dispositivo legal, independentemente do trânsito em julgado da decisão. Segue-se nessa regra o disposto no art. 51 da Resolução nº 21.538/2003 do Tribunal Superior Eleitoral.

Se a decisão, por exemplo, do Tribunal Superior Eleitoral reformar a decisão do Tribunal Regional Eleitoral faz-se nova anotação, objetivando um efetivo e permanente controle desta causa de inelegibilidade. No caso de o juiz eleitoral da zona eleitoral condenar o infrator e não ser interposto recurso, ocorrendo o trânsito em julgado da decisão do art. 41-A, também é necessário o lançamento no código próprio da zona eleitoral respectiva.

Como princípio de prevalência da lei em sua força inovativa, a inelegibilidade se aplica aos candidatos que em determinada disputa eleitoral tenham praticado captação ou gastos ilícitos de recursos, conforme representação subsumida no art. 30-A e parágrafos da Lei das Eleições (Lei nº 9.504/1997).

É importante observar que a desaprovação das contas em procedimento eleitoral com base no art. 30, III, da Lei nº 9.504/1997, ou seja, *"quando verificadas falhas que comprometam a regularidade"*, não acarreta, por si só, a inelegibilidade, pois é imprescindível que ocorra uma representação com pedidos de cassação do registro ou do diploma na forma do art. 30-A da norma de regência. É cediço que nem toda insanabilidade de contas é caracterizadora de abuso do poder econômico.

É interessante observar que no processo de prestação de contas é possível que a decisão seja pela desaprovação por irregularidade insanável, art. 30, III, da Lei nº 9.504/1997, mas geralmente não constitui a desaprovação, por si só, um ato de gravidade que possa acarretar a incidência do abuso do poder econômico ao ponto de desequilibrar as campanhas eleitorais.

O importante é a decisão judicial ser proferida em ação com a possibilidade de aplicação do rito do art. 22 da Lei Complementar nº 64, de 18 de maio de 1990.

O procedimento de prestação de contas servirá de suporte para a representação do art. 22 da LC nº 64/1990.

Impende frisar que a lei pune o **doador na alínea *j***, mas aqui existe uma duplicidade de punições, pois a **alínea *p*** já trata da hipótese. Não incide o *bis in idem* nas inelegibilidades.

Neste caso, se for proposta uma representação por abuso do poder econômico (*art. 22, XIV, da Lei das Inelegibilidades*) poderá ser pedida a cassação de registro ou do diploma por violação ao art. 24 da Lei das Eleições sujeitando o representado à causa de inelegibilidade desta alínea *j*.

É importante ressaltar que para a configuração de um ato abusivo, o inc. XVI do art. 22 da Lei Complementar nº 64/1990, incluído pela Lei Complementar nº 135/2010, exige "**a gravidade das circunstâncias que o caracterizam**".

A gravidade é expressão mais ampla que abrange a potencialidade lesiva, mas não a alteração do resultado das eleições pelo aumento do número de votos do infrator, pois esta última é resultado material da eleição violada.

Pune-se a fraude abusiva independentemente da modificação da posição na disputa eleitoral dos concorrentes. Busca-se uma equalização ideal e estrita obediência aos ditames da dimensão positiva da legislação eleitoral em prol da defesa da normalidade e legitimidade das eleições.

O intuito da punição é proteger um **estatuto da boa política** nas campanhas eleitorais afastando-se da verdadeira intenção livre e democrática da vontade popular o domínio dos valores da publicidade e monetários.

No agravo regimental no agravo de instrumento nº 11.708/MG, Rel. Min. Felix Fischer, manifestou-se o Egrégio TSE no seguinte sentido: "(...) *A jurisprudência desta Egrégio Corte é no sentido de que o exame da potencialidade não se vincula ao resultado quantitativo das eleições* (RCED nº 698/TO, de minha relatoria, DJe de 12/8/2009)" (Informativo 11/2010).

Desta forma, se um determinado candidato diplomado praticou conduta ensejadora de **captação ilícita de recurso** também estará inelegível. Trata-se de um efeito automático da sentença que nega ou cassa o diploma. Não é necessária, mas facultativa a especificação no dispositivo da decisão da incidência da alínea *j*.

Vincula-se como causa de inelegibilidade que a Justiça Eleitoral julgue sobre a cassação do registro ou diploma em razão das infrações tipificadas na alínea *j*.

A alínea "j" tratou do efeito secundário ou reflexo da decisão sobre os tipos ali referidos, e.g., compra de votos.

Assim, a inelegibilidade por 8 (oito) anos contada da data da eleição atua como causa defluente da própria imposição legal. Sobre a contagem do prazo (verbete sumular **nº 69** do TSE) "*Os prazos de inelegibilidade previstos nas alíneas j e h do inciso I do art. 1º da LC nº 64/90 têm termo inicial no dia do primeiro turno da eleição e termo final no dia de igual número no oitavo ano seguinte*".

INELEGIBILIDADES CAPÍTULO 12

Todavia, é essencial que a decisão ensejadora da causa de inelegibilidade não se amolde, exclusivamente, por exemplo, no **abuso do poder econômico** (*art. 1º, I, alínea "d" da Lei Complementar nº 64/1990*), pois nessa alínea **"j"** se exige alternativamente a incidência dos seguintes tipos eleitorais: a) corrupção eleitoral; b) captação ilícita de sufrágio; c) por doação e captação ilícita ou gastos ilícitos de recursos nas campanhas; e d) condutas vedadas aos agentes públicos.

A decisão anterior deve ter decretado a *cassação do registro ou do diploma*, pois a lei faz menção a este requisito e está em consonância com a **gravidade** da conduta ou sua eficaz **proporcionalidade** (*art. 22, inc. XVI, da Lei Complementar nº 64/1990*).

Se a decisão em sede de representação puniu o representado por abuso do poder político que se enquadra nas condutas vedadas aos agentes públicos em campanhas eleitorais (*arts. 73, 74, 75 e 77 da Lei nº 9.504/1997*), incidirá a inelegibilidade da alínea "j", desde que determinada a cassação do registro ou diploma, não sendo suficiente para o efeito da causa de inelegibilidade apenas a aplicação da multa eleitoral.

Assim, "(...) *as condenações por prática de conduta vedada que não resultam na cassação do mandato não são suficientes para a caracterização da inelegibilidade prevista na alínea d do inc. I do art. 1º da LC nº 64, de 1990*" (*TSE. AgR-RO nº 2604-09/RJ, Rel. Min. Henrique Neves da Silva, DJe de 23/6/2015*).

O *punctum saliens* para ser considerada a causa de inelegibilidade prevista na alínea "j" e, portanto, obstar o requerimento de registro de uma futura candidatura, é a verificação da parte dispositiva da decisão da representação pretérita contra o candidato. Nesse exame observa-se: (i) se o magistrado determinou a cassação do registro ou diploma; e (ii) se a decisão é de órgão colegiado da Justiça Eleitoral ou já ocorreu o trânsito em julgado.

Preenchidos os requisitos legais, o futuro requerimento de registro de candidatura será indeferido por evidente incidência da causa de inelegibilidade que decorre da prática de ilicitudes eleitorais devidamente apuradas e em respeito ao contraditório e à ampla defesa.

12.40. ALÍNEA "J". CHAPA ÚNICA E INDIVISÍVEL

Cumpre-nos assinalar a necessidade de que o processo judicial eleitoral da representação que tenha aplicado a alínea "j" individualize a conduta, por exemplo, do Vice-Prefeito ou Vice-Governador nos atos ilícitos praticados em conjunto com o titular da chapa (*Prefeito ou Governador*).

Os arts. 91 do Código Eleitoral e 3º, § 1º, da Lei nº 9.504/1997 devem ser interpretados com o art. 18 da Lei Complementar nº 64/1990. Assim, quando o Vice-Prefeito perde o mandato em razão de ação praticada exclusivamente pelo

431

candidato a Prefeito, não se pode ampliar de forma sancionatória a causa de inelegibilidade ao Vice.

A esse respeito, no TSE:

> (...) a inelegibilidade da alínea *j* do inc. I do art. 1º da Lei Complementar nº 64/1990 não incide se o Vice-Prefeito teve o seu mandato cassado apenas por força da indivisibilidade da chapa em virtude de procedência da Ação de Impugnação de Mandato Eletivo (AIME). Na espécie vertente, os mandatos do Prefeito e do Vice-Prefeito foram cassados em razão da prática de captação ilícita de sufrágio atribuída ao primeiro. O Vice-Prefeito não teve provada sua participação nos fatos, mas perdeu o mandato por arrastamento, conforme os arts. 91 do Código Eleitoral e 3º, § 1º, da Lei nº 9.504/1997. O Ministro Arnaldo Versiani, relator, asseverou que o Vice-Prefeito não tinha contra si condenação por corrupção eleitoral, nem por captação ilícita de sufrágio, sendo o objeto da AIME apenas a cassação dos mandatos eletivos, e não a declaração de inelegibilidade dos acusados" (*Recurso Especial Eleitoral nº 2-06/PI, Rel. Min. Arnaldo Versiani, em 9/10/2012. Informativo Ano XIV, nº 29, TSE*).

O art. 18 da Lei Complementar nº 64/1990 faz a cisão entre as causas de inelegibilidade, e.g., do Presidente e do Vice-Presidente da República.

A inelegibilidade está vinculada a um ato de **responsabilidade subjetiva** e possui feição **personalíssima**.

A conduta ilícita praticada por um dos integrantes da chapa "una e indivisível", art. 91 do Código Eleitoral, não pode diminuir o *ius honorum* do mandatário eleito nesse sistema, quando a causa não é equável.

Faz-se necessária na hipótese de abuso do poder econômico ou político a prova de efetiva participação ou vínculo subjetivo de ambas as candidaturas, pois, caso contrário, a responsabilidade pelos atos apontados como ilegais são de exclusiva incidência ao culpado por esse conjunto de ações.

A princípio, a anulação do mandato eletivo em razão da nulificação do diploma de um dos integrantes da chapa contamina o outro. No entanto, a particularidade probatória do conjunto dos fatos poderá excluir esse nexo de causalidade.

O benefício que logrou determinada candidatura por ações que se tipificam como de abuso do poder político é que se traduz no ponto nodal da reprimenda.

Registre-se ainda: "(...) *na apuração do abuso de poder político, a questão central não é a responsabilidade, **participação ou anuência do candidato**, mas sim se o fato o **beneficiou**"* (TSE. Recurso Ordinário nº 111-69/SP, Rel.ª Min.ª Nancy Andrighi, em 7/8/2012).

Observe-se, no entanto, que em relação aos vices, *e.g.*, o caso do **Vice-Prefeito**, é necessária a prova concludente de que **ele participou** e, portanto, incide no ato de abuso do poder econômico ou político.

INELEGIBILIDADES   CAPÍTULO 12

Quer-nos parecer que o benefício não pode ser imputado sem o mínimo de adesão consciente do beneficiado do abuso do poder econômico ou político. Exige-se um juízo valorativo em cada caso concreto, objetivando-se a correta punibilidade.

Perscruta-se que na dinâmica das inelegibilidades, adotou o legislador um sistema de equiparação entre fatos contrários à legislação eleitoral, inclusive firmando ritos processuais idênticos (art. 22 da LC nº 64/1990).

Tipifica-se, desta maneira, a inelegibilidade como efeito de atos sejam de corrupção ou atentados ao equilíbrio entre candidatos nas eleições, tais como: a compra de votos, gastos ilícitos nas campanhas eleitorais, doações ilegais e condutas vedadas por agentes públicos.

É importante ressaltar que para a configuração do ato abusivo exigiu a Lei Complementar nº 135/2010, "*a gravidade das circunstâncias que o caracterizam*", art. 22, XVI, da Lei Complementar nº 64/1990, mas não se exclui como forma de correta punição pela Justiça Eleitoral as ações que causem danos cuja avaliação se perfaça num critério de proporcionalidade ao equilíbrio ideal das eleições; por exemplo, (i) verificação do efetivo gasto com a propaganda política eleitoral; (ii) contratação de pessoas para a campanha; (iii) utilização de recursos e bens públicos; e (iv) obtenção de financiamento ilícito para a campanha eleitoral.

12.41. INELEGIBILIDADE DA ALÍNEA "K" DO ART. 1º, INC. I, DA LC Nº 64/1990

Ressalta-se o texto legal. São inelegíveis:

> O Presidente da República, o Governador de Estado e do Distrito Federal, o Prefeito, os membros do Congresso Nacional, das Assembleias Legislativas, da Câmara Legislativa, das Câmaras Municipais, que renunciarem a seus mandatos desde o oferecimento de representação ou petição capaz de autorizar a abertura de processo por infringência a dispositivo da Constituição Federal, da Constituição Estadual, da Lei Orgânica do Distrito Federal ou da Lei Orgânica do Município, para as eleições que se realizarem durante o período remanescente do mandato para o qual foram eleitos e nos 8 (oito) anos subsequentes ao término da legislatura" (incluído pela Lei Complementar nº 135, de 2010).

O oferecimento de representação ou petição que possua uma capacidade meritória de autorizar a abertura de processo por infringência aos dispositivos constitucionais e infraconstitucionais é essencial para a caracterização dessa causa de inelegibilidade. Desta forma, o infrator não se sujeitará à inelegibilidade aqui tratada se renunciar ao mandato antes do oferecimento da petição referida.

433

A capacidade meritória que autoriza a abertura de um processo nos termos do dispositivo legal é verificada, preliminarmente, pela Mesa da Casa respectiva ou órgão equivalente de previsão regimental. Por exemplo, se a Mesa arquivar a representação, não há que se falar em inelegibilidade.

Dessa forma, não é suficiente apenas o oferecimento da representação ou petição, pois ela deve ter elementos probatórios que possam efetivamente autorizar um processo disciplinar que ensejará a perda do mandato.

O art. 55 da Carta Magna trata, nos incs. I a VI, das hipóteses que acarretam a perda do mandato do Deputado ou Senador, o que é repetido em normas das Cartas Estaduais e em Leis Orgânicas Municipais.

Uma das hipóteses é a falta de decoro parlamentar, que enseja uma análise ética e subjetiva de valoração moral.

No Supremo Tribunal Federal salienta-se o julgamento na ADI nº 4.578 e ADCS 29 e 30, quando foi declarada a inconstitucionalidade da expressão: *"oferecimento de representação ou petição capaz de autorizar"*, contida no art. 1º, alínea "k", da Lei Complementar 64/1990, alterada pela LC nº 135/2010, porque o oferecimento de petição para abertura de processo não é suficiente para a formação da causa de inelegibilidade do candidato, sendo necessária a instauração do processo.

Outro caso importante é a incompatibilidade prevista no art. 54 da Constituição Federal.

Assim sendo, em consonância com o renomado *Uadi Lammêgo Bulos*, em sua obra *Curso de Direito Constitucional* (4ª ed. São Paulo: Saraiva, p. 972) a renúncia do parlamentar nos moldes do art. 55, § 4º, da Constituição Federal refere-se à violação do art. 54 e ao decoro parlamentar.

O legislador não considerou a desincompatibilização pela renúncia (afastamento definitivo), que é realizada pelos chefes do Poder Executivo, como uma causa ensejadora da inelegibilidade prevista nesta alínea, mas ressalvou que é possível o reconhecimento pela Justiça Eleitoral de uma eventual **fraude**. Diz o texto legal:

> Lei Complementar nº 64/1990, art. 1º (...)
>
> § 5º A renúncia para atender à desincompatibilização com vistas a candidatura a cargo eletivo ou para assunção de mandato não gerará a inelegibilidade prevista na alínea *k*, a menos que a Justiça Eleitoral reconheça fraude ao disposto nesta Lei Complementar.

No Egrégio TSE (*Recurso Ordinário nº 1.616-60 DF, publicado no Informativo nº 28*):

(...) a incidência imediata da inelegibilidade da alínea *k* do inciso I do art. 1º da Lei Complementar nº 64/1990 ao caso sob julgamento não ofende o inciso XXXVI do art. 5º da Constituição Federal, ainda que a renúncia do candidato tenha ocorrido anteriormente à entrada em vigor da Lei Complementar nº 135/2010.

E ainda:

(...) Não me parece, por conseguinte, ser vedado à Justiça Eleitoral examinar se a renúncia do candidato, no caso concreto, está sujeita aos efeitos da inelegibilidade da alínea *k*, nem que se esteja interferindo na decisão do Senado Federal, que determinou o arquivamento da representação, em face da renúncia.

Por fim:

(...) Parece-me, porém, que essa hipótese não existe, pois, se o candidato renunciou, a representação não poderia ser julgada. Seria, sim, arquivada, como aconteceu no caso dos autos. Mas, para argumentar, se a representação prosseguisse, porque a renúncia fora formulada após a instauração do processo disciplinar, ela teria os seus efeitos suspensos até a deliberação final do processo, na forma do § 4º do art. 55 da Constituição Federal, não incidindo, portanto, pelo menos por ora, a inelegibilidade da alínea *k*. E parece claro que, se o parlamentar for absolvido ao final, ele não incorrerá, evidentemente, na inelegibilidade da alínea *k*. Também não vejo pertinência na invocação do princípio de presunção de inocência, próprio, a meu ver, para hipóteses em que se discuta eventual condenação não transitada em julgado. O caso dos autos, contudo, nada tem a ver com condenação. O de que se trata é, exatamente, a conduta daquele que esteja em vias de sofrer processo disciplinar perante a respectiva Casa Legislativa, mas que renuncia, para se furtar ao julgamento.

Ressalta-se ainda posição diversa no Colendo TSE: "(...) *não compete à Justiça Eleitoral examinar se o fato que deu ensejo à renúncia do candidato constituiu crime nem se ele foi condenado ou absolvido pela Justiça Comum, cabendo-lhe tão somente verificar se houve a renúncia nos termos da alínea k do inc. I do art. 1º da Lei Complementar nº 64/1990*" (*Recurso Ordinário nº 1011-80, Belém/PA, Rel. Min. Henrique Neves, em 4/9/2014. Informativo TSE, Ano XVI, nº 14*).

12.42. INELEGIBILIDADE COMO CONSEQUÊNCIA DA IMPROBIDADE ADMINISTRATIVA. ALÍNEA "L" DO INC. I DO ART. 1º DA LC Nº 64/1990

Versa o art. 1º, inc. I, alínea "l" da LC nº 64/1990 que são inelegíveis:

Os que forem condenados à suspensão dos direitos políticos, em decisão transitada em julgado ou proferida

> por órgão judicial colegiado, por ato doloso de improbidade administrativa que importe lesão ao patrimônio público e enriquecimento ilícito, desde a condenação ou o trânsito em julgado até o transcurso do prazo de 8 (oito) anos após o cumprimento da pena (incluído pela Lei Complementar nº 135, de 2010)".

Nas ações de improbidade administrativa movidas contra servidores públicos uma das sanções é a suspensão dos direitos políticos estipulada por um prazo determinado, e.g., 5 (cinco anos).

Cumpre observar, no entanto, que após o escoamento do prazo de suspensão incidirá a causa de inelegibilidade do art. 1º, inc. I, alínea "l" da LC nº 64/1990 pelo prazo de 8 (*oito*) anos.

No entanto, a inelegibilidade poderá decorrer da decisão do órgão colegiado da Justiça Comum, e.g., o acórdão publicado da 12ª Câmara Cível do Tribunal de Justiça que confirma a decisão monocrática do juiz de direito da 5ª Vara Cível da Capital.

A decisão colegiada do órgão jurisdicional não eleitoral possui aptidão jurígena para constituir a causa de inelegibilidade antes do trânsito em julgado da decisão nos termos previstos na Lei das Inelegibilidades.

Tem-se, então, o efeito natural eleitoral da decisão colegiada que foi devidamente prolatada com a observância do contraditório e da ampla defesa na esfera da Justiça Comum.

A este respeito surge a possibilidade de indeferimento do requerimento de registro de candidatura pela Justiça Eleitoral que aplica o efeito da causa de inelegibilidade constituída no âmbito da ação de improbidade.

Por exemplo: o administrador público foi condenado a sanção de improbidade numa ação movida pelo Ministério Público. A sentença restou confirmada pela Câmara Cível do Tribunal de Justiça e, portanto, a partir da publicação do acórdão, a inelegibilidade poderá ser arguida como uma causa impeditiva ao deferimento do pedido de registro de candidatura desse servidor público.

Essa arguição será na via própria eleitoral da ação de impugnação ao requerimento de registro de candidatura ou no exame do próprio registro.

Por outra, a suspensão dos direitos políticos é baseada no art. 15, V, da Carta Magna e nas ações de improbidade ou popular (*Leis nºs 8.429/1992 e 4.717/1965*), mas é inegável que certos atos de improbidade podem ter pura feição eleitoral, quando praticados durante as campanhas eleitorais.

Nesta linha diz o art. 73, § 7º, da Lei nº 9.504/1997, que as **condutas vedadas aos agentes públicos** são atos que acarretam a cominação das sanções do art. 12, III, da Lei nº 8.429/1992, ou seja, *e.g.*, se um candidato a Prefeito em sua reeleição desvia dinheiro público para a campanha, submete-se à sanção de suspensão dos direitos políticos. No entanto, esta sanção não se aplica na esfera de competência da Justiça Eleitoral, pois segue a Lei de Improbidade Administrativa.

A suspensão dos direitos políticos por fato caracterizado como de improbidade administrativa não é decorrente de uma decisão no âmbito da Justiça Eleitoral.

A Justiça Eleitoral terá competência para julgar uma representação por **conduta vedada** que acarretará a cassação do registro, diploma, multa e possui como efeito secundário ou reflexo da sentença a **inelegibilidade baseada na alínea "j" do inc. I do art. 1º da LC nº 64/1990**.

Como se nota, um fato ilícito poderá ensejar duas vertentes jurídicas de punições: (i) uma no âmbito da ação de improbidade (*não é competência eleitoral*); e (ii) outra na esfera eleitoral mediante representação por conduta vedada ao agente público nas campanhas eleitorais.

A primeira é causa de suspensão dos direitos políticos e, a segunda, é causa de inelegibilidade, sendo que incidirão os efeitos negativos aos direitos políticos em momentos diversos.

Não é da competência da Justiça Eleitoral condenar o infrator pela suspensão dos direitos políticos (*art. 15, V, da Carta Magna*), exceto quando julga crimes eleitorais e conexos e a decisão transita em julgado, mas competirá ao magistrado eleitoral reconhecer a causa de suspensão dos direitos políticos, quando analisar a ação de impugnação ao requerimento do registro de candidatura.

12.43. CONTAGEM DO PRAZO DE INELEGIBILIDADE DA ALÍNEA "L" DO INC. I DO ART. 1º DA LC Nº 64/1990

O prazo deve ser contado de 8 (*oito*) anos, após o cumprimento das sanções impostas, por exemplo, na ação civil de improbidade administrativa, mas também incidirá a partir da publicação do acórdão condenatório proferido por órgão judicial colegiado.

A jurisprudência do Egrégio TSE, inclusive consagrou a possibilidade de retroatividade do prazo de 8 (*oito*) anos previsto na Lei da Ficha Limpa (*LC nº 135/2010*), pois está arrimada nas Ações Declaratórias de Constitucionalidade nºs 29 e 30 e na Ação Direta de Inconstitucionalidade nº 4.578/DF, julgadas pelo Supremo Tribunal Federal, que declararam a constitucionalidade da aludida lei.

> TSE. (...) Na espécie vertente, o Tribunal de Justiça condenou o candidato em sede de ação civil pública, por ato de improbidade administrativa, à pena de suspensão dos direitos políticos pelo prazo de três anos, em decisão proferida em 10/3/2004 e transitada em julgado em 1º/6/2006. O candidato está inelegível pelo período de oito anos a contar do cumprimento da pena, ocorrido em 1º/6/2009, alcançando o pleito de 2012. Em divergência, o Ministro Marco Aurélio asseverou que a irretroatividade da lei é condição de segurança jurídica, e a coisa julgada

é o ato jurídico perfeito por excelência, razão pela qual afirmou que, se a nova lei for aplicada à hipótese dos autos, teria eficácia própria de uma ação rescisória, sem, contudo, preencher os requisitos do Código Eleitoral. O Tribunal, por maioria, recebeu os embargos de declaração como agravo regimental e o desproveu (*Embargos de Declaração no Recurso Especial Eleitoral nº 365-37/PR, Rel. Min. Arnaldo Versiani, em 11/9/2012*).

E ainda no Colendo TSE: "(...) a inelegibilidade prevista na alínea l retroage para alcançar condenação transitada em julgado, ainda que anterior a 2010, quando ocorreu a alteração do dispositivo" (*Recurso Especial Eleitoral nº 130-21, Rio Votorantim/SP, Rel.ª Min.ª Luciana Lóssio, julgado em 20/4/2017*).

Desse modo, ainda que a condenação por improbidade seja anterior à vigência da Lei da Ficha Limpa, Lei Complementar nº 135/2010, incide a inelegibilidade por 8 (oito) anos que foi tratada na alínea "l" do inc. I do art. 1º da Lei Complementar nº 64/1990. A causa de inelegibilidade retroage para alcançar condenações em ações de improbidade antes de 2010 (*data da Lei da Ficha Limpa*).

12.44. PRAZO FINAL DA INELEGIBILIDADE PREVISTA NA ALÍNEA "L" DO INC. I DO ART. 1º DA LC Nº 64/1990

É necessário o exaurimento das sanções impostas pela Lei de Improbidade Administrativa para que o futuro candidato possa computar o prazo de 8 (*oito*) anos da inelegibilidade que é superveniente ao cumprimento de todas as sanções.

Ressalta-se no Egrégio TSE: "*Para efeito da aferição do término da inelegibilidade prevista na parte final da alínea l do inc. I do art. 1º da Lei Complementar nº 64/1990, o cumprimento da pena deve ser compreendido não apenas a partir do exaurimento da suspensão dos direitos políticos e do ressarcimento ao Erário, mas a partir do instante em que todas as cominações impostas no título condenatório tenham sido completamente adimplidas, inclusive no que tange à eventual perda de bens, à perda da função pública, ao pagamento da multa civil ou à suspensão do direito de contratar com o Poder Público ou de receber benefícios ou incentivos fiscais ou creditícios, direta ou indiretamente (Consulta nº 336-73, Brasília/DF, Rel. Min. Luciana Lóssio, em 3/11/2015).*

A expressão "**após o cumprimento da pena**" contida na alínea "l" do inc. I do art. 1º da Lei Complementar nº 64/1990 é hodiernamente interpretada no sentido do efetivo cumprimento de **todas as sanções contidas na decisão, nos termos dos arts. 12, da Lei nº 8.429/1992, e 37, § 4º, da Lei Maior**, ou seja, engloba o cumprimento completo da parte **dispositiva da decisão** impositiva da pena.

Como se nota, o segundo questionamento da Consulta TSE nº 336-73 assim foi formulado:

INELEGIBILIDADES — CAPÍTULO 12

[...] A expressão "pena" (prevista ao final da alínea *l* do inciso 1 do art. 1º da LC nº 64/1990) engloba, além do cumprimento do prazo de suspensão dos direitos políticos, o integral adimplemento pelo pretenso candidato da pena de ressarcimento ao erário?

A resposta do Colendo TSE, por unanimidade, foi no sentido afirmativo. O que é consentâneo com a proteção da probidade administrativa.

Na disquisição do tema, salienta-se o voto do Ex.mo Ministro Henrique Neves que destacou trecho relevante do voto da Ministra Luciana Lóssio, *in verbis*:

> "[...] *dentre as sanções cominadas na Lei nº 8.429/1992, para punir a prática de atos de improbidade administrativa, a LC nº 64/1990 elencou apenas a suspensão de direitos políticos como penalidade capaz de fazer incidir a inelegibilidade", e lembra que, "por se tratar de norma restritiva de direitos, as regras alusivas às causas de inelegibilidade devem ser interpretadas estritamente, de modo a não alcançar situações não contempladas na lei e acabar por cercear o direito fundamental à elegibilidade".*

Nesse prisma, é evidente que as inelegibilidades são restrições e, portanto, a sua interpretação deve subsumir-se à legalidade estrita suprimindo-se a extensividade do término de sua incidência.

No entanto, o Egrégio TSE, objetivando assegurar uma interpretação sistemática do ordenamento jurídico, ao responder ao item segundo da consulta analisou a questão com o art. 37, § 4º, da Carta Política, a Lei nº 8.429/1992 e a própria Lei das Inelegibilidades (art. 1º, inc. I, alínea "l").

Na parte da fundamentação da resposta da consulta, invocou-se a alínea "e" do inc. I do art. 1º da LC nº 64/1990, que trata da inelegibilidade criminal, ou seja, o prazo de 8 (oito) anos conta-se da data do término do cumprimento da pena, pois enquanto o apenado está cumprindo a mesma, ele estará na hipótese de suspensão dos direitos políticos. Após, o cumprimento integral da pena de natureza penal ainda terá uma inelegibilidade por 8 (oito) anos.

Em relação à alínea "e" do inc. I do art. 1º da LC nº 64/1990, como já visto, as penas são decorrentes do tipo penal incriminador, e enquanto não cumpridas o apenado ainda estará com os direitos políticos suspensos. Nesse caso, **a suspensão só cessa com o efetivo cumprimento de todas as penas** que fluem da tipicidade e do bem jurídico penalmente relevante.

Vejamos o **verbete sumular nº 09 do TSE**: "A suspensão de direitos políticos decorrente de condenação criminal transitada em julgado **cessa com o cumprimento ou extinção da pena**, independendo de reabilitação ou de prova de reparação dos danos" (grifos nossos).

Assim, quando **cessa a suspensão** começa a fluir o prazo de inelegibilidade de 8 (oito) anos. Registre-se o **verbete sumular nº 61 do TSE**: "O prazo da causa de inelegibilidade prevista no art. 1º, I, *e*, da LC nº 64/1990 projeta-se por oito anos após o cumprimento da pena, seja ela privativa de liberdade, restritiva de direito ou multa".

Em face do quanto se expôs, percebe-se uma sutileza relevante nessa tormentosa questão, mas que poderá ensejar um vazio de incidência normativa que favorecerá o registro da candidatura e o eventual exercício do mandato eletivo.

Essa afirmação decorre do seguinte.

Se o candidato foi condenado à suspensão dos direitos políticos por 5 (cinco) anos e ao ressarcimento ao erário na quantia de R$ 1.000.000,00 (um milhão de reais) em prestações sucessivas que ultrapassam esse prazo de cinco anos, quando terminar de cumprir o prazo de suspensão dos direitos políticos ainda não se iniciará o prazo de inelegibilidade, porque não se pode atrelar a cessação da suspensão dos direitos políticos ao cumprimento integral de outras penalidades contidas na parte dispositiva da sentença.

Um das penalidades é a suspensão dos direitos políticos, que tem o seu término fixado de forma independente das demais, como a multa, indisponibilidade dos bens, perda da função pública e ressarcimento ao erário.

O art. 12 da Lei de Improbidade Administrativa fixa em seus respectivos incisos os prazos de suspensão, ou seja, de oito a dez anos, no inciso I, de cinco a oito anos, no inciso II, e de três a cinco anos, no inciso III, sendo que as penas previstas levam em consideração a extensão do dano causado e o proveito patrimonial do agente, nos termos do parágrafo único desse dispositivo.

Desse modo, quando a alínea "l" do inc. I do art. 1º da LC nº 64/1990 faz referência ao prazo de 8 (oito) anos após o cumprimento da pena, não significa que enquanto o agente infrator não cumprir a pena estará com os direitos políticos suspensos. Por exemplo: o agente infrator termina a causa de suspensão, mas ainda fica devendo a multa, ou não perde a função pública, ou está inadimplente com o ressarcimento ao erário. Nesses casos não estará automaticamente inelegível, porque **os 8 (oito) anos só começam após o cumprimento da pena.**

Se o infrator cumpriu 10 (dez) anos de suspensão dos direitos políticos, a lógica é começar a contagem da inelegibilidade imediatamente em seguida, evitando-se um vazio entre a suspensão e o início da inelegibilidade.

Deveras, o que deve ser mantido nessa interpretação integrativa da ordem jurídica é a **imediata linha de tempo entre o término da suspensão dos direitos políticos e o início da contagem da inelegibilidade por 8 (oito) anos**.

Essa linha de tempo possui dois valores inexoráveis: (i) o da evitabilidade de vazios normativos aptos a possibilitar o deferimento de candidaturas nesse intervalo de tempo entre o fim da causa de suspensão e o início do prazo de inelegibilidade; e (ii) a redução do prazo de restrição total aos direitos políticos passivos, seja pela suspensão ou inelegibilidade.

INELEGIBILIDADES

CAPÍTULO 12

O *cânon* interpretativo do Colendo TSE na resposta ao item segundo da Consulta nº 336-73, é passível de reexame, objetivando-se a futura edição de enunciado sumular que assegure extirpar eventuais burlas ao sistema protetivo da higidez das candidaturas.

Enfim, é de se considerar até ulterior reexame dessa questão, que o prazo de inelegibilidade começará a fluir assim que forem cumpridas todas as penalidades, mas não poderá exceder ao tempo máximo de 18 (dezoito) anos. Dez anos de suspensão e oito anos de inelegibilidade.

O prazo de 10 (dez) anos é o limite temporal da suspensão dos direitos políticos por ações de improbidade administrativa, que só começa a fluir após o trânsito em julgado da decisão condenatória (art. 12, inc. I, da Lei nº 8.429/1992), até porque entre o acórdão devidamente publicado do órgão colegiado e o dia anterior ao trânsito em julgado, o agente é inelegível.

A inelegibilidade possui duas formas de contagem na linha do tempo: (i) da decisão do órgão colegiado (acórdão publicado) até o dia anterior ao trânsito em julgado da ação de improbidade; e (ii) após o cumprimento da pena.

12.45. REQUISITOS LEGAIS PARA INCIDIR A CAUSA DE INELEGIBILIDADE PREVISTA NA ALÍNEA "L" DO INC. I DO ART. 1º DA LC Nº 64/1990

Quais são os requisitos?

I – O **primeiro requisito** é que a decisão condenatória na ação de improbidade tenha sido prolatada de forma **colegiada**, por exemplo, por uma das Câmaras do Tribunal de Justiça do Estado, ou tenha ocorrido o **trânsito em julgado** da decisão monocrática ou colegiada. O efeito surge da publicação da decisão colegiada ou da certificação do trânsito em julgado.

II – O **segundo requisito** exige a condenação por suspensão dos direitos políticos na ação de improbidade. Na suspensão, a pessoa ficará de forma temporária (*prazo fixado na decisão, art. 12, I a III, da Lei nº 8.429/1992*) sem possibilidade de votar e ser votada. Cumpre-se o prazo fixado na decisão.

Desta maneira, a decisão que na ação de improbidade administrativa aplique sanções como reparação do dano ao erário, multas e proibições de contratação com o Poder Público, sem especificar a condenação na suspensão dos direitos políticos, não gera a causa de inelegibilidade.

Acresça-se que a suspensão dos direitos **políticos não pode ser decretada no âmbito administrativo.** Trata-se de exclusiva competência judicial nos termos do art. 12 da Lei nº 8.429/1992 (*LIA*), que reconhece a incidência dos arts. 9º *usque* 10 da norma. E ainda, o art. 127 da Lei nº 8.112/1990, que não prevê na esfera administrativa a decretação da causa de suspensão dos direitos políticos.

441

As infrações administrativas que ensejam **demissão por atos de improbidade com a aplicação de regras estatutárias** (*art. 132, IV, da Lei nº 8.112/1990*), podem acarretar a causa de inelegibilidade do art. 1º, inc. I, alínea **"o"** da LC nº 64/1990.

III – O **terceiro requisito** é o de que a decisão tenha reconhecido que o ato de improbidade administrativa foi **doloso**.

O elemento subjetivo ou estado de *animus*, busca a efetiva punição do desonesto administrador. Nesse sentido (*STJ, REsp 213.994/MG, 1ª Turma, Rel. Min. Garcia Vieira*), sendo feita a distinção entre o desonesto e o inábil ou negligente administrador.

O dolo é essencial para a configuração das infrações dos arts. 9º e 10 da Lei de Improbidade, considerando a necessidade cumulativa de lesão ao erário e enriquecimento ilícito.

IV – O **quarto requisito** enseja o reconhecimento na decisão colegiada ou transitada em julgado **da lesão ao patrimônio público e enriquecimento ilícito. A cumulatividade dos requisitos deve ser analisada casuisticamente.**

Primeiramente, é importante verificar que o art. 21, inc. I, da Lei de Improbidade (*artigo com redação alterada pela Lei nº 12.120/2009*) firma que as sanções previstas na lei são independentes da ocorrência de dano ao patrimônio público. Todavia se ocorrer o dano ao erário o juiz ou Tribunal aplicam a pena de ressarcimento.

As sanções da Lei de Improbidade podem ser aplicadas de forma não cumulativa considerando a gravidade da conduta do infrator.

A conduta projeta-se na gênese cívica das inelegibilidades e demanda o enquadramento legal pela Justiça Eleitoral em função da decisão na ação de improbidade.

De fato, marcante julgado do Egrégio TSE assim decidiu, por maioria de votos:

> (...) a qualificação por esta Justiça Eleitoral do ato de improbidade que implique, concomitantemente, lesão ao patrimônio público e enriquecimento ilícito deve ser realizada a partir do exame do inteiro teor do acórdão condenatório, não se restringindo à parte dispositiva. (...) a inelegibilidade prevista no art. 1º, inc. I, alínea l, da Lei das Inelegibilidades incide ainda que o enriquecimento ilícito tenha sido de terceiro, em qualquer de suas modalidades. Ademais, enfatizou que o art. 11 da Lei de Improbidade Administrativa admite somente a modalidade dolosa, porquanto a configuração de atos de improbidade administrativa depende da caracterização de dolo, admitindo-se uma relativização na modalidade culposa tão somente para as hipóteses relacionadas no art. 10 causadoras de dano ao Erário. Demais disso, mencionou pacífico entendimento do Superior Tribunal de Justiça de que não se pode confundir improbidade com simples ilegalidade. A improbidade é ilegalidade tipificada

e qualificada pelo elemento subjetivo da conduta do agente. Por isso mesmo, a jurisprudência do STJ considera indispensável, para a caracterização de improbidade, que a conduta do agente seja dolosa, para a tipificação das condutas descritas nos arts. 9º e 11 da Lei nº 8.429/1992, ou pelo menos eivada de culpa grave, nas do art. 10 (...) (Informativo TSE, Ano XVI, nº 173. Recurso Ordinário nº 2373-84, São Paulo. Rel.ª Min.ª Luciana Lóssio, em 23/9/2014).

Tem-se entendido na jurisprudência do Tribunal Superior Eleitoral que a violação, exclusiva, dos princípios da Administração Pública não acarreta a causa de inelegibilidade (*Recurso Ordinário nº 2.604/2009*).

Nota-se que a causa de inelegibilidade da alínea "l" está vinculada a uma lesão real ao erário público decorrente de ação consciente e voluntária.

Analisando ambos os requisitos: a) **lesão ao patrimônio público**; e b) **enriquecimento ilícito** em razão da compatibilidade finalística da Lei Complementar nº 135/2010 (*Lei da Ficha Limpa*) com a Lei da Improbidade Administrativa não podemos afastá-los dos arts. 9º a 11 da norma de improbidade.

O art. 9º da LIA pune o enriquecimento ilícito. Já o art. 10, a lesão ao erário. Assim, poder-se-ia induzir que não incidiriam concomitantemente a lesão ao patrimônio público e o enriquecimento ilícito numa mesma hipótese, o que geraria a inaplicabilidade da causa de inelegibilidade. Não é essa a interpretação teleológica da norma de inelegibilidade.

Tenha-se presente que, no art. 9º da LIA, tutela-se como alvo principal o enriquecimento ilícito do agente ou terceiro. Neste sentido a punição está baseada na prova do dolo. O art. 10 pune o dolo ou a culpa, mas para fins de inelegibilidade defluente do art. 1º, inc. I, alínea "l" é necessária, no entanto, a conduta dolosa ou culpa grave, não incidindo a culpa média, ou seja, a intenção de desviar, lesar ou dilapidar o patrimônio público.

O art. 10 da LIA tutela o patrimônio público, seja por ato doloso ou culposo. No art. 9º o dolo é essencial e específico. O agente consegue a vantagem ilícita em prejuízo alheio. O prejuízo público faz parte das condutas do art. 10, que podem ter gerado ou não o enriquecimento ilícito.

Desta maneira, para incidir a norma de inelegibilidade por projeção na análise das candidaturas verifica-se: **I – o ato doloso de improbidade; II – o enriquecimento ilícito do agente ou de terceiro beneficiado e a lesão ao patrimônio público; e III – imposição na decisão da causa de suspensão dos direitos políticos.**

Conclusão: busca-se a harmonia das normas. O enriquecimento ilícito que se observa nem sempre é do próprio réu e atual candidato, pois ele pode ter beneficiado terceiros com lesão ao patrimônio público.

O que importa para incidência da inelegibilidade é uma **proporcionalidade** da lesão ao patrimônio público pelo ato doloso de improbidade administrativa. Pune-se a proporcionalidade ou gravidade da conduta dolosa, sendo o enriquecimento próprio ou de terceiro.

Na jurisprudência, registre-se o *Agravo Regimental no Recurso Especial Eleitoral nº 71-30/SP. Rel. Min. Dias Toffoli, em 25/10/2012*, no sentido de que a condenação em lesão ao patrimônio público não presume o enriquecimento ilícito.

O importante é o intérprete analisar no caso concreto se houve a incidência de ambos os requisitos: **lesão e enriquecimento**, mas não é necessário que a sentença ou acórdão no processo de ação civil declare expressamente.

Se o candidato, por exemplo, beneficiou uma empresa sem fazer a licitação e causou danos ao erário público, em razão da prova produzida nos autos da ação civil é possível perscrutar se ocorreu o enriquecimento ilícito próprio ou de terceiro com gravidade ou proporcionalidade aptas a ensejar a causa de inelegibilidade.

Sendo celebrado um negócio jurídico (*contrato*) com a Administração Pública, e o terceiro de forma dolosa estava em conluio com o candidato, os envolvidos tinham o objetivo de fraudar lei imperativa, art. 145, VI, do Código Civil, causando a nulidade do ato e respondendo por seus efeitos de projeção da inelegibilidade.

Acresça-se o precedente do Egrégio TSE.

> (...) A incidência da causa de inelegibilidade prevista no art. 1º, I, l, da LC nº 64/1990, com redação dada pela LC nº 135/2010, pressupõe condenação do candidato à suspensão dos direitos políticos por ato de improbidade administrativa que importe lesão ao patrimônio público e enriquecimento ilícito.
>
> 3. No caso, o candidato foi condenado por ato de improbidade que importou apenas violação aos princípios da Administração Pública, não incidindo, por isso, a inelegibilidade do art. 1º, I, l, da LC nº 64/1990 (...)" (*AEgrégio de 15/12/2010 no AgR-RO nº 381.187, Rel. Min. Aldir Passarinho Junior*).

E mais.

> A jurisprudência desta Corte é no sentido de que não incide a inelegibilidade da alínea *l* do inc. I do art. 1º da LC nº 64/1990, nos casos em que a condenação por improbidade administrativa importou apenas violação aos princípios da administração pública, sendo necessária também a lesão ao patrimônio público e o enriquecimento ilícito (*Precedentes: AgR-REspe nº 67-10/AM, Rel.ª Min.ª Nancy Andrighi, PSESS de 6/12/2012*).
>
> 2. Não cabe à Justiça Eleitoral proceder a novo enquadramento dos fatos e provas veiculados na ação de improbidade para concluir pela presença de dano ao erário e enriquecimento ilícito, sendo

INELEGIBILIDADES   CAPÍTULO 12

necessária a observância dos termos em que realizada a tipificação legal pelo órgão competente para o julgamento da referida ação.

3. Recurso especial provido para deferir o registro do candidato. (*Recurso Especial Eleitoral nº 1541-44/SP. Rel.ª Min.ª Luciana Lóssio DJE de 3/9/2013. Noticiado no Informativo nº 19/2013*).

Cumpre observar que Egrégio TSE possui precedente de que a contratação de servidores públicos, sem concurso não gera a causa de inelegibilidade prevista no dispositivo legal (*Recurso Especial Eleitoral nº 109-02, Rel. Min. Marco Aurélio, 5/03/2013*).

A este respeito é importante ressaltar que sempre cumprirá à Justiça Eleitoral verificar o preenchimento formal dos requisitos exigidos pela alínea "l" do inc. I do art. 1º da LC nº 64/1990, e neste exame é essencial analisar se a decisão da Justiça Comum devidamente observou os princípios do contraditório e da ampla defesa, vez que são ínsitos ao diploma constitucional vigente.

No entanto, **não cabe à Justiça Eleitoral ingressar no mérito da decisão prolatada na ação de improbidade administrativa**, conforme verbete sumular nº **41** do Egrégio TSE, *in verbis*: "*Não cabe à Justiça Eleitoral decidir sobre o acerto ou desacerto das decisões proferidas por outros Órgãos do Judiciário ou dos Tribunais de Contas que configurem causa de inelegibilidade*".

A esse propósito, no TSE:

(...) A possibilidade de caracterização da inelegibilidade por condenação em ação de improbidade em razão de sentença proferida com base apenas nas hipóteses do art. 9º ou do art. 10 da Lei nº 8.429/1992 não exclui a necessidade de o enriquecimento ilícito e o dano ao Erário terem sido reconhecidos pela Justiça Comum, ainda que não constem expressamente do dispositivo da sentença.

4. Não cabe à Justiça Eleitoral considerar como caracterizado o dano ao erário ou o enriquecimento ilícito quando eles não foram afirmados pela Justiça Comum. No julgamento do registro de candidatura, não se pode avaliar o acerto ou o desacerto das decisões proferidas pelas Cortes de Contas ou por outros órgãos do Poder Judiciário (Súmula nº 41 do TSE) nem acrescentar ou suprimir fundamento da decisão proferida em ação cível pública para, por método de compreensão, alargar a hipótese efetivamente considerada pelo órgão competente para apreciar a improbidade administrativa.(TSE. Recurso Especial Eleitoral nº 134-93/RS Rel. Min. Henrique Neves da Silva DJE de 28/3/2017) (grifos nossos).

Convém ressaltar que a Justiça Eleitoral deverá realizar o exame da gravidade ou proporcionalidade da lesão ao erário e do enriquecimento ilícito para que se possa concluir de forma segura pela incidência da causa de inelegibilidade superveniente ao lapso temporal do cumprimento integral das sanções aplicáveis no âmbito da improbidade administrativa.

445

12.46. PRAZO DE INELEGIBILIDADE

O art. 12 da Lei de Improbidade Administrativa (LIA) dispõe que as sanções podem ser aplicadas de forma isolada ou cumulativamente.

No caso, o intérprete deve graduar proporcionalmente as sanções de natureza não penal, inclusive a suspensão dos direitos políticos em razão dos incs. I, II e III do art. 12 da LIA.

A causa de suspensão dos direitos políticos só será reconhecida se for declarada na decisão e aplicada de forma genérica a todos os casos de violação aos arts. 9º a 11 da LIA, especialmente quando envolvem agentes públicos, considerando o disposto no art. 20 da norma legal.

Na aplicação dos incs. I a III do art. 12 da LIA deve-se evitar a cumulação de prazos de suspensão. Se o infrator violou os incs. I e III, por exemplo, o correto é aplicar o prazo de suspensão pelo inc. I, que é mais gravoso. O cúmulo material de prazos de suspensão dos direitos políticos não é a melhor exegese constitucional, pois poderá acarretar uma espécie de pena de banimento cívico ao agente em descompasso com a própria finalidade da Lei Complementar nº 135/2010 (*Lei da Ficha Limpa*), que determina a aplicação de inelegibilidade, após o prazo de cumprimento da suspensão dos direitos políticos.

Neste ponto, a fixação de um único prazo de suspensão dos direitos políticos, que pode chegar ao máximo em 10 anos, está em consonância com o sentido normativo constitucional do art. 15, V, da Carta Magna, evitando-se a restrição ao *ius honorum* dos direitos políticos por prazo demasiadamente excessivo.

Em suma: o correto é unificar o prazo reforçando-se a interpretação constitucional da soberania popular em valores positivos da cidadania.

O prazo de inelegibilidade fluirá da decisão do órgão colegiado ou após o cumprimento das sanções impostas na ação de improbidade administrativa.

Segundo o disposto no art. 20 da Lei de Improbidade Administrativa, o prazo de suspensão dos direitos políticos será graduado na forma do art. 12, I a III, e se inicia com o trânsito em julgado da sentença condenatória.

Certificado o trânsito em julgado na ação de improbidade administrativa, já incide a causa de suspensão dos direitos políticos, independentemente das anotações realizadas no âmbito da Justiça Eleitoral. Observe-se que a sentença penal que transita em julgado acarreta a suspensão dos direitos políticos de forma automática, sem necessidade de expressa menção, art. 15, III, da Constituição da República.

Cumpre frisar ainda o disposto nos **arts. 18 e 19 da Resolução nº 113, de 20 de abril de 2010, do Conselho Nacional de Justiça, que disciplinam a comunicação da causa de suspensão dos direitos políticos pelos juízes e tribunais à Justiça Eleitoral.**

INELEGIBILIDADES   CAPÍTULO 12

A Resolução TSE nº 21.538/2003, no art. 51 dispõe sobre **o conhecimento pela Justiça Eleitoral de restrições aos direitos políticos**.

A zona eleitoral anotará no prontuário do eleitor a decisão no âmbito da ação de improbidade que suspendeu os direitos políticos, especialmente quanto ao prazo de duração, que impede o exercício do voto e de ser votado, sendo possível, após o cumprimento do prazo legal a regularização da situação eleitoral, na forma do art. 52 da resolução.

Se o infrator pleitear o requerimento do registro de sua candidatura entre a data de certificação do trânsito em julgado da decisão e a anotação cartorária junto à zona eleitoral terá seu pedido indeferido, porque a Justiça Eleitoral poderá por documentos comprobatórios reconhecer *ex officio* a causa de suspensão dos direitos políticos, inclusive sendo provocada pela propositura de ação de impugnação ao requerimento de registro de candidatura.

Trata-se de matéria de ordem pública democrática e conhecida *propter officium* pelo órgão jurisdicional eleitoral.

Como se faz a recontagem do prazo de suspensão dos direitos políticos se for obtida uma liminar ou cautelar que obstacularize a regular fluidez desse prazo?

O prazo não se interrompe e volta a contar pelo período de tempo que falta, pois é apenas suspenso.

Por exemplo, fixada na ação de improbidade a suspensão por 5 (*cinco*) anos, sendo, no entanto, obtida uma decisão liminar favorável ao infrator que impeça o transcurso regular do prazo, mas, posteriormente, a liminar é revogada, o prazo conta-se pelo período remanescente.

Sobre o tema, existe precedente no TSE no *Recurso Especial Eleitoral nº 151-80/RS, Rel.ª Min.ª Luciana Lóssio, em 23/10/2012*, quando o candidato obteve em ação rescisória uma tutela antecipada em face de acórdão que julgou a ação de improbidade.

12.47. AGENTES POLÍTICOS E SUSPENSÃO DOS DIREITOS POLÍTICOS

Os agentes políticos (*Prefeitos e Governadores*) se sujeitam à ação de improbidade administrativa e, portanto, à sanção de suspensão dos direitos políticos. Nesse sentido: *REsp 1.197.469/RJ; REsp 1.073.233-MG, de 13/10/2009; e AREsp 21.662-SP, de 07/02/2012*.

No Supremo Tribunal Federal no *Ag. In. nº 506.323-PR, Rel. Min. Celso de Mello, Diário da Justiça de 02/06/2009*, foi admitida a ação de improbidade contra agentes políticos. Destaca-se:

447

(...) Esta Suprema Corte tem advertido que, tratando-se de ação civil por improbidade administrativa (Lei nº 8.429/1992), mostra-se irrelevante, para efeito de definição da competência originária dos Tribunais, que se cuide de ocupante de cargo público ou de titular de mandato eletivo ainda no exercício das respectivas funções, pois a ação civil em questão deverá ser ajuizada perante magistrado de primeiro grau.

A questão sobre o **foro por prerrogativa de função** nas ações de improbidade sempre foi um tema polêmico no Supremo Tribunal Federal e Superior Tribunal de Justiça. Registre-se a declaração de inconstitucionalidade em relação ao art. 84, § 2º, do Código de Processo Penal, STF, *2ª Turma, AI nº 506.323/PR, Rel. Min. Celso de Mello, em 02/06/2009*. Todavia, no STF, em sentido contrário destaca-se o julgado do *Pleno, Pet. 3.211, Questão de Ordem, Min. Menezes Direito, em 13/03/2008*.

Prevalece no Egrégio STF e no STJ, a posição de que **não subsiste o foro por prerrogativa de função nas ações de improbidade administrativa**. Nesse sentido: (*STF, AgRg no AI 556.727/SP, 1ª Turma, Rel. Min. Dias Toffoli, j. 20/03/2012; RCL 13.998-MC/RJ, Min.ª Carmen Lúcia, DJ 12/3/2013; e no STJ, AgRg no REsp 1.186.083/RS, 2ª Turma, Rel. Min. Humberto Martins, j. 17/09/2013*).

Natureza personalíssima da decisão

A condenação por improbidade administrativa acarreta a suspensão dos direitos políticos (*art. 15, V, da Carta Magna*) e **a inelegibilidade** superveniente decorrente da decisão de **natureza personalíssima.**

Se, por exemplo, a jurisprudência admite que a pessoa jurídica figure como ré, isoladamente, em ação civil de improbidade, não é correto ampliar as restrições de natureza pessoal aos sócios e gestores que não foram parte naquele processo.

Assim, se apenas a empresa é ré na ação de improbidade, as sanções de suspensão dos direitos políticos, perda do cargo público e a causa de inelegibilidade não se projetam em outras decisões. Para tanto, é necessária a participação responsável da pessoa física no processo originário da ação de improbidade, objetivando-se a segurança jurídica das decisões e o devido processo legal.

É possível que o requerimento de registro esteja ainda em julgamento, o que permite a decretação *ex officio* pela Justiça Eleitoral da superveniente causa de inelegibilidade ou suspensão em observância à celeridade do processo eleitoral.

E ainda, a perda do mandato eletivo pode ser decretada em âmbito parlamentar na forma do art. 55, IV e § 3º, da Constituição da República, dispositivo repetido nas Cartas Estaduais e Leis Orgânicas Municipais, que atinge os mandatos estaduais e municipais.

INELEGIBILIDADES   CAPÍTULO 12

De fato, o agente político, e.g., Vereador que teve suspenso os seus direitos políticos não deve permanecer no mandato eletivo. Os arts. 3º, 175, § 3º, e 337 do Código Eleitoral norteiam a interpretação nesse sentido. E ainda, os arts. 6º, I, e 8º, I, do Decreto-Lei nº 201/1967.

A decisão que aplica a sanção de suspensão dos direitos políticos só é exequível se transitar em julgado. Não existe na legislação a possibilidade da execução provisória (art. 475-O do Código de Processo Civil, no novo CPC é o art. 520) da suspensão dos direitos políticos.

Todavia, a condenação por órgão colegiado (*segundo grau de jurisdição*) na ação de improbidade pode levar à causa de inelegibilidade, impossibilitando o agente de obter sua candidatura (*art. 1º, I, "l", da LC nº 64/1990*). Nesse ponto, executa-se provisoriamente parte da decisão que projeta seu efeito especial, ou seja, a inelegibilidade por improbidade. Não há violação ao princípio da presunção da inocência (*art. 5º, LVII, da Carta Magna*).

Trata-se de um critério político-jurídico adotado pelo legislador que protege a probidade administrativa nas eleições e a lisura do mandato eletivo no devido processo legal.

É possível a suspensão da decisão colegiada na análise de ação civil pública.

> (...) Na espécie vertente, o candidato foi condenado em ação civil pública, com base no art. 11 da Lei nº 8.429/1992, por improbidade administrativa. O Tribunal de Justiça, em sede recursal, confirmou a decisão da primeira instância. Em razão disso, o candidato interpôs recurso especial e recurso extraordinário, sendo concedido efeito suspensivo aos recursos pelo Presidente da Seção de Direito Público daquele Tribunal. O Plenário **entendeu que essa medida afastava a inelegibilidade do candidato, em razão de o regimento interno daquele Tribunal estabelecer, no art. 256, que compete ao Presidente da seção o processamento e o exame da admissibilidade dos recursos para os tribunais superiores e dos incidentes processuais que surgirem nessa fase**. Ademais, ressaltou que, consoante a Súmula nº 635 do Supremo Tribunal Federal, o Presidente de colegiado judicial é competente para decidir sobre os pedidos de cautelares em recurso extraordinário ainda pendente do seu juízo de admissibilidade. O Plenário também asseverou que a jurisprudência deste Tribunal Superior é no sentido de que o art. 26-C da Lei Complementar nº 64/1990 **não afasta o poder geral de cautela conferido ao juiz pelo art. 798 do Código de Processo Civil**, nem transfere ao plenário dos tribunais a competência para examinar, inicialmente, pedido de concessão de medida liminar, ainda que a questão envolva inelegibilidade (...)" (*Recurso Especial Eleitoral nº 527-71, Lavrinhas/SP, Rel. Min. Dias Toffoli, em 13/12/2012*) (grifos nossos).

O art. 26-C da LC nº 64/1990, que autoriza a suspensão da inelegibilidade, por exemplo, quando incidente a improbidade administrativa (*art. 1º, inc. I, alínea "l" da LC nº 64/1990*) deve ser interpretado com o verbete sumular **nº 44** do TSE: "*O disposto no art. 26-C da LC nº 64/1990 não afasta o poder geral de cautela conferido ao magistrado pelo Código de Processo Civil*".

Infere-se que pelo novo Código de Processo Civil, o magistrado poderá conceder uma tutela específica de urgência sobrestando os efeitos da decisão colegiada que é geradora da inelegibilidade, segundo exegese analógica do art. 297 do NCPC.

Na jurisprudência do Egrégio TSE destaca-se precedente admitindo o registro de candidatura, quando obtida liminar suspendendo os efeitos da condenação em ação de improbidade administrativa. Considerou-se a hipótese de causa superveniente nos termos do art. 11, § 10, da Lei nº 9.504/1997, *in expressi verbis*:

> (...) a concessão de liminar, até a data da diplomação, suspendendo os efeitos de condenação por improbidade administrativa, causa do indeferimento de candidatura, constitui fato superveniente a permitir o registro do candidato (...) (*TSE. Informativo nº 25/2014. Recurso Ordinário nº 294-62, Aracaju/SE, Rel. Min. Gilmar Mendes. 11/12/2014*).

Como já visto alhures, a **sanção de suspensão dos direitos políticos** nos termos do art. 20 da Lei de Improbidade Administrativa, somente produz efeitos políticos que impedem o eleitor de votar e ser votado com o trânsito em julgado, mas esse tipo de punição poderá ser aplicado para qualquer espécie de improbidade administrativa: (i) lesão ao erário; (ii) enriquecimento ilícito; e (iii) atentado contra os princípios.

É essencial que a decisão na ação de improbidade administrativa, expressamente, consagre a suspensão dos direitos políticos, pois não se trata de um efeito automático da condenação como é o caso, por exemplo, da condenação criminal transitada em julgado (*art. 15, III, da Carta Política*), porque embora a improbidade administrativa tenha previsão no texto constitucional, *art.* 15, V, a norma regulamentadora impõe gradações específicas, e.g., *art.* 9º (*8 a 10 anos*), *art.* 10 (*5 a 8 anos*) e *art.* 11 (*3 a 5 anos*) de suspensão dos direitos políticos.

A perda da função pública imposta na ação de improbidade administrativa aos candidatos que concorrerem à reeleição se materializa da seguinte forma:

(i) **Presidente da República** é o caso de ser julgado em processo de *impeachment* na forma dos arts. 85 e 86 da Carta Magna, porque na ação de improbidade não se decreta a perda da função, considerando a análise do crime de responsabilidade pelo exclusivo processo de impedimento ou *impeachment*;

(ii) **Governadores e Prefeitos** submetem-se as sanções de improbidade administrativa e perdem a função de agentes políticos, após o trânsito em

INELEGIBILIDADES

CAPÍTULO 12

julgado da ação. Não subsiste previsão no texto constitucional de exceções punitivas, nem tampouco se lhes aplica a simetria com o Presidente da República;

(iii) **Deputados Federais e Senadores** não perdem a função pública em julgamento de ação de improbidade administrativa, sem antes se observar o art. 55, IV e § 3º da Carta Magna;

(iv) **Deputados Estaduais** seguem a mesma simetria com os Deputados Federais, nos termos do art. 27, § 1º, da Constituição da República Federativa do Brasil;

(v) **vereadores** perdem a função pública de formas direta em decorrência de ação de improbidade administrativa, ressalvando-se apenas a comunicação protocolar à Câmara Municipal, pois não existe simetria constitucional com a regra dos Deputados Federais ou Estaduais.

12.48. INELEGIBILIDADE DECORRENTE DE SANÇÃO DO ÓRGÃO PROFISSIONAL. ART. 1º, INC. I, ALÍNEA "M" DA LC Nº 64/1990

O art. 1º, inc. I, alínea "m", da Lei Complementar nº 64/1990 considera a inelegibilidade nos seguintes termos:

> Os que forem excluídos do exercício da profissão, por decisão sancionatória do órgão profissional competente, em decorrência de infração ético-profissional, pelo prazo de 8 (oito) anos, salvo se o ato houver sido anulado ou suspenso pelo Poder Judiciário (incluído pela Lei Complementar nº 135, de 2010).

As definições de infrações ético-profissionais são variáveis na análise da consulta aos diversos estatutos profissionais. Como se nota, somente a sanção de exclusão do exercício da profissão transitada em julgado no âmbito administrativo do órgão responsável é capaz de ensejar a inelegibilidade pelo prazo de 8 (*oito*) anos.

Por exemplo, na Lei nº 8.906/1994 (*que dispõe sobre o Estatuto da Advocacia*).

Ressalva-se a possibilidade de anulação desta decisão ou até mesmo uma suspensão por via de ação anulatória ou de mandado de segurança.

Se o candidato for punido com a pena de exclusão do exercício da profissão i.e., advogado ou médico, poderá suspender em ação própria na via judicial os efeitos da inelegibilidade.

Foi proposta ação direta de inconstitucionalidade em face deste dispositivo legal (*ADIn nº 4.578*) pela Confederação Nacional das Profissões Liberais, que questiona a expansão dos efeitos de decisões internas que se transmudam em causa de inelegibilidade. Por fim, foi julgada improcedente a ADIn e mantida a constitucionalidade do dispositivo legal.

A questão da exclusão do exercício da profissão está cingida à decisão do órgão profissional.

É cabível a intervenção do Poder Judiciário para corrigir as ilegalidades do processo administrativo. Todavia, não é competência da Justiça Eleitoral anular o ato de exclusão, especialmente nos limites da análise processual da ação de impugnação ao requerimento de registro de candidatura. Sobre o tema confira--se o precedente do Egrégio TSE no Recurso Especial Eleitoral nº 344-30, Itabuna, Bahia, Rel. Min. Henrique Neves da Silva em 19/02/2013.

Por outro lado, o Colendo TSE consagra o verbete sumular **nº 41**: *"Não cabe à Justiça Eleitoral decidir sobre o acerto ou desacerto das decisões proferidas por outros Órgãos do Judiciário ou dos Tribunais de Contas que configurem causa de inelegibilidade".*

12.49. INELEGIBILIDADE DECORRENTE DE SIMULAÇÃO POR DESFAZIMENTO DE VÍNCULO CONJUGAL OU DE UNIÃO ESTÁVEL. ART. 1º, INC. I, ALÍNEA "N", DA LC Nº 64/1990

Versa o art. 1º, inc. I, alínea "n", da Lei Complementar nº 64/1990, que a inelegibilidade recai sobre:

> Os que forem condenados, em decisão transitada em julgado ou proferida por órgão judicial colegiado, em razão de terem desfeito ou simulado desfazer vínculo conjugal ou de união estável para evitar caracterização de inelegibilidade, pelo prazo de 8 (oito) anos após a decisão que reconhecer a fraude (incluído pela Lei Complementar nº 135, de 2010).

Este dispositivo legal está em consonância com a jurisprudência do Egrégio TSE, por exemplo, a Consulta nº 977, bem como com a decisão proferida pelo Supremo Tribunal Federal no RE nº 568.596.

Destaca-se ainda, o verbete sumular vinculante *nº 18*: *"A dissolução da sociedade ou vínculo conjugal, no curso do mandato, não afasta a inelegibilidade prevista no § 7º do art. 14 da Constituição Federal"* (STF).

Na verdade, a inelegibilidade de oito anos possui como marco inicial a *"decisão que reconhecer a fraude"*, que poderá ser decorrente de um processo analisado no âmbito da Justiça Comum, v.g., na Vara de Família.

Os crimes contra a família previstos nos arts. 235 a 240 do Código Penal não contemplam a simulação para desfazer o vínculo conjugal ou a união estável. No entanto, se a hipótese for tipificada como estelionato (*art. 171 do CP*), é possível que a inelegibilidade decorra da incidência da alínea *e* da Lei das Inelegibilidades.

A simulação aqui referida é aquela que tem como objetivo final afastar a causa de inelegibilidade, considerando o disposto no § 7º do art. 14 da Constituição da República.

INELEGIBILIDADES   CAPÍTULO 12

O referido dispositivo constitucional trata da inelegibilidade reflexa. Assim, o infrator que pretende afastar esta causa constitucional de inelegibilidade, utiliza-se da simulação, ou seja, do fingimento do término da união ou casamento. Segundo as lições de Silvio Rodrigues, em sua obra *Direito Civil (parte geral,* São Paulo: Saraiva 2002, vol. I, p. 295):

> (...) a simulação caracteriza-se quando duas ou mais pessoas, no intuito de enganar terceiros, recorrem a um ato aparente, quer para esconder um outro negócio que se pretende dissimular (simulação relativa), quer para fingir uma relação jurídica que nada encobre (simulação absoluta). Trata-se, portanto, de uma burla, intencionalmente construída em conluio pelas partes que almejam disfarçar a realidade enganando terceiros.

Como se verifica, um dos cônjuges ou companheiros pretende se candidatar em uma determinada circunscrição eleitoral, mas, para evitar a incidência do § 7º do art. 14 da Carta Magna, engana a Justiça Eleitoral, simulando o desfazimento do vínculo. Nada impede que, por exemplo, a trama simulatória seja descoberta no momento que antecede o deferimento do registro da candidatura.

A Justiça Eleitoral possui competência para nos autos do processo contencioso eleitoral, por exemplo, na ação de impugnação ao requerimento de registro de candidatura, recurso contra a expedição do diploma ou ação de impugnação ao mandato eletivo, reconhecer a hipótese de fraude, desde que se assegure a ampla defesa.

De fato, se o candidato incide na inelegibilidade reflexa do art. 14, § 7º, o seu pedido de candidatura será indeferido. O indeferimento não significa a prática de fraude, pois o candidato pode ter mantido apenas o silêncio intencional para esconder uma relação extraconjugal. Esse fato não poderá causar uma inelegibilidade futura. Não há fraude. A inelegibilidade nessa hipótese só emerge da fraude devidamente reconhecida.

A inelegibilidade da alínea em comento, só se perfaz se ficar comprovado o desfazimento do vínculo por ações concretas do candidato, por exemplo, fraudando uma certidão de casamento ou um documento de reconhecimento de união estável em cartório. O Egrégio TSE possui precedente sobre o tema (*Recurso Especial Eleitoral nº 397-23/PR. Rel. Min. Gilmar Mendes*).

12.50. INELEGIBILIDADE QUE DECORRE DA PENA DE DEMISSÃO IMPOSTA EM PROCESSO ADMINISTRATIVO OU JUDICIAL. ART. 1º, INC. I, ALÍNEA "O", DA LC Nº 64/1990

Diz o art. 1º, inc. I, alínea "o", da LC nº 64/1990 que são os inelegíveis:

> Os que forem demitidos do serviço público em decorrência de processo administrativo ou judicial, pelo prazo de 8 (oito) anos, contado da decisão, salvo se o ato houver sido

453

suspenso ou anulado pelo Poder Judiciário (incluído pela Lei Complementar nº 135, de 2010).

Essa inelegibilidade deve ser analisada em razão de consultas ao Estatuto dos Servidores Públicos. Por exemplo, a Lei nº 8.112/1990 (*que dispõe sobre o regime jurídico dos servidores públicos civis da União, das autarquias e das fundações públicas federais*), e consagra, no art. 127, III, a pena de demissão, quando, por exemplo, for violado o art. 132.

A demissão do servidor público possui natureza punitiva. É a prática de uma infração revestida de gravidade. A incidência da causa de inelegibilidade está lastreada em razoável critério.

Em razão dessa premissa, não podemos ampliar a causa de inelegibilidade para os casos de exoneração, seja o ato uma manifestação do servidor ou *ex officio* pela Administração Pública.

Significativa é a lição de *José dos Santos Carvalho Filho*, em sua obra *Manual de Direito Administrativo* (Rio de Janeiro: Editora Lumem Juris, 2011, p. 616) sobre a diferença entre demissão e exoneração, assim dito: "*O suporte fático da demissão é, portanto, inteiramente diverso do suporte da exoneração: na primeira, é a prática de uma infração grave, e, na segunda, o interesse do servidor ou da Administração*".

Como cediço, a demissão dos agentes públicos vitalícios se dá por sentença judicial, mas o agente político deverá ser processado por ação especial de improbidade administrativa, com as sanções do art. 12 da Lei nº 8.429/1992.

Registre-se precedente do Egrégio Superior Tribunal de Justiça, nos seguintes termos:

> É possível a demissão de servidor por improbidade administrativa em processo administrativo disciplinar. A pena de demissão não é exclusividade do Judiciário, sendo dever indeclinável da Administração apurar e, eventualmente, punir os servidores que vierem a cometer ilícitos de natureza disciplinar, conforme o art. 143 da Lei nº 8.112/1990. Conforme o entendimento da Terceira Seção do STJ, em face da independência entre as esferas administrativas e penais, o fato de o ato demissório não defluir de condenação do servidor exarada em processo judicial não implica ofensa aos ditames da Lei nº 8.492/1992, nos casos em que a citada sanção disciplinar é aplicada como punição a ato que pode ser classificado como de improbidade administrativa, mas não está expressamente tipificado no citado diploma legal, devendo, nesses casos, preponderar a regra prevista na Lei nº 8.112/1990 (Precedentes citados: MS 15.054-DF, DJe 12/19/2011, e MS 12.536-DF, DJe 26/9/2008. MS 14.140-DF, Rel.ª Min.ª Laurita Vaz, julgado em 26/9/2012).

INELEGIBILIDADES   CAPÍTULO 12

No caso da demissão dos servidores estáveis, é suficiente o processo administrativo com a observância da lei especial.

É importante observar que se o servidor público pratica atos sujeitos à sua demissão, mas se a Administração Pública o exonera *ex officio*, ocorrerá um erro jurídico na causa de exoneração. Nesse caso deve ser contemplada a causa de inelegibilidade prevista na alínea "o", porque o servidor público estava em hipótese de infração grave que o conduziria à demissão. A exoneração acabou por beneficiar o agente público, quando o certo seria a aplicação da demissão.

Assim, na análise do processo administrativo que deve instruir a impugnação no âmbito da Justiça Eleitoral, excepcionalmente será possível se corrigir o caso concreto para fins de tipicidade da inelegibilidade evitando-se a repetição de um erro jurisdicional, além de se eliminar a hipótese de uma possível fraude. Não se trata de ingressar no mérito do ato administrativo, mas apenas tipificar a causa da infração aos fins da norma de inelegibilidade. Não é a substituição da decisão administrativa, mas a sua razoável aplicabilidade para fins de restrição ao *ius honorum*.

No Egrégio TSE destaca-se :

> *Não compete à Justiça Eleitoral analisar supostos vícios formais ou materiais no curso do procedimento administrativo disciplinar, os quais deverão ser discutidos na seara própria* (AgR-REspe nº 275-95/SP, Rel.ª Min.ª Nancy Andrighi, julgado em 27/11/2012).

> *Ainda que "demissão" e "destituição" sejam palavras distintas, para os efeitos legais são como sinônimos, ou seja, significam a extinção do vínculo com a Administração Pública diante da realização de falta funcional grave* (Rel.ª Min.ª Nancy Andrighi, REspe nº 18.103/MT, de 7/12/2012)

> *A suspensão ou anulação do ato demissional pela autoridade administrativa competente constitui fato superveniente hábil a afastar a inelegibilidade inscrita na alínea o do inc. I do art. 1º da LC nº 64/1990* (REspe nº 2.026/ MG. Acórdão de 21/06/2016. Rel.ª Min.ª Luciana Christina Guimarães Lóssio. DJE. Tomo 149, Data 03/08/2016, p. 134/135).

> *A destituição de cargo em comissão possui natureza jurídica de penalidade administrativa equivalente à demissão, aplicável ao agente público sem vínculo efetivo com a Administração Pública Federal, conforme prevê o art. 135 da Lei nº 8.112/1990, nos casos de improbidade administrativa, nos termos do art. 132, IV, da mesma lei* (AgR-RO - Agravo Regimental em Recurso Ordinário nº 57827/RR. Acórdão de 09/10/2014. Rel.ª Min.ª Luciana Christina Guimarães Lóssio. Publicado em Sessão, Data 09/10/2014).

Feitas estas considerações, percebe-se também com toda cautela que, o contraditório no processo administrativo é essencial para se evitar perseguições a servidores públicos e, por via reflexa, causar-lhes a inelegibilidade da alínea "o".

Tal fato pode ser visto exemplificativamente nas Administrações municipais, quando a rivalidade política atinge futuros candidatos que eram ex-servidores. Cada caso será devidamente avaliado.

Significativa foi a decisão do Colendo TSE, *in expressi verbis:*

> (...) O Plenário do Tribunal Superior Eleitoral, por maioria, assentou que a exoneração de servidor público por meio de processo administrativo que concluiu pela sua dispensa por conveniência da administração municipal, e não por infração funcional, não é suficiente para caracterizar a inelegibilidade prevista no art. 1º, inc. I, alínea *o*, da Lei Complementar nº 64/1990 (Recurso Especial Eleitoral nº 163-12/SP, Rel. Min. Dias Toffoli, em 9/10/2012 *Informativo TSE*, Ano XIV, nº 29).

12.51. REFLEXOS DA DECISÃO PENAL NO ÂMBITO ADMINIS-TRATIVO E SEUS EFEITOS NA CAUSA DE INELEGIBILIDADE

Por outro lado, a realidade demonstra o aumento de demissões ou exonerações de servidores militares e civis envolvidos com a criminalidade.

Quando o servidor público pratica atos considerados, simultaneamente, ilícitos penais e administrativos, por exemplo, corrupção ativa ou peculato, a decisão penal produzirá coisa julgada na esfera administrativa.

No entanto, se o servidor for absolvido na ação penal poderá ou não ficar imune a uma punição administrativa. Dependerá da causa ensejadora da absolvição.

Sobre o tema: "(...) *A decisão penal só tem repercussão sobre a decisão administrativa quando nega a autoria do fato atribuído ao servidor público, quando se trata de inexistência do fato ou que houve o fato, mas o funcionário imputado não é o seu autor*" (José Cretella Júnior. *Lições de Direito Administrativo*, 1970, p. 327).

Como se depreende, a absolvição criminal poderá em alguns casos impedir a sanção administrativa e a aplicação por efeito automático da causa de inelegibilidade.

Observe-se que o servidor público pode ser condenado por crime, mas a imputação penal não se refere a ilícito administrativo, v.g., quando ele ao se dirigir ao trabalho pratica um lesão corporal culposa na direção de veículo automotor. Não incide a causa de inelegibilidade, que estará reservada a ilicitudes administrativas aptas a gerar a demissão nos termos estatutários.

Não se pode olvidar que a **falta residual** gera a punição administrativa.

Sobre a falta residual, esclarece o verbete sumular nº **18** do Supremo Tribunal Federal, *in verbis: "Pela falta residual, não compreendida na absolvição pelo juízo criminal, é admissível a punição administrativa do servidor público".*

INELEGIBILIDADES

CAPÍTULO 12

Em assonância ao tema *"Se a decisão absolutória proferida no juízo criminal não deixar resíduo a ser apreciado na instância administrativa, não há como subsistir a pena disciplinar"* (STF, RDA 123/216).

No Egrégio TSE, Recurso Especial Eleitoral nº 279-94/MT, Rel. Min. Dias Toffoli, em 6/11/2012:

> (...) O Plenário do Tribunal Superior Eleitoral, por unanimidade, assentou que a demissão do serviço público resultante de processo administrativo disciplinar faz incidir a inelegibilidade prevista na alínea o do inc. I do art. 1º da Lei Complementar nº 64/1990, ainda que o fato que lhe deu causa tenha sido objeto de procedimento criminal que resultou na absolvição por insuficiência de provas da materialidade do delito, conforme o art. 368, inc. II, do Código de Processo Penal. Explicitou que a decisão na seara criminal não tem o condão de derrogar a penalidade atribuída pelo procedimento administrativo, em razão da absolvição ter decorrido da falta de provas da materialidade do fato, e não da comprovação da inexistência do fato (inc. I do art. 368 do Código de Processo Penal).

É importante salientar que uma das causas que acarreta a demissão é a improbidade administrativa, que também é causa de inelegibilidade na alínea *"l"* da Lei das Inelegibilidades. Assim, o intérprete deve ter o cuidado de contabilizar o prazo total de inelegibilidade de 8 (*oito*) anos pela incidência, eventualmente concomitante, desses dispositivos legais, pois podem ocorrer casos concretos em que o infrator tenha, por exemplo, uma condenação por improbidade na via judicial e este mesmo fato tenha servido para, em âmbito administrativo, fundamentar a sua demissão. Não se pode admitir o *bis in idem* das causas de inelegibilidade quando decorrentes do mesmo fato.

A norma deve se pautar em critérios de equidade numa adaptação razoável da finalidade do legislador.

O acesso do interessado ao procedimento administrativo ensejador da punição de demissão e aos documentos que formam a convicção do julgador deve ser protegido, inclusive pelo uso do *habeas data*, "(...) *O habeas data configura remédio jurídico-processual, de natureza constitucional, que se destina a garantir, em favor da pessoa interessada, o exercício de pretensão jurídica discernível em seu tríplice aspecto: (a) direito de acesso aos registros; (b) direito de retificação dos registros e (c) direito de complementação dos registros".* Nesse sentido: (*RHD 22/DF, Rel. Min. Marco Aurélio, STF, em 19/9/1991*).

Tenha-se presente que se o candidato impetrou mandado de segurança ou obteve uma medida cautelar suspendendo a causa de inelegibilidade deverá obter o registro de sua candidatura para determinada eleição específica aplicando-se o art. 11, § 10, da Lei das Eleições.

Todavia, se durante o processo de impugnação ao registro da candidatura ou registral, a cautelar que o favorecia for revogada, a causa de inelegibilidade que deixou de estar suspensa e, portanto, se faz resoluta, não poderá servir de lastro para negar ou cancelar o registro, considerando que essa nova qualificação jurídica eleitoral negativa do candidato poderá ser apenas arguida em sede de Recurso Contra a Expedição do Diploma, art. 262 do Código Eleitoral, por se tratar de uma forma de inelegibilidade superveniente não referida no § 2º do art. 26-C da Lei das Inelegibilidades.

O Egrégio TSE já tratou de tema semelhante firmando o alcance do art. 26-C, § 2º, da LC nº 64/1990 apenas para as alíneas "d", "e", "h", "j", "l" e "n", ou seja, sem aplicação para a alínea "o".

Dispõe o texto legal que: *"Mantida a condenação de que derivou a inelegibilidade ou revogada a suspensão liminar mencionada no* caput, *serão desconstituídos o registro ou o diploma eventualmente concedidos ao recorrente"*.

> TSE. (...) O art. 26-C, § 2º, da LC nº 64/1990, que estabelece a cassação do registro ou do diploma em casos de revogação de liminar, deve ser interpretado restritivamente, não contemplando o art. 1º, inc. I, alínea *o*, da LC nº 64/1990, mas apenas as alíneas enumeradas no referido dispositivo.
>
> 4. Aplicável ao caso concreto a jurisprudência firmada pelo TSE quanto ao art. 1º, inc. I, alínea *g*, da LC nº 64/1990, no sentido de que a revogação da liminar após a prolação da sentença de 1º grau não faz incidir a causa de inelegibilidade, devendo-se manter a elegibilidade do recorrido.
>
> 5. Negado provimento ao recurso especial (Recurso Especial Eleitoral nº 137-29. Rel. Min. Gilmar Mendes. *Informativo TSE*, Ano XVI, nº 177).

12.52. INELEGIBILIDADE DECORRENTE DE DOAÇÕES ELEITORAIS ILEGAIS. ART. 1º, INC. I, ALÍNEA "P", DA LC Nº 64/1990

O art. 1º, inc. I, alínea "p", da Lei Complementar nº 64/1990 diz que são inelegíveis:

> A pessoa física e os dirigentes de pessoas jurídicas responsáveis por doações eleitorais tidas por ilegais por decisão transitada em julgado ou proferida por órgão colegiado da Justiça Eleitoral, pelo prazo de 8 (oito) anos após a decisão, observando-se o procedimento previsto no art. 22 (incluído pela Lei Complementar nº 135, de 2010).

Neste caso, a inelegibilidade pelo prazo de oito anos defluiu após o reconhecimento, pela Justiça Eleitoral, de uma doação ilegal advinda de pessoa física ou jurídica. Na hipótese, não se pune a pessoa jurídica, mas sim, os dirigentes, que são pessoas físicas, mas apenas quando a responsabilidade possa ser individualizada.

Como visto alhures, o STF declarou a inconstitucionalidade do financiamento de pessoa jurídica para as campanhas eleitorais (*ADI nº 4.650*). A pessoa jurídica não pode fazer doações para as campanhas eleitorais.

Para incidir a sanção, o valor da doação deve ter repercussão na campanha eleitoral, ou seja, deve ser proporcional, razoável ou revestir-se de gravidade. Assim, pequenos valores doados e erros materiais não ensejam a restrição da capacidade eleitoral passiva.

O art. 24 da Lei nº 9.504/1997 contempla as denominadas fontes vedadas, que são impedidas de doar para as campanhas eleitorais, por exemplo, os concessionários de serviço público.

Outrossim, o art. 23, § 1º, I, da Lei das Eleições admite a doação por pessoa física até o limite de 10% dos rendimentos brutos que foram auferidos no ano anterior à eleição.

Assim sendo, quando os doadores ultrapassarem os limites previstos na legislação eleitoral, podem ser alvo de uma representação que seguirá o rito processual previsto no art. 22 da Lei das Inelegibilidades, no que couber, que culminará com a declaração da inelegibilidade. Confira-se ainda a decisão do TSE no Recurso Especial Eleitoral nº 426-24, Ferraz de Vasconcelos, São Paulo, Rel. Min. Henrique Neves da Silva, em 19/02/2013.

Exemplo: José doou para o candidato Antônio um valor acima do que poderia doar. Foi processado na Justiça Eleitoral com a aplicação do rito da representação do art. 22 da Lei Complementar nº 64/1990 e punido com a inelegibilidade em razão da gravidade da conduta ou sua proporcionalidade.

Nesse caso ocorrerá a anotação no cartório eleitoral, comando ASE, nos termos do art. 51 da Resolução nº 21.538/2003 do Tribunal Superior Eleitoral (*registra-se no prontuário da Zona Eleitoral do eleitor José*), e ainda, poderá ser conhecida a inelegibilidade se José tentar se candidatar, seja nos autos do requerimento de registro de candidatura ou na ação de impugnação ao requerimento de registro de candidato.

É importante observar que o art. 30-A da Lei das Eleições limita ao prazo de 15 (*quinze*) dias a representação contra o candidato diplomado, quando ele viola regras sobre arrecadação e gastos de recursos, mas, no tocante à representação quanto às pessoas físicas que são consideradas doadoras ilegais, a lei foi omissa em fixar um prazo legal para a propositura da representação, que seguirá rito idêntico.

Mister se faz ressaltar os termos do verbete sumular nº **21** do Egrégio Tribunal Superior Eleitoral: "**O prazo para ajuizamento da representação contra doação de campanha acima do limite legal é de 180 dias, contados da diplomação**".

Todavia, o § 3º do art. 24-C da Lei nº 9.504/1997, introduzido pela Lei nº 13.165/2015, ampliou o prazo dessa representação até o dia 31 de dezembro do ano seguinte ao da eleição, ou seja, até o fim do exercício financeiro.

Desse modo, está **cancelado o verbete sumular nº 21** do TSE.

12.53. INELEGIBILIDADE FUNCIONAL AOS MEMBROS DO MINISTÉRIO PÚBLICO E DA MAGISTRATURA. ART. 1º, INC. I, ALÍNEA "Q", DA LC Nº 64/1990

O art. 1º, inc. I, alínea "q", da Lei Complementar nº 64/1990 considera inelegíveis:

> Os magistrados e os membros do Ministério Público que forem aposentados compulsoriamente por decisão sancionatória, que tenham perdido o cargo por sentença ou que tenham pedido exoneração ou aposentadoria voluntária na pendência de processo administrativo disciplinar, pelo prazo de 8 (oito) anos (incluído pela Lei Complementar nº 135, de 2010).

Como se nota, o art. 42 da Lei Complementar nº 35/1979 (Lei Orgânica da Magistratura Nacional) trata das sanções disciplinares.

No art. 56 da mesma norma, a aposentadoria compulsória se dá nos seguintes casos: "*I – manifestadamente negligente no cumprimento dos deveres do cargo; II – de procedimento incompatível com a dignidade, a honra e o decoro de suas funções; e III – de escassa ou insuficiente capacidade de trabalho, ou cujo proceder funcional seja incompatível com o bom desempenho das atividades do Poder Judiciário*".

Outrossim, a pena de demissão será aplicada, segundo dispõe o art. 47 da norma de regência:

> Art. 47. A pena de demissão será aplicada:
>
> I – aos magistrados vitalícios, nos casos previstos no art. 26, I e II;
>
> II – aos Juízes nomeados mediante concurso de provas e títulos, enquanto não adquirirem a vitaliciedade, e aos Juízes togados temporários, em caso de falta grave, inclusive nas hipóteses previstas no art. 56.

E ainda, com relação aos membros do Ministério Público, arts. 239 e 240 da Lei Complementar nº 75/1993.

Na consulta sobre esta causa de inelegibilidade, não se pode olvidar as leis estaduais que disciplinam a Magistratura e o Ministério Público.

Quanto ao processo administrativo disciplinar, deve-se observar, sempre, o devido processo legal e o contraditório, conforme previsão do art. 5º, LIV, da Constituição da República, bem como o órgão competente para decretar as sanções de aposentadoria compulsória e perda do cargo por sentença.

A Lei Complementar nº 75/1993 organiza o Ministério Público da União e a Lei nº 8.625/1993 estabelece normas de organização do Ministério Público dos Estados.

A sanção de demissão em relação ao Ministério Público que acarreta a perda do cargo depende da aplicação sistêmica dos arts. 208, 240, V, *b*, e 259, IV, *a*, da Lei Complementar nº 75/1993. Desta forma, é necessário o ajuizamento de uma ação civil, em que a Justiça Comum decretará a sanção após a ampla defesa.

A propositura da ação civil e a respectiva sentença final garantem ao membro do Ministério Público vitalício a ampla defesa. No entanto, para os membros não vitalícios, que ainda se encontram em estágio confirmatório, sujeito à confirmação pelo Conselho Superior da Instituição, submetem-se, apenas, ao processo administrativo.

É importante frisar que a Lei de Improbidade Administrativa (*Lei nº 8.429/1992*), no art. 12, trata da perda da função do agente público, após o trânsito em julgado da sentença, na forma do art. 20. Esta sanção aplica-se a todos que exerçam função pública.

Contemplou o dispositivo da Lei das Inelegibilidades que o pedido de exoneração ou a aposentadoria voluntária na pendência de um processo administrativo disciplinar pode acarretar a inelegibilidade pelo prazo de 8 (*oito*) anos da decisão final.

Todavia, se o procedimento enseja uma sanção de advertência, suspensão e outras diversas da aposentadoria compulsória e da demissão, não se pode aplicar a causa de inelegibilidade aqui prevista, pois o intuito do legislador foi o de evitar a evasão do infrator em relação às punições finais de aposentadoria compulsória ou demissão.

Não incide a causa de inelegibilidade quando já prescrita a possibilidade de punição ao infrator, seja por meio do processo administrativo ou judicial.

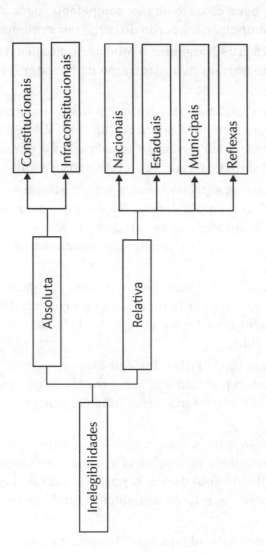

Capítulo 13

Registro de Candidatura

13.1. REGISTRO DE CANDIDATURAS. CONSIDERAÇÕES PRELI-MINARES

A importância do registro de candidatos centra-se no fato de que a competência da Justiça Eleitoral é dirigida a esta atividade, que buscará da melhor forma possível evitar, dentro da máxima eficiência e controle da normalidade das eleições, candidaturas que não possuam requisitos ou condições constitucionais e legais de elegibilidade ou estejam viciadas por causas de inelegibilidades, conforme se extrai dos arts. 3º do Código Eleitoral e 1º da Lei Complementar nº 64, de 18 de maio de 1990, e ainda, casos que estejam inseridos nas causas de perda ou suspensão dos direitos políticos, art. 15 da Constituição da República.

Sobre registro de candidatos aplicam-se as regras dos arts. 10 a 16-A da Lei nº 9.504/1997, dispositivos contidos em resoluções específicas do Tribunal Superior Eleitoral para cada pleito eleitoral (*temporárias*), e os arts. 82 a 102 do Código Eleitoral (*que devem ser comparados com as normas supervenientes da Lei nº 9.504/1997, pois alguns artigos estão revogados*).

13.2. NÚMERO DE CANDIDATOS A SEREM REGISTRADOS

O art. 88, *caput*, do Código Eleitoral não permite o registro de um mesmo candidato para mais de um cargo eletivo.

Nas eleições majoritárias, cada partido ou coligação só poderá requerer o registro de um candidato a Presidente da República, Governador em cada Estado e no Distrito Federal, Prefeito nos Municípios, assim como os seus respectivos vices, e de um ou dois Senadores, conforme a alternância de 1/3 ou 2/3 das vagas por Estado, além de dois suplentes de Senador. As regras estão nos arts. 28, *caput*, 46, §§ 1º a 3º, e 77, *caput*, todos da Constituição da República.

Nas eleições proporcionais, o número de candidatos por partido ou coligação segue o disciplinado no art. 10 da Lei nº 9.504/1997.

A lei limita o número de candidatos apresentados por partidos políticos ou coligações.

O art. 10 fixa o percentual de até **150%** (*cento e cinquenta por cento*) dos números de lugares a preencher. Os números de lugares são previstos em lei e resoluções.

No caso de coligações partidárias, o inc. I do art. 10 da Lei nº 9.504/1997 (*incluído pela Lei nº 13.165/2015*) autoriza o registro de candidatura até **200%** (*duzentos por cento*) das respectivas vagas, desde que o número de Deputados Federais (*vagas*) em cada Estado não exceda a 12 (*doze*), por exemplo, nos Estados de Tocantis, Roraima, Sergipe, Piauí, Rio Grande do Norte e outros. Nesses Estados o número máximo é de 8 (*oito*) vagas, segundo o teor da Resolução nº 23.389/2013 do TSE.

Por outro lado, se a Unidade da Federação (*Estado*) superar o número de 12 (*doze*) vagas, por exemplo, São Paulo em que o número é de 70 (*setenta*) Deputados Federais, em caso de coligação, só é possível lançar o pedido de registro de candidaturas até **150% (cento e cinquenta por cento) do número de vagas, não é mais o dobro de vagas nos termos da legislação anterior**.

Antes da alteração legislativa era possível dobrar o número de candidaturas independentemente do número de vagas, desde que fosse realizada uma coligação partidária.

E ainda, o inc. II do art. 10 da Lei nº 9.504/1997 (*incluído pela Lei nº 13.165/2015*) limita até **200% (duzentos por cento)** o número de vagas em caso de coligação partidária nas **eleições municipais** (*vereadores*), quando no Município o número de eleitores for **até cem mil**.

Ultrapassados os cem mil eleitores, a coligação partidária estará limitada ao pedido de registro de candidatura até **150%** (*cento e cinquenta por cento*) do número de vagas, é o caso, e.g., das Cidades de São Paulo e Rio de Janeiro.

Cumpre-nos assinalar o fato de que a alteração legislativa produzida pela Lei nº 13.165/2015 limita o número de pré-candidatos que devem ser escolhidos em convenções partidárias até 150% (*cento e cinquenta por cento*) do número de lugares a preencher, independente de serem indicados pelos partidos ou coligações.

O § 1º do art. 10 da Lei nº 9.504/1997 permitia em sua redação original a indicação do dobro de lugares a preencher, quando a escolha fosse por coligações. Essa opção não existe mais, exceto em Municípios até cem mil eleitores (*inc. II do art. 10 da LE*) e nos Estados em que o número de Deputados Federais não exceda a 12 (*doze*) (*inc. I do art. 10 da LE*). Caso contrário, a limitação se faz presente.

Assim, os partidos e coligações que participam da escolha de pré-candidatos em Municípios com elevado número de habitantes estão limitados ao percentual

Registro de Candidatura Capítulo 13

de 150% (cento e cinquenta por cento); enquanto em Municípios menores, é possível lançar até 200% (duzentos por cento) dos lugares a preencher.

Trata-se de liberdade legislativa imposta pela minirreforma eleitoral. É um típico caso de política legislativa eleitoral.

A Justiça Eleitoral só defere o Demonstrativo de Regularidade de Atos Partidários (*DRAP*) com a observância da regra correta do número de candidatos, sendo determinada a realização de diligências para a devida adequação legal.

Para cada eleição é expedida pelo Tribunal Superior Eleitoral uma resolução especifica que disciplina o número de Deputados federais e estaduais, v.g., a Resolução TSE nº 23.220/2010.

Assim, temos como exemplo: o Estado de São Paulo com 70 vagas de Deputados federais e 94 vagas de Deputados estaduais e o Acre com 8 de Deputados federais e 24 de estaduais.

Com base no número de vagas indicado pelo TSE, os partidos e coligações podem apresentar os seus pré-candidatos com a observância dos limites impostos.

A título de exemplo, no Estado de São Paulo, que possui 70 vagas de Deputados federais, o número máximo de candidatos por partido isolado é de 105 (*70 + 35 = metade*), ou seja, 150% (*cento e cinquenta por cento*).

No caso de coligação partidária para Deputados Federais, *e.g.*, em São Paulo, o número de pedidos de registro está limitado a 150% (*cento e cinquenta por cento*) das vagas, que é de 105 candidatos. Não é mais o dobro dos lugares, porque o número de vagas federais excede de 12 (doze) lugares. São 70 (setenta) vagas.

É importante salientar que a diplomação dos eleitos deve seguir os critérios consolidados na fase de registro das candidaturas, conforme teor de precedente do Colendo TSE (*AC nº 15.257, de 08/08/2000, Rel. Min. Fernando Neves, e ainda AC nº 15.165, de 03/12/1998, Rel. Min. Eduardo Alckmin*).

A atual legislação trata de percentuais de 30% e 70% para candidaturas de **cada sexo**, ao contrário da redação da Lei nº 9.100/1995, que discriminava o sexo feminino. Hodiernamente, a regra enseja a dupla participação dos sexos masculino e feminino, obrigando as mulheres a participar das questões políticas.

É importante salientar que os percentuais de 30% e 70%, embora sejam altamente questionáveis sobre o prisma da isonomia (*art. 5º da CF*), devem ser respeitados na ocasião dos requerimentos de registro de candidaturas, sob pena de não admissão, pela Justiça Eleitoral, do requerimento dos "candidatos a candidatos".

465

Existem **duas correntes sobre o tema:**

(i) **a primeira** entende que os percentuais devem ser disponibilizados para ambos os sexos, mas, sobrando lugares dentro do percentual, é possível completar com pessoas do sexo oposto. Neste sentido, Joel José Cândido (op. cit., *p. 398*).

(ii) **a segunda** nega esta possibilidade (posição majoritária em *Renato Ventura Ribeiro, Lei Eleitoral Comentada* (p. 123, São Paulo: Quartier Latin, 2006); em igual sentido, *Adriano Soares da Costa, Instituições de Direito Eleitoral* (6ª ed. Belo Horizonte: Editora Del Rey, p. 714); e jurisprudência do Colendo Tribunal Superior Eleitoral, precedente em destaque: "(...) *Registro. Vagas destinadas a candidatura de mulheres. Interpretação do § 5º do art. 10 da Lei nº 9.504/1997. A análise do § 5º deve ser feita sistematicamente com o disposto no § 3º da mesma lei. Impossibilidade de preenchimento por candidatura de homem. (...)*" (*AC nº 16.632, de 05/09/2000, Rel. Min. Costa Porto; no mesmo sentido os acórdãos nºˢ 12.834, de 19/08/1996; 13.021, de 28/09/1996, e 13.976, de 21/10/1996, Rel. Min. Francisco Rezek*).

Correta a segunda posição. A violação à regra enseja impugnação ao registro de candidaturas, porque o objetivo da norma é alcançar a participação obrigatória de ambos os sexos. Preserva-se o direito das minorias e a ampla possibilidade da isonomia material.

Verifica-se pela redação do § 3º do art. 10 da Lei nº 9.504/1997, que o número de vagas deverá ser preenchido para candidaturas de cada sexo, não restando opção facultativa dos partidos e coligações.

Dessa forma, firma-se a segunda posição. O legislador determinou o preenchimento obrigatório das vagas de ambos os sexos, visando a estimular a participação mais ampla da sociedade no acesso aos mandatos eletivos e obrigando os partidos políticos a diligenciarem na busca do efetivo cumprimento da lei. Trata-se de norma impositiva e que está intimamente relacionada ao sentido democrático da Carta Constitucional.

Sem o cumprimento da regra, não se registra.

Todavia, salienta-se precedente do Egrégio TSE admitindo que a renúncia das candidaturas femininas, após o exame do registro, é admissível.

> O Plenário do Tribunal Superior Eleitoral, por unanimidade, assentou que a **renúncia de candidaturas femininas após o efetivo registro**, quando inviável a realização de substituições, não viola o limite mínimo de 30% previsto no § 3º do art. 10 da Lei nº 9.504/1997 (Recurso Especial Eleitoral nº 214-98, Humaitá/RS, Rel. Min. Henrique Neves) (grifos nossos).

Determinou o Colendo TSE, *in expressi verbis*:

> Eleições proporcionais. Vagas. Preenchimento. Percentuais mínimo e máximo de cada sexo. Candidatos registrados. O § 3º do art. 10 da

Lei nº 9.504/1997, na redação dada pela Lei nº 12.034/2009, passou a dispor que, "do número de vagas resultante das regras previstas neste artigo, cada partido ou coligação preencherá o mínimo de 30% (trinta por cento) e o máximo de 70% (setenta por cento) para candidaturas de cada sexo", substituindo, portanto, a locução anterior "deverá reservar" por **"preencherá", a demonstrar o atual caráter imperativo do preceito quanto à observância obrigatória dos percentuais mínimo e máximo de cada sexo. O cálculo dos percentuais deverá considerar o número de candidatos efetivamente lançados pelo partido ou coligação, não se levando em conta os limites estabelecidos no *caput* e no § 1º do art. 10 da Lei nº 9.504/1997.** Não atendidos os respectivos percentuais, cumpre determinar o retorno dos autos ao Tribunal Regional Eleitoral, a fim de que, após a devida intimação do partido, se proceda ao ajuste e regularização na forma da lei. Nesse entendimento, o Tribunal, por maioria, proveu o recurso, com reajuste do voto pelo relator. Recurso Especial Eleitoral nº 784-32/PA, Rel. Min. Arnaldo Versiani, em 12/08/2010 (*Inf.* 24/2010) (grifos nossos).

Quanto à regra acima se salienta em acréscimo o julgado do Eg. TSE. *Agravo Regimental no Recurso Especial Eleitoral nº 846-72/PA, Rel. Min. Marcelo Ribeiro, em 09/09/2010.*

No caso de substituição de candidatos, a correta posição do TSE é no sentido de ser observado o cálculo dos percentuais para cada sexo tendo por base o número de candidaturas que foram efetivamente requeridas. Nesse sentido, art. 20, § 5º, da Resolução TSE nº 23.455/2015.

A regra do § 4º do art. 10 da Lei nº 9.504/1997 possui redação diferente do disposto no art. 106 do Código Eleitoral (*cálculo do quociente eleito*ral): *"(...) desprezada a fração se igual ou inferior a meio, equivalente a um, se superior (...)"* Aqui, na Lei das Eleições, a norma iguala a um, se igual ou superior a meio.

No cálculo das vagas para a observância do percentual mínimo de cada sexo, qualquer fração se iguala a um (*acórdão TSE nº 22.764/2004*).

No art. 107 do Código Eleitoral despreza-se a fração para o cálculo do quociente partidário.

Por fim, o disposto no § 5º da aludida norma possibilita aos partidos políticos, por meio dos seus órgãos de direção, preencherem as vagas do percentual antes referido, sem necessidade de realização de convenções.

Vê-se que, na hipótese do § 5º, viola-se o sistema democrático convencional, pois a decisão do preenchimento das vagas remanescentes fica no âmbito dos partidos políticos com deliberação estatutária do órgão de direção. Registra-se posição de Joel José Cândido no sentido de que o percentual das vagas remanescentes não precisa ser obedecido, porque, segundo o renomado autor:

"O que se nota é um esforço do legislador em não deixar o partido sem meios para preencher todos os lugares, o que reforça nossa tese de que não precisa abrir mão deles nas hipóteses (...)" (*Direito Eleitoral Brasileiro*, 11ª ed., 3ª tir., Rio Grande do Sul: Edipro, 2005, p. 400).

Todavia, a nossa posição é a de que o partido político não está obrigado ao preenchimento do número total do percentual, porque a lei fala em "poderá", traduzindo-se em faculdade de agir e na manifestação unilateral do direito potestativo dos partidos políticos ou coligações. Desta forma, a opção pelo preenchimento das vagas de um sexo por outro se afigura como medida ilegal.

Como se nota, em função do disposto no art. 8º da lei, o prazo de realização das convenções entre os dias 20 de julho e 5 de agosto do ano eleitoral não poderá ser reaberto para preenchimento das vagas remanescentes, considerando a falta de previsão legal sobre este assunto e a aplicação subsidiária do estatuto dos partidos políticos.

13.3. COMPETÊNCIA PARA O EXAME DOS PEDIDOS DE REGISTRO DE CANDIDATURAS

A regra está prevista no art. 89 do Código Eleitoral. Trata-se de exclusiva competência da especializada Justiça Eleitoral.

Os candidatos a Presidente e Vice-Presidente da República serão registrados no Tribunal Superior Eleitoral; os candidatos a Governador e Vice-Governador, Senador e respectivos suplentes, Deputados federais, distritais e estaduais serão registrados nos respectivos Tribunais Regionais Eleitorais, e os candidatos a Prefeito, Vice-Prefeito e vereadores, perante os juízes eleitorais designados pelos Tribunais Regionais Eleitorais (*designação especial*).

A competência é *ratione materiae*, portanto, enseja nulidade absoluta quando violada a regra especial.

A análise do registro dos pré-candidatos estabelece o primeiro controle da Justiça Eleitoral, Ministério Público, Partidos Políticos e candidatos sobre a higidez destas postulações, considerando que por ocasião das convenções realizadas apenas os partidos políticos realizaram suas escolhas políticas, sem observar na maioria dos casos se determinado postulante ao mandato eletivo possui condição de elegibilidade ou está inelegível.

13.4. FORMA DE APRESENTAÇÃO DOS PEDIDOS DE REGISTROS. CONSIDERAÇÕES

O Tribunal Superior Eleitoral disciplina dois tipos de formulários que devem ser apresentados por meio magnético pelos partidos e coligações: o DRAP (*Demonstrativo de Regularidade de Atos Partidários*) e o RRC (*Requerimento de Registro de Candidatos*).

REGISTRO DE CANDIDATURA

CAPÍTULO 13

A subscrição do pedido é feita por delegado autorizado (*representante partidário*), art. 94 do Código Eleitoral, ou pelo próprio Presidente dos partidos, inclusive em caso de coligações. No caso de coligação deve ser indicada a pessoa que exercerá a representação.

Nos pedidos deve constar o número do *fac-símile* e o endereço do correio eletrônico viabilizando a adoção do **princípio da celeridade** para fins de intimações e notificações.

Dentro do contexto normativo das resoluções são exigidos os seguintes documentos complementares:

a) A declaração de bens do candidato deve ser atualizada, mas não é exigível cópia idêntica à que foi entregue para fins da declaração do imposto de renda (*Declaração de Ajuste Anual*), podendo ser inclusive de próprio punho, até porque nem todo pré-candidato possui bens a declarar.

É imprescindível disciplinar a competência ou atribuição sobre a fiscalização efetiva do batimento dos bens declarados no pedido de registro com os adquiridos durante o exercício do mandato eletivo, viabilizando-se o controle da moralidade e possibilitando a fiscalização da hipótese de improbidade administrativa, conforme norma constitucional, art. 15, V, da Constituição Federal e Lei nº 8.429/1992.

b) As certidões criminais são do local do domicílio eleitoral do candidato, constando as fornecidas pelos Tribunais competentes nos casos de foro por prerrogativa de função, pois certos candidatos têm foro especial e não são raros os casos em que respondem criminalmente perante a instância superior.

Todavia, entendemos que a lei deve ser reformulada para exigir a folha de antecedentes criminais (*FAC*), quando se poderá verificar, inclusive, a hipótese de pena cumprida, porque, segundo o art. 202 da Lei de Execuções Penais (Lei nº 7.210, de 11 de julho de 1984), *in verbis*:

> Cumprida ou extinta a pena, não constarão da folha corrida, atestados ou certidões fornecidas por autoridade policial ou por auxiliares da Justiça, qualquer notícia ou referência à condenação, salvo para instruir processo pela prática de nova infração penal ou outros casos expressos em lei.

Vê-se, desta forma que, o sigilo sobre a condenação é uma consequência automática da declaração de extinção da pena. Os efeitos da condenação, art. 92 do Código Penal, não são alterados, mas não se pode certificar pena cumprida nas certidões dos distribuidores criminais da comarca do domicílio do candidato. Trata-se do instituto autônomo da reabilitação, conforme preconizava *Julio Fabbrini Mirabete*, em seus *Comentários à Lei de Execução Penal* (9ª ed. São Paulo: Editora Atlas, p. 693).

469

Como se depreende do art. 1º, I, alínea "e" da Lei Complementar nº 64/1990, a **condenação criminal por órgão colegiado** pela prática de certos delitos acarreta a **inelegibilidade**. Ressalta-se a importância da constatação da condenação independentemente do trânsito em julgado da sentença.

Lembrando que o trânsito em julgado da sentença penal condenatória é causa de suspensão dos direitos políticos (*art. 15, III, da Constituição Federal*), enquanto a condenação criminal por órgão colegiado é hipótese de inelegibilidade.

Com efeito, seria interessante a criação da **FOLHA DE ANTECEDENTES ELEITORAIS (*FAE*)**, por ocasião do requerimento de registro de candidaturas, possibilitando à Justiça Eleitoral o controle efetivo sobre os antecedentes criminais mais atualizados.

As certidões criminais devem instruir o RRC e devem "*ser apresentadas em uma via impressa e outra digitalizada e anexada ao CANDex*".

Vale registrar que é **ônus do candidato** apresentar toda essa documentação, inclusive as certidões criminais, sob pena de indeferimento do pedido de registro de sua candidatura, de ofício, pela Justiça Eleitoral.

Observa-se, no entanto, a incidência do verbete sumular **nº 3** do TSE: "*No processo de registro de candidatos, não tendo o juiz aberto prazo para o suprimento do defeito da instrução do pedido, pode o documento, cuja falta houver motivado o indeferimento, ser juntado com o recurso ordinário*".

As resoluções eleitorais sobre registro de candidaturas contemplam a possibilidade de diligências fixadas no prazo legal (*72 horas*), com a finalidade de juntar documentos faltantes. Se o candidato foi pessoalmente intimado para tal saneamento, não poderá juntar as certidões em grau de recurso nem de embargos de declaração. Não sendo intimado, é possível a juntada posterior para suprir a exigência essencial ao deferimento do registro, até porque, como já visto, é no exame das certidões que se pode apurar a inelegibilidade do art. 1º, I, alínea *e*, da Lei Complementar nº 64/1990. A jurisprudência é nesse sentido (*AC de 06/10/2010 no AgR-REspe nº 375.469, Rel. Min. Arnaldo Versiani*).

Tenha-se presente a necessidade de apresentação pelo candidato das certidões que esclareçam as anotações criminais que aparecem nas certidões específicas.

É a chamada certidão de "**objeto e pé**" que deve estar atualizada. Essa providência demanda tempo, pois algumas anotações costumam aparecer em registros criminais de outras comarcas. A diligência de esclarecimento do fato é encargo do candidato e extrapolado o tempo registral, que é diminuto, a candidatura corre o risco de ser indeferida.

É comum a ocorrência de homonímia, sendo encargo atribuído ao candidato apresentar a declaração nos termos da regulamentação do Tribunal Superior Eleitoral com base na Lei nº 7.115/1983.

REGISTRO DE CANDIDATURA   CAPÍTULO 13

É possível normatizar a questão exigindo a folha de antecedentes criminais no momento do pedido de registro de candidaturas, o que possibilitará o controle da causa de inelegibilidade do art. 1º, I, alínea *e*, da Lei Complementar nº 64/1990.

Os pedidos de registros de candidatos (*RRC*) são apresentados aos Tribunais e juízes eleitorais pelos respectivos partidos políticos ou coligações por meio de formulários impressos e em meio magnético e gerados por programas desenvolvidos pelo Tribunal Superior Eleitoral.

13.5. ASPECTOS RELEVANTES SOBRE REGISTRO DE CANDI-DATURAS

Sobre o registro de candidaturas cumpre esclarecer alguns aspectos relevantes:

1) o Requerimento de Registro de Candidatura – RRC – recebe um protocolo e deflagra um processo judicial que pleiteia uma tutela jurisdicional;

2) o processo segue com número, requerente (*partido político*) e o advogado responsável;

3) o candidato é identificado por meio do número do título, fotografia, nome completo, partido, cargo, número que será usado na campanha, nome que deverá ser inserido na urna eletrônica e de quais eleições já participou, dentre outros dados;

4) são anexados os documentos exigidos para o deferimento do registro, por exemplo, certidões criminais da Justiça Estadual e Federal, do 1º grau. É obrigatória a apresentação da certidão negativa de 2º instância ou grau quando exerce ou exerceu função sujeita a foro por prerrogativa;

5) o candidato anexa uma declaração de bens na forma legal, que poderá ser ou não idêntica à encaminhada a Receita Federal, bem como, se for o caso, o histórico escolar;

6) os documentos são autuados e forma-se uma relação processual entre o candidato e a Justiça Eleitoral, sendo o requerimento de registro de candidaturas vinculado ao Demonstrativo de Regularidade de Atos Partidários (*DRAP*), que também foi autuado com numeração própria;

7) quando o registro é de competência dos Tribunais, os autos são distribuídos ao relator, em regra por despacho do vice-Presidente, na forma regimental;

8) junta-se ao processo registral a **Certidão de Quitação Eleitoral**, que aponta os itens que devem constar desse documento, conforme já visto alhures, por determinação de resolução que trata do registro das candidaturas (*resolução temporária ou específica para cada eleição*);

9) em caso de falta de condição de elegibilidade ou incidência de inelegibilidades, abre-se vista ao partido político e ao candidato para a defesa, segue-se nesse rumo o disposto no art. 4º da Lei Complementar nº 64, de 18 de maio de 1990 (prazo de 7 dias), independentemente da propositura de ação autônoma de impugnação ao requerimento de registro de candidatura;

10) os servidores da seção de controle de registros (cartório) apresentam relatório e informações complementares;

11) cumpre ao Ministério Público apresentar um parecer;

12) as questões de direito e de fato que não necessitam de provas são examinadas no procedimento, sendo os autos conclusos para decisão;

13) no caso de acórdão haverá publicação, sendo possível a interposição de recursos, como os embargos de declaração, art. 275 do Código Eleitoral.

13.6. VERIFICAÇÃO DA CONDIÇÃO DE ALFABETIZADO DO POSTULANTE AO MANDATO ELETIVO

No (*RRC*) é preciso verificar o grau de instrução do candidato, porque, como já visto, o **analfabeto é inelegível**, art. 14, § 4º, da Carta Magna.

A jurisprudência permite que seja deferido o registro da candidatura, quando o candidato saiba ler e escrever, minimamente. Nesse sentido (*TSE. Agravo Regimental no Recurso Especial Eleitoral nº 279-43/RN, Min. Henrique Neves*).

Na mesma linha admite-se que a carteira nacional de habilitação seja prova do alfabetismo.

Diz o verbete sumular **nº 55** do TSE: "*A Carteira Nacional de Habilitação gera a presunção de escolaridade necessária ao deferimento do registro de candidatura*".

Desta forma, não se admitem formas rigorosas de verificação do analfabetismo. Registre-se a possibilidade de declaração de próprio punho do candidato. Precedente do Colendo TSE. (...) *Conforme já decidido pelo Tribunal (Recurso Especial nº 21.920, Rel. Min. Caputo Bastos), para comprovação de alfabetização, é facultado ao candidato, na ausência de comprovante de escolaridade, apresentar declaração de próprio punho. Não obstante, é permitido ao juiz, se for o caso, determinar a aferição da alfabetização, por outros meios, o que será feito caso persista dúvida quanto à declaração apresentada*" (AgR-REspe – *Agravo Regimental em Recurso Especial Eleitoral nº 31.511/RN. Acórdão de 06/10/2008. Rel. Min. Arnando Versiani Soares. Publicado em Sessão de 6/10/2008*).

As resoluções temporárias do Egrégio TSE sobre registro de candidaturas disciplinam este tema, e.g., art. 27, § 11, da Res. TSE nº 23.455/2015.

A este respeito, a declaração falsa de alfabetização do postulante ao mandato eletivo ao juiz eleitoral responsável pelo exame da candidatura poderá caracterizar o crime de falsidade ideológica eleitoral, art. 350 do Código Eleitoral.

Tenha-se presente que o fato de o pré-candidato já ter exercido um mandato eletivo na condição de analfabeto e, portanto, inelegível, mas esse fato passou despercebido pelo magistrado eleitoral em eleição preteria, não autoriza o futuro deferimento de pedido de candidatura, conforme já definido no verbete sumular **nº 15** do TSE, *in expressi verbis*: "*O exercício de mandato eletivo não é circunstância capaz, por si só, de comprovar a condição de alfabetizado do candidato*".

Como já referido, as resoluções temporárias do Egrégio TSE que tratam sobre registro de candidaturas disciplinam a possibilidade de verificação da condição ou não de alfabetização de forma individual e reservada, e.g., com a leitura de um texto ou uma redação (*art. 27, § 11, da Resolução TSE nº 23.455/2015*).

Sendo o analfabeto inelegível, deve o magistrado eleitoral conhecer de ofício a existência desse fato.

Versa o verbete sumular **nº 45** do TSE: "*Nos processos de registro de candidatura, o Juiz Eleitoral pode conhecer de ofício da existência de causas de inelegibilidade ou da ausência de condição de elegibilidade, desde que resguardados o contraditório e a ampla defesa*".

No Egrégio TSE ressalta-se sobre o tema: "[...] A restrição de direitos políticos com base no critério da instrução encontra fundamento na necessidade de se reservar o mister da representação a sujeitos que possam exercê-la com total independência. [...] A realidade multifacetada da sociedade brasileira desaconselha que o analfabetismo seja avaliado a partir de critérios rígidos, abstratos e estanques. [...] O exame da causa de inelegibilidade do art. 14, § 4º, da CF/88 deve ocorrer da forma mais branda possível, em harmonia com os valores constitucionais e em consonância com o estádio de desenvolvimento regional" (Processo Administrativo nº 513-71/GO. Rel. Min. Luiz Fux).

13.7. FORMULÁRIOS REGISTRAIS

As resoluções do Tribunal Superior Eleitoral que tratam do registro de candidaturas disciplinam que os formulários registrais devem ser gerados pelo sistema CANDex (*sistema informatizado da Justiça Eleitoral*).

São três espécies de formulários: a) DRAP (*demonstrativo de regularidade de atos partidários*); b) RRC (*requerimento de registro de candidatura*); e c) RRCI (*requerimento de registro individual de candidatura*).

O DRAP trata de documentos referentes ao Partido Político, v.g., nome do partido, coligações realizadas e endereços partidários.

O RRC é um documento específico dos candidatos escolhidos pelo Partido Político, portanto, mais completo com detalhadas informações sobre qualificação do candidato, declaração de bens, certidões criminais e outros.

E o RRCI é um formulário individual que deve ser utilizado pelo candidato interessado apenas na hipótese em que a agremiação partidária omite o seu nome no RRC.

Os formulários são **públicos** e podem ser consultados livremente pelos interessados conforme expressa previsão no art. 11, § 6º, da Lei nº 9.504/1997.

Com efeito, o procedimento registral engloba a apresentação, tramitação e decisão judicial sobre a regularidade do DRAP e dos demais formulários que possuem elementos de avaliação pela Justiça Eleitoral.

473

Os nomes e apelidos dos candidatos devem constar no formulário do RRC, sendo verificada a hipótese de homonímia com a correção do efetivo nome que será utilizado na urna eletrônica. Sobre esse assunto existem regras específicas.

Apresentados os pedidos de registro de candidaturas são emitidos protocolos de recebimento e publicado um edital do Diário da Justiça Eletrônico ou no cartório eleitoral da zona eleitoral em que o juiz eleitoral foi designado para o exame do registro de candidatura nas eleições municipais.

Com a **publicação do edital** começa o prazo de: a) 48 (*quarenta e oito*) horas para apresentação do RRCI, quando omitida a apresentação de uma candidatura específica; e b) 5 (*cinco*) dias para a AIRRC (*ação de impugnação ao requerimento de registro de candidatura*).

A Receita Federal emite um CNPJ para cada candidato que permitirá a abertura de conta bancária específica objetivando-se um controle sobre a lisura do procedimento de arrecadação e gastos de recursos financeiros nas campanhas eleitorais.

Dessa forma, é ilegal arrecadar ou gastar recursos sem a abertura da conta bancária, o que pode ensejar a caracterização de abuso do poder econômico.

Os arquivos digitais são verificados e os pedidos de registro estão vinculados ao DRAP. Assim, o DRAP é o documento principal, pois não estando regularizado anula os pedidos registrais dos candidatos.

Cumpre salientar que os valores máximos de gastos nas campanhas eleitorais são informados no DRAP, podendo a Justiça Eleitoral determinar diligências para que no prazo de 72 (*setenta e duas*) horas sejam complementados elementos essenciais ao deferimento das candidaturas (*art. 11, § 3º, da Lei nº 9.504/1997*).

As intimações e notificações devem ser céleres, sendo utilizado o edital eletrônico e *fac-símile* ou formas mais urgentes.

A Lei nº 9.800, de 26 de maio de 1999, permite a utilização de sistema de transmissão de dados para a prática de atos processuais, sendo o tema disciplinado em resolução específica do TSE, inclusive, v.g., na Resolução TSE nº 23.455/15, art. 38.

13.8. REQUERIMENTO INDIVIDUAL DE CANDIDATURA

É o próprio postulante que apresenta a sua documentação. Não é o partido político. Trata-se da supressão de uma omissão por parte da agremiação partidária.

O pré-candidato foi escolhido na convenção partidária, mas o partido político deixou de apresentar o RRC no prazo legal com o nome e os documentos do interessado. Esse tipo de requerimento é subsidiário. Trata-se do formulário do RRCI (*requerimento de registro de candidatura individual*).

A redação do § 4º do art. 11 da Lei nº 9.504/1997 manteve o prazo de 48 horas para a apresentação, pelos próprios candidatos interessados, do requerimento individual de candidatura.

No entanto, o prazo conta-se da publicação da lista dos candidatos pela Justiça Eleitoral, seja por edital ou afixação da lista nas zonas eleitorais, o que amplia, na prática, o prazo final de apresentação dos candidatos que foram omitidos na relação entregue pelo partido político.

13.9. CERTIDÃO DE QUITAÇÃO ELEITORAL

A importância da certidão de quitação eleitoral no momento da formalização dos pedidos de registros de candidatos é ressaltada no § 7º do art. 11 da Lei nº 9.504/1997, mas o § 10 ressalva situações **supervenientes ao registro** que possam afastar causas de inelegibilidade verificadas em um primeiro momento.

É importante ressaltar que a certidão de quitação eleitoral trata dos seguintes temas:

a) **o pleno gozo dos direitos políticos**, sendo que a Constituição Federal, no art. 14, § 3º, II, trata do *"pleno exercício dos direitos políticos"*, que é uma condição de elegibilidade. Assim, a expressão *"pleno gozo dos direitos políticos"* pode abranger as inelegibilidades, como por exemplo, o analfabeto, na condição de inelegível, não estará na plenitude dos direitos políticos, visto que não poderá ser votado;

b) **o regular exercício do voto**, considerando que os direitos políticos compreendem duas vertentes, votar (*capacidade ativa*) e ser votado (*capacidade passiva*). Assim, o legislador exige que o candidato só possa ser registrado se estiver quite com a votação;

c) **o atendimento às convocações da Justiça Eleitoral para auxiliar os trabalhos relativos ao pleito**; como exemplo, temos o serviço dos mesários, membros das juntas eleitorais e servidores em geral, mas, obviamente, os casos de descumprimento dessas convocações são julgados pelos juízes eleitorais e devidamente anotados nos registros da Justiça Eleitoral;

d) **a inexistência de multas aplicadas, em caráter definitivo, pela Justiça Eleitoral e não remitidas**. Neste caso, o legislador só considerou que a multa devidamente aplicada tenha efetivamente transitado em julgado, o que permite, por outra argumentação, que os recursos eleitorais tenham efeito suspensivo. Outrossim, se for quitada ou parcelada a multa, afasta-se a restrição imposta e ainda se a mesma for remitida (*anistiada ou perdoada*). Todavia, o inc. II do § 8º está excluindo a responsabilidade solidária no pagamento das multas.

Diz o verbete sumular **nº 50** do TSE: *"O pagamento da multa eleitoral pelo candidato ou a comprovação do cumprimento regular de seu parcelamento após* *o pedido de registro, mas antes do julgamento respectivo, afasta a ausência de quitação eleitoral".*

e) apresentação de contas de campanha eleitoral.

O postulante ao mandato eletivo deve cumprir suas obrigações eleitorais, especialmente quando tenha parcipado de eleições anteriores. A ausência da prestação de contas é causa de indeferimento de uma futura candidatura.

No entanto, segundo dispõe o verbete sumular **nº 51** do TSE: *"O processo de registro de candidatura não é o meio adequado para se afastarem os eventuais vícios apurados no processo de prestação de contas de campanha ou partidárias".*

Como se nota, a decisão no procedimento de prestação de contas relativo às eleições pretéritas, não poderá ser novamente reexaminada na ação registral, pois protegida pela coisa julgada.

Todavia, o prazo da ausência dessa condição de elegibilidade corresponde ao tempo do mandato eletivo que concorreu o candidato.

Por exemplo: se Bonifácio postulou a candatura de vereador e não apresentou contas no momento exigido pela lei eleitoral, ficará sem condição de elegibilidade por 4 (quatro) anos, ou seja, pelo tempo do mandato ao qual concorreu, nos termos do verbete sumular **nº 42** do TSE, *in verbis*: *"A decisão que julga não prestadas as contas de campanha impede o candidato de obter a certidão de quitação eleitoral durante o curso do mandato ao qual concorreu, persistindo esses efeitos, após esse período, até a efetiva apresentação das contas".*

A ausência de condição de elegibilidade se protrai no tempo enquanto não cumprida a antiga obrigação de apresentação das contas. Nesse caso o interessado poderá suprir essa questão impeditiva ao seus direitos políticos passivos, utilizando o procedimento de regularização que exemplificadamente consta do § 2º do art. 73 da Resolução TSE nº 23.463/2015 (*resolução temporária que disciplinou a arrecadação e gastos de recurso nas eleições de 2016*).

A quitação eleitoral é uma condição de elegibilidade e está interligada ao texto constitucional, art. 14, § 3º, inc. II, da Lei Maior: *"o pleno exercício dos direitos políticos".*

13.10. CANDIDATURA *SUB JUDICE*

O art. 16-A da Lei nº 9.504/1997 (*alterado pela Lei nº 12.034/2009*) assim disciplina:

> Art. 16-A. O candidato cujo registro esteja *sub judice* poderá efetuar todos os atos relativos à campanha eleitoral, inclusive utilizar o horário eleitoral gratuito no rádio e na televisão e ter seu nome mantido na urna eletrônica enquanto estiver sob essa condição, ficando a validade dos votos a ele atribuídos

REGISTRO DE CANDIDATURA   CAPÍTULO 13

> condicionada ao deferimento de seu registro por instância superior.
>
> Parágrafo único. O cômputo, para o respectivo partido ou coligação, dos votos atribuídos ao candidato cujo registro esteja *sub judice* no dia da eleição fica condicionado ao deferimento do registro do candidato.

Como se nota, o candidato considerado *sub judice* é aquele que teve o requerimento de registro de sua candidatura indeferido pela Justiça Eleitoral, mas que poderá continuar na campanha, por seu próprio risco, observadas algumas condições.

Cumpre ao partido substituir os candidatos *sub judice* dentro dos prazos legais (*art. 13, § 3º, da Lei das Eleições*), considerando ainda que a responsabilidade na escolha dos pré-candidatos antes dos eleitores é exclusiva dos mesmos, cujas doutrinas e diretrizes programáticas não os afastam da higidez na seleção dentre os elegíveis e inelegíveis.

A nulidade do voto sufragado ao partido político do candidato *sub judice* no dia da eleição é uma forma de exigir que o regime democrático seja respeitado dentro dos critérios de regular escolha e substituição dos candidatos.

Observamos ainda, o disposto no parágrafo único, parte final, do art. 219 do Código Eleitoral, quando dispõe: "*A declaração de nulidade não poderá ser requerida pela parte que lhe deu causa **nem a ela aproveitar**" (grifos nossos*).

Desta forma, é evidente que o partido político não poderá se aproveitar de um ato eivado de nulidade cuja declaração é da própria Justiça Eleitoral em razão do exame da falta absoluta de higidez de determinada candidatura, por exemplo, de um cidadão inelegível.

Não se pode aceitar o argumento de que o eleitor emite dois votos sem interligação.

Tem-se, então, um voto para a legenda e outro para o candidato, não devendo prevalecer o voto partidário, quando o voto na própria candidatura é nulo, art. 175, § 3º, do Código Eleitoral. Se o eleitor podia votar apenas na legenda, mas preferiu votar de forma completa, também se anula de forma absoluta o voto pela regra da contaminação dos atos.

A escolha do candidato é bifásica. Nas convenções surgem os pré-candidatos e com a solicitação do registro, os candidatos, até mesmo os que estejam *sub judice* (*art. 16-A*).

O Supremo Tribunal Federal determinou o arquivamento da Arguição de Descumprimento de Preceito Fundamental (*ADPF 239*), que tratava da inconstitucionalidade do art. 16-A, considerando o futuro julgamento de outras duas ações (*ADIs 4.513 e 4.542*), que discutem o mesmo tema.

477

Registre-se, que a posição do Egrégio TSE é no sentido de **não se contarem os votos para a legenda** (*TSE. AgR-MS – Agravo Regimental em Mandado de Segurança nº 403463 – Macapá/AP. Acórdão de 15/12/2010*). **E ainda:** "(...) *Não são computados para partido ou coligação os votos atribuídos a candidato com registro indeferido (art. 16-A, parágrafo único, da Lei nº 9.504/1997)*" (*TSE AgR-RMS – Agravo Regimental em Recurso em Mandado de Segurança nº 273.427 – Boa Vista/RR*).

No entanto, o art. 26-A da Lei Complementar nº 64/1990, assim dispõe:

> Art. 26-A. Afastada pelo órgão competente a inelegibilidade prevista nesta Lei Complementar, aplicar-se-á, quanto ao registro de candidatura, o disposto na lei que estabelece normas para as eleições.

13.11. CANDIDATO *SUB JUDICE*. ART. 16-A DAS ELEIÇÕES. ATOS DE CAMPANHA. LIMITAÇÃO TEMPORAL

O art. 16-A da Lei nº 9.504/97 permite ao candidato que tenha o seu pedido de registro de candidatura indeferido que efetue "todos os atos relativos à campanha eleitoral", ou seja, realizar ações de propaganda eleitoral pelos meios de comunicação social.

Na hipótese de candidatura aos mandatos eletivos municipais, o candidato *sub judice* poderá recorrer da decisão do juiz eleitoral com competência registral ao Tribunal Regional Eleitoral e, do acórdão colegiado, ao Tribunal Superior Eleitoral. Se a candidatura é estadual ou federal, e.g., de Deputado Estadual, o recurso contra a decisão do Tribunal Regional Eleitoral será apreciado pelo Tribunal Superior Eleitoral.

Todavia, se a eleição for para o mandato de Presidente ou Vice-Presidente da República, o requerimento registral ocorre no âmbito exclusivo da competência do Tribunal Superior Eleitoral. Nesse caso, o limite temporal da situação excepcional da candidatura *sub judice* se esgota com o fim da possibilidade recursal inserida no próprio TSE.

O art. 16-A da Lei das Eleições deve ser interpretado de forma sistêmica com o § 3º do art. 224 e com o art. 257, ambos do Código Eleitoral, ou seja, o trânsito em julgado para os fins de permissibilidade temporal da candidatura *sub judice* exaure-se na exclusiva competência constitucional do Egrégio TSE, considerando o princípio da irrecorribilidade previsto no art. 121, § 3º, da *Lex Mater*, bem como a regra de que os recursos que tratam de matéria eleitoral não possuem efeito suspensivo.

O procedimento registral de candidaturas, especialmente quando trata dos candidatos a Presidente e Vice-Presidente da República, está em conformidade com o sistema dos princípios da celeridade e da segurança jurídica relativa à

REGISTRO DE CANDIDATURA   CAPÍTULO 13

fidedignidade dos dados pessoais inseminados nas respectivas urnas eletrônicas assegurando a universalidade do sufrágio e a higidez da soberania popular exteriorizada pela capacidade eleitoral ativa e passiva.

A postergação da qualidade de candidatura *sub judice* para uma análise final pelo Supremo Tribunal Federal contribui para uma votação ilegítima em candidatos inelegíveis fomentando a anulação da votação e a realização de novas eleições nacionais em razão do disposto nos arts. 175, § 3º, e 224 do Código Eleitoral afetando o sistema majoritário de elegibilidade.

O recurso extraordinário pressupõe sempre a ofensa à Carta Magna, nos termos do art. 102, III, "a", e que seja revestida de efetiva repercussão geral, ou seja, com relevância nacional, art. 1.035 do Código de Processo Civil. Assim, a repercussão geral é um filtro para a admissão do recurso extraordinário, quando deverá o recorrente demonstrar o abalo à dimensão política-eleitoral de sua candidatura.

A questão temporal entre a admissão do recurso extraordinário e a decisão final do Tribunal Superior Eleitoral em razão do calendário eleitoral, que compreende o momento de análise do requerimento de registro de candidatura e o dia exato da eleição, afasta a possibilidade da indefinida moldura legal da candidatura *sub judice* consubstanciada no art. 16-A da Lei das Eleições.

Dessa forma, a correta exegese se subsume na interpretação limitativa da candidatura *sub judice* no âmbito do próprio Tribunal Superior Eleitoral.

Sobressai que a ação preordenada de se iniciar um processo de requerimento de registro de candidatura, quando o postulante escolhido já se encontra numa NULIDADE ORIGINÁRIA, uma vez que é resoluta a causa de inelegibilidade, produz inafastável afetação de forma altamente lesiva à integridade dos procedimentos de registro, propaganda, votação, apuração e diplomação, bem como representa patente LESÃO AO PATRIMÔNIO PÚBLICO, uma vez que, enquanto pendente de análise referido registro, pela Justiça Eleitoral, poderá ilegalmente utilizar-se de dinheiro do Fundo Especial de Financiamento das Campanhas (FEFC), ou seja, dinheiro público, para gastos em uma campanha sabidamente ilegal.

Como já salientado, o art. 51 da Resolução TSE nº 23.548/2017, disciplina que o pedido de registro será INDEFERIDO quando o candidato for INELEGÍVEL, registre-se:

> **Art. 51. Ainda que não tenha havido impugnação, o pedido de registro deve ser indeferido quando o candidato for inelegível ou não atender a qualquer das condições de elegibilidade.**

É evidente que um candidato inelegível, sem condição de elegibilidade, mesmo que *sub judice* (art. 16-A da Lei nº 9.504/97), não deve receber o dinheiro público do FEFC.

479

Os recursos do FEFC, segundo previsão do § 11º do art. 16-C da Lei nº 9.504/97 (incluído pela Lei nº 13.487, de 2017), quando não utilizados, deverão ser devolvidos ao Tesouro Nacional, integralmente, por Guia de Recolhimento da União (GRU), quando da prestação de contas de campanhas eleitorais, sob pena de possível caracterização do crime de apropriação indébita eleitoral, previsto no art. 354-A do Código Eleitoral (recentemente incluído pelo art. 3º da Lei nº 14.488, de 2017). Nesse prisma ainda o art. 19, § 2º, da Resolução TSE nº 23.553/2017.

A inelegibilidade é causa de NULIFICAÇÃO das eleições em razão do que disciplinam os arts. 175, § 3º, e 224 e parágrafos do Código Eleitoral.

Nessa linha, inquestionável a lesão à dignidade do ELEITOR e CIDADÃO, que fica patente na aplicação do que disciplina a Resolução TSE nº 23.553/2017, *in verbis*:

CAPÍTULO II

DOS REPROCESSAMENTOS E DAS NOVAS ELEIÇÕES

Art. 246. Nas eleições para Presidente da República, havendo decisão do Tribunal Superior Eleitoral, e nas eleições para Governador, decisão do tribunal regional eleitoral ou do TSE indeferindo pedidos de registro de candidatos cujos votos recebidos alcançarem mais de 50% (cinquenta por cento) dos votos válidos da circunscrição, deverão ser convocadas novas eleições imediatamente (**Código Eleitoral, art. 224, *caput***).

§ 1º O disposto no *caput* também se aplica à decisão da Justiça Eleitoral que importe o indeferimento do registro, a cassação do diploma ou a perda do mandato de candidato eleito em pleito majoritário, independentemente do número de votos anulados (**Código Eleitoral, art. 224, § 3º**).

§ 2º Para fins de aplicação deste artigo, a votação válida deve ser aferida levando-se em consideração os votos dados a todos os candidatos participantes do pleito, excluindo-se somente os votos em branco e os nulos decorrentes de manifestação apolítica ou erro do eleitor.

§ 3º As novas eleições previstas neste artigo correrão às expensas da Justiça Eleitoral e serão (**Código Eleitoral, art. 224, § 4º**):

I – indiretas, se a vacância do cargo ocorrer a menos de 6 (seis) meses do final do mandato;

II – diretas, nos demais casos.

Art. 247. Havendo alteração na situação jurídica do partido político, da coligação ou do candidato que acarrete alteração de resultado, será obrigatoriamente realizada nova totalização dos votos, observado, no que couber, o disposto nesta resolução, inclusive quanto à realização de novas eleições.

> Parágrafo único. Se o reprocessamento do resultado for realizado após a diplomação, o tribunal eleitoral adotará providências, expedindo novos diplomas e cancelando os anteriores, se houver alteração dos eleitos.

Vê-se de forma resoluta que nas candidaturas majoritárias NOVAS ELEIÇÕES PODEM SER CONVOCADAS IMEDIATAMENTE, causando EFETIVO PREJUÍZO AO PATRIMÔNIO PÚBLICO, bem como à lisura e à moralidade do pleito, além de ofensa à dignidade dos eleitores que votaram no candidato ilegalmente escolhido, bem como a todo o universo dos que nele não sufragaram, ou seja, a lesão é **macrodemocrática e de proporções que transbordam aspectos puramente jurígenos**.

Todo esse panorama de incertezas geradas e protraídas no tempo pelo réu são fatores sensivelmente angustiantes ao bem-estar da cidadania plena, ferindo de morte a natureza do real significado do princípio da soberania popular (art. 14 da Carta Magna).

Leva-se em conta a dignidade da pessoa objetivamente, dentro da sociedade em que vive, considerando que a expectativa negativa de uma eventual nulidade de um pleito que envolve o aparelhamento da Justiça Eleitoral, é medida que atinge a cada cidadão individualmente, independentemente de eventual DANO MORAL COLETIVO.

Por fim, o Egrégio Tribunal Superior Eleitoral tratou de formalizar um "Acordo de Cooperação Técnica nº 11/2018", com a Advocacia-Geral da União, objetivando o ressarcimento de valores despendidos com a realização de eleições suplementares.

Vê-se, portanto, a possibilidade de ajuizamento de ações judiciais em busca do ressarcimento do erário federal.

Destaca-se no Egrégio TSE, a seguinte decisão:

> "[...] Desde o julgamento do ED-REspe nº 139-25, o Tribunal Superior Eleitoral conferiu alcance mais limitado à expressão "registro *sub judice*" para fins de aplicação do art. 16-A da Lei nº 9.504/97, fixando o entendimento de que a decisão colegiada do TSE que indefere o registro de candidatura já afasta o candidato da campanha eleitoral. [...]
>
> 11. Impugnações julgadas procedentes. Reconhecimento da incidência da causa de inelegibilidade noticiada. Registro de candidatura indeferido. Pedido de tutela de evidência julgado prejudicado.
>
> 12. Tendo esta instância superior indeferido o registro do candidato, afasta-se a incidência do art. 16-A da Lei nº 9.504/97. Por consequência, (i) faculta-se à coligação substituir o candidato, no prazo de 10 (dez) dias; (ii) veda-se a prática de atos de campanha, em

especial a veiculação de propaganda eleitoral relativa à campanha eleitoral presidencial no rádio e na televisão, até que se proceda à substituição; e (iii) determina-se a retirada do nome do candidato da programação da urna eletrônica" (Registro de Candidatura TSE nº (11.532). Brasília. Rel. Min. Luís Roberto Barroso).

Ressalta-se a importância constitucional do princípio da irrecorribilidade das decisões do Tribunal Superior Eleitoral.

Esse princípio, como já visto alhures, se encontra atualmente abrigado no § 3º do art. 121 da Constituição da República Federativa do Brasil, com a seguinte redação:

> "São irrecorríveis as decisões do Tribunal Superior Eleitoral, salvo as que contrariarem esta Constituição e as denegatórias de *habeas corpus* ou mandado de segurança".

> Ensina Pinto Ferreira que: "A regra dominante é a irrecorribilidade das decisões do Tribunal Superior Eleitoral. Contudo a Constituição Federal estabelece um *numerus clausulus* rigoroso do cabimento de recursos contra decisões do TSE [...]" (*Código Eleitoral Comentado*, Rio de Janeiro, Editora Rio, 1976, p. 317).

A irrecorribilidade já estava disciplinada infraconstitucionalmente no parágrafo único do art. 22 da Lei nº 4.737, de 15 de julho de 1965, *in verbis*:

> Art. 22. Compete ao Tribunal Superior Eleitoral:
>
> [...]
>
> Parágrafo único. As decisões do Tribunal Superior Eleitoral são irrecorríveis, salvo nos caso do art. 281.

Por outra, no Decreto nº 21.076, de 24 de fevereiro de 1932 (Primeiro Código Eleitoral brasileiro), o art. 15 assim versava:

> Art. 15. As decisões do Tribunal Superior, nas matérias de sua competência, põem termo aos processos.

Em seguida, a Lei nº 48, de 4 de maio de 1935, modificou o Código Eleitoral e assim disse no art. 14:

> Artigo 14. As decisões do Tribunal Superior são irrecorríveis [...]

A Lei nº 1.164, de 24 de julho de 1950 (Código Eleitoral), em seu art.11, parágrafo único, também tratou do princípio da irrecorribilidade das decisões do Tribunal Superior Eleitoral.

Como se nota, as decisões do Tribunal Superior Eleitoral são definitivas e possuem execução imediata em harmonia com o princípio da celeridade

REGISTRO DE CANDIDATURA

CAPÍTULO 13

eleitoral, especialmente quando julga o pedido de registro de candidaturas para Presidente e Vice-Presidente da República.

Ressalta-se decisão do TSE no Agravo de Instrumento nº 250.029-1, Informativo nº 15, de 12/09/1999, na relatoria do Ex.mo Ministro Celso de Mello, que dignifica o princípio da irrecorribilidade, *in expressi verbis*:

> [...] É por essa razão que a Carta Política, após delinear os aspectos fundamentais da organização judiciária eleitoral, proclama a irrecorribilidade das decisões do Tribunal Superior Eleitoral, as quais somente estarão sujeitas ao controle recursal do Supremo Tribunal Federal, nos termos do art. 121, § 3º, da Lei Magna, (a) quando contrariarem a Constituição (recurso extraordinário) ou (b) quando denegarem, em sede originária, os *writs* de *habeas corpus* ou de mandado de segurança (recurso ordinário). Vê-se, pois, que, em princípio, as decisões do Tribunal Superior Eleitoral são irrecorríveis.
>
> A recorribilidade dos pronunciamentos jurisdicionais emanados desse órgão de cúpula da Justiça Eleitoral, por isso mesmo, reveste-se de caráter excepcional, só se justificando nas hipóteses taxativamente autorizadas pelo texto constitucional. A norma inscrita no art. 121, § 3º, da Constituição que guarda correspondência, em seus elementos essenciais, com as regras constantes das Constituições de 1934 (art. 83, § 1º), de 1946 (art. 120), de 1967 (art. 132) e de 1969 (art. 139), encontra a sua razão de ser na posição institucional de absoluta eminência que ostenta o Tribunal Superior Eleitoral, no plano da organização da Justiça Eleitoral. Bem por isso, e tendo presente essa realidade jurídico institucional que qualifica a posição orgânica do TSE no contexto do sistema judicial brasileiro, veio a jurisprudência do Supremo Tribunal Federal a acentuar que a cláusula constitucional em questão. [...] *é de interpretação estrita, em face da autonomia conferida a uma jurisdição política de competência especialíssima, como seja, a da Justiça Eleitoral* (*RTJ* 40/156, Rel. Min. Prado Kelly).

13.12. SUBSTITUIÇÃO DO CANDIDATO

O art. 13 da Lei nº 9.504/1997 foi alterado em seu § 1º pela Lei nº 12.034/2009, especialmente quanto ao tempo de contagem do prazo de 10 (*dez*) dias para requerimento do registro do substituto.

O prazo não é mais contado da "**decisão judicial que deu origem a substituição**", mas sim da "**notificação do partido da decisão que deu origem à substituição**".

Com a alteração, o legislador procurou afastar dúvidas sobre a ciência inequívoca do partido político, possibilitando uma maior amplitude de tempo para que o sistema de auto-organização partidário apresente o substituto na forma legal.

483

Verifica-se ainda que segundo o disposto no art. 16, § 2º, da Lei nº 9.504/1997 (*redação atribuída pela Lei nº 12.034/2009*), os julgamentos dos registros de candidaturas terão absoluta prioridade em razão da aplicação do princípio da celeridade que é inerente ao cumprimento dos prazos eleitorais.

Outrossim, o art. 96-A da Lei nº 9.504/1997 (*redação dada pela Lei nº 12.034/2009*) prevê a utilização de *fac-símile* para fins de intimação da Justiça Eleitoral aos candidatos.

Deve-se adotar idêntico meio de intimação para os representantes dos partidos políticos com a finalidade de dar cumprimento ao § 1º do art. 13 da Lei das Eleições.

A Lei nº 12.891/2013 alterou a redação do § 3º do art. 13 da Lei nº 9.504/1997 uniformizando o prazo limite de substituição de candidatos aos mandatos eletivos majoritários e proporcionais, ou seja, só se efetivará a substituição "(...) *se o pedido for apresentado até 20 (vinte) dias antes do pleito, exceto na caso de falecimento de candidato, quando a substituição poderá ser efetivada após esse prazo*".

Pela normatividade anterior à Lei nº 12.891/2013, nas eleições majoritárias, a substituição dos candidatos poderia ser requerida até 24 (vinte e quatro) horas antes da eleição, apenas observando-se o prazo de 10 (dez) dias contados do fato ou da decisão judicial que deu origem à substituição.

Quando as eleições fossem proporcionais, a substituição só se efetivaria se o novo pedido, com a observância de todas as formalidades exigidas para o registro, fosse apresentado até dez dias contados do fato ou da decisão judicial que deu origem à substituição, observado o limite legal de 60 (*sessenta*) dias antes do pleito.

Mister se faz ressaltar que na substituição dos candidatos nas eleições proporcionais se deve respeitar os limites do percentual de cada sexo nos termos legais (*art. 10, § 5º, da Lei das Eleições*).

Tenha-se presente que o partido político terá o prazo máximo de 10(dez) dias contados do fato ou da notificação judicial que enseja a possibilidade de substituição para escolher o candidato substituto, sob pena de preclusão, art. 13, § 1º, da Lei das Eleições.

Ocorrendo a renúncia de um candidato se exige que seja expressa e reconhecida a assinatura por tabelião, não se permitindo que o renunciante possa voltar a concorrer ao mesmo mandato eletivo. Não se aceita arrependimento do ato voluntário de renúncia no intuito de imprimir celeridade ao procedimento registral.

Por fim, a única exceção referente à regra de substituição, após o prazo de 20 (vinte) dias, é o **óbito do candidato**, quando é possível a apresentação do substituto legal.

A este respeito, o **art. 67 da Resolução nº 23.455/2015 do Egrégio Tribunal Superior Eleitoral**, que trata do registro de candidatos para as eleições

REGISTRO DE CANDIDATURA																																CAPÍTULO 13

municipais de 2016, disciplinou a possibilidade de substituição do candidato, quando for: a) **expulso**, b) **inelegível**; c) **renunciar**; ou d) **falecer**.

A ausência de condição de elegibilidade e as hipóteses de perda ou suspensão dos direitos políticos também são causas que ensejam o indeferimento do requerimento de registro da candidatura e, portanto, permitem a substituição do candidato pelo partido político ou coligação.

Cumpre observar o prazo legal para a efetivação da substituição nas eleições majoritárias ou proporcionais em razão da regra do § 3º do art. 67 da mencionada resolução eleitoral, ou seja, a "(...) *apresentação até vinte dias do pleito, exceto no caso de falecimento de candidato, quando a substituição poderá ser efetivada após esse prazo, observado em qualquer hipótese o previsto no § 1º (Lei nº 9.504/1997, art. 13, § 3º)*" (**grifos nossos**).

E como visto, o § 3º do art. 13 da Lei nº 9.504/1997 foi alterado pela Lei nº 12.891/2013, e o § 1º, pela Lei nº 12.034/2009, assim, a apresentação do pedido de registro do substituto deve ser no máximo até 20 (*vinte*) dias antes da data da eleição, observando-se o prazo de 10 (*dez*) dias contados do fato ou da decisão judicial que ensejou ou "(...) *deu origem à substituição*", conforme versa o § 1º do art. 13 da Lei das Eleições.

13.13. MOMENTO DE VERIFICAÇÃO DA CAUSA DE INELE-GIBILIDADE OU DA AUSÊNCIA DE CONDIÇÕES DE ELEGI-BILIDADE. REGISTRO DA CANDIDATURA

O § 10 do art. 11 da Lei nº 9.504/1997 consagra que as hipóteses constitucionais e infraconstitucionais das condições de elegibilidade, bem como das causas de inelegibilidades, devem ser verificadas no momento da formalização do pedido de registro de candidatos.

Não resta dúvida de que, nesse momento, é feita uma filtragem pela Justiça Eleitoral na análise da aptidão para o deferimento do registro das candidaturas, mas não se pode olvidar que o efetivo indeferimento ou negativa do registro só ocorre com o trânsito em julgado da decisão, ou sendo a mesma proferida por órgão colegiado, conforme previsão no art. 15 da Lei Complementar nº 64/1990. Nessa linha de entendimento, permite-se ao candidato *sub judice*, que ele possa participar da campanha eleitoral e ter o seu nome inseminado na urna eletrônica.

Nesse rumo, o legislador da minirreforma eleitoral de 2009 (Lei nº 12.034/2009), ao incluir o § 10 no art. 11, ressalvou que as condições de elegibilidade não se sujeitam a arguições posteriores de alterações fáticas e jurídicas que possam autorizar de forma superveniente o deferimento do registro de candidatos, pois, caso contrário, estar-se-ia atribuindo um efeito suspensivo à maioria das decisões sobre indeferimento de registro de candidaturas e postergando-se a análise da questão.

Por outro lado, ficaria ao critério do candidato a melhor oportunidade de comprovar que possui as condições constitucionais e infraconstitucionais de elegibilidade, transferindo-se para instâncias superiores da Justiça Eleitoral múltiplas hipóteses de requerimentos de registros de candidaturas, quando um dos princípios básicos do Direito Eleitoral é o da celeridade que engloba a preclusão temporal. Destaca-se, ainda, o art. 97-A da Lei das Eleições, que impõe a estrita observância da duração razoável dos processos que possam resultar na perda do mandato eletivo.

Por exemplo, se o candidato deixou de pagar a multa ou parcelar o seu valor até o dia 15 de agosto do ano da eleição (*último dia para requerer o registro, art. 11 da Lei das Eleições*), poderia quitá-la a qualquer momento, antes das eleições ou até a diplomação, afastando com o pagamento e a devida comprovação nos autos do processo de registro a causa de ausência de condição de elegibilidade, o que, sem dúvida, acarretaria uma quebra do sistema registral de candidaturas que se molda pelo princípio da igualdade de todos os participantes no pleito eleitoral.

Deveras, todas as causas de inelegibilidade e as hipóteses de ausência de condição de elegibilidade devem ser verificadas no pedido de registro de candidatura, mas o § 10 do art. 11 da Lei das Eleições (*Lei nº 9.504/1997*) autoriza que sejam apreciados pela Justiça Eleitoral casos específicos, quando de forma superveniente das análises dos registros emergem alterações fáticas ou jurídicas. "(...) *Segundo a jurisprudência do TSE, a quitação eleitoral é condição de elegibilidade, razão pela qual não se enquadra na ressalva prevista no art. 11, § 10, da Lei nº 9.504/1997, que se refere exclusivamente às causas de inelegibilidade* (...) (*Recurso especial não provido. Recurso Especial Eleitoral nº 3.631-71/SP. Rel. orig. Min. Marco Aurélio. Redatora para o acórdão: Min.ª Nancy Andrighi. DJE de 25/9/2012*).

Todavia, a jurisprudência acabou sendo modificada para permitir beneficiar uma determinada candidatura, seja em razão da alteração superveniente por não incidência da causa de inelegibilidade ou pela supressão da ausência de condição de elegibilidade.

Em outras palavras: com a edição do verbete sumular **nº 43** do Colendo TSE, emerge a possibilidade de o candidato preencher uma condição de elegibilidade em momento posterior ao da formalização do requerimento do registro de sua candidatura.

Destaca-se: "*As alterações fáticas ou jurídicas supervenientes ao registro que beneficiem o candidato, nos termos da parte final do art. 11, § 10, da Lei nº 9.504/1997, também devem ser admitidas para as condições de elegibilidade*". (*Súmula nº 43 do TSE*).

Acresça-se ao relevante tema o verbete sumular **nº 70** do TSE nos seguintes termos: "*O encerramento do prazo de inelegibilidade antes do dia da eleição*

REGISTRO DE CANDIDATURA CAPÍTULO 13

constitui fato superveniente que afasta a inelegibilidade, nos termos do art. 11, § 10, da Lei nº 9.504/1997".

Quanto ao art. 11, § 10, da Lei nº 9.504/1997, o Egrégio Supremo Tribunal Federal, por douta decisão do Ministro Celso de Mello, indeferiu a medida cautelar requerida na ADIn nº 4.856, considerando que a regra já está sendo aplicada em sucessivas eleições desde 2009, em razão da Lei nº 12.034, de 29/09/2009, afastando-se o *periculum in mora*, bem como por revestir-se o dispositivo legal de correção jurídica e razoabilidade.

A argumentação do partido político requerente é no sentido de que as alterações fáticas e jurídicas, supervenientes ao registro só afastam as causas de inelegibilidade, mas não as condições de elegibilidade, o que gera um sistema de violação ao princípio da isonomia, ou seja, o § 10 do art. 11 da Lei das Eleições estaria contrário ao art. 14 da Carta Magna. O certo seria admitir que após o registro pudessem ser supridas as eventuais ausências de condições de elegibilidade.

Assim, após uma decisão que tenha indeferido o pedido de registro de determinada candidatura, o candidato que tenha interposto recurso poderá comprovar que é resoluta uma alteração de fato e de valor jurídico que lhe seja favorável com aptidão para a modificação do julgado pelo Tribunal Regional Eleitoral ou Tribunal Superior Eleitoral.

Embora o § 10 do art. 11 da Lei nº 9.504/1997 tenha feito menção apenas as causas supervenientes de afastamento da inelegibilidade, cumpre observar que o Egrégio TSE ampliou a ressalva para os casos em que o candidato não possui condição de elegibilidade e conseguiu o afastamento desse obstáculo, ou seja provou que agora tem essa condição de elegibilidade. Nesse sentido disciplina o art. 27, §§ 12 e 13, da Resolução TSE nº 23.455, de 15 de dezembro de 2015 (*Dispõe sobra a escolha e registro dos candidatos nas eleições de 2016*), conforme, ainda, ao enunciado sumular **nº 43** do TSE.

A posição, portanto, atual do Egrégio TSE é no sentido de se permitir o afastamento das causas de inelegibilidade e de ausência de condição de elegibilidade, quando supervenientes ao exame do registro da candidatura.

Tenha-se presente que essa ampliação para a ausência de condições de elegibilidade acaba merecendo certa reflexão, porque, por exemplo, se o candidato está em débito com as multas eleitorais de outras eleições ele não possui quitação eleitoral e seu pedido de candidatura será indeferido, mas hodiernamente surge a possibilidade de quitação postergada dos débitos criando uma evidente insegurança jurídica nas decisões sobre o deferimento ou indeferimento do pedido de registro de candidatura.

Essa verificação sobre a quitação é feita no momento final da formalização do pedido de registro, ou seja, até às 19 horas do dia 15 de agosto do ano de eleição. Até essa data o candidato deve ter essa quitação. Essa deve ser a regra geral.

No entanto, por essa nova interpretação se autoriza o registro desse tipo de candidatura se o devedor quitar ou parcelar a multa, após esse prazo, o que amplia essa possibilidade até antes da eleição.

Como já visto, o enunciado sumular nº 50 do TSE permite o pagamento da multa antes do julgamento respectivo do requerimento de registro de candidatura possibilitando o afastamento da ausência de quitação eleitoral.

Se o candidato for eleito ele certamente cumprirá esse requisito, inclusive para a obtenção do diploma, mas se porventura não for eleito ele terá participado de todo o processo eletivo eleitoral, sendo-lhe permitido reincidir em novas multas eleitorais por propagandas irregulares ou antecipadas e ter a autorização ampla para praticar novos ilícitos que ensejam multas eleitorais, porque sempre será possível afastar essa falta de condição de elegibilidade em momento superveniente ao registro.

A interpretação sobre esse assunto deve ser vinculada, tão somente, às causas de inelegibilidade, ou aprimorada no que tange às hipóteses referentes às condições de elegibilidade, pois estas últimas foram omitidas do texto da Lei nº 9.504/1997, e se traduzem em instituto jurígeno eleitoral diverso das inelegibilidades.

A condição de elegibilidade exige sempre um pródromo momento de formação que antecede ao dia da eleição e se verifica no próprio exame do pedido de formalização da candidatura.

Essa aptidão registral é necessariamente inerente ao postulado da candidatura eletiva. É o caso típico do pagamento das multas eleitorais impostas em eleições pretéritas ou da própria apresentação de contas de campanhas eleitorais (§ 7º do art. 11 da Lei das Eleições).

A quitação deve estar resoluta no momento da formalização de uma candidatura, e não se afigura possível a sua incidência de forma superveniente e postergada ao momento anterior ao dia da eleição, pois nessa dinâmica do calendário eleitoral já se exauriu toda a fase da propaganda política eleitoral.

O afastamento da ausência de condição de elegibilidade não pode ser incondicional para todos os casos que se apresentam. Não se trata de igualar as causas de inelegibilidade com a falta de condição de elegibilidade, porque embora esses institutos jurídicos tenham uma identidade comum, pois afetam a capacidade eleitoral passiva do candidato, o § 3º do art. 14 da Carta Magna enumera as condições de elegibilidade "na forma da lei", impondo-lhes uma simetria de avaliação dentro da previsão do calendário eleitoral, que é exatamente o momento do requerimento do registro de candidatura.

Igualmente, as causas de inelegibilidade são perscrutadas no requerimento de registro de candidatura que ocorre até o dia 15 de agosto do ano de eleição (prazo limite do art. 11 da Lei nº 9.504/1997).

REGISTRO DE CANDIDATURA | CAPÍTULO 13

A candidatura submetida a exame passa pelo crivo bem amplo da Justiça Eleitoral, seja sobre a análise das condições de elegibilidade ou das inelegibilidades e hipóteses de perda ou suspensão dos direitos políticos.

Por fim, a ressalva do § 11 do art. 10 da Lei das Eleições, quanto às hipóteses de inelegibilidade, deve ser analisada com o art. 26-C da Lei Complementar nº 64/1990 e o art. 16-A da Lei nº 9.504/1997.

Nessa seara, é importante verificarmos quais são as causas de inelegibilidade previstas na Constituição e na Lei Complementar nº 64/1990.

Se um pré-candidato tiver a sua candidatura indeferida por uma causa de inelegibilidade, poderá recorrer da decisão e, até o final do prazo previsto para o julgamento do registro das candidaturas, ser-lhe-á possível reverter a decisão de indeferimento do requerimento do registro de candidatura, produzindo provas que possam afastar os motivos e fundamentos que serviram de base para a decisão que o considerou, naquele momento do registro, como inelegível. No entanto, não se pode descurar do prazo previsto no calendário eleitoral para o julgamento final dos registros.

Por exemplo, se o pré-candidato Bonifácio foi considerado inelegível em razão de decisão que desaprovou as suas contas na forma do disposto no art. 1º, inc. I, alínea *g*, da Lei Complementar nº 64/1990 e ingressou com uma ação anulatória antes da impugnação ao registro de sua candidatura, mas não conseguiu a liminar (*atualmente, pela jurisprudência do Colendo Tribunal Superior Eleitoral, não é suficiente propor a ação, mas, sim, obter um provimento cautelar ou liminar que suspenda os efeitos da decisão do Tribunal de Contas*), não poderá ter a candidatura deferida por ser inelegível.

Ressalva-se, no entanto, a possibilidade de o pré-candidato recorrer ao Tribunal objetivando ganhar tempo para lograr êxito na ação anulatória antes do julgamento final previsto no calendário eleitoral do seu registro de candidatura, pois, nesse caso, ele se enquadrará na moldura do § 10, parte final, do art. 11 da Lei nº 9.504/1997, ou seja, por uma alteração jurídica, posterior ao indeferimento do registro de sua candidatura que o teve por inelegível, ele conseguiu, ao final, ter o registro deferido.

A jurisprudência do Colendo TSE consagra que *"A obtenção de liminar ou de tutela antecipada após o pedido de registro da candidatura não suspende a inelegibilidade"* (*Agravos Regimentais no Recurso Especial Eleitoral nº 32.937/PB, Rel. Min. Joaquim Barbosa, em 18/12/2008*).

Assim, a obtenção da tutela que consegue efetivamente afastar a causa de inelegibilidade deverá ser obtida na formalização do pedido de registro.

Cumpre asseverar que as situações fáticas ou jurídicas que sejam supervenientes ao registro e que possam favorecer o pré-candidato no afastamento de sua inelegibilidade não podem ser alegadas fora do processo

489

de registro de candidatura e devem obedecer ao devido processo legal eleitoral, inclusive em âmbito recursal, sofrendo uma interpretação restritiva por ser norma de exceção, sob pena de criar-se, dentro do processo de registro, uma situação imprevisível e sem limites temporais de julgamento, afetando o princípio basilar da celeridade inerente às decisões da Justiça Eleitoral (*art. 16 e §§ 1º e 2º da Lei nº 9.504/1997*).

O limite temporal da arguição poderá ser alcançado até o **dia da eleição**, mas desde que o tema esteja inserido nos recursos do indeferimento do pedido de registro de candidatura. E ainda, o Egrégio TSE possui precedente que só pode ser arguido até **o segundo grau de jurisdição**, não sendo cabível em sede de recurso especial (*Agravo Regimental no Recurso Especial Eleitoral nº 112-28/ GO. Rel.ª Min.ª Nancy Andrighi. DJE de 13/3/2013. Noticiado no Informativo nº 1/2013*).

Outrossim, a alteração fática ou jurídica deve ter uma eficácia desconstitutiva da inelegibilidade, de forma que esta venha a ser desfeita retroativamente, ou seja, a condição de inelegível ao tempo do registro foi descaracterizada por uma decisão posterior.

Revelam-se no Egrégio TSE os seguintes precedentes:

> (...) Na jurisprudência desta Corte, se o candidato, **no instante do pedido de registro, estava amparado por tutela antecipada suspendendo os efeitos de decisão de rejeição de contas, não há falar na inelegibilidade** do art. 1º, I, *g*, da Lei Complementar nº 64/1990, não importando a revogação posterior da tutela acautelatória. Precedentes.
>
> 4. A ressalva prevista no referido § 10 do art. 11 da Lei nº 9.504/1997 – alteração fática ou jurídica superveniente ao pedido de registro de candidatura – **só se aplica para afastar a causa de inelegibilidade, e não para fazê-la incidir**. Precedentes.
>
> 5. Agravos regimentais desprovidos. (*Agravo Regimental no Recurso Especial Eleitoral nº 146-45/GO. Rel. Min. Dias Toffoli. DJE de 13/3/2013. Noticiado no Informativo nº 1/2013*) (grifos nossos).
>
> (...) as causas de inelegibilidade devem ser **aferidas no momento da formalização do pedido de registro de candidatura**, não constituindo alteração fática ou jurídica superveniente o eventual transcurso de prazo de inelegibilidade antes da data da realização das eleições (*REspe nº 165-12/SC, PSESS de 25/9/2012, Rel. Min. Arnaldo Versiani*) (grifos nossos).
>
> (...) Na dicção do art. 11, § 10, da Lei nº 9.504/1997, as alterações fáticas ou jurídicas que afastem a inelegibilidade produzem efeitos no processo de registro de candidatura, ainda que supervenientes ao pedido.

REGISTRO DE CANDIDATURA   CAPÍTULO 13

2. A **obtenção de provimento liminar constitui alteração jurídica** relevante no contexto do processo eleitoral, a despeito de a ação anulatória ter sido ajuizada após a impugnação.

3. Agravo regimental desprovido *(AgR-RO nº 265.464/BA, de 28/10/2010, Rel. Min. Marcelo Ribeiro)* (grifos nossos).

Acresça-se que o Egrégio TSE decidiu na **Consulta nº 38.063**, que se a **inelegibilidade terminar antes da data da eleição** os votos serão computados ao candidato eleito. Adota-se o art. 11, § 10, da Lei nº 9.504/1997.

Pergunta-se: A causa de inelegibilidade poderá ser analisada no Recurso Contra a Expedição do Diploma (*art. 262 do Código Eleitoral*), quando não verificada no requerimento de registro de candidatura?

Com a ampliação das novas causas de inelegibilidade previstas na Lei Complementar nº 64, de 18 de maio de 1990 (*inserções legislativas da Lei Complementar nº 135, de 4 de junho de 2010 – Lei da Ficha Limpa*), a análise dos pedidos de registro de candidatos está a ensejar demasiada cautela na apreciação e deferimento das candidaturas.

No rol das inelegibilidades são verificadas: **a)** a importância das certidões criminais e antecedentes, quando o réu estiver condenado por órgão judicial colegiado, v.g., decisões do Tribunal do Júri, Tribunais de Justiça, Tribunais Regionais Federais e Eleitorais; **b)** as contas desaprovadas por irregularidades insanáveis no exercício de cargos e funções, quando configurem ato doloso de improbidade administrativa; **c)** decisões colegiadas dos Tribunais Regionais Eleitorais e do próprio Tribunal Superior Eleitoral, quando impliquem em cassação do registro ou diploma nos casos das infrações tipificadas na alínea "j" do art. 1º, inc. I, da Lei das Inelegibilidades; **d)** decisões administrativas de diversos órgãos profissionais que tenham excluído do exercício da profissão os candidatos; **e)** os demitidos do serviço público em processo administrativo ou **f)** os doadores, pessoas físicas, condenados por doações ilegais.

A efetiva constatação pela Justiça Eleitoral das inelegibilidades acima apontadas dependerá sobremaneira da inclusão dos dados no sistema da zona eleitoral do eleitor (*candidato*) nos termos do art. 51 da Resolução TSE nº 21.538/2003, pois, se a causa de inelegibilidade não estiver registrada, dificilmente se poderá concluir pelo indeferimento do requerimento de registro de candidatura, exceto se a parte interessada na impugnação apresentar documentos comprobatórios da causa restritiva aos direitos políticos.

O esforço necessário ao aprimoramento do controle das inelegibilidades dependerá da comunicação realizada pelos órgãos da administração, entidades públicas ou privadas, por ofício, à Justiça Eleitoral (*zona eleitoral do eleitor*) para fins de apontamento das restrições legais, bem como de uma investigação dos opositores e do Ministério Público Eleitoral.

Como se nota, diversos setores da Administração Pública e entidades privadas devem estar empenhados no espírito democrático de máxima efetividade do controle das hipóteses de inelegibilidades.

A responsabilidade é de toda a sociedade cujo objetivo é cultivar a evolução do regime democrático na busca da liberdade do sufrágio. Trata-se da prova da verdade material das causas de inelegibilidade.

"A política de hoje não é mais, como ironicamente acentuou Valéry, a arte de impedir que nos envolvamos naquilo que nos diz respeito, porque a gravidade de suas questões impõe, ao homem, a responsabilidade de uma escolha" (*Fernando Whitaker da Cunha, Democracia e Cultura.* 2ª ed. Forense: Rio de Janeiro, 1973, p. 407).

Em certos casos, violando a boa-fé objetiva das relações jurídicas eleitorais, o candidato sabe que é inelegível e deveria se abster de pretensões de acesso ao mandato eletivo, mas agindo numa espécie de reserva mental (*art. 110 do Código Civil*) ou simulação, tem a convicção de que o partido político ignora o seu estado de inelegibilidade e, assim, o poderá filiar e até o escolher em uma pré-candidatura.

E, depois de vencidas as etapas, tornar-se-á um candidato possivelmente *sub judice* (*art. 16-A da Lei nº 9.504/1997*), podendo praticar atos de campanha eleitoral e ter o nome e fotografias inseminadas na urna eletrônica, sendo ainda possível afastar a causa de inelegibilidade.

Dificilmente, o próprio candidato fará a declaração espontânea e de boa-fé de sua inelegibilidade, cumprindo aos opositores e fiscais do processo eleitoral a prova da causa de pedir da inelegibilidade.

Nesse rumo, se a causa de inelegibilidade estiver presente no momento da formalização do requerimento do registro da candidatura (*dia 15 de agosto do ano das eleições, art. 11 da Lei das Eleições*), mas não for efetivamente observada e culminar com o indevido deferimento da candidatura, sendo o candidato eleito, diplomado e apto a exercer o mandato eletivo surgirá uma possibilidade real de ser eleito e diplomado, porque o Recurso Contra a Expedição do Diploma, art. 262 do Código Eleitoral, somente é cabível por inelegibilidade superveniente ou de natureza constitucional ou falta de condição de elegibilidade.

A arguição da inelegibilidade preexistente ao requerimento de registro de candidatura deve ser avaliada na ação de impugnação ao requerimento de registro de candidato ou no processo de pedido de registro, incidindo a **preclusão temporal** (*perda do direito de praticar o ato impugnativo*). Sobre o assunto tratam os arts. 259, 149, 171 e 223 do Código Eleitoral e ainda, o art. 183 do Código de Processo Civil.

REGISTRO DE CANDIDATURA   CAPÍTULO 13

Na jurisprudência do TSE registre-se:

> (...) considerando que o acórdão do Tribunal de Justiça de São Paulo, que confirmou a condenação por improbidade administrativa, foi proferido após as eleições, inviável a arguição da aludida inelegibilidade superveniente em sede de recurso contra expedição de diploma, merecendo reparos, portanto, o acórdão recorrido (*Agravo Regimental no Recurso Especial Eleitoral nº 975-52/SP. Rel.ª Min.ª Luciana Lóssio. Brasília, 3 a 9 de novembro de 2014, Ano XVI, nº 22. Informativo do TSE*).

Desta maneira, **não será possível a arguição de inelegibilidade no Recurso Contra a Expedição do Diploma** e, por via de consequência, a anulação do diploma e decretação da perda do mandato eletivo nos seguintes exemplos.

Exemplos: o candidato pretende ser registrado, mas existe contra o mesmo uma anterior demissão quando ele era funcionário público por processo administrativo sem que a Justiça Eleitoral seja comunicada do teor da decisão, ou ainda, uma decisão administrativa de um órgão profissional que concluiu pela exclusão da profissão.

As hipóteses acima exemplificadas são casos de inelegibilidades preexistentes e infraconstitucionais não admitidas para o cabimento do Recurso Contra a Expedição do Diploma, mas somente para embasar a causa de pedir na ação de impugnação ao requerimento de registro de candidatura ou serem conhecidas de ofício pelo magistrado eleitoral nos termos do verbete sumular nº 45 do TSE.

Assim, no requerimento de registro de candidatura exige-se cuidadosa atenção em relação à verificação dos dados pessoais do candidato no preenchimento do formulário do *RRC*, sendo perfeitamente exigível uma declaração de próprio punho de que o mesmo não foi demitido do serviço público ou excluído da profissão. Nesse ponto, o assunto poderia ser regulamentado por resolução do Egrégio Tribunal Superior Eleitoral.

Ocorrendo a regulamentação e o candidato omitindo deliberadamente a informação que serve ao controle da causa de inelegibilidade, o fato ensejaria dupla punição, a saber: a) a possível incidência do crime do art. 350 do Código Eleitoral (*falsidade ideológica eleitoral*); e b) a possibilidade da arguição na ação de impugnação ao mandato eletivo como "fraude".

É fundamental o respeito **à boa-fé**, tanto nas relações públicas como nas privadas, aliás, o Código Civil no art. 113 assim versa: "*os negócios jurídicos devem ser interpretados conforme a boa-fé* (...)". Trata-se do denominado princípio da eticidade, que espelha a confiança nas relações, os valores e a boa consciência, especialmente se tratando de direitos políticos, democracia, sufrágio e restrições ao acesso dos mandatos eletivos.

493

Não se pode contemplar o *dolus malus*, simulações, as ações astuciosas com o propósito de enganar ou camuflar as inelegibilidades, porque no regime republicano os atributos da cidadania são postulados indeclináveis.

A Lei Complementar nº 64, de 18 de maio de 1990, alterada pela Lei Complementar nº 135, de 4 de junho de 2010 (*Lei da Ficha Limpa*) demanda para a sua efetividade completa, a transparência das informações capazes de gerar a análise correta de sua aplicabilidade no exame do requerimento do registro de candidatura e na própria ação de impugnação (*AIRRC*) contemplando um sistema jurídico unitário de avaliação fidedigna das hipóteses reais de inelegibilidade na preservação da legítima vontade popular.

13.14. QUITAÇÃO ELEITORAL. CONDIÇÃO DE ELEGIBILIDADE

A natureza jurídica da quitação eleitoral enseja o surgimento de duas correntes de pensamento: **a primeira** entende que a quitação eleitoral é uma expressão de natureza ampla, que compreende, numa certa medida, a ausência do pleno exercício dos direitos políticos prevista como condição de elegibilidade no art. 14, § 3º, inc. II, da Constituição da República.

A **segunda** entende que a quitação eleitoral é uma condição de elegibilidade infraconstitucional.

O art. 3º do Código Eleitoral assim dispõe: "*Qualquer cidadão pode pretender investidura em cargo eletivo, respeitadas as condições constitucionais e legais de elegibilidade e incompatibilidade*".

Reexaminado o tema, entendemos que a falta de quitação eleitoral pode ser tipificada como ausência de uma condição de elegibilidade constitucional prevista no art. 14, § 3º, inc. II, da Constituição da República.

Desta forma, o eleitor candidato não estará no pleno exercício de seus direitos políticos, considerando que a expressão "pleno exercício" engloba os atributos da capacidade eleitoral ativa e passiva.

Tem-se, então, que se o candidato pode afastar a ausência de condição de elegibilidade até data anterior ao dia da eleição, pois esse fato é considerado de natureza superveniente em razão da equiparação das inelegibilidades com a falta de condições de elegibilidade (*verbetes sumulares nºs 43 e 70 do TSE*), em simetria interpretativa, se no momento da eleição, não estiver com a multa quitada ou devidamente parcelada, esse fato ensejará o manejo do Recurso Contra a Expedição do Diploma.

Trata-se de inadimplência que perdura em lapso temporal suficiente para caracterizar uma ausência de condição de elegibilidade superveniente. Cada mora da dívida global é suscetível de verificação pela Justiça Eleitoral na tutela efetiva do regime democrático.

REGISTRO DE CANDIDATURA   CAPÍTULO 13

Exemplo: Bonifácio tem o registro deferido por ter quitado as parcelas da multa eleitoral até o mês de agosto, quando o juiz eleitoral examinou definitivamente o seu registro. No entanto, deixou de quitar as parcelas dos meses de setembro e outubro. Portanto, no dia da eleição não estava no pleno exercício dos direitos políticos. Não tinha a condição de elegibilidade.

A hipótese é de ausência de condição de elegibilidade superveniente e constitucional, art. 14, § 3º, inc. II, da Carta Magna, sendo perfeitamente cabível o Recurso Contra a Expedição do Diploma nos moldes do art. 262 do Código Eleitoral.

Quanto ao pagamento da multa para fins de quitação eleitoral, o Egrégio TSE possui precedente no sentido de que:

> Para gerar ausência de quitação eleitoral atinente à condenação a pagamento de multa eleitoral, é necessário o **trânsito em julgado da decisão e que já tenha decorrido o prazo de 30 dias do referido trânsito em julgado sem a satisfação do débito**, conforme dispõem os arts. 367 do Código Eleitoral; 1º e 3º da Res.-TSE nº 19.377/2004; e 26, § 4º, da Res.-TSE nº 23.221/2010. Nesse entendimento, o Tribunal, por maioria, desproveu o agravo regimental. (*Agravo Regimental no Recurso Especial Eleitoral nº 4.597-40/PB, Rel. Min. Arnaldo Versiani, em 05/10/2010 (Inf. 31/2010)*) (grifos nossos).

13.15. PROPOSTA DOS CANDIDATOS MAJORITÁRIOS DO PODER EXECUTIVO

O inc. IX do § 1º do art. 11 da Lei nº 9.504/1997 obriga que, no exame do registro da candidatura, os candidatos aos mandatos eletivos de Prefeitos, Governadores de Estado e Presidente da República apresentem suas propostas ou projetos de campanha, objetivando demonstrar aos eleitores um documento mais solene e eficaz de mudanças na Administração Pública, estando adequado ao princípio da transparência.

O descumprimento total ou parcial da proposta apresentada no curso do mandato eletivo, não é motivo jurídico para a cassação do mandato, considerando, ainda, que não adotamos no Brasil o sistema do *recall*, ou seja, a possibilidade de revogação do mandato pelos eleitores antes do seu término.

As propostas não possuem uma forma sacramental e podem ser livremente apresentadas, obedecendo, apenas, à regulamentação pelo Tribunal Superior Eleitoral.

O objetivo primordial da proposta é permitir o controle pelo cidadão-eleitor da veracidade e possibilidade de cumprimento das metas contidas nesse programa. Assim, é inegável que os debates políticos ficarão mais enriquecidos, inclusive, quanto à elucidação da viabilidade das promessas ofertadas pelos candidatos.

495

Esses documentos que contêm as propostas de campanha poderão servir para um melhor embasamento da análise dos pedidos de resposta, bem como para fins dos crimes contra a honra de natureza eleitoral, especialmente o previsto no art. 323 do Código Eleitoral, que tipifica a divulgação de fatos que são inverídicos em relação a candidatos e que possam exercer influência perante o eleitorado.

Por fim, o legislador não contemplou as propostas dos candidatos aos mandatos do Poder Legislativo (*Senadores, Deputados federais, distritais, estaduais e vereadores*), o que consideramos uma falha, pois é cediço que nas eleições municipais, por exemplo, os candidatos a vereadores, em diversos exemplos, não conhecem os limites de suas competências legislativas, prometendo aos eleitores mudanças que só podem ser concretizadas por leis de outra esfera.

13.16. PUBLICIDADE E TRANSPARÊNCIA NO PROCESSO DE REGISTRO DE CANDIDATURAS

O legislador consagrou, no § 6º do art. 11 da Lei nº 9.504/1997, o que a jurisprudência do Tribunal Superior Eleitoral já tinha consolidado por resoluções temporárias que tratam do tema de registro de candidatos, ou seja, os interessados, inclusive o eleitor poderão ter acesso aos documentos que comprovam, por exemplo, a declaração de bens, a filiação partidária, o domicílio eleitoral e outros, até mesmo sobre a nova previsão legal quanto às propostas defendidas.

O eleitor interessado deverá formular um pedido por escrito à autoridade judiciária eleitoral que avaliará e autorizará o acesso às informações, quando não estiverem protegidas por sigilo em decorrência de outras normas jurídicas.

13.17. CELERIDADE REGISTRAL

A legislação eleitoral exige a adoção da celeridade no tratamento da disciplina registral que deve preservar a dinâmica natural do processo eletivo e a ampla defesa, pois a data reservada pelo calendário eleitoral para a realização do pleito não pode ser postergada no tempo. Todo o esforço humano, social, político, econômico e jurídico estará no rumo da garantia fundamental da democracia com a intangibilidade da votação.

Por exemplo, o art. 16 da Lei nº 9.504/1997 determina: i) a organização para a centralização e divulgação de dados dos candidatos pelo Tribunal Superior Eleitoral em razão de diligências dos Tribunais Regionais Eleitorais; ii) até 20 (*vinte*) dias antes das eleições, os pedidos de registro de candidaturas devem estar julgados pelas instâncias ordinárias e publicadas as decisões (*§ 1º do artigo*

Registro de Candidatura

Capítulo 13

aludido); e iii) o registro de candidatura terá prioridade para julgamento com a realização de sessões extraordinárias, convocação de juízes suplentes *(§ 2º do art. 16 mencionado)*.

Os prazos de tramitação do registro e respectiva impugnação são de natureza peremptória e contínua, correndo em cartório ou secretaria, e não se suspendem aos sábados, domingos e feriados (*art. 16 da Lei Complementar nº 64/1990*), entre 15 de agosto e a data fixada no calendário eleitoral.

O dia 15 de agosto é o último dia para requerer o registro de candidatura, art. 11 da Lei nº 9.504/1997.

O art. 97-A da Lei das Eleições estipula o prazo máximo de 1 (*um*) ano para o julgamento final dos processos que acarretam a perda do mandato eletivo, o que incluiu, e.g., a ação de impugnação ao requerimento de registro de candidatura (*AIRRC*).

13.18. CONSIDERAÇÕES GENÉRICAS SOBRE O REGISTRO DE CANDIDATOS

Como visto, o registro é um ato de natureza jurisdicionalizada, servindo de marco para declarar oficiosamente a condição jurígena de um candidato, que passa a ter uma situação legal dentro da relação eleitoral estabelecida.

É nesse momento que a Justiça Eleitoral deverá estabelecer os seus critérios jurídico-legais de garantia da higidez do regime democrático e da observância aos direitos e deveres políticos diante do poder normativo, na expedição de resoluções e instruções, mediante aplicação da legislação eleitoral e da ordem jurídico-constitucional vigente.

A discussão jurisdicional dessa questão centra-se basicamente no exame do direito de votar e do direito de ser votado – *ius suffragi* e *ius honorum*.

O pleiteante ao cargo eletivo deve sofrer um minudente exame de sua condição jurídica, decorrente de preceitos legais e constitucionais concernentes aos direitos políticos, que são considerados direitos subjetivos públicos diretamente ligados aos princípios de soberania popular para a concretização do regime democrático.

É nessa precípua fase do processo eleitoral (fase pródroma, preparatória), que antecede a votação, apuração e diplomação, que o postulante ao cargo eletivo apresenta seu *standard* de candidato, sujeitando-se ao exame do preenchimento de suas condições de elegibilidade, bem como eventuais hipóteses de incidência em causas de inelegibilidades gerais ou específicas, incompatibilidades, impedimentos, suspensão e perda dos direitos políticos.

13.19. VARIAÇÕES NOMINAIS

O art. 12 da Lei nº 9.504/1997 trata de regras sobre as variações nominais, ou seja, os candidatos indicam no pedido de registro até 3(três) opções de nomes, prenomes e apelidos.

Na grande maioria dos casos os candidatos são reconhecidos pelo eleitor em razão do apelido utilizado.

Sobre esse assunto o TSE editou o verbete sumular **nº 4**, *in verbis*: "*Não havendo preferência entre candidatos que pretendam o registro da mesma variação nominal, defere-se o do que primeiro o tenha requerido*".

13.20. LITISCONSÓRCIO NECESSÁRIO ENTRE O TITULAR E O VICE NA CHAPA UNA E INDIVISÍVEL

Cumpre salientar que o Egrégio TSE possui dois enunciados sumulares sobre esse tema.

Primeiramente, o verbete sumular nº **38** que diz: "*Nas ações que visem à cassação de registro, diploma ou mandato, há litisconsórcio passivo necessário entre o titular e o respectivo vice da chapa majoritária*".

Como se vê, o art. 15 da Lei Complementar nº 64/1990 **se aplica** para a ação de impugnação ao requerimento de registro de candidatura: "(...) *a decisão proferida por órgão colegiado que declarar a inelegibilidade do candidato, ser-lhe-á negado **registro, ou cancelado, se já tiver sido feito, ou declarado nulo o diploma, se já expedido**" (grifos nossos*).

É natural, pois, que ao ser proposta uma ação de impugnação ao requerimento de registro de candidatura contra o Presidente, Governadores e Prefeitos sejam incluídos os respectivos vices. A mesma inclusão deve ser para a candidatura de Senador em relação à figura dos 2 (*dois*) suplentes, também eleitos em chapa única e indivisível.

O caso é de litisconsórcio passivo necessário.

Num segundo momento, o TSE editou verbete sumular **nº 39** que versa: "*Não há formação de litisconsórcio necessário em processos de registro de candidatura*".

Aparentemente poder-se-ia concluir que não se faz necessária a inclusão do vice da chapa majoritária na ação de impugnação ao requerimento registral, pois consagra-se uma exceção.

No entanto, não se afigura a melhor interpretação em razão dos enunciados sumulares, porque a AIRRC também serve para a cassação do registro ou declaração de nulidade do diploma e, portanto, o art. 15 da Lei das Inelegibilidades incide nesse procedimento jurisdicional.

Conclui-se que o verbete sumular **nº 39** do TSE se refere ao procedimento registral, ou seja, ao próprio requerimento de registro de candidatura que enseja uma decisão judicial. No entanto, quando for proposta uma ação de impugnação ao requerimento do registro forma-se o litisconsórcio passivo necessário.

No procedimento de requerimento de registro, a Justiça Eleitoral poderá conhecer de ofício de causas de inelegibilidade preservando-se a ampla defesa e o contraditório, seja em relação ao titular da chapa ou ao vice.

Nesse ponto ressalta-se o verbete sumular **nº 45** do TSE: "*Nos processos de registro de candidatura, o Juiz Eleitoral pode conhecer de ofício da existência de causas de inelegibilidade ou da ausência de condição de elegibilidade, desde que resguardados o contraditório e a ampla defesa*".

13.21. AÇÃO DE IMPUGNAÇÃO AO REQUERIMENTO DE REGISTRO DE CANDIDATURA (*AIRRC*)

É uma ação especial prevista na legislação eleitoral que enseja a aplicação supletiva e subsidiária do Código de Processo Civil *(art. 15 do NCPC)*.

O Tribunal Superior Eleitoral regulamentou a aplicação do novo Código de Processo Civil no âmbito da Justiça Eleitoral pela Resolução nº 23.478/2016.

13.22. BASE LEGAL

Os arts. 3º a 17 da Lei Complementar nº 64, de 18 de maio de 1990 (Lei *das Inelegibilidades*) disciplinam a ação de impugnação ao pedido de registro de candidatos.

Para cada eleição, o Tribunal Superior Eleitoral expede uma resolução referente ao registro de candidatos que forma o arcabouço normativo.

Registrem-se, ainda, os arts. 10 a 16 da Lei nº 9.504, de 30 de setembro de 1997 (*Lei das Eleições*), que tratam do registro de candidatos, e os arts. 82 a 102 do Código Eleitoral.

A ação impugnativa deve ser instruída com a devida representação processual na forma do Código de Processo Civil.

Acresça-se que a petição deve ser formalizada no Processo Judicial Eletrônico (PJe) instituído pela Resolução TSE nº 23.393/2013.

Por outra, a peça de contestação seguirá a mesma formalidade do PJe, sendo apresentada no prazo de 7 (sete) dias, art. 4º da Lei Complementar nº 64/1990.

Infere-se ainda, que as alegações e outras peças processuais seguem o devido PJe, e o Ministério Público, quando atuar como fiscal da ordem jurídica eleitoral, terá o prazo de 2 (dois) dias para apresentar suas alegações finais.

Por fim, a notícia de inelegibilidade pode ser apresentada por qualquer cidadão em cartório ou secretaria (no caso de ausência de representação processual), e posteriormente se providenciará a inserção no PJe.

13.23. FINALIDADE

A finalidade desta ação impugnativa é indeferir o pedido de registro de candidatos que não possuam condições de elegibilidade, sejam inelegíveis (*hipóteses de não desincompatibilização*) ou, ainda, estejam privados definitiva ou temporariamente dos direitos políticos (*perda e suspensão dos direitos políticos – art. 15 da Carta Magna*).[1]

A ação eleitoral tutela a normalidade e legitimidade das eleições, evitando candidaturas ilegais, e.g., falta de filiação partidária, analfabetismo, condenação criminal transitada em julgado, rejeição de contas e abuso de poder econômico e político.[2]

13.24. LEGITIMADOS ATIVOS

O art. 3º da Lei Complementar nº 64, de 18 de maio de 1990, dispõe sobre os legitimados ativos. O rol, segundo a doutrina majoritária, é exaustivo, ou seja, são legitimados o candidato a candidato, o partido político, a coligação (*partido político temporário*) e o Ministério Público.

A legitimidade é concorrente.

Os candidatos e as coligações também são colegitimados para a ação de impugnação ao pedido de registro de candidaturas.

Quanto aos candidatos, cumpre frisar que todos estão disputando a mesma eleição; portanto, podem constituir advogados e propor as devidas ações impugnativas como fiscais natos na proteção dos seus próprios interesses de campanha, objetivando sempre a lisura do processo eleitoral.

---

1 "(TSE). Acórdão nº 20.012, de 19/09/2002. Recurso Especial Eleitoral nº 20.012/RO. Rel. Min. Sepúlveda Pertence. Recurso especial. Registro de candidatura. Condenação criminal com trânsito em julgado. Inelegibilidade. Art. 15, III, da Constituição Federal. Hipótese em que o candidato a Deputado estadual foi condenado por sentença com trânsito em julgado. Patente a sua inelegibilidade em face da autoaplicabilidade do art. 15, III, da Constituição Federal, sendo irrelevante a ausência de decisão constitutiva da Câmara dos Deputados ou do Senado Federal, prevista no art. 55 da Constituição Federal. Recurso não conhecido. Vistos etc., acordam os ministros do Tribunal Superior Eleitoral, por maioria, em não conhecer do recurso, vencidos os ministros relatores, Fernando Neves e Luiz Carlos Madeira, nos termos das notas taquigráficas, que ficam fazendo parte integrante desta decisão. Sala de Sessões do Tribunal Superior Eleitoral. Brasília, 19 de setembro de 2002". O mestre e insigne Professor Joel José Cândido, ao comentar em sua obra O Direito Eleitoral Brasileiro ensina-nos que "o registro dos candidatos se constitui em etapa jurisdicional dentro da fase preparatória do processo eleitoral. Registrados, os candidatos assumem essa condição em caráter oficial, terminando aqui o que politicamente se convencionou chamar de "candidato a candidato". Antes do registro e após as convenções, já se pode falar em candidato, de vez que o partido já definiu com quem quer concorrer, mas a condição de candidato oficial só se adquire com o deferimento do registro" (4ª ed. São Paulo: Edipro, 1994, p. 97).

2 "TSE. Recurso Especial Eleitoral nº 20.132/SP. Rel. Min. Sálvio de Figueiredo Despacho: Decisão Direito Eleitoral. Registro de candidatura. Desistência homologada pelo TRE. Impossibilidade de o candidato postular o preenchimento de vaga remanescente. Negado seguimento. O requerimento de registro apreciado pela Justiça Eleitoral, e extinto em razão de pedido de desistência homologada, impede que a mesma filiada seja novamente apresentada como candidata em vaga remanescente. 1. Trata-se de recurso especial interposto pelo Diretório Estadual do Partido Social Democrático (PSD) contra acórdão assim ementado (fl. 53): Registro de candidato. Preenchimento de vaga remanescente. Cargo: Deputado federal. Eleições 2002. Candidata escolhida em convenção que não requereu o registro em tempo hábil. Impossibilidade de ocupar vaga remanescente. Registro indeferido".

13.25. MINISTÉRIO PÚBLICO

O Ministério Público exerce suas atribuições, por meio do promotor eleitoral, nas hipóteses de eleições municipais (Prefeito, Vice-Prefeito e vereadores); no entanto, quando as eleições são estaduais (Governador, Vice-Governador, Senador, Deputados federais, estaduais e distritais), as atribuições ficam a cargo do procurador regional eleitoral e, por fim, nas eleições nacionais (Presidente e Vice-Presidente da República), as atribuições para a ação impugnativa estão afetas ao procurador-geral eleitoral.

Na verdade, quando o Ministério Público atua nas funções eleitorais na ação de impugnação ao pedido de registro, está na defesa dos mais sublimes interesses difusos de ordem pública primária. Age na intervenção da garantia da plena democracia e preservação dos sistemas eleitorais.

13.26. NATUREZA JURÍDICA DA INTERVENÇÃO DO MINISTÉRIO PÚ-BLICO, NO PROCESSO DE REGISTRO DE CANDIDATURAS

Pode ser parte formal e material, quando propõe a ação de impugnação ao pedido de registro. Todavia, é sempre órgão interveniente obrigatório, considerando a matéria eleitoral (*matéria de ordem pública primária e indisponível*).

Trata-se da intervenção pela natureza da lide, art. 82, III, do Código de Processo Civil, arts. 176 e 177 do NCPC e art. 127 da Constituição Federal.

No processo de impugnação ao requerimento de registro de candidatura o Ministério Público Eleitoral não terá prazo em dobro para manifestação nos autos ou até mesmo para a própria impugnação quando atua como parte, pois a legislação eleitoral estabelece de forma expressa e específica outros prazos em razão do princípio da celeridade.

Sendo obrigatória a intervenção do Ministério Público Eleitoral, não ocorrendo a sua intimação é causa de nulidade do processo a partir da intimação omitida nos termos do art. 279 do NCPC, ressalvando-se a hipótese em que a tutela jurisdicional eleitoral lhe for favorável.

Frisamos que o Ministério Público poderá recorrer das decisões do registro de candidaturas, pois sempre exercerá a fiscalização do regime democrático.

Observe-se que o Supremo Tribunal Federal possui precedente no Recurso Extraordinário com *Agravo nº 728.188* que permite a atividade recursal do órgão do Ministério Público em ações de registro de candidaturas, seja como parte impugnante ou fiscal da lei eleitoral.

Dessa forma, a interpretação atribuída ao **verbete sumular nº 11** do Tribunal Superior Eleitoral no sentido de que o Ministério Público Eleitoral só poderia recorrer como parte, hodiernamente não é mais aplicável, pois na hipótese de órgão interventor a legitimidade recursal segue o parâmetro constitucional do art. 127 da Lei Maior.

Em virtude da douta decisão, por maioria, o Ministério Público poderá recorrer das decisões mesmo que não desafiem matéria constitucional.

Versa, por exemplo, o § 5º do art. 60 da Resolução TSE nº 23.455/2015: *"O Ministério Público Eleitoral poderá recorrer ainda que não tenha oferecido impugnação ao pedido de registro".*

13.27. SUPORTE LEGAL DA INTERVENÇÃO DO MINISTÉRIO PÚBLICO NO PROCESSO ELEITORAL

Os arts. 127 da Constituição Federal e 72, *caput*, e parágrafo único, da Lei Complementar nº 75, de 20 de maio de 1993, e o art. 10, inc. IX, alínea *h*, da Lei Orgânica Nacional do MP, Lei nº 8.625, de 12 de fevereiro de 1993.

13.28. CANDIDATOS COMO LEGITIMADOS ATIVOS

Os candidatos legitimados são, na verdade, "candidatos a candidatos" (*expressão que se refere aos que, escolhidos em convenção partidária, agora pleiteiam o devido registro de suas candidaturas*), porque quase todos estão a pleitear seus registros e, na medida em que os pedidos são deferidos ou indeferidos, as impugnações também vão sendo julgadas.

O pré-candidato deve provar que foi escolhido na convenção partidária e que também formulou tempestivamente seu pedido de registro. Trata-se de pré-candidato contra pré-candidato. Eventualmente, se o juiz ou o Tribunal já tiverem deferido o registro dos candidatos de determinado partido ou coligação, este terá legitimidade ativa com a prova do registro deferido.[3]

Aplica-se o art. 36 do Código de Processo Civil e o art. 103 do NCPC: a parte (*candidato a candidato*) deverá ser representada por advogado legalmente habilitado.

O candidato que disputa o mesmo tipo de eleição poderá impugnar o adversário político eleitoral, ou outro candidato que não seja especificamente concorrente.

Exemplo: Bonifácio, que é candidato a vereador, poderá impugnar Almeida, candidato a Prefeito, e vice-versa.

O comum é o candidato a vereador impugnar outro concorrente ao mesmo mandato eletivo. No entanto, sendo a matéria eleitoral de ordem pública e revestida de natural interesse difuso de proteção democrática, a legitimidade

---

3 "TSE. Recurso Especial Eleitoral nº 20.132/SP. Rel. Min. Sálvio de Figueiredo. Despacho: Decisão Direito Eleitoral. Registro de candidatura. Desistência homologada pelo TRE. Impossibilidade de o candidato postular o preenchimento de vaga remanescente. Negado seguimento. O requerimento de registro apreciado pela Justiça Eleitoral, e extinto em razão de pedido de desistência homologada, impede que a mesma filiada seja novamente apresentada como candidato em vaga remanescente. 1. Trata-se de recurso especial interposto pelo Diretório Estadual do Partido Social Democrático (PSD) contra acórdão assim ementado (fl. 53): Registro de candidato. Preenchimento de vaga remanescente. Cargo: Deputado federal. Eleições 2002. Candidata escolhida em convenção que não requereu o registro em tempo hábil. Impossibilidade de ocupar vaga remanescente. Registro indeferido".

REGISTRO DE CANDIDATURA   CAPÍTULO 13

deve ser ampla, até porque o magistrado eleitoral poderá conhecer de ofício as restrições aos direitos públicos políticos subjetivos passivos.

Se o candidato não tem capacidade eleitoral passiva para ter o registro deferido, essa questão transcende ao interesse particular do opositor político.

A impugnação do candidato deverá se restringir ao mesmo nível de eleição e na mesma circunscrição eleitoral, ou seja, um candidato a Governador ou Deputado Federal não poderá impugnar um candidato a Presidente da República.

13.29. PARTIDOS POLÍTICOS E COLIGAÇÕES. LEGITIMADOS ATIVOS

Os partidos políticos e as coligações também são legitimados concorrentes. De toda sorte, deve-se observar o verbete sumular **nº 11** do Tribunal Superior Eleitoral, *in verbis*: *"No processo de registro de candidatos, o partido que não o impugnou não tem legitimidade para recorrer da sentença que o deferiu, salvo se se cuidar de matéria constitucional"*.

Na análise desse enunciado sumular, destaca-se:

> (TSE) Matéria processual. Legitimidade. Impugnação (Registro de Candidato). Registro de candidatura. Impugnação. Partido político coligado. Ilegitimidade ativa *ad causam*. O partido político coligado não tem legitimidade para, isoladamente, impugnar o registro de candidatura, e não é possível à coligação sanar o defeito no recurso para a instância superior, pois isso encontra óbice na Súmula nº 11 do TSE. O poder que tem o juiz de decidir de ofício a causa, independente de impugnação, não o impede de reconhecer a ilegitimidade da parte, quando essa se faz presente. Agravo regimental a que se nega provimento. Acórdão nº 18.708, de 15/05/2001. Agravo Regimental no Recurso Especial Eleitoral nº 18.708, Classe 22ª/MT (36ª Zona Itiquira). Rel. Min. Garcia Vieira. Agravantes: Decisão: Unânime em negar provimento ao agravo regimental.

Sobre a impossibilidade de o partido coligado propor ação de impugnação ao pedido de registro de candidato, é acertada a decisão:

> De qualquer sorte, a coligação é partido temporário, com denominação própria, com prerrogativas e obrigações de partido político no que se refere ao processo eleitoral, e funciona como um só partido no relacionamento com a Justiça Eleitoral e no trato dos interesses interpartidários, e, no que se refere ao processo eleitoral, terão representante único com atribuições equivalentes às de Presidente de partido político (art. 6º, § 1º e § 3º, III). Não podem, por conseguinte, os partidos que a compõem demandar individualmente em juízo (TSE, AR nº 12, Rel. Min. Alckmin, *DJU* 06/06/1997).

503

No mesmo sentido, destaque-se despacho decisório, da relatoria do Ministro Sálvio de Figueiredo:

> Direitos Eleitoral e Processual. Recurso especial. Partido político coligado. Ilegitimidade para atuar isoladamente no processo eleitoral (art. 6º, § 1º, da Lei nº 9.504/1997). Coligação. Existência desde o momento em que decidem os partidos políticos constituí--la. Precedentes. Recurso provido.
>
> I – Pacífica a jurisprudência da Corte quanto a ser inviável a atuação isolada, no processo eleitoral, de partidos políticos coligados.
>
> II – As coligações são consideradas existentes desde o momento em que os partidos que a irão integrar decidem constituí-la (...) as coligações devem ser tidas como existentes, desde que efetuado acordo de vontades dos partidos que as integram, consubstanciado em decisão das respectivas convenções ou do órgão de direção partidária que tiver recebido poderes para deliberar sobre coligações (*REspe nº 19.314/RN, Rel. Min. Sálvio de Figueiredo, em 21/08/2001*).

Formando-se a coligação, na forma do art. 17, § 1º, da Lei Fundamental e do art. 6º da Lei das Eleições, a pessoa formal é que estará em juízo na defesa dos interesses coligados. Nesse sentido, Egrégio TSE:

> (...) O partido político coligado não tem legitimidade para ajuizar impugnação ao pedido de registro de candidatura, conforme § 4º do art. 6º da Lei nº 9.504/1997, acrescentado pela Lei nº 12.034/2009, e pacífica jurisprudência do Tribunal. Ainda que coligações e candidato não tenham impugnado o pedido de registro, tais sujeitos do processo eleitoral podem recorrer contra decisão que deferiu pedido de registro, se a questão envolve matéria constitucional, nos termos da ressalva da Súmula-TSE nº 11 (...) (*Agravo Regimental no Recurso Especial nº 627-96/TO, Rel. Min. Arnaldo Versiani, em 07/10/2010*).

Outrossim, os partidos políticos são legitimados, quando devidamente constituídos na forma da Lei dos Partidos Políticos (*Lei nº 9.096/1995*).

Não há necessidade de estarem concorrendo ao pleito eleitoral que trata daquela impugnação específica.

O partido político deve estar devidamente representado na Justiça Eleitoral, agindo na fiscalização da ordem pública democrática e na proteção da higidez das candidaturas. O eventual interesse partidário e momentâneo em um processo eleitoral específico não lhe retira a qualidade especial de legitimação para agir em defesa da cidadania. As notícias de inelegibilidades devem ser levadas ao conhecimento da Justiça Eleitoral.

Por fim, **o eleitor não tem legitimidade** para a ação de impugnação ao pedido de registro de candidatos.

REGISTRO DE CANDIDATURA

CAPÍTULO 13

Nesse sentido, destaca-se:

> (TSE) Cumpre ressaltar que o art. 97, § 3º, do Código Eleitoral brasileiro assegurava ao eleitor a legitimação para impugnar registro de candidatura com fundamento em alegação de inelegibilidade (...) Contudo, tal dispositivo acha-se revogado, desde a edição da Lei Complementar nº 5, de 29 de abril de 1970, que versava sobre as inelegibilidades e que reservou apenas aos candidatos, aos partidos e coligações e ao Ministério Público a legitimidade ativa para impugnar registro de candidatura (art. 5º), previsão legal que restou consagrada pela Lei Complementar nº 64/1990, art. 3º, *caput*. Falece, portanto, legitimidade ao eleitor para impugnar registro de candidatura, conforme pacífica jurisprudência do Egrégio TSE (*Acórdão nº 13.257, Rel. Min. Sepúlveda Pertence* (...).

Todavia, o **cidadão é parte legítima para noticiar as fraudes e inelegibilidades**, por intermédio de petição fundamentada (art. 37 da Resolução TSE nº 20.993/2002). Neste caso, a notícia deve ser encaminhada ao membro do Ministério Público (*art. 40 do Código de Processo Penal*).[4]

Em igual sentido é o art. 43 da Resolução TSE nº 23. 455/2015, sendo a notícia da inelegibilidade formulada pelo cidadão apresentada em duas vias por petição fundamentada, seguindo o procedimento da ação de impugnação ao pedido de registro de candidatura.

A notícia da inelegibilidade será devidamente processada e produzirá efeitos na capacidade eleitoral passiva do candidato, portanto, assegura-se a plenitude defensiva e observância aos prazos legais nos termos do verbete sumular **nº 45** do TSE alhures referido.

Nesse caso, cumpre ao Ministério Público Eleitoral atuar e interpor eventuais recursos na forma legal.

---

4 O importante é que a exegese empreendida pela melhor doutrina é a de atribuir à expressão "qualquer candidato" uma ampliação sem metódico formalismo à literalidade do dispositivo, pois, caso contrário, só haveria impugnação, nessa hipótese, se o registro do impugnante já estivesse deferido e preclusas as vias recursais, materializando-se o trânsito em julgado do registro, situação fática praticamente inviável, em razão de que os pedidos são julgados como deferidos ou indeferidos, quase que na mesma data, pelo órgão jurisdicional competente. É certo, porém, que ao eleitor não é deferida a legitimidade impugnativa, como já bem salientado pela melhor doutrina de Tito Costa, independentemente se está ou não filiado a determinado partido político ou se possui militância partidária. Possuir o título eleitoral e estar no gozo efetivo dos direitos políticos ativos não é requisito suficiente para tornar o eleitor parte legítima nessa ação ou medida judicial cabível. Não é suficiente, portanto, possuir o que se denomina ius suffragii, utilizando o pensamento de Savigny, que fazia a distinção dos direitos políticos em duas categorias. A primeira, compreendendo o jus honorum, que é a possibilidade de o cidadão ascender aos cargos públicos eletivos; e, a segunda, ao *ius suffragii*, que defere apenas ao cidadão o direito de eleger os representantes do povo. Perscruta-se que a Lei das Inelegibilidades, no art. 3º, exige um *plus* ou *standart* maior, caracterizado pela expectativa do pleiteante ao deferimento do registro, desde que já tenha sido corretamente escolhido por convenção partidária regular.

505

13.30. LEGITIMADOS PASSIVOS

São os pré-candidatos (*candidatos a candidatos*). São os cidadãos escolhidos em Convenção Partidária, pois, somente com o deferimento do registro, o candidato adquire o *status civitatis* de candidato.

O Tribunal Superior Eleitoral tem precedente de **que não há litisconsórcio passivo necessário entre o candidato e o partido**. Nesse sentido: *Embargos de Declaração no Agravo Regimental no Recurso Especial Eleitoral nº 33.498/PE, Rel. em substituição Min. Ricardo Lewandowski, em 23/04/2009.*

Acresça-se: "(...) *Segundo a jurisprudência consolidada desta Corte, "nas ações de impugnação de registro de candidatura, não existe litisconsórcio necessário entre o pré-candidato e o partido político pelo qual pretende concorrer no pleito, cuja admissão deve se dar apenas na qualidade de assistente simples, tendo em vista os reflexos eleitorais decorrentes do indeferimento do registro de candidatura". (Precedentes: AgR-RO nº 693-87/RR, PSESS de 3/11/2010, Rel. Min. Marcelo Ribeiro; ED-AgR-REspe nº 896-98/PA, PSESS de 11/11/2010, Rel. Min. Hamilton Carvalhido). AgR-REspe – Agravo Regimental em Recurso Especial Eleitoral nº 26.979 – Campos dos Goytacazes/RJ". (Acórdão de 25/04/2013. Rel.ª Min.ª Luciana Christina Guimarães Lóssio. DJE, Tomo 99, Data 28/05/2013, p. 31.*)

O direito vincula o candidato e o vice, assim como o destino do próprio partido político, na escolha dos seus candidatos representantes. *Data venia*, entendemos que seria injurídico a ausência da participação do partido político ou coligação diretamente interessado na manutenção do pré-candidato escolhido em convenção partidária.

Assinalamos pela necessidade da formação do litisconsórcio passivo necessário entre o candidato e o partido político como uma forma mais consentânea com a amplitude de defesa e do contraditório.

Com as novas diretrizes firmadas pelo teor da Resolução TSE nº 22.610/2007, decorrente da análise sobre a natureza dos mandatos eletivos firmadas pelo Supremo Tribunal Federal, no julgamento dos Mandados de Seguranças nºˢ 26.602, 26.603 e 26.604, disciplinando a perda de cargo eletivo em decorrência de desfiliação partidária sem justa causa, a nosso entender restará solidificada a posição da formação de um litisconsórcio necessário entre os candidatos e partidos políticos, seja nos sistemas eleitorais majoritários ou nos proporcionais.

No plano processual, é inegável que o partido político sofre efeitos da decisão de indeferimento do pedido de registro de candidaturas, inclusive sendo possível nesta ação a anulação do diploma (*art. 15 da Lei Complementar nº 64/1990*), quando julgada após as eleições. Os efeitos são gerados na base da relação formada na legitimação política.

Não se nega que o sistema majoritário é baseado na melhor escolha do representante partidário para enfrentar os desafios das campanhas eleitorais e a possível vitória nas urnas. Trata-se uma energia latente que se estabelece entre a vontade popular e o partido que lançou seu pré-candidato ao futuro pleito eleitoral.

Em assonância ao tema, perscruta-se que na representação proporcional existe a transferência de votos em função do quociente partidário. Na lista fechada essa interligação fica ainda mais premente. Não adotamos ainda a lista fechada, mas a aberta também forma esse elo no cumprimento do destino político que é antes construído em um sistema de seleção prévia.

Todavia, a questão hodiernamente está sumulada no verbete **nº 40** do Egrégio Tribunal Superior Eleitoral, *in expressi verbis*: *"O partido político não é litisconsorte passivo necessário em ações que visem a cassação do diploma"*.

Por força do art. 15 da Lei Complementar nº 64/1990, a AIRRC é uma espécie de ação que serve para a nulificação do diploma e, portanto, não há formação de litisconsórcio passivo necessário com a legenda partidária, mas, como visto, nada impede que a intervenção seja feita como assistente.

13.31. CITAÇÃO DO VICE. LITISCONSÓRCIO PASSIVO NECESSÁRIO

Como já referido alhures, nas eleições majoritárias, o vice é litisconsorte passivo necessário, em razão da indivisibilidade da chapa única. Firmamos a posição no sentido de que deve ser citado obrigatoriamente o vice, considerando a unidade e indivisibilidade da chapa, art. 91 do Código Eleitoral, pois a eficácia da decisão depende de ambos os candidatos, possibilitando-se, inclusive a substituição.

Não significa um litisconsórcio unitário (*decisão de maneira uniforme para todas as partes*), conforme enseja a interpretação do atual art. 116 do Código de Processo Civil.

Se o titular (*candidato*) tiver o registro indeferido, não se pode negar de antemão que o vice não tenha sido atingido por este efeito jurídico.

O titular e o vice foram escolhidos na convenção, ambos participaram das prévias, se submeteram a regras *interna corporis* dos partidos políticos, e em certas composições políticas foram indicados por formação de coligações com objetivos que almejam a vitória conjunta no pleito eleitoral.

O vice suportará os efeitos do indeferimento da candidatura do titular e vice-versa, até porque a representação política exige o consentimento dos representados. Aplica-se o verbete sumular **nº 38** do Egrégio TSE.

13.32. DECISÃO NA AÇÃO DE IMPUGNAÇÃO AO PEDIDO DE REGIS-TRO DE CANDIDATURA

O partido político ou a coligação apresentam, por meio de seus representantes legais, o pedido de registro de seus respectivos candidatos.

O prazo é até às 19 horas do dia 15 de agosto do ano das eleições, mas pode ser prorrogado, quando ocorrer uma omissão.

O procedimento é de natureza administrativa. Na verdade, o juiz eleitoral ou o tribunal fazem o exame formal dos requisitos para o deferimento do registro, analisando os documentos legais apresentados.

Todavia, dependendo da hipótese concreta, um dos legitimados para a ação de impugnação ao pedido de registro poderá propô-la no prazo legal de 5 (cinco) dias, contados da publicação do edital.

A decisão, no processo administrativo eleitoral, é de natureza constitutiva, pois, a partir do deferimento do registro, o "candidato a candidato" passa a ser considerado juridicamente **candidato**.

Impende observar, no entanto, a natureza da decisão no processo de impugnação ao pedido de registro.

Na prática, ocorrem autuações diversas. O procedimento do registro engloba todos os "candidatos a candidatos" de um determinado partido político ou coligação, enquanto o processo da ação impugnativa é autônomo (*autos separados*).[5]

Todavia cada pleiteante ao mandato eletivo será analisado pela Justiça Eleitoral, que prolatará uma decisão específica.

---

5 "TSE. Recurso Especial Eleitoral nº 20.093/GO. Rel. Min. Luiz Carlos Lopes Madeira. Despacho: O Tribunal Regional Eleitoral de Goiás indeferiu o pedido de registro de Rui Figueiredo de Moraes, candidato substituto ao cargo de Deputado estadual, pela Coligação Tempo Novo para Fazer Mais, em razão da falta de autenticação, pela Justiça Eleitoral, da ata da respectiva convenção, e por considerar insatisfatória a prova de filiação partidária. O acórdão recebeu a seguinte ementa: "Registro de candidatos. Eleições 2002. Documentação irregular. Indeferimento." (Fl. 54.) Dessa decisão interpôs recurso, alegando que "a falta de autenticação pela Justiça Eleitoral da ata não pode prejudicar o candidato, pois um erro que não foi por ele cometido jamais (sic) poderá causar restrição a sua candidatura." (Fl. 56.) Afirma que fez a prova de sua regular filiação ao Partido da Frente Liberal (PFL), conforme documentos de fls. 38 e 51. Sustenta incidir o Enunciado nº 20 da Súmula do Tribunal Superior Eleitoral. Pede, ao final, a cassação da decisão regional, para que seja deferido o registro de sua candidatura. (Fls. 55-57.) A Procuradoria--Geral Eleitoral opina pelo provimento do recurso. (Fls. 69.72.) É o relatório. Decido. O Enunciado nº 20 da Súmula deste Tribunal Superior estabelece que a prova da oportuna filiação poderá ser suprida por outros meios, quando ausente o nome do filiado na lista encaminhada à Justiça Eleitoral. No caso, cumpre fazer a valoração da prova. Os documentos juntados pelo recorrente, às fls. 38, 50 e 51, atestam a sua filiação, com data de 06.10.2001, ao Partido da Frente Liberal (PFL). São hábeis a provar sua filiação ao partido em questão. Quanto à ata de convenção que estabeleceu a substituição de candidatos, o recorrente fez juntada de cópia devidamente abonada pelo Juiz Eleitoral (Fls. 46-47). Ante o exposto, dou provimento ao recurso para deferir o pedido de registro de Rui Figueiredo de Moraes ao cargo de Deputado estadual, com base no art. 36, § 7º, do Regimento Interno do Tribunal Superior Eleitoral. Publique-se em sessão, já que a matéria trata de registro. Publicado na sessão de 23/09/2002".

REGISTRO DE CANDIDATURA

CAPÍTULO 13

O art. 15 da Lei Complementar nº 64, de 18 de maio de 1990, diz que:

> Transitada em julgado ou publicada a decisão proferida por órgão colegiado que declarar a inelegibilidade do candidato, ser-lhe-á negado registro, ou cancelado, se já tiver sido feito, ou declarado nulo o diploma, se já expedido.
>
> Parágrafo único. A decisão a que se refere o *caput*, independentemente da apresentação de recurso, deverá ser comunicada, de imediato, ao Ministério Público Eleitoral e ao órgão da Justiça Eleitoral competente para o registro de candidatura e expedição de diploma do réu.

A hipótese de cassação do registro, no art. 15, refere-se aos casos em que o candidato recorreu (*recurso com efeito suspensivo*) e obteve uma decisão provisória, enquanto a ação de impugnação ainda não foi julgada.

Se o pedido for julgado procedente, só terá efeitos práticos quando transitar em julgado ou for proveniente de órgão colegiado (TRE ou TSE). Não ocorrendo estas hipóteses, o candidato poderá realizar sua campanha eleitoral em toda a sua plenitude. No caso da improcedência do pedido na ação de impugnação, o representado terá o seu registro definitivamente deferido, exceto se a parte autora recorrer. A decisão é declaratória positiva.[6]

O art. 15 faz menção à "negativa" e ao "cancelamento".

Entende-se por negação a hipótese concreta de um determinado pedido de registro não ser deferido por órgão colegiado ou em razão do trânsito em julgado da decisão.

Já o cancelamento pressupõe que o registro foi deferido, mas, por provimento de recurso interposto pela parte contrária, a nova decisão transitada em julgado ou proferida por órgão colegiado determina o cancelamento do registro anteriormente obtido pela decisão de grau inferior de jurisdição.[7]

---

6 "(TSE). Recurso Especial Eleitoral nº 19.886/SP. Rel. Min. Fernando Neves. Ementa: Recurso contra expedição de diploma. Art. 262, III, do Código Eleitoral. Preliminares. Ilegitimidade passiva e preclusão. Rejeição. Mérito. Candidata que concorreu por força de liminar em mandado de segurança. Registro assegurado. Quociente eleitoral. Votos válidos. Aplicação do art. 175, § 4º, do Código Eleitoral. 1. Alegação de ilegitimidade passiva rejeitada, por falta de pré-questionamento, na medida em que o fato que a originou foi noticiado perante a Corte de origem, que sobre ele não se manifestou, permanecendo silentes as partes. 2. Não há que se falar em preclusão da matéria, na medida em que suposto erro no cálculo do quociente eleitoral e distribuição de vagas pode perfeitamente ser atacado por intermédio de recurso contra expedição de diploma. Precedentes. 3. Hipótese em que a candidata obteve registro por meio de liminar, em mandado de segurança, que foi posteriormente revogada e o registro definitivamente cassado após as eleições, motivo por que se consideram válidos os votos a ela atribuídos, aplicando-se a regra do art. 175, § 4º, do Código Eleitoral, para cálculo do quociente eleitoral. Recurso especial não conhecido. DJ de 07/02/2003".
7 "(TSE). Agravo no Agravo de Instrumento nº 3.370/MG. Rel. Min. Sálvio de Figueiredo. Ementa: Direito Eleitoral. Agravo interno no agravo. Eleição proporcional. Ano 2000. Art. 175, § 4º, CE. Fundamentos da decisão não ilididos. Provimento negado. I – Na eleição proporcional, são nulos e não se computam para a legenda os votos atribuídos aos que tiveram indeferido o registro de candidatura por decisão anterior ao pleito. II – É inviável o provimento do agravo interno, quando não ilididos os fundamentos da decisão agravada. III – Não se mostra a via eleita adequada ao rejulgamento da causa. Republicado no DJ de 07/02/2003".

509

Como se nota, a decisão do magistrado eleitoral será no sentido de procedência do pedido formulado na AIRRC para negar ou cancelar o registro ou anular o diploma.

A anulação do diploma ocorrerá se a ação for julgada após a data da eleição embora o eleito só seja diplomado no mês de dezembro em razão do calendário eleitoral.

Na verdade, o art. 15 da LC nº 64/1990 deveria ter previsto a negativa do diploma. Como não há o verbo "negar" adota-se a nulificação do diploma antes mesmo de sua expedição formal pela Justiça Eleitoral.

Se a ação for julgada antes da data da eleição, fala-se em negar o registro formulado pelo postulante ao mandato eletivo.

Desse modo, a data da eleição é um divisor para fins de negar o registro ou anular o diploma.

Por exemplo: o último dia para a diplomação dos eleitos foi 19/12/2016 (*Eleições Municipais*).

A decisão de procedência ou improcedência do pedido na AIRRC estará baseada, por exemplo, numa arguição de inelegibilidade. Nesse rumo, segundo o verbete sumular nº **41** do TSE: *"Não cabe à Justiça Eleitoral decidir sobre o acerto ou desacerto das decisões proferidas por outros Órgãos do Judiciário ou dos Tribunais de Contas que configurem causa de inelegibilidade"*.

De toda sorte cumprirá ao magistrado eleitoral a verificação da observância do contraditório e da ampla defesa, porque determinados procedimentos que acarretam a causa de inelegibilidade, por exemplo, a demissão do servidor público, art. 1º, inc. I, alínea "o", da LC nº 64/1990 podem ter resolutas nulidades.

A questão reside sobre os efeitos do procedimento administrativo na esfera das formatações das causas de inelegibilidade. É uma espécie de efeito reflexo.

13.33. REGISTRO INDEFERIDO. IMPOSSIBILIDADE DE DIPLO-MAÇÃO DO ELEITO

Os candidatos que forem eleitos recebem por via de consequência o respectivo diploma. Com o diploma (*art. 215 do Código Eleitoral*) podem tomar posse no mandato eletivo.

Observa-se, no entanto, que se o registro estiver indeferido e o candidato recorreu e se encontra *sub judice*, art. 16-A da Lei nº 9.504/1997, não poderá ser diplomado. Essa regra aplica-se para as eleições majoritárias ou proporcionais.

A Justiça Eleitoral poderá determinar a realização de novas eleições diretas ou indiretas nos termos do art. 224 e parágrafos do Código Eleitoral.

Nas eleições majoritárias o Presidente do Poder Legislativo poderá assumir o mandato eletivo da chefia do Poder Executivo, por exemplo, é o Presidente da Câmara Municipal que exercerá o cargo de Prefeito Municipal até o desfecho da decisão da Justiça Eleitoral.

Se a eleição for proporcional, por exemplo, vereador, assumirá o suplente até julgamento do registro do candidato indeferido recalculando-se o quociente partidário.

Sobre essa questão específica, e.g., para as eleições municipais de 2016, a regra foi disciplinada nos arts. 167 e 171 da Resolução nº 23.456/2015 do TSE.

13.34. PRAZO DE IMPUGNAÇÃO

O prazo de propositura da ação de impugnação ao pedido de registro de candidatura é de 5 (*cinco*) dias, contados da publicação do edital. Recebidos os pedidos instruídos com os documentos exigidos nos incisos do § 1º do art. 11 da Lei nº 9.504/1997 (*Lei das Eleições*).

A ação de pedido de registro, não se confunde com a ação de impugnação ao pedido de registro. A primeira é de jurisdição voluntária na Justiça Eleitoral e enseja uma decisão nos próprios autos (*análise conjunta de todos os pleiteantes a candidato*). A segunda é proferida em autos independentes, mas com concomitância de julgamento.

Qualquer legitimado poderá ajuizar a ação de impugnação no prazo de cinco dias, contados da publicação do edital. Na prática, a legitimação dá-se de forma concorrente, mas o Ministério Público deverá ter vista pessoal de todos os pedidos de registro, antes da publicação do edital, pois, caso contrário, haverá nulidade absoluta do feito (*arts. 82, III, e 84 do CPC e arts. 178 e 279 do NCPC*).

A lei eleitoral realmente não trata da vista pessoal ao Ministério Público. No entanto, já está pacificado, nos Tribunais Superiores, que a intervenção do órgão do *Parquet* é obrigatória e sua eficiência pressupõe o exame antecedente da higidez de todos os pré-candidatos, ou seja, caberá verificar as condições de elegibilidade, a regularidade dos documentos, o preenchimento formal dos requisitos, as hipóteses de abuso do poder econômico ou político, as causas de perda e suspensão dos direitos políticos, as desincompatibilizações e outros elementos.

O prazo é idêntico ao concedido aos demais legitimados, ou seja, a partir da publicação do edital, mas a vista é pessoal e deverá ocorrer, logo após o cartório instrumentalizar os autos dos pedidos de registro.

Diz o verbete sumular **nº 49** do TSE: "*O prazo de cinco dias, previsto no art. 3º da LC nº 64/1990, para o Ministério Público impugnar o registro inicia-se com a publicação do edital, caso em que é excepcionada a regra que determina a sua intimação pessoal*".

Sobre os processos de registro de candidatura incide, para os atos judiciais, a regra de intimação pessoal do Ministério Público, exceto a expressa disposição do art. 6º da LC nº 64/1990, *(TSE). Agravo Regimental no Recurso Especial Eleitoral nº 32.060/RJ, Rel. Min. Fernando Gonçalves, em 30/06/2009 (Inf. 21/2009).*

O Ministério Público deverá emitir parecer em todos os pedidos de registro (*nos autos do processo de pedido*) e ofertar as impugnações, de forma independente, aos casos que ensejarem hipóteses típicas de formação do contraditório e ampla defesa, em razão da matéria constante do pedido.[8]

Se o membro do Ministério Público verificar que o candidato não juntou determinada certidão criminal, deverá manifestar-se por escrito nos autos do processo de pedido de registro, mas, se, em contrapartida, for caso de inelegibilidade que enseje a oitiva de prova testemunhal, deverá formular pedido próprio. A legitimidade do partido político, coligação ou candidato é, portanto, concorrente.[9]

Ocorrendo duplicidade de ações sobre o mesmo legitimado passivo, o juiz deverá reunir os processos para o julgamento simultâneo. Aplica-se a regra da conexão probatória (*arts. 103 e 105 do Código de Processo Civil e art. 55 do NCPC*).

Publicado o edital, não havendo impugnação e presentes os requisitos previstos em lei e resolução, defere-se o pedido de registro de candidatura.[10]

13.35. ANTECIPAÇÃO DA TUTELA

O doutrinador Adriano Soares da Costa sustenta, com razão, que o pedido de antecipação da tutela poderá ser deferido pelo juiz ou Tribunal na **ação de pedido de registro**. Salienta o eminente eleitoralista que:

> Desse modo, para evitar o perigo de dano irreparável à candidatura do nacional, poderá o juiz eleitoral, mediante requerimento da parte interessada, antecipar os efeitos da sentença de procedência da ação de pedido de registro de candidato, outorgando ao nacional

---

8 "(TSE) [...] o prazo para recurso começa a contar da data em que o representante do *Parquet*, indiscutivelmente, recebeu os autos com vista, pressupondo-se, aí, a ciência inequívoca da decisão. Caso contrário, os prazos, na prática, seriam estipulados pelo próprio Ministério Público, sem qualquer controle ou critério juridicamente aceitável. [...] (REsp nº 251.714/DF, Rel. Min. Félix Fischer, DJ de 04/02/2002.)"

9 "(TSE). Res. TSE nº 20.993/2002. Art. 45. Na sessão de julgamento, feito o relatório, será facultada a palavra às partes, pelo prazo de dez minutos, e ao Ministério Público, que falará em primeiro lugar, se for o impugnante. A seguir, o/a relator/a proferirá o seu voto e serão tomados os dos demais membros (Lei Complementar nº 64/1990, art. 11, *caput*, art. 13, parágrafo único). [...] § 3º Reaberta a sessão, far-se-ão a leitura e a publicação do acórdão, passando a correr dessa data o prazo de três dias para a interposição de recurso, em petição fundamentada (Lei Complementar nº 64/1990, art. 11, § 2º)".

10 "TSE. Acórdão nº 20.433, de 30/9/2002. Recurso Especial Eleitoral nº 20.433/PA. Rel. Min. Fernando Neves. Ementa: Registro de candidatos. Senador e suplente. Falta de certidão criminal e de fotografia do titular. Arts. 11, § 3º, da Lei nº 9.504/1997 e 29 da Resolução nº 20.993. Regularização. Oportunidade. Ausência. Documentação juntada com o recurso. Admissibilidade. Registro deferido. Decisão condicionada ao deferimento do registro do segundo suplente. Pedido de substituição. Pendência de julgamento pela Corte Regional. Recurso examinado como ordinário (Acórdão nº 20.162) a que se dá provimento. Publicado na sessão de 30/9/2002".

REGISTRO DE CANDIDATURA   CAPÍTULO 13

um registro provisório, que possibilite o exercício pleno de sua elegibilidade. Homologado o registro, o que era provisório torna-se definitivo; sendo denegado, o registro provisório perde o viço, tornando-se inelegível o nacional.[11]

É impossível a antecipação de tutela na ação de impugnação ao pedido de registro, mas não o é na ação de pedido de registro, como enfatizou o doutrinador Adriano Soares da Costa.

13.36. JULGAMENTO ANTECIPADO DA LIDE

É pacífico o entendimento sobre o julgamento antecipado da lide no processo eleitoral. Aplica-se, na hipótese, o art. 330 do Código de Processo Civil e o art. 355 do NCPC, desde que a questão de mérito eleitoral seja unicamente de direito. O juiz deverá seguir o princípio da economia processual.

Os efeitos da revelia não operam na hipótese, pois o litígio eleitoral versa sobre matéria de ordem pública primária e indisponível da sociedade.

Os direitos do cidadão, do voto, da normalidade e legitimidade das eleições representam a questão subjacente fundamental no processo eleitoral (*aplicam-se os arts. 320 II, e 324 do Código de Processo Civil e os arts. 345, II, e 348 do NCPC*).

13.37. COMPETÊNCIA

O art. 89 do Código Eleitoral, ao tratar da competência para o registro, define que compete ao TSE analisar as candidaturas de Presidente e Vice-Presidente; aos Tribunais Regionais Eleitorais, os candidatos a Governador, Vice, Senador, Deputados Federais, Deputados Estaduais e acrescentam-se os Deputados Distritais; ao juiz eleitoral, os candidatos a Prefeito, Vices e vereadores.

Por outra, o art. 2º da Lei das Inelegibilidades também fixa a competência ao tratar do exame das causas de inelegibilidade.

> Art. 2º Compete à Justiça Eleitoral conhecer e decidir as arguições de inelegibilidade.
>
> Parágrafo único. A arguição de inelegibilidade será feita perante:
>
> I – o Tribunal Superior Eleitoral, quando se tratar de candidato a Presidente ou Vice-Presidente da República;
>
> II – os Tribunais Regionais Eleitorais, quando se tratar de candidato a Senador, Governador e Vice-Governador de Estado e do Distrito Federal, Deputado Federal, Deputado Estadual e Deputado Distrital;
>
> III – os juízes eleitorais, quando se tratar de candidato a Prefeito, Vice-Prefeito e vereador.

---

11 Op. cit., pp. 388-389.

Nas eleições municipais, o Tribunal Regional Eleitoral expede resolução designando juízes eleitorais com a competência para o processo e julgamento dos pedidos de registro e impugnações, em cada comarca.

Assim sendo, cumprirá ao legitimado ativo dirigir a petição inicial da impugnação ao magistrado previamente designado na forma legal.

13.38. RITO PROCESSUAL. NOÇÕES GERAIS

A ação de pedido de registro de candidatura é feita por meio de formulário específico, fornecido pela Justiça Eleitoral, complementado por simples petição do representante partidário ou delegado do partido.[12]

É um procedimento judicial de juntada de documentos (ver art. 11 da Lei nº 9.504/1997).

Como já aludido, cumpre ao TSE expedir a resolução sobre registro de candidaturas que será a fonte legislativa regulamentar sobre esse tema.

A ação de impugnação ao pedido de registro é de jurisdição contenciosa, ensejando o contraditório e a ampla defesa, bem como os recursos inerentes.

O rito segue o disposto nos arts. 3º a 17 da Lei das Inelegibilidades (Lei Complementar nº 64, de 18 de maio de 1990):

1 – petição inicial (art. 3º da LC nº 64/1990);

2 – citação do candidato, partido político ou coligação para apresentar defesa em sete dias (art. 4º da LC nº 64/1990). O prazo é único;

3 – sem contestação: julgamento antecipado da lide ou designação de audiência (arts. 330, II, e 324 do CPC e arts. 355, II, e 348 do NCPC);

4 – com contestação (prazo de 7 dias);

5 – pode ocorrer, ainda, o julgamento antecipado da lide (questão unicamente de direito). Ver art. 330, II, do CPC, art. 355, II, do NCPC e art. 5º da LC nº 64/1990;

6 – realização de audiência para oitiva de testemunhas. No mesmo despacho que designou a data da audiência, são requisitados os documentos necessários (arts. 4º e 5º da LC nº 64/1990);

7 – a audiência deverá ser designada para os quatro dias seguintes ao recebimento da contestação, e após análise, se a matéria importar oitiva de testemunhas. As testemunhas não são notificadas, pois comparecem independentemente de notificação. Todavia, cabe ao juiz, em homenagem ao princípio da busca da verdade material e ao disposto no art. 23 da LC nº 64/1990, notificar as testemunhas que julgar necessárias ao esclarecimento do fato;

---

12 Se o Ministério Público Eleitoral interpuser o recurso inominado na hipótese de decisão sobre o registro aos cargos de Prefeito, Vice-Prefeito e vereadores, deve obrigatoriamente atuar como custos legis puro, emitindo seu regular parecer sobre a matéria de fato e de direito.

REGISTRO DE CANDIDATURA   CAPÍTULO 13

8 – na audiência, faz-se uma só assentada (*primeiro são ouvidas as testemunhas do autor; depois as da defesa – art. 5º, § 1º, da LC nº 64/1990*);

9 – realização de diligências nos cinco dias subsequentes. Ver o art. 5º, §§ 2º a 5º, da LC nº 64/1990. O crime de desobediência referido no § 5º é o do art. 347 do Código Eleitoral, e não o do art. 330 do Código Penal. A norma penal eleitoral é especial;

10 – apresentação das alegações finais no prazo comum de 5 (*cinco*) dias (*art. 6º da LC nº 64/1990*);

11 – o juiz recebe os autos e decide em 3 (*três*) dias. Nesse sentido, também é o prazo para a decisão do Tribunal Regional Eleitoral ou Tribunal Superior Eleitoral. A norma do art. 6º é remetida pelo art. 13, ambos da LC nº 64/1990;

12 – a decisão importa a conjugação do princípio da persuasão racional na análise sistêmica dos arts. 7º, parágrafo único, da LC nº 64/1990, 131, 332 e 339 do CPC (*no novo CPC são os arts. 369 e 378*), e arts. 156 e 157 do CPP;

13 – recurso com as razões no prazo de 3 (*três*) dias, após a apresentação da decisão em cartório (*art. 8º da LC nº 64/1990*);

14 – contrarrazões no mesmo prazo de três dias, depois de protocolizada a petição do recurso (*art. 8º, § 2º, da LC nº 64/1990*);

15 – parecer do Ministério Público (*art. 83, I, do CPC; no novo CPC é o art. 179*). Sob pena de nulidade do feito (*art. 84 do CPC; no novo CPC é o art. 279*), embora a lei seja omissa, o prazo é de 3 (*três*) dias. Trata-se de simetria e igualdade;

16 – após as contrarrazões, os autos são imediatamente encaminhados ao Tribunal Regional Eleitoral (*art. 8º, § 2º, da LC nº 64/1990*);

17 – recebimento pela Secretaria do Tribunal Regional Eleitoral e despacho do Presidente no mesmo dia. O Presidente distribui a um relator (*art. 10 da LC nº 64/1990*);

18 – parecer do Ministério Público, procurador regional eleitoral, no prazo de 2 (*dois*) dias (*art. 10 da LC nº 64/1990*);

19 – com ou sem parecer, os autos vão para o relator que, em 3 (*três*) dias, submete o caso ao plenário (*art. 10, parágrafo único, da LC nº 64/1990*);

20 – na sessão, o relator vota primeiro; depois, os demais juízes. Leitura e publicação do acórdão. Prazo de três dias para recurso (*art. 11 e §§*); o recurso vai para o Tribunal Superior Eleitoral, seguindo o regimento interno e o art. 12 da LC nº 64/1990.

13.39. PRIORIDADE PARA O JULGAMENTO DO PROCESSO DE REGISTRO DE CANDIDATURA

Registre-se a regra que impõe o julgamento prioritário dos feitos eleitorais que tratam sobre registro de candidaturas. Diz o art. 16 da Lei das Eleições:

> Art. 16. Até vinte dias antes da data das eleições, os Tribunais Regionais Eleitorais enviarão ao Tribunal Superior Eleitoral, para fins de centralização e divulgação de dados, a relação dos candidatos às eleições majoritárias e proporcionais, da qual constará obrigatoriamente a referência ao sexo e ao cargo a que concorrem. (Redação dada pela Lei nº 13.165, de 2015)
>
> § 1º Até a data prevista no *caput*, todos os pedidos de registro de candidatos, inclusive os impugnados e os respectivos recursos, devem estar julgados pelas instâncias ordinárias, e publicadas as decisões a eles relativas. (Redação dada pela Lei nº 13.165, de 2015)
>
> § 2º Os processos de registro de candidaturas terão prioridade sobre quaisquer outros, devendo a Justiça Eleitoral adotar as providências necessárias para o cumprimento do prazo previsto no § 1º, inclusive com a realização de sessões extraordinárias e a convocação dos juízes suplentes pelos Tribunais, sem prejuízo da eventual aplicação do disposto no art. 97 e de representação ao Conselho Nacional de Justiça. (Incluído pela Lei nº 12.034, de 2009)

Consoante noção cediça, a Justiça Eleitoral sempre imprimiu extrema cautela e celeridade no processamento dos requerimentos de registro de candidaturas, observando o calendário eleitoral e os arts. 94 da Lei das Eleições e 16 da Lei Complementar nº 64/1990.

O § 2º impõe que a omissão no cumprimento dos prazos de julgamento dos requerimentos de registro de candidatos enseja a representação ou reclamação para o Tribunal Regional Eleitoral ou ainda para o próprio Tribunal Superior Eleitoral, quando remete o intérprete ao art. 97 da Lei das Eleições.

Posta assim a questão, admite-se a adoção de medidas disciplinares nas respectivas corregedorias para apuração da omissão causada pelos membros da Justiça e do Ministério Público na delonga do processamento de julgamento dos requerimentos de registro de candidatos.

O art. 97 faz menção ao delito de desobediência pelo juiz, art. 345 do Código Eleitoral. No entanto, a regra deve ser vista com cautela, porque o art. 94, § 2º, da Lei das Eleições faz menção ao crime de responsabilidade.

De fato, em relação ao crime de responsabilidade em razão da desídia a remissão traduz-se em tipo suicida ou natimorto, porque, na verdade, não existe previsão de preceitos primários ou secundários na lei de responsabilidade sobre essa conduta, sendo a solução extrema obtida apenas na via funcional administrativa.

Quanto ao delito do art. 345 do Código Eleitoral, desobediência aos prazos e deveres impostos, impende frisar que deve ser inequívoco o **dolo do agente**, **pois a conduta culposa é atípica e só ensejará punição administrativa.**

O delito do art. 345 do Código Eleitoral é de tipicidade porosa e exagerada, pois pune penalmente a falta de um dever funcional, violando ainda critérios do Direito Penal hodierno em relação aos princípios da intervenção mínima e da proporcionalidade.

Todavia, a regra enseja a adoção de medidas céleres no julgamento dos requerimentos de registro de candidaturas, inclusive com previsão de providências (*representação do interessado*) ao Egrégio Conselho Nacional de Justiça, ou seja, contempla-se na lei eleitoral em comento a intervenção do órgão na questão da falta de dever funcional eleitoral.

13.40. MODELO BÁSICO DA AÇÃO DE IMPUGNAÇÃO AO REQUERIMENTO DE REGISTRO DE CANDIDATURA (AIRRC)

EX.MO SR. DR. JUIZ ELEITORAL DA 10ª ZONA ELEITORAL DA CAPITAL DO ESTADO DO RIO DE JANEIRO

> Observação: Nas eleições municipais, o Tribunal Regional Eleitoral expede uma resolução específica designando um magistrado eleitoral de uma zona eleitoral para o registro e impugnações de candidaturas.

XWY (candidato), (qualificação completa), por intermédio do advogado que esta subscreve (OAB, qualificação), vem oferecer

---

AÇÃO DE IMPUGNAÇÃO AO REQUERIMENTO DE REGISTRO DE CANDIDATURA (AIRRC)

Contra

YYY (CANDIDATO AO MANDATO ELETIVO DE PREFEITO) E ZZZ (CANDIDATO AO MANDATO ELETIVO DE VICE-PREFEITO), devidamente qualificados nos autos do Requerimento de Registro de Candidatura (RRC nº), pelos fatos e fundamentos jurídicos abaixo aduzidos:

O PARTIDO B ingressou no dia 11 de agosto de 2016 com o requerimento de registro de candidaturas (RRC), autuado com os documentos em anexo.

O candidato YYY objetiva o registro de sua candidatura ao mandato eletivo de Prefeito do Município do Rio de Janeiro concorrendo pelo Partido B.

No entanto, conforme fazem prova os documentos em anexo, o impugnado foi regularmente condenado em ação de improbidade administrativa em acórdão publicado no Diário Oficial, no dia 20 de fevereiro de 2016.

Pelo teor do contido na fundamentação e dispositivo decisório, o representado violou o disposto no art. 1º, inc. I, alínea "l" da Lei Complementar nº 64/1990, *in expressi verbis*:

> Art. 1º São inelegíveis:
>
> I – para qualquer cargo
>
> [...]
>
> l) os que forem condenados à suspensão dos direitos políticos, em decisão transitada em julgado ou proferida por órgão judicial colegiado, por ato doloso de improbidade administrativa que importe lesão ao patrimônio público e enriquecimento ilícito, desde a condenação ou o trânsito em julgado até o transcurso do prazo de 8 (oito) anos após o cumprimento da pena.

Como se observa, o impugnado ao exercer, nos idos de 2012, o cargo de Secretário Municipal de Saúde do Município de Laranja, de forma reiterada e sucessiva, dolosamente, praticou diversas fraudes licitatórias que foram analisadas pelo Tribunal de Contas do Estado, resultando na decisão final de fls. [...] que integra os autos da ação de improbidade administrativa.

A ação de improbidade administrativa foi subsumida nos arts. 9º e 10 da Lei nº 8.429/1992, sendo que o magistrado da 1ª Vara Cível do Município julgou integralmente procedente o pedido para condenar o representado nas seguintes sanções: (i) perda do cargo; (ii) multa; (iii) ressarcimento ao erário; (iv) indisponibilidade dos bens e; (v) suspensão dos direitos políticos pelo prazo de 10 (dez) anos, na forma dos incs. I e II do art. 12 da Lei de Improbidade Administrativa.

Ressalta-se o douto julgado do Egrégio Tribunal Superior Eleitoral:

> [...] a qualificação por esta Justiça Eleitoral do ato de improbidade que implique, concomitantemente, lesão ao patrimônio público e enriquecimento ilícito deve ser realizada a partir do exame do inteiro teor do acórdão condenatório, não se restringindo à parte dispositiva. [...] (Informativo TSE, Ano XVI, nº 173. Recurso Ordinário nº 2.373-84, São Paulo. Rel.ª Min.ª Luciana Lóssio, em 23/9/2014).

É inexorável que se encontra configurada a inelegibilidade do impugnado nos moldes da Lei Complementar nº 64/1990, art. 1º, inc. I, alínea "l".

Em razão desse quadro factual, o impugnado não poderia ser escolhido em Convenção Partidária que se realizou no dia 22 de julho de 2016, nos termos do art. 8º da Lei nº 9.504/1997, pois já estava resoluta naquela ocasião a inelegibilidade.

Por outra, em razão da comprovação inequívoca dos fatos dolosos de improbidade administrativa julgados na ação específica aplica-se o Verbete sumular nº 41 do Egrégio Tribunal Superior Eleitoral, *in expressi verbis*:

Não cabe à Justiça Eleitoral decidir sobre o acerto ou desacerto das decisões proferidas por outros Órgãos do Judiciário ou dos Tribunais de Contas que configurem causa de inelegibilidade.

REGISTRO DE CANDIDATURA

CAPÍTULO 13

Desse modo, requer a Vossa Excelência:

1. O recebimento da presente impugnação e sua autuação junto aos autos do registro de candidatura do representado;

2. Notificação dos impugnados (candidatos a Prefeito e Vice-Prefeito) em razão do Verbete sumular nº 38 do Egrégio Tribunal Superior Eleitoral, *verbo ad verbum:*

   Nas ações que visem à cassação de registro, diploma ou mandato, há litisconsórcio passivo necessário entre o titular e o respectivo vice da chapa majoritária.

3. Notificação dos impugnados para a defesa no prazo de 07 (sete) dias, adotando--se o rito procedimental dos arts. 3º *usque* 15 da Lei Complementar nº 64/1990 e arts. 39 e seguintes da Resolução TSE nº 23.455, de 15 de dezembro de 2015, que "Dispõe sobre a escolha e registro dos candidatos nas eleições de 2016";

4. A intimação do Ministério Público Eleitoral nos termos do art. 127 da Carta Magna e da legislação eleitoral vigente;

5. A juntada dos documentos em anexo que comprovam todo o arcabouço jurídico da inelegibilidade, não havendo necessidade de dilação probatória;

6. A procedência do pedido para, nos termos do art. 15 da Lei Complementar nº 64, de 18 de maio de 1990, negar o pedido de registro de candidatura do impugnado ao mandato eletivo de Prefeito, cancelá-lo ou nulificar o diploma do impugnado, considerando a inelegibilidade do primeiro impugnado nos termos da legislação eleitoral acima aludida e se porventura, a ação for julgada em tempo posterior ao pleito eleitoral, e dependendo do número de votos, a realização de novas eleições suplementares nos termos dos §§ 3º e 4º do art. 224 do Código Eleitoral;

7. A produção de todas as provas, especialmente a documental.

Rio de Janeiro, ___ de _____ de 20__.

ADVOGADO ELEITORAL

(procuração em anexo)

13.40. RESUMO

1) Os pedidos de registro são publicados no *Diário Oficial* e afixados em cartórios das zonas eleitorais do interior (*ver art. 97 do Código Eleitoral*).

2) No prazo de 5 (*cinco*) dias, contados da publicação do pedido de registro de candidatos, poderão os candidatos, partidos políticos, coligações e Ministério Público impugná-los (*art. 3º da Lei Complementar nº 64, de 18 de maio de 1990*). Neste caso, a impugnação é feita por ação de impugnação ao pedido de registro de candidatos, e não por parecer ou manifestação nos autos da ação de pedido de registro. Trata-se de uma ação autônoma.

3) O pré-candidato é notificado e poderá apresentar defesa em 7 (*sete*) dias, ou seja, contestação (*art. 4º da Lei Complementar nº 64/1990*).

4) Se a matéria for de direito, o juiz julga antecipadamente a lide (*art. 5º da Lei Complementar nº 64/1990*). O Ministério Público é ouvido, a saber: Promotor Eleitoral nas impugnações de candidatos a Prefeito, Vice-Prefeito e vereador; procurador regional eleitoral, nos pedidos de Governador, Vice-Governador, Senador, Deputado federal, estadual ou distrital; e procurador-geral eleitoral nos de Presidente e Vice-Presidente da República.

5) Se houver necessidade de provas, o órgão jurisdicional abrirá vista para inquirição de testemunhas arroladas pelo impugnante e impugnado (*art. 5º da Lei Complementar nº 64/1990*).

6) O juiz ou Tribunal tem 5 (*cinco*) dias para proceder a todas as diligências que determinar de ofício ou a requerimento das partes (*art. 5º, § 2º, da Lei Complementar nº 64/1990*).

7) O juiz abre vista no prazo comum de 5 (*cinco*) dias para alegações das partes e do Ministério Público (*art. 6º da Lei Complementar nº 64/1990*).

8) Após, restará 1 (*um*) dia para conclusão ao juiz e 3 (*três*) dias para sentença e, consequentemente, 3 (*três*) dias para recurso e 3 (*três*) dias para contrarrazões recursais.

Podemos extrair algumas premissas básicas sobre o registro dos candidatos de forma resumida, a saber:

a) as coligações, como partidos políticos temporários, recebem o mesmo tratamento de um partido político. Neste sentido, favor verificar a regra do art. 6º, § 1º, da Lei nº 9.504/1997;

b) "*da decisão da convenção até a diplomação dos eleitos, o partido político coligado possui legitimidade para agir isoladamente somente na hipótese de dissidência interna, ou quando questionada a validade da própria coligação*" (*Acórdão-TSE 18.421, de 28 de junho de 2001, e Res. TSE nº 22.156/2006, art. 6º*);

c) os candidatos que gozem de foro especial por prerrogativa de função devem apresentar certidões criminais pelo Tribunal competente para processar e julgar os eventuais delitos por eles praticados. Neste sentido, Resolução TSE no 23.455/2015, art. 27, II, "c";

d) nos pedidos de registro de candidatos devem ser apresentadas as provas da desincompatibilização dos agentes públicos;

e) deve constar do pedido de registro de candidaturas o comprovante de escolaridade do pré-candidato, ou declaração de próprio punho de que ele é alfabetizado. Cabem ainda, em caso de suspeita, diligências e testes para se verificar se o pretendente possui nível de alfabetização;

REGISTRO DE CANDIDATURA   CAPÍTULO 13

f) com o intuito de agilizar a prestação jurisdicional, é possível julgar em um só processo a impugnação (*AIRC*) e o registro dos demais candidatos. Tudo será fruto de uma única decisão (*art. 46 da Resolução TSE nº 23.455/2015*);

g) o cancelamento do registro é automaticamente feito pela Justiça Eleitoral, quando ocorrer o falecimento ou a renúncia;

h) "*o candidato que tiver seu registro indeferido poderá recorrer da decisão e, enquanto estiver* sub judice, *prosseguir em sua campanha e ter seu nome mantido na urna eletrônica*" (*art. 44 da Resolução TSE nº 23.455/2015*);

i) a competência para processo e julgamento das ações de impugnação está prevista no art. 2º da Lei Complementar nº 64, de 18 de maio de 1990;

j) na ação de impugnação ao pedido de registro devem ser arguidos fatos até a data do pedido de registro, ou seja, dia 15 de agosto do ano eleitoral (*art. 11 da Lei nº 9.504/1997*);

k) os motivos para impugnar são, por exemplo: falta de condições de elegibilidade, inelegibilidades, perda e suspensão dos direitos políticos. Não se pode impugnar pelo abuso do poder econômico ou político antes da propaganda. Reserva-se, neste caso, a deflagração da AIJE;

l) o objetivo primordial da impugnação é impedir que o pré-candidato tenha o registro definitivo, pois enquanto não houver decisão sobre a impugnação ele poderá concorrer ao pleito eleitoral;

m) os efeitos estão no art. 15 da Lei Complementar nº 64, de 18 de maio de 1990, a saber: negativa do registro, na hipótese do mesmo ainda não ter sido obtido; no caso da obtenção, caberá o cancelamento e, por fim, se diplomado será declarado nulo o referido diploma, ocasionando a perda do mandato eletivo;

n) o DRAP é o documento principal do registro e, se for indeferido atinge todos os pedidos de registro de candidaturas RRCs, inclusive se já deferidos;

o) os pedidos de registro de chapas majoritárias são julgados em uma única decisão e ambos os candidatos devem estar aptos ao deferimento, podendo o partido político substituir o candidato não apto.

REGISTRO DE CANDIDATURAS

Eleições Municipais.
Prefeitos. Vices e Vereadores. O Tribunal Regional Eleitoral designa em cada Município um juiz eleitoral para o exame e processamento dos pedidos de registro de candidatos.

↓

Requerimento do Partido Político ou Coligação.

↓

O prazo é até 15 de agosto do ano eleitoral
(art. 11 da Lei das Eleições).

↓

São apresentados os Requerimentos de Registro de Candidaturas (RCCIs) e os Documentos de Regularidade de Atos Partidários (DRAPs).

↓

Aplicação do Sistema Informatizado de Candidaturas e autuação. Em seguida publicam-se EDITAIS com certificação.

↓

Com a publicação dos EDITAIS começa o prazo de 5 (cinco) dias para a AÇÃO DE IMPUGNAÇÃO AO REQUERIMENTO DE REGISTRO DE CANDIDATOS (art. 3º da Lei Complementar nº 64/1990). Observação: o Promotor Eleitoral já deve ter vista dos autos para preparar seu parecer ou impugnação.

↓

Coluna A

Contestação em 7 (sete) dias.

↓

Possibilidade de oitiva de testemunhas. Todas as testemunhas são ouvidas numa única assentada.

↓

Diligências. Oitiva de outras pessoas. Documentos.

↓

(A)

Coluna B

Não ocorrendo impugnação será prolatada a sentença do juiz eleitoral designado para o exame dos registros.

↓

Prazo de 3 (três) dias para a sentença.

↓

Publicação da decisão em cartório.

↓

(B)

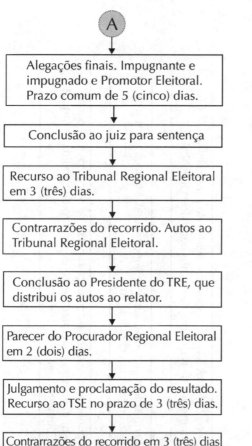
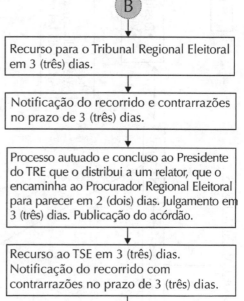

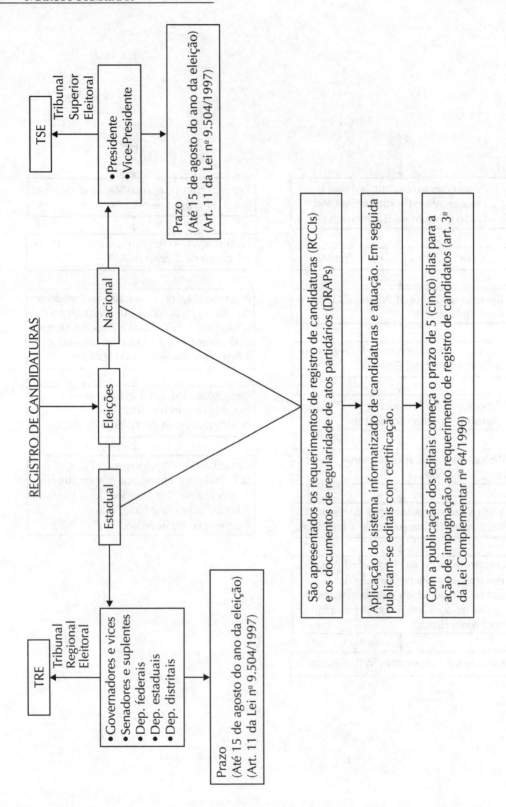

Marcos Ramayana • Direito Eleitoral • 17ª ed. • Capítulo 13 – Registro de Candidatura

Capítulo 14
Propaganda Eleitoral

14.1. CONSIDERAÇÕES GERAIS

Identifica-se **historicamente** a propaganda dos tiranos, pela formação de três elementos: a) discurso demagógico; b) embelezamento das cidades, despertando o sentimento de orgulho do povo da região; e c) atitudes de impacto.

Nota-se que na democracia grega a propaganda estava baseada nas condições pessoais do orador e nas retóricas.

Em Roma, ela passou a ser exercida de forma mais institucional, originando-se uma formação de partidos políticos com estatutos e ideologias. As conquistas territoriais eram divulgadas como formas de propaganda política.

No período da Inquisição, foi tratada como verdade religiosa, dando-se publicidade aos castigos.

Vários fatores sociais, militares, religiosos e econômicos influenciaram as propagandas políticas ao longo da história, mas não podemos esquecer as sábias palavras do filósofo Jean Baudrillard, ou seja, a propaganda é uma forma de venda, é uma técnica de influenciar a opinião pública.

A propaganda exerce uma magia que já levou povos e nações ao extremo. Incindíveis são a propaganda e a informação, que devem dar conhecimento da verdade, mas nem sempre seus objetivos são puramente alcançados.

Surgem como fatores importantes o *slogan* e o símbolo, assim como imagens, cores, retratos e aspectos da publicidade moderna que acabam por formatar a propaganda política, seja ela eleitoral ou partidária.

14.2. CONTRAPROPAGANDA

Fala-se em **contrapropaganda** como uma forma de atacar as teses do adversário, desmontando os temas, utilizando técnicas de pormenores dúbios da vida privada, o que poderá gerar ofensas à honra e o direito de resposta (art. 58 da

Lei nº 9.504/1997), inclusive em alguns casos a análise do tipo penal da calúnia, difamação ou injúria (delitos previstos no Código Eleitoral, arts. 324 a 326).

14.3. ELEMENTOS DA PROPAGANDA

É possível identificar três elementos que fazem parte da propaganda em geral e também se aplicam ao tipo eleitoral, tais como: (i) superficialidade; (ii) volubilidade; e (iii) **jogo dos grandes interesses.** Esses elementos, quando estão reunidos, podem fraudar as ideologias e os programas dos partidos, conduzindo o eleitorado ao **erro político.**

A propaganda legítima, normal e hígida é aquela que garante as liberdades políticas e o pluralismo político como formas naturais de alternância do poder dentro de uma sociedade.

Deve-se garantir ao eleitor uma formação de opinião eleitoral livre em face dos assuntos discutidos nas propagandas eleitorais.

As liberdades de expressão e opinião, além de serem direitos fundamentais, asseguram a plena realização da propaganda regular.

14.4. PROPAGANDA POLÍTICA ELEITORAL. CONCEITO

Trata-se de espécie de propaganda que tem a finalidade precípua de divulgar ideias e programas dos candidatos. É a oportunidade que a legislação eleitoral atribuiu ao candidato para exteriorizar o símbolo real do mandato representativo e partidário.

Como se verifica, a propaganda política eleitoral sempre se sujeitou a variações legislativas que ora traduzem avanços ou retrocessos como foi, por exemplo, a *Lei Falcão – Decreto-Lei nº 1.538, de 14 de abril de 1977*. Historicamente esta norma jurídica foi considerada um retrocesso alterando o Código Eleitoral no capítulo sobre propaganda.

As reiteradas violações em relação as regras eleitorais contam com ineficazes meios de coibição do abuso do poder político em ano anterior ao da eleição, gerando uma impunidade fomentada e sedutora, a ponto de estimular a prática sucessiva na utilização indevida da estrutura funcional e administrativa em geral da máquina pública.

Neste cenário de ferimento inequívoco do regime democrático, faz-se necessária a instituição de ferramentas jurídicas capazes de punir e inibir a continuidade destas práticas, utilizando-se atualmente a representação com base na violação ao art. 36, § 3º, da Lei nº 9.504/1997.

A visão de proteção da eleição futura deve ser contemplada pelo legislador de forma axiológica e dentro de um equilíbrio de proteção máxima da Constituição da República e do próprio regime republicano que prevê a alternância dos titulares dos mandatos eletivos e de seu núcleo familiar.

Caminhamos para a interpretação de maior amplitude das normas constitucionais no universo eleitoral legislativo.

Desta forma, podemos concluir que a expansão das práticas de abuso do poder político fora dos anos de eleição fará emergir na jurisprudência dos Tribunais Eleitorais a necessidade inadiável de controle eficaz e punitivo como rumo ideal de tutela da Constituição da República.

O Egrégio TSE tem firmado a posição de que: "(...) *na apuração do abuso de poder político, a questão central não é a responsabilidade, participação ou anuência do candidato, mas sim se o fato o beneficiou* (*TSE. Recurso Ordinário nº 111-69/SP, Rel.ª Min.ª Nancy Andrighi, em 7/8/2012*).

O benefício do candidato pode ser verificado em razão do conjunto probatório como: fotografias, filmagens, local da eleição, quantidade de publicidade, reiteração de práticas irregulares, autos de infração lavrados pela fiscalização da propaganda eleitoral ao exercer o poder de polícia eleitoral, multiplicidade de uso indevido de serviços públicos com a finalidade puramente eleitoral e outras provas.

Em observância ao panorama legislativo eleitoral é possível concluir pela ineficácia de normas que possibilitem manter a igualdade nas campanhas eleitorais, porque os atos de abuso do poder econômico e político ocorrem nos anos não eleitorais.

A ação de investigação judicial eleitoral ou representação por abuso do poder econômico ou político (artigo 22 da LC nº 64/90) carece de urgente regulamentação em relação ao prazo inicial de sua propositura, ou seja, deveria ser cabível quando caracterizada a ação abusiva. No entanto, o ineficiente sistema vigente exige que se aguarde o requerimento registral da candidatura para se deflagrar a medida judicial.

14.5. BASE LEGAL

A propaganda política eleitoral possui previsão legal nos arts. 36 *usque* 57-J da Lei nº 9.504/1997 e no Código Eleitoral, arts. 240 *usque* 256.

14.6. INÍCIO

Esse tipo de propaganda só pode ter início no dia **16 de agosto do ano de eleição**. Os arts. 36, da Lei nº 9.504/1997, e 240, do Código Eleitoral, tratam do prazo inicial; portanto, "(...) *somente é permitida após o dia 15 de agosto do ano de eleição*".

A legislação eleitoral foi alterada pela Lei nº 13.165, de 29 de setembro de 2015, e o prazo de propaganda política eleitoral sofreu redução, pois começava no dia 6 (*seis*) de julho do ano de eleição.

14.7. GRATUIDADE

O art. 99 da Lei nº 9.504/1997 prevê a compensação fiscal pela cedência do horário gratuito no rádio e televisão. A compensação fiscal não mais será aplicada para a propaganda política partidária em razão da revogação desse tipo de propaganda (arts. 3º e 5º da Lei nº 13.487, de 6/10/2017).

Assim, na apuração do Imposto de Renda da Pessoa Jurídica (*IRPJ*), é possível excluir o lucro líquido para efeitos de lucro real, no valor de oito décimos do resultado da multiplicação do preço do espaço comercializável pelo tempo que seria utilizado pela emissora em programação normal.

Considerando que toda a sociedade de forma indireta é solidária no pagamento desta propaganda, cumpre aos candidatos seguirem as regras eleitorais e extirparem as ofensas, respeitando o eleitor e telespectador.

14.8. RESPONSABILIDADE SOLIDÁRIA

A responsabilidade solidária incidente sobre a propaganda política foi instituída pela Lei nº 12.891, de 11/12/2013, que acrescentou o § 5º no art. 6º da Lei nº 9.504/1997 (*Lei das Eleições*) nos seguintes termos: "*A responsabilidade pelo pagamento de multas decorrentes de propaganda eleitoral é solidária entre os candidatos e os respectivos partidos, não alcançando outros partidos mesmo quando integrantes de uma mesma coligação*".

Por outra: a **Lei nº 13.165, de 29/09/2015,** acrescentou o **§ 11 ao art. 96 da Lei nº 9.504/1997** nos seguintes termos: "*As sanções aplicadas a candidato em razão do descumprimento de disposições desta Lei **não se estendem ao respectivo partido**, mesmo na hipótese de esse ter se **beneficiado da conduta**, salvo quando comprovada a sua **participação***" (grifos nossos).

O § 11 do art. 96 está inserido no procedimento específico utilizado para aplicar sanções genéricas, e.g., a multa eleitoral que decorre da propaganda irregular.

A lei revogadora é incompatível com a responsabilidade solidária no que tange à aplicação de multas eleitorais por ações ilegais do candidato durante a subfase da propaganda política eleitoral.

Infere-se que a norma cria extrema dificuldade para a punição da legenda partidária, pois exige que o partido político tenha **participado da ação ilícita** por um ato de seu representante legal, delegado, membro do diretório ou filiado.

Ausente essa prova, exclui-se a responsabilidade solidária, sendo exclusiva do candidato ou de terceiros que agiram ilicitamente.

São **requisitos da responsabilidade solidária** entre candidatos e partidos políticos os seguintes: (i) ação com vínculo subjetivo; (ii) relação de causalidade; e (iii) violação literal da legislação eleitoral. Não é suficiente o benefício auferido pelo partido político com a ação ilícita.

Por exemplo:

Se o "candidato a candidato" escolhido em Convenção Partidária para disputar a eleição de vereador coloca um adesivo fora do tamanho padrão de sua propaganda eleitoral em veículo de sua propriedade. A multa por propaganda antecipada é de exclusiva responsabilidade do infrator pré-candidato. Não se aplica ao partido político.

Todavia, se o adesivo é colocado em veículo da agremiação partidária ou na sede do Diretório Municipal com anuência de um representante legal partidário, a responsabilidade será solidária entre o candidato infrator e o partido político (*Diretório Municipal*). Nesse caso se afigura o ato de **participação na ação ilícita**.

A participação referida no § 11 do art. 96 da Lei das Eleições pode ser identificada como: (i) **material,** com o auxílio de bens ou serviços da agremiação partidária; ou (ii) **moral**, quando, realizada uma reunião, os dirigentes partidários fazem pedido explícito de voto ao futuro pré-candidato antes do dia 16 de agosto do ano de eleição caracterizando uma espécie de propaganda antecipada (*arts. 36 e 36-A da Lei nº 9.504/1997*).

14.9. PROPAGANDA POLÍTICA ELEITORAL NAS RUAS E LOGRA-DOUROS PÚBLICOS. CONSIDERAÇÕES GERAIS

Trata-se de espécie de divulgação de propaganda que é veiculada nas ruas, praças, avenidas, postes, ou seja, no ambiente urbanístico das cidades.

Sobre o assunto destacam-se alguns temas que reputamos essenciais e estão inseridos no contexto dos arts. 37 a 39 da Lei nº 9.504/1997.

A Lei nº 11.300/2006, Lei da Minirreforma Eleitoral, alterou a redação do art. 37 da Lei nº 9.504/1997, sendo mais protetiva do ambiente urbanístico e restritiva aos candidatos e partidos políticos que utilizam galhardetes, placas, faixas e outros artefatos.

A Lei nº 12.891/2013 alterou a redação do art. 37 *caput* para proibir o uso de **cavaletes**, ou seja, <u>armação móvel, com pé, dotada de suporte</u> (*Novo Dicionário Aurélio da Língua Portuguesa*. 2ª ed. São Paulo: Editora Nova Fronteira, p. 374.)

Com essa alteração proibitiva, o § 6º do art. 37 da Lei das Eleições, também foi modificado. O § 8º do art. 39 da Lei nº 9.504/1997 veda o *outdoor*, inclusive eletrônico.

A Lei nº 13.165, de 29/09/2015, produziu outra alteração legislativa no art. 37 da Lei das Eleições, nos seguintes termos:

> Art. 37. Nos bens cujo uso dependa de cessão ou permissão do poder público, ou que a ele pertençam, e nos bens de uso comum, inclusive postes de iluminação pública, sinalização de tráfego, viadutos, passarelas, pontes, paradas de ônibus e outros equipamentos urbanos, é vedada a veiculação de propaganda de qualquer natureza, inclusive pichação, inscrição a tinta e **exposição de placas**, estandartes, faixas, cavaletes, **bonecos** e assemelhados. (Redação dada pela Lei nº 13.165, de 2015) (grifos nossos).

A modificação foi a seguinte: ao invés de **"fixação de placas"**, pune-se agora a **"exposição de placas"** e a utilização de **bonecos**.

Desse modo, a colocação de placas que possam exibir imagens ou frases, explanar, contar ou revelar de alguma forma a campanha eleitoral de determinado candidato caracterizam modalidade de propaganda irregular.

Essas exibições de placas estão proibidas nas propriedades públicas e privadas.

A interpretação de bem de uso comum é extraída do § 4º do art. 37 da Lei das Eleições e compreende, por exemplo, clubes e cinemas.

A sede de um clube ou de uma sala de cinema (bens particulares) é equiparada aos bens públicos para fins de propaganda eleitoral.

Nos bens particulares, *e.g.*, veículos, janelas, varandas e paredes de prédios são proibidas as exibições de placas de candidatos, pois a redação do § 2º do art. 37 foi alterada, ou seja, só são permitidos **adesivos** ou **papéis** que não excedam a 0,5 m^2 (*meio metro quadrado*).

Não é permitida a utilização de placas de até **4m^2** (*quatro metros quadrados*) nas ruas e na propriedade privada (*terrenos, lojas, salas e outros*).

A intenção do legislador foi objetivar a diminuição significativa dos custos elevados na confecção dessas placas.

Limita-se esse tipo de propaganda aos adesivos e papéis (*cartaz em papel*) de até 0,5m^2 (*meio metro quadrado*).

Quanto aos **bonecos**, já tinham uma proibição em razão da revogação expressa do § 6º do art. 37 pela redação da Lei nº 12.891/2013. Agora a vedação é resoluta no texto do *caput* do art. 37 da Lei das Eleições.

Permite-se o uso de bandeiras e mesas para distribuição de material na forma do art. 37, § 6º da Lei nº 9.504/1997.

Como se percebe, a propaganda eleitoral nas ruas enseja a aplicação de multas e a restauração dos bens públicos atingidos, mas, se houver **"gravidade"**

PROPAGANDA ELEITORAL

CAPÍTULO 14

para desequilibrar as eleições, o caso demandará a propositura da **ação de investigação judicial eleitoral por abuso do poder econômico**, na forma do art. 22 da Lei das Inelegibilidades, o que conduzirá o infrator à sanção da inelegibilidade por oito anos, cassação do registro ou diploma.

Não se pode esquecer que o somatório das **reiteradas propagandas políticas eleitorais irregulares** divulgadas sem lastro na prestação de contas, pode caracterizar o abuso do poder econômico, pois nas ruas tornam-se visíveis os gastos do dinheiro da campanha eleitoral, especialmente na confecção de impressos coloridos, faixas luminosas e materiais valiosos e de inequívoco gasto eleitoral não declarado.

Nas ruas são resolutas as diferenças entre o poder econômico dos candidatos, pois neste palco urbano ou rural se apresentam as forças dos panfletos, contratação de cabos-eleitorais e de todo o aparato extremamente oneroso que em certo grau fomenta uma prévia corrupção eleitoral.

Nesse cenário surgem as captações ilícitas de sufrágio (art. 41-A da Lei das Eleições) como condutas criminosas e que provocam sanções (*cassação do registro, diploma e multa*), e os abusos que caracterizam resoluta hipótese de inelegibilidade.

As eleições não podem ser vistas como atos meramente formais, porque os eleitores não estão caminhando para um gesto sem comemoração ou festividade, mas não é razoável a tolerância com a propaganda sem freios, e que serve apenas ao descrédito das instituições democráticas e aniquilam a normalidade e legitimidade das eleições.

Diante desse panorama, surge a prudência do magistrado eleitoral, que é um ser supremo ativo na preservação moral e ética da democracia, pois vive e julga as eleições em um quadro dos mais árduos da missão da magistratura: se de um lado deve preservar o regime democrático como função que lhe foi destinada pelas regras constitucionais e éticas; por outro, se vê inserido no contexto de uma campanha política que aflora os ânimos e se traduz numa atmosfera de corrupção, fraude e desmandos, inclusive com a propaganda criminosa, captativa e abusiva.

Nesse prumo navega o juiz eleitoral, usando da cautela na preservação da nobilíssima instituição da Magistratura e da democracia, anunciando, nas sentenças em voz alta, a profundidade e a qualidade do fundo das campanhas eleitorais e expurgando da competição eleitoral os candidatos que não souberam preservar as regras da igualdade em face da lei eleitoral.

A transferência para o Poder Judiciário Eleitoral do enfrentamento da política se apresenta no Estado democrático contemporâneo, como um desafio dos mais complexos da engenharia social e cultural, com reflexos na capacidade

531

econômica de subsistência desse precioso regime, cujos sacrifícios da judicatura certamente serão lembrados para as futuras gerações do nosso Brasil.

A Lei nº 12.034/2009 incluiu os §§ 6º e 7º ao art. 37 da Lei nº 9.504/1997 nos seguintes termos:

> § 6º É permitida a colocação de cavaletes, bonecos, cartazes, mesas para distribuição de material de campanha e bandeiras ao longo das vias públicas, desde que móveis e que não dificultem o bom andamento do trânsito de pessoas e veículos.
>
> § 7º A mobilidade referida no § 6º estará caracterizada com a colocação e a retirada dos meios de propaganda entre as seis horas e as vinte e duas horas.

Em leitura do § 6º do artigo acima aludido, poderíamos compreender que a mobilidade significa uma ação de mover um bem ou objeto. Assim, um boneco com rodas, uma mesa de rodinhas, uma bicicleta e outros. No entanto, o legislador criou outro sentido para a expressão "mobilidade", ou seja, atrelou-se o sentido ao fato de o objeto móvel ser retirado das ruas após um determinado horário (*22 horas*).

A Lei nº 12.891/2013, alterou a redação do § 6º do art. 37 nos seguintes termos:

> § 6º É permitida a colocação de mesas para distribuição de material de campanha e bandeiras ao longo das vias públicas, desde que móveis e que não dificultem o bom andamento do trânsito de pessoas e veículos.

Como se depreende, **não é mais autorizada a utilização de cavaletes, bonecos e cartazes**. Nesse sentido é a redação da Lei nº 13.165, de 2015.

Quanto aos **bonecos**, a vedação também surgiu no texto desta lei.

A propósito, o § 2º do art. 37 permitia a utilização de cartazes até 4m² (quatro metros quadrados) nos **bens particulares**.

A redação atual do dispositivo legal só autoriza adesivos e papéis até 0,5m² (*meio metro quadrado*).

Registre-se o verbete sumular nº **48** do TSE: "*A retirada da propaganda irregular, quando realizada em bem particular, não é capaz de elidir a multa prevista no art. 37, § 1º, da Lei nº 9.504/1997*".

Nova alteração foi produzida pela Lei nº 13.488/2017 na redação do § 2º e na inclusão dos incs. I e II ao art. 37 da Lei nº 9.504/1997.

Diz o § 2º do art. 37 da Lei nº 9.504/1997 (redação dada pela Lei nº 13.488, de 2017), *verbo ad verbum*:

PROPAGANDA ELEITORAL   CAPÍTULO 14

> § 2º Não é permitida a veiculação de material de propaganda eleitoral em bens públicos ou particulares, exceto:
>
> I – bandeiras ao longo de vias públicas, desde que móveis e que não dificultem o bom andamento do trânsito de pessoas e veículos;
>
> II – adesivos plásticos em automóveis, caminhões, bicicletas, motocicletas e janelas residenciais, desde que não exceda a 0,5 m² (meio metro quadrado).

Com essa moldura é possível deduzir que:

(i) faixas, cavaletes, bonecos, assemelhados e a exposição de placas já estavam proibidas pela Lei nº 13.165, de 2015, que alterou a redação do art. 37 da Lei nº 9.504/1997;

(ii) a Lei nº 13.488, de 2017, foi mais enfática e proibiu a propaganda em bens públicos e particulares, com pequenas ressalvas;

(iii) as ressalvas são: bandeiras ao longo das vias, desde que móveis e não causem transtornos ao trânsito de pessoas e veículos e os adesivos cuja dimensão está limitada a **0,5 m²** (meio metro quadrado).

14.10. PODE UMA MESA COM PROPAGANDA ELEITORAL FICAR APOIADA NA RUA DAS 6H ÀS 22H?

Pela leitura do § 7º acima exposto, não haveria empecilho. No entanto, não se pode desprezar o interesse público no tráfego e trânsito (*veículos e pessoas*), sob pena de violação às posturas municipais e à legislação urbanística, além de causar graves transtornos que estimulariam a revolta do eleitor.

Não é possível abandonar o objeto na via pública, pois se exige de forma permanente o controle e fiscalização da propaganda em relação aos circunstantes e veículos. O poder de vigilância do candidato sobre bens de seu interesse é inerente à higidez das campanhas eleitorais.

Se, porventura, o objeto estiver sem vigilância do interessado, independentemente do horário fixado entre 6h e 22 h, é legítima a sua apreensão e posterior multa na forma do art. 37, § 1º, da Lei das Eleições.

O essencial é que a mesa não seja abandonada na via pública, mesmo que por curto lapso temporal injustificado.

Pela leitura do § 2º do art. 37 da Lei nº 9.504/1997 (redação dada pela Lei nº 13.488, de 2017), num primeiro momento, pode parecer que as mesas não são mais permitidas, pois a lei veda material de propaganda em bens públicos, ressalvando apenas bandeiras e adesivos.

Todavia, os §§ 6º e 7º do art. 37 não foram expressamente revogados pela Lei nº 13.488, de 2017.

533

Desse modo, podem surgir dois posicionamentos: (i) ocorreu a revogação tácita do uso das mesas em bens públicos; e (ii) ainda são autorizadas as mesas, desde que respeitada a mobilidade aduzida no § 7º do art. 37 da Lei das Eleições.

Preferimos a segunda posição, pois, com a proibição dos cavaletes, os candidatos com menos recursos financeiros sofreram dificuldades na veiculação da propaganda, considerando que a utilização das bandeiras pressupõe o pagamento de militantes políticos que as ostentem pelas ruas.

Já o cavalete podia ficar apoiado no solo sem uma maior vigilância. Dessa forma, se as mesas forem mantidas é evidente que podem de alguma forma substituir a proibição dos cavaletes.

Vejamos um exemplo.

Se o candidato X opta por colocar mesas na via pública observando corretamente o período de remoção e não dificultando o bom andamento do trânsito de pessoas e veículos, ele poderá contratar poucos cabos eleitorais para guarnecer o local, enquanto o uso de bandeiras pressupõe dezenas ou centenas de pessoas e uma remuneração muito mais elevada.

Mesas e bandeiras não podem ser abandonadas nas vias públicas, sob pena de apreensão do material.

O objetivo é sempre diminuir os custos com a propaganda política eleitoral.

14.11. PROPAGANDA POLÍTICA ELEITORAL EM BENS PARTICULARES. ENGENHOS PUBLICITÁRIOS. VEDAÇÃO AO PAGAMENTO EM TROCA DO ESPAÇO

A Lei nº 12.034/2009 alterou a redação do § 2º do art. 37 da Lei nº 9.504/1997.

O dispositivo legal limitou nos bens particulares, apartamentos, casas, terrenos e lojas, o tamanho das placas, faixas e assemelhados, sendo significativa a vedação atinente às pinturas ou inscrições. Não é possível ultrapassar a metragem de 4m² (quatro metros quadrados).

A Lei nº 13.165, de 29/09/2015, modificou a redação para que a propaganda seja "**feita em adesivo ou papel, não exceda a 0,5 m² (meio metro quadrado)**".

Como já visto anteriormente, não se permite mais a exibição, colocação, demonstração ou qualquer meio de visibilidade de faixas, cartazes, placas, pinturas e inscrições, com exceção de adesivos e papéis até 0,5m² (meio metro quadrado).

Por fim, a Lei nº 13.488, de 2017, como já mencionado alhures, proibiu a veiculação de material de propaganda em bens públicos e particulares, ressalvando as bandeiras e adesivos (os adesivos até meio metro quadrado).

Mais uma vez não tratou o legislador do tamanho das bandeiras, o que poderá demandar fundadas dúvidas.

534

PROPAGANDA ELEITORAL

CAPÍTULO 14

A princípio, só os adesivos estão sujeitos ao tamanho de meio metro quadrado.

Todavia, as bandeiras não podem substituir as placas de 4m² (quatro metros quadrados), mas também não estão limitadas a 0.5m² (meio metro quadrado).

Infere-se que o tamanho da bandeira está sem uma regulamentação precisa. Trata-se de uma forma de propaganda que poderá ser questionada e ter interpretações diversas acarretando insegurança jurídica aos personagens envolvidos na campanha eleitoral.

Os adesivos de 50 (cinquenta) centímetros por 40 (quarenta) centímetros referidos no § 3º do art. 38, atualmente podem chegar à padronização de 0.5m² (meio metro quadrado), em razão do inc. II do § 2º do art. 37 da Lei nº 9.504/1997 (inclusão da Lei nº 13.488, de 2017). É um detalhe que permite o aumento do tamanho do adesivo.

Ressalte-se que em relação às placas **não se admitia a justaposição**. No mesmo sentido não podem ser justapostos os adesivos.

A junção de cartazes ou placas (*justaposição*) configura propaganda irregular, pois mesmo que exista uma distância visível ao eleitor, o contexto da fixação das placas poderá ensejar a figura de um *outdoor* camuflado, o que não é permitido pela legislação eleitoral (*o art. 42 da Lei nº 9.504/1997, que disciplinava o engenho publicitário denominado outdoor foi revogado pela Lei nº 11.300/2006*).

Assim, as fixações irregulares destes artefatos publicitários podem caracterizar: a) as sanções previstas no § 1º do art. 37 da Lei das Eleições (*multa*); b) um efetivo gasto ilícito ensejando eventual desaprovação das contas (*art. 30, III, da Lei nº 9.504/1997*); e c) dependendo do contexto poderá ainda incidir a representação do art. 30-A da Lei nº 9.504/1997, ou a representação por abuso poder econômico (*AIJE*).

Quanto ao excesso de metragem das pinturas e inscrições, a lei foi providencial, pois inexistia uma vedação expressa. A Justiça Eleitoral limitava-se a analisar a questão sob o enfoque das violações às posturas municipais e à legislação ambiental genericamente considerada.

O § 2º do art. 37 fazia ainda menção às contrariedades referentes "à legislação eleitoral". Por exemplo, o § 5º do art. 37 da Lei das Eleições veda a propaganda em muros, cercas e tapumes divisórios. Como se verifica, se o muro ou tapume for **divisório** entre propriedades e terrenos, incidirá a proibição da propaganda por inscrição e outras formas apontadas no dispositivo legal.

Não é permitida a veiculação desse tipo de propaganda eleitoral em muros privados ou públicos.

A inscrição à tinta, pichações, placas fixadas ou simplesmente expostas constituem espécies de irregularidades e ensejam as sanções previstas no § 1º do art. 37 da Lei das Eleições: (i) restauração do bem; ou (ii) multa eleitoral de R$ 2.000.00 (*dois mil reais*) a R$ 8.000.00 (*oito mil reais*).

535

Na aplicação da multa eleitoral leva-se em consideração a condição econômica do infrator eleitor, art. 367, I, do Código Eleitoral.

O § 8º do art. 37 proíbe o pagamento pelos partidos políticos, candidatos e terceiros da locação do espaço de bens particulares para a finalidade de veiculação de propaganda.

Com efeito, diz o § 8º :

> § 8º A veiculação de propaganda eleitoral em bens particulares deve ser espontânea e gratuita, sendo vedado qualquer tipo de pagamento em troca de espaço para esta finalidade.

A espontaneidade referida no texto da lei é medida essencial para preservar a livre manifestação do eleitor e a higidez das campanhas eleitorais.

Não são raros os casos em que cabos-eleitorais coagem eleitores de regiões carentes de recursos para subjugá-los a veicular propaganda, inclusive praticando os crimes dos arts. 299 e 301 do Código Eleitoral (*corrupção e coação eleitoral*). Preserva-se a vontade do eleitor e a livre opção pela escolha democrática. Mas não é só. Evita-se o abuso do poder econômico.

O dispositivo legal impõe que seja gratuita a veiculação da propaganda em bens particulares. Desta maneira, não é possível ao candidato lançar na prestação de contas de sua campanha eleitoral esse tipo de despesa.

O § 8º do art. 37 é de relevante interesse à manutenção da isonomia na propaganda política eleitoral e se constitui em forma essencial de impedir abusos contra a vontade do eleitor, mas olvidou-se o legislador de impor uma sanção específica, por exemplo, a multa.

Trata-se de uma prática ilegal a veiculação em desacordo com a norma acima enfocada, incidindo o poder de polícia do juiz eleitoral objetivando inibir ou afastar o ato (*art. 41, § 2º, da Lei das Eleições*), sendo possível a **apreensão do material** e eventual análise do delito de desobediência previsto no art. 347 do Código Eleitoral.

A violação ao § 8º do art. 37 da Lei das Eleições é uma forma de propaganda política eleitoral irregular, que pode em alguns casos tornar-se abusiva e até criminosa.

Restará ainda a eventual incidência da representação prevista no art. 30-A da Lei das Eleições, quando ficar demonstrado por provas coligidas, que o infrator candidato comprou o espaço (*bens particulares*), *v.g.*, de fachadas, janelas, muros, postes de casas dos eleitores.

Veda-se o aluguel de fachadas de prédios. Proíbe-se a locação do espaço, mas não o comodato.

No caso do comodato pode-se em algumas hipóteses identificar a compra e venda de votos (*art. 299 do Código Eleitoral e art. 41-A da Lei nº 9.504/1997*).

Exemplo: se o eleitor empresta o seu terreno para a colocação de adesivos e papéis do candidato, não poderá de forma nenhuma condicionar o contrato a alguma prestação futura ou emprego. A nova lei exige a espontaneidade e gratuidade do ato de empréstimo temporário do bem particular.

14.12. JANELAS RESIDENCIAIS

A propaganda eleitoral nas janelas residenciais está limitada, ou seja, somente poderá ser feita por adesivos plásticos, que não excedam $0,5m^2$ (meio metro quadrado), nos termos do inc. II do § 2º do art. 37 da Lei nº 9.504/1997 (redação da Lei nº 13.488, de 2017).

Os adesivos plásticos são mais onerosos do que os impressos. Objetivando uma razoabilidade na aplicação da lei, não é razoável proibir que o eleitor coloque em sua janela um adesivo impresso. É mais econômico, desde que respeitado o tamanho.

Subsiste uma irracionalidade no sistema de propaganda instituído pela Lei nº 13.488, de 6/10/2017 (minirreforma eleitoral), considerando que: (i) permite o uso de bandeira ao longo das vias pública sem a fixação de um tamanho específico; e (b) se o eleitor desfila com uma bandeira a sua conduta é autorizada, mas se depois pendura em sua janela estará agindo ilegalmente.

Ele deverá substituir a bandeira pelo adesivo plástico?

A legislação assim exposta, note-se bem, quando restringe a propaganda nas janelas residenciais por bandeiras, inequivocamente viola a plena liberdade de expressão e comunicação, bem como o direito participativo do eleitor.

Poder-se-ia estabelecer um tamanho para as bandeiras nas janelas assegurando-se uma certa tutela ambiental relativa em razão da descaracterização urbanística promovida pelos eleitores e candidatos, mas a sumária proibição não se afigura uma correta política legislativa eleitoral, nem a limitação ao adesivo plástico, quando o impresso é mais econômico.

Saliente-se ainda que o § 5º do art. 37 da Lei das Eleições, com a inclusão da Lei nº 12.034/2009, assim versa:

§ 5º Nas árvores e nos jardins localizados em áreas públicas, bem como em muros, cercas e tapumes divisórios, não é permitida a colocação de propaganda eleitoral de qualquer natureza, mesmo que não lhes cause dano.

Como se pode notar, a propaganda é proibida nas árvores e jardins de áreas públicas, porque, nestes casos, viola-se a regra do bem público prevista no *caput* do art. 37 da Lei nº 9.504/1997. A transgressão sujeita o infrator à sanção de multa, após as providências do art. 40-B da mesma lei.

14.13. PROPAGANDA POR CARROS DE SOM, MINITRIO E TRIO ELÉTRICO

A Lei nº 12.891/2013 acrescentou os §§ 11 e 12 ao art. 39 da Lei nº 9.504/1997 nos seguintes termos:

> § 11. É permitida a circulação de carros de som e minitrios como meio de propaganda eleitoral, desde que observado o limite de 80 (oitenta) decibéis de nível de pressão sonora, medido a 7 (sete) metros de distância do veículo, e respeitadas as vedações previstas no § 3º deste artigo.
>
> § 12. Para efeitos desta Lei, considera-se:
>
> I – carro de som: veículo automotor que usa equipamento de som com potência nominal de amplificação de, no máximo, 10.000 (dez mil) watts;
>
> II – minitrio: veículo automotor que usa equipamento de som com potência nominal de amplificação maior que 10.000 (dez mil) watts e até 20.000 (vinte mil) watts;
>
> III – trio elétrico: veículo automotor que usa equipamento de som com potência nominal de amplificação maior que 20.000 (vinte mil) watts

A alteração legislativa estabelece limites sonoros (*decibéis*) e por metragem, com a definição de carros de som, minitrio e trio elétrico.

Posteriormente, o § 11 do art. 39 passou a ter a seguinte redação dada pela Lei nº 13.488, de 2017:

> É permitida a circulação de carros de som e minitrios como meio de propaganda eleitoral, desde que observado o limite de oitenta decibéis de nível de pressão sonora, medido a sete metros de distância do veículo, e respeitadas as vedações previstas no § 3º deste artigo, apenas em carreatas, caminhadas e passeatas ou durante reuniões e comícios.

Desse modo, além de os carros de som e minitrios observarem a distância mínima de 200 (duzentos) metros de hospitais, sedes do Fórum e outros prédios, atualmente só podem circular de forma restrita nas carreatas, caminhadas, passeatas, reuniões e comícios.

Veda-se, portanto, a utilização desses veículos com som para livre circulação nas ruas. Deveras, a mobilidade deve estar atrelada ao evento referido no § 11 do art. 39 da Lei das Eleições.

Se for desatendida a regra, restará a análise do crime do art. 347 do Código Eleitoral, após prévia notificação aos infratores (crime de desobediência eleitoral).

PROPAGANDA ELEITORAL CAPÍTULO 14

Como já visto, o trio elétrico foi proibido em razão do § 10 do art. 39 (*incluído pela Lei nº 12.034/2009*). No entanto, a legislação alteradora restabeleceu o seu uso impondo a potência nominal de amplificação até o limite de 20.000 (*vinte mil*) watts. Assim, está tacitamente revogado o § 10 do art. 39 da Lei das Eleições.

Todavia, a equipe de fiscalização da propaganda política eleitoral deverá ser aparelhada para exercer o controle sobre os carros de som, minitrios e trios elétricos em razão da legislação eleitoral alteradora (*um wattímetro será o aparelho para medir a potência elétrica, enquanto o decibelímetro é o instrumento para medir a pressão acústica ou nível sonoro*).

A permissibilidade do tráfego desses veículos deve respeitar o horário bem flexível previsto no § 3º do art. 39 da Lei das Eleições, ou seja, entre 8 (oito) e 22 (*vinte e duas*) horas.

No dia da eleição é crime eleitoral, art. 39, § 5º, I, da Lei nº 9.504/1997.

Quanto ao **comício de encerramento** da campanha eleitoral, o § 4º do art. 39, parte final, autoriza a sua prorrogação por 2 (*duas*) horas, o que invade o dia seguinte; portanto até 2 horas da manhã, considerando que a lei flexibiliza até as 24 (*vinte e quatro*) horas a utilização de aparelhagem de som fixa. Não se autoriza o carro de som ou assemelhados.

O legislador é omisso quanto aos aspecto da sanção aplicável ao infrator, o que nos remete apenas ao delito do art. 347 do Código Eleitoral, após notificação escrita ou verbal.

O art. 39, § 3º, incs. I a III, da Lei nº 9.504/1997 proíbe a utilização de alto-falantes ou amplificadores de som, englobando suas instalações nas proximidades de prédios e sedes de certos estabelecimentos públicos e de acesso ao público em geral. Os estabelecimentos referidos na norma eleitoral devem estar em uso.

Verifica-se que a lei eleitoral não permite o uso desses equipamentos acústicos em distância inferior a 200 metros, por exemplo, do prédio do Fórum, hospitais e das escolas. Se tal fato ocorrer estamos diante de uma propaganda irregular que deve ser retirada de circulação.

Nesse caso, cumpre ao juiz eleitoral admoestar verbalmente ou por escrito o infrator que trafega com o veículo nas cercanias, sob pena do crime do art. 347 do Código Eleitoral. É uma norma que dispõe sobre o delito de desobediência eleitoral.

Nada impede que seja apreendido o veículo para entrega posterior ao infrator responsável. Não é correta a sua retenção por prazo indeterminado, pois não havendo ilegalidade na regulamentação do veículo ele deve ser prontamente liberado ao proprietário.

Trata-se de um delito de menor potencial ofensivo, que levará o infrator a assinar um termo de compromisso na delegacia de polícia federal (*não havendo, o registro deve ser feito na delegacia de polícia civil*), abstendo-se de continuar na

539

prática da desobediência devendo comparecer perante o juiz eleitoral da zona eleitoral do local da infração.

Para caracterizar o delito de desobediência é necessária uma notificação prévia, mesmo que verbal, mas que possa ser comprovada por testemunhas presenciais (*fiscais do Tribunal Regional Eleitoral*).

De fato, por omissão do legislador não se tipificou uma conduta culposa ou até mesmo uma multa específica. Não é correto adotarmos o paradigma da multa em geral, sem uma regra sancionatória específica no § 3º do art. 39 da Lei das Eleições.

A fiscalização decorrente do poder de polícia eleitoral é realizada pelos juízes eleitorais designados pelo Tribunal Regional Eleitoral, e também pode ser implementada pelos promotores eleitorais.

Destaca-se na jurisprudência do Egrégio TSE, a impossibilidade de aplicação da multa.

> (...) Propaganda Eleitoral – Alto-Falantes ou Amplificadores de Som – Parágrafo 3º do art. 39 da Lei nº 9.504/1997 – Sanção – Inexistência.
>
> A transgressão ao § 3º do art. 39 da Lei nº 9.504/1997 gera providência administrativa para fazer cessá-la, não havendo campo para a incidência de multa, ante a ausência de previsão legal. Recurso Especial Eleitoral nº 35.724/PA. Rel. Min. Marco Aurélio. DJE de 14/9/2012.

O uso excessivo de carros de som pode ser um elemento de convicção probatória do abuso do poder econômico e, assim, ensejar a produção de investigação para a decretação da inelegibilidade nos autos de representação com base no art. 22 da Lei Complementar nº 64/1990.

Na prestação de contas das campanhas eleitorais deve ser contabilizado o aluguel do veículo.

A Lei nº 13.165, de 29/09/2015, incluiu o § 9º-A no art. 39 da Lei nº 9.504/1997, *in verbis*: "*Considera-se carro de som, além do previsto no § 12, qualquer veículo, motorizado ou não, ou ainda tracionado por animais, que transite divulgando **jingles** ou mensagens de candidatos*".

Vê-se, portanto, que se ampliou o conceito de carro de som, e.g., para charretes, cavalos, bicicletas, triciclos, motos, barcos com motor, e a vela, trens e outros.

Significativa é a amplitude da expressão "*qualquer veículo motorizado ou não*".

14.14. PROPAGANDA POLÍTICA ELEITORAL NA IMPRENSA ESCRITA

O art. 43 da Lei nº 9.504/1997 passou a ter a seguinte redação, conforme teor da Lei nº 12.034/2009:

> Art. 43. São permitidas, até a antevéspera das eleições, a divulgação paga, na imprensa escrita, e a reprodução na internet do jornal impresso, de até 10 (dez) anúncios de

> propaganda eleitoral, por veículo, em datas diversas, para cada candidato, no espaço máximo, por edição, de 1/8 (um oitavo) de página de jornal padrão e de 1/4 (um quarto) de página de revista ou tabloide.
>
> § 1º Deverá constar do anúncio, de forma visível, o valor pago pela inserção.
>
> § 2º A inobservância do disposto neste artigo sujeita os responsáveis pelos veículos de divulgação e os partidos, coligações ou candidatos beneficiados a multa no valor de R$ 1.000,00 (mil reais) a R$ 10.000,00 (dez mil reais) ou equivalente ao da divulgação da propaganda paga, se este for maior.

Verifica-se a admissão da reprodução pela internet do jornal impresso (*versão on-line*), mas a lei impõe limitações.

De fato, só é possível anúncios de propaganda eleitoral até o número máximo de 10 (*dez*), por veículo, ou seja, cada candidato estará limitado a veicular na imprensa escrita, o número máximo de 10 (*dez*) anúncios, e por via da rede mundial de computadores na reprodução *on line*, a mesma quantidade. Entende-se, por veículo, cada meio de comunicação previsto no artigo legal (*imprensa e internet on-line – reprodução*).

A violação do disposto no artigo legal ensejará a aplicação de sanções de multa na forma do rito procedimental do art. 96 da Lei das Eleições.

No entanto, poderá emergir o abuso do poder econômico, quando de forma reiterada forem violados os limites por página de revista ou tabloide ou o número máximo dos anúncios.

É comum que candidatos apoiados pela imprensa local em cidades do interior veiculem anúncios em desacordo com os limites da paginação, inclusive com destaques e enaltecimentos que camuflam o evidente abuso do poder econômico.

Caracterizado o abuso do poder econômico é possível a adoção da representação do art. 22 da Lei das Inelegibilidades, cominando-se as sanções de cassação do registro ou diploma e da inelegibilidade.

Cumpre salientar que a violação aos limites impostos pela nova lei eleitoral podem caracterizar ainda gastos ilícitos de recursos que permite a adoção da representação do art. 30-A da Lei nº 9.504/1997, quando não for o caso da adoção da ação de investigação judicial eleitoral ou representação do art. 22, I a XIII, da Lei das Inelegibilidades.

Não se pode perder de vista que a propaganda na imprensa escrita fomentada por favorecimento ao candidato poderá caracterizar uma doação indireta ou reflexa, sujeitando os infratores às sanções acima descritas. E ainda,

(...) Jornal de tiragem expressiva, distribuído gratuitamente, que em suas edições enaltece apenas um candidato, dá-lhe oportunidade para divulgar suas ideias e, principalmente, para exibir o apoio político que detém de outras lideranças estaduais e nacionais, **mostra potencial para desequilibrar a disputa eleitoral, caracterizando uso indevido dos meios de comunicação e abuso do poder econômico, nos termos do art. 22 da Lei Complementar nº 64/1990** (*TSE, AC nº 688, de 15/04/2004, Rel. Min. Fernando Neves*) (grifos nossos).

Todavia, a gravidade da ação do uso indevido dos meios de comunicação social é essencial para se chegar à conclusão do abuso do poder.

Ressalta-se, inclusive, a possibilidade de incidência do art. 36 e parágrafos da Lei das Eleições, quando ficar caracterizada a propaganda política eleitoral pela imprensa escrita de forma extemporânea ou antecipada.

Por fim, a sanção de multa eleitoral pode ser imposta ao candidato beneficiado e ao órgão da imprensa, mas deve a sentença especificar o valor da multa para cada corresponsável.

14.15. PROPAGANDA PERMITIDA ATÉ ÀS 22 HORAS DO DIA QUE ANTECEDE A ELEIÇÃO. CONSIDERAÇÕES GERAIS

O § 9º do art. 39 da Lei nº 9.504/1997 assim dispõe:

> § 9º Até as vinte e duas horas do dia que antecede a eleição, serão permitidos distribuição de material gráfico, caminhada, carreata, passeata ou carro de som que transite pela cidade divulgando *jingles* ou mensagens de candidatos (incluído pela Lei nº 12.034, de 2009).

Como se nota, a regra não estabeleceu sanções para a sua eventual violação. Aplica-se eventualmente o disposto no art. 347 do Código Eleitoral (*crime de desobediência*), após prévia notificação do infrator.

Se a fiscalização da propaganda eleitoral detectar que o infrator distribui material gráfico após as 22 horas, poderá apreendê-lo, considerando a violação ao disposto na norma legal.

O art. 41 da Lei nº 9.504/1997, com a redação da Lei nº 12.034/2009, proíbe o cerceamento da propaganda com a alegação do poder de polícia.

E ainda, em relação à distribuição do material gráfico, deve-se atentar para o disposto no art. 38, §§ 1º e 2º, da Lei das Eleições, com as alterações da Lei nº 12.034/2009. Desta forma, o material terá que conter o número do CNPJ ou CPF, quem contratou e a respectiva tiragem.

Como se nota, os adesivos são considerados "material impresso" e, portanto, devem observar o § 1º do art. 38 da Lei das Eleições (número de inscrição no CNPJ ou CPF do responsável pela confecção, contratação e tiragem). Assim, devem ser contabilizados nas prestações de contas de campanhas eleitorais.

O legislador objetivou diminuir os gastos com a campanha eleitoral eliminando os cartazes nas ruas e permitindo os adesivos.

Por outro lado, os veículos: automotores ou não, não podem circular com propaganda de candidatos ou partidos, exceto os adesivos. Evita-se o denominado empacotamento por faixas e cartazes dos carros em calçadas ou nas vias de circulação.

Nos automóveis o adesivo no para-brisa traseiro será do tipo microperfurado, permitindo-se na lataria a colocação de outro adesivo até o limite de 50x40cm, conforme remissão ao § 3º do art. 38. Não é possível a justaposição de adesivos formando uma grande faixa ou simulando um cartaz, pois tal engenhosidade se assimila ao empacotamento do veículo.

A violação das regras caracteriza propaganda irregular e enseja a apreensão do bem. No entanto, o legislador não tratou de estabelecer uma multa específica, não cabendo a aplicação desse tipo de sanção.

Se for constatada a utilização indevida de adesivos em veículos, os mesmos devem ser retirados e notificado o infrator para não reutilizá-los, sob pena de incidir no delito do art. 347 do Código Eleitoral.

A falta de especificações previstas no § 1º do art. 38 da Lei das Eleições (*CNPJ, CPF, quantidade e outros*) nos adesivos enseja sua veiculação irregular e é fator que acarreta a desaprovação das contas de campanha eleitoral. Trata-se de um forte indício de abuso do poder econômico em razão da quantidade exposta aos eleitores.

No dia da eleição, a utilização dos adesivos em veículos nos padrões estabelecidos não constitui crime em razão do art. 39-A da Lei das Eleições. Todavia, se extrapolado o limite, é possível configurar o crime de divulgação (*art. 39, § 5º, III, da Lei das Eleições*).

A distribuição de material do tipo panfletos no dia da eleição caracteriza o tipo penal do art. 39, § 5º, III, da lei em comento.

Como já visto alhures, a Lei nº 13.488, de 2017, autoriza o adesivo plástico nos automóveis, caminhões, bicicletas e motocicletas, mas não pode ultrapassar o tamanho de 0,5m² (meio metro quadrado), conforme inc. II do § 2º do art. 37 da Lei nº 9.504/1997.

Em relação aos adesivos em veículos, a regra acima deve ser compatibilizada com o § 4º do art. 38 da Lei das Eleições, ou seja, nos automóveis e caminhões devem ser os microperfurados até a extensão total do para-brisa traseiro, mas se em outras posições do veículo é possível que meçam até 0,5m² (meio metro quadrado), limite máximo de tamanho.

Desse modo, a dimensão máxima não é mais 50 (cinquenta) centímetros por 40 (quarenta) centímetros, mas sim 0,5m² (meio metro quadrado).

14.16. PROPAGANDA POLÍTICA PARTIDÁRIA. CONCEITO E BASE LEGAL

Objetiva divulgar os programas dos partidos, transmitir mensagens aos filiados sobre certos programas de atividade congressual e divulgar a posição do partido quanto aos temas de interesse nacional, tais como: educação, saúde, cultura, segurança pública e outros.

A base legal se encontra nos arts. 45 a 49 da Lei nº 9.096/1995 (*Lei dos Partidos Políticos*). E ainda na Resolução do TSE nº 23.465, de 17/12/2015.

Todavia, o art. 5º da Lei nº 13.487, de 2017, revogou os artigos acima, a partir de 1º janeiro de 2018, considerando a criação do Fundo Especial de Financiamento de Campanha (FEFC) que contará com recursos orçamentários oriundos da compensação fiscal pela cedência do horário eleitoral gratuito referente à veiculação da propaganda política partidária.

E ainda: o § 2º do art. 36 da Lei nº 9.504/1997 (redação dada pela Lei nº 13.487, de 2017), assim diz: "Não será permitido qualquer tipo de propaganda política paga no rádio e na televisão".

É o fim da propaganda política partidária.

Ressalta-se, entretanto, que o § 3º do art. 17 da Carta Política (redação dada pela Emenda Constitucional nº 97, de 2017) preserva o acesso gratuito ao rádio e televisão, na forma da lei, pelos partidos políticos, desde que ultrapassada a cláusula de barreira, ou seja, uma votação mínima para Deputados Federais.

Nesse prisma, *a priori*, embora a Lei nº 13.487, de 2017. tenha proibido a propaganda política partidária, essa regra vedatória poderá ser considerada inconstitucional.

De toda sorte, parece-nos que a expressão: "na forma da lei", prevista no § 3º do art. 17 da Lei Maior, enseja uma interpretação limitativa. Desse modo, o legislador infraconstitucional possui a liberdade de revogar a propaganda política partidária como o fez no art. 5º da Lei nº 13.487/2017.

A Lei nº 13.488, de 2017, incluiu na Lei nº 9.504/1997, o art. 93-A, objetivando que o TSE, entre 1º de abril e 30 de julho dos anos eleitorais, promova a propaganda institucional, em rádio e televisão, incentivando a participação: (i) feminina; (ii) dos jovens; e (iii) da comunidade negra.

Nesse contexto deve o Tribunal Superior Eleitoral esclarecer regras e o funcionamento do sistema eleitoral brasileiro.

PROPAGANDA ELEITORAL

CAPÍTULO 14

Rotineiramente, o Egrégio Tribunal Superior Eleitoral já desenvolve uma propaganda institucional de amplo esclarecimento ao cidadão sobre o funcionamento do sistema de alistamento e votação.

Todavia, o legislador procura ampliar a propaganda educativa, o que será efetivado e terá o devido reconhecimento social para a evolução da cidadania.

14.17. PROPAGANDA EXTEMPORÂNEA, ANTECIPADA OU PREMATURA. CONCEITO. CONSIDERAÇÕES GERAIS

A propaganda antecipada ou prematura é aquela em que o aspirante a pré--candidatura, objetivando o propósito explícito ou implícito de pedido de voto, se dirige ao eleitorado antes do dia **16 de agosto do ano de eleição**, considerando o disposto no art. 36 da Lei nº 9.504/1997, ressalvando-se as exceções positivadas no 36-A do mesmo diploma legal.

Diz a norma legal que: *"A propaganda eleitoral somente é permitida após o dia 15 de agosto do ano de eleição".*

A Lei nº 12.034/2009 inseriu na Lei nº 9.504/1997 regras que, praticamente, tornam dificílima a caracterização das hipóteses de propaganda antecipada, e para completar o quadro de permissibilidade emergiu a Lei nº 13.165/2015, sendo a redação a seguinte:

> Art. 36-A. Não configuram propaganda eleitoral antecipada, desde que não envolvam pedido explícito de voto, a menção à pretensa candidatura, a exaltação das qualidades pessoais dos pré-candidatos e os seguintes atos, que poderão ter cobertura dos meios de comunicação social, inclusive via internet: (Redação dada pela Lei nº 13.165, de 2015).
>
> I – a participação de filiados a partidos políticos ou de pré-candidatos em entrevistas, programas, encontros ou debates no rádio, na televisão e na internet, inclusive com a exposição de plataformas e projetos políticos, observado pelas emissoras de rádio e de televisão o dever de conferir tratamento isonômico; (Redação dada pela Lei nº 12.891, de 2013).
>
> II – a realização de encontros, seminários ou congressos, em ambiente fechado e a expensas dos partidos políticos, para tratar da organização dos processos eleitorais, discussão de políticas públicas, planos de governo ou alianças partidárias visando às eleições, podendo tais atividades ser divulgadas pelos instrumentos de comunicação intrapartidária; (Redação dada pela Lei nº 12.891, de 2013).
>
> III – a realização de prévias partidárias e a respectiva distribuição de material informativo, a divulgação dos nomes

545

dos filiados que participarão da disputa e a realização de debates entre os pré-candidatos; (Redação dada pela Lei nº 13.165, de 2015).

IV – a divulgação de atos de parlamentares e debates legislativos, desde que não se faça pedido de votos; (Redação dada pela Lei nº 12.891, de 2013).

V – a divulgação de posicionamento pessoal sobre questões políticas, inclusive nas redes sociais; (Redação dada pela Lei nº 13.165, de 2015).

VI – a realização, a expensas de partido político, de reuniões de iniciativa da sociedade civil, de veículo ou meio de comunicação ou do próprio partido, em qualquer localidade, para divulgar ideias, objetivos e propostas partidárias. (Incluído pela Lei nº 13.165, de 2015).

VII – campanha de arrecadação prévia de recursos na modalidade prevista no inciso IV do § 4º do art. 23 desta Lei. (Incluído pela Lei nº 13.488, de 2017).

§ 1º É vedada a transmissão ao vivo por emissoras de rádio e de televisão das prévias partidárias, sem prejuízo da cobertura dos meios de comunicação social. (Incluído pela Lei nº 13.165, de 2015)

§ 2º Nas hipóteses dos incisos I a VI do *caput*, são permitidos o pedido de apoio político e a divulgação da pré-candidatura, das ações políticas desenvolvidas e das que se pretende desenvolver. (Incluído pela Lei nº 13.165, de 2015)

§ 3º O disposto no § 2º não se aplica aos profissionais de comunicação social no exercício da profissão. (Incluído pela Lei nº 13.165, de 2015)

A legislação permissiva praticamente autoriza todo o tipo de propaganda política eleitoral nos anos de eleição e se contenta apenas com o não pedido explícito de votos. Libera o pedido implícito em diversos atos de evidente camuflagem eleitoral.

É possível: i) menção à pretensa candidatura; e ii) exaltação de qualidades pessoais dos pré-candidatos.

Insta observar que esses fatos são espécies de propaganda eleitoral.

Como se analisa a ilegalidade? Trata-se de árdua tarefa exegética e jurígena e que poderá de forma apenas infinitesimal incidir nos atos eleitorais do pré-candidato ou aspirante à pré-candidatura.

Dessa forma, a notícia sobre a exposição de plataformas e projetos políticos de forma incompleta poderá ser parcial e afetar a igualdade entre os candidatos nas campanhas eleitorais.

PROPAGANDA ELEITORAL

CAPÍTULO 14

Permite-se a discussão sobre políticas públicas e a divulgação apenas pelos instrumentos de comunicação intrapartidária. Na prática, a cobertura da notícia desse evento acabará sendo amplamente divulgada restando quase impossível a caracterização da antecipação da propaganda.

> "(...) *A nossa liberdade de imprensa não significa que os jornais têm liberdade de existir mas, sim, que têm liberdade de averiguar e publicar todas as notícias. É nesse ponto que os nossos jornais diferem dos existentes nos países totalitários*" (*Comentários à Lei de Imprensa. Darcy Arruda Miranda.* 2ª ed. São Paulo: Editora RT, Tomo I, 1994, p. 133).

Outrossim, a realização das **prévias partidárias** passa a ser autorizada pelas redes sociais, mensagens, WhatsApp, Instagram e outras, o que inviabiliza um controle de ilegalidade na propaganda. Em uníssono sentido é a manifestação pessoal de questões políticas nas redes sociais (*inc. V do art. 36-A da Lei das Eleições*).

E ainda, é possível a distribuição de material informativo para as prévias eleitorais.

O panorama atual da propaganda antecipada fica quase que restrito ao explícito pedido de votos em razão das diversas exceções que podem ser apresentadas diante do caso concreto.

A legislação eleitoral se empenhou em não limitar nos anos eleitorais a amplitude da propaganda política eleitoral criando nos futuros candidatos um desejo alvissareiro de divulgação de seus projetos.

Por outro lado, a **Lei nº 12.965, de 23 de abril de 2014**, tratou de estabelecer princípios, garantias, direitos e deveres para o uso da Internet no Brasil.

A definição da internet está contida no art. 5º:

> (...) para os efeitos desta Lei, considera-se:
>
> I – **internet**: o sistema constituído do conjunto de protocolos lógicos, estruturado em escala mundial para uso público e irrestrito, com a finalidade de possibilitar a comunicação de dados entre terminais por meio de diferentes redes".

A lei é conhecida como o **marco civil da internet** e deverá ser aplicada subsidiariamente à resolução de questões eleitorais na propaganda política eleitoral.

Os §§ 1º e 2º do art. 57-H da Lei nº 9.504/1997 consagram fatos **penalmente típicos** na contratação de pessoas com objetivo de praticar ofensas pela *internet*.

O parágrafo único do art. 36-A da Lei das Eleições veda o uso de rádio ou televisão para transmissão **ao vivo** das prévias partidárias, mas não está proibida a divulgação da gravação, inclusive pelas redes sociais. Não se proíbe a cobertura pelos meios de comunicação social dos atos que tratam de prévias partidárias.

547

No **inciso I**, a lei está isentando da responsabilidade por atos de propaganda extemporânea ou antecipada a participação de pré-candidatos, quando já escolhidos em convenção, nos encontros e debates pelos meios de comunicações sociais ali referidos.

É possível a exposição ao eleitor das chamadas plataformas e projetos políticos, mas permite-se que a Justiça Eleitoral analise se durante a manifestação verbal ou por escrito do pré-candidato restou consumado um pedido de votos. As regras possuem uma gênese mais permissiva e dificultam a caracterização da irregularidade.

O pedido de votos poderá ser explícito ou implícito, até porque o art. 41-A, § 1º, da atualizada Lei nº 9.504/1997 diz: "(...) *é desnecessário o pedido explícito de votos* (...)". Desta forma, na demonstração do projeto político não se pode explanar solicitação de votos.

É inequívoco que esta análise é subjetiva e está vinculada ao contexto amplo da narrativa do projeto político.

Em outras palavras: realiza propaganda antecipada o pré-candidato que, entrevistado pela emissora de rádio, não se limita a indicar ao eleitor ouvinte aspectos sobre os temas contidos na proposta, indo além e deixando a mensagem do pedido de votos.

A divulgação pelos futuros candidatos de livros, peças de teatros, filmes e outras formas de manifestação artística pode ser aceita, desde que não contenham pedidos de votos aos eleitores.

A autopromoção não está proibida, quando vinculada a obras intelectuais, pois a Carta Magna permite, sem censura prévia, a livre manifestação cultural.

As emissoras de rádio e televisão devem permitir o tratamento igualitário ou isonômico, considerando que, mesmo que os pré-candidatos não estejam bem nas pesquisas, não podem limitar suas entrevistas.

O **inciso II** do art. 36-A limita ao ambiente fechado os encontros, seminários ou congressos; mas não consagra restrições à divulgação desses atos partidários, seja pela imprensa, panfletos, cartazes e outras formas de comunicação.

pela imprensa, panfletos, cartazes e outras formas de comunicação.

Todavia, não é possível propagandas de pré-candidatos ou candidatos muito além das cercanias dos locais escolhidos para a realização destes atos.

Nesta linha, é possível ao Colendo Tribunal Superior Eleitoral adequar uma regulamentação do limite de metragem para a divulgação do evento partidário nas ruas que circundam o local do evento.

Outrossim, o **inciso III** consagra a figura das prévias partidárias, e autoriza a realização de debates entre pré-candidatos, mas não se pode olvidar que é uma espécie de propaganda intrapartidária, ou seja, restrita ao público-alvo do partido político, nos termos do § 1º do art. 36 da Lei das Eleições.

As prévias partidárias podem ser tratadas nos estatutos dos partidos políticos e se traduzem em formas amplamente democráticas para o aprimoramento e seleção do melhor aspirante à pré-candidatura.

Já o **inciso IV** impede o pedido de votos e apoio eleitoral na divulgação dos atos parlamentares e debates legislativos, até porque estes atos são públicos e podem ser certificados a pedido de qualquer eleitor interessado. Assim, na verdade, torna-se extremamente dificultosa a separação entre o ato da divulgação e o eventual pedido de votos.

Como se verifica, os incs. I a IV do art. 36-A passam a contemplar regras permissivas que antecedem o ato das convenções partidárias (*art. 8º da Lei nº 9.504/1997*).

O inc. VI do art. 36-A da Lei das Eleições amplia a muitos diâmetros a propaganda eleitoral na medida em que autoriza reuniões da sociedade civil e dos meios de comunicação social, em qualquer localidade, ou seja, fora do âmbito intrapartidário para tratar de ideais, objetivos e propostas. Deveras, é praticamente o sepulcro da propaganda antecipada.

Não se pode olvidar que o somatório de atos de propaganda antecipada possui um reflexo no abuso do poder econômico. É preciso insistir no fato de que ao se liberar a propaganda antes da época se enfraquece o conjunto probatório da ação abusiva durante o processo de eleição. É uma espécie de "vale tudo" com o manto protetivo da liberdade de expressão como direito fundamental.

Todavia, se de um lado consagra-se a liberdade de expressão eleitoral dos pré-candidatos em múltiplos atos tolerados, por outra via, se reduz o âmbito de proteção ao regime democrático, especificamente na tutela dos meios de captação e gastos de recursos eleitorais que potencializam o abuso do poder econômico.

Os atos que podem configurar a "gravidade" nos termos do art. 22, inc. XIV, da Lei das Inelegibilidades são mitigados em função do exercício antecipado da propaganda política eleitoral.

Os atos que podem configurar a "gravidade" nos termos do art. 22, inc. XIV, da Lei das Inelegibilidades são mitigados em função de uma resoluta ilimitação do exercício antecipado da propaganda política eleitoral.

Frágeis são, portanto, as hipóteses limitativas do direito positivo eleitoral nessa espécie ilícita de propaganda em função da quantificação de suportes fáticos permissivos.

Não se proíbe que os meios de comunicação social divulguem aos eleitores os dias, locais e deliberações contempladas nos encontros, seminários ou congressos, até porque não se veda a liberdade de imprensa, mas, se houver uma parcialidade que possa ferir o tratamento isonômico entre os pré-candidatos, é possível o acionamento da Justiça Eleitoral, que resguardará o princípio constitucional e a normalidade do processo eleitoral.

Como se pode notar, as emissoras da rádio ou televisão devem primar pelo tratamento isonômico entre os futuros candidatos.

E ainda, § 2º do art. 36-A da Lei das Eleições libera o pedido de apoio político e a divulgação da pré-candidatura.

O inc. VII do art. 36-A foi incluído pela Lei nº 13.488, de 2017 permitindo a campanha de arrecadação prévia de recursos na modalidade de financiamento coletivo, *crowdfunding*.

Determinadas instituições, que devem preencher requisitos específicos previstos no art. 23, § 4º, inc. IV, alíneas "a" a "h" da Lei nº 9.504/1997, podem arrecadar dinheiro de doadores pela *internet.*

Os valores doados serão repassados aos candidatos, que deverão posteriormente prestar contas.

O dia 15 de maio do ano eleitoral, segundo versa o § 3º do art. 22-A da Lei nº 9.504/1997 (inclusão da Lei nº 13.488, de 2017) é aquele em que se autoriza a arrecadação prévia de recursos por essa nova modalidade, mas a liberação do dinheiro estará condicionada ao registro da candidatura.

É importante salientar que as Convenções Partidárias só ocorrem entre 20 de julho e 5 de agosto do ano de eleição, portanto, na segunda quinzena de maio ainda não existem os pré-candidatos ou "candidatos a candidatos", mas apenas aspirantes ou pleiteantes à pré-candidatura eleitoral.

Mesmo assim, a legislação autoriza a arrecadação antecipada ensejando uma ampla campanha eleitoral antes do dia 16 de agosto do ano de eleição, que é o dia do início da propaganda, art. 36 da Lei das Eleições.

Como se nota, o controle sobre a propaganda antecipada torna-se cada vez mais esvaziado no cenário do ano de eleição.

Por outra, não se pode olvidar que o repasse do dinheiro ao candidato pressupõe o registro, pois a lei se refere a essa condicionante.

Se o requerimento de registro for indeferido, mas o candidato recorrer *sub judice*, art. 16-A da Lei nº 9.504/1997, a princípio poder-se-ia interpretar que ele não teria direito ao uso do dinheiro oriundo dessas doações por financiamento coletivo.

Todavia, quando a lei diz que o candidato: "[...] poderá efetuar todos os atos relativos à campanha eleitoral [...]", não se vislumbra o impedimento ao uso desses recursos, observando-se, no entanto, as consequências e a responsabilidade penal, civil e eleitoral do indeferimento do registro por instância superior da Justiça Eleitoral.

Percebe-se que o candidato *sub judice* concorre ao pleito eleitoral por sua conta e risco, assumindo o dever de restituir os recursos se o pedido de sua candidatura ao final for indeferido.

Em razão desse fato, o legislador criou um tipo penal específico no art. 354-A do Código Eleitoral (Lei nº 4.737/1965), ou seja, o delito de **apropriação indébita eleitoral** para o candidato que de forma dolosa se apropria indevidamente de recursos ou valores destinados ao financiamento eleitoral.

A expressão "financiamento eleitoral", aduzida no tipo penal acima, engloba o financiamento coletivo e o Fundo Especial de Financiamento de Campanha (FEFC).

Em conclusão: são raros os casos em que se configura a propaganda antecipada e uma exceção óbvia para melhor compreensão é o pedido explícito de votos, mas não só ele, pois somente o caso concreto poderá demonstrar o ilícito.

A violação dessa regra enseja as sanções previstas nos arts. 45, § 2º, e 55, parágrafo único, da Lei nº 9.504/1997, independentemente da caracterização do abuso pelos meios de comunicação social e econômico.

A proibição de tratamento privilegiado está contida no art. 45, IV, da Lei das Eleições, o que se equipara à transgressão do tratamento isonômico referido no art. 36-A, I, da norma de regência.

O art. 36-B da Lei nº 9.504/1997, considera propaganda antecipada a convocação do sistema de radiofusão (*radiocomunicação de sons ou imagens destinada a ser livremente recebida pelo público, antiga definição do Decreto nº 21.111, de 1 de março de 1932, e art. 4º do Código Brasileiro de Telecomunicações, Lei nº 4.117/1962*), por ordem, por exemplo, do Presidente da República, com objetivos específicos de propaganda política (*eleitoral*) com investidas, agressões e insultos aos partidos políticos, filiados e instituições.

O parágrafo único do art. 36-B da Lei das Eleições (*redação da Lei nº 12.891/2013*), ainda proíbe a utilização de símbolos ou imagens, exceto a bandeira, hino e armas nacionais, por convocação das redes de radiodifusão, afastando-se a simbologia partidária do pronunciamento oficial (*art. 13, § 1º, da Constituição da República*), sob pena de caracterização da propaganda antecipada, o que não afasta a análise da caracterização da improbidade administrativa (*art. 37, § 1º, da Lei Maior*) ou do abuso do poder político nas eleições.

Nesse arquétipo, a antecipação da propaganda, além de criar desigualdades entre os candidatos, pois favorece aquele que desrespeita as normas jurídicas, viola regras de arrecadação e de aplicação de recursos nas campanhas eleitorais.

Como se nota, a propaganda extemporânea praticada de forma reiterada e abusiva com nítido propósito de desvio de finalidade é fator de camuflagem do resoluto abuso do poder econômico ou político.

A sensação que se extrai das modificações eleitorais é de quase absoluta permissibilidade. Desse modo os atos apontados como eventualmente ilícitos devem ter uma descrição minuciosa. Somente com a feição de ilegalidade é que incidirá a multa eleitoral prevista no § 3º do art. 36 da Lei nº 9.504/1997.

Como se vê, é possível construir em certos casos um panorama da prática do abuso do poder econômico, porque a reunião de atos ilegais de propaganda antecipada subsidia a formatação de um conjunto probatório com aptidão para conduzir à evidência de que determinada pré-candidatura já seguia na trilha abusiva. Havia um dolo antecedente, uma simulação, um ato premeditado e devidamente calculado.

Por exemplo: um aspirante a pré-candidatura de Prefeito antes da Convenção Partidária é condenado por 9 (*nove*) processos de propaganda antecipada e absolvido em diversos outros. Esse conjunto pode levar a outra conclusão, ou seja, a evidente conduta de abuso do poder econômico em razão das circunstâncias não exaurientes.

É necessário compreender, de forma bem nítida, que não existe uma plena liberdade para a propaganda antecipada em razão das alterações legislativas.

Por exemplo: se um pleiteante a pré-candidatura coloca uma placa na rua ou exibe cartazes e ainda utiliza a internet para externar de forma contínua o seu projeto político; ou ainda, **diversos militantes prematuramente começam a divulgar uma possível candidatura**.

São casos inexoráveis e típicos de propaganda antecipada.

Nesse passo, a cautela é necessária por parte dos futuros candidatos, pois a interpretação casuística poderá conduzir a multas e ao abuso do poder econômico.

Na jurisprudência do Colendo Tribunal Superior Eleitoral destacam-se alguns exemplos que demonstram a dificuldade em precisar os contornos da ilegalidade da propaganda extemporânea. Vejamos:

> Configura propaganda antecipada:
>
> (i) a distribuição, em período pré-eleitoral, de informativos contendo nome, cargo, legenda partidária e fotografia, exaltando as atividades do parlamentar, caracteriza propaganda antecipada e subliminar (Agravo Regimental no Recurso Especial Eleitoral nº 22.494/MG, Rel. Min. Ricardo Lewandowski, em 21/05/2009);
>
> (ii) mensagens de felicitação, contendo o nome e o cargo do político, sem qualquer menção à sua atuação política, planos ou interesse em pleito futuro, configuram mera promoção pessoal, e não propaganda eleitoral antecipada (Agravo Regimental no

PROPAGANDA ELEITORAL

CAPÍTULO 14

Recurso Especial Eleitoral nº 35.539/BA, Rel. Min. Marcelo Ribeiro, em 26/05/2009 (*Inf.* 18/2009); e

(iii) a configuração de propaganda eleitoral extemporânea não depende exclusivamente da conjugação simultânea do trinômio candidato, pedido de voto e cargo pretendido (Recurso em Representação nº 1774-13, Rel. Min. Joelson Dias. Agravo Regimental no Agravo de Instrumento nº 2450-58/BA, Rel. Min. Arnaldo Versiani).

Não configura propaganda antecipada:

(i) a menção às realizações anteriores do chefe do Poder Executivo Estadual, pré-candidato à Presidência da República, quando não se tratar de discursos tendentes a influenciar a vontade do eleitor, mas que apenas pretendem apresentar os desafios a serem enfrentados na troca do governo do estado e as metas a serem atingidas (Recurso na Representação nº 2807-38/DF, Rel. Min. Arnaldo Versiani, em 15/03/2011);

(ii) a configuração de propaganda eleitoral extemporânea exige a presença, ainda que de forma dissimulada, de menção a pleito futuro, pedido de votos ou exaltação das qualidades de futuro candidato, o que deve ser averiguado segundo critérios objetivos (Agravo Regimental no Recurso Especial Eleitoral nº 214-94/RR, Rel. Min. Aldir Passarinho Junior); e

(iii) a prestação de contas de parlamentar, ao divulgar ato atinente à obtenção de verba para Município, não configura, por si só, propaganda eleitoral antecipada, se – conforme decidiu o Tribunal Regional Eleitoral – não ficaram comprovadas outras circunstâncias que possam levar à conclusão de que esse fato tenha conotação eleitoral, ainda que de forma dissimulada, ou pedido, mesmo que implícito, de votos (Agravo Regimental no Recurso Especial Eleitoral nº 2.031-15/SP, Rel. Min. Arnaldo Versiani).

Nesse panorama faz-se urgente uma modificação da legislação eleitoral para elevar o valor da multa em reincidências de atos de propaganda antecipada já que a hipótese típica de incidência é de raríssima aplicabilidade, e até mesmo uma sanção de diminuição gradual do tempo de rádio e televisão, quando caracterizada a ilicitude.

Cumpre observar ainda que o eleitor possui liberdade de manifestação e pensamento, inclusive pela internet. No entanto, as afirmações caluniosas, difamatórias, injuriosas e a divulgação de fatos inverídicos serão punidas na forma da legislação eleitoral.

O dano moral decorrente das ações ilícitas praticadas durante as campanhas eleitorais são indenizáveis na Justiça Comum.

553

14.18. VEDAÇÃO DE PROPAGANDA POLÍTICA ELEITORAL NO DIA DA ELEIÇÃO. CONSIDERAÇÕES GERAIS

O art. 39-A da Lei das Eleições limita a manifestação individual do eleitor, no dia da eleição, pelo uso de bandeiras, broches, dísticos e adesivos. Nessa linha, **não é possível a propaganda coletiva** reunindo grupo de eleitores ou militantes.

O § 5º do art. 39 do mesmo diploma legal tipifica como crime a arregimentação de eleitores, o uso de alto-falantes, a "boca de urna" e a divulgação de qualquer espécie de propaganda.

A Lei nº 13.488, de 2017, tratou como crime a publicação, no dia da eleição, de novos conteúdos ou seu impulsionamento na *internet*, nos termos do inc. IV do § 5º do art. 39 da Lei nº 9.504/1997.

Assim, se o candidato ou terceiras pessoas impulsionarem conteúdo de propaganda que já estava na rede mundial de computadores, ou lançarem novas mensagens nas redes sociais estarão sujeitos à sanção penal.

Esse crime não é transeunte, porque deixará vestígios que podem ser investigados e sujeitarão os infratores às penas de detenção e multa.

No entanto, trata-se de delito de menor potencial ofensivo e, portanto, se aplica a transação penal prevista no art. 76 da Lei nº 9.099/1995.

O art. 43 da mesma lei permite apenas até a antevéspera das eleições a propaganda paga nos jornais.

Adotando-se uma interpretação sistêmica da legislação eleitoral vigente, não se pode tolerar a disseminação de propaganda no próprio dia da eleição, considerando que estará incindivelmente fora do prazo permitido, além de atingir a liberdade do eleitor na escolha do voto e fomentar a prática de abusos econômicos e políticos.

O art. 36 da Lei das Eleições só marcou o prazo inicial da propaganda, ensejando que antes dele seja o fato ilegal enquadrado como propaganda antecipada.

Nada foi dito pelo legislador sobre a propaganda no dia, até porque ela já é tipificada como crime pela Lei nº 9.504/1997, no art. 39, § 5º.

A sanção penal já existe.

Todavia, a sanção civil eleitoral se extrai do conteúdo sistêmico da interpretação e da finalidade teleológica, ou seja, se a propaganda só pode se iniciar após o dia 15 de agosto e termina na véspera do dia das eleições, subsiste um marco temporal de proibição, que é o próprio **dia da eleição** (*início às 8 horas e término às 17 horas – período da votação*).

Divulgada propaganda no dia da eleição, se afigura viável a aplicação da multa prevista no § 3º do art. 36 da Lei nº 9.504/1997, adotando-se a representação do art. 96 da mesma lei.

Neste caso, o prazo final do ajuizamento da representação deverá seguir a regra da data da diplomação, **e não a da eleição**, observando-se quanto ao prazo final, o art. 73, § 12, da Lei das Eleições. Hodiernamente, o prazo final é o dia da eleição, mas sustentamos que deveria ser prorrogado para o dia da diplomação. Não faz sentido a redução do prazo de propositura da aludida representação em detrimento do controle da propaganda efetivada no dia mais importante, ou seja, a própria eleição.

Diversos panfletos são jogados nas ruas e entregues aos eleitores, além de outras práticas como aglomeração de cabos eleitorais portando bandeiras, ensejando a adoção de medidas judiciais para coibir a extemporaneidade.

Nesse sentido, podemos incluir no conceito da extemporaneidade, a propaganda realizada não apenas antes do dia 16 de agosto do ano de eleição, mas aquela realizada no próprio dia da eleição.

Assim, seja no dia anterior ao permitido, ou no próprio dia da eleição, a propaganda pode ser extemporânea ou até criminosa.

Desta forma, se os cabos eleitorais, militantes e o próprio candidato divulgarem, no dia da eleição a propaganda eleitoral fora dos casos excepcionalmente admitidos por lei, estarão submetidos à aplicação da multa eleitoral do art. 36, § 3º, da Lei nº 9.504/1997, pois o dispositivo legal deve ser interpretado de forma sistemática com outros artigos da legislação eleitoral que vedam expressamente a propaganda no dia da eleição.

Ressalta-se precedente de alta significação sobre esse tema pelo Egrégio TSE referente à propaganda por meio de panfletos jogados nas ruas na véspera do dia das eleições, sendo esse ato de responsabilidade do candidato infrator, *in verbis*:

> **Conduta de "derramar santinhos"** à véspera das eleições e propaganda eleitoral irregular. O Plenário do Tribunal Superior Eleitoral, por unanimidade, assentou que configura propaganda eleitoral irregular a conduta de "derramar santinhos" nas vias públicas próximas aos locais de votação na madrugada do dia da eleição. No caso, o Tribunal Regional Eleitoral de Goiás confirmou sentença de primeiro grau que julgou improcedente representação proposta pelo MPE, na qual requer a aplicação de sanção a candidato pela "chuva" de santinhos realizada nos locais de votação, à véspera do pleito eleitoral. O Tribunal Regional asseverou não haver previsão legal cominando sanção pecuniária à conduta descrita na representação e não ser cabível também o uso da analogia para imputar a sanção do art. 37, § 1º, da Lei nº 9.504/1997, cuja norma refere-se à prática de comportamento diverso: Nos bens cujo uso dependa de cessão ou permissão do poder público, ou que a ele pertençam, e nos bens de uso comum, inclusive postes de iluminação

pública, sinalização de tráfego, viadutos, passarelas, pontes, paradas de ônibus e outros equipamentos urbanos, é vedada a veiculação de propaganda de qualquer natureza, inclusive pichação, inscrição a tinta e exposição de placas, estandartes, faixas, cavaletes, bonecos e assemelhados (Redação dada pela Lei nº 13.165, de 2015) § 1º A veiculação de propaganda em desacordo com o disposto no *caput* deste artigo sujeita o responsável, após a notificação e comprovação, à restauração do bem e, caso não cumprida no prazo, a multa no valor de R$ 2.000,00 (dois mil reais) a R$ 8.000,00 (oito mil reais). O Ministro Gilmar Mendes (relator), ao prover o recurso, afirmou que, **além de configurar crime eleitoral previsto no art. 39, § 5º, da Lei nº 9.504, apurável na via própria, o "derramamento de santinhos" em espaço público à véspera da eleição caracteriza propaganda eleitoral irregular, em desacordo com o art. 37, *caput*, do mesmo normativo, em razão de o aludido dispositivo vedar a realização de propaganda de qualquer natureza em bens cujo uso dependa de cessão ou permissão do poder público ou a ele pertença.** Acrescentou que o entendimento desta Corte especial (AgRgREspe nº 27.865/SP) é firme no sentido de ser obrigatória a notificação do representado para a retirada da propaganda irregular, a fim de que a correspondente sanção seja aplicada. No caso, ressaltou que, pelo fato de a propaganda irregular ter ocorrido à véspera da eleição, **restou inviabilizada a notificação do candidato para a retirada da publicidade.** O Ministro Henrique Neves, acompanhando o relator, acrescentou que "o prévio conhecimento do candidato pode ser presumido a depender das circunstâncias constantes do fato". Segundo o ministro, **a distribuição de material de propaganda do candidato em larga escala induz a presunção do conhecimento do ilícito por parte do candidato.** O Tribunal, por unanimidade, **proveu o recurso para julgar procedente a representação e aplicar multa, nos termos do voto do relator** (*Recurso Especial Eleitoral nº 3.798-23, Goiânia/GO, Rel. Min. Gilmar Mendes, em 15/10/2015. Informativo TSE. Brasília, 12 a 18 de outubro de 2015 – Ano XVII – nº 14*) (grifos nossos).

É cediço que muitos eleitores ainda estão indecisos nos momentos primordiais que antecedem o ato de votação e para se desincumbirem do ato obrigatório, simplesmente preenchem os candidatos faltantes com os números aleatórios de panfletos obtidos nas portas das seções eleitorais.

A dificuldade de aplicação de uma sanção decorre da apresentação da representação (*art. 96 e parágrafos da Lei nº 9.504/1997*) dentro do prazo que possui o **dia da eleição** como limite temporal, pois os Promotores Eleitorais que possuem atribuição para propor a ação pedindo a multa eleitoral na maioria

PROPAGANDA ELEITORAL

CAPÍTULO 14

dos casos não conseguem instruir os processos em razão do tumultuado dia da eleição e da retirada do local dos vestígios materiais da infração, além de outras árduas dificuldades.

Nesse contexto, é necessário aprimorar essa questão.

O dia final para o ajuizamento da representação deveria ser o **dia da diplomação.**

Trata-se de aplicação do princípio da simetria com as demais representações eleitorais, v.g., a ação de investigação judicial eleitoral por abuso do poder econômico (art. *22 da Lei Complementar nº 64/1990*).

Os renomados juristas Luiz Márcio Pereira e Rodrigo Molinaro, em excelente obra sobre a propaganda política, já tratavam da necessidade de urgente regulamentação sobre o derrame de santinhos no dia da eleição, fato notório e que camufla a ilicitude da propaganda política eleitoral.

O Egrégio Tribunal Superior Eleitoral, ao editar a Resolução nº 23.457/2015, que tratava da propaganda eleitoral, consagrou a tese dos doutos juristas sobre o derrame de material nos seguintes termos do § 2º do art. 66:

> As circunstâncias relativas ao derrame de material impresso de propaganda no dia da eleição ou na véspera, previstas no § 7º do art. 14 poderão ser apuradas para efeito do estabelecimento da culpabilidade dos envolvidos diante do crime de que trata o inciso III.

O 7º do art. 14 da aludida resolução assim diz:

> O derrame ou a anuência com o derrame de material de propaganda no local da votação ou nas vias próximas, ainda que realizado na véspera da eleição, configura propaganda irregular, sujeitando-se o infrator à multa prevista no § 1º do art. 37 da Lei nº 9.504/97, sem prejuízo da apuração do crime previsto no inciso III do 5º do art. 39 da Lei nº 9.504/97.

Afigura-se nesse rumo um efetivo aprimoramento da eficácia da tutela jurisdicional eleitoral para combater as ilicitudes durante a propaganda política eleitoral.

14.19. PROGRAMA APRESENTADO OU COMENTADO POR PRÉ-CANDIDATO

A Lei nº 13.165, de 29/09/2015, alterou o art. 45 e § 1º da Lei nº 9.504/1997, que assim dispõe:

> Art. 45. Encerrado o prazo para a realização das convenções no ano das eleições, é vedado às emissoras de rádio e

> televisão, em sua programação normal e em seu noticiário: (Redação dada pela Lei nº 13.165, de 2015)
>
> (...)
>
> § 1º A partir de 30 de junho do ano da eleição, é vedado, ainda, às emissoras transmitir programa apresentado ou comentado por pré-candidato, sob pena, no caso de sua escolha na convenção partidária, de imposição da multa prevista no § 2º e de cancelamento do registro da candidatura do beneficiário. (Redação dada pela Lei nº 13.165, de 2015)

O prazo para realização das convenções partidárias foi modificado e ocorre entre os dias 20 de julho até 5 de agosto do ano de eleição, quando são escolhidos os "candidatos a candidatos" ou pré-candidatos.

Desse modo as emissoras de rádio e televisão não podem divulgar em sua programação normal e em noticiários certos fatos que acabam privilegiando determinada candidatura e desequilibrando a campanha eleitoral. A proibição se principia no dia 5 de agosto do ano eleitoral, nos termos do art. 8º da Lei nº 9.504/1997, porque é a última data prevista pelo calendário eleitoral com a finalidade de realização das convenções partidárias.

Observa-se, no entanto, antes do prazo final das convenções partidárias, se já tiver sido escolhido determinado pré-candidato, as emissoras de rádio e televisão não podem transmitir programas que são apresentados ou comentados pelos mesmos.

Na hipótese de ser violada a regra, versa o § 2º do art. 45, *in verbis*: "*Sem prejuízo do disposto no parágrafo único do art. 55, a inobservância do disposto neste artigo sujeita a emissora ao pagamento de multa no valor de vinte mil a cem mil UFIR, duplicada em caso de reincidência*". A remissão ao art. 55 da Lei nº 9.504/1997 é com a finalidade de sujeitar o partido ou coligação à perda de tempo de veiculação da propaganda política eleitoral.

Assim, a princípio, temos **duas sanções**: i) para a emissora de rádio ou televisão, que deverá pagar uma multa entre vinte mil e cem mil UFIR (*a UFIR é convertida em reais*); e ii) perda de tempo de rádio ou televisão referente à propaganda do partido e candidato. Em relação à propaganda partidária esvazia--se essa sanção em função da revogação pelo art. 5º da Lei nº 13.487, de 2017.

Todavia, o § 1º do art. 45, *in fine*, da Lei das Eleições, trata do "*cancelamento do registro da candidatura do beneficiado*". Na verdade essa sanção decorre da utilização indevida e abusiva dos meios de comunicação social e sujeita **o candidato** ao processo judicial da ação de investigação judicial eleitoral nos termos do art. 22 da Lei Complementar nº 64, de 18 de maio de 1990.

A menção ao **cancelamento do registro** também é extensível **ao diploma** em razão do disposto no inc. XIV do art. 22 da Lei das Inelegibilidades, o que

Propaganda Eleitoral

também ensejará a declaração de **inelegibilidade** por 8 (*oito*) anos subsequentes à eleição em que ocorreu esse fato.

Para se configurar o **ato abusivo** é necessária a comprovação fática eleitoral do elemento subjetivo da **gravidade**, conforme previsão no inc. XVI do art. 22 da lei acima referida.

14.20. SANÇÃO. PROPAGANDA DOS CANDIDATOS MAJORITÁRIOS. OBRIGAÇÃO DO NOME DOS VICES E SUPLENTES. COMPETÊNCIA

A Lei nº 13.165, de 29/09/2015, alterou a redação do art. 36 e § 4º da Lei nº 9.504/1997, sendo que a Lei nº 12.034/2009 já havia alterado a redação do § 3º do art. 36 da Lei nº 9.504/1997, além de acrescentar os §§ 4º e 5º.

Ressalta-se:

> Art. 36. A propaganda eleitoral somente é permitida após o dia 15 de agosto do ano da eleição. (Redação dada pela Lei nº 13.165, de 2015)
>
> § 1º Ao postulante a candidatura a cargo eletivo é permitida a realização, na quinzena anterior à escolha pelo partido, de propaganda intrapartidária com vista à indicação de seu nome, vedado o uso de rádio, televisão e *outdoor*.
>
> § 2º No segundo semestre do ano da eleição, não será veiculada a propaganda partidária gratuita prevista em lei nem permitido qualquer tipo de propaganda política paga no rádio e na televisão.
>
> § 3º A violação do disposto neste artigo sujeitará o responsável pela divulgação da propaganda e, quando comprovado o seu prévio conhecimento, o beneficiário à multa no valor de R$ 5.000,00 (cinco mil reais) a R$ 25.000,00 (vinte e cinco mil reais), ou ao equivalente ao custo da propaganda, se este for maior. (Redação dada pela Lei nº 12.034, de 2009)
>
> § 4º Na propaganda dos candidatos a cargo majoritário deverão constar, também, os nomes dos candidatos a vice ou a suplentes de Senador, de modo claro e legível, em tamanho não inferior a 30% (trinta por cento) do nome do titular. (Redação dada pela Lei nº 13.165, de 2015)
>
> § 5º A comprovação do cumprimento das determinações da Justiça Eleitoral relacionadas a propaganda realizada em desconformidade com o disposto nesta Lei poderá ser apresentada no Tribunal Superior Eleitoral, no caso de candidatos a Presidente e Vice-Presidente da República, nas sedes dos respectivos Tribunais Regionais Eleitorais, no caso de candidatos a Governador, Vice-Governador, Deputado Federal, Senador da República, Deputados Estadual e Distrital,

> e, no Juízo Eleitoral, na hipótese de candidato a Prefeito, Vice-Prefeito e vereador. (Incluído pela Lei nº 12.034, de 2009)

O **§ 3º do art. 36** prevê uma sanção de multa diversa da que constava na redação anterior, que era de vinte mil a cinquenta mil UFIR. Assim, o valor mínimo passa a ser de cinco mil e o máximo de vinte e cinco mil reais, sendo mais benéfico ao infrator mantendo-se a hipótese da exceção, quando o custo da propaganda for superior aos valores acima estabelecidos pelo legislador.

Observa-se ainda que o **§ 4º do art. 36** consagrou a necessidade de publicidade dos vices e suplentes na propaganda dos candidatos a cargo majoritário fomentando maior transparência ao eleitor.

Desse modo, na propaganda do Presidente, Governador, Prefeito e Senador devem constar os nomes dos candidatos de forma clara e legível, em tamanho **não inferior a 30%** (trinta por cento) do nome do titular. A redação anterior fazia menção a 10% (dez por cento). É salutar a medida legal, considerando a natureza dúplice do voto.

Na chapa única e indivisível, por exemplo, entre Presidente e Vice-Presidente, não se faculta a possibilidade de o eleitor votar apenas em um dos candidatos. O mesmo se verifica com os Senadores, quando o eleitor elege 2 (*dois*) suplentes (*arts. 91 do Código Eleitoral e 46, § 3º, da Constituição Federal*).

Desta forma, os candidatos devem cumprir a inclusão dos nomes dos vices e suplentes nos adesivos e outras formas de propaganda política eleitoral, sob pena de multa para cada irregularidade que for verificada.

Não trata o § 4º do art. 36 de uma forma de propaganda antecipada ou extemporânea, mas sim de regra atinente ao devido método de informação ao eleitor nas campanhas eleitorais, pois não são raros os casos em que ocorre a vacância do mandato do titular com a assunção dos vices e suplentes. Cabe ao eleitor ser devidamente informado de que na verdade o **voto é dúplice** (*principal e vice ou suplente*).

14.21. QUANTO À COMPETÊNCIA PARA O PROCESSO E JULGAMENTO DA REPRESENTAÇÃO

O § 5º do art. 36 da Lei nº 9.504/1997 (*inserção da Lei nº 12.034/2009*), fixou a questão já adotada pela jurisprudência em relação à competência para o processo e julgamento das representações relativas ao descumprimento do início do prazo para a propaganda política eleitoral.

Consagra-se no texto legal a orientação jurisprudencial e normativa do Tribunal Superior Eleitoral.

O **Tribunal Superior Eleitoral** julgará representações contra candidatos a Presidente e Vice-Presidente, os **Tribunais Regionais** cuidam dos candidatos a

PROPAGANDA ELEITORAL

CAPÍTULO 14

Governador, Vice-Governador, Senador da República, Deputado federal, estadual e distrital, enquanto os **juízes eleitorais** previamente designados pelos TREs, por resolução específica e temporária são competentes para processar e julgar as hipóteses de candidato a Prefeito, Vice-Prefeito e vereador. Seguem-se, nesse particular, por simetria, os arts. 2º da Lei Complementar nº 64/1990 e 89 do Código Eleitoral.

O órgão do Ministério Público que atua no TSE é a Procuradoria-Geral Eleitoral; nos Tribunais Regionais Eleitorais, a Procuradoria Regional Eleitoral e, perante os juízes eleitorais, as Promotorias Eleitorais. Observa-se a Resolução nº 30 do Conselho Nacional do Ministério Público.

Saliente-se, ainda, que a competência para as representações firma-se pelo tipo de candidatura, independentemente de o candidato ocupar um determinado cargo eletivo e se encontrar licenciado do mesmo.

Nas comarcas que compreendem mais de uma zona eleitoral, o Tribunal Regional Eleitoral expede uma resolução específica designando o juiz eleitoral para processar e julgar as representações eleitorais.

Na verdade, o § 5º do art. 36 da Lei nº 9.504/1997 deveria ter sido destacado como artigo próprio, pois não se refere, tão somente, à desconformidade de cumprimento da legislação eleitoral sobre propaganda política eleitoral antecipada, mas sim a violações da lei eleitoral genericamente considerada.

Não se pode perder de vista o disposto no § 2º do art. 97 da Lei nº 9.504/1997, com a redação da Lei nº 12.034/2009, *in verbis*:

> § 2º No caso de descumprimento das disposições desta Lei por Tribunal Regional Eleitoral, a representação poderá ser feita ao Tribunal Superior Eleitoral, observado o disposto neste artigo.

Verifica-se que é possível uma espécie de **supressão de instância** quando, por exemplo, o juiz eleitoral não processar e julgar uma representação sobre propaganda irregular.

Neste caso, o legitimado ativo (*partido político*) poderá renovar a representação no Tribunal Regional Eleitoral, independentemente de eventuais sanções disciplinares, conforme dito no § 1º do art. 97 da lei em comento.

14.22. PROPAGANDA CRIMINOSA. CONSIDERAÇÕES GERAIS

As condutas que tratam da propaganda criminosa estão previstas em tipos penais incriminadores que atingem a organização e funcionamento das regras de propaganda fixadas no Código Eleitoral (*Lei nº 4.737/1965*) e na Lei das Eleições (*Lei nº 9.504/1997*), ou seja, o bem jurídico atingido é identificado como a subfase da propaganda eleitoral.

561

Como exemplos, temos o crime de "boca de urna" previsto no art. 39, § 5º, inc. III, da Lei nº 9.504/1997; e o delito de corrupção eleitoral por captação ilícita de sufrágio, art. 299 do Código Eleitoral.

É importante frisar que a prática da propaganda criminosa, além de ensejar a persecução criminal, poderá servir de prova para a propositura de ações eleitorais para cassação do registro ou diploma, imposição de multa (*não penal*) e inelegibilidade.

Por exemplo.

Se o candidato distribui dinheiro em troca de voto será responsabilizado penalmente pelo crime do artigo 299 do Código Eleitoral. É cabível ainda a ação de captação ilícita de sufrágio prevista do art. 41-A da Lei nº 9.504/1997 para a cassação do registro, diploma, multa e inelegibilidade.

14.23. PROPAGANDA CAPTATIVA ILÍCITA DE VOTOS. CONCEITO

É espécie de propaganda criminosa, porque o infrator dolosamente compra os votos do eleitor por mercadorias, bens de uso pessoal, dinheiro, promessas de emprego e benfeitorias.

O art. 41-A da Lei nº 9.504/1997 disciplina a matéria e faz alusão às sanções, tais como: multa e cassação do registro ou do diploma. Trata das sanções não penais eleitorais.

A prática de uma captação ilícita de sufrágio pode ensejar a análise de conduta típica, como as previstas nos arts. 299 e 334 do Código Eleitoral.[1]

O candidato[2] sempre procurará obter os votos do seu eleitor, mas pelas promessas de melhoria da educação, saúde, desemprego, segurança pública e outros assuntos. Não é disso que trata o tema, pois essas promessas, que infelizmente não conseguem em sua maioria ser cumpridas, não ensejam sanções eleitorais, embora seja necessária uma melhor reflexão sobre a possível incidência em casos pontuais do Código de Defesa do Eleitor sobre esse assunto, pois muitas vezes estamos diante de propagandas enganosas.

Exemplo: nas eleições municipais de 2016 um candidato da região serrana do Rio de Janeiro prometeu que o mar chegaria à cidade se fosse eleito vereador; outro candidato a vereador prometeu determinar que o Exército brasileiro ficasse nas ruas controlando a violência urbana sob o seu comando, e por aí vai.

---

1 TSE "[...] Assim, para caracterizar a captação de sufrágio, três elementos são indispensáveis: (1) a prática de uma ação (doar, prometer etc.), (2) a existência de uma pessoa física (eleitor) e (3) o resultado a que se propõe o agente [...] (Acórdão nº 19.176, de 16/10/2001. Recurso Especial Eleitoral nº 19.176/ES. Rel. Min. Sepúlveda Pertence).

2 TSE "[...] resta caracterizada a captação de sufrágio prevista no art. 41-A da Lei nº 9.504/1997, quando o candidato praticar, participar ou mesmo anuir explicitamente às condutas abusivas e ilícitas capituladas naquele artigo" (REspe nº 19.566/MG, Rel. Min. Sálvio de Figueiredo Teixeira).

O que é considerado crime e dá suporte à deflagração da ação de captação ilícita de sufrágio é a mercantilização do voto em troca de bens de primeira necessidade da população.

Exemplos: dentadura em troca de voto, injeção, remédios, alimentos, materiais de construção e promessas diretas de emprego.

Em acréscimo ao tema, destacam-se significativos exemplos jurisprudenciais, a saber:

1) "(...) *captação de sufrágio, citando integralmente o art. 41-A e indicando condutas como compra de voto com a quitação irregular de IPTU e taxas municipais; doação de material de construção; e outras visando à captação de sufrágio*" (Acórdão nº 1.049. Medida Cantelar nº 1.049. Sonsa – PB. Rel. Min. Sálvio de Figueiredo. Redator designado: Min. Femando Neves).

2) "(...) *a distribuição de cestas básicas, remédios e cobertores*" (Acórdão nº 20.008. Recurso Especial Eleitoral nº 20.008. Goianira – GO).

3) *Distribuição de medicamentos* (Agravo de Instrumento nº 4.727/MG, Rel. Min. Francisco Peçanha Martins, em 12/08/2004).

4) *Bilhetes autorizando distribuição de alimentos* (Agravo de Instrumento nº 3.357/BA, Rel. Min. Luiz Carlos Madeira, em 10/06/2003).

14.24. PROPAGANDA ILEGAL. ABUSO DO PODER ECONÔMICO OU POLÍTICOS. CONCEITO

Nesse tipo de propaganda, o candidato, pessoalmente, ou terceiros em seu apoio político, sejam autoridades públicas, agentes políticos (*Prefeitos, Governadores e outros*), ou ainda servidores públicos, cabos eleitorais, empresários, jornalistas, empresas de comunicação, contribuem com dinheiro, publicidade, materiais de construção, gasolina e bens diversos em favor de uma eleição extrapolando os limites do financiamento privado das campanhas eleitorais.

É importante que fique caracterizada a **gravidade**. A conduta não precisa ter gerado o aumento do número de votos em determinadas urnas, ou seja, ter atingido seu objetivo. Assim, se uma empresa de televisão ou rádio dá todo o apoio ao candidato de sua preferência, sem franquear a igualdade nos debates e na publicidade, é possível caracterizar-se a conduta de favorecimento e de grande amplitude a atingir os eleitores. Trata-se do abuso dos meios de comunicação social.

Se o candidato favorecido não foi eleito, é um fator que não interfere na punição. Não se exige o resultado material do abuso. Não é necessário comprovar que o candidato tenha aumentado os votos em determinado Estado ou Município.

Por exemplo.

Se o candidato em eleições passadas conseguiu obter 1.500 (mil e quinhentos) votos em 7 (sete) seções eleitorais, sem praticar o abuso, mas numa outra eleição aumentou esse número de votos, ou até diminuiu, esse fato não é o *cânon* modulador do abuso. O que importa é a gravidade dos atos de campanha eleitoral na circunscrição eleitoral.

Caracteriza o abuso a prática de condutas que estão exemplificadas nos arts. 24 e 73 da Lei nº 9.504/1997, por exemplo: o apoio em dinheiro de **"caixa dois"**, ciência de que recebeu propina de empresas concessionárias de serviço público no financiamento de campanhas eleitorais, a publicidade em larga escala de instituições religiosas, a publicidade de clubes esportivos e organizações não governamentais que recebam recursos públicos, o **uso de servidores públicos** em elevada dimensão, e o uso, desvio e abuso do dinheiro do município nas campanhas eleitorais.

Deveras, o **"caixa 2"**, no financiamento ilícito da campanha eleitoral acarreta, "em tese", a prática dos crimes do art. 350 do Código Eleitoral; art. 1º, inc. I, da Lei nº 8.137/1990, sonegação fiscal e corrupção passiva, art. 317 do Código Penal.

No âmbito eleitoral ainda podem incidir: (i) perda de recursos da cota do fundo partidário; (ii) inelegibilidade por abuso do poder econômico; e (iii) desaprovação de contas de campanhas eleitorais (*arts. 25 e 30-A da Lei nº 9.504/1997, 92 da Resolução TSE nº 23.463/2015, e arts. 1º, inc. I, alínea "d", e 22, inc. XVI, da LC nº 64/1990*).

14.25. SANÇÕES

As sanções por abuso do poder econômico ou político estão previstas no inciso XIV do art. 22 da Lei Complementar nº 64, de 18/05/1990: cassação do registro ou diploma e inelegibilidade por 8 (oito) anos contados da data da eleição e, na ação de impugnação ao mandato eletivo é cabível a cassação do diploma e consequente anulação do mandato eletivo.

O art. 30-A da Lei nº 9.504/1997 foi acrescido pela Lei nº 11.300/2006 (*Lei da Minirreforma Eleitoral*), que criou uma nova sanção na captação ilícita de recursos, ou seja, a negação do diploma. Trata-se de um dos efeitos do julgamento de procedência do pedido na representação por captação ou gastos ilícitos de recursos para as campanhas eleitorais.

14.26. PROPAGANDA ILEGAL. CENTROS SOCIAIS. CLIENTE-LISMO ELEITORAL

No período colonial brasileiro surgiu o chamado **clã eleitoral** formado por autoridades em Municípios com o objetivo de apoio ao Governador.

Leciona *Oliveira Filho* em sua obra *Instituições Política Brasileiras*, Senado Federal, Coleção Biblioteca Básica Brasileira, p. 266) que: *"O agrupamento local que conseguia ter ao seu lado o Governador dominava o Município todo, passava a dispor de todos os meios de aliciamento que o Centro – pelo seu preposto, o Governador – dispunha: poder civil; polícia militar; guarda nacional; títulos de nobreza; nomeações para postos de administração locais (delegados, subdelegados, comandantes, inspetores, fiscais)".*

De fato, os denominados "clãs eleitorais" se manifestaram nos Municípios nos idos de 1822. Diz o autor acima citado: *"(...) O povo-massa – sem nenhuma expressão eleitoral e fora de toda a vida pública até então – passou daí por diante a participar da vida pública e a valer como força numérica. Era preciso, pois organizá-lo para este fim – isto é, para fins eleitorais".*

Verifica-se, portanto, uma organização partidária sobre os trabalhadores rurais em função do regime democrático, ou seja, era necessário votar em representantes políticos locais rompendo com o regime aristocrático dos "clãs feudais".

Na realidade atual, não se fala mais em "clã eleitoral", mas na expressão *"Centros Sociais"*, sendo organizados por candidatos e políticos não com o objetivo de novas formações partidárias, mas, na verdade, almejam obter o voto de forma permanente perpetuando-se na circunscrição eleitoral dominada.

É um tipo de divisão de território eleitoral sem raízes nativistas ou patrióticas, mas nitidamente eleitoreiras que se estabelece pela omissão do poder público em implementação das políticas públicas necessárias naquela região carente de infraestrutura básica, seja no âmbito da saúde, educação, construção civil e outros.

Os denominados *"Centros Sociais"* podem se personificar por sociedades, entidades e organizações.

Conceito. Trata-se de uma entidade que garante proteção aos eleitores, de um determinado partido político ou de mandatário eleitoral, pelo seu estado de pobreza, miséria e por diversas carências de necessidades básicas e condições econômicas.

O eleitor solicita os serviços de forma permanente ou temporária, sendo a assistência social de cunho eleitoral efetivada por instituições privadas, vinculadas à religião ou leigas, mas que podem de alguma forma angariar recursos públicos.

A atividade desenvolvida organiza-se na forma de ações filantrópicas, ocupando o espaço do Estado e neutralizando-o na fomentação da política social, na medida em que favorece classes sociais específicas com a finalidade eleitoral manifestada direta ou indiretamente na conquista de votos, sem compromisso de continuidade e afetando até mesmo a preservação da isonomia ideal entre os participantes das campanhas políticas eleitorais.

É importante ressaltar que a Lei nº 12.034/2009 foi omissa no enfrentamento da questão referente à criação, recursos e à veiculação de propaganda nos estabelecimentos cujos gestores são pré-candidatos aos mandatos eletivos, que se utilizam de serviços sociais nos anos não eleitorais e durante o período eleitoral praticando o assistencialismo político e perpetuando-se nos mandatos eletivos, além de notabilizarem-se nas pesquisas eleitorais.

O *"Centro Social"*, é uma forma de manutenção do subdesenvolvimento e a consagração da incompetência governamental. É uma forma de se negar a efetivação concreta de melhorias públicas para a população em determinadas regiões que se constituem em redutos e feudos previamente dominados, inclusive com a criação oportunista e o desmanche do estabelecimento clientelista nos anos de eleição, após o desfecho do resultado das urnas.

O fato de um candidato efetuar doações e prestar serviços, gerando a dependência eleitoral da população local por meio de: medicamentos, serviços de manicure, serviços da construção civil, prestação odontológica, especialização em cursos de informática e enfermagem, garante-lhe a possibilidade concreta de vitória na eleição, além de ser um forte meio de manutenção do fiel eleitorado para as eleições vindouras, sendo inegável ainda o abuso do poder econômico e político pela fomentação da desigualdade nas campanhas eleitorais associado à captação ilícita de sufrágio.

Transmuda-se a arte da política numa forma de bem-estar dos deserdados e em visível clientelismo com a compra e venda dos votos previamente ajustados, pois, mesmo sem a necessidade de uma publicidade mais evidente, o benfeitor feudal eleitoral no século XXI já pode se intitular antes da proclamação do resultado das urnas como dono do corpo social de eleitores. Trata-se de resoluta forma de diminuição das instituições democráticas e da República.

É inegável a realidade dos "Centros Sociais" e a formação de uma dependência amargurada do eleitor na troca ilícita do voto, quando se vê compelido, sem saber ao certo a verdadeira razão de sua pobreza, a votar na manutenção do estado de coisas em que vive. Sem saída. Sem perspectivas. Alimenta-se do próprio voto e inocentemente abala a República Democrática.

Por fim, a jurisprudência do Egrégio TSE já está enfrentando o tema acima enfocado no *Recurso Ordinário nº 1.445/RS, TSE, Rel. orig. Min. Marcelo Ribeiro, Red. para o acórdão Min. Felix Fischer*:

> (...)
>
> 2. Não se desconsidera que a manutenção de albergues alcança finalidade social e também se alicerça no propósito de auxiliar aqueles que não possuem abrigo. Entretanto, no caso, não se está diante de simples

PROPAGANDA ELEITORAL

CAPÍTULO 14

filantropia que, em si, é atividade lícita. **Os recorridos, então candidatos, despenderam recursos patrimoniais privados em contexto revelador de excesso cuja finalidade, muito além da filantropia, era o favorecimento eleitoral de ambos** (art. 23, § 5º, e art. 25 da Lei nº 9.504/1997).

3. A análise da potencialidade deve considerar não apenas a aptidão para influenciar a vontade dos próprios beneficiários dos bens e serviços, mas também, seu efeito multiplicativo. Tratando-se de pessoas inegavelmente carentes é evidente o impacto desta ação sobre sua família e seu círculo de convivência.

4. Recurso ordinário provido. *DJe* de 11/09/2009 (noticiado no informativo nº 27/2009) (grifos nossos).

Conclusão: em razão desse arquétipo eleitoral, a prática da conduta de manutenção do *Centro Social* ensejará duas vias de investigação, a saber: (i) a análise do delito do art. 299 do Código Eleitoral; e (ii) o ajuizamento da representação com base no art. 41-A da Lei nº 9.504/1997.

14.27. PROPAGANDA POLÍTICA ELEITORAL PELA *INTERNET*

O art. 57-A da Lei nº 9.504/1997 (*inclusão da Lei nº 12.034/2009 e redação da Lei nº 13.165/2015*) permite a realização da propaganda eleitoral pela *internet*, após o dia 15 de agosto do ano de eleição.

Vê-se, assim, que o dia oficial para se iniciar a propaganda por este meio é o dia 16 de agosto, em conformidade com o art. 36 da Lei das Eleições.

O art. 240 do Código Eleitoral fixa idêntico prazo.

O art. 57-B disciplina as formas de realização da propaganda, a saber:

Art. 57-B. A propaganda eleitoral na internet poderá ser realizada nas seguintes formas:

I – em sítio do candidato, com endereço eletrônico comunicado à Justiça Eleitoral e hospedado, direta ou indiretamente, em provedor de serviço de internet estabelecido no País;

II – em sítio do partido ou da coligação, com endereço eletrônico comunicado à Justiça Eleitoral e hospedado, direta ou indiretamente, em provedor de serviço de internet estabelecido no País;

III – por meio de mensagem eletrônica para endereços cadastrados gratuitamente pelo candidato, partido ou coligação;

IV – por meio de blogs, redes sociais, sítios de mensagens instantâneas e aplicações de internet assemelhadas cujo conteúdo seja gerado ou editado por:

a) candidatos, partidos ou coligações; ou

b) qualquer pessoa natural, desde que não contrate impulsionamento de conteúdos.

§ 1º Os endereços eletrônicos das aplicações de que trata este artigo, salvo aqueles de iniciativa de pessoa natural, deverão ser comunicados à Justiça Eleitoral, podendo ser mantidos durante todo o pleito eleitoral os mesmos endereços eletrônicos em uso antes do início da propaganda eleitoral.

§ 2º Não é admitida a veiculação de conteúdos de cunho eleitoral mediante cadastro de usuário de aplicação de internet com a intenção de falsear identidade.

§ 3º É vedada a utilização de impulsionamento de conteúdos e ferramentas digitais não disponibilizadas pelo provedor da aplicação de internet, ainda que gratuitas, para alterar o teor ou a repercussão de propaganda eleitoral, tanto próprios quanto de terceiros.

§ 4º O provedor de aplicação de internet que possibilite o impulsionamento pago de conteúdos deverá contar com canal de comunicação com seus usuários e somente poderá ser responsabilizado por danos decorrentes do conteúdo impulsionado se, após ordem judicial específica, não tomar as providências para, no âmbito e nos limites técnicos do seu serviço e dentro do prazo assinalado, tornar indisponível o conteúdo apontado como infringente pela Justiça Eleitoral.

§ 5º A violação do disposto neste artigo sujeita o usuário responsável pelo conteúdo e, quando comprovado seu prévio conhecimento, o beneficiário, à multa no valor de R$ 5.000,00 (cinco mil reais) a R$ 30.000,00 (trinta mil reais) ou em valor equivalente ao dobro da quantia despendida, se esse cálculo superar o limite máximo da multa.

Os **incisos I e II** procuram evitar a hospedagem em provedores situados em território estrangeiro, pois a punição tornar-se-ia de dificílima possibilidade, até mesmo considerando-se a localização da empresa e dos responsáveis. No entanto, se atualmente isto ocorrer é evidente que se trata de propaganda irregular e será aplicado ao usuário responsável pelo conteúdo e ao beneficiário quando comprovado o seu prévio conhecimento a multa prevista no parágrafo quinto, do art. 54-B da Lei nº 9.504/97.

O **inciso III** permite o envio de *e-mails* (*mensagens eletrônicas*) aos eleitores que constem de um cadastro gratuitamente obtido pelo candidato, partido político ou coligação.

Os cadastros de *e-mails* constantes dos bancos de dados dos partidos políticos podem ser repassados aos candidatos.

A regra aqui disposta deve ser interpretada, especialmente, com o *caput* e o § 1º do art. 57-E:

> **Art. 57-E. São vedadas às pessoas relacionadas no art. 24 a utilização, doação ou cessão de cadastro eletrônico de seus clientes, em favor de candidatos, partidos ou coligações.**
>
> **§ 1º É proibida a venda de cadastro de endereços eletrônicos.**
>
> § 2º A violação do disposto neste artigo sujeita o responsável pela divulgação da propaganda e, quando comprovado seu prévio conhecimento, o beneficiário à multa no valor de R$ 5.000,00 (cinco mil reais) a R$ 30.000,00 (trinta mil reais).

Neste caso, comprovando-se que o cadastro dos *e-mails* obtido pelo candidato, partido político ou coligação não o foi de forma gratuita, mas comprado de terceiros, que se beneficiaram com a venda, todos respondem pela sanção de multa, inclusive o vendedor do cadastro (terceiro estranho ao processo eleitoral, pessoa física ou jurídica), mas que compactuou com a prática ilegal do fato. Trata-se de coautor da empreitada.

Se, por exemplo, os cadastros com os endereços dos e-mails não foram obtidos gratuitamente, o usuário responsável e o beneficiário candidato que tenha conhecimento desse fato estarão sujeitos à multa prevista no § 5º do art. 57-B da Lei das Eleições.

No entanto, se quem vendeu os cadastros de e-mails foram as pessoas relacionadas no art. 24 da Lei nº 9.504/1997, a sanção está prevista no § 2º do art. 57-E da Lei das Eleições.

A multa é de idêntico valor, mas o fundamento normativo é diverso.

As sanções acima aludidas devem seguir o rito do art. 96 da Lei das Eleições, possibilitando-se de forma inequívoca ao Ministério Público Eleitoral a propositura da medida judicial, muito embora a lei, no art. 57-I, só tenha feito menção aos candidatos, partidos políticos e coligação. Aliás, a redação da Lei nº 13.488, de 2017, que alterou o *caput* do art. 57-I, continuou mantendo a omissão em relação ao órgão do *Parquet*.

No entanto, mesmo mantida a omissão ao Ministério Público Eleitoral como um dos legitimados ativos, é evidente que a atribuição deflui do sistema jurídico constitucional eleitoral (art. 127 da Carta Política).

A sanção de multa deverá ser especificada para cada um dos infratores possibilitando-se a limitação de responsabilidade para fins de quitação eleitoral, art. 11, § 8º, II, da Lei nº 9.504/1997.

Outrossim, o art. 57-E da Lei nº 9.504/1997 (*introdução da Lei nº 12.034/2009*) veda que pessoas físicas, formais e jurídicas dispostas no art. 24 e respectivos incisos cedam ainda que gratuitamente seus cadastros de *e-mails*. Não se pode tolerar que os *e-mails* das pessoas registradas no pagamento do IPTU no Município possam ser utilizados pelo candidato a Prefeito, valendo-se, indevidamente deste banco de dados, pois se o fato restar apurado o candidato responderá pelas sanções de multa previstas no § 2º do art. 57-E.

Comprovado o repasse do cadastro pelas pessoas elencadas no art. 24 da Lei das Eleições, independentemente da sanção de multa prevista no § 2º do art. 57-E, é possível a responsabilidade por abuso do poder político/econômico, considerando que tal fato causa evidente desequilíbrio à isonomia natural entre candidatos aos mandatos eletivos, inclusive com possível desaprovação das contas de campanha (*art. 30, III, da Lei nº 9.504/1997*).

Ressalta-se ainda que o **inc. IV** do art. 57-B foi alterado pela Lei nº 13.488/2017, ou seja, a propaganda pelas redes sociais, blogs, sítios de mensagens instantâneas e aplicações na internet são geradas e editadas pelos candidatos, partidos ou coligações.

As pessoas naturais também podem participar da campanha pela internet, mas é vedado o **impulsionamento de conteúdos**, ou seja, pagar, por exemplo, para que o *Facebook* divulgue determinada campanha eleitoral.

Deveras, a regra é de difícil fiscalização, mas se porventura for violada, caberá a punição do § 5º do art. 57-B que prevê uma multa de R$ 5.000,00 (cinco mil reais) a R$ 30.000,00 (trinta mil reais), ou ainda a penalidade em valor que corresponda ao dobro da quantia despendida, quando esse cálculo superar o limite máximo da multa.

Essa multa poderá ser de responsabilidade do candidato beneficiado, desde que comprovado o seu prévio conhecimento.

Desse modo, aplica-se o art. 40-B da Lei nº 9.504/1997. Notifica-se o candidato beneficiado para providenciar a retirada ou regularização dessa modalidade irregular de propaganda.

No entanto, as circunstâncias do caso concreto podem indicar ao magistrado eleitoral que o beneficiado candidato sabia dessa irregularidade.

Todavia, o candidato beneficiado não pode ser sumariamente responsabilizado por ações incontroláveis de simpatizantes da campanha eleitoral que usam ilegalmente o impulsionamento de conteúdo. Nesse ponto, deve ficar demonstrado o prévio conhecimento.

Como se nota, o impulsionamento de conteúdos pela internet é permitido aos partidos, coligações, candidatos e seus representantes.

No entanto, essa forma de divulgação ampliativa da propaganda pelas redes sociais é vedada a qualquer pessoa natural (eleitor ou não), nos termos do art. 57-C da Lei nº 9.504/1997 (redação da Lei nº 13.488, de 2017).

PROPAGANDA ELEITORAL

Infere-se que o provedor de impulsionamento pago de conteúdos pela internet, v.g., *Facebook*, deverá possuir um canal de comunicação com os usuários, mas a responsabilidade pela propaganda irregular ou danos do conteúdo impulsionado só se caracteriza pelo descumprimento da ordem judicial específica.

O magistrado eleitoral notificará o provedor para tornar indisponível o conteúdo de uma propaganda, por exemplo, difamatória ou inverídica. A notificação fixará um prazo que ficará a critério do juiz eleitoral. Somente na caracterização da omissão referente ao desatendimento da ordem judicial é que se pode concluir pela responsabilidade nos termos do § 5º do art. 57-B da Lei das Eleições.

Não se pode olvidar que o poder de polícia eleitoral exercido pelos juízes eleitorais torna-se extremamente dificultoso no âmbito da internet, mas uma vez detectadas as irregularidades, as providências inibitórias serão deflagradas, art. 41 da Lei das Eleições.

Os candidatos e representantes partidários e das coligações devem comunicar à Justiça Eleitoral os respectivos endereços eletrônicos, art. 57-B, § 1º, da Lei das Eleições.

O legislador, no § 2º do art. 57-B da Lei nº 9.504/1997 (redação da Lei nº 13.488/2017), tratou das **falsas identidades de usuários**. Trata-se de proibição necessária, mas de dificílima fiscalização. A violação ensejará a punição prevista no § 5º do art. 57-B da aludida norma.

O § 3º do art. 57-B (redação da Lei nº 13.488, de 2017) tratou das *fake news*, **notícias falsas pela internet,** ou seja, não se pode impulsionar conteúdos para alterar o teor ou a repercussão da propaganda eleitoral, tanto própria quanto de terceiros.

Nesse panorama das campanhas eleitorais, as notícias falsas podem ainda caracterizar os delitos de falsa divulgação, calúnia, difamação ou injúria eleitoral previstos nos arts. 324, 325 e 326 do Código Eleitoral.

O art. 57-H da Lei das Eleições prevê o delito de contratação de grupo de pessoas para emitir mensagens ofensivas pela internet.

Assim sendo, independentemente da sanção de multa prevista no § 5º do art. 57-B da Lei das Eleições, o juiz eleitoral poderá extrair peças na forma do art. 40 do Código de Processo Penal e remetê-las ao Ministério Público Eleitoral para a exteriorização da *opinio delicti* na forma legal.

O art. 57-C da Lei nº 9.504/1997 também foi alterado pela Lei nº 13.488/2017. Destaca-se abaixo a redação atual:

> 57-C. É vedada a veiculação de qualquer tipo de propaganda eleitoral paga na internet, excetuado o impulsionamento de conteúdos, desde que identificado de forma inequívoca como

tal e contratado exclusivamente por partidos, coligações e candidatos e seus representantes.

§ 1º É vedada, ainda que gratuitamente, a veiculação de propaganda eleitoral na internet, em sítios:

I – de pessoas jurídicas, com ou sem fins lucrativos;

II – oficiais ou hospedados por órgãos ou entidades da administração pública direta ou indireta da União, dos Estados, do Distrito Federal e dos Municípios.

§ 2º A violação do disposto neste artigo sujeita o responsável pela divulgação da propaganda ou pelo impulsionamento de conteúdos e, quando comprovado seu prévio conhecimento, o beneficiário, à multa no valor de R$ 5.000,00 (cinco mil reais) a R$ 30.000,00 (trinta mil reais) ou em valor equivalente ao dobro da quantia despendida, se esse cálculo superar o limite máximo da multa.

§ 3º O impulsionamento de que trata o *caput* deste artigo deverá ser contratado diretamente com provedor da aplicação de internet com sede e foro no País, ou de sua filial, sucursal, escritório, estabelecimento ou representante legalmente estabelecido no País e apenas com o fim de promover ou beneficiar candidatos ou suas agremiações. (Redação da Lei nº 13.488, de 2017).

Os §§ 1º e 2º acima destacados devem ser interpretados com os arts. 24 e 30-A da Lei nº 9.504/1997, bem como sendo em alguns casos caracterizada a conduta eventualmente abusiva pelo uso indevido deste meio de comunicação social que é a internet (*art. 22 da Lei das Inelegibilidades*).

O procedimento previsto para fins de aplicação da sanção de multa do § 2º do art. 57-C é o do art. 96 da Lei das Eleições (*art. 57-I*), mas não se afasta a análise da proporcionalidade lesiva que ensejam as sanções de cassação do registro, diploma e inelegibilidade, conforme a hipótese.

O Egrégio TSE já decidiu sobre o art. 57-C da Lei das Eleições, *in verbis*: "(...) *A utilização de página na internet mantida por órgão público para veicular link de sítio pessoal de candidato, do qual consta propaganda eleitoral, enquadra-se na vedação contida no art. 57-C, § 1º, II, da Lei nº 9.504/1997* (Recurso Especial Eleitoral nº 802961 – São Paulo/SP. Acórdão de 28/11/2013. Rel. Min. Henrique Neves da Silva. DJE, Tomo 35, Data 19/02/2014, p. 80).

E ainda: "(...) *Nos termos do art. 57-C da Lei nº 9.504/1997, é vedada a veiculação de propaganda eleitoral na internet, ainda que gratuitamente, em sítios de pessoas jurídicas, com ou sem fins lucrativos*" (Representação nº 355.133 – Brasília/DF. Acórdão de 10/04/2012. Rel.ª Min.ª Fátima Nancy Andrighi. DJE Tomo 91, Data 16/5/2012, p. 281).

Saliente-se que no *blog* **de pessoas físicas é permitida a propaganda eleitoral**.

Como já aduzido alhures, o art. 57-C da Lei das Eleições foi alterado pela Lei nº 13.488, de 2017, ou seja, é proibida a propaganda paga pela internet com exceção do impulsionamento de conteúdos contratados pelos candidatos, partidos e coligações e seus representantes.

Por outra, não se pode veicular propaganda em sítios de pessoas jurídicas mesmo que gratuitamente ou ainda nos oficiais hospedados por órgãos públicos.

O § 3º do art. 57-C tratou de regulamentar que o impulsionamento deverá ser contratado diretamente com provedor de aplicação de internet com sede e foro no País.

Em síntese: o **impulsionamento pela internet** deve observar regras próprias, a saber: (i) contratação pelos candidatos, partidos, coligações e seus representantes; (ii) o provedor de aplicação deve ter sede ou filial no País; (iii) o provedor deverá contar com canal de comunicação com os usuários; (iv) a responsabilidade do provedor depende de descumprimento de ordem judicial específica; e (v) veda-se o falseamento de identidades e de informações.

Por fim, a comprovação do conhecimento do candidato infrator se dá pela aplicação da regra do art. **40-B da Lei das Eleições**, *in verbis*:

> Art. 40-B. A representação relativa à propaganda irregular deve ser instruída com prova da autoria ou do prévio conhecimento do beneficiário, caso este não seja por ela responsável.
>
> Parágrafo único. A responsabilidade do candidato estará demonstrada se este, intimado da existência da propaganda irregular, não providenciar, no prazo de quarenta e oito horas, sua retirada ou regularização e, ainda, se as circunstâncias e as peculiaridades do caso específico revelarem a impossibilidade de o beneficiário não ter tido conhecimento da propaganda".

O **art. 57-D** trata do direito à livre manifestação do pensamento. No entanto, não se trata de um direito absoluto, conforme decisão do TSE proferida no Recurso Especial Eleitoral nº 186.819/2015. Naquela ocasião, um cidadão criou uma página anônima no *Facebook* e incidiu em crime contra a honra. Ressalta-se a redação do art. 57-D da Lei nº 9.504/97, *in verbis*:

> Art. 57-D. É livre a manifestação do pensamento, vedado o anonimato durante a campanha eleitoral, por meio da rede mundial de computadores – internet, assegurado o direito de resposta, nos termos das alíneas *a*, *b* e *c* do inciso IV do § 3º do art. 58 e do 58-A, e por outros meios de comunicação interpessoal **mediante mensagem eletrônica.**

> [...]
>
> § 2º A violação do disposto neste artigo sujeitará o responsável pela divulgação da propaganda e, quando comprovado seu prévio conhecimento, o beneficiário à multa no valor de R$ 5.000,00 (cinco mil reais) a R$ 30.000,00 (trinta mil reais).
>
> § 3º Sem prejuízo das sanções civis e criminais aplicáveis ao responsável, a Justiça Eleitoral poderá determinar, por solicitação do ofendido, a retirada de publicações que contenham agressões ou ataques a candidatos em sítios da Internet, inclusive redes sociais.

Verifica-se, portanto, que o conteúdo poderá ser gerado pelo candidato ou qualquer pessoa natural, conforme previsão legal, que permite a adoção de sanções penais, eleitorais e cíveis dos divulgadores e beneficiados.

O art. 57-I da Lei das Eleições prevê a adoção do devido processo legal eleitoral do art. 96 da mesma norma para fins de fazer suspender o acesso ao sítio. Como já visto, assegura-se ainda o direito de resposta com a aplicação do art. 57-D da Lei nº 9.504/1997, que deve observar o art. 58 da mesma lei.

Assim, embora seja livre a manifestação do pensamento por críticas, alusões e opiniões, especialmente pela rede mundial de computadores, não se pode olvidar das sanções penais, eleitorais e cíveis (*dano moral eleitoral*) em razão da prática abusiva e ilícita que poderá ser manejada por cabos eleitorais, candidatos, partidos políticos e terceiros.

A multa, prevista no § 2º do art. 57-D da Lei nº 9.504/1997, deverá ser individualizada na decisão judicial eleitoral em relação aos responsáveis e beneficiários (*candidatos*).

O **art. 57-E** da Lei das Eleições proíbe que as pessoas elencadas no art. 24 da mesma lei façam doações de cadastros eletrônicos para candidatos. Como já visto alhures, não pode o órgão da Administração Pública direta ou indireta fornecer esses dados, sob pena de multa.

Já o **art. 57-F** da Lei das Eleições trata da responsabilidade do provedor de conteúdo e de serviços de multimídia que hospeda a divulgação da propaganda eleitoral de candidato, desde que tenha prévio conhecimento da ilegalidade, após notificação judicial referente à propaganda irregular. Não se trata de responsabilidade objetiva.

Ainda sobre as mensagens eletrônicas, a regra do **art. 57-G** da Lei nº 9.504/1997 assim dispõe:

Art. 57-G. As mensagens eletrônicas enviadas por candidato, partido ou coligação, por qualquer meio, deverão dispor de mecanismo que permita seu

PROPAGANDA ELEITORAL

CAPÍTULO 14

descadastramento pelo destinatário, obrigado o remetente a providenciá-lo no prazo de quarenta e oito horas.

Parágrafo único. Mensagens eletrônicas enviadas após o término do prazo previsto no *caput* sujeitam os responsáveis ao pagamento de multa no valor de R$ 100,00 (cem reais), por mensagem.

As mensagens remetidas pelos candidatos, partidos ou coligações, não se excluindo outros remetentes que sejam especificamente contratados para esta finalidade, devem possuir mecanismos de descredenciamento.

Recebida a mensagem, o eleitor poderá descredenciá-la devendo imprimir o teor da mensagem e a comprovação do descredenciamento, além de aguardar por 48 horas as providências do remetente.

Durante o prazo de 48 horas poderá o remetente utilizar de novas mensagens, mas todas devem ser reunidas e contadas do prazo inicial em que o receptor eleitor descredenciou a primeira delas.

A sanção de multa de R$ 100,00 (*cem reais*) só é incidente, após o prazo das 48 horas, quando o remetente insiste em encaminhar outra mensagem.

A multa é imposta ao remetente responsável que pode ser o candidato ou outra pessoa, podendo, inclusive, agir em conjunto.

Na hipótese de terceiro remeter a mensagem, sem o conhecimento do beneficiário, apenas o terceiro arcará com a multa, mas o ônus da prova do fato impeditivo é do candidato beneficiado.

O devido processo legal eleitoral de aplicação da multa é a representação do art. 96 da Lei nº 9.504/1997, sendo os legitimados: Ministério Público, partido político, coligação e candidato (*atingido*) pelas mensagens. A legitimidade do órgão do Ministério Público defluiu da preservação do interesse público e democrático, objetivando a preservação da isonomia nas campanhas eleitorais (*art. 127 da Carta Magna*).

Frise-se que a multa eleitoral não é devida ao eleitor que recebeu o *e-mail*, mas sim ao Fundo Partidário – art. 38, I, da Lei nº 9.096/1995.

A multa tem natureza pública, não é decorrente de infração que se encontre na órbita do direito disponível.

O eleitor receptor do *e-mail* indesejado noticiará o fato à Justiça Eleitoral para a adoção das providências legais, observando-se o processo do art. 96 da Lei das Eleições. Todavia ele poderá demandar o remetente por dano moral eleitoral na Justiça Comum, quando comprovar a ofensa injuriosa, difamatória ou caluniosa.

Veja-se, ainda, o **art. 57-H** da Lei nº 9.504/1997:

> Art. 57-H. Sem prejuízo das demais sanções legais cabíveis, será punido, com multa de R$ 5.000,00 (cinco mil reais) a R$ 30.000,00 (trinta mil reais), quem realizar propaganda

575

> eleitoral na internet, atribuindo indevidamente sua autoria a terceiro, inclusive a candidato, partido ou coligação.
>
> § 1º Constitui crime a contratação direta ou indireta de grupo de pessoas com a finalidade específica de emitir mensagens ou comentários na Internet para ofender a honra ou denegrir a imagem de candidato, partido ou coligação, punível com detenção de 2 (dois) a 4 (quatro) anos e multa de R$ 15.000,00 (quinze mil reais) a R$ 50.000,00 (cinquenta mil reais).
>
> § 2º Igualmente incorrem em crime, punível com detenção de 6 (seis) meses a 1 (um) ano, com alternativa de prestação de serviços à comunidade pelo mesmo período, e multa de R$ 5.000,00 (cinco mil reais) a R$ 30.000,00 (trinta mil reais), as pessoas contratadas na forma do § 1º.

Desta forma, ressalvando-se as sanções penais, as relativas ao direito de resposta, abuso do poder econômico pelos meios de comunicação social e outras, **o legislador ainda impõe a multa ao agente que atribui a autoria do fato ilícito a outras pessoas, objetivando escusar-se ideologicamente da verdadeira responsabilidade**.

Trata-se da **falsidade nominal e ideológica pela internet**, quando o agente ativo da ilicitude procura ludibriar a Justiça Eleitoral induzindo-a ao erro com a afirmação de que a propaganda ofensiva veiculada é de autoria de outras pessoas, inclusive candidatos da oposição, partidos e coligações.

O **autor é o próprio falsário**.

A sua obra é ofensiva, mas ele se escusa em atribuir a autoria da infâmia a outros inocentes participantes da propaganda política eleitoral.

A Lei nº 12.891/2013 acrescentou os §§ 1º e 2º ao art. 57-H, criando tipos penais (comentários específicos foram feitos na parte penal do livro).

A regra impede que o candidato contrate ou exponha de qualquer forma a sua propaganda direta ou indireta em sítios de empresas (*pessoas físicas ou jurídicas*). Limita-se a propaganda apenas ao *site* do candidato, partido político ou coligação possibilitando-se a melhor fiscalização pela Justiça Eleitoral.

A vedação quanto ao pagamento, deve ser interpretada de forma mais ampla, pois não significa a remuneração em espécie, considerando que pode haver a burla da lei pela veiculação aparentemente gratuita que camufla uma doação por publicidade sujeita ao controle da Justiça Eleitoral.

Ressalta-se a redação do *caput* do art. 57-I (modificação da Lei nº 13.488, de 2017):

> Art. 57-I. A requerimento de candidato, partido ou coligação, observado o rito previsto no art. 96 desta Lei, a Justiça

> Eleitoral poderá determinar, no âmbito e nos limites técnicos de cada aplicação de internet, a suspensão do acesso a todo conteúdo veiculado que deixar de cumprir as disposições desta Lei, devendo o número de horas de suspensão ser definida proporcionalmente à gravidade da infração cometida em cada caso, observado o limite máximo de vinte e quatro horas.

A redação anterior desse dispositivo legal fixava o período de suspensão em 24 (vinte e quatro) horas, sendo que a atual deixou ao critério do magistrado ponderar o prazo na análise de cada caso, observando-se o princípio da razoabilidade, ou seja, "[...] definida proporcionalmente à gravidade da infração cometida em cada caso [...]".

Infere-se ainda que o Ministério Público Eleitoral é parte legítima para oferecer a representação do art. 96 da Lei nº 9.504/1997, mesmo que não referido no *caput* do art. 57-I da Lei das Eleições.

Como já afirmado, a legitimidade ativa decorre do art. 127 da Carta Política e da interpretação sistêmica da legislação eleitoral, bem como da pacífica jurisprudência do Tribunal Superior Eleitoral, inclusive por regras específicas contidas nas resoluções eleitorais temporárias que disciplinam a propaganda política eleitoral.

Por fim, a Lei nº 13.488, de 2017, incluiu o art. **57-J** na Lei nº 9.504/1997 nos seguintes termos:

> Art. 57-J. O Tribunal Superior Eleitoral regulamentará o disposto nos arts. 57-A a 57-I desta Lei de acordo com o cenário e as ferramentas tecnológicas existentes em cada momento eleitoral e promoverá, para os veículos, partidos e demais entidades interessadas, a formulação e a ampla divulgação de regras de boas práticas relativas a campanhas eleitorais na internet.

Transfere-se a regulamentação por meio de resolução eleitoral das "boas práticas relativas a campanhas eleitorais na internet" ao Egrégio Tribunal Superior Eleitoral quando se observa que a liberdade de expressão pela rede mundial de computadores deve ser sempre preservada no regime democrático, resguardando-se o conteúdo verdadeiro e crítico das informações e punindo-se a calúnia, difamação, injúria e as falsas informações que possam deturpar a lisura da propaganda política eleitoral na máxima de sua expressividade ao eleitor.

Nesse panorama nem todas as informações constantes da internet são verídicas, os eventuais erros devem ser questionados, mas a reiteração do falso, além de prejudicar a consulta dos internautas sobre fatos relevantes, demonstra um abominável desprestígio social.

14.28. DIREITO DE RESPOSTA

A previsão se encontra nos arts. 58 e 58-A da Lei nº 9.504/1997.

É cabível o direito de resposta em razão da afirmação caluniosa, difamatória, injuriosa ou sabidamente inverídica, quando difundida por qualquer veículo de comunicação social.

O direito de resposta é uma especial confirmação do princípio da audiência das candidaturas, porque implica na preservação da igualdade das afirmações aos competidores durante as campanhas eleitorais, e interessa ao eleitor como resultado fiel das propostas; e ao complexo de indivíduos que são atingidos pelos programas por meios de comunicação, tais como: televisões, rádios, internet, jornais, revistas e tabloides em geral.

É uma espécie de **legítima defesa da honra eleitoral e política**.

Leciona *Darcy Arruda Miranda* que o direito de resposta é uma garantia e não constitui restrição à liberdade de imprensa, sendo que o seu fundamento ético está na lesão ao bem jurídico que exige uma reparação. Evita-se o transviamento da opinião pública, mediante a exposição de fatos falsos ou erroneamente interpretados (*Comentários à Lei de Imprensa*. 2ª ed. São Paulo: Editora RT, 1994, p. 528).

14.29. COMPETÊNCIA PARA A CONCESSÃO DO PEDIDO DE RESPOSTA

Sobre este tema, cumpre enfatizar que, nas **eleições municipais**, a competência para processar e julgar os pedidos de direito de resposta são dos juízes eleitorais designados pelo Tribunal Regional Eleitoral. O juiz será o que for igualmente designado para a propaganda eleitoral, podendo a designação recair em mais de um juiz eleitoral e ocorrer uma divisão de tarefas.

As decisões do juiz eleitoral desafiam **recurso inominado, que segue o prazo de 24 horas da publicação da decisão**. O prazo é diverso do estipulado no art. 258 do Código Eleitoral (*3 dias*). Aqui, neste aspecto, aplica-se o princípio da celeridade e da efetividade das decisões, pois, a cada dia que passa e que antecede o dia da eleição, emerge a necessidade da rapidez das decisões, viabilizando-se a inserção da resposta na imprensa.

Os prazos estão disciplinados no art. 58, § 1º, da Lei nº 9.504/1997: a) **24** (*vinte e quatro*) horas, quando a ofensa for praticada no horário eleitoral gratuito; b) **48** (*quarenta e oito horas*) se ocorrer na programação normal das emissoras de rádio ou televisão; e c) **72** (*setenta e duas*) horas na imprensa escrita; e d) a qualquer tempo, quando a ofensa for na internet, ou em 72 (setenta e duas) horas, após a retirada da matéria ofensiva (*inclusão desse item pela Lei nº 13.165/2015*).

Cumpre ao juiz eleitoral, nas eleições municipais, v.g., abrir vista ao promotor eleitoral, membro do Ministério Público local para manifestação no prazo de 24 horas. A vista para a intervenção é obrigatória.

Na Lei nº 9.504/1997, o direito de resposta está disciplinado no art. 58 e parágrafos.

Com a oferta das contrarrazões ou pelo decurso do prazo, os autos seguem ao Tribunal Regional Eleitoral, que, após autuação apresenta-se ao Presidente com posterior distribuição ao relator. O relator abre vista ao procurador regional eleitoral para parecer no prazo de 24 horas, mas, com ou sem parecer, ao final do prazo os autos são enviados ao relator, que independentemente de pauta incluiu o caso para julgamento no Tribunal.

A publicação do acórdão ocorre na própria sessão de julgamento e da decisão cabe o **recurso especial** para o Egrégio Tribunal Superior Eleitoral, igualmente no prazo de 24 horas. Apresentam-se as contrarrazões em igual prazo e dispensa-se, inclusive o juízo de admissibilidade, seguindo-se no Egrégio TSE.

Nas eleições presidenciais caberá ao Egrégio TSE, e nas federais, estaduais e distritais, aos respectivos Tribunais Regionais Eleitorais. Não são os juízes eleitorais municipais das zonas eleitorais, mas, no âmbito dos TREs, são designados entre os seus integrantes substitutos, três juízes auxiliares para a apreciação das reclamações e das representações (*Lei nº 9.504/1997, art. 96, § 3º*). E a competência e atuação desses magistrados componentes da Comissão dos juízes auxiliares encerrar-se-á com a *diplomação dos eleitos*.

Nesse rumo, os juízes auxiliares nas eleições estaduais e federais é que decidem sobre o direito de resposta, sendo que a decisão proferida se sujeita à interposição de recurso ao **Plenário do Tribunal Eleitoral**, igualmente no prazo de 24 (*vinte e quatro*) horas com contrarrazões em igual prazo. O prazo é contado da publicação em secretaria ou em sessão.

Da decisão do Tribunal Regional Eleitoral caberá Recurso Especial ao Tribunal Superior Eleitoral em 24 (*vinte e quatro*) horas. O art. 58, § 5º, da Lei das Eleições trata do prazo recursal.

O art. 58, § 9º, da Lei das Eleições (*incluído pela Lei nº 12.891/2013*) dispõe que se a decisão não for proferida no prazo legal, a Justiça Eleitoral poderá colocar um juiz auxiliar ou até substituir por outro, objetivando a urgente prestação jurisdicional eleitoral. Como se nota, vige o princípio da celeridade no direito de resposta.

14.30. DIREITO DE RESPOSTA NO ÂMBITO DA COMPETÊNCIA DA JUSTIÇA ELEITORAL. CONSIDERAÇÕES GERAIS

É importante frisar o art. 58 da Lei nº 9.504/1997:

> Art. 58. A partir da **escolha de candidatos em convenção**, será assegurado o exercício do direito de resposta ao candidato, ao partido político ou à coligação atingidos, ainda que de forma indireta, por conceito, imagem ou afirmação caluniosa,

difamatória, injuriosa ou sabidamente inverídica, difundidos por qualquer veículo de comunicação social.

Como se percebe, somente com a **escolha dos pré-candidatos** nas convenções é que surge o direito de resposta na Justiça Eleitoral.

As convenções realizam-se entre os **dias 20 de julho até 5 de agosto** do ano de eleição, art. 8º da Lei nº 9.504/1997.

14.31. DIREITO DE RESPOSTA DE COMPETÊNCIA NÃO ELEITORAL

O direito de resposta de competência não eleitoral encontra seu disciplinamento na Lei nº 13.188, de 11 de novembro de 2015, e o art. 1º assim dispõe: *"Esta Lei disciplina o exercício do direito de resposta ou retificação do ofendido em matéria divulgada, publicada ou transmitida por veículo de comunicação social".*

A lei exclui os comentários por usuários da *internet* no art. 2º, § 2º.

Registre-se que a Resolução TSE nº 23.457, de 15/12/2015 (*que disciplinou a propaganda eleitoral nas eleições municipais de 2016*), assim versou:

> Art. 21. É permitida a propaganda eleitoral na Internet a partir do dia 16 de agosto de 2016 (Lei nº 9.504/1997, art. 57-A).
>
> § 1º A livre manifestação do pensamento do eleitor identificado na Internet somente é passível de limitação quando ocorrer ofensa à honra de terceiros ou divulgação de fatos sabidamente inverídicos.

E ainda dispõe o texto da resolução acima:

> Art. 24. É livre a manifestação do pensamento, vedado o anonimato durante a campanha eleitoral, por meio da rede mundial de computadores – Internet, assegurado o direito de resposta, nos termos dos arts. 58, § 3º, inciso IV, alíneas *a, b* e *c*, e 58-A da Lei nº 9.504/1997, e por outros meios de comunicação interpessoal mediante mensagem eletrônica (Lei nº 9.504/1997, art. 57-D, *caput).*
>
> § 1º A violação do disposto neste artigo sujeitará o responsável pela divulgação da propaganda e, quando comprovado seu prévio conhecimento, o beneficiário à multa no valor de R$ 5.000,00 (cinco mil reais) a R$ 30.000,00 (trinta mil reais) (Lei nº 9.504/1997, art. 57-D, § 2º).
>
> § 2º Sem prejuízo das sanções civis e criminais aplicáveis ao responsável, a Justiça Eleitoral poderá determinar, por solicitação do ofendido, a retirada de publicações que contenham agressões ou ataques a candidatos em sítios da Internet, inclusive redes sociais (Lei nº 9.504/1997, art. 57-D, § 3º).

PROPAGANDA ELEITORAL

CAPÍTULO 14

No caso de **ofensa de terceiros** emerge o dano moral e o crime eleitoral se ficar demonstrada a finalidade específica da propaganda eleitoral. Nesse caso, os delitos eleitorais se encontram tipificados nos arts. **323, 324, 325 e 326 do Código Eleitoral**, sendo competente a Justiça Eleitoral para o processo e julgamento, ressalvados os casos de foro por prerrogativa de função que não são de competência do Tribunal Regional Eleitoral ou Tribunal Superior Eleitoral, por exemplo, se um Senador ofende a honra de um candidato a Prefeito, o crime é processado e julgado no Supremo Tribunal Federal (*não é no Tribunal Superior Eleitoral*), nos termos do art. 102, I, *b*, da Constituição da República.

E se um Governador assaca contra a honra de um candidato na propaganda eleitoral, o crime é de competência do Superior Tribunal de Justiça (*não é do Tribunal Regional Eleitoral*), nos moldes do art. 105, I, *a*, da Carta Magna.

O delito de divulgação de fatos inverídicos está capitulado no **art. 325 do Código Eleitoral**. Trata-se de crime comum eleitoral e, portanto, pode ser praticado por qualquer pessoa.

A Lei nº 13.188/2015 fixa o prazo de 60 (sessenta) dias para o exercício do direito de resposta, *in verbis*:

> Art. 3º O direito de resposta ou retificação deve ser exercido no prazo decadencial de 60 (sessenta) dias, contado da data de cada divulgação, publicação ou transmissão da matéria ofensiva, mediante correspondência com aviso de recebimento encaminhada diretamente ao veículo de comunicação social ou, inexistindo pessoa jurídica constituída, a quem por ele responda, independentemente de quem seja o responsável intelectual pelo agravo.

Como se nota, a competência não é, a princípio, da Justiça Eleitoral, pois a ofensa que enseja a aplicação da Lei nº 13.188/2015 **não está vinculada ao processo político-eleitoral**.

No caso, são terceiras pessoas atingidas que não ostentam a condição de efetiva parte ativa na propaganda política eleitoral.

Sendo assim, o direito de resposta para fins eleitorais possui natureza diversa, nos termos do art. 58 da Lei nº 9.504/1997.

A ofensa que se tipifica na legislação eleitoral possui requisitos **objetivos** e **subjetivos de natureza cumulativa**, a saber: i) o **objetivo** está ligado ao prazo que se inicia com a escolha do pré-candidato nas convenções partidárias no calendário eleitoral entre os dias 20 de julho e 5 de agosto do ano de eleição; e ii) **subjetivo**, que se refere aos personagens envolvidos no processo político--eleitoral: pré-candidato, candidato, partido político ou coligação partidária.

Exemplo: se um candidato a vereador em eleição municipal é ofendido por veículo de comunicação social com intenções eleitorais, ou seja, sendo evidente o objetivo de lesar a honra perante o universo dos eleitores nas campanhas eleitorais, o direito de resposta se subsume na legislação eleitoral e a Justiça Eleitoral terá competência nos termos do art. 58 da Lei nº 9.504/1997.

581

No entanto, se a ofensa praticada pelo veículo de comunicação social se dirigir contra um Governador que apoia politicamente o candidato a vereador, o direito de resposta não será de competência da Justiça Eleitoral, porque o ofendido não é um candidato específico naquele pleito eleitoral, o que desloca a competência para o juízo comum incidindo a Lei nº 13.188/2015.

Registre-se o art. 12 da Lei nº 13.188/2015:

> Art. 12. Os pedidos de reparação ou **indenização por danos morais**, materiais ou à imagem serão deduzidos **em ação própria**, salvo se o autor, desistindo expressamente da tutela específica de que trata esta Lei, os requerer, caso em que o processo seguirá pelo **rito ordinário**.
>
> § 1º O ajuizamento de **ação cível ou penal** contra o veículo de comunicação ou seu responsável com fundamento na divulgação, publicação ou transmissão ofensiva não prejudica o exercício administrativo ou judicial do direito de resposta ou retificação previsto nesta Lei.
>
> § 2º A reparação ou indenização dar-se-á sem prejuízo da multa a que se refere o § 3º do art. 7º (grifos nossos).

A figura do ofendido como **pré-candidato** ou **candidato, partido ou coligação** é essencial para a incidência da legislação eleitoral quanto ao direito de resposta. Se a pessoa jurídica do partido político for atingida, o direito de resposta deve ser processado e julgado pela Justiça Eleitoral.

A Lei nº 13.188/2015 se aplica supletivamente na Justiça Eleitoral, por exemplo, quando o § 1º do art. 2º define o que é **matéria**. Destaca-se:

> § 1º Para os efeitos desta Lei, considera-se **matéria** qualquer reportagem, nota ou notícia divulgada por veículo de comunicação social, independentemente do meio ou da plataforma de distribuição, publicação ou transmissão que utilize, cujo conteúdo atente, ainda que por equívoco de informação, contra a honra, a intimidade, a reputação, o conceito, o nome, a marca ou a imagem de pessoa física ou jurídica identificada ou passível de identificação. (grifo nosso).

O § 2º do art. 2º da Lei nº 13.188/2015 exclui da conceituação de **matéria** os usuários da *internet*, especificamente quando estiverem navegando nas páginas dos veículos de comunicação social, mas não em outras hipóteses, nos seguintes termos:

> § 2º São excluídos da definição de matéria estabelecida no § 1º deste artigo os comentários realizados por usuários da internet nas páginas eletrônicas dos veículos de comunicação social.

PROPAGANDA ELEITORAL

CAPÍTULO 14

A Lei nº 13.488, de 2017, modificou a redação da alínea "a" do inc. IV do art. 58 da Lei nº 9.504/1997 nos seguintes termos:

> Art. 58. [...]
>
> IV – [...]
>
> a – deferido o pedido, o usuário ofensor deverá divulgar a resposta do ofendido em até quarenta e oito horas após sua entrega em mídia física, e deverá empregar nessa divulgação o mesmo impulsionamento de conteúdo eventualmente contratado nos termos referidos no art. 57-C desta Lei e o mesmo veículo, espaço, local, horário, página eletrônica, tamanho, caracteres e outros elementos de realce usados na ofensa.

De acordo com o texto legal, a pessoa que praticou ofensa pela internet contra um candidato deverá publicar no mesmo veículo de comunicação, por exemplo, na página do site, o teor da resposta observando o espaço, horário, tamanho, caracteres e elementos de realce que foram utilizados na ofensa, o que não impede a adoção de outras medidas judiciais no âmbito da reparação moral e da investigação penal.

Conforme já visto, se a ofensa foi impulsionada, ou seja, o ofensor contratou, por exemplo, o Facebook para essa finalidade, terá o dever de fazer uma nova contratação para impulsionar a resposta.

Cumpre salientar que o impulsionamento pela internet não atingirá as mesmas pessoas que visualizaram o teor ofensivo, até porque existem formas de realizar a divulgação por regiões, faixas etárias, grau de instrução e outras.

14.32. DESOBEDIÊNCIA ELEITORAL NO DIREITO DE RESPOSTA

Caracteriza o crime de desobediência eleitoral, art. 347 do Código Eleitoral, a intencional omissão do responsável pela emissora que realizou o programa em entregar ao juiz ou Tribunal a mídia da transmissão, bem como a preservação da gravação até decisão final do processo.

Em regra geral, as resoluções do Egrégio TSE fazem menção ao delito do art. 347 do Código Eleitoral para esses casos, pois vige o princípio de preservação da igualdade na democracia, além de assegurar-se ao ofendido a pronta e célere reparação da ofensa na via da resposta.

Os pedidos de resposta devem especificar o trecho, frase ou palavra **ofensiva** ou **inverídica**, porque a resposta é deferida não apenas em relação à prática de ofensas, mas quando o atingido consegue demonstrar que o fato que lhe foi imputado é inverídico. As inverdades servem para embasar o pedido da resposta, acompanhado da degravação, que é feita pelo ofendido.

A resposta deve ser utilizada no tempo concedido, sob pena de subtração de tempo idêntico ou suspensão de igual tempo em novos pedidos de resposta.

14.33. TERCEIROS ATINGIDOS NO HORÁRIO ELEITORAL GRATUITO

A hipótese é verificada quando um terceiro, não candidato naquele pleito eleitoral, e.g., o atual Prefeito, que já está no segundo mandato eletivo, é ofendido ou recai sobre ele acusações inverídicas no espaço do horário eleitoral gratuito.

Impende observar que o pedido de resposta também pode ser deferido para terceiros, desde que a ofensa tenha sido perpetrada no período do horário eleitoral gratuito. Todavia, quando o terceiro for ofendido fora do horário eleitoral gratuito, em programação normal da rádio, deve buscar a reparação na Justiça Comum.

14.34. NÃO CARACTERIZAÇÃO DO DIREITO DE RESPOSTA

A crítica veemente, ou a utilização de palavras que apontem os erros da Administração Pública, suas falhas, vicissitudes e ilícitos não ensejam o direito de resposta, porque é de atribuição dos concorrentes nas campanhas eleitorais mostrar aos eleitores, e a toda a sociedade, as falhas do atual modelo político ou do quadro de servidores públicos, indicando as diretrizes estatutárias que devem ser efetivadas.

14.35. PROPAGANDA INSTITUCIONAL DESVIRTUADA. VEDA-ÇÃO ELEITORAL

Quando a propaganda institucional com base no art. 37, § 1º, da Lei Maior é desvirtuada com a finalidade eleitoral para enfatizar a gestão de chefes do Poder Executivo, é possível caracterizar a **propaganda antecipada** ou por **abuso do poder político**, inclusive incidindo o beneficiário nas chamadas condutas vedadas aos agentes públicos, como exemplo, o art. 73, VI, "b" da Lei das Eleições.

Já se tem observado que o *quid* caracterizador da violação do art. 37, § 1º, da Constituição Federal, é, sem dúvida, a densidade da utilização da publicidade em prol de uma gestão governamental que acaba transmudando-se em nítida propaganda eleitoral.

Sobre a propaganda institucional nos ensinam *Luiz Márcio Pereira* e *Rodrigo Molinaro* que: "(...) *Seu fundamento de validade repousa na imprescindível transparência que deve nortear os atos da Administração Pública, mas sempre de forma honesta, objetiva, ética, leal e eficaz*" (*Propaganda Política*. Rio de Janeiro: Editora Renovar, 2012, p. 311).

Significativas são as lições de *José Jairo Gomes,* em sua obra *Direito Eleitoral*, 10ª ed., p. 450, Editora Atlas, *in verbis*: "(...) *Na verdade, tem-se assistido a* verdadeiras propagandas eleitorais travestidas de "institucionais", pagas, portanto, pelo contribuinte".

Cai a lanço as lições de Gabriel Dezen Junior ao comentar o art. 37, § 1º, da Constituição da República: "(...) este dispositivo é expressão do princípio da impessoalidade administrativa e também da moralidade, ao impedir que autoridades ou servidores públicos calcem publicidade pessoal com dinheiro público, financiando com recursos do Erário ambições pessoais, partidárias ou políticas" (*Constituição Federal Interpretada*. Niterói: Editora Impetus, 2010, p. 540).

Registre-se a incidência da propaganda institucional pelo Egrégio TSE, no exemplo: "(...) Na espécie, o Prefeito foi condenado em ação de investigação judicial eleitoral por ter, entre outras condutas, promovido, em período vedado pela legislação, propaganda institucional sobre a distribuição de brindes a quem efetuasse o pagamento do IPTU em dia. A Lei nº 9.504/1997 proíbe, no art. 73, inc. VI, alínea *b*, a veiculação de publicidade institucional; e o § 10 do mesmo dispositivo veda a distribuição gratuita de bens, valores ou benefícios por parte da administração pública" (Agravo Regimental no Recurso Especial Eleitoral nº 255.762-55, Ourinhos/SP, Rel.ª Min.ª Luciana Lóssio, em 15/10/2013).

Com efeito, quando pode ser verificada a propaganda antecipada com o uso da propaganda institucional desvirtuada para fins de campanha eleitoral, é cabível a representação (art. 96 da Lei das Eleições), ou ainda, a propaganda por abuso do poder político, bem como a violação ao art. 73, VI, alínea "b", da Lei nº 9.504/1997, que ensejam a representação por conduta vedada nos termos dos §§ 4o e 5o da norma legal.

Por outro lado, os atos abusivos também podem ser caracterizados como de improbidade administrativa.

14.36. JUIZ ELEITORAL RESPONSÁVEL PELA FISCALIZAÇÃO DA PROPAGANDA POLÍTICA ELEITORAL. CONSIDERAÇÕES GERAIS

Para cada tipo de eleição: nacionais, estaduais ou municipais, são designados juízes eleitorais que exercem o poder de polícia de fiscalização da propaganda política eleitoral.

O exercício da jurisdição fiscalizatória limita-se ao aspecto administrativo de apreensão da propaganda e coletânea das provas.

Exemplo: um candidato a Deputado estadual colocou um cartaz numa árvore situada em bem público. Trata-se de propaganda irregular.

O fiscal da propaganda diligencia ao local, lavra o auto de infração, e o juiz designado para a fiscalização intima o candidato ou advogado do partido para retirar a propaganda do local em 24 (vinte e quatro) horas, sob pena de serem adotadas as providências legais cabíveis.

É retirado o cartaz com a propaganda, e o caso é **arquivado** pelo juiz eleitoral, intervindo o representante do Ministério Público na emissão de parecer.

Por outro lado, se o **candidato não retira a propaganda**, o juiz da fiscalização remete os autos do procedimento ao **juiz natural da causa**, que foi previamente designado para exercer a competência especial em razão da matéria (*magistrado da representação eleitoral*). Este juiz julgará o feito e aplicará a multa dentro do devido processo legal do art. 96 da Lei nº 9.504/1997, após o oferecimento da representação pelo Ministério Público Eleitoral.

Observa-se a regra de competência nos arts. 36, § 5º, e 96, §§ 2º e 3º, da Lei nº 9.504/1997.

Assim, nas **eleições municipais**, o processo e o julgamento da representação são de competência do juiz eleitoral da zona eleitoral da comarca, sendo o mesmo designado especificamente pelo Tribunal Regional Eleitoral.

Nas eleições **nacionais** e **estaduais** o Tribunal Regional Eleitoral designa **juízes auxiliares** para o processo e julgamento da representação com recurso ao plenário do próprio Tribunal (*art. 96, § 4º, da Lei das Eleições*).

Deve-se observar o verbete sumular nº **18** do TSE: "*Conquanto investido do poder de polícia, não tem legitimidade o juiz eleitoral para, de ofício, instaurar procedimento com a finalidade de impor multa pela veiculação de propaganda eleitoral em desacordo com a Lei nº 9.504/1997*".

Nesse panorama, o juiz que exerce o poder de polícia e fiscaliza as propagandas eleitorais, instaura certos procedimentos para constatar o fato, prevenir situações e responsabilidades, mas o processo judicial que se adequar à imposição da multa e de outras sanções não é de competência desse juiz, mas, sim, de outro magistrado previamente designado pelo Tribunal Regional Eleitoral para o processo e julgamento.

Dessa forma, o juiz que fiscaliza não julga o pedido de imposição de sanções mantendo-se a imparcialidade, exceto em comarcas de juízo único, quando nas eleições municipais a multa é aplicada pelo próprio magistrado que fiscaliza a propaganda eleitoral.

Capítulo 15
Arrecadação e Aplicação de Recursos na Campanha Eleitoral e a Prestação de Contas

15.1. EXPLICAÇÕES BÁSICAS

As campanhas eleitorais envolvem a arrecadação e gastos de recursos financeiros pelos partidos políticos e candidatos, ensejando a devida prestação de contas na Justiça Eleitoral.

Impende observar que o Supremo Tribunal Federal julgou a Ação Direta de Inconstitucionalidade nº 4.650, em 17 de setembro de 2015, que foi proposta pelo Conselho Federal da Ordem dos Advogados do Brasil (CFOAB) e considerou inconstitucionais dispositivos das Leis nᵒˢ 9.504/1997 e 9.096/1995 que tratam de **doações de pessoas jurídicas para os candidatos nas campanhas eleitorais** (*Informativo nº 799 do STF de 14 a 18 de setembro de 2015, ADI 4.650*).

Posteriormente, na Lei nº 13.165, de 29 de setembro de 2015, o Presidente da República, seguindo a orientação do Supremo Tribunal Federal, modificou e acrescentou artigos na Lei das Eleições (*9.504/1997*) e na Lei dos Partidos Políticos (*9.096/1995*) proibindo a doação de pessoa jurídica para candidatos.

O inc. II do art. 31 da Lei nº 9.096/1995 (redação da Lei nº 13.488, de 2017) vedou que os partidos políticos recebam recursos de entes públicos e pessoas jurídicas de qualquer natureza, ressalvando as dotações orçamentárias da União Federal previstas no inc. IV do art. 38 dessa lei, bem como o Fundo Especial de Financiamento de Campanha (FEFC) previsto nos arts. 16-C e 16-D da Lei nº 9.504/1997 (inclusão das Leis nᵒˢ 13.487 e 13.488, de 2017).

Os arts. 17 a 32 da Lei nº 9.504/1997 e as resoluções eleitorais temporárias expedidas pelo Tribunal Superior Eleitoral disciplinam o tema.

Assegura-se na medida do possível com a prestação de contas: lisura, probidade e transparência na campanha eleitoral, por meio do controle dos recursos financeiros com a verificação de abusos e ilegalidades eventualmente ocorridos durante a disputa eleitoral.

A responsabilidade pelos gastos das campanhas eleitorais é dos candidatos e partidos políticos, conforme preceitua o art. 17 da Lei das Eleições.

15.2. LIMITE DE GASTOS NAS CAMPANHAS ELEITORAIS

O art. 17-A da Lei nº 9.504/1997 foi revogado e dizia que até 10 de junho do ano de eleição caberia à lei estabelecer os limites de gastos para os mandatos eletivos, mas na omissão que durou algumas eleições, transferia-se para cada partido político o dever de fixar o devido limite com comunicação à Justiça Eleitoral.

Como se pode notar, a Lei nº 9.504/1997 fazia remição a uma futura lei de natureza temporária, que efetivamente não era editada, criando uma diferença dos valores máximos fixados para cada candidato nas eleições, já que fica ao exclusivo critério partidário o parâmetro de gastos. Os partidos políticos quando faziam o requerimento do registro de candidatura no Demonstrativo de Regularidade de atos Partidários (*DRAP*) informavam o valor máximo ocorrendo disparidades.

A regra foi alterada. O art. 18 da Lei nº 9.504/1997 (*redação da Lei nº 13.165/2015*) dizia: "*Os limites de gastos de campanha, em cada eleição, são os definidos pelo Tribunal Superior Eleitoral com base nos parâmetros definidos em lei*".

Por fim, a Lei nº 13.488, de 2017, alterou novamente a redação do art. 18 acima aludido nos seguintes termos: "Os limites de gastos de campanha serão definidos em lei e divulgados pelo Tribunal Superior Eleitoral".

A Lei nº 13.488, de 6 de outubro de 2017, nos arts. 5º a 7º, fixou o limite de gastos para as eleições nacionais, federais e estaduais de 2018. Por exemplo, para Presidente da República, o limite é de R$ 70.000.000,00 (setenta milhões de reais); para Governador será variável de R$ 2.800.00,00 (dois milhões e oitocentos mil reais) a R$ 21.000.000,00 (vinte e um milhões) dependendo do número de eleitores.

A variação em razão do número de eleitores ocorre também nas eleições para o Senado Federal e deputados federais, distritais e estaduais, nos termos da lei e regulamentada pelo Tribunal Superior Eleitoral.

O art. 18-B da Lei nº 9.504/1997 foi incluído pela Lei nº 13.165/2015 e estipula uma multa de valor equivalente a 100% (*cem por cento*) da quantia que ultrapassar o limite de gastos.

A legislação anterior que foi revogada pela Lei nº 13.165/2015 disciplinava uma multa de 5 (*cinco*) a 10 (*dez*) vezes a quantia excedida, ou seja, uma multa superior a 100% (*cem por cento*).

ARRECADAÇÃO E APLICAÇÃO DE RECURSOS NA
CAMPANHA ELEITORAL E A PRESTAÇÃO DE CONTAS

CAPÍTULO 15

O excesso de gastos eleitorais pode caracterizar o abuso do poder econômico e a propositura de ações eleitorais em razão da característica do fato ilícito, *v.g.*, a representação do art. 22 da Lei Complementar nº 64/1990 (*ação de investigação judicial eleitoral*); a representação do art. 30-A da Lei nº 9.504/1997 (*ação de captação ou gastos ilícitos de recursos*) ou a ação de impugnação ao mandato eletivo (art. 14, §§ 10 e 11, da Carta Magna).

E ainda, o art. 1º, inc. I, alínea *j*, da Lei Complementar nº 64/1990 trata da inelegibilidade por 8 (*oito*) anos contados da eleição em razão da condenação transitada em julgado ou proferida por órgão colegiado da Justiça Eleitoral em função da captação ou gastos ilícitos de recursos eleitorais.

Partindo-se dessas observações, os excessos dos gastos eleitorais podem formatar um panorama de "gravidade" (art. 22, inc. XVI, da LC nº 64/1990), por exemplo, no processo de prestação de contas e em fatos descobertos do financiamento ilícito em outros processos ou na contratação abusiva de pessoal para a prestação de serviços nas campanhas eleitorais em desconformidade com o art. 100-A e incisos da Lei nº 9.504/1997.

15.3. COMITÊS FINANCEIROS

O art. 19 da Lei nº 9.504/1997 foi revogado pela Lei nº 13.165/2015. Assim, não são mais constituídos os comitês financeiros nas campanhas eleitorais. Não se adota o registro do comitê financeiro, pois as obrigações são dos partidos políticos e candidatos.

Os comitês financeiros eram setores ou departamentos vinculados aos partidos políticos devidamente constituídos (*art. 19 da Lei nº 9.504/1997*) cuja finalidade residia na arrecadação e aplicação de recursos nas campanhas eleitorais. Os partidos políticos deviam criar os comitês financeiros até 10 (*dez*) dias após a escolha dos pré-candidatos em convenção partidária.

Desse modo cumpre aos partidos políticos a orientação aos candidatos sobre as regras eleitorais de arrecadação e financiamento das campanhas.

Cumpre observar que os partidos políticos devem abrir suas próprias contas bancárias com a manutenção de escrituração contábil. Assim, a movimentação financeira dos recursos do fundo partidário para os candidatos será "em tese" transparente e sujeita à correta fiscalização.

Os bancos são obrigados a abrir contas bancárias específicas, art. 22 da Lei nº 9.504/1997, para os candidatos, mesmo sem depósito mínimo, até porque os recursos financeiros para pagamento de gastos eleitorais sem origem dessa conta ensejam a desaprovação das contas de campanha eleitoral e podem levar à conclusão do abuso do poder econômico na análise do caso concreto.

589

Registre-se que alguns candidatos possuem títulos protestados e estão negativados, v.g., nos serviços de proteção ao crédito, o que enseja apenas a restrição de emissão de talonários bancários pela instituição financeira, mas não poderá ser obstáculo intransponível à abertura de conta bancária.

De fato, a abertura da conta bancária possui interesse público na correta fiscalização dos recursos e gastos financeiros e na lisura do processo eleitoral.

15.4. RECIBOS ELEITORAIS

Trata-se de documento oficioso fornecido pela Justiça Eleitoral em modelo padrão, que atribui legitimidade sobre a arrecadação dos recursos financeiros pelo candidato e partido político.

Os candidatos e partidos políticos imprimem recibos eleitorais pelo sistema de prestação de contas eleitorais (*SPCE*) criado pela Justiça Eleitoral.

O candidato deverá guardar a cópia do recebido para apresentar na sua prestação de contas. O recibo é essencial.

Ocorrendo doação de José para Maria, o recibo deverá ser emitido, assim como os valores estimáveis em dinheiro de bens e serviços e recursos do próprio candidato.

Observe-se que os recibos eleitorais são impressos pelo sistema informatizado de prestação de contas da Justiça Eleitoral.

Como visto, os recibos eleitorais devem ser sempre emitidos. Essa é a regra geral, mesmo que o candidato use recursos próprios.

Doações pela *internet* também obrigam a emissão de recibos.

As exceções são especificadas na legislação eleitoral. Por exemplo, cessão de automóvel de propriedade do candidato, do cônjuge e de seus parentes até o terceiro grau para seu uso pessoal durante a campanha, segundo disciplina o inc. III do art. 28 da Lei nº 9.504/1997 (inclusão da Lei nº 13.488, de 2017).

15.5. ARRECADAÇÃO DE RECURSOS

A arrecadação de recursos exige o cumprimento de requisitos básicos, a saber:

i) requerimento de registro de candidatura;

ii) inscrição no Cadastro Nacional da Pessoa Jurídica (*CNPJ*);

iii) abertura de conta bancária específica; e

iv) emissão de recibos eleitorais.

Sem o efetivo cumprimento desses requisitos a prestação de contas será **desaprovada** e o fato encontrará tipicidade contra o candidato em hipótese de abuso do poder econômico, até porque não se pode precisar a origem dos recursos

ARRECADAÇÃO E APLICAÇÃO DE RECURSOS NA
CAMPANHA ELEITORAL E A PRESTAÇÃO DE CONTAS

CAPÍTULO 15

gastos, considerando que o infrator pode ter utilizado ilegalmente valores de "fontes vedadas" (*art. 24 da Lei nº 9.504/1997*) ou de origem não identificada.

Os gastos eleitorais sempre estão sujeitos ao registro e aos limites legais previstos na legislação eleitoral.

A legislação eleitoral disciplina a arrecadação financeira direcionando o controle sobre a origem dos recursos.

Na hipótese de segundo turno, o encaminhamento da prestação de contas será até o vigésimo dia posterior à sua realização nos termos do art. 29, inc. IV, da Lei nº 9.504/1997.

Impende frisar que não se pode arrecadar recurso ou fazer despesa sem a conta bancária específica.

A data limite para a arrecadação de recursos é o próprio dia da eleição, mas se autoriza ir além desse prazo quando a finalidade for o pagamento de despesas contraídas até a eleição. As despesas podem ser quitadas até o dia limite de entrega da prestação de contas na Justiça Eleitoral que ocorre em novembro do ano de eleição, ou seja, no trigésimo dia posterior à realização da eleição (*art. 29, III, da Lei nº 9.504/1997*).

As doações de pessoas físicas só podem ser feitas por formas legais como: (i)cheques cruzados e nominais, (ii) transferências bancárias, (iii) boletos de cobrança com registro, (iv) cartões de débito ou crédito, (v) depósitos em espécie com identificação do doador, cessão ou (vi) doação temporária de serviços ou bens estimáveis em dinheiro.

Todavia, para que essas doações sejam regulares no aspecto formal faz-se imprescindível a emissão dos recibos eleitorais no modelo padrão.

As pessoas físicas só podem doar até 10% do rendimento bruto auferido no ano anterior. Trata-se de doação em espécie, o que não compreende o empréstimo de doação estimável cujo limite é de R$ 40.000,00 (quarenta *mil reais*), e.g., veículos e materiais. Se ultrapassados esses valores caberá a representação contra doadores e a análise do eventual abuso do poder econômico pelo candidato infrator.

O limite de doação pela pessoa física é calculado com base na declaração do Imposto de Renda. Todavia, quando o doador é isento, o melhor entendimento é de que o limite do percentual da doação deve ter como parâmetro o limite da isenção, que é fixado pelo Fisco.

A arrecadação financeira possui normatividade especial e uma vez caracterizada a violação, além de ensejar a desaprovação de contas das campanhas eleitorais constitui elemento probatório para a análise do abuso do poder econômico.

591

Assim, os recursos para as campanhas são provenientes: (i) do próprio candidato; (ii) doações de pessoas físicas; (iii)doações de partidos e de outros candidatos; (iv)comercialização de bens e serviços ou promoção de eventos dos candidatos e partidos políticos; (v) recursos partidários; (vi) recursos do Fundo Partidário; (vii) recursos do Fundo Especial de Financiamento de Campanha (FEFC); (viii) contribuição de filiados; e (ix) rendimentos financeiros.

O Supremo Tribunal Federal, na **ADI nº 4.650**, vedou a transferência para o candidato de recursos financeiros doados por pessoas jurídicas em exercícios financeiros anteriores ao sistema de vedação de financiamento de pessoa jurídica instituído pela Lei nº 13.165/2015. Nesse sentido é o art. 14, § 2º, da Resolução TSE nº 23.463/2015, o que se projeta em resoluções subsequentes.

15.6. RECURSOS DOS PRÓPRIOS CANDIDATOS

O próprio candidato está sujeito ao limite de gastos.

O art. 23, § 1º-A, da Lei nº 9.504/1997 foi incluído pela Lei nº 13.165, de 2015, sendo que a Lei nº 13.488, de 6 de outubro de 2017, revogou o dispositivo legal que permitia ao candidato o autofinanciamento de sua campanha eleitoral em quantias superiores ao limite de 10% (dez por cento) do rendimento bruto auferido no ano anterior.

Todavia, o art. 11 da Lei nº 13.488/2017, que revogou o § 1º-A do art. 23 da Lei nº 9.504/1997 foi vetado pelo Presidente da República.

Desse modo, o chefe do Poder Executivo discordou do processo legislativo. Trata-se de um veto de natureza política e material.

Assim, o veto apresentado pelo Presidente da República libera o autofinanciamento em valores superiores ao limite de 10% (dez por cento).

Nesse rumo, o veto foi rejeitado pelo Congresso Nacional, e nas lições de *Uadi Lammêgo Bulos*, na obra já referida, página 1.206, "[...] o exato momento em que o projeto de lei se converte em lei é a fase da sanção presidencial ou derrubada do veto pelo voto da maioria absoluta dos deputados e senadores (CF, art. 66, § 4º). Tanto que o art. 66, § 7º, refere-se à promulgação da lei, e não do seu projeto".

A rejeição do veto ocorreu e a Lei nº 13.488/2017 foi republicada em 18/12/2017, DOU, Seção 1, em prazo inferior ao período de 1 (um) ano antes da eleição.

A eleição de 2018 será no dia 7/10/2018 e a lei eleitoral deverá estar aprovada até um ano antes dessa data, segundo previsão no art. 16 da Lei Maior. Quando a lei foi aprovada constava o veto liberatório do autofinanciamento, pois se suprimia a revogação do art. 23, § 1º-A, da Lei das Eleições.

Embora possa emergir entendimento de que o projeto de lei não foi convertido em lei em tempo hábil, nos termos do art. 16 da Carta Magna, e, portanto, não subsistiria restrição ao autofinanciamento para as eleições de 2018, a rejeição do veto em data posterior ao veto originariamente publicado retroage *ex tunc* à data da primeira publicação da lei eleitoral, que observou o princípio da anualidade, Lei nº 13.488, de 6/10/2017.

Em conclusão: o autofinanciamento da candidatura está vinculado ao limite de 10% (dez por cento) do rendimento bruto auferido pelo candidato no ano anterior em simetria com as doações de pessoas físicas.

No entanto, ao contrário da posição acima enfocada, o Egrégio TSE admitiu o autofinanciamento para as eleições de 2018, sem sujeição ao limite de 10% (dez por cento), mas sim ao teto amplo do gasto total da campanha, considerando que essa permissibilidade legal está em consonância ao princípio da anualidade, nos moldes do art. 16 da Lei *Mater*. Todavia para as eleições subsequentes (não sobrevindo alteração legiferante) é mantido o limite de 10% (dez por cento).

Nesse sentido registre-se:

> "[...] Autofinanciamento de campanha aplicado às Eleições 2018. Nas eleições de 2018, será permitido ao candidato o uso de recursos próprios em campanha eleitoral até o limite de gastos estabelecido para o cargo ao qual concorre. Esse foi o entendimento adotado pelo Plenário do TSE ao responder a consulta formulada por deputado federal em que se questionou a aplicação do art. 23, § 1º-A, da Lei nº 9.504/97, que dispõe sobre o limite para o autofinanciamento de campanha no pleito de 2018. O projeto legislativo do qual resultou a Lei nº 13.488/2017 previa a revogação do dispositivo supracitado, mas essa alteração foi vetada pelo Presidente da República no ensejo da sanção e promulgação da referida lei. Posteriormente, o Congresso Nacional rejeitou o veto presidencial, em 15/12/2017, oportunidade em que o art. 23, § 1º-A, da Lei nº 9.504/97 deixou de ter existência jurídica. O mencionado parágrafo dispunha sobre o limite de autofinanciamento de campanha, nos seguintes termos: § 1º-A O candidato poderá usar recursos próprios em sua campanha até o limite de gastos estabelecido nesta Lei para o cargo ao qual concorre (incluído pela Lei nº 13.165, de 2015 e revogado pela Lei nº 13.488, de 2017). O Ministro Napoleão Nunes Maia Filho, relator, ressaltou que a rejeição do veto presidencial ocorreu apenas em 15/12/2017, menos de um ano antes do pleito, razão pela qual, em observância ao princípio constitucional da anualidade eleitoral (art. 16 da CF/88), o dispositivo será aplicado nas eleições gerais de 2018 – não obstante sua revogação –, pois estava vigente um ano antes do pleito" (Informativo TSE. Brasília, 4-17 jun., ano XX, nº 9. Consulta nº 0600244-41, Brasília/DF, Rel. Min. Napoleão Nunes Maia Filho, j. 12/6/2018).

O 7 §º do art. 23 da Lei nº 9.504/1997 versa que o limite de gastos de uma candidatura não se aplica para as doações estimáveis em dinheiro de bens móveis ou imóveis do próprio candidato, mas não se pode ultrapassar o valor de R$ 40.000,00 (quarenta *mil reais*).

O candidato pode usar bens próprios na campanha eleitoral, mas a relação dos bens deve integrar o patrimônio no período anterior ao ano eleitoral. Nesse sentido, art. 19, § 1º da Resolução TSE nº 23.463/2015.

No Egrégio TSE ressalta-se: "**Recursos da pessoa jurídica patrimonial do candidato e financiamento de campanha eleitoral**. É permitido ao candidato utilizar recursos próprios, inclusive bens estimáveis em dinheiro, para financiar sua campanha eleitoral, desde que demonstre que os bens já integravam seu patrimônio em período anterior ao pedido de registro da candidatura. Esse foi o entendimento adotado pelo Plenário do TSE ao responder à consulta formulada por deputado federal nos seguintes termos: 'o candidato pode usar, durante a campanha eleitoral, bem de sua propriedade, que integra pessoa jurídica patrimonial da qual é sócio, já que este, em verdade, compõe seu patrimônio pessoal?'. O Ministro Tarcisio Vieira de Carvalho Neto, relator, afirmou que é permitido ao candidato utilizar recursos próprios em sua campanha eleitoral, inclusive bens estimáveis em dinheiro, conforme disciplinado pelo § 1º do art. 27 da Res.-TSE nº 23.553/2017, desde que demonstrem que tais recursos já integravam seu patrimônio em período anterior ao registro da candidatura e que esses bens sejam tão somente administrados pela pessoa jurídica patrimonial da qual o candidato é sócio, não podendo integralizar o capital social da sociedade, sob pena de incidir na proibição decorrente da revogação do art. 81 da Lei nº 9.504/97" (Consulta nº 0600257-40, Brasília/DF, Rel. Min. Tarcisio Vieira de Carvalho Neto, j. 22/5/2018).

O empréstimo obtido pelo candidato deve ser considerado um tipo de recurso próprio e que se sujeita aos limites legais, pois caso contrário se poderia burlar o limite máximo de doação de pessoa física.

No caso de empréstimos pessoais a Justiça Eleitoral deve ter toda a cautela na análise da contratação. Nesse rumo, o art. 15 da Resolução TSE nº 23.463/2015 confere a possibilidade de comprovação do pagamento do aludido empréstimo contraído, bem como a origem do recurso que serviu para a quitação.

No entanto, essa verificação é feita até a subfase final da prestação de contas das campanhas eleitorais, o que não impede eventual burla por parte do candidato em não quitar futuras prestações do empréstimo obtido junto às instituições financeiras ou equiparadas.

Infere-se, portanto, um caminho alternativo para o abuso do poder econômico na medida em que os empréstimos podem ter quitações futuras que não serão vistas pela Justiça Eleitoral.

ARRECADAÇÃO E APLICAÇÃO DE RECURSOS NA CAMPANHA ELEITORAL E A PRESTAÇÃO DE CONTAS

Cumpre reconhecer que as dívidas assumidas na campanha eleitoral pelo candidato podem ser repassadas aos partidos políticos, desde que ocorra deliberação sobre essa questão, inclusive sobre prazos de pagamento e concordância dos credores. Nesse sentido, art. 29, § 3º, da Lei nº 9.504/1997.

Deveras, a dívida do candidato que é assumida pelo partido político não enseja a rejeição de contas por irregularidades. Cabe ao órgão de direção partidária nacional, estadual ou municipal a solidariedade nessa responsabilidade com os candidatos.

15.7. RECURSOS DOS PARTIDOS POLÍTICOS

Podem ser destinados aos candidatos por meio de conta bancária específica, desde que aprovada a transferência em deliberação estatutária do partido político na forma legal. A escrituração contábil deve ser preservada e tudo será discriminado para efetivo controle do valor do fundo partidário, que é parcialmente composto de dinheiro público da arrecadação de multas eleitorais e do orçamento da União (*art. 38 da Lei nº 9.096/1995*).

A Lei nº 13.165, de 29/09/2015, acrescentou o § 12 ao art. 28 na Lei nº 9.504/1997 (*Lei das Eleições*), nos seguintes termos: *"Os valores transferidos pelos partidos políticos oriundos de doações serão registrados na prestação de contas dos candidatos como transferência dos partidos e, na prestação de contas dos partidos, como transferência aos candidatos, sem individualização dos doadores"*. Nesse contexto, a parte final do § 12 do art. 28 da Lei nº 9.504/1997, diz: **sem individualização dos doadores** e, portanto, exclui por completo a possibilidade de verificação da origem da fonte doadora ao candidato. Trata-se de doação considerada **oculta**.

O dever de manter a escrituração contábil e a identificação do destinatário e beneficiário do recurso é trilateral (doador, partido político e donatário) e, assim, obrigatoriamente importa em saber, quem foi o efetivo doador.

É inequívoca a violação aos princípios da publicidade e da transparência dentre outros como o da própria proporcionalidade.

O Conselho Federal da Ordem dos Advogados do Brasil ingressou com uma Ação Direta de Inconstitucionalidade contra o § 12 do art. 28 da Lei nº 9.504/1997 (*redação da Lei nº 13.165/2015*), especialmente sobre a questão da **doação oculta**, sendo que o Ministério Público Eleitoral, por intermédio do Ex.mo Procurador-Geral Eleitoral, emitiu parecer sobre essa questão concluindo pela concessão da medida cautelar e procedência do pedido.

A **doação oculta** camufla de forma lesiva o sistema de financiamento de campanha eleitoral, até porque impede a leitura das doações vedadas (*art. 24 e incisos da Lei nº 9.504/1997*), ou seja, os recursos apontados como ilícitos devem ser transferidos ao Tesouro Nacional, por meio de Guia de Recolhimento da

595

União (*GRU*), sendo ainda possível a declaração de irregularidade insanável das contas de campanha e da constatação da captação ilícita de recursos, permitindo a propositura da ação judicial eleitoral do art. 30-A da Lei nº 9.504/1997.

Por fim, o eleitor não saberia quem foi o doador da campanha eleitoral que subsidiou o mandatário eleito em determinada eleição.

De acordo com o decidido na **ADI nº 5.394** no STF, o Egrégio TSE assim normatizou a questão: "*Os valores transferidos pelos partidos políticos oriundos de doações serão registrados na prestação de contas dos candidatos como transferência dos partidos e, na prestação de contas dos partidos, como transferência aos candidatos*" (§ 2º do art. 23 da Resolução TSE nº 23.463/2015).

Como se percebe, é necessária a emissão de recibo eleitoral e a identificação do doador originário por CPF ou CNPJ.

O art. 9º da Lei nº 13.165/2015 trata da destinação mínima de 5% (*cinco por cento*) do montante do Fundo Partidário para as **candidaturas femininas**, sendo a máxima de 15% (quinze por cento), o que, sem dúvida, demandará esforços partidários para o cumprimento dessa medida.

Como se depreende, os partidos políticos são obrigados a lançar na prestação de contas que é efetivada a cada ano, ou seja, até 30 de abril, os valores das transferências aos candidatos nas campanhas eleitorais objetivando-se a verificação da origem dos recursos.

O art. 25 da Lei nº 9.504/1997 determina a suspensão da quota do Fundo Partidário, quando as agremiações partidárias descumprem a legislação referente à arrecadação e aplicação de recursos.

15.8. DOAÇÕES POR CARTÕES DE CRÉDITO OU DÉBITO

Apenas as pessoas físicas podem doar por cartões e devem ser feitas pelo titular do cartão. Na prática, são raros os casos de doações pela *internet*, até porque a maioria dos eleitores ainda não possui cartão de crédito.

15.9. FINANCIAMENTO COLETIVO OU *CROWDFUNDING*

O § 3º do art. 22-A da Lei nº 9.504/1997 (inclusão da Lei nº 13.488, de 2017) permitiu a arrecadação prévia de recursos na modalidade de financiamento coletivo, *crowdfunding*, subordinando a liberação do dinheiro ao registro da candidatura, sob pena de sua devolução aos doadores.

Sobre esse tema, o Egrégio TSE respondeu em Consulta, nos seguintes termos: "A divulgação do serviço de financiamento coletivo de campanha (*crowdfunding*) por pré-candidatos pode se iniciar em 15 de maio do ano eleitoral, observando-se a vedação a pedido de voto e as regras relativas à propaganda eleitoral na Internet. Esse foi o entendimento adotado pelo Plenário do TSE ao responder consulta formulada por senador da República sobre a forma de divulgação do serviço de financiamento coletivo de campanha eleitoral por pré-candidatos. O Ministro Luís Roberto Barroso, relator, afirmou que o art. 22-A, § 3º, da Lei nº 9.504/97 e o art. 23, § 4º, da Resolução-TSE nº 23.553/2017 estabelecem que, desde o dia 15 de maio do ano eleitoral, é facultada aos pré-candidatos a arrecadação prévia de recursos na modalidade de financiamento coletivo. Destacou que o *crowdfunding* deve observar os limites impostos, pela legislação e pela jurisprudência do TSE, à propaganda eleitoral antecipada e à propaganda na Internet. Por fim, ressaltou que a data em que se autoriza o início de arrecadação constitui o marco para a divulgação do serviço de *crowdfunding* eleitoral" (Informativo nº 7. Brasília, 7-20 maio. Consulta nº 0600233-12, Brasília/DF, Rel. Min. Luís Roberto Barroso, j. 8/5/2018).

Como se nota, o *crowdfunding* é modalidade de financiamento coletivo, mas o aspirante a pré-candidatura não pode utilizar de subterfúgios para pedir votos, pois essa peculiar situação poderá gerar a configuração da propaganda antecipada nos termos da exegese dos arts. 36 e 36-A da Lei nº 9.504/97, por exemplo, se o sujeito utiliza o seu próprio site ou *face book* para conclamar eleitores a votarem e contribuírem para o voto nas próximas eleições estará enquadrado na ilicitude eleitoral. Por outro lado, restará muito complicado separar um pedido de vaquinha pela internet e o pedido de votos. Como pedir dinheiro sem ser para uma eleição?

É evidente que somente a hipótese concreta poderá ser examinada. Não é possível traçar uma linha imaginária entre o permitido e o ilegal.

O financiamento coletivo pode ou não ser adotado em determinada campanha eleitoral, até porque pressupõe a criação de um sítio específico da instituição arrecadadora com regulamentação expedida pelo Banco Central objetivando aparelhar o pagamento.

Infere-se uma efetiva burocratização informatizada e contábil que permeia essa modalidade de financiamento, acrescida do ingrediente de ser especialmente elitizada para a nossa realidade eleitoral.

O art. 23, inc. IV e alíneas da Lei das Eleições disciplinam essa modalidade inovadora no Brasil de financiamento coletivo, o que ensejará nova regulamentação pelo Egrégio Tribunal Superior Eleitoral, por meio de resolução temporária específica sobre arrecadação e gastos de recursos.

Cumpre apenas observar alguns tópicos obrigatórios, a saber: (i) cadastro prévio da instituição arrecadadora; (ii) identificação dos doadores; (iii) disponibilização em sítio eletrônico da lista dos doadores; (iv) emissão obrigatória de recibos; (v) ciência aos candidatos e eleitores; (vi) não incidência do art. 24 da Lei das Eleições, ou seja, pessoas proibidas de doar; (vi) observância do calendário eleitoral para a propaganda na internet; e (vii) conta de "doação para a campanha".

Afigura-se complexa essa forma singular de financiamento coletivo que busca a participação mais democrática do cidadão com o seu candidato, mas as regras contábeis e, em especial, de formação do sítio de empresas especializadas nessa modalidade ensejarão severa observância pela Justiça Eleitoral e Ministério Público Eleitoral.

Por outra, tanto os partidos políticos como os candidatos devem abrir contas específicas para separar o dinheiro proveniente do Fundo Partidário e do Fundo Especial de Financiamento de Campanha (FEFC), ou seja, são duas receitas distintas e que precisam ter a devida prestação de contas na forma legal.

Significativa é a regra do § 6º do art. 23 da Lei nº 9.504/1997 (redação da Lei nº 13.488, de 2017), *in expressi verbis*:

> Na hipótese de doações realizadas por meio das modalidades previstas nos incisos III e IV do § 4º deste artigo, fraudes ou erros cometidos pelo doador sem conhecimento dos candidatos, partidos ou coligações não ensejarão a responsabilidade destes nem a rejeição de suas contas eleitorais.

Observa-se a exclusão legal da responsabilidade objetiva na arrecadação por financiamento coletivo ou uso do cartão de crédito dos candidatos, partidos e coligações, quando não é possível comprovar o liame subjetivo ou vínculo psicológico em relação à fraude eleitoral.

A fraude eleitoral serve para fundamentar a ação de impugnação ao mandato eletivo com subsunção no art. 14, §§ 10 e 11, da Carta Política, mas se porventura centenas de doações forem originárias de pessoas fictícias, não se pode, em pródromo, afastar a responsabilidade do candidato beneficiado pelo valor expressivo dessas doações. Nesse ponto, o caso demanda rigorosa investigação do abuso do poder econômico que deve ser impulsionado pela ação de investigação judicial eleitoral, art. 22 da LC nº 64/1990, e até mesmo na esfera penal, considerando os crimes dos arts. 299 e 350 do Código Eleitoral (corrupção eleitoral e falsidade ideológica eleitoral).

Deveras, a doação acima do valor sujeita o doador à multa de até 100% (cem por cento) do valor que extrapolou o limite, segundo dispõe o § 3º do art. 23 da Lei nº 9.504/1997 (redação da Lei nº 13.488, de 2017). No entanto, a doação por pessoa interposta, fictícia ou comprada por outros doadores é fato de elevada gravidade que carece de investigação.

A gravidade da conduta restará resoluta com o número apurado de falsos doadores ou doadores comprados, considerando-se o tipo de eleição, a quantidade de eleitores e o local do pleito eleitoral.

Verifica-se que a instituição arrecadadora do financiamento coletivo fará o repasse ao candidato beneficiado com crédito em sua conta bancária, e deverá identificar os doadores.

Como se percebe, toda essa arrecadação por financiamento coletivo somada ao Fundo Especial de Financiamento de Campanha, FEFC e outras formas de obtenção de receitas não poderá extrapolar o limite de gastos fixados na legislação.

Assim, o limite é um só, mas as fontes de receitas são diversificadas.

15.10. DOAÇÕES EM DINHEIRO OU ESTIMÁVEIS EM DINHEIRO FEITAS POR PESSOAS FÍSICAS

O limite da doação, como já aludido, está previsto no art. 23, § 1º, da Lei nº 9.504/1997, ou seja, 10% (*dez por cento*) do rendimento bruto auferido pelo doador no ano que antecede às eleições.

A exceção está no art. 23, § 7º, da Lei nº 9.504/1997, que se refere ao valor de R$ 40.000.00 (quarenta *mil reais*) da doação estimável em dinheiro, como utilização de bens móveis ou imóveis de propriedade do doador (*veículos e casas*), bem como qualquer eleitor poderá doar até (*um mil UFIR*), art. 27 da Lei nº 9.504/1997, sem contabilização. Não se incluem no valor acima os bens e serviços do eleitor. Nesse caso, sujeitam-se aos limites legais.

> "[...] Os valores despendidos com combustível e manutenção de veículos terrestres são considerados despesas pessoais do candidato e não estão sujeitos à prestação de contas eleitoral, não se aplicando essa ressalva aos gastos com embarcações e aeronaves. Ademais, não é permitido, na campanha eleitoral, o uso de bem móvel de propriedade do candidato em coparticipação com pessoa jurídica, por configurar conduta vedada pela legislação eleitoral" (Informativo do TSE. Brasília, 4-17 jun., ano XX, nº 9. Consulta nº 0600450-55, Brasília/DF, Rel. Min. Tarcisio Vieira de Carvalho Neto, j. 12/6/2018).

A multa ao doador será imposta quando ultrapassado os valores doados em dinheiro e estimáveis em dinheiro. Se ultrapassado o valor da doação em quantidade mínima, não é caso de se aplicar punição mais severa, por exemplo, a inelegibilidade.

Nessa seara subsiste muita desinformação aos doadores que tempos depois do processo eletivo acabam se sujeitando à representação eleitoral com a sanção de multa nos termos do § 3º do art. 23 da Lei nº 9.504/1997.

O § 3º do art. 24-C da Lei nº 9.504/1997 permite a propositura tempestiva da ação ou representação eleitoral pelo Ministério Público Eleitoral (*Promotor Eleitoral*) contra o doador até o final do exercício financeiro do ano seguinte ao da eleição, por exemplo, até 31 de dezembro de 2017 em relação às eleições de 2016.

15.11. ARRECADAÇÃO SOBRE A COMERCIALIZAÇÃO DE BENS OU DA REALIZAÇÃO DE EVENTOS

Os eventos como as manifestações de apoio ao candidato em ruas e praças devem ser comunicados à Justiça Eleitoral, especialmente nos termos do art. 39 da Lei nº 9.504/1997, para que a autoridade policial possa garantir a sua realização nos espaços públicos.

Ocorrendo a arrecadação de valores, devem ser depositados em conta bancária específica e emitidos os recibos.

Na fiscalização dos eventos realizados pelos candidatos, a Justiça Eleitoral pode nomear servidores observadores com credenciais, até para que se possa fotografar e filmar a movimentação local possibilitando futuramente se auferir a credibilidade ou não sobre esse tipo de arrecadação.

É importante se estabelecer uma efetiva fiscalização sobre o número de pessoas contratadas na prestação de serviços referentes à atividade de militância.

Por exemplo: o art. 100-A, inc. I, da Lei nº 9.504/1997, diz que nos Municípios com até 30.000 (trinta mil) eleitores, a contratação de pessoal não pode ultrapassar 1% (um por cento) do eleitorado.

Assim sendo, o descumprimento dos limites é relevante fator do abuso do poder econômico e poderá ainda caracterizar o crime do art. 299 do Código Eleitoral (corrupção eleitoral) nos termos do § 5º do art. 100-A da Lei das Eleições.

15.12. FONTES VEDADAS

O art. 24, incs. I *usque* XI da Lei nº 9.504/1997 disciplina vedações na arrecadação de recursos para as campanhas eleitorais, objetivando proteger a higidez do processo eleitoral contra a influência do poder econômico e os abusos com subsunção no art. 14, § 9º, da Constituição Federal e na interpretação sistemática da legislação eleitoral, considerando os arts. 1º, I, "d", "h", "j" e "p" e 22 da Lei Complementar nº 64/1990 e o art. 30-A da Lei nº 9.504/1997.

Na análise dos órgãos públicos, as pessoas jurídicas de direito público e privado e entidades em geral referidas nos incisos do art. 24, não podem doar para as campanhas eleitorais, tais como: as emissoras de rádio e televisão, empresas de energia elétrica, de serviços de transporte e telefonia, entidades educacionais (Sebrae, Sesc, Senai e outras), entidades de classe (Conselho Regional de Medicina, Ordem dos Advogados do Brasil), Sindicatos e Associações, igrejas e templos, entidades esportivas, organizações governamentais e da sociedade civil de interesse público, sociedades cooperativas, ressalvando-se as cooperativas e os cooperados que não estejam recebendo recursos públicos.

O § 1º do art. 24 da Lei nº 9.504/1997 faz menção ao art. 81 da mesma lei que foi revogado pela Lei nº 13.165/2015.

ARRECADAÇÃO E APLICAÇÃO DE RECURSOS NA
CAMPANHA ELEITORAL E A PRESTAÇÃO DE CONTAS

A referência do § 1º do art. 24 é na parte final que diz: "(...) *observado o disposto no art. 81*". No entanto, a interpretação é que como as cooperativas não são pessoas físicas cuja limitação é de 10% (dez por cento) da renda bruta, a única interpretação que se pode extrair é que as cooperativas só podem doar até o máximo de 2% (*dois por cento*), que era estipulado para as pessoas jurídicas, e não 10% (*dez por cento*), que se destina, exclusivamente, para pessoas físicas.

Dessa forma, verificada a infração, as contas de campanha eleitoral serão **desaprovadas por irregularidade insanável em processo específico de prestação de contas**, sendo os recursos devidamente identificados transferidos para o Tesouro Nacional, por meio de Guia de Recolhimento da União (GRU).

São fontes vedadas as nominadas no art. 24 da Lei das Eleições e genericamente as seguintes: i) todas as pessoas jurídicas; ii) pessoas físicas que exerçam atividades comerciais que decorrem de concessões ou permissões públicas; e iii) valores de origem estrangeira.

Se o candidato receber recursos de fontes proibidas deve devolver ao doador no prazo legal apresentando o comprovante da devolução na prestação de contas de sua campanha eleitoral, mas esse fato não inibe a análise da captação ilícita de recursos e do abuso do poder econômico.

Não ocorrendo a transferência, a Procuradoria da Fazenda Nacional será comunicada para exercer a ação cabível de cobrança na forma legal.

Todavia, o caso concreto poderá demandar a representação do art. 30-A da Lei nº 9.504/1997, que seguirá o procedimento do art. 22 da Lei Complementar nº 64/1990; além da constatação de eventual abuso do poder econômico. O prazo para a propositura da representação do (*art. 30-A da Lei das Eleições*) é contado de 15 dias da diplomação, enquanto a ação de investigação judicial eleitoral é até a data da diplomação. Assim, nem sempre será possível coibir a conduta do infrator em razão do curto lapso temporal.

É possível ainda o uso da ação de impugnação ao mandato eletivo por abuso do poder econômico na forma do art. 14, § 10, da Constituição da República.

No entanto, o curto lapso temporal para o ajuizamento da representação por abuso do poder econômico ou captação ilícita de recursos acaba por estimular a reiterada prática de ilicitudes eleitorais.

A prestação de contas de campanha é desenvolvida num **procedimento jurisdicional restrito**, que apenas declara as contas desaprovadas, desafiando o recurso próprio, mas não é o meio processual apto a resultar na cassação do diploma ou declaração da inelegibilidade. Para tanto, se faz sempre necessário o devido processo legal contencioso previsto no art. 22 da Lei Complementar nº 64/1990.

601

15.13. GASTOS ELEITORAIS

Os gastos eleitorais que estão sujeitos à contabilização e os respectivos limites se encontram especificados no art. 26 da Lei nº 9.504/1997.

Exemplificando: panfletos, santinhos e adesivos (*devem ter o CPF ou CNPJ do responsável e de quem contratou a respectiva tiragem*); gastos com publicidade em geral, produções de vídeos; aluguel de imóveis, despesas de transporte, combustível, correspondências, recrutamento de pessoal (*é importante a feitura de contrato de prestação de serviços com a emissão de recibos*); carros de som, palanques, programas televisivos para exibição nos horários eleitorais, pagamento para empresas de pesquisas eleitorais, criação e manutenção de sítios na *internet*; pagamento de profissionais de *jingles* e *slogans*, além de outros gastos permitidos.

O custo do impulsionamento de conteúdo na propaganda na *internet* é considerado um gasto eleitoral que se sujeita a limites e registro na contabilidade do candidato.

Os gastos são pagos por meio de cheques nominais ou transferências bancárias pelos candidatos, excetuam-se as despesas de pequeno valor. Por exemplo, para pagamento de despesas do dia com o combustível do veículo.

Os gastos são pagos por meio de cheques nominais ou transferências bancárias pelos candidatos, excetuam-se as despesas de pequeno valor. Por exemplo, para pagamento de despesas do dia com o combustível do veículo.

Os pagamentos são realizados por meio da conta bancária específica, ressalvando-se o pequeno valor aludido. Assim, permite-se o pagamento com a comprovação na prestação de contas de documentos legais previstos da legislação tributária (*notas fiscais*).

Sobre o **fundo de caixa** é necessária a manutenção de documentos que possibilitem a fiscalização e o controle contábil. O dinheiro deverá ser proveniente da conta bancária específica.

A Lei nº 12.891/2014 tratou de estabelecer limites sobre a alimentação de pessoal e membros de comitê eleitoral em 10% (*dez por cento*). É a hipótese da militância política eleitoral não remunerada. E em 20% (*vinte por cento*) o aluguel de veículos automotores, não se incluindo as bicicletas, charretes e outros.

De fato, a **militância não remunerada** adere à campanha eleitoral do candidato distribuindo panfletos, portando bandeiras e participando em geral das atividades da propaganda. O difícil é separar a mão de obra que está ou não sendo remunerada, pois a prestação de serviços constitui doação estimável em dinheiro e exige a devida prestação de contas contábil dos respectivos serviços.

Por cautela, os candidatos e partidos políticos devem celebrar contratos de aluguel, comodato de bem móvel ou imóvel e termos de doação.

Os advogados e contadores que prestam serviços profissionais também devem celebrar contratos com os clientes objetivando regras sobre os limites da responsabilidade na prestação de contas e arrecadação financeira da campanha eleitoral.

Os recursos da campanha eleitoral se destinam ao pagamento de serviços de consultoria jurídica e de contabilidade, sendo computados como gastos eleitorais e devidamente declarados nos termos da legislação eleitoral, v.g., Resolução TSE nº 23.470/2016.

No entanto, os honorários que se referem à contratação dos serviços de advocacia e contabilidade que dizem respeito à defesa do candidato e partido em processo judicial não caracterizam gastos eleitorais e, portanto, são lançados apenas nas declarações fiscais (Imposto de Renda) dos candidatos e partidos políticos.

O art. 21 da Lei nº 9.504/1997 trata da responsabilidade solidária entre o candidato e a pessoa indicada para a administração financeira da campanha (*tesoureiro*), que não será obrigatoriamente o contador que presta serviços profissionais de forma autônoma.

Todavia, "*o candidato e o profissional de contabilidade responsável deverão assinar a prestação de contas, sendo obrigatória a constituição de advogado*", art. 33, § 4º, da Res. TSE nº 23.406/2014. E ainda, art. 41, § 6º, da Resolução TSE nº 23.463/2015.

No caso de **falecimento do candidato** a responsabilidade é repassada ao administrador financeiro ou membro da direção partidária e até mesmo a ausência de movimentação financeira não isenta o candidato de prestar contas na Justiça Eleitoral.

O dever de prestação de contas alcança todos os **candidatos sejam eleitos ou não**, inclusive os que renunciaram ou tiveram seus pedidos de registros de candidatura indeferidos.

15.14. PRESTAÇÃO DE CONTAS

A legislação eleitoral disciplina o processo de prestação de contas decorrente de campanhas eleitorais nos arts. 28 *usque* 32 da Lei nº 9.504/1997, sendo que o Tribunal Superior Eleitoral, para cada eleição, regulamenta por resolução eleitoral a arrecadação e os gastos de recursos por partidos e candidatos.

Ressalte-se que recursos obtidos pelos partidos políticos que não estejam vinculados ao período das campanhas eleitorais são objeto de normatização por resolução diversa e específica referente à prestação de contas anuais.

Cumpre reconhecer que a arrecadação de recursos de campanha eleitoral proveniente de qualquer natureza pressupõe o cumprimento de etapas legais, a saber: (i) requerimento de registro da candidatura; (ii) o pré-candidato deverá requerer sua inscrição no Cadastro Nacional de Pessoas Jurídicas (CNPJ); (iii) o candidato deverá abrir conta bancária específica que comprovará a movimentação financeira dos recursos arrecadados e gastos; e (iv) a emissão de recibos eleitorais.

Por outra, a atual legislação eleitoral, nos termos dos arts. 5º e 6º da Lei nº 13.165/2015, estabeleceu limites de gastos para Prefeitos, Vices e vereadores em função do número de eleitores, o que está regulamentado na Resolução TSE nº 23.459, de 15 de dezembro de 2015.

Por exemplo: nos Municípios de até dez mil eleitores, o limite de gastos será de R$ 100.000,00 (cem mil reais) para Prefeito e R$ 10.000,00 (dez mil reais) para vereador (§ 1º do art. 1º da Res. TSE nº 23.459/2015).

A origem dos recursos para as campanhas também é regulamentada, assim como as doações de valores e a cessão temporária de bens ou serviços, subsistindo diversas regras obrigatórias.

Eventuais recursos de origem não identificada, não podem ser legalmente utilizados pelos candidatos e partidos políticos e uma vez identificados são transferidos ao Tesouro Nacional por meio de Guia de Recolhimento da União (GRU).

O dever de prestar contas de campanhas eleitorais à Justiça Eleitoral se impõe aos candidatos e partidos políticos.

Como se nota, o processo de prestação de contas é autônomo e resultará em uma decisão definitiva. No entanto, como já normatizado pelo Egrégio Tribunal Superior Eleitoral, é possível a apuração do abuso do poder econômico em processo diverso.

> A aprovação, com ou sem ressalvas, ou desaprovação da prestação de contas do candidato, não vincula o resultado da representação de que trata o art. 30-A da Lei nº 9.504/1997, nem impede a apuração do abuso do poder econômico em processo apropriado (§ 4º do art. 91 da Res. TSE nº 23.463/2015).

E ainda.

> O julgamento da prestação de contas pela Justiça Eleitoral não afasta a possibilidade de apuração por outros órgãos quanto à prática de eventuais ilícitos antecedentes e/ou vinculados, verificados no curso das investigações em andamento ou futuras (art. 92 da Res. TSE nº 23.463/2015).

Tem-se, então, que a aprovação de contas de campanhas eleitorais em processo judicial de prestação de contas não inibe a possibilidade de persecução penal, nem tampouco impede: (i) a propositura da ação de captação ou gastos ilícitos de recursos nos moldes do art. 30-A, cujo prazo escoa em até 15 (quinze) dias da diplomação, (ii) o ajuizamento da representação por abuso do poder econômico nos termos do art. 22 da Lei Complementar nº 64, de 18 de maio de 1990, sendo que o prazo se encerra no próprio dia da diplomação; e (iii) o ingresso da ação de impugnação ao mandato eletivo nos 15 (quinze) dias contados da diplomação, conforme previsão constitucional no art. 14, §§ 10 e 11.

Cumpre-nos assinalar que se no processo de prestação de contas foram analisados os documentos comprobatórios da arrecadação de gastos de recursos nas campanhas eleitorais, mas de forma superveniente surgirem provas de que foram omitidas dolosamente doações de terceiras pessoas com o propósito de criar um falso ideal, desloca-se a questão para o exame da tipicidade penal eleitoral.

O procedimento de prestação de contas possui **natureza jurisdicional** ensejando a prolação de uma decisão final de: **aprovação com ou sem ressalvas, desaprovação ou não prestação**. Sobre a natureza jurisdicional das contas partidárias, a Lei dos Partidos Políticos é expressa no art. 37, § 6º.

O dever de prestar contas à Justiça Eleitoral recai sobre: candidatos (*eleitos ou não*), diretórios nacionais, estaduais e municipais, sendo o candidato solidariamente responsável com a pessoa indicada para a administração financeira da campanha (*art. 21 da Lei nº 9.504/1997*).

Dessa forma, o partido político apresentará duas prestações de contas: **a anual** na forma da Lei nº 9.096/1995 e **a específica**, que se refere aos recursos arrecadados e que foram aplicados nas campanhas eleitorais. Nessa última hipótese o prazo é fixado no calendário eleitoral para o mês de novembro.

As prestações de contas devem se sujeitar ao **prazo prescricional de 5 (cinco) anos para o julgamento**, pois na disciplina eleitoral também é evidente a necessidade de estabilização das relações jurídicas com o regular decurso do tempo. Aplica-se o disposto no art. 37, § 3º, da Lei nº 9.096/1995.

O **contador** com inscrição no Conselho Regional de Contabilidade de sua circunscrição (*arts. 12 e 25 do Decreto-Lei nº 9.295/1946*) deverá assinar a prestação de contas com o candidato (*deve apresentar o contrato de prestação de serviços*).

O **advogado** do partido ou candidato deverá apresentar por petição a prestação de contas estando regular com sua inscrição na Ordem dos Advogados do Brasil, na forma legal, inclusive juntando a procuração no intuito de defender o cliente em todos os graus de jurisdição eleitoral.

Durante a campanha eleitoral os candidatos e diretórios devem apresentar a **prestação de contas parciais** (*Lei nº 9.504/1997, art. 28, § 4º*). Trata-se da adoção do **princípio da transparência**.

A divulgação de relatório com a discriminação dos recursos obtidos para as campanhas eleitorais deverá ser feita pela rede mundial de computadores, *internet*.

O procedimento de prestação de contas é de **natureza pública** e permite o amplo acesso dos interessados, com autorização judicial (*inclusive com cópias de peças custeadas pelos interessados*), sem que se criem embaraços nos trabalhos desenvolvidos pela equipe técnica. Preserva-se de toda sorte o sigilo da legislação especial.

São reunidos no procedimento diversos documentos fiscais, recibos, extratos bancários e de cartões de crédito ou débito, bilhetes de passagem e hospedagem, contratos de aluguel, comodato e a relação dos doadores e valores arrecadados e a especificação dos gastos verificando-se o CPF e CNPJ. Qualquer documento poderá ser exigido para melhor esclarecer a higidez das contas.

Ressalta-se que a doação estimada pode ser de um veículo utilizado na campanha. Trata-se de comodato e é importante que o candidato tenha uma cópia do documento do Detran, ou seja, o DUT, para fazer menção em sua contabilidade.

Em relação aos bens imóveis em comodato, também é recomendável juntar a cópia do IPTU na prestação de contas.

Na realização de churrascos, almoços, encontros e jantares, o candidato deve emitir os recibos de doações de pessoas físicas.

A documentação acima cria uma maior transparência no dever contábil de prestação de contas.

O Tribunal Superior Eleitoral regulamenta (*por resolução específica*) o conjunto de documentos necessários para a elaboração e apresentação das contas, mas podem ser juntados no procedimento todos os recibos, extratos, termos e contratos necessários ao esclarecimento da higidez da arrecadação e gastos eleitorais.

O encaminhamento da prestação de contas será por meio eletrônico, sendo emitido um extrato que certifica a entrega, impresso com a entrega no protocolo dentro do prazo legal.

Os candidatos devem utilizar o Sistema de Prestação de Contas Eleitorais (*SPCE*) que é disponibilizado pelo Tribunal Superior Eleitoral na página da *internet* da Justiça Eleitoral.

Registre-se: "*A ausência de movimentação de recursos de campanha, financeiros ou estimáveis em dinheiro, não isenta o candidato, o partido político e o comitê financeiro do dever de prestar contas*" (*art. 33, § 7º, da Res. TSE nº 23.406/2014*). A regra é repetida em resoluções específicas do TSE sobre o tema. Para as Eleições de 2016, a regra se encontra no art. 41, § 9º, da Resolução TSE nº 23.463/2015, e assim sucessivamente.

ARRECADAÇÃO E APLICAÇÃO DE RECURSOS NA
CAMPANHA ELEITORAL E A PRESTAÇÃO DE CONTAS

No procedimento de prestação de contas também se aplica o princípio da proporcionalidade, ou seja, as contas podem ser aprovadas se no conjunto da arrecadação o valor ilegal não é expressivo. Ressalte-se precedente do TSE: "(...) *No julgamento da prestação de contas de campanha, é possível, sim, a aplicação dos princípios da razoabilidade e da proporcionalidade. 2. In casu, a doação glosada alcançou o valor de R$ 2.250,00, importância que corresponderia a 0,234% do total arrecadado na campanha eleitoral*" (Agravo Regimental no Recurso Especial Eleitoral nº 2.564-50/PR. Rel.ª Min.ª Laurita Vaz. DJE. 6/12/2013).

Como visto, o candidato tem a responsabilidade de prestar as contas de campanha eleitoral e sanar todas as exigências pertinentes e eventualmente interpor o recurso cabível, pois as questões de mérito não podem ser revistas, quando já operado o trânsito em julgado.

Observe-se que se o candidato pretende participar de futuras eleições não poderá ser reexaminada a decisão sobre a prestação de contas de eleições pretéritas. De acordo com o verbete sumular **nº 51** do TSE, *in expressi verbis*: "*O processo de registro de candidatura não é o meio mais adequado para se afastarem os eventuais vícios apurados no processo de prestação de contas de campanha ou partidárias*".

Em síntese:

a) a prestação de contas é um dever dos candidatos e órgãos partidários;

b) a administração financeira da campanha pode ser feita pelo próprio candidato ou terceiro;

c) o candidato e o administrador financeiro são responsáveis solidários pela veracidade das informações financeiras e contábeis da campanha eleitoral;

d) o profissional de contabilidade é essencial e auxilia o candidato e o partido político observando as regras do Conselho Federal de Contabilidade, inclusive assinando com o administrador financeiro e candidato a prestação de contas;

e) o advogado é indispensável na atuação do processo de prestação de contas, considerando os reflexos ao cliente e as consequências para futuras eleições;

f) Os partidos políticos devem prestar contas dos recursos arrecadados e transferidos para as campanhas eleitorais.

Quanto às **sobras de campanha** (*art. 31 da Lei nº 9.504/1997*) ocorrerá a devida transferência para o órgão partidário diretivo (*nacional, estadual ou municipal*), sendo que os valores arrecadados devem constar na futura prestação de contas anual do partido político.

É importante salientar que eventuais sobras dos valores do Fundo Especial de Financiamento de Campanha (FEFC) não podem ser consideradas "sobras de campanha", assim, devem ser recolhidas ao Tesouro Nacional (dinheiro público não utilizado), por intermédio da Guia de Recolhimento da União, quando for feita a apresentação de contas de campanha eleitoral, conforme versa o § 11 do art. 16-C da Lei nº 9.504/1997 (redação da Lei nº 13.487, de 2017).

15.15. IMPUGNAÇÕES NA PRESTAÇÃO DE CONTAS

Sobre este tema, tratou o artigo 51 da Resolução TSE nº 23.463/2015.

Vale registrar que para cada eleição específica o Tribunal Superior Eleitoral expede uma nova resolução sobre este tema.

Como já visto, uma das hipóteses de impugnação será baseada na arrecadação de recursos por fontes vedadas, cumprindo ao impugnado (*candidato*) comprovar a regularidade.

A apresentação de contas será devidamente examinada por técnicos requisitados pela Justiça Eleitoral (*art. 30, § 3º, da Lei nº 9.504/1997*) formando um conjunto de profissionais dos Tribunais de Contas e servidores em geral.

As contas de campanha eleitoral nas eleições pelo sistema majoritário abrangem os vices e suplentes de Senador. No caso de não apresentação das contas pelo titular da chapa, o vice ou suplente poderá tomar essa iniciativa, quando as contas serão julgadas de forma independente.

O art. 30, § 4º, da Lei nº 9.504/1997 autoriza ao magistrado eleitoral requisitar diligências e informações necessárias para complementação dos dados e saneamento de eventuais falhas. É fixado o prazo de 72 (*setenta e duas*) horas contado da intimação para a realização das diligências.

A Justiça Eleitoral poderá ainda determinar, de ofício, por provocação do Ministério Público, impugnantes ou órgão técnico, a quebra do sigilo bancário e fiscal dos candidatos, partidos políticos, doadores e fornecedores da campanha.

O princípio da celeridade é essencial na Justiça Eleitoral. Dessa forma, as contas dos candidatos que forem eleitos devem ser priorizadas para o julgamento com a publicação da decisão em 3 (*três*) dias antes da diplomação, nos termos do art. 30, § 1º, da Lei nº 9.504/1997.

O § 1º do art. 30 da Lei nº 9.504/1997 foi alterado pela Lei nº 13.165/2015, pois antes o prazo era de 8 (*oito*) dias, sendo reduzido para 3 (*três*) dias.

O candidato eleito deve encaminhar no prazo de 30 (*trinta dias*), após a data da eleição, as contas de campanha (*art. 29, III, da Lei das Eleições*), pois, caso contrário, ficará impedido de ser diplomado enquanto permanecer inerte nesse dever (*art. 29, § 2º, da Lei nº 9.504/1997*).

Nesse rumo, o procedimento de prestação de contas seguirá para um parecer conclusivo do órgão técnico devidamente constituído, sempre assegurando a manifestação do candidato e do Ministério Público, que emitirá parecer em 48 (*quarenta e oito*) horas antes da conclusão ao magistrado eleitoral para decisão final.

A Justiça Eleitoral poderá: **aprovar as contas; aprovar com ressalvas, desa-provar ou julgar como não prestadas** (*art. 30 da Lei nº 9.504/1997*).

A legislação autoriza a **aprovação de contas** quando elas contiverem erros formais ou materiais que sejam corrigidos ou ainda considerados irrelevantes

ARRECADAÇÃO E APLICAÇÃO DE RECURSOS NA
CAMPANHA ELEITORAL E A PRESTAÇÃO DE CONTAS

CAPÍTULO 15

em razão do panorama ou conjunto apreciado da documentação. Nesse caso, não haverá nenhuma sanção, art. 30, §§ 2º e 2º-A, da Lei nº 9.504/1997.

Todavia, embora o candidato tenha suas contas aprovadas não impede que se investigue um crime, por exemplo, de falsidade documental. O Egrégio TSE já enfrentou essa questão: "(...) *A eventual aprovação da prestação de contas, dado seu caráter administrativo, não impede a análise de fatos a ela relacionados em procedimento criminal que investigue a possível prática de crime eleitoral* (...)" ºSe as contas forem **desaprovadas,** e.g., por existência de recursos de fontes vedadas, de origem não identificada, "(...) *a movimentação de recursos alheia à conta bancária específica e o recebimento de recursos sem a devida identificação do doador configuram irregularidades de natureza insanável que não admitem aprovação com ressalvas. Tem-se, na hipótese, a violação da transparência e da confiabilidade do balanço contábil, irregularidade que compromete a atuação fiscalizadora da Justiça Eleitoral*" (TSE. Agravo Regimental no Agravo de Instrumento nº 2.128-87/RS. Rel. Min. Dias Toffoli. DJE 11/11/2013) ou de comprovação de irregularidades na destinação dos recursos do Fundo Partidário nas campanhas.

Cumpre esclarecer: **os partidos políticos** perdem o direito ao recebimento da quota do Fundo Partidário no ano seguinte quando do trânsito em julgado da decisão (*art. 25 da Lei nº 9.096/1995*); além da responsabilidade pessoal dos dirigentes partidários como o crime eleitoral do art. 350 do Código Eleitoral.

Ressalve-se, no entanto, que a sanção imposta pelo art. 25 da Lei nº 9.096/1995 aos partidos políticos só incide se o ato apontado como ilegal decorre de transferência de recursos partidários, pois "(...) *não se aplica a sanção de suspensão de repasse de quotas de Fundo Partidário, prevista no parágrafo único do art. 25 da Lei nº 9.504/1997, se a desaprovação da conta não tem como causa irregularidade decorrente de ato do partido* (...)". *Afirmou ainda, adotando o douto parecer da Procuradoria-Geral Eleitoral, que não há como responsabilizar o partido, "considerando que as contas foram prestadas pelo próprio candidato e ausente qualquer prova de irregularidade no repasse de recursos pelo seu partido" e que a aplicação do dispositivo só tem cabimento "em casos de irregularidade nas contas do partido, que porventura repercuta nas contas do candidato, o que não é a hipótese dos autos"* (Recurso Especial Eleitoral nº 5881-33, Rio de Janeiro/RJ, Rel.ª Min.ª Maria Thereza de Assis Moura, em 17/9/2015).

Convém ressaltar que mesmo com a aprovação de contas de campanhas eleitorais, é possível em procedimento judicial diverso, seja na esfera penal ou da ação de investigação judicial eleitoral ou ação de impugnação ao mandato eletivo, coligir elementos probatórios que possam conduzir a um juízo de certeza sobre a captação ou gastos ilícitos de recursos e o abuso do poder econômico nas eleições, incidindo as sanções decorrentes dessa lesão ao processo de lisura das eleições.

609

A aprovação de contas de campanhas eleitorais acaba se limitando a uma formal verificação de recibos, documentos, notas fiscais e outros valores inseridos dentro das regras de contabilidade financeira, mas esse exame não exclui a disquisição de outros fatores probatórios que emergem no curso das campanhas eleitorais e que devem ser apurados no devido processo legal cuja ritualidade se insere nos arts. 3º a 15 (*ação de impugnação ao mandato eletivo*) ou 22 da Lei Complementar nº 64/1990 (*ação de investigação judicial eleitoral*).

Assim, normatizou o TSE: "*A aprovação, com ou sem ressalvas, ou a desaprovação da prestação de contas do candidato não vincula o resultado da representação de que trata o art. 30-A da Lei nº 9.504/1997, nem impede a apuração do abuso do poder econômico em processo apropriado*" (*art. 91, § 4º, da Resolução TSE nº 23.463/2015*).

Desta forma, verificada a prática de crimes ou de abusos do poder econômico e político e da captação ilícita de recursos, devem ser propostas as ações legais cabíveis.

Todavia, durante a campanha eleitoral e antes da apresentação das contas, e.g., um candidato da oposição pode reunir provas de ilegalidades financeiras e esse fato será examinado servindo de lastro probatório judicial para a deflagração de futuras ações eleitorais, até porque a ação cautelar se destina a subsidiar o processo principal na forma do Código de Processo Civil.

A Justiça Eleitoral poderá determinar a apreensão de documentos, expedição de mandados de busca e a interceptação de dados necessários para instrumentalizar a prova do abuso do poder econômico. E ainda, obstar a utilização de recursos de origem não identificada ou de fonte vedada.

As provas coligidas na **ação cautelar** servirão para uma efetiva análise do processo final de prestação de contas e das eventuais ações eleitorais específicas.

Quanto aos **candidatos com contas desaprovadas**, o Ministério Público poderá ingressar com a ação de investigação judicial eleitoral ou de captação ou gastos ilícitos de recursos, arts. 22 da Lei Complementar nº 64/1990 e 30-A da Lei nº 9.504/1997.

Como ambas seguem o mesmo rito processual, e o art. 30-A é uma subespécie de procedimento do art. 22, I a XIII, a opção mais utilizada é propor a ACGIR (*ação de captação ou gastos ilícitos de recursos*).

A AIJE (*ação de investigação judicial eleitoral*) é dirigida apenas em casos de gravidade, considerando o contexto das contas de campanha na influência e efetivo abalo e eventual desequilíbrio do processo de competição eleitoral e ensejará a anulação do diploma do eleito e decretação da inelegibilidade por 8 (*oito*) anos nos termos do art. 22, XIV e XVI, da Lei das Inelegibilidades. Para o candidato não eleito, restará a causa de inelegibilidade, pois não haverá diploma para se anular.

Não ocorrendo **gravidade**, mas lesão proporcional ao equilíbrio nas campanhas eleitorais, o legitimado ativo (*em regra, o Ministério Público, art. 22, § 4º, da Lei nº 9.504/1997*) ingressará com a representação do art. 30-A da Lei nº 9.504/1997 (*espécie de AIJE*), até 15 (*dias*) contados da diplomação.

Essa representação poderá ser proposta antes da diplomação e acarretará a **negação da entrega do diploma** e a **inelegibilidade** de 8 (*oito*) anos contados da eleição prevista no art. 1º, I, "j" da LC nº 64/1990.

Trata-se, no caso, de efeito muito raro em razão do curto lapso temporal de julgamento entre a propositura da ação e a data limite da diplomação fixada pelo calendário eleitoral.

Assim, a representação do art. 30-A geralmente é julgada após a outorga do diploma ao candidato, o que ocasiona um efeito retroativo, *ex tunc* com a nulidade do diploma.

A decisão judicial eleitoral na análise do procedimento de prestação de contas de campanhas eleitorais **não faz coisa julgada** para o desfecho da representação judicial eleitoral do art. 30-A da Lei das Eleições ou do art. 22 da Lei das Inelegibilidades, especialmente se tiverem suportes jurígenos diversos.

Se a prestação de contas foi aprovada e fatos supervenientes ou novos surgiram no contexto da campanha eleitoral que ensejam captação ilícita de recursos, a ação será ofertada e seguirá para uma solução diversa.

No TSE: *"(...) O art. 30-A da Lei nº 9.504/1997 não se aplica aos processos de prestação de contas, pois o dispositivo em comento disciplina a representação por arrecadação e captação ilícita de recursos de campanha. 3. Agravo regimental desprovido"* (*Agravo Regimental no Recurso Especial Eleitoral nº 156-31. Rel. Min. João Otávio de Noronha. DJE de 23/9/2014*).

Na maioria dos casos, a desaprovação fica sem uma sanção específica para o candidato, pois não tem o condão de gerar o desequilíbrio ou atingir a razoabilidade, ou seja, se desaprovam as contas sem maiores repercussões à normalidade e legitimidade do processo eleitoral.

O legislador olvidou-se de estabelecer uma punição intermediária, que seria a multa ao candidato que teve suas contas desaprovadas, o que acarreta em reiteradas eleições uma inequívoca violação ao princípio isonômico com os candidatos que cumpriram regularmente os deveres de prestação de contas à Justiça Eleitoral.

A omissão legislativa produz efetivo dano aos arts. 5º, *caput*, 14, § 9º, e 17, III, da Carta Magna, quando a eleição sofre a desigualdade, a influência do poder econômico de forma ilícita e é ferido o preceito da lisura da prestação de contas à Justiça Eleitoral.

Registre-se que os valores que tenham sido provenientes de gastos irregulares com recursos do Fundo Partidário ou não tenham sido comprovados devem ser devolvidos ao Tesouro Nacional, após 5 (*cinco*) dias do trânsito em julgado da decisão na prestação de contas, sob pena de execução fiscal promovida pela Procuradoria da Fazenda Nacional na forma legal, conforme previsão regulamentar.

E as contas não prestadas pelos candidatos? Qual a consequência?

A legislação eleitoral disciplina quais são as hipóteses em que as contas serão julgadas como **não prestadas**, a saber: (i) quando não apresentadas informações documentais exigidas; (ii) não forem reapresentadas e (iii) apresentadas sem documentação que possibilite a análise da arrecadação financeira.

As contas julgadas como não prestadas não serão objeto de novo julgamento, "(...) *sendo considerada a apresentação apenas para fins de divulgação e de regularização no Cadastro Eleitoral ao término da legislatura*" (*Resolução temporária, art. 54, § 1º, da Res. TSE nº 23.406/2014*).

Em síntese: a decisão judicial que concluiu pela não prestação de contas acarreta **duas** consequências básicas: quanto ao **candidato**, o impedimento de obtenção de certidão de quitação eleitoral até o prazo final do término da legislatura e perdurando a omissão até a efetiva apresentação, art. 11, § 7º, da Lei nº 9.504/1997 e em relação ao **Partido Político**, a perda do direito de recebimento de quota do Fundo Partidário. Sobre o tema, o art. 58 da Resolução TSE nº 23.406/2014. No mesmo sentido, a Resolução TSE nº 23.463/2015, art. 73.

Por outro lado: "*A apresentação de contas de campanha é suficiente para a obtenção de quitação eleitoral, nos termos da nova redação conferida ao art. 11, § 7º, da Lei nº 9.504/1997, pela Lei nº 12.034/2009*" (*verbete sumular nº 57 do TSE*).

Subsiste uma questão deveras preocupante que se perpetua em cada eleição sucessiva.

Os candidatos **não eleitos**, em grande número, permanecem omissos na devida apresentação de contas de campanhas eleitorais. Nos anos posteriores às eleições, parte desses candidatos apresentam tardiamente as contas de campanha, quando notificados pela Justiça Eleitoral.

O legislador deveria criar um dispositivo legal punindo a omissão, pois cumpre ao candidato se informar da responsabilidade sobre a arrecadação financeira e deveres com a Justiça Eleitoral. Por exemplo, a fixação de uma multa em razão da condição econômica do infrator já seria uma solução.

Por outro lado, escoado o prazo de 15 (*quinze*) dias contados da diplomação, o Ministério Público e outros legitimados não podem mais propor a representação do art. 30-A da Lei das Eleições, nem tampouco a ação de investigação judicial eleitoral (*art. 22 da LC nº 64/1990, cujo prazo termina com a diplomação*) e a ação de impugnação ao mandato eletivo cujo prazo é de 15 (*quinze*) dias contados da diplomação, art. 14, §§ 10 e 11, da Lei Maior.

Vê-se, portanto, ainda uma evidente fragilidade do sistema de controle punitivo da legislação eleitoral sobre a higidez da arrecadação financeira e gastos de recursos eleitorais, considerando em especial o fato de que o **candidato não eleito** que deliberadamente arrecadou recursos oriundos de fontes vedadas e violou outras formas de arrecadação, inclusive gastando ilicitamente recursos, poderá esperar normalmente fluir o prazo de propositura das ações fugindo da causa de inelegibilidade prevista no art. 1º, I, "j" da Lei das Inelegibilidades e voltar a concorrer nas próximas eleições antes que as contas sejam julgadas como não prestadas.

Acresça-se ainda o fato de que muitos candidatos são aventureiros de apenas uma eleição e, portanto, não reiteram futuras candidaturas. Nesse caso, quando não apresentadas as contas de campanha, a falta de quitação eleitoral para vindouras eleições pouco importará ao infrator.

O prejuízo se reflete no processo eleitoral e no regime democrático eletivo que não possui um sistema de controle eficaz do uso de recursos nas campanhas eleitorais.

15.16. FUNDO ESPECIAL DE FINANCIAMENTO DE CAMPANHA (FEFC). IRREGULARIDADE NA APLICAÇÃO. APROPRIAÇÃO

Os recursos do FEFC são de natureza pública e demandam vigoroso controle. Assim, se no processo de prestação de contas dos candidatos forem identificados indícios de apropriação pelo administrador financeiro da campanha, candidato ou terceiro, o caso enseja a análise da tipicidade penal do art. 354-A do Código Eleitoral (inclusão pelo art. 3º da Lei nº 13.488, de 2017).

Infere-se, portanto, que além do aspecto penalmente relevante, o candidato poderá se sujeitar ao abuso do poder econômico e os partidos políticos terão restrições do direito ao recebimento do Fundo Partidário e ainda podem ter seus registros cancelados.

É possível que o responsável devolva ao erário público a quantia indevidamente apropriada, quando a Justiça Eleitoral decidirá sobre a regularização ou não do fato.

A questão se agrava na hipótese da não prestação de contas do dinheiro do FEFC, pois, como já aludido, diversos candidatos não eleitos se omitem nesse dever indeclinável do mandamento legislativo de campanha eleitoral.

Os recursos do FEFC são depositados pelo Tesouro Nacional no Banco do Brasil numa conta especial e ficam à disposição do Tribunal Superior Eleitoral para posterior entrega proporcional aos Partidos Políticos e, por fim, aos candidatos que tenham feito o requerimento e obtido o deferimento da agremiação partidária.

Se os recursos não forem utilizados são devolvidos ao Tesouro Nacional. Todavia, se indevidamente apropriados, além da responsabilidade penal, a

União Federal poderá ingressar com uma ação de cobrança pleiteando os valores devidos com juros e correção monetária na forma legal.

Essa ação não é de competência da Justiça Eleitoral, mas sim da Justiça Federal, considerando a natureza pública federal dos recursos do FEFC, porque envolve bens e recursos da União.

Para ações de cobrança deve-se atentar para o prazo prescricional de 5 (cinco) anos, conforme Decreto nº 20.910, de 1932, art. 1º. A atribuição ficará a cargo do Procurador da Fazenda Nacional.

Já o procedimento criminal que poderá ser instaurado em razão do delito de apropriação indébita eleitoral (art. 354-A do Código Eleitoral) será de atribuição do Ministério Público Eleitoral, observando-se se o agente ativo da empreitada delitiva possui ou não foro por prerrogativa de função no Tribunal Regional Eleitoral, Superior Tribunal de Justiça ou no Supremo Tribunal Federal, pois o Tribunal Superior Eleitoral não trata do processo e julgamento originário em questões que envolvam prerrogativa de função.

Em geral esse delito será praticado pelo administrador financeiro, que não goza de foro por prerrogativa de função e, desse modo, a atribuição para deflagrar a ação penal ficará com o Promotor Eleitoral do local em que o crime se consumou, ou seja, em razão do território de abrangência da zona eleitoral (circunscrição eleitoral).

15.17. RECURSOS NO PROCEDIMENTO DE PRESTAÇÃO DE CONTAS

Da decisão do **juiz eleitoral** da zona eleitoral com competência para processar e julgar a prestação de contas (*eleições municipais, Prefeitos, Vices e vereadores*), caberá o **recurso inominado** para o Tribunal Regional Eleitoral, no prazo de 3 (*três*) dias, arts. 258 e 265 do Código Eleitoral, com a apresentação de contrarrazões em igual prazo. O Ministério Público, por meio do promotor eleitoral deverá emitir parecer.

Com a publicação em cartório conta-se o prazo recursal.

Na hipótese de acórdão do **Tribunal Regional Eleitoral** (*eleições nacionais e estaduais, Governadores, Vices, Senadores e suplentes, Deputados federais, estaduais e distritais*) caberá o **recurso especial**, nos termos do art. 121, § 4º, I e II, da Constituição Federal, no prazo de 3 (*três*) dias, e o Procurador Regional Eleitoral emitirá o devido parecer.

O prazo de 3 (três) dias é contado da publicação em sessão do acórdão do Tribunal Regional Eleitoral.

Por fim, a decisão do **Tribunal Superior Eleitoral** (*contas de candidatos a Presidente e Vice-Presidente*) é irrecorrível, com exceção de contrariedade ao texto constitucional, art. 121, § 3º, da Constituição Federal.

614

CAPÍTULO 16
AÇÃO DE CAPTAÇÃO OU GASTOS ILÍCITOS DE RECURSOS

16.1. BASE LEGAL

A base legal da ação ou representação está no art. 30-A da Lei nº 9.504/1997, e como já visto alhures, o Colendo Tribunal Superior Eleitoral regulamenta esse procedimento específico para cada eleição, por intermédio de resolução eleitoral, por exemplo, a Resolução TSE nº 23.462, de 15/12/2015, art. 22.

16.2. LEGITIMADOS ATIVOS

O art. 30-A da Lei nº 9.504/1997 prevê a legitimação ativa do partido político ou da coligação para a propositura da respectiva ação. Entretanto, deve ser acrescentado o cabimento da ação pelo Ministério Público, cuja legitimação possui origem constitucional, quando lhe é conferida atribuição para a "defesa do regime democrático" (art. 127, *caput*, Carta Magna).

A legitimidade da instituição do *Parquet* é consagrada em sucessivos textos normativos de resoluções eleitorais do Egrégio TSE, sempre objetivando a atuação de um órgão fiscal que trata da jurisdicização das questões de Direito Eleitoral sem vínculos partidários, mas com a finalidade de transferir as reivindicações sociais e democráticas para o foro público da Justiça Eleitoral. No Egrégio TSE, *AC de 28/4/2009 no RO nº 1.540, Rel. Min. Felix Fischer. E AC de 12/2/2009 no RO nº 1.596, Rel. Min. Joaquim Barbosa*.

Trata-se de uma representação específica que segue o rito do art. 22 da Lei Complementar nº 64, de 18 de maio de 1990 e, portanto, se sujeita à disciplina normativa que obriga a atuação do órgão do Ministério Público Eleitoral.

No caso de desistência da ação por uma parte legitimada, cumpre ao Ministério Público prosseguir na efetivação da tutela eleitoral (*TSE, Recurso Especial Eleitoral nº 87-16, Nova Iguaçu, RJ, Rel. Min. Gilmar Mendes, 4/11/2014*).

A lei não atribuiu legitimidade ativa ao candidato da oposição (*Precedente TSE, Agravo Regimental na Ação Cautelar nº 316-58/MG. Rel. Min. Fernando Gonçalves. DJE de 10/05/2010. Inf. 15/2010*). E ainda: (*AgR-REspe nº 1683-28/AL, Rel. Min. Arnaldo Versiani, DJe de 22/10/2002*).

Os partidos políticos que estão coligados transmitem a legitimidade para a pessoa formal da coligação (art. 6º, § 4º, da Lei nº 9.504/1997), que se torna a verdadeira parte legítima numa espécie de substituição de partes por força de lei. A coligação termina com a eleição, mas tem prorrogada sua legitimidade para as representações eleitorais decorrentes da eleição em que participou.

Assim, as partes legítimas são: os partidos políticos, Ministério Público Eleitoral e as coligações.

16.3. LEGITIMADOS PASSIVOS

O legitimado passivo é o candidato **eleito** ou **não**. Não há previsão de formação de litisconsórcio passivo necessário com o Partido Político. Nesse sentido é o verbete sumular **nº 40** do TSE: "*O partido político não é litisconsorte passivo necessário em ações que visem à cassação de diploma*".

Por outro prisma, na eleição majoritária, e.g., Prefeito e Vice, ambos são legitimados passivos e formam o litisconsórcio necessário. "*Nas ações que visem a cassação de registro, diploma ou mandato, há litisconsórcio passivo necessário entre o titular e o respectivo vice da chapa majoritária*".

A ação pode ser deflagrada contra os suplentes nas eleições majoritárias (*Senador*) e proporcionais (*Deputados e vereadores*), considerando que o ato ilegal praticado na campanha eleitoral com a captação ou gastos ilícitos de recursos deve ser apurado, independentemente da efetiva eleição do candidato vencedor.

Os abusos do poder econômico não estão vinculados ao resultado da votação no pleito eleitoral, mas sim, ao descumprimento de regras sobre a arrecadação e financiamento de campanhas que demonstrem pela prova produzida um excesso ou desvio do poder.

Podemos lembrar que segundo a regra do art. 215 do Código Eleitoral, os eleitos e suplentes recebem seus devidos diplomas. Na prática, é possível que o suplente ainda não tenha solicitado à Justiça Eleitoral este documento. Trata-se de documento necessário para a formalização do ato de posse junto ao órgão competente, por exemplo, do vereador na Câmara Municipal.

Desta forma, a contagem do prazo de 15 (*quinze*) dias para o suplente (*eleições proporcionais*) se dá com a **efetiva entrega do diploma solicitado, e não da data da diplomação dos eleitos e que já estão exercendo o mandato eletivo**, pois somente com esta interpretação se pode alcançar a verdadeira punição pelo

Ação de Captação ou Gastos Ilícitos de Recursos

art. 30-A da Lei nº 9.504/1997, que resulta na nulificação do diploma do suplente, quando ele é chamado a assumir em razão da vacância.

Deveras, a ação de captação ou gastos ilícitos de recurso embora seja independente do processo de prestação de contas das campanhas eleitorais, raramente será proposta sem que se possa examinar o grau de lesão da desaprovação das contas. Com a desaprovação das contas, cópia será remetida ao Ministério Público Eleitoral para os fins do art. 22 da LC nº 64/1990 (*art. 22, § 4º, da Lei das Eleições*). Todavia, nem sempre será possível propor a ação de captação dentro do prazo de até 15 dias contados da diplomação para os **candidatos não eleitos**.

Os candidatos, **eleitos ou não**, têm o dever de prestar contas no prazo fixado pela legislação eleitoral. O art. 29, inc. III, da Lei nº 9.504/1997 esclarece: "(...) *encaminhar à Justiça Eleitoral, até o trigésimo dia posterior à realização das eleições, o conjunto das prestações de contas dos candidatos e* (...)" (grifos nossos).

E o art. 30, § 1º, da Lei nº 9.504/1997 diz: "*A decisão que julgar as contas dos candidatos eleitos, será publicada em sessão até 3 (três) dias antes da diplomação*".

Nesse rumo, quanto ao **candidato eleito** não haverá a possibilidade de emissão de seu diploma enquanto ele não tiver as contas julgadas pela Justiça Eleitoral; portanto toda a celeridade desse processo será cumprida.

Todavia, não se pode imprimir a mesma rapidez aos processos de prestação de contas dos **candidatos não eleitos**, sendo certo que são analisados quando já escoado o prazo genérico do **dia da diplomação** que é fixado pelo calendário eleitoral em determinada eleição.

Dessa forma, considerando que o julgamento das contas de campanha dos candidatos **não eleitos excede o prazo geral do dia da diplomação**, é perfeitamente viável a construção de exegese que considere ampliado o prazo de ingresso com a ação de captação e gastos ilícitos de recursos até **15 (*quinze*) dias da diplomação individual ou do julgamento das contas**, sob pena de violação aos princípios da igualdade nas campanhas eleitorais entre os candidatos e da proteção ao regime das inelegibilidades.

Nesta linha, verifica-se que o prazo limite de 15 (*quinze*) dias da diplomação deve ser interpretado como sendo da **diplomação individual**.

Não podemos considerar a data do calendário eleitoral que é genérica, mas, sim, o da efetiva outorga do diploma ao suplente, pois só assim, o ato jurídico da diplomação se torna perfeito e apto a produzir efeitos concretos ensejando a sua nulificação posterior pelo exame da Justiça Eleitoral. Trata-se da adoção do princípio da eficiência jurisdicional previsto no art. 8º do novo Código de Processo Civil, ou seja, o alcance da finalidade de composição dos conflitos sociais.

617

16.4. CABIMENTO

A violação ao critério de razoabilidade ou proporcionalidade que enseja a propositura da ação de captação ilícita de recursos é mensurada em razão da quantidade de valores ilícitos em relação ao tipo de eleição e à localidade do pleito eleitoral.

É importante salientar que o oferecimento da representação pelo art. 30-A não deve ser baseado em erros formais ou materiais irrelevantes na análise do conjunto da prestação de contas, até porque o art. 30, § 2º-A, da Lei nº 9.504/1997 dispõe que, nesses casos, não devem ser rejeitadas as contas.

O procedimento de prestação de contas é um valioso suporte probatório da representação do art. 30-A, mas tem uma natureza independente, pois na grande maioria dos casos a desaprovação das contas de campanha eleitoral não ensejará a automática propositura da ação de captação ou gastos ilícitos de recursos.

Já se tem reiteradamente observado no Egrégio TSE que: "(...) *para a incidência do art. 30-A da Lei nº 9.504/1997, é necessária a aferição da relevância jurídica do ilícito, uma vez que a cassação do mandato ou do diploma deve ser proporcional à gravidade da conduta e à lesão ao bem jurídico protegido pela norma* (Recurso Ordinário nº 4.443-44/DF. Rel. Min. Marcelo Ribeiro, Assessoria Especial (Asesp), ano XIV – nº 3, Brasília, 13 a 19/02/2012, Informativo TSE nº 6).

E ainda: TSE. (...) *Para a cassação do diploma, nas hipóteses de captação ou gastos ilícitos de recursos (art. 30-A da Lei nº 9.504/1997), é preciso haver a **demonstração da proporcionalidade da conduta praticada em favor do candidato, considerado o contexto da respectiva campanha ou o próprio valor em si** (Noticiado no informativo nº 1/2012. Recurso Especial Eleitoral nº 16.325-69/ MG. Rel. Min. Arnaldo Versiani, DJE de 27/03/2012). (grifos nossos).

O devido processo legal para a anulação do diploma e que causa o efeito automático da inelegibilidade prevista no art. 1º, inciso I, alínea "j" da LC nº 64/1990 é o reservado para a representação específica do art. 22 da mesma norma.

Se a conduta **for grave, ou seja, tipificada como uma remodelação jurídica que caracteriza** o abuso do poder econômico é deflagrada a ação de investigação judicial eleitoral ou representação por abuso do poder econômico.

A gravidade é causa de inelegibilidade em razão de se traduzir em ato abusivo do poder econômico (*art. 22, XIV e XVI, da Lei Complementar nº 64/1990*).

No entanto, seja a representação por captação ou gastos ilícitos de recursos, seja a AIJE, ambas seguem o mesmo rito do art. 22 da Lei das Inelegibilidades, não havendo prejuízo à defesa e ao amplo contraditório.

Confira-se no Egrégio TSE "(...) *Em princípio, o desatendimento às regras de arrecadação e gastos de campanha se enquadra no art. 30-A da Lei das Eleições.*

Isso, contudo, não anula a possibilidade de os fatos serem, também, examinados na forma dos arts. 19 e 22 da Lei Complementar nº 64/1990, quando o excesso das irregularidades e seu montante estão aptos a demonstrar a existência de abuso do poder econômico" (Recurso Especial Eleitoral nº 130-68/RS. Rel. Min. Henrique Neves da Silva).

Certamente a intenção do legislador foi criar uma ação específica ou subespécie de tutela para a captação ou gastos ilícitos de recursos (*art. 30-A da Lei das Eleições*). No entanto, com a unificação do rito processual, a ação ou representação alcançará um objetivo final que é a anulação do diploma, bem como a inelegibilidade (*art. 1º, I, "j", da LC nº 64/1990*).

Em suma: (i) a tutela jurisdicional eleitoral poderá concluir pela violação ao art. 30-A da Lei das Eleições, e se o candidato for **eleito** ensejará a nulificação do diploma tendo ainda o efeito automático da formatação da causa de inelegibilidade prevista no art. 1º, inc. I, alínea "j" da Lei Complementar nº 64/1990, ou seja, ficará o mesmo inelegível por 8 (oito) anos.

Todavia, (ii) se o candidato **não for eleito** não há que se falar em nulificação do diploma, mas tão somente na inelegibilidade. Aqui, a inelegibilidade é um efeito reflexo ou efeito automático da procedência do pedido na forma legal.

Por outra via, (iii) o legitimado ativo poderá subsumir sua causa de pedir no abuso do poder econômico, quando ficar caracterizada a **lesão grave** ao processo eleitoral democrático afetando a igualdade das campanhas eleitorais. Nesse caso, incide o art. 22, incs. XIV e XVI, da Lei das Inelegibilidades, e a sentença condenará o infrator a sanção específica da inelegibilidade por 8 (*oito*) anos (*art. 1º, inc. I, alíneas "d" ou "h", da LC nº 64/1990*); além da nulificação do diploma do eleito. Não haverá a sanção de nulidade do diploma ao não eleito.

Proposta a ação do art. 30 da Lei das Eleições, suspende-se o processo judicial de prestação de contas?

A propositura da ação de captação ou gastos ilícitos de recursos não suspende a análise da prestação de contas que é realizada em processo autônomo e dentro do calendário eleitoral.

Não existe vinculação de uma decisão em relação à outra.

O processo de prestação de contas pode ter sido aprovado em razão da análise específica dos documentos, notas fiscais, recibos, contratos e dados efetivamente apresentados e corretos.

No entanto, investigações emergiram no curso da campanha eleitoral ou após o julgamento da prestação de contas que apontam para grave violação das regras de arrecadação ou financiamento das eleições.

Os fatos novos não foram objeto do julgamento na ação de prestação de contas e, portanto, podem ser avaliados autonomamente na ação de captação ilícita de recursos.

Não subsiste a questão prejudicial na autonomia do julgamento dos processos de prestação de contas e de captação ou gastos ilícitos de recursos.

A ação de prestação de contas pode servir como **prova emprestada** para a ação de captação ou gastos ilícitos de recursos. Assim, o traslado de uma determinada prova pode auxiliar no julgamento final da questão controvertida na ação do art. 30-A da Lei nº 9.504/1997.

Em síntese: se o candidato violou regras de arrecadação e financiamento de campanha eleitoral poderá se sujeitar à ação do art. 30-A da Lei das Eleições, sendo suficiente ao magistrado concluir que o *quid* determinante da transgressão deve conter uma desproporcionalidade na campanha eleitoral, não sendo necessária a comprovação dos elementos do abuso do poder econômico.

Por exemplo: o candidato gastou recursos provenientes de doações que foram declaradas na prestação de contas. No entanto, omitiu deliberadamente outros valores em quantidade suficiente para caracterizar uma diferença com seus adversários.

A lei limita os gastos com a propaganda, por exemplo, em R$ 100.000.00 (*cem mil reais*), nos termos do art. 1º, § 1º, da Resolução TSE nº 23.459/2015, para a candidatura de Prefeito em Municípios de até **dez mil eleitores**.

Todavia, o candidato ultrapassou esse limite em quantia desproporcional à luz do conjunto probatório contido nos autos do processo. Utilizou a quantia de R$ 30.000.00 (*trinta mil reais*) sem declaração na prestação de contas.

16.5. INVESTIGAÇÃO SOBRE ILÍCITOS NA ARRECADAÇÃO E GASTOS DE RECURSOS NAS CAMPANHAS ELEITORAIS

A legislação eleitoral, por meio de resolução específica do Tribunal Superior Eleitoral, prevê a fiscalização da arrecadação e aplicação dos recursos durante as campanhas eleitorais, por exemplo, arts. 80 a 83 da Resolução nº 23.463/2015, o que será regulamentado em sucessivas eleições.

Autoriza-se a produção de provas mediante o cruzamento de informações de órgãos públicos (art. 94-A da Lei nº 9.504/1997), sendo que verificados indícios de irregularidades a Justiça Eleitoral encaminhará o conjunto probatório ao Ministério Público Eleitoral.

Por outra, cumpre ao Ministério Público Eleitoral requisitar à autoridade policial a instauração de inquérito, se for o caso, bem como informações aos candidatos, partidos políticos, doadores, terceiros e responsáveis pela arrecadação financeira da campanha.

Com relação à quebra do sigilo fiscal e bancário, segue-se o postulado legal da Lei Complementar nº 105/2001.

Esse procedimento investigatório poderá subsidiar uma melhor análise no processo de prestação de contas dos candidatos, e servir de subsunção na representação do art. 30-A da Lei das Eleições, ou até mesmo na AIJE (art. 22 da LC nº 64/1990). Infere-se ainda, a apuração penal.

A falsidade de informações poderá ensejar a análise do tipo penal do art. 348 do Código Eleitoral, e a recusa ao cumprimento das determinações eleitorais se amolda ao art. 347 do mesmo diploma legal.

A investigação sobre os gastos eleitorais adquire uma máxima importância com a introdução de dinheiro público nas campanhas eleitorais em razão do Fundo Especial de Financiamento de Campanha (FEFC), conforme arts. 16-C e 16-D da Lei nº 9.504/1997 (redação das Leis nᵒˢ 13.487 e 13.488, de 2017).

Nesse panorama financeiro eleitoral emerge vigorosa cautela para que o dinheiro público não seja gasto com propagandas ilegais, nem seja alvo de apropriação indébita.

Assim sendo, aumenta a responsabilidade pública eleitoral de todos os candidatos, partidos políticos e terceiros, especialmente dos arrecadadores financeiros, bem como das autoridades públicas.

16.6. PRAZO DA REPRESENTAÇÃO DO ART. 30-A DA LEI Nº 9.504/1997

A Lei nº 9.504/1997 (*alterada pela Lei nº 12.034/2009*) delimitou o **prazo de até 15 (quinze) dias contados da diplomação** para a propositura da ação da representação baseada no art. 30-A ou ação de captação e gastos ilícitos de recursos.

Quanto ao **prazo anterior,** admitia-se até 180 dias contados da diplomação. Confira-se: "(...) TSE. Embargos de Declaração no Agravo Regimental no Recurso Especial Eleitoral nº 38.572-78/SP. Rel. Min. Dias Toffoli. *Ementa: Embargos de declaração. Agravo Regimental. Recurso especial. Eleições 2008. Representação. Art. 30-A da Lei nº 9.504/1997. Ajuizamento antes da vigência da Lei nº 12.034/2009. Prazo. 180 dias contados da diplomação (...)".* E ainda, até a **extinção do mandato eletivo** (TSE. Recurso Ordinário nº 1.540/PA. Rel. Min. Felix Fischer) (grifos nossos).

Saliente-se que o prazo não é contado de 15 (*quinze*) dias da diplomação, mas, conforme o disposto no art. 73 da Resolução TSE nº 23.406/2014 (*Eleições de 2014*): "**A partir do registro da candidatura até 15 dias contados da diplomação**(...)". (Recurso Especial Eleitoral nº 13.48-0, Rel.ª Min.ª Luciana Lóssio, em 15/12/2015, Informativo TSE. Brasília, 14 a 20 de dezembro de 2015 – Ano XVII – nº 17) (grifos nossos).

Com efeito, desde a **formalização do registro da candidatura até 15 dias da diplomação** é possível verificar se o candidato eleito ou não praticou uma arrecadação ou recebeu financiamentos ilegais com a aptidão de afetar a campanha eleitoral em função da circunscrição eleitoral em que participa.

E dentro do prazo é cabível a ação objetivando que lhe seja negado o diploma (*art. 30-A, § 2º, da Lei das Eleições*). Trata-se de singular hipótese fática, pois, o que se alcançará na maioria dos casos não é a negação ao diploma, mas a sua anulabilidade.

Para a propositura da ação prevista no art. 30-A da Lei nº 9.504/1997, **não é necessário aguardar o julgamento final do procedimento de prestação de contas do candidato**, desde que se observe o prazo de até 15 (quinze) dias contados até a diplomação.

Desta forma, se o Ministério Público já possui elementos probatórios indiciários de que as contas devem ser julgadas ilegais admite-se a propositura da ação com a juntada posterior de outros elementos de prova, inclusive do próprio procedimento de prestação de contas de campanha eleitoral.

Por exemplo: o Ministério Público descobriu que o candidato utilizou dinheiro de "**Caixa 2**" na campanha eleitoral ou valeu-se de recursos de fonte vedada nos casos do art. 24 da Lei nº 9.504/1997. Assim, já deverá ingressar com a representação do art. 30-A da Lei das Eleições. Não é necessário aguardar a diplomação nem o processo de prestação de contas.

Em síntese: o **prazo inicial** é desde a formalização do requerimento de registro da candidatura (*15 de agosto do ano de eleição, conforme art. 11 da Lei das Eleições*) e **finaliza** no décimo quinto dia da diplomação.

16.7. EFEITOS DA DECISÃO

Um dos efeitos é a inelegibilidade, mas é necessário que a decisão seja proferida por órgão colegiado da Justiça Eleitoral (*TSE ou TREs*), nos termos do art. 1º, I, "j" da Lei Complementar nº 64/1990.

A decisão produz um **duplo efeito para os eleitos**: a negação do diploma ou sua posterior cassação, anulando o mandato eletivo e a inelegibilidade de 8 (*oito*) anos a contar da eleição na forma do art. 1º, inc. I, alínea *j*, da Lei Complementar nº 64/1990.

Para quem **não foi eleito**, reserva-se a sanção de inelegibilidade.

A constituição negativa da causa de inelegibilidade pode ou não constar do acórdão do Tribunal Regional Eleitoral ou do Tribunal Superior Eleitoral, pois é um efeito natural ou automático previsto no art. 1º, inc. I, alínea "j" da LC nº 64/1990.

Dessa forma, o infrator ficará inelegível pelo prazo de 8 (*oito*) anos contados da data da eleição em que se verificou a ilicitude eleitoral. A inelegibilidade tem efeito *ex tunc*.

*Ressalta-se o verbete sumular **nº 69** do TSE: "Os prazos de inelegibilidade previstos nas alíneas j e h do inc. I do art. 1º da LC nº 64/1990 têm termo inicial no dia do primeiro turno da eleição e termo final no dia de igual número no oitavo ano seguinte".*

Por exemplo: *eleição municipal de 2 de outubro de 2016 (primeiro turno) e término do prazo de inelegibilidade em 2 de outubro de 2024. Na eleição de 2018, o primeiro turno é no dia 7 de outubro, assim, a inelegibilidade será até 7 de outubro de 2026.*

Quanto ao **efeito imediato da anulação do diploma** é necessária a exegese sistêmica com o art. 15 da Lei Complementar nº 64/1990, ou seja, a anulação da diplomação e a perda do mandato eletivo só se concretizam com a decisão do órgão colegiado ou trânsito em julgado.

Nas eleições municipais a decisão do juiz eleitoral da zona eleitoral que tem competência para o processo e julgamento da representação do art. 30-A estará sujeita à confirmação pelo Tribunal Regional Eleitoral para fins de produção do **duplo efeito**: a **inelegibilidade** e a **anulação do diploma**. Não se aplica o art. 257 do Código Eleitoral.

Todavia, nas eleições nacionais, federais e estaduais, a decisão dos Tribunais Eleitorais, por si só, produz o efeito da inelegibilidade e da anulação do diploma.

A expressão "após o trânsito em julgado", referida no § 3º do art. 224 do Código Eleitoral, foi declarada inconstitucional pelo plenário do Tribunal Superior Eleitoral no julgamento do REspe nº 13.925. Desse modo, a renovação da eleição ocorrerá com o pronunciamento final do próprio TSE.

Observa-se, no entanto, que o efeito imediato de nulificação do diploma para o eleito pelo sistema proporcional é operado com maior celeridade, considerando que será convocado o suplente. É o caso dos vereadores, quando se convocará o suplente partidário.

Todavia, nas eleições majoritárias, e.g., Prefeitos, segue-se a regra do art. 224 e parágrafos do Código Eleitoral e serão convocadas novas eleições, após o trânsito em julgado da decisão; portanto, o recurso interposto pelo candidato eleito terá efeito suspensivo.

Permite-se, ainda, a **suspensão da inelegibilidade** pelo Tribunal Superior Eleitoral nos termos do art. 26-C da LC nº 64/1990, desde que a parte recorrente demonstre a plausibilidade da pretensão recursal, o que retira a eficácia da decisão judicial, por exemplo, do Tribunal Regional Eleitoral.

É uma espécie de efeito suspensivo ativo; antes do julgamento do órgão colegiado do Tribunal Superior Eleitoral, o relator pode conceder a pretensão recursal sustentada pelo recorrente.

16.8. COMPETÊNCIA PARA O PROCESSO E JULGAMENTO DA REPRESENTAÇÃO ELEITORAL

Nas **eleições presidenciais:** a competência é do **Tribunal Superior Eleitoral** (*candidatos a Presidente e Vice-Presidente*).

Quando se tratar de **eleições estaduais:** candidatos a Governador, Vice--Governador, Senadores, Deputados federais, distritais e estaduais a competência é dos **Tribunais Regionais Eleitorais**. "(...) Durante o período eleitoral, os **juízes auxiliares** são competentes para processar as ações propostas com fulcro no art. 30-A da Lei nº 9.504/1997 (AgRRep nº 1.229/DF, Rel. Min. Cesar Asfor Rocha, *DJ* de 13/12/2006; RO nº 1.596/MG, Rel. Min. Joaquim Barbosa, *DJ* de 16/03/2009) (grifos nossos).

A competência está prevista na regra geral do art. 96 da Lei das Eleições, sem prejuízo da competência dos **corregedores eleitorais** (*eleições nacionais, estaduais e federais*), sendo observado o rito processual do art. 22 da Lei Complementar nº 64/1990.

A petição inicial será encaminhada ao relator ou juiz auxiliar nas eleições nacionais, federais e estaduais. Se forem transgressões aos arts. 19 ou 22 da Lei Complementar nº 64/1990, o caso será encaminhado aos respectivos corregedores eleitorais (*TSE e TREs*). É cabível o **desmembramento**.

Sendo a **eleição municipal:** (*Prefeitos, Vices e vereadores*) a competência é dos **juízes eleitorais** de zonas eleitorais especificamente designadas em cada comarca pelo Tribunal Regional Eleitoral.

16.9. PRAZO RECURSAL

Sobre o tema, o § 3º do art. 30-A da Lei nº 9.504/1997 foi incluído pela Lei nº 12.034/2009 fixando o prazo de 3 (*três*) dias para interposição e razões recursais em face das decisões proferidas nas representações.

Trata-se de prazo que segue a regra geral do art. 258 do Código Eleitoral afastando o prazo diferenciado do art. 98, § 2º, da Lei das Eleições (*24 horas*).

Nas eleições municipais, a decisão do juiz eleitoral da zona eleitoral com competência para o processo e julgamento dessa representação desafia o recurso inominado (*arts. 258 e 265 do Código Eleitoral*) no prazo de 3 (*três*) dias para o Tribunal Regional Eleitoral.

As contrarrazões são ofertadas em igual prazo. O prazo é contado da publicação no Diário da Justiça Eletrônico (*art. 30, § 5º, da Lei nº 9.504/1997*).

Nas zonas eleitorais a intimação é pessoal ou pelo correio, na forma legal.

Deverá o Ministério Público, pelo promotor eleitoral, oferecer parecer no mesmo prazo.

AÇÃO DE CAPTAÇÃO OU GASTOS ILÍCITOS DE RECURSOS

CAPÍTULO 16

O acórdão do Tribunal Regional Eleitoral que julga o recurso inominado enseja a interposição de Recurso Especial Eleitoral ao Tribunal Superior Eleitoral nas hipóteses dos incs. I e II do § 4º do art. 121 da Constituição da República. O prazo é de 3 (três) dias. As contrarrazões seguem o mesmo prazo.

O Ministério Público, por meio do procurador regional eleitoral deverá emitir parecer.

Nas eleições federais e estaduais, quando a decisão for do juiz auxiliar caberá recurso inominado em 3 (três) dias ao Plenário do Tribunal Eleitoral (*o prazo não é de 24 horas, considerando o disposto no art. 30-A, § 3º, da Lei nº 9.504/1997*). Contrarrazões e parecer do Ministério Público Eleitoral em prazos idênticos.

Caberá recurso ordinário ao Tribunal Superior Eleitoral da decisão do Tribunal Regional Eleitoral, porque acarreta a anulação do diploma (*art. 121, § 4º, incs. III e IV, da Constituição da República e art. 276, inc. II, alínea "a", do Código Eleitoral*).

Destaca-se o verbete sumular **nº 36** do TSE: "*Cabe recurso ordinário de acórdão de Tribunal Regional Eleitoral que decida sobre inelegibilidade, expedição ou anulação de diploma ou perda de mandato eletivo nas eleições federais ou estaduais (art. 121, § 4º, incs. III e IV, da Constituição Federal)*".

O prazo é de 3 (três) dias para razões e contrarrazões e parecer do Ministério Público Eleitoral. Nesse caso, o recurso ordinário será recebido no efeito suspensivo nos termos do art. 257, § 2º, do Código Eleitoral (*redação da Lei nº 13.165/2015*).

Os prazos fluem da publicação no *Diário da Justiça Eletrônico* ou da intimação na sessão de julgamento.

Quando a ação de captação ou gastos ilícitos de recurso for proposta contra candidato a Presidente e Vice-Presidente da República, a competência é originária do Egrégio Tribunal Superior Eleitoral.

A decisão desafia recurso extraordinário ao Supremo Tribunal Federal, no prazo de 3 (três) dias, art. 121, § 3º, da Constituição da República e verbete sumular nº **728** do Supremo Tribunal Federal.

16.10. MODELO BÁSICO DE REPRESENTAÇÃO DO ART. 30-A DA LEI Nº 9.504/1997

Ex.mo Juiz Eleitoral da 10ª Zona Eleitoral do Município de ____.

O Ministério Público Eleitoral, por meio do Promotor Eleitoral que esta subscreve, no uso de suas atribuições legais, vem respeitosamente, com subsunção nos arts. 30-A da Lei nº 9.504/1997 e 91 da Resolução TSE nº 23.463/2015, propor

REPRESENTAÇÃO ELEITORAL

contra

DR, candidato a Prefeito pelo Partido Z, e ER, candidato a Vice-Prefeito pelo Partido W, devidamente qualificados (__), pelos fatos e fundamentos jurídicos abaixo descritos.

Os representados tiverem suas contas de campanha eleitoral desaprovadas por irregularidade insanável, conforme faz prova o procedimento em anexo e a decisão do r. juiz eleitoral da __ Zona Eleitoral.

Infere-se que os representados, burlando o sistema de arrecadação financeira para a campanha eleitoral de Prefeito e Vice-Prefeito, solicitaram ao empresário X valores em espécie que totalizam a quantia de R$ 100.000,00 (cem mil) reais, conforme faz prova o depoimento coligido em anexo, e as delações premiadas que narram detalhadamente os fatos.

Registre-se ainda que além de os representados auferirem dinheiro ilegal para a campanha eleitoral, diversos valores apurados como XY e Z não foram depositados na conta bancária específica, nos termos do art. 7º da Resolução TSE nº 23.463/2015. Assim sendo, verifica-se a ausência de recibos eleitorais.

Como se nota, a prova das irregularidades ultrapassa os limites da razoabilidade, pois consiste em arrecadação ilegal de dinheiro de Caixa 2 e outros valores.

O juiz eleitoral que julgou a prestação de contas dos representados encaminhou o procedimento ao Ministério Público Eleitoral para os fins previstos no art. 22 da LC nº 64/1990, nos termos do art. 74 da Resolução TSE nº 23.463/2015.

Desse modo, comprovada a violação aos arts. 7º e 14 da Resolução TSE nº 23.463/2015 e ao princípio da proporcionalidade em razão das condutas praticadas, requer a Vossa Excelência:

1. O recebimento da presente ação e sua autuação junto com a documentação em anexo;

2. Notificação dos representados (candidatos a Prefeito e Vice-Prefeito) em razão do Verbete sumular nº 38 do Egrégio Tribunal Superior Eleitoral, *verbo ad verbum:*

   Nas ações que visem à cassação de registro, diploma ou mandato, há litisconsorte passivo necessário entre o titular e o respectivo vice da chapa majoritária.

3. Notificação dos representados para a defesa no prazo de 05 (cinco) dias, adotando-se o rito procedimental do art. 22, incs. I a XIII da Lei Complementar nº 64/1990 e arts. 22 e seguintes da Resolução TSE nº 23.462, de 15 de dezembro de 2015, que "Dispõe sobre representações, reclamações e pedidos de resposta previstos na Lei nº 9.504/1997 para as eleições de 2016";

Ação de Captação ou Gastos Ilícitos de Recursos   Capítulo 16

4. A procedência do pedido para a declaração de inelegibilidade dos representados por 8 (oito) anos a contar das eleições, nos termos do Verbete sumular nº 69 do Egrégio TSE e nulificação dos diplomas com subsunção no art. 30-A da Lei nº 9.504/1997;

5. Realização de novas eleições suplementares nos termos dos §§ 3º e 4º do art. 224 do Código Eleitoral;

6. A produção de todas as provas, especialmente a documental e testemunhal;

7. Extração integral das peças documentais que integram os autos dessa representação para encaminhamento ao Ministério Público com atribuição na esfera criminal nos termos do art. 40 do Código de Processo Penal, considerando a origem ilícita dos recursos de Caixa 2;

8. Oitiva das testemunhas abaixo discriminadas:

Desde já apresenta, abaixo, o rol de 6 (seis) testemunhas, nos termos do inc. V do art. 22 da LC nº 64/1990.

Município X, ___ de _____ de 20__.

Promotor Eleitoral

Capítulo 17

Representação Contra Doadores

17.1. BASE LEGAL. LIMITAÇÃO DOS VALORES DE DOAÇÃO

As doações por pessoas físicas estão limitadas a até 10% (*dez por cento*) do rendimento bruto auferido no ano-calendário anterior à eleição, artigo 23,§1º da Lei nº 9.504/97. É a doação em espécie.

A doação em valor estimável é de até R$ 40.000,00 (quarenta *mil reais*), nos termos do art. 23, §7º, da lei acima referida. Trata-se da doação de bens móveis ou imóveis e na prestação de serviços.

Registre-se que a Lei nº 13.488, de 2017, modificou a redação do § 7º do art. 23 da Lei nº 9.504/1997, diminuindo de R$ 80.000,00 (oitenta mil reais) para R$ 40.000,00 (quarenta mil reais) o limite do valor estimado.

Sobre o limite de doação da Empresa Individual de Responsabilidade Limitada (EIRELI), decidiu o Egrégio TSE, *verbo ad verbum*:

> [...] É inaplicável à Empresa Individual de Responsabilidade Limitada (EIRELI) o limite de doações para campanhas eleitorais, previsto no art. 23 da Lei das Eleições, concebido para as pessoas físicas [...]. A declaração de inconstitucionalidade do art. 81 da Lei nº 9.504/1997 não alcança as doações realizadas no pleito de 2014, conforme definido pelo STF no exame da ADI nº 4.650. Da ata desse julgamento constou expressamente que: "O Tribunal rejeitou a modulação dos efeitos da declaração de inconstitucionalidade por não ter alcançado o número de votos exigido pelo art. 27 da Lei nº 9.868/1999, e, consequentemente, a decisão aplica-se às eleições de 2016 e seguintes, a partir da Sessão de Julgamento". [...]. Na esteira da jurisprudência do Tribunal Superior Eleitoral, a revogação do art. 81 da Lei nº 9.504/1997 não beneficia aqueles que, relativamente a pleitos anteriores, foram condenados por doação de recursos de campanha eleitoral acima do limite legal, haja vista a incidência do princípio do *tempus regit actum* (Agravo Regimental no Agravo de Instrumento nº 20-44/DF. Rel. Min. Tarcisio Vieira de Carvalho Neto. Informativo TSE. Brasília, 13 a 26 de novembro – Ano XIX – nº 16).

17.2. COMPETÊNCIA PARA A REPRESENTAÇÃO OU AÇÃO CONTRA DOADORES

A competência para a propositura da representação ou ação é perante o juízo eleitoral da zona eleitoral que compreende o **domicílio do doador.** (*TSE. Conflito de Competência nº 57-92/PE*). O Egrégio Tribunal Superior Eleitoral trata da competência territorial do domicílio civil do doador por meio de expedição de resolução temporária.

Desse modo, a petição inicial é dirigida ao juiz eleitoral da respectiva zona eleitoral em que o eleitor doador está domiciliado. Trata-se de competência territorial.

As pessoas jurídicas não podem doar para candidatos, mas antes da alteração legislativa produzida pela Lei nº 13.165, de 29 de setembro de 2015, era possível e, figurando a pessoa jurídica como representada, a competência era da respectiva sede da empresa, agência ou sucursal. Incidência do art. 75, IV, e §§ 1º e 2º, do Código Civil, e 53, III, *a* e *b,* do novo Código de Processo Civil.

No caso em que a representação era proposta contra os sócios (*pessoas físicas*) e a pessoa jurídica (*empresa*), a competência firmava-se com o juiz eleitoral da zona eleitoral da sede da empresa, pois existia um vínculo jurídico na ação de doação ilícita. Os doadores agem pela empresa.

Sem dúvida, por se tratar de competência relativa, é prorrogada se o representado não alegar em preliminar na contestação nos termos do art. 65 do novo Código de Processo Civil.

17.3. LEGITIMADOS ATIVOS

Como se aplica o rito do art. 22 da Lei Complementar nº 64, de 18 de maio de 1990, poderíamos interpretar que os candidatos e coligações seriam colegitimados. No entanto, finda a eleição esvazia-se essa legitimidade, em função da temporariedade da qualidade de parte nas ações eleitorais, considerando ainda a falta de interesse processual específico, bem como a existência de instituições aptas a exercer a função de defesa do processo eletivo, ou seja, o Ministério Público e os Partidos Políticos.

Somente o Ministério Público e os partidos políticos possuem a legitimidade para oferecer as representações.

Cumpre ao Promotor Eleitoral com atribuição perante o juiz eleitoral da zona eleitoral do domicílio do doador oferecer a representação com base no artigo 23,§3º da Lei nº 9.504/97.

17.4. LEGITIMADO PASSIVO

É o doador (*pessoa física*) que excedeu os limites impostos na legislação eleitoral.

O art. 24-C, § 3º, da Lei nº 9.504/1997 (*introduzido pela Lei nº 13.165/2015*) não tratou de sanções contra a doação de pessoas jurídicas, porque em razão dessa legislação alteradora não é possível esse tipo de doação, considerando ainda que o Supremo Tribunal Federal, ao julgar a **Ação Direta de Inconstitucionalidade nº 4.650, em 17 de setembro de 2015**, que foi proposta pelo Conselho Federal da Ordem dos Advogados do Brasil (*CFOAB*), considerou inconstitucionais dispositivos das Leis nº 9.504/1997 e nº 9.096/1995 que tratam de doações de pessoas jurídicas para os partidos políticos e candidatos nas campanhas eleitorais.

O **empresário individual** é considerado pessoa física para fins de observância do limite da doação. Assim, o limite é de 10% (*dez por cento*).

Quando a legislação permitia a doação de pessoas jurídicas para candidatos, o dirigente da pessoa jurídica era considerado litisconsorte passivo necessário inicial, sob pena de ineficácia da sentença nos termos do art. 114 do novo Código de Processo Civil, que é aplicável subsidiariamente no processo da representação eleitoral (*TSE. Recurso Ordinário nº 534-30, João Pessoa/PB, Rel. Min. Henrique Neves, em 16/9/2014*).

Trata-se de natureza de direito material eleitoral incindível entre a pessoa jurídica e a física. Os titulares são diversos, mas são atingidos pela sentença, o que obriga a presença na demanda na defesa dos interesses.

17.5. RITO PROCESSUAL

Cumpre-nos assinalar que o rito processual deverá ser o da Lei das Inelegibilidades, art. 22, incs. I até XIII, considerando o texto expresso do art. 1º, inc. I, alínea *p*, da LC nº 64/1990 (*alterada pela LC nº 135/2010*).

Assim, como o § 4º do art. 81 da Lei das Eleições se referia apenas a pessoas jurídicas, e as pessoas físicas (*doadores*) estão referidas no art. 23, § 1º, inc. I, e naquele dispositivo não existe menção ao rito, é natural que se adotasse o rito do art. 96 quando a lei não tratava de forma contrária.

Todavia, a Lei das Inelegibilidades dispôs de forma diversa e expressamente determinou que as pessoas físicas e dirigentes de pessoas jurídicas sejam processadas pelo rito do art. 22 da LC nº 64/1990.

Não há dúvidas sobre a atual uniformidade de ritos.

Por fim, o Colendo TSE assim disciplinou o rito, por exemplo, nas Eleições Municipais de 2016, Resolução nº 23.462/2015, art. 22.

Desta forma, somente **pessoas físicas** podem doar para candidatos (*modificação legislativa pela Lei nº 13.165/2015*), portanto, o rito é uno e previsto no art. 22,

I até XIII, da Lei Complementar nº 64/1990, incidindo supletiva e subsidiariamente o Código de Processo Civil (*art. 15 do NCPC*).

17.6. PRAZO

A Lei nº 13.165, de 29 de setembro de 2015, incluiu o art. 24-C na Lei nº 9.504/1997, sendo que o parágrafo terceiro ampliou o prazo de ajuizamento da representação "(...) *até o final do exercício financeiro* (...)", ou seja, até o dia **31 de dezembro do ano seguinte ao da eleição regular**. Por exemplo, a Eleição Municipal que se realizou em outubro de 2016 permitiu a propositura tempestiva da representação até 31/12/2017 (grifos nossos).

Versa o § 3º do art. 24-C da Lei nº 9.504/1997:

> (...) A Secretaria da Receita Federal do Brasil fará o cruzamento dos valores doados com os rendimentos da pessoa física e, apurando indício de excesso, comunicará o fato, até 30 de julho do ano seguinte ao da apuração, ao Ministério Público Eleitoral, que poderá, **até o final do exercício financeiro, apresentar representação com vistas à aplicação da penalidade prevista no art. 23 e de outras sanções que julgar cabíveis** (Incluído pela Lei nº 13.165, de 2015). (grifos nossos).

O **exercício financeiro** possui a duração de **12 (*doze*) meses** e coincide com o ano civil, nos termos da Lei nº 4.320, de 17/03/1964, art. 34, *in expressi verbis*: "*O exercício financeiro coincidirá com o ano civil*".

A dilatação do prazo final de propositura da representação até o dia 31 de dezembro do ano seguinte ao da eleição, portanto, permite que o Ministério Público Eleitoral receba os documentos da Secretaria da Receita Federal que realiza a investigação prévia do cruzamento dos valores efetivamente doados e os rendimentos da pessoa física.

Verifica-se o excesso e comunica-se até **30 de julho do ano seguinte ao da eleição**, cumprindo ao Promotor Eleitoral propor as representações contra os doadores ilegais até o dia 31 de dezembro do ano posterior ao da eleição.

Antes dessa alteração legislativa, o prazo para o cruzamento de dados era bem diminuto e findava no final do mês de março do ano posterior ao da eleição.

O Ministério Público Eleitoral receberá a documentação que indica o doador, CPF, recibo eleitoral com a numeração, o total do valor doado para o candidato específico, inclusive a mídia eletrônica CD-ROM. Em seguida, ingressará com a ação judicial.

O art. 24-C da Lei nº 9.504/1997 (*inclusão pela Lei nº 13.165/2015*) trata de etapas de consolidação das informações entre valores doados e rendimentos dos eleitores, a saber: i) até 31/12 do mesmo ano eleitoral, o TSE consolida as informações das doações; (ii) até 30 de maio do ano seguinte ao da eleição, o TSE encaminha a consolidação das informações para a Secretaria da Receita Federal; (iii) a Secretaria da Receita Federal cruza os dados de valores doados por pessoas físicas e rendimentos apurando o excesso e até 30 de julho do ano seguinte ao da eleição encaminha os dados ao Ministério Público Eleitoral; e (iv) o Promotor Eleitoral terá o prazo até 31/12 do ano seguinte ao da eleição para propor a representação contra os doadores.

Antes da alteração legislativa pela Lei nº 13.165/2015, as representações deviam ser propostas no prazo de 180 (*cento e oitenta*) dias contados da diplomação. Aplicava-se por analogia, o disposto no art. 32 da Lei nº 9.504/1997, que determina a conservação de documentos concernentes a contas pelos candidatos e partidos.

O prazo de 180 dias era contado da data da diplomação para o ajuizamento da representação. Nesse sentido, versava o verbete sumular nº 21 do TSE: *"O prazo para ajuizamento da representação contra doação de campanha acima do limite legal é de 180 dias contados da data da diplomação"*. Como visto, está **revogado o enunciado sumular**.

As informações encaminhadas pela Receita Federal são protegidas pelo sigilo fiscal e o processo de representação deve transcorrer de forma sigilosa nos termos da lei.

No entanto, a mera informação do valor bruto auferido não caracteriza rompimento do sigilo bancário, quando desacompanhada de outros elementos como bens adquiridos, serviços, aquisições e outras referências da declaração do imposto de renda.

O art. 198, § 1º, do Código Tributário Nacional autoriza o afastamento judicial do sigilo por ordem judicial, sob pena de a prova ser considerada ilícita.

Na verdade, a Justiça Eleitoral necessita da informação exata sobre o rendimento bruto auferido para que possa avaliar o excesso. *"(...) Constitui prova ilícita aquela colhida mediante a quebra do sigilo fiscal do doador, sem autorização judicial (...)"* (Precedente TSE: AgR-REspe nº 82.404/RJ, Rel. Min. Arnaldo Versiani, Sessão de 4/11/2010).

Todavia, se a parte representada em sua defesa, voluntariamente apresenta a cópia do Imposto de Renda do ano-calendário e exercício financeiro, a princípio, estará suprida a necessidade de quebra do sigilo fiscal por ordem judicial.

Ressalte-se que alguns doadores não são efetivamente contribuintes, pois apresentam declarações de bens **zeradas** ou simplesmente **não declaram bens à Receita Federal**. Nesse caso, não podem ser considerados doadores, mas é possível considerar **o limite da isenção** para fins do Imposto de Renda como base para o percentual de 10% (*dez por cento*) do rendimento bruto. Assim, aceita-se esse tipo de doação, desde que não eivada de fraude.

Sem dúvida, com a proibição de doação de pessoas jurídicas para os candidatos, surge a **figura do doador sem renda**, "doador laranja", "doador emprestado", ou seja, por exemplo, um eleitor hipossuficiente pode ser explorado por um empresário com interesse em financiar uma campanha eleitoral e utilizar o CPF dessa pessoa humilde na efetivação da doação, sendo suficiente a assinatura de um recibo em valor dentro dos limites legais, o que torna extremamente dificultosa a fiscalização no processo de prestação de contas.

Desse modo, o árduo trabalho da Justiça Eleitoral e do Promotor Eleitoral deve ser na ampliação da investigação patrimonial e financeira desse doador "laranja", inclusive com a sua oitiva no processo de representação que permite a realização de prova pericial e documental, quando suspeita a origem do valor doado.

As pessoas envolvidas na fraude eleitoral praticam o crime do art. 350 do Código Eleitoral (*falsidade ideológica eleitoral*).

A interpretação referente "*à aplicação da penalidade prevista no art. 23 e de outras sanções que julgar cabíveis*" se refere apenas ao art. 23, considerando que o **art. 81 da Lei nº 9.504/1997 foi revogado pela Lei nº 13.165/2015.**

Como visto, além da sanção penal cumpre perquirir se é cabível uma ação eleitoral própria e apta a punir o candidato infrator por abuso do poder econômico se ele organiza um exército de doadores "laranjas"?

A legislação é falha e o art. 30-A da Lei nº 9.504/1997 não foi alterado pela Lei nº 13.165/2015, especialmente em relação ao prazo final para propositura da Ação de Captação ou Gastos Ilícitos de Recursos Eleitorais.

Dessa forma, o prazo final continua sendo o de 15 (*quinze*) dias da diplomação; portanto, não emergindo provas dentro desse prazo o candidato fraudador não será punido pela cassação do diploma ou até a inelegibilidade nos termos do art. 1º, inc. I, alínea *j*, da LC nº 64/1990.

Por outra via, a ação de investigação judicial eleitoral por abuso do poder econômico é proposta até a diplomação e a ação de impugnação ao mandato eletivo por abuso do poder econômico ou fraude, até 15 dias da diplomação.

Assim, se o Ministério Público Eleitoral só tem conhecimento do cruzamento dos dados eleitorais dos doadores em 30 de julho do ano seguinte ao da eleição e descobre uma eventual fraude após essa data, torna-se inócua uma medida judicial contra os candidatos infratores que receberam dolosamente as doações ilícitas.

Essa resoluta contradição da legislação eleitoral necessita de emergente alteração legiferante, porque se pune o doador e fica impune o beneficiado pela doação.

Exemplo:

José faz uma doação para Pereira (candidato) no valor de um milhão de reais, quando só poderia doar cem mil reais em razão do limite de doação de pessoa física. Pereira sabe dessa doação e esse fato constitui pelo conjunto probatório evidente abuso do poder econômico.

José será punido na forma do art. 23, § 3º da Lei nº 9.504/97, ou seja, pagará uma multa de até 100% (cem por cento) do valor da quantia excedente. No entanto, Pereira (candidato) não será punido se for ultrapassado o prazo para ingresso da representação do art. 30-A da Lei das Eleições (até 15 dias da diplomação) ou da AIJE, LC nº 64/90, art. 22 (até a diplomação).

17.7. SANÇÕES

O doador pode ser punido com a aplicação de uma multa eleitoral, art. 23, § 3º, da Lei nº 9.504/1997.

A multa pela legislação anterior era imposta de 5 (*cinco*) a 10 (*dez*) vezes o valor excedente ao limite da doação. O critério da variação deveria ser fundamentado na decisão judicial, considerando-se a situação econômica do doador no momento do julgamento.

Todavia, o § 3º do art. 23 da Lei das Eleições reduziu o valor da multa para até 100% (cem por cento) da quantia em excesso.

Essa norma posterior é benéfica ao infrator, mas não retroage para a alteração da coisa julgada ou do ato jurídico perfeito. Assim, fixada a multa pelo juiz eleitoral na sentença e já operada a coisa julgada, o valor devido deverá ser adimplido nos moldes legais (art. 5º, inc. XXXVI, e LINDB, art. 6º).

No entanto, se ainda não estabelecido o valor na sentença aplica-se a nova lei de forma imediata, porque opera-se a parcial revogação do § 3º do art. 23 da Lei das Eleições.

Em complemento, interpreta-se na hipótese o art. 14 do Código de Processo Civil e o 1.046 do Código Civil, na ausência de norma específica de dimensão temporal no Direito Eleitoral.

É possível ainda que a doação camufle a lavagem de dinheiro e condutas penalmente relevantes, inclusive o crime do art. 350 do Código Eleitoral (*falsidade ideológica*) e crimes tributários, que devem ser apurados em procedimentos autônomos, servindo os autos do processo da representação como uma das provas investigativas.

A hipótese ainda poderá ensejar em casos específicos a instauração de inquérito civil para apurar a improbidade administrativa praticada pelo doador (*Lei nº 8.429/1992*).

Por fim, a pessoa física ainda ficará inelegível nos termos do art. 1º, inc. I, alínea *p*, da Lei Complementar nº 64, de 18 de maio de 1990.

Tem-se que a inelegibilidade imposta aos doadores só incidirá na conjugação de dois fatores: (i) após a decisão do órgão colegiado ou trânsito em julgado; e (ii) se o valor doado foi capaz de causar uma violação ao princípio da proporcionalidade com lesão ao tratamento isonômico eleitoral.

Assim, o valor do excesso será avaliado em função do candidato beneficiado e da dimensão territorial da campanha eleitoral.

Dessa forma: "(...) *deve-se reconhecer a sua incidência apenas nas hipóteses em que os bens jurídicos protegidos pela Constituição da República venham a ser violados por meio da quebra da isonomia entre os candidatos ou contaminação do pleito pelo abuso do poder econômico*" (TSE. Recurso Ordinário nº 534-30, João Pessoa/PB, Rel. Min. Henrique Neves, em 16/9/2014).

Por outro lado, a sanção de inelegibilidade foi considerada um efeito automático. Assim, mesmo que não imposta na representação contra o doador deverá ser analisada a sua incidência na hipótese em que o próprio doador pretende ser candidato em vindoura eleição. Registre-se:"(...) *A inelegibilidade do art. 1º, inc. I, alínea p, da Lei Complementar nº 64/1990 não é sanção imposta na decisão judicial que condena o doador a pagar multa por doação acima do limite legal (art. 23 da Lei nº 9.504/1997), mas possível efeito secundário da condenação, verificável se e quando o cidadão se apresentar como postulante a determinado cargo eletivo, desde que presentes os requisitos exigidos*" (*Recurso Especial Eleitoral nº 229-91/TO. Rel. Min. Gilmar Mendes. DJE de 4/8/2014*).

Ressaltamos decisão do TSE, que serve para reflexão por simetria para alguns casos de doadores de campanhas em razão da ausência de relevância jurídica.

> (TSE). (...) A despeito da realização de despesas – R$ 3.188,70 (três mil, cento e oitenta e oito reais e setenta centavos) – sem o respectivo trânsito pela conta bancária da campanha, o referido ilícito não teve proporcionalidade (relevância jurídica), no contexto da campanha, apta a ensejar a cassação do diploma da agravada, pois a) correspondeu a somente 0,13% do total arrecadado; b) constituiu fato isolado e não impediu à Justiça Eleitoral o efetivo controle da movimentação financeira de campanha; c) não houve má-fé na conduta da agravada. 5. Agravo regimental não provido (Agravo Regimental no Recurso Ordinário nº 2-55/SP. Rel.ª Min.ª Nancy Andrighi, DJE de 02/04/2012).

Objetivando instruir as representações, podem os juízes eleitorais requisitar informações relativas à prestação de contas das campanhas eleitorais dos donatários.

Dessa forma, formar-se-á um conjunto probatório mais sensível a incidir ou não a causa de inelegibilidade, até porque muitos doadores não pretendem se candidatar para mandatos eletivos e espontaneamente fazem as doações a

REPRESENTAÇÃO CONTRA DOADORES   CAPÍTULO 17

pedido de candidatos, sem se cercarem de informações específicas sobre os limites impostos na doação pela legislação eleitoral.

Erros materiais e sem valores expressivos podem ser avaliados e permitir a improcedência das representações.

A sanção de multa que é elevada deve ser calculada sobre o excesso dos limites que o doador poderia ter doado e se destina à receita do Fundo Partidário (*art. 38, inc. I, da Lei nº 9.096/1995*).

Dessa forma, a sanção de multa não é cumulativa com a inelegibilidade. Adota-se o **princípio da proporcionalidade**, inclusive em razão do disposto no art. 8º do novo Código de Processo Civil.

Reserva-se a aplicação da cumulatividade para casos em que o doador excedeu de forma significativa o valor que poderia doar e esse fato, por si só, afetou a igualdade na disputa eleitoral ou ao menos projetou um quadro de instabilidade na propaganda política eleitoral.

Essa análise considera: (i) local da eleição; (ii) tipo de eleição; e (iii) quantidade do valor doado com o número ou percentual de eleitores da circunscrição eleitoral atingida. É como se fosse uma espécie de abuso do poder econômico do doador, mas sem estrita correspondência bilateral com o donatário beneficiado.

A inelegibilidade para o doador poderá ser um efeito inócuo na sua cidadania, pois na maioria dos casos ele não possui pretensões para uma futura candidatura.

Qual o efeito da retificação da declaração do Imposto de Renda na aplicação da multa eleitoral aos doadores?

É possível afastar a sanção de multa formulada no pedido da ação contra doadores.

Destaca-se precedente do Egrégio TSE nos seguintes termos: "(...) *a multa prevista no art. 23 da Lei nº 9.504/1997, imposta com base em declaração de renda apresentada à Receita Federal, fica afastada, quando há posterior apresentação, em prazo admitido pela legislação tributária, de declaração retificadora que evidencie a inadequação da sanção imposta* (...)" (Agravo Regimental no Agravo de Instrumento nº 1.475-36, Fortaleza/CE, Rel. Min. Dias Toffoli, em 23/4/2013).

Assim, a declaração anual retificadora que foi apresentada à Receita Federal servirá para a verificação do limite da doação.

As doações pela internet ganharam contornos expressivos na legislação eleitoral em razão do financiamento coletivo, *crowdfunding*, conforme previsão no art. 23, § 4º, inc. IV e alíneas da Lei nº 9.504/1997 (redação da Lei nº 13.488, de 2017).

Como já visto, surge nas campanhas eleitorais a possibilidade de doações de milhares de pessoas por cartões de débito ou crédito. Trata-se de situação que

637

pode camuflar um financiamento empresarial e, portanto, a investigação sobre esse fato será de extrema importância para afastar o abuso do poder econômico e punir os crimes correlatos, como lavagem de dinheiro e associação criminosa.

Os respectivos CPFs dos doadores são exigidos por ocasião da prestação de contas de campanha, nos termos do art. 23, §4º-A, da Lei das Eleições (redação da Lei nº 13.488, de 2017).

17.8. PRAZO DE RECURSO

O § 4º do art. 81 da Lei nº 9.504/1997 foi revogado pela Lei nº 13.165, de 29 de setembro de 2015, e fixava o prazo em 3 (*três*) dias, que é a regra geral, a contar da publicação do julgamento no Diário Oficial.

Assim, considera-se ainda o prazo de 3 (*três*) dias na omissão de norma específica na Lei nº 9.504/1997. Nesse ponto incidem os arts. 258 e 264 do Código Eleitoral.

Trata-se do **recurso inominado** para o Tribunal Regional Eleitoral. A parte contrária terá 3 (*três*) dias para contrarrazões recursais.

O prazo para a interposição do recurso conta-se da publicação da decisão no Diário de Justiça Eletrônico, sendo que os 3(três) dias devem ser observados para: contrarrazões, recurso especial e agravo.

É importante ressaltar que a decisão interlocutória prolatada nos autos da representação específica aqui tratada não enseja a interposição imediata de recurso, não incidindo a preclusão, e deve ser apreciada a questão pelo magistrado quando do julgamento da causa se as partes ou o Promotor Eleitoral assim requererem.

Nesse ponto, é expresso o art. 19 da Resolução TSE 23.478/2016.

17.9. ASPECTO DA PRODUÇÃO DA PROVA

Não se permite a quebra do sigilo fiscal do doador, exceto por ordem judicial. Registre-se:

> (...) Constitui prova ilícita aquela colhida mediante a quebra do sigilo fiscal do doador, sem autorização judicial, consubstanciada na obtenção de dados relativos aos rendimentos do contribuinte, requeridos diretamente pelo Ministério Público à Secretaria da Receita Federal, para subsidiar a representação por descumprimento dos arts. 23, § 1º, I, e 81, § 1º, da Lei nº 9.504/1997.
>
> **2. Ressalva-se a possibilidade de o Parquet requerer à Receita Federal somente a informação quanto à compatibilidade entre o valor doado pelo contribuinte à campanha eleitoral e as restrições impostas na legislação eleitoral, que estabelece o limite de**

REPRESENTAÇÃO CONTRA DOADORES   CAPÍTULO 17

dez por cento dos rendimentos brutos de pessoa física e de dois por cento do faturamento bruto de pessoa jurídica, auferidos no ano anterior à eleição.

3. Agravo regimental a que se nega provimento. DJE de 03/08/2010. TSE. Inf. 23/2010". (grifos nossos).

17.10. DOAÇÕES ESTIMÁVEIS

As doações estimáveis são aquelas em que o doador celebra um contrato de comodato com o candidato, por exemplo: veículos, salas, terrenos ou doações de material gráfico e outros.

O 7 §º do art. 23 da Lei nº 9.504/1997 foi alterado pela Lei nº 13.165/2015, elevando o valor estimado de R$ 50.000,00 (*cinquenta mil reais*) para R$ 80.000,00 (*oitenta mil reais*). E, como já aludido, a Lei nº 13.488, de 2017, diminuiu esse valor para R$ 40.000,00 (quarenta mil reais), alterando a redação do diploma legal.

Com efeito, as pessoas físicas podem estabelecer contratos de comodatos, e.g., de veículos para a campanha eleitoral do candidato, mas devem observar que essa doação estimada só pode ser concretizada se o bem pertence efetivamente ao doador.

Cumpre ao donatário candidato comprovar a propriedade do veículo no processo de prestação de contas de campanhas eleitorais que pode servir para instruir as provas da representação. Adota-se a prova emprestada.

São documentos comprobatórios: certificado de registro e licenciamento de veículo, escritura de compra ou promessa de compra e venda; contrato de comodato, contrato de aluguel e outros.

O **valor estimativo** que é limitado por eleitor doador até R$ 40.000,00 (quarenta *mil reais*), não está vinculado à **doação em espécie** que se limita a 10% (dez por cento) da renda bruta auferida no ano anterior ao da eleição.

São doações independentes e com limites quantitativos diversos. O excesso deve ser analisado individualmente, ou seja, para cada espécie de doação.

17.11. MODELO BÁSICO DE REPRESENTAÇÃO CONTRA DOADOR

Ex.mo Juiz Eleitoral da 5ª Zona Eleitoral do Município (_____)

Observações:

1. A competência para o processo e julgamento da representação contra doadores é o domicílio civil do doador, ou seja, do juiz eleitoral da zona eleitoral que abrange a rua em que reside o doador.

2. Para casos mais significativos, quando o valor da doação ultrapassar de forma desproporcional o valor que poderia ser doado, um dos pedidos deve ser a inelegibilidade do doador, que tem previsão no art. 1º, inc. I, alínea "p", da LC nº 64/1990.

3. Se for necessária a quebra do sigilo bancário ou fiscal, o representante deve requer ao juiz eleitoral nos termos legais.

O Ministério Público Eleitoral, por meio do **Promotor Eleitoral** que esta subscreve, no uso de suas atribuições legais, com subsunção no art. 23 da Lei nº 9.504/1997, e art. 18 da Resolução TSE nº 23.463/2015, em observância ao procedimento previsto nos arts. 1º, inc. I, alínea "p", e 22, incs. I a XIII, da Lei Complementar nº 64, de 18 de maio de 1990, propor

Representação por Doação Excessiva

contra

X (qualificação completa) pelos fatos e fundamentos infra-assinalados:

O representado, pessoa física, realizou uma doação em dinheiro na quantia de R$ 12.000,00 (doze mil) reais ao candidato ao mandato eletivo de vereador, Y (qualificar).

O art. 23 da Lei nº 9.504/1997 assim dispõe:

> Pessoas físicas poderão fazer doações em dinheiro ou estimáveis em dinheiro para campanhas eleitorais, obedecido o disposto nesta Lei.
>
> § 1º As doações e contribuições de que trata este artigo ficam limitadas a 10% (dez por cento) dos rendimentos brutos auferidos pelo doador no ano anterior à eleição.

Por outra, como se nota pelo valor depositado na conta corrente do candidato Y, beneficiado pela doação ilegal, a quantia doada ultrapassou o limite dos rendimentos do representado para fins de doação.

No caso concreto, a Secretaria da Receita Federal analisou os rendimentos brutos do representado no ano de 2015, sendo inexorável o fato de que a quantia doada só poderia ser de R$ 10.000,00 (dez mil) reais.

Deveras, o representado ultrapassou o limite permitido em R$ 2.000,00 (dois mil) reais, pois o seu rendimento bruto no ano anterior era de R$ 100.000,00 (cem mil) reais.

Segundo versa o art. 24-C da Lei nº 9.504/1997, as informações foram consolidadas e encaminhadas ao Ministério Público no prazo legal, *verbo ad verbum*:

> Art. 24-C. O limite de doação previsto no § 1º do art. 23 será apurado anualmente pelo Tribunal Superior Eleitoral e pela Secretaria da Receita Federal do Brasil.

REPRESENTAÇÃO CONTRA DOADORES

> § 1º O Tribunal Superior Eleitoral deverá consolidar as informações sobre as doações registradas até 31 de dezembro do exercício financeiro a ser apurado, considerando:
>
> I – as prestações de contas anuais dos partidos políticos, entregues à Justiça Eleitoral até 30 de abril do ano subsequente ao da apuração, nos termos do art. 32 da Lei nº 9.096, de 19 de setembro de 1995;
>
> II – as prestações de contas dos candidatos às eleições ordinárias ou suplementares que tenham ocorrido no exercício financeiro a ser apurado.
>
> § 2º O Tribunal Superior Eleitoral, após a consolidação das informações sobre os valores doados e apurados, encaminhá-las-á à Secretaria da Receita Federal do Brasil até 30 de maio do ano seguinte ao da apuração.
>
> § 3º A Secretaria da Receita Federal do Brasil fará o cruzamento dos valores doados com os rendimentos da pessoa física e, apurando indício de excesso, comunicará o fato, até 30 de julho do ano seguinte ao da apuração, ao Ministério Público Eleitoral, que poderá, até o final do exercício financeiro, apresentar representação com vistas à aplicação da penalidade prevista no art. 23 e de outras sanções que julgar cabíveis.

Em razão do exposto, requer:

1. A procedência do pedido, aplicando-se a multa de até 100% (cem por cento) da quantia excedida nos termos do § 3º do art. 23 da Lei nº 9.504/97, em razão da redação dada pela Lei nº 13.488, de 2017.

   A citação do representado para apresentação da defesa no prazo de 5 (cinco) dias, conforme versa o art. 22, inc. I, alínea "a" da LC nº 64/1990.

Município X, ___ de _____ de 20__.

Promotor Eleitoral

Observações:

A atribuição do Promotor Eleitoral está vinculada ao juiz eleitoral da zona eleitoral do domicílio civil do doador.

O prazo limite para propor a representação é até 31 de dezembro do ano seguinte ao da eleição, segundo versa o § 3º do art. 24-C da Lei nº 9.504/1997.

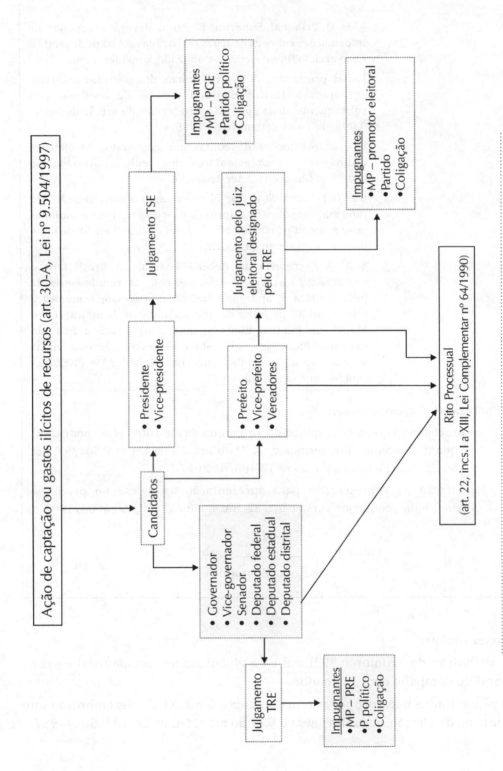

Capítulo 18

Condutas Vedadas aos Agentes Públicos em Campanhas Eleitorais

18.1. NOÇÕES GERAIS

Diz o art. 73 da Lei das Eleições: *"São proibidas aos agentes públicos, servidores ou não, as seguintes condutas **tendentes a afetar a igualdade de oportunidades entre candidatos nos pleitos eleitorais"** (grifos nossos).

A enumeração pelo legislador do rol das condutas vedadas é taxativa. São tipos de garantias de neutralidade e que uma vez violados lesam os princípios da Administração Pública nas campanhas eleitorais.

E ainda, o art. 74 da Lei das Eleições faz menção à violação ao art. 37, § 1º, da Constituição Federal (*uso de símbolos e imagens oficiais nas propagandas*), o que acarreta a configuração do abuso de autoridade.

Como se nota, pune-se uma forma especial de atos abusivos, quando o agente guiado pelo interesse eleitoral usa ou desvia do poder na Administração Pública.

Assim, a legislação traduz formas de equalização das condições das campanhas eleitorais na trilha do equilíbrio entre os candidatos.

Nessa linha, o candidato que pratica os atos ilegais estará sujeito a sanções punitivas.

O candidato não pode usar a "máquina pública em seu exclusivo benefício".

> (...) As normas que disciplinam as condutas vedadas aos agentes públicos em campanha eleitoral visam impedir a utilização da máquina administrativa para beneficiar uma candidatura em detrimento das demais. Buscam preservar, a um só tempo, a isonomia entre os candidatos ao pleito e a probidade administrativa. Haveria desigualdade se a administração estatal fosse desviada da realização de seus misteres para auxiliar a campanha de um dos concorrentes, em afronta aos princípios da moralidade e impessoalidade. O que se combate é o desequilíbrio patrocinado com recursos do erário. Há uma presunção legal de que a prática

643

dessas condutas tende a afetar a igualdade de oportunidades entre candidatos nos pleitos eleitorais, independentemente de sua repercussão, o que é examinado apenas no momento da aplicação da sanção sob a ótica da proporcionalidade (*Recurso Ordinário nº 6.432-57/SP, Rel.ª Min.ª Nancy Andrighi, em 22/03/2012*).

A conduta ilegal que enseja a punição deve ter relevância para afetar os bens jurídicos tutelados e possuir alguns **vetores**, a saber: **a)** a conduta deve revelar uma mínima ofensividade; **b)** expressividade da lesão causada contra o bem público; **c)** grau de reprovabilidade comportamental do agente infrator; e **d)** mensuração da lesão na circunscrição eleitoral em que compete o candidato.

Deve existir no conjunto da ação apontada como ilegal um grau de proporcionalidade ou razoabilidade no panorama da eleição. Não é exigível que as condutas causem desequilíbrio nas eleições, mas que afetem a **isonomia da campanha eleitoral**.

18.2. SUJEITO ATIVO DA INFRAÇÃO. CANDIDATOS OU TERCEIROS

Não importa se o ato ilegal é praticado por servidor público ou não. O que está em análise é a manipulação dos serviços, bens e interesses da Administração Pública, independentemente do agente, seja ele autor ou partícipe do ato apontado pela lei como proibido para fins eleitorais.

A punição pode abranger, além do candidato, terceiros (*servidores públicos ou não*).

O § 1º do art. 73 da Lei das Eleições assim dispõe:

> Reputa-se agente público, para os efeitos deste artigo, quem exerce, ainda que transitoriamente ou sem remuneração, por eleição, nomeação, designação, contratação ou qualquer outra forma de investidura ou vínculo, mandato, cargo, emprego ou função nos órgãos ou entidades da administração pública direta, indireta, ou fundacional.

Verifica-se que a lei não faz distinção entre formas de investidura ou remuneração, inclusive sendo apontado como responsável o agente da administração direta ou indireta, mesmo que não seja o próprio candidato, mas que tenha **favorecido uma candidatura**.

O dispositivo legal se coaduna com o art. 1º, I, alínea *h*, da Lei das Inelegibilidades, quando se pune o agente público que favorece o candidato com sanção de inelegibilidade.

18.3. PRAZO DE OCORRÊNCIA DAS CONDUTAS VEDADAS

Os prazos de ocorrência das condutas vedadas são especificados na própria Lei das Eleições e variam entre o início do ano eleitoral e a posse dos eleitos, ou seja, a incidência fática não está necessariamente vinculada ao período da propaganda política eleitoral que se inicia no dia 16 de agosto do ano eleitoral nos termos do art. 36 da Lei nº 9.504/1997.

18.4. NORMAS CORRELATAS

Na Constituição da República Federativa do Brasil, art. 37.

Sobre o assunto, destacam-se: *Lei nº 8.429/1992; Lei nº 6.091/1974; art. 377 do Código Eleitoral; arts. 31, II e III, e 51 da Lei nº 9.096/1995; arts. 312 e 327 do Código Penal; arts. 98 a 103 do Código Civil; Lei nº 8.112/1990; Lei nº 8.666/1993; Decreto-Lei nº 201/1967; Lei nº 9.636/1998 e Lei Complementar nº 101/2000.*

E ainda: *Lei Complementar nº 64/90, arts. 1º, inciso I, alíneas "d", "h", "j"; 19, 21 e 22, XIV.*

18.5. BENS MÓVEIS OU IMÓVEIS. VEDAÇÕES. ART. 73, INC. I, DA LEI Nº 9.504/1997

> I – ceder ou usar, em benefício de candidato, partido político ou coligação, bens móveis ou imóveis pertencentes à administração direta ou indireta da União, dos Estados, do Distrito Federal, dos Territórios e dos Municípios, ressalvada a realização de convenção partidária.

A regra se aplica a todos os tipos de eleição (*nacional, estadual ou municipal*), independentemente do candidato beneficiado. Assim, qualquer bem móvel ou imóvel que seja pertencente à administração direta ou indireta não pode servir aos propósitos eleitorais de determinado candidato, exceto com as expressas ressalvas na legislação.

O fato de o agente "*ceder ou usar, em benefício de candidato, partido ou coligação*", exige certa demonstração de intencionalidade.

O Egrégio TSE já analisou casos como caracterizadores de condutas vedadas: o uso de máquina *xerox* da Administração (*AC nº 5.694, de 25/08/2005, Rel. Min. Caputo Bastos*), estrutura de metal da polícia militar para palanques (*AC nº 25.145, de 25/8/2005, Rel. Min. Luiz Carlos Madeira*), escola pública (*AC nº 25.070, de 21.06.2005, Rel. Min. Luiz Carlos Madeira*), linha telefônica da Prefeitura (*AC nº 631, de 24/05/2005, Rel. Min. Luiz Carlos Madeira*) e mensagem eletrônica com conteúdo eleitoral veiculada pela intranet da Prefeitura (*AC nº 21.151, de 27/03/2003, Rel. Min. Fernando Neves*).

No entanto, quando o candidato frui ou apenas divulga o próprio bem público de uso comum (*praias, ruas e praças*) ou áreas comuns compartilhadas, não há violação ao preceito legal. Nesse sentido, *AC nº 4.246, de 24/05/2005, Rel. Min. Luiz Carlos Madeira; e AC nº 24.865, de 09/11/2004, Rel. Min. Caputo Bastos*.

Todavia, o art. 37 da Lei das Eleições proíbe que nos bens de uso comum sejam colocadas faixas, placas e assemelhados. É um tipo de propaganda irregular.

É possível a utilização do bem público sem incidência da regra de proibição nas dependências do Poder Legislativo, quando a Mesa Diretora autorizar, segundo permissão do art. 37, § 3º, da Lei das Eleições.

Ressalva-se ainda, o disposto nos arts. 73, § 2º, e 76 da Lei das Eleições, que são exceções à utilização do bem público.

Não se pode perder de vista que se ressalva o uso dos bens para a realização de **convenções partidárias**, cuja previsão de ocorrência pelo calendário eleitoral é entre os dias 20 de julho e 5 de agosto do ano de eleição (*art. 8º da Lei nº 9.504/1997*). Para essa finalidade é possível a utilização do prédio da Câmara Municipal.

O art. 36, § 1º, da Lei das Eleições permite a **propaganda intrapartidária** com o objetivo da escolha do pré-candidato na convenção nacional, estadual ou municipal. Essa propaganda é limitada ao prazo de 15 (*quinze*) dias antes da data marcada pelo partido político para a realização das convenções.

Não se permite que, antes do prazo, os aspirantes à pré-candidatura coloquem faixas ou placas nas vias públicas. Nesse caso haverá propaganda antecipada.

Durante o período permitido da propaganda intrapartidária é necessário se estabelecer limites para a colocação das placas, faixas e assemelhados, pois é comum que o pleiteante à pré-candidatura faça sua propaganda com a distância de quilômetros do local da convenção. Sugere-se o **máximo de 200 (*duzentos*) metros** em simetria ao art. 39, § 3º, da Lei das Eleições. No entanto dependendo do aspecto geográfico do local essa metragem deverá ser reduzida.

Saliente-se que a nova Lei nº 12.034/2009 incluiu o art. 36-A na Lei nº 9.504/1997, mas não autorizou que as **prévias partidárias**, encontros, reuniões, seminários e congressos realizados pelos partidos políticos e em ambiente fechado pudessem usar os bens da Administração, ressalvando-se, por exemplo, o **art. 51 da Lei dos Partidos Políticos** (*Lei nº 9.096/1995*), quando possibilita a utilização pelos órgãos partidários de escolas públicas e Casas Legislativas com vista à realização de reuniões ou convenções, responsabilizando--se os mesmos pelos danos causados.

CONDUTAS VEDADAS AOS AGENTES
PÚBLICOS EM CAMPANHAS ELEITORAIS

CAPÍTULO 18

18.6. MATERIAIS E SERVIÇOS. VEDAÇÕES. ART. 73, INC. II, DA LEI Nº 9.504/1997

> II – usar materiais ou serviços, custeados pelos Governos ou Casas Legislativas, que excedam as prerrogativas consignadas nos regimentos e normas dos órgãos que integram.

Há de se observar que a configuração da conduta vedada em comento por **exceder as prerrogativas** diz respeito à extrapolação da finalidade lícita relacionada à atividade fim do agente no exercício de sua função pública.

Com efeito, a prática de propaganda eleitoral não se insere dentre as prerrogativas do agente público, incluindo-se como tais as promoções pessoais que tentam ocultar a real finalidade eleitoreira com o uso de recursos públicos, violando, assim, a igualdade entre os candidatos.

É bom salientar, ainda, que as prerrogativas regimentais (*constituindo-se matéria interna corporis*) não podem ser livremente estipuladas de forma a contrariar a legislação em vigor e, assim, permitir a pessoalidade na destinação dos recursos públicos, de forma a favorecer a pessoa do agente público em detrimento da isonomia na competição política eleitoral. Impende analisar, caso a caso, as hipóteses do gasto do dinheiro público em consonância com o ordenamento jurídico, em especial, com os princípios constitucionais que regem a Administração Pública (*art. 37, caput, da Constituição Federal*), o que não autoriza o uso de serviços públicos para fins eleitoreiros.

É de se considerar, ainda, que o **exceder** previsto no inciso em questão se refere ao desvio da finalidade de se atender às prerrogativas, o que não engloba o gasto em excesso da verba pública, que é tratado por outro ramo do Direito.

É importante salientar a vedação de veiculação de propaganda política eleitoral, por intermédio de **sítios oficiais** ou hospedados por órgãos ou entidades da administração direta ou indireta da União, dos Estados, do Distrito Federal e dos Municípios, pois o **art. 57-C, § 1º, II, da Lei das Eleições** (*introduzido pela Lei nº 12.034/2009*) aponta a proibição e a respectiva sanção de multa que está prevista no § 2º.

No entanto, por este meio (*sítios na internet*), apenas altera-se a pena de multa prevista no § 4º do art. 73, que passa a ser a do § 2º do art. 57-C (*regra especial em confronto com a geral*). Assim, as demais sanções estabelecidas no § 5º do art. 73, relativas à cassação do registro ou diploma pode incidir cumulativamente com a multa especial de acordo com o critério da proporcionalidade.

Configuração da conduta vedada prevista no inciso II (*TSE*): distribuição de cestas básicas e vales-combustível pela Prefeitura (*AC nº 21.316, de 30/10/2003, Rel. Min. Fernando Neves*); asfaltamento de área para realização de comício (*AC nº 19.417, de 23/08/2001, Rel. Min. Fernando Neves*); uso de papel timbrado

647

da Prefeitura na campanha (*AC nº 25.073, de 28/06/2005, Rel. Min. Humberto Gomes de Barros*); entretanto, se demonstrado o uso de uma única folha de papel timbrado da Administração não pode configurar a infração do art. 73, II, da Lei nº 9.504/1997, dada a irrelevância da conduta (*AC nº 25.073, de 28/06/2005, Rel. Min. Humberto Gomes de Barros*).

Não configuração (*TSE*): informativo de feitos do candidato que não faça referência ao pleito em questão, candidatura ou pedido de voto (*AC nº 5.719, de 15/09/2005, Rel. Min. Caputo Bastos*); utilização de empresa de ônibus contratada para o transporte de servidores para transportar correligionários, desde que custeado pelo próprio candidato (*AC nº 4.246, de 24/05/2005, Rel. Min. Luiz Carlos Madeira*); a divulgação de feitos de Deputado estadual em sítio da internet de Assembleia Legislativa (*Acórdão Porto Velho, RO 16/11/2006, Rel. José Gerardo Grossi, DJ 19/12/2006, p. 225*); e "[...] a reprodução de discurso proferido por candidato outrora integrante do Poder Legislativo, transmitido pela emissora institucional do órgão estatal, não configura a conduta vedada prevista no art. 73, II, da Lei nº 9.504/1997[...]".

18.7. UTILIZAÇÃO DO SERVIDOR PÚBLICO. VEDAÇÃO. ART. 73, INC. III, DA LEI Nº 9.504/1997

> III – ceder servidor público ou empregado da administração direta ou indireta federal, estadual ou municipal do Poder Executivo, ou usar de seus serviços, para comitês de campanha eleitoral de candidato, partido político ou coligação, durante o horário de expediente normal, salvo se o servidor ou empregado estiver licenciado.

Como se nota, a lei ressalva que o servidor trabalhe na campanha eleitoral de um candidato quando não estiver no horário de expediente ou licenciado.

Algumas legislações procuram conter a influência do servidor público nas eleições, seja quando age por intervenção ativa, ou ainda nos casos de colaboração. O uso do poder do servidor público na propaganda política eleitoral é punido, por exemplo, na França, como crime, no art. 109 do Decreto Presidencial nº 353/1993.

As licenças devem ser concedidas em atenção às normas funcionais e estatutos dos servidores, pois, caso contrário, ocorrerá fraude no período de tempo de fruição das mesmas. O período de férias do servidor não impede que ele trabalhe na campanha.

Esta norma de neutralidade e garantia de equalização pode ser facilmente burlada e ensejará a análise administrativa do ato de concessão da licença, até

CONDUTAS VEDADAS AOS AGENTES
PÚBLICOS EM CAMPANHAS ELEITORAIS

CAPÍTULO 18

porque é cediço que não existe um controle legal e rigoroso sobre as nomeações para as funções de confiança.

Não são raros os Prefeitos que nomeiam de forma exagerada os servidores de confiança alcançando o limite do montante estabelecido pela Lei de Responsabilidade Fiscal com gastos de pessoal. Cria-se um círculo vicioso que macula os bons préstimos da Administração.

A lei proíbe a atividade laborativa eleitoreira do servidor nos horários de trabalho fixados pelas normas públicas vigentes, inclusive a cessão dos mesmos entre os setores da Administração Pública. Os incs. III e V do art. 73 da Lei das Eleições devem ser interpretados de forma sistêmica.

O **comitê de campanha** é um organismo interno do partido político criado por autorização estatutária de órgãos superiores e que objetiva divulgar e deliberar sobre diversos temas e estratégias políticas. Desta forma, não é permitido ao servidor federal, estadual ou municipal laborar em prol deste ente quando estiver intencionado para as campanhas de candidatos.

Adesivos em repartições públicas (*TSE*): "(...) *A mera circunstância de os servidores portarem adesivos contendo propaganda eleitoral dentro da repartição, durante o horário de expediente, conquanto eticamente reprovável, não se enquadra na descrição típica contida no art. 73, III, da Lei nº 9.504/1997, cuja proibição consiste na "cessão de servidor" ou na "utilização de seus serviços", "para comitês de campanha eleitoral de candidato, partido político ou coligação", circunstâncias que não se verificaram no caso"* (Agravo Regimental no Recurso Especial Eleitoral nº 1.511-88/CE. Rel.ª Min.ª Luciana Lóssio DJE de 18/8/2014).

Tutela-se a supremacia do interesse público que não pode ser diminuída por objetivos eleitorais. Atinge-se a legalidade dos atos da Administração e a finalidade pública acarretando efetivo desequilíbrio entre a relação da Administração e dos administrados.

É um desvio de poder de autoridade por ilegalidade explícita ao texto da lei.

Anula-se o ato e é possível punir os responsáveis não apenas na esfera eleitoral, mas na seara da improbidade administrativa, penal e civil.

18.8. DISTRIBUIÇÃO DE BENS E SERVIÇOS. VEDAÇÃO. ART. 73, INC. IV, DA LEI Nº 9.504/1997

Dispõe a regra:

> IV – fazer ou permitir uso promocional em favor de candidato, partido político ou coligação, de distribuição gratuita de bens e serviços de caráter social custeados ou subvencionados pelo Poder Público.

649

A norma procura evitar a ação ou permissão de uma promoção direcionada a uma candidatura especial ou de apoios em regiões eleitorais com os bens públicos e serviços sociais.

A tutela é **dúplice**: as eleições e a seguridade social.

Os objetivos republicanos em matéria eleitoral podem ser vistos como eleições sem fraudes, processo eleitoral periódico, legitimidade da votação e responsabilidade eleitoral, mas também se direcionam à gradual erradicação da pobreza e da marginalização com a redução das desigualdades.

De fato só se constrói uma sociedade livre, justa e solidária (*art. 3º da Carta Magna*), quando as políticas públicas não se misturam com as políticas puramente eleitorais. A primeira é contínua, permanente e se solidifica ao longo de um projeto mais amplo. A segunda é momentânea, transeunte e não se traduz em objetivos duradouros.

Podemos estabelecer algumas diferenças entre esta conduta vedada do inc. IV do art. 73 e a captação ilícita de sufrágio do art. 41-A, a saber: **(a)** a conduta vedada não exige o pedido de votos para o candidato, configurando-se a violação pela promoção ou publicidade em favor do candidato, ou seja, ela é mais abrangente, genérica; **(b)** a conduta vedada pode ser punida quando se faz a promoção em favor do candidato, partido político ou até mesmo de uma coligação. Já a captação ilícita de sufrágio só pune quando o pedido de votos for dirigido para um candidato específico; **(c)** na conduta vedada o bem jurídico tutelado é a igualdade dos concorrentes. Trata-se de uma garantia de neutralidade.

Na captação ilícita de sufrágio resguarda-se a liberdade do eleitor, a vontade soberana de o mesmo votar sem pressões ou benefícios; **(d)** a conduta vedada proíbe a distribuição por ação (*fazer ou permitir expressamente*) ou omissão (*permissão tácita*) do agente público, ou não, de bens ou serviços que sejam oriundos de custeio público.

A captação ilícita de sufrágio abrange a vantagem de qualquer natureza (*pública ou privada*), inclusive empregos e funções na próxima gestão do mandatário político, mas se manifesta em condutas de natureza ativa ou comissiva (*doar, oferecer, promover e entregar*); e **(e)** na conduta vedada a distribuição é puramente gratuita.

Para caracterizar a captação ilícita de sufrágio pode nem sempre ocorrer a gratuidade da oferta, mas o preço abaixo do valor de mercado do bem ofertado.

> (...) o oferecimento e a realização de **cirurgias** durante o período eleitoral, no âmbito de entidade hospitalar operada mediante **subvenção do poder público**, em **benefício de candidatura** ensejam as sanções de cassação de diploma e de multa acima do mínimo legal, nos termos do art. 73, IV, **§§ 4º e 5º**, ambos da Lei nº 9.504/1997 (...) (*Agravo Regimental no Recurso Ordinário nº*

64-53, Rio de Janeiro. Rel.ª Min.ª Maria Thereza de Assis Moura, em 1º/12/2015. Informativo TSE – Ano XVII – nº 16) (grifos nossos).

Ambas as condutas podem ser cumulativas, inclusive demandam a análise da tipicidade penal, e.g., **o art. 299 do Código Eleitoral,** e da **improbidade administrativa.**

Cumpre ainda o exame das correlatas vedações dos §§ 10 e 11 do art. 73 da Lei Eleitoral, que proíbem nos anos eleitorais a distribuição gratuita de bens, valores e benefícios e a execução de programas sociais por entidades vinculadas aos candidatos.

18.9. NOMEAÇÕES E CONTRATAÇÕES. VEDAÇÕES. ART. 73, INC. V, DA LEI Nº 9.504/1997

Disciplina a norma legal:

V – nomear, contratar ou de qualquer forma admitir, demitir sem justa causa, suprimir ou readaptar vantagens ou por outros meios dificultar ou impedir o exercício funcional e, ainda, *ex officio*, remover, transferir ou exonerar servidor público, na circunscrição do pleito, nos três meses que o antecedem e até a posse dos eleitos, sob pena de nulidade de pleno direito, ressalvados:

a) a nomeação ou exoneração de cargos em comissão e designação ou dispensa de funções de confiança;

b) a nomeação para cargos do Poder Judiciário, do Ministério Público, dos Tribunais ou Conselhos de Contas e dos órgãos da Presidência da República;

c) a nomeação dos aprovados em concursos públicos homologados até o início daquele prazo;

d) a nomeação ou contratação necessária à instalação ou ao funcionamento inadiável de serviços públicos essenciais, com prévia e expressa autorização do Chefe do Poder Executivo;

e) a transferência ou remoção *ex officio* de militares, policiais civis e de agentes penitenciários.

As regras acima tutelam as eleições objetivando a manutenção de uma igualdade entre os candidatos, bem como procuram resguardar a impessoalidade e a moralidade no exercício funcional.

No entanto, as formas detalhadas na lei estão vinculadas a uma determinada **circunscrição do pleito.**

Significa que, se as eleições forem municipais, cada Município se sujeita, nos limites do seu território, à observância das regras; se as eleições forem nacionais (*Presidente e Vice-Presidente*) ou estaduais e regionais (*Governador, Vice-Governador, Senador, Deputado federal, distrital ou estadual*), a vedação não atinge os Municípios.

A proibição da nomeação, contratação ou admissão de servidor público e outras formas elencadas na lei, deve se sujeitar a uma análise dos agentes públicos cujos cargos estejam em disputa, pois omitiu o legislador a inclusão da ampla proibição, a respeito de uma realidade resoluta que se manifesta pela influência e apoio político de chefes do Executivo municipal para as campanhas nas esferas estaduais e federais.

E ainda, o § 7º do art. 14 da Constituição Federal, faz menção ao **território da jurisdição do titular**. Leia-se: **território da circunscrição**.

Essa regra deveria ser utilizada como parâmetro para aplicação da conduta vedada do inc. V do art. 73 da Lei das Eleições. Por exemplo, à semelhança do que ocorre com a inelegibilidade relativa ou reflexa: o filho do Governador não pode ser candidato a Prefeito em Município abrangido pelo território do Estado em que seu pai exerce o mandato, ressalvadas as exceções legais. Assim, com a mesma razão, se a eleição é estadual, nos Municípios que se encontram no território daquele Estado não se deveria admitir as formas de contratação do inc. V do art. 73. A influência e o apoio político eleitoral podem ser camuflados pela regra permissiva.

As normas vedatórias compreendem o seguinte **período de tempo**: 3 (*três*) meses antes da eleição até a **posse dos eleitos**, observando-se o calendário eleitoral.

É importante salientar que, além das sanções previstas nos §§ 4º e 5º do art. 73 da Lei das Eleições, ou seja, multa e suspensão imediata da conduta, cassação do registro ou do diploma, os atos estão sujeitos à **declaração da nulidade** pela própria Administração Pública ou pelo Poder Judiciário. Neste último caso, a competência para decretar a nulidade dos atos administrativos será da Justiça Eleitoral, considerando a violação das normas jurídicas e sua natureza, com repercussões nas eleições e nos mandatos eletivos. A via judicial adequada é o mandado de segurança ou a ação ordinária, de competência dos juízes eleitorais das respectivas zonas eleitorais que abrangem o local do ato eivado de nulidade.

Cabe ao interessado (*funcionário prejudicado*) impetrar o mandado de segurança, admitindo-se, inclusive, a formação de um litisconsórcio com a intervenção do promotor eleitoral que exerça as atribuições na respectiva zona eleitoral do local do fato. Nada impede que o Ministério Público proponha a medida judicial para nulificar o ato administrativo ilegal.

Cumpre frisar que a Justiça Eleitoral é competente para declarar a nulidade do ato, e até determinar a reintegração do servidor. Entretanto, em relação aos direitos trabalhistas, a competência desloca-se para a Justiça Comum ou Trabalhista, a depender da natureza do contrato de trabalho.

18.10. TRANSFERÊNCIA DE RECURSOS. VEDAÇÕES. ART. 73, INC. VI, DA LEI Nº 9.504/1997

VI – nos três meses que antecedem o pleito:

a) realizar transferência voluntária de recursos da União aos Estados e Municípios, e dos Estados aos Municípios, sob pena de nulidade de pleno direito, ressalvados os recursos destinados a cumprir obrigação formal preexistente para execução de obra ou serviço em andamento e com cronograma prefixado, e os destinados a atender situações de emergência e de calamidade pública;

b) com exceção da propaganda de produtos e serviços que tenham concorrência no mercado, autorizar publicidade institucional dos atos, programas, obras, serviços e campanhas dos órgãos públicos federais, estaduais ou municipais, ou das respectivas entidades da administração indireta, salvo em caso de grave e urgente necessidade pública, assim reconhecida pela Justiça Eleitoral;

c) fazer pronunciamento em cadeia de rádio e televisão, fora do horário eleitoral gratuito, salvo quando, a critério da Justiça Eleitoral, tratar-se de matéria urgente, relevante e característica das funções de governo;

Como se nota na letra **"a"**, a finalidade da lei foi impor limitações ao envio de recursos para os Estados e Municípios nos 3 (*três*) meses que antecedem as eleições (*julho, agosto e setembro, inclusive outubro*) nos anos eleitorais evitando--se o abuso do poder político e até econômico. É uma norma de precaução que procura neutralizar o abuso político na utilização eleitoreira dos recursos públicos, mesmo que sejam necessários à comunidade.

A competência legislativa sobre o orçamento é concorrente, conforme disposto no art. 24, I e II, da Constituição Federal. Nesta linha cumpre ainda observar as diretrizes legais das despesas e da gestão administrativa.

Sobre o tema orçamento deve-se consultar a *Lei de Diretrizes Orçamentárias (LDO), arts. 44 a 53 e a Lei nº 11.178, de 20 de setembro de 2005*, bem como as limitações impostas pela *Lei Complementar nº 101, de 4 de maio de 2000*, e em relação ao ente municipal, a *Lei nº 10.257/2001 (Estatuto da Cidade)*, sendo ainda observados os princípios da unidade, universalidade, anualidade, legalidade e exclusividade, que integram a base de interpretação das normas orçamentárias.

Transferências voluntárias são definidas como:

> (...) os recursos financeiros repassados pela União aos Estados, Distrito Federal e Municípios em decorrência da celebração de convênios, acordos, ajustes ou outros instrumentos similares cuja finalidade é a realização de obras e/ou serviços de interesse comum e coincidente às três esferas do Governo. Conforme a Lei de Responsabilidade Fiscal entende-se por transferência voluntária a entrega de recursos correntes ou de capital a outro ente da Federação, a título de cooperação, auxílio ou assistência financeira, que não decorra de determinação constitucional, legal ou os destinados ao Sistema Único de Saúde (*fonte: www.tesouro. fazenda.gov.br*).

Na alínea **"b"**, a lei impede a influência do eleitorado por **propagandas institucionais** que valorizem a atuação de determinada gestão administrativa, ressalvando-se os casos de grave e urgente necessidade pública. Não se exige apenas a **urgência** da comunicação, mas também a **gravidade** do fato ocorrido, sob pena de eventual representação na forma legal.

O prazo de 3 (*três*) meses é insuficiente para afastar a utilização indevida e abusiva da propaganda institucional, que acaba se desvirtuando e gerando gastos excessivos ao ente federativo.

É importante frisar que a **internet** é um poderoso veículo de comunicação de propaganda institucional que também é controlada.

Como já visto, a publicidade institucional não pode ser desvirtuada, pois sua base normativa constitucional está no art. 37, § 1º.

O dispositivo legal deve ser analisado com os §§ 10 e 11 do art. 73 da Lei nº 9.504/1997.

Assim, ressalvado o caso de urgência e gravidade, cuja mensuração se dá por critérios da análise do local dos fatos, a lei também permite a propaganda de produtos e de serviços que **concorram no mercado**. No entanto, não se pode camuflar este tipo de propaganda em benefício de determinada candidatura, seja ela nacional, estadual ou municipal. Exemplo: um serviço como o *sedex* do correio.

Percebe-se que a lei necessita de aprimoramentos, porque ela só se aplica na esfera de disputa da eleição dentro de determinada circunscrição eleitoral.

Desta forma, a propaganda institucional do ente federal não sofre restrições quando a eleição é municipal. Todavia, se ficar efetivamente caracterizado o desvirtuamento doloso é possível a caracterização do abuso político e das sanções legais.

Publicidade institucional. Período crítico.

> (...) Independentemente do momento em que a publicidade institucional fora autorizada, se a veiculação alcançou o denominado

"período crítico", está configurado o ilícito previsto no art. 73, VI, "b", da Lei das Eleições. Precedentes do TSE.

11. "A conduta vedada prevista no art. 73, VII, "b", da Lei nº 9.504/1997 **independe de potencialidade lesiva apta a influenciar o resultado do pleito, bastando a sua mera prática para atrair as sanções legais**" (REspe 44786, Rel. Min. João Otávio de Noronha, julgamento em 4/9/2014).

12. "Esta Corte já afirmou que não se faz necessário, para a configuração da conduta vedada prevista no art. 73, VI, *b*, da Lei nº 9.504/1997, que a mensagem divulgada possua caráter eleitoreiro, **bastando que tenha sido veiculada nos três meses anteriores ao pleito**, excetuando-se tão somente a propaganda de produtos e serviços que tenham concorrência no mercado e a grave e urgente necessidade pública, assim reconhecida pela Justiça Eleitoral. Nesse sentido: AgR-AI 719-90, Rel. Min. Marcelo Ribeiro, DJE de 22/8/2011" (Representação nº 81.770/DF. Acórdão de 01/10/2014. Rel. Min. Antonio Herman de Vasconcellos e Benjamin. DJE. Tomo 200, Data 23/10/2014, p. 16-17) (grifo nosso).

Ato de campanha pelo *facebook*:

(...) O descumprimento do preceito consubstanciado no art. 73, inc. VI, alínea *b*, da Lei nº 9.504/1997, pressupõe a existência de publicidade institucional, o que não se confunde com ato de campanha realizado por meio de um **"bate-papo" virtual, via Facebook** (...) (Representação nº 84.890/DF. Acórdão de 04/09/2014. Rel. Min. Tarcisio Vieira de Carvalho Neto. DJE. Tomo 184, Data 01/10/2014, p. 30/31) (grifo nosso).

Mera prática da publicidade institucional:

(...) Nos três meses que antecedem o pleito, impõe-se a total vedação à publicidade institucional, independentemente de haver em seu conteúdo caráter informativo, educativo ou de orientação social. (...) A conduta vedada prevista no art. 73, VII, *b*, da Lei nº 9.504/1997 independe de potencialidade lesiva apta a influenciar o resultado do pleito, bastando a sua **mera prática para atrair as sanções legais** (Agravo Regimental em Recurso Especial Eleitoral nº 44786/SP. Acórdão de 04/09/2014. Rel. Min. João Otávio de Noronha. DJE. Tomo 178, Data 23/09/2014, p. 45/46) (grifo nosso).

Por fim, a alínea **"c"** veda a utilização do horário eleitoral gratuito no rádio e televisão para fins eleitorais, pois está limitado aos pronunciamentos com o somatório da relevância, urgência e de matérias governamentais. Veda-se a utilização eleitoreira, e ainda, só pode ser veiculado o pronunciamento se for autorizado pela Justiça Eleitoral.

Os pronunciamentos podem ser de Ministros, Secretários, chefes do Executivo, sejam ou não candidatos à eleição ou reeleição. A norma não limita o agente público que faz o pronunciamento, mas novamente está vinculada à circunscrição eleitoral em disputa na eleição específica, segundo trata o § 3º do art. 73 da Lei das Eleições.

Sobre propaganda gratuita no rádio e televisão salientam-se os arts. 44 a 57 da Lei das Eleições.

Impende frisar a proibição pela internet de propaganda, ainda que gratuita, em determinados sítios que tenham conotação pública, como por exemplo, os dos órgãos oficiais do Município (*art. 57-C e § 1º , II, da Lei das Eleições*).

18.11. PUBLICIDADE INSTITUCIONAL. VEDAÇÃO. ART. 73, INC. VII, DA LEI Nº 9.504/1997

> VII – Realizar, no primeiro semestre do ano de eleição, despesas com publicidade dos órgãos públicos federais, estaduais ou municipais, ou das respectivas entidades da administração indireta, que excedam a média dos gastos no primeiro semestre dos três últimos anos que antecedem o pleito; (Redação dada pela Lei nº 13.165, de 2015)

O tipo vedatório é complementar ao da regra do inciso VI, "b", do mesmo artigo legal, além de ter uma natureza preventiva, pois exige um planejamento dos agentes públicos para evitar o abuso do poder político e até econômico.

O custo com a propaganda institucional não pode ser mais oneroso ao ente federativo nos anos eleitorais. Na verdade, não se deveria permitir no ano eleitoral a propaganda governamental, até porque ela possui regras constitucionais que devem ser obedecidas, conforme trata o art. 37, § 1º, da Carta Magna.

Verifica-se que esta regra incide **desde o início do ano de eleição**, não se limitando aos 3 (*três*) meses anteriores. Assim, é uma norma de complemento que possui nítido caráter preventivo e tutelar dos gastos públicos.

Evitam-se atos de improbidade administrativa com o desvirtuamento do dinheiro público em prol das campanhas eleitorais, mesmo que ainda não existam pré-candidatos escolhidos em convenção partidária.

O § 3º do art. 73 da Lei das Eleições limita a incidência dessa vedação apenas para as esferas administrativas dos mandatos eletivos que estão em disputa. Eleições federais e estaduais ou municipais.

No Egrégio TSE ressalta-se precedente na interpretação da regra do *quantum* despendido em publicidade, que não engloba a necessidade de proporção com a média dos semestres. Destaca-se:

> (...) A pretensão de fazer prevalecer o entendimento de que o parâmetro a ser utilizado quanto aos gastos com publicidade institucional no ano eleitoral deve ser proporcional à média

de gastos nos semestres anteriores ao ano do pleito implica interpretação ampliativa da norma, o que não é permitido ao intérprete, em especial quando acarreta a restrição de direitos (...) (*Agravo Regimental em Recurso Especial Eleitoral nº 47.686/ Acórdão de 27/03/2014. Rel. Min. José Antônio Dias Toffoli.*).

(...) O art. 73, VII, da Lei nº 9.504/1997 previne que os administradores públicos realizem no primeiro semestre do ano da eleição **a divulgação de publicidade que extrapole o valor despendido no último ano ou a média dos três últimos, considerando-se o que for menor**. Tal proibição visa essencialmente evitar que no ano da eleição seja realizada publicidade institucional, como meio de divulgar os atos e ações dos governantes, em escala anual maior do que a habitual.

3. A melhor interpretação da regra do art. 73, VII, da Lei das Eleições, no que tange à definição – para fins eleitorais do que sejam despesas com publicidade –, é no sentido de considerar **o momento da liquidação**, ou seja, **do reconhecimento oficial de que o serviço foi prestado** – independentemente de se verificar a data do respectivo empenho ou do pagamento, para fins de aferição dos limites indicados na referida disposição legal (Recurso Especial Eleitoral nº 67.994/SP. Acórdão de 24/10/2013. Rel. Min. Henrique Neves da Silva. DJE. Tomo 242, Data 19/12/2013) (grifos nossos).

Significativo é o exemplo: "(...) *se com a publicidade foram gastos R$ 1.000.000,00 no primeiro ano, R$ 1.200.000,00 no segundo e R$ 1.400.000,00 no terceiro, a média dos três anos é de R$ 1.200.000,00 podendo ser aplicado nesse item, no semestre que antecede o pleito, a metade desse valor (desprezados, para efeito de facilitar o cálculo, os poucos dias que avançam no segundo semestre)*" (*Condutas Vedadas aos Agentes Públicos em Campanhas Eleitorais, Pedro Henrique Távora Niess*, São Paulo: Editora Edipro, 1998, p. 60).

A Lei nº 13.165/2015, alterou a redação anterior do inc. VII em comento. Assim, não se pode exceder a média dos gastos referentes apenas ao primeiro semestre dos 3 (*três*) últimos anos que antecedem a eleição.

Como se nota, o parâmetro não é mais a média de gastos dos 3 (*três*) últimos anos ou do último ano antes da eleição. O critério é outro. Observam-se os gastos do primeiro semestre dos 3 (*três*) últimos anos.

A interpretação de maior economicidade na análise da média dos gastos deve prevalecer na aplicação da norma legal de natureza pública.

Desta forma, por exemplo, antes da alteração legislativa da Lei nº 13.165/2015 eram verificados dois critérios cumulativos, a saber: **primeiro**, é a média dos gastos dos últimos 3 (*três*) anos e o **segundo**, é o gasto efetuado no ano anterior à eleição.

Assim, o gasto do ano da eleição não pode ultrapassar aquela média e nem as despesas do ano anterior. O que for de menor gasto deverá servir de parâmetro para a regra vedatória. Todavia, nos primeiros 6 (seis) meses do ano de eleição o agente público fica autorizado a gastar com publicidade o valor total que seria correspondente à média anual.

Em suma: o gasto de 12 (doze) meses em apenas 6 (seis) meses.

Com a nova redação da Lei nº 13.165/2015, o critério é apenas de uma quantificação, ou seja, não ser superior ao primeiro semestre dos 3 (três) últimos anos antecedentes ao pleito eleitoral regular.

Desse modo, a média dos gastos não considera os dias totais dos anos anteriores, mas apenas o primeiro semestre desses anos, o que ocasiona uma diminuição de despesas com esse tipo de propaganda num intervalo de tempo mais próximo do futuro pleito eleitoral.

Responsabilidade do Governador (TSE): "(...) *É automática a responsabilidade do Governador pelo excesso de despesa com a propaganda institucional do Estado, uma vez que a estratégia dessa espécie de propaganda cabe sempre ao chefe do Executivo, mesmo que este possa delegar os atos de sua execução a determinado órgão de seu governo. 2. Também é automático o benefício de Governador, candidato à reeleição, pela veiculação da propaganda institucional do Estado, em ano eleitoral, feita com gastos além da média dos últimos três anos (...)* (TSE, Recurso Especial Eleitoral. Acórdão 21.307. Goiânia – GO. 14/10/2003. Rel. Francisco Peçanha Martins Rel. designado: Fernando Neves da Silva. DJ, vol. 1, 06/02/2004, p. 146, RJTSE, vol. 15, tomo 1, p. 224).

18.12. REVISÃO GERAL REMUNERATÓRIA. REGRA VEDATÓRIA. ART. 73, INC. VIII, DA LEI Nº 9.504/1997

> VIII – fazer, na circunscrição do pleito, revisão geral da remuneração dos servidores públicos que exceda a recomposição da perda de seu poder aquisitivo ao longo do ano da eleição, a partir do início do prazo estabelecido no art. 7º desta Lei e até a posse dos eleitos.

A norma deve ser interpretada com a Lei de Responsabilidade Fiscal, *Lei Complementar nº 101/2000, art. 18*. No entanto, prevalecem as regras da lei posterior (*lei de natureza complementar*).

A Lei Complementar nº 101, de 04/05/2000 (*Lei de Responsabilidade Fiscal*) versa sobre restrições impostas ao aumento de despesa, *in verbis*:

> Art. 21. É nulo de pleno direito o ato que provoque aumento da despesa com pessoal e não atenda:
>
> I – as exigências dos arts. 16 e 17 desta Lei Complementar, e o disposto no inciso XIII do art. 37 e no § 1º do art. 169 da Constituição;

II – o limite legal de comprometimento aplicado às despesas com pessoal inativo.

Parágrafo único. Também é nulo de pleno direito o ato de que resulte aumento da despesa com pessoal expedido nos **cento e oitenta dias anteriores ao final do mandato do titular do respectivo Poder** ou órgão referido no art. 20 (grifo nosso).

Leciona *Maria Sylvia Zanella Di Pietro*, ao comentar o parágrafo único do art. 21 da LRF, que:

(...) o dispositivo não proíbe os atos de investidura ou os reajustes de vencimentos ou qualquer outro tipo de ato que acarrete aumento de despesa, mas veda que haja aumento de despesa com pessoal no período assinalado. Assim, nada impede que atos de investidura sejam praticados ou vantagens pecuniárias sejam outorgadas, desde que haja aumento da receita que permita manter o órgão ou Poder no limite estabelecido no art. 20 ou desde que o aumento da despesa seja compensado com atos de vacância ou outras formas de diminuição da despesa com pessoal. As proibições de atos de provimento em período eleitoral costumam constar de leis eleitorais, matéria que escapa aos objetivos da Lei de Responsabilidade Fiscal (*Comentários à Lei de Responsabilidade Fiscal*, São Paulo: Editora Saraiva, 2001, p. 156).

Por outro lado, o art. 359-G do Código Penal dispõe:

Art. 359-G. Ordenar, autorizar ou executar ato que acarrete aumento de despesa total com pessoal, nos cento e oitenta dias anteriores ao final do mandato ou da legislatura: Pena – reclusão, de 1 (um) a 4 (quatro) anos. (Incluído pela Lei nº 10.028, de 2000).

Ao comentar o tipo penal *Cezar Roberto Bitencourt* explica que:

(...) Trata-se de crime próprio, que exige especial condição pessoal, na medida em que não basta ser funcionário público, mas deve ser titular de mandato (eletivo ou não), com poderes decisórios em nome da Instituição ou Poder que representa (...) quando a figura for a modalidade de "executar" (...) o executor será um subordinado, em regra o chamado "ordenador de despesas", que põe em prática a determinação superior" (*Código Penal Comentado*, São Paulo: Editora Saraiva, 2002, p. 1.198).

Previne-se o uso eleitoreiro do dinheiro público, especialmente quando o chefe do Executivo assume despesas com servidores que são inviáveis de serem cumpridas pelo sucessor político.

A norma somente impede que na esfera da circunscrição eleitoral afeta ao pleito eleitoral (*p.ex., eleições municipais*) em disputa possa ocorrer a revisão geral da remuneração dos servidores públicos, mas é inegável o nexo de influência indireta, por exemplo, nos Municípios com os aumentos aos servidores estaduais, pois todos são eleitores e os chefes do Executivo podem formar alianças políticas. No entanto, a lei não exclui expressamente esta forma de influência nas campanhas eleitorais.

Não há por que proibir a revisão dos servidores em razão da inflação acumulada.

18.13. DISTRIBUIÇÃO DE BENS, VALORES E BENEFÍCIOS. VEDA-ÇÕES. ART. 73, § 10, DA LEI Nº 9.504/1997

O § 10 do art. 73 da Lei nº 9.504/1997 veda uma espécie de compra de votos oficial dos órgãos governamentais.

Assim diz:

> No ano em que se realizar eleições, fica proibida a distribuição gratuita de bens, valores ou benefícios por parte da Administração Pública, exceto nos casos de calamidade pública, de estado de emergência ou de programas sociais autorizados em lei e já em execução orçamentária no exercício anterior, casos em que o Ministério Público poderá promover o acompanhamento de sua execução financeira e administrativa.

A norma tutela o equilíbrio da competição eleitoral, considerando que as execuções orçamentárias geralmente objetivam beneficiar os candidatos à reeleição ou apoiados politicamente pelo partido da chefia do Poder Executivo. O rol das exceções é taxativo: calamidades públicas, estado de emergência e programas sociais autorizados em lei específica e que tenham se iniciado no ano anterior ao eleitoral.

Na jurisprudência do Egrégio TSE ressalta-se precedente em Consulta Eleitoral nº 56-39/DF, que autorizou de forma excepcional a distribuição de pescados no ano de eleição aos eleitores locais em razão do estado de perecimento dos alimentos, *in verbis*:

> (...) É possível, em ano de eleição, a realização de **doação de pescados ou de produtos perecíveis** quando justificada nas situações de calamidade pública ou estado de emergência ou, ainda, se destinada a programas sociais com autorização específica em lei e com execução orçamentária já no ano anterior ao pleito. No **caso dos programas sociais, deve haver correlação entre o seu objeto e a coleta de alimentos perecíveis apreendidos em razão de infração legal**. 2. Consulta respondida afirmativamente. (Consulta nº 56-39/DF, Rel. Min. Gilmar Mendes DJE de 13/10/2015. Brasília, 12 a 18/10/2015 – Ano XVII – nº 14) (grifos nossos).

18.14. ART. 74 DA LEI DAS ELEIÇÕES. ABUSO DE AUTORIDADE. ART. 37, § 1º, DA CONSTITUIÇÃO DA REPÚBLICA FEDERATIVA DO BRASIL

A Lei nº 12.034/2009 alterou a redação do art. 74 da Lei das Eleições para incluir a sanção de cancelamento do diploma, pois se limitava apenas à anulação do registro do candidato.

O art. 37, § 1º, da Constituição da República Federativa do Brasil trata das hipóteses relativas à promoção pessoal do candidato que exerce o mandato eletivo. Trata-se, na maioria dos casos, do governante que utiliza a publicidade institucional da Administração Pública na campanha eleitoral.

Objetiva-se com a norma assegurar a isonomia entre os candidatos, considerando que a prática do ato independe da potencialidade lesiva (*alteração do número de votos ou do próprio resultado da eleição*). O intérprete deve perscrutar a violação ao critério de proporcionalidade nas campanhas eleitorais, ou seja, o dever de equivalência entre duas ou mais candidaturas, e.g., ao mandato eletivo de Prefeito.

Rito processual da representação. Considerações gerais.

Desse modo sobre o rito processual das condutas do art. 74 da Lei das Eleições, destacamos o texto da lei abaixo descrito:

> Art. 74. Configura abuso de autoridade, para os fins do disposto no **art. 22 da Lei Complementar nº 64, de 18 de maio de 1990**, a infringência do disposto no § 1º do art. 37 da Constituição Federal, ficando o responsável, se candidato, sujeito ao cancelamento do registro ou do diploma.

O § 1º do art. 37 da Constituição Federal assim versa:

> § 1º A publicidade dos atos, programas, obras, serviços e campanhas dos órgãos públicos deverá ter caráter educativo, informativo ou de orientação social, dela não podendo constar nomes, símbolos ou imagens que caracterizem promoção pessoal de autoridades ou servidores públicos.

Como se nota, a igualdade nas campanhas eleitorais deve ser um norte da tutela do devido processo legal eleitoral, eliminando-se ao máximo a interferência da pessoalidade administrativa, que é uma faceta do abuso do poder de autoridade. Pune-se a conduta do candidato que utiliza ilicitamente da autopromoção pessoal com recursos públicos auferindo vantagem eleitoreira.

As condutas podem ser praticadas de diversas formas, tais como: sítio na *internet*, campanhas esportivas, educativas, temas ligados a prevenção de doenças, eventos culturais, prêmios anunciados, cartazes referentes às olimpíadas e jogos.

A competência para o processo e julgamento das representações seguirá o disposto no art. 2º da Lei Complementar nº 64/1990 e no art. 36, § 5º, da Lei nº 9.504/1997 (inclusão da Lei nº 12.034/2009), abaixo transcrito,

> § 5º A comprovação do cumprimento das determinações da Justiça Eleitoral relacionadas a propaganda realizada em desconformidade com o disposto nesta Lei poderá ser apresentada no Tribunal Superior Eleitoral, no caso de candidatos a Presidente e Vice-Presidente da República, nas sedes dos respectivos Tribunais Regionais Eleitorais, no caso de candidatos a Governador, Vice-Governador, Deputado Federal, Senador da República, Deputados Estadual e Distrital, e, no Juízo Eleitoral, na hipótese de candidato a Prefeito, Vice-Prefeito e vereador.

Tenha-se presente que se o candidato usar de **recursos públicos** para a sua campanha eleitoral, inclusive na modalidade de **publicidade**, tal infração se subsume em fonte vedada (*art. 24 da Lei das Eleições*), que acarreta a **desaprovação das contas**, art. 30, III, da Lei nº 9.504/1997 e a possibilidade de propositura da ação de captação de gastos ilícitos de recursos, **art. 30-A** da mesma lei.

A representação do art. 30-A segue o mesmo rito do art. 22, incs. I a XIII, da Lei das Inelegibilidades, prevendo-se a sanção de cassação do diploma ou até mesmo a negação em sua outorga. E ainda, a sanção de inelegibilidade (*art. 1º, inc. I, alínea "j", da LC nº 64/1990*).

18.15. *SHOWS* ARTÍSTICOS PAGOS COM RECURSOS PÚBLICOS. VEDAÇÃO. REPRESENTAÇÃO. RITO

A Lei nº 9.504/1997 foi alterada pela Lei nº 12.034/2009, que incluiu um parágrafo único no art. 75, nos seguintes termos:

> Art. 75. Nos três meses que antecederem as eleições, na realização de inaugurações é vedada a contratação de *shows* artísticos pagos com recursos públicos.
>
> Parágrafo único. Nos casos de descumprimento do disposto neste artigo, sem prejuízo da suspensão imediata da conduta, o candidato beneficiado, agente público ou não, ficará sujeito **à cassação do registro ou do diploma**.

O dispositivo legal sanciona os agentes públicos, candidatos ou não, que objetivam a autopromoção eleitoral usando dos recursos públicos na contratação de *shows* artísticos.

Não se pode olvidar que o § 7º do art. 39 da Lei das Eleições proíbe a realização de *showmício*, e eventos assemelhados para a animação de reuniões eleitorais, independentemente da regra acima sobre **as inaugurações**.

Desta forma, se o infrator viola a regra do § 7º do art. 39 poderá se sujeitar à sanção penal do crime de desobediência, art. 347 do Código Eleitoral (*após a devida notificação*).

A Lei de Responsabilidade Fiscal (*Lei Complementar nº 101, de 04 de maio de 2000*), nos arts. 22, parágrafo único, IV, 32, § 1º, I, 32, § 4º, I, e 42, possui regras que devem ser observadas em contratações.

Quanto às campanhas eleitorais, veda-se a aludida contratação de *shows* artísticos pagos com recursos públicos para animar inaugurações já agendadas ou não.

As sanções impostas pelo parágrafo único do art. 75 da Lei das Eleições são: a) suspensão imediata da conduta (*liminar ou cautelar*); b) cassação do registro; e c) cassação do diploma.

Tenha-se presente que o legislador poderia ter inserido o *caput* do art. 75 como inciso do art. 73, mas preferiu destacar a regra atribuindo-lhe um caráter autônomo, quando na essência ela é um ato similar aos demais. Trata-se de uma modalidade de conduta vedada.

A inelegibilidade também será um efeito automático da decisão do órgão colegiado que reconhece a violação dessa norma legal nos termos do art. 1º, inc. I, alínea "j", da LC nº 64/1990.

A representação seguirá a tramitação do art. 22, incs. I a XIII, da LC nº 64/1990. O procedimento é regulamentado por resoluções do Egrégio TSE, e.g., Resolução 23.462/2015, art. 24 e seguintes.

18.16. O RESSARCIMENTO DAS DESPESAS COM O USO DE TRANS-PORTE OFICIAL

> Art. 76. O ressarcimento das despesas com o uso de transporte oficial pelo Presidente da República e sua comitiva em campanha eleitoral será de responsabilidade do partido político ou coligação a que esteja vinculado.
>
> § 1º O ressarcimento de que trata este artigo terá por base o tipo de transporte usado e a respectiva tarifa de mercado cobrada no trecho correspondente, ressalvado o uso do avião presidencial, cujo ressarcimento corresponderá ao aluguel de uma aeronave de propulsão a jato do tipo táxi aéreo.

§ 2º No prazo de dez dias úteis da realização do pleito, em primeiro turno, ou segundo, se houver, o órgão competente de controle interno procederá *ex officio* à cobrança dos valores devidos nos termos dos parágrafos anteriores.

§ 3º A falta do ressarcimento, no prazo estipulado, implicará a comunicação do fato ao Ministério Público Eleitoral, pelo órgão de controle interno.

§ 4º Recebida a denúncia do Ministério Público, a Justiça Eleitoral apreciará o feito no prazo de trinta dias, aplicando aos infratores pena de multa correspondente ao dobro das despesas, duplicada a cada reiteração de conduta.

A regra é uma norma de exceção, porque permite o uso de bens e serviços públicos nas campanhas eleitorais, quando o Presidente da República é, por exemplo, candidato à reeleição ou ainda quando apoia determinado sucessor político.

No entanto, o ressarcimento das despesas fica sob a responsabilidade do partido político ou da coligação. Todavia, a lei especificou apenas o reembolso quando se tratar do próprio Presidente e de sua comitiva, cujo número de integrantes não é previsto na lei. Assim, indiretamente autoriza-se que a segurança e os servidores de apoio sigam no avião presidencial, sem que essa conduta esteja sujeita a reembolso. No local de destino todos acabam se confundindo com um grande grupo de servidores e agentes. Assim, o ressarcimento das despesas ao erário público é de difícil mensuração.

As demais autoridades que pretendem se candidatar aos mandatos eletivos e que acompanham o Presidente não podem se constituir em agentes da comitiva e reembolsar o erário público. Neste caso, a análise da hipótese pode ensejar o abuso do poder político.

No entanto, a lei deveria prever um mecanismo similar para Vices, Ministros, Governadores, Prefeitos e Secretários, pois não são raros os casos em que estas autoridades utilizam, por questões necessárias à própria segurança, veículos, aeronaves e embarcações, inclusive serviços e agentes, misturando-se a atividade--fim com os interesses eleitorais que camuflam o abuso do poder político.

O legislador só se preocupou com a figura do Presidente, olvidando-se dos demais agentes políticos que exercem relevantes serviços. As regras devem ser mais específicas, inclusive para se evitar a subjetividade de interpretação e a fomentação de desigualdades nas campanhas eleitorais.

Quanto ao ressarcimento, cabe ao órgão de controle interno cobrar as despesas e, na sua omissão, ao Ministério Público, que adotará o rito processual do art. 96 da Lei das Eleições para fins da sanção de multa.

18.17. COMPARECIMENTO DOS CANDIDATOS NAS INAUGURAÇÕES DE OBRAS PÚBLICAS. SANÇÕES E RITO PROCESSUAL

O art. 77 da Lei nº 9.504/1997 disciplina o tema nos seguintes termos:

> Art. 77. É proibido a qualquer candidato comparecer, nos 3 (três) meses que precedem o pleito, a inaugurações de obras públicas.
>
> Parágrafo único. A inobservância do disposto neste artigo sujeita o infrator à cassação do registro ou do diploma.

O comparecimento nas inaugurações das obras públicas de pessoas que sejam candidatos está proibido pela norma legal.

A lei alcança todos os candidatos ao Poder Executivo ou Legislativo, ao contrário da norma anterior, que obstaculizava a participação dos candidatos aos mandatos do Poder Executivo. Não há mais distinção. Correta a norma, pois impede artifícios de palanques eleitorais que demonstravam em alguns casos a participação indireta do candidato.

Cumpre observar que a lei compreende o pré-candidato, candidato *sub judice* ou o que já está com registro deferido pela Justiça Eleitoral.

Não se exige mais a participação por discursos e distribuição de propagandas, pois a expressão **comparecer** impede a presença no evento. Nessa linha de interpretação decidiu o Egrégio TSE (*REspe nº 19.743/SP*), analisando a expressão antiga **participar**.

No entanto, não se vedam as inaugurações que fazem parte do planejamento da Administração Pública. Nesse ponto abre-se uma verdadeira via de referência a diversas obras públicas não concluídas e que servem de resoluta propaganda enganosa.

O objetivo da norma é assegurar a isonomia entre os candidatos, afastando a influência marcante da inauguração de obras públicas direcionadas ao ano eleitoral. Tutela-se o devido processo legal eleitoral das campanhas eleitorais e o princípio da igualdade.

De fato, o art. 72, § 12, da Lei nº 9.504/1997, introduzido pela Lei nº 12.034/2009, diz que o rito será o do art. 22 da Lei Complementar nº 64, de 18 de maio de 1990.

> (...) A sanção de cassação do mandato eletivo, em razão da prática das condutas vedadas do art. 73 da Lei nº 9.504/1997, somente deve ser imposta em casos mais graves, cabendo ser aplicado o princípio da proporcionalidade da sanção em relação à conduta. Com base nos princípios da simetria e da razoabilidade, também deve ser levado em consideração o princípio da proporcionalidade na imposição da sanção pela prática da infração ao art. 77 da Lei

das Eleições. Nessa linha de raciocínio, o Tribunal entendeu ser **desproporcional a imposição de sanção de cassação a candidato à reeleição ao cargo de Deputado estadual que comparece em uma única inauguração**, em determinado Município, na qual não houve a presença de quantidade significativa de eleitores e onde a participação do candidato também não foi expressiva. Nesse entendimento, o Tribunal, por maioria, desproveu o agravo regimental (Agravo Regimental no Recurso Ordinário nº 8.902-35/GO, Rel. Min. Arnaldo Versiani, em 14/6/2012, TSE) (grifos nossos).

Como se nota, a violação ao dispositivo legal sujeita o infrator à cassação do registro ou diploma e à inelegibilidade por 8 (*oito*) anos na forma do art. 1º, inc. I, alínea "j", da LC nº 64/1990.

A aplicação dessas sanções deve ser mensurada por **critérios razoáveis**. Só incide a norma com a quebra de igualdade entre os candidatos num comparecimento mais ativo ao ato público de inauguração (*Agravo Regimental em Recurso Especial Eleitoral nº 43.371/PB em 03/09/2014, Rel. Min. João Otávio de Noronha, DJE 27/10/2014, TSE*).

Acresça-se ainda decisão do TSE: "(...) *Na espécie, a realização de um único discurso pelo Presidente da Câmara Municipal de Bastos/SP durante cerimônia de inauguração de obra pública, presenciado por poucas pessoas e sem o comparecimento dos candidatos ao pleito majoritário, supostamente beneficiários, não configura gravidade necessária à condenação pela prática de abuso do poder político, em observância ao art. 2º, XVI, da LC 64/1990*" (Agravo Regimental em Recurso Especial Eleitoral nº 83.302/SP. Acórdão de 19/08/2014.Rel. Min. João Otávio de Noronha. DJE. Tomo 163, Data 02/09/2014, p. 96-97).

O art. 77 da Lei das Eleições usa a expressão **inauguração de obras públicas**, o que enseja uma definição da Administração Pública Federal, Estadual ou Municipal sobre esse tema.

No Egrégio TSE:

> [...] a participação de candidato em inauguração de obra de instituição privada não caracteriza a conduta vedada prevista no art. 77 da Lei nº 9.504/1997, ainda que a obra tenha sido subsidiada com dinheiro público (*Informativo do TSE nº 13. Ano 19. 18/09 a 8/10/2017*.

Em que momento uma obra pública pode ser inaugurada?

Por exemplo, no Município do Rio de Janeiro, a Lei nº 6.006, de 22 de outubro de 2015, disciplina o que se entende por obra incompleta, em seu art. 2º. Se a obra estiver incompleta, não pode ser inaugurada.

18.18. CENTROS SOCIAIS. PROGRAMAS SOCIAIS. ENTIDADES NOMINALMENTE VINCULADAS AO CANDIDATO. VEDAÇÃO. ART. 73, § 11, DA LEI DAS ELEIÇÕES

É importante ressaltar o teor do § 11 do art. 73 da Lei das Eleições em razão da inclusão pela Lei nº 12.034/2009, conforme assim disposto:

> § 11. Nos anos eleitorais, os programas sociais de que trata o § 10 não poderão ser executados por entidade nominalmente vinculada a candidato ou por esse mantida.

E diz o § 10:

> § 10. No ano em que se realizar eleição, fica proibida a distribuição gratuita de bens, valores ou benefícios por parte da Administração Pública, exceto nos casos de calamidade pública, de estado de emergência ou de programas sociais autorizados em lei e já em execução orçamentária no exercício anterior, casos em que o Ministério Público poderá promover o acompanhamento de sua execução financeira e administrativa.

Desta forma, a regra do § 11 veda que os chamados **Centros Sociais**, entidades mantidas por candidatos em bolsões de pobreza que objetivam angariar votos populares pelo assistencialismo político, possam vincular por propagandas e formas ainda que indiretas de publicidade a pessoa do pré-candidato ou candidato.

Assim, aquelas pessoas que aspiram à pré-candidatura, também se sujeitam à incidência da norma, ou seja, a vedação já emerge no **ano de eleição**, não sendo necessário aguardar a escolha do pré-candidato na convenção e o requerimento de registro de sua candidatura (*arts. 8º e 11 da Lei das Eleições*).

É **ilícita** a vinculação ao nome do futuro aspirante à candidatura eletiva, bem como a manutenção financeira da entidade (*sociedade civil, fundação, pessoas jurídicas, organização da sociedade civil de interesse público e organizações não governamentais*) quando estiverem realizando os programas sociais (*distribuição gratuita de remédios, bens em geral, cestas básicas e outros*).

Não se pode perder de vista que, além das sanções impostas para as demais condutas vedadas, ainda é possível analisar a captação ou gastos ilícitos de recursos, a captação ilícita de sufrágio e o eventual abuso do poder político e econômico (*arts. 30-A e 41-A da Lei nº 9.504/1997 e 22 da Lei Complementar nº 64, de 18 de maio de 1990*).

O § 11 do art. 73 da Lei das Eleições é, na verdade, um complemento explicativo do § 10 do mesmo artigo e poderá ensejar as sanções dos §§ 4º e 5º relativos às condutas vedadas.

Outrossim, mesmo nos casos de calamidade pública, de estado de emergência ou programas sociais autorizados em lei e já em execução orçamentária, os aspirantes a candidaturas eletivas não podem manter seus nomes vinculados ou custear as entidades que distribuem bens, valores ou benefícios nos anos de eleição.

A tutela jurídica objetiva resguardar a isonomia entre os candidatos, excluindo favorecimentos e assistencialismo puramente político nos anos de eleição, afastando a influência do poder de autoridade com o desvio de recursos e a projeção pessoal do benfeitor como opção ao eleitor.

A assistência social não pode ser desvirtuada das lídimas diretrizes constitucionais e legais para atender nominalmente uma classe de futuros candidatos em detrimento de outros igualmente aptos à disputa das eleições.

Não se nega que os direitos sociais aos programas são prestações necessárias e positivas de cunho obrigatório dos Poderes Públicos que devem atender aos hipossuficientes. No arcabouço dos direitos sociais se situa a seguridade e a assistência social, que não podem servir de moeda eleitoreira para beneficiar alguns tipos especiais de candidatos desafiando a lisura das eleições e o regime democrático.

Os serviços públicos e programas sociais devem se tornar operativos e eficazes independentemente de nomes e manutenção financeira de pessoas que possam auferir vantagens pessoais e eleitorais.

Na linha da jurisprudência do Egrégio TSE é possível a aplicação apenas da multa em relação ao § 10 acima destacado. Nesse sentido, *Agravo Regimental em Recurso Especial Eleitoral nº 27.639/MG. Acórdão de 01/10/2014. Rel. Min. João Otávio de Noronha. DJE, Tomo 197, Data 20/10/2014, p. 104/105.*

18.19. SANÇÕES APLICÁVEIS EM RAZÃO DA VIOLAÇÃO DAS REGRAS SOBRE CONDUTAS VEDADAS AOS AGENTES PÚBLICOS

É importante salientar que as normas sobre condutas vedadas podem seguir **sete vertentes**, que são **cumulativas ou não: a primeira** é a da punição literal prevista na própria Lei das Eleições, ou seja, suspensão da conduta ilegal, multa, cassação do registro ou diploma (*art. 73, §§ 4º e 5º, da Lei nº 9.504/1997*); **a segunda** é a punição em outra via judicial não eleitoral por ato de improbidade administrativa (*Lei nº 8.429/1992, art. 12*), por exemplo, suspensão dos direitos políticos, ressarcimento ao erário, indisponibilidade dos bens, multa e perda do cargo público; **a terceira** é a hipótese criminal, pois algumas das infrações podem ensejar a tipificação como peculato, corrupção eleitoral, corrupção, lavagem de dinheiro e organização criminosa; **a quarta**, ensejará a análise das sanções previstas no art. 1º, I, "h" e inc. XIV do art. 22 da Lei das Inelegibilidades (*Lei Complementar nº 64/1990*), por exemplo, a inelegibilidade por **abuso do**

poder político e a cassação do registro; **a quinta é** o ajuizamento da ação de captação ilícita de sufrágio, art. 41-A da Lei das Eleições para certos casos, por exemplo, entrega de cestas básicas e manutenção dos Centros Sociais para essa prática no período da propaganda eleitoral; **a sexta** é a propositura da representação do art. 30-A da Lei nº 9.504/1997 (*captação ou gastos ilícitos de recursos*) com a sanção de negação ou cassação do diploma, pois não haverá a possibilidade de contabilização para a campanha eleitoral de bens e usos de materiais de origem pública; e a **sétima** é a desaprovação das contas de campanha eleitoral, art. 30, III, da Lei das Eleições.

O art. 1º, inc. I, alínea "j", da LC nº 64/1990 ainda trata da incidência da **causa de inelegibilidade pelo prazo de 8 (*oito*) anos contados da eleição**. Trata-se de um **efeito automático** da decisão quando prolatada por órgão judicial colegiado.

Como visto, alguns efeitos são **específicos** como a multa eleitoral e outros **extraeleitorais**, e.g., o ressarcimento ao erário em razão da ação de improbidade administrativa.

A causa de **inelegibilidade** que decorre **de conduta vedada** não se concretiza se for aplicada somente a sanção de multa eleitoral, pois deve ser imposta a cassação do registro ou diploma, além de se observar se a decisão já foi prolatada por órgão colegiado ou transitou em julgado.

Com a reunião dos elementos formadores da causa de inelegibilidade o futuro requerimento de registro de candidatura em uma vindoura eleição será indeferido na forma legal. "(...) *a inelegibilidade referente à condenação por conduta vedada, por órgão colegiado ou com trânsito em julgado, prevista na alínea j do inc. I do art. 1º da LC nº 64/1990, somente se caracteriza caso efetivamente ocorra a imposição da* **sanção de cassação de registro ou de diploma no respectivo processo**. *(AgR-REspe nº 160-76, Rel.ª Min.ª Laurita Vaz, PSESS em 25/10/2012; AgR-REspe nº 230-34, Rel. Min. Arnaldo Versiani, PSESS em 30/10/2012")* (grifos nossos).

> (...) Com base na compreensão da reserva legal proporcional, nem toda conduta vedada reconhecida pela Justiça Eleitoral acarreta a automática cassação de diploma, competindo ao magistrado exercer um juízo de proporcionalidade entre a conduta praticada e a sanção a ser imposta. Entendimento que se reforça com a edição da Lei Complementar nº 135/2010, que cria como causa de inelegibilidade, pelo prazo de oito anos, a condenação à cassação de diploma com fundamento no art. 73 da Lei nº 9.504/1997 (art. 1º, inciso I, alínea *j*, da Lei Complementar nº 64/1990), **exigindo-se do julgador uma visão criteriosa no momento da fixação da severa sanção de cassação de diploma**.
>
> 2. **Fatos e circunstâncias anódinos e que não são graves a ponto de influenciar o resultado do pleito**. Sanção de multa proporcional ao ilícito eleitoral praticado.
>
> 3. Acórdão regional que diverge da jurisprudência do TSE. Precedentes. (TSE. Agravo Regimental em Recurso Especial Eleitoral

nº 43.580/RN. Acórdão de 01/10/2014. Rel. Min. Gilmar Ferreira Mendes. DJE. Tomo 202, Data 27/10/2014, p. 58) (grifos nossos).

A aplicação destas sanções sempre dependerá da análise do local dos fatos, tipo de eleição, quantidade dos bens e serviços e das pessoas beneficiadas.

As condutas vedadas são **ações ilícitas autônomas** com carga de **proporcionalidade** ou **razoabilidade** que não necessita da prova da potencialidade lesiva. A proporcionalidade não é equiparada à potencialidade. **Não se exige a gravidade da conduta para afetar a eleição**.

Em simetria com as representações por captação ilícita de sufrágio e captação ou gastos ilícitos de recursos, não se pode exigir a prova da gravidade para a configuração das condutas vedadas, considerando ainda a possibilidade de a punição ser aplicada por equalização e compensação, ou seja, nem sempre ocorrerá a cassação ou nulificação do diploma, por exemplo, poderá incidir, como visto, apenas a pena de multa (§ 4º do art. 73).

As sanções são: **suspensão imediata da conduta, multa, cassação do registro ou do diploma**.

A adoção da proporcionalidade na aplicação dessas penalidades mostra-se mais adequada, porque se fosse exigível a caracterização da gravidade para todas as proibições descritas na norma, poderiam ocorrer situações em que, diante de um fato de média importância, não se poderia sequer aplicar uma multa, de modo a punir o ilícito averiguado.

Não se pode olvidar da hipótese em que o fato praticado é de elevada gravidade, quando ocorrerá a declaração de inelegibilidade com a devida incidência do rito do art. 22, I a XIII, da Lei Complementar nº 64, de 18 de maio de 1990 (*AIJE*).

Por outro lado, a Justiça Eleitoral poderá, **cautelarmente**, suspender as atividades que podem acarretar a prática das condutas vedadas objetivando proteger a normalidade das campanhas eleitorais e a isonomia entre os candidatos competidores. Nesse caso, a notícia do evento abusivo pode ser feita por qualquer eleitor.

O Ministério Público Eleitoral, os partidos políticos, coligações e candidatos podem requerer à Justiça Eleitoral a suspensão do evento abusivo na forma legal evitando-se a instauração da representação por meio da tutela preventiva.

18.20. RITO PROCESSUAL DA REPRESENTAÇÃO

A Lei nº 12.034/2009 acrescentou o § 12 ao art. 73 da Lei nº 9.504/1997, nos seguintes termos:

> § 12. A representação contra a não observância do disposto neste artigo observará o rito do art. 22 da Lei Complementar nº 64, de 18 de maio de 1990, e poderá ser ajuizada até a data da diplomação.

Note-se que a menção ao rito do art. 22 da Lei das Inelegibilidades afasta a aplicação do rito do art. 96 da Lei nº 9.504/1997 para as condutas vedadas dispostas nos parágrafos do art. 73 da Lei das Eleições.

Assim, as hipóteses dos arts. 23, 30-A, 41-A, 45, VI, 73, 74, 75 e 77 da Lei nº 9.504/1997 seguem o rito do art. 22 da Lei Complementar nº 64/1990.

18.21. PRAZO FINAL DA REPRESENTAÇÃO PREVISTA NO § 12 DO ART. 73 DAS ELEIÇÕES

A Lei nº 12.034/2009 fixou a **data da diplomação**, como sendo o prazo final para a propositura da representação que objetiva apurar as violações ao art. 73 e parágrafos da Lei das Eleições.

Como se pode notar, o prazo final não é mais o dia da realização do pleito, mas sim o da diplomação dos eleitos. Não há que se aduzir sobre a falta de interesse de agir quando a representação é ofertada após as eleições, mas até a data da diplomação.

18.22. PRAZO RECURSAL. CONSIDERAÇÕES

O § 13 do art. 73 da Lei nº 9.504/1997 fixa o prazo de 3 (*três*) dias, a contar da publicação do julgamento no Diário Oficial, para a interposição de razões de recurso das decisões prolatadas nos autos das representações por condutas vedadas.

Trilhou o legislador a regra geral dos prazos recursais afastando o prazo do § 8º do art. 96 da Lei das Eleições, que é de 24 (*vinte e quatro*) horas. Desta forma, harmoniza-se o prazo com o disposto nos arts. 258 e 264 do Código Eleitoral.

A Resolução TSE nº 23.478/2016, que *"Estabelece diretrizes gerais para a aplicação da Lei nº 13.105, de 16 de março de 2015, novo Código de Processo Civil, no âmbito da Justiça Eleitoral"*, nos arts. 7º usque 10 disciplina o tema.

Da decisão do **juiz eleitoral da zona eleitoral** nas eleições municipais cabe recurso inominado para o Tribunal Regional Eleitoral no prazo de 3 (*três*) dias, após a intimação pessoal. As contrarrazões são oferecidas em igual prazo.

A decisão do **Tribunal Regional Eleitoral sobre anulação do diploma em eleição municipal** enseja a interposição de **recurso especial**, em 3 (*três*) dias contados da intimação pessoal na sessão ou do *DJE* para o Tribunal Superior Eleitoral, nos termos dos arts. 121, § 4º, incs. I e II, da Constituição da República e 276, inc. I, alíneas "a" e "b", do Código Eleitoral.

Quando a decisão for proferida nas **eleições federais** ou **estaduais** pelos juízes auxiliares caberá recurso ao Plenário do Tribunal Regional Eleitoral em 3 (*três*) dias. Contra a decisão colegiada do Tribunal Regional Eleitoral caberá **recurso ordinário**, art. 121, § 4º, incs. III e IV, da Constituição Federal e art. 276, inc. II, alínea "a", do Código Eleitoral para o Tribunal Superior Eleitoral.

Registre-se: "*Cabe recurso ordinário de acórdão de Tribunal Regional Eleitoral que decida sobre inelegibilidade, expedição ou anulação de diploma ou perda do mandato eletivo nas eleições federais ou estaduais (art. 121, § 4º, incs. III e IV, da Constituição Federa)*". Verbete sumular **nº 36** do Tribunal Superior Eleitoral.

Se a petição inicial tratar como causa de pedir o abuso do poder econômico ou político nos termos dos arts. 19 e 22, inc. XIV, da LC nº 64/1990, a competência é do corregedor eleitoral (*eleições federais e estaduais*), mas o caso é julgado pelo plenário do Tribunal Regional Eleitoral. A decisão que indefere o processamento da representação enseja agravo regimental no prazo de 3 (*três*) dias.

A decisão do Tribunal Superior Eleitoral desafia recurso extraordinário, no prazo de 3 (três) dias, para o Supremo Tribunal Federal, art. 121, § 3º, da Constituição Federal e verbete sumular nº **728** do STF.

Cumpre salientar que as **decisões interlocutórias não são recorríveis** imediatamente e nem por agravo de instrumento (*art. 19 da Resolução TSE nº 23.478/2016*). Nesse caso, não ocorre preclusão, e quando o tribunal for examinar o recurso especial ou ordinário tratará dessa questão em função do requerimento da parte ou do órgão do Ministério Público Eleitoral.

Destaca-se no Egrégio TSE:

> (...) Consoante a jurisprudência do Tribunal Superior Eleitoral, as decisões interlocutórias proferidas nas ações eleitorais em que se discute a cassação de diplomas são irrecorríveis de imediato por não estarem sujeitas à preclusão, motivo pelo qual as questões nelas versadas devem ser impugnadas quando da interposição do recurso contra a decisão definitiva de mérito (Agravo Regimental em Agravo de Instrumento nº 52.851/SP. Acórdão de 19/08/2014. Rel. Min. João Otávio de Noronha. DJE. Tomo 163, Data 2/9/2014, p. 104).

18.23. MODELO BÁSICO DE REPRESENTAÇÃO POR CONDUTAS VEDADAS AOS AGENTES PÚBLICOS

Ex.mo Juiz Eleitoral da 10ª Zona Eleitoral do Município (_____)

O Partido Y, registrado no Egrégio Tribunal Superior Eleitoral, com sede na rua _____, por seu advogado infra-assinado, vem, respeitosamente, propor

REPRESENTAÇÃO POR CONDUTA VEDADA AO AGENTE PÚBLICO

contra

DR, candidato a Prefeito pelo Partido Z, e ER, candidato a Vice-Prefeito pelo Partido W, devidamente qualificados (_____), com subsunção no art. 22 da Lei Complementar nº 64, de 18 de maio de 1990, pelos fatos e fundamentos jurídicos abaixo descritos.

Durante o período de tempo entre os dias 20 de agosto e 7 de setembro de 2016, os representados utilizaram bens públicos para a divulgação de suas campanhas eleitorais, objetivando os mandatos eletivos de Prefeito e Vice-Prefeito do Município do Rio de Janeiro.

Conforme fazem prova em anexo a filmagem do fato e as fotografias, bem como o depoimento das testemunhas X, Y e Z devidamente qualificadas, os representados, sem medir esforços, utilizaram diversos bens públicos do erário municipal, a saber:

1) as 3 (três) máquinas impressoras da Prefeitura foram indevidamente utilizadas para imprimir 5.000 (cinco mil) folhetos que diziam: "Vote na gente e fique sempre contente";

2) infere-se que 7 (sete) veículos da marca (especificar) pertencentes ao patrimônio público municipal serviram aos propósitos ilegais de campanha eleitoral, inclusive sendo instalada aparelhagem de som para divulgação de jingles dos representados;

3) 60 (sessenta) servidores públicos municipais, no horário de serviço, faziam ostensiva propaganda política eleitoral, inclusive distribuindo "santinhos", folhetos diversos e outros materiais gráficos, apreendidos e que integram a presente representação.

A desproporcionalidade das ações foi inexorável, considerando o número de eleitores da Cidade, a quantidade dos bens e serviços públicos e o tipo de eleição (majoritária).

Os representados violaram o art. 73 e incisos abaixo elencados:

> Das Condutas Vedadas aos Agentes Públicos em Campanhas Eleitorais
>
> Art. 73. São proibidas aos agentes públicos, servidores ou não, as seguintes condutas tendentes a afetar a igualdade de oportunidades entre candidatos nos pleitos eleitorais:
>
> I – ceder ou usar, em benefício de candidato, partido político ou coligação, bens móveis ou imóveis pertencentes à administração direta ou indireta da União, dos Estados, do Distrito Federal, dos Territórios e dos Municípios, ressalvada a realização de convenção partidária;
>
> II – usar materiais ou serviços, custeados pelos Governos ou Casas Legislativas, que excedam as prerrogativas consignadas nos regimentos e normas dos órgãos que integram;
>
> III – ceder servidor público ou empregado da administração direta ou indireta federal, estadual ou municipal do Poder Executivo, ou usar de seus serviços, para comitês de campanha eleitoral de candidato, partido político ou coligação, durante o horário de expediente normal, salvo se o servidor ou empregado estiver licenciado.

Desse modo, comprovada a violação ao art. 73, incs. I, II e III da Lei nº 9.504/1997 e ao princípio da proporcionalidade em razão das condutas praticadas, requer a Vossa Excelência:

1. O recebimento da presente ação e sua autuação junto com a documentação em anexo;

2. Notificação dos representados (candidatos a Prefeito e Vice-Prefeito) em razão do Verbete sumular nº 38 do Egrégio Tribunal Superior Eleitoral, *verbo ad verbum:*

   Nas ações que visem à cassação de registro, diploma ou mandato, há litisconsorte passivo necessário entre o titular e o respectivo vice da chapa majoritária.

3. Notificação dos representados para a defesa no prazo de 05 (cinco) dias adotando-se o rito procedimental do art. 22, incs. I a XIII, da Lei Complementar nº 64/1990 e arts. 22 e seguintes da Resolução TSE nº 23.462, de 15 de dezembro de 2015, que "Dispõe sobre representações, reclamações e pedidos de resposta previstos na Lei nº 9.504/1997 para as eleições de 2016";

4. A intimação do Ministério Público Eleitoral nos termos do art. 127 da Carta Magna e da legislação eleitoral vigente;

5. A procedência do pedido para a declaração de inelegibilidade dos representados por 8 (oito) anos a contar das eleições, nos termos do Verbete sumular nº 19 do Egrégio TSE e nulificação dos diplomas com subsunção no art. 22, inc. XIV, da Lei das Inelegibilidades;

6. A procedência do pedido para a cassação do registro ou diploma, nos termos do § 5º do art. 73 da Lei nº 9.504/1997;

7. A procedência do pedido para a aplicação de multa, conforme previsão no art. 73, § 4º, da Lei nº 9.504/1997;

8. Realização de novas eleições suplementares nos termos dos §§ 3º e 4º do art. 224 do Código Eleitoral;

9. A produção de todas as provas, especialmente a documental e testemunhal;

10. Extração integral das peças documentais que integram os autos dessa representação para encaminhamento ao Ministério Público com atribuição na apuração de atos de improbidade administrativa, conforme previsão no § 7º dos arts. 73 e 78 da Lei nº 9.504/1997;

11. Oitiva das testemunhas abaixo discriminadas.

Desde já apresenta o rol abaixo de 6 (seis) testemunhas, nos termos do inc. V do art. 22 da LC nº 64/1990;

Município X, ___ de _____ de 20___.

ADVOGADO ELEITORAL

(Procuração em anexo)

CAPÍTULO 19

REPRESENTAÇÃO POR VIOLAÇÃO À LEI Nº 9.504/1997

19.1. BASE LEGAL

A Lei nº 9.504, de 30 de setembro de 1997, que *"Estabelece normas para as eleições"*, em seu **art. 96 e parágrafos**, trata sobre as reclamações ou representações relativas ao descumprimento das normas eleitorais, ressalvando--se as disposições específicas em contrário (*arts. 23, 30-A, 41-A, 45, inc. VI, 73, 74, 75 e 77 do mesmo diploma legal*).

O Tribunal Superior Eleitoral, por resolução específica e temporária, normatiza as representações, reclamações e direito de resposta. Por exemplo, para as Eleições de 2016, salienta-se a Resolução TSE nº 23.462/2015.

19.2. RITO PROCESSUAL

O processamento dessas representações segue um rito extremamente célere, inclusive em cotejo com o das Ações de Captação Ilícita de Sufrágio (art. 41-A da Lei nº 9.504/1997), Investigação Judicial Eleitoral (arts. 22 e ss. da Lei Complementar nº 64, de 18 de maio de 1990) e Impugnação ao Mandato Eletivo (art. 14, §§ 10 e 11, da Constituição Federal).

Consagra-se uma ritualidade sumária na aplicação das multas eleitorais, bem como no abrigo da prevenção das mais variadas espécies de propaganda **política eleitoral irregular**, sendo ainda a via adequada para impedir ou fazer cessar a propaganda criminosa, independentemente das providências penais relativas à punição dos autores de crimes eleitorais.

Cumpre observar que em determinadas hipóteses é necessária a oitiva de testemunhas. Por outro lado, o rito previsto no art. 96 da Lei nº 9.504/1997 não obriga o juiz à oitiva de testemunhas.

Na jurisprudência emergem **duas correntes** sobre a admissão de oitiva de testemunhas no rito do art. 96 da Lei nº 9.504/1997.

675

A **primeira admite a oitiva**. Neste sentido: *TSE-AG. 1.717, Campo Grande, MS, Rel. Nelson Azevedo Jobim, DJ 13/08/1999, p. 86*. Admite-se ainda, excepcionalmente, a oitiva de testemunhas, quando foram *"graves as consequências e a natureza dos fatos"* (TRE/SC, Representação XI-2409, Florianópolis–SC, Rel.ª Eliana Paggiarin Marinho, publicado em sessão do dia 18/10/2006).

A **segunda não aceita** a dilação probatória seguindo critério de interpretação literal do art. 96 e parágrafos da Lei das Eleições em razão do princípio da celeridade que informa o procedimento (*TSE. Agravo regimental em Recurso Especial Eleitoral 19.611, Cotia, SP, Diário da Justiça, vol. 1, 09/08/2002, p. 206*).

Somos favoráveis à primeira corrente, especialmente em razão da natureza da matéria eleitoral, dos abusos e condutas ilícitas e do disposto no § 9º do art. 14 da Constituição da República, que dispara um comando eficaz de tutela jurisdicional à coibição das condutas ilícitas eleitorais, aliás, nesse ponto, é o preceito normativo do art. 23 da Lei das Inelegibilidades, pois cumpre ao Tribunal formar sua convicção pela "(...) *livre apreciação dos fatos públicos e notórios, dos indícios e presunções e prova produzida, atentando para circunstâncias ou fatos, ainda que não indicados ou alegados pelas partes, mas que preservem o interesse público de lisura eleitoral"*.

A legislação processual civil tem aplicação subsidiária para as representações relativas ao descumprimento das normas eleitorais, art. 15 do Código de Processo Civil e Resolução TSE nº 23.478/2016.

19.3. REPRESENTAÇÃO POR PROPAGANDA ELEITORAL IRREGU-LAR. PRÉVIO CONHECIMENTO

No que tange à representação contra a propaganda eleitoral irregular, prevê a lei um requisito específico, conforme abaixo explanado.

O art. 40-B e o parágrafo único da Lei nº 9.504/1997 (*inclusão da Lei nº 12.034/2009*), assim dispõem:

> Art. 40-B. A representação relativa à propaganda irregular deve ser instruída com prova da autoria ou do prévio conhecimento do beneficiário, caso este não seja por ela responsável.
>
> Parágrafo único. A responsabilidade do candidato estará demonstrada se este, intimado da existência da propaganda irregular, não providenciar, no prazo de quarenta e oito horas, sua retirada ou regularização e, ainda, se as circunstâncias e as peculiaridades do caso específico revelarem a impossibilidade de o beneficiário não ter tido conhecimento da propaganda.

A prova de que o candidato tinha conhecimento da propaganda nem sempre é demonstrada por documentos, vídeos, filmagens, fotografias ou declarações, até porque em certos casos o infrator efetivamente desconhece que, por exemplo, um militante contratado colocou um adesivo num poste da via pública.

Objetivando assegurar a ampla defesa, o **parágrafo único do art. 40-B** possui uma exigência, que é a **prévia demonstração da responsabilidade eleitoral**.

O juiz responsável pela fiscalização eleitoral **notifica** o infrator para retirar a propaganda política eleitoral irregular. Com o transcurso do prazo de 48 (*quarenta e oito*) horas sem o cumprimento da ordem judicial estará demonstrado o **prévio conhecimento** e a inequívoca insistência na permanência da infração.

O retorno ao local, após o transcurso do prazo sem a retirada do material indevidamente exposto e sua certificação nos autos, é prova capaz de conduzir à certeza da multa.

A notificação deverá ser dirigida ao responsável infrator, observando-se a necessidade de demonstração do fato ilícito.

O ato notificatório é efetivado por *fac-símile*, via postal com aviso de recebimento ou por servidor designado que exerce a função por simetria de um Oficial de Justiça no endereço fornecido pelo candidato, quando do requerimento do registro da candidatura.

Responsabilidade pela multa eleitoral. A questão referente à obrigação solidária passiva significa que o credor (*União, por meio da Procuradoria da Fazenda Nacional*) poderá exigir o pagamento da multa de forma total ou parcial de apenas um dos solidários passivos. Trata-se de opção para demandar. Aplica-se a regra da legislação civil (arts. 275 a 285 do Código Civil).

Por outro lado, a solidariedade passiva na obrigação das multas eleitorais incidentes sobre propaganda eleitoral é imposta por **lei** e não pelo acordo de vontades. Trata-se da **solidariedade legal**.

Todavia, a responsabilidade solidária entre candidatos e partidos políticos ensejará a análise dos arts. 186 e 187 do Código Civil.

É uma forma de **responsabilidade eleitoral extracontratual** ou **aquiliana**, quando, por exemplo, o partido político por ação ou omissão, após regular notificação da Justiça Eleitoral, não adotou providências para fazer cessar o uso ilegal ou abusivo da propaganda eleitoral.

A Lei nº 13.165, de 29/09/2015, introduziu o § 11 ao art. 96 da Lei nº 9.504/1997 **excluindo a responsabilidade solidária** dos partidos políticos, restando a punição pela multa somente se **comprovada a participação da agremiação política por atos de seus representantes**.

A participação pode ocorrer por **auxílio material** na confecção de propagandas irregulares (*faixas, cartazes e panfletos*) e a colocação em locais proibidos, bem como por via virtual (*internet, mensagens, e-mails e outras formas*) ou moral (*instigação ou induzimento*) na ação ilícita.

Dessa forma, o benefício partidário, por si só, não autoriza a solidariedade no pagamento de multas eleitorais, cumprindo demonstrar atos de participação. Para provar a participação de representantes partidários é necessária a oitiva de testemunhas sobre o fato ilícito eleitoral, o que demanda autorização judicial na busca da verdade material no caso concreto.

Ressalta-se o art. **368-A do Código Eleitoral** (*introduzido pela Lei nº 13.165/2015*), que assim diz: "*A prova testemunhal singular, quando exclusiva, não será aceita nos processos que possam levar à perda do mandato*".

A representação prevista no art. 96 da Lei nº 9.504/1997 não ocasiona a perda do mandato. **Não se pode concluir que apenas um testemunho isolado da prova dos autos possa servir de lastro probatório para a procedência do pedido e aplicação da multa eleitoral,** *testis unus testis nullus*. O que comanda uma correta conclusão jurígena é a valoração do conjunto probatório e sua efetiva aceitação em razão da persuasão racional.

A legislação processual civil e penal se aplica subsidiária e supletivamente, considerando a falta de previsão específica eleitoral sobre a prova testemunhal, por exemplo, deveres, impedimentos, incapacidades e outros temas.

Cumpre enfatizar que a fiscalização da propaganda eleitoral e o exercício do poder de polícia são exercidos por juízes eleitorais dos Municípios. São esses juízes que determinam a retirada da propaganda ilegal das ruas e meios de comunicação em geral (internet, jornais e outros).

São organizadas equipes de fiscalização da propaganda política eleitoral com agentes públicos da própria Justiça Eleitoral e pessoas requisitadas (*guardas municipais, policiais, servidores do setor de limpeza pública e outros*) que devem seguir as ordens e instruções dos juízes responsáveis.

Quando nos **Municípios** estiverem situadas mais de uma Zona Eleitoral cumpre ao Tribunal Regional Eleitoral designar especificamente cada juiz eleitoral. Exemplo, juiz da 147ª Zona Eleitoral de Angra dos Reis e juiz da 8ª Zona Eleitoral da Cidade do Rio de Janeiro.

O magistrado designado para exercer a fiscalização eleitoral (*poder de polícia eleitoral*) terá a incumbência de cumprir o **art. 40-B da Lei nº 9.504/1997**, cuidando das notificações prévias e expedindo mandados de busca e apreensão relativos à propaganda irregular. No entanto, quando a eleição é municipal será designado um outro juiz eleitoral de uma zona eleitoral do próprio Município que processará e julgará as ações eleitorais ou representações. Nas eleições federais, estaduais e distritais esse julgamento compete aos **juízes auxiliares** dos Tribunais Regionais Eleitorais.

Dessa forma, nas **eleições municipais** a competência para apreciar as reclamações ou representações e os pedidos de resposta é do juiz eleitoral da zona eleitoral situada no Município.

O verbete sumular **nº 18** do Egrégio TSE assim trata: *"Conquanto investido do poder de polícia, não tem legitimidade o juiz eleitoral para, de ofício, instaurar procedimento com a finalidade de impor multa pela veiculação de propaganda eleitoral em desacordo com a Lei nº 9.504/1997"*.

As peculiaridades do caso podem conduzir à presunção da autoria e até mesmo à formação de um elo seguro de indícios veementes que revelam a inequívoca ciência da violação da regra da propaganda pelo seu beneficiado.

Exemplo: assim, restos de placas, testemunhas locais, fotografias em jornais e revistas, laudos periciais, autos de infração, interesse do candidato em fazer propaganda numa determinada região, sítios, filmagens, o histórico do candidato em votações anteriores e outros meios de prova podem ser elementos seguros ao abrigo da sentença final. Formata-se um conjunto capaz de conduzir as sanções previstas na legislação eleitoral.

O importante é a demonstração de que o infrator tinha conhecimento da propaganda apontada como irregular, pois se ele reside, por exemplo, nas proximidades da rua em que a propaganda está colocada é possível concluir pela certeza da autoria.

A representação é utilizada como o devido processo legal para reprimir condutas em desacordo com os dispositivos da Lei nº 9.504/1997, em especial, a propaganda política eleitoral irregular.

19.4. CAUSA DE PEDIR. OBJETIVO

A reclamação objetiva impedir a propaganda irregular ou criminosa, por meio de decisão mandamental ou, ainda, punir o infrator com a pena de multa eleitoral, admitindo-se a concessão de liminar.

As provas produzidas nas reclamações podem ser renovadas nas Ações de Impugnação ao Pedido de Registro de Candidaturas, Captação Ilícita de Sufrágio, Investigação Judicial Eleitoral e Impugnação ao Mandato Eletivo.

A representação deverá ser subscrita pelo Ministério Público ou advogado, e.g., do partido político que é legitimado, relatando os fatos e indicando as provas, indícios e circunstâncias, cumprindo-se o pressuposto processual da capacidade postulatória.

As cópias das mídias de áudio e vídeo acompanham a contrafé e seguem formatos regulamentados em resolução do Tribunal Superior Eleitoral, por exemplo *áudio: wmv. mpg. mpeg ou avi para vídeo.*

Basicamente, o pedido é sempre de aplicação da multa eleitoral pela violação de regras sobre propaganda política eleitoral.

19.5. COMPETÊNCIA PARA O PROCESSO E JULGAMENTO

O art. 96 da Lei nº 9.504/1997 fixa a competência:

> I – aos Juízes Eleitorais, nas eleições municipais;
>
> II – aos Tribunais Regionais Eleitorais, nas eleições federais, estaduais e distritais;
>
> III – ao Tribunal Superior Eleitoral, na eleição presidencial".

Nas **eleições municipais** (*Prefeito, Vice-Prefeito e vereador*), o Tribunal Regional Eleitoral designa em cada Município, que tenha mais de uma zona eleitoral, um juiz eleitoral com a específica competência *ratione materiae* para processar e julgar a representação.

Tenha-se presente que na competência para a representação que segue o rito do art. 96 da Lei nº 9.504/1997, em regra, aplica-se apenas a sanção de multa eleitoral.

No entanto, quando a representação tratar de **cassação do registro**, **diploma** ou **inelegibilidade** (arts. 23, 30-A, 41-A, 73, 74, 75, 77 e 81 da Lei nº 9.504/1997), no caso de eleições municipais, será designado pelo Tribunal Regional Eleitoral um outro juiz eleitoral de uma zona eleitoral na mesma comarca que poderá ser, inclusive o juiz responsável pelo registro de candidaturas. Trata-se de competência específica em razão da matéria.

Registre-se: os juízes eleitorais que julgam as representações não são os designados para a fiscalização da propaganda política eleitoral.

Tenha-se presente que:

a) o Tribunal Regional Eleitoral designa por meio de resolução, juízos eleitorais para julgar as representações e reclamações relativas ao descumprimento da Lei nº 9.504/1997. Assim, em cada comarca uma zona eleitoral terá essas tarefas;

b) por meio de outra resolução específica do TRE são designados juízos eleitorais (*zonas eleitorais*) apenas para a fiscalização da propaganda eleitoral e apreciação de requerimentos de resposta nas eleições municipais. **É o exercício do poder de polícia sobre a propaganda eleitoral**;

c) o Tribunal Regional Eleitoral expede mais uma resolução específica designando **juízos eleitorais** (*zonas eleitorais nos Municípios*) com competência para registro de pesquisas eleitorais, registro de candidaturas, apreciação de prestação de contas de campanha eleitoral e julgamento de representações que versem sobre cassação do registro, diploma e inelegibilidade.

Nos Municípios que sejam de **juízo único** essas competências recaem cumulativamente sobre apenas um juízo eleitoral, porque a divisão de competências acima elencada só ocorre nos Municípios com mais de uma zona eleitoral.

Quando a **eleição é federal, estadual** e **distrital** (*Senadores, Deputados federais, estaduais, distritais, Governadores e Vices*), a competência é do Tribunal Regional Eleitoral, sendo designados por resolução específica **3 (três) juízes auxiliares** entre os integrantes substitutos para apreciação e julgamento das representações e reclamações e direito de resposta, segundo disciplina o art. 96, § 3º, da Lei nº 9.504/1997.

Essa designação recai sobre 3 (*três*) membros substitutos do Tribunal Regional Eleitoral.

Assim, os juízes auxiliares julgam monocraticamente as representações que tratam de violação das regras da Lei nº 9.504/1997, inclusive o direito de resposta.

Todavia, quando as representações tratam de violações aos arts. 19 e 22 da LC nº 64/1990, abuso do poder econômico ou político, o caso é distribuído ao **Corregedor do TRE** que cuidará da instrução probatória até julgamento final, incluindo o feito em pauta para sessão de julgamento pelo Plenário da Corte.

O Tribunal Regional Eleitoral expede uma outra resolução específica designando juízes eleitorais, que **não são os auxiliares**, para exercerem apenas o **poder de polícia sobre a propaganda eleitoral**, nos Municípios que tenham mais de uma zona eleitoral.

São designados **juízes de zonas eleitorais**. A competência é **limitada** para notificar o candidato infrator, expedir mandados de busca e apreensão e atos judiciais notificatórios que sejam referentes ao poder de polícia eleitoral sobre a propaganda ilegal.

Os juízes eleitorais designados para fiscalização da propaganda eleitoral devem ter uma coordenação eleitoral. Nesse caso, o TRE designa um juiz como sendo auxiliar da Presidência para o exercício dessa tarefa.

A competência dos juízes auxiliares do Tribunal Regional Eleitoral termina com a diplomação dos eleitos, sendo que os casos pendentes devem ser **redistribuídos aos juízes do próprio Tribunal Regional Eleitoral**.

Se a representação for contra candidatos a Presidente e Vice-Presidente, a petição é dirigida ao Tribunal Superior Eleitoral, órgão competente para o julgamento da matéria.

Já se tem observado, com inteira efetividade, a existência da propaganda **política eleitoral antecipada**.

Nesta hipótese, mesmo ainda não havendo designação de juiz eleitoral específico, para conhecer, processar e julgar as reclamações, cabe aos legitimados dirigir a medida ao juiz eleitoral do local do fato. É a hipótese de Eleição Municipal.

Todavia, nas eleições federais, estaduais e distritais, o TSE já decidiu que: "(...) *Os juízes auxiliares exercem competência que é da corte regional. Se ainda não designados, a matéria não passaria ao primeiro grau, mas ao colegiado (Acórdão nº 15.325, de 31/08/1998 – Recurso Especial Eleitoral nº 15.325 – Classe 22ª/SC (Caçador). Rel. Min. Costa Porto)".*

Como se nota, a competência para o processo e julgamento dos casos referentes à **propaganda antecipada** são direcionados ao próprio Tribunal Regional Eleitoral (*pleiteantes aos mandatos eletivos de Governador, Vice, Senador, Deputados federais, distritais e estaduais*) ou ao Tribunal Superior Eleitoral (*nesse caso, quando envolver futuro candidato ao mandato eletivo de Presidente ou Vice-Presidente da República*).

Vê-se que, na verdade, os juízes auxiliares exercem espécie de **competência especial**, pois não são integrantes dos tribunais, mas designados para auxiliar no processamento e julgamento. De fato, os juízes auxiliares processam e julgam as reclamações monocraticamente, sendo os casos devidamente distribuídos de forma igualitária. É um critério de divisão horizontal de competência.

Como visto, os §§ 3º e 4º do art. 96 da Lei nº 9.504, de 30 de setembro de 1997, colmatam o vazio normativo existente sobre a questão relativa ao processamento e julgamento das reclamações nas eleições nacionais e estaduais, enquanto não advier a norma complementar exigida pelo art. 121 da Lei Maior, até porque, nos artigos do Código Eleitoral relativos à competência dos Tribunais Superiores e Regionais Eleitorais, não há dispositivo legal disciplinando o julgamento das reclamações.

A competência dos juízes auxiliares é absoluta, segundo já decidiu o Tribunal Superior Eleitoral. *Recurso Especial Eleitoral nº 19.890/AM, Rel. Min. Fernando Neves, em 29/08/2002.*

19.6. LEGITIMADOS ATIVOS

O art. 96, *caput*, da Lei nº 9.504/1997 faz menção expressa apenas aos partidos políticos, coligações e candidatos, olvidando-se do Ministério Público. Trata-se de legitimidade concorrente.

É possível a formação de um litisconsórcio facultativo ativo.

A omissão legislativa referente ao órgão do Ministério Público com atribuições eleitorais não desnatura sua legitimidade natural ativa com subsunção no art. 127 da Lei Maior, pois incumbe-lhe a defesa do regime democrático e dos interesses sociais e indisponíveis do cidadão.

As resoluções do Tribunal Superior Eleitoral corrigiram a omissão apontada.

Quanto ao Ministério Público.

Nas eleições para Presidente, Vice-Presidente da República, Governadores, Vice-Governadores, Senadores, Deputados federais, distritais e estaduais,

REPRESENTAÇÃO POR VIOLAÇÃO À LEI Nº 9.504/1997   CAPÍTULO 19

o procurador-geral eleitoral designará, por indicação dos procuradores regionais eleitorais nos Estados e no Distrito Federal, os membros do Ministério Público Federal (procuradores da República) que prestarão auxílio para a apresentação de pareceres e, ainda, para atuar como legitimados ativos perante os juízes auxiliares.

O procurador-geral eleitoral atua no Tribunal Superior Eleitoral. Os procuradores regionais eleitorais, nos Tribunais Regionais Eleitorais (*e podem contar com auxílio de outros procuradores regionais da república ou procuradores da República*) e os promotores eleitorais, perante os juízes eleitorais nos Municípios.

No âmbito das eleições municipais (*Prefeito, Vice-Prefeito e vereadores*), as atribuições ficam aos cuidados do Ministério Público Estadual, seja sob o prisma da emissão de promoções em reclamações ajuizadas por outros legitimados, seja como legitimado ativo (*parte*).

A atuação do Ministério Público Estadual se dá por meio de promotores eleitorais, indicados pelo Procurador-Geral de Justiça e designados pelo Procurador Regional Eleitoral nos Estados, perante o juiz eleitoral designado pelo Tribunal Regional Eleitoral.

Segue-se a Resolução nº 30 do Conselho Nacional do Ministério Público e resoluções específicas em cada Estado, que são atos complexos de designação por nomeação do procurador regional eleitoral e indicação do procurador-geral de Justiça.

19.7. LEGITIMIDADE. O MESMO FATO JURÍDICO ELEITORAL

A Lei nº 9.504/1997, no § 1º do art. 96-B (*introduzido pela Lei nº 13.165/2015*), assim versa: "*O ajuizamento da ação eleitoral por candidato ou partido político não impede a ação do Ministério Público no mesmo sentido*".

Como visto, a legitimidade é concorrente, mas sempre que o Ministério Público Eleitoral não for o autor da representação deverá intervir como fiscal da ordem jurídica eleitoral, sendo intimado dos atos processuais na forma legal.

Nas lições de Humberto Theodoro Júnior: "*Em todos os casos em que a lei considera obrigatória a intervenção do Ministério Público, a falta de sua intimação para acompanhar o feito é causa de nulidade do processo, que afetará todos os atos a partir da intimação omitida (NCPC, art. 279)*" (*Curso de Direito Processual Civil*, 56ª ed., Rio de Janeiro, Editora Gen, 2015, vol. I, p. 456).

Os §§ 2º e 3º do art. 96-B, tratam de **junção das representações sobre o mesmo fato**.

Se duas representações, e.g., forem sobre propaganda irregular em via pública e identificado o mesmo fato, não ocorrendo o trânsito em julgado as ações serão apensadas ao processo anterior, ou seja, ao previamente ajuizado, e as partes formarão um litisconsórcio. No caso de decisão já transitada em julgado, a ação ulterior não será apreciada, exceto se robustecida por provas diferentes ou novas.

É importante que a junção das representações (*conexão*) seja identificada em sua **natureza objetiva**, a identidade de causa de pedir sobre um mesmo fato jurídico eleitoral, v.g., o uso ilegal da internet para fins eleitorais.

> (...) É a conexão um "laço envolvente que se insinua por entre relações jurídicas, ora prendendo-as de modo indissolúvel, por forma a exigir uma única decisão, ora criando entre elas pontos de contato mais ou menos íntimo, que aconselham a reunião em um só processo, ainda quando possam ser decididas separadamente, sem maior dano, a não ser a lentidão e o gravame de maiores despesas" (*Manuel Carlos de Figueiredo Ferraz, apud José Frederico Marques, Instituições de Direito Processual Civil*, Editora Millennium, 1ª ed., São Paulo, Campinas, 2000, p. 418).

Salienta-se:

> (...) Todas as causas passíveis de se unirem, se propostas em separado, podem, em regra, propor-se unidas; e todas as causas, que se poderiam propor unidas, podem, *a fortiori*, unir-se, se propostas em separado (*Chiovenda, apud José Frederico Marques, Instituições de Direito Processual Civil*, Editora Millennium, 1ª ed., São Paulo, Campinas, 2000, p. 419).

> (...) O processo separado de causas conexas poderia levar a decisões contraditórias sobre o mesmo ponto, de fato ou de direito. Isso nem sempre é evitável. Sendo-o, força é que se reúnam os processos, para correrem perante o mesmo juiz evitando aquela contradição que escandaliza os que procuram justiça (*Lopes da Costa, Manual Elementar de Direito Processual Civil*, 3ª ed., Rio de Janeiro, Editora Forense, 1982, p. 82/3).

A prorrogação da competência em função de disposição **legal** decorre da **conexão** ou **continência** (*CPC/1973, arts. 102 e 104 e NCPC, arts. 54 a 56*).

> (...) O mais relevante para se reconhecer uma conexão com efeitos da reunião de processos que correm perante juízes diferentes (art. 58) é o risco de decisões conflitantes ou contraditórias, dado que a lei nova reputa suficiente para impor dita reunião, "mesmo sem conexão entre eles (§ 3º do art. 55) (*Humberto Theodoro Júnior, Curso de Direito Processual Civil*, 56ª ed., São Paulo, Editora Forense, 2015, vol. I, p. 232).

E continua:

> (...) É sempre necessário que se verifique, no caso concreto, o risco de decisões conflitantes ou contraditórias caso ocorra o julgamento em separado (NCPC, art. 55, § 3º). É tão relevante o risco de contradição entre os julgamentos separados que, para evitá-lo, a lei

REPRESENTAÇÃO POR VIOLAÇÃO À LEI Nº 9.504/1997

obriga a reunião dos processos e o julgamento conjunto até mesmo quando não se achar configurada a conexão entra as ações, como, por exemplo, se passa com as hipóteses limitadas à prova comum (art. 55, § 3º, *in fine*). Portanto, para o Código a conexão nem sempre impõe a prorrogação de competência, mas o risco de contradição a faz sempre obrigatória, haja ou não conexidade entre as causas. (Humberto Theodoro Júnior, *Curso de Direito Processual Civil*, 56ª ed., São Paulo, Editora Forense, 2015, vol. I, p. 234).

E ainda:

(...) Esse objetivo é, na verdade, de ordem pública, não podendo ficar subordinado à deliberação da parte, cabendo ao juiz velar por ele, em nome do prestígio da própria justiça (Humberto Theodoro Júnior, *Curso de Direito Processual Civil*, 56ª ed., São Paulo, Editora Forense, 2015, vol. I, p. 238).

(...) A grande contribuição do NCPC para a ampliação do conceito de conexão entre causas, de modo a fomentar sua reunião para julgamento conjunto, com maior otimização de procedimentos, com economia processual e com identidade de destinos decisórios (evitando-se desfechos judiciais conflitantes para causas pautadas em fatos comuns ou que se relacionem), advém do § 3º do art. 55 ora comentado.

Neste dispositivo, recomenda-se a reunião de causas mesmo que estas não sejam conexas, de modo a serem evitadas decisões conflitantes ou contraditórias (...)

(...) A mensagem legislativa é clara: se para a reunião de causas sequer exige-se obrigatoriamente a constatação da conexão (§ 3º do art. 55 do NCPC), evidencia-se que o órgão jurisdicional deverá ser flexível e ampliativo para fins de estabelecimento da conexão, fomentando-se o quanto possível o julgamento conjunto das demandas que de alguma forma se relacionem, evitando-se decisões conflitantes entre si (Teresa Arruda Alvim Wambier e outros. *Primeiros Comentários ao Novo Código de Processo Civil Artigo por Artigo*. 1ª ed., São Paulo, Editora Revista dos Tribunais, 2015, p. 123).

Lembra *Guilherme Rizzo Amaral*, que: *(...) A jurisprudência já vinha relativizando os requisitos para a conexão, entendendo o STJ que "não precisa ser absoluta a identidade entre os objetos ou as causas de pedir das ações tidas por conexas", bastando "existir liame que torne necessário o julgamento unificado das demandas" (REsp 780.509/MG, Rel. Min. Raul Araújo, 4ª T., j 25/09/2012, DJe 25/10/2012).* Tal entendimento passa a constar de forma expressa no § 3º do art. 55, que determina o dever de reunir os processos em que, a despeito de inexistir conexão propriamente dita, haja risco de decisões conflitantes ou contraditórias caso viessem a ser julgados separadamente.

É fundamental ressaltar que tal conflito ou contradição não diz respeito a conflito de *tese*. É dizer: demandas com o mesmo fundamento, propostas em juízos distintos, poderão ter decisões discrepantes. O que interesse, aqui, é que as decisões sejam contraditórias entre si com relação ao mesmo objeto, tornando-se inviável a efetivação (cumprimento ou execução) de ambas simultaneamente (*Guilherme Rizzo Amaral, Comentários às Alterações do novo CPC.* 1ª ed., São Paulo, Editora Revista dos Tribunais, 2015, p. 113).

Ressalta-se ainda que o art. 96-B da Lei nº 9.504/1997 em seu § 2º assim dispõe: *"Se proposta ação sobre o mesmo fato apreciado em outra cuja decisão ainda não transitou em julgado, será ela apensada ao processo anterior na instância em que ele se encontrar, figurando a parte como litisconsorte no feito principal"*.

Nesse contexto, o Ex.mo Procurador-Geral da República ingressou, no STF, com a Ação Direta de Inconstitucionalidade **nº 5.507** em relação não apenas ao § 2º do art. 96-B, como também em relação ao § 3º, que possui a seguinte redação: *"Se proposta ação sobre o mesmo fato apreciado em outra cuja decisão tenha transitado em julgado, não será ela conhecida pelo juiz, ressalvada a apresentação de outras ou novas provas"*.

Os pedidos na Ação Direta de Inconstitucionalidade, em resumo, são: 1) declarar a inconstitucionalidade formal e material do art. 2º da Lei nº 13.165/2015, no tocante à inclusão do art. 96-B à Lei das Eleições; e 2) de forma subsidiária, atribuir interpretação conforme à Constituição ao § 3º do art. 96-B.

A inconstitucionalidade formal estaria baseada na suposta violação do art. 121 da Constituição Federal que disciplina que somente lei de natureza complementar poderia tratar da competência e organização dos tribunais e juízes eleitorais.

No entanto, a princípio, não se materializa essa inconstitucionalidade na hipótese concreta, porque a regra de conexão tratada no art. 96-B, § 2º, acima aludido possui similitude com a disciplina normativa do Código de Processo Civil, que é lei ordinária e aplicável de forma uníssona subsidiária e supletivamente ao processo eleitoral.

Não é caso de alteração da competência funcional ou pessoal de natureza absoluta, mas apenas de garantia da segurança jurídica e de economia processual afastando-se decisões que possam traduzir uma resoluta contrariedade.

Noutros termos, não se perscruta, a princípio, o aspecto da eventual **inconstitucionalidade material**, em razão de a interpretação desta regra poder conduzir à propositura de ações concomitantes ou supervenientes perante órgãos jurisdicionais eleitorais diversos. Não foi essa a intenção do legislador.

Deveras, a regra de conexão não pode alterar critério de competência de **natureza absoluta**, pois o art. 96 da Lei das Eleições disciplina o órgão jurisdicional competente para o processo e julgamento das representações por descumprimento da Lei nº 9.504/1997. **Por exemplo**, nas eleições municipais será competente o juiz eleitoral, enquanto nas eleições estaduais será o Tribunal Regional Eleitoral.

REPRESENTAÇÃO POR VIOLAÇÃO À LEI Nº 9.504/1997   CAPÍTULO 19

Assim, por exemplo, uma Ação de Impugnação ao Requerimento de Registro de Candidatura baseada em inelegibilidade do candidato a vereador, que nas eleições municipais é proposta perante o juiz eleitoral da zona eleitoral previamente designado pelo Tribunal Regional Eleitoral, e o Recurso Contra a Expedição do Diploma baseado na inelegibilidade constitucional, que é interposto perante o juiz eleitoral e processado e julgado no Tribunal Regional Eleitoral, não são demandas conexas que possam ensejar a alteração da competência funcional.

Infere-se, pois, que: *"A competência relativa pode ser modificada em razão da conexão. Há impossibilidade, contudo, de modificar-se por normas de conexão a competência absoluta"* (STJ, 1ª Seção. AgRg no CC 43.922/RS, Rel. Min. Teori Albino Zavascki, j. 25/08/2004, DJ 13/09/2004, p. 166). E ainda: *"A competência absoluta não pode ser modificada pela vontade das partes"* (STJ, 3ª Turma, REsp 255.076/MG, Rel. Min. Carlos Alberto Menezes Direito, j. 15/12/2000, DJ 12/03/2001, p. 142).

Na disquisição do tema, é importante salientar que a regra do § 2º do art. 96-B da Lei das Eleições, quando dispõe que **haverá reunião dos processos na instância em que o primeiro se encontrar**, está interligada à interpretação sistemática da regra de conexão instituída pela lei processual civil, que se aplica de forma supletiva, ou seja, a leitura que deve ser realizada desse dispositivo legal cinge-se **à compatibilidade de que existem duas ou mais ações sobre o mesmo fato que tramitam perante o mesmo juízo eleitoral competente**, **seja o juiz da zona eleitoral, ou o Tribunal Regional Eleitoral ou o próprio Tribunal Superior Eleitoral**.

A interpretação do § 2º do art. 96-B da Lei das Eleições deve ser feita em consonância com a preservação das regras de **competência de natureza absoluta**, nos termos dos arts. 54 e 62 do Código de Processo Civil, que não admitem sua modificação por conexão quando a competência for determinada em razão da pessoa ou de natureza funcional.

Em virtude dessas considerações, podemos **concluir** que o § 2º do art. 96-B da Lei das Eleições **não pode violar as competências** *ratione personae* e **funcional**, porque quando o art. 96, por exemplo, no § 2º diz que *"nas eleições municipais, quando a circunscrição abranger mais de uma zona, o tribunal regional designará um juiz para apreciar as reclamações ou representações"*, a hipótese é de **competência absoluta**, porque o foro é determinado em razão do interesse público e considerando o tipo de candidatura em uma determinada eleição, inclusive incidindo regras de designação temporária por resoluções específicas dos Tribunais Regionais Eleitorais e do Tribunal Superior Eleitoral, que colmatam toda a questão atinente à competência.

Por fim, a única interpretação viável da regra do § 2º do art. 96-B da Lei das Eleições é que só pode haver conexão quando duas ou mais ações eleitorais estiverem tramitando perante o mesmo juízo competente, sendo que a expressão **instância em que se encontrar** deve ser interpretada de forma sistemática e teleológica com a normatividade processual civil, sendo restrita ao curso legal da causa perante o mesmo juízo competente.

Assim, e.g., duas representações com base no art. 41-A da Lei das Eleições sobre o mesmo fato propostas por legitimados ativos diversos devem ser reunidas em função do processo anterior proposto perante o mesmo juízo competente. Se uma das ações já se encontrar em grau recursal, não se admitirá a reunião de ações, sob pena de violação à regra de **competência vertical funcional**, que é hipótese de competência absoluta, não sendo possível a modificação por conexão.

Cumpre-nos assinalar que o art. 96-B e seus parágrafos estão interligados ao art. 96, ambos da Lei das Eleições, sendo que a interpretação deve ser sistemática, observando-se a regra de competência instituída no *caput* do art. 96, em seus incisos e §§ 2º e 3º.

Tenha-se presente ainda que o art. 96 e seus parágrafos tratam do **procedimento sumaríssimo de natureza eleitoral e que tem somente aplicação em razão de descumprimentos específicos da Lei das Eleições**, não podendo a regra ser ampliada para a Ação de Investigação Judicial Eleitoral, Ação de Captação Ilícita de Sufrágio, Condutas Vedadas aos Agentes Públicos, Ação de Captação ou Gastos Ilícitos de Recursos, Recurso Contra a Expedição do Diploma e Ação de Impugnação ao Mandato Eletivo, pois os procedimentos seguem ritos processuais diversos. **Em relação a esses procedimentos especiais, as regras de conexão são as especificamente previstas no Código de Processo Civil**.

Com efeito, o art. 96-B é um desdobramento do procedimento do próprio art. 96 e parágrafos da Lei nº 9.504/1997. Desse modo, restringe-se a esse tipo de procedimento, exceto se a interpretação sobre esse tema considerar a projeção da regra para as demais representações ou ações eleitorais previstas na Lei Complementar nº 64/1990, em razão do denominado **microssistema processual eleitoral**.

Como se percebe, em sequência, a princípio não é inconstitucional o disposto no § 3º do art. 96-B da Lei nº 9.504/1997, porque se o **mesmo fato** já foi apreciado em decisão transitada em julgado, a sua renovação judicial acarreta a violação da coisa julgada nos termos do preceituado no art. 502 do novo CPC, *in verbis*: "*Denomina-se coisa julgada material a autoridade que torna imutável e indiscutível a decisão de mérito não mais sujeita a recurso*".

Por outra via, o legitimado ativo para a propositura das ações eleitorais deve eleger a via processual adequada, sendo que a escolha incorreta pode inviabilizar a tutela jurisdicional pretendida. No entanto, mesmo assim, por exemplo, se o partido político adversário ingressar com uma ação de investigação judicial eleitoral (AIJE) fundada na alegação do abuso do poder econômico em virtude da captação de sufrágio, ao invés de ter eleito a representação do art. 41-A da Lei nº 9.504/1997, poderá o juiz, *ex officio*, aplicar os princípios da fungibilidade e da instrumentalidade efetiva do processo, considerando a aplicação supletiva e subsidiária do novo Código de Processo Civil (art. 15).

Verifica-se, pelo exemplo acima, a adoção do mesmo rito processual previsto no art. 22, incs. I *usque* XIII, da Lei Complementar nº 64/1990; portanto, as garantias do devido processo legal e contraditório são plenamente observadas, não havendo nenhum prejuízo à defesa.

A importância da instrumentalidade efetiva do processo é como sempre bem salientada por *Humberto Theodoro Júnior*, nos seguintes termos: "*A preocupação maior do aplicador das regras e técnicas do processo civil deve privilegiar, de maneira predominante, o papel da jurisdição no campo da realização do direito material, já que é por meio dele que, afinal, se compõe os litígios e se concretiza a paz social sob o comando da ordem jurídica*" (Curso de Direito Processual Civil – Teoria geral do direito processual civil, processo de conhecimento e procedimento comum. 56ª ed. Rio de Janeiro: Forense. vol. 1, p. 54).

Salienta ainda *Humberto Theodoro Júnior* o voto condutor da *Ministra Nancy Andrighi, no REsp 975.807, in verbis*: "*Os óbices e armadilhas processuais só prejudicam a parte que tem razão, porque quem não a tem perderá a questão de mérito, de qualquer maneira. O processo civil dos óbices e armadilhas é o processo civil dos rábulas*".

Como se nota, o art. 322, § 2º, do novo CPC permite ao magistrado conhecer com maior **efetividade do mérito da causa**, interpretando o fato que lhe é submetido.

Significativa é a lição de *Teresa Arruda Alvim Wambier, Fredie Didier Jr., Eduardo Talamini e Bruno Dantas*, nos seguintes termos, *in expressi verbis*: "*O legislador mudou a diretriz para a interpretação do pedido. Abandonou a ideia de interpretação restritiva do pedido, presente no art. 293 do CPC/1973. Agora prevalece a ideia de que o pedido seja interpretado de forma a lhe conferir efetividade, considerando a petição inicial no seu todo, mas sem a criação de surpresas e armadilhas, e com respeito ao contraditório e à ampla defesa (art. 5º, LV, da CF)*" (Breves Comentários ao Novo Código de Processo Civil. São Paulo: Revista dos Tribunais, 2015, p. 824).

Desse modo, o magistrado eleitoral, ao receber a petição inicial de uma AIJE erroneamente proposta, quando seria caso de uma representação do art. 41-A da Lei das Eleições (Lei nº 9.504/1997), **não estará restrito ao pedido formulado pelo legitimado ativo**, devendo considerar o conjunto dos fatos para a prolação da decisão definitiva, aplicando as sanções cabíveis previstas no art. 41-A da norma eleitoral, independentemente de sua expressa formulação pelo autor, quando não observar a **gravidade** exigida para a incidência do inc. XIV do art. 22 da Lei nº 9.504/1997, mas tão somente a proporcionalidade ou razoabilidade do ato ilícito, pois para o abuso do poder econômico é necessária a comprovação da gravidade do ato, que nem sempre pode ser demonstrada.

Não podemos olvidar ainda o que disciplina o art. 45 da Resolução nº 23.455, de 15 de dezembro de 2015, que dispõe sobre a escolha e registro de candidatos nas eleições de 2016: *"O pedido do registro será indeferido, ainda que não tenha havido impugnação, quando o candidato for inelegível ou não atender a qualquer das condições de elegibilidade"*.

Essa regra é repetida em sucessivas resoluções temporárias sobre registro de candidatura.

Desse modo, o magistrado atua positivamente na defesa da qualidade e higidez das capacidades eleitorais dos candidatos e na preservação inafastável da legitimidade do processo eletivo.

A tutela jurisdicional, nesta hipótese, além de ser de ordem pública, é cognoscível *ex officio,* quando demonstrada a lesão ao sufrágio.

Em conclusão:

(i) não se pode aceitar que seja proposta uma outra ação sobre o mesmo fato que já foi apreciado em decisão transitada em julgado, ressalvada, conforme disciplina a regra do § 3º do art. 96-B da Lei nº 9.504/1997, a apresentação de outras ou novas provas sobre o vício do processo de legitimidade eleitoral, sob pena de violação à coisa julgada;

(ii) a regra do art. 96-B e parágrafos está vinculada, exclusivamente, ao procedimento sumaríssimo do art. 96 da Lei das Eleições, ou seja, não se aplica para os procedimentos das **representações específicas**, previstas nos arts. 23, 30-A, 41-A, 45, inc. VI, 73, 74, 75 e 77 da Lei nº 9.504/1997, pois estes observam o rito previsto no art. 22 da Lei Complementar nº 64/1990, exceto pela projeção do denominado microssistema processual eleitoral para as demais representações eleitorais.

(iii) em igual sentido, a regra de conexão do art. 96-B e parágrafos da Lei nº 9.504/1997 não se aplica ao rito da Ação de Impugnação ao Requerimento de Registro de Candidatura previsto nos arts. 3º a 15 da Lei Complementar nº 64/1990, bem como para a Ação de Impugnação ao Mandato Eletivo (*art. 14, §§ 10 e 11, da Constituição Federal*), que segue esse mesmo rito, nem em relação ao Recurso Contra a Expedição do Diploma, previsto no art. 262 do Código Eleitoral; e

(iv) as regras dos §§ 2º e 3º do art. 96-B da Lei nº 9.504/1997 **não afetam as competências absolutas para o processo e julgamento das representações eleitorais** cuja previsão se encontra nos arts. 96, e seus incisos e parágrafos, e 97 da Lei das Eleições, bem como nos arts. 2º e 24 da Lei Complementar nº 64, de 18 de maio de 1990, e em resoluções específicas do Tribunal Superior Eleitoral. A hipótese é de competência absoluta aplicando-se a exegese processual civil de forma supletiva e subsidiária.

19.8. MINISTÉRIO PÚBLICO ELEITORAL. INTERVENÇÃO COMO FISCAL DA ORDEM JURÍDICA ELEITORAL

Na verdade, a intervenção do órgão do *Parquet* é absolutamente necessária dentro do processo eleitoral, especialmente neste tipo de ação, considerando que as testemunhas, os documentos e perícias podem ser usados como prova emprestada no ajuizamento de outras ações eleitorais, tais como: a Ação de Impugnação ao Pedido de Registro de Candidatos, Ação de Investigação Judicial Eleitoral por Abuso do Poder Econômico e/ou Político, Ação de Captação Ilícita de Sufrágio, Ação de Impugnação ao Mandato Eletivo e o Recurso Contra a Diplomação.

O Ministério Público (*procurador-geral eleitoral, procuradores regionais eleitorais e promotores eleitorais*) dará parecer, quando não for parte ativa na propositura da ação.

Por exemplo: o promotor eleitoral terá vista para parecer no prazo máximo de 24 (*vinte e quatro*) horas após a defesa do reclamado.

As resoluções do Tribunal Superior Eleitoral normatizaram que, vencido o prazo, com ou sem manifestação, os autos são imediatamente devolvidos ao juiz. Abriga-se no tratamento da matéria processual o princípio da celeridade eleitoral, considerando os prazos exíguos do calendário eleitoral e a data das eleições.

Impende frisar que a vista dos autos é de natureza obrigatória ao Ministério Público, e.g., promotor eleitoral, mas o parecer é dispensável diante da celeridade e sumariedade do rito processual da ação de reclamação.

Por fim, a regra do art. 94 da Lei nº 9.504/1997 atribui especial preferência aos feitos eleitorais entre o pedido de registro das candidaturas até cinco dias após a realização do segundo turno das eleições.

Como se nota, nas eleições nacionais, federais, estaduais e distritais, os promotores eleitorais legalmente designados para **fiscalizar a propaganda política eleitoral** devem atuar.

Suas atuações se desenvolvem na investigação e coleta de provas materiais, vestígios das infrações referentes ao abuso do poder econômico, político, captação ilícita de sufrágio, propaganda irregular e condutas vedadas aos agentes públicos.

Nesta produção investigatória de provas não lhes cabe ajuizar medidas para fins de aplicação das sanções, pois esta reserva de atribuição fica com o procurador regional eleitoral e seus auxiliares (*Procuradores da República*).

Na hipótese, os promotores eleitorais deverão canalizar as provas produzidas para o Ministério Público Federal (*procurador regional eleitoral*), que poderá ajuizar as ações cabíveis (*arts. 41-A e 96 da Lei nº 9.504/1997, art. 22 da Lei*

Complementar nº 64/1990, e outras medidas judiciais). Trata-se de atuação compartilhada que visa à defesa do regime democrático.

O Ministério Público sempre emitirá parecer nas ações judiciais, quando não estiver atuando como legitimado principal.

19.9. CANDIDATOS. LEGITIMADOS ATIVOS

Os candidatos legitimados ativos para a propositura da ação de reclamação são, a princípio, os registrados, ainda que provisoriamente, para uma determinada eleição. No entanto, como a Lei nº 9.504/1997, em seu art. 96 e §§, não fixou o termo *a quo* do prazo para a propositura desta ação. É possível seu ajuizamento por pré-candidatos (*escolhidos em convenção*).

As convenções ocorrem entre os dias 20 de julho e 5 de agosto do ano eleitoral (*art. 8º da Lei nº 9.504/1997*), enquanto o prazo para o pedido de registro de candidatos é até o dia 15 de agosto (*art. 11 da Lei das Eleições*).

Nesse caso, cumpre se verificar ainda a devida capacidade postulatória por meio de advogados regularmente inscritos na Ordem dos Advogados do Brasil ou Defensor Público da União (*essa última hipótese ainda é de rara atuação em função do gradual crescimento dessa nobre instituição no âmbito da União*).

19.10. PARTIDOS POLÍTICOS E COLIGAÇÕES. LEGITIMADOS ATIVOS

Os **partidos políticos** devem provar suas regulares constituições com a apresentação, na inicial, do estatuto partidário (*comprovação da situação jurídica na circunscrição e da legitimidade do subscritor*).

No caso das **coligações**, como são específicas para determinada eleição (*temporárias*), o Tribunal Superior Eleitoral exige que o pedido seja subscrito, alternativamente, pelos Presidentes dos partidos políticos coligados, por seus delegados, pela maioria dos membros dos respectivos órgãos executivos de direção ou por representante da coligação designado.

As coligações não têm legitimidade para a ação de reclamação antes das convenções e do pedido de registro para determinado pleito eleitoral, mas, ao contrário, os partidos políticos possuem legitimação permanente, assim como o Ministério Público.

No caso de coligação deve ser indicado o nome da pessoa designada para representá-la (*art. 6º, § 3º, IV, alíneas "b" e "c", da Lei nº 9.504/1997*). Esse nome é fornecido por ocasião do requerimento de registro de candidatos.

REPRESENTAÇÃO POR VIOLAÇÃO À LEI Nº 9.504/1997   CAPÍTULO 19

19.11. DAS PROVAS

Como já visto alhures, a inicial deve apresentar fatos, indícios e circunstâncias. Em regra geral, as petições iniciais são instruídas com fotografias, autos de infração, filmagens e outros documentos.

Por outro lado, embora a lei não tenha previsão expressa, entendemos que as partes podem requerer a oitiva de testemunhas, sendo, o limite máximo, de seis, conforme o art. 3º, § 3º, da Lei Complementar nº 64, de 18 de maio de 1990 (ação de impugnação ao pedido de registro de candidatos). Trata-se de outro procedimento eleitoral que pode por analogia ser utilizado.

Entretanto, a questão não é pacífica, existindo decisões jurisprudenciais favoráveis e contrárias à produção de prova testemunhal no rito em tela. O fundamento para este último entendimento, de contrariedade à admissão da prova testemunhal, baseia-se na omissão da lei, bem como no fato de ser tal rito mais célere, o qual não comportaria extensa dilação probatória.

Assim, **a favor** da utilização da prova testemunhal no rito da reclamação Agravo provido. Recurso não conhecido (*TSE, Ag – 1717. Campo Grande – MS, Rel. Nelson Azevedo Jobim. DJ 13/08/1999, p. 86*). **Contra**: *TSE, Agravo Regimental em Recurso Especial Eleitoral, Respe nº 19.611, Cotia – SP, Rel. Raphael de Barros Monteiro Filho, DJ, v. 1, 09/08/2002, p. 206.*

Cabe ao órgão jurisdicional a livre apreciação da prova, especialmente em razão do disposto no art. 23 da Lei das Inelegibilidades (*LC nº 64/1990*).

Assim, como a prova produzida na ação de reclamação poderá de alguma forma exercer influência na IJE, Ação de Captação Ilícita de sufrágio, ou ainda, na AIME, é viável a oitiva de testemunhas nesta ação, mas todas devem ser ouvidas numa mesma assentada. Limitar a produção da prova é contraproducente ao exercício da jurisdição eleitoral.

19.12. LEGITIMADOS PASSIVOS

A legitimidade passiva, a princípio, é contra o candidato infrator e beneficiado pela propaganda política eleitoral irregular.

No entanto, trata-se de uma **legitimidade extensiva** que pode abranger no polo passivo da relação jurídica processual: candidatos (*majoritários e proporcionais*), partidos políticos e coligações (*princípio da solidariedade, arts. 241 do Código Eleitoral e 6º, § 5º, da Lei nº 9.504/1997*), jornalistas (*propaganda na rádio, televisão, internet e jornais em geral*), autoridades públicas (*chefes do Executivo*) que embora não sendo candidatos à reeleição podem de alguma forma contribuir com as ilegalidades, pessoas em geral.

Não é o caso de litisconsórcio passivo necessário entre todos os infratores, mas é indubitável que em razão do princípio da responsabilidade solidária

693

que alcança maior amplitude em função da regra do § 5º do art. 6º da Lei nº 9.504/1997 (*introdução da Lei nº 12.891/2013*), o partido político e até mesmo a coligação devem ser obrigatoriamente citados nos autos da representação para que possam ser executados pelo credor em ação de execução fiscal no caso de aplicação de multa não paga por propaganda irregular.

Em razão desse fato torna-se incindível a relação processual entre candidato e partido político para fins de pagamento e execução da multa imposta por transgressões à propaganda eleitoral. Forma-se o litisconsórcio passivo necessário original e não unitário.

O verbete sumular nº **40** do TSE diz que: "*O partido político não é litisconsorte passivo necessário em ações que visem à cassação do diploma*".

Deveras, essa representação do art. 96 da Lei das Eleições não é o procedimento natural para a cassação do diploma, mas servirá de suporte para que o partido político, em determinados casos, seja corresponsável com o candidato pelo pagamento da multa eleitoral; portanto, nos casos pontuais, a agremiação partidária deverá ser citada no polo passivo da relação jurídica processual, sob pena de vício processual que equivale à própria ausência de citação (*art. 115, parágrafo único, do CPC*).

O importante é o conjunto probatório que se revela no caso concreto e demanda uma análise da participação das pessoas em benefício da candidatura.

19.13. PRAZO

O art. 96, § 5º, da Lei nº 9.504/1997 faz menção ao recebimento da reclamação ou representação, não fixando um prazo inicial de propositura da ação.

Com efeito, a lei é omissa em relação ao prazo inicial de sua propositura.

O prazo inicial para a propositura da representação não é fixado na lei e dependerá da ocorrência do ato ilícito. Por exemplo, se a propaganda for antecipada, ou seja, ocorrer antes do dia 16 de agosto do ano eleitoral, é admitido o ajuizamento da medida.

No dia 16 de agosto do ano de eleição, já é admitida a propaganda política eleitoral, art. 36 da Lei das Eleições, mas, constatada a irregularidade, por exemplo, com a colocação de placas em postes da via pública, é possível a propositura da representação do art. 96 da Lei das Eleições.

O prazo **final** será o dia da eleição (*Recurso em Representação nº 295549 – Brasília/DF. Acórdão de 19/05/2011. Rel. Min. Marcelo Henriques Ribeiro de Oliveira. DJE de 01/08/2011, p. 216-217*).

Quanto ao prazo de recurso. (...) *nos termos dos §§ 7º e 8º do art. 96 da Lei nº 9.504/1997, o prazo para recorrer da sentença **é de 24 horas, contado da publicação da sentença em cartório**, e não de eventual intimação efetuada pela*

REPRESENTAÇÃO POR VIOLAÇÃO À LEI Nº 9.504/1997 · CAPÍTULO 19

Secretaria, desde que o magistrado tenha observado o disposto no citado § 7º (Agravo Regimental no Recurso em Mandado de Segurança nº 538/CE, Rel. Min. Joaquim Barbosa, em 03/08/2009 (Inf. 24/2009). (grifos nossos).

Prazo para recurso do Ministério Público: "(...) *Recurso ordinário. Ministério Público Eleitoral. Prazo recursal. Termo inicial. Autos. Secretaria. Recebimento. Representação. Rito especial. Prazo legal. Intempestividade. Em virtude do disposto no art. 18, II, h, da LC nº 75/1993, o prazo recursal do Ministério Público Eleitoral inicia-se com o recebimento dos autos na respectiva secretaria. A Lei nº 9.504/1997 estabeleceu rito especial relativamente ao descumprimento de seus preceitos, entre os quais figura o art. 30-A. Nos termos do § 8º do art. 96 da Lei das Eleições, o prazo recursal das representações é de 24 (vinte e quatro) horas, mesmo quando o recurso é interposto contra decisão colegiada em eleições estaduais e federais. Nesse entendimento, o Tribunal não conheceu do recurso (TSE. Unânime. Recurso Ordinário nº 1.679/TO, Rel. Min. Felix Fischer, em 04/08/2009 (Inf. 24/2009)* (grifos nossos).

Em resumo: o prazo para propor a representação só pode ser até o **dia da eleição**. Ocorrendo segundo turno é considerado o dia exato dessa eleição. No entanto, o **prazo inicial** pode ocorrer quando manifestado ato de propaganda antecipada, ou seja, no ano de eleição, especialmente quando da realização das prévias eleitorais e convenções partidárias.

Todavia, observe-se que se a **propaganda antecipada** ocorreu na propaganda partidária o prazo final possui outro marco temporal, segundo precedente do Egrégio TSE:

> (...) O **prazo limite para propositura de representação pela prática de irregularidade em propaganda partidária é o último dia do semestre em que for veiculado o programa impugnado**, ou, na hipótese de ser transmitido nos **últimos trinta dias desse período, até o décimo quinto dia do semestre seguinte, nos termos do § 4º do art. 45 da Lei nº 9.096/1995**, sujeitando-se a idênticos marcos temporais eventuais providências atinentes à regularização de defeitos da peça inicial.
>
> 2. A circunstância de estarem as inserções protagonizadas por liderança política não induz, por si mesma, à exclusiva promoção pessoal em desvio das finalidades legais.
>
> 3. A propaganda eleitoral antecipada não se configura em espaço destinado ao programa partidário se ausentes pedido de votos ou divulgação, ainda que dissimulada, de candidatura, de ação política que se pretenda desenvolver, de razões que levem a inferir que o beneficiário seja o mais apto para a função pública ou referência, mesmo que indireta, ao pleito (*TSE. Rel. Min. João Otávio de Noronha. DJE, Tomo 198, 21/10/2014, p. 68*) (grifos nossos).

19.14. RECURSOS

A competência para o processo e julgamento da representação nas **eleições municipais** é do juiz eleitoral devidamente designado por resolução específica do Tribunal Regional Eleitoral.

Caberá **recurso inominado** ao Tribunal Regional Eleitoral no prazo de 24 (*vinte e quatro*) horas, conforme versa o § 7º do art. 96 da Lei nº 9.504/1997.

A publicação da sentença poderá ser no *Diário de Justiça Eletrônico* ou outro veículo de imprensa oficial e ainda cartório com certificação nos autos, inclusive do horário da publicação.

As contrarrazões são oferecidas em idêntico prazo. Na omissão da lei, cumpre ao promotor eleitoral oferecer seu parecer no prazo de 24 (*vinte e quatro*) horas.

A atuação em segundo grau de jurisdição eleitoral pelo Procurador Regional Eleitoral supre a ausência do parecer.

Chegando os autos ao TRE, após autuação, o recurso é encaminhado ao Procurador Regional Eleitoral para emissão de parecer em 24 (*vinte e quatro*) horas. Em seguida o relator pode negar seguimento, dar provimento na forma legal ou apresentar em mesa para julgamento no prazo de 48 (*quarenta e oito*) horas.

Da decisão singular do relator em negar ou dar provimento cabe recurso de **agravo regimental** para julgamento em sessão plenária e colegiada do Tribunal Regional Eleitoral. O prazo é de 24 (*vinte e quatro*) horas. A previsão desse recurso está no regimento interno do Egrégio TSE, § 8º do art. 36, quando faz menção ao prazo de 3 (*três*) dias. No caso específico prevalece a regra da Lei nº 9.504/1997, art. 96, § 8º, quanto ao prazo reduzido de 24 (*vinte e quatro*) horas.

O acórdão do Plenário do Tribunal Regional Eleitoral desafia **recurso especial** para o Tribunal Superior Eleitoral, no prazo de 3 (*três*) dias, contados da publicação em sessão (*art. 121, § 4º, incs. I e II, da Constituição Federal e art. 276, § 1º, do Código Eleitoral*). O Presidente do Tribunal examina a admissibilidade do recurso e sendo aceito são oferecidas contrarrazões em 3 (*três*) dias.

O prazo de interposição do recurso especial é de 24 (*vinte e quatro*) horas, contado da publicação em sessão no caso de Direito de Resposta, art. 58, § 5º, da Lei nº 9.504/1997.

Se o recurso especial não for admitido, caberá **agravo de instrumento** ao Tribunal Superior Eleitoral no prazo de 3 (três) dias, art. 279 do Código Eleitoral.

No Egrégio TSE poderá o ministro relator negar seguimento ou dar provimento ao recurso especial na análise do agravo de instrumento reformando o acórdão do TRE, ou ainda seguir para julgamento do caso pela Corte.

A decisão do Egrégio TSE pode ensejar recurso extraordinário ao Supremo Tribunal Federal (*art. 121, § 3º, da Constituição da República e Verbete sumular nº 728 do STF*), no prazo de 3 (três) dias.

REPRESENTAÇÃO POR VIOLAÇÃO À LEI Nº 9.504/1997   CAPÍTULO 19

Os **embargos de declaração** são cabíveis no prazo de 24 (*vinte e quatro*) horas, não sendo aplicável a regra geral do prazo de 3 (*três dias*), art. 275, § 1º, do Código Eleitoral. Esse recurso interrompe o prazo para a interposição de outros.

É importante ressaltar que os feitos eleitorais terão prioridade de processo

Como já referido alhures, nas eleições **federais**, **distritais** e **estaduais** a decisão, primeiramente, é do **juiz auxiliar**.

Registrem-se precedentes do Egrégio TSE no sentido de que a decisão do juiz auxiliar é combatida por recurso inominado no prazo de 24 (vinte e quatro) horas. Esse recurso é julgado pelo órgão colegiado do Tribunal Regional Eleitoral.

Da decisão do Tribunal Regional Eleitoral caberá recurso especial ao Tribunal Superior Eleitoral, no prazo de 3 (*três*) dias, art. 276, § 1º, alíneas "a" e "b" e § 1º do Código Eleitoral, exceto em Direito de Resposta cujo prazo é de apenas 24 (*vinte e quatro*) horas, art. 58, § 6º, da Lei nº 9.504/1997. A regra dos 3 (*três*) dias e não de 24 (*vinte e quatro*) horas, segue o prazo geral dos art. 258 do Código Eleitoral.

São cabíveis **embargos de declaração** no prazo de **24 (vinte e quatro) horas**. "(...) *Segundo a jurisprudência do TSE, é de 24 horas o prazo para oposição de embargos de declaração contra acórdão de TRE em representação com base no art. 96 da Lei das Eleições*" (*Agravo Regimental em Recurso Especial Eleitoral nº 28.096/ PI. Acórdão de 07/11/2013. Rel.ª Min.ª Laurita Hilário Vaz. DJE. 04/08/2014*).

O Presidente do Tribunal Regional Eleitoral, no prazo de 24 (*vinte e quatro*) horas fará ou não a admissão do recurso. Admitido, abre-se vista para contrarrazões em 3 (*três*) dias, sendo os autos encaminhados ao Tribunal Superior Eleitoral.

No caso de não admissão do recurso especial, caberá agravo nos próprios autos para o Tribunal Superior Eleitoral, o prazo é de 3 (três) dias. Contrarrazões em igual prazo.

No Egrégio TSE os autos são recebidos na Secretaria e encaminhados ao procurador-geral eleitoral, que emitirá o parecer na forma legal.

Na hipótese de o ministro relator não admitir o recurso, caberá **agravo regimental** ao plenário do Egrégio TSE, sendo o prazo de 3 (três) dias.

A representação contra candidatos a Presidente e Vice-Presidente da República (*eleições nacionais*) é dirigida ao Tribunal Superior Eleitoral e distribuída ao relator (*auxiliar*) cuja decisão enseja recurso ao plenário em 24 (*vinte e quatro*) horas. Excepcionalmente, do acórdão do Egrégio TSE caberá recurso extraordinário ao Supremo Tribunal Federal, art. 121, § 3º, da Carta Magna.

697

19.15. MODELO BÁSICO DE REPRESENTAÇÃO POR PROPA-GANDA IRREGULAR

Ex.mo Juiz Eleitoral da 82ª Zona Eleitoral de (_____)

O Ministério Público Eleitoral, por meio do Promotor Eleitoral que esta subscreve, com subsunção no art. 127 da *Lex Mater*, nos arts. 78 e 79 da Lei Complementar nº 75/1993, e no art. 32 da Lei nº 8.625/1993 e na Resolução nº 30 do Conselho Nacional do Ministério Público, no uso de suas atribuições legais, vem respeitosamente propor, com base nos arts. 96 e parágrafos da Lei nº 9.504/1997 e 6º *usque* 15 da Resolução do Egrégio Tribunal Superior Eleitoral nº 23.462, de 15 de dezembro de 2015, que "Dispõe sobre representações, reclamações e pedidos de resposta previstos na Lei nº 9.504/1997 para as eleições de 2016",

REPRESENTAÇÃO

contra

Candinho (qualificar), vereador registrado no Partido das Ideias, sob o nº XXX, pelos fatos e fundamentos jurídicos infra-assinalados:

O representado colocou na Rua X, nº Y, no Bairro de W, diversas placas em postes da via pública.

Fiscais da propaganda eleitoral se dirigiram ao local e constataram as irregularidades nos termos do auto de verificação em anexo.

As placas se referem à propaganda eleitoral para as eleições municipais de 2016 com os seguintes dizeres:

Povo de Primavera. O voto no Candinho é garantia de Bom Tempo.

Infere-se que as placas foram confeccionadas com material plástico e amarradas nos postes com linha resistente, nos termos da descrição no anexo (2) e fotografias.

A conduta do representado caracteriza propaganda irregular nos termos do art. 37 da Lei nº 9.504/1997, *verbo ad verbum*:

Art. 37. Nos bens cujo uso dependa de cessão ou permissão do poder público, ou que a ele pertençam, e nos bens de uso comum, inclusive postes de iluminação pública, sinalização de tráfego, viadutos, passarelas, pontes, paradas de ônibus e outros equipamentos urbanos, é vedada a veiculação de propaganda de qualquer natureza, inclusive pichação, inscrição a tinta e exposição de placas, estandartes, faixas, cavaletes, bonecos e assemelhados.

§ 1º A veiculação de propaganda em desacordo com o disposto no *caput* deste artigo sujeita o responsável, após a notificação e comprovação, à restauração do bem e, caso não cumprida no prazo, a multa no valor de R$ 2.000,00 (dois mil reais) a R$ 8.000,00 (oito mil reais).

O representado foi devidamente notificado no dia 20 de agosto de 2016 para retirar as placas que estavam fixadas em mais de 50 (cinquenta) postes da via pública, conforme prova procedimento em anexo.

Todavia, no dia 23 de agosto de 2016, passadas, portanto, as 48 (quarenta e oito) horas do prazo para retirar o material irregular, o representado quedou-se inerte tendo prévio conhecimento do fato.

Registre-se o disposto no art. 40-B da Lei nº 9.504/1997, *in expressi verbis*:

> Art. 40-B. A representação relativa à propaganda irregular deve ser instruída com prova da autoria ou do prévio conhecimento do beneficiário, caso este não seja por ela responsável.
>
> Parágrafo único. A responsabilidade do candidato estará demonstrada se este, intimado da existência da propaganda irregular, não providenciar, no prazo de quarenta e oito horas, sua retirada ou regularização e, ainda, se as circunstâncias e as peculiaridades do caso específico revelarem a impossibilidade de o beneficiário não ter tido conhecimento da propaganda.

Assim sendo, requer:

1. A citação do representado para apresentar defesa no prazo de 48 (quarenta e oito) horas, nos termos do § 5º do art. 96 da Lei nº 9.504/1997;

2. A procedência do pedido para a afixação da multa no máximo legal de R$ 8.000,00 (oito mil reais) com base no § 1º do art. 37 da Lei nº 9.504/1997, considerando a quantidade de propagandas irregulares.

Protesta por todos os meios de prova, especialmente documental, fotográfica e testemunhal.

Município X, ___ de _____ de 20__.

Promotor Eleitoral

19.16. RESUMO

1) A ação de reclamação ou representação visa, especialmente, a aplicar uma multa aos candidatos e partidos políticos que tenham descumprido as regras sobre propaganda política eleitoral regular, ou seja, tenham praticado irregularidades não sujeitas à sanção de inelegibilidade por abuso do poder econômico ou político ou por compra de votos, pois, nestes casos, segue-se o disposto nos arts. 22 da Lei Complementar nº 64/1990 ou 41-A da Lei nº 9.504/1997.

A petição sempre indicará as provas que pretende produzir, sendo devidamente instruídas com a comprovação da autoria do fato e prévio conhecimento do beneficiário. Observa-se, nesse aspecto, o art. 40-B da Lei das Eleições.

2) A base legal da representação é o art. 96 e parágrafos da Lei nº 9.504/1997, que é regulamentado por resolução específica do Tribunal Superior Eleitoral para cada eleição.

3) O autor deve pedir a aplicação de uma multa.

4) Os legitimados são: Ministério Público, partido político, coligações e candidatos.

5) A competência é dos juízes eleitorais designados pelos Tribunais Regionais Eleitorais nas eleições municipais. Nas eleições de Governador, Vice--Governador, Senador, Deputados federais, estaduais e distritais, o tribunal designa juízes auxiliares que funcionam por delegação de competência. Nas eleições de Presidente, Vice-Presidente da República, cumpre ao Tribunal Superior Eleitoral julgar.

6) A inicial deve relatar fatos e ser instruída com provas da propaganda irregular.

7) A defesa deverá ser feita em 48 (*quarenta e oito*) horas. A celeridade do processo eleitoral enseja a notificação por *fac-símile* e meios eletrônicos.

8) O Ministério Público deverá sempre dar o seu parecer em 24 (*vinte e quatro*) horas.

9) O juiz decide em 24 (*vinte e quatro*) horas e contra a decisão caberá recurso no mesmo prazo, inclusive as contrarrazões devem ser ofertadas no mesmo prazo.

10) O rito específico é disciplinado por resolução temporária para cada eleição.

Representação por Violação à Lei nº 9.504/1997 — Capítulo 19

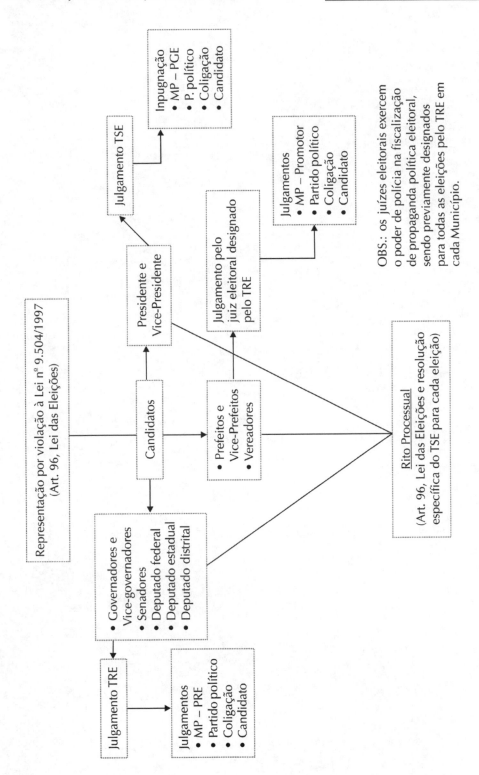

702

Capítulo 20

Investigação Judicial Eleitoral por abuso do Poder Econômico ou Político

20.1. BASE LEGAL

O suporte legal está no art. 22 da Lei Complementar nº 64, de 18 de maio de 1990. O Tribunal Superior Eleitoral disciplina aspectos do rito processual por resolução, e.g., Resolução nº 23.462/2015.

Trata-se de uma ação que visa a combater os abusos do poder econômico ou político, praticados por candidatos, cabos eleitorais, simpatizantes e pessoas em geral.

A Lei nº 9.504, de 30 de setembro de 1997, como já aludido, nos arts. 73 a 78 dispõe sobre as **condutas vedadas aos agentes públicos em campanha eleitoral**. Se as regras forem violadas, os fatos caracterizam espécies de abuso do poder.

Como se depreende, a representação do art. 22 da LC nº 64/1990 é o meio processual adequado para contemplar todas as hipóteses jurígenas do abuso do poder econômico ou político.

Assegura-se, desse modo, o **devido processo legal**, arts. 5º, inc. LIV, da Constituição da República Federativa do Brasil e 1º do Código de Processo Civil.

20.2. CONCEITO DO ABUSO DO PODER ECONÔMICO OU POLÍTICO

O abuso do poder econômico ou político é toda conduta ativa que tenha **gravidade** para atingir a higidez e lisura do processo eleitoral.

O abuso se traduz em uma ação ou série de atos ilegais que acarretam **gravidade no equilíbrio ideal entre os candidatos**, sendo uma espécie de concorrência desleal que abala a competição, podendo levar ou não o infrator à vitória no pleito eleitoral.

Leciona *Lauro Barreto* que os bens tutelados na ação de investigação judicial eleitoral são de *"natureza coletiva, indivisível, do interesse de todos"*.[1]

A **normalidade** e a **legitimidade das eleições** são lesadas. A tutela jurisdicional subsume-se nos valores fundamentais à eficácia social do regime representativo.

O comprometimento da lisura das eleições, à luz do contexto probatório coligido na investigação judicial eleitoral, traduz a prova do vício das eleições.

A magnitude lesiva é verificada por exemplos concretos, casuisticamente, tais como: fornecimento de alimentos, utilização indevida de servidores, realização de concurso público em período não autorizado por lei, recebimento de dinheiro de sindicato ou organização estrangeira, uso de material público e desvio de verbas.

Os atos de abuso também acarretam consequências penais e à luz da lei de improbidade administrativa, Lei nº 8.429/1992.

Pode ocorrer o abuso do poder econômico, mesmo sendo considerados lícitos os gastos com a campanha eleitoral. *"(...) a licitude da arrecadação e dos gastos efetuados em campanha e a aprovação das contas não afastam, por si, o abuso do poder econômico, pois a lei veda o uso excessivo desses recursos, ainda que lícitos, de modo a influenciar o eleitorado e afetar a normalidade e legitimidade do pleito* (TSE. Recurso Especial Eleitoral nº 81-39/PR, Rel. Min. Arnaldo Versiani, em 13/9/2012).

Nesse sentido disciplina o TSE: *"(...) O julgamento da prestação de contas, pela Justiça Eleitoral não afasta a possibilidade de apuração por outros órgãos quanto à prática de eventuais ilícitos antecedentes e/ou vinculados, verificados no curso de investigações em andamento ou futuras"* (art. 92 da Resolução TSE nº 23.463, de 15 de dezembro de 2015).

Segundo leciona *Diógenes Gasparini*, o abuso de poder é *"toda a ação que torna irregular a execução do ato administrativo, legal ou ilegal, e que propicia, contra seu autor, medidas disciplinares, cíveis e criminais"*.[2]

A normatividade do Direito Eleitoral lastreia-se numa realidade inafastável, na medida em que as questões e os litígios eleitorais necessitem ser resolvidos de forma imparcial, e com intervenção absolutamente independente dos pronunciamentos exclusivamente partidários e políticos, especialmente quando são atingidos direitos difusos e transindividuais, que dizem respeito à lisura do processo democrático.

---

1 BARRETO, Lauro. *Investigação Judicial Eleitoral*, São Paulo: Edipro, p. 19.

2 GASPARINI, Diógenes. *Direito Administrativo*. 6ª ed. São Paulo: Saraiva, p. 136.

Tutela-se a **normalidade** e **legitimidade das eleições** em razão de: (i) **influências do poder econômico ou político**; e (ii) **abuso do poder econômico ou político administrativo**.

O abuso do poder é uma expressão que também se exterioriza pelo excesso ou desvio do poder. O **excesso** é medido pela **quantidade dos bens e serviços**, enquanto o **desvio** se perscruta pela qualidade desses valores públicos, quando a finalidade é destinada ao benefício de uma candidatura ou de um grupo de candidatos.

Sobre o **abuso do poder religioso** como espécie de abuso do poder político ressalta-se excelente trabalho do jurista *Amilton Augusto Kufa* (*disponível em: <http://www.impetus.com.br>*).

O renomado autor apresenta uma classificação sobre o abuso do poder carismático ou ideológico, que se subdivide em: a) abuso do poder religioso; e b) abuso do poder artístico.

Nesse ponto destaca-se o art. 24, inc. VIII, da Lei das Eleições, ou seja, fonte vedada de financiamento por entidades beneficentes e religiosas.

A esse propósito, no TSE: *(...) Ainda que não haja expressa previsão legal sobre o **abuso do poder religioso, a prática de atos de propaganda em prol de candidatos por entidade religiosa, inclusive os realizados de forma dissimulada, pode caracterizar a hipótese de abuso do poder econômico, mediante a utilização de recursos financeiros provenientes de fonte vedada**. Além disso, a utilização proposital dos meios de comunicação social para a difusão dos atos de promoção de candidaturas é capaz de caracterizar a hipótese de uso indevido prevista no art. 22 da Lei das Inelegibilidades. Em ambas as situações e conforme as circunstâncias verificadas, os fatos podem causar o desequilíbrio da igualdade de chances entre os concorrentes e, se atingir gravemente a normalidade e a legitimidade das eleições, levar à cassação do registro ou do diploma dos candidatos eleitos* (Recurso Ordinário nº 2653-08/RO Rel. Min. Henrique Neves da Silva. DJE de 5/4/2017). (grifos nossos).

O abuso do poder político se manifesta em ações que possam caracterizar obrigatoriedade de contribuição em publicidade ou dinheiro para as campanhas eleitorais por intermédio de **agentes públicos comissionados**.

Trata-se de violação ao preceito constitucional atinente a princípios da Administração Pública *(§ 1º do art. 37 da Carta Magna)*, nos termos do art. 74 da Lei nº 9.504/1997.

O abuso do poder de autoridade não foi reconhecido, por maioria de votos, no julgamento do *Recurso Especial Eleitoral nº 28.784, Rel. Min. Henrique Neves da Silva, em15/12/2015*, conforme informativo TSE nº 17. O caso se referia à figura de um **cacique de tribo indígena**.

As regras de barreira ao abuso do poder econômico ou político nas eleições são heterônomas e devem ser avaliadas numa proporção que assegure a liberdade da democracia com a propaganda eleitoral, mas que limite o agente infrator em tentações ilícitas com lesões ao legítimo sufrágio.

A limitação ao abuso do poder encontra suporte na expressão **gravidade**.

Na **gravidade,** podemos descobrir certos **vetores interpretativos**, tais como:

(i) intenção de prejudicar o erário público ou bens de pessoas físicas ou jurídicas com fins eleitoreiros;

(ii) violação da boa-fé;

(iii) a propaganda usada contrariamente à sua função de divulgação das propostas dos candidatos;

(iv) desrespeito aos direitos fundamentais de primeira dimensão vinculados à liberdade (*direitos políticos*);

(v) lesão ao sufrágio sob o prisma da legitimidade; e

(vi) lesão ao direito moral do eleitor em sua cidadania afetando uma característica do direito de personalidade (*art. 1º, incs. II e III, da Constituição da República*).

A Lei Complementar nº 64/1990, no art. 22, inc. XVI (redação da LC nº 135/2010), assim dispõe:

> XVI – para a configuração do ato abusivo, não será considerada a potencialidade de o fato alterar o resultado da eleição, mas apenas a gravidade das circunstâncias que o caracterizam.

Como se nota, é necessária a comprovação da **gravidade dos fatos** durante uma determinada campanha eleitoral. A alteração do resultado da eleição é apenas um fator complementar ao contexto probatório. Assim, a parte interessada poderá juntar aos autos do processo a prova do número de votos em determinadas seções ou zonas eleitorais. No entanto, não é um fator decisivo, mas indiciário para o livre convencimento motivado da decisão judicial.

Exemplo: responde o candidato X que ao concorrer ao mandato eletivo de Prefeito usou de propaganda excessiva na campanha eleitoral, mesmo não sendo eleito, pois praticou atos de gravidade e, portanto, ficará inelegível por oito anos na forma legal.

Salienta-se, na jurisprudência do Egrégio TSE, a possibilidade de exame pela Justiça Eleitoral do abuso do poder em relação à relativa independência da instância eleitoral:

> [...] Ainda que o fato narrado (ilegalidade de contrato administrativo e seu suposto uso eleitoreiro) já tenha sido submetido à Justiça Comum, compete à Justiça Eleitoral julgá-lo sob o ângulo do abuso do poder

político ou econômico, o que se coaduna, ao menos em tese, com o objeto da investigação judicial eleitoral, *ex vi* do disposto no art. 22 da LC nº 64/1990. Não bastasse a eloquência do princípio da incomunicabilidade e independência entre as instâncias cível e eleitoral, verifica-se que a Justiça Comum não chegou sequer a proferir decisão meritória nos autos da ação popular, uma vez que, conforme descrito no acórdão regional, a aludida ação fora extinta sem resolução do mérito, ou seja, não houve exame acerca da licitude ou ilicitude do ato administrativo [...] (*Agravo Regimental no Recurso Especial Eleitoral nº 128-76/MA. Rel. Min. Tarcisio Vieira de Carvalho Neto. DJE de 5/10/2017. Informativo TSE Ano XIX – nº 13. Brasília, 18/09 a 8/10/2017*).

20.3. REFERÊNCIAS CONSTITUCIONAIS E LEGAIS DO ABUSO DO PODER

Art. 14, §§ 9º e 10, da Constituição da República. Lei nº 9.504/1997, arts. 18-B, 22, § 3º, 25 e 74. Lei Complementar nº 64, de 18 de maio de 1990, arts. 1º, inc., alínea b, e, item 5, h, inc. II, f; 19 e parágrafo único, 22, caput *e inc. XIV, 25 e 26-B.*

20.4. NATUREZA JURÍDICA

Quanto à **natureza jurídica**, é uma ação cognitiva com carga decisória de consistência **constitutiva negativa**, porque **nulifica o registro ou diploma**, e **declaratória** da **inelegibilidade** em razão do reconhecimento de um fato jurígeno ilegal, ou seja, a prática nas campanhas eleitorais do abuso do poder econômico ou político.

Cumpre ressaltar que a natureza jurídica da representação do art. 22 da Lei Complementar nº 64/1990, **não é penal**, embora possa servir como **prova emprestada** para futuras ações penais.

Dessa forma, a representação eleitoral **não acarreta a figura da prerrogativa de foro**.

20.5. PERÍODO DE TEMPO DA INELEGIBILIDADE

A Lei Complementar nº 135/2010 consagrou um período de **oito anos de inelegibilidade** decorrente do abuso do poder econômico ou político. Esse período conta-se da data da eleição, mesmo que a representação seja julgada um ano após.

Desta forma, se o representado infrator foi condenado nas eleições de 2016, ele ficará inelegível até outubro de 2024. Consequentemente, nas vindoutas eleições de 2024, ele não poderá ter o registro deferido, pois o período para o requerimento de registro de candidatura se encerra no dia 15 de agosto do ano de eleição, e nesta data **ele ainda estará inelegível**.

Todavia, na jurisprudência emerge o entendimento de que se na data exata da eleição ele não está inelegível é possível o deferimento do requerimento de registro de candidatura em função da regra do art. 11, § 10, da Lei nº 9.504/1997. Afasta-se a causa de inelegibilidade pela superveniência de um fato.

Exemplificando. Nas eleições de 2016, o candidato praticou abuso do poder econômico e foi condenado na AIJE. Ele ficará inelegível até outubro de 2024, primeiro turno das eleições de 2024 (*oito anos contados do dia da eleição*). Se, porventura, nas eleições de 2024, o primeiro turno cair em dia posterior ele poderá se candidatar, considerando que no dia exato da eleição não estará inelegível. A inelegibilidade perdura até o dia exato da eleição.

De acordo com o verbete sumular **nº 19** do TSE: "*O prazo de inelegibilidade decorrente de condenação por abuso do poder econômico ou político tem início no dia da eleição em que este se verificou e finda no dia de igual número no oitavo ano seguinte (art. 22, XIV, da LC nº 64/1990)*".

Em complemento, diz o verbete sumular **nº 69** do TSE: "*Os prazos de inelegibilidade previstos nas alíneas j e h do inc. I do art. 1º da LC nº 64/1990 têm termo inicial no dia do primeiro turno das eleições e termo final no dia de igual número do oitavo ano seguinte*".

E ainda: "*O encerramento do prazo de inelegibilidade antes do dia da eleição constituiu fato superveniente que afasta a inelegibilidade, nos termos do art. 11, § 10, da Lei nº 9.504/1997*" (*verbete sumular **nº 70** do TSE*).

É importante frisar que o prazo de oito anos de inelegibilidade conta-se dos marcos temporais referidos nas alíneas "d", "h" e "j" do inc. I do art. 1º da Lei Complementar nº 64/1990, a saber: da decisão transitada em julgado ou daquela proferida por órgão colegiado.

Na verdade, a contagem é *ex tunc* para a data da eleição, sendo que a declaração da causa de inelegibilidade é que se efetiva pela decisão colegiada ou do trânsito em julgado.

É sempre oportuno lembrar que a decisão prolatada na ação de investigação judicial eleitoral reconhece uma causa de inelegibilidade, seja ela decorrente do abuso do poder econômico, político ou de ambos.

Os arts. 1º, I, "d", e "h", e 22, XIV, da Lei Complementar nº 64/1990 fazem menção expressa ao abuso como ato ilegal que enseja a inelegibilidade.

O art. 14, § 9º, da Constituição da República, tutela a normalidade e lisura das eleições, afastando a "influência do poder econômico" ou "o abuso do exercício de função, cargo ou emprego na administração direta ou indireta".

INVESTIGAÇÃO JUDICIAL ELEITORAL POR
ABUSO DO PODER ECONÔMICO OU POLÍTICO

CAPÍTULO 20

O art. 1º, I, "d", exige que a decisão em processo de apuração do abuso do poder econômico ou político tenha sido decorrente de **órgão colegiado** (*por exemplo, Tribunal Regional Eleitoral ou Tribunal Superior Eleitoral*), ou **transitada em julgado**. Em sentido uniforme é a **alínea "j"** do mesmo artigo, quando reconhece a causa de inelegibilidade por decisão colegiada em razão da prática de **condutas vedadas aos agentes públicos** (*art. 73 da Lei das Eleições*).

Em virtude do exposto, a inelegibilidade incide antes do trânsito em julgado, seus efeitos são executados de imediato, desde que decorrentes de **órgão judicial colegiado**, na linha do art. 257, § 1º, do Código Eleitoral e do princípio da celeridade das decisões. Lembramos: os recursos eleitorais não têm efeito suspensivo e as decisões são executadas imediatamente.

Existe, portanto, uma **produção antecipada do efeito executório da causa de inelegibilidade**.

No entanto, o **art. 26-C** permite ao Tribunal Superior Eleitoral suspender a incidência imediata do efeito, ou seja, quando houver plausibilidade da pretensão recursal, assim, cautelarmente, é **suspensa a inelegibilidade**, seja para o reexame da causa *novum iudicium*, ou ainda para reparos na decisão de primeiro grau.

O Tribunal Superior Eleitoral poderá corrigir os erros da decisão, por exemplo, do Tribunal Regional Eleitoral, observando-se nas hipóteses em julgamento o que diz o teor do verbete da súmula **nº 07** do Superior Tribunal de Justiça, no sentido de que o simples reexame de prova não enseja recurso especial.

O Tribunal Superior Eleitoral editou o verbete sumular **nº 24**: "*Não cabe recurso especial eleitoral para simples reexame do conjunto fático-probatório*".

20.6. LEGITIMADOS ATIVOS

(i) **Partidos políticos**.

Os partidos políticos estão disciplinados pela Lei nº 9.096/1995 e seus respectivos estatutos. O delegado do partido pode representá-lo na Justiça Eleitoral, mas as petições da ação de investigação judicial eleitoral devem ser assinadas por advogados legalmente habilitados para fins de adequação da capacidade postulatória.

A regra do art. 6º, § 4º, da Lei nº 9.504/1997 deve ser verificada, porque o partido político que estiver **coligado** (*eleição majoritária ou proporcional*) **não terá legitimidade para agir isoladamente**.

(ii) **Coligação**.

A natureza jurídica das coligações é de um ente despersonalizado ou partido temporário que se forma para determinada eleição. Não existe a federação de partidos.

709

A regra da capacidade postulatória é a mesma dos partidos políticos. O nome do representante da coligação e de seus delegados estará no formulário de demonstração de regularidade de atos partidários (*DRAP*) ofertado para o requerimento de registro de candidaturas.

(iii) **Candidatos**.

São os participantes de determinada eleição. É possível reconhecer a legitimidade ao candidato *sub judice*, art. 16-A da Lei das Eleições, pois é inegável que ele participa, por sua conta e risco, da campanha eleitoral, até lograr êxito na decisão favorável ao deferimento definitivo de seu registro.

Os candidatos são os que disputam as eleições determinadas, pois fiscalizam, na qualidade de **natos**, os abusos eventualmente praticados pelos concorrentes.

Admite-se a legitimidade do **candidato a candidato** ou **pré-candidato**, quando de sua escolha na convenção partidária no prazo do art. 8º da Lei nº 9.504/1997 (*entre os dias 20 de julho e 5 de agosto do ano de eleição*).

Cumpre-se a exigência da capacidade postulatória por advogado inscrito na Ordem dos Advogados do Brasil.

Quanto ao **cidadão**, a legitimidade não está contemplada no art. 22, *caput*, da LC nº 64/1990.

Desse modo o cidadão não poderá representar. No entanto, salienta-se como exemplo o **art. 41 da Resolução TSE nº 23.405/2014**: "*Qualquer cidadão no gozo de seus direitos políticos poderá, no prazo de 5 dias, contados da publicação do edital relativo ao pedido de registro, dar notícia de inelegibilidade ao Juiz Eleitoral competente, mediante petição fundamentada, apresentada em duas vias*".

A notícia da inelegibilidade para fins de suporte de propositura da (*AIJE*) poderá ser formulada em tempo oportuno que permita a deflagração dessa ação até o dia da diplomação fixado pelo calendário eleitoral.

Pressuposto processual. Capacidade postulatória.

Assim sendo, em relação aos partidos políticos, coligações e candidatos é indispensável a atuação do advogado nos termos do art. 133 da Constituição da República, admitindo-se no caso do candidato que ele mesmo postule em causa própria se tiver habilitação (*art. 36 do Código de Processo Civil, no novo CPC é o art. 103*).

O defensor público atuará prestando assistência jurídica gratuita aos candidatos necessitados (*LC nº 80/1994*) na forma legal. A princípio, a atribuição é do Defensor Público da União.

(iv) Ministério Público.[3]

Cumpre ao procurador-geral eleitoral propor a representação em face de candidatos ao mandato de Presidente e Vice-Presidente no Tribunal Superior Eleitoral. A atribuição é originária.

Os procuradores regionais eleitorais oferecem as representações em face de candidatos a Governador, Vice, Senadores, Deputados federais, distritais e estaduais atuando nos Tribunais Regionais Eleitorais.

E os promotores eleitorais, nas eleições municipais, ingressam com representações em face de candidatos a Prefeitos, Vices e vereadores.

A competência decorre do tipo de eleição e dos candidatos que pleiteiam os mandatos eletivos.

O art. 2º da Lei Complementar nº 64, de 18 de maio de 1990, fixa expressamente a competência.

Destarte, atua o órgão do Ministério Público sempre como fiscal da ordem jurídica nas ações de investigação judicial eleitoral propostas por outros legitimados, sendo ainda parte principal na ação deflagrada pela instituição em defesa da lisura das eleições e na manutenção de interesses suprapartidários e arrimados na higidez da legislação eleitoral.

20.7. LEGITIMADOS PASSIVOS

(i) Candidato.

O candidato infrator será o representado, pois a ação abusiva objetiva beneficiá-lo.

Não cabe a representação contra a pessoa jurídica, e.g., partido político: (...) *É entendimento pacífico deste Tribunal a impossibilidade de pessoas jurídicas figurarem no polo passivo de ações de investigações judiciais eleitorais fundadas no art. 22 da Lei Complementar nº 64, de 18 de maio de 1990* (Agravo Regimental na Representação nº 3.217-96/DF. Rel. Min. Aldir Passarinho Junior).

É possível que a representação seja proposta em face do **candidato** *sub judice* (*art. 16-A da Lei das Eleições*), pois os fatos ilícitos que acarretam o indeferimento do pedido de registro podem ser diversos dos que fundamentam a AIJE.

Quanto à legitimidade passiva do **Vice-Prefeito**, já decidiu o Tribunal Superior Eleitoral que: "(...) *Deixando o autor de, no prazo legal, promover a citação do vice para integrar relação processual em ação de investigação judicial proposta contra o Prefeito eleito, extingue-se o feito sem resolução do mérito, em razão da decadência* (Agravo Regimental no Recurso Especial Eleitoral. Rel. Min. Marcelo Ribeiro DJE de 24/06/2010. Informativo nº 16/2010 – Inf. 21/2010).

---

3 Incumbe ao Ministério Público "[...] a defesa da ordem jurídica, do regime democrático e dos interesses sociais e individuais indisponíveis" (art. 127 da Constituição Federal).

A citação do **vice** é matéria referente à ampla defesa, considerando a formação de uma **chapa única e indivisível** nos termos do art. 91 do Código Eleitoral.

Dessa forma, ocorrendo a declaração de anulação das eleições majoritárias, o vice que foi igualmente eleito sofrerá os efeitos da decisão judicial eleitoral.

Salienta-se no Egrégio TSE: "(...) *O Vice-Prefeito é litisconsorte passivo necessário nas ações eleitorais que possam implicar a cassação do registro ou do diploma, não sendo possível a emenda à inicial após o prazo para a propositura da ação, sob pena de extinção do feito por decadência*" (Agravo Regimental em Recurso Especial Eleitoral nº 42.213/GO. Acórdão de 09/04/2014. Rel.ª Min.ª Luciana Christina Guimarães Lóssio. DJE. Tomo 94, Data 22/5/2014, p. 44).

A declaração de inelegibilidade dos **vices** demanda análise da efetiva participação no benefício da ação abusiva, pois é preciso verificar a regra do art. 18 da Lei Complementar nº 64/1990.

A princípio, a inelegibilidade possui essência personalíssima, mas comunica--se a causa se o vice ingressa na esfera de comprometimento do pleito eleitoral de forma dolosa. Trata-se da verificação da responsabilidade política na campanha.

Diz o verbete sumular **nº 38** do TSE: "*Nas ações que visem à cassação de registro, diploma ou mandato, há litisconsórcio passivo necessário entre o titular e o respectivo vice da chapa majoritária*".

(ii) **Autoridades diversas**.

É comum que Prefeitos auxiliem seus candidatos a vereador na prática abusiva, especialmente fomentando condutas vedadas aos agentes públicos durante as campanhas eleitorais.

Desta forma, o Prefeito, candidato à reeleição ou não, deve figurar no polo passivo da investigação judicial eleitoral como corresponsável pela prática do abuso, quando demonstrada a relação de causalidade.

Se a autoridade contribuiu para o evento abusivo responderá aos termos da representação, sendo que a competência é fixada em função da **candidatura beneficiada**.

Exemplo: o Governador e o Prefeito, ambos em participação no ato abusivo. Se a eleição é municipal, eles serão processados e julgados pelo juiz eleitoral que foi previamente designado para o julgamento das representações pelo Tribunal Regional Eleitoral. Na hipótese inversa, o feito tramitará no Tribunal Regional Eleitoral.

Como visto, não há foro por prerrogativa de função em relação às representações eleitorais.

INVESTIGAÇÃO JUDICIAL ELEITORAL POR ABUSO DO PODER ECONÔMICO OU POLÍTICO

(iii) Qualquer pessoa que "haja contribuído para o ato".

O art. 22, inc. XIV, da Lei Complementar nº 64, de 18 de maio de 1990, engloba, na legitimação passiva, pessoas que não propriamente os candidatos, desde que tenham, numa relação de causalidade, praticado a conduta abusiva do poder econômico e/ou político com o candidato infrator.

Entendemos que a falta de prova para a condenação do candidato não implica a descaracterização da conduta dos cabos eleitorais e simpatizantes, durante a campanha eleitoral irregular. Não há que se aplicar nenhum paradigma com a teoria da acessoriedade limitada adotada no Código Penal para fins de punição criminal do partícipe.

Ex vi do art. 73 da Lei nº 9.504/1997: *"São proibidas aos agentes públicos, servidores ou não, as seguintes condutas tendentes a afetar a igualdade de oportunidades entre candidatos nos pleitos eleitorais".*

O ponto nodal da normalidade e legitimidade das eleições é a tutela do equilíbrio entre as campanhas eleitorais, sejam ou não servidores as pessoas envolvidas na prática de condutas que afetem a premissa da isonomia.

Para fins de definição de agente público, segue-se o art. 2º da Lei nº 8.429, de 2 de junho de 1992, *"todo aquele que exerce, ainda que transitoriamente ou sem remuneração, por eleição, nomeação, designação, contratação ou qualquer outra forma de investidura ou vínculo, mandato, cargo, emprego ou função nas entidades enumeradas no art. 1º"*; portanto, o conceito é amplo e pode ser ainda complementado pelo disposto nos arts. 327 do Código Penal e 283 do Código Eleitoral.[4]

Em síntese: os candidatos infratores e as pessoas que tenham contribuído para a prática das ações abusivas se sujeitam às sanções legais, por exemplo, à inelegibilidade por 8 (*oito*) anos contados da data da eleição.

Tenha-se presente que as pessoas que contribuem para o abuso do poder econômico ou político estão sujeitas à sanção de inelegibilidade, o que poderá produzir efeitos nas futuras pretensões eleitorais impedindo em momento oportuno o deferimento do requerimento de registro de candidatura.

Exemplo: se José contribuiu para o abuso do candidato a Prefeito Manuel e ambos foram declarados inelegíveis, José não poderá, durante 8 (*oito*) anos, se lançar a candidato para qualquer eleição popular.

Como já aludido, não se aceita o **partido político** ou a **coligação** como litisconsórcios passivos na ação de investigação judicial eleitoral, porque não é possível aplicar-lhes a sanção de inelegibilidade ou cassação do registro ou diploma. Os partidos políticos e as coligações podem intervir na condição de assistentes na forma da legislação processual civil.

---

4 A conduta ativa ou omissiva caracterizadora do abuso de direito possibilita punições administrativas, civis e penais, conforme expressamente prevê o art. 6º da Lei nº 4.898/1965 (Lei de Abuso de Autoridade).

Os partidos políticos são necessariamente atingidos com a anulação da diplomação dos candidatos que foram escolhidos em convenção partidária e possivelmente tenham recebido dinheiro do Fundo Partidário para a campanha eleitoral.

O interesse do partido político não é apenas de coadjuvar a atuação defensiva do candidato, mas se baseia numa relação jurídica material incindível.

A AIJE vai afetar o direito do candidato tornando-o inelegível e cassando-lhe a diplomação com a consequente perda do mandato eletivo e a nulidade dos votos é fato incontroversa (*art. 175, § 3º, do Código Eleitoral*).

Em geral as ações que atingem a diplomação se dirigem à pessoa dos candidatos.

Todavia, nas eleições majoritárias a cassação do diploma e perda do mandato eletivo, após o trânsito em julgado é causa de realização de novas eleições nos termos do art. 224, § 3º, incs. I e II, do Código Eleitoral (*inclusão pela Lei nº 13.165/2015*).

Nas eleições proporcionais será convocado o suplente e se no dia da eleição o candidato estava *sub judice* os votos não são contados para o Partido Político.

A desconstituição da diplomação é lesiva ao candidato e à pessoa jurídica (*partido político*); portanto, mesmo que os pedidos de inelegibilidade ou de anulação do diploma na AIJE não possam ser julgados procedentes em relação à pessoa jurídica do partido político, a sentença o afeta de forma inequívoca.

Não existe um litisconsórcio unitário. Por outro lado, não se vislumbra uma relação de assistência simples.

Percebe-se que a relação jurídica que está sendo discutida no processo principal da AIJE e de outras ações que conduzem à anulação do diploma não é apenas da pessoa do candidato. A decisão terá um efeito vinculante prejudicial ao partido político.

É preciso insistir que o partido político possui indubitável interesse na demanda. Nesse rumo, a citação do partido político e das coligações deverá ser feita evitando-se arguições de futuras nulidades processuais.

No entanto, o Colendo Tribunal Superior Eleitoral editou o verbete sumular **nº 40**: "*O partido político não é litisconsorte passivo necessário em ações que visem à cassação de diploma*".

20.8. COMPETÊNCIA PARA O PROCESSO E JULGAMENTO

O art. 2º da Lei Complementar nº 64, de 18 de maio de 1990 diz que a competência para declarar a inelegibilidade será do:

(i) **juiz eleitoral**, quando se tratar de candidatos aos mandatos eletivos de Prefeito, Vice-Prefeito ou vereador;

(ii) **Tribunal Regional Eleitoral**, nas hipóteses de candidatos aos mandatos eletivos de Governador, Vice-Governador, Senador, Deputado federal, Deputado estadual e Deputado distrital; e

(iii) **Tribunal Superior Eleitoral**, nas hipóteses de candidatos a Presidente e Vice-Presidente da República.

Nas eleições municipais, escolhe-se um magistrado eleitoral da zona eleitoral específica da comarca que é designado por resolução do Tribunal Regional Eleitoral para processar e julgar essa representação, exercendo as funções de corregedor nos termos do art. 24 da LC nº 64/1990.

Nos Tribunais, as representações por abuso do poder econômico ou político são dirigidas ao **corregedor**. O julgamento da AIJE é do colegiado do Tribunal Regional Eleitoral ou Tribunal Superior Eleitoral, sendo que a decisão que indefere o processamento da AIJE desafia **agravo regimental**, no prazo de 3 (*três*) dias.

Por outro lado, se o corregedor (*relator*) indefere a representação ou retarda a solução da demanda é aceita a renovação para o Plenário do Tribunal Eleitoral (*art. 22, inc. II, da LC nº 64/90*). O prazo é de 24 (*vinte e quatro*) horas.

20.9. CAUSAS DE PEDIR

Os arts. 19 e 22 da Lei Complementar nº 64/1990 indicam as causas de pedir: **o abuso, desvio ou uso indevido do poder econômico, político ou ainda a utilização indevida de veículos ou meios de comunicação social**.

Os arts. 346 e 377 do Código Eleitoral e o disposto na Lei nº 6.091/1974 podem complementar a interpretação sistemática da causa de pedir em casos concretos.

Os fatos e fundamentos jurídicos indicados pelo autor na propositura da ação de investigação judicial eleitoral (*AIJE*), teoria da substanciação na causa de pedir, podem se apresentar de forma complexa, ou seja, duas ou mais causas de pedir com dois pedidos (*cassação do registro ou diploma e inelegibilidade, art. 22, inc. XIV, da LC nº 64/1990*).

Exemplo: o candidato infrator praticou abuso do poder político e econômico. Duas causas de pedir e dois pedidos. Os pedidos são cumulativos.

Vejamos um significativo caso em que o infrator candidato progride na reiterada prática de propagandas irregulares e em razão de suas ações dolosas poderá responder pelo abuso do poder econômico.

Exemplo: na propaganda eleitoral pela imprensa, a lei permite que seja a mesma paga pelo candidato, apenas limitando em espaços máximos, por edição, ou seja, 1/8 de página de jornal padrão e de 1/4 de página de revista ou tabloide. E assim mesmo, com limitação à quantidade de 10 (*dez*) anúncios.

Se o candidato violar a regra da limitação de espaço máximo na página do jornal incidirão as sanções do art. 43 da Lei nº 9.504/1997.

A forma processual adequada para multar o candidato é a propositura da ação de representação ou reclamação prevista no art. 96 da Lei nº 9.504/1997.

Todavia, os abusos e excessos traduzidos em condutas reiteradas de publicações que excedam o espaço máximo ensejam a deflagração da ação prevista no art. 22 da Lei das Inelegibilidades.

Trata-se de abuso do poder econômico. Ressalva-se, no entanto, que não ficará caracterizada a propaganda eleitoral por divulgação de opinião favorável ao candidato, partido político ou coligação, desde que não seja matéria paga.

Registre-se, ainda, a possibilidade da punição por abuso do poder econômico e político praticado antes do dia 16 de agosto do ano de eleição, que é o momento para se iniciar a propaganda. "(...) *É possível a propositura de AIJE para apurar fatos anteriores ao período eleitoral* (TSE. Agravo Regimental no Recurso Ordinário nº 1.638/AM. Rel. Min. Ricardo Lewandowski).

Certos postulantes a futuras pré-candidaturas se lançam em campanhas antecipadas e se sujeitam às sanções do § 3º do art. 36 da Lei das Eleições, pois realizam gastos eleitorais não permitidos pela legislação (*art. 26 da Lei das Eleições*) e ainda, violando regras básicas sobre a arrecadação financeira e gastos de recursos (*arts. 17 a 27 da Lei nº 9.504/1997*) realizam despesas e podem causar gravidade ao equilíbrio das eleições.

Uma conduta ilegal que seja isolada dentro do contexto da propaganda política eleitoral não acarreta, a princípio, a inelegibilidade. Na verdade, é o conjunto dos atos ilegais que forma um arcabouço seguro ao intérprete para o reconhecimento do abuso do poder econômico ou político.

Se, por exemplo, o candidato utiliza placas ou faixas fora das regras eleitorais, bem como extrapola os limites da propaganda paga na imprensa, mas os atos **não são considerados graves** não se sujeita à cassação do registro, diploma e inelegibilidade.

Faz parte da análise dos elementos do abuso do poder econômico ou político, o **local da infração**, o **tipo de eleição** (*majoritária ou proporcional*) e a **quantidade de dinheiro ou publicidade**.

20.10. RESPOSTA DO REPRESENTADO

O art. 22, inc. I, alínea *a*, da LC nº 64/1990 trata da resposta do representado, ou seja, a contestação com a juntada de documentos e a apresentação do rol de testemunhas no prazo de 5 (*cinco*) dias.

A notificação do representado será acompanhada de uma via da petição e dos documentos.

A legislação processual civil é aplicável subsidiária e supletivamente no tratamento da ação de investigação judicial eleitoral que segue o rito do art. 22, incs. I a XIII, da LC nº 64/1990, mas não há que se falar em denunciação da lide ou chamamento ao processo nem tampouco impugnação ao valor da causa, sendo possível a arguição de exceções.

Na verdade, o magistrado eleitoral pode admitir mais de 6 (*seis*) testemunhas em razão do fato abusivo, porque se a inicial descreve o abuso econômico e o político, cada um deles é um fato diverso, mas que se interliga no resultado final da decisão judicial. Nesse ponto vige o princípio da busca da verdade material que lesou o pleito eleitoral.

Não incide a revelia, a hipótese é de direitos indisponíveis.

O Ministério Público Eleitoral sempre emitirá o parecer na condição de fiscal da ordem jurídica e dos interesses de higidez e normalidade das eleições.

Cumpre observar que o rito da AIJE é sempre disciplinado por resoluções específicas do Tribunal Superior Eleitoral, e.g., Resolução TSE nº 23.462/2015, art. 22 e ss.

20.11. EFEITOS. MOMENTO DO JULGAMENTO

Antes da edição da Lei Complementar nº 135/2010, o inc. XIV do art. 22 da Lei Complementar nº 64/1990 (*lei alterada*) não tratava da cassação do diploma do candidato beneficiado pelo abuso do poder econômico ou político.

Com efeito, fazia-se a distinção abaixo esclarecida:

1 – Se o julgamento for antes da eleição decreta-se: inelegibilidade + cassação do registro (LC nº 64/1990, inc. XIV do art. 22).[5]

2 – Se o julgamento for após a eleição:

a) não eleito – segue o processo para a declaração da inelegibilidade;

b) eleito – impugnação do mandato eletivo. A questão demanda uma melhor explicação, visto que o inc. XV do art. 22 da Lei Complementar nº 64, de 18 de maio de 1990 (*Lei das Inelegibilidades*), **assim dizia (norma revogada):**

---

5 "TSE. Acórdão nº 1.313, de 18/03/2003. Agravo regimental na Petição nº 1.313/MS. Rel. Min. Sepúlveda Pertence. Ementa: Recurso contra expedição de diploma. Abuso de poder. Declaração de inelegibilidade. Execução imediata de acórdão. Ausência de trânsito em julgado. Impossibilidade (LC nº 64/1990, art. 15). Efeitos da investigação judicial eleitoral quanto ao momento de julgamento: julgada procedente antes da eleição, há declaração de inelegibilidade por três anos e cassação do registro; julgada procedente após a eleição, subsiste a declaração de inelegibilidade por três anos e remessa de cópia do processo ao Ministério Público Eleitoral, para os fins previstos nos arts. 14, §§ 10 e 11, da Constituição Federal, e 262, IV, do Código Eleitoral. Agravo a que se nega provimento. *DJ* de 28/03/2003".

> XV – se a representação for julgada procedente após a eleição do candidato, serão remetidas cópias de todo o processo ao Ministério Público Eleitoral, para os fins previstos no art. 14, §§ 10 e 11, da Constituição Federal, e art. 262, inciso IV, do Código Eleitoral.

O Egrégio Tribunal Superior Eleitoral tinha o **antigo entendimento** de que era intempestiva a propositura de representação por abuso do poder econômico ou político após as eleições. Neste sentido: *TSE – REsp 11.524/1993, Rel. Min. Torquato Jardim.*

Em **outro momento**, a Corte Superior Eleitoral firmou a posição de que o termo "**eleição**", contido no inciso acima aludido, deveria ser entendido como "**o dia da proclamação dos eleitos**", ou seja, em data estipulada pelo calendário das eleições, que obviamente não significava o próprio dia da eleição (*primeiro domingo de outubro do ano eleitoral*), nesta linha a decisão no *REsp 15.061/1997, Rel. Min. Eduardo Alckmin, em RJTSE, vol. 9, p. 178.*

O Colendo TSE **evoluiu** para o posicionamento de que o termo final de propositura desta ação seria até a **diplomação dos eleitos**, sob pena de reconhecimento da hipótese de "decadência" (*TSE. Representação 628/2002, Rel. Min. Sálvio de Figueiredo, e ainda, em data mais antiga, o acórdão 12.531, Rel. Min. Ilmar Galvão, DJ de 01/09/1995, p. 27.524-5*).

Atualmente, a redação do inc. XIV do art. 22 da Lei Complementar nº 64/1990, alterada pela Lei Complementar nº 135/2010, é a seguinte:

> XIV – julgada procedente a representação, **ainda que após a proclamação dos eleitos**, o Tribunal declarará a inelegibilidade do representado e de quantos hajam contribuído para a prática do ato, cominando-lhes sanção de inelegibilidade para as eleições a se realizarem nos **8 (oito)** anos subsequentes à eleição em que se verificou, além da cassação do registro **ou** diploma do candidato diretamente beneficiado pela interferência do poder econômico ou pelo desvio ou abuso do poder de autoridade **ou dos meios de comunicação**, determinando a remessa dos autos ao Ministério Público Eleitoral, para instauração de processo disciplinar, se for o caso, **e de ação penal**, ordenando quaisquer outras providências que a espécie comportar.

Como se verifica, a representação que trata do abuso do poder econômico ou político deve conter **três pedidos**, a saber:

a) sanção de inelegibilidade;

b) cassação do registro; e

c) cassação do diploma.

Se a ação for julgada **antes da eleição** é declarada a **inelegibilidade** e a **cassação do registro**, mas quando ocorrer o julgamento após esta data, ela servirá para a **cassação do diploma** e a **inelegibilidade para o eleito**, sem necessidade de propositura da ação de impugnação do mandato eletivo (*AIME*). **Não sendo eleito**, o processo segue para a eventual declaração da **inelegibilidade**, pois não existirá diploma para ser nulificado.

A eleição é em outubro e a diplomação em dezembro, mas a AIJE julgada procedente antes da diplomação causa a nulificação desse ato antes mesmo de sua perfectibilidade. *De lege ferenda*, o legislador deveria ter criado o verbo **negar**, ou seja, impedir a diplomação nos termos simétricos ao art. 30-A da Lei das Eleições. Trata-se de uma omissão que causa dúvidas ao intérprete.

A expressão: **cassação do registro** está vinculada ao momento da data específica da eleição, pois, após o sufrágio dos eleitores surge um novo marco temporal eleitoral que é a diplomação. A diplomação é uma fase que se projeta dentro do processo eleitoral.

É importante frisar que a representação por abuso do poder (*AIJE*) pode ser proposta pelos respectivos legitimados ativos durante o período de propaganda política eleitoral. Se, porventura, a representação não for proposta, e o candidato for eleito e diplomado, pode-se utilizar a AIME.

A utilização da representação do art. 22 arrimada no pedido do inc. XIV é uma opção do legitimado ativo, em razão do período do calendário eleitoral.

Não se pode excluir a decretação do abuso do poder no âmbito da AIME, pois flui como natural a nulidade do diploma e do mandato eletivo. São pedidos **cumulativos sucessivos**, considerando que não se pode reconhecer a nulidade de um diploma baseado no abuso do poder econômico sem, necessariamente, declarar a inelegibilidade.

Inelegibilidade e nulidade do diploma são pedidos certos e determinados na AIME, exceto se essa impugnação for proposta por outros fundamentos.

Entretanto, o Egrégio Tribunal Superior Eleitoral possui precedente no RO nº 387038, da lavra do Ministro Arnaldo Versiani, no sentido de que: (...) *tanto o inc. XIV do art. 22 quanto a alínea "d" do inc. I do art. 1º da Lei Complementar nº 64/1990, com as modificações da Lei da Ficha Limpa, afirmam que a inelegibilidade, com relação ao abuso do poder econômico, ocorre exclusivamente por meio de julgamento de representação, e não de AIME*".

Como se nota, na linha da jurisprudência do Egrégio TSE a ação de impugnação ao mandato eletivo não constituiu a causa de inelegibilidade, mas somente anula o diploma e por via de consequência o mandato eletivo.

O prazo final de propositura da representação ou AIJE é a data da diplomação. Este entendimento é válido em relação aos terceiros (*autoridades e agentes em geral que contribuíram para o abuso do poder econômico ou político, porque não são candidatos, mas coautores ou partícipes dos ilícitos abusivos).*

É inegável que a AIJE, na forma como está tratada no inc. XIV do art. 22 da LC nº 64/1990, simplificou o processo judicial eleitoral, pois como visto, acolheu a anulação do diploma. Importante foi essa alteração na evolução da efetiva proteção da lisura eleitoral, uma vez que evita diversas impunidades durante as campanhas eleitorais, além de propiciar a celeridade dos julgamentos.

Conclusão: atualmente, a decisão na ação de investigação judicial eleitoral produz o efeito da inelegibilidade por 8 (*oito*) anos e a cassação do registro ou diploma. É a medida judicial suficiente que não demanda a propositura de outra ação eleitoral.

Dessa forma, a inovação legislativa é salutar e contempla uma necessidade de evolução do sistema processual eleitoral que se traduz na garantia de fundo sobre a forma na melhor higidez da tutela jurisdicional eleitoral.

Como se nota, além de o prazo de inelegibilidade por abuso do poder econômico ou político ter aumentado de 3 (*três*) para 8 (*oito anos*), resolve-se na mesma relação processual válida todos os efeitos da decisão: **anulação do registro ou diploma e inelegibilidade**.

Se, por exemplo, o Prefeito diplomado estiver respondendo a uma AIJE, sendo julgada após a diplomação ela produz o efeito de anular o diploma e a inelegibilidade, sendo desnecessário propor a ação de impugnação ao mandato eletivo.

Em suma: se o candidato for eleito perderá o diploma e ainda ficará inelegível. Não eleito lhe restará a inelegibilidade.

20.12. JULGAMENTO ANTECIPADO E TUTELA PROVISÓRIA DE URGÊNCIA

O Tribunal Superior Eleitoral tem precedente no sentido do não cabimento do julgamento antecipado da lide (*Recurso Especial Eleitoral nº 19.419/PB 10/02/2002*).

No entanto, é necessário verificar o interesse e validade da prova no caso concreto, porque em outro julgado, o Egrégio TSE assim decidiu em ação de impugnação ao mandato eletivo: "(...) *O julgamento antecipado da AIME não implica nulidade se a **prova requerida é considerada irrelevante para a formação do convencimento do órgão julgador**. Na linha dos precedentes desta Corte, não se declara a nulidade sem a efetiva demonstração de prejuízo. (Recurso Especial Eleitoral nº 30274/MG. Acórdão de 22/06/2010. Rel. Min. Marcelo Henriques Ribeiro de Oliveira. DJE 05/08/2010, p. 82)* (grifos nossos).

Desse modo admite-se o julgamento antecipado do mérito nos termos do art. 355 do Código de Processo Civil, quando "*não houver necessidade de produção de outras provas*".

Lecionam *Amilton Augusto Kufa* e o autor em artigo publicado (<*www. editoraimpetus.com.br*>) que a tutela provisória de urgência é um instrumento efetivo da jurisdição eleitoral.

Ressalta-se abaixo.

Com efeito, o art. 294 do Código de Processo Civil de 2015 trata da tutela provisória, que pode ser: de urgência ou de evidência.

A tutela de urgência, que pode ser satisfativa ou cautelar, é aquela prevista no art. 300, e parágrafos, do Código de Processo Civil e pressupõe a "probabilidade do direito", o "perigo de dano ou o risco ao resultado útil do processo" e a ausência de "perigo de irreversibilidade dos efeitos da decisão".

Como dito, tenha-se presente a aplicação supletiva ou subsidiária da tutela provisória, em especial a de natureza inibitória, na Justiça Eleitoral (art. 15 da lei processual civil).

A aplicação supletiva incide na ausência da norma que será colmatada, enquanto a subsidiariedade completa o arcabouço jurígeno.

A tutela dita inibitória é aquela que tem por fim evitar a ocorrência de um ato contrário ao Direito ou impedir a sua continuação, ou seja, trata-se de uma tutela contra o ilícito, e não contra o dano.

A eficácia da tutela provisória inibitória, que visa a reprimir a ocorrência do ilícito eleitoral, reside no fato de que: i) pode ser antecedente ou incidente; ii) é de cognição sumária; iii) obstaculiza ações que poderiam ser perpetuadas no tempo; iv) é revogável; v) a concessão da tutela possui natureza de decisão interlocutória (art. 1.015, I, do Código de Processo Civil); vi) interposto o recurso de agravo de instrumento a decisão dessa tutela ainda produz efeitos até ulterior revogabilidade; e vii) a decisão do magistrado concedendo a tutela provisória o autoriza a adequar com critério de proporcionalidade a melhor eficácia em razão do tipo de propaganda, ou seja, é a adaptação ao caso concreto.

Ademais, cabe observar que, embora a possibilidade da aplicação do instituto da tutela provisória possua previsão específica no procedimento comum e em alguns procedimentos especiais, não há qualquer óbice, de natureza legal ou constitucional, para sua concessão no procedimento eleitoral, desde que preenchidos os requisitos trazidos pelo Código de Processo Civil, nos arts. 300, 303, 305 e 311.

Nesse rumo, é possível a concessão de uma tutela de urgência em razão do *periculum in mora* em função de casos especiais.

Exemplo: aspirante à pré-candidatura de vereador consegue junto ao Prefeito do seu mesmo partido a garantia de que no mês de junho do ano de eleição poderá utilizar reiteradamente prédio da municipalidade, o que enseja a aplicação do art. 73, I, da Lei das Eleições.

A tutela provisória de urgência, de caráter inibitório, pode ser pleiteada perante o juízo competente para a representação por conduta vedada, que não é o mesmo magistrado que exerce a competência defluente do poder de polícia da fiscalização da propaganda política eleitoral.

Observa-se que o juízo da fiscalização da propaganda eleitoral poderá conceder uma tutela cautelar, mas a sua jurisdição não o autoriza a julgar a representação por conduta vedada aos agentes públicos, por seguir o procedimento previsto no art. 22, incs. I a XIII, da Lei Complementar nº 64, de 18 de maio de 1990; porque a competência nesse caso desloca-se para outro juízo, ou seja, o das representações que ensejam a cassação do registro ou diploma em função das sanções dos §§ 4º e 5º do art. 73 da Lei das Eleições.

A Lei nº 13.488, de 6 de outubro de 2017, incluiu os §§ 3º e 4º no art. 22-A da Lei nº 9.504/1997, autorizando, desde o dia 15 de maio do ano de eleição, antes mesmo da escolha dos pré-candidatos em convenção partidária (convenções que ocorrem entre 20 de julho e 5 de agosto do ano eleitoral, nos termos do art. 8º da Lei das Eleições), que sejam arrecadados recursos na modalidade conhecida como *crowdfunding*, ou seja, por instituições que promovam técnicas e serviços de financiamento coletivo, conforme previsão inovadora no art. 23, § 4º, IV, da Lei das Eleições (inclusão da Lei nº 13.488/2017).

Nesse panorama, embora a liberação dos recursos fique condicionada ao registro da candidatura, verifica-se a ampla possibilidade de arrecadação financeira por esse sistema popularmente chamado de "*vaquinha na internet*".

Desse modo, o registro de candidatura só ocorrerá nos meses de agosto e setembro, mas cria-se a possibilidade de arrecadação prévia por financiamento coletivo, por meio da internet, antes da escolha nas convenções partidárias.

Infere-se que quando o § 3º do art. 22-A faz menção ao "registro da candidatura", a norma pressupõe o seu deferimento, mas não trata especificamente da possibilidade de cancelamento, quando interposto recurso e aplicado o art. 15 da Lei Complementar nº 64, de 18 de maio de 1990.

Como se nota, é possível que um aspirante à pré-candidatura obtenha uma arrecadação prévia que ficará aguardando o depósito da quantia arrecadada no momento do deferimento do registro.

Deveras, a hipótese é de um ato condicional, sendo que o pré-candidato se sujeita a uma condição suspensiva, pois não há a aquisição do direito. Aguarda--se a condição registral se implementar (art. 125 do Código Civil).

O pré-candidato terá uma expectativa de direito que se subordina ao deferimento do registro da candidatura pela Justiça Eleitoral. Afigura-se viável apenas a tutela da conservação da quantia que futuramente poderá ser-lhe entregue nos moldes legais.

Por outra, indeferido o requerimento de registro ou cancelado na forma da legislação eleitoral, o sujeito não receberá o dinheiro arrecadado, sendo a quantia devolvida aos doadores (§ 4º do art. 22-A da Lei das Eleições).

Cria-se evidente fator complicador no sistema informatizado do sítio da empresa responsável pela arrecadação, que deverá possuir mecanismos de devolução da quantia doada na hipótese de não efetivação do registro da candidatura.

A letra "c" do inc. IV do § 4º do art. 23 da Lei das Eleições (inclusão da Lei nº 13.488/2017) prevê que o sítio eletrônico tenha uma lista de identificação dos doadores com quantias doadas, sendo que o § 6º do mesmo diploma legal ressalva a responsabilidade dos candidatos por erros e fraudes dos doadores.

Todo esse quadro inovador nas campanhas eleitorais ensejará a possibilidade de propaganda eleitoral antecipada, embora o inc. VII do art. 36-A das Eleições (incluído pela Lei nº 13.488/2017) tenha excluído da sanção a campanha de arrecadação prévia de recursos por financiamento coletivo na *internet.*

Permite-se que o pleiteante a uma pré-candidatura promova uma campanha de arrecadação prévia, a partir de 15 de maio do ano da eleição, quando as convenções só ocorrem no mês de julho e agosto.

Trata-se de uma campanha de ampla divulgação que efetivamente diminui o grau de competitividade com os futuros candidatos que não podem contar com esse recurso violando-se a isonomia e o equilíbrio ideal das eleições.

Por outra, restará mais uma vez enfraquecido o sistema punitivo de caracterização da propaganda antecipada que sujeita o infrator apenas à multa do § 3º do art. 36 da Lei das Eleições.

Nesse contexto surge a possibilidade do deferimento de tutela provisória de urgência com o objetivo de assegurar o resultado material da ação de investigação judicial por abuso do poder econômico ou político (AIJE) contra o abuso do poder econômico.

Em certos casos eleitorais não se afigura caracterizada uma espécie de propaganda antecipada, mas é possível vislumbrar atos de abuso do poder econômico antes do requerimento de registro de candidatura e da possibilidade de ajuizamento da AIJE em razão do calendário eleitoral.

Nesse cenário, autoriza-se, excepcionalmente, a tutela provisória de urgência para assegurar o resultado efetivo do processo da AIJE.

> [...] A tutela provisória de urgência poderá ser concedida liminarmente quando o perigo de dano ou de ilícito, ou o risco ao resultado útil do

processo estiverem configurados antes ou durante o ajuizamento da demanda. Somente o perigo, a princípio, justifica a restrição ao contraditório (ZAVASCKI, Teori Albino. Antecipação de Tutela. 2ª ed. 1999, p. 80. *apud* DIDIER JR., Fredie. *Curso de direito processual civil:* teoria da prova, direito probatório, ações probatórias, decisão, precedente, coisa julgada e antecipação dos efeitos da tutela. 10ª ed. v. 2. Salvador: Ed. JusPodivm, 2015, p. 572).

*A tutela provisória, aqui tratada, em razão do art. 299 do CPC, deve ser requerida ao **juízo da causa**, que não é o juízo da fiscalização da propaganda política eleitoral.*

20.13. PRAZOS. INICIAL E FINAL

A jurisprudência do Tribunal Superior Eleitoral está consolidada no entendimento de que a ação de investigação judicial prescrita no art. 22 da Lei Complementar nº 64/1990 pode ser ajuizada até a **data da diplomação dos candidatos eleitos**.

A investigação judicial eleitoral não possui um marco inicial para o seu ajuizamento, embora seja ofertada após a publicação do pedido de registro.

O colendo TSE possui precedente no sentido do cabimento da AIJE sobre fatos abusivos que são praticados antes do período eleitoral. Nesse sentido: *Agravo Regimental no Recurso Ordinário nº 1.638/AM. Rel. Min. Lewandowski.*

Não há dúvidas de que os aspirantes a candidatos, antes mesmo de serem escolhidos em convenções, podem praticar abusos do poder econômico ou político, condutas vedadas e, enfim, escusarem-se da incidência da deflagração de uma ação de investigação judicial eleitoral.

Por outro lado, uma linha natural de raciocínio nos leva à inevitável conclusão de que a ausência de mecanismo punitivo fomenta em elevado grau o estímulo ao desequilíbrio eleitoral, e os pleiteantes a mandatos eletivos acirram suas condutas abusivas na certeza da absoluta falta de regras precisas quanto ao prazo inicial da AIJE.

A AIJE pode ser proposta contra os pré-candidatos ou candidatos. Assim, escolhido o pré-candidato na convenção partidária que se realiza entre os dias 20 de julho até 5 de agosto, (*segundo o art. 8º da Lei das Eleições*) do ano de eleição deve ser admitida a AIJE, mesmo que posteriormente seja a candidatura indeferida ou substituída.

Deveras, se entre a escolha da pré-candidatura nas convenções partidárias e a formalização do requerimento de registro dessa candidatura, o postulante pratica ações abusivas é inexorável o cabimento da ação de investigação judicial eleitoral para a produção dos seus efeitos legais, e.g., a declaração de inelegibilidade.

Os abusos do poder econômico ou político foram ganhando relevância no ano de eleição em função de uma cadeia de atos ilegais que beneficiam uma especial candidatura.

Em resumo: o prazo inicial que autoriza a deflagração da ação ocorre com a escolha do pré-candidato e o prazo final é até a data da diplomação.

A este respeito, uma vez identificados atos de propaganda antecipada, o infrator estará sujeito à representação do art. 96 da Lei das Eleições.

A quantidade exagerada de representações por ações deliberadas de propaganda antecipada pode servir de suporte para uma ação de investigação judicial eleitoral por abuso do poder econômico, porque restará evidente que o aspirante à pré-candidatura, de forma dolosa, iniciou sua campanha eleitoral.

Todavia, a regra do art. 36-B da Lei nº 9.504/1997 excepciona diversas hipóteses que não caracterizam a propaganda antecipada, dando ensejo à camuflagem do abuso do poder econômico.

A propositura da representação por fatos anteriores ao dia 15 de agosto, que é o último dia para os partidos e coligações solicitarem à Justiça Eleitoral o requerimento de registro de candidaturas (art. 11 da Lei das Eleições), permite ampliar as punições aos infratores que foram devidamente processados por representações decorrentes de propaganda antecipada.

Destaca-se no Colendo Tribunal Superior Eleitoral: "(...) *É possível a instauração de ação de investigação judicial eleitoral para a apuração de fatos abusivos sucedidos antes do início do período eleitoral. A distribuição de calendários com destaque a obras e realizações da administração municipal caracteriza evidente promoção pessoal do Prefeito candidato à reeleição, com conotação eleitoreira, configurando abuso de poder punível nos termos do art. 22 da Lei Complementar nº 64/1990, sendo irrelevante a ausência de elemento identificador de pessoa ou partido político* (Agravo Regimental no Agravo de Instrumento nº 2.099/SC, Rel. Min. Arnaldo Versiani, em 15/04/2010. Inf. 12/2010).

Na verdade, para cada ato de propaganda antecipada, é possível a propositura de uma representação, mas o seu efeito é extremamente reduzido para conter os verdadeiros abusos do poder, considerando a aplicação apenas da multa ou restrições de veiculação no programa eleitoral partidário.

Importante notar que a tutela jurisdicional aplicada apenas como multa (§ 3º do art. 36 da Lei das Eleições) em reiteradas condutas, mostra-se ineficaz para paralisar ou prevenir demais infrações, cuja feição é continuativa, protraindo-se no tempo antes do pedido de registro. A tutela inibitória não é verificada em alguns casos, quando o futuro candidato dispõe de valores econômicos suficientes para não cessar com a infração eleitoral.

Em atenção ao prisma probatório e convincente, o legitimado ativo poderá **reunir os procedimentos condenatórios** ou em curso que tratam de aplicar multas pela propaganda antecipada. E, assim, perscrutado que o fato está incindivelmente **revestido de gravidade** (*art. 22, XVI, da Lei das Inelegibilidades*), autoriza-se o recebimento da AIJE antes da data do dia 15 de agosto, inclusive por razões pedagógicas e jurídicas de eficácia definitiva da tutela eleitoral.

Por fim, o termo final de propositura da ação de investigação judicial eleitoral, conforme já enfatizado, **é até a data da diplomação** dos candidatos.

Em síntese: a admissão da AIJE antes do requerimento de registro pode retroagir ao período de tempo entre as convenções e o requerimento de registro, pois já se mostram as figuras dos pré-candidatos. Antes desta data, temos apenas pessoas que pretendem futuras pré-candidaturas e contribuem para fomentar a prática de atos ilegais, não sendo puníveis sem que se aponte com certeza a figura do pré-candidato ou candidato.

Todavia é urgente uma mudança legislativa sobre esse ponto permitindo a propositura da AIJE desde o início do ano de eleição ou até mesmo quando verificado o abuso econômico para fins eleitorais, independentemente da figura da pré-candidatura.

Observe-se que não são raros os casos em que pretendentes a pré-candidaturas desistem de concorrer para as convenções; portanto, a multa do § 3º do art. 36 é, a princípio, uma sanção suficiente pela representação do art. 96, ambos dispositivos legais da Lei das Eleições.

A Lei Complementar nº 135/2010 foi omissa em relação ao prazo inicial de propositura da AIJE. Na verdade, **deveria ser estipulado o início do ano eleitoral**, ou com a própria divulgação das prévias partidárias, o que efetivamente poderia garantir maior equilíbrio nas campanhas eleitorais.

Assim, frisamos que os fatos relativos às campanhas eleitorais antes do dia 15 de agosto, são, em sua essência, ilegais, mas possuem tratamento jurídico diverso: apenas a multa e cessação da atividade lesiva ou a inelegibilidade e cassação do registro ou diploma, quando revestidas de gravidade.

20.14. BENEFÍCIO. PARTICIPAÇÃO E INELEGIBILIDADE

As ações abusivas nem sempre são provenientes de conduta dolosa e voluntária do candidato infrator, pois decorrem de múltiplas condutas com divisão de tarefas e funções entre vários sujeitos.

Trata-se de uma espécie de concurso de pessoas com simetria ao art. 29 do Código Penal: "*Quem, de qualquer modo, concorre para o crime incide nas penas a este cominadas, na medida de sua culpabilidade*".

Agentes públicos ou não, candidatos e terceiros agem na busca intangível da conquista no pleito eleitoral e deflagram ações autônomas, mas subjetivamente vinculadas. É uma típica divisão de tarefas de trabalho político eleitoral nas campanhas eleitorais.

Ações que originariamente são uma vívida demonstração do regime democrático e transmudam-se em ilícitos com a concorrência de diversas pessoas na sua prática cujo destinatário final é o candidato beneficiado.

Na análise do conjunto da relevância causal das condutas dos participantes é que se pode perscrutar o liame subjetivo de aderência do beneficiado candidato.

Pluralidade de condutas e liame subjetivo também são requisitos de interpretação concreta para a caracterização do abuso do poder econômico ou político.

A adesão subjetiva, vínculo psicológico ou liame subjetivo do beneficiado é essencial para a formação da responsabilidade eleitoral na ação abusiva, mas diversamente da teoria do Direito Penal, nesse campo probatório eleitoral é suficiente que essa interligação subjetiva entre ações de terceiros e o benefício do candidato possa defluir de dolo ou culpa.

Nesse panorama, responde pelo abuso do poder econômico ou político o **beneficiado** que agiu dolosamente ou por culpa foi negligente ou imprudente. Não se exige a homogeneidade do elemento subjetivo do abuso. Não se trata de responsabilidade objetiva.

Na Lei das Eleições existe norma expressa sobre a responsabilidade do candidato por infração eleitoral em razão de propaganda irregular.

Ressalta-se:

> Art. 40-B. A representação relativa à propaganda irregular deve ser instruída com prova da autoria ou do prévio conhecimento do beneficiário, caso este não seja por ela responsável. (Incluído pela Lei nº 12.034, de 2009).
>
> Parágrafo único. A responsabilidade do candidato estará demonstrada se este, intimado da existência da propaganda irregular, não providenciar, no prazo de quarenta e oito horas, sua retirada ou regularização e, ainda, **se as circunstâncias e as peculiaridades do caso específico revelarem a impossibilidade de o benefici**ário não ter tido conhecimento da propaganda. (grifos nossos).

No Egrégio TSE: (...) o *critério da "participação" do candidato beneficiado não é fator decisivo para a caracterização do abuso do poder econômico ou político* (Acórdão n 782/SP, de 8/6/2004, Recurso Ordinário. Rel. Min. Fernando Neves, DJ 3/9/2004).

Significativo é o precedente do Egrégio TSE, *in expressi verbis*:

> (...) Embora não fosse agente público, o recorrente foi beneficiário direto da conduta abusiva de seu irmão, servidor da Funai, que

agindo nessa qualidade desequilibrou e comprometeu a legitimidade do pleito. É o quanto basta para a configuração do abuso de poder político com a cassação de seu registro de candidatura, tal como previsto no art. 22, XIV, da LC nº 64/1990.

4. Conforme jurisprudência do e. TSE, o abuso de poder pode ser apurado tanto em relação ao beneficiário como em relação ao autor, porquanto o que se busca preservar é a lisura do pleito (AAG nº 7.191/BA, Rel. Min. Joaquim Barbosa, DJe de 26/9/2008). (...). (AC de 1/6/2010 no ED-REspe nº 37.250, Rel. Min. Aldir Passarinho Junior) (grifos nossos).

Nessa linha segue a jurisprudência do Egrégio TSE:

(...) *Caixa dois. Configuração.* (...) *1. A utilização de 'caixa dois' configura abuso de poder econômico, com a força de influenciar ilicitamente o resultado do pleito.*

2. O abuso de poder econômico implica desequilíbrio nos meios conducentes à obtenção da preferência do eleitorado, bem como conspurca a legitimidade e normalidade do pleito.

3. A aprovação das contas de campanha não obsta o ajuizamento de ação que visa a apurar eventual abuso de poder econômico. Precedentes. (...) (AC de 19/12/2007 no REspe nº 28.387, Rel. Min. Carlos Ayres Britto) (grifos nossos).

20.15. RENOVAÇÃO DA ELEIÇÃO. DIRETA OU INDIRETA. ART. 224 DO CÓDIGO ELEITORAL. EFEITO DA DECISÃO

A decisão em ação de investigação judicial eleitoral acarreta: a cassação do registro ou diploma e a inelegibilidade. Como já visto, são efeitos cumulativos.

Outra questão que merece especial atenção é a renovação da eleição com base na nulidade tratada no art. 224 do Código Eleitoral.

A Lei nº 13.165, de 29 de setembro de 2015, incluiu os §§ 3º e 4º no art. 224 do Código Eleitoral, alterando a regra nos seguintes termos:

Art. 224. Se a nulidade atingir a mais de metade dos votos do país nas eleições presidenciais, do Estado nas eleições federais e estaduais ou do município nas eleições municipais, julgar-se-ão prejudicadas as demais votações e o Tribunal marcará dia para nova eleição dentro do prazo de 20 (vinte) a 40 (quarenta) dias.

§ 1º Se o Tribunal Regional na área de sua competência, deixar de cumprir o disposto neste artigo, o Procurador Regional levará o fato ao conhecimento do Procurador-Geral, que providenciará junto ao Tribunal Superior para que seja marcada imediatamente nova eleição.

> § 2º Ocorrendo qualquer dos casos previstos neste capítulo o Ministério Público promoverá, imediatamente a punição dos culpados.
>
> **§ 3º A decisão da Justiça Eleitoral que importe o indeferimento do registro, a cassação do diploma ou a perda do mandato de candidato eleito em pleito majoritário acarreta, após o trânsito em julgado, a realização de novas eleições, independentemente do número de votos anulados.** (Incluído pela Lei nº 13.165, de 2015)
>
> **§ 4º A eleição a que se refere o § 3º correrá a expensas da Justiça** Eleitoral e será: (incluído pela Lei nº 13.165, de 2015)
>
> **I – indireta, se a vacância do cargo ocorrer a menos de seis meses do final do mandato;** (Incluído pela Lei nº 13.165, de 2015)
>
> **II – direta, nos demais casos.** (Incluído pela Lei nº 13.165, de 2015) **(grifos nossos).**

Nesse contexto, se a decisão anular o mandato eletivo no sistema eleitoral majoritário, e.g., do Prefeito, após o **trânsito em julgado** será determinada a realização de eleições suplementares ou complementares, não subsistindo mais o critério quantitativo dos votos, pois, pela regra anterior, se o Prefeito fosse eleito com menos de 50% (*cinquenta por cento*) dos votos válidos assumiria o Vice-Prefeito ou o segundo lugar mais votado.

O § 3º do art. 224 é aplicável para as seguintes ações: i) ação de impugnação ao requerimento de registro de candidatura; ii) ação de investigação judicial eleitoral por abuso do poder econômico ou político; iii) ação contra condutas vedadas aos agentes públicos em campanhas eleitorais; iv) ação de captação ou gastos ilícitos de recursos nas campanhas eleitorais; v) ação de captação ilícita de sufrágio; vi) ação de impugnação ao mandato eletivo; e vii) recurso contra a expedição do diploma.

Tenha-se presente que o § 3º do art. 224 do Código Eleitoral tem amplo alcance, pois se refere à anulação do diploma e perda do mandato eletivo.

Infere-se que a nulidade dos votos referidos no *caput* do art. 224 do Código Eleitoral decorre de decisões no âmbito da Justiça Eleitoral. Assim, somente no julgamento de ações ou representações pela Justiça Eleitoral é que se nulificam votos válidos. Nesse rumo interpreta-se sistematicamente com o art. 175, § 3º, do Código Eleitoral, *in expressi verbis*: "*Serão nulos, para todos os efeitos, os votos dados a candidatos inelegíveis ou não registrados*".

A **nulidade dos votos** é consequência da procedência dos pedidos em ações eleitorais aptas a anular o diploma e declarar a perda do mandato eletivo ensejando a realização de novas eleições. **Se o eleitor anular o voto não anula a eleição.**

A nulidade do voto é uma resposta causal de ações ilícitas, tais como: o abuso do poder econômico ou político, a captação de votos ou ilícita de recursos, a fraude, a corrupção e atos tipificados na legislação eleitoral que maculam o processo legítimo de elegibilidade.

O *caput* do art. 224 **demandava** duas interpretações quantitativas: menos de 50% (*cinquenta por cento*) dos votos *não haveria eleição, convocar-se-ia o vice ou o segundo lugar*. Mais de 50% (*cinquenta por cento*) realiza-se nova eleição. No entanto, se o § 3º, introduzido pela Lei nº 13.165, de 29 de setembro de 2015, é expresso ao dizer que ocorrem novas eleições independentemente do número de votos anulados, esvazia-se a regra do *caput* do art. 224 do Código Eleitoral.

Da leitura do dispositivo legal do § 4º do art. 224 do Código Eleitoral fica expressa a regra da eleição suplementar **indireta** ou **direta**.

Os incs. I e II do § 4º do art. 224 do Código Eleitoral contemplam a jurisprudência do Egrégio Tribunal Superior Eleitoral.

A legislação considera o elemento temporal como fator decisivo e relevante, porque será **indireta** a eleição quando a vacância ocorrer "*a menos de seis meses do final do mandato*". Evita-se a mistura da eleição suplementar com uma nova eleição regular, considerando a proximidade do término do mandato eletivo.

Deveras, a mistura de eleições diretas em lapso temporal diminuto aumenta os gastos públicos com a logística da administração eleitoral, colocação de urnas nas seções, convocação de mesários, propaganda política eleitoral, prestação de contas de campanhas eleitorais e outros aspectos.

Com efeito, o prazo a menos de 6 (*seis*) meses do final do mandato eletivo para a realização de eleições indiretas poderia ser mais amplo, pois não evita a mistura das eleições diretas no mesmo ano de eleição.

Por exemplo, se as eleições municipais de 2016 ocorrem no dia 2/10/2016 e a perda do mandato do Prefeito atual em março do mesmo ano serão realizadas **duas eleições diretas no Município**, segundo a regra dos incs. I e II do § 4º do art. 224 do Código Eleitoral.

O legislador, ao adotar o critério temporal de 6 (*seis*) meses, poderia ter efetivamente ampliado o prazo evitando-se a sobreposição de ações de registro, propaganda, votação e prestação de contas das campanhas dentro de um apertado e diminuto calendário eleitoral que acaba acarretando ações de abusos do poder econômico e político.

Quid inde? O eleitor elegeria um Prefeito por 6 (*seis*) meses e já participaria de uma nova eleição para eleger um novo Prefeito por 4 (*quatro*) anos.

A eleição direta deve ser sempre objetivada, mas em razão do curto intervalo de tempo, o legislador optou pela divisão em indireta e direta, *quieta non movere*.

Infere-se que a eleição direta é a regra geral.

Nesse ponto, as normas do Código Eleitoral, art. 224, §§ 3º e 4º, incs. I e II, prevalecem em relação ao disposto nas Leis Orgânicas Municipais.

Algumas Leis Orgânicas Municipais tratam de eleições indiretas repetindo a regra do art. 81, § 1º, da Constituição da República, ou seja, se o Prefeito e o Vice--Prefeito perderem os mandatos eletivos nos últimos dois anos do seu exercício a eleição é indireta. Essa regra não subsiste mais em relação ao disposto no § 3º do art. 224 do Código Eleitoral que é norma posterior e nacional.

Com relação ao Presidente da República, a normatividade é de **natureza constitucional**, nos termos do § 1º do art. 81 da Carta Magna e, portanto, a Lei nº 13.165, de 29/09/2015 (lei ordinária), que acrescentou os §§ 3º e 4º ao art. 224 do Código Eleitoral, não tem aplicação.

Quanto aos Governadores do Estado, as Constituições Estaduais, e.g., por simetria e na produção de normas de reprodução acabam adotando a regra do art. 81, § 1º, da Constituição da República.

Indaga-se: **qual e a regra jurídica que deve imperar, ou seja, as denominadas de repetição obrigatória contidas nas Cartas Estaduais para os Governadores ou a alteração legislativa do Código Eleitoral pela Lei nº 13.165/2015**?

Se a norma da Constituição Estadual for considerada de reprodução obrigatória ela estará ancorada em princípios constitucionais sensíveis como o sistema eleitoral majoritário e representativo, ou seja, não podem os Estados legislar de forma diversa com as reservas do poder constituinte derivado decorrente e, portanto, impera uma limitação sobre esse tema.

Todavia, se a regra constitucional estadual for apenas uma norma de imitação ou facultativa, sem vinculação ao princípio constitucional sensível da representatividade adota-se a norma inovadora dos §§ 3º e 4º do art. 224 do Código Eleitoral, pois a Lei nº 4.737/1965 e a alteração pela Lei nº 13.165/2015 são normas nacionais, sendo a última posterior com sentido de revogabilidade.

Como visto, podem surgir dois entendimentos sobre esse tema, sendo que a princípio deve prevalecer o regime democrático pela **eleição direta** contido na norma posterior da Lei nº 13.165/2015, garantindo-se a universalidade do sufrágio e os direitos fundamentais das capacidades eleitorais ativas em relação à exteriorização do voto dos eleitores.

É inexorável que o *cânon* interpretativo deve supervalorizar as eleições diretas.

Quanto aos **candidatos proporcionais**, os suplentes serão chamados na ordem de votação.

Destaca-se decisão do Egrégio TSE determinando a renovação das eleições municipais em razão de comprovação de oferta de valores pecuniários ao candidato com o intuito de formalizar pedido de desistência de sua candidatura:

(...) O Plenário do Tribunal Superior Eleitoral, por unanimidade, assentou que a compra de apoio político, fundamentada na promessa de cargos públicos e oferta de dinheiro a candidato, a fim de comprar-lhe a candidatura, configura abuso do poder econômico. Na espécie, o Tribunal Regional Eleitoral do Rio Grande do Sul (TRE/RS) reformou sentença de primeiro grau e julgou procedente a Ação de Investigação Judicial Eleitoral (AIJE), reconhecendo a prática de abuso do poder econômico e cassando os diplomas de Prefeito e Vice-Prefeito de Crissiumal/RS, condenando o primeiro à sanção de inelegibilidade e determinando a realização de novas eleições municipais. A Ministra Luciana Lóssio, relatora, rememorou que a conduta de compra de apoio político foi discutida pela Corte Eleitoral no REspe nº 50.706/AL, Rel. Min. Marco Aurélio, tendo sido afastada, sob o prisma de violação ao art. 41-A da Lei das Eleições. Asseverou que a "oferta de valores com vistas à desistência de candidatura, quando já deflagradas as campanhas, denota, ao invés da legítima negociação de apoio político, o efetivo abuso dessa prerrogativa". Enfatizou que o art. 22, inciso XVI, da Lei Complementar nº 64/1990, introduzido pela Lei Complementar nº 135/2010, "instituiu a gravidade dos fatos como novo paradigma para aferição do abuso do poder", e que "a investigação da gravidade leva em conta as circunstâncias do fato em si e não o seu efetivo potencial de influência no pleito" (Recurso Especial Eleitoral nº 198-47, Crissiumal/RS, Rel.ª Min.ª Luciana Lóssio, em 03/02/2015. Informativo TSE. Ano XVII. Nº 01/2015).

O Ex.mo Procurador-Geral da República ingressou com a Ação Direta de Inconstitucionalidade nº 5.525 no Supremo Tribunal Federal aduzindo a necessidade de:

(i) declaração de inconstitucionalidade sem redução do texto do art. 224, § 3º, do Código Eleitoral para excluir o Presidente e Vice-Presidente e os Senadores da regra de abrangência;

(ii) a inconstitucionalidade orgânica do § 4º do art. 224 da mesma lei; e

(iii) interpretação conforme a Constituição em relação à locução "trânsito em julgado" prevista no § 3º do art. 224, dentre outros judiciosos fundamentos.

Convém ressaltar que os **§§ 3º e 4º do art. 224 do Código Eleitoral** foram introduzidos pela Lei da Minirreforma Eleitoral de 2015 (*Lei nº 13.165/2015*) e alteram de forma substancial e formal regra já existente sobre a modificação da chefia do Poder Executivo.

Ressalta-se que a **ADI nº 5.525** questiona a violação das alterações aos **princípios da soberania popular, pacto federativo, acesso à jurisdição, devido processo legal substancial, violação da proporcionalidade pela proteção**

ineficiente, moralidade eleitoral, finalidade, economicidade e legitimidade e normalidade das eleições.

Como se percebe, a regra do **art. 81 da Constituição da República** é específica e, portanto, na vacância dos mandatos eletivos de Presidente e Vice-Presidente da República não se afigura possível a modificação pela norma infraconstitucional (*Lei nº 13.165/2015, que inseriu normatividade diversa no Código Eleitoral*).

Desse modo, ocorrendo a vacância nos últimos 2 (*dois*) anos do mandato eletivo do Presidente e Vice-Presidente eleitos na mesma chapa una e indivisível a eleição será **indireta**, sendo que nos primeiros 2 (*dois*) anos será **direta**. Assim, **a norma é inconstitucional sem redução do texto.**

Em equável sentido é a exclusão dos Senadores da interpretação dessa nova regra do § 3º do art. 224 do Código Eleitoral, quando faz menção a "**candidato eleito pelo sistema majoritário**", o que inclui indevidamente o mandato eletivo do Poder Legislativo exercido pelos Senadores, **pois não são realizadas novas eleições indiretas, mas convocado para ocupar a vaga o segundo lugar mais bem votado**.

A interpretação deve prestigiar a vontade do eleitor pelo sufrágio universal assegurando-lhe a plenitude das capacidades eleitorais ativas, a *defensio causae* da ação de votar.

É inexorável que a introdução inovadora normativa é inconstitucional e, como bem salientou o Procurador-Geral da República: "*Cabe a interpretação conformadora, para retirar o cargo de Senador do âmbito material de validade da norma*" (*ADI nº 5.525*).

Com efeito, emerge resoluta perplexidade na inserção da frase "**candidato eleito em pleito majoritário**", sem as ressalvas constitucionais e legais que defluem do sistema eleitoral vigente.

Por outro argumento, é possível perscrutar que a regra do **§ 4º do art. 224 da nova lei,** que determina a realização de eleições indiretas na hipótese de vacância a menos de **6 (seis) meses** do final do mandato, objetivou padronizar e uniformizar essa alteração na chefia do Poder Executivo Estadual, Distrital e Municipal, considerando que a regra do art. 81 da Constituição da República **não é de repetição obrigatória**, segundo precedente salientado nos autos da ADI 5.525 no STF na MC na ADI nº 1.057, Relator Ministro Celso de Mello, ou seja, os Estados possuem o poder de autônoma deliberação para regulamentar que as eleições serão indiretas nos últimos 2 (*dois*) anos ou de outra forma.

Sob esse aspecto, se a regra do art. 81 da Carta Magna for considerada de não repetição obrigatória, mas de imitação, é possível a autonomia legislativa.

No entanto, a regra do § 4º do art. 224 do Código Eleitoral poderá servir de rumo seguro para futuras alterações legiferantes nas Cartas Estaduais e

Leis Orgânicas Municipais, pois, especialmente em relação aos Municípios, a proliferação de soluções legislativas é indesejável.

Como se percebe, a *ratio legis* foi objetivar uma solução harmoniosa entre os entes federativos, inclusive privilegiando o sufrágio universal e a soberania popular pelo voto direto, pois a eleição indireta fica restrita apenas na vacância do cargo a menos de 6 (*seis*) meses do final do mandato eletivo, sendo direta nos demais casos e, portanto, valorizando o voto direto.

Acresça-se que é desaconselhável a realização de eleições diretas no último semestre do mandato eletivo de 4 (*quatro*) anos, quando se mistura a eleição suplementar direta com a eleição normal gerando graves e irreparáveis danos à economicidade, à propaganda política eleitoral, à prestação de contas e a outros aspectos de alta relevância.

A exigência de "**trânsito em julgado**" para a alteração da chefia do Poder Executivo, conforme previsto no § 3º do art. 224 do Código Eleitoral, é efetivamente **inconstitucional**. Nesse ponto, a declaração de inconstitucionalidade deve ser com **redução parcial do texto para supressão da frase**.

> Exigência de trânsito em julgado – incluindo a espera de possível recurso extraordinário – mostra-se exagerada e desproporcional, em face da gravidade das condutas que autorizam cassação de diploma e de mandato. Cria área de tensão entre o direito à ampla defesa com meios e recursos previstos nas leis e o tempo útil para decisões cassatórias, que não pode ser superior ao período dos mandatos. É possível, alternativamente, interpretar a exigência de trânsito em julgado como interna à jurisdição tipicamente eleitoral, que se encerra no Tribunal Superior Eleitoral (trecho da petição inicial na ADI aludida).

Com foco na alteração legislativa, o Tribunal Superior Eleitoral regulamentou a questão da eleição direta nas eleições municipais majoritárias de 2016, por intermédio do art. 167 da Resolução nº 23.456, de 15 de dezembro de 2015.

Por último, o Egrégio STF decidiu nos seguintes termos:

> **Vacância de cargos políticos e procedimento eleitoral.** "[...] O Plenário, por maioria, julgou parcialmente procedente ação direta para declarar a inconstitucionalidade da locução "após o trânsito em julgado", prevista no § 3º do art. 224 do Código Eleitoral, e para conferir interpretação conforme a Constituição ao § 4º do mesmo artigo, de modo a afastar do seu âmbito de incidência as situações de vacância nos cargos de Presidente e Vice-Presidente da República, bem como no de Senador da República. De início, a Corte afirmou que o fato de a Constituição Federal não listar exaustivamente as hipóteses de vacância não impede que o legislador federal, no exercício de sua competência

legislativa eleitoral (CF, art. 22, I), preveja outras hipóteses, como as dispostas no § 3º do art. 224 do Código Eleitoral. Assim, é permitido ao legislador federal estabelecer causas eleitorais, ou seja, relacionadas a ilícitos associados ao processo eleitoral, que possam levar à vacância do cargo. Por outro lado, é certo que § 4º do citado art. 224 disciplina o modo pelo qual serão providos todos os cargos majoritários na hipótese de vacância. Entretanto, em relação aos cargos de Presidente, Vice-Presidente e Senador, a própria Constituição Federal já estabelece o procedimento a ser observado para o seu preenchimento (CF, arts. 56, § 2º, e 81, § 1º).Verifica-se, portanto, clara contradição entre o que preveem o texto constitucional e a legislação ordinária. De todo modo, é compatível com a Constituição Federal a aplicação do citado § 4º em relação aos cargos de Governador e de Prefeito, porquanto, diferentemente do que faz com o Presidente da República e com o Senador, o texto constitucional não prevê modo específico de eleição no caso de vacância daqueles cargos. Contudo, há que ser preservada a competência dos Estados-membros e dos Municípios para disciplinar a vacância em razão de causas não eleitorais, por se tratar de matéria político-administrativa, resguardada sua autonomia federativa. Outrossim, em relação ao § 3º do art. 224 do Código Eleitoral, o Tribunal concluiu que os efeitos práticos da exigência do trânsito em julgado para a perda do mandato contrariam o princípio democrático e o princípio da soberania popular. Isso porque a exigência em questão permite que exerçam cargo majoritário, por largo período, alguém que não foi eleito, na medida em que, a teor do que disposto no art. 171 da Resolução 23.456/2015 do TSE, 'caberá ao presidente do Poder Legislativo assumir e exercer o cargo até que sobrevenha decisão favorável no processo de registro'. Vencido, em parte, o Ministro Alexandre de Moraes, que excluía do âmbito de incidência do § 4º do art. 224 também os governadores, prefeitos e os respectivos vices, tendo em conta a autonomia federativa (ADI 5.525/DF, Rel. Min. Roberto Barroso, j. 7 e 8/3/2018. Informativo do STF nº 893/2018).

E ainda:

> **"Vacância de cargos políticos e eleições.** [...] O Plenário, por maioria, julgou improcedente ação direta ajuizada em face do § 3º do art. 224 do Código Eleitoral e fixou tese nos seguintes termos: 'É constitucional legislação federal que estabeleça novas eleições para os cargos majoritários simples – isto é, Prefeitos de Municípios com menos de duzentos mil eleitores e Senadores da República – em casos de vacância por causas eleitorais'. O requerente sustentou que o referido dispositivo não poderia

ser aplicado a eleições decorrentes de vacância de cargo de Senador, bem como de Prefeito de município com menos de 200 mil eleitores, nos quais a investidura no cargo dependeria unicamente da obtenção da maioria simples dos votos. Alegou que a norma em questão ofenderia a soberania popular e os princípios constitucionais da razoabilidade, da proporcionalidade, da legitimidade e da normalidade das eleições, além de causar custos desnecessários para a União. O Tribunal, entretanto, ao adotar postura de deferência ao legislador, ressaltou a possibilidade de convocar nova eleição, em observância ao princípio da soberania popular. Ademais, celeridade e economicidade cedem, do ponto de vista do privilégio – no caso, legítimo –, que há de ser dado ao princípio democrático. Vencido o Ministro Marco Aurélio, que acolhia o pedido formulado" (ADI 5.619/DF, Rel. Min. Roberto Barroso, j. 7 e 8/3/2018. Informativo do STF nº 893/2018).

20.16. RECURSOS

Como já referido acima, nas eleições **municipais** a competência para o processo e julgamento da AIJE é do juiz eleitoral da zona eleitoral que foi designado pelo Tribunal Regional Eleitoral. Dessa forma, nas comarcas com mais de uma zona eleitoral, apenas um juiz eleitoral terá essa designação. É uma competência *ratione materiae*.

O cartório eleitoral publicará a decisão, sendo que a legislação ainda prevê que seja no *Diário de Justiça eletrônico* ou imprensa oficial, e ainda notificará o partido político ou a coligação para fins de substituição do candidato, quando determinada a cassação do registro na forma legal.

Caberá a interposição do **recurso inominado** da decisão do magistrado eleitoral para o Tribunal Regional Eleitoral, no prazo de 3 (*três*) dias, conforme regra geral dos arts. 258 e 265 do Código Eleitoral. O prazo recursal é o mesmo no caso de indeferimento liminar da AIJE.

As contrarrazões são oferecidas em idêntico prazo. Os autos são em seguida encaminhados ao Tribunal Regional Eleitoral.

No Tribunal Regional Eleitoral os autos irão ao Ministério Público Eleitoral (*Procurador Regional Eleitoral*) para parecer. No entanto, entendemos que o Promotor Eleitoral também deverá emitir parecer no primeiro grau de jurisdição.

O relator no Tribunal Regional Eleitoral examinará a admissibilidade com a aplicação do art. 557 do Código de Processo Civil; no novo CPC é o art. 932, e o art. 36, § 6º, do Regimento Interno do Tribunal Superior Eleitoral.

O acórdão prolatado pelo Tribunal Regional Eleitoral ensejará **recurso especial** ao Tribunal Superior Eleitoral, em 3 (*três*) dias contados da publicação, arts. 121, § 4º, incs. I e II, da Constituição Federal e 276, inc. I, alíneas "a" ou "b", e § 1º, do Código Eleitoral. As contrarrazões são apresentadas em igual prazo. É cabível embargos de declaração do acórdão, art. 275 do Código Eleitoral.

Na hipótese de **inadmissibilidade do recurso especial**, a parte poderá interpor **agravo de instrumento** ao Tribunal Superior Eleitoral, conforme previsão no art. 279 do Código Eleitoral, no prazo de 3 (três) dias da publicação da decisão em secretaria.

Quando a eleição for **federal** ou **estadual** (*Governadores, Vices, Senadores e suplentes, Deputados federais, distritais e estaduais*), a AIJE é dirigida ao corregedor e julgada pelo Tribunal Regional Eleitoral. Cumpre ao corregedor, como relator, cuidar do processamento até o final da instrução.

Nesse caso, atua o Ministério Público Eleitoral pelo procurador regional eleitoral, que emitirá parecer e o processo irá com o relatório para julgamento colegiado do Tribunal em sessão marcada com essa finalidade.

O acórdão do Tribunal Regional Eleitoral demanda a interposição de **recurso ordinário** ao Tribunal Superior Eleitoral, nos termos do art. 121, § 4º, incs. III e IV, da Constituição da República, e 276, inc. II, alínea "a", do Código Eleitoral. O recurso é interposto em 3 (*três*) dias e as contrarrazões oferecidas em prazo idêntico.

Os autos são conclusos ao Presidente do Tribunal Regional Eleitoral que os encaminha ao Tribunal Superior Eleitoral adotando-se as regras regimentais. Admitem-se embargos de declaração (*art. 275 do Código Eleitoral*).

O recurso ordinário é recebido no efeito suspensivo nos termos do art. 257, § 2º, do Código Eleitoral (*redação da Lei nº 13.165/2015*).

Nas eleições nacionais (*Presidente e Vice-Presidente da República*) a AIJE é proposta no próprio Tribunal Superior Eleitoral e examinada pelo corregedor--geral que cuida de toda a instrução até o dia da sessão de julgamento, após parecer final do procurador-geral eleitoral na forma legal.

O acórdão prolatado pelo Tribunal Superior Eleitoral, excepcionalmente admite recurso extraordinário – arts. 121, § 3º, da Constituição da República e 281 do Código Eleitoral – no prazo de 3 (*três*) dias, contados da publicação, conforme verbete sumular nº **728** do STF. Admitem-se embargos de declaração, art. 275 do Código Eleitoral.

O rito procedimental foi previsto nos arts. 22 a 39 da Resolução TSE nº 23.398/2013 nas eleições de 2014. Nas eleições municipais de 2016, destaca--se a Resolução TSE nº 23.462, de 15 de dezembro de 2015.

20.17. MODELO BÁSICO DA AÇÃO DE INVESTIGAÇÃO JUDICIAL ELEITORAL OU REPRESENTAÇÃO POR ABUSO DO PODER ECONÔMICO

Ex.mo Juiz Eleitoral da 10ª Zona Eleitoral do Município (_____)

O Partido Y, registrado no Egrégio Tribunal Superior Eleitoral, com sede na rua (_____), por seu advogado infra-assinado, vem respeitosamente, propor

Ação de Investigação Judicial Eleitoral

contra

DR, candidato a Prefeito pelo Partido Z, e ER, candidato a Vice-Prefeito pelo partido W, devidamente qualificados (_____), com subsunção no art. 22 da Lei Complementar nº 64, de 18 de maio de 1990, pelos fatos e fundamentos jurídicos abaixo descritos:

Durante o período de 20 de agosto a 5 de setembro de 2016, o primeiro representado utilizou na campanha para Prefeito do Município, a quantia de R$ 1.000.000,00 (um milhão de reais), proveniente de financiamento ilegal.

Os fatos estão amplamente comprovados, como faz prova a vasta documentação em anexo, cuja descrição segue: (i) contas não declaradas; (ii) depoimento testemunhal de FG (financiador da campanha), sem recibos, e outros.

O segundo representado, embora não tenha solicitado valores oriundos de doações ilícitas, é evidente que na qualidade de candidato a Vice-Prefeito, se beneficiou auferindo vantagem eleitoral no pleito municipal de 2016.

Cumpre observar que o derrame de material gráfico no dia da eleição caracteriza frontal violação ao texto legal.

Registre-se que o Colendo Tribunal Superior Eleitoral, ao disciplinar a propaganda eleitoral nas eleições de 2016, tratou do crime de divulgação pela modalidade de "derrame de material de propaganda", ou seja, o candidato ou militantes da campanha podem ser detidos em flagrante delito se jogarem nas vias públicas próximas das seções eleitorais, materiais gráficos diversos, a saber:

Nesse sentido os arts. 14, § 7º, e 66, § 2º, da Resolução nº 23.457, de 15/12/2015, *in expressi verbis*:

> Art. 14. [...]
>
> § 7º O derrame ou a anuência com o derrame de material de propaganda no local da votação ou nas vias próximas, ainda que realizado na véspera da eleição, configura propaganda irregular, sujeitando-se o infrator à multa prevista no § 1º do art. 37 da Lei nº 9.504/97, sem prejuízo da apuração do crime previsto no inciso III do § 5º do art. 39 da Lei nº 9.504/97.

> Art. 66. [...]
>
> § 2º As circunstâncias relativas ao derrame de material impresso de propaganda no dia da eleição ou na véspera, previstas no § 7º do art. 14 poderão ser apuradas para efeito do estabelecimento da culpabilidade dos envolvidos diante do crime de que trata o inciso III.

Trata-se, portanto, do delito do art. 39, § 5º, inc. II, da Lei nº 9.504/1997 que diz: "a divulgação de qualquer espécie de propaganda de partidos políticos ou de seus candidatos".

Como se nota, o financiamento ilícito obtido pelo primeiro representado culminou com o derrame dos materiais descritos no auto de apreensão e verificação descritos em anexo e que integram essa representação.

Infere-se que ambos os representados determinaram que os militantes partidários atirassem "santinhos" nas portas das seções de votação na área de abrangência da circunscrição da 3ª, 5ª, 6ª, 7ª, 8ª, 11ª, 12ª, 13ª e da 15ª zona eleitoral.

Desse modo, comprovada a gravidade da conduta abusiva, art. 22, inc. XIV, da LC nº 64/1990, os representados se sujeitam às sanções dos arts. 1º, inc. I, alínea "d", e 22, inc. XIV, da LC nº 64/1990.

Requer:

1. O recebimento da presente ação e sua autuação junto com a documentação em anexo;

2. Notificação dos representados (candidatos a Prefeito e Vice-Prefeito) em razão do Verbete sumular nº 38 do Egrégio Tribunal Superior Eleitoral, *verbo ad verbum:*

   Nas ações que visem à cassação de registro, diploma ou mandato, há litisconsorte passivo necessário entre o titular e o respectivo vice da chapa majoritária.

3. Notificação dos representados para a defesa no prazo de 05 (cinco) dias, adotando-se o rito procedimental do art. 22, incs. I a XIII, da Lei Complementar nº 64/1990 e arts. 22 e seguintes da Resolução TSE nº 23.462, de 15 de dezembro de 2015, que "Dispõe sobre representações, reclamações e pedidos de resposta previstos na Lei nº 9.504/1997 para as eleições de 2016";

4. A intimação do Ministério Público Eleitoral nos termos do art. 127 da Carta Magna e da legislação eleitoral vigente;

5. A procedência do pedido para a declaração de inelegibilidade dos representados por 8 (oito) anos a contar das eleições, nos termos do Verbete sumular nº 19 do Egrégio TSE e nulificação dos diplomas com subsunção no art. 22, inc. XIV, da Lei das Inelegibilidades;

6. Realização de novas eleições suplementares, nos termos dos §§ 3º e 4º do art. 224 do Código Eleitoral;

7. A produção de todas as provas, especialmente a documental e testemunhal.

8. Desde já apresenta o rol de 6 (seis) testemunhas abaixo, nos termos do inc. V do art. 22 da LC nº 64/1990.

9. Extração integral das peças documentais que integram os autos dessa representação para o juiz eleitoral da zona eleitoral do local do crime (art. 40 do Código de Processo Penal), considerando a indeclinável necessidade de apuração dos fatos no âmbito penal pelo órgão do Ministério Público Eleitoral, pois "em tese" resultam substanciais provas do tipo penal do art. 299 do Código Eleitoral, corrupção eleitoral.

Município X, ___ de _____ de 20___.

ADVOGADO ELEITORAL

(Procuração em anexo)

20.18. RESUMO

1) A investigação judicial eleitoral ou representação por abuso do poder econômico e/ou político é admitida a partir do pedido de registro de candidatos, mas em certas hipóteses de reiteradas e graves propagandas antecipadas é possível a propositura da representação como espécie de efetiva tutela inibitória. Os fatos abusivos são os cometidos antes do prazo do registro (art. 11 da Lei nº 9.504/1997). O termo final para propositura da ação pode ser até a diplomação. É, portanto, cabível ainda com a escolha do pré-candidato infrator e beneficiado pelo abuso em convenção partidária.

2) A legitimidade para a propositura é do Ministério Público; dos partidos políticos, dos candidatos envolvidos naquele específico pleito eleitoral e das coligações. Trata-se de legitimidade concorrente, mas o Ministério Público deverá intervir quando a ação for proposta pelos outros colegitimados.

3) A legitimidade passiva é do candidato beneficiado pelo abuso, além de qualquer outro contribuinte da conduta abusiva (*arts. 19 e 22, XIV, da Lei Complementar nº 64/1990*).

4) A competência é similar à da ação de impugnação ao pedido de registro de candidatos: juiz eleitoral (*eleições municipais*); Tribunal Regional Eleitoral (*eleições para Governador, Vice-Governador, Senador, Deputados federais, estaduais e distritais*); e do Tribunal Superior Eleitoral nas (*eleições de Presidente e Vice-Presidente da República*). Nos Tribunais Eleitorais a ação é distribuída para os Corregedores, mas o julgamento é do órgão colegiado do tribunal.

INVESTIGAÇÃO JUDICIAL ELEITORAL POR
ABUSO DO PODER ECONÔMICO OU POLÍTICO

CAPÍTULO 20

5) A representação deve ser instruída com provas do abuso (*documentos, perícias, fotografias e depoimentos*). O legitimado só poderá arrolar até seis testemunhas.

6) O órgão jurisdicional pode determinar diligências pleiteadas na petição inicial Sobre as diligências, ver o art. 22, I, *b*, da Lei Complementar nº 64/1990. No novo CPC é o art. 319.

7) O art. 25 da Lei Complementar nº 64/1990 refere-se ao conhecimento sobre os fatos abusivos, mas caberá ao legitimado efetivar a produção das provas.

8) O objetivo principal é demonstrar a gravidade em razão da conduta abusiva. O autor deve demonstrar a anormalidade e ilegitimidade das eleições (*arts. 19 e 22 da Lei Complementar nº 64/1990*). Não é necessário demonstrar a alteração do resultado das eleições, ou seja, se o candidato infrator aumentou o número de votos. Esse fato é um indício na cadeia de elos probatórios.

O art. 22, inc. XVI, da Lei Complementar nº 64/1990 considera "apenas a gravidade das circunstâncias" que caracterizem o ato abusivo para fins de declaração da inelegibilidade.

9) Antes da Lei Complementar nº 135/2010, que alterou o art. 22, XIV, da Lei Complementar nº 64/1990, as consequências do momento em que era proferida a decisão eram as seguintes: se o julgamento fosse antes da eleição acarretava a inelegibilidade do candidato e dos infratores e a cassação do registro (*art. 22, XIV, da LC nº 64/1990*); se fosse após a eleição só ensejava a inelegibilidade por três anos contados da data da eleição (*ver Súmula nº 19 do TSE*). Neste caso, o legitimado poderia utilizar o recurso contra a diplomação ou a ação de impugnação ao mandato eletivo (*ver arts. 262, IV, do Código Eleitoral e 14, §§ 10 e 11, da Constituição Federal*).

Atualmente, a propositura da representação pode produzir os seguintes efeitos: inelegibilidade por oito anos e cassação do registro ou do diploma. Se o candidato praticou o abuso do poder e não foi eleito, a Justiça Eleitoral declarará apenas a inelegibilidade. Se ele foi eleito, ocorrerá a decretação da inelegibilidade e do diploma, anulando-se o mandato eletivo.

10) Se um dos legitimados ativos não ingressar com a representação por abuso do poder econômico até a diplomação, poderá fazê-lo por intermédio da AIME, observando-se os prazos legais de 15 (quinze) dias.

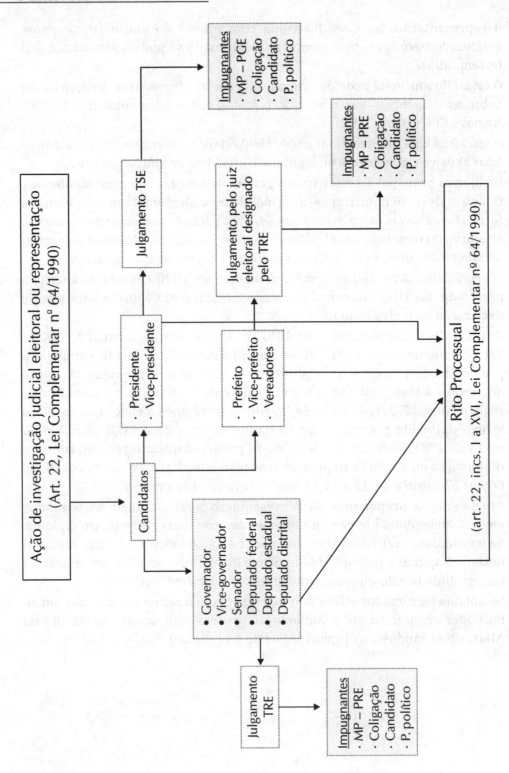

CAPÍTULO 21

AÇÃO DE IMPUGNAÇÃO AO MANDATO ELETIVO

21.1. BASE LEGAL

A ação de impugnação ao mandato eletivo (AIME) está prevista no art. 14, §§ 10 e 11, da Constituição da República Federativa do Brasil.

Trata-se de uma ação constitucional eleitoral autoaplicável, mas é necessária uma atuação normativa infraconstitucional com a finalidade de tratar de diversos aspectos: e.g., o rito processual, legitimados ativos e passivos, efeitos da decisão e causas de pedir.

Com a vigência do inc. XIV do art. 22 da Lei Complementar nº 64, de 18 de maio de 1990, alterado pela Lei Complementar nº 135, de 04 de junho de 2010, a ação ou representação por abuso do poder econômico ou político passou a declarar a nulidade do diploma, o que acarretou a natural diminuição do número de ações de impugnação ao mandato eletivo.

A AIME não perde a sua importância dentre as ações eleitorais e deve ser utilizada em prol da proteção ao regime democrático e lisura das eleições sempre que o momento processual permitir em função do calendário eleitoral.

Dessa forma, embora a representação por abuso do poder (*art. 22 da LC nº 64/1990*), seja mais utilizada, não retira a possibilidade da utilidade e necessidade da ação de impugnação ao mandato eletivo, porque certos fatos ilícitos são descobertos posteriormente ao prazo final da AIJE, que é a **data da diplomação**, além de o pedido abranger, e.g., a fraude.

Assim, o legitimado ativo terá o prazo de 15 (*quinze*) dias, contados da diplomação para propor a AIME na preservação da lisura dos mandatos eletivos e das eleições.

No sistema eleitoral brasileiro, o pré-candidato ou aspirante a candidato, em um primeiro momento, deve lograr êxito numa escolha puramente política, que é a convenção partidária. Vencida essa etapa, deve obter o registro de sua

743

candidatura, onde se envolve na análise de uma questão jurídica formal, que pode refletir-se no desafio de uma questão judicial extremamente controvertida, por meio de debates judiciosos, em ação de impugnação ao pedido de registro de candidatura (*art. 3ª da Lei Complementar nº 64, de 18 de maio de 1990*). Por último, submete-se à disputa eleitoral, obtendo o voto popular, sendo, consequentemente, proclamado eleito e diplomado pela Justiça Eleitoral.

Vencidas essas etapas, ou seja: a) a escolha em convenção; b) o deferimento do registro eleitoral; e c) a consagração da vontade popular pelo voto, o candidato passa a ter a expectativa de direito em assumir o seu mandato eletivo, ocorrendo ainda a proclamação dos resultados, diplomação e posse do eleito nos termos da Constituição Federal, Constituições Estaduais, Leis Orgânicas dos Municípios e Regimentos Internos dos órgãos legislativos respectivos, tais como Senado Federal, Congresso Nacional e Câmaras Municipais.

Portanto, só haverá a possibilidade de ajuizamento dessa ação com a diplomação do eleito. A diplomação, dessa forma, é o termo *a quo* da ação de impugnação ao mandato eletivo.

21.2. CABIMENTO

A Constituição da República enumera os casos de cabimento da AIME:

(i) abuso do poder econômico.

Por exemplo, condutas graves como a utilização indevida dos recursos financeiros, gastos elevadíssimos com campanhas eleitorais sem declaração de fontes permitidas de contribuição. Atinge-se a normalidade e legitimidade das eleições. A lesão eleitoral deve ser considerada com a análise geográfica, política, cultural, econômica e social. Em suma: a população atingida na sua plena liberdade de votar.

Destaca-se: "(...) *A utilização de* **recursos patrimoniais em excesso**, *públicos ou privados, sob poder ou gestão do candidato em seu benefício eleitoral configura o abuso de poder econômico. 2. O significativo* **valor empregado na campanha eleitoral** *e a* **vultosa contratação de veículos** *e de* **cabos eleitorais** *correspondentes à expressiva parcela do eleitorado* **configuram abuso de poder econômico, sendo inquestionável a potencialidade lesiva da conduta, apta a desequilibrar a disputa entre os candidatos e influir no resultado do pleito**. *3. A comprovação do nexo de causalidade no abuso de poder econômico é desnecessária. Precedentes. 3. Recurso Especial conhecido e provido* (Recurso Especial Eleitoral nº 1.918-68/TO. Rel. Min. Gilson Dipp. DJE 22/08/2011. Inf. 24/2011).

A jurisprudência do TSE considerou abuso do poder econômico negociações de apoios políticos em campanhas eleitorais com o oferecimento de vantagens econômicas (*Agravo Regimental no Recurso Especial Eleitoral nº 259-52/RS. Rel.ª Min.ª Luciana Lóssio*).

AÇÃO DE IMPUGNAÇÃO AO MANDATO ELETIVO

Quanto ao abuso do **poder político**, também é possível sua alegação na linha de precedentes jurisprudenciais dos Tribunais, quando ficar estipulado um **liame de ligação entre a lesão econômica e a política**, pois somente o **abuso político de forma isolada não permite o cabimento da AIME**, por falta de previsão constitucional, devendo a questão de fundo ser processualmente discutida no âmbito da ação de investigação judicial eleitoral ou representação por conduta vedada aos agentes públicos.

O abuso econômico, quando entrelaçado com o político, é plenamente admitido como causa de pedir na AIME. Neste sentido: *TSE. AC de 18/03/2010 no AgR-AI nº 11.708, Rel. Min. Felix Fischer.* E ainda: (...) *O desvirtuamento do poder político, embora pertencente ao gênero abuso, não se equipara ao abuso do poder econômico, que tem definição e regramento próprios. O abuso do poder político não autoriza, por si só, o ajuizamento de ação de impugnação de mandato eletivo* (TSE. Agravo Regimental no Agravo de Instrumento nº 12.176/MG. Rel.ª Min.ª Cármen Lúcia. DJE 14/10/2010).

Registre-se ainda, o **cabimento restrito da ação de impugnação ao mandato eletivo**, considerando outras formas de representação já existentes na legislação eleitoral.

Nesse rumo, **não se admite** que as hipóteses de **condutas vedadas aos agentes públicos em campanhas eleitorais sejam causas de pedir na AIME**. "(...) *reafirmou o entendimento de que a ação de impugnação de mandato eletivo AIME tem objeto restrito. Assim, deve ser proposta, apenas, com fundamento em abuso do poder econômico, corrupção ou fraude, não se prestando para a apuração de prática de conduta vedada a agente público, prevista no art. 73 da Lei nº 9.504/1997* (Agravo Regimental no Agravo de Instrumento nº 104-66/BA, Rel. Min. Arnaldo Versiani, em 18/9/2012).

(ii) corrupção.

Não significa que a ação eleitoral tenha efetiva prova da corrupção de índole penal (*os requisitos para a tipificação penal não são essenciais para o enquadramento civil eleitoral*).

A AIME baseada na captação ilícita de sufrágio também exige o preenchimento dos requisitos literais previstos no art. 41-A da Lei das Eleições.

Deve-se comprovar na medida do possível: *Quis? Quid? Ubi? Quibus? Cur?* e *Quomodo*? Aplica-se a exegese do art. 23 da LC nº 64/1990, cumprindo ao magistrado preservar a lisura eleitoral. A generalidade do pedido explícito ou implícito de votos não caracteriza compra de votos.

Tutela-se a higidez da Administração Pública, os atos de probidade administrativa. As condutas de compra e venda de votos podem ser causa de pedir na AIME, mas, a rigor, devem ser discutidas pela via da ação de captação ilícita de sufrágio.

A redação do art. 262 do Código Eleitoral (*RCED*), alterada pela Lei nº 12.891/2013, efetivamente retirou a arguição da captação ilícita de sufrágio por meio de recurso contra a expedição do diploma.

Ressalta-se que o Egrégio TSE, por maioria, não estava mais admitindo o RCED baseado em captação ilícita de sufrágio. Assim. "(...) *assentou a não recepção, pela Constituição da República, da parte inicial e a inconstitucionalidade da parte final do inc. IV do art. 262 do Código Eleitoral; também conheceu do recurso como ação de impugnação de mandato eletivo e declinou da competência para o TRE do Piauí, nos termos do voto do relator*" (Recurso Contra Expedição de Diploma nº 8-84, Teresina/PI, Rel. Min. Dias Toffoli, em 17/9/2013).

No entanto, nem sempre as provas suficientes e até indiciárias estarão resolutas para autorizar até o dia da diplomação (*que é o último dia para propor a ação*), que a parte possa ingressar com a ação de captação ilícita de sufrágio (ACIS).

Assim, a Carta Magna, autoriza no prazo de até 15 (*quinze*) dias contados da diplomação a deflagração da AIME por atos de corrupção verificados durante a campanha eleitoral, mas muitas vezes descobertos e aptos ao exercício processual após a diplomação. Neste caso, exige-se a prova da gravidade do fato.

Como se nota, os instrumentos jurídicos processuais a serem adotados para punir a corrupção decorrente da compra de votos são os seguintes: a) ação de captação ilícita de sufrágio; b) ação de impugnação ao mandato eletivo; e c) ação penal eleitoral, em razão da tipificação do art. 299 do Código Eleitoral.

(iii) fraude.

A fraude para enganar a lisura do processo eleitoral precisa ser voltada para a exclusiva finalidade de obtenção de um resultado eleitoral almejado no pleito eleitoral em disputa.

O agente age dolosamente com o propósito de conquistar os votos dos eleitores objetivando alterar o possível resultado da eleição. Não se pune a simples mentira.

Caracteriza a fraude, a ação do Partido Político para ilaquear o percentual de número de vagas do sexo feminino no registro de candidatura (*Recurso Especial Eleitoral nº 149. Rel. Min. Henrique Neves da Silva, em 4/8/2015*). Trata-se do percentual de candidaturas do § 3º do art. 10 da Lei nº 9.504/1997.

"(...) *A fraude objeto da ação de impugnação de mandato eletivo diz **respeito a ardil, manobra ou ato praticado de má-fé pelo candidato, de modo a lesar ou ludibriar o eleitorado, viciando potencialmente a eleição**. 2. O fato de o Prefeito reeleito de Município transferir seu domicílio eleitoral e concorrer ao* *mesmo cargo em Município diverso, no mandato subsequente ao da reeleição, pode ensejar discussão sobre eventual configuração de terceiro mandato e, por via de consequência, da inelegibilidade do art. 14, § 5º, da Constituição Federal, a ser apurada por outros meios na Justiça Eleitoral, mas não por intermédio da ação de impugnação de mandato eletivo, sob o fundamento de fraude. Recurso especial provido (TSE. Recurso Especial Eleitoral nº 36.643/PI. Rel. Min. Arnaldo Versiani. Ementa: DJE 28/06/2011. Informativo 20/2011)* (grifos nossos).

A fraude que enseja o cabimento da AIME geralmente decorre da falsificação ideológica ou material de documentos que servem para instruir o pedido de registro de candidatura. Por exemplo, a mudança de idade dolosamente realizada no documento de identificação, quando solicitado o registro, sendo que não foi verificada essa ilicitude naquele momento.

21.3. NATUREZA JURÍDICA

Trata-se de uma ação constitucional eleitoral, extraindo dos §§ 10 e 11 do art. 14 da Constituição Federal sua essência jurígena, a fonte primária e seus genéricos balizamentos legais, tais como prazo, termo *a quo* de ajuizamento e hipóteses de cabimento.

É, portanto, uma ação cuja tutela reside na defesa dos direitos públicos políticos subjetivos ativos, protegendo-se as eleições contra a influência direta ou indireta dos abusos econômicos, corrupção e fraudes.

A principal finalidade dessa ação reside na defesa dos interesses difusos do eleitor, que foram manipulados no exercício do voto em um processo eleitoral impregnado por fraude, corrupção e abusos

Identifica-se essa ação como uma ação civil pública à proteção de interesses difusos, porque o bem público tutelado subsume-se na normalidade e legitimidade das eleições (*art. 14, § 9º, da CF*), bem como no interesse público de lisura eleitoral (*art. 23, in fine, da Lei Complementar nº 64/1990*).

21.4. OBJETIVO

Atingir a perda do diploma e do mandato pelo reconhecimento judicial de fraude, corrupção, abuso do poder econômico, produzindo ainda a declaração judicial da inelegibilidade, segundo as lições doutrinárias de *Pedro Henrique Távora Niess e Joel José Cândido*, com a aplicação do art. 1º, inc. I, alínea *d*, da Lei Complementar nº 64, de 18 de maio de 1990.

Todavia, o Tribunal Superior Eleitoral, em determinados casos, adota o posicionamento que permite a declaração de inelegibilidade como um dos efeitos que devem ser reconhecidos na procedência do pedido de ação de Impugnação ao Mandato Eletivo. No entanto, em outras hipóteses, já decidiu:

Inelegibilidade: deve ser arguida em Impugnação ao pedido de registro ou em recurso contra a expedição de diploma (Ag. nº 12.363, Ilmar Galvão, *DJU* de 07/04/1995). Ação de impugnação de Mandato Eletivo (CF, art. 14, § 10): não substitui o recurso contra a expedição de diploma (Ag. nº 12.363, Ilmar Galvão, *DJU* de 07/04/1995; RE nº 12.679, Diniz de Andrada, *DJU* de 01/03/1996). Recurso especial conhecido e provido (Acórdão nº 1259 – Recurso Especial Eleitoral nº 12.595. Assaí-PR. Rel. Min. Torquato Jardim, *DJ* de 29/03/1996.

O TSE, no *Recurso Ordinário nº 387.038, da lavra do Ministro Arnaldo Versiani*, não admitiu a declaração de abuso do poder econômico como causa de inelegibilidade no âmbito da ação de impugnação ao mandato eletivo. Naquele julgamento foi feita uma interpretação do art. 22, XIV, e da alínea *d* do inc. I do art. 1º da Lei Complementar nº 64/1990.

Registre-se (TSE):

> (...) Na linha dos precedentes deste Tribunal, a AIME não se presta a apurar abuso dos meios de comunicação social e de autoridade. Nesse entendimento, o Tribunal negou provimento ao agravo regimental. Unânime. Agravo Regimental no Recurso Especial Eleitoral nº 28.226/SP, Rel. Min. Marcelo Ribeiro, em 07/04/2009. (*Inf.* 10/2009).

De fato, não podemos deixar de registrar a fundada questão acima exposta, até porque o argumento é no sentido de que se fosse admissível o reconhecimento da declaração da inelegibilidade nas Ações de Impugnação ao Mandato Eletivo, com a permissibilidade de sua decretação pelo prazo de oito anos, na forma do art. 22, inc. XIV, da Lei Complementar nº 64, de 18 de maio de 1990, estar-se-ia atribuindo efeito jurídico normativo à ação que ainda não foi infraconstitucionalmente normatizada, restringindo-se direitos públicos políticos subjetivos passivos, o *ius honorum*.

Por outro lado, nos filiamos ao entendimento teleológico, ou seja, a alínea "d" do inc. I do art. 1º da Lei Complementar nº 64, de 18 de maio de 1990, faz menção à hipótese de inelegibilidade geral ou absoluta, quando ocorrer o trânsito em julgado ou decisão de órgão colegiado, englobando-se, no sentido técnico--jurídico da "representação", a própria Ação de Impugnação ao Mandato Eletivo.

É pressuposto da anulação do mandato por abuso do poder econômico, inclusive o ligado ao político, a declaração da inelegibilidade pelo prazo de 8 (*oito*) anos, a contar da eleição em que se verificou o abuso.

A ação de impugnação ao mandato eletivo é uma espécie de representação aludida na letra "d" do art. 1º, inc. I, da Lei Complementar nº 64/1990. Na lei genericamente é dito: todos os que "**tenham contra sua pessoa representação**", e continua, "**em processo de apuração de abuso do poder econômico ou político**".

Assim, a AIME é, sem dúvida, uma ação tipicamente eleitoral que tem sua asserção numa cognição que envolve o abuso do poder nas eleições, sendo natural que um dos pedidos formulados seja a declaração de inelegibilidade, inclusive em cotejo com certos casos previstos na alínea *j* do art. 1º, inc. I, da mesma lei, que engloba outros abusos como hipóteses de inelegibilidade. Praticado o abuso, o nexo causal direto é a declaração de inelegibilidade, além da cassação do diploma do infrator.

A interpretação no sentido da declaração da inelegibilidade na AIME deve ser aceita como razoável e natural. É uma conclusão lógica e sistêmica da aplicação da legislação eleitoral, que prima pela higidez do processo democrático e lisura das eleições em defesa do regime político e do sistema eleitoral. É um consectário da simplificação do processo formal eleitoral.

Insistimos no ponto de que a alínea "d" do art. 1º, inc. I, da Lei das Inelegibilidades é genérica e se direciona a **todas as representações**, incluindo a ação de impugnação ao mandato eletivo, com o objetivo de se obter a declaração da inelegibilidade do infrator, sob pena de se diminuir a força protetiva da regra constitucional do art. 14, §§ 10 e 11, da Carta Magna, ou seja, se anula o diploma, mas não se reconhece a inelegibilidade, permitindo que o infrator repita os atos abusivos na próxima eleição.

Apenas a anulação do diploma em sede de AIME não traduz o objetivo integrativo da legislação eleitoral ao patamar constitucional. Se for anulado o diploma é sempre em razão do abuso, corrupção e fraude, sendo o abuso essencialmente vinculado à causa jurígena de inelegibilidade.

Desse modo mantemos a posição tradicional e original dessa interpretação concluindo de forma diversa da moderna jurisprudência.

Deveras, o Egrégio TSE reafirma a posição no sentido da **não declaração da inelegibilidade** por abuso do poder econômico em sede de AIME.

Registre-se no TSE.

> (...) O Plenário do Tribunal Superior Eleitoral, por maioria, reiterou entendimento aplicado às eleições de 2012, **no sentido de que a condenação por abuso de poder econômico ou político em sede de ação de impugnação de mandato eletivo não enseja a inelegibilidade da alínea *d* do inciso I do art. 1º da Lei Complementar nº 64/1990.** A Ministra Laurita Vaz, inaugurando a divergência, ressaltou que há precedentes deste Tribunal no sentido de que, para caracterização da inelegibilidade da alínea d, a condenação por abuso de poder deve ser reconhecida em ação de investigação judicial eleitoral promovida por meio da representação prevista no art. 22 da Lei Complementar nº 64/1990. Afirmou ainda que, em atenção ao princípio da segurança jurídica, esse entendimento deve ser preservado nas eleições de 2012, haja vista ter sido aplicado em julgados referentes a esse

pleito. Vencidos a Ministra Nancy Andrighi, relatora, que compunha o Colegiado à época do início do julgamento; a Ministra Cármen Lúcia, Presidente; e o Ministro Admar Gonzaga. A então relatora entendia que a alínea d não condiciona o reconhecimento de inelegibilidade às condenações proferidas exclusivamente em ações de investigação judicial eleitoral (AIJEs). Destacava que a única diferença entre a ação de impugnação de mandato eletivo e a ação de investigação judicial do art. 22 da Lei Complementar nº 64/1990 é o prazo de ajuizamento, tendo ambas, entre suas finalidades, a apuração do abuso de poder. Asseverava ainda que não se podia dar tratamento diferenciado aos condenados em ação de investigação judicial e ação de impugnação de mandato eletivo, em razão de terem praticado o mesmo ilícito eleitoral, considerado de elevada reprovabilidade. O Tribunal, por maioria, proveu o recurso (Recurso Especial Eleitoral nº 10-62, Pojuca. Bahia. Relatora para o acórdão Min.ª Laurita Vaz. Em 27/8/2013) (grifos nossos).

Em virtude do exposto, na linha da jurisprudência do Colendo TSE, a ação de investigação judicial eleitoral será o meio processual correto para a obtenção da decisão declaratória da causa de inelegibilidade decorrente de abuso do poder político ou econômico.

A AIME apenas nulifica o diploma.

No entanto, se porventura o cidadão que teve o diploma anulado em ação de impugnação ao mandato eletivo objetivar futura candidatura dentro do prazo de oito anos, é possível o indeferimento do pedido de sua candidatura com a análise da ação de impugnação ao requerimento de registro (*art. 3º e ss. da LC nº 64/1990*), porque restará configurado o efeito automático da AIME previsto no art. 1º, inc. I, alíneas "d" ou "j", da Lei das Inelegibilidades, ou seja, considera--se o pré-candidato inelegível.

A coisa julgada produzida pela decisão na ação de impugnação ao mandato eletivo possui efeitos que se exteriorizam para o futuro dentro do prazo de 8 (*oito*) anos, contados da eleição em que se verificou o abuso como fundamentação da sentença.

A contagem segue o verbete sumular **nº 19** do TSE: "*O prazo de inelegibilidade decorrente da condenação por abuso do poder econômico ou político tem início no dia da eleição em que este se verificou e finda no dia de igual número no oitavo ano seguinte (art. 22, XIV, da LC nº 64/1990)*".

Contudo, os motivos ou fundamentos não fazem, a princípio, coisa julgada material. Acontece que na interpretação dos arts. 503 e 504 do Código de Processo Civil, embora a fundamentação genericamente considerada não opere a coisa julgada, é evidente o fato de que a discussão, o contraditório e a ampla defesa em relação ao *thema decidendum* sobre o abuso do poder econômico, corrupção ou fraude foram debatidos nos autos da ação de impugnação ao mandato eletivo, o que levou à procedência do pedido com a nulificação do diploma.

Assim, cumpre ao legitimado ativo instruir a AIRRC (*ação de impugnação ao requerimento de registro de candidatura*) com a cópia integral das peças processuais que formaram os autos daquela ação, comprovando ao magistrado eleitoral a incidência do candidato em hipótese de inelegibilidade.

Sobre esse tema ressalta-se ainda o verbete sumular **nº 41** do Tribunal Superior Eleitoral: "*Não cabe à Justiça Eleitoral decidir sobre o acerto ou desacerto das decisões proferidas por outros Órgãos do Judiciário ou dos Tribunais de Contas que configurem causa de inelegibilidade*".

E ainda: "*Nos processos de registro de candidatos, o Juiz Eleitoral pode conhecer de ofício da existência de causas de inelegibilidade ou de ausência de condições de elegibilidade, desde que resguardados o contraditório e a ampla defesa*" (verbete sumular **nº 45** do TSE).

Ex vi dos enunciados acima, conclui-se que o magistrado eleitoral não poderá, em pródromo, reexaminar nos autos do requerimento de registro de candidatura, os fundamentos da ação de impugnação ao mandato eletivo que levaram à conclusão da nulificação do diploma. Incide, portanto, as alíneas "d" ou "h" ou "j" do inc. I do art. 1º da LC nº 64/1990, o que impedirá o deferimento do registro dentro do prazo de inelegibilidade.

> (...) Com base na compreensão do princípio da isonomia, não há fator razoável de diferenciação para concluir que está inelegível o cidadão condenado por abuso de poder econômico nas eleições de 2008 em AIJE, enquanto está elegível aquele condenado também por abuso de poder no mesmo pleito, porém em AIME, pois ambas as ações têm o abuso como causa de pedir, tramitam sob o mesmo procedimento (art. 22 da LC nº 64/90) e acarretam idêntica consequência jurídica – cassação de registro e de diploma –, desde que o abuso seja grave o suficiente para ensejar a severa sanção (TSE. RO nº 296-59/SC, Rel. Min. Gilmar Mendes, DJe de 29/9/2016).

Nas lições de *Fredie Didier Jr.*:

> A coisa julgada não se estenderá à resolução de questão prejudicial de que não depender o julgamento do mérito. **Somente a questão prejudicial de cuja resolução dependa o julgamento do mérito pode tornar-se indiscutível pela coisa julgada.**[1]

A nulidade do diploma na AIME depende essencialmente do reconhecimento da questão prejudicial referente ao abuso do poder econômico, corrupção ou fraude. Posta assim a questão, é evidente a aplicação do art. 503, § 1º, incs. I, II

---

1 *Comentários ao Novo Código de Processo Civil. Antônio do Passo Cabral, Ronaldo Cramer (Coords.)* 2ª ed. rev. atual. e ampl. Rio de Janeiro. Forense, 2016, p. 767.

e III, do Código de Processo Civil, estendendo-se a coisa julgada para a questão prejudicial expressamente decidida no processo.

21.5. DIPLOMAÇÃO

Reza o art. 215 do Código Eleitoral:

> Art. 215. Os candidatos eleitos, assim como os suplentes, receberão diploma assinado pelo Presidente do Tribunal Superior, do Tribunal Regional ou da Junta Eleitoral, conforme o caso.

A diplomação é um ato revestido de solenidades que traduz uma declaração emanada do órgão jurisdicional competente, além de constituir uma nova relação jurídica eleitoral entre o diplomado e a Justiça Eleitoral.

O ato da diplomação equivale ao da nomeação do servidor público e expressa o termo *a quo* do prazo para a interposição do recurso contra a diplomação – prazo de 3 (*três*) dias (*art. 262, do Código Eleitoral*), ou da propositura da ação de impugnação ao mandato eletivo – prazo de 15 (*quinze*) dias (*art. 14, §§ 10 e 11, da Constituição Federal*). Os prazos contam-se da diplomação.

Na realidade, porém, a causa litigiosa posta em juízo pela propositura da AIME não visa diretamente à nulidade do ato do diploma, conforme já decidiu o Egrégio Tribunal Superior Eleitoral *no acórdão nº 10.873, Rel. Min. Otávio Galloti*, mas ao contrário, a providência de direito material lastreada no **pedido mediato** tem seu foco na invalidade das eleições para o autor da ilicitude eleitoral atingindo o exercício do mandato eletivo e, em consequência, por via declaratória, a nulidade do diploma.

A ação de impugnação ao mandato eletivo busca a anulação do diploma eivado de vícios, pois conquistado numa disputa maculada pela fraude, abuso e corrupção. No Código Eleitoral, o art. 222 é expresso no sentido da anulabilidade da eleição e, por via de contaminação, do próprio mandato eletivo. O nexo causal é homogêneo.

A legislação eleitoral trata por resoluções certas condições para a diplomação, por exemplo, que o **cidadão esteja quite com as obrigações militares, não possua o seu registro de candidatura indeferido, bem como não seja incompatível**.

Nas **eleições majoritárias**, enquanto se discute a validade da diplomação que é requisito para a posse, cumpre ao Presidente do Poder Legislativo assumir o mandato temporariamente, até a solução do caso, que poderá ensejar a determinação de novas eleições suplementares (*art. 224 do Código Eleitoral*).

Ação de Impugnação ao Mandato Eletivo   CAPÍTULO 21

Têm-se decisões em que se nega a diplomação quando o candidato é condenado à **suspensão dos direitos políticos**, *in verbis*: "(...) *Há de se negar a diplomação ao eleito que não possui, na data da diplomação, a plenitude de seus direitos políticos. 2. A condenação criminal transitada em julgado ocasiona a suspensão dos direitos políticos, enquanto durarem seus efeitos, independentemente da natureza do crime. 3. A suspensão dos direitos políticos prevista no art. 15, III, da Constituição Federal é **efeito automático da condenação criminal transitada em julgado** e não exige qualquer outro procedimento à sua aplicação* (Agravo Regimental no Recurso Especial Eleitoral nº 35.803/PR. Rel. Min. Marcelo Ribeiro. DJE de 14/12/2009. Inf. 41/2009).

Acresça-se ainda: (...) *Não pode ser diplomado o candidato eleito que, à data da diplomação, estiver com os seus direitos políticos suspensos, conforme precedentes deste Tribunal. 2. A superveniente suspensão dos direitos políticos, em virtude do trânsito em julgado de sentença condenatória em **ação civil pública, impede a posterior diplomação**, pela incompatibilidade a que se refere o art. 262, I, do Código Eleitoral. Agravos regimentais não providos* (Agravo Regimental no Recurso em Mandado de Segurança nº 695/SP. Rel. Min. Arnaldo Versiani. DJE de 05/08/2010. Informativo nº 21/2010. Inf. 23/2010. TSE).

21.6. EXERCÍCIO DO MANDATO ELETIVO DURANTE O JULGAMENTO DA AIME

O art. 216 do Código Eleitoral dispõe que:

> Art. 216. Enquanto o Tribunal Superior não decidir o recurso interposto contra a expedição do diploma, poderá o diplomado exercer o mandato em toda a sua plenitude.

Em razão desta norma processual, o recurso contra a diplomação, previsto no art. 262 do Código Eleitoral, só produz seus efeitos naturais após a solução definitiva da prestação jurisdicional.

Não se admite a tutela de urgência ou diferenciada, pois o direito subjetivo do sufrágio já se exteriorizou e existe uma natural aceitação da vocação da vontade popular concebida pelos votos contidos nas urnas.

No fundo, o diplomado inserido no campo da plenitude de sua cidadania passiva, *ius honorum*, e respaldado pelo princípio da presunção da legitimidade das eleições poderá usufruir o exercício de seu mandato eletivo.

O efeito do recurso contra a diplomação é apenas **devolutivo**.

O candidato diplomado poderá investir-se na posse do mandato eletivo e exercê-lo em toda a sua plenitude. É lógico que a interposição de um recurso (*verdadeira impugnação*) não poderá ter o efeito antecipado de afastar o mandatário político

753

da fruição de mandato, mas a decisão do órgão colegiado poderá ser suficiente para tal fim.

Caberá ao Tribunal julgar o caso, subsumido na tutela constitucional e eleitoral de preservação do interesse público de lisura eleitoral, art. 25 da Lei das Inelegibilidades, além de o relator deferir as provas indicadas, emprestadas e que possam ser produzidas, quando o *thema decidendum* carecer de maior amplitude da busca da verdade material, conforme disposição expressa do art. 270 do Código Eleitoral.

No vácuo normativo da AIME, o Egrégio Tribunal Superior Eleitoral, por meio de resoluções temporárias, por exemplo, do § 2º do art. 90 da Resolução nº 21.635/2004, adotou o **princípio da máxima eficiência da norma constitucional** e consagrou a força normativa do dispositivo constitucional na extensão de seus efeitos imediatos. O texto da resolução se repete em sucessivas regras eleitorais, inclusive para as eleições municipais de 2012 (art. 170, § 2º, da Resolução nº 23.372/2011).

Por exemplo, nas eleições de 2014, o art. 228, § 2º, da Resolução TSE nº 23.399/2013 assim diz: "**A decisão proferida na ação de impugnação de mandato eletivo tem eficácia imediata, não se lhe aplicando a regra do art. 216 do Código Eleitoral**". E ainda, art. 173 e parágrafos da Resolução TSE nº 23.456, de 15 de dezembro de 2015.

O alcance valorativo da ação de impugnação ao mandato eletivo passou a ser diferenciado, e foi dispensado um tratamento específico e delimitado ao âmbito do recurso contra a diplomação (*arts. 216 e 262 do Código Eleitoral*).

Vislumbra-se, portanto, o rompimento do sistema da intangibilidade da diplomação em face da plena efetividade da regra genérica dos recursos eleitorais nos termos do art. 257 e parágrafo único do Código Eleitoral, que interpretada conforme a Constituição (*art. 14, §§ 10 e 11*), foi eleita como norma compatível com o texto.

Em resumo: no caso da adoção da ação de impugnação ao mandato eletivo, sendo o pedido julgado procedente, o diplomado deixará temporariamente de exercer o mandato, até julgamento final, não se aplicando a regra neutralizadora do art. 216 do Código Eleitoral. Todavia, acaso interposto o recurso contra a expedição do diploma, o diplomado é mantido no exercício do mandato eletivo, enquanto não transitar em julgado.

Não podemos deixar de esclarecer que uma mesma hipótese factual poderá ter tratamento jurídico diferenciado. A contradição deve ser superada de forma proporcional e com prioridade ao princípio da eficaz tutela da "**normalidade e legitimidade das eleições contra a influência do poder econômico ou o abuso do exercício de função, cargo ou emprego na administração direta ou indireta**", conforme matriz principiológica do § 9º do art. 14 da Constituição Federal.

AÇÃO DE IMPUGNAÇÃO AO MANDATO ELETIVO — CAPÍTULO 21

Assim, entre assegurar a validade de uma eleição até a sedimentação do julgamento final da causa e optar por uma paralisação temporária do mandato eletivo, com o julgamento de procedência do pedido na AIME, adotou-se a última hipótese e a consagração da utilidade e necessidade do verdadeiro significado desta ação constitucional eleitoral.

Por outra, o art. 26-C na Lei Complementar nº 64/1990, introduzido pela Lei Complementar nº 135/2010, permite que o órgão colegiado do TRE ou do TSE suspenda a declaração de inelegibilidade em caráter cautelar quando existir a plausibilidade da pretensão recursal no âmbito do exame do próprio recurso. Tal medida impedirá a desconstituição do registro ou do diploma, e assim, o candidato infrator poderá permanecer em sua situação jurídica inicial até o julgamento final do recurso, que terá prioridade sobre outros recursos, com exceção do mandado de segurança e do *habeas corpus*. O efeito imediato é mitigado.

No entanto, a Lei nº 13.165, de 29 de setembro de 2015, criou o efeito suspensivo na redação dos arts. 224, § 3º, e 257, § 2º, do Código Eleitoral.

De acordo com as modificações legais, a decisão que declare a perda do mandato eletivo nas **eleições majoritárias** acarreta a realização de novas eleições indiretas ou diretas, mas é necessário **aguardar o trânsito em julgado da decisão**. Essa exigência referente ao trânsito em julgado é inconstitucional.

Quando cabível o recurso ordinário em razão da perda do mandato eletivo, será o mesmo recebido pelo Tribunal Superior Eleitoral com efeito suspensivo nos termos do art. 257, § 2º, do Código Eleitoral (*redação da Lei nº 13.165/2015*).

Em virtude do exposto, podemos sintetizar o seguinte:

(i)   os pedidos na AIME sendo julgados procedentes anularão o diploma e podem declarar a inelegibilidade, quando se reconhecer o abuso do poder econômico ou o político interligado ao econômico, ressalva-se que o TSE não admite em sua jurisprudência majoritária a declaração da causa de inelegibilidade em sede de AIME, no entanto projeta-se o efeito da coisa julgada para a formação da causa de inelegibilidade em futuras eleições;

(ii) a inelegibilidade decorrente do abuso do poder, por exemplo, econômico, poderá ser suspensa cautelarmente;

(iii) em razão do disposto no art. 26-C, § 2º, da LC nº 64/1990, uma vez revogada a liminar ou desprovido o recurso e mantida a condenação deverá ser desconstituído o diploma.

Quanto **à realização de novas eleições e à exigência do trânsito em julgado**, como já visto alhures, na ação de investigação judicial eleitoral e completando o entendimento sobre o assunto, incide a regra do § 3º do art. 224 do Código

Eleitoral para os casos anteriores à vigência da Lei nº 13.165, de 29 de setembro de 2015, e ainda não julgados.

A este respeito, firmaram-se questões relevantes nos *Embargos de Declaração em Recurso Especial Eleitoral nº 13.925, Salto do Jacuí, Rio Grande do Sul, acórdão de 28/11/2016, publicado em sessão de 28/11/2016, no TSE*, sendo relator Sua Excelência o Ministro Henrique Neves da Silva, quando foram fixadas teses, *in expressi verbis*:

1. As hipóteses do *caput* e do § 3º do art. 224 do Código Eleitoral não se confundem nem se anulam. O *caput* se aplica quando a soma dos votos nulos dados a candidatos que não obteriam o primeiro lugar ultrapassa 50% dos votos dados a todos os candidatos (registrados ou não); já a regra do § 3º se aplica quando o candidato mais votado, independentemente do percentual de votos obtidos, tem o seu registro negado ou o seu diploma ou mandato cassado.

2. A expressão "após o trânsito em julgado", prevista no § 3º do art. 224 do Código Eleitoral, conforme redação dada pela Lei nº 13.165/2015, é inconstitucional.

3. Se o trânsito em julgado não ocorrer antes, e ressalvada a hipótese de concessão de tutela de urgência, a execução da decisão judicial e a convocação das novas eleições devem ocorrer, em regra:

3.1. após a análise dos feitos pelo Tribunal Superior Eleitoral, no caso dos processos de registro de candidatura (LC 64/1990, arts. 3º e seguintes) em que haja o indeferimento do registro do candidato mais votado (art. 224, § 3º) ou dos candidatos cuja soma de votos ultrapasse 50% (art. 224, *caput*); e

3.2. após a análise do feito pelas instâncias ordinárias, nos casos de cassação do registro, do diploma ou do mandato, em decorrência de ilícitos eleitorais apurados sob o rito do art. 22 da Lei Complementar 64/1990 ou em ação de impugnação de mandato eletivo.

Como visto, aguardar o trânsito em julgado na AIME para só então determinar uma nova eleição, é uma solução legislativa inconstitucional, pois se pode imaginar que essa questão se prolongue até o Supremo Tribunal Federal.

Objetivando adotar a correta interpretação sobre o tema, compatibilizando o texto normativo com a eficácia da tutela jurisdicional, deve-se restringir o alcance do termo "trânsito em julgado" somente até a decisão colegiada proferida e publicada pelo Tribunal Superior Eleitoral.

A decisão deve ser comunicada para: (i) a mesa da casa respectiva (*Deputado federal ou Senador*); (ii) o Congresso Nacional (*Presidente e Vice-Presidente da República*); (iii) a Assembleia Legislativa (*Governador, Vice-Governador e Deputados estaduais*); (iv) a Câmara Distrital (*Deputado distrital*); e (v) a Câmara Municipal (*Prefeito, Vice-Prefeito e vereador*).

Ação de Impugnação ao Mandato Eletivo　　　　　　　　　　　　　　Capítulo 21

21.7. PRAZO PARA PROPOR A AIME

A partir da diplomação, possui o autor 15 (*quinze*) dias para a propositura da Ação de Impugnação ao Mandato Eletivo.

Leciona *Pedro Henrique Távora Niess*, que o prazo é de natureza decadencial, em razão da natureza constitutiva (*o direito nasce junto com a ação*), citando as valiosas lições de *Agnelo Amorim Filho* e *Câmara Leal*.

Controvérsia: a) o termo final do prazo, se recair em dia não útil, é prorrogado, aplicando-se a regra do art. 184 do CPC (no novo CPC é o art. 224), segundo entendimentos do STF e TSE, AC nº 12.516 (*Min. Ilmar Galvão*), publicado no *DJU* de 26/05/1995; e b) deve a parte despachar diretamente com o juiz, mesmo fora do horário do expediente.

A primeira corrente é válida. O prazo é de 15 (*quinze*) dias. Ex.: dia 8 é a diplomação + 15 dias do prazo limite para a propositura da AIME; desta forma, o termo *ad quem* do prazo é o dia 23.

A posição do TSE é no sentido de que o prazo de 15 (*quinze*) dias, mesmo de natureza decadencial, não exclui a regra em que se despreza o dia do começo e inclui-se o do vencimento (*Agravo Regimental no Recurso Especial nº 35.916/AM 03/11/2009*).

Conforme já afirmado pelo TSE:

> Art. 184, § 1º, do Código de Processo Civil. Aplicabilidade à AIME. Prorrogação do termo final para ajuizamento. Primeiro dia útil subsequente ao recesso forense. Após esse prazo ocorre a decadência. Precedente. Agravo regimental improvido. 4. Se portaria do TRE suspendeu o curso dos prazos processuais durante o recesso judiciário – de 20/12/2006 a 06/01/2007 –, mas manteve plantão para os casos urgentes, a AIME deveria ter sido ajuizada nesse período. Este Tribunal já entendeu ser aplicável o art. 184, § 1º, do Código de Processo Civil à ação de impugnação de mandato eletivo, sempre. Na espécie, o prazo para propositura da AIME iniciou-se no dia seguinte ao da diplomação, ou seja, 20/12/2006, encerrando-se em 03/01/2007, prorrogando-se, todavia, em razão de não ter havido expediente normal no Tribunal Regional até o dia 06/01/2008, para o primeiro dia útil após o recesso, ou seja, 08/01/2007. A AIME foi ajuizada somente em 22/01/2007, de forma evidentemente intempestiva. Agravo a que se nega provimento. *DE* de 31/08/2009 (*Inf.* 26/2009) (grifos nossos).

Registre-se ainda:

> A jurisprudência desta Corte firmou-se no sentido de que, muito embora o prazo da **AIME não se suspende durante o recesso por ser decadencial, ele se prorroga nos termos do disposto no art. 184 do CPC, quando não há expediente normal no Tribunal.**

(Agravo regimental a que se nega provimento (DJE de 1º/02/2010. Inf. 1/2010).

Agravo regimental. Recurso especial. AIME. Decadência. Termo inicial. Prazo contínuo e peremptório. Termo final. Prorrogação. Possibilidade. **Plantão. Irrelevância**. O **termo inicial** do prazo para a propositura da ação de impugnação de mandato eletivo deve ser o **dia seguinte à diplomação**, ainda que esse dia seja recesso forense ou feriado, uma vez que se trata de prazo decadencial. Contudo, o TSE já assentou que esse prazo, apesar de decadencial, **prorroga-se para o primeiro dia útil seguinte** se o termo final cair em feriado ou dia em que não haja expediente normal no Tribunal. Aplica-se essa regra ainda que o Tribunal tenha disponibilizado plantão para casos urgentes, uma vez que plantão não pode ser considerado expediente normal. Nesse entendimento, o Tribunal negou provimento ao agravo regimental. Unânime (Agravo Regimental no Recurso Especial Eleitoral nº 36.006/AM l, Rel. Min. Felix Fischer, em 11/02/2010. *Inf.* 03/2010).

O Tribunal Superior Eleitoral editou a Resolução nº 23.478/2016 que: *"Estabelece diretrizes gerais para a aplicação da Lei nº 13.105, de 16 de março de 2015, Novo Código de Processo Civil, no âmbito da Justiça Eleitoral"*, e os arts. 7º *usque* 10 disciplinam aspectos relevantes sobre o prazo.

Por exemplo:

(i) não se aplica o art. 219 do CPC nos feitos eleitorais, ou seja, contam-se todos os dias, e não somente os dias úteis;

(ii) os prazos não se suspendem e são contínuos e peremptórios, além de transcorrerem em secretaria ou cartório eleitoral, a partir do encerramento do prazo para registro de candidatos e, não se suspendem aos sábados, domingos e feriados; e

(iii) fora do período acima, aplica-se a regra do art. 224 do Código de Processo Civil, ou seja, excluídos o dia do começo e incluído o dia de vencimento.

21.8. INTERDEPENDÊNCIA ENTRE A AÇÃO DE IMPUGNAÇÃO AO MANDATO ELETIVO E A AÇÃO PENAL DECORRENTE DA CORRUPÇÃO ELEITORAL

A questão referente à relativa independência entre as instâncias penal, civil, administrativa e eleitoral é relevante diante do caso concreto, pois a improcedência da AIME não acarreta a absolvição criminal.

Assim consiste, em linhas gerais, o fenômeno da relativa independência da coisa julgada, especialmente quando a valoração probatória pode conter elementos não coligidos na AIME, que retratem a tipicidade, ilicitude e culpabilidade.

Nesse sentido: "(...) *A circunstância de ter sido julgada improcedente Ação de Impugnação de Mandato Eletivo acerca dos mesmos fatos não constitui obstáculo à condenação criminal, desde que fundada no que apurado no curso da instrução do processo-crime* (TSE, DJ de 16/03/2001. Acórdão nº 2.577, de 1º/03/2001. Agravo de instrumento nº 2.577/SP. Rel. Min. Fernando Neves).

Tenha-se presente que em alguns casos podemos estar diante da **prova emprestada**. Trata-se da prova produzida, por exemplo, no processo penal e que servirá ao processo civil eleitoral. É uma espécie de transporte probatório que é feito por certidão e peças extraídas de outros autos.

Registre-se, por oportuno que, quando esse fato ocorre é necessário que a parte tenha participado da produção da prova, e.g., testemunhal, ou seja, se o acusado não teve a possibilidade de perguntar a testemunha e usar do contraditório, não é prova emprestada, mas prova do tipo documental, sendo necessária sua renovação.

Observe-se que se a prova obtida em outro processo foi anulada por ser ilícita (*interceptação telefônica sem autorização judicial*), ela poderá contaminar os autos do processo da AIME por vício originário.

> "[...] A jurisprudência do Tribunal Superior Eleitoral faz uma distinção, em relação à gravação de conversas ocorridas no período eleitoral, para a prova de crimes eleitorais. Admite-se a prova, se utilizada para a demonstração de conversas em ambientes públicos, ou para as quais não há expectativa de privacidade. Pelo contrário, rejeita-se a utilização de gravações de conversas privadas, tendo em vista que a disputa eleitoral é propícia para a indução à prática de crimes" (TSE. Agravo de Instrumento nº 1533-70/RS. Rel. Min. Gilmar Mendes).

O candidato diplomado e que responde a uma ação de impugnação ao mandato eletivo por compra de votos (*art. 41-A da Lei das Eleições*) pode estar sendo acusado em ação penal autônoma pelo crime do art. 299 do Código Eleitoral (*compra de votos*).

Na hipótese acima, a legislação eleitoral, por si só, não apresenta uma solução acerca da influência da decisão penal sobre o resultado da representação eleitoral (*ação não penal eleitoral*).

Deveras, adota-se a interpretação sistemática com o art. 935 do Código Civil.

Com a comprovação na ação penal eleitoral da **existência do fato** e da **autoria,** na AIME não se poderá rediscutir esses temas. É um caso de eficácia preclusiva na preservação unitária da jurisdição, especialmente de natureza eleitoral.

Por outro lado, o art. 65 do Código de Processo Penal trata da **coisa julgada penal** com reconhecimento na esfera da ação não penal (AIME), por exemplo, se for caso de exercício regular do direito (*excludente de ilicitude*).

A insuficiência de provas penais (*art. 386, VI, do CPP*) não faz coisa julgada na ação eleitoral (AIME).

Significativo é o fato de que o parágrafo único do art. 64 do CPP autoriza o sobrestamento do feito (*não penal*) até o julgamento da ação penal objetivando afastar decisões contraditórias.

Nesse rumo, é possível que o processo e julgamento da AIME sejam sobrestados pelo juiz eleitoral ou Tribunal, até a decisão final na ação penal eleitoral, quando ambos os suportes probatórios forem atinentes à captação ilícita de sufrágio (*arts. 41-A da Lei das Eleições e 299 do Código Eleitoral*).

Todavia, não se pode afastar a regra do art. 97-A da Lei das Eleições que disciplina a duração razoável do processo de perda do mandato eletivo em até 1 (*um*) ano contado da apresentação da ação na Justiça Eleitoral.

21.9. GRATUIDADE DE JUSTIÇA

A Lei nº 9.265, de 12 de fevereiro de 1996: "*Regulamenta o inciso LXXVII do art. 5º da Constituição, dispondo sobre a gratuidade dos atos necessários ao exercício da cidadania*".

No inc. IV do art. 1º, tratou a lei de conceder a gratuidade dos atos de exercício da cidadania, incluindo as Ações de Impugnação de Mandato Eletivo por abuso do poder econômico, corrupção ou fraude.

A Resolução TSE nº 23.478/2016, no **art. 4º** diz: "(...) Os feitos eleitorais são gratuitos, não incidindo custas, preparo ou honorários (Lei nº 9.265/1996, art. 12)". Na **jurisprudência** do Egrégio TSE: "(...) *No processo eleitoral não há falar em gratuidade de justiça, porquanto não há custas processuais e tampouco condenação em honorários advocatícios em razão de sucumbência.* (...)" (TSE, AgR-AI nº 148675/CE, Rel.ª Min.ª Luciana Lóssio, DJE 16/06/2015).

A gratuidade se projeta para todas as ações eleitorais, especialmente as representações específicas.

Sobre a questão específica dos **honorários advocatícios**, o TSE possui precedente: "(...) *Salvo em caso de litigância de má-fé, não há que se falar em condenação, em honorários, em Ação de Impugnação de Mandato Eletivo (Recurso provido. Acórdão nº 14.995, de 18/08/1998 – Recurso Especial Eleitoral nº 14.995 – Classe 22ª/MG (112ª Zona – Extrema). Rel. Min. Edson Vidigal).*

21.10. ASPECTOS PROBATÓRIOS

Não se exige a prova pré-constituída para a instauração do processo da ação de impugnação ao mandato eletivo, apenas um "razoável indício probatório", manifestado pelo *fumus boni iuris,* ou seja, prova testemunhal, documental, fitas de vídeo, gravações, confissões, documentos públicos ou particulares em geral, lastreados em critérios razoáveis e plausíveis, que possibilitem a apreciação jurisdicional, evitando-se a temeridade ou a má-fé.

A prova pré-constituída sempre foi uma exigência ou requisito especial de admissibilidade para a interposição do Recurso Contra a Diplomação (*art. 262 do Código Eleitoral*). O **requisito da <u>prova pré-constituída</u>, uma espécie de direito "líquido e certo", para fins de interposição do RCED, não é mais necessário, conforme reiteradas decisões do Egrégio TSE. Assim, confira-se a mudança de posição jurisprudencial**:

> Agravo regimental. Recurso contra expedição de diploma. Despacho que deferiu produção de provas. Preliminares. Apreciação quando do julgamento do recurso. Fundamentos não infirmados. Desprovido. Esta Corte já assentou a possibilidade de produção, no recurso contra expedição de diploma, de todos os meios lícitos de provas, desde que indicados na petição inicial, **<u>não havendo o requisito da prova pré-constituída</u>**, podendo, obviamente, o magistrado rechaçar, motivadamente, todos os requerimentos que se mostrem desnecessários ou protelatórios (art. 130 do Código de Processo Civil). Agravo regimental a que se nega provimento (Agravo Regimental no Recurso contra Expedição de Diploma nº 773/SP. Rel. Min. Marcelo Ribeiro. DJE de 24/04/2009. Inf. 12/2009).

Vê-se, portanto, que o exame das provas que servem aos critérios de razoabilidade e proporcionalidade faz com que sejam cotejadas pelo órgão judiciário competente (*juiz eleitoral, TRE ou TSE*), em consonância ao preceituado no **art. 23 da Lei das Inelegibilidades**.

Assim, cabe ao órgão judicial, dentro dos critérios da persuasão racional ou livre convencimento motivado, decidir com base nos indícios e presunções (*mesmo que não trazidos aos autos pelas partes diretamente interessadas na solução da demanda*).

A regra do art. 23 da Lei das Inelegibilidades é de real valia porque demonstra que a matéria de fundo, debatida nos pedidos mediatos, permite que o órgão judicial eleitoral competente para o julgamento requisite todas as diligências e perícias, independentemente da manifestação da parte, pois a tutela jurisdicional transcende aos interesses privados das partes, subsumindo-se na ordem pública democrática e na preservação da intangibilidade dos votos.

Outrossim, o **art. 351 do Código Eleitoral** equipara o filme cinematográfico e o disco fonográfico aos documentos para fins penais, ao contrário do Direito Penal comum, que exige forma escrita, autor determinado, manifestação de vontade e relevância jurídica.

Sobre a prova documental, *vide*, nos arts. 364 a 389 do Código de Processo Civil (*no novo CPC arts. 405 a 438*) e 232 a 238 do Código de Processo Penal, dispositivos que são aplicáveis subsidiariamente na Ação de Impugnação ao Mandato Eletivo.

Pode-se dizer que se admite a ampla produção de prova em sede de ação de impugnação ao mandato eletivo, que segue o rito especial do art. 3º e ss. da Lei Complementar nº 64, de 18 de maio de 1990, na ausência de lei disciplinando-a, em razão do disposto nos arts. 318, parágrafo único, e 319 do Código de Processo Civil.

O art. 378 do CPC trata do dever de colaboração com a tutela jurisdicional: "*Ninguém se exime do dever de colaborar com o Poder Judiciário para o descobrimento da verdade*".

21.11. NEXO DE CAUSALIDADE. ABUSO DO PODER ECONÔMICO OU POLÍTICO

Indaga-se: É necessária a prova do nexo de causalidade no abuso do poder econômico, além da prova robusta e incontroversa, com o comprometimento da lisura e normalidade das eleições?

Como visto alhures, o que importa é a existência objetiva do abuso do poder econômico ou político, corrupção ou fraude, mais a prova da gravidade.

Observações: a) a dúvida favorece o eleito ou o suplente; b) a fraude não se presume, deve ser comprovada; c) não há critério pródromo, inicial ou delimitador para o abuso do poder econômico; d) é importante diligenciar, sempre que possível, com o intuito de obterem-se informações anteriores sobre o passado político do candidato naquela circunscrição judicial eleitoral ou, especificamente, em determinadas zonas eleitorais, ou seja, se o candidato obteve votação expressiva e diferente das anteriores, inclusive se realizou campanha eleitoral naquele local onde obteve expressivo número de votos; e e) é sempre do autor da ação o ônus da prova sobre a existência do vício e sua influência indiciária no pleito eleitoral. Toda eleição reveste-se do princípio da normalidade e legitimidade, até prova em contrário, aplicando-se a regra processual civil sobre o ônus da prova, art. 373 do Código de Processo Civil.

Não se pode contemplar o entendimento de que a caracterização do abuso do poder econômico esteja essencialmente relacionada ao viciamento dos votos em determinada região ou zona eleitoral.

O candidato que abusou do poder econômico, v.g., poderá ter efetuado elevados gastos financeiros na campanha eleitoral, sem, todavia, conseguir êxito na votação popular.

O bem jurídico tutelado, portanto, é a normalidade e legitimidade das eleições (*CF, art. 14, § 9º*) e o interesse público de lisura eleitoral (*LC nº 64/1990, art. 23, in fine*), enquanto pressupostos de legitimidade política e validade jurídica do mandato democrático representativo.

Postas essas premissas, não há que se falar em efeitos contábeis ou aritméticos que evidenciem lucro ou vantagem expressa em votos obtidos com a conduta abusiva; nem em prova inconcussa, cabal ou incontroversa de prejuízos.

Em suma: é necessária a comprovação da gravidade das circunstâncias do ato. Não se exige a potencialidade para fins de alterar o resultado da eleição (*votação*). Assim, se o candidato não aumentou o número de votos em determinadas região que engloba certas zonas eleitorais (circunscrição eleitoral) esse fato **não será decisivo** para se concluir pela existência do ato de abuso do poder econômico. **O abuso decorre do tipo de eleição, local e quantidade de dinheiro, gastos e práticas ilegais**. "(...) *A procedência da AIME exige a demonstração de que os fatos foram graves a ponto de ferir a normalidade e a legitimidade do pleito*" (TSE. Recurso Especial Eleitoral nº 35.774/AL. Acórdão de 03/09/2014. Rel. Min. Gilmar Ferreira Mendes. DJE, Tomo 181, Data 26/09/2014, p. 42-43).

O abuso possui elementos subjetivos e objetivos. Os subjetivos são relativos ao agente (*candidato*) e colaboradores. Já os objetivos necessitam da análise sobre a circunscrição eleitoral.

21.12. SIGILO DE JUSTIÇA

Transita em segredo de justiça, a ação de impugnação ao mandato eletivo, segundo reza o art. 14, § 11, primeira parte, da Constituição Federal.

Várias críticas devem ser deflagradas contra o segredo, pois o interesse público da publicidade dos atos é superior ao segredo e privacidade de quem se lança na vida pública, na medida em que cumpre ao eleitor ser informado das anfractuosidades de seu candidato, possibilitando uma escolha sem vícios de vontade ou de consentimento, exercendo em sua plenitude a cidadania, por meio da plena capacidade eleitoral ativa.

O homem público não possui o privilégio de esconder segredos, que sejam atinentes aos vícios do abuso do poder político, econômico, relativos à corrupção ou fraude.

Todavia, concluiu-se que **o julgamento da ação de impugnação ao mandato eletivo é público, sendo que toda a tramitação do processo é em sigilo de justiça** (TSE. Consulta nº 1.716/DF, Rel. Min. Felix Fischer, em 11/02/2010. *Inf.* 03/2010).

21.13. COMPETÊNCIA PARA O PROCESSO E JULGAMENTO

Aplica-se, quanto à regra de competência jurisdicional eleitoral, o art. 2º, parágrafo único, incs. I, II e III, da Lei Complementar nº 64, de 18 de maio de 1990 (*Lei das Inelegibilidades*), e arts. 40, inc. IV, e 215, ambos do Código Eleitoral, e 96, incs. I, II e III, da Lei das Eleições.

Se for diplomado Prefeito, Vice-Prefeito ou vereador, a ação deve ser ajuizada perante o juiz eleitoral, designado pelo Tribunal Regional Eleitoral para presidir o ato formal da diplomação ou, onde houver mais de uma junta eleitoral, a expedição dos diplomas será feita pela que for presidida pelo juiz eleitoral mais antigo, aplicando-se a regra do parágrafo único do art. 40 do Código Eleitoral.

No caso de serem diplomados: Governador, Vice-Governador, Senadores, Deputados federais, Deputados estaduais e distritais, a competência é dos respectivos Tribunais Regionais Eleitorais.

Na hipótese de serem diplomados Presidente e Vice-Presidente da República, a competência é originária do Tribunal Superior Eleitoral.

21.14. LEGITIMADOS ATIVOS

O Ministério Público exerce a defesa do regime democrático contra a ilicitude eleitoral, devendo propor esta ação na preservação da tutela dos interesses difusos e indisponíveis do eleitor, estando plenamente legitimado em razão do disposto no art. 127 da Constituição da República Federativa do Brasil e art. 178, incisos I e III, onde há o interesse público evidenciado pela natureza da lide.

A divisão de atribuições é a seguinte: por meio do promotor eleitoral, que poderá propor a ação, se for diplomado o Prefeito, Vice-Prefeito ou vereador; o procurador regional eleitoral, no caso de diplomação de Governador, Vice--Governador, Senador, Deputado federal, estadual e distrital, e o Procurador-Geral Eleitoral, nas hipóteses de os diplomados serem o Presidente da República e o Vice-Presidente da República.

Ressalte-se o precedente do Egrégio TSE, que permite ao órgão do Ministério Público Eleitoral seguir nas fases ulteriores do processo da AIME, em casos de desistência de outro colegitimado.

> Recurso ordinário. Ação de impugnação de mandato eletivo. Legitimidade do Ministério Público. Prazo de resposta. Rito ordinário. 1. O Ministério Público, por incumbir-lhe a defesa da ordem jurídica, do regime democrático e dos interesses sociais e individuais indisponíveis (art. 127 da CF), é parte legítima para, em face da desistência da ação de impugnação de mandato eletivo pelo autor, **assumir a sua titularidade e requerer o prosseguimento do feito**. (...) (AC nº 4, de 17/03/1998, Rel. Min. Maurício Corrêa).

Acresça-se ainda:

> (...) Desistência de ação eleitoral e legitimidade do Ministério Público Eleitoral. O Plenário do Tribunal Superior Eleitoral, por unanimidade, assentou que o Ministério Público Eleitoral tem legitimidade para dar prosseguimento à ação eleitoral, quando a parte autora apresenta desistência. O Ministro Henrique Neves

AÇÃO DE IMPUGNAÇÃO AO MANDATO ELETIVO

destacou ser necessário possibilitar ao Ministério Público Eleitoral, **como fiscal da lei, continuar demanda eleitoral na qual o polo ativo apresente pedido de desistência, ainda que em grau de recurso**. Por sua vez, o Ministro Dias Toffoli, Presidente, enfatizou que a legitimidade do Ministério Público contribui para inibir o uso indevido das ações eleitorais (Recurso Especial Eleitoral nº 87-16, Nova Iguaçu/RJ, Rel. Min. Gilmar Mendes, em 4/11/2014. *Informativo* TSE. Ano XVI nº 22, 2014) (grifos nossos).

Os partidos políticos, coligações e os candidatos também são legitimados ativos. Nesse ponto, devem cumprir o requisito da capacidade postulatória como pressuposto de validade processual constituindo advogados legalmente habilitados.

A coligação é parte legítima para propor Ação de Impugnação de Mandato Eletivo (*Agravo Regimental no Recurso Especial Eleitoral nº 20.683/MA, Rel.ª Min.ª Ellen Gracie, em 25 de março de 2003*).

Preconizando uma legitimação ativa de natureza ampla em homenagem ao princípio do exercício efetivo da cidadania, admitem-se o cidadão, associações e sindicatos. Em sua defesa, temos as valiosas lições de *Pedro Henrique Távora Niess*:

> (...) pensamos que, se não há nenhuma limitação específica de origem constitucional ou legal, deve prevalecer a possibilidade genérica que emerge da lei processual civil. As normas restritivas de direito não aceitam aplicação analógica com a ampliação de seu alcance: a legitimidade particularmente prevista para outras ações eleitorais não se impõem sobre a ação de impugnação de mandato eletivo (...)[2]

Todavia, o Tribunal Superior Eleitoral não admitiu o eleitor como legitimado ativo (*Acórdão nº 11.835, Santo Antônio da Platina/PR, publicado no DJU de 29/07/1994, Rel. Min. Torquato Jardim*).

É perfeitamente admissível o **litisconsórcio ativo facultativo** entre quaisquer dos legitimados, atuando sempre o Ministério Público Eleitoral como fiscal da ordem jurídica democrática.

Ressalta-se que a legitimidade ativa é concorrente e disjuntiva, ou seja, qualquer dos colegitimados pode propor a ação autônoma e independentemente dos demais.

Firmou-se na doutrina e na jurisprudência uma **legitimação restrita** nos moldes do art. 3º da Lei Complementar nº 64/1990, até porque o Egrégio TSE já normatizou de forma reiterada, que o rito procedimental da AIME é o mesmo da ação de impugnação ao requerimento de registro de candidaturas (*AIRRC*), com a aplicação subsidiária do Código de Processo Civil.

---

2 NIESS, Pedro Henrique Távora. *Ação de Impugnação de Mandato Eletivo*. São Paulo: Edipro, p. 54.

Assim, o art. 3º da LC nº 64/1990 limita a legitimidade ativa apenas aos partidos políticos, coligações, candidatos e Ministério Público. Sobre a possibilidade de o membro do Ministério Público propor a AIME, quando houver atuado na AIJE, assim decidiu o Colendo TSE: "(...) *Não é suspeito o membro do Ministério Público Eleitoral que atue como fiscal da lei em AIJE e, posteriormente, ajuíze AIME contra a mesma parte* (Agravo desprovido. Agravo Regimental no Agravo de Instrumento nº 8.789/PB. Rel. Min. Eros Grau. DJE de 20/05/2009. *Inf.* 16/2009).

21.15. LEGITIMADO PASSIVO

O diplomado infrator. Na AIME figura apenas o diplomado.

Na AIJE, art. 22, inc. XIV, da LC nº 64/1990, os representados podem ser os candidatos e todos que contribuíram para o fato, pois uma das sanções é a inelegibilidade.

Quanto ao vice.

Nas eleições majoritárias, o art. 91 do Código Eleitoral faz menção à eleição do vice na mesma **chapa una** e **indivisível** com o titular do mandato eletivo. Ora, uma vez eleitos o Prefeito, o Governador e o próprio Presidente da República, estará eleito o vice. Neste diapasão, não podemos negar a existência de uma comunhão de interesses e identidade de partes na relação eleitoral processual, estabelecida pela propositura da Ação de Impugnação de Mandato Eletivo.

Ocorrendo a decretação da perda do mandato na ação de impugnação, v.g., do Prefeito, afetará a chapa como um todo diante da impossibilidade de substituição em razão do momento processual (art. 13 da Lei nº 9.504/1997). Vê-se, portanto, que a inelegibilidade é individual (*art. 18 da Lei das Inelegibilidades*); no entanto, a chapa (*una e indivisível*) é atingida em sua totalidade.

É importante ao intérprete não olvidar da citação do vice na inicial das ações de impugnação de mandato eletivo, até porque a inserção de candidato a Vice--Prefeito, no polo passivo da ação instaurada contra o candidato a Prefeito, não acarreta flagrante ilegitimidade, em razão da unicidade da chapa e do reflexo eventual dos benefícios da ilicitude eleitoral, considerando ainda que o órgão judicial está apreciando uma relação jurídica subordinada, o mandato do Vice--Prefeito é alcançado pela cassação do diploma do Prefeito de sua chapa.

Impende frisar que não podemos confundir a questão da nulidade dos votos dados à chapa, com a inelegibilidade individual do titular do mandato (*Presidente, Governador, Prefeito e Senador*). A chapa desintegra-se como um todo, mas a inelegibilidade para as eleições nos oito anos seguintes à data da eleição em que se verificou é individual (*art. 18 da Lei Complementar nº 64/1990*).

O Colendo TSE está adotando de forma correta a posição de que o vice é listisconsorte passivo necessário. Observe-se a decisão ementada em sede de

AÇÃO DE IMPUGNAÇÃO AO MANDATO ELETIVO

RCED, que se estende à AIME, *in verbis*: "(...) *Deixando o autor de, no prazo legal, **promover a citação do vice para integrar relação processual** em recurso contra expedição de diploma proposta contra o Prefeito eleito, extingue-se o feito sem resolução do mérito, em razão da decadência* (Recurso Especial Eleitoral nº 35.741/PI. Rel. Min. Marcelo Ribeiro. DJE de 18/11/2009. Inf. 37/2009).

Em virtude da relação jurídica estabelecida entre o Presidente e o Vice, Governadores e Vices e Prefeitos e Vices, é evidente que a sentença depende da citação de ambos dentro do prazo legal.

Como já afirmado, existe uma chapa una e indivisível e, assim, uma relação de direito material. Por exemplo, o Vice-Prefeito suportará os efeitos jurídicos da decisão em relação ao Prefeito eleito com ele pelos votos dos mesmos eleitores. Assim, não se admite ainda no plano processual que um deles sofra os efeitos jurídicos eleitorais sem ter participado do processo da ação de impugnação ao mandato eletivo.

Não significa que a decisão seja uniforme para ambos, pois um pode ser declarado inelegível e o outro não, quando a inelegibilidade for pessoal, por exemplo, se descobre que o Prefeito eleito era analfabeto e, portanto, inelegível.

A inelegibilidade que incide sobre o candidato a Prefeito não atinge o vice (*art. 18 da Lei Complementar nº 64/1990*). Contudo, é preciso verificar que os mandatos eletivos de ambos os candidatos podem ser anulados em razão, por exemplo, da prática de abuso do poder econômico ou político.

Aliás, torna-se praticamente evidente na campanha eleitoral, que na grande maioria dos casos, o Vice-Prefeito se beneficia da conduta ilícita do Prefeito, até porque existe o vínculo de união da chapa e uma finalidade comum objetivada na conquista do pleito eleitoral.

Todavia, a jurisprudência do Egrégio TSE, por maioria, tratou de estabelecer um critério personalíssimo, pois para os efeitos da incidência da inelegibilidade da alínea "j" do art. 1º, I, da LC nº 64/1990, em eleições futuras, não é suficiente que o Vice-Prefeito tenha se beneficiado da conduta abusiva.

Deve existir prova concludente de que o Vice-Prefeito participou e, portanto, incide no ato de abuso do poder econômico ou político.

A esse respeito:

> (...) **a inelegibilidade da alínea *j* do inc. I do art. 1º da Lei Complementar nº 64/1990 não incide se o Vice-Prefeito teve o seu mandato cassado apenas por força da indivisibilidade da chapa em virtude de procedência da Ação de Impugnação de Mandato Eletivo (AIME).** Na espécie vertente, os mandatos do Prefeito e do Vice-Prefeito foram cassados em razão da prática de captação ilícita de sufrágio atribuída ao primeiro. O Vice-Prefeito não teve provada sua participação nos fatos, mas perdeu o mandato

por arrastamento, conforme os arts. 91 do Código Eleitoral e 3º, § 1º, da Lei nº 9.504/1997. O Ministro Arnaldo Versiani, relator, asseverou que o Vice-Prefeito não tinha contra si condenação por corrupção eleitoral, nem por captação ilícita de sufrágio, sendo o objeto da AIME apenas a cassação dos mandatos eletivos, e não a declaração de inelegibilidade dos acusados (Recurso Especial Eleitoral nº 2-06/PI, Rel. Min. Arnaldo Versiani, em 9/10/2012. *Informativo* Ano XIV- nº 29 TSE) (grifos nossos).

No entanto, a particularidade probatória do conjunto dos fatos poderá excluir esse nexo de causalidade.

A fortiori, se as ações abusivas praticadas, v.g., pelo Prefeito não ingressaram na esfera de colaboração do vice e vice-versa, sendo ele beneficiado, mas de forma indireta, por condutas absolutamente independentes preexistentes, concomitantes ou supervenientes, não se pode concluir pela perda do mandato eletivo dos que se encontram unidos apenas formalmente pelo sistema majoritário de chapa "una e indivisível" de candidatura.

A forma de integração da chapa não é sempre uma causa inexorável de responsabilidade pela perda do mandato eletivo das candidaturas formalmente unidas. Busca-se o mínimo de corresponsabilidade pelas ações.

O litisconsórcio formado entre titular e vice na relação jurídica processual é necessário, mas não uniforme (*art. 116 do Código de Processo Civil*).

A relação material entre as candidaturas deve ser cindida, quando se observa a ausência de participação no abuso do poder econômico.

Assim, os efeitos são diversos: seja para a inelegibilidade ou para a anulação do mandato eletivo.

Quanto à inelegibilidade, é causa personalíssima, cada um responde na medida de sua responsabilidade.

Em relação à nulificação do diploma é possível cindir essa consequência, desde que a causa motriz seja absolutamente independente afastando-se pura e simplesmente a responsabilidade objetiva eleitoral.

Como já visto alhures, a nulificação do diploma e a perda do mandato eletivo dos vices (*chapa una e indivisível*), **não pode ser automática**, sem o suporte probatório da relação contributiva.

Não se trata de pura responsabilidade eleitoral objetiva, "(...) *sem a comprovação de que o candidato a Governador tenha praticado abusos com a contribuição de seu vice, não é possível decretar a inelegibilidade deste* (...)" (Ação de Impugnação ao Mandato. Boa Vista/RR. Acórdão de 13/08/2009. Rel. Robério Nunes dos Anjos. DJ nº 54, 17/08/2009, p. 06/07).

A contribuição deve estar demonstrada por ações dolosas que importem num elo da cadeia causal dentro da linha de desdobramento, pois ações autônomas

ACão de Impugnação ao Mandato Eletivo   Capítulo 21

referentes e.g., à arrecadação financeira, podem não ingressar na esfera de conhecimento.

A hipótese pode traduzir que a ação de um dos candidatos da chapa majoritária é absoluta ou relativamente independente de forma preexistente, concomitante ou superveniente ao comportamento doloso do outro candidato.

Os atos que culminam na ação abusiva podem não se alinhar com ambas as candidaturas sob o prisma material, pois os laços formais de união da chapa nem sempre importam na corresponsabilidade da influência abusiva na campanha eleitoral. Assim, excluem-se as consequências da inelegibilidade e da nulificação do diploma e perda do mandato eletivo.

Registre-se que a presunção do benefício e contribuição ou participação é *juris tantum*. Não são fatos admitidos como incontroversos e se aplica nessa disciplina probatória o art. 373 do Código de Processo Civil.

Merece análise o próprio texto do § 11 do art. 96 da Lei nº 9.504/1997, introduzido pela Lei nº 13.165, de 29/09/2015, considerando a possibilidade de uma efetiva interpretação sistêmica sobre o âmbito dessas responsabilidades entre candidatos e até partidos políticos, *in expressi verbis*: *"As sanções aplicadas a candidato em razão do descumprimento desta Lei não se estendem ao respectivo partido, mesmo nas hipóteses de esse ter se beneficiado da conduta, salvo quando comprovada a sua participação".*

Em resumo:

Por fim, o Tribunal Superior Eleitoral editou o verbete sumular **nº 38** nos seguintes termos: *"Nas ações que visem à cassação de registro, diploma ou mandato, há litisconsórcio passivo necessário entre o titular e o respectivo vice da chapa majoritária".*

Nas eleições para **Senador**, igualmente devem ser citados como litisconsortes passivos necessários os dois suplentes eleitos com o titular na mesma chapa única.

Já nas eleições proporcionais, e.g., de vereadores, não se incluiu o suplente.

Quanto aos suplentes dos mandatos eletivos proporcionais: vereadores, Deputados federais, estaduais e distritais, não se perscruta qualquer exigência referente à obrigatoriedade da citação, visando à eventual formação de intervenção de terceiros, afastando-se qualquer alegação de nulidade da relação processual nesse sentido. Nada obsta que o suplente intervenha espontaneamente no caso em julgamento, se demonstrar direto interesse na solução da lide.

O **suplente** pode intervir desde que demonstre um interesse direto e útil na solução da questão. Assim, é razoável a intervenção até a terceira suplência, pois os outros suplentes efetivamente estariam muito distantes da conquista do mandato eletivo.

769

Quanto aos partidos políticos.

Quanto ao partido político, não é aceita ainda a sua posição como litisconsorte necessário, mas como assistente.

O Tribunal Superior Eleitoral editou o verbete sumular **nº 40**: *"O partido político não é litisconsorte passivo necessário em ações que visem à cassação do diploma".*

21.16. PROCEDIMENTO

O rito processual adotado para a ação de impugnação ao mandato eletivo **era o ordinário**, do Código de Processo Civil/1973, segundo o entendimento unânime do Tribunal Superior Eleitoral e da majoritária doutrina.

Destaca-se:

> A Ação de Impugnação de Mandato Eletivo, ressalvadas apenas as peculiaridades inerentes à sua natureza e ao próprio processo eleitoral, submete-se ao **rito ordinário**, sendo, portanto, de 15 dias, o prazo de resposta. Precedentes. Recurso parcialmente provido. Acórdão nº 4, de 17/03/1998 – Recurso Ordinário nº 4 – Classe 27ª/ DF (Brasília). Rel. Min. Maurício Corrêa (grifo nosso).

Cumpre frisar que, de forma inovadora e expressiva de valiosos anseios doutrinários e sociais, o Egrégio Tribunal Superior Eleitoral, tendo por relator Sua Excelência o eminente Ministro Fernando Neves, entendeu que o rito para a Ação de Impugnação ao Mandato Eletivo deve ser o mesmo da Lei das Inelegibilidades, com a aplicação subsidiária de processo tipicamente eleitoral, ou seja, o rito será o da ação de impugnação ao registro de candidaturas, Resolução nº 21.634/2004. Sucessivas resoluções fazem menção ao rito, por exemplo, o art. 228, § 1º, da Res. TSE nº 23.399/2013 e Res. TSE nº 34.456/15, art. 173, § 1º.

A referida decisão do Egrégio Tribunal Superior Eleitoral torna célere a prestação jurisdicional sem violar a intangibilidade da plenitude da defesa, pois ela estará cabalmente assegurada por meio da ritualidade especial.

A legislação eleitoral é marcada por diversas alterações específicas, ou seja, minirreformas eleitorais, e.g., Lei nº 11.300/2006, Lei nº 12.034/2009, Lei nº 12.891/2013 e Lei nº 13.165/2015.

Todavia, a ação de impugnação de mandato eletivo apenas está prevista nos §§ 10 e 11 do art. 14 da Constituição da República.

Como já dito alhures, embora a AIME tenha plena aplicabilidade, a omissão do legislador infraconstitucional na regulamentação procedimental diminui o valor desse instrumento de proteção ao processo democrático eleitoral, além de criar a possibilidade de a Justiça Eleitoral colmatar o vazio normativo por intermédio da expedição de resoluções eleitorais, o que mitiga o princípio da separação dos poderes.

AÇÃO DE IMPUGNAÇÃO AO MANDATO ELETIVO CAPÍTULO 21

Em virtude do exposto, o procedimento da AIME será o mesmo da Ação de Impugnação ao Requerimento de Registro de Candidatos, art. 3º até 15 da Lei Complementar nº 64/1990, com a aplicação supletiva e subsidiária do Código de Processo Civil.

Como se verifica, *e.g.*, a teoria geral da prova adotada pelo Código de Processo Civil incidirá na ação de impugnação ao mandato eletivo, considerando a significativa omissão dessa normatividade na legislação eleitoral.

21.17. CAUTELAR PREPARATÓRIA

O Tribunal Superior Eleitoral já adotou precedente no sentido de não possibilitar o ajuizamento de medida cautelar preparatória da Ação de Impugnação ao Mandato Eletivo, com o fito de sustar a diplomação de candidato eleito. "(...) *Não é possível conceder-se cautelar preparatória da Ação de Impugnação de Mandato Eletivo, sustando a diplomação de candidato, pois pressuposto daquela demanda é a diplomação. Sustada esta, torna-se impossível o ajuizamento daquela ação* (Acórdão nº 2.351, Rio de Janeiro. Rel. Min. Antônio de Pádua Ribeiro, publicado no DJU de 09/06/1995)".

Vê-se que o ponto-chave da questão reside na constatação de que, se não é possível ajuizar a Ação de Impugnação de Mandato Eletivo, porque ainda não verificada a diplomação, não é crível o ajuizamento de cautelar preparatória.

Cumpre frisar que, deferida a liminar, não haveria previsão para a diplomação do infrator, o que causaria uma redução no período do futuro mandato eletivo com diversos reflexos: econômicos, políticos, partidários e sociais.

Argumenta-se, com razão, que não interessa à sociedade a ocorrência de pródromo afastamento do candidato, quando esse só poderia ocorrer legalmente com o trânsito em julgado da decisão ou do acórdão do órgão colegiado.

Todavia, de *lege ferenda*, é o momento de o legislador regulamentar a Ação de Impugnação ao Mandato Eletivo, inclusive com a criação de eficaz mecanismo jurídico-processual para evitar-se a diplomação de candidatos-infratores, quando é resoluta a probabilidade de êxito na ação principal, adotando-se, analogicamente, as linhas básicas da tutela antecipada.

Tradicionalmente, na jurisprudência do Egrégio TSE não se admite a tutela antecipada para essa finalidade: "(...) *A concessão de tutela antecipada em sede de AIME, antes da apresentação de defesa, impossibilitando a posse do impugnado no cargo, não se coaduna com as garantias do devido processo legal, da ampla defesa e do contraditório*" (*Agravo Regimental na Ação Cautelar nº 725-34/RJ. Rel. Min. Marcelo Ribeiro. DJE de 23/06/2010. Informativo nº 16/2010. Inf. 21/2010*).

21.18. RECURSOS

Quando a decisão é proferida por juiz eleitoral, nas hipóteses em que decretar a perda do mandato eletivo de Prefeito, Vice-Prefeito ou vereador, é cabível o recurso, com o prazo do art. 258 do Código Eleitoral, ou seja, de três dias. Incide ainda o art. 265 do Código Eleitoral.

Parte da doutrina entende que o recurso cabível é o inominado, não havendo controvérsias quanto ao prazo de três dias para interposição e razões.

Contra o acórdão do Tribunal Regional Eleitoral caberá o Recurso Especial Eleitoral ao Tribunal Superior Eleitoral nos termos dos arts. 121, § 4º, incs. I e II, da Constituição Federal e art. 276, inc. I, alíneas "a" e "b", do Código Eleitoral, no prazo de 3 (*três*) dias. Não sendo admitido pelo Presidente, caberá agravo de instrumento, na forma do art. 279 do Código Eleitoral.

Quando a decisão é proferida no TRE, nas eleições federais e estaduais, o recurso é o ordinário para o TSE, no prazo de três dias, conforme preceituam os arts. 121, § 4º, inc. IV, da Constituição da República e 276, inc. II, alíneas "a" e "b", do Código Eleitoral.

O recurso ordinário é recebido no efeito suspensivo, conforme versa o § 2º do art. 257 do Código Eleitoral (*redação da Lei nº 13.165/2015*).

Desse modo, se o Tribunal Regional Eleitoral anula o mandato eletivo do Governador eleito cabe recurso ordinário ao Tribunal Superior Eleitoral, que decidirá sobre a efetiva perda do mandato eletivo e a anulação das eleições com eventual renovação do pleito eleitoral.

São cabíveis os embargos de declaração, na moldura do art. 275, no prazo de três dias e o agravo regimental, quando ocorrerem hipóteses em que o relator monocraticamente decide sobre diligências, provas em geral e outras medidas.

Os embargos de declaração na via eleitoral seguem o disposto no art. 275 do Código Eleitoral (*redação do art. 1.067 do novo Código de Processo Civil*), e interrompem o prazo para a interposição do recurso ordinário.

O Egrégio TSE possui diversos precedentes no sentido de não se admitir reexame de prova em sede de recurso especial. Nesse ponto salienta-se o verbete sumular nº **7** do Superior Tribunal de Justiça.

O verbete sumular **nº 24** do TSE assim versa: "*Não cabe recurso especial eleitoral para simples reexame do conjunto fático-probatório*".

No Tribunal Superior Eleitoral, as decisões definitivas sobre a perda do mandato eletivo em ações de impugnação desafiam o recurso extraordinário, na forma do art. 102, inc. III, alíneas *a*, *b* e *c*, da Constituição Federal. É cabível agravo no caso de não admissão ao próprio Supremo Tribunal Federal (*art. 282 do Código Eleitoral*).

AÇÃO DE IMPUGNAÇÃO AO MANDATO ELETIVO

CAPÍTULO 21

(...) *É incabível mandado de segurança objetivando sustar os efeitos da diplomação de candidatos eleitos aos cargos de Prefeito e Vice-Prefeito, que somente pode ser desconstituída por meio das ações específicas previstas na legislação eleitoral* (Agravo Regimental no Mandado de Segurança nº 4.219/CE. Rel. Min. Arnaldo Versiani).

Sobre recursos, o Tribunal Superior Eleitoral possui os seguintes verbetes sumulares: 24, 25, 26, 27, 28, 29, 30, 31, 32, 36, 64, 65 e 71.

21.19. MODELO BÁSICO DA AÇÃO DE IMPUGNAÇÃO AO MANDATO ELETIVO

Ex.mo Juiz Eleitoral da ___ Zona Eleitoral do Município (_____)

O Ministério Público Eleitoral, pelo Promotor Eleitoral que esta subscreve, com subsunção nos arts. 14, § 10, 127 e 129 da *Lex Mater* da República, vem propor

Ação de Impugnação ao Mandato Eletivo

contra

DR, candidato a Prefeito pelo Partido Z, e ER, candidato a Vice-Prefeito pelo Partido W, qualificados (_____), pelos fatos e fundamentos jurídicos abaixo descritos:

Os representados foram diplomados no dia 19 de dezembro de 2016, e a presente ação impugnativa de mandato eletivo protocolizada no cartório desse r. juízo no dia 7 de janeiro de 2017, portanto, dentro do prazo legal de 15 (quinze) dias) contados da diplomação, considerando a jurisprudência pacífica do Egrégio Tribunal Superior Eleitoral.

Cumpre ressaltar que os representados, de forma reiterada, praticaram ilegalidades resolutas durante o ano anterior ao das Eleições de 2016 e durante o período que antecedeu o início do prazo para a propaganda política eleitoral, ou seja, o dia 16 de agosto de 2016.

Registre-se que a Justiça Eleitoral aplicou dezenas de multas eleitorais em razão da caracterização da propaganda antecipada com fundamento no § 3º do art. 36 da Lei das Eleições.

Descrever os procedimentos:

(_____)

Por outra, conforme faz prova o teor do procedimento de prestação de contas de campanha eleitoral, os representados gastaram recursos indevidamente antes do período do calendário eleitoral, violando as regras sobre a arrecadação de dinheiro, pois não abriram contas bancárias e deixaram de emitir recibos eleitorais, conforme prova vasta documentação em anexo.

Desta forma restou inexorável a comprovação do abuso do poder econômico na campanha eleitoral de 2016, inclusive de forma gravíssima, pois além de gastarem recursos de origem não identificada, se utilizaram de CAIXA 2, extrapolando os limites permitidos pela legislação eleitoral dos gastos de campanha.

Restou evidente a violação ao teor da Resolução TSE nº 23.459, de 15 de dezembro de 2015, que: "Dispõe sobre limites de gastos para cargos de vereador e prefeito nas eleições municipais de 2016".

Considerando o tipo de eleição (majoritária), o local dos fatos, ou seja, o Município X, a quantidade de gastos ilícitos e a sucessiva e reiterada propaganda antecipada, está caracterizada a GRAVIDADE das condutas impulsionadas pelos representados e militantes políticos na circunscrição eleitoral abalando a lisura do processo eleitoral.

Desta forma, requer o Ministério Público Eleitoral:

1. O recebimento da presente ação e sua autuação junto com a documentação em anexo;

2. Citação dos representados (candidatos a Prefeito e Vice-Prefeito) em razão do Verbete sumular nº 38 do Egrégio Tribunal Superior Eleitoral, *verbo ad verbum:*

   Nas ações que visem à cassação de registro, diploma ou mandato, há litisconsorte passivo necessário entre o titular e o respectivo vice da chapa majoritária.

3. Citação dos representados para a defesa no prazo de 7 (sete) dias adotando--se o rito procedimental dos arts. 3º a 13 da Lei Complementar nº 64/1990, conforme art. 173, § 1º, da Resolução TSE nº 23.456, de 15/12/2015;

4. A procedência do pedido para a declaração de anulação do mandato eletivo dos representados;

5. Realização de novas eleições suplementares nos termos dos §§ 3º e 4º do art. 224 do Código Eleitoral;

6. A produção de todas as provas, especialmente a documental e testemunhal;

7. Desde já apresenta o rol de testemunhas abaixo;

8. Extração integral das peças documentais que integram os autos dessa representação para encaminhamento ao Ministério Público com atribuição na esfera criminal nos termos do art. 40 do Código de Processo Penal, considerando a origem ilícita dos recursos de Caixa 2;

9. O procedimento deve tramitar em sigilo judicial nos termos do § 11 do art. 14 da *Lex Mater*, mas o julgamento será público.

Município X, ___ de _____ de 20___.

Promotor Eleitoral

Ação de Impugnação ao Mandato Eletivo — Capítulo 21

21.20. RESUMO DA AIME

1) A ação de impugnação ao mandato eletivo é assentada no texto do art. 14, §§ 10 e 11, da Constituição Federal. Não existe lei específica sobre o tema.

2) O prazo de propositura é de 15 dias contados da diplomação.

3) A competência está no art. 2º da Lei Complementar nº 64, de 18 de maio de 1990. Cabe ao juiz eleitoral nas eleições de Prefeito, Vice-Prefeito e vereador, ao Tribunal Regional Eleitoral nas eleições de Governador, Vice-Governador, Senador, Deputados federal, estadual e distrital, e ao Tribunal Superior Eleitoral nas eleições de Presidente e Vice-Presidente da República.

4) O objetivo da ação é desconstituir o mandato eletivo que foi conquistado na base da corrupção, fraude, abuso do poder econômico e, assim, a decisão anula o diploma.

5) Os efeitos são: a perda do mandato eletivo e a renovação da eleição majoritária referente ao mandatos eletivos do Poder Executivo.

6) O rito processual era o ordinário, mas o Tribunal Superior Eleitoral, por intermédio de resolução eleitoral determinou o mesmo rito da ação de impugnação ao pedido de registro de candidatos. A posição já é pacífica. O Egrégio TSE reiteradamente normatiza o procedimento.

7) O fundamento do pedido é a ocorrência do abuso do poder econômico, corrupção, fraude e vícios. Admite-se o abuso político interligado ao econômico, mas não isoladamente.

8) O recurso da decisão tinha efeito suspensivo (art. 216 do Código Eleitoral), ou seja, o eleito podia exercer o mandato eletivo. Todavia, o Tribunal Superior Eleitoral, no art. 90, § 2º, da Resolução nº 21.635/2004, disciplinou sobre a não aplicabilidade do art. 216 do Código Eleitoral. Desta forma, o diplomado sairá do mandato, independentemente do trânsito em julgado da decisão que julgou procedente o pedido impugnativo reconhecendo o abuso do poder. Adota-se o disposto no art. 257, parágrafo único, do Código Eleitoral que versa sobre a execução imediata das decisões eleitorais, sem que os recursos tenham efeito suspensivo. A Resolução TSE nº 23.399/2013, no art. 228, § 2º, trata do efeito imediato.

Todavia, o art. 26-C da Lei Complementar nº 64/1990 permite a concessão de medida cautelar por ocasião da interposição de recurso eleitoral com o objetivo de suspender a inelegibilidade e a declaração de nulidade do diploma.

Como já visto acima, o § 3º do art. 224 do Código Eleitoral (*inclusão da Lei nº 13.165/2015*) criou um **efeito suspensivo**, porque somente com o trânsito em julgado da decisão se realizam novas eleições. Por outro lado, o § 2º do art. 257 (*inclusão da Lei nº 13.165/2015*) é expresso em atribuir efeito suspensivo ao recurso ordinário.

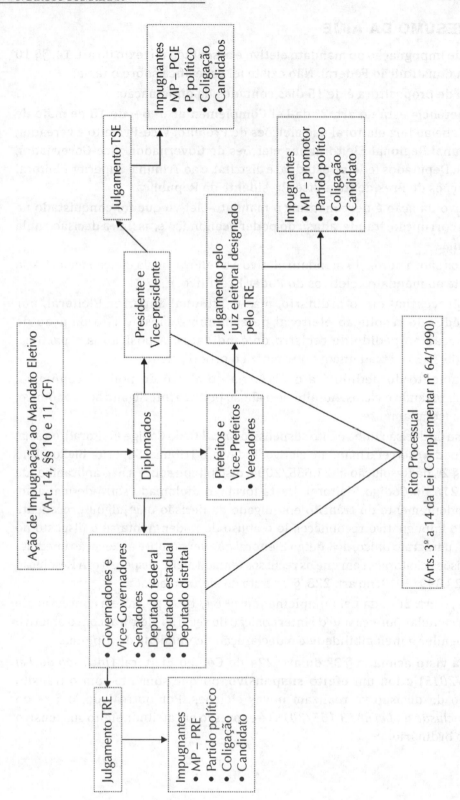

Marcos Ramayana • Direito Eleitoral • 17ª ed. • Capítulo 21 – Ação de Impugnação ao Mandato Eletivo

Capítulo 22

Ação de Captação Ilícita de Sufrágio

22.1. BASE LEGAL

A captação ilícita de sufrágio (*ACIS*) está disciplinada no art. 41-A da Lei nº 9.504/1997, que foi introduzido pela Lei nº 9.840/1999 (*conhecida como Lei dos Bispos, porque surgiu de um projeto de iniciativa popular que teve a participação da Confederação Nacional dos Bispos do Brasil e diversos segmentos da sociedade civil*).

Diz o art. 41-A:

> Art. 41-A. Ressalvado o disposto no art. 26 e seus incisos, constitui captação de sufrágio, vedada por esta Lei, o candidato doar, oferecer, prometer ou entregar, ao eleitor, com o fim de obter-lhe o voto, bem ou vantagem pessoal de qualquer natureza, inclusive emprego ou função pública, desde o registro da candidatura até o dia da eleição, inclusive, sob pena de multa de mil a cinquenta mil Ufirs, e cassação do registro ou do diploma, observado o procedimento previsto no art. 22 da Lei Complementar nº 64, de 18 de maio de 1990.

22.2. CONSIDERAÇÕES SOBRE O CRIME DO ART. 299 DO CÓDIGO ELEITORAL. CORRUPÇÃO ELEITORAL

Descreve o art. 299 do Código Eleitoral.

> Art. 299. Dar, oferecer, prometer, solicitar ou receber, para si ou para outrem, dinheiro, dádiva, ou qualquer outra vantagem, para obter ou dar voto e para conseguir ou prometer abstenção, ainda que a oferta não seja aceita.
>
> Pena: reclusão até 4 (quatro) anos e pagamento de 5 (cinco) a 15 (quinze) dias – multa.

O crime do art. 299 do Código Eleitoral é a corrupção eleitoral (*definição atribuída pelo eminente penalista Nelson Hungria*).

O tipo penal tutela, como bem jurídico protegido, a liberdade de sufrágio. Nesse sentido, *Pedro Henrique Távora Niess* e *Suzana de Camargo Gomes*. Evita--se o comércio dos votos, o *"toma lá dá cá"* entre candidatos e eleitores. A lei criminaliza o aspecto mercantil da votação.

Como se verifica, o delito de corrupção eleitoral possui elementos: (i) o dolo na obtenção do voto; (ii) um candidato a favor de quem é obtido esse voto; (iii) o voto deve ser conquistado por promessas ou compra efetiva; e (iv) a qualidade do eleitor que é corrompido.

Do mesmo modo, a obtenção do voto é por meio ilícito que se refere ao ato de corrupção pela compra ou promessa.

A qualidade de ser eleitor é essencial para a configuração típica penal e do art. 41-A, pois do contrário não existem as figuras punitivas, porque falta o objeto, ou seja, a possibilidade de votar.

A questão de fato deve ser sempre avaliada pelo magistrado, pois dependendo da situação, um determinado benefício ou valor de pouca expressividade não terá o elo significativo da configuração da corrupção para fins eleitorais, que não se confunde com a corrupção prevista no próprio Código Penal.

Na seara eleitoral, a corrupção deve ter uma afetação social em razão da circunscrição ou espaço geográfico rural ou urbano.

Ensina *Suzana de Camargo Gomes* que:

> (...) Na verdade, esse dispositivo em nada alterou a disciplina penal pertinente ao crime de corrupção eleitoral, que continua incólume, pelo que incide, no delito tipificado no art. 299 do Código Eleitoral, tanto o candidato como qualquer outra pessoa que realize as figuras típicas ali descritas. A mudança está que, sendo o autor da infração um candidato, além de responder criminalmente, nos termos do art. 299 do Código Eleitoral, submete-se, também, às penas previstas no art. 41-A da Lei nº 9.504/1997, com a redação dada pela Lei nº 9.840/1999, sendo que o procedimento para a apuração é o previsto na LC nº 64, de 18 de maio de 1990, em seu art. 22, denominado de investigação judicial.[1]

Ensina *Tito Costa* que o art. 41-A não tem conotação na esfera penal eleitoral, mas apenas no aspecto do registro e do diploma do candidato (*Crimes Eleitorais e Processo Penal Eleitoral*. Editora Juarez de Oliveira, pp. 55-56).

Assiste razão à doutrina. O tipo do art. 299 do Código Eleitoral não retrata uma norma penal em branco, ou seja, não é carecedor de complemento normativo

---

1 GOMES, Suzana de Camargo. *Crimes Eleitorais*. São Paulo: Revista dos Tribunais, p. 203.

da mesma fonte legislativa (*normas penais em branco em sentido amplo*), nem tampouco de fonte legislativa diversa (*norma penal em branco em sentido restrito*).

Não partilhamos de eventual posição sobre o entendimento de que o art. 299 do Código Eleitoral seja uma norma penal em branco em sentido amplo, e, portanto, o art. 41-A colmatar-lhe-ia aspectos jurídico-eleitorais.

Na verdade, o tipo do art. 299 do Código Eleitoral contém elementos objetivos normativos que são preenchidos por juízo de valoração, e.g., "*outra vantagem*", "*e prometer abstenç*ão", além de elementos objetivos como "*oferecer*" e "*prometer*".

As formas em que se apresentam os elementos normativos fazem-se sobre os injustos ou termos jurídicos. Vê-se que não estamos, e podemos afirmar sem receio de errar, diante de norma penal em branco em sentido amplo.

Assim sendo, não há complementação do art. 299 do Código Eleitoral pela norma do art. 41-A da Lei nº 9.504/1997, mas apenas duplicidade de incidência sobre as hipóteses de captação de sufrágio, com reflexos na esfera penal e não penal (*puramente eleitoral*).

Contudo, temos ainda no Código Eleitoral o delito do art. 334 que é conhecido como **bingo eleitoral**, quando o infrator promove sorteios com os eleitores entregando-lhes prêmios previamente anunciados. Esse é um delito especial que possui características próprias em razão do possível conflito aparente de normas com o crime do art. 299 do mesmo diploma legal.

Trata-se de uma corrupção específica que envolve o eleitor para fins de propaganda e até do alistamento eleitoral.

A Lei nº 6.091, de 15 de agosto de 1974, no art. 11, inc. III, tipifica como crime eleitoral o fornecimento de transporte e refeições aos eleitores em zonas rurais. Com acerto trata-se de tipicidade especial, mas que sujeita o infrator ao art. 41-A da Lei das Eleições.

Podemos concluir que o art. 41-A da Lei das Eleições trata especificamente da compra de votos no âmbito não penal. No entanto, é possível, em razão da prática ilícita, se apurar a conduta na esfera penal, por meio dos delitos dos arts. 299 ou 334 do Código Eleitoral e do art. 11, inc. III, da Lei nº 6.091/1974.

22.3. CONCEITO. CARACTERÍSTICAS. CONSIDERAÇÕES PENAIS RELEVANTES

A captação **lícita** diz respeito à própria disputa eleitoral, faz parte da essência da propaganda político-eleitoral. Todavia, a ilicitude é que merece reprimenda.

Entende-se por captação ilícita de sufrágio a compra e venda do voto. A promessa de votar ou de não votar em determinado candidato a mandato eletivo, que pode ser revestida de gêneros alimentícios, materiais de construção, dinheiro em espécie e artigos fundamentais à manutenção do cidadão, excluídos os bens enumerados no art. 26 da Lei nº 9.504/1997.

É a cooptação como forma, na política, de angariar votos de eleitores, sempre objetivando recompensá-los na negociação do voto para uma determinada eleição.

A compra de votos frauda a aritmética política, pois não é uma simples pesquisa de utilidade que leva em consideração o número de habitantes e eleitores, a quantidade das necessidades básicas alimentares e outras carências naturais. É uma espécie de despotismo eleitoral, pois oprime a liberdade de escolha no mandatário político e reforça a submissão pelo sistema de desequilíbrio social debilitando a integração econômica dos eleitores.

O elemento humano (*eleitor*) deve ser considerado na análise da compra de votos. Assim, os fatores sociais e geográficos formam a perfeita diferença entre a eleição ideal e a real. A ideia é pura e vive no espírito dos que almejam o justo e o axiologicamente considerado. Já a eleição real é traduzida pelas misérias e angústias de população de eleitores, o que extrapola quase sempre a fronteira política-jurídica.

Pode-se dizer que: "(...) *A corrupção na vida pública é o uso do poder público para proveito, promoção ou prestígio particular, ou em benefício de um grupo ou classe, de forma que constitua violação da lei ou de padrões de elevada conduta moral*" (*Dicionário de Ciências Sociais.* Fundação Getulio Vargas. 2ª ed. Rio de Janeiro, 1987, p. 279).

A compra de votos no Brasil é identificada com o voto de cabresto, quando o voto na época do coronelismo era cedido como favor ao coronel, mas com a gradual liberação progressiva dos eleitores, o voto passou a ser uma efetiva mercadoria. O eleitor adquiriu o poder de barganha e exigiu em determinada região um quinhão de benefícios eleitorais para a manutenção do mandonismo local.

Na compra de votos emerge a figura do **chefe político urbano** que negocia o voto em troca de serviços, obras públicas e assistencialismo. Já o **chefe político rural** ainda é um monopolizador dos recursos, considerando a ausência de opções viáveis ao eleitor local.

Por outra, não são alvos da captação ilícita de sufrágio promessas de melhorias em educação, cultura ou lazer. O que a lei pune é a artimanha, o **toma lá dá cá**, a vantagem pessoal de obter voto.

O pedido certo, determinado e específico faz parte da petição inicial e deve ser cotejado sob a ótica da pessoalidade, do clientelismo e do amesquinhamento do voto. Não configura a compra de votos, quando o pré-candidato genericamente promete benefícios.

Os meios de consumação podem ser por escrito, gestos e palavras. O ato ilícito está caracterizado quando existe a violação de um dever legal em pautar a campanha dentro das regras permitidas na legislação eleitoral.

Ação de Captação Ilícita de Sufrágio

CAPÍTULO 22

O resultado danoso na captação ilícita é exatamente manifestado na conduta do candidato que se vale de expediente desautorizado pela ordem jurídica eleitoral, v.g., distribui remédios, dentaduras, tijolos, sapatos e outros bens em troca de votos. Negocia os votos com o cidadão e causa danos ao processo eleitoral e à democracia.

A conduta do agente (*candidato*) é dolosa e geradora de uma responsabilidade com consequências penais e eleitorais, especialmente por abalar a normalidade e legitimidade das eleições com a finalidade especial de obter o voto do eleitor.

Características da captação ilícita de sufrágio. "(...) *Assim, para caracterizar a captação de sufrágio, três elementos são indispensáveis: (1) a prática de uma ação (doar, prometer etc.); (2) a existência de uma pessoa física (eleitor) e (3) o resultado a que se propõe o agente (TSE, DJ de 22/02/2002).*

A Lei nº 12.034/2009 acrescentou o § 2º ao art. 41-A nos seguintes termos:

> § 2º As sanções previstas no *caput* aplicam-se contra quem praticar atos de violência ou grave ameaça a pessoa, com o fim de obter-lhe o voto.

Vê-se que o **conceito** da captação ilícita de sufrágio foi ampliado para incluir fatos da realidade das campanhas eleitorais, porque é cediço que os cabos eleitorais e candidatos em alguns momentos praticam **atos de violência** ou de **grave ameaça** contra a pessoa dos eleitores ou terceiros (*familiares*) objetivando o voto.

O art. 301 do Código Eleitoral trata do delito de coação eleitoral que é similar como tipo penal à moldura do § 2º do art. 41-A.

Na verdade, o legislador pune a *vis compulsiva* (*violência moral*) e a *vis absoluta* (*violência física*) como formas de obtenção do voto, seja para candidato ou partido político. Trata-se de uma modalidade especial de constrangimento ilegal, quando o eleitor é compelido for força bruta, armas e ameaças em votar ou deixar de votar em determinado candidato ou partido político.

Por exemplo, cabos eleitorais ligados ao tráfico de drogas apoiam o candidato X e coagem eleitores a votar por ameaça de emprego de arma de fogo. A violência não precisa ser direta contra o próprio eleitor, mas poderá ser contra os parentes e familiares.

No caso de a violência ser física contra o eleitor coagido excluiu-se a tipicidade deste, quanto ao delito do art. 299 do Código Eleitoral, pois ele não solicitou benefícios para votar.

Na hipótese de a coação ser moral e irresistível exclui-se a culpabilidade do coagido em relação ao crime do art. 299 do Código Eleitoral. Todavia, quando a coação é moral e resistível ambos respondem, o coator e o coato, aplicando-se a agravante do art. 62, II, do Código Penal para o coator, e a atenuante do art. 65, III, "c", 1ª parte do CP, para o coato.

781

As sanções aplicáveis ao agente coator e captador de votos podem ser penais, como acima mencionadas, ou não penais.

As penais serão processadas de acordo com o processo penal eleitoral previsto nos arts. 355 e ss. do Código Eleitoral.

O procedimento do art. 22, I a XIII, da Lei Complementar nº 64/1990 é utilizado para a ação de captação ilícita de sufrágio de natureza não penal.

A alínea "j" do art. 1º, inc. I, da Lei Complementar nº 64/1990 (*acrescido pela LC nº 135/2010*), atribui a sanção de inelegibilidade por 8 (*oito*) anos aos que **forem condenados** em representação por captação ilícita de sufrágio (*art. 41-A da Lei das Eleições*) ou corrupção eleitoral (*exemplo, art. 299 do Código Eleitoral*).

O § 2º do art. 41-A faz menção às **sanções previstas no *caput***. Assim, podemos identificar dois posicionamentos: o primeiro, no sentido de que os que praticarem atos de violência ou grave ameaça à pessoa, com o fim de obter-lhe o voto, se sujeitam apenas às sanções do *caput* (*art. 41-A*), ou seja, à **multa**, pois, não sendo o agente candidato, responderá somente pela sanção da pena pecuniária, além de não incidir a regra nova da Lei das Inelegibilidades; o segundo entendimento é voltado para a incidência da inelegibilidade por 8 (*oito*) anos da alínea "j" do art. 1º, inc. I, da LC nº 64/1990, além da sanção de multa.

A Lei Complementar nº 135/2010 é posterior à Lei nº 12.034/2009, que incluiu o § 2º ao art. 41-A da Lei nº 9.504/1997 e, sem dúvida, criou um novo pedido nas ações de captação ilícita de sufrágio que atingem os representados na sanção de inelegibilidade por oito anos, sejam eles candidatos ou não, além da multa.

Na hipótese, o **representado não é o candidato**, mas se sujeitará à inelegibilidade por ter praticado atos de violência ou grave ameaça, com o fim de obter-lhe o voto, considerando ainda que a norma da Lei das Inelegibilidades é ampliativa para todos "*os que forem condenados*".

É interessante observar que o legislador poderia ter punido os terceiros (*autoridades ou não*) que praticassem atos de compra de votos em favor do candidato (*caput do art. 41-A*), sem que usassem de violência (*os que contribuíram para o fato, nos moldes do disposto no inc. XIV do art. 22 da LC nº 64/1990*), mas esta hipótese não foi contemplada.

Por exemplo, o candidato a Prefeito distribui cestas básicas junto com o Ex-Prefeito, sem usar de violência. Não estará o Ex-Prefeito sujeito às sanções do art. 41-A da Lei nº 9.504/1997, neste caso, somente a eventual imputação penal do art. 299 do Código Eleitoral poderá incidir.

Assim, também podemos estabelecer um paralelo entre o art. 41-A, *caput*, da Lei das Eleições e o art. 299 do Código Eleitoral; bem como entre o art. 41-A, § 2º, da Lei das Eleições e o art. 301 do Código Eleitoral.

Ação de Captação Ilícita de Sufrágio   Capítulo 22

Em resumo: O *caput* do art. 41-A da Lei das Eleições só pune o próprio candidato com as sanções de cassação do registro ou diploma e multa. Nesse caso, ele também responde pela inelegibilidade prevista no art. 1º, inc. I, "j" da LC nº 64/1990. Em relação ao não candidato que participa da ilicitude do ato de compra de votos, ele será punido se houver atos de violência ou de grave ameaça contra a pessoa, por exemplo, pelo crime do art. 301 do Código Eleitoral (crime de coação eleitoral). Todavia, responderá pelo art. 41-A, § 2º, da Lei das Eleições, sendo-lhe aplicadas as seguintes sanções: multa e inelegibilidade do art. 1º, inc. I, "j", da LC nº 64/1990.

22.4. PERÍODO DE OCORRÊNCIA DA CAPTAÇÃO ILÍCITA DE SUFRÁGIO

A lei estipulou termos *a quo* e *ad quem*, *"desde o registro"* até o *"dia da eleição"*. Leciona Adriano Soares Costa que, antes do registro, só poderá haver o crime do art. 299 do Código Eleitoral.

A questão é interessante porque o Tribunal Superior Eleitoral registra entendimento de que o termo *a quo* é a partir do requerimento do registro de candidatura, e não do deferimento do mesmo (*Acórdãos nº 19.229/2001, Rel. Min. Fernando Neves, e nº 19.566/2002, Rel. Min. Sálvio de Figueiredo*).

Significativa é a observação de *Alexandre Afonso Barros de Oliveira*, em artigo publicado na *Revista Direito Eleitoral Contemporâneo,* p. 225, quando critica o lapso temporal adotado pelo legislador.

Não deveria o legislador firmar prazo inicial ou final para a captação ilícita de sufrágio, pois sabemos que, nos anos não eleitorais, também poderá ocorrer, mas, agora, diante da criação dos lapsos temporais, apenas restará o exame da tipicidade penal do art. 299 ou do abuso do poder econômico ou político na investigação judicial eleitoral. Em consonância, as lições de *Suzana de Camargo Gomes* e do autor *Alberto Lopes Mendes Rollo*, na mesma revista acima referida (*p. 189*), segundo as quais, para o crime eleitoral não haverá limites temporais.

Por fim, não foi de boa técnica redacional o critério de fixação de prazo inicial e final da captação de sufrágio, pois é cediço que, nos anos não eleitorais, existe a prática de clientelismo político, com oferta de vantagens, dádivas e outros. A ocorrência destas ilicitudes acarretam a análise do crime do art. 299 do Código Eleitoral.

Convém ressaltar que a conduta jurígena da captação ilícita do sufrágio poderá ocorrer entre o requerimento do registro da candidatura e o dia da eleição, observando-se o prazo inicial do art. 11 da Lei nª 9.504/1997, ou seja, 15 de agosto do ano eleitoral.

Todavia, o dia **15 de agosto do ano de eleição** é o último dia para o requerimento do registro de candidatura, excepcionando-se o requerimento de

783

registro individual, quando o partido político deixa de formular o pedido, que é até 48 (*quarenta e oito*) horas seguintes à publicação da lista, nos termos do § 4º do art. 11 da Lei das Eleições.

Cai a lanço notar que a escolha dos pré-candidatos em convenção partidária se dá entre os dias **20 de julho e 5 de agosto do ano de eleição**, segundo previsão no art. 8º da Lei nº 9.504/1997.

Por exemplo, se o partido X requereu o registro da candidatura de seus pré--candidatos no dia 21 de julho do ano de eleição, considerando que a convenção partidária ocorreu no dia 20 de julho, e um desses pré-candidatos distribuiu dinheiro, no dia 21, solicitando votos para sua eleição, esse candidato já estará sujeito às sanções do art. 41-A da Lei nº 9.504/1997.

Desse modo, embora a lei faça menção ao registro da candidatura como termo *a quo* do prazo de incidência da captação ilícita de sufrágio, na verdade a melhor interpretação, voltada para assegurar a liberdade do eleitor no ato final da votação, é aquela que pune o infrator a partir do requerimento do registro de candidatura.

Essa interpretação está subsumida nas palavras "candidato" e "registro", contidas no art. 41-A. Trata-se de uma interpretação literal, pois como é sabido, o *status* de candidato surge quando o partido requer o registro da candidatura, ou seja, não é com o deferimento do pedido de registro.

Cumpre observar a possibilidade da violação ao princípio da isonomia entre participantes na mesma eleição, porque se, por exemplo, o partido X, no dia 21 de julho do ano de eleição, requer o registro de seus candidatos, estes já se sujeitam à incidência dos arts. 41-A da Lei das Eleições e 299 do Código Eleitoral. Por outra, se o partido Y somente requer o registro de seus candidatos no último dia previsto pelo calendário eleitoral, ou seja, o dia 15 de agosto (art. 11 da Lei nº 9.504/1997), os atos praticados entre o dia da realização das convenções partidárias (que ocorrem entre 20 de julho e 5 de agosto do próprio ano eleitoral) e o dia anterior ao requerimento do registro das candidaturas estarão imunes ao art. 41-A da Lei das Eleições, porque são praticados por pré-candidatos, e não por candidatos.

Conforme se nota, a escolha pura e simples da interpretação literal do texto do art. 41-A da Lei das Eleições, especialmente na palavra "candidato", não se afigura adequada à isonomia entre os participantes do pleito eleitoral, nem tampouco preserva a liberdade do eleitor, pois o correto seria incidir a norma numa data fixa, ou seja, o próprio dia 20 de julho do ano de eleição, quando já se inicia, pelo calendário eleitoral, o prazo de realização das convenções partidárias para a escolha dos pré-candidatos ao futuro processo eleitoral de votação.

Significa que em razão dessa particularidade legislativa diversas condutas antecedentes ao período registral ficam impunes, quando é cediço que a

Ação de Captação Ilícita de Sufrágio   Capítulo 22

propaganda antecipada, hodiernamente não é de fácil tipificação em razão do art. 36-A da Lei das Eleições.

22.5. PRAZO INICIAL E FINAL PARA PROPOR A AÇÃO DE CAPTAÇÃO ILÍCITA DE SUFRÁGIO

Cumpre observar que o período de ocorrência da ação ilícita de captação de sufrágio não se confunde com o prazo inicial e final de propositura da ação ou representação para se alcançar a punição do fato nos termos do art. 22 da Lei Complementar nº 64, de 18 de maio de 1990.

O **prazo inicial** dependerá da prática da ação ilícita entre os dias 20 de julho e o dia da eleição, porque o dia 20 de julho é o dia inicial da escolha dos pré-candidatos em convenção partidária e já poderá o partido, como visto acima, formalizar o requerimento registral junto à Justiça Eleitoral. Formalizado o registro se principia o prazo inicial para a propositura da ACIS.

O legitimado ativo poderá aguardar até o dia 15 de agosto do ano de eleição, mas como já afirmado, se o partido político formalizou o requerimento de registro de candidatura, não haverá óbice à aceitação da petição inicial da ACIS.

Até o advento da Lei nº 12.034, de 29 de setembro de 2009, o termo final para a propositura da ação de captação ilícita de sufrágio vinha disciplinado pela jurisprudência. O Tribunal Superior Eleitoral firmou entendimento que o prazo limite para o ajuizamento da referida ação é até a data da diplomação, não é o dia da eleição.

Posteriormente foi editada a Lei nº 12.034/2009, que consagrou expressamente a **diplomação como termo final** para a propositura da referida ação:

> Art. 41-A. (...)
> § 3º A representação contra as condutas vedadas no *caput* poderá ser ajuizada até **a data da diplomação**.

22.6. PROCEDIMENTO

O art. 41-A da Lei das Eleições diz que será: "*observado o procedimento previsto no art. 22 da Lei Complementar nº 64, de 18 de maio de 1990*".

O Tribunal Superior Eleitoral expede uma resolução específica para cada eleição, disciplinando aspectos processuais referentes ao rito do art. 22 da Lei das Inelegibilidades. Por exemplo, arts. 22 *usque* 49 da Resolução nº 23.462, de 15 de dezembro de 2015. E aplica-se supletiva e subsidiariamente o Código de Processo Civil, nos termos do art. 15.

22.7. EFEITOS DO JULGAMENTO

A procedência do pedido acarreta; (i) multa; (ii) cassação do registro; ou (iii) cassação do diploma; e (iv) inelegibilidade. São sanções cumulativas.

Trata-se de cumulação própria autônoma de pedidos contidos na petição inicial, ou seja, o legitimado ativo ao pleitear a aplicação de tais sanções pretende o acolhimento pelo magistrado eleitoral de todas elas, mas dependendo do momento em que o processo é julgado poderá ser determinada a cassação do registro ou do diploma.

A cassação do registro é antes da data exata da eleição. Já a do diploma ocorre no período posterior à eleição, ainda que não tenha sido outorgado pela Justiça Eleitoral o diploma ao candidato eleito. Lembrando que o diploma é entregue no mês de dezembro do ano de eleição.

Por exemplo: se o pedido for julgado procedente depois da eleição e antes da diplomação, acarreta a cassação ou nulificação do diploma, a multa e a inelegibilidade.

O art. 1º, inc. I, alínea "j", da Lei Complementar nº 64/1990 consagra como causa de inelegibilidade a decisão por captação ilícita de sufrágio. A inclusão da causa de inelegibilidade foi decorrente da Lei Complementar nº 135/2010 (*Lei da Ficha Limpa*).

Se, porventura, o autor deixar de formular o pedido de inelegibilidade com base no art. 1º, inc. I, alínea "j" da LC nº 64/1990, e o juiz omitir na decisão a aplicação dessa causa, considera-se, ainda assim, incidente a inelegibilidade como um efeito automático natural da sentença, pois é uma consequência determinada *ope legis*.

Ressalta-se no TSE:

> (...) Consoante pacífica jurisprudência deste Tribunal, na hipótese deilícita de sufrágio, somente o candidato que praticou a compra de voto ou a ela anuiu tem legitimidade para compor o polo passivo da representação (RO 6929-66, Rel.ª Min.ª Laurita Vaz, DJE de 30/5/2014; RO 1800-81, Rel. Min. Dias Toffoli, DJE de 30/4/2014; REspe 39364-58, Rel.ª Min.ª Cármen Lúcia, DJE de 3/2/2014; REspe 19.566, Rel. Min. Sálvio de Figueiredo Teixeira, DJ de 26/4/2002; RP 3-73, Rel. Min. Peçanha Martins, DJ de 26/8/2005), e, "uma vez reconhecida a ilícita de sufrágio, a multa e a cassação do registro ou do diploma são penalidades que se impõem *ope legis*. Precedentes: AgRg no RO 791/MT, Rel. Min. Marco Aurélio, DJ de 26/8/2005; REspe 21.022/CE, Rel. Min. Fernando Neves, DJ de 7/2/2003; AgRg no REspe 25.878/RO, desta relatoria, DJ de 14/11/2006" (REspe 277-37, Rel. Min. José Delgado, DJ de 1º/2/2008) (Recurso Especial Eleitoral

n° 40487. Acórdão de 27/10/2016. Rel. Min. Henrique Neves da Silva. Publicado em Sessão, Data 27/10/2016).

O **valor da multa** é expressamente fixado em reais, segundo disciplina em resolução específica do Tribunal Superior Eleitoral. Por exemplo, art. 89 da Resolução TSE n° 23.457, de 15 de dezembro de 2015. Assim, revogada a Ufir, a multa é de R$ 1.064,10 (*mil e sessenta e quatro reais e dez centavos*) a R$ 53.205,00 (*cinquenta e três mil e duzentos e cinco reais*).

22.8. CRITÉRIO DA PROPORCIONALIDADE PARA A APLICAÇÃO DAS SANÇÕES

Como se percebe, a decisão que reconhecer a captação ilícita de sufrágio implicará na formação da inelegibilidade do art. 1°, inc. I, alínea "j", quando decretar a cassação do registro ou do diploma do representado e for proferida por órgão colegiado da Justiça Eleitoral (*Tribunal Regional Eleitoral ou Tribunal Superior Eleitoral*).

Por este prisma, a procedência do pedido em ação de captação ilícita de sufrágio deverá estar amparada em prova de proporcionalidade ou até mesmo da gravidade do ato praticado na campanha eleitoral.

Saliente-se decisão do Egrégio TSE no sentido de que: "(...) *O abastecimento de veículos para participação em carreata e o oferecimento de jantar de natureza política, por si sós, não implicam ofensa à lisura e à moralidade da eleição*" (Recurso Ordinário n° 7.123-30/MT. Rel. Min. Dias Toffoli DJE de 11/4/2014).

A propósito, é importante frisar que a decisão em ação de captação ilícita de sufrágio deverá estar subsumida em provas resolutas que demonstrem o ato captativo de votos. E esse ato ou ação não poderá ser de pouca importância no conjunto da campanha eleitoral.

Cai a lanço notar que o Código Eleitoral, no art. 248 assim diz: "*Ninguém poderá impedir a propaganda eleitoral, nem inutilizar ou perturbar os meios lícitos nela empregados*". A violação dessa premissa pode caracterizar o delito do art. 331 da mesma lei.

Em acréscimo, temos o art. 41 da Lei n° 9.504/1997 que veda o cerceamento ao exercício da propaganda. Por outra via, se a propaganda é ilícita, cumpre à Justiça Eleitoral, no exercício do poder de polícia, adotar as medidas judiciais para impedir e punir.

Em diversas hipóteses, a ação judicial impeditiva, por si só, é o suficiente e servirá para paralisar de forma pedagógica outras ações idealizadas e que seriam concretizadas pelo infrator.

Reserva-se, portanto, as cumulativas punições do art. 41-A da Lei das Eleições para casos mais substanciais e que lesem a campanha eleitoral.

Observa-se um nivelamento das causas geradoras de inelegibilidade, ou seja, por abuso do poder econômico, político, captação de sufrágio e conduta vedada ao agente público. Todas essas ilicitudes enquadram-se no art. 1º, inc. I, alínea "j", da LC nº 64/1990.

Convém ressaltar que o prazo de inelegibilidade é de alta significação restritiva na esfera da capacidade passiva do representado. Nesse ponto, o verbete sumular **nº 69** do TSE: *"Os prazos de inelegibilidade previstos nas alíneas "j" e "h" do inc. I do art. 1º da LC nº 64/1990 têm termo inicial no dia do primeiro turno da eleição e termo final no dia de igual número no oitavo ano seguinte"*.

Trata-se de uma inelegibilidade de 8 (*oito*) anos que se equipara em grau impeditivo à inelegibilidade proveniente do próprio abuso do poder econômico ou político nos termos do verbete sumular **nº 19** do TSE, *ipsis litteris*: *"O prazo de inelegibilidade decorrente de condenação por abuso do poder econômico ou político tem início no dia da eleição em que este se verificou e finda no dia de igual número no oitavo ano seguinte (art. 22, XIV, da LC nº 64/1990)"*.

O art. 41-A da Lei nº 9.504, como visto, trata de sanções cumulativas: cassação do registro ou diploma e multa. São pedidos certos e determinados.

Se o **candidato for eleito** é nulificado o diploma e aplicada a multa de forma proporcional.

Não eleito, não há cassação do diploma, mas em ambos os casos subsiste o efeito automático da causa de inelegibilidade prevista no art. 1º, I, alínea "j", da LC nº 64/1990, desde que tenha a decisão sido prolatada por um órgão colegiado da Justiça Eleitoral ou já operacionalizado o trânsito em julgado.

Ressalta-se no Tribunal Superior Eleitoral: *"(...) Sobre a captação ilícita de sufrágio, a jurisprudência deste Tribunal se consolidou no sentido de que, existindo decisão colegiada da Justiça Eleitoral, que assentou a caracterização da infração do art.-A da Lei das Eleições, **é de se reconhecer a inelegibilidade da alínea j**, mesmo em face da peculiaridade do caso concreto, em que foi imposta apenas a sanção pecuniária, devido ao fato de o ora **candidato não ter disputado as eleições em que praticou o ilícito e, portanto, não haver registro ou diploma a ser cassado"* (AgR-REspe 81-25, rel. Min. Henrique Neves, DJE de 28/5/2013). *"Isto ocorre porquanto, uma vez praticada a conduta de captação ilícita de sufrágio, é inafastável a aplicação da pena de cassação do registro ou do diploma, não sendo sua imposição objeto de juízo de discricionariedade do julgador. Precedentes"* (AgR-RO 979-17, PSESS em 5.10.2010, Rel. Min. Aldir Passarinho Junior). *No mesmo sentido: RO 1715-30, rel. Min. Arnaldo Versiani, PSESS em 2/9/2010* (REsp nº 40487. Acórdão de 27/10/2016. Rel. Min. Henrique Neves Da Silva. Publicado em Sessão, Data 27/10/2016).

A fortiori, o Egrégio TSE, *"(...) A grave sanção do art.-A da Lei nº 9.504/1997 exige a presença de provas lícitas e seguras que indiquem todos os requisitos previstos*

AÇÃO DE CAPTAÇÃO ILÍCITA DE SUFRÁGIO — CAPÍTULO 22

nessa norma, sendo que a ausência de qualquer deles deve, obrigatoriamente, levar à improcedência do pedido. Entendimento que se reforça com a edição da Lei Complementar nº 135/2010, pois o reconhecimento do ilícito em questão, além de ensejar a grave sanção de cassação de diploma, afasta o político das disputas eleitorais pelo longo prazo de oito anos (art. 1º, inc. I, alínea j, da LC nº 64/1990). REspe – Agravo Regimental em Recurso Especial Eleitoral nº 119153 – Praia Grande. SP (Acórdão de 28/11/2016. Rel. Min. Gilmar Ferreira Mendes. Publicação: DJE – Diário de justiça eletrônico, 20/03/2017, p. 88)".

Nas lições de *Luís Roberto Barroso, in expressi verbis*: "(...) *O princípio pode operar, também, no sentido de permitir que o juiz gradue o peso da norma, em determinada incidência, de modo a não permitir que ela produza um resultado indesejado pelo sistema, fazendo assim a justiça do caso concreto*" (*Curso de Direito Constitucional Contemporâneo*, 2ª ed. 2010, Editora Saraiva, p. 306).

22.9. PARTICIPAÇÃO DO CANDIDATO. ASPECTO PROBATÓRIO

Como se nota, a conduta é **imputável ao candidato**. Nesse rumo ressalta--se no Egrégio TSE: "(...) *A regra do art. 41 da Lei nº 9.504/1997 destina-se aos candidatos, ainda que se admita a sua participação indireta ou anuência quanto à captação ilícita de sufrágio. Não há como, entretanto, aplicá-la em relação a quem não é candidato, sem prejuízo de apuração do fato em outra seara* (REspe nº 39.364-58, Min.ª Cármen Lúcia, DJE de 3/2/2014; AG nº 5881, Min. Cezar Peluso, DJE 22/6/2007; AI nº 11.453-74, Min. Marcelo Ribeiro, DJE 17/10/2011)".

Nessa vereda, somente será responsabilizado pela captação ilícita de sufrágio, **o candidato**, considerando a inserção literal dessa qualificação jurídica eleitoral no texto do art. 41-A da Lei das Eleições.

Desse modo, é o candidato que arcará com o pagamento da multa, e terá o registro ou a diplomação nulificados e ainda se tornará inelegível.

O **candidato** ainda será investigado pelo crime do art. 299 do Código Eleitoral, ou seja, uma mesma conduta ilícita dará ensejo à instauração de dois procedimentos autônomos (*arts. 41-A e 299*), mas interdependentes em relação ao aspecto da produção probatória.

Por exemplo: se o candidato, por interposta pessoa distribuía cestas básicas para diversas pessoas num salão de festas em troca de votos, ambos responderão pelo crime do art. 299 do Código Eleitoral. No entanto, **apenas o candidato** será parte no processo especial do art. 22 da Lei Complementar nº 64/1990.

Não é necessária a comprovação da participação direta do candidato no evento captativo, portanto, admite-se a participação indireta, ou seja, por interposta pessoa. No entanto, ainda é muito dificultosa a prova, porque o autor direto do fato costuma ser um militante partidário que acaba assumindo inteiramente a responsabilidade pela prática do ilícito.

Por outro enfoque, no caso do abuso do poder econômico ou político a ação de investigação judicial eleitoral (*AIJE*) é proposta contra todos os que participaram da conduta ilícita, inclusive os beneficiados. Assim, como visto alhures, o candidato e militantes partidários serão responsabilizados.

Nesse panorama, uma vez verificada a prática de ações captativas e abusivas, emergindo pontos comuns do fato, é o caso de cumulação subjetiva de ações (*ACIS e AIJE*), formando-se um litisconsórcio no polo passivo da relação jurídica processual contra todos os participantes e beneficiários.

Ambas as ações seguem o mesmo rito processual, art. 22, incs. I a XIII, da LC nº 64/1990, e consequentemente para se evitar decisões contraditórias aproveitando-se a mesma instrução probatória, devem figurar todos os partícipes devidamente identificados e o candidato beneficiado. Trata-se da adoção dos princípios da economia processual e celeridade.

Mister se faz ressaltar que se a petição inicial da ação de captação ilícita de sufrágio também fizer menção ao abuso do poder econômico ou político numa espécie de cumulação com a ação de investigação judicial eleitoral **nas eleições federais ou estaduais**, o relator "(...) *poderá determinar o desmembramento do feito, remetendo cópia integral à Corregedoria Eleitoral para apuração das transgressões referentes à LC nº 64/1990 (Resolução nº 21.166/2002), conforme norma do art. 23 da Resolução TSE nº 23.398/2013 que "dispõe sobre representações, reclamações e pedidos de direito de resposta previstos na Lei nº 9.504/1997" (Eleições de 2014)*.

Nas **eleições municipais**, o juiz eleitoral da zona eleitoral será competente "(...) *para conhecer e processar a representação prevista na Lei Complementar nº 64/1990, exercendo todas as funções atribuídas ao Corregedor-Geral ou Regional* [...]" (*art. 24 da LC nº 64/1990*).

22.10. PEDIDO EXPLÍCITO OU IMPLÍCITO DE VOTOS. ASPECTO PROBATÓRIO

O importante é analisar o contexto dos fatos durante a campanha eleitoral, tais como: o tipo de eleitores, o local do fato e as necessidades da população.

Confirmando a jurisprudência que já se encontrava sedimentada, foi editada a Lei nº 12.034/2009, que afirma ser desnecessário o pedido explícito de votos para a configuração da captação ilícita de sufrágio, *in verbis*:

> Art. 41-A (...)
>
> § 1º Para a caracterização da conduta ilícita, **é desnecessário o pedido explícito de votos**, bastando a evidência do dolo, consistente no especial fim de agir.

AÇÃO DE CAPTAÇÃO ILÍCITA DE SUFRÁGIO

CAPÍTULO 22

É possível concluir pela finalidade implícita com o suposto ato de benevolência no sentido de se estar objetivando angariar votos.

22.11. LEGITIMADOS ATIVOS E PASSIVOS NA AÇÃO DE CAPTAÇÃO ILÍCITA DE SUFRÁGIO

O art. 41-A da Lei das Eleições determina a aplicação do rito do art. 22 da LC nº 64/1990. Dessa forma, os legitimados ativos estão no *caput* desse artigo: partidos políticos, coligação, candidato e o Ministério Público Eleitoral.

A legitimidade é concorrente. É a mesma legitimidade da (*AIJE*) e de outras representações específicas.

A atuação do **candidato** ocorre com a formalização do seu requerimento de candidatura (*art. 11 da Lei das Eleições*) e será o mesmo devidamente representado por seu advogado.

Os **partidos políticos** (*pessoas jurídicas de direito privado*) e as **coligações** (*entes formais ou despersonalizados*) também se fazem representar por advogados na forma legal.

Diz o verbete sumular **nº 40** do TSE: "*O partido político não é litisconsorte passivo necessário em ações que visem à cassação do registro*".

Com relação ao **eleitor,** não é parte legítima, mas poderá levar ao conhecimento dos legitimados ativos provas que serão avaliadas.

O **Ministério Público** exercerá suas atribuições pelo procurador-geral eleitoral no Tribunal Superior Eleitoral propondo a ACIS contra candidatos a Presidente e Vice-Presidente.

Nos Tribunais Regionais Eleitorais a ação é de atribuição dos procuradores regionais eleitorais contra candidatos a Governador, Vice, Senador, Deputados federais, distritais e estaduais.

Com os juízes eleitorais das zonas eleitorais nas comarcas da capital e interior a atribuição para propor a ação é reservada aos promotores eleitorais contra candidatos a Prefeito, Vice e vereadores.

Quanto à **legitimidade passiva**, o art. 41-A da Lei das Eleições a limita ao "candidato", diversamente da ação de investigação judicial eleitoral por abuso do poder econômico ou político que pode ser proposta contra "(...) quantos hajam contribuído para a prática do ato" (*art. 22, inc. XIV, da LC nº 64/1990*).

Na hipótese de candidato **majoritário** é essencial a inclusão do **vice** no polo passivo da relação jurídica processual formando-se um litisconsórcio necessário.

Em igual sentido se o candidato postula ao Senado Federal, incluindo-se os **dois suplentes**.

O verbete sumular **nº 38** do TSE assim versa: *"Nas ações que visem à cassação de registro, diploma ou mandato, há litisconsórcio passivo necessário entre o titular e o respectivo vice da chapa majoritária".*

A ação proposta contra candidatos proporcionais (*Deputados federais, distritais, estaduais e vereadores*) não incluirá nenhum suplente.

22.12. COMPETÊNCIA. RECURSOS. CONSIDERAÇÕES GERAIS

O Egrégio TSE, por resolução temporária, normatiza essa questão, por exemplo, o 22 da Resolução nº 23.462, de 15 de dezembro de 2015.

Nas eleições para Presidente e Vice, a competência é do Tribunal Superior Eleitoral e o caso é distribuído na forma legal para um ministro relator.

Quando a eleição é para os mandatos de Governador, Vice, Senador, Deputados federais, distritais e estaduais, o Tribunal Regional Eleitoral designa **3 (três) juízes auxiliares** na forma do art. 96, § 3º, da Lei nº 9.504/1997, e por critério de distribuição terão a competência monocrática do julgamento da ACIS com recurso da decisão ao Plenário do Tribunal Regional Eleitoral, no prazo de 3 (três) dias, conforme expressa previsão do art. 41-A, § 4º, da Lei das Eleições.

Nas eleições municipais (*Prefeitos, vices e vereadores)*, a competência é do juiz eleitoral da zona eleitoral que for designado pelo Tribunal Regional Eleitoral em cada comarca (*capital ou interior*). Trata-se de uma designação especial que é formalizada por resolução do próprio Tribunal Regional Eleitoral.

O recurso contra a decisão do juiz eleitoral em eleição municipal será o **inominado** e interposto no prazo de 3 (*três*) dias, art. 41-A, § 4º, da Lei das Eleições, ao Tribunal Regional Eleitoral. O acórdão do Tribunal Regional Eleitoral enseja Recurso Especial Eleitoral (*arts. 121, § 4º, I e II, da Constituição Federal e 276, I, "a" e "b", do Código Eleitoral*).

São ainda cabíveis **embargos de declaração**, nos termos do art. 275 do Código Eleitoral, que interrompem o prazo para outro recurso.

O legislador adotou a regra geral do art. 258 do CE, que prevê ser de três dias o prazo para a interposição de recurso eleitoral. Até o advento da lei em comento (*Lei nº 12.304/2009, que acresceu dispositivos à Lei nº 9.504/1997*) a jurisprudência vinha adotando o prazo de 24 (*vinte e quatro*) horas para a interposição de recurso da sentença que julgava a ação de captação ilícita de sufrágio (*Agravo Regimental na Ação Cautelar nº 3.222/RS, Rel. Min. Arnaldo Versiani, em 10/03/2009. Informativo nº 6/2009*).

Diz o texto expresso do art. 41-A, § 4º, da Lei nº 9.504/1997:

> § 4º O prazo de recurso contra decisões proferidas com base neste artigo será de 3 (três) dias, a contar da data da publicação do julgamento no Diário Oficial.

AÇÃO DE CAPTAÇÃO ILÍCITA DE SUFRÁGIO

O **agravo de instrumento** se dirige contra a decisão que não admitir o processamento do recurso especial, sendo observado ainda o art. 279 do Código Eleitoral.

Cumpre à parte interessada recolher o valor referente às cópias das peças indicadas para instrução do agravo de instrumento.

O Egrégio TSE tem precedente sobre o não cabimento do agravo de instrumento na ação de investigação judicial eleitoral que segue o mesmo rito da ação de captação ilícita de sufrágio. "(...) *De acordo com o Tribunal Superior Eleitoral, as decisões interlocutórias proferidas em sede de ação de investigação judicial eleitoral são irrecorríveis de imediato, motivo pelo qual não se admite a impetração do mandado de segurança no caso dos autos*" (*Embargos de Declaração em Recurso em Mandado de Segurança nº 17.773. Magé/RJ. Acórdão de 03/09/2014. Rel. Min. João Otávio de Noronha. DJE 15/09/2014*).

A Resolução TSE nº 23.462, de 15 de dezembro de 2015, no **art. 29** tratou da questão das **decisões interlocutórias**, *in expressi verbis*: "*As decisões interlocutórias proferidas no curso da representação não são recorríveis de imediato, não precluem e devem ser novamente analisadas pelo Juiz Eleitoral por ocasião do julgamento, caso assim o requeiram as partes ou o Ministério Público em suas alegações finais. **Parágrafo único**. Modificada a decisão interlocutória pelo Juiz Eleitoral, somente serão anulados os atos que não puderem ser aproveitados, com a subsequente realização ou renovação dos que forem necessários*".

Nesse ponto, o TSE expediu a Resolução nº 23.478, de 10 de maio de 2016, e no art. 19 se referiu às decisões interlocutórias: "*As decisões interlocutórias ou sem caráter definitivo proferidas nos feitos eleitorais são irrecorríveis de imediato por não estarem sujeitas à preclusão, ficando os eventuais inconformismos para posterior manifestação em recurso contra a decisão definitiva de mérito*".

Como já aludido, aplica-se supletiva e subsidiariamente o Código de Processo Civil nos termos do art. 15, aos feitos eleitorais.

22.13. MODELO BÁSICO DA AÇÃO DE CAPTAÇÃO ILÍCITA DE SUFRÁGIO (ACIS)

Observação:

Juntar: o Estatuto do Partido; cópia da Convenção Partidária; documentação comprobatória da representação e procuração.

A inelegibilidade do titular não atinge o vice, nos termos do art. 18 da LC nº 64/1990, até porque, nesse caso exemplificativo, apenas o candidato a Prefeito praticou o ilícito.

A ação do candidato a Prefeito contou com a participação de terceiros que devem ser investigados pelo crime do art. 299 do Código Eleitoral.

793

22.14. RESUMO DA ACIS

1) Tutela-se a efetiva proibição da mercantilização do voto. Os pedidos na ação são: cassação do registro ou do diploma e multa. Se julgada até antes da eleição, acarreta a cassação do registro e a aplicação da multa eleitoral; se for julgada após a eleição, enseja a cassação do diploma e multa. No entanto, a representação, sendo julgada procedente, acarreta os efeitos da inelegibilidade por oito anos em razão do art. 1º, I, alínea "j", da Lei Complementar nº 64/1990. Não é necessário propor a ação de impugnação ao mandato eletivo. Atualmente o inc. XV está revogado pela Lei Complementar nº 135/2010.

2) Pode haver cumulação de pedidos numa mesma ação em que se pede o reconhecimento do abuso do poder econômico e/ou político e a compra e venda de votos.

3) O rito processual é idêntico ao da ação de investigação judicial eleitoral, art. 22, I a XIII, da Lei Complementar nº 64/1990.

4) O efeito da decisão é imediato (*art. 257, parágrafo único, do Código Eleitoral, não sendo aplicável o disposto no art. 216 do mesmo diploma legal*). A Lei nº 13.165/2015 acrescentou o § 3º do art. 224 e o § 2º do art. 257 do Código Eleitoral atribuindo efeito suspensivo no aspecto da renovação das eleições e quando recebido o recurso ordinário.

5) O Egrégio Tribunal Superior Eleitoral não tem admitido o reexame de matéria probatória e fatos no âmbito do recurso especial. Aplica-se o teor do verbete sumular nº **279** do Supremo Tribunal Federal, nº **7** do Superior Tribunal de Justiça e **24** do Tribunal Superior Eleitoral.

6) A ACIS está sempre voltada à proteção dos eleitores e de grupos específicos de votantes. Dessa forma, é evidente um nivelamento com a AIJE em termos de sanções, pois é possível a decretação da inelegibilidade em decorrência do abuso do poder econômico ou político e captação ilícita de sufrágio. No entanto, para a ACIS, é suficiente a prova produzida nos autos quanto à proporcionalidade do fato ilícito. Na AIJE exige-se a gravidade.

CAPÍTULO 23

RECURSO CONTRA A DIPLOMAÇÃO

23.1. BASE LEGAL DO RCED

O Recurso Contra a Diplomação (RCED) está no art. 262 do Código Eleitoral, *ipsis litteris*:

> Art. 262. O recurso contra a expedição de diploma caberá somente nos casos de inelegibilidade superveniente ou de natureza constitucional e de falta de condição de elegibilidade. (Revogados os incisos I a IV do art. 262 do Código Eleitoral com redação dada pela Lei nº 12.891, de 11/12/2013).

A Lei nº 12.891, de 11 de dezembro de 2013, alterou a redação do art. 262 do Código Eleitoral, inclusive revogando os incisos. Antes da modificação, a norma assim versava:

> Art. 262. O recurso contra expedição do diploma caberá somente nos seguintes casos:
>
> I – inelegibilidade ou incompatibilidade de candidato;
>
> II – errônea interpretação da lei quanto à aplicação do sistema de representação proporcional;
>
> III – erro de direito ou de fato na apuração final, quanto à determinação do quociente eleitoral ou partidário, contagem de votos e classificação de candidato, ou a sua contemplação sob determinada legenda;
>
> IV – concessão ou denegação do diploma em manifesta contradição com a prova dos autos, nas hipóteses do art. 222 desta Lei, e do art. 41-A da Lei nº 9.504, de 30 de setembro de 1997.

23.2. CONCEITO E NATUREZA JURÍDICA

A diplomação é a última fase do processo eleitoral e, portanto, representa a certificação ou declaração oficial da Justiça Eleitoral, outorgando aos proclamados eleitos o respectivo documento formal em cerimônia revestida das solenidades legais.

O diploma, portanto, é um documento oficial expedido pela Justiça Eleitoral e possui os elementos identificadores previstos no art. 215 do Código Eleitoral, que deverá, posteriormente, ser apresentado ao órgão legislativo para a realização do ato de posse. Sem o diploma não há posse.

A Justiça Eleitoral diplomará os candidatos eleitos, sendo facultativa a entrega de diplomas aos não eleitos. Assim, o **não eleito** pode solicitar o diploma, especialmente quando estiver para assumir na sucessão da vaga do mandato eletivo.

Por exemplo, nas Eleições Municipais de 2016, a diplomação ocorreu até 19 (*dezenove*) de dezembro (*último dia*).

A diplomação é vista pela doutrina como um ato certificatório e simplesmente declaratório. Não há julgamento nem, tampouco, coisa julgada formal ou material. É importante salientar que a diplomação apenas atesta a conclusão da última etapa ou fase do processo eleitoral.

A diplomação é referida, no texto constitucional, como marco para determinadas obrigações e garantias, e.g., (i) no art. 53, § 1º, "*Os Deputados e Senadores, desde a* **expedição do diploma**, *serão submetidos a julgamento perante o Supremo Tribunal Federal*"; (ii) o § 2º, "*desde a* **expedição do diploma**, *os membros do Congresso Nacional não poderão ser presos, salvo em flagrante de crime inafiançável. Nesse caso, os autos serão remetidos dentro de 24 horas à Casa respectiva, para que, pelo voto da maioria de seus membros, resolva sobre a prisão*"; (iii) o § 3º, "*recebida a denúncia contra Senador ou Deputado, por crime ocorrido* **após a diplomação**, *o Supremo Tribunal Federal dará ciência à Casa respectiva, que, por iniciativa de partido político nela representado e pelo voto da maioria de seus membros, poderá, até a decisão final, sustar o andamento da ação*"; e (iv) e ainda o art. 54, que impede os Deputados e Senadores, "*desde a* **expedição do diploma**: *firmar ou manter contrato com pessoa jurídica de Direito Público, autarquia, empresa pública, sociedade de economia mista ou empresa concessionária de serviço público, salvo quando o contrato obedecer a cláusulas uniformes*".

Como se nota, a **diplomação** é um ato fundamental na análise das imunidades e incompatibilidades constitucionais, além de representar a etapa final do processo eleitoral.

E ainda, a data da diplomação firma: (i) o último dia para o ingresso com a ação de investigação judicial eleitoral (*art. 22 da LC nº 64/1990*); (ii) o marco temporal do prazo de 15 (*quinze*) dias para fins da propositura da representação do art. 30-A da Lei nº 9.504/1997; (iii) o prazo inicial para a ação de impugnação ao mandato eletivo (*art. 14, §§ 10 e 11, da Constituição da República*); (iv) o prazo final para ajuizamento da ação de captação ilícita de sufrágio, art. 41-A, § 3º, da Lei das Eleições, e da representação por conduta vedada, art. 73, § 12, do mesmo diploma legal.

RECURSO CONTRA A DIPLOMAÇÃO   CAPÍTULO 23

23.3. DIPLOMAÇÃO. REGRAS ESPECÍFICAS

(i) o eleito só pode ser diplomado se estiver quite com as **obrigações militares;**
(ii) no caso de **candidato militar**, deverá ser comunicada a diplomação à autoridade superior, conforme previsão no art. 218 do Código Eleitoral, objetivando o cumprimento do art. 98 da mesma lei e do art. 14, § 8º, da Constituição Federal. Trata-se da exclusão do serviço ativo (*demissão ou licenciamento de ofício*), no caso do militar com menos de 10 (*dez*) anos de serviço; ou, se contar com mais de 10 (*dez*) anos, a **agregação** na forma do Estatuto Militar, quando ele permanecerá na atual posição na hierarquia militar; e
(iii) não ocorrerá o ato de diplomação em relação aos candidatos (*majoritários ou proporcionais*) que estiverem com o **registro indeferido**, ainda que *sub judice*.

Em relação às Eleições Municipais de 2016, as regras sobre diplomação se encontram nos arts. 168 *usque* 173 da Resolução TSE nº 23.456/2015.

O recurso contra a expedição do diploma é uma ação específica eleitoral. A natureza é impugnativa, mas o tratamento regulamentar é recursal.

O art. 5º, LV, da Lei Maior, assim reza: "*aos litigantes, em processo judicial ou administrativo, e aos acusados em geral são assegurados o contraditório e ampla defesa, com os meios e recursos a ela inerentes*".

Assim, o recurso, em sua essência, é uma forma pela qual o Estado defere aos jurisdicionados o controle dos atos judiciais com a finalidade de melhor assegurar a eficiência da prestação jurisdicional. O recorrente pleiteia uma melhor oportunidade de tratamento jurígeno, e, em contrapartida, o Estado cumpre o seu dever de fornecer a jurisdição.

Percebe-se que o perfil do ato da diplomação certamente não está vinculado a uma decisão judicial eleitoral.

O ato de certificação da diplomação indica: o nome do candidato, legenda partidária ou da coligação, o mandato, a classificação no pleito eleitoral, a posição como suplente, além de outras qualificações que podem ser apontadas a critério da Justiça Eleitoral (*art. 215 do Código Eleitoral*).

Como o ato jurídico eleitoral manifesta a declaração da vontade do voto popular e o fim a que se dirige, que é o futuro exercício do mandato eletivo, após a regular posse. Representa, como já salientado, o final de uma fase do processo eleitoral.

Dessa maneira, o recurso contra a diplomação, não é em sua essência uma forma procedimental de revisão ou reexame de anterior decisão, mas sim uma representação ou impugnação.

Na omissão de uma nova legislação eleitoral compatível com a ação de impugnação ao mandato eletivo, acaba por ter o tratamento recursal.

797

O Ministério Público, os candidatos, partidos políticos e coligações "(...) *a coligação partidária tem legitimidade concorrente com os partidos políticos e candidatos para a interposição de recurso contra a diplomação*" (TSE. Acórdão nº 648/2004, Rel. Min. Caputo Bastos), não impugnam ou recorrem diretamente contra o ato certificatório da diplomação, mas objetivam questionar o suporte jurígeno ilegal que conduziu ao ato formal e de natureza administrativa eleitoral.

O recurso contra a expedição do diploma é uma **ação de natureza típica eleitoral**. No entanto, o Código Eleitoral dispensa-lhe o tratamento topográfico de **recurso**, conforme inserção no art. 262 que se encontra no capítulo dos Recursos Eleitorais, após o recurso parcial (*art. 261*) e antes dos prejulgados (*art. 263*). Sobre os **prejulgados** confira-se decisão do TSE (*Acórdão nº 12.501/1992*).

O RCED é um tipo *sui generis* **de processo**, que vai ter como efeito final a anulação do diploma e consequentemente, do mandato eletivo.

O RCED só pode ser interposto com a diplomação, não se admitindo a antecipação da interposição. Cumpre reconhecer, todavia, que se a causa de inelegibilidade é superveniente ou constitucional constituindo hipóteses de cabimento do RCED, seria de bom alvitre *de lege ferenda* a admissão dessa ação antes da diplomação objetivando a sua negação pela Justiça Eleitoral.

23.4. COMPETÊNCIA

Nas eleições municipais (*Prefeito, Vice-Prefeito, vereadores e suplentes*), a diplomação é um ato de competência da **junta eleitoral** (*art. 40, IV, do Código Eleitoral*), mas nada impede que os Tribunais Regionais Eleitorais transfiram a cerimônia para o recinto apropriado.

Assim, o RCED é dirigido ao juiz eleitoral que preside a junta eleitoral da zona eleitoral (*previamente designado pelo **Tribunal Regional Eleitoral** em comarcas com mais de uma zona eleitoral, sendo o juiz eleitoral mais antigo*), que encaminhará os autos, após as contrarrazões ao Tribunal Regional Eleitoral que julgará o recurso. O juiz eleitoral observará o disposto nos arts. 266 e 267 do Código Eleitoral.

Como se nota, o juiz eleitoral não julga o recurso. Por força disto, reforça-se o argumento quanto à natureza jurídica, pois não existe nenhuma relação processual precedente que comporte reexame, exceto as relações jurígenas decorrentes da campanha eleitoral ou que afetam o *ius honorum* como: inelegibilidades constitucionais ou supervenientes e falta de condições de elegibilidade.

O legislador olvidou-se de um grau de jurisdição suprimiu-se uma instância, transferindo a cognoscibilidade temática para o Tribunal Regional Eleitoral.

Com efeito, o juiz eleitoral apenas diploma o Prefeito, Vice-Prefeito, vereadores e seus suplentes, sem contudo penetrar na análise de mérito processual sobre

RecursoContra a Diplomação   Capítulo 23

questões constitucionais ou infraconstitucionais que afetem a normalidade e legitimidade das eleições. Cumpre, ao juiz eleitoral, uma tarefa puramente formal.

O Ministério Público Eleitoral, por meio do promotor eleitoral deverá intervir emitindo parecer, quando não for a parte recorrente. Cumpre ao promotor eleitoral ser intimado para se manifestar em 2 (*dois*) dias.

Com ou sem manifestação, os autos serão posteriormente encaminhados ao Tribunal Regional Eleitoral, quando a intervenção do *Parquet* será do procurador regional eleitoral que suprirá a eventual não intervenção em primeira instância.

Cumpre frisar que a intervenção do Ministério Público Eleitoral está subsumida no art. 127 da Constituição da República. Acresça-se ainda o fato de que o verbete sumular nº **11** do TSE foi devidamente interpretado para autorizar a interposição de recursos pelo órgão do *Parquet*, o que reforça a exegese de sua intervenção com escopo de assegurar a correta aplicação da legislação eleitoral.

A decisão do Tribunal Regional Eleitoral sobre o RCED em eleições municipais enseja a interposição de **recurso especial** para o Tribunal Superior Eleitoral, arts. 121, § 4º, I e II, da Constituição da República e 276, I, do Código Eleitoral, observando-se o prazo de 3 (*três*) dias.

Dessa forma, o recurso cabível é o especial. Não é o recurso ordinário, mas excepcionalmente admite-se o princípio da fungibilidade.

É importante ressaltar que embora o Tribunal Regional Eleitoral esteja analisando o RCED (em eleições municipais) como a primeira instância, esse fato não enseja o recurso ordinário, porque o RCED possui o tratamento de espécie recursal.

Cumpre-nos assinalar a necessidade de interposição de embargos de declaração objetivando a admissão do recurso especial em razão do Verbete sumular nº 72 do TSE, *verbo ad verbum*: "É inadmissível o recurso especial eleitoral quando a questão suscitada não foi debatida na decisão recorrida e não foi objeto de embargos de declaração" (Aprovação por unanimidade no dia 26/10/2017. TSE).

Em relação às **eleições estaduais e federais** (*Governador, Vice-Governador, Senador, Deputados federais, distritais, estaduais e suplentes*), a diplomação é ato privativo dos respectivos Tribunais Regionais Eleitorais (*art. 30, VII, do Código Eleitoral*).

Nesse caso, o RCED é interposto no respectivo Tribunal Regional Eleitoral e com as contrarrazões é encaminhado para o **Tribunal Superior Eleitoral** competente para o seu julgamento.

O Supremo Tribunal Federal, na **ADPF 167/DF** reconheceu a competência do Tribunal Superior Eleitoral para julgar o recurso contra a expedição do diploma em face de Deputados estaduais e federais.

799

O acórdão prolatado pelo Tribunal Superior Eleitoral desafia recurso extraordinário ao Supremo Tribunal Federal, que é interposto no prazo de 3 (três) dias (*verbete sumular nº 728 do STF e arts. 102, III, "a", e 121, § 3º, da Constituição da República*).

A legislação não disciplina a intervenção do procurador regional eleitoral, porque no TSE funciona o procurador-geral eleitoral. Todavia, como já visto, o Ministério Público Eleitoral deverá sempre intervir para fiscalizar a higidez da legislação eleitoral com suas atribuições simétricas nos diversos níveis de jurisdição eleitoral em razão do art. 127 da Carta Magna.

O art. 77 da Lei Complementar nº 75/1993 atribuiu ao procurador regional eleitoral a atuação nas causas de competência dos Tribunais Regionais Eleitorais, seja como parte ou fiscal da ordem jurídica.

Nesse rumo se faz efetiva a intimação do órgão do *Parquet*. Todavia, com ou sem manifestação os autos são enviados ao Tribunal Superior Eleitoral, quando funciona o procurador-geral eleitoral suprindo a atuação da instituição ministerial. O prazo de 2 (*dois*) dias é para emissão do parecer na forma legal.

Lembramos a valiosa lição do eminente doutrinador Tito Costa, a saber:

> A proclamação é um ato que contempla todo o processo eleitoral, mas não comporta qualquer tipo de recurso. Eventuais reclamações contra esse ato só poderão ser apresentadas, sob a forma de recurso adequado, ao ensejo da diplomação.[1]

O art. 200 e os §§ 1º e 2º tratam das impugnações e reclamações contra o relatório da Comissão Apuradora dos Tribunais Regionais Eleitorais. As irresignações contra falhas no relatório da apuração podem ser questionadas por candidatos, partidos políticos, Ministério Público e coligações e, após, serão proclamados os eleitos na forma legal. Eventuais impugnações e/ou recursos contra a **proclamação dos eleitos** não estão a impedir ou obstaculizar a diplomação, pois, no RCED, podem ser questionados os temas pertinentes ao cabimento deste recurso.

Leciona *Joel José Cândido* sobre as hipóteses em que se pode arguir a nulidade da solenidade de diplomação, a saber: **(i)** quando realizadas por autoridade incompetente; **(ii)** quando o diplomado, por qualquer razão, não deveria receber o diploma (*parcial*); **(iii)** quando o diploma não se originar da eleição válida (*parcial*); ou **(iv)** quando o diploma for expedido em manifesta desconformidade com os resultados da apuração (parcial).[2]

Nas **eleições nacionais** (*Presidente da República e Vice-Presidente da República*), a diplomação é exclusiva do Tribunal Superior Eleitoral (*art. 22, I, "g", do Código Eleitoral*).

---

1 COSTA, Tito. *Recursos em Matéria Eleitoral*. 7ª ed. São Paulo: Revista dos Tribunais, p. 122.
2 CÂNDIDO, Joel José. *Direito Eleitoral Brasileiro*. 8ª ed. São Paulo: Edipro, p. 232.

Recurso Contra a Diplomação   Capítulo 23

O RCED contra o Presidente e Vice-Presidente da República será interposto para o órgão originário da diplomação, que é o próprio Tribunal Superior Eleitoral, considerando a **omissão constitucional** da previsão de cabimento desse recurso ao Supremo Tribunal Federal, e o significativo fato de que as causas de cabimento do RCED não podem ser arguidas em ação de impugnação ao mandato eletivo (*art. 14, §§ 10 e 11, da Constituição da República*), o que enseja a preservação do disposto no art. 5º, XXXVI, da Lei Maior no sentido de que: "*a lei não excluirá da apreciação do Poder Judiciário lesão ou ameaça a direito*".

Assim sendo, o RCED é uma **ação** que é dirigida ao órgão com competência para diplomação, mas é julgada pelo órgão superior de jurisdição eleitoral, exceto quando a diplomação é ato de exclusiva competência do Tribunal Superior Eleitoral (Presidente e Vice-Presidente da República).

É uma espécie similar à unirrecorribilidade ou unicidade recursal ao próprio órgão com competência administrativa de diplomação com aplicação do art. 22, alínea "g", do Código Eleitoral.

23.5. MUDANÇA NA ALTERAÇÃO DE COMPETÊNCIA PARA O PROCESSO E JULGAMENTO DO RCED EM RELAÇÃO À COMPRA DE VOTOS (*CORRUPÇÃO ELEITORAL, ART. 262, IV, DO CÓDIGO ELEITORAL*). CONVERSÃO DO RCED EM AÇÃO DE IMPUGNAÇÃO AO MANDATO ELETIVO (*AIME*)

No Egrégio Tribunal Superior Eleitoral, por maioria, foi decidido caber ao Tribunal Regional Eleitoral do Estado do Piauí processar e julgar o Recurso Contra a Expedição do Diploma **nº 884** que tratava de diplomação de Deputado federal referente à eleição de 2010. O RCED será convertido em AIME.

A maioria acompanhou o voto do *Excelentíssimo Ministro Dias Toffoli*, quando foi verificada a inconstitucionalidade do RCED para impugnar o mandato eletivo em razão de **compra de votos**, pois se entendeu que o inc. IV do art. 262 do Código Eleitoral afrontava o § 10 do art. 14 da Carta Magna.

Destaca-se no TSE:

> (...) Declaração incidental de não recepção do inciso IV do art. 262 do Código Eleitoral pela Constituição da República e envio de ações para processamento pelos tribunais competentes. O Plenário do Tribunal Superior Eleitoral, por maioria, assentou incidentalmente a não recepção pela Constituição da República da parte inicial e a inconstitucionalidade da parte final do inciso IV do art. 262 do Código Eleitoral. O principal fundamento da decisão foi o de que o art. 14, § 10, da Constituição estabelece a ação de impugnação de mandato (AIME) como único instrumento processual cabível para impugnar diploma expedido pela Justiça Eleitoral a candidato eleito, *in verbis*: "O mandato eletivo poderá ser impugnado ante a Justiça Eleitoral

801

no prazo de quinze dias contados da diplomação, instruída a ação com provas de abuso do poder econômico, corrupção ou fraude". Afirmou que a hipótese do recurso contra expedição de diploma (RCED) prevista no art. 262, inciso IV, do Código Eleitoral tem a mesma finalidade da AIME, qual seja a de impugnar diplomação em razão de ilícitos que maculam a legitimidade do pleito, não havendo necessidade de coexistirem. Pontuou que, ao caso, se aplica a interpretação restritiva, por se tratar de norma punitiva, pelo que concluiu que o constituinte restringiu a impugnação da diplomação de candidato eleito à ação prevista no art. 14, § 10, da Constituição da República. **Para efeitos de segurança jurídica, o Plenário aplicou ainda o princípio da fungibilidade, convertendo o RCED apreciado em AIME e determinando o seu retorno ao Tribunal de origem, declinando da competência**. Vencidos a Ministra Laurita Vaz, o Ministro Marco Aurélio e a Ministra Cármen Lúcia (Presidente). A Ministra Laurita Vaz alegava que o RCED sempre foi admitido pela jurisprudência tradicional deste Tribunal Superior; não devendo ser equiparado à AIME, por ter causa de pedir, prazos e pressupostos diversos. O Ministro Marco Aurélio afirmava não haver conflito entre as ações eleitorais e ressaltava que a própria Constituição da República prevê expressamente o cabimento do recurso contra expedição de diplomas no inciso III do § 4º do art. 121, *in verbis*: "Das decisões dos tribunais regionais eleitorais somente caberá recurso quando: (...) III – versarem sobre inelegibilidade ou expedição de diplomas nas eleições federais ou estaduais". A Ministra Cármen Lúcia, por sua vez, ressaltava que **o Supremo Tribunal Federal, ao analisar a liminar deferida na ADPF nº 167, decidiu por reconhecer a competência deste Tribunal Superior para processar originariamente o RCED; e que a não recepção da ação sequer foi cogitada naquele julgamento**. O Tribunal Superior Eleitoral, por maioria, assentou a não recepção, pela Constituição da República, da parte inicial e a inconstitucionalidade da parte final do inciso IV do art. 262 do Código Eleitoral; também conheceu do recurso como ação de impugnação de mandato eletivo e declinou da competência para o TRE do Piauí, nos termos do voto do relator. Recurso Contra Expedição de Diploma nº 884, Teresina. Piauí. Rel. Min. Dias Toffoli, em 17/9/2013. Informativo TSE nº 25 de 16 até 22 de setembro de 2013 (grifos nossos).

Nunca se negou que o RCED e a AIME possuem prazos diversos e ambos objetivam a invalidação do diploma com a consequente perda do mandato eletivo (*TSE. Ac nº 11.629, de 8/9/94, Rel. Min. Antônio de Pádua Ribeiro*), inclusive sendo cabível o RCED por abuso do poder econômico, conforme se depreende dos arts. 262, IV, 222 e 237 do Código Eleitoral (*TSE. Ac nº 11.519, de 14/6/94, Rel. Min. Antônio de Pádua Ribeiro*).

O Supremo Tribunal Federal, no julgamento da **ADPF nº 167**, como destacado acima, afirmou a competência do Tribunal Superior Eleitoral para o processo e julgamento do Recurso Contra a Expedição do Diploma contra Deputados federais.

Salienta-se que as diferenças entre o RCED e a AIME são resolutas quanto ao prazo, competência e cabimento. Todavia, a captação de sufrágio ou corrupção eleitoral podiam ser tratadas na AIME ou no RCED, inclusive em níveis diversos de graus de jurisdição, até que *de lege ferenda* fosse modificado, o que efetivamente ocorreu.

No fundo a AIME e o RCED são ferramentas jurídicas de proteção do regime democrático que podem ser manuseadas para cada função específica com suas recíprocas neutralizações.

Assim, preservando a sistemática do ordenamento da legislação eleitoral vigente correta é a manutenção da competência do RCED para processar e julgar Deputados federais no próprio Tribunal Superior Eleitoral, até ulterior alteração legislativa.

De fato, emergiu a **Lei nº 12.891/2013**, que alterou o panorama do cabimento do Recurso Contra a Expedição do Diploma, afastando a arguição de corrupção eleitoral (*compra de votos*) no âmbito dessa ação impugnativa.

Com efeito, **não caberá mais RCED** pelos similares fundamentos da Ação de Impugnação ao Mandato Eletivo, ou seja, a AIME está voltada para a comprovação do abuso do poder econômico e excepcionalmente o político, a fraude ou a corrupção eleitoral.

Desse modo, os abusos do poder econômico e político podem ser deduzidos em ação de investigação judicial eleitoral (*art. 22 da LC nº 64/1990*), bem como caberá a ação de captação ilícita de sufrágio por compra de votos (*corrupção eleitoral, art. 41-A da Lei das Eleições*).

Por este prisma, não se vislumbra mais necessária a conversão do RCED em AIME com base em corrupção eleitoral para o processo e julgamento nos Tribunais Regionais Eleitorais, considerando a nova redação do art. 262 do Código Eleitoral com a **revogação dos incs. I a IV** (*Lei nº 12.891/2013*), ou seja, não cabe mais RCED com base em corrupção eleitoral, sendo inviável se perquirir sobre eventual remessa dos autos aos Tribunais Regionais Eleitorais nos termos do precedente no **RCED nº 884**.

Em síntese: a competência para o processo e julgamento dos Recursos Contra a Expedição do Diploma continua tradicionalmente sendo dos Tribunais Regionais Eleitorais (*em eleições municipais*) e do Tribunal Superior Eleitoral (*nas eleições estaduais e federais*).

803

23.6. LEGITIMADOS ATIVOS

Os partidos políticos, coligações, candidatos registrados especificamente para a eleição e o Ministério Público (*guardião do regime democrático e dos interesses difusos eleitorais*). Nada impede que o eleitor noticie argumentos favoráveis à interposição do RCED, mas não é parte legítima.

A legitimidade dos partidos políticos não conflita com a das coligações. De fato, a regra do art. 6º, § 4º, da Lei nº 9.504/1997, que atribui legitimidade exclusiva à coligação durante o período entre a data da convenção e o termo final para a impugnação aos requerimentos de registro de candidaturas, também não impede a ação pelos partidos políticos, quando questionada a validade da coligação.

Todavia, mesmo encerrada a existência da coligação na fase da votação, o interesse processual é ampliado até o prazo de 15 (*quinze*) dias da diplomação.

Com relação ao pleito municipal de 2016, a regra legitimadora da coligação como parte ativa recursal está no art. 91 da Resolução TSE nº 23.463/2015.

O interesse processual e material das coligações ainda se faz presente na hipótese de substituição de candidatos, pois é facultado a partido político ou a coligação substituir candidato considerado inelegível, que renunciar ou falecer após o termo final do prazo de registro ou, ainda, que tiver seu registro cassado, indeferido ou cancelado (*Lei nº 9.504/1997, art. 13, caput e Lei Complementar nº 64/1990, art. 17*). E ainda, no próprio diploma do candidato eleito deverá constar o nome da coligação sob a qual concorreu nos termos do art. 215 do Código Eleitoral.

Durante o processo eleitoral, não podem os partidos coligados agir isoladamente, "(...) as coligações se extinguem com o fim do processo eleitoral, delimitado pelo ato de diplomação dos eleitos, momento a partir do qual os partidos coligados voltam a ter capacidade processual para agir isoladamente" (REspe nº 1-38/RN, Rel.ª Min.ª Maria Thereza Rocha de Assis Moura, DJe de 23/3/2015).

Por outro lado, as representações específicas previstas nos arts. 30-A, 41-A, 73, 74, 75 e 77 da Lei das Eleições remetem ao art. 22, *caput,* e rito da Lei das Inelegibilidades. Nesse ponto, o art. 22, *caput*, trata da legitimidade concorrente dos partidos políticos, coligações, candidatos e Ministério Público Eleitoral.

Quanto ao Ministério Público, o interesse recursal na interposição do RCED independe de se ele agiu na qualidade de parte ou de fiscal da lei. Registramos precedente significativo do Egrégio TSE nesse sentido:

> (...) Por atuar como fiscal da lei, o Ministério Público Eleitoral possui interesse de recorrer com a finalidade de garantir a correta aplicação do direito à espécie, não se exigindo, como consequência, uma utilidade imediata com o provimento do recurso. Possui, portanto, legitimidade e interesse para recorrer mesmo quando não for o autor da ação eleitoral.

RECURSO CONTRA A DIPLOMAÇÃO   CAPÍTULO 23

(...) (Agravo Regimental no Recurso Especial Eleitoral nº 39216-24/SP. Rel.ª Min.ª Nancy Andrighi. DJE de 03/02/2012).

A matéria tratada no RCED é de ordem pública e de interesse transindividual, pois se baseia nas inelegibilidades supervenientes ao registro ou de natureza constitucional e na falta de condição de elegibilidade que também tem previsão constitucional (*art. 14, § 3º, I usque VI da Lei Maior*).

23.7. LEGITIMADOS PASSIVOS

Os candidatos diplomados.

A jurisprudência do Egrégio TSE possui precedentes no sentido de que os partidos políticos **não são legitimados passivos no RCED** (RCED nº 661/2011, DJE, Tomo 033, p. 49. Rel. Min. Aldir Guimarães Passarinho Junior). Em igual sentido é a maioria na doutrina.

Nesse ponto, é o que diz o verbete sumular **nº 40** do TSE: "*O partido político não é litisconsorte passivo necessário em ações que visem à cassação de diploma*".

Quanto ao vice:

> (...) Consoante diretriz jurisprudencial fixada por esta Corte, uma vez decorrido o prazo para a interposição de recurso contra expedição de diploma, sem que o vice da chapa majoritária tenha sido indicado para figurar no polo passivo da ação, é impossível a regularização da relação processual, ante a verificação de decadência.
>
> Em homenagem ao princípio da segurança jurídica, a referida mudança de orientação jurisprudencial somente deve ser aplicada às ações ajuizadas a partir do julgamento da Questão de Ordem no RCED nº 703/SC (RCED nº 703/SC, Rel. Min. José Delgado, Rel. para o acórdão Min. Marco Aurélio Mello, *DJ* de 24/03/2008), a fim de não causar maiores surpresas aos jurisdicionados, tampouco fulminar processos que foram pautados por entendimento então prevalecente nesta Corte. Precedentes.
>
> 3. Agravo regimental a que se nega provimento (*DJE de 15/04/2011*).

Nessa vereda, é o verbete sumular **nº 38** do TSE: "*Nas ações que visem à cassação de registro, diploma ou mandato, há litisconsórcio passivo necessário entre o titular e o respectivo vice da chapa majoritária*".

A mesma simetria deve ser para as eleições de Senador, incluindo-se os dois suplentes, eleitos na chapa única e indivisível.

Nesse sentido: arts. 91 e 202, § 2º, do Código Eleitoral.

Nas eleições proporcionais, a parte legítima é apenas o candidato diplomado.

805

23.8. RITO PROCESSUAL

O rito é o do art. 267 do Código Eleitoral.

A propósito, o juiz eleitoral que expede o diploma representando a **junta eleitoral** (*art. 40, IV, do Código Eleitoral*) nas **eleições municipais** e previamente designado pelo Tribunal Regional Eleitoral, não exercerá juízo de admissibilidade do RCED, porque o órgão incumbido do exame de mérito é o Tribunal Regional Eleitoral.

Assim, a petição é dirigida ao **juiz eleitoral da zona eleitoral** específica com requerimento de remessa dos autos ao Tribunal Regional Eleitoral, após a oferta de contrarrazões e parecer do Promotor Eleitoral.

O RCED possui efeito devolutivo imediato não tendo juízo de admissibilidade de natureza dúplice, não se aplicando a retratação prevista no art. 267, § 6º, do Código Eleitoral.

Quando o **Tribunal Regional Eleitoral** expede os diplomas nas **eleições estaduais e federais**, art. 30, VIII, do Código Eleitoral, também não fará o exame da admissibilidade do RCED, pois a competência concernente à admissibilidade e mérito é originária do Tribunal Superior Eleitoral. Dessa forma, é dirigida a petição ao Tribunal Regional Eleitoral, que encaminhará os autos ao Tribunal Superior Eleitoral.

A par disso, é o enunciado **nº 37** da súmula do TSE: "*Compete originariamente ao Tribunal Superior Eleitoral processar e julgar recurso contra a expedição de diploma envolvendo eleições federais ou estaduais*".

A competência do **Tribunal Superior Eleitoral** para expedir diplomas é vinculada aos mandatos eletivos de Presidente e Vice-Presidente da República (*art. 22, I, "g" do Código Eleitoral*).

Nesse caso, o juízo de admissibilidade e de mérito do RCED é efetivado pelo órgão originário para o processo e julgamento, que é o próprio Tribunal Superior Eleitoral, considerando que o Supremo Tribunal Federal não julga o RCED por falta de previsão constitucional, mas o Recurso Extraordinário interposto do acórdão do Egrégio TSE sobre o RCED (*art. 121, § 3º, da Constituição Federal*).

23.9. PROVA PRÉ-CONSTITUÍDA. NÃO É IMPRESCINDÍVEL COMO REQUISITO ESPECÍFICO DE ADMISSIBILIDADE

A prova chamada **pré-constituída** é, na verdade, uma prova emprestada ou de eficácia extraprocessual (*art. 526 do Código de Processo Civil português*). Permite-se transpor para outro processo a prova que foi produzida no primeiro processo.[3]

---

3 "(TSE.) O Recurso Contra a Diplomação pode, também, vir instruído com prova pré-constituída, entendendo-se que essa é a já formada em outros autos, sem que haja obrigatoriedade de ter havido sobre ela pronunciamento judicial, ou seja, a prova não tem que ter sido previamente julgada. Ante a falta de juízo definitivo por parte da Justiça Eleitoral sobre as provas, essas podem ser analisadas nos autos do Recurso Contra a Diplomação. Precedente: Acórdão nº 19.506".

RECURSO CONTRA A DIPLOMAÇÃO   CAPÍTULO 23

A jurisprudência, em matéria eleitoral, adotava o princípio maior da comunhão da prova para transpor, como requisito de admissibilidade específica do RCED, a denominada prova pré-constituída.

O princípio da verdade material é dignificado pela proteção do regime democrático que traduz a normalidade e legitimidade das eleições. Trata-se, na verdade, de estabelecer gradualmente uma ampliação probatória no âmbito do RCED. Restringir o alcance de certos fatos é numa proporção infinitesimal afastar do alcance do magistrado eleitoral a legitimidade do sufrágio.

Não sendo mais imprescindível a prova pré-constituída, ou seja, uma espécie de direito líquido e certo, é possível o uso de provas nos termos do art. 270 do Código Eleitoral. Cumpre assegurar o contraditório e a ampla defesa.

Por exemplo, é possível juntar documentos preexistentes. Na forma do art. 370 do Código de Processo Civil, no entanto, o relator poderá indeferir provas impertinentes. Não se nega que o RCED é uma via estreita na produção probatória.

A prova deve ser indicada na petição inicial.

Com a alteração do art. 262 do Código Eleitoral pela Lei nº 12.891/2013, foi revogado o inc. IV que tratava do abuso do poder político ou econômico e da captação ilícita de sufrágio como hipóteses de cabimento do RCED.

Em função da modificação, as inelegibilidades que decorrem nas campanhas eleitorais de abusos do poder e de captação ilícita de votos devem seguir a representação específica prevista no art. 22, I *usque* XIII, da Lei Complementar nº 64/1990, que resultará na caracterização da causa de inelegibilidade do art. 1º, I, alíneas "d", "h" ou "j", da LC nº 64/1990.

Em razão de uma remodelação jurídica, o RCED firma-se como uma verdadeira **ação originária** que autoriza a produção probatória considerando que nos termos do art. 23 da Lei Complementar nº 64/1990: "*O Tribunal formará sua convicção pela livre apreciação dos fatos públicos e notórios, dos indícios e presunções e **prova produzida**, atentando para circunstâncias ou fatos, ainda que não indicados ou alegados pelas partes, mas que preservem o interesse público de lisura eleitoral*" (*grifos nossos*).

Nesse rumo incidem as regras probatórias previstas no Código de Processo Civil, art. 369 do novo Código de Processo Civil. Aplica-se a regra do art. 270 do Código Eleitoral com o sistema probatório da Lei das Inelegibilidades.

Por exemplo: após o deferimento do registro da candidatura surge a prova da inelegibilidade em razão de condenação por órgão colegiado em ação de improbidade administrativa. As peças reprográficas daquela ação devem compor os autos do RCED. Trata-se de inelegibilidade superveniente que será apreciada pelo Tribunal.

O RCED deve ser instruído com os documentos pertinentes, art. 434 do Código de Processo Civil.

807

23.10. CABIMENTO

(i) Inelegibilidade

O art. 262 do Código Eleitoral, ao tratar da causa de inelegibilidade como hipótese de cabimento do Recurso Contra a Expedição do Diploma, acolheu a jurisprudência do Tribunal Superior Eleitoral, limitando a arguição aos casos em que a inelegibilidade seja **constitucional** ou **superveniente**.

As **inelegibilidades constitucionais** estão previstas no art. 14, §§ 4º e 7º, da Constituição da República.

Quanto às **inelegibilidades supervenientes,** são as que surgem **até a data do pleito.**

Nesse sentido é o verbete sumular nº 47 do TSE: "*A inelegibilidade superveniente que autoriza a interposição de recurso contra expedição do diploma, fundado no art. 262 do Código Eleitoral, é aquela de índole constitucional ou, se infraconstitucional, superveniente ao registro de candidatura, e que surge até a data do pleito*".

O pedido de registro poderá ser indeferido, mesmo sem a impugnação específica, quando a Justiça Eleitoral verificar que o candidato é inelegível ou não atende às condições de elegibilidade. O juiz antes de decidir intimará o candidato para manifestação em 72 (*setenta e duas*) horas. O indeferimento ocorrerá nos autos do requerimento de registro de candidatura.

A causa de inelegibilidade que é antecedente ao requerimento de registro de candidatura deverá ser julgada na ação impugnativa (*arts. 3º a 15 da LC nº 64/1990*), sob pena de **preclusão**. Posteriormente a essa etapa do calendário eleitoral registral, a causa de inelegibilidade se caracteriza como do tipo superveniente.

Sobre esse tema, na linha da jurisprudência do Egrégio TSE ressalta-se: "(...) *A inelegibilidade superveniente que autoriza a interposição de recurso contra expedição de diploma, fundado no inc. I do art. 262 do CE, é aquela que surge* ***após o registro de candidatura, mas deve ocorrer até a data do pleito****.* (Precedente: REspe nº 1.313.059/BA, Rel.ª Min.ª Cármen Lúcia, DJe de 29/6/2012 e Agravo Regimental em Recurso Especial Eleitoral nº 975-52/SP. Acórdão de 16/10/2014. Rel.ª Min.ª Luciana Chistina Guimarães Lóssio. DJE, Tomo 209, Data 06/11/2014, p. 97) (grifos nossos).

Verifica-se que a causa de inelegibilidade deve ocorrer até a data do pleito (*primeiro ou segundo turnos*).

Todavia, registre-se precedente do TSE:

> Condenação criminal. Trânsito em julgado. Direitos políticos. Suspensão. Efeito automático. Inelegibilidade. Diplomação negada. Desprovimento.
>
> 1. **Há de se negar a diplomação ao eleito que não possui, na data da diplomação, a plenitude de seus direitos políticos**.

RECURSO CONTRA A DIPLOMAÇÃO   CAPÍTULO 23

2. A condenação criminal transitada em julgado ocasiona a suspensão dos direitos políticos, enquanto durarem seus efeitos, independentemente da natureza do crime.

3. A suspensão dos direitos políticos prevista no art. 15, III, da Constituição Federal é efeito automático da condenação criminal transitada em julgado e não exige qualquer outro procedimento à sua aplicação. (...) (AC de 15/10/2009 no AgR-REspe nº 35.803, Rel. Min. Marcelo Ribeiro.) (grifos nossos).

Com o intuito de tornar mais efetivo o controle da legitimidade das eleições e a adequação aos postulados constitucionais seria correto o entendimento que possibilitasse o conhecimento da causa superveniente de inelegibilidade até o **prazo final do recurso contra a diplomação**, considerando o teor inescusável de ordem pública e de validade do exercício da cidadania passiva, *ius honorum*, de que se reveste o teor da questão (*arts. 1º, II, e 14, § 9º, da Constituição da República*), até porque os votos atribuídos aos **candidatos inelegíveis são nulos** (*art. 175, § 3º, do Código Eleitoral*).

Se a causa de inelegibilidade pode ser conhecida *ex officio* no registro da candidatura, por **simetria**, o aparecimento **superveniente** possibilita o acolhimento pela Justiça Eleitoral. Adotando-se a **interpretação analógica**, v.g., não se diploma o candidato que estiver com o registro *sub judice*.

Limitar a superveniência da causa de inelegibilidade até o **dia da eleição**, sob o fundamento de que o eleitor escolheu um candidato que tinha a higidez dos seus direitos políticos, em especial, o *ius honorum*, com a devida permissão, é uma forma de exegese que diminui o alcance da cidadania passiva para o futuro exercício dos mandatos eletivos.

Exemplificando: No dia da eleição o candidato eleito ao mandato eletivo de Prefeito não tinha sido julgado por órgão colegiado do Tribunal de Justiça em ação de improbidade administrativa. O acórdão foi publicado 2 (*dois*) dias após a eleição e possui provas evidentes da inelegibilidade contida no art. 1º, I, alínea "l" da LC nº 64/1990. É cabível o RCED, considerando ser um típico caso de inelegibilidade superveniente.

No caso acima, se for mantida interpretação sumular de que a inelegibilidade superveniente é aquela que ocorre, impreterivelmente, até o dia da eleição, não é possível a propositura da ação de RCED e o candidato será diplomado e exercerá normalmente o mandato eletivo por 4 (*quatro*) ou até 8 (*oito*) anos (*nesse último caso, o mandato de Senador*), quando só em outro pedido de registro de candidatura se poderia aduzir a causa de inelegibilidade no requerimento de registro de candidatura na via impugnativa, sob pena de preclusão.

Cumpre asseverar que antes da alteração do inc. XIV do art. 22 da LC nº 64/1990 pela LC nº 135/2010, a ação de investigação judicial eleitoral por abuso do poder econômico ou político, quando fosse julgada após a data da eleição,

809

servia de base para a anulação da diplomação pela via do RCED ou da ação de impugnação ao mandato eletivo, porque a AIJE não tinha a previsão de cassação do **diploma**.

Nesse caso, a inelegibilidade foi reconhecida, posteriormente à data da eleição, em sede de ação de investigação judicial eleitoral (*AIJE*), no entanto, por falta de previsão legal não era autorizada a anulação do diploma.

Com efeito, prevalece a corrente jurisprudencial no Egrégio TSE de que o marco final da inelegibilidade superveniente é somente até a data da eleição.

Com a diplomação a Justiça Eleitoral encerra a sua missão em determinada eleição. É a última fase do processo eleitoral.

A lei é omissa em vedar a diplomação *ex officio* do inelegível. Por quê?

A dificuldade reside no fato de que a inelegibilidade superveniente não prescinde do contraditório e da ampla defesa, que são efetivados nos autos da **ação contra a diplomação**, ou seja, *RCED*. Todavia, se a prova da causa de inelegibilidade é documental se deve objetivar a celeridade das ações eleitorais.

Por outro lado, o afastamento da causa de inelegibilidade é ampliado para o momento posterior à eleição, ou seja, a diplomação(...) *as circunstâncias fáticas e jurídicas supervenientes ao registro de candidatura que afastem a inelegibilidade, com fundamento no que preceitua o art. 11, § 10, da Lei nº 9.504/1997, podem ser conhecidas em qualquer grau de jurisdição, inclusive nas instâncias extraordinárias, até a data da diplomação, última fase do processo eleitoral"* (RO nº 96-71, Rel.ª Min.ª Luciana Lóssio, em sessão de 23/11/2016).

Sobre a **desincompatibilização**, correta é a decisão do TSE no sentido de se admitir o RCED, quando o candidato não se **desincompatibilizou de fato da função**, ou seja, no momento do registro formalmente ele tinha se afastado, mas na prática continuou a exercer as funções. Destaca-se:

> **(...) A desincompatibilização, por se tratar de inelegibilidade infraconstitucional e preexistente ao registro de candidatura, deve ser arguida, em regra, na fase de impugnação do registro, sob pena de preclusão, nos termos do art. 259 do Código Eleitoral**. Todavia, a ausência de desincompatibilização de fato pode ser suscitada em RCED, porquanto o candidato pode, após a fase de impugnação do registro, praticar atos inerentes ao cargo do qual tenha se desincompatibilizado apenas formalmente. **Trata-se, pois, de situação superveniente ao registro de candidatura**. Conclusão diversa permitiria que um candidato que se desincompatibilizasse formalmente, no prazo oportuno, do cargo até então ocupado voltasse a exercer esse mesmo cargo de fato sem que sofresse sanção alguma, possibilitando que se utilizasse das prerrogativas do cargo em favor de sua campanha, em afronta

ao princípio da isonomia. **O provimento do recurso, entretanto, fica condicionado à comprovação de que o exercício de fato do cargo tenha se dado após a fase de impugnação do registro de candidatura**. Nesse entendimento, o Tribunal, por unanimidade, desproveu o recurso (Recurso Contra Expedição de Diploma nº 13-84/SP, Rel.ª Min.ª Nancy Andrighi, em 06/03/2012) (grifos nossos).

Como se nota, a falta de desincompatibilização é matéria que se sujeita à **preclusão**. A rigor não pode ser questionada no âmbito do RCED.

Todavia, no caso acima, excepcionalmente, se verificou a total ausência da desincompatibilização de fato, ou seja, na realidade concreta da eleição. Nesses casos, a inelegibilidade passa a ter a natureza superveniente.

A falta de desincompatibilização nos prazos fixados pela Lei das Inelegibilidades é variável entre: três, quatro ou seis meses. O afastamento ou desincompatibilização manifesta-se pela licença, exoneração ou renúncia, dependendo dos cargos públicos, mandatos eletivos ocupados ou funções especiais.

Impende frisar que a falta de desincompatibilização, portanto, as incompatibilidades, ensejam a preclusão referida no parágrafo único do art. 259 e 223 e parágrafos, ambos do Código Eleitoral. Significa que devem ser aduzidas no momento do registro da candidatura ou por ação de impugnação ao requerimento de registro de candidatos.

De igual forma, se a causa de inelegibilidade cessa antes do dia exato da eleição, o Tribunal Superior Eleitoral assim versou no enunciado **nº 70** da sua súmula: *"O encerramento do prazo de inelegibilidade antes do dia da eleição constitui fato superveniente que afasta a inelegibilidade, nos termos do art. 11, § 10, da Lei nº 9.504/1997".*

Firma-se assim, o dia anterior ao da eleição, seja no primeiro ou segundo turno, como marco temporal para afastar a inelegibilidade, e o dia exato da própria eleição para se concluir por sua incidência superveniente. O correto seria o próprio dia da diplomação, última fase do processo eleitoral.

(ii) Condições de elegibilidade

As condições de elegibilidade não eram aceitas como causa de pedir no RCED. Na linha da jurisprudência do Egrégio TSE: *Agravo Regimental no Recurso Especial Eleitoral nº 35.845/SC, Rel.ª Min.ª Nancy Andrighi, em 07/06/2011.*

A Lei nº 12.891/2013, que atribui nova redação ao art. 262 do Código Eleitoral, consagrou, nesse ponto, um sistema de maior eficiência da tutela jurisdicional eleitoral no RCED, porque é possível aduzir não apenas as hipóteses de inelegibilidade superveniente, a inelegibilidade constitucional, exemplo, reflexa do art. 14, § 7º, da Lei Maior e a falta de condições de elegibilidade **infraconstitucionais** e **constitucionais**.

O legislador não fez distinção entra as condições de elegibilidade constitucionais previstas no art. 14, § 3º, I *usque* VI, da Constituição da República e as infraconstitucionais ou simplesmente legais, v.g., a declaração atual de bens, a quitação eleitoral, a prova de que o candidato atendeu às convocações da Justiça Eleitoral (*art. 11 e § 7º da Lei nº 9.504/1997*).

Nesse rumo, é cabível o RCED se persistir a falta de condição de elegibilidade até o dia da eleição.

A falta de condição de elegibilidade, por simetria, também terá um limite de incidência, que é a data da eleição.

As hipóteses de **perda e de suspensão dos direitos políticos** (*art. 15, I a V, da Constituição Federal*) também podem ser reconhecidas no Recurso Contra a Expedição do Diploma, quando não verificadas no requerimento de registro de candidaturas. A omissão da referência aos casos de perda e suspensão dos direitos políticos constante do art. 262 do Código Eleitoral, não afasta a tutela jurisdicional na verificação dos direitos políticos negativos que afetam a legitimidade do processo de eleição.

Por outro lado, a revogação dos incs. II e III do art. 262 do Código Eleitoral, não permite a propositura do RCED.

Sobre os incs. II e III (*revogados*) do art. 262 do Código Eleitoral, TSE, *ipsis litteris*:

> (...) Recurso contra expedição de diploma. Fundamentação legal. Cálculo. Erro. Dispositivo Legal. Interpretação. Sobra. Distribuição. Critério. Cabimento. Coligação. Média. Superioridade. Exclusão. Impossibilidade. **O RCED fundado no inc. II do art. 262 do CE** é cabível quando houver erro no resultado final da aplicação dos cálculos matemáticos e das fórmulas prescritas em lei e, principalmente, na interpretação dos dispositivos legais que a disciplinam. O inc. III do citado artigo tem ensejo quando houver erro na própria apuração. É cabível o RCED quando os recorrentes suscitam equívoco de tribunal regional eleitoral **ao interpretar o critério da distribuição das sobras, previsto no art. 109 do CE**. Não se justifica a exclusão da coligação já contemplada com um lugar das operações subsequentes se, aumentando o divisor, permanece ela com média superior à dos demais. Nesse entendimento, o Tribunal rejeitou as preliminares e negou provimento ao recurso. Unânime. Recurso contra Expedição de Diploma nº 765/SP, Rel. Min. Marcelo Ribeiro, em 08/04/2010. *Inf.* 11/2010) (grifos nossos).

Todavia, se, porventura, ocorrer erro no resultado final da apuração ou no critério de distribuição das sobras ou restos, podem ser oferecidas impugnações em 2 (*dois*) dias nos termos dos arts. 200 e parágrafos e 209 e parágrafos do Código Eleitoral, cuja decisão desafia recurso no prazo de 3 (*três*) dias.

23.11. EFEITOS

Cumpre observar que segundo disciplina o § 4º do art. 28 do Código Eleitoral: *"As decisões dos Tribunais Regionais sobre quaisquer ações que importem cassação de registro, anulação geral de eleições ou perda de diplomas somente poderão ser tomadas com a presença de todos os seus membros".*

O quórum deliberativo foi devidamente alterado pela Lei nº 13.165/2015, pois anteriormente só se exigia a presença da maioria dos membros.

O art. 19, parágrafo único, do Código Eleitoral trata do quórum no Tribunal Superior Eleitoral.

Nessa remodelação jurídica, as decisões dos Tribunais Regionais Eleitorais seguem o mesmo quórum do Tribunal Superior Eleitoral, sendo que a ausência de um dos magistrados, mesmo que não afete o resultado do julgamento, é causa resoluta de nulidade do julgado, pois a presunção lesiva é absoluta (*TSE, AgR-REspe 539-80, Rel.ª Min.ª Luciana Lóssio, DJE de 28/4/2016*).

O art. 216 do Código Eleitoral garante o diploma, posse e exercício do mandato eletivo, enquanto não for provido o Recurso Contra a Diplomação. Significa que o infrator poderá permanecer durante razoável período de tempo exercendo o mandato eletivo.

A Lei nº 13.165/2015 incluiu o § 3º no art. 224, o que assegura nos pleitos majoritários a manutenção, e.g., do Prefeito eleito até o julgamento final do RCED (*trânsito em julgado*).

Infere-se ainda que o § 2º do art. 257 do Código Eleitoral (*inclusão pela Lei nº 13.165/2015*) tratou de atribuir o efeito suspensivo ao recurso ordinário de decisão do juiz eleitoral ou do Tribunal Regional Eleitoral, quando resultar em hipóteses de afastamento do mandato eletivo (*cassação de registro ou diploma*), ou seja, perda do mandato.

Impende destacarmos o art. 15 da Lei Complementar nº 64/1990:

> Art. 15. Transitada em julgado **ou publicada a decisão proferida por órgão colegiado** que declarar a inelegibilidade do candidato, ser-lhe-á negado registro, ou cancelado, se já tiver sido feito, ou declarado nulo o diploma, se já expedido.
>
> Parágrafo único. A decisão a que se refere o *caput*, independentemente da apresentação de recurso, deverá ser comunicada, de imediato, ao Ministério Público Eleitoral e ao órgão da Justiça Eleitoral competente para o registro de candidatura e expedição de diploma do réu.

A **decisão de inelegibilidade possui efeito imediato** apartando-se da decisão de nulidade do diploma. Dessa forma, o candidato diplomado poderá ser inelegível, sem sair imediatamente do mandato eletivo. Para a causa de inelegibilidade se aplica a regra do art. 257 do Código Eleitoral, ou seja, efeito imediato da decisão do órgão judicial colegiado. Quanto à nulificação do diploma, aguarda-se a decisão do Tribunal Superior na via recursal própria.

O **art. 26-C** da Lei Complementar nº 64/1990 permite que o Tribunal suspenda cautelarmente a inelegibilidade, nos casos de plausibilidade recursal da pretensão, o que deve ser ônus da parte postulante; além de ser uma forma de o órgão *ad quem* corrigir erros e excessos das decisões.

Infere-se do art. 26-C da Lei das Inelegibilidades a possibilidade de **suspensão da causa de inelegibilidade**.

A suspensão da inelegibilidade está relacionada às hipóteses das letras "d", "e", "h", "j", "l" e "n" do inc. I do art. 1º da LC nº 64/1990.

Pergunta-se:

Se for revogada a suspensão da causa de inelegibilidade ocorre a desconstituição do registro da candidatura ou do diploma dependendo da fase do julgamento do processo?

A princípio, a resposta é sim, em função da literalidade do § 2º do art. 26-C da LC nº 64/1990, *in verbis*:

> Mantida a condenação que derivou a inelegibilidade ou revogada a suspensão liminar mencionada no *caput*, serão desconstituídos o registro ou o diploma eventualmente concedidos aos recorrentes.

Emergem **duas posições jurisprudenciais no Colendo TSE** sobre a questão, a saber: (i) é necessário desconstituir o diploma pelo Recurso Contra a Expedição do Diploma ou a Ação de Impugnação ao Mandato Eletivo, pois se não adotados esses meios processuais surgiria uma "instabilidade no sistema de mandatos"; (ii) a desconstituição é automática e decorre da própria decisão, sem necessidade de propositura dos meios processuais (RCED ou AIME), porque o candidato estava com seu registro deferido em razão de uma liminar e assume os riscos da revogação (*Recurso Especial Eleitoral nº 21.332, Ibiúna/SP, Rel. Min. Luiz Fux, em 25/6/2015*).

Por maioria, no TSE prevaleceu **a primeira posição**. Ressalva-se, no entanto, que se afigura correta a segunda posição do *Excelentíssimo Ministro Luiz Fux*.

É importante refletir que a cautelar concedida para a suspensão da causa de inelegibilidade possui um caráter conservativo em razão de eventual perigo de dano que surge pela demora do julgamento da ação de impugnação ao pedido de registro de candidatura e em observância ao devido processo legal.

Se ao final do processo de impugnação ao pedido de registro a tutela jurisdicional eleitoral foi no sentido de reconhecer a hipótese de inelegibilidade

RECURSO CONTRA A DIPLOMAÇÃO   CAPÍTULO 23

é natural que ele era inelegível no dia da eleição, pois o efeito da revogação da cautelar retroage ao *status* jurígeno da candidatura desde o seu nascedouro, ou seja, o candidato sempre foi inelegível, mas mantinha-se por sua conta e risco na eleição.

Trata-se de um candidato *sub judice*, art. 16-A da Lei nº 9.504/1997, sendo-lhe aplicável em sede de ação de impugnação ao requerimento de registro de candidatura o art. 15 da LC nº 64/1990. É uma candidatura precária e eivada de nulidade.

Há, ainda, o fato de que o Recurso Contra a Expedição do Diploma só pode ser proposto em razão de inelegibilidades supervenientes ou constitucionais, art. 262 do Código Eleitoral. Nesse rumo, afigura-se inadmissível o RCED para as causas de inelegibilidade preexistentes previstas no art. 26-C que foram suspensas em medida cautelar, bem como incabível a Ação de Impugnação ao Mandato Eletivo (*art. 14, §§ 10 e 11, da Constituição Federal*).

Desse modo são nulos os votos dados aos candidatos considerados inelegíveis (*art. 175, § 3º, do Código Eleitoral*).

O Código Eleitoral determina a realização de novas eleições diretas ou indiretas, sendo a regulamentação prevista em relação às eleições majoritárias no art. 167 da Resolução TSE nº 23.456, de 15 de dezembro de 2015 (*resolução temporária*).

Verifica-se que não existirá a possibilidade de o segundo lugar na disputa assumir a chefia do Poder Executivo.

Como se verifica, a solução legislativa acaba autorizando a assunção do mandato da chefia do Poder Executivo pelo representante do Poder Legislativo.

Por exemplo, quem assumiria a função de Prefeito seria o Presidente da Câmara Municipal, até a solução da nova eleição com a diplomação do eleito.

No Supremo Tribunal Federal tramita as ADI 5.525 e 5.619, quando se preconiza a necessidade de declaração de inconstitucionalidade do § 3º do art. 224 do Código Eleitoral, de forma a afastar a aplicação da norma aos cargos de Prefeito e Vice de Municípios com menos de 200 mil eleitores e Senador da República.

Nas eleições proporcionais convocar-se-á o suplente.

Em suma: a inelegibilidade opera-se com a decisão do órgão colegiado da Justiça Eleitoral, quando o RCED se baseia nesse tema. Por outra, a nulificação do diploma dependerá do trânsito em julgado da decisão, quando só então serão realizadas novas eleições diretas ou indiretas nos termos dos incs. I e II do § 4º do art. 224 do Código Eleitoral.

23.12. PRAZO DE INTERPOSIÇÃO

O prazo para interposição do recurso contra expedição de diploma é de três dias **contados da diplomação** (*arts. 258 e 276, § 1º, do Código Eleitoral*). Sobre os prazos eleitorais, a Resolução TSE nº 23.478/2016 disciplina o tema nos arts. 7º *usque* 10.

Por exemplo: "(...) *A diplomação ocorreu no dia 19/11/1992, quinta-feira, passando a correr do dia 20 o prazo de três dias para a interposição de recurso; o prazo, desse modo, fluiu em 22 subsequente, domingo. O recurso foi interposto no dia imediato, ou seja, 23/11/1992, sendo assim tempestivo* (*TSE, AC nº 11.546, de 17/08/1993, Rel. Min. Flaquer Scartezzini*).

Plantão forense

> (...) Recurso contra a expedição de diploma. Prazo decadencial. Art. 184 do Código de processo civil. Aplicação. Recesso forense. Plantão. Desprovimento.
>
> 1. Não se consideram dias úteis os compreendidos no período do recesso forense, ainda que o cartório eleitoral tenha funcionado apenas em regime de plantão.
>
> 2. A divulgação em órgão de imprensa oficial do horário de atendimento do Tribunal para serviços considerados urgentes no período de recesso forense não afasta a prorrogação do prazo final de interposição do RCED para o primeiro dia útil seguinte ao término do recesso.
>
> 3. Agravo regimental desprovido (TSE. AC de 06/05/2010 no AgR-REspe nº 35.856, Rel. Min. Marcelo Ribeiro).

23.13. MODELO BÁSICO DO RECURSO CONTRA A EXPEDIÇÃO DO DIPLOMA

Ex.mo Juiz Eleitoral da ___ Zona Eleitoral do Município de (_____)

O Ministério Público Eleitoral, por intermédio do Promotor Eleitoral que esta subscreve, no uso de suas atribuições legais, art. 127 da *Lex Mater*, com subsunção nos arts. 262 e 265 *usque* 267 do Código Eleitoral, vem respeitosamente interpor o presente

Recurso contra a Expedição do Diploma

contra

DR, candidato a Prefeito pelo Partido Z, e ER, candidato a Vice-Prefeito pelo Partido W, qualificados (_____), pelos fatos e fundamentos jurídicos abaixo descritos nas razões recursais, e, após as contrarrazões do recorrido, requer a remessa dos autos ao Egrégio Tribunal Regional Eleitoral na forma legal e regimental.

EGRÉGIO TRIBUNAL REGIONAL ELEITORAL

Ex.mo PROCURADOR REGIONAL ELEITORAL

Os representados foram diplomados no dia 19 de dezembro de 2016, sendo o presente RCED interposto no r. juízo no dia 7 de janeiro de 2017, portanto, dentro do prazo legal de 3 (três) dias contados da diplomação, considerando a jurisprudência pacífica do Egrégio Tribunal Superior Eleitoral.

Conforme se verifica pela certidão criminal em anexo, bem como pela cópia integral do processo criminal, o primeiro recorrido, Prefeito diplomado, é inelegível por 8 (oito) anos, nos termos do art. 1º, inc. I, alínea "e", da Lei Complementar nº 64, de 18 de maio de 1990.

O primeiro recorrido foi condenado pela 3ª Câmara Criminal do Egrégio Tribunal de Justiça do Estado do Rio de Janeiro pelos crimes de associação criminosa, lavagem de dinheiro e peculato, totalizando a pena privativa de liberdade em 12 anos de reclusão, além de multa e outras impostas no r. acórdão.

O acórdão prolatado pelos Excelentíssimos Desembargadores da 3ª Câmara Criminal foi publicado no Diário Oficial, no dia 2 de outubro de 2016, portanto, antes do dia da eleição, incidindo o Verbete sumular nº 47 do Egrégio Tribunal Superior Eleitoral, *in verbis*:

> A inelegibilidade superveniente que autoriza a interposição de recurso contra a expedição do diploma, fundado no art. 262 do Código Eleitoral, é aquela de índole constitucional ou, se infraconstitucional, superveniente ao registro de candidatura, e que surge até a data do pleito.

Verifica-se, portanto, que o primeiro recorrido é inelegível de forma superveniente, pois o acórdão prolatado pelo douto órgão colegiado é o *quantum sufficit* para a caracterização da causa impeditiva da capacidade eleitoral passiva, ou seja, do *ius honorum*.

Trata-se de inelegibilidade com fulcro em causa criminal que se reflete nos direitos políticos e transforma o condenado em cidadão inelegível, observando-se a integridade do processo eleitoral e a higidez das candidaturas no regime democrático.

O segundo representado foi eleito para Vice-Prefeito na chapa una e indivisível, art. 91 do Código Eleitoral, mas segundo o disposto no art. 224 do Código Eleitoral, especialmente no § 3º, a candidatura de ambos será anulada, desde provido o presente RCED na forma legal.

Desse modo, incide o Verbete sumular nº 38 do Egrégio TSE, *verbo ad verbum*: "Nas ações que visem à cassação de registro, diploma ou mandato, há litisconsórcio passivo necessário entre o titular e o respectivo vice da chapa majoritária".

Assim sendo, comprovada de forma inexorável a inelegibilidade superveniente do primeiro representado por incidência da letra "e" do inc. I, do art. 1º da Lei das Inelegibilidades, deve ser reconhecida no caso concreto.

Desta forma, requer o Ministério Público Eleitoral:

1. O recebimento do presente recurso, considerando preenchidos os requisitos intrínsecos e extrínsecos de admissibilidade recursal;

2. Notificação dos recorridos (candidatos diplomados a Prefeito e Vice--Prefeito) em razão do Verbete sumular nº 38 do Egrégio Tribunal Superior Eleitoral para apresentação das contrarrazões recursais no prazo de 3 (três) dias;

3. O provimento do presente recurso para a declaração de anulação do mandato eletivo dos recorridos e da inelegibilidade do primeiro representado nos termos do art. 18 da LC nº 64/1990;

4. Realização de novas eleições suplementares, nos termos dos §§ 3º e 4º do art. 224 do Código Eleitoral;

5. A produção de todas as provas, especialmente a documental já anexada aos autos recursais.

Município X, ___ de _____ de 20___.

Promotor Eleitoral

23.14. SÍNTESE DAS AÇÕES ELEITORAIS. CONSIDERAÇÕES ESPECIAIS

Ação de pedido de registro de candidatos (*art. 11 da Lei nº 9.504/1997*).

Ação de impugnação ao pedido de registro de candidatos (*art. 3º da Lei Complementar nº 64, de 18 de maio de 1990*).

Atenção: dia 15 de agosto do ano eleitoral é o último dia para os partidos políticos requererem o registro de seus pré-candidatos.

A propaganda política eleitoral só pode iniciar-se no dia 16 de agosto do ano da eleição (*art. 36 da Lei nº 9.504/1997*).

Durante o período de propaganda política eleitoral (*16 de agosto até o dia da eleição*) pode ocorrer:

1) propaganda política eleitoral irregular. Nesta hipótese, o remédio jurídico para fazer cessar e/ou multar o candidato infrator é a Ação de Reclamação ou Representação contra a propaganda política eleitoral irregular. A base legal é o art. 96 e ss. da Lei nº 9.504/1997 e resolução específica que é expedida para cada pleito eleitoral pelo Tribunal Superior Eleitoral (*art. 105 da Lei nº 9.504/1997*);

2) propaganda captativa ilícita de votos. Trata-se da compra e venda de votos. Exemplo: oferecer materiais de construção, dentaduras, remédios, empregos

RECURSO CONTRA A DIPLOMAÇÃO   CAPÍTULO 23

e outros. Nesta hipótese, é cabível a Ação de Captação Ilícita de Sufrágio com base no art. 41-A da Lei nº 9.504/1997;

3) propaganda política eleitoral abusiva do poder econômico e/ou político. Por exemplo, oferecer centenas de materiais de construção numa comunidade, prometer centenas de remédios à população carente, usar bens públicos nas campanhas eleitorais e praticar condutas vedadas aos agentes públicos durante as campanhas de forma desproporcional ou grave afeta a lisura eleitoral (*art. 73 da Lei nº 9.504/1997*). Nestas hipóteses, é cabível a Ação de Investigação Judicial Eleitoral ou Representação com base no art. 22 da Lei Complementar nº 64, de 18 de maio de 1990 (*AIJE*).

A finalidade do pedido é obter a inelegibilidade por oito anos, contados da data da eleição e a cassação do registro ou diploma do candidato.

4) ação de representação em face de condutas vedadas aos agentes públicos em campanhas eleitorais.

O rito processual das ações de captação ilícita de sufrágio, captação e gastos ilícitos de recursos, condutas vedadas aos agentes públicos em campanhas eleitorais segue o disposto no art. 22 e incs. da Lei Complementar nº 64/1990.

A simetria dos ritos é essencial ao dinamismo do processo judicial eleitoral, pois evita a surpresa às partes e efetiva a celeridade processual.

Somente para caracterização do abuso do poder é que se exige a **gravidade dos fatos**. A proporcionalidade é um requisito avaliado no âmbito de diversas ações eleitorais, tais como: ação de captação ilícita e gastos ilícitos de recursos.

Após a eleição

1) A Justiça Eleitoral deverá analisar e julgar a prestação de contas de campanha eleitoral. Art. 30 da Lei nº 9.504/1997.

DIPLOMAÇÃO
(data fixada pelo calendário eleitoral)

1) Ação de impugnação ao mandato eletivo (*art. 14, §§ 10 e 11, da CF*). Prazo de 15 (*quinze*) dias da diplomação.

2) Recurso contra a diplomação. O cabimento encontra-se no art. 262 do Código Eleitoral. O prazo é de 3 (*três*) dias contados da diplomação.

3) Ação de captação ou gastos ilícitos de recursos prevista no art. 30-A da Lei das Eleições. Prazo de 15 (quinze) dias até a diplomação.

4) Ação de investigação judicial eleitoral, art. 22 da LC nº 64/1990 deve ser proposta até a data da diplomação e se baseia no abuso do poder econômico ou político.

5) Ação ou representação contra as condutas vedadas aos agentes públicos, art. 22 da LC nº 64/1990, também deve ser proposta até a data da diplomação (*art. 73 e parágrafos da Lei nº 9.504/1997*).

6) Representação contra doadores, arts. 23 e 24-C, § 3º da Lei nº 9.504/1997. Pode ser proposta até o dia 31 de dezembro do ano seguinte ao da eleição.

819

7) A ação de captação ilícita de sufrágio baseada no art. 41-A da Lei nº 9.504/1997 pode ser proposta até a data da diplomação. Segue o rito do art. 22 da LC nº 64/1990 e pune a compra e venda de votos.

Para cada eleição, o TSE regulamenta aspectos sobre o procedimento das ações ou representações específicas. Por exemplo, a Resolução TSE nº 23.462/2015, que se refere às eleições municipais de 2016.

Capítulo 24
Ação Rescisória Eleitoral

24.1. BASE LEGAL

A ação rescisória eleitoral está disciplinada na alínea *j* do art. 22, inc. I, do Código Eleitoral. A alínea *j* foi introduzida pela Lei Complementar nº 86/1996.

Registre-se que no Supremo Tribunal Federal foi declarada a inconstitucionalidade de parte do dispositivo legal nos seguintes termos:

> (...) Não ofende a Constituição Federal a instituição de uma Ação Rescisória Eleitoral, como prevista na alínea "j" do inciso I do art. 22 do Código Eleitoral (Lei nº 4.737, de 15/07/1965), acrescentada pelo art. 1º da Lei Complementar nº 86, de 14/05/1996. **São inconstitucionais, porém, as expressões "possibilitando- -se o exercício do mandato eletivo até seu trânsito em julgado"**, contidas na mesma alínea "j", pois implicariam suspensão, ao menos temporária, da eficácia da coisa julgada sobre inelegibilidade, em afronta ao inc. XXXVI do art. 5º da Constituição Federal (...) (ADIn nº 1.459, Rel. Min. Sydney Sanches, em 7/5/1999) (grifos nossos).

E ainda:

> (...) A orientação firmada pelo Tribunal Superior Eleitoral – no sentido de que a *ação rescisória eleitoral* somente se revela admissível quando ajuizada para desconstituir decisões por ele próprio proferidas (quer em sede originária, quer em âmbito recursal) e que, além de transitadas em julgado, hajam declarado a inelegibilidade de qualquer candidato – não desrespeita nem transgride a autoridade do julgamento que o Supremo Tribunal Federal proferiu, com efeito vinculante, no exame da ADIn nº 1.459/DF. – Solução hermenêutica adotada pelo TSE que traduz opção por determinada corrente de interpretação da norma inscrita no art. 22, I, "j", do Código Eleitoral, na redação dada pela Lei Complementar nº 86/1996 e que exclui a possibilidade de utilização da *ação rescisória eleitoral* como instrumento de imposição, a qualquer candidato, da sanção

jurídica da inelegibilidade. Existência de controvérsia doutrinária em torno da exegese desse preceito normativo constante do Código Eleitoral. Inocorrência de transgressão à autoridade da decisão emanada do STF no julgamento da ADIn nº 1.459/DF. Consequente inadmissibilidade de utilização, no caso, do instrumento constitucional da Reclamação (Ação Rescisória Eleitoral – TSE – Opção Hermenêutica – Reclamação – Descabimento (Transcrições). Rcl 8.989 – MC/PI. Rel. Min. Celso de Mello).

Cumpre salientar que antes da inclusão no Código Eleitoral da ação rescisória, admitia-se o reexame da matéria julgada, por via de embargos de declaração (*TSE-Boletim Eleitoral nº 127/263 e 322/247*).

Todavia, a ação rescisória embora tenha previsão expressa no art. 22, I, "j" do Código Eleitoral, não pode ser analisada isoladamente do contexto normativo processual, aplicando-se subsidiariamente e de forma sistêmica as regras do processo civil.

24.2. LEGITIMIDADE ATIVA

a) partidos políticos;

b) candidatos;

c) coligações; e

d) Ministério Público.

24.3. CABIMENTO

Cumpre observar que a admissão da ação rescisória na Justiça Eleitoral é interpretada de forma restrita pelos Tribunais Eleitorais, bem como na doutrina, pois só é cabível da decisão oriunda do Tribunal Superior Eleitoral e que contenha declaração de inelegibilidade, não abrangendo as condições de elegibilidade e as hipóteses de perda ou suspensão dos direitos políticos. Nesse sentido, *AC nº 225, de 06/09/2005, Rel. Min. Cesar Asfor Rocha; AC de 17/10/2006 no AgRgAR nº 250, do mesmo relator e Agravo Regimental na Petição nº 115 – classe 23; Rel. Juiz Wellington Carvalho; em 3/7/2007.*

Existe divergência doutrinária referente à abrangência do termo "inelegibilidade" constante do art. 22, inc. I, alínea "j", do Código Eleitoral, visto que, para alguns, abrangeria, também, as condições de elegibilidade. Entretanto, esse entendimento não encontra guarida na jurisprudência dos nossos Tribunais, "*(...) Inelegibilidade. Cabimento. Não cabe rescisória de acórdão que proclamou a elegibilidade de candidato. (AC nº 207, de 14/04/2005, Rel. Min. Humberto Gomes de Barros)*".

Cumpre salientar que as inelegibilidades estão previstas na Lei Maior (*art. 14, §§ 4º e 7º*) e na Lei Complementar nº 64, de 18 de maio de 1990, sendo o rol das causas ampliado pela Lei Complementar nº 135, de 4 de junho de 2010 (*Lei da Ficha Limpa*).

24.4. COMPETÊNCIA

A competência é exclusiva do Tribunal Superior Eleitoral (art. 22, I, *j*, do Código Eleitoral, e, por simetria, arts. 102, I, *j*, e 105, I, *e*, da CF).

A Corte Superior já pacificou o entendimento:

> (...) **A Lei Complementar nº 86/1996, ao introduzir a ação rescisória no âmbito da Justiça Eleitoral, incumbiu somente a esta Corte Superior o processo e julgamento**. Agravo regimental não provido. *DJ* de 20.4.2001. Agravo na Ação Rescisória nº 89/MG. Rel. Min. Garcia Vieira.
>
> E ainda: Acórdão nº 3.632, de 17/12/2002. Agravo de Instrumento nº 3.632/SP. Rel. Min. Fernando Neves; Acórdão nº 144, de 20/09/2002. Ação Rescisória nº 144/GO. Rel. Min. Fernando Neves (grifos nossos).

Os Tribunais Regionais Eleitorais também não admitem a ação rescisória de seus próprios julgados, conforme, v.g., precedente do Amapá, *in verbis*: "(...) *A Ação rescisória possui aplicação limitada na Justiça Eleitoral, cabível somente para desconstituir decisão do Tribunal Superior Eleitoral que contenha declaração de inelegibilidade, nos termos do art. 22, I, "j", do Código Eleitoral. 2. Recurso desprovido. Agravo Regimental na Ação Rescisória nº 109-70.2013.6.03.0000 – Classe 5; Rel. Juiz Agostino Silvério; 23/1/2014*".

Cumpre-nos assinalar que, conforme precedente do Egrégio TSE se admite a propositura de ação rescisória contra decisão singular lavrada por membro do Egrégio TSE, desde que apreciado o mérito da causa pelo ministro relator (*Ação Rescisória nº 646-21/BA, Rel. Min. Marcelo Ribeiro, em 26/05/2011*).

Impende observar, no entanto, que certas decisões desafiam o cabimento da ação rescisória. Significativa é a decisão do Tribunal Superior Eleitoral na Ação Rescisória nº 106-SE, Rel. Min. Fernando Neves, DJU, Seção 1, 02/02/2001, p. 235, quando sua Excelência assim se posiciona: "(...) *Ao Tribunal Superior Eleitoral* **compete apenas processar e julgar originariamente** *a ação rescisória de seus julgados, não as decisões proferidas pelas cortes regionais, ou, eventualmente, de sentença de primeiro grau*" (grifos nossos).

O Tribunal Superior Eleitoral editou o verbete sumular **nº 33** nos seguintes termos: "*Somente é cabível ação rescisória de decisões do Tribunal Superior Eleitoral que versem sobre a incidência de causa de inelegibilidade*".

Como visto, limita-se o cabimento da ação rescisória dentro da interpretação literal do art. 22, I, "j" do Código Eleitoral.

Consoante preleciona *Pedro Henrique Távora Niess* em sua obra *Ação Rescisória Eleitoral*, a saber:

> (...) Entendendo-se que o Tribunal Superior Eleitoral somente pode rescindir os seus próprios acórdãos, não será forçoso concluir que as decisões que não forem reexaminadas, em sede de recurso, pela mais alta Corte de Justiça Eleitoral, porque não sujeitas à rescisão, terão mais força do que aquelas a respeito da qual ela se pronunciou, invertendo-se os valores ditados pela estrutura do Poder Judiciário? (Belo Horizonte: Editora Del Rey, 1997, p. 25).

De fato, é correta a posição. É possível propor ação rescisória das decisões dos Tribunais Regionais Eleitorais?

A alínea "j" do inc. I do art. 22 do Código Eleitoral não deve ser interpretada como norma de exclusão ou que possa restringir a competência dos Tribunais Regionais Eleitorais. Se a decisão de inelegibilidade esgota-se no exame da própria Corte Regional, cumpre ao órgão jurisdicional prolator o desafio da rescindibilidade objetivando a hígida tutela eleitoral. Faz-se necessária uma revisão jurisprudencial sobre esse tema.

O julgamento da ação rescisória pelos Tribunais Regionais Eleitorais, ao contrário de ofensa à segurança das relações já estabelecidas, serve ao evidente propósito de aperfeiçoamento da Justiça Eleitoral. Não se trata do cabimento irrestrito da ação rescisória, mas do aperfeiçoamento da interpretação sistêmica do instituto jurídico.

Tenha-se presente que o Egrégio TSE. v.g., admite o cabimento de ação rescisória em impugnação ao requerimento de registro de candidatura: "(...) *É cabível a ação rescisória para desconstituir acórdão deste Tribunal que, mesmo examinando apenas em parte o mérito da causa, manteve o indeferimento do pedido de registro do autor, com base na inelegibilidade prevista no art. 1º, inc. I, alínea e, item 1, da Lei Complementar nº 64/1990 (Ação Rescisória nº 1.418-47/ CE. Rel. orig. Min. Henrique Neves da Silva. Redatora para o acórdão: Min.ª Luciana Lóssio. Brasília, 21 de maio de 2013)*".

Por outro prisma, já se tem observado que a **ação rescisória** possui natureza jurídica simétrica com a **ação de revisão criminal**. A admissibilidade da revisão criminal é prevista nos respectivos regimentos internos dos Tribunais Eleitorais. Na verdade, a Justiça Eleitoral deve sempre se preocupar com a possibilidade de revisão dos atos judiciais, quando comprovado o equívoco ou mesmo a injustiça da decisão.

24.5. PROCEDIMENTO

A ação é de competência do TSE. A petição inicial deve conter os requisitos legais dispostos nos arts. 319 e 330 do Código de Processo Civil. O pedido deve estar em consonância com o art. 968 do mesmo diploma legal.

Outrossim, o indeferimento da inicial desafia o agravo regimental, mas o prazo decadencial de 120 (*cento e vinte*) dias continua transcorrendo normalmente.

24.6. RECURSO

Vige o princípio da irrecorribilidade das decisões do TSE. Admite-se, no entanto, o recurso extraordinário, desde que preenchidos os seus pressupostos legais, no prazo de três dias. Nesse sentido, art. 121, § 3º, da Carta Fundamental.

Não é possível, na ação rescisória, suspender a incidência da inelegibilidade da alínea *g* do art. 1º, I, da Lei Complementar nº 64/1990. Nesse sentido, destacamos: "(...) a propositura de ação rescisória não tem o condão de suspender a inelegibilidade decorrente da rejeição de contas" (*Acórdão nº 15.107, de 22/10/1998, Rel. Min. Eduardo Alckmin*)".

A falta de quitação eleitoral *(§ 7º do art. 11 da Lei nº 9.504/1997)*, não é caso de inelegibilidade que possa permitir a admissão da ação rescisória eleitoral, assim como a ausência de algumas certidões criminais (*Embargos de Declaração no Agravo Regimental na Ação Rescisória nº 1.413-59/RJ, Rel. Min. Marcelo Ribeiro, em 1º/02/2012*).

24.7. TUTELA ANTECIPADA

Quanto à tutela antecipada, decidiu o TSE pela impossibilidade de sua concessão. "(*Não é admissível a concessão de tutela antecipada em ação rescisória na Justiça Eleitoral, salvo em situações teratológicas que causam dano grave e evidente, de impossível reparação, ou nos casos em que pode ser comprometido o processo eleitoral como um todo*" (Acórdão nº 60, de 05/09/2000. Ação Rescisória nº 60/PE. Rel. Min. Fernando Neves. DJ de 05/06/2001).

24.8. PRAZO

O art. 22, alínea "j", do Código Eleitoral fixa o prazo de 120 (*cento e vinte*) dias para a propositura da ação rescisória.

Conta-se o prazo da data da decisão transitada em julgado. Se ultrapassado o prazo legal, opera-se a decadência. Nesse sentido: "*Ação rescisória. Inelegibilidade. Decadência. Configura-se a decadência, quando a ação rescisória é proposta fora do prazo de cento e vinte dias a contar do trânsito em julgado da decisão rescindenda, conforme dispõe o art. 22, inc. I, alínea "j", do Código Eleitoral. Ação rescisória julgada extinta*" (TSE, Ação Rescisória nº 932-96/PE. Rel. Min. Arnaldo Versiani. DJE de 09/02/2012).

24.9. PROVA NOVA. AÇÃO RESCISÓRIA

Sobre o tema, o Tribunal Superior Eleitoral possui precedente nos seguintes termos:

> (...) *De acordo com o art. 966, VII, do Código de Processo Civil, a decisão transitada em julgado pode ser rescindida quando "obtiver o autor, posteriormente ao trânsito em julgado, prova nova cuja existência ignorava ou de que não pôde fazer uso, capaz, por si só, de lhe assegurar pronunciamento favorável".*
>
> *2. **A prova nova, para fins do art. 966, VII, do CPC/2015, é aquela contemporânea ou anterior à decisão rescindenda cuja relevância seria tão grande a ponto de, sozinha, ser capaz de modificar a conclusão do julgamento, independentemente de outras evidências, e cuja utilização não foi possível por desconhecimento da sua existência ou em razão de impossibilidade real do seu uso no momento oportuno.***
>
> *3. **Não se admite ação rescisória com fundamento no art. 966, VII, do Código de Processo Civil quando a prova nova não existia ao tempo da decisão rescindenda.***
>
> *4. O fato superveniente, caracterizado pela absolvição criminal do candidato em 2015, não caracteriza prova nova para efeito de rescisão do julgamento proferido por este Tribunal em 2013, relativo ao registro de candidatura das Eleições de 2012 (Ação Rescisória nº 39187 – Acórdão de 28/11/2016. Rel. Min. Henrique Neves da Silva. Data 06/12/2016, p. 14/15)* (grifos nossos).

De acordo com o julgado, a prova nova que tenha aptidão para substanciar a ação rescisória deve ser anterior ou contemporânea à decisão rescindenda, porque não é concebível que a coisa julgada fique subordinada a provas futuras que afastem a inelegibilidade.

Se o documento comprobatório da não inelegibilidade, já existia à época da decisão que considerou o candidato inelegível, porém não era do conhecimento do mesmo, será possível a procedência da ação rescisória, desde que proposta no prazo legal.

24.10. COISA JULGADA FUNDADA EM NORMA INCONSTITU-CIONAL (ART. 525, III, §§ 12 A 15 E ART. 535, III, §§ 5º A 8º, DO CPC/2015). REFLEXOS NA JUSTIÇA ELEITORAL. APLICAÇÃO SUPLETIVA DO NOVO CPC

Essa questão adquire significativa importância em razão do cabimento da ação rescisória no Egrégio Tribunal Superior Eleitoral para desconstituir inelegibilidades, pois o Colendo Supremo Tribunal Federal ao examinar em ação abstrata ou concreta de constitucionalidade uma questão sobre essa temática poderá declarar a norma inconstitucional.

Impende salientar a hipótese segundo a qual a decisão judicial transitada em julgado adota como fundamentação jurídica uma norma inconstitucional que foi invalidada pelo Supremo Tribunal Federal, em julgamento de ações de controle abstrato ou concreto.

Afigura-se um panorama jurídico específico trazido pelo CPC/2015: (i) a contagem do prazo da ação rescisória quando a decisão do STF for proferida após a formação da coisa julgada, será de 2 (dois) anos a contar do pronunciamento da inconstitucionalidade da norma; e (ii) se o pronunciamento do STF pela inconstitucionalidade da norma for anterior ao julgamento do caso concreto, a sentença será um título judicial eivado de inexigibilidade, arguível em impugnação ao cumprimento de sentença.

Como se observa, transitada em julgado uma decisão inconstitucional, o reconhecimento do vício de nulidade poderá ser levantado independentemente da ação rescisória, desde que a decisão do Supremo Tribunal Federal **tenha sido proferida antes do trânsito em julgado da decisão exequenda**, conforme dispõe o art. 525, § 14, e o art. 535, § 7º, do CPC.

Se o pronunciamento do Supremo Tribunal Federal pela inconstitucionalidade da norma for posterior ao trânsito em julgado da decisão, será cabível a ação rescisória, cujo prazo decadencial de dois anos será contado a partir da decisão proferida pelo STF, nos termos do § 15 do art. 525 e do § 8º do art. 535 do Código de Processo Civil.

Em razão da insegurança jurídica que pode vir a provocar a futura declaração de inconstitucionalidade pelo Supremo Tribunal Federal, o § 13 do art. 525 e o § 6º do art. 535 preveem que os efeitos desta decisão poderão ser modulados no tempo.

O art. 27 da Lei nº 9.868/1999 já continha previsão admitindo a modulação temporal dos efeitos da decisão proferida em **controle concentrado de constitucionalidade**. No entanto, como a decisão proferida em controle difuso passa a possibilitar o cabimento da ação rescisória e a impugnação ao cumprimento de sentença pela inexigibilidade do título, admite-se, também no controle difuso, a modulação dos efeitos da declaração de inconstitucionalidade[1].

Tem-se, assim, que o vício de inconstitucionalidade é de tamanha gravidade que não pode ser sanado pelos efeitos da coisa julgada.

Sustenta *Humberto Theodoro Jr.* que "a coisa julgada não tem o condão de eliminar a profunda ineficácia da sentença que, por isso mesmo, será insanável

---

1 NEVES, Daniel Amorim Assumpção. *Manual de direito processual civil* – volume único. 8. ed. Salvador: Ed. JusPodivm, 2016, p. 816.

e arguível a qualquer tempo"[2], e complementa: "Como a lei inconstitucional é irremediavelmente nula, também a sentença formalmente transitada em julgado não tem força para se manter, quando prolatada contra a vontade soberana da Constituição"[3].

Por fim, o prazo da ação rescisória na Justiça Eleitoral é de apenas 120 (cento e vinte) dias.

---

2 THEODORO JUNIOR, Humberto. *Curso de Direito Processual Civil*. Vol. III, 48ª ed. rev., atual. e ampl. – Rio de Janeiro: Forense, 2016. P. 82.
3 THEODORO JUNIOR, Humberto. *Curso de Direito Processual Civil*. Vol. III, 48ª ed. rev., atual. e ampl. – Rio de Janeiro: Forense, 2016. P. 82.

CAPÍTULO 25

CONSIDERAÇÕES GERAIS SOBRE OS CRIMES ELEITORAIS

25.1. BASE LEGAL

Os crimes eleitorais estão disciplinados nos arts. 289 a 354 do Código Eleitoral e em outras leis que integram a legislação eleitoral em sentido amplo, tais como:

(i) Lei nº 7.021, de 6 de setembro de 1982, que estabelece o modelo de cédula única;

(ii) Lei nº 6.091, de 15 de agosto de 1974, que disciplina o fornecimento gratuito de transporte, em dias de eleições, a eleitores residentes em zonas rurais, e dá outras providências;

(iii) Lei nº 6.996, de 7 de junho de 1982, que disciplina o processamento eletrônico de dados nos serviços eleitorais;

(iv) Lei Complementar nº 64, de 18 de maio de 1990, que estabelece casos de inelegibilidade e disciplina outras matérias; e

(v) Lei nº 9.504, de 30 de setembro de 1997, que estabelece normas para as eleições.

25.2. NATUREZA JURÍDICA DOS DELITOS ELEITORAIS

1ª corrente. São os crimes eleitorais objetivamente políticos, pois atingem a personalidade do Estado e ofendem o interesse político do cidadão. Posição de *Vincenzo Manzini*.

2ª corrente. *Joel José Cândido, Desembargador Camargo Aranha e Ministro Celso de Mello, do STF*, afirmam que os crimes eleitorais são **crimes comuns**.

Registre-se o precedente do Egrégio TSE no sentido de que o crime eleitoral é **comum** e não político (*Recurso Especial Eleitoral, nº 16.048/SP, de 16/03/2000, Rel. Min. Eduardo Alckmin, DJ. 14/04/2000*).

829

Os crimes eleitorais são crimes comuns, pois estes são todos os delitos, com exceção dos impropriamente chamados crimes de responsabilidade, definidos na Lei nº 1.079/1950.

Essa lei, que define os crimes de responsabilidade, trata no Capítulo III, Dos Crimes Contra o Exercício dos Direitos Políticos, Individuais e Sociais, e define, no art. 7º, dez itens típicos criminais, tais como: *obstar o livre exercício das funções de mesário, utilizar o poder federal para impedir a livre execução da lei eleitoral e impedir, por violência, ameaça ou corrupção, o livre exercício do voto*.

Nesse caso, verifica-se um conflito aparente de normas com crimes tipificados no Código Eleitoral, a ser solucionado pelo princípio da especialidade prevalecendo este último.

O crime político é definido por *três teorias*:

(i) **teoria objetiva**: cuja autoria se identifica com os doutrinadores *Prins, Haus, Garraud, Impallomeni, Filangieri, Kluit, Rossi, Caarmignani, Giuliani, Schirach, Rauter, Bluntschli, Liszt e outros*. Originária da Alemanha.

São crimes políticos os que atentam contra as condições de existência do Estado como organização política;

(ii) **teoria subjetiva**: seus defensores são *Lombroso, Ferri e Jimenez de Asuá*. Originária da Espanha.

São crimes políticos, quando o dolo do agente tiver motivação puramente política, ou seja, o seu objetivo fica limitado a destruir, por exemplo, o regime democrático;

(iii) **teoria mista**: é a mais aceita, sustentada por *Florian e Sebastian Soler*. Originária da Itália.

São crimes políticos quando o bem jurídico lesado é a existência do Estado, além de se considerar a motivação puramente política.

No Brasil, foi adotada a **teoria mista** defendida, principalmente, pelo doutrinador *Nelson Hungria*.

A Lei de Segurança Nacional, Lei nº 7.170/1983, consagrou, em seu art. 2º, a teoria mista.

A classificação, no Brasil, sobre crimes políticos ainda merece aprimoramento, mas se apresenta como:

(i) **crimes políticos próprios**: são os que ofendem a organização do Estado, a organização política;

(ii) **crimes políticos impróprios**: são os que lesam um interesse político do cidadão.

Outra classificação, lembrada pelo doutrinador *Damásio E. Jesus* é a seguinte:

(i) **crimes políticos puros**: de exclusiva natureza política;

CONSIDERAÇÕES GERAIS SOBRE OS CRIMES ELEITORAIS CAPÍTULO 25

(ii) **crimes políticos relativos**: são os delitos políticos mistos ou complexos que ofendem simultaneamente a ordem política e um interesse privado; e **(iii) crimes comuns conexos a delitos políticos**.

Os crimes políticos em **sentido amplo** são vistos como ofensa aos elementos denominados constitutivos do Estado, e.g., população, território, autonomia político-jurídica e soberania. Historicamente eram *crimen majestatis*.

Salientava *Ulpiano* que esses crimes eram *perduellionis com animus adversus rempublicam vel principis animatus* (*Ulpiano, Leg. II, Dig, ad Leg. Jul. Maiest*).

Na prática desses delitos, os criminosos eram severamente punidos com confisco de bens, difamação da memória e a pena ainda podia atingir os filhos, descendentes. Trata-se do crime de lesa-majestade, por exemplo, a traição contra a figura do Rei ou do Estado.

No Brasil, cita-se como exemplo a sentença dos réus da Inconfidência Mineira em 18/04/1792, quando *José Joaquim da Silva Xavier*, alferes, foi conduzido pelas ruas públicas até a forca e o carrasco cortou-lhe a cabeça e levou-a até Vila Rica colocando-a num poste bem alto para que todos pudessem presenciar e ainda determinando a divisão do corpo em quatro partes. Declarado infame, inclusive filhos e netos, a casa em que vivia foi salgada e arrasada com bens confiscados.

Existem, ainda, os chamados **crimes sociais**, que alguns autores distinguem como os que atingem a organização social, e os crimes políticos como os que atingem diretamente a personalidade do Estado. Entretanto, os crimes sociais, no Brasil, são englobados no conceito jurídico dos crimes políticos próprios, segundo valiosa lição de *Damásio de Jesus*.

Todavia, **os crimes eleitorais são crimes comuns**, especialmente diante das regras eleitorais específicas, das normas de caráter temporário e da incidência típica delimitada pelo calendário eleitoral entre o alistamento e a diplomação dos candidatos eleitos, pois, fora dessas fases, o crime perde sua natureza jurídico--eleitoral e passa a atingir bens jurídicos diferenciados.

Ao ensejo da conclusão desse item, podemos afirmar que os crimes eleitorais atingem não a organização política do Estado de forma direta, mas a organização do processo democrático eleitoral, lesando os direitos públicos políticos subjetivos ativos e passivos e a ordem jurídica na relação pública da legitimidade política dos mandatos eletivos.

Os crimes eleitorais ofendem os direitos políticos do cidadão. Lesam o direito de participação livre turbando o sufrágio.

25.3. REINCIDÊNCIA

Os crimes eleitorais não são crimes políticos, sendo inaplicável aos mesmos a regra do **art. 64, inc. II, do Código Penal**, ou seja, essa regra diz que não é

831

considerada a condenação anterior para fins de reincidência, se for decorrente de crime militar próprio e político. Assim, os crimes eleitorais geram reincidência.

25.4. APLICAÇÃO SUPLETIVA E SUBSIDIÁRIA DO CÓDIGO PENAL AOS CRIMES ELEITORAIS

Impende observar ainda que, segundo o disposto no art. 12 do Código Penal e no art. 288 do Código Eleitoral, aplicam-se aos crimes eleitorais várias regras e institutos jurídicos disciplinados na parte geral do Código Penal.

Neste sentido, se aplicam aos crimes eleitorais as regras abaixo exemplificadas: (i) ao princípio da anterioridade da lei; (ii) lei penal no tempo; (iii) lei excepcional ou temporária; (iv) tempo do crime; (v) territorialidade; (vi) lugar do crime; (vii) extraterritorialidade; (viii) pena cumprida no estrangeiro; (ix) eficácia da sentença estrangeira; (x) contagem de prazo; (xi) frações não computáveis na pena; (xii) relação de causalidade; (xiii) crimes consumados e tentados; (xiv) desistência voluntária; (xv) crime impossível; (xvi) crime doloso e culposo; (xvii) erros de tipo e de proibição; (xviii) legítima defesa; (xix) estado de necessidade; (xx) inimputabilidades; (xxi) concurso de pessoas; (xxii) algumas espécies de penas e regimes; (xxiii) fixação de pena; (xxiv) circunstâncias agravantes e atenuantes; (xxv)cálculo da pena; (xxvi) concurso material, formal e continuado; (xxvii) suspensão da pena; (xxviii) efeitos da condenação; (xxix) reabilitação; (xxx) medidas de segurança; e (xxxi) hipóteses de extinção da punibilidade.

Na omissão legislativa de uma parte geral dos crimes eleitorais, utilizam-se supletivamente praticamente os arts. 1º *usque* 120 do Código Penal.

25.5. CLASSIFICAÇÃO DOS CRIMES ELEITORAIS

Na origem da classificação dos delitos eleitorais é possível identificar dois critérios europeus. O primeiro, francês, que objetiva reunir delitos que de alguma forma lesem a legalidade, liberdade e sinceridade (*a sinceridade diz respeito à regularidade do alistamento eleitoral*).

Nesse rumo agrupam-se as fraudes no alistamento, o impedimento ao exercício do voto e a própria corrupção eleitoral. O segundo, italiano, que trata de reunir, segundo *Zanardelli,* referido na obra de *Garraud*, em seu *Traité,* volume III, nº 906, p. 343, uma separação mais lógica que seria: (i) crimes relativos ao alistamento eleitoral; (ii) crimes relativos à votação e exercício do direito de voto; e (iii) crimes relativos à apuração.

O legislador eleitoral não tratou de separar os delitos em títulos e capítulos especiais em função dos bens jurídicos atingidos.

CONSIDERAÇÕES GERAIS SOBRE OS CRIMES ELEITORAIS | CAPÍTULO 25

Deveras, os delitos eleitorais podem atingir **bens jurídicos específicos** que integram fases e subfases, antecedentes, concomitantes e pós-eleição do processo eleitoral em sentido amplo, a saber:

a) o **alistamento eleitoral**, por exemplo, o delito do art. 289 do Código Eleitoral;

b) delitos que são de **falsidade eleitoral**, v.g., art. 350 do Código Eleitoral;

c) crimes contra a **Administração da Justiça Eleitoral**, art. 344 do Código Eleitoral;

d) delitos que afetam a **propaganda política eleitoral**, por exemplo, a divulgação de panfletos no próprio dia da eleição, art. 39, § 5º, III, da Lei das Eleições;

e) crimes que **violam as ordens e determinações da Justiça Eleitoral**, no caso o art. 347 do Código Eleitoral;

f) crimes contra a **honra dos candidatos e terceiros**, por exemplo, os arts. 325 e 326 do Código Eleitoral;

g) delito de **coação eleitoral**, art. 301 do Código Eleitoral;

h) delito de **compra de votos**, art. 299 do Código Eleitoral;

i) delito contra a **votação e apuração**, art. 72 e incisos da Lei nº 9.504/1997.

Mister se faz ressaltar que emergindo uma reforma eleitoral, é de fundamental importância a criação da parte **geral** e **especial** dos crimes eleitorais com a separação metodológica, por títulos, dos delitos que atingem determinados bens jurídicos, v.g., crimes contra o alistamento eleitoral e contra a propaganda política eleitoral.

Em síntese: a tipicidade penal eleitoral está naturalmente vinculada à repressão de ações que possam lesar a legitimidade do sufrágio e a liberdade de votar.

25.6. MULTA PENAL

O Egrégio Tribunal Superior Eleitoral possui precedente no sentido de que a destinação da **multa penal** é para o Fundo Penitenciário Nacional (Funpen).

Destaca-se:

> (...) As multas decorrentes do descumprimento da legislação eleitoral são destinadas ao Fundo Especial de Assistência Financeira aos Partidos Políticos (Fundo Partidário), **salvo aquelas decorrentes de condenação criminal, as quais – por força da LC nº 79/1994 – devem compor o Fundo Penitenciário Nacional (Funpen)** (Processo Administrativo nº 996-43/PB. Rel.ª Min.ª Nancy Andrighi. DJE de 19/12/2011) (grifos nossos).

833

25.7. INTERDEPENDÊNCIA DAS AÇÕES PENAIS E REPRESEN-TAÇÕES ELEITORAIS

É sempre oportuno lembrar que existe certa interdependência de pronunciamentos entre as instâncias (*penal e não penal*). A prova produzida poderá ser emprestada.

Destaca-se.

> (...) São independentes as esferas cível-eleitoral e a penal, de sorte que eventual improcedência do pedido, na primeira, não obsta o prosseguimento ou a instauração da ação penal para apurar o mesmo fato. (...) (TSE). (AC de 11.09.2008 no REspe nº 28.702, Rel. Min. Felix Fischer; no mesmo sentido o AC de 19/06/2008 no REspe nº 28.544, Rel. Min. Marcelo Ribeiro; o AC de 27/11/2007 no AAG nº 8.905, Rel. Min. Arnaldo Versiani; o AC de 05/12/2006 no HC nº 545, Rel. Min. Caputo Bastos; e o AC de 26/08/2010 no HC nº 31.828, Rel.ª Min.ª Cármen Lúcia).

> (...) Aprovação de contas no âmbito administrativo. Independência entre as esferas cível-eleitoral e penal. Precedente. "A eventual aprovação da prestação de contas, dado seu caráter administrativo, não impede a análise de fatos a ela relacionados em procedimento criminal que investigue a possível prática de crime eleitoral. (...)" (TSE). (AC de 18/03/2008 no HC nº 581, Rel. Min. Cezar Peluso).

Significativa é a denúncia penal proposta contra determinado candidato por violação ao delito do art. 299 do Código Eleitoral, v.g., fornecimento de cestas básicas em troca do voto do eleitor.

Como se pode notar, também é possível propor contra o candidato infrator a representação não penal por captação ilícita de sufrágio (*art. 41-A da Lei nº 9.504/1997*).

Assim, o infrator responderá por **duas ações**: uma penal e outra não penal. Nessa hipótese, a prova documental, testemunhal, pericial, fotografias e filmagens podem ser idênticas, o que enseja a aplicação subsidiária do art. 935 do Código Civil.

Os arts. 65 a 67 do Código de Processo Penal também são relevantes para a solução da responsabilidade penal eleitoral e civil/administrativa eleitoral. Sobre essa disciplina é inevitável a adoção da interpretação sistemática da ordem jurídica vigente.

Quando a prova for idêntica, a Justiça Eleitoral deve primar pela evitabilidade de decisões conflitantes, pois o juiz eleitoral da ação penal, em regra, não é o mesmo da representação eleitoral.

A sentença penal eleitoral **absolutória** com base conclusiva na **inexistência do crime** ou de sua **autoria**, transitada em julgado, impede a condenação na representação não penal eleitoral.

CONSIDERAÇÕES GERAIS SOBRE OS CRIMES ELEITORAIS | CAPÍTULO 25

No caso em que o juiz eleitoral da ação penal absolver o acusado por falta de provas, o juiz da representação poderá julgar procedente o pedido na livre apreciação das provas. Todavia, as provas devem ser aptas e idôneas a fundamentar a decisão judicial.

De toda sorte, a repercussão da sentença penal nas ações/representações não penais eleitorais nem sempre pode ser uma regra vinculante, porque nem todos os crimes eleitorais caracterizam infrações não penais da legislação eleitoral.

Por exemplo, a calúnia eleitoral poderá ser deflagrada contra um terceiro que não é candidato, sem uma vinculação obrigatória ao direito de resposta concedido pela Justiça Eleitoral; e um cabo eleitoral poderá praticar o delito do art. 299 do Código Eleitoral (*captação de sufrágio*), sem que existam provas da ação do candidato.

Ocorrendo a condenação dos acusados na esfera penal, não haverá uma forçosa consequência na punição não penal eleitoral, considerando não incidir a cassação do registro, diploma, multa e inelegibilidade.

Dessa forma, também é imprescindível a verificação do sujeito ativo da empreitada delitiva e o eventual responsável na esfera não penal eleitoral. Genericamente, os crimes eleitorais são delitos comuns, ou seja, praticados por qualquer pessoa (*simpatizantes de campanhas eleitorais*).

Quanto à responsabilidade não penal, a legislação exige, em certos casos, que o infrator seja o próprio **candidato** (*art. 41-A da Lei nº 9.504/1997*), ou seja, a representação do art. 41-A da Lei das Eleições, como já visto alhures, só poderá ser deflagrada contra o candidato.

25.8. CRIME ELEITORAL E CAUSA DE INELEGIBILIDADE

O art. 1º, inc. I, alínea "e", nº 4, da Lei Complementar nº 64, de 18 de maio de 1990, acrescido pela redação da Lei Complementar nº 135, de 4 de junho de 2010, criou a hipótese de **inelegibilidade criminal**, constituindo nova causa de inelegibilidade, ou seja, quando o órgão jurisdicional eleitoral de natureza colegiada condenar o acusado pelos crimes eleitorais, após a publicação da decisão.

Assim, a decisão do Tribunal Regional Eleitoral ou do Tribunal Superior Eleitoral terá aptidão na declaração da causa de inelegibilidade, independentemente do trânsito em julgado da decisão, pois nesse último caso, ocorrerá a suspensão dos direitos políticos pelo prazo de cumprimento da pena, art. 15, III, da Constituição Federal e verbete sumular **nº 09** do Egrégio TSE.

Ressalvas devem ser feitas sobre **a não incidência da inelegibilidade**:

1) Quando for aplicada somente a **pena de multa eleitoral**, como é o caso dos tipos penais eleitorais previstos nos *arts. 292, 303, 304, 306, 313, 320, 338 e 345, todos do Código Eleitoral,* como já tivemos oportunidade de fazer referência no capítulo sobre as causas de inelegibilidade. Essa exceção defluiu

835

do que diz o art. 1º, I, letra *e*, nº 04, *"eleitorais, para os quais a lei comine pena privativa de liberdade"*. No caso, os tipos penais apontados só possuem preceitos secundários atinentes à pena de multa; portanto, não causam inelegibilidade criminal;

2) Se for delito eleitoral cuja pena máxima cominada no preceito secundário da norma incriminadora seja de até 2 (*dois*) anos de reclusão, conforme art. 61 da Lei nº 9.099/1995 em razão do disposto no § 4º do art. 1º, da LC nº 64/1990, que dispõe sobre a não aplicação da inelegibilidade para os **crimes eleitorais de menor potencial ofensivo.**

Cumpre ainda ressaltar que nos delitos eleitorais de calúnia, difamação e injúria a ação penal é pública incondicionada, art. 355 do Código Eleitoral, mas são de **menor potencial ofensivo.**

Se o ofendido ingressar com a ação penal privada subsidiária da pública, art. 5º, LIX, da Constituição Federal, e o querelado for ao final condenado pelo Tribunal Regional Eleitoral ou Tribunal Superior Eleitoral, a decisão acarretará a inelegibilidade?

Pela simples leitura do § 4º do art. 1º da LC nº 64/1990, não se aplica a inelegibilidade nos crimes de ação penal privada e nos crimes considerados de menor potencial ofensivo.

Todavia, esse dispositivo não se aplica no caso da ação penal privada subsidiária da pública, porque a ação penal eleitoral não perde sua qualidade e continua sendo de natureza pública, conferindo-se ao querelante como ofendido o interesse privado para a configuração de uma sanção penal.

Na ação privada subsidiária da pública, o Ministério Público Eleitoral poderá aditá-la, repudiá-la ou até oferecer uma denúncia substitutiva, conforme previsto no art. 29 do Código de Processo Penal. Assim, ao querelante é concedida uma legitimidade extraordinária para a ação penal, mas não se retira a natureza pública do direito de ação, que é de atribuição do órgão do *Parquet*.

Como visto, a decisão de natureza colegiada da Justiça Eleitoral prolatada pelo Tribunal Regional Eleitoral nos autos de uma ação penal privada subsidiária da pública é causa de inelegibilidade criminal.

Acontece que os crimes previstos nos arts. 324 *usque* 326 do Código Eleitoral (*calúnia, difamação e injúria eleitorais*) são de menor potencial ofensivo, não é a decisão colegiada uma causa da inelegibilidade criminal.

Por fim, a inelegibilidade criminal por delitos possui **dois momentos: (i)** se inicia com a **decisão colegiada, por exemplo,** do Tribunal Regional Eleitoral ou da Câmara Criminal do Tribunal de Justiça Estadual devidamente publicada no Diário Oficial e termina com o trânsito em julgado dessa decisão, pois nesse momento **começa a causa de suspensão dos direitos políticos** (*art. 15, III, da Lei Maior*); e **(ii)** se inicia pelo prazo de 8 (*oito*)anos, após o cumprimento ou extinção da pena, quando cessa a suspensão dos direitos políticos.

CONSIDERAÇÕES GERAIS SOBRE OS CRIMES ELEITORAIS   CAPÍTULO 25

Inelegibilidade e suspensão dos direitos políticos têm marcos temporais diversos, pois são institutos jurídicos com incidência própria.

Sobre esse tema destacam-se no **Tribunal Superior Eleitoral** os seguintes verbetes sumulares:

(i) *"O prazo da causa de inelegibilidade prevista no art. 1º, I, e, da LC nº 64/1990 deve ser contado a partir da data em que ocorrida a prescrição da pretensão executória e não do momento da sua declaração judicial"* (**Súmula nº 60**).

Nesse caso, a decisão judicial é de natureza declaratória da extinção da punibilidade e, portanto, possui eficácia retroativa em relação ao prazo inicial de 8 (oito) anos da inelegibilidade.

(ii) *"O prazo da causa de inelegibilidade prevista no art. 1º, I, e, da LC nº 64/1990 projeta-se por oito anos após o cumprimento da pena, seja ela privativa de liberdade, restritiva de direito ou multa"* (**Súmula nº 61**).

Essa súmula é genérica, ou seja, aplicável a todos os delitos elencados no art. 1º, I, letra "e" da LC nº 64/1990, pois, como já visto, os delitos eleitorais puníveis com pena exclusiva de multa não ensejam a inelegibilidade.

25.9. PRESCRIÇÃO

Sobre a prescrição no processo penal eleitoral se aplicam as regras do Código Penal.

O Tribunal Superior Eleitoral editou verbetes sumulares sobre a prescrição, a saber:

(i) *"Não compete à Justiça Eleitoral, em processo de registro de candidatura, verificar a prescrição da pretensão punitiva ou executória do candidato e declarar a extinção da pena imposta pela Justiça Comum"* (**Súmula nº 58**).

Portanto, se no momento do requerimento de registro de candidatura, o candidato é inelegível, mas já está consolidada a prescrição, deverá obter a decisão extintiva no âmbito da jurisdição não eleitoral e, posteriormente, comprovar sua situação jurídica perante a Justiça Eleitoral para obter o registro da candidatura, afastando a causa de inelegibilidade.

(ii) *"O reconhecimento da prescrição da pretensão executória pela Justiça Comum não afasta a inelegibilidade prevista no art. 1º, I, "e", da LC nº 64/1990, porquanto não extingue os efeitos secundários da condenação"* (**Súmula nº 59**).

Aqui, é o caso da prescrição da pretensão executória ou da condenação, nos termos do art. 110 do Código Penal. Desaparece nessa hipótese o direito de executoriedade da pena imposta, mas persistem os demais efeitos da decisão condenatória, ou seja, a inelegibilidade delitiva.

837

No entanto, o reconhecimento da prescrição executória afastará a suspensão dos direitos políticos, a partir do momento em que consumada, porque não haverá mais pena a ser cumprida, incidindo desde já, a inelegibilidade por 8 (oito) anos.

25.10. FACÇÕES CRIMINOSAS E AS ELEIÇÕES

Em determinadas regiões geográficas subsiste o domínio de milícias ou traficantes.

Registre-se artigo de opinião do Jornal *O Globo*, publicado no domingo, dia 19/08/2018, p. 2, *in expressi verbis*: "[...] 1,7 milhões de eleitores estão cadastrados em 637 locais de votação que ficam em áreas dominadas pelo crime. [...] A maioria desses lugares (338) é controlada pelo Comando Vermelho; 171 por milicianos; 86 pelo Terceiro Comando Puro; 24 pelos Amigos dos Amigos, e 18 sem facção definida. [...] O resultado dessa estratégia do terror é a infiltração de representantes do crime nas instituições de representação [...]".

Esse panorama enseja a adoção de medidas judiciais.

Identificado o candidato fomentador da coação eleitoral, a Polícia Federal e o Ministério Público Eleitoral, após a investigação e diante do suporte probatório necessário devem adotar a capitulação penal do art. 301 do Código Eleitoral, a saber: "Usar de violência ou grave ameaça para coagir alguém a votar, ou não votar, em determinado candidato ou partido, ainda que os fins visados não sejam conseguidos".

Por outra, cumpre ao legislador urgentemente criar uma tipicidade penal eleitoral adequada aos novos tempos da violência atávica eleitoral, independentemente de viabilizar maior efetividade aos meios não penais eleitorais de punição lesiva ao direito do sufrágio, pois a liberdade do voto e a lisura das eleições dizem respeito ao Estado democrático.

A captação ou gastos ilícitos de recursos utilizados por candidatos que possam contar ilegalmente com o apoio financeiro dessas organizações criminosas viabiliza a deflagração da representação prevista no art. 30-A da Lei nº 9.504/97.

Acresça-se que dependendo da situação concreta ainda é possível enquadrar os infratores no delito de corrupção eleitoral, art. 299 do Código Eleitoral e na ação de captação ilícita de sufrágio, art. 41-A da Lei das Eleições.

Por fim, é indispensável que os órgãos de segurança pública possam no dia da eleição zelar pela efetiva preservação da intangibilidade do direito de votar assegurando aos eleitores que se encontra nas filas das seções de votação a segurança para a liberdade do voto.

É nula a votação, "quando preterida formalidade essencial do sigilo dos sufrágios", inc. IV do art. 220 do Código Eleitoral, sendo anulável a votação por atos de coação, nos termos do art. 222 da mesma lei.

CAPÍTULO 26

COMENTÁRIOS AOS CRIMES ELEITORAIS DO CÓDIGO ELEITORAL

26.1. FUNCIONÁRIOS PARA FINS PENAIS ELEITORAIS. ART. 283 DO CÓDIGO ELEITORAL

> Art. 283. Para os efeitos penais são considerados membros e funcionários da Justiça Eleitoral:
>
> I – os magistrados que, mesmo não exercendo funções eleitorais, estejam presidindo Juntas Apuradoras ou se encontrem no exercício de outra função por designação de Tribunal Eleitoral;

A regra explicativa complementa o art. 327 do Código Penal que define funcionário público para fins penais. O art. 337-D do Código Penal inclui outra modalidade típica, "funcionário público estrangeiro".

O artigo contempla os juízes designados em auxílio aos titulares das zonas eleitorais.

Para determinadas eleições, os Tribunais Regionais Eleitorais costumam designar juízes para presidir juntas apuradoras, sendo que estes juízes não são os titulares da zona eleitoral que as abrange.

> II – os cidadãos que temporariamente integram órgãos da Justiça Eleitoral;

Leciona *Joel José Cândido* que o dispositivo legal diz respeito aos juízes classistas, ou seja, da classe dos advogados. São os juízes juristas. É cediço que nos Tribunais Regionais Eleitorais a composição é híbrida e envolve a nomeação pelo Presidente da República de 2 (*dois*) advogados indicados pelo Tribunal de Justiça.

Diz a Resolução TSE nº 23.517/2017 art. 1º: *"Os advogados a que se refere o inc. III do § 1º do art. 120 da Constituição Federal (CF/1988) serão indicados em lista*

839

tríplice organizada pelos Tribunais de Justiça que será encaminhada ao Tribunal Superior Eleitoral (TSE) pelo respectivo Tribunal Regional Eleitoral (TRE)".

Outrossim, no Tribunal Superior Eleitoral, o Presidente da República também nomeia 2 (*dois*) juízes eleitorais (*Ministros*), após indicação do Supremo Tribunal Federal (*Constituição Federal, arts. 118 a 121*).

> III – os cidadãos que hajam sido nomeados para as mesas receptoras ou Juntas Apuradoras;

O artigo engloba os mesários, secretários e escrutinadores eleitorais.

> IV – os funcionários requisitados pela Justiça Eleitoral.

Nesta hipótese, a regra compreende os policiais militares, civis, guardas municipais e toda espécie de servidor público. Se um desses agentes pratica crime eleitoral, o caso será processado e julgado pela Justiça Eleitoral (*Justiça Especial*).

> § 1º Considera-se funcionário público, para os efeitos penais, além dos indicados no presente artigo, quem, embora transitoriamente ou sem remuneração, exerce cargo, emprego ou função pública.
>
> § 2º Equipara-se a funcionário público quem exerce cargo, emprego ou função em entidade paraestatal ou em sociedade de economia mista.

A hipótese abrange os estagiários e pessoas voluntárias que trabalham sem remuneração nas zonas eleitorais, especialmente no dia da eleição.

Remissões

CP, art. 327.

Lei nº 8.666/1993 – Lei de Licitações Públicas – art. 84, § 1º.

26.2. FIXAÇÃO DA PENA. ART. 284 DO CÓDIGO ELEITORAL

> Art. 284. Sempre que este Código não indicar o grau mínimo, entende-se que será ele de 15 (quinze) dias para a pena de detenção e de um ano para a de reclusão.

A regra é de tipicidade remetida no que tange ao preceito secundário da norma incriminadora. Trata-se de dispositivo que, na prática, acarreta maior dificuldade na aplicação das regras penais eleitorais. *De lege ferenda*, o legislador deveria inserir no próprio preceito secundário a sanção penal.

26.3. AUMENTO E DIMINUIÇÃO DE PENA. ART. 285 DO CÓDIGO ELEITORAL

> Art. 285. Quando a lei determina a agravação ou atenuação da pena sem mencionar o *quantum*, deve o juiz fixá-lo entre 1/5 (um quinto) e 1/3 (um terço), guardados os limites da pena cominada ao crime.

Como bem lembrado por *Joel José Cândido*, o artigo não está tratando de agravante ou atenuante. Na verdade, estamos diante de causa especial de aumento ou de diminuição da pena. Subsidiariamente, aplica-se o Código Penal.

Remissões

CP, arts. 59 e 68.

26.4. PENA DE MULTA. ART. 286 DO CÓDIGO ELEITORAL

> Art. 286. A pena de multa consiste no pagamento ao Tesouro Nacional de uma soma de dinheiro, que é fixada em dias--multa. Seu montante é, no mínimo, 1 (um) dia-multa e, no máximo, 300 (trezentos) dias-multa.
>
> § 1º O montante do dia-multa é fixado segundo o prudente arbítrio do juiz, devendo este ter em conta as condições pessoais e econômicas do condenado, mas não pode ser inferior ao salário-mínimo diário da região nem superior ao valor de um salário-mínimo mensal.
>
> § 2º A multa pode ser aumentada até o triplo, embora não possa exceder o máximo genérico (*caput*), se o juiz considerar que, em virtude da situação econômica do condenado, é ineficaz a cominada, ainda que no máximo, ao crime de que se trate.

A multa de natureza penal imposta na sentença criminal condenatória ensejará intimação do réu para pagamento no prazo de 10 (*dez*) dias, conforme preceitua o art. 50 do Código Penal.

Com o trânsito em julgado da sentença penal, a multa passa a ser um recurso que se destina ao Fundo Penitenciário Nacional (*Funpen*), conforme preceitua a Lei Complementar nº 79/1994, art. 2º, incs. V e VI, não sendo destinada ao Tesouro Nacional. Nesse ponto ocorreu a revogação parcial do art. 286 do Código Eleitoral. É expedida Guia de Recolhimento da União.

Todavia, o não pagamento da multa ensejará a sua inscrição como Dívida Ativa da União, sendo eventualmente executada conforme as multas eleitorais em geral (*Resolução TSE nº 21.975/2004*). Trata-se de execução fiscal, art. 367, IV, do Código Eleitoral.

841

A ação de execução fiscal é de atribuição da Procuradoria da Fazenda Nacional, com ajuizamento perante a zona eleitoral especificamente designada pelo Tribunal Regional Eleitoral.

Aplica-se o art. 51 do Código Penal pela redação da Lei nº 9.268/1998, sendo executada a pena de multa com a observância da Lei nº 6.830/1980 (*Lei de Execução Fiscal*).

A anotação do débito da multa será formalizada em termo de inscrição no âmbito da competência do juiz da zona eleitoral do devedor. Para o devedor é possível o parcelamento nos termos do art. 11, § 8º, III, da Lei nº 9.504/1997.

Remissão

CP, art. 51.

26.5. APLICAÇÃO SUBSIDIÁRIA DO CÓDIGO PENAL. ART. 287 DO CÓDIGO ELEITORAL

> Art. 287. Aplicam-se aos fatos incriminados nesta Lei as regras gerais do Código Penal.

Por exemplo: a regra do concurso de pessoas, as hipóteses de erro, excludentes de tipicidade, ilicitude e culpabilidade, imputabilidade penal, penas, regime especial, fixação da pena, agravantes, atenuantes, reincidência, cálculo da pena, suspensão condicional da pena, concurso de crimes, livramento condicional, efeitos da condenação, medidas de segurança e causas de extinção da punibilidade.

Adotou o legislador a remissão taxativa ao Código Penal.

Remissão

Código Eleitoral, art. 364.

CP, art. 12.

26.6. CRIMES ELEITORAIS PRATICADOS PELOS MEIOS DE COMUNICAÇÃO SOCIAL. ART. 288 DO CÓDIGO ELEITORAL

> Art. 288. Nos crimes eleitorais cometidos por meio da imprensa, do rádio ou da televisão, aplicam-se exclusivamente as normas deste Código e as remissões a outra lei nele contempladas.

O dispositivo legal estabelece regra de competência *ratione materiae*.

Quando o agente ativo da empreitada criminosa pratica crime por meio da imprensa (*rádio, televisão, jornais, revistas e, inclusive, a internet*), o delito poderá ser de natureza eleitoral.

É oportuno frisar o fato de que os crimes contra a honra (*calúnia, difamação ou injúria*) podem ser praticados por intermédio da imprensa.

Nesses casos, **a imprensa** é apenas um instrumento ou mecanismo de execução da ação delitiva cuja amplitude de alcance é demasiadamente extensa e o resultado naturalístico é fragmentário, pois atinge um número incomensurável de pessoas (*cidadãos-eleitores*).

Dessa forma, é necessário ao intérprete distinguir entre delitos praticados por meio da imprensa e delitos tipificados na própria Lei de Imprensa (*Lei nº 5.250/1967*), **– com a revogação da Lei de Imprensa, aplica-se o Código Penal**.

A Lei de Imprensa não foi recepcionada, nos termos da decisão do Supremo Tribunal Federal na Ação de Descumprimento de Preceito Fundamental nº 130/2009.

O delito contra a honra será de competência da Justiça Eleitoral, quando objetivar os fins de propaganda eleitoral, restando inequívoco o dolo específico, pois, caso contrário, a princípio, a tipicidade se desloca para o Código Penal, arts. 138, 139 e 140.

O art. 57-H, nos §§ 1º e 2º Lei nº 9.504/1997 trata do **crime de contratação** para fins de ataques à honra dos candidatos, partidos políticos e coligações. O meio para a prática é específico, ou seja, por mensagens ou comentários na *internet*.

As regras sobre o **direito de resposta** estão previstas nos arts. 58 e 58-A da Lei nº 9.504/1997 e em resoluções temporárias do Egrégio TSE, sendo que terceiros atingidos no horário eleitoral gratuito também podem solicitar a resposta na Justiça Eleitoral.

No entanto, sendo a ofensa praticada por panfletos, programações normais de rádio e televisão, e na *internet* ou por mensagens, não é cabível o direito de resposta na Justiça Eleitoral, cumprindo ao ofendido o requerer na Justiça Comum.

O intérprete deverá verificar o dolo específico, ou seja, a intenção do agente em denegrir a imagem privada ou pública dos ofendidos (*candidatos, partidos políticos ou coligação*), além do objetivo de alcançar o eleitorado, o colégio eleitoral com a redução do valor moral e da reputação.

Como se nota, o crime eleitoral contra a honra praticado durante a *propaganda política* eleitoral incide no curso do calendário eleitoral do ano da eleição.

Desse modo, com a escolha do pré-candidato em convenção partidária se afigura plausível a identificação do crime eleitoral que atinge a honra, especialmente se o dolo do agente volta-se para fins de propaganda, ou seja, diminui o prestígio eleitoral do futuro candidato perante o seu grupo de eleitores.

Oficialmente, a propaganda principia-se no dia 16 de agosto do ano eleitoral (*Lei nº 9.504/1997, art. 36*). A ofensa desvirtuada da finalidade eleitoral é crime de competência da Justiça Comum (TRE/SP, AC 135.065, em 23/05/2000).

A **propaganda política partidária** que ofenda a honra de um partido político ou de pré-candidato não é crime de competência da Justiça Eleitoral, pois os tipos referidos nos arts. 324 a 326 do Código Eleitoral incidem como normas temporárias dentro do cronograma do calendário eleitoral destinado à propaganda política eleitoral.

Ambas as propagandas são diversas: a propaganda política partidária tem assento no art. 45 da Lei nº 9.096/1995 e destina-se a difundir programas, transmitir mensagens aos filiados e ideias dos partidos, sendo vedada a divulgação de propaganda de candidatos a cargos eletivos e a defesa de interesses pessoais ou de outros partidos (*art. 45, § 1º, II*).

Os crimes contra a honra praticados durante a propaganda política partidária devem ser tipificados em norma penal não eleitoral.

Assiste razão ao doutrinador *Fávila Ribeiro*:

> O reconhecimento do caráter eleitoral da infração é determinado em primeiro lugar pelo momento em que for cometida, isto é, durante ato de propaganda eleitoral, ou então, em virtude da finalidade contemplada em poder influir no comportamento do eleitorado (Ribeiro, 1988, p. 522).

E ainda completa o eminente doutrinador que o *"crime de calúnia previsto no art. 324 é resultante de transplantação de legislação penal comum, adicionado de aspectos peculiares às atividades eleitorais"*.

Cumpre ainda firmar posição no sentido de que as lesões e ofensas à honra tipificadas nos delitos de calúnia, difamação e injúria eleitorais são originárias das campanhas eleitorais.

Por fim, o legislador dos crimes eleitorais tipificou a conduta fazendo menção ao elemento objetivo normativo comum aos delitos contra a honra, ou seja, "propaganda eleitoral" e não "propaganda política"; portanto, referiu-se à espécie, e não ao gênero.

A exegese seria outra, caso o legislador tivesse usado a expressão *propaganda política*, porque só então englobaria ambas as espécies: a partidária e a eleitoral.

Em matéria de tipicidade penal a interpretação quanto à valoração ética ou jurídica do conceito de propaganda eleitoral é só aquela praticada durante o curso do calendário eleitoral e no ano eleitoral.

Liberdade de imprensa. Limitações. (TSE)

> Eleitoral. Recurso. Agravo. Direito de resposta (art. 5º, V, e X/CF e 58 da Lei nº 9.504/1997). Liberdade de imprensa (art. 220/CF).

Matéria jornalística em claro desabono a candidato. Coexistência dos dois valores que não são excludentes. Concessão do direito de resposta. Não há cogitar de direitos absolutos quando confrontadas garantias fundamentais, não se podendo deixar de reconhecer o direito à proteção da honra e da imagem, e o próprio direito de resposta, ambos emberçados na Constituição, a pretexto de dizê-los incompatíveis à liberdade de imprensa e informação. Absolutizar a liberdade de imprensa, em detrimento de valores também fundamentais do indivíduo, significa estabelecer um sobrepoder, acima do bem e do mal, irresponsável por seus atos, com potencial, todavia, de destruir, ou mitificar, homens e instituições. Concessão de resposta que se justifica em face da conduta atribuída a candidato que confronta lídimos e urgentes interesses da população. Precedentes do TSE. Agravo improvido. Recurso Especial Eleitoral 20.944/BA. Rel. Min. Barros Monteiro.

Remissões

Código Eleitoral, arts. 243, § 3º, 356 e 364.

CP, art. 12.

26.7. INSCRIÇÃO FRAUDULENTA. ART. 289 DO CÓDIGO ELEITORAL

Art. 289. Inscrever-se, fraudulentamente eleitor:

Pena: reclusão até 5 (cinco) anos e pagamento de 5 (cinco) a 15 (quinze) dias-multa.

Bem jurídico

A tutela penal reside na proteção relativa à fase do alistamento eleitoral.

O alistamento eleitoral se dá por meio da qualificação e inscrição do eleitor. Nesse sentido, dispõe o art. 42 do Código Eleitoral. A Resolução TSE nº 21.538, de 14 de outubro de 2003, disciplina o alistamento eleitoral.

Outrossim, o Requerimento de Alistamento Eleitoral – RAE deve ser preenchido pelo interessado e servirá como documento de entrada de dados, cujo processamento se dá por meios eletrônicos e informatizados.

O alistamento importa na aceitação do interessado dentro do rol de eleitores de uma zona eleitoral. Com a emissão do título eleitoral, o alistado passa a ser considerado cidadão; portanto, qualquer fraude referente à certificação dos dados pessoais do alistado atinge a regularidade do cadastro de eleitores, afetando o contingente de cidadãos legalmente habilitados ao exercício do voto. Trata-se de um crime não transeunte, pois os vestígios materiais da infração penal são verificáveis na folha do alistamento.

Sujeito ativo

É crime de mão própria ou atuação pessoal. O pretenso eleitor não pode pedir a terceiro que assine o Requerimento de Alistamento Eleitoral.

Sujeito passivo

O Estado, que é atingido na organização do eleitorado. Trata-se de crime principal, porque independe da prática de outros.

Tipo objetivo

A inscrição ocorre com o preenchimento do Requerimento de Alistamento Eleitoral, sendo que o agente ativo da empreitada delitiva lança dados falsos exigidos no formulário próprio do requerimento. Inserir é incluir elementos de informação não verdadeiros no documento.

Incrimina-se a inscrição fraudulenta. A fraude ocorre por intermédio de artifício ou ardil, com o ilaqueamento da boa-fé do servidor público que recebe o requerimento de alistamento eleitoral.

A elementar normativa "fraudulentamente eleitor" exige juízo de valoração jurídica da qualidade ou não do eleitor e da própria fraude. Geralmente a fraude é praticada com a informação falsa do nome, filiação ou endereço da residência. Os casos mais comuns dizem respeito à migração de eleitores de uma comarca contígua para alistar-se no local que não residem, atendendo pedidos de futuros candidatos regionais.

Pré-candidatos com a antevisão das eleições, e contando com o contingente de possíveis eleitores de outras cidades, organizam verdadeiras caravanas de alistamento e promovem o auxílio material na execução do delito em comento.

O crime ocorre com maior intensidade nas eleições municipais (*Prefeitos, Vice--Prefeitos e vereadores*).

Em uma cidade do Rio de Janeiro, certa feita, tinham 220 eleitores residindo no endereço de um poste da via pública, pois, fraudulentamente, informaram no requerimento de alistamento eleitoral o endereço fictício. Na hipótese, a Justiça Eleitoral e o Ministério Público conseguiram punir o pré-candidato responsável, os cabos eleitorais e os próprios "eleitores".

Para a consumação do delito basta a inserção de dados e informações no documento de forma fraudulenta, pois não é necessário que o juiz eleitoral, o servidor público eleitoral ou o promotor eleitoral verifiquem o local de residência informado falsamente no documento. O crime é formal.

Nesse sentido também é a posição da eminente doutrinadora *Suzana de Camargo Gomes,* em sua obra *Crimes Eleitorais (2000)*. Todavia, existe entendimento contrário no sentido de que é crime impossível (*CP, art. 17*), quando o documento se sujeita à verificação pelo juiz da causa (*juiz eleitoral*). O entendimento refere-se à análise do crime de falsidade ideológica.

Cumpre frisar que o servidor da Justiça Eleitoral digitará as informações no sistema com base nos dados constantes do documento apresentado pelo eleitor. Se na digitalização ocorrer erro culposo, não haverá crime por parte do servidor, mas se o servidor inserir dados falsos pode-se, nesta hipótese, admitir a coautoria na prática delitiva e o delito não será de mão própria ou atuação pessoal. Os servidores são previamente habilitados a praticar atos reservados de cartório.

O crime não é de menor potencial ofensivo e, portanto, não permite a aplicação da transação penal, arts. 61 e 76 da Lei nº 9.099/95. Cabe suspensão condicional do processo, art. 89 da mesma lei.

Tipo subjetivo

Dolo. Não há forma culposa.

Conflito aparente de normas

Reside controvérsia com o disposto no art. 350 do Código Eleitoral, ou seja, com o crime de falsidade ideológica eleitoral, pois o agente faz inserir no documento público informação falsa.

No formulário do requerimento de alistamento eleitoral, o eleitor assina como verdadeiras as declarações prestadas, sob pena do crime do art. 350 do Código Eleitoral.

Em sentido contrário é a posição do doutrinador *Tito Costa* (2002), entendendo que a inscrição originária e o pedido de transferência de uma zona eleitoral para outra é conduta tipificada no art. 289 do Código Eleitoral.

Não resta dúvida de que o pedido de transferência feito de forma fraudulenta com a indicação falsa do domicílio eleitoral (CE, art. 55) é delito tipificado no art. 289 do Código Eleitoral. Nesse sentido, *TSE-RHC nº 200, Acórdão 13.224, Rel. Min. Torquato Jardim, DJ 19/02/1993, p. 2.051*.

A solução para o conflito aparente de normas resolve-se pelo princípio da especialidade, porque a norma do art. 289 é direcionada a uma fase específica do processo eleitoral (*alistamento*) e protege o cadastro oficial de eleitores de uma zona eleitoral. Trata-se, na verdade, de delito de dupla objetividade jurídica (*alistamento eleitoral e fé pública*), na medida em que se protege a declaração verdadeira das informações.

A posição majoritária é que na falsidade do alistamento aplica-se o art. 350 do Código Eleitoral.

Os servidores da Justiça Eleitoral, juízes eleitorais e membros do Ministério Público podem exigir provas de contas de luz, gás, telefone, locação e documentos outros que possam identificar a residência no local.

Outrossim, havendo suspeita de que os requerentes foram conduzidos para o cartório eleitoral e declararam idêntico endereço, caberá diligenciar no endereço para a confirmação da veracidade das informações.

O art. 65 da Resolução TSE nº 21.538/2003 prevê a possibilidade de diligências para verificação do domicílio eleitoral.

Jurisprudência

Recurso em *habeas corpus* – Transferência Fraudulenta – art. 289 do CE. Impossibilidade de exame das alegações de serem verídicas as declarações por demandarem incursão aprofundada da matéria probatória. Transferência que não se concretizou – Tentativa passível de punição – art. 14, II, do Código Penal. Precedentes TSE. Recurso não provido. Recurso em *habeas corpus* – Acórdão 27 – SP 19/10/1999 – art. 289, CE. José Eduardo Rangel de Alckmin: Rel. designado. *DJ*, 09/11/1999, p. 151.

Ação Penal pelo crime do art. 289 do Código Eleitoral. Falta de justa causa. Em sendo certo o entendimento, na espécie, de que a alistanda tinha mais de uma residência ou moradia, poderia ela, licitamente, optar entre a capital e o interior, quando do seu alistamento eleitoral. Recurso ordinário provido. Ação Penal – Acórdão 8–SE 05/08/1997 – art. 289 CE. Rel. Nilson Vital Naves. Rel. designado. *DJ*, 22/08/1997, p. 38.864. *RJTSE*, v. 9, t. 3, p. 11.

(...) O Tribunal Regional Eleitoral, por maioria, manteve a sentença do juízo eleitoral que rejeitou a denúncia por ausência de justa causa, ressaltando que não houve, na fase investigatória, a oitiva da denunciada ou da titular da conta de energia apresentada como comprovante de residência; que a denunciada não chegou a inscrever-se no cadastro de eleitores e, assim, o delito não teria se consumado; e que a denúncia estaria fundada apenas em certidão, emitida por oficial de justiça, de que a investigada não residiria no endereço indicado no ato de transferência (TSE. Recurso Especial Eleitoral nº 2874-77. São José de Ribamar. Maranhão. Rel. Min. Henrique Neves. Em 22/8/2013).

Remissões

CE, arts. 42-61, 284 e 350.

Lei nº 6.996/1982 – Dispõe sobre a utilização de processamento eletrônico de dados nos serviços eleitorais.

Lei nº 7.444/1985 – Dispõe sobre a implantação do processamento eletrônico de dados no alistamento eleitoral e a revisão do eleitorado.

Resolução TSE nº 21.538/2003.

26.8. INDUÇÃO À INSCRIÇÃO FRAUDULENTA. ART. 290 DO CÓDIGO ELEITORAL

> Art. 290. Induzir alguém a se inscrever eleitor com infração de qualquer dispositivo deste Código:
>
> Pena: reclusão até 2 (dois) anos e pagamento de 15 (quinze) a 30 (trinta) dias-multa.

Bem jurídico

Tutela-se o alistamento eleitoral.

Sujeito ativo

Crime comum. Qualquer pessoa pode praticar o delito. Admite-se a conduta do servidor público.

Sujeito passivo

O Estado atingido na organização do cadastro eleitoral.

Tipo objetivo

O legislador adotou uma exceção pluralista à teoria monista ou unitária do concurso de pessoas.

A conduta é punida como forma de participação, pois, na verdade, quem induz outrem a inscrever-se fraudulentamente deveria ser punido pelo crime do art. 289 do CE c/c art. 29 do CP. No entanto, preferiu-se destacar a figura da participação moral elevando-a à categoria de infração penal autônoma.

O intérprete deve estar atento ao fato de que se o agente leva o eleitor até a zona eleitoral, não estará simplesmente induzindo-o a inscrever-se fraudulentamente, mas sim auxiliando-o.

A participação material é conduta subsumida no artigo anterior (CE, art. 289).

Outrossim, na análise da adequação típica de subordinação imediata pode ocorreu coautoria do candidato ou de cabos eleitorais, pois na maioria dos casos estes não se limitam a apenas auxiliar o pretenso eleitor, mas a fornecer-lhe todos os meios para fraudar o alistamento, v.g., atribuindo certificados de residência nos bairros abrangidos pela zona eleitoral.

Tipo subjetivo

Crime doloso. Não há modalidade culposa. Ocorrendo culpa, o fato é atípico em razão do princípio da excepcionalidade do crime culposo.

Jurisprudência

Recurso Especial – Crime eleitoral – Induzimento à transferência fraudulenta – Decisão regional que assentou que a conduta não se subsume à figura típica prevista no art. 290 do CE – Recurso conhecido e provido. Rel. José Eduardo Rangel de Alckmin. Rel. designado. *DJ*, 21/05/1999, p. 107.

A jurisprudência da Corte é no sentido de que a expressão "inscrição", contida no art. 290 do Código Eleitoral, e gênero do qual a "transferência" é espécie. Recurso Especial Eleitoral – Acórdão 15.321/RS. 11/05/1999 – art. 290, CE.

Recurso Especial. Pressupostos. Transgressão à norma eleitoral: Induzimento. Inscrição eleitoral: Transferência. Tipicidade: arts. 284 e 290, CE.

1. Não se conhece de recurso especial que não indica o preceito legal que reputa violado ou a divergência de julgados.

2. Induzimento de terceiros para transferência de título eleitoral, sob promessa de vantagens. Arts. 289 e 290, CE.

2.1. A jurisprudência da Corte é no sentido de que a expressão "inscrição", contida no art. 290 do Código Eleitoral, é gênero do qual a "transferência" é espécie. Tipicidade da conduta.

2.2. A ação típica de induzir corresponde à caracterização de crime unissubsistente, de modo que a prática dessa conduta, por si só, é capaz de acarretar a sua consumação, independentemente do fato de ter sido deferida a inscrição ou transferência. Rel. Maurício José Corrêa. Rel. designado. *DJ*, 22/05/1998, p. 72. *RJTSE*, v. 10, t. 1, p. 241. Recurso Especial – Acórdão 15.177/RNº 16/4/1998 – arts. 284 e 290 CE.

Recurso especial não conhecido. Recurso Especial – Acórdão 12.485/ SE 30/09/1997 – art. 290, CE. Rel. José Eduardo Rangel de Alckmin. Rel. designado. *DJ*, 17/10/1997, p. 52.583. *RJTSE*, v. 9, t. 4, p. 101.

Recurso Especial – Criminal – art. 290 do Código Eleitoral – Crime que se consuma com o induzimento à inscrição ou transferência eleitoral fraudulenta – Recurso não conhecido. *Habeas corpus.* Acórdão 298/ MG, 18/06/1996 – art. 290 CE. Rel. José Eduardo Rangel de Alckmin. Rel. designado. *RJTSE*, v. 8, t. 2, p. 56. *DJ*, 01/07/1996, p. 23.963.

Habeas corpus. Induzimento de transferência de eleitor com infração à lei. Pretensão de trancamento da ação penal com fundamento no art. 8º, III, da Lei nº 6.996/1982. Ordem denegada. O fato de a transferência do título de eleitor se dar pela declaração, feita pelo próprio interessado, sob as penas da lei, de estar no novo domicílio por mais de três meses, não impede a caracterização do crime

COMENTÁRIOS AOS CRIMES ELEITORAIS DO CÓDIGO ELEITORAL

CAPÍTULO 26

eleitoral de induzimento de transferência de eleitor com infração à lei (CE, art. 290). Ordem denegada.

Ementa: *Habeas corpus*. Acórdão do TRE/MG que entende caracterizado o tipo do art. 290 do Código Eleitoral: "Induzir alguém a se inscrever com infração de qualquer dispositivo deste Código". Crime, no caso, que se consumou a partir do momento em que os eleitores fizeram tentativa hábil, junto à Justiça Eleitoral, de transferirem seus títulos, induzidos pela paciente, cujo filho era candidato à edilidade de Tuatuba (MG). Alegação de nulidade do acórdão em *habeas corpus*, meio impróprio a nova perquirição das provas, inexistentes ademais *error in procedendo* ou *error in iudicando*. Ordem denegada. *Habeas corpus* – Acórdão 291/ MG. 07/05/1996 – art. 290, CE. Rel. Walter José de Medeiros. Rel. designado. *DJ*, 24/05/1996, p. 17.460.

Remissões

CE, art. 284.

Res. TSE nº 21.538/2003.

CP, arts. 29-31.

26.9. FRAUDE NO ALISTAMENTO. ART. 291 DO CÓDIGO ELEITORAL

Art. 291. Efetuar o juiz, fraudulentamente, a inscrição de alistando:

Pena: reclusão até 5 (cinco) anos e pagamento de 5 (cinco) a 15 (quinze) dias-multa.

Bem jurídico

O dispositivo legal protege o alistamento eleitoral.

Sujeito ativo

É um crime próprio que exige uma condição jurídica especial, ou seja, ser juiz eleitoral investido na titularidade temporária de uma zona ou cartório eleitoral, sendo ainda o responsável para assinar os títulos eleitorais e promover a inscrição do alistando. Trata-se de crime personalíssimo.

No entanto, admite-se que o crime seja praticado por juiz eleitoral designado. Nesse sentido é a posição de *Suzana de Camargo Gomes*, que fundamenta corretamente o tema, com base na interpretação sistêmica com o art. 283, I, do Código Eleitoral.

851

Marcos Ramayana — Direito Eleitoral

Admite-se a comunicabilidade da elementar "juiz" aos participantes, desde que tenham ingressado na esfera de seu conhecimento. O partícipe deve conhecer a qualidade pessoal do autor "juiz eleitoral". A elementar só se comunica se integra o dolo do partícipe. Aplica-se, subsidiariamente, a regra do art. 30 do Código Penal. Se o agente desconhece a qualidade pessoal, poderá praticar os delitos dos arts. 289 ou 290.

Sujeito passivo

O Estado e o alistando que age de boa-fé.

Tipo objetivo

A elementar normativa do tipo "fraudulentamente" exige o ardil, o engano ou a ilaqueação da boa-fé. O crime só é punido se o juiz, agindo por conta própria ou em concurso com terceiros, *extraneus* ou *intraneus*, insere nome ou dados falsos, inexistentes ou inverídicos no cadastro dos eleitores da zona eleitoral.

Admite-se a tentativa, pois não é necessária a expedição do título eleitoral. É crime formal.

Tipo subjetivo

O dolo. Não há forma culposa.

Remissões

CE, arts. 42-61, 284 e 350.

Lei nº 6.996/1982 – Dispõe sobre a utilização de processamento eletrônico de dados nos serviços eleitorais.

Lei nº 7.444/1985 – Dispõe sobre a implantação do processamento eletrônico de dados no alistamento eleitoral e a revisão do eleitorado.

26.10. OMISSÃO JUDICIAL ELEITORAL. ART. 292 DO CÓDIGO ELEITORAL

> Art. 292. Negar ou retardar a autoridade judiciária, sem fundamento legal, a inscrição requerida:
>
> Pena: pagamento de 30 (trinta) a 60 (sessenta) dias-multa.

Bem jurídico

Tutela-se o cadastro eleitoral. Trata-se de crime contra a fase do alistamento eleitoral.

Sujeito ativo

É crime próprio e personalíssimo. Só a autoridade judiciária é a responsável pela negativa ou retardamento. Aplica-se a regra do art. 30 do Código Penal, conforme comentários ao tipo anterior. Outrossim, é possível que o delito seja praticado por juiz do Tribunal Regional ou Tribunal Superior Eleitoral, quando ocorra, v.g., a interposição de recurso (*Lei nº 6.996/1982, art. 7º*).

Sujeito passivo

O alistamento eleitoral é feito em todo o território brasileiro, por meio de regras da Lei nº 7.444/1985 e da Resolução do TSE nº 21.538, de 14 de outubro de 2003; portanto, o delito afeta diretamente o Estado e o alistando, pois nega-se ou retarda-se a inscrição e, consequentemente, protela-se o exercício legítimo do direito de voto e da cidadania.

Tipo objetivo

A legislação eleitoral indica quais documentos o alistando deve apresentar: prova da nacionalidade brasileira (Lei nº 7.444/1985, art. 5º, § 2º); carteira de identidade ou o outra emitida por órgão de categoria profissional; certificado de quitação com o serviço militar; e certidão de nascimento ou casamento. A negativa ou o retardamento são condutas que prejudicam a regular emissão do título eleitoral e o pleno exercício do voto pelo alistando interessado.

Outrossim, é facultado o alistamento, no ano das eleições, ao menor que completar 16 (*dezesseis*) anos até a data do pleito, mas o título emitido só surtirá efeitos com o implemento da idade de 16 (*dezesseis*) anos. Nesse sentido, Resolução TSE nº 21.538/2003, art. 14.

Sobre o alistamento do índio (*TSE. Res. nº 23.274, de 1º/06/2010*).

Tipo subjetivo

O dolo. Não admite forma culposa.

Remissões

CE, arts. 42-61.

Lei nº 6.996/1982 – Dispõe sobre a utilização de processamento eletrônico de dados nos serviços eleitorais.

Lei nº 7.444/1985 – Dispõe sobre a implantação do processamento eletrônico de dados no alistamento eleitoral e a revisão do eleitorado.

26.11. IMPEDIMENTO AO ALISTAMENTO. ART. 293 DO CÓDIGO ELEITORAL

> Art. 293. Perturbar ou impedir de qualquer forma o alistamento:
>
> Pena: detenção de 15 dias a seis meses ou pagamento de 30 (trinta) a 60 (sessenta) dias-multa.

Bem jurídico

Tutela-se o alistamento eleitoral.

Sujeito ativo

É crime comum. Admite-se o concurso com servidores públicos.

Sujeito passivo

O Estado e o alistando.

Tipo objetivo

A perturbação ou o impedimento devem ocorrer em qualquer das efetivas etapas do processo de alistamento eleitoral.

Primeiramente, o alistando preenche o requerimento de alistamento eleitoral com a ajuda do servidor público da zona eleitoral, que digitará as informações, e, depois do documento assinado, o servidor ainda preencherá outros dados nos espaços que lhe são reservados para submeter ao juiz eleitoral o pedido. Assim, qualquer ato que possa atentar contra o bom funcionamento desta formalização do alistamento eleitoral caracterizará o crime. Vê-se, portanto, que o delito é formal.

Admite-se tentativa em ambas as modalidades (*perturbar ou impedir*).

O crime também incide nos pedidos de transferência, revisão, segunda via e restabelecimento da inscrição cancelada.

Os partidos políticos, por seus delegados, podem fiscalizar os pedidos de alistamento, transferência, revisão e segunda via, mas não podem os agentes perturbar ou impedir o atendimento nas filas das zonas eleitorais e em relação aos documentos relativos a estes pedidos.

Historicamente esse crime já era previsto nos arts. 107, § 8º, do Decreto nº 21.076, de 24 de fevereiro de 1932 (*Código Eleitoral*) e 175, inc. I, nº 10 da Lei nº 1.164/1950 (*Código Eleitoral*).

Comentários aos Crimes Eleitorais do Código Eleitoral

Tipo subjetivo

Dolo.

Remissões

CE, arts. 42-61 e 296.

Lei nº 6.996/1982 – Dispõe sobre a utilização de processamento eletrônico de dados nos serviços eleitorais.

Lei nº 7.444/1985 – Dispõe sobre a implantação do processamento eletrônico de dados no alistamento eleitoral e a revisão do eleitorado.

26.12. RETENÇÃO DO TÍTULO ELEITORAL. ART. 295 DO CÓDIGO ELEITORAL

> Art. 294. (Revogado pela Lei nº 8.868/1994).
>
> Art. 295. Reter título eleitoral contra a vontade do eleitor:
>
> Pena: detenção até 2 (dois) meses ou pagamento de 30 (trinta) a 60 (sessenta) dias-multa.

Bem jurídico

Tutela-se o legítimo exercício do direito de voto. O tipo penal protege a fase da votação.

Sujeito ativo

Trata-se de crime comum. Admite-se a prática do delito pelo mesário ou servidor requisitado pela Justiça Eleitoral para atender nas filas e na seleção dos eleitores aptos a votar, inclusive nos cartórios e zonas eleitorais. Nesta última hipótese emerge um conflito aparente de normas com o delito do **art. 91, parágrafo único, da Lei nº 9.504/1997** (*Lei das Eleições*):

> **Parágrafo único. A retenção de título eleitoral ou comprovante de alistamento eleitoral constitui crime, punível com detenção, de um a três meses, com a alternativa de prestação de serviços à comunidade por igual período, e multa no valor de cinco mil a dez mil UFIRS.**

Em razão da norma insculpida no art. 91, parágrafo único, da Lei nº 9.504/1997, ocorreu a **revogação tácita** do artigo em comento em razão do **princípio da especialidade**.

855

A vontade ou não do eleitor na hipótese não altera a incidência do tipo. O art. 91, parágrafo único, foi mais amplo do que o art. 295 do CE. As circunstâncias peculiares de cada caso prescindem da vontade do eleitor, pois uma vez retido o título ou o comprovante de alistamento eleitoral o delito já está consumado. A norma posterior produziu a ab-rogação do art. 295.

Registramos a posição da doutrinadora Suzana de Camargo Gomes no sentido da coexistência das normas do art. 295 do CE e do art. 91, parágrafo único, da Lei nº 9.504/1997.

Sujeito passivo

O Estado. A democracia.

Tipo objetivo

A retenção é ato criminoso, exceto se ocorrer fundada suspeita de falsidade do título eleitoral apresentado ao mesário ou servidor apto a habilitar o eleitor a votar. O juiz eleitoral de forma fundamentada poderá apreender o título eleitoral falsificado e encaminhar ao promotor eleitoral para a adoção das providências legais cabíveis, como oferecer denúncia, ou instaurar inquérito. Aplica-se a regra do art. 40 do Código de Processo Penal.

É delito formal que independe da produção de resultado naturalístico tenha ou não o eleitor conseguido votar.

O delito é de lesão ou mera conduta, pois basta o ato de retenção para afetar e colocar em risco a liberdade de voto e o pleno exercício da cidadania. A questão referente ao fato de o eleitor ter conseguido votar pelo seu nome constar na lista de eleitores e por ele ter exibido um outro documento de identificação não desautoriza a incidência da norma penal do art. 91, parágrafo único, da Lei nº 9.504/1997. A lei presume *jure et de jure* que, se o agente retiver o título, o eleitor ficará impossibilitado de votar ou apresentará dificuldades em exercer o direito de voto.

O crime não é qualificado como do tipo acessório; portanto, não fica na dependência do exercício efetivo do voto.

Esse delito é praticado de forma reiterada quando títulos eleitorais são retidos por militantes políticos objetivando assegurar o voto no dia da eleição. É comum que a criminalidade ocorra em estabelecimentos do tipo "**Centros Sociais**", quando em troca de emprego, alimentos e outros benefícios pessoas se apossam desse documento.

O art. 91-A da Lei nº 9.504/1997 exige como documento primordial para o exercício do voto a identidade oficial do eleitor com fotografia (carteira de identidade, passaporte, CTPS ou documento de habilitação); portanto, o título eleitoral não é essencial, mas a sua indevida retenção continua sendo crime.

COMENTÁRIOS AOS CRIMES ELEITORAIS DO
CÓDIGO ELEITORAL

CAPÍTULO 26

Historicamente esse crime já era previsto no art. 175, I, nº 8 da Lei nº 1.164/1950 (*Código Eleitoral*).

Tipo subjetivo

O dolo.

Remissões

CE, arts. 114, parágrafo único, 146, V, 147 e 148.

Lei nº 9.504/1997, art. 91, parágrafo único.

Lei nº 5.553/1968 – Dispõe sobre a apresentação e uso de documentos de identificação pessoal.

Lei nº 9.049/1995 – Faculta o registro, nos documentos pessoais de identificação, das informações que especifica.

Decreto-Lei nº 3.688/1941 – LCP – art. 68.

26.13. DESORDEM ELEITORAL. ART. 296 DO CÓDIGO ELEITORAL

> Art. 296. Promover desordem que prejudique os trabalhos eleitorais:
>
> Pena: detenção até 2 (dois) meses ou pagamento de 60 (sessenta) a 90 (noventa) dias-multa.

Bem jurídico

A conduta ativa atinge os regulares serviços eleitorais. Trata-se de delito que afeta a higidez e a segurança das relações entre partidos, coligações, candidatos, membros do Ministério Público, eleitores e a Justiça Eleitoral.

Sujeito ativo

É crime comum.

Sujeito passivo

O Estado e as pessoas envolvidas nos trabalhos eleitorais. Pode ser considerado delito de dupla subjetividade passiva.

Tipo objetivo

A desordem deve prejudicar os trabalhos realizados na fase do alistamento, votação, apuração ou diplomação dos eleitos, inclusive nas etapas da propaganda

857

política partidária ou eleitoral, registro de candidatos, prestação de contas, direito de resposta e pesquisas eleitorais.

O crime é absorvido pelos delitos dos arts. 39, § 5º; e 72 da Lei nº 9.504/1997.

Historicamente esse crime já era previsto no art. 175, inc. I, nº 24, da Lei nº 1.164/1950 (*Código Eleitoral*).

Tipo subjetivo

O dolo.

Remissões

CE, art. 293.

Decreto-Lei nº 3.688/1941 – LCP – arts. 42, 62 e 65.

26.14. IMPEDIMENTO AO SUFRÁGIO. ART. 297 DO CÓDIGO ELEITORAL

> Art. 297. Impedir ou embaraçar o exercício do sufrágio:
>
> Pena: detenção até 6 (seis) meses e pagamento de 60 (sessenta) a 100 (cem) dias-multa.

Bem jurídico

Tutela-se a plena liberdade de votar. É delito referente à fase da votação.

Sujeito ativo

É crime comum.

Sujeito passivo

A conduta afeta o Estado, a democracia e o eleitor.

Tipo objetivo

O impedimento pode ocorrer por meio de ações concretas voltadas à manutenção do eleitor em cárcere privado, sequestro e tortura. É possível, portanto, o concurso de crimes nestas hipóteses. Ocorrendo violência ou grave ameaça direcionada a votar ou não votar em candidato específico, o delito será o do art. 301 do Código Eleitoral.

O embaraçar se dá pela colocação de obstáculos e dificuldades. O empregador poderá praticar este crime impondo ao empregado a realização de diversos serviços no dia da eleição.

COMENTÁRIOS AOS CRIMES ELEITORAIS DO
CÓDIGO ELEITORAL

CAPÍTULO 26

Trata-se de crime material na modalidade de impedir, e formal na hipótese de embaraçar ou obstaculizar a votação.

Emerge **conflito** com o disposto na **Lei nº 4.898, de 9 de dezembro de 1965**, *que regula o Direito de Representação e o processo de Responsabilidade Administrativa Civil e Penal, nos casos de abuso de autoridade. "Art. 3º Constitui abuso de autoridade qualquer atentado: (...) g) aos direitos e garantias legais assegurados ao exercício do voto"*.

A aplicação do dispositivo legal da lei especial de abuso de autoridade é correta para os atentados ocorridos em eleições plebiscitárias, regimentais do Congresso Nacional, Assembleias Legislativas e Câmaras Municipais.

A norma penal especial abusiva tutela os atentados ocorridos durante a fase de votação de eleições que não sejam para vereadores, Prefeitos, Vice-Prefeitos, Deputados estaduais, distritais, federais, Senadores, suplentes, Governadores, Vices, Presidente e Vice-Presidente.

Outrossim, a norma da Lei de Abuso de Autoridade exige sujeito ativo especial, ou seja, qualquer autoridade que exerça função pública. A jurisprudência admite a aplicação do concurso de pessoas (*comunicabilidade das elementares – art. 30 do Código Penal*); assim, o *extraneus* pode ser sujeito ativo do crime de abuso de autoridade, desde que pratique o fato em coautoria ou participação. Trata-se da incidência e consagração da teoria monista. A absolvição do *intraneus* pode acarretar a atipicidade absoluta ou relativa.

A votação atingida e tutelada pela norma do art. 297 é uma fase do processo eleitoral. O processo eleitoral (*referente às eleições municipais, estaduais e federais*) possui quatro fases doutrinariamente consideradas, a saber: alistamento, votação, apuração e diplomação.

Tipo subjetivo

Dolo.

Remissões

CE, arts. 234 e 301.

Jurisprudência

Exercício do voto. Facilidades ao empregado e funcionário

> (TSE). (...) Em se tratando de segundo turno, deve-se decretar feriado apenas naqueles Municípios que ainda terão votações. Muito embora seja feriado, pode o comércio abrir as suas portas. Isso, desde que: 1) sejam obedecidas todas as normas constantes de convenção coletiva ou de legislação trabalhista, ou, ainda, de

legislação local, sobre remuneração e horário de trabalho em datas de feriado; 2) sejam criadas, pelo empregador, todas as condições necessárias para que seus funcionários possam, sem empecilhos, comparecer às respectivas zonas eleitorais. Tratando--se de funcionário que trabalhe em Município onde não haverá segundo turno, mas que tenha domicílio eleitoral em localidade cujo pleito ainda não se concluiu, deve o empregador criar todos os mecanismos necessários ao mais desembaraçado exercício do direito-dever de voto, pena do art. 297 do Código Eleitoral (Res. nº 22.963, de 23/10/2008, Rel. Min. Carlos Ayres Britto; no mesmo sentido a Res. nº 22.422, de 25/09/2006, Rel. Min. Marcelo Ribeiro).

26.15. ABUSO DE AUTORIDADE ELEITORAL. ART. 298 DO CÓDIGO ELEITORAL

Art. 298. Prender ou deter eleitor, membro de mesa receptora, fiscal, delegado de partido ou candidato, com violação do disposto no art. 236:

Pena: reclusão até 4 (quatro) anos.

Bem jurídico

A conduta atinge a liberdade de votação. O sufrágio é direito público subjetivo tutelado por norma constitucional (*CF, art. 14*).

Sujeito ativo

O crime é próprio. Não se deve admitir a prática por não autoridades, ou seja, pessoas comuns do povo que podem deter um eleitor fora das hipóteses de flagrante delito.

Nesta hipótese, faz-se necessária a comprovação da coautoria ou participação com as autoridades, porque o tipo penal em comento é remissivo e integrado pela norma do art. 236 do próprio Código Eleitoral. Ora, se o particular detém o eleitor, poderá responder por sequestro ou cárcere privado do Código Penal, ou, ainda, o delito do art. 297 do Código Eleitoral.

A remissão ao art. 236 limita o sujeito ativo às autoridades (*juízes, delegados de polícia, agentes da Polícia Federal, Civil ou Militar*) responsáveis pela prisão dos eleitores.

Trata-se de crime funcional denominado *delicta in officio*. A ausência da elementar remitida "autoridade" poderá acarretar a atipicidade relativa para o delito de cárcere privado ou sequestro do Código Penal, ou, ainda, a

Comentários aos Crimes Eleitorais do
Código Eleitoral

CAPÍTULO 26

atipicidade absoluta; portanto, o crime pode ser tanto funcional impróprio como propriamente funcional.

A autoridade responsável pela prisão pode ou não estar exercendo funções eleitorais. Pune-se, inclusive, as autoridades militares. Não há crime similar no Código Penal Militar, assim, a tipicidade está afeta ao Código Eleitoral e enseja o julgamento pela Justiça Eleitoral.

As autoridades, em regra, são processadas e julgadas pelo juiz eleitoral investido na função eleitoral da zona correspondente ao local da prática do crime. Aplica-se a regra do *locus criminis delicti*. Todavia, ressalva-se as autoridades que tenham foro por prerrogativa de função.

O juiz e o promotor de Justiça são processados e julgados por crimes eleitorais no Tribunal Regional Eleitoral. Incide a regra do art. 29, X, c/c art. 96, III, em atendimento ao princípio da simetria; natureza da matéria eleitoral e especialidade; além da interpretação sistêmica e a amplitude de defesa, pois da decisão dos Tribunais Regionais Eleitorais cabe recurso para o Tribunal Superior Eleitoral no prazo de 3 (*três*) dias.

Sujeito passivo

O Estado e o eleitor preso ou detido por ação abusiva da autoridade.

Tipo objetivo

Vê-se que a hipótese poderá desafiar um **conflito aparente de normas** com o disposto no art. **4º da Lei nº 4.898/1965**: "*Constitui também abuso de autoridade: a) ordenar ou executar medida privativa da liberdade individual, sem as formalidades legais ou com abuso de poder.*"

Emerge ainda outra controvérsia pertinente ao crime do **art. 350 do Código Penal**. Sobre o assunto, trazemos à baila os ensinamentos de *Cezar Roberto Bitencourt, in expressi verbis*:

São duas correntes, cada uma delas se posicionando da seguinte forma: **1)** Entendem que ocorreu ab-rogação, com a revogação completa do art. 350 do CP pela Lei nº 4.898/1965, arts. 3º e 4º. *Gilberto Passos de Freitas e Vladimir Passos de Freitas, Abuso de autoridade, São Paulo, Revista dos Tribunais, 1993, pp. 35-6.* Na jurisprudência, ver *RT*, 489:354, 504:379, 520:466, 394:267 e 556:322. **2)** Defendem a existência de derrogação, com a revogação do art. 350, *caput* e inc. III, pelo art. 4º, *a* e *b*, da Lei nº 4.898/1965: *Damásio E. de Jesus, Código Penal anotado, pp. 846-7; Paulo José da Costa Jr., Direito Penal objetivo, São Paulo: Forense Universitária, 1989, p. 710.* Na jurisprudência ver: *RT*, 592:344, 472:392 e 537:299; *RTJ*, 54:304, 56:131 e 62:266; *JTACrimSP*, 81:182.

Segundo esclarece *Rui Stoco*, a tendência jurisprudencial é no sentido de que o art. 350 está absorvido pela Lei nº 4.898/1965 (*Código Penal e sua interpretação*

861

jurisprudencial, São Paulo: Revista dos Tribunais, 1995, t. 2, p. 48) (BITENCOURT, 2002, pp. 1.155-1.156).

Sustentando a revogação total do art. 350 do Código Penal são os ensinamentos de *Guilherme de Souza Nucci* que, seguindo posição majoritária, entende que a Lei de Abuso de Autoridade engloba todos os subtipos do art. 350 do Código Penal. O inc. I está envolto no art. 4º, *a*; o inc. II, no art. 4º, *i*; o inc. III, no art. 4º, *b*; e o inc. IV se amolda caso a caso diante das hipóteses da Lei de Abuso de Autoridade, uma vez que a generalidade disposta no tipo do art. 350, por si só, é inaplicável.

Leciona *Damásio Evangelista de Jesus* no sentido de vigência dos incs. I, II e IV do parágrafo único do art. 350 do Código Penal. Na hipótese do inc. I, não basta receber o preso, mas, sim, recolhê-lo à prisão sem as formalidades legais, v.g., ausência de carta de guia ou de mandado de prisão. O inc. II trata do prolongamento ilegal da execução da medida privativa de liberdade e, por fim, o inc. IV, de natureza mais ampla, espelha qualquer diligência abusiva. Diante do caráter genérico do inc. IV, ousamos discordar apenas da manutenção ainda em vigência desse inciso, pois o abuso de poder, em qualquer diligência, encontrará âncora típica na Lei de Abuso de Autoridade ou nos incs. I e III do parágrafo único do art. 350 do Código Penal; portanto, entendemos que ainda estão em vigência os incs. I e II.

Impende frisar que o delito do **art. 298 é especial**, além de exigir, dentro do prazo do calendário eleitoral, um momento de incidência específica. Trata-se, portanto, de norma temporária e que possui ultra-atividade.

Espécies de prisões cautelares

As prisões cautelares são: preventiva, temporária e em flagrante delito. Quanto às prisões civis, apenas subsiste, em nosso ordenamento jurídico, a referente ao devedor inadimplente de prestação de alimentos. Cabe, ainda, destacar, a prisão referente aos crimes militares (*CF, art. 5º, LXI – ordem administrativa*).

As prisões praticadas fora das hipóteses anteriormente mencionadas são ilegais e sujeitam seus ordenadores e executores às sanções do abuso de autoridade, inclusive as prisões para averiguações.

Cumpre enfatizar ainda a remissão ao **art. 236 do Código Eleitoral**, *in verbis*:

> Art. 236. Nenhuma autoridade poderá, desde 5 (cinco) dias antes e até 48 (quarenta e oito) horas depois do encerramento da eleição, prender ou deter qualquer eleitor, salvo em flagrante delito ou em virtude de sentença criminal condenatória por crime inafiançável, ou, ainda, por desrespeito a salvo-conduto.

> § 1º Os membros das mesas receptoras e os fiscais de partido, durante o exercício de suas funções, não poderão ser detidos ou presos, salvo o caso de flagrante delito; da mesma garantia gozarão os candidatos desde 15 (quinze) dias antes da eleição.
>
> § 2º Ocorrendo qualquer prisão o preso será imediatamente conduzido à presença do juiz competente que, se verificar a ilegalidade da detenção, a relaxará e promoverá a responsabilidade do coator.

O dispositivo acima trata de uma garantia eleitoral e protege o eleitor, os fiscais de partidos e os membros das mesas receptoras, além dos candidatos devidamente registrados pela Justiça Eleitoral. O descumprimento dessa regra é crime específico tipificado no art. 298 do Código Eleitoral.

Trata-se de hipótese que incide durante o calendário eleitoral e reserva sanção penal mais elevada, pois, além de a pessoa (*cidadão*) ser atingida em sua liberdade ambulatorial, a maior lesão é sobre o processo eleitoral da votação (*fase eleitoral*) e, consequentemente, atinge o regime democrático vigente.

A prisão para averiguações é ilegal; portanto, o policial que, a pretexto de esclarecer crimes, conduz menor eleitor à delegacia e o retém por várias horas, praticando constrangimento físico à liberdade sem amparo legal, viola as garantias constitucionais. Descabe a alegação de estrito cumprimento do dever legal (CP, art. 23, III).

O legislador objetivou assegurar o livre exercício do direito de voto como uma garantia eleitoral protegendo o eleitor, os fiscais de partidos e os membros das mesas receptoras, além dos candidatos devidamente registrados pela Justiça Eleitoral. Não há crime na prisão de pessoas que estão com os direitos políticos suspensos ou perdidos nos termos do art. 15 da Constituição Federal. Trata-se de fato atípico, pois são não eleitores.

Se a pessoa detida está cumprindo *sursis* da pena, livramento condicional, prisão em regime aberto ou semiaberto ou é fugitiva do sistema carcerário penal, o fato é **atípico, porque são casos de suspensão dos direitos políticos.**

No entanto, se o infrator é inelegível continua sendo eleitor e incidirá a imunidade prisional.

Por outra, o adolescente que não é eleitor pode ser apreendido sem estar em flagrante delito, considerando a literalidade do dispositivo legal do art. 236 do Código Eleitoral que faz menção ao eleitor.

No exame dos arts. 236 e 298 do Código Eleitoral, torna-se resoluta a criação pelo legislador infraconstitucional de uma **imunidade prisional** que afronta o princípio da proporcionalidade, além de tratar de matéria reservada ao texto constitucional.

É comum a violação ao tipo penal eleitoral do art. 299 do Código Eleitoral, delito de corrupção eleitoral, quando o agente ativo distribui cestas básicas, mercadorias e outros bens em troca do voto dos eleitores.

Esse delito possui aumento significativo de incidência na véspera e no dia da eleição, sendo em alguns casos praticado pelo candidato.

O Colendo Tribunal Superior Eleitoral, ao disciplinar a propaganda eleitoral nas eleições de 2016, tratou do crime de divulgação pela modalidade de "derrame de material de propaganda", ou seja, o candidato ou militantes da campanha podem ser detidos em flagrante delito se jogarem nas vias públicas próximas das seções eleitorais, materiais gráficos diversos.

Nesse sentido, os arts. 14, § 7º, e 66, § 2º, da Resolução nº 23.457, de 15/12/2015, *in expressi verbis*:

> Art. 14. [...]
>
> § 7º O derrame ou a anuência com o derrame de material de propaganda no local da votação ou nas vias próximas, ainda que realizado na véspera da eleição, configura propaganda irregular, sujeitando-se o infrator à multa prevista no § 1º do art. 37 da Lei nº 9.504/97, sem prejuízo da apuração do crime previsto no inciso III do § 5º do art. 39 da Lei nº 9.504/97.
>
> [...]
>
> Art. 66. [...]
>
> § 2º As circunstâncias relativas ao derrame de material impresso de propaganda no dia da eleição ou na véspera, previstas no § 7º do art. 14 poderão ser apuradas para efeito do estabelecimento da culpabilidade dos envolvidos diante do crime de que trata o inciso III.

Trata-se, portanto, do delito do art. 39, § 5º, inc. II, da Lei nº 9.504/1997, que diz: "a divulgação de qualquer espécie de propaganda de partidos políticos ou de seus candidatos".

Tem-se que o delito de divulgação de propaganda política eleitoral no dia da eleição é de menor potencial ofensivo, considerando que a pena máxima é de 1 (um) ano de detenção.

No entanto, o eleitor pode ser detido em flagrante e se submeterá à lavratura do termo circunstanciado para posterior comparecimento perante o juiz eleitoral da zona eleitoral do local do crime, art. 70 do Código de Processo Penal.

Infere-se, pois, que se porventura ocorrer farto derrame de material de propaganda promovido em ação conjunta e deliberada pelo candidato e militantes de campanha, por exemplo, no dia da eleição, em razão do disposto no art. 236 do Código Eleitoral, não será possível a concretização da prisão preventiva ou temporária.

É possível o flagrante esperado, quando a Polícia Federal tem conhecimento prévio de que o delito de divulgação pela modalidade de derrame de material será impulsionado por eleitores, desde que a autoridade policial não pratique ações provocativas para a consumação delitiva, pois nos casos de flagrante provocado ou preparado não subsiste a tipicidade penal.

Como se nota, a supervalorização da garantia da liberdade do voto pelo eleitor que pratica infrações penais no dia da eleição e não se enquadra na modalidade da detenção em flagrante, lesa um bem jurídico de maior globalidade, ou seja, a intangibilidade ou lisura do processo eleitoral de votação.

O escopo originário da proteção normativa ao voto do eleitor, previsto no art. 236 do Código Eleitoral, não pode se sobrepor numa escala de valores aos bens jurídicos tutelados pelas normas penalmente relevantes.

Na disquisição do tema, é evidente que o eleitor deve possuir garantias ao pleno exercício de sua capacidade eleitoral ativa que é exteriorizada pelo *jus suffragi*, seja nas eleições nacionais, federais, estaduais, municipais ou nos plebiscitos e referendos.

A esse respeito, todavia, é necessário reexaminar esse tema em função da ponderação dos bens valorados. De um lado, a capacidade eleitoral ativa, que não pode ser totalmente afastada, e do outro, a proteção aos preceitos democráticos, lisura da votação, soberania popular e da tutela penal em razão da lesão causada pelo crime praticado nas proximidades do calendário eleitoral, seja por eleitores, mesários, fiscais partidários e até mesmo pelo próprio candidato.

Tenha-se presente ainda a norma do art. 282 do Código de Processo Penal, aplicável supletivamente ao processo penal eleitoral, *in verbis*:

> Art. 282. As medidas cautelares previstas neste Título deverão ser aplicadas observando-se a:
>
> I – necessidade para aplicação da lei penal, para a investigação ou a instrução criminal e, nos casos expressamente previstos, para evitar a prática de infrações penais;
>
> II – adequação da medida à gravidade do crime, circunstâncias do fato e condições pessoais do indiciado ou acusado" (redação da Lei nº 12.034, de 4/5/2011).

Como se depreende, um dos fundamentos da medida cautelar prisional é "[...] evitar a prática de infrações penais".

A permanência na ordem jurídica eleitoral da regra do art. 236 do Código Eleitoral acaba estimulando a prática de reiteradas infrações do delito de divulgação por derrame de material, no dia da eleição, ou de corrupção eleitoral, arts. 39, § 5º, inc. III, da Lei nº 9.504/1997 e 299 do Código Eleitoral, pois é suficiente que o agente ativo da empreitada delitiva escape da situação de flagrância. Alcançando o desiderato ilícito ancora-se na imunidade prisional que é extensiva até 48 (quarenta e oito) horas, após a realização das eleições.

Ressalta-se que o princípio da proporcionalidade se encontra subsumido no art. 282 do Código de Processo Penal, sendo ainda axiomado à norma do art. 8º do NCPC, *in verbis*: "Ao aplicar o ordenamento jurídico o juiz atenderá aos fins sociais e às exigências do bem comum, resguardando e promovendo a dignidade da pessoa humana e observando a proporcionalidade, razoabilidade, legalidade, a publicidade e a eficiência".

Assim, um dos princípios fundamentais para a ponderação de valores constitucionais é a proporcionalidade.

Quando o Estado interfere na proteção das eleições deve observar o princípio da proporcionalidade, que consiste na averiguação de três subprincípios: (i) adequação entre a norma e o que está sendo regulado; (ii) necessidade, a restrição deve ser a menor possível para se alcançar determinado fim, pois se existir outro meio menos restritivo para se atingir o mesmo resultado, este deve ser priorizado; e (iii) proporcionalidade em sentido estrito, ou seja, o meio adotado deve ser utilizado com moderação, a restrição não deve superar os objetivos a serem alcançados pela norma.

Leciona Uadi Lammêgo Bulos, *verbo ad verbum*:

> [...] Em nossos dias, a ponderação adquiriu lugar de destaque. Se, no passado, as normas constitucionais seguiam uma lógica unidirecional para serem entendidas e aplicadas pelo Poder Judiciário, hoje em dia prevalece a lógica multidirecional, em que o intérprete das constituições lida com programas normativos dialeticamente conflitantes (*Curso de Direito Constitucional*, 10ª ed. rev. e atual. Editora Saraiva, 2017, p. 464).

Significativos os ensinamentos de José Joaquim Gomes Canotilho, *verbo ad verbum*:

> [...] o princípio da razoabilidade permite ao Judiciário invalidar atos legislativos ou administrativos, quando: (i) não haja adequação entre o fim perseguido e o instrumento empregado (adequação); (ii) a medida não seja exigível ou necessária, havendo meio alternativo menos gravoso para se chegar ao mesmo resultado (necessidade/ vedação do excesso); (iii) os custos superem os benefícios, ou seja, o que perde com a medida é de maior relevo do que aquilo que se ganha (proporcionalidade em sentido estrito) (*Comentários à Constituição do Brasil*. 1ª ed. 2013, 6ª tir., 2014. Editora Saraiva, Almedina e Série IDP, p. 94).

Objetivando-se a defesa do *ius suffragi* da maioria dos eleitores, bem como da efetiva garantia da lisura do processo de votação e a intangibilidade da soberania popular dos candidatos que eventualmente são votados no pleito eleitoral, o princípio da proporcionalidade impõe que não deve prevalecer de forma absoluta a imunidade prisional nos tempos atuais, até porque é dissonante do sistema hodierno das medidas cautelares penais.

A norma especial da imunidade prisional prevista nos arts. 236 e 298 do Código Eleitoral, como já referido, afasta por completo o sistema de aplicação das medidas cautelares penais, por impedir ainda que o magistrado possa decretar a conversão da prisão em flagrante por preventiva no prazo previsto em razão do calendário eleitoral.

Por outra, a criação legiferante de imunidade prisional não está harmônica com o escopo das regras imunizantes previstas na Carta Magna. Trata-se de verdadeira exceção, que impede ainda a prisão de candidatos nos 15 (quinze) dias que antecedem ao dia da eleição, independentemente da gravidade da infração penal praticada.

Conforme leciona Uadi Lammêgo Bulos, *in verbis*:

> [...] o fulcro da disciplina das imunidades formais na Constituição de 1988 encontra-se no art. 53, § 2º, da *Lex Mater*, juntamente com os §§ 2º e 5º, seus corolários. Mas, de modo específico, é no § 2º do art. 53 que encontramos a essência da imunidade propriamente dita, de cunho formal, processual ou instrumental, malversada em nossas Constituições, desde a Carta do Império, de 1824 (art. 27)" (p. 1.127 da obra acima aludida).

E ainda:

> [...] Desde a expedição do diploma, deputados e senadores serão submetidos a julgamento perante o Supremo Tribunal Federal, pela prática de crimes comuns, por força do que dispõe o art. 53, § 1º, da *Lex Mater*. As infrações penais comuns abrangem, conforme a jurisprudência do Supremo Tribunal Federal, todas as modalidades de cometimentos ilícitos (RTJ, 33:590). Estendem-se, também, aos delitos eleitorais, alcançando até os crimes contra a vida e as próprias contravenções penais (RTJ 63:1,91:423).
>
> O direito constitucional garantido aos membros do Congresso Nacional de serem processados e julgados originariamente pelo Supremo Tribunal Federal, nas infrações penais comuns (foro por prerrogativa de função), não alcança as investigações instauradas pela Justiça Eleitoral porque tais investigações eleitorais, previstas no art. 22 da Lei Complementar nº 64/1990, com a redação dada pela Lei da Ficha Limpa (LC nº 135/2010), têm natureza extrapenal, porquanto sua finalidade restringe-se à imposição de sanções típicas de Direito Eleitoral (STF, RCL 13.286, Rel. Min. Celso de Mello, j. em 28/2/2012) (obra acima referida, p. 1.129).

O Egrégio Supremo Tribunal Federal está reexaminando o alcance do foro por prerrogativa de função. Em parcial decisão do dia 23/11/2017, na Ap nº 937QO/

RJ, Relator Ministro Roberto Barroso, por maioria de 8 (oito) votos, a conclusão é de que os parlamentares só têm esse direito em relação aos crimes praticados a partir da diplomação e até o término do mandato eletivo ou ainda até o final do julgamento.

O Ministro Alexandre de Moraes acrescentou em seu voto que o foro por prerrogativa de função não abrange as hipóteses de continência ou conexão, e o Relator Ministro Roberto Barroso limitou essa prerrogativa apenas aos crimes cometidos no exercício do cargo e relacionados às funções desempenhadas (Informativo nº 867 do STF), sendo que a maioria acompanhou o relator.

Pode-se dizer, então, que a interpretação moderna sobre o foro por prerrogativa de função está voltada para uma limitação mais significativa em razão da função e exercício do cargo ou mandato eletivo.

Assim sendo, subsistindo o princípio da supremacia constitucional na ordem jurídica eleitoral, a aplicação subsidiária ou supletiva do Código de Processo Penal ao processo penal eleitoral, especialmente no sistema da prisão cautelar, não pode ser obstaculizada pela manutenção da imunidade prisional desproporcional contida nos arts. 236 e 298 do Código Eleitoral.

Os arts. 236 e 298 do Código Eleitoral não se encontram recepcionados pelos arts. 1º, inc. I, e 14, *caput* (soberania popular e lisura democrática), 5º, inc. LIV (princípio da proporcionalidade, que tem seu fundamento nas ideias do devido processo legal substancial) e 53 da Carta Magna.

O art. 298 do Código Eleitoral, ao remeter ao art. 236, trata de tipicidade remetida e que deixa margem à insegurança jurídica.

Outrossim, os prazos para prisão dos eleitores e candidatos são exagerados e acarretam situações práticas geradoras de impunidade.

Assim, esse tipo penal acarreta uma efetiva lesão à proteção social, porque é cediço que com o elevado aumento da criminalidade, especialmente próximo ao período eleitoral, a autoridade policial fica restrita no legítimo exercício do poder de segurança pública.

O absurdo típico é resoluto e estimula de forma incalculável a impunidade.

Por exemplo: se o eleitor pratica um crime de latrocínio e não é preso em flagrante, não poderá ser detido em razão da decretação de sua prisão preventiva dentro do prazo legal estipulado na legislação acima indicada, o que ensejará a sua fuga.

Salvo-conduto

O art. 647 do Código de Processo Penal diz textualmente: "*Dar-se-á habeas corpus sempre que alguém sofrer ou se achar na iminência de sofrer violência ou coação ilegal na sua liberdade de ir e vir, salvo nos casos de punição disciplinar*".

Consagra o dispositivo duas formas de *habeas corpus*:

(i) o remediativo ou liberatório, tendo por finalidade a cessação de uma violência ou coação ilegal exercida contra determinada pessoa; e

(ii) o preventivo, que visa a impedir a consumação da violência ou coação. Neste caso, a tutela serve para salvaguardar a ameaça da liberdade, e o pedido deve pleitear a expedição de "salvo-conduto" quando detectado o perigo iminente para a liberdade de locomoção do indivíduo. Por exemplo: um determinado policial está ameaçando a liberdade de uma pessoa quando inexiste ordem legal de prisão.

O art. 298 do Código Eleitoral pune a violação ao salvo-conduto. Nesta hipótese, o **delito é personalíssimo**, porque o agente ativo que efetua a prisão é exatamente aquele referido no salvo-conduto e, ao efetuar a prisão pelos motivos que não poderia efetuar, desrespeita a autoridade judicial (*juiz ou tribunal, eleitoral ou não*).

Tipo subjetivo

Dolo. Não admite forma culposa. Princípio da excepcionalidade do crime culposo, art. 18, parágrafo único, do Código Penal. A imprudência ou negligência, portanto, acarretam a atipicidade da conduta.

Remissões

Historicamente esse crime já era previsto nos arts. 107, § 17, do Decreto nº 21.076, de 24 de fevereiro de 1932 (*Código Eleitoral*) e 175, inc. I, nº 16, da Lei nº 1.164/1950 (*Código Eleitoral*).

CE, art. 284.

CF, art. 5º, LVIII, LXI e LXIX.

Lei nº 6.015/1973 – Lei dos Registros Públicos.

Decreto-Lei nº 3.688/1941 – LCP – art. 68.

26.16. CORRUPÇÃO ELEITORAL. ART. 299 DO CÓDIGO ELEITORAL

> Art. 299. Dar, oferecer, prometer, solicitar ou receber, para si ou para outrem, dinheiro, dádiva, ou qualquer outra vantagem, para obter ou dar voto e para conseguir ou prometer abstenção, ainda que a oferta não seja aceita:
>
> Pena: reclusão até 4 (quatro) anos e pagamento de 5 (cinco) a 15 (quinze) dias-multa.

Bem jurídico

Tutela-se o livre exercício do voto afastando-se o comércio ilícito eleitoral.

Sujeito ativo

É crime comum. O delito pode ser praticado por: cabos eleitorais, pré-candidatos, eleitores, pessoas comuns do povo, autoridades e servidores públicos.

Admite-se a coautoria e participação em todas as modalidades.

Sujeito passivo

O Estado e o cidadão-eleitor. É delito de dupla subjetividade passiva.

Tipo objetivo

O delito é apontado pelos doutrinadores *Nelson Hungria, Tito Costa, Joel José Cândido, Pedro Henrique Távora Niess* e *Suzana de Camargo Gomes* com o *nomen iuris* de "corrupção eleitoral".

Pune-se no mesmo tipo as corrupções ativa (*dar, oferecer e prometer*) e passiva (*solicitar ou receber*).

A promessa de abstenção é delito formal.

Identifica-se, desde a antiguidade, na Grécia e em Roma, a legislação punitiva desse tipo de delito.

O crime denominava-se *crimen ambitus.* A palavra *ambire* significa girar em torno de algo, ou seja, obter o voto para si ou outrem cercando o eleitor por ações de corrupção, por meio de dádivas, promessas e recompensas.

Registra-se que a corrupção atingiu os costumes eleitorais e os votos eram vendidos em escritórios instalados com essa finalidade comercial, quando surgiram os agentes chamados de: i) **divisores** que se encarregavam de distribuir dádivas e dinheiro do candidato aos eleitores; e ii) **sequestres**, os que tinham em depósito valores pecuniários para entregar aos divisores.

Nessa desordem eleitoral emergiu a expressão *ambitus* que se constituía em tipo penal eleitoral que englobava a corrupção por dois sentidos: i) quando **violada a liberdade**, *effusce ambitus largitiones*; e ii) **violência ou tumultos** contra a liberdade dos eleitores, *turba suffragium causa*.

Historicamente apontam-se leis para a punição da corrupção eleitoral em Roma. Por exemplo: *Cornelia Fulvia*; *Gabinia*; *Lex Acilia Calpurnia de ambitu no ano 67 (A.C)*; *Lex Licinia de sodalicis, Lex Pompeia, Lex Julia Ambitus*, e outras.

A *Lex Tullia de ambitu* proibia que candidatos realizassem espetáculos públicos com gladiadores e festas de uma candidatura com oferecimento de banquetes, pois nessa caso uma das sanções era o exílio do candidato infrator.

O tipo penal tutela como bem jurídico protegido, a liberdade de sufrágio. Nesse sentido, *Pedro Henrique Távora Niess e Suzana de Camargo Gomes*. Evita-se o comércio dos votos, o "**toma lá dá cá**" entre candidatos e eleitores. A lei criminaliza o aspecto mercantil da votação.

A doutrina, especialmente nas lições de *Suzana de Camargo Gomes e Joel José Cândido*, entende que o art. 41-A da Lei nº 9.504/1997 em nada alterou a tipicidade penal do art. 299 do CE.

Ensina *Suzana de Camargo Gomes* (2000, p. 209) que:

> (...) Na verdade, esse dispositivo em nada alterou a disciplina penal pertinente ao crime de corrupção eleitoral, que continua incólume, pelo que incide no delito tipificado no art. 299 do Código Eleitoral tanto o candidato como qualquer outra pessoa que realize as figuras típicas ali descritas. A mudança está que, sendo o autor da infração um candidato, além de responder criminalmente, nos termos do art. 299 do Código Eleitoral, submete-se, também, às penas previstas no art. 41-A da Lei nº 9.504/1997, com a redação dada pela Lei nº 9.840/1999, sendo que o procedimento para a apuração é o previsto na LC nº 64, de 18 de maio de 1990, em seu art. 22, denominado de investigação judicial.

Ensina *Tito Costa* (2002, pp. 55-56) que o art. 41-A não tem conotação na esfera penal eleitoral, mas apenas no aspecto do registro e do diploma do candidato.

Assiste razão à doutrina.

O tipo do art. 299 do Código Eleitoral não retrata uma norma penal em branco, ou seja, não é carecedor de complemento normativo da mesma fonte legislativa (*normas penais em branco em sentido amplo*), nem tampouco de fonte legislativa diversa (*norma penal em branco em sentido restrito*).

Não partilhamos de eventual posição sobre o entendimento de que o art. 299 do Código Eleitoral seja uma norma penal em branco em sentido amplo, e, portanto, o art. 41-A da Lei das Eleições lhe colmataria aspectos jurídico-eleitorais.

Na verdade, o tipo do art. 299 do Código Eleitoral contém elementos objetivos normativos que são preenchidos por juízo de valoração, v.g., "outra vantagem", "e prometer abstenção", além de elementos objetivos como "oferecer", "prometer" etc.

As formas em que se apresentam os elementos normativos se fazem sobre os injustos ou termos jurídicos.

Assim sendo, não há complementação do art. 299 do Código Eleitoral pela norma do art. 41-A da Lei nº 9.504/1997, mas apenas duplicidade de incidência sobre as hipóteses de captação de sufrágio, com reflexos na esfera penal e não penal (*puramente eleitoral*).

A incidência não penal do fato ilícito se situa no art. 41-A da Lei nº 9.504/1997 ensejando a representação chamada de ação de captação ilícita de sufrágio ou a ação de impugnação ao mandato eletivo.

O crime do art. 299 é similar ao tipificado no art. 334 do Código Eleitoral.

O art. 334 do Código Eleitoral é conhecido como **bingo eleitoral**, e vincula a distribuição de mercadorias aos sorteios, bingos, rifas e outras práticas de jogos, pois é, na verdade, um tipo especial de corrupção eleitoral cujas elementares normativas "distribuição de mercadorias, prêmios e sorteios" estão interligadas.

O oferecimento de terrenos, lotes, alimentos, remédios, auxílio-funeral, consultas médicas e outras práticas assistencialistas caracteriza o delito do art. 299 do CE se pelas circunstâncias da prova coligida ficar demonstrada a finalidade eleitoral.

No período de 15 de agosto ao dia das eleições (*registro, art. 11 da Lei nº 9.504/1997*), o agente ativo estará praticando o delito, especialmente se vincular propaganda dentro de estabelecimentos clientelistas, cuja finalidade de obtenção do voto pela mercantilização se tornar evidente.

Os **"Centros Sociais"** podem ser locais de efetiva prática delitiva, quando veicularem propagandas em época de eleição. Panfletos, faixas, cópias de títulos eleitorais e receitas médicas são provas da captação de sufrágio se estiverem relacionados ao estabelecimento clientelista e objetivarem angariar votos nas eleições.

As provas coligidas na ação penal deflagrada com base no art. 299 do Código Eleitoral podem servir à propositura da ação de captação ilícita de sufrágio prevista no art. 41-A da Lei nº 9.504/1997. Trata-se de prova emprestada, e as instâncias penal e civil-eleitoral são interdependentes.

Eleitores identificados. TSE: "*Para a configuração do crime de corrupção eleitoral, além de ser necessária a ocorrência de dolo específico, qual seja, obter ou dar voto, conseguir ou prometer abstenção, é necessário que a conduta seja direcionada a eleitores identificados ou identificáveis, e que o corruptor eleitoral passivo seja pessoa apta a votar*". Habeas Corpus nº 812-19/RJ. Rel. Min. Dias Toffoli.

Requisitos específicos da denúncia. STF: O Supremo Tribunal Federal, pela 2ª Turma, já decidiu sobre os requisitos específicos da denúncia relativa ao delito do art. 299 do Código Eleitoral, sob pena de inépcia da mesma. "(...) *Afirmou que, para ser apta, a referida peça deveria ter projetado ao caso concreto todos os elementos da figura típica em comento. Assim, deveria ter descrito: a) quem praticara o verbo típico – 'dar, oferecer ou prometer' –; b) os meios empregados – 'dinheiro, dádiva ou qualquer outra vantagem' –; e c) a ligação da conduta ao fim especial de obter o voto de pessoa determinada ou, se indeterminada, a*

Comentários aos Crimes Eleitorais do Código Eleitoral

especificação dessa circunstância. Consignou, então, que a inicial acusatória sem a definição dos elementos estruturais que compusessem o tipo penal, e que não narrasse, com precisão e de maneira individualizada, os elementos, tanto essenciais como acidentais, pertinentes ao tipo, incidiria em afronta à Constituição (Informativo do Supremo Tribunal Federal nº 756, de 25 a 29 de agosto de 2014 e Inq 3.752/DF, Rel. Min. Gilmar Mendes, 26/8/2014).

Aptidão de ser eleitor. TSE: *"(...) Assim, exige-se, para a configuração do ilícito penal, que o corruptor eleitoral passivo seja pessoa apta a votar. 3. Na espécie, foi comprovado que a pessoa beneficiada com a doação de um saco de cimento e com promessa de recompensa estava, à época dos fatos e das Eleições 2008, com os direitos políticos suspensos, em razão de condenação criminal transitada em julgado. Logo, não há falar em violação à liberdade do voto de quem, por determinação constitucional (art. 15, III, da Constituição), está impedido de votar, motivo pelo qual a conduta descrita nos autos é atípica (...)"* (TSE. AC de 23/2/2010 no HC nº 672, Rel. Min. Felix Fischer.).

Cumpre enfatizar que se forem identificados os eleitores que solicitaram as mercadorias, dinheiro ou emprego para votar em determinado candidato, a denúncia deve ser deflagrada contra todos os acusados identificados.

Pode incidir o concurso material com o **art. 158 do Código Penal**, que se traduz em *"constranger alguém, mediante violência ou grave ameaça, e com intuito de obter para si ou para outrem indevida vantagem econômica, a fazer, tolerar que se faça ou deixar de fazer alguma coisa",* cuja pena é de 4 (*quatro*) a 10 (*dez*) anos de reclusão.

Por exemplo: a conduta do traficante ou miliciano pode ser capitulada nesse tipo penal, quando nas comunidades exige dinheiro dos candidatos ou benefícios para que possam ingressar nos locais e divulgar a propaganda política eleitoral.

Com efeito, cumpre ao legislador a criação de um tipo de **extorsão eleitoral** em razão da hodierna realidade que se apresenta nas eleições em regiões urbanas específicas.

A prática do crime eleitoral, em conexão com o delito comum de extorsão, tráfico de drogas, porte de arma de fogo e associação enseja a aplicação do art. 35, II, do Código Eleitoral, ou seja, a competência para o processo e julgamento será da Justiça Eleitoral. É, portanto, competente, o juiz eleitoral da zona eleitoral do local do crime, art. 70 do Código de Processo Penal.

Comentários ao art. 100-A, § 5º, da Lei nº 9.504/1997. Descumprimento dos limites impostos para a contratação de pessoal que prestam serviços nas campanhas eleitorais.

O descumprimento dos limites previstos nesta lei sujeitará o candidato às penas previstas no art. 299 da Lei nº 4.737, de 15 de julho de 1965.

A hipótese se refere à contratação de pessoas para a prestação de serviços de atividades de militância política nas eleições e de mobilização nas ruas nas campanhas eleitorais.

Com acerto, os candidatos não são mais livres para contratar um número indeterminado de pessoas para segurarem faixas nas ruas, distribuírem panfletos, emitirem mensagens na *internet*, atuarem nos comitês de campanha e outras formas de propaganda.

Trata-se, na verdade, de se estabelecer limitações do número de militantes políticos com o número de eleitores numa cidade.

Por exemplo, a lei diz que nos Municípios com até 30.000 (*trinta mil*) eleitores, não excederá a contratação em 1% (*um por cento*) do eleitorado, criando outras limitações.

O tipo do § 5º do art. 100-A da Lei nº 9.504/1997 nos remete ao art. 299 do Código Eleitoral e permite a punição do candidato, sendo extensível aos coautores e partícipes desde que tenham aderido ou ingressado na esfera do conhecimento, pois, a princípio, o tipo é incomunicável, nos termos do art. 30 do Código Penal.

A elementar "candidato", de natureza pessoal, comunica-se aos partícipes quando sabem que estão praticando o delito com o candidato nas contratações que extrapolam os limites impostos na legislação eleitoral. Não se pune a conduta culposa.

De fato, esse delito será mais bem investigado quando for apresentada a prestação de contas das campanhas eleitorais, pois se exige a discriminação nominal das pessoas contratadas com indicação do CPF.

O legislador criou a possibilidade de **exclusão da tipicidade penal** para pessoas de militância não remunerada, pessoal de apoio administrativo, fiscais, delegados credenciados e outros profissionais, segundo a redação do **§ 6º do art. 100-A da Lei das Eleições**.

A tipificação é de extrema dificuldade, porque se durante a propaganda política eleitoral a Justiça Eleitoral ou o Ministério Público Eleitoral verificarem um número excessivo de contratados, considerarão a possibilidade de inclusão de diversas pessoas na figura dos "não remunerados" ou de "apoio administrativo ou operacional".

O delito em comento é plurilocal.

Na verdade, a hipótese melhor se amoldaria em sanção não penal. Todavia, o número excessivo de contratados é um fator considerável para a caracterização do abuso do poder econômico e até político, quando nesse caso os contratados são servidores, art. 73, III, da Lei nº 9.504/1997.

Comentários aos Crimes Eleitorais do Código Eleitoral

O art. 57-H em seus parágrafos da Lei nº 9.504/1997, também pune a figura do contratante com intuito ofensivo e dos contratados que aderem às ofensas pelo meio de mensagens e comentários na internet.

Historicamente esse crime já era previsto nos arts. 107, § 21, do Decreto nº 21.076, de 24 de fevereiro de 1932 (*Código Eleitoral*) e 175, inc. I, nº 20 da Lei nº 1.164/1950 (*Código Eleitoral*).

Tipo subjetivo

O delito só pode ser praticado por dolo.

Remissões

CE, arts. 284 e 334.

CF, art. 14, §§ 10 e 11.

LC nº 64/1990 – Lei das Inelegibilidades – arts. 1º, I, "j" e 22.

Lei nº 9.504/1997, art. 41-A.

CP, arts. 317 e 333.

Jurisprudência

Conduta atípica. Suspensão dos direitos políticos

> (TSE). *Habeas corpus*. Corrupção eleitoral. Objeto jurídico. Voto. Sujeito passivo. Eleitor. Suspensão de direitos políticos. Conduta atípica. Caracterização. Nos termos do art. 299 do CE, que protege o livre exercício do voto, comete corrupção eleitoral aquele que dá, oferece, promete, solicita ou recebe, para si ou para outrem, dinheiro, dádiva, ou qualquer outra vantagem, para obter ou dar voto e para conseguir ou prometer abstenção, ainda que a oferta não seja aceita. Assim, exige-se, para a configuração do ilícito penal, que o corruptor eleitoral passivo seja pessoa apta a votar. A conduta é atípica quando a pessoa beneficiada com doação ou com promessa de recompensa estiver, na época dos fatos, com os direitos políticos suspensos, em razão de condenação criminal transitada em julgado. Logo, não há falar em violação à liberdade do voto de quem, por determinação constitucional, está impedido de votar, nos termos do inc. III do art. 15 da CF. Nesse entendimento, o Tribunal concedeu a ordem de *habeas corpus*. Unânime (*Habeas Corpus* nº 672/MG, Rel. Min. Felix Fischer, em 23/02/2010. Inf. 04/2010).

Possibilidade de suspensão condicional do processo

> (TSE). *Habeas corpus*. Crime eleitoral. Notificação prévia. Suspensão condicional do processo. Ausência. Inclusão em pauta. Constrangimento ilegal. Caracterização. No caso de suposta

infração ao art. 299 do Código Eleitoral, é necessária a notificação prévia do acusado para oferecer resposta no prazo de 15 dias, conforme o art. 4º da Lei nº 8.038/1990. Na espécie, ao incluir em pau-ta de julgamento a ação penal ofertada contra o paciente, sem notificá-lo para apresentação de defesa prévia, o Tribunal Regional Eleitoral incorreu em erro, pois não observou os ditames do artigo supramencionado, o que, decerto, acabou por violar os princípios do contraditório e da ampla defesa. O imprescindível mandado deveria consignar, além da notificação, a proposta de suspensão condicional do processo penal, formalizada pelo Ministério Público, em ordem a que o paciente pudesse sobre ela se manifestar, dando ou não, expressamente, a sua eventual aquiescência, nos termos do § 1º do art. 89 da Lei nº 9.099/1995. O constrangimento ilegal restou configurado. Nesse entendimento, o Tribunal, por unanimidade, concedeu a ordem. *Habeas Corpus* nº 3.943-70/CE, Rel.ª Min.ª Cármen Lúcia, em 14/12/2010. *Inf.* 41/2010).

Necessidade de vinculação da promessa de vantagem ao voto

(TSE). Campanha eleitoral. Promessa. Caráter geral. Crime. Corrupção eleitoral. Inexistência. A realização de promessas de campanha, as quais possuem caráter geral e usualmente são postas como um benefício à coletividade, não configura, por si só, o crime de corrupção eleitoral (art. 299, CE), sendo indispensável que a promessa de vantagem esteja vinculada à obtenção do voto de determinados eleitores. Nesse entendimento, o Tribunal, por unanimidade, desproveu o agravo regimental (Agravo Regimental no Agravo de Instrumento nº 586-48/SP, Rel. Min. Marcelo Ribeiro, em 25/08/2011. *Inf.* 24/2011).

Tipicidade. Prefeito. Dolo específico de obter o voto

(TSE). O crime de corrupção eleitoral ativa (art. 299 do CE) consuma-se com a promessa, doação ou oferecimento de bem, dinheiro ou qualquer outra vantagem com o propósito de obter voto ou conseguir abstenção.

2. No caso, o candidato a Prefeito realizou aproximadamente doze bingos em diversos bairros do Município de Pedro Canário, distribuindo gratuitamente as cartelas e premiando os contemplados com bicicletas, televisões e aparelhos de DVD.

3. Ficou comprovado nas instâncias ordinárias que os eventos foram realizados pelo recorrente com o dolo específico de obter votos. No caso, essa intenção ficou ainda mais evidente por ter o recorrente discursado durante os bingos, fazendo referência direta à candidatura e pedindo votos aos presentes.

4. Recurso especial desprovido (Recurso Especial Eleitoral nº 4.454-80/ES. Rel.ª Min.ª Nancy Andrighi. DJE de 19/08/2011. *Inf.* 23/2011).

26.17. COAÇÃO PELO SERVIDOR PÚBLICO. ART. 300 DO CÓDIGO ELEITORAL

> Art. 300. Valer-se o servidor público da sua autoridade para coagir alguém a votar ou não votar em determinado candidato ou partido:
>
> Pena: detenção até 6 (seis) meses e pagamento de 60 (sessenta) a 100 (cem) dias-multa.
>
> Parágrafo único. Se o agente é membro ou funcionário da Justiça Eleitoral e comete o crime prevalecendo-se do cargo, a pena é agravada.

Bem jurídico

Liberdade de voto.

Sujeito ativo

Trata-se de crime próprio. *Delicta in officio* que pode ser ou não praticado por servidor público dos quadros da Justiça Eleitoral (*CE, art. 283*). Qualquer servidor público poderá praticar o delito, mesmo que particularmente não esteja envolvido com funções afetas ao serviço eleitoral.

Por fim, como já foi feita menção em comentários anteriores, os crimes tipificados na Lei de Abuso de Autoridade são crimes funcionais próprios, *delicta in officio*, o servidor age invocando a função pública ou na manifestação fática de exteriorização dessa função. O crime funcional próprio ou propriamente funcional significa que a elementar "funcionário público", se for afastada, opera a atipicidade absoluta (*exemplo da prevaricação*). O crime funcional impróprio, impropriamente funcional ou misto acarreta, na inoperância da elementar "funcionário público", a atipicidade relativa (*ex.: o peculato x apropriação indébita*).

Na Espanha, Grécia e Alemanha acolhe-se similar tipo penal, evitando-se a prática do voto coagido ou da coação eleitoral.

Sujeito passivo

O Estado e a vítima coagida. Delito de dupla subjetividade passiva.

Tipo objetivo

Leciona *Suzana de Camargo Gomes* que o delito de coação ocorre nas hipóteses em que um servidor público hierarquicamente superior ameaça com pena de demissão o inferior para que o mesmo vote ou não em determinado candidato.

É um delito subsidiário do art. 301 do Código Eleitoral.

A coação afeta a liberdade do sufrágio ativo, porque o eleitor ficará submisso ao infrator para votar ou não votar num determinado candidato ou na legenda partidária.

Deveras, a coação não é revestida de violência ou grave ameaça, pois, se assim ocorrer, o crime será o do art. 301 do Código Eleitoral. Aqui, a coação é mais simulada, ou seja, trata-se, de uma insinuação de efetiva perda de emprego ou revelação de segredo.

Historicamente esse crime já era previsto no art. 175, inc. I, nº 27, da Lei nº 1.164/1950 (*Código Eleitoral*).

Tipo subjetivo

Dolo. Vontade livre do servidor em subjugar o eleitor ao exercício ou não do voto específico que será conferido ao candidato ou ao partido político.

Causa especial de aumento de pena

O parágrafo único, embora faça menção ao agravamento, na verdade é uma causa especial de aumento de pena. Aplica-se a regra do art. 285 do próprio Código Eleitoral.

Remissões

CE, art. 103.

CF, art. 60, § 4º, II.

Lei nº 4.898/1965 – Lei de Abuso de Autoridade – art. 5º, *g*.

26.18. VIOLÊNCIA OU GRAVE AMEAÇA ELEITORAL. ART. 301 DO CÓDIGO ELEITORAL

> Art. 301. Usar de violência ou grave ameaça para coagir alguém a votar, ou não votar, em determinado candidato ou partido, ainda que os fins visados não sejam conseguidos:
>
> Pena: reclusão até 4 (quatro) anos e pagamento de 5 (cinco) a 15 (quinze) dias-multa.

Bem jurídico

A liberdade do sufrágio.

Sujeito ativo

É crime comum. Qualquer pessoa pode praticar esse crime.

Sujeito passivo

O Estado e o coato (*vítima*). Delito de dupla subjetividade passiva.

Tipo objetivo

A violência ou grave ameaça referidas no tipo penal podem se dar de forma física, *vis absoluta,* ou moral, *vis compulsiva.* O agente, usando de força física, brutalidade, por exemplo, é relacionado ao especial fim de agir, ou seja, obriga a votar ou evitar votar em determinado candidato ou legenda.

A coação moral impõe à vítima o emprego de grave ameaça para a realização ou não do ato de votar. Não se refere o tipo penal ao alistamento (*CE, art. 300*).

Se a vítima é coagida a fraudar o seu voto, a assinar documento não verdadeiro e a coação for moral irresistível, exclui-se a culpabilidade por inexigibilidade de conduta diversa. A hipótese será tratada no art. 22 do Código Penal. Dessa forma, só responderá o coator, e não o coato, pelo crime praticado.

No entanto, se a violência é física, deve-se analisar a hipótese como sendo de exclusão da tipicidade por ausência de conduta voluntária.

Se a coação moral for resistível, ambos respondem, o coator e o coato, aplicando-se a agravante do art. 62, II, do CP para o coator, e a atenuante do art. 65, II, *c*, 1ª parte, do CP, para o coato.

O coator poderá prenunciar o mal contra familiares do coato.

O delito em comento é modalidade especial do crime de constrangimento ilegal. Assim, o agente não responderá em concurso de crime com o tipificado no art. 146 do Código Penal. Não ocorrendo as demais elementares "votar", "não votar", "candidato" ou "partido" e ausente a finalidade específica eleitoral, o delito poderá ser subsidiariamente o tipificado no art. 146 do CP.

Por exemplo: um traficante ou miliciano que usa de violência objetivando o voto do eleitor para determinado candidato responde por esse crime.

O § 2º do art. 41-A da Lei nº 9.504/1997 dispõe sobre a ação de captação ilícita de sufrágio contra uma pessoa que pratica atos de violência ou grave ameaça objetivando a obtenção do voto.

Trata-se de uma possibilidade de sanção não penal, por exemplo, a aplicação da multa em razão da representação do art. 41-A da Lei das Eleições contra um terceiro, que não é o candidato. Observa-se o rito do art. 22 da Lei Complementar nº 64/1990.

Tipo subjetivo

Dolo.

Remissão

CE, arts. 284 e 302.

Jurisprudência

Desnecessidade de a conduta ser praticada em período eleitoral. Potencialidade de coagir.

(TSE). Votação. Coação. Crime. Configuração. Denúncia. Recebimento. O tipo do art. 301 do Código Eleitoral refere-se ao uso de violência ou grave ameaça para coagir alguém a votar, ou a não votar, em determinado candidato ou partido, ainda que os fins visados não sejam conseguidos. . A ausência de poder de gestão sobre o Programa Bolsa Família não afasta o potencial para coagir, vez que as vítimas são pessoas economicamente carentes e de baixa instrução, portanto, suscetíveis ao crime do art. 301 do Código Eleitoral. O recebimento da denúncia exige somente a demonstração de indícios de materialidade e de autoria da infração, cabendo apenas, posteriormente, com a regular instrução da ação penal, aferir o juízo competente a fragilidade ou não da prova testemunhal eventualmente produzida. Nesse entendimento, o Tribunal, por unanimidade, negou provimento ao agravo regimental (Agravo Regimental no Recurso Especial Eleitoral nº 51.635-98/PI, Rel. Min. Arnaldo Versiani, em 17/02/2011. *Inf.* 03/2011).

Ameaça aos eleitores de perda do benefício social. Caracterização do tipo penal

(...) Ameaça de cessão de benefício social. Gravidade demonstrada para fins de incidência do art. 301 do Código Eleitoral

1. Para que obtenha êxito, o agravo regimental deve impugnar especificamente fundamentos da decisão agravada, sob pena de subsistirem as conclusões da decisão monocrática, nos termos do Enunciado da Súmula nº 182/STJ.

2. Também no âmbito eleitoral, o sistema de valoração da prova adotado é o da persuasão racional (art. 23 da Lei Complementar nº 64/90), segundo o qual o juiz ou Tribunal avaliará, perante sua consciência, as provas.

3. **A ameaça a eleitores quanto à perda de benefício social é passível de ser considerada grave para fins de incidência do tipo penal do art. 301 do Código Eleitoral**. Precedente deste TSE (...) (Ac. de 7.5.2015 no AgR-REspe nº 820924, Rel.ª Min.ª Maria Thereza Rocha de Assis Moura.)

26.19. IMPEDIMENTO AO EXERCÍCIO DO VOTO. ART. 302 DO CÓDIGO ELEITORAL

> Art. 302. Promover, no dia da eleição, com o fim de impedir, embaraçar ou fraudar o exercício do voto a concentração de eleitores, sob qualquer forma, inclusive o fornecimento gratuito de alimento e transporte coletivo:
>
> Pena: reclusão de 4 (quatro) a 6 (seis) anos e pagamento de 200 (duzentos) a 300 (trezentos) dias-multa (artigo com redação dada pelo Decreto-Lei nº 1.064/1969).

Bem jurídico

A liberdade de voto.

Sujeito ativo

Crime comum.

Sujeito passivo

O Estado e a administração eleitoral.

Tipo objetivo

A arregimentação e a propaganda de boca de urna estão previstos no **art. 39, § 5º, II, da Lei nº 9.504/1997**. Outrossim, o uso de violência ou grave ameaça é crime tipificado no **art. 301 do Código Eleitoral**.

Se houver o simples impedimento, o delito será o do art. 297 do CE, desde que não seja o dia da eleição, pois, se o for, o delito do art. 302 é mais especial e, portanto, prevalece no conflito aparente de normas.

A conduta de embaraçar merece enquadramento neste tipo penal, assim como a fraude (*engano, ardil ou artifício*) ao exercício do voto.

Todavia, a concentração de eleitores é fato previsto no **art. 39, § 5º, II**, sob o manto da boca de urna. Assim, dentro desse tipo múltiplo alternativo, esta última conduta foi **revogada tacitamente**.

No que pertine ao delito de fornecimento de alimentos e transporte, o artigo **foi revogado tacitamente pelo disposto no art. 11, II, da Lei nº 6.091/1974**. A norma é mais ampla e especial neste aspecto, além de coexistir com o delito de corrupção eleitoral (*CE, art. 299*), ambos na forma do concurso material de crimes, mas dependerá da hipótese concreta.

Tipo subjetivo

Dolo.

Remissões

CE, arts. 297 e 301.

Lei nº 6.091/1974, arts. 10 e 11, III.

CP, art. 29.

26.20. MAJORAÇÃO DE PREÇOS. ART. 303 DO CÓDIGO ELEITORAL

> Art. 303. Majorar os preços de utilidades e serviços necessários à realização de eleições, tais como transporte e alimentação de eleitores, impressão, publicidade e divulgação de matéria eleitoral:
>
> Pena: pagamento de 250 (duzentos e cinquenta) a 300 (trezentos) dias-multa.

Bem jurídico

A tutela reside sobre as relações de consumo de natureza eleitoral. Não é crime tipificado no Código de Defesa do Consumidor, mas não deixa de atender aspectos relativos ao consumidor em geral.

Sujeito ativo

É crime próprio. Somente os comerciantes podem praticar o delito. Admite-se o concurso de pessoas.

Sujeito passivo

O Estado e o consumidor. Delito de dupla subjetividade passiva.

Tipo objetivo

É um delito formal. A majoração dos preços e serviços é crime de mera conduta ou lesão, pois mesmo que o consumidor pague pelos aumentos abusivos já haverá o rebaixamento do nível de igualdade nas relações de consumo.

Se o agente aumenta o preço do transporte, atinge não apenas o eleitor, mas todos os envolvidos na relação de consumo.

O doutrinador *Fávila Ribeiro* diz que o crime reprime a exploração econômica.

É comum o aumento dos preços nas gráficas destinadas a imprimir santinhos, folhetos e material de propaganda. Nesse aspecto, o candidato e os partidos são sujeitos passivos deste crime.

Tipo subjetivo

Dolo.

Remissões

CE, art. 299.

Lei nº 6.091/1974 – Dispõe sobre o fornecimento gratuito de transporte, em dias de eleição, a eleitores residentes nas zonas rurais – art. 11.

Lei nº 8.078/1990 – Código de Defesa do Consumidor.

Lei nº 8.137/1990 – Define os crimes contra a ordem tributária, econômica e contra as relações de consumo.

26.21. OCULTAÇÃO DE ALIMENTOS E TRANSPORTES. ART. 304 DO CÓDIGO ELEITORAL

> Art. 304. Ocultar, sonegar, açambarcar ou recusar no dia da eleição o fornecimento, normalmente a todos, de utilidades, alimentação e meios de transporte, ou conceder exclusividade dos mesmos a determinado partido ou candidato:
>
> Pena: pagamento de 250 (duzentos e cinquenta) a 300 (trezentos) dias-multa.

Bem jurídico

Relações de consumo no dia da eleição.

Sujeito ativo

É crime próprio. Somente os comerciantes podem praticar o delito. Admite-se o concurso de pessoas.

Sujeito passivo

O Estado e o consumidor. Delito de dupla subjetividade passiva.

Tipo objetivo

A elementar "açambarcar" diz respeito a chamar para si, monopolizar os serviços na relação de consumo.

O agente responde pelo delito, independentemente da obtenção da vantagem econômica, profissional ou de emprego. Nesse sentido, o crime é formal.

O autor do crime, na verdade, é um corruptor passivo, porque, de certa forma, receberá uma vantagem qualquer para praticar esta conduta. Poderá ocorrer o concurso material com o delito do art. 299 do Código Eleitoral.

É possível o concurso de crimes com o delito do art. 5º da Lei nº 6.091/1974.

Tipo subjetivo

Dolo.

Remissão

Lei nº 6.091/1974 – Dispõe sobre o fornecimento gratuito de transporte, em dias de eleição, a eleitores residentes nas zonas rurais.

26.22. INTERVENÇÃO INDEVIDA NOS TRABALHOS DA SEÇÃO ELEITORAL. ART. 305 DO CÓDIGO ELEITORAL

> Art. 305. Intervir autoridade estranha à mesa receptora, salvo o juiz eleitoral, no seu funcionamento sob qualquer pretexto:
>
> Pena: detenção até seis meses e pagamento de 60 (sessenta) a 90 (noventa) dias-multa.

Bem jurídico

Tutela-se a regularidade do processo de votação.

Sujeito ativo

Crime próprio. Somente a "autoridade estranha" é agente ativo da empreitada delitiva. Admite-se a comunicabilidade da elementar normativa (*CP, art. 30*) e, assim, o concurso de pessoas. O particular que intervém estará sujeito aos crimes dos arts. 296 ou 297 do Código Eleitoral.

Sujeito passivo

O Estado.

Tipo objetivo

O legislador usa o verbo intervir. A intervenção se dá verbalmente ou por escrito e por meio de atos concretos (*ações intencionais*).

Não basta o agente perguntar ou indagar sobre o funcionamento, o tipo exige a intervenção, ou seja, atrapalhar os trabalhos da mesa receptora que são conduzidos pelo juiz eleitoral titular da zona eleitoral ou designados para determinada zona eleitoral, bem como os mesários e secretários. Ver as regras contidas nas resoluções eleitorais expedidas pelo TSE, de acordo com o art. 105 da Lei nº 9.504/1997, para cada eleição. Poder normativo (*CE, art. 1º, parágrafo único*). Conferir a regra do art. 127 do Código Eleitoral.

A Força Armada não pode intervir (*CE, art. 141*). Deve manter a distância mínima de 100 (*cem*) metros da seção eleitoral, mas a presença do Exército

Brasileiro nas seções garante a lisura da eleição, sendo fato atípico, quando não observada a distância.

Cabe aos membros do Ministério Público (*promotores eleitorais*) regularmente designados e fiscais de partidos políticos intervirem, por exemplo, na questão da identidade do eleitor, mas não no funcionamento cartorário dos trabalhos da mesa receptora, exceto se integrantes da mesa estiverem praticando crimes eleitorais, como, por exemplo: voto formiguinha (*um eleitor que vota no lugar do outro*), habilitação de eleitores que não são votantes, coação eleitoral e outros delitos.

O art. 139 do Código Eleitoral aponta que o Presidente da seção e o juiz eleitoral são as autoridades que cuidam dos trabalhos eleitorais. Trata-se do poder de polícia eleitoral.

Historicamente esse crime já era previsto no art. 175, inc. I, nº 30, da Lei nº 1.164/1950 (Código Eleitoral).

Tipo subjetivo

Dolo.

Remissões

CE, arts. 139, 140 e 284.

26.23. DESORDEM NA VOTAÇÃO. ART. 306 DO CÓDIGO ELEITORAL

> Art. 306. Não observar a ordem em que os eleitores devem ser chamados a votar:
>
> Pena: pagamento de 15 (quinze) a 30 (trinta) dias-multa.

Bem jurídico

Tutela-se o salutar desenvolvimento dos trabalhos da fase de votação.

Sujeito ativo

Crime próprio. Somente os mesários ou secretários podem praticar o crime. Não se aplica aos fiscais de partido nem a outras autoridades. Admite-se o concurso de pessoas.

Sujeito passivo

O Estado e o cidadão-eleitor. É crime de dupla subjetividade passiva.

Tipo objetivo

O tipo faz menção à ordem de votação. Na prática, este crime é de diminuta aplicabilidade, porque durante a votação costuma-se, pelo calor dos acontecimentos, de forma culposa ignorar a ordem de preferência.

A ordem de preferência é elementar normativa e de valoração jurídica eleitoral; portanto, caberá ao intérprete consultar os arts. 143 e 146 do Código Eleitoral e resolução específica do Tribunal Superior Eleitoral (*norma penal em branco*).

Segundo orientações do Tribunal Superior Eleitoral, cumpridos os procedimentos de instalação, o Presidente da mesa observará a prioridade dos candidatos e a seguinte preferência para votar:

– juiz eleitoral e juízes dos Tribunais Eleitorais;

– funcionários a serviço da Justiça Eleitoral;

– promotores eleitorais;

– policiais militares em serviço;

– fiscais e delegados de partido ou coligação;

– idosos, enfermos, portadores de necessidades especiais, grávidas e lactantes.

Historicamente esse crime já era previsto no art. 175, inc. I, nº 22, da Lei nº 1.164/1950 (Código Eleitoral).

Tipo subjetivo

Dolo.

Remissões

CE, arts. 146, I a XIV e 284.

26.24. CÉDULA MARCADA. ART. 307 DO CÓDIGO ELEITORAL

Art. 307. Fornecer ao eleitor cédula oficial já assinalada ou por qualquer forma marcada:

Pena: reclusão até 5 (cinco) anos e pagamento de 5 (cinco) a 15 (quinze) dias-multa.

Bem jurídico

Resguarda-se a higidez do processo de votação. Assegura-se ao eleitor o sigilo da votação (*CE, art. 103*).

Conferir a regra do art. 60, § 4º, II, da Carta Magna.

COMENTÁRIOS AOS CRIMES ELEITORAIS DO
CÓDIGO ELEITORAL

CAPÍTULO 26

Sujeito ativo

É crime comum. Um particular poderá ter subtraído uma cédula e, posteriormente, fornecê-la ao eleitor visando a deflagração do voto formiguinha ou carreirinha. Todavia, em sua essência, o crime é próprio. Trata-se de *delicta in officio*, porque somente o juiz, o mesário e o servidor público eleitoral, a princípio, têm acesso à cédula oficial. Admite-se, de toda sorte, a coautoria ou participação.

Com a adoção do sistema informatizado, qualquer alteração ou fraude encontra tipicidade no art. 72 da Lei nº 9.504/1997. Nesse sentido, também é a posição da renomada doutrinadora *Suzana de Camargo Gomes*.

A cédula não oficial fornecida ao eleitor é fato atípico eleitoral. Pode-se operar a atipicidade relativa para o delito de estelionato (*CP, art. 171*).

Sujeito passivo

O Estado e, secundariamente, o eleitor prejudicado por não ter legitimamente votado em candidato ou legenda de sua preferência. O interesse maior não é do eleitor, mas da guarda do regime democrático e regularidade da votação.

Tipo objetivo

É crime material de resultado naturalístico. O fornecimento significa entregar a cédula verdadeira, oficial, ao eleitor, além de estar previamente assinalada pelo fraudador.

A cédula falsa não preenchida por terceiros poderá ser crime do art. 171 do Código Penal, ou do art. 297 do Código Eleitoral, ou, ainda, do art. 308 do CE.

Tipo subjetivo

Dolo.

Remissão

CE, arts. 103, I, III; 104, 284 e 350.

26.25. ENTREGA A DESTEMPO DA CÉDULA OFICIAL. ART. 308 DO CÓDIGO ELEITORAL

> Art. 308. Rubricar e fornecer a cédula oficial em outra oportunidade que não a de entrega da mesma ao eleitor:
>
> Pena: reclusão até 5 (cinco) anos e pagamento de 60 (sessenta) a 90 (noventa) dias-multa.

Bem jurídico

Tutela-se a regularidade do processo de votação.

Sujeito ativo

Ver comentários ao crime anterior.

Sujeito passivo

Ver comentários ao crime anterior.

Tipo objetivo

O tipo é diferente daquele do art. 307, que trata do fornecimento de cédula marcada. Aqui, o delito é de fornecimento de cédula marcada ou não ao eleitor fora do momento reservado para o ato formal da entrega.

Tipo subjetivo

Dolo.

Remissão

CE, arts. 103, III, 284 e 307.

26.26. FALSA IDENTIDADE NA VOTAÇÃO. ART. 309 DO CÓDIGO ELEITORAL

Art. 309. Votar ou tentar votar mais de uma vez, ou em lugar de outrem:

Pena: reclusão até três anos.

Bem jurídico

A lei protege a fase da votação e a democracia.

Sujeito ativo

Qualquer pessoa. Crime comum. Admite-se a participação de terceiros, mas não a coautoria. Trata-se de crime de mão própria ou de atuação pessoal.

Sujeito passivo

O Estado.

Tipo objetivo

O delito é classificado como do tipo de **atentado**, pois a pena da tentativa é idêntica à do crime consumado.

Questionam-se os delitos de atentado no Direito Penal hodierno, pois a igualdade de tratamento punitivo entre a conduta tentada e a consumada viola o princípio da individualização da pena, culpabilidade e razoabilidade. Imagine-se que a tentativa imperfeita terá a mesma sanção que a conduta consumada.

O agente poderá praticar o delito do art. 311 do Código Eleitoral.

Votar em lugar de outrem. Este tipo penal proíbe que o mesário habilite um eleitor para votar durante o processo de votação no lugar de outrem. No último pleito eleitoral, um mesário, por descuido, habilitou o eleitor José Maria no lugar do eleitor José Mário. Assim, no momento em que chegou o eleitor José Mário para votar, já constava como se tivesse votado.

Esse fato é muito comum, mas é praticado por culpa, ou seja, negligência na observação do nome do eleitor na lista de votação por parte do mesário.

A votação por cédula e sem a necessidade de apresentação de um documento oficial de identidade com fotografia enseja a prática desse crime por militantes políticos.

Como já visto, o art. 91-A da Lei nº 9.504/1997 exige a identidade oficial no ato da votação evitando a prática desse crime.

Historicamente esse crime já era previsto nos arts. 107, § 21, do Decreto nº 21.076, de 24 de fevereiro de 1932 (*Código Eleitoral*) e 175, inc. I, nº 17, da Lei nº 1.164/1950 (*Código Eleitoral*).

Tipo subjetivo

Dolo. Não poderá o mesário ser penalmente responsabilizado por descuido na habilitação do eleitor em lugar de outrem. A culpa é fato atípico.

Remissões

CE, arts. 103, II, 117, 131, 142, 146 e 284.

26.27. ANULAÇÃO PROPOSITAL DA VOTAÇÃO. ART. 310 DO CÓDIGO ELEITORAL

> Art. 310. Praticar, ou permitir o membro da mesa receptora que seja praticada, qualquer irregularidade que determine a anulação de votação, salvo no caso do art. 311:
>
> Pena: detenção até 6 (seis) meses ou pagamento de 90 (noventa) a 120 (cento e vinte) dias-multa.

Bem jurídico

Tutela-se a fase da votação.

Sujeito ativo

Crime comum. Os mesários podem praticar ou tolerar a prática de terceiros. Admite-se a coautoria ou participação.

Sujeito passivo

O Estado e o regime democrático.

Tipo objetivo

O delito é material. Exige-se a anulação da votação. Significa que a conduta praticada pelo agente deverá estar correlacionada à causa de anulabilidade dos votos na seção eleitoral.

Cumpre ao intérprete examinar se o mesário, v.g., agiu deliberadamente com a finalidade de causar a anulação dos votos.

A anulação deverá ser decretada por decisão da Junta Eleitoral, mas a responsabilidade penal do mesário ou terceiros é decorrente de processo e julgamento perante o juiz eleitoral (*juízo monocrático*). Vê-se que o órgão julgador é diverso e a anulação da votação, por si só, não é causa que faz emergir a tipicidade, ilicitude ou culpabilidade na conduta do agente. É necessário investigar se o acusado agiu dolosamente, além de verificar-se o nexo de causalidade entre a ação e o resultado naturalístico.

O art. 171 do Código Eleitoral exige a formulação de impugnação perante a Junta para o conhecimento do recurso contra a apuração. Percebe-se que as causas de anulação da eleição devem ser restritivas, até porque vige o princípio da legitimidade da votação e das eleições.

O art. 175 do CE enumera hipóteses de nulidade das cédulas eleitorais.

Alguns casos ensejam a anulação: defeito proposital na urna eletrônica que não é substituída e impossibilita os eleitores de votar; fraudes na votação; abandono da seção pelos mesários; permissão de invasão de cabos eleitorais etc.

O crime do art. 310 poderá estar correlacionado a outros crimes, como os dos arts. 297, 300 e 301.

Tipo subjetivo

Dolo.

Remissões

CE, arts. 119-121, 124, 125, 127, 130 e 284.

26.28. VOTAÇÃO EM SEÇÃO DIVERSA. ART. 311 DO CÓDIGO ELEITORAL

> Art. 311. Votar em seção eleitoral em que não está inscrito, salvo nos casos expressamente previstos, e permitir o Presidente da mesa receptora, que o voto seja admitido:
>
> Pena: detenção até 1 (um) mês ou pagamento de 5 (cinco) a 15 (quinze) dias-multa para o eleitor e de 20 (vinte) a 30 (trinta) dias-multa para o Presidente da mesa.

Bem jurídico

Resguarda-se o processo de votação.

Sujeito ativo

O crime é de natureza mista. Comum em relação à conduta do eleitor que vota em local em que não está inscrito, e funcional em relação ao Presidente da seção que se omite e permite o voto ilícito.

Sujeito passivo

O Estado.

Tipo objetivo

A lei protege a fidelidade da lista dos eleitores de uma determinada seção eleitoral e, assim, o cadastro eleitoral, ou seja, a relação de eleitores.

Assim, se o mesário permite que um eleitor seja habilitado sem que o nome dele conste da folha de votação, estará praticando a conduta delituosa, desde que tenha agido dolosamente.

O tipo penal está relacionado à votação por cédulas na época em que se permitia o chamado "voto em separado". Não existe a possibilidade de o eleitor votar em seção em que não está inscrito.

Diz o art. 62 da Lei nº 9.504/1997:

> Art. 62. Nas Seções em que for adotada a urna eletrônica, somente poderão votar eleitores cujos nomes estiverem nas respectivas folhas de votação, não se aplicando a ressalva a que se refere o art. 148, § 1º, da Lei nº 4.737, de 15 de julho de 1965 (Código Eleitoral).

Por outro lado, o voto em trânsito, previsto no art. 233-A do Código Eleitoral, exige a prévia transferência para determinada seção especial, assim como o voto do preso e do adolescente infrator.

Tipo subjetivo

Dolo.

Remissões

CE, arts. 145 e 284.

26.29. VIOLAÇÃO AO SIGILO NO VOTO. ART. 312 DO CÓDIGO ELEITORAL

Art. 312. Violar ou tentar violar o sigilo do voto:

Pena: detenção até 2 (dois) anos.

Bem jurídico

Tutela-se o sigilo do voto e sua liberdade. O art. 60, § 4º, da Constituição da República Federativa do Brasil (*cláusula pétrea*) garante o sigilo do voto. O art. 103 do Código Eleitoral diz quais as formas de proteção ao sigilo.

Sujeito ativo

É crime comum. Os eleitores ou não eleitores podem praticar o delito, inclusive os mesários e funcionários públicos em geral.

Sujeito passivo

O Estado e o regime democrático. Atinge-se a lisura do processo eleitoral de votação.

Tipo objetivo

A elementar normativa de valoração jurídica é complementada pelo art. 103 do Código Eleitoral.

Se, por exemplo, o eleitor estiver votando e a cabine de votação não for colocada de forma a proteger o sigilo do voto, podemos estar diante da figura típica eleitoral, desde que tenha havido dolo do agente.

Os mesários rotineiramente são chamados pelos eleitores para explicar como votar na urna eletrônica. As explicações não podem atingir o sigilo do voto. Desta forma, não pode o mesário penetrar no interior da cabine de votação, sob pena de violar o tipo penal.

Não há que se aduzir em erro de proibição invencível, pois todas as instruções são fornecidas em reuniões dos juízes eleitorais com os mesários.

Questiona-se o delito em comento como sendo flagrantemente violador do princípio da individualização da pena ou culpabilidade, pois nivela a conduta de ampliação temporal da figura típica (*tentativa*) ao mesmo patamar dosimétrico da consumação. Trata-se de crime de atentado em que a pena da tentativa é igual à do crime consumado.

O eleitor não pode votar usando máquinas fotográficas e aparelhos celulares que tiram fotos (*art. 91-A da Lei nº 9.504/1997*).

A divulgação para terceiros na rede mundial de computadores, por mensagens, *whatsapp*, e outras formas constitui o delito de violação de sigilo do voto, por exemplo, a prática das chamadas "selfies", ou seja, autorretratos de eleitores votando para mostrar no ato ou futuramente para terceiros que passam a compartilhar foto.

Os candidatos podem oferecer vantagens aos eleitores no uso de "selfies", objetivando um controle do voto em cada seção eleitoral.Trata-se de modalidade de captação ilícita de sufrágio, respondendo o candidato pelo delito do art. 299 do Código Eleitoral, independentemente da representação do art. 41-A da Lei nº 9.504/1997.

Não são raros os casos em que a urna eletrônica apresenta defeitos aparentes no ato da votação, por exemplo, o número X digitado não funciona; ocorreu danificação em determinada numeração, o sistema biométrico não reconhece a impressão digital, a fotografia que aparece é de outra pessoa, o sistema não mostra a fotografia, e outros.

Nesses casos, o eleitor deve se reportar ao Presidente da seção e ao juiz eleitoral narrando o fato e solicitar o saneamento do defeito, que será avaliado e a urna poderá ser substituída pela urna de contingência. Todavia, não poderá o mesário votar pelo eleitor nem divulgar o voto, mesmo que parcial.

O Egrégio TSE autoriza de forma excepcional que o deficiente físico seja auxiliado por pessoa de sua confiança no ato da votação, não sendo o caso de incidir o delito em comento. Nesse sentido, por exemplo, versa o art. 90 da Resolução TSE nº 23.399, de 17/12/2013.

Historicamente esse crime já era previsto nos arts. 107, § 20, do Decreto nº 21.076, de 24 de fevereiro de 1932 (*Código Eleitoral*) e 175, inc. I, nº 19, da Lei nº 1.164/1950 (*Código Eleitoral*).

Tipo subjetivo

Dolo.

Remissões

CE, arts. 103, 175 e 284.

CF, art. 60, § 4º, II.

26.30. OMISSÃO NA EXPEDIÇÃO DE BOLETINS DE APURAÇÃO. ART. 313 DO CÓDIGO ELEITORAL

> Art. 313. Deixar o juiz e os membros da Junta de expedir o boletim de apuração imediatamente após a apuração de cada urna e antes de passar à subsequente, sob qualquer pretexto e ainda que dispensada a expedição pelos fiscais, delegados ou candidatos presentes:
>
> Pena: pagamento de 90 (noventa) a 120 (cento e vinte) dias-multa.
>
> Parágrafo único. Nas seções eleitorais em que a contagem for procedida pela mesa receptora, incorrerão na mesma pena o Presidente e os mesários que não expedirem imediatamente o respectivo boletim.

Bem jurídico

Tutela-se a regularidade dos trabalhos de apuração dos votos. A fase protegida é a da apuração.

Sujeito ativo

Trata-se de *delicta in officio*. Crime próprio e personalíssimo. O juiz e os membros da Junta Eleitoral é que respondem penalmente. Admite-se a comunicabilidade da elementar (*CP, art. 30*).

Sujeito passivo

O Estado e o regime democrático.

Tipo objetivo

O art. 68 da Lei nº 9.504/1997 refere-se ao boletim de urna que segue o modelo aprovado pelo Tribunal Superior Eleitoral. O boletim original é a prova do vestígio material da infração penal (*CPP, arts. 158 e 167*).

Outrossim, o art. 68, §§ 1º e 2º, da Lei nº 9.504/1997, tipifica como crime a conduta do Presidente da mesa receptora que deixa de entregar cópia do boletim de urna. Vê-se que o renomado *Tito Costa* está pleno de razão quando faz menção à incriminação de condutas administrativas eleitorais. O legislador, visando a garantir a lisura do processo eleitoral, passou a tipificar condutas de natureza administrativa eleitoral, excedendo-se nos tipos penais.

Convém ponderar que a seleção dos bens jurídicos com a proteção do Direito Penal em matéria eleitoral deve ser consentânea aos princípios da intervenção mínima e adequação social. A fragmentariedade na escolha dos tipos penais eleitorais seria reservada a condutas especialmente perigosas, pois as multas

Comentários aos Crimes Eleitorais do
Código Eleitoral

Capítulo 26

administrativas e a punição não penal servem na maioria dos casos como sanções proporcionais e razoáveis.

O delito é omissivo. É crime material. Não se admite a tentativa.

O delito não é mais incidente em razão da votação eletrônica em que os boletins são expedidos ao término da votação, quando em momento posterior ocorre a transmissão dos votos pela zona eleitoral ao Tribunal Regional Eleitoral na forma disciplinada em resolução específica do Egrégio TSE.

Tipo subjetivo

Dolo.

Remissões

CE, arts. 179, 187 e 196.

Lei nº 9.504/1997, art. 68, § 1º.

26.31. OMISSÃO NO RECOLHIMENTO DAS CÉDULAS. ART. 314 DO CÓDIGO ELEITORAL

> Art. 314. Deixar o juiz e os membros da Junta de recolher as cédulas apuradas na respectiva urna, fechá-la e lacrá-la, assim que terminar a apuração de cada seção e antes de passar à subsequente, sob qualquer pretexto e ainda que dispensada a providência pelos fiscais, delegados ou candidatos presentes:
>
> Pena: detenção até 2 (dois) meses ou pagamento de 90 (noventa) a 120 (cento e vinte) dias-multa.
>
> Parágrafo único. Nas seções eleitorais em que a contagem dos votos for procedida pela mesa receptora, incorrerão na mesma pena o Presidente e os mesários que não fecharem e lacrarem a urna após a contagem.

Bem jurídico

A norma protege o sigilo do voto e os serviços relativos à apuração. A tutela reside na preservação do resultado oficial das eleições para fins de eventual recontagem de votos.

Sujeito ativo

O delito é funcional. Crime próprio dos membros da junta eleitoral e do juiz. Admite-se a comunicabilidade da elementar funcional (*CP, art. 30*) desde que tenha ingressado na esfera de conhecimento do *extraneus*.

895

Sujeito passivo

O Estado e o regime democrático.

Tipo objetivo

A lei protege a apuração pelo sistema tradicional. O tipo não incide no sistema informatizado. Nesse sentido é a lição de Suzana de Camargo Gomes.

Resguarda-se a fidedignidade dos votos apurados em determinada urna convencional. Ver o art. 72 da Lei nº 9.504/1997.

Com o sistema eletrônico de votação, o tipo é inaplicável.

Tipo subjetivo

Dolo.

Remissões

CE, arts. 183 e 284.

26.32. MAPISMO. ART. 315 DO CÓDIGO ELEITORAL

> Art. 315. Alterar nos mapas ou nos boletins de apuração a votação obtida por qualquer candidato ou lançar nesses documentos votação que não corresponda às cédulas apuradas:
>
> Pena: reclusão até 5 (cinco) anos e pagamento de 5 (cinco) a 15 (quinze) dias-multa.

Bem jurídico

Tutela-se a regularidade do processo de votação e apuração dos votos, especialmente o valor original dos votos contabilizados pela Justiça Eleitoral.

Sujeito ativo

Crime comum. Em regra o delito exige uma qualidade especial do agente, ou seja, geralmente quem pratica mapismo é o escrutinador ou membros da junta eleitoral e os servidores da Justiça Eleitoral.

Sujeito passivo

O Estado e o candidato, partido político ou coligação atingidos pela fraude. Trata-se de delito de dupla subjetividade passiva.

Tipo objetivo

O delito refere-se ao sistema convencional por cédulas. Se a fraude ocorrer por intermédio da urna eletrônica, o delito será o do art. 72 da Lei nº 9.504/1997. O tipo do art. 315 faz menção às "cédulas"; portanto, quando os votos são decorrentes da urna eletrônica, aplica-se a lei posterior, já de acordo com a elementar normativa do tipo penal. Nesse sentido é a posição correta da doutrinadora Suzana de Camargo Gomes.

Os mapas pelo sistema tradicional são preenchidos após a confecção dos boletins de urna, que resumem os votos totais de cada seção e da zona eleitoral. A alteração se dá pela inserção inverídica de votos para outra legenda ou candidato, mas também pode ocorrer pelo aumento do número de votos em branco ou nulos. Percebe-se que o delito é uma espécie de falsidade ideológica em que se altera o conteúdo do documento oficial. No confronto com o delito do art. 350 do Código Eleitoral, prevalece a regra especial do art. 315.

O conjunto total da urna eletrônica é constituído pelo terminal do eleitor e pelo microterminal.

Tipo subjetivo

Dolo.

Remissões

CE, arts. 158, 218, 284 e 299.

Lei nº 6.996/1982, art. 15.

Lei nº 9.504/1997, art. 72.

26.33. OMISSÃO DE PROTESTOS NA ATA DE ELEIÇÃO. ART. 316 DO CÓDIGO ELEITORAL

> Art. 316. Não receber ou não mencionar nas atas da eleição ou da apuração os protestos devidamente formulados ou deixar de remetê-los à instância superior:
>
> Pena: reclusão até 5 (cinco) anos e pagamento de 5 (cinco) a 15 (quinze) dias-multa.

Bem jurídico

Tutela-se o regular exercício do direito de fiscalização em relação às fases de votação e apuração das eleições.

O Ministério Público, partidos políticos, coligações e candidatos podem fiscalizar todo o processo eleitoral. A norma resguarda também a fiel observância e autenticidade das atas eleitorais.

Sujeito ativo

É crime próprio, *delicta in officio*. Somente os mesários, membros das Juntas Eleitorais e juízes eleitorais podem praticar esta conduta. Admite-se o concurso de pessoas, como na hipótese de o servidor não remeter os autos à instância superior.

Sujeito passivo

O Estado e o candidato, eleitor, partido político ou coligação que foram cerceados em suas irresignações, pois não consignados os protestos legais.

Tipo objetivo

O art. 70 da Lei nº 9.504/1997 diz que:

> Art. 70. O Presidente da Junta Eleitoral que deixar de receber ou de mencionar em ata os protestos recebidos, ou ainda, impedir o exercício de fiscalização, pelos partidos e coligações, deverá ser imediatamente afastado, além de responder pelos crimes previstos na Lei nº 4.737, de 15 de julho de 1965 (Código Eleitoral).

Durante a votação podem ser feitos protestos de eleitores, fiscais e membros do Ministério Público que serão lançados na ata da mesa receptora de votos com o resultado da decisão prolatada. Sobre o tema, art. 132 do Código Eleitoral.

Os membros da Junta Eleitoral devem permitir que os fiscais e delegados de partidos políticos observem os trabalhos eleitorais desenvolvidos durante a contagem de votos, especialmente no caso de cédulas eleitorais e formulem os devidos protestos.

A Junta Eleitoral decide por maioria de votos e encaminha os recursos para o grau superior de jurisdição eleitoral.

Por exemplo: os fiscais dos partidos "(...) *serão posicionados a distância não inferior a um metro e meio de onde estiverem sendo desenvolvidos os trabalhos da Junta Eleitoral* (...)" (*art. 146 da Resolução TSE nº 23.399/2013*). A regra se repete em sucessivas eleições.

Tipo subjetivo

Dolo.

Remissão

CE, arts. 132, 171, 186, § 1º, IV.

26.34. VIOLAÇÃO DO SIGILO DA URNA. ART. 317 DO CÓDIGO ELEITORAL

> Art. 317. Violar ou tentar violar o sigilo da urna ou dos invólucros:
>
> Pena: reclusão de 3 (três) a 5 (cinco) anos.

Bem jurídico

Preserva-se a liberdade de voto e a sua autenticidade. O sigilo do voto tem assento constitucional (CF, art. 60, § 4º, II).

Sujeito ativo

Crime comum. Admite-se a coautoria com servidores da zona eleitoral ou dos Tribunais Regionais Eleitorais (CP, art. 30).

Sujeito passivo

O Estado. Reflexamente, o candidato, partido político ou coligação que são devassados com a quebra do sigilo.

Tipo objetivo

O art. 312 assegura o sigilo da votação. O art. 317 trata do sigilo das informações contidas na urna convencional, porque se a devassa se der na urna eletrônica o crime será o do art. 72 da Lei nº 9.504/1997.

É delito de atentado. A urna de lona é protegida por um lacre que, se for rompido, permite ao criminoso o acesso aos votos.

O Egrégio TSE para cada eleição expede uma resolução específica sobre a votação. Registre-se que, em 2014, dispôs a Res. TSE nº 23.399/2013: "Art. 80. *A integridade e o sigilo do voto são assegurados pelo uso de urna eletrônica e mediante o disposto nos incisos I a IV do art. 103 do Código Eleitoral. Parágrafo único. É nula a votação quando preterida formalidade essencial da integridade e do sigilo do voto (Código Eleitoral, art. 220, IV)*".

Tipo subjetivo

Dolo.

Remissões

CE, arts. 156, 163-165, 168, 185 e 284.

26.35. CONTAGEM DE VOTOS SOB IMPUGNAÇÃO. ART. 318 DO CÓDIGO ELEITORAL

> Art. 318. Efetuar a mesa receptora a contagem dos votos da urna quando qualquer eleitor houver votado sob impugnação (art. 190):
>
> Pena: detenção até 1 (um) mês ou pagamento de 30 (trinta) a 60 (sessenta) dias-multa.

Bem jurídico

Tutela-se a regularidade da prestação dos serviços eleitorais na fase da apuração dos votos.

Sujeito ativo

Os mesários. Admite-se a participação de terceiros (CP, art. 30).

Sujeito passivo

O Estado.

Tipo objetivo

O tipo penal é remetido (*CE, art. 190*). É possível a contagem dos votos pela mesa receptora. É necessária norma eleitoral (*resolução do Tribunal Superior Eleitoral normatizando a contagem*).

A ordem, ou melhor, a sequência dos trabalhos de apuração é tratada como norma supervalorativa de proteção penal. Entendemos que há um exagero neste elenco de bens penalmente protegidos, o que desmerece a razão de ser da sanção penal prevista no preceito secundário da norma incriminadora. Devem-se descobrir formas não típicas para a sanação destas questões administrativas eleitorais evitando-se a fomentação de tipos penais incriminadores eleitorais.

Tipo subjetivo

Dolo.

Remissão

CE, art. 284.

26.36. SUBSCRIÇÃO DE FICHAS DE REGISTRO DE PARTIDO. ART. 319 DO CÓDIGO ELEITORAL

> Art. 319. Subscrever o eleitor mais de uma ficha de registro de um ou mais partidos:
>
> Pena: detenção até 1 (um) mês ou pagamento de 10 (dez) a 30 (trinta) dias-multa.

Bem jurídico

Resguarda-se a organização dos partidos políticos. A norma é de direito partidário e, portanto, rege-se pelos princípios elencados na Lei nº 9.096/1995.

Sujeito ativo

Crime comum. O eleitor. Trata-se de crime de atuação pessoal ou de mão própria, pois somente o eleitor poderá subscrever a ficha de registro de um determinado partido. Se terceiros subscrevem ao invés do eleitor, o delito será o de falsidade ideológica eleitoral (CE, art. 350).

O agente que colhe a assinatura do que subscreve responde pelo delito do art. 321 do Código Eleitoral. Adota-se a exceção pluralista à teoria monista ou unitária do concurso de agentes.

Sujeito passivo

O Estado e os partidos políticos em sua auto-organização legal. É delito de dupla subjetividade passiva.

Tipo objetivo

A Lei nº 9.096/1995 trata os partidos políticos como pessoas jurídicas de direito privado e, no art. 8º, faz menção expressa à subscrição dos fundadores, em número nunca inferior a 101, com domicílio eleitoral em, no mínimo, 1/3 (*um terço*) dos Estados, ou seja, 9 (*nove*) Estados, englobando na contagem o Distrito Federal.

O tipo procura evitar que um mesmo eleitor assine como se fosse fundador de 2 (*dois*) ou mais partidos políticos, pois esta farsa ou fraude atinge diretamente a regularidade formal de constituição dessas pessoas jurídicas. Na verdade, o delito é uma espécie de falsidade ideológica (*CE, art. 350*).

O crime é material. Admite-se singularmente a tentativa.

O tipo penal é praticado de forma **vinculada**, ou seja, subscrição de mais de uma **ficha de registro.** No entanto, quando subscritas pelo mesmo eleitor **listas diferentes de apoiamento mínimo** para criação de partidos políticos, a hipótese não é desse crime, mas dos previstos nos arts. 349 ou 353 do Código Eleitoral.

Quanto ao registro do Partido Político (*Resolução TSE nº 23.282/2010*)

O apoiamento mínimo é uma exigência para a criação dos partidos políticos, quando o chefe de cartório fará a conferência das assinaturas e dos números dos títulos eleitorais nos termos do art. 11 da Resolução TSE nº 23.282/2010.

Tipo subjetivo

Dolo.

Remissão

CE, art. 284.

26.37. INSCRIÇÃO SIMULTÂNEA. ART. 320 DO CÓDIGO ELEITORAL

> Art. 320. Inscrever-se o eleitor, simultaneamente, em 2 (dois) ou mais partidos:
>
> Pena: pagamento de 10 (dez) a 20 (vinte) dias-multa.

Bem jurídico

Tutela-se o controle pela Justiça Eleitoral da condição de elegibilidade manifesta na filiação partidária (arts. 14, § 3º, V, da CF e 9º da Lei nº 9.504/1997).

Sujeito ativo

É crime de atuação pessoal ou de mão própria. O eleitor poderá ser ou não titular de mandato eletivo, candidato ou pré-candidato.

Admite-se a aplicação do art. 30 do CP.

O funcionário do partido político que, dolosamente, instiga ou induz o eleitor à inscrição poderá ser responsabilizado como partícipe moral.

Sujeito passivo

O Estado e os partidos políticos.

Tipo objetivo

O tipo penal exige a simultaneidade. O doutrinador *Tito Costa* lembra que deve existir a coincidência temporal.

Leciona *Suzana de Camargo Gomes* que a consumação do crime se dá com a segunda filiação sem que o filiado opere o desligamento anterior.

COMENTÁRIOS AOS CRIMES ELEITORAIS DO
CÓDIGO ELEITORAL

CAPÍTULO 26

A intenção do legislador foi criminalizar conduta administrativa eleitoral. Dessa forma, se o agente dolosamente agir com a caracterização da duplicidade de filiação, responderá pelo delito do art. 320 do Código Eleitoral.

A responsabilidade enseja incidência em duas esferas diferenciadas: uma administrativa eleitoral, com consequências na prova da condição de elegibilidade constitucional; outra de natureza penal.

O legislador procurou evitar a figura do filiado de aluguel ou do fraudador da filiação partidária.

O importante é evitar a fraude com filiações inexistentes ou feitas fora do prazo.

O art. 8º da Lei nº 9.504/1997 trata do prazo de realização das convenções partidárias (*de 20 de julho a 5 de agosto do ano eleitoral*). O requerimento de registro ocorre até as 19 horas do dia 15 de agosto do ano eleitoral; portanto, deve-se ter atenção para as listas enviadas pelos partidos políticos no mês de outubro que sejam diferentes das listas do mês de abril, pois as de abril do ano eleitoral são mais recentes e comprovam efetivamente a filiação partidária, ao passo que as do mês de outubro podem ter sido alteradas por desligamento do pré-candidato, sem observância da dupla comunicação (*partido político e juiz eleitoral*).

A Lei nº 12.891/2013 modificou a Lei nº 9.096/1995, esclarecendo que o cancelamento da filiação ocorre desde que o filiado comunique o fato não apenas ao partido político, mas ao juiz eleitoral de sua zona eleitoral, nos termos do art. 22, V, da LPP.

Se o eleito não comunica ao juiz de sua zona eleitoral a nova filiação estará duplamente filiado. Todavia, essa conduta é punida apenas a título de dolo. Na prática os filiados agem por culpa, sendo, portanto, conduta atípica.

O parágrafo único do art. 22 da Lei dos Partidos Políticos assim preconiza: "*Havendo coexistência de filiações partidárias, prevalecerá a mais recente, devendo a Justiça Eleitoral determinar o cancelamento das demais*".

Em razão dessa regra, o tipo penal é de rara incidência.

A regra se aplica de forma imediata pela redação da Lei nº 12.891/2013.

A Resolução TSE nº 23.421, de 19/05/2014 disciplina o tema sobre filiações partidárias.

Tipo subjetivo

Dolo.

Remissão

Lei nº 9.096/1995 – Lei dos Partidos Políticos – art. 22, parágrafo único.

903

26.38. FICHAS PARTIDÁRIAS DIVERSAS. ART. 321 DO CÓDIGO ELEITORAL

> Art. 321. Colher assinatura do eleitor em mais de uma ficha de registro de partido:
>
> Pena: detenção até 2 (dois) meses ou pagamento de 20 (vinte) a 40 (quarenta) dias-multa.

Bem jurídico

Resguarda-se a auto-organização dos partidos políticos.

Sujeito ativo

Crime comum.

Sujeito passivo

O Estado e os partidos políticos. É crime de dupla subjetividade passiva.

Tipo objetivo

O delito é uma forma de participação material ou autoria do crime do art. 319 do Código Eleitoral. O legislador adotou técnica confusa separando a conduta do partícipe e do autor.

Pune-se o agente coletor da assinatura do eleitor.

Topograficamente, o legislador deveria ter inserido o artigo após o art. 319 do Código Eleitoral ou como parágrafo único.

Tipo subjetivo

Dolo.

Remissões

CE, art. 284.

Lei nº 9.096/1995 – Lei dos Partidos Políticos – art. 8º.

26.39. DIVULGAÇÃO DE FATOS INVERÍDICOS. ART. 323 DO CÓDIGO ELEITORAL

> Art. 322. (Revogado pela Lei nº 9.504/1997).
>
> Art. 323. Divulgar, na propaganda, fatos que sabe inverídicos, em relação a partidos ou candidatos e capazes de exercerem influência perante o eleitorado:

> Pena: detenção de 2 (dois) meses a 1 (um) ano, ou pagamento de 120 (cento e vinte) a 150 (cento e cinquenta) dias-multa.
>
> Parágrafo único. A pena é agravada se o crime é cometido pela imprensa, rádio ou televisão.

Bem jurídico

Tutela-se a verdade dos fatos divulgados durante a propaganda.

Sujeito ativo

Crime comum. Os candidatos, cabos eleitorais, partidos políticos e coligações através de seus representantes legais, o eleitor e qualquer pessoa do povo.

Sujeito passivo

O Estado e indiretamente o candidato ou partido político. Admite-se a coautoria e participação dos jornalistas e terceiros.

Tipo objetivo

Diferentemente dos delitos contra a honra (*calúnia, difamação e injúria eleitorais*), o crime em comento aplica-se em relação às três espécies de propaganda política (*partidária, intrapartidária e eleitoral*), pois o legislador utilizou a elementar "propaganda" em sentido amplo.

Cai a lanço notar a amplitude do alcance da norma penal eleitoral, pois atinge indubitavelmente a propaganda política partidária com arrimo na Lei nº 9.096/1995.

O agente ativo valendo-se do horário eleitoral gratuito ou por intermédio da imprensa escrita ou panfletagem poderá propalar fatos inverídicos capazes de exercer influência perante o eleitorado. Ora, o eleitorado existe e se faz presente de forma difusa ou transindividual dentro ou fora do tempo do calendário eleitoral reservado à propaganda política eleitoral.

A propaganda política partidária deve ser reservada para difundir programas partidários; transmitir mensagens aos filiados; tratar da execução de programas; informar sobre eventos; informar sobre as atividades congressuais do partido político e divulgar a posição do partido quanto aos temas políticos da atualidade. Nesse sentido é a norma expressa do art. 45 da Lei nº 9.096/1995.

O art. 5º da Lei nº 13.487, de 6 de outubro de 2017, revogou os arts. 45, 46, 47, 48 e 49 e o parágrafo único do art. 52 da Lei nº 9.096/1995, não sendo mais veiculada a propaganda política eleitoral a partir das eleições de 2018.

É vedada na propaganda política partidária a "divulgação da propaganda de candidatos a cargos eletivos e a defesa de interesses pessoais ou de outros partidos" (*Lei dos Partidos Políticos, art. 45, § 1º, III*). Vê-se, portanto, que, além do impedimento da utilização do horário eleitoral gratuito para difundir inverdades capazes de exercer influência no eleitorado, é proibido o uso egoístico ou personalista deste horário.

Como há de se verificar, o crime será sempre sujeito a uma tipicidade aberta que dependerá de uma rigorosa investigação pelo juiz quanto à "capacidade de influência".

O legislador não se contentou com a prova da inveracidade das divulgações. Indo além, mergulha-se em questionamento nebuloso e sujeito a inseguranças na análise da completude da tipicidade e da eficaz aplicação da lei penal ao caso concreto.

Em suma: o agente poderá divulgar fato inverídico que não exerce nenhuma influência perante a sociedade politicamente esclarecida, mas, nas camadas sociais mais humildes e desprovidas de maiores informações, o impropério poderá cair como uma premissa de efeito.

Ensina *Damásio de Jesus*, em sua obra *Direito Penal*, sobre os tipos anormais, que obrigam o juiz a transpassar para o juízo de valor. Em igual sentido são as lições de *Mezger*.

Lembrado por *Damásio de Jesus*, *Anibal Bruno* já se preocupava com o crescente aumento dos elementos normativos, pois eles diminuem a precisão típica.

O parágrafo único tratou de causa especial de aumento de pena. Aplica-se a regra do art. 285 do Código Eleitoral.

Entendemos que o parágrafo único aplica-se a quaisquer meios de informação ou divulgação que possam caracterizar-se como "imprensa".

A Lei nº 12.891/2013 acrescentou os §§ 1º e 2º ao art. 57-H na Lei nº 9.504/1997, criando um tipo penal próprio para quem realiza contratações com o objetivo de ofender a honra ou a imagem de candidatos, partidos ou coligações pela internet ou por mensagens. Nesse caso, trata-se de um tipo especial que no conflito aparente de normas terá exclusiva aplicabilidade em relação ao tipo do art. 323 do Código Eleitoral.

Todavia, se os fatos divulgados pela *internet* ou por mensagens não forem ofensivos, mas sim inverídicos, incidirá apenas o tipo do art. 323 do Código Eleitoral. No entanto, se forem ofensivos e inverídicos poderá incidir o concurso formal de crimes (*art. 323 do Código Eleitoral e art. 57-H, § 1º ou § 2º, da Lei nº 9.504/1997, na forma do art. 70 do CP*), desde que seja realizada contratação com essa finalidade.

Tipo subjetivo

Dolo.

COMENTÁRIOS AOS CRIMES ELEITORAIS DO
CÓDIGO ELEITORAL

CAPÍTULO 26

Jurisprudência

Divulgação de fatos inverídicos. Princípio da reserva legal.

(TSE). Agravo regimental. Recurso especial. Crime eleitoral. Interpretação restritiva. Princípio da reserva legal. Aplicação. Opinião. Candidato. Divulgação. Imprensa. Propaganda eleitoral. Descaracterização. O art. 323 do CE refere-se à divulgação de fatos inverídicos na propaganda, conceito que deve ser interpretado restritivamente, em razão do princípio da reserva legal. O § 3º do art. 20 da Res.-TSE nº 22.718/2008 estabelece que não caracterizará propaganda eleitoral a divulgação de opinião favorável a candidato, a partido político ou a coligação pela imprensa escrita, desde que não seja matéria paga, mas os abusos e os excessos, assim como as demais formas de uso indevido dos meios de comunicação, serão apurados e punidos nos termos do art. 22 da LC nº 64/1990. Nesse entendimento, o Tribunal negou provimento ao agravo regimental. Unânime (Agravo Regimental no Recurso Especial Eleitoral nº 35.977/SP, Rel. Min. Felix Fischer, em 15/10/2009. *Inf.* 33/2009).

26.40. CALÚNIA ELEITORAL. ART. 324 DO CÓDIGO ELEITORAL

Art. 324. Caluniar alguém, na propaganda eleitoral, ou visando fins de propaganda, imputando-lhe falsamente fato definido como crime:

Pena: detenção de 6 (seis) meses a 2 (dois) anos e pagamento de 10 (dez) a 40 (quarenta) dias-multa.

§ 1º Nas mesmas penas incorre quem, sabendo falsa a imputação, a propala ou divulga.

§ 2º A prova da verdade do fato imputado exclui o crime, mas não é admitida:

I – se, constituindo o fato imputado crime de ação privada, o ofendido não foi condenado por sentença irrecorrível;

II – se o fato é imputado ao Presidente da República ou chefe de governo estrangeiro;

III – se do crime imputado, embora em ação pública, o ofendido foi absolvido por sentença irrecorrível.

Bem jurídico

Tutela-se a honra objetiva. A proteção é em relação à reputação pessoal ou conceito que o indivíduo usufrui dentro da sociedade, especialmente perante o eleitorado.

907

Sujeito ativo

Crime comum. Candidatos, terceiros, cabos eleitorais, pessoas comuns do povo.

Admite a legislação a prática do crime pela pessoa jurídica (*partido político, art. 336 do Código Eleitoral*).

Sujeito passivo

Estado, candidatos, partidos políticos, coligações, terceiros, inclusive doentes mentais e menores.

Admite-se a calúnia contra os mortos, v.g., na hipótese de um candidato atingir a honra objetiva de outro candidato fazendo menção a um parente já falecido. No entanto, o artigo em comento não possui regra similar ao art. 138, § 2º, do Código Penal. Todavia, a hipótese seria de uma calúnia reflexa cujos parentes vivos é que são ofendidos.

O crime é de dupla subjetividade passiva, pois o legislador consagrou o princípio do interesse público e da verdade dos fatos durante as campanhas eleitorais.

Assim, o Estado é o sujeito passivo imediato, e a pessoa física ou jurídica, o sujeito passivo mediato. Existe forte controvérsia na jurisprudência e doutrina quanto à possibilidade de a pessoa jurídica ser sujeito passivo do crime de calúnia. O STF entendeu que não (RHC nº 64.860, *DJU* 30/04/1987, p. 7.650), admitindo a possibilidade apenas no crime de difamação.

Tipo objetivo

A redação do tipo eleitoral é similar à do crime de calúnia do art. 138 do Código Penal. A imputação falsa, se dá por meio de inculpação, incriminação ou arguição. O termo "falsamente" deve ser referente a crime (*eleitoral ou não*), desde que decorrente de lei em plena vigência ou que possua ultra-atividade (*leis penais temporárias*).

A propagação ou divulgação *(§ 1º)* refere-se a espalhar, assoalhar, difundir ou apregoar. A doutrina entende que é suficiente que apenas uma pessoa tome conhecimento da ofensa, pois já teria ocorrido o verbo "divulgar".

O crime de calúnia se dá em relação ao fato ou à autoria falsa do crime imputado. Esta imputação deve ser falsa e outra pessoa sem ser o ofendido precisa saber.

Trata-se de crime comissivo. Pode o delito ser praticado por cartas, imprensa, documentos, *internet*, verbalmente ou por qualquer outro meio.

O delito só pode se aplicar aos crimes praticados durante a propaganda política eleitoral. O elemento normativo do tipo "propaganda eleitoral" refere-se à espécie, e não ao gênero "propaganda política ou simplesmente propaganda", até porque o regramento penal eleitoral tem um propósito específico, que é a eleição.

Por fim, os delitos de calúnia não se encontram apenas definidos no Código Eleitoral ou Código Penal. A Lei nº 7.170, de 14 de dezembro de 1983, que define os crimes contra a segurança nacional no art. 26, trata do delito de calúnia contra o Presidente da República e parlamentares do Senado Federal e da Câmara dos Deputados. Nesta hipótese, o crime é político, mas não eleitoral. Ou seja, pelo art. 2º da lei, leva-se em conta a motivação do agente e a lesão real ou potencial aos bens jurídicos (teoria mista: implementada pelo eminente *Nelson Hungria*, sendo originária do Direito Penal italiano).

Como se vê, o delito em apreço também encontra arrimo no Código Penal Militar.

Saliente-se ainda a falta de previsão do delito de denunciação caluniosa eleitoral. Ocorrendo a denunciação caluniosa, a capitulação dar-se-á no art. 339 do Código Penal.

A denunciação caluniosa contra servidores da Justiça Eleitoral é crime de competência da Justiça Federal. Nesse sentido: "(...) *a denunciação caluniosa decorrente de imputação de crime eleitoral atrai a competência da Justiça Federal, visto que tal delito é praticado contra a administração da Justiça Eleitoral, órgão jurisdicional que integra a esfera federal, o que evidencia o interesse da União, nos termos do art. 109, inc. IV, da Constituição Federal. Agravo regimental não provido*" (AC de 17/2/2011 no AgR-AI nº 26.717, Rel. Min. Arnaldo Versiani).

O **art. 57-H, §§ 1º e 2º,** trata do tipo especial de ofensa à honra pela internet e que decorre de contratação.

Faz-se mister ressaltar que as ofensas decorrentes de acirrada discussão não são consideradas dolosas, conforme decisões jurisprudenciais (*RT*, 544: 381; *JTACrimSP*, 61:294).

Exceção da verdade

Significa que o autor da calúnia poderá provar o que alegou (imputou).

Magalhães Noronha (*2000, p. 118*) leciona que não é possível na exceção da verdade que se "(...) *devasse, esquadrinhe ou vasculhe toda a vida do ofendido* (...)".

Não admissão da exceção da verdade

No § 2º, I, se o ofendido estiver respondendo a uma ação penal privada, o ofensor não poderá utilizar a exceção da verdade. Justifica-se a não admissão em razão do princípio da disponibilidade da ação penal privada, pois cabe ao ofendido ajuizá-la mediante queixa-crime.

O eminente Alberto Silva Franco (1995, p. 1.773) esclarece:

> Nos crimes de ação privada, deixa a lei ao arbítrio do ofendido a iniciativa da ação penal, considerando que o *strepitus judicii*, ou seja, a publicidade do processo judicial pode ser-lhe ainda mais danosa. Seria evidente contradição permitir a lei a prova da verdade relativamente a um crime, cuja investigação e processo faz depender dos interesses da vítima.

Ao ensejo da conclusão deste item, percebemos que o legislador, no § 2º, I, não atentou para o fato de que as ações penais são públicas incondicionadas nas hipóteses de crimes de calúnia, difamação e injúria eleitorais (*CE, art. 355*).

Dessa forma, entendemos que a alínea refere-se apenas às ações penais privadas do Código Penal e da legislação extravagante que não disponham de modo contrário quanto à legitimidade.

Por exemplo, se Zeca é ofendido por uma difamação eleitoral, o legitimado para a ação penal é o promotor eleitoral, sendo possível a prova da verdade, caso João seja processado por crime de calúnia por ter imputado falsamente o fato a Zeca. A exceção do inciso I não terá aplicabilidade em relação aos crimes contra a honra de natureza eleitoral.

Quanto ao **inciso II**, protege a lei as funções e não as pessoas do Presidente da República ou do chefe de governo estrangeiro.

Ensina *Suzana de Camargo Gomes* (2000, p. 162), em sua obra *Crimes Eleitorais*, entende com total razão que:

> Na atualidade, em que é admissível a reeleição do Presidente da República, é discutível se ainda deve persistir essa ordem de proibição quanto à prova da veracidade dos fatos.
>
> Ora, sendo atribuída ao Presidente da República a responsabilidade no que concerne a determinado fato criminoso, durante a propaganda eleitoral ou visando fins de propaganda, se o fato imputado é verdadeiro, tem-se que em nome do interesse público dominante e da transparência, que devem nortear a atividade administrativa, a verdade deve vir a lume, não sendo de se negar a possibilidade de ser realizada essa prova, ainda mais porque em jogo está um cargo eletivo, cujo titular é passível de reeleição.

De fato, conclui-se que a norma não foi recepcionada pelo instituto da reeleição (CF, art. 14, § 5º). Nesse sentido, *Suzana de Camargo Gomes* tem inteira razão, pois, sendo possível ao Presidente da República ser reeleito e participar dos programas eleitorais e de toda a propaganda política eleitoral, deverá competir em igualdade de condições com os demais candidatos, inclusive com a exposição de fatos de sua vida pública e privada, sujeitando-se à admissão e ao processamento de exceções da verdade com a preservação da isonomia subsumida na Carta Magna e em todo o arcabouço legiferante eleitoral, como se vê, v.g., por meio das condutas vedadas aos agentes públicos (Lei nº 9.504/1997, arts. 73 a 78).

O sistema igualitário é a âncora segura das disputas pela legítima contabilização dos votos e constitui-se na razão primordial dos direitos públicos políticos subjetivos da cidadania.

Quanto ao chefe de governo estrangeiro, não sendo possível ao estrangeiro ser candidato, uma vez que o art. 14, § 2º, da CF, veda-lhe o alistamento, ele irremediavelmente estará sem uma condição de elegibilidade constitucional (CF, art. 14, § 3º, III) e, assim, a regra do inciso II é plenamente aplicável.

O inciso III tutela o valor e o respeito à coisa julgada.

A exceção da verdade julgada procedente é causa de exclusão da tipicidade.

Tipo subjetivo

Dolo. O agente deve ter o propósito de ofender para fins eleitorais.

Jurisprudência

Ementa: *Habeas corpus*. Calúnia. Eleição 2000. Denúncia. Competência. Justiça eleitoral. Ordem denegada. Para caracterização do delito previsto no art. 324 do Código Eleitoral, não se impõe que o registro de candidatura tenha sido definitivamente deferido.

Habeas corpus – Acórdão 473 – Duas Estradas – PB 06/11/2003 – art. 324 CA. Rel. Francisco Peçanha Martins. Rel. designado. *DJ*, v. I, 28/11/2003, p. 139.

Ementa: Crime Eleitoral. Calúnia. Divulgação. Constando da denúncia que o acusado procedeu à distribuição de publicação, atribuindo falsamente a prática de crime à vítima, justifica-se a condenação com base no art. 324, § 1º, do Código Eleitoral, embora não demonstrado que tivesse ele providenciado a feitura dos impressos, como também consignado na inicial. Incidência do disposto no *caput* do art. 384 do Código de Processo Penal.

Agravo de Instrumento. Acórdão 1.251/MS. 20/4/1999 – art. 324 CA. Rel. Eduardo Andrade Ribeiro de Oliveira. Rel. designado. *DJ – Diário de Justiça*, 14/5/1999, p. 132.

Lei nº 5.250/1967. Não recepção. STF. Mantida a tipicidade da calúnia eleitoral

(TSE). *Habeas corpus*. Condenação criminal transitada em julgado. 1. No julgamento da Arguição de Descumprimento de Preceito Fundamental nº 130, o Supremo Tribunal Federal declarou não recepcionado pela Constituição Federal o conjunto de dispositivos da Lei Federal nº 5.250/1967, o que não alcança o crime de calúnia previsto no art. 324 do Código Eleitoral, apenas pelo fato de possuir *nomen juris* semelhante à figura penal prevista na referida lei, além do que os tipos penais visam à proteção de bens jurídicos distintos. 2. Não se vislumbra ilegalidade de decisão condenatória do paciente em que foram, de modo fundamentado, examinadas as circunstâncias judiciais, com análise dos aspectos alusivos à culpabilidade, respeitando-se, portanto, o princípio da individualização da pena. 3. Em face do reconhecimento dos delitos imputados ao paciente, em concurso material, as instâncias ordinárias entenderam devida a fixação de duas das três penas acima do mínimo legal, consideradas as circunstâncias judiciais desfavoráveis, o que impediu, inclusive, a substituição das penas privativas de liberdade por restritivas de direito, por não atendimento do disposto no art. 44, III, do Código Penal. Ordem denegada. Acordam os ministros do Tribunal Superior Eleitoral, por unanimidade, em indeferir o *habeas corpus*, nos termos das notas de julgamento. Brasília, 23 de novembro de 2010 (*Habeas Corpus* nº 2583-03/MG. Rel. Min. Arnaldo Versiani. *Inf.* 41/2010).

Ofensa a magistrado eleitoral. Crime configurado

(TSE). Agravo regimental. Recurso especial. Honra. Lei. Proteção. Crimes eleitorais. Ofensa. Comprovação. Calúnia. Caracterização. Retratação. Inocorrência. Pena. Isenção. Impossibilidade. Decisão agravada. Fundamentos inatacados. A honra da vítima, juíza eleitoral em exercício, atingida em manifestação pública, é bem imaterial tutelado pelos arts. 324, 325 e 326 do CE. Nesse sentido, comprovado nos autos que o réu tenha agido com o objetivo de ofender moralmente o juízo eleitoral, sem qualquer limite tolerável, razoável, ainda que considerado o contexto próprio de campanhas eleitorais, estará caracterizado o crime de calúnia. Não se isenta de pena o réu quando carecem os autos de retratação peremptória a possibilitar a aplicação analógica do art. 143 do CP. Nega-se provimento a agravo que se limite a repisar os argumentos constantes das razões do recurso especial, deixando de infirmar os fundamentos da decisão agravada. Nesse entendimento, o Tribunal negou provimento ao agravo regimental. Unânime (Agravo Regimental no Recurso Especial Eleitoral nº 35.322/AL, Rel. Min. Joaquim Barbosa, em 01/07/2009. *Inf.* 21/2009).

Remissões

CP, art. 138.

Lei nº 7.170/1983, art. 26.

COMENTÁRIOS AOS CRIMES ELEITORAIS DO
CÓDIGO ELEITORAL

CAPÍTULO 26

26.41. DIFAMAÇÃO ELEITORAL. ART. 325 DO CÓDIGO ELEITORAL

> Art. 325. Difamar alguém, na propaganda eleitoral, ou visando a fins de propaganda, imputando-lhe fato ofensivo à sua reputação:
>
> Pena: detenção de 3 (três) meses a 1 (um) ano e pagamento de 5 (cinco) a 30 (trinta) dias-multa.
>
> Parágrafo único. A exceção da verdade somente se admite se o ofendido é funcionário público e a ofensa é relativa ao exercício de suas funções.

Bem jurídico

Tutela-se a honra objetiva, a reputação do sujeito no meio político, social e familiar.

Sujeito ativo

Crime comum. Candidatos, terceiros, cabos eleitorais, pessoas comuns do povo.

Admite a legislação a prática do crime pela pessoa jurídica (*partido político, art. 336 do Código Eleitoral*).

Sujeito passivo

A pessoa jurídica é sujeito passivo na medida em que goza de reputação. Assim, os partidos políticos podem ser atingidos. Na hipótese de coligação são ofendidos todos os partidos que a integram.

Tipo objetivo

Imputar tem o significado de atribuir. É importante verificar que o fato imputado pode ser falso ou verdadeiro. O crime não exige a falsidade da imputação como no caso da calúnia.

A doutrina e a jurisprudência admitem a imputação ofensiva referente à infração penal, consequentemente, englobando a contravenção. Nesse sentido, *Luiz Regis Prado*.

Tipo subjetivo

Dolo. Exige-se a finalidade propagandista eleitoral e o *animus diffamandi*.

Exceção da verdade

O parágrafo único admite a exceção quando se tratar de funcionário público. O conceito de funcionário público é atribuído pelos arts. 327 do Código Penal e 283 do Código Eleitoral.

913

Na difamação, a exceção de verdade julgada procedente é causa de exclusão da antijuridicidade. A falsidade da afirmação não é elementar do tipo. Seja o fato falso ou verdadeiro não terá modificação na análise do tipo. Na calúnia é excludente de tipicidade.

Algumas observações devem ser aviventadas:

a) o agente deve ser funcionário público. O fundamento da admissão da exceção é que os cidadãos podem fiscalizar o Poder Público e o exercício das funções públicas;

b) a admissão da exceção deve ser restrita ao exercício da atividade pública. Lecionam *Magalhães Noronha* e *Fernando Capez* que se Zeca fala que o servidor se embriaga no serviço é um fato ofensivo e que tem correlação com as funções públicas, mas se a afirmação é referente à vida privada do servidor não se admite a exceção;

c) na hipótese de o servidor ter deixado o cargo público, os eminentes doutrinadores *Nélson Hungria* e *Magalhães Noronha* entendem não ser admissível a exceção. Em sentido contrário, admitindo a exceção é a posição de *Cezar Roberto Bittencourt*. Alerta o mestre que se deve verificar se a imputação é referente a fato praticado à época em que o servidor estava no exercício de suas funções, porque subsiste o direito à demonstração da verdade;

d) A exceção de verdade por delito de difamação é julgada pelo juiz da causa, mesmo que tenha o excepto foro privilegiado. Nesse sentido, STF, *RTJ* 152/2012. Em matéria eleitoral o juiz da causa pode ser o juiz eleitoral ou o Tribunal Regional Eleitoral.

O direito de resposta concedido pela Justiça Eleitoral possui uma análise diferenciada do crime de difamação.

Significa que nem sempre a legítima defesa da honra por meio da resposta importará em prática indubitável do delito de difamação.

Tenha presente ainda no precedente do Egrégio TSE que: "(...) *Recurso ordinário em* habeas corpus. *Arts. 323 e 325 do Código Eleitoral. Difamação e divulgação de fatos inverídicos na propaganda eleitoral. Trancamento ação penal. Impossibilidade. 1. O deferimento do direito de resposta e a interrupção da divulgação da ofensa não elidem a ocorrência dos crimes de difamação e de divulgação de fatos inverídicos na propaganda eleitoral, tendo em vista a independência entre as instâncias eleitoral e penal. (...)"* (*AC de 17/5/2011, no RHC nº 761.681, Rel.ª Min.ª Nancy Andrighi.*)

Remissões

CP, art. 139.

Lei nº 7.170/1983, art. 26.

COMENTÁRIOS AOS CRIMES ELEITORAIS DO
CÓDIGO ELEITORAL

Jurisprudência

Difamação eleitoral. Prática do delito sem ser na propaganda eleitoral

Ementa: Denúncia. Difamação.

1. Em virtude do elemento normativo "visando a fins de propaganda", constante do art. 325 do Código Eleitoral, o crime de difamação pode ocorrer em contexto que não seja ato tipicamente de propaganda eleitoral.

2. Demonstrados indícios de autoria e materialidade, a configurar, em tese, o crime previsto no art. 325, combinado com o art. 327, III, do Código Eleitoral, a denúncia deve ser recebida. Recurso especial provido. DJE de 3/8/2010 (*Inf.* 23/2010).

(TSE). Recurso Especial Eleitoral nº 36.671/SP. Rel. Min. Arnaldo Versiani.

26.42. INJÚRIA ELEITORAL. ART. 326 DO CÓDIGO ELEITORAL

> Art. 326. Injuriar alguém, na propaganda eleitoral, ou visando a fins de propaganda, ofendendo-lhe a dignidade ou o decoro:
>
> Pena: detenção até 6 (seis) meses, ou pagamento de 30 (trinta) a 60 (sessenta) dias-multa.
>
> § 1º O juiz pode deixar de aplicar a pena:
>
> I – se o ofendido, de forma reprovável, provocou diretamente a injúria;
>
> II – no caso de retorsão imediata, que consista em outra injúria.
>
> § 2º Se a injúria consiste em violência ou vias de fato, que, por sua natureza ou meio empregado, se considerem aviltantes:
>
> Pena: detenção de 3 (três) meses a 1 (um) ano e pagamento de 5 (cinco) a 20 (vinte) dias-multa, além das penas correspondentes à violência prevista no Código Penal.

Bem jurídico

Tutela-se a honra subjetiva, a dignidade do indivíduo. O conceito que o indivíduo faz de si mesmo é atingido pelo ofensor.

Sujeito ativo

Crime comum. Candidatos, terceiros, cabos eleitorais, pessoas comuns do povo.

Admite a legislação a prática do crime pela pessoa jurídica (*partido político, art. 336 do Código Eleitoral*).

Sujeito passivo

Somente a pessoa física. A ofensa contra os partidos ou coligações é reputada como sendo feita em relação ao Presidente, delegado ou representante.

Tipo objetivo

A dignidade é a estima individual. É o valor social ou moral que o indivíduo conquistou dentro do partido político, coligação, sociedade e família. O decoro é o respeito.

Tipo subjetivo

Dolo de menosprezar. Dolo específico, segundo a doutrina tradicional.

Perdão judicial

No § 1º, I, existe um revide à ofensa. *Luiz Regis Prado* diz que a razão de ser do dispositivo é a justa causa. A provocação deve ser direta (*na frente do agente*) e reprovável, ou seja, censurável.

O § 1º, II, trata da retorsão. O agente ofendido replica, retorna ou retruca a ofensa por outra ofensa injuriosa. A doutrina não admite a reciprocidade de injúrias. Destaca-se:

> Enquanto na retorsão a resposta ultrajante deve ser imediata (*sine intervallo*) e motivada pela primeira injúria, na reciprocidade as injúrias não precisam ser sucessivas, além de dispensarem o nexo causal. Ademais, se a retorsão exige que os agentes se encontrem presentes, a reciprocidade prescinde deste requisito (PRADO, 2002, p. 488).

Injúria real eleitoral

O § 2º tratou da injúria real eleitoral. É uma injúria especial, porque neste caso o ofensor agride a integridade física ou a saúde do ofendido para ofender--lhe a honra subjetiva.

Vê-se que o agente ativo usa de tapas, socos, armas, facas etc., para agredir o ofendido, mas com a finalidade de injuriá-lo, ou seja, visando ainda fins de propaganda eleitoral ou na própria propaganda eleitoral.

Se o agente agride outra pessoa injuriando-a, mas sem finalidade eleitoral, mesmo durante o período do calendário eleitoral, certamente não estará incurso no crime eleitoral. Poderá responder por via de fato (*LCP, art. 21*) ou lesão corporal (*CP, art. 129*).

O crime de injúria real eleitoral exige a concomitância entre a ação de agredir e ofender com o dolo específico de exteriorizar uma propaganda negativa sobre a pessoa, menosprezando-a ou ultrajando-a durante o embate eleitoral. Se estes elementos não forem detectados, não haverá este crime de injúria real eleitoral.

Cai a lanço notar o fato de que o legislador eleitoral utilizou tipicidade remetida no preceito secundário da norma do § 2º, "*além das penas correspondentes à violência prevista no Código Penal*". A técnica da tipicidade remetida causa confusão, porque sugere a incidência de concurso material (*CP, art. 69*) entre o crime de injúria e o crime de lesão corporal ou a contravenção de via de fato.

Leciona *Cezar Roberto Bitencourt* (2002, p. 550) que:

> Tanto a violência quanto as vias de fato necessitam ter sido empregadas com o propósito de injuriar, caso contrário subsistirá somente a ofensa à integridade ou à incolumidade pessoal. A distinção entre uma figura delituosa e outra reside exatamente no elemento subjetivo do tipo que distingue uma infração da outra, ainda que o fato objetivo seja o mesmo.

Registre-se, ainda, a inexistência no Código Eleitoral da denominada **injúria preconceituosa do art. 140, § 3º, do Código Penal**.

Se durante a propaganda política eleitoral, e com a finalidade eleitoral, o agente atinge a raça, cor, etnia, religião ou origem de outro candidato, responderá pelo crime do Código Penal comum. Nessa hipótese, se a ofensa injuriosa for por intermédio dos meios de comunicação, inclusive a *internet*, deverá responder pelo delito do art. 20, § 2º, da Lei nº 7.716, de 5 de janeiro de 1989 (*Lei de Preconceito Racial*).

Nestes casos, o dolo específico ou finalidade de atingir a honra na propaganda política eleitoral deve ser absorvido (*princípio da absorção*) pelo delito de maior gravidade social, ou seja, o preconceito racial.

Não há como adotar o concurso entre a injúria do *caput* ou a real e mais o crime de injúria real do Código Penal, sob pena de *bis in idem*, nem tampouco sugestionar-se pela atipicidade da conduta se subsiste na ordem jurídica outro bem jurídico moral diretamente violentado pela conduta discriminatória. De toda sorte, a competência para o processo e julgamento do caso concreto não será da Justiça Eleitoral.

Remissão

CP, art. 140.

26.43. CAUSAS DE AUMENTO DE PENA. ART. 327 DO CÓDIGO ELEITORAL

> Art. 327. As penas cominadas nos arts. 324, 325 e 326 aumentam-se de 1/3 (um terço), se qualquer dos crimes é cometido:

> I – contra o Presidente da República ou chefe de governo estrangeiro;

Ensina *Magalhães Noronha* (2000, p. 132-133), *in verbis*:

> Tem o dispositivo em consideração, em primeiro lugar, a pessoa do Presidente da República. Desnecessário, por certo, ressaltar a razão fundamental do aumento de pena. Trata-se do supremo magistrado da Nação, cuja honra deve ser ciosamente resguardada. Tutela-se não só sua vida funcional, como a particular, conquanto leis outras, como a da Imprensa, se ocuparem igualmente desse objeto. Por sua qualidade, pelas elevadas funções que exerce o Presidente, pode dizer-se que a ofensa à lei irrogada não deixa de refletir em todos os cidadãos.

Nos comentários ao art. 324, § 2º, II, do Código Eleitoral exteriorizamos em comum acordo o entendimento da não recepção da norma em razão do instituto da reeleição.

Desta forma, em harmonia com o que já foi dito, a presente causa especial de aumento de pena também não foi recepcionada pelo art. 14, § 5º, da CF (*reeleição*), exceto quando o Presidente da República em exercício for atingido pela ofensa e não for candidato à reeleição, pois, caso contrário, violar-se-ia o princípio da culpabilidade e razoabilidade na aplicação da pena, especialmente desigualando candidatos durante as campanhas eleitorais.

Em relação ao chefe de Governo estrangeiro, a norma eleitoral seguiu o Código Penal comum protegendo não a pessoa da autoridade, mas as relações internacionais e a higidez do processo democrático com a evitabilidade do rompimento da cooperação entre os povos, aliás, princípio com subsunção constitucional.

> II – contra funcionário público, em razão de suas funções;

Tutela-se a função pública, e não simplesmente a pessoa do servidor público.

Se o delito for praticado na presença do funcionário o crime não será eleitoral, mas, sim, de desacato, previsto no art. 331 do Código Penal, pois a legislação eleitoral não tipifica este crime. Neste caso, o agente está atingindo a Administração Pública.

A competência para processo e julgamento do crime de desacato não é da Justiça Eleitoral, além de ser delito de menor potencial ofensivo, segundo nova definição da Lei dos Juizados Especiais Federais (*Lei nº 10.259/2001*).

Leciona *Heleno Fragoso* que o delito subsiste se a ofensa for em razão da função pública.

> III – na presença de várias pessoas, ou por meio que facilite a divulgação da ofensa.

O legislador faz menção à ofensa que foi propalada para um número indeterminado de pessoas. Trata-se de **tipicidade porosa**, pois o alcance da elementar "várias pessoas" é de ampla subjetividade.

Com esta causa de aumento de pena, tutela a lei o fato de a ofensa causar maior dano social ao interessado na disputa do pleito eleitoral.

A causa especial de aumento de pena aplica-se aos crimes cometidos por qualquer meio de comunicação, inclusive a *internet*.

26.44. REPARAÇÃO DO DANO. ART. 330 DO CÓDIGO ELEITORAL

> Art. 328. (Revogado pela Lei nº 9.504/1997).
>
> Art. 329. (Revogado pela Lei nº 9.504/1997).
>
> Art. 330. Nos casos dos arts. 328 e 329, se o agente repara o dano antes da sentença final, o juiz pode reduzir a pena.

O artigo é inaplicável diante da revogação dos arts. 328 e 329 pelo art. 107 da Lei nº 9.504, de 30 de setembro de 1997.

26.45. DANOS AOS MEIOS DE PROPAGANDA. ART. 331 DO CÓDIGO ELEITORAL

> Art. 331. Inutilizar, alterar ou perturbar meio de propaganda devidamente empregado:
>
> Pena: detenção até 6 (seis) meses ou pagamento de 90 (noventa) a 120 (cento e vinte) dias-multa.

Bem jurídico

Tutela-se a igualdade e o equilíbrio da exteriorização da propaganda.

Sujeito ativo

Crime comum. Os candidatos, pré-candidatos, eleitores, servidores públicos eleitorais ou não (*art. 283 do Código Eleitoral*).

Sujeito passivo

O Estado, candidatos, pré-candidatos, partidos políticos ou coligações, inclusive terceiros contratados para confeccionar ou produzir os elementos necessários ao acondicionamento ou fabricação dos produtos empregados na propaganda.

Tipo objetivo

O crime é uma espécie de dano especial eleitoral, pois além de ser violada a propaganda legal empregada (*a propaganda irregular não é tutelada pela norma*), o agente inutiliza ou altera o meio empregado, ou melhor, escolhido para a divulgação da propaganda. O meio empregado pode ser: cartaz, faixa, tabuleta, fita de vídeo etc.

O verbo "perturbar" atinge mais a propaganda sonora, usada por meio de alto-falantes, microfones e em comícios.

A inutilização ou alteração podem ocorrer por pichação ou qualquer forma que inviabilize a divulgação da propaganda.

A elementar "propaganda" refere-se à propaganda política partidária, intrapartidária ou política eleitoral.

Versa o art. 36 da Lei nº 9.504/1997 sobre o início do prazo da propaganda política eleitoral.

Tipo subjetivo

Dolo.

Remissão

CE, art. 284.

26.46. IMPEDIR A PROPAGANDA. ART. 332 DO CÓDIGO ELEITORAL

> Art. 332. Impedir o exercício de propaganda:
>
> Pena: detenção até 6 (seis) meses e pagamento de 30 (trinta) a 60 (sessenta) dias-multa.

Bem jurídico

Tutela-se a igualdade na propaganda de candidatos adversários.

Sujeito ativo

Crime comum. Os candidatos, pré-candidatos, eleitores, servidores públicos eleitorais ou não. Ver o art. 283 do Código Eleitoral.

Sujeito passivo

É idêntico ao tipo anterior.

Tipo objetivo

O impedimento é um embaraço, oposição, tolhimento, vedação, obstrução ou proibição da propaganda.

A propaganda referida no tipo penal está no sentido amplo, genérico e, portanto, abrange a partidária, intrapartidária e eleitoral.

O art. 41 da Lei nº 9.504/1997 veda a aplicação de multa ou o cerceamento da propaganda, sob a alegação do poder de polícia. Ambos os dispositivos devem ser interpretados de forma sistêmica, pois a propaganda irregular não pode ser tolerada ou admitida, nem tampouco a propaganda antecipada e a criminosa.

O poder de polícia deve ser exteriorizado para impedir a propaganda irregular ou criminosa, muitas vezes camuflada sob o manto da legalidade e plena liberdade de vinculação.

O poder de polícia eleitoral cabe aos juízes da propaganda eleitoral.

A propaganda não pode ser abusiva do poder econômico ou político, nem refletir a captação ilícita de sufrágio. Tenha-se presente que no âmbito do processo eleitoral contencioso os legitimados (*Ministério Público, partidos políticos, coligações e candidatos*) podem valer-se dentre outras medidas da ação de investigação judicial eleitoral, da ação de captação de sufrágio, das representações e reclamações, do direito de resposta e medidas cautelares.

Tipo subjetivo

Dolo.

Remissões

CE, art. 284.

Lei nº 9.504/1997, art. 41.

26.47. PRÊMIOS E SORTEIOS. BINGO ELEITORAL. ART. 334 DO CÓDIGO ELEITORAL

> Art. 333. (Revogado pela Lei nº 9.504/1997).
>
> Art. 334. Utilizar organização comercial de vendas, distribuição de mercadorias, prêmios e sorteios para propaganda ou aliciamento de eleitores:
>
> Pena: detenção de 6 (seis) meses a 1 (um) ano e cassação do registro se o responsável for candidato.

Bem jurídico

Tutela-se a igualdade na propaganda política partidária, intrapartidária ou eleitoral. A proteção se dá em relação à propaganda lícita com a preservação da lisura eleitoral.

Sujeito ativo

Trata-se de crime comum. Candidatos, pré-candidatos, aspirantes ao pleito eleitoral, pessoas comuns do povo e empresários.

Sujeito passivo

Estado, eleitor, partido político, coligação ou o candidato.

Tipo objetivo

A utilização é o aproveitamento, o lucro significa levar uma vantagem ou ganhar alguma coisa.

A organização comercial de vendas abrange as entidades filantrópicas, assistenciais, fundações, desde que realizem a captação ilícita de votos por meio da distribuição de mercadorias (*rádios de pilha, brindes diversos, ventilador, material de construção etc.*), prêmios e sorteios diversos.

A hipótese mais comum é a promoção de **bingos em cidades**, quando os candidatos distribuem números aos eleitores e, em seguida, os sorteiam distribuindo as mercadorias e prometendo melhorias de vida e condições sociais. Nesta conduta, o candidato poderá ainda ser responsabilizado pelo abuso do poder econômico (*LC nº 64/1990, art. 22*), ou captação ilícita de sufrágio.

Reconheceu-se o delito nos seguintes casos: distribuição de cupons para sorteio de cesta de alimentos (*TRE/SP-RC 103.855, Rel. Maurício Ferreira Leite*); distribuição de bicicletas (*TRE/SP-RC 111.150, Rel. Celso Pimentel, em 07/11/1991*); e distribuição de camisetas para motociclistas com o custeio de combustível (*TRE/SP-RC 117.779, Rel. Ney de Mello Almada*).

O delito tem correlação direta com a captação ilícita de sufrágio (*Lei nº 9.504/1997, art. 41-A*) e enseja as sanções eleitorais como a multa, cassação do registro e diploma, na forma legal, bem como a inelegibilidade, art. 1º, I, alínea "j" da LC nº 64/1990.

Se as empresas doarem aos candidatos mercadorias para a realização de um bingo, estarão contribuindo para a prática do ilícito penal, sujeitando-se os responsáveis às sanções legais, além de o fato caracterizar irregularidade na prestação de contas da campanha e constituir-se em ato de improbidade administrativa eleitoral.

O delito tem correlação com o crime do **art. 299 do Código Eleitoral**. Poderá haver concurso material ou formal de crimes quando o agente, além de promover o bingo, distribui a mercadoria em troca do voto. O delito do art. 334 é de lesão ou mera conduta, bastando a realização do evento para a sua consumação, pois o tipo prevê a modalidade de aliciar.

Se o agente alicia as pessoas para o bingo e, depois, ainda distribui a mercadoria, responde também pelo delito do art. 299 do Código Eleitoral, pois captou sufrágio de forma ilícita em troca de votos.

Tipo subjetivo

Dolo. O erro de proibição invencível poderá excluir a culpabilidade pela ausência da potencial consciência da ilicitude.

Pena de cassação do registro

A pena de cassação do registro é sanção, também obtida, por exemplo, no âmbito das ações de impugnação ao registro (*LC nº 64/1990, art. 3º*); ação de captação de sufrágio (*Lei nº 9.504/1997, art. 41-A*); e na ação de investigação judicial eleitoral (*LC nº 64/1990, art. 22*).

A cassação do registro nesse tipo penal se assemelha a uma pena restritiva de direitos, mas é aplicada cumulativamente com a pena privativa de liberdade.

Trata-se de espécie de pena de duvidosa legalidade e constitucionalidade, porque não se observa o devido processo legal referente ao procedimento dos arts. 3º e ss. ou 22, I a XIII, da LC nº 64/1990.

Deveras, a cassação do registro não prescinde do contraditório e da ampla defesa, bem como do procedimento especial contido em lei de natureza complementar.

Transação penal

Quanto à aplicação do instituto despenalizador da transação penal para este crime eleitoral que possui sistema punitivo diferenciado e especial, destacamos o respeitável acórdão do *Ministro Sálvio de Figueiredo*:

> Resolução nº 21.294, de 07/11/2002. Processo Administrativo 18.956/DF. Rel. Min. Sálvio de Figueiredo.
>
> Ementa: Infrações penais eleitorais. Procedimento especial. Exclusão da competência dos juizados especiais. Termo circunstanciado de ocorrência em substituição a auto de prisão. Possibilidade. Transação e suspensão condicional do processo. Viabilidade. Precedentes.
>
> I. As infrações penais definidas no Código Eleitoral obedecem ao disposto nos seus arts. 355 e seguintes e o seu processo é especial,

não podendo, via de consequência, ser da competência dos juizados especiais a sua apuração e julgamento.

II. O termo circunstanciado de ocorrência pode ser utilizado em substituição ao auto de prisão em flagrante, até porque a apuração de infrações de pequeno potencial ofensivo elimina a prisão em flagrante.

III. O entendimento dominante da doutrina brasileira é no sentido de que a categoria jurídica das infrações penais de pequeno potencial ofensivo, após o advento da Lei nº 10.259/2001, foi parcialmente alterada, passando a ser assim consideradas as infrações com pena máxima até dois anos ou punidas apenas com multa.

IV. É possível, para as infrações penais eleitorais cuja pena não seja superior a dois anos, a adoção da transação e da suspensão condicional do processo, salvo para os crimes que contam com um sistema punitivo especial, entre eles aqueles a cuja pena privativa de liberdade se cumula a cassação do registro se o responsável for candidato, a exemplo do tipificado no art. 334 do Código Eleitoral. *DJ* de 07/02/2003.

No delito do art. 334 do Código Eleitoral, mesmo sendo de menor potencial ofensivo, não é cabível a transação penal, porque adotou o legislador eleitoral a regra da cumulatividade com a pena de cassação do registro; portanto, ao contrário da Lei de Abuso de Autoridade, o sistema punitivo especial deste tipo eleitoral obriga a imposição da norma.

O questionamento pode residir na seara da violação dos princípios da razoabilidade ou proporcionalidade e da culpabilidade.

Jurisprudência

Ementa: Crime Eleitoral. Propaganda ou aliciamento de eleitores – art. 334 do Código Eleitoral. Abrangência. O art. 334 do Código Eleitoral encerra quatro tipos penais, todos ligados à utilização de meios objetivando a propaganda ou o aliciamento de eleitores: A) valer-se de organização comercial de vendas; B) Distribuir mercadorias; C) Distribuir prêmios e D) Proceder a sorteios. Os três últimos não pressupõem necessariamente, o envolvimento de organização comercial de vendas, podendo resultar de atividade desenvolvida por qualquer outra pessoa jurídica ou natural, como ocorre quando a distribuição de mercadorias seja feita por entidade assistencial, colocando-se nas cestas a fotografia de certo candidato. *Habeas corpus*. Concessão de ofício. Recurso especial não conhecido. Efeito. O fato de o Tribunal Superior Eleitoral não conhecer do recurso especial, no que interposto por dissenso de julgados ou por violência à lei, não afasta a observância do § 2º do art. 654 do Código de Processo Penal: "Os juízes e os tribunais

COMENTÁRIOS AOS CRIMES ELEITORAIS DO
CÓDIGO ELEITORAL

CAPÍTULO 26

têm competência para expedir de ofício ordem de *habeas corpus,* quando no curso de processo verificarem que alguém sofre ou está na iminência de sofrer coação ilegal."

REspe – Recurso Especial Eleitoral – Acórdão 13.509/SP. 29/06/1993 – art. 334, CA. Rel. Marco Aurélio Mendes de Farias Mello. Rel. designado. *DJ*, 09/08/1993, p. 15.215. *RJTSE*, v. 5, t. 4, p. 194.

Remissões

CE, art. 299.

Lei nº 9.504/1997, art. 41-A.

26.48. PROPAGANDA EM LÍNGUA ESTRANGEIRA. ART. 335 DO CÓDIGO ELEITORAL

> Art. 335. Fazer propaganda, qualquer que seja a sua forma, em língua estrangeira:
>
> Pena: detenção de 3 (três) a 6 (seis) meses e pagamento de 30 (trinta) a 60 (sessenta) dias-multa.
>
> Parágrafo único. Além da pena cominada, a infração ao presente artigo importa na apreensão e perda do material utilizado na propaganda.

Bem jurídico

Tutela-se a soberania nacional.

A proteção impõe-se em razão da evitabilidade da influência do financiamento das campanhas eleitorais por entidade ou governo estrangeiro. Os arts. 31, I, da Lei nº 9.096/1995, e 24, I, da Lei nº 9.504/1997 vedam o recebimento direto ou indireto de doação, ou dinheiro, ou estimável em dinheiro, inclusive publicidade de qualquer espécie.

Sujeito ativo

Qualquer pessoa, não apenas o estrangeiro (*CF, art. 14, § 2º – o estrangeiro não pode alistar-se*). É crime comum.

Sujeito passivo

Estado e os partidos políticos, coligações e candidatos atingidos pelo desvirtuamento do uso da língua nacional (*CF, art. 13*): além do perigo existente quanto ao financiamento estrangeiro nas campanhas eleitorais.

925

Tipo objetivo

Os eminentes doutrinadores *Fávila Ribeiro, Joel José Cândido* e *Suzana de Camargo Gomes* entendem que o delito atinge a soberania nacional e a independência do país.

Na verdade, o delito é uma modalidade especial de crime político, e não de crime eleitoral, pois sua tipicidade deveria ser subsumida na Lei de Segurança Nacional (*Lei dos Crimes Políticos no Brasil*), Lei nº 7.170/1983, art. 1º.

Como se vê, a legislação penal eleitoral disposta no Código Eleitoral é anterior ao diploma tipificador dos crimes políticos, e reflete uma época histórica em que a construção pátria de uma teoria diferenciadora entre delitos político e eleitoral era extremamente tênue. Dessa forma, permanece na lei eleitoral como fato ilícito de atentado contra a propaganda política, intrapartidária ou eleitoral o crime do art. 335.

Prevê a lei como sanção penal cumulativa a perda do material usado. Trata-se, nesta hipótese, de delito não transeunte (*que deixa vestígios*) e enseja o exame de corpo de delito, com base no art. 158 do Código de Processo Penal.

Todavia, o Egrégio Tribunal Superior Eleitoral reconheceu a **inconstitucionalidade do art. 337 do Código Eleitoral**: "(...) *em face de sua incompatibilidade com os postulados constitucionais da liberdade de manifestação do pensamento e de consciência, direitos fundamentais do indivíduo assegurados nos arts. 5º, incs. IV, VI e VIII, e 220 da Constituição Federal de 1988*" (*Recurso Especial Eleitoral nº 7.735.688-67, Itapaci/GO, Rel. Min. Dias Toffoli, em 14/10/2014*).

A liberdade de manifestação do pensamento deve sempre ser assegurada, pois refletindo sobre o tipo penal, no fundo, não podemos imaginar que seja penalmente relevante a conduta de um imigrante que manifeste apoio ao candidato de sua preferência na cidade em que habita.

Tipo subjetivo

Dolo.

Jurisprudência genérica sobre a propaganda

> Ementa: Propaganda partidária. A veiculação de críticas, ainda que contundentes e consideradas pessoalmente ofensivas, à atuação do governante, ao modelo de administração ou à forma de condução da política governamental, materializando a posição do partido em relação a esses, segundo a orientação que fundamenta o ideário da agremiação política, não caracteriza desvio das finalidades impostas para a propaganda partidária, a ensejar a aplicação da

COMENTÁRIOS AOS CRIMES ELEITORAIS DO
CÓDIGO ELEITORAL

sanção prevista no art. 45, § 2º, da Lei nº 9.096/1995. Afirmações tidas como de cunho antidemocrático e de discriminação religiosa. Não caracterização. Improcedência da representação.

Acórdão 348 – Representação 348 – Brasília/DF. *DJ* de 01/04/2002. Rel. Min. Garcia Vieira.

26.49. SUSPENSÃO DE ATIVIDADE ELEITORAL. ART. 336 DO CÓDIGO ELEITORAL

> Art. 336. Na sentença que julgar ação penal pela infração de qualquer dos arts. 322, 323, 324, 325, 326, 328, 329, 331, 332, 333, 334 e 335, deve o juiz verificar, de acordo com o seu livre convencimento, se o Diretório local do partido, por qualquer dos seus membros, concorreu para a prática de delito, ou dela se beneficiou conscientemente.
>
> Parágrafo único. Nesse caso, imporá o juiz ao Diretório responsável pena de suspensão de sua atividade eleitoral, por prazo de 6 (seis) a 12 (doze) meses, agravada até o dobro nas reincidências.

O dispositivo legal é inconstitucional por atingir o princípio da culpabilidade e da proporcionalidade, pois a conduta acarreta a transcendência da natureza personalíssima da pena individual atingindo o Diretório Nacional, Estadual ou Municipal com a suspensão da atividade partidária de forma ampla e irrestrita.

Na verdade, as interdições temporárias de direito devem se adequar ao art. 47 do Código Penal, não indo além da pessoa do infrator.

A regra adotada foi analisada pela doutrinadora *Suzana de Camargo Gomes* (2000, pp. 183-185). Destacou a autora que o legislador criou uma responsabilidade penal da pessoa jurídica, ressaltando que o Código Eleitoral *"nasceu avançado para a época, pois, em 1965, ao entrar em vigor, já continha em seu bojo uma hipótese de responsabilidade penal da pessoa jurídica, fato esse que em outras áreas conta, ainda hoje, com uma resistência quanto à sua aceitação"*.

O eminente doutrinador *Édis Milaré* (2001), ao tratar da responsabilidade penal da pessoa jurídica, salienta que outros países admitem esta responsabilidade: Austrália, Canadá, Estados Unidos, Nova Zelândia e Venezuela. Refere-se o autor aos crimes contra o meio ambiente ou ambientais. A Constituição Federal foi expressa (art. 225, § 3º) e a Lei nº 9.605/1998 tratou, inclusive, das espécies de sanção penal, como multa e interdição das atividades.

Cumpre enfatizar que, ao admitir-se a responsabilidade penal da pessoa jurídica (partido político), esta não se estende à coligação partidária, mas apenas a cada partido integrante da coligação, sob pena de exegese extensiva, vedada em matéria penal.

Outrossim, a responsabilidade da pessoa jurídica deve emergir da constatação da vantagem por ela obtida, pois a lei condiciona esta responsabilidade ao benefício consciente. Ora, se ficar provado que o partido político cuja amplitude é de nível nacional (Lei nº 9.096/1995, art. 5º) não foi beneficiado, a pena só poderá ser individualizada em relação aos membros do Diretório, porque a *mens legislatoris*, certamente, foi a de atingir a responsabilidade do partido político, e não, simplesmente, a do órgão do partido, ou seja, o Diretório.

Dessa forma, o delito deverá satisfazer o interesse do partido político globalmente considerado, separando-se o benefício individualmente auferido pela pessoa física (*autora do crime*) e pela pessoa jurídica (*autora do crime*), sob pena de admitir-se uma coautoria lastreada em pura responsabilidade penal objetiva com a violação do princípio da culpabilidade, pois é impossível a aplicação de pena em relação à associação meramente causal. O resultado imputado ao agente deve ser consectário de dolo, o que a atmosfera da responsabilidade penal da pessoa jurídica, por si só, não abrange. Assim, frisamos renomados autores que não admitem a responsabilidade penal da pessoa jurídica, a saber: Rogério Greco, René Ariel Dotti, Nilo Batista e Heleno Fragoso. Contra: Édis Milaré e Gilberto Passos de Freitas (em relação aos crimes ambientais).

A admissão da regra da responsabilidade penal dos partidos políticos tornou-se, a nosso entender, de rarefeita sustentação, especialmente diante do disposto no art. 90, § 1º, da Lei nº 9.504/1997: *"Para os efeitos desta Lei, respondem penalmente pelos partidos e coligações os seus representantes legais"*.

Portanto, o legislador, em norma posterior, tratou de individualizar a responsabilidade penal, adequando-a ao princípio da culpabilidade. Dentro de uma interpretação sistêmica, não podemos conviver com a antinomia *"situação que se verifica entre duas normas incompatíveis, pertencentes ao mesmo ordenamento jurídico e tendo o mesmo âmbito de validade"* (*Bobbio, 1983, p. 88*). Assim sendo, a opção trilha pela **revogação do artigo quanto à regra da responsabilidade penal da pessoa jurídica**.

Em conclusão: **o dispositivo legal deve ser declarado inconstitucional por lesão ao princípio da culpabilidade e da proporcionalidade das penas (art. 5º, XLV, da Constituição da República), pois a sanção penal ao órgão partidário é desnecessária em razão das medidas aplicáveis pela Lei dos Partidos Políticos (Lei nº 9.096/1995) para transgressões praticadas pelos integrantes da agremiação política.**

Remissões

Lei nº 9.096/1995 – Lei dos Partidos Políticos – art. 28, § 3º.

Lei nº 9.504/1997, art. 107.

26.50. PARTICIPAÇÃO DE ESTRANGEIRO EM ATIVIDADES PARTIDÁRIAS. ART. 337 DO CÓDIGO ELEITORAL

Art. 337. Participar o estrangeiro ou brasileiro que não estiver no gozo dos seus direitos políticos de atividades partidárias, inclusive comícios e atos de propaganda em recintos fechados ou abertos:

Pena: detenção até 6 (seis) meses e pagamento de 90 (noventa) a 120 (cento e vinte) dias-multa.

Parágrafo único. Na mesma pena incorrerá o responsável pelas emissoras de rádio ou televisão que autorizar transmissões de que participem os mencionados neste artigo, bem como o diretor de jornal que lhes divulgar os pronunciamentos.

O Egrégio Tribunal Superior Eleitoral reconheceu a inconstitucionalidade do art. 337 do Código Eleitoral, em destaque:

RECURSO ESPECIAL. DECLARAÇÃO DE INCONSTITUCIONALIDADE. ART. 337 DO CÓDIGO ELEITORAL. INCOMPATIBILIDADE COM OS PRECEITOS INSCULPIDOS NOS ARTS. 5º, IV, VI e VIII, E 220 DA CONSTITUIÇÃO FEDERAL, QUE ASSEGURAM A LIVRE MANIFESTAÇÃO DO PENSAMENTO E A LIBERDADE DE CONSCIÊNCIA. RECURSO DESPROVIDO.

1. O art. 337 do Código Eleitoral, que descreve como crime a participação em atividades político-partidárias, inclusive comícios e atos de propaganda, daquele que estiver com os direitos políticos suspensos, não guarda sintonia com os arts. 5º, IV, VI e VIII, e 220 da Carta da República, que garantem ao indivíduo a livre expressão do pensamento e a liberdade de consciência, ainda que o exercício de tais garantias sofra limitações em razão de outras, também resguardadas pela Constituição Federal.

2. O disposto na referida norma penal implica a restrição de um direito fundamental garantido pela Constituição, sem que haja, em contraposição, bem ou valor jurídico atingido pela conduta supostamente delituosa.

3. O comportamento descrito na aludida norma de natureza penal não consiste na prática de um direito político passível de suspensão, mas sim no exercício de um direito fundamental que se insere na órbita da liberdade individual albergada pela Lei Maior.

Recurso especial a que se nega provimento. Acordam os ministros do Tribunal Superior Eleitoral, por unanimidade, em desprover o recurso e reconhecer a incompatibilidade do art. 337 do Código Eleitoral com a Constituição Federal de 1988, nos termos do voto do relator (Recurso Especial Eleitoral nº 7735688-67/GO. Rel. Min. Dias Toffoli Brasília, 14 de outubro de 2014).

Ressalta-se no douto julgado o voto do Ex.mo Ministro Gilmar Mendes, *in verbis*:

> (...) O art. 337 do Código Eleitoral visa à proteção da lisura do pleito em face de eventuais intervenções, consideradas indevidas pelo legislador, perpetradas por estrangeiros ou brasileiros cujos direitos políticos estejam suspensos. Assim, o tipo criminal eleitoral tem por objetivo a tutela da higidez da competição político-eleitoral.

> É certo que a suspensão dos direitos políticos atinge diversos aspectos da vida do indivíduo. Em interessante estudo sobre o tema, o Ministro Teori Zavascki enumera as seguintes limitações:

> Estar em gozo dos direitos políticos significa, pois, estar habilitado a alistar-se eleitoralmente, habilitar-se a candidatura para cargos eletivos ou a nomeações para certos cargos públicos não eletivos (Constituição Federal, arts. 87; 89 VII; 101; 103, § 1º), participar de sufrágios, votar em eleições, plebiscitos e referendos, apresentar projetos de lei pela via da iniciativa popular (Constituição Federal, arts. 61, § 2º, e 29, XI) e propor ação popular (Constituição Federal, art. 5º, inc. LXXIII). Quem não está em gozo dos direitos políticos não poderá filiar-se a partido político (Lei nº 5.682, de 21/07/71, art. 62) e nem investir-se em qualquer cargo público, mesmo não eletivo (Lei nº 8.112, de 11/12/90, art. 5º, II). Não pode, também, ser diretor ou redator-chefe de jornal ou periódico (Lei nº 5.250, de 09/02/67, art. 7º, § 1º) e nem exercer cargo em entidade sindical (Consolidação das Leis do Trabalho, art. 530, V).

> Algumas dessas restrições se referem a direitos políticos entendidos no seu sentido mais estrito, de participação direta na vida política, que seriam votar e ser votado; outras atingem direitos individuais como, por exemplo, o direito de associação, representado pelo direito de filiação a partido político (art. 5º, inc. XVII, da CF).

> No entanto, não pode a suspensão dos direitos políticos atingir o direito do indivíduo de fazer parte do debate de ideias (...)".

26.51. PRIORIDADE POSTAL. VIOLAÇÃO. ART. 338 DO CÓDIGO ELEITORAL

Art. 338. Não assegurar o funcionário postal a prioridade prevista no art. 239:

Pena: pagamento de 30 (trinta) a 60 (sessenta) dias-multa.

Bem jurídico

Tutela-se a isonomia da propaganda política eleitoral entre os partidos políticos.

Sujeito ativo

Crime próprio. O funcionário dos Correios e Telégrafos e as pessoas que prestam serviços por delegação. Neste sentido, *Suzana de Camargo Gomes*.

Sujeito passivo

Estado e os partidos políticos durante a propaganda política eleitoral.

Tipo objetivo

Deveras, o tipo penal não está consentâneo com a ordem jurídica eleitoral e pode se concluir que o Direito Penal Eleitoral em razão da lesividade, intervenção mínima e adequação social, que resulta no princípio da fragmentariedade, não deve eleger essa conduta como penalmente relevante.

O legislador *de lege ferenda* não deve contemplar essa conduta como tipo penal autônomo em razão de, se praticadas as ações, a ilicitude se moldar em critério proporcional no abuso do poder político dos agentes envolvidos, considerando a incidência do art. 1º, inc. I, **alínea "h"** da Lei Complementar nº 64/1990 e a própria legislação que tutela a improbidade administrativa. Assim, é o *quantum sufficit* para responsabilizar os funcionários públicos que favorecem um Partido Político ou candidato quando deliberadamente retardam o encaminhamento da propaganda política eleitoral impressa pelos correios, sempre no intuito de beneficiar uma campanha eleitoral em detrimento de outra.

Leciona *Suzana de Camargo Gomes* (2000, p. 132) que o tipo penal *"visa assegurar recepção do material de propaganda pelo seu destinatário em tempo hábil, ou seja, antes da realização das eleições, daí por que determina ao funcionário postal dê prioridade nessa remessa".*

A prioridade postal tem tempo certo para ocorrer, ou seja, 60 (*sessenta*) dias antes do primeiro domingo de outubro do ano das eleições, pois, caso incida o segundo turno, o intervalo de tempo será menor.

O elemento temporal do tipo faz com que a norma seja ultra-ativa e aplique-se ao servidor da Empresa de Correios e Telégrafos.

É possível a alegação do erro de proibição inevitável como causa excludente de culpabilidade, ou ainda, o evitável como fator de redução da dosimetria punitiva. Cabe ao diretor ou responsável pela empresa informar aos carteiros sobre a norma, inclusive aos agentes que prestam serviços por delegação.

A prioridade não poderá impor gastos superiores à empresa, sob pena de inviabilizarem-se os serviços. A norma deve ser compatível com os critérios de economicidade.

A tipicidade adotada é do tipo remetida expressa (*CE, art. 239*).

Pratica esse crime o agente postal que deixa deliberadamente de entregar missivas de um determinado candidato. É possível a coautoria ou participação de infratores.

Comunica-se a elementar "funcionário postal" se ingressou na esfera de conhecimento do partícipe, art. 30 do Código Penal.

Tipo subjetivo

Dolo.

26.52. DESTRUIÇÃO DE VOTOS E DOCUMENTOS. ART. 339 DO CÓDIGO ELEITORAL

> Art. 339. Destruir, suprimir ou ocultar urna contendo votos, ou documentos relativos à eleição:
>
> Pena: reclusão de 2 (dois) a 6 (seis) anos e pagamento de 5 (cinco) a 15 (quinze) dias-multa.
>
> Parágrafo único. Se o agente é membro ou funcionário da Justiça Eleitoral e comete o crime prevalecendo-se do cargo, a pena é agravada.

Bem jurídico

Tutela-se o direito público subjetivo ativo instrumentalizado pelo voto. *Joel José Cândido* e *Suzana de Camargo Gomes* referem-se à incolumidade das urnas.

Sujeito ativo

Crime comum. Candidatos, servidores públicos, cidadãos e pessoas em geral.

Sujeito passivo

Estado.

Tipo objetivo

O delito deve ser compatibilizado com o do art. 72, III, da Lei nº 9.504/1997, pois entendemos que está revogado parcialmente por este dispositivo legal.

O art. 72 diz: "*Constituem crimes puníveis com reclusão de cinco a dez anos: (...) causar, propositadamente, dano físico ao equipamento usado na votação ou na*

Comentários aos Crimes Eleitorais do
Código Eleitoral

CAPÍTULO 26

totalização dos votos ou a suas partes"; portanto, englobou a norma posterior o dano especial aos disquetes, *flash cards*, memórias de computador e periféricos, inclusive os votos acondicionados nas urnas eletrônicas.

Saliente-se ainda a Lei nº 12.737, de 30 de novembro de 2012, que acrescentou a tipificação criminal de delitos informáticos, arts. 154-A e B, punindo a invasão de dispositivo de informática usando ou não a rede de computadores, atingindo o mecanismo de segurança com o fim de adulterar, obter ou destruir dados ou informações.

Assim sendo, prevalece no conflito aparente de normas criminais sobre informática eleitoral, o delito do art. 72 da Lei nº 9.504/1997 e, na ausência de enquadramento legal segue-se o delito dos arts. 154-A ou B do Código Penal.

Todavia, o delito do art. 339 subsiste ainda em relação às urnas eletrônicas na modalidade do verbo "ocultar", ou seja, uma espécie de receptação própria de natureza permanente; e, ainda, em relação à votação manual.

O parágrafo único faz menção ao agravamento da pena. Leia-se: causa especial de aumento de pena que deverá seguir a regra contida nas Disposições Preliminares, art. 285 do Código Eleitoral.

Tipo subjetivo

Dolo.

Remissões

CE, arts. 133 e 134.

Lei nº 7.021/1982 – Estabelece o modelo da cédula oficial única a ser usada nas eleições de 15 de novembro de 1982.

26.53. FABRICAÇÃO. FORNECIMENTO E SUBTRAÇÃO DE URNAS E OBJETOS ELEITORAIS. ART. 340 DO CÓDIGO ELEITORAL

> Art. 340. Fabricar, mandar fabricar, adquirir, fornecer, ainda que gratuitamente, subtrair ou guardar urnas, objetos, mapas, cédulas ou papéis de uso exclusivo da Justiça Eleitoral:
>
> Pena: reclusão até 3 (três) anos e pagamento de 3 (três) a 15 (quinze) dias-multa.
>
> Parágrafo único. Se o agente é membro ou funcionário da Justiça Eleitoral e comete o crime prevalecendo-se do cargo, a pena é agravada.

933

Bem jurídico

Tutela-se os bens da Justiça Eleitoral. A norma protege o conjunto patrimonial que fica sob a responsabilidade da Justiça Eleitoral, conferindo a lisura e a legitimidade das eleições.

Sujeito ativo

Crime comum. Candidatos, estrangeiros e servidores públicos podem praticar esse crime.

Sujeito passivo

O Estado.

Tipo objetivo

O tipo refere-se a "fabricar", cujo sentido é produzir, engendrar, maquinar, forjar ou urdir. Adotou o legislador outros verbos típicos. Trata-se de tipo múltiplo alternativo.

Pune-se o fornecimento gratuito que pode advir de fabricantes ou empresários em geral, inclusive sob a forma de doação para determinada candidatura.

A subtração da urna manual ou eletrônica é crime de competência da Justiça Eleitoral.

A lei sanciona a guarda do material (*urnas, papéis e outros*). A guarda punida como crime é a irregular, ou seja, não se pune a guarda do material dentro do recinto das zonas eleitorais e das edificações forenses, nem tampouco a guarda do material que é entregue ao mesário às vésperas do pleito eleitoral com base em instruções do próprio Tribunal Superior Eleitoral. Na modalidade de guarda o crime é permanente.

Outrossim, a lei refere-se ao material exclusivo da Justiça Eleitoral. Dessa forma, não é este crime, quando o agente fabrica por conta própria uma urna eletrônica semelhante àquela exclusivamente utilizada pela Justiça Eleitoral, pois a lei só pune a fabricação não autorizada de uso exclusivo; assim, somente quem pode fabricar material de uso singular ou exclusivo é o mesmo fabricante que fornece as urnas oficiais. Admite-se a tentativa.

Se o agente subtrai um bem de uso não exclusivo com outro de uso exclusivo, poderá ocorrer a conexão probatória, aplicando-se a regra dos arts. 35, II, e 364 do Código Eleitoral, ambos os fatos serão processados e julgados pela Justiça Eleitoral.

Quanto ao agravamento da pena referido no parágrafo único, na verdade, é a causa especial de aumento de pena que se situa no patamar entre 1/5 (*um quinto*) e 1/3 (*um terço*), conforme art. 285 do Código Eleitoral.

COMENTÁRIOS AOS CRIMES ELEITORAIS DO
CÓDIGO ELEITORAL

CAPÍTULO 26

Tipo subjetivo

Dolo.

Remissões

CE, arts. 129, parágrafo único, e 284.

CP, art. 155.

Lei nº 7.021/1982 – Estabelece o modelo da cédula oficial única a ser usada nas eleições de 15 de novembro de 1982.

26.54. DELONGA E OMISSÃO DAS PUBLICAÇÕES ELEITORAIS. ART. 341 DO CÓDIGO ELEITORAL

> Art. 341. Retardar a publicação ou não publicar, o diretor ou qualquer outro funcionário de órgão oficial federal, estadual, ou municipal, as decisões, citações ou intimações da Justiça Eleitoral:
>
> Pena: detenção até 1 (um) mês ou pagamento de 30 (trinta) a 60 (sessenta) dias-multa.

Bem jurídico

Tutela-se a regularidade dos serviços da Justiça Eleitoral. O retardamento atinge o princípio da celeridade processual eleitoral.

Sujeito ativo

Trata-se de delito próprio. Diretor ou funcionário da imprensa oficial responsável pela edição dos avisos, editais e intimações da Justiça Eleitoral. Pode-se admitir a comunicabilidade das elementares "diretor" ou "qualquer outro funcionário" com o servidor da Justiça Eleitoral que retarda o encaminhamento das citações e intimações, pois ambos os agentes violam a celeridade do processo eleitoral, especialmente porque os prazos em determinado período do calendário eleitoral correm aos sábados, domingos e feriados.

Sujeito passivo

O Estado. Poder Judiciário Eleitoral.

Tipo objetivo

O verbo "retardar" é no sentido de demorar, adiar, diferir ou procrastinar. Pune-se a não publicação. O delito é do tipo omissivo impróprio, pois os sujeitos

935

MARCOS RAMAYANA

DIREITO ELEITORAL

passivos são aqueles que têm o dever legal e contratual de publicar as citações e intimações.

É crime formal.

Tipo subjetivo

Dolo.

Remissão

CE, art. 284.

26.55. OMISSÃO NO OFERECIMENTO DA DENÚNCIA. ART. 342 DO CÓDIGO ELEITORAL

> Art. 342. Não apresentar o órgão do Ministério Público, no prazo legal, denúncia ou deixar de promover a execução de sentença condenatória:
>
> Pena: detenção até 2 (dois) meses ou pagamento de 60 (sessenta) a 90 (noventa) dias-multa.

Bem jurídico

Protege-se o bom andamento dos serviços eleitorais.

Sujeito ativo

O delito é crime próprio, funcional e personalíssimo, pois somente os membros do Ministério Público designados legalmente para o exercício das atribuições eleitorais podem ser sujeitos ativos.

Dirige-se a norma ao promotor eleitoral, procurador regional eleitoral ou procurador-geral eleitoral.

Considerando que os crimes eleitorais são considerados comuns à luz do texto constitucional, porque, embora especiais, pois previstos em legislação extravagante, na verdade, apenas diferenciam-se dos de responsabilidade.

Os crimes de responsabilidade podem ser: impróprios, ou seja, as infrações político-administrativas previstas nas Leis n°s 1.079/1950 e 7.106/1983 e, ainda, no Decreto-Lei nº 201/1967; próprios, que são delitos iguais aos crimes funcionais. No Código Penal, v.g., os arts. 312 a 326, 150, § 2º, 300 e 301. Nos impróprios se restar ausente a elementar referente ao funcionário público dar-se-á a atipicidade relativa (*peculato x apropriação indébita*), enquanto nos próprios a ausência desta elementar acarreta a atipicidade.

936

Vê-se que o delito em comento pode ser considerado comum, mas não deixa de ser uma modalidade de delito de responsabilidade próprio, pois, retirando-se a elementar Ministério Público, é patente a atipicidade absoluta da conduta.

O art. 94 e §§ da Lei nº 9.504/1997 impõem ao membro do Ministério Público que deixar de dar prioridade aos feitos eleitorais entre o período do registro das candidaturas até 5 (*cinco*) dias após a realização do segundo turno (*último domingo de outubro*), o crime de responsabilidade próprio ou funcional.

A norma remete ao crime de responsabilidade sem definir tipicidade objetiva, além de inexistir o próprio preceito secundário da norma incriminadora. Na verdade, o tipo penal é suicida, pois nasceu morto, sem nenhuma incidência.

Quanto ao artigo em comento, o sujeito ativo deve ser exclusivamente, o designado para as atribuições eleitorais. É crime de mão própria ou atuação pessoal.

Sujeito passivo

O Estado.

Tipo objetivo

Sustentamos que o tipo penal é inconstitucional, porque atinge diretamente a independência funcional dos membros do Ministério Público com atribuições eleitorais.

A independência funcional é princípio de ordem constitucional e inerente aos atributos finais da preservação da cidadania. Na Constituição Federal está subsumido no art. 127, § 2º. Na Lei nº 8.625/1993 é previsto no art. 1º, parágrafo único. Na Carta Estadual do Rio de Janeiro, consagra-se no art. 170, § 1º. O art. 4º da Lei Complementar nº 75/1993, também agasalha o princípio e várias leis orgânicas estaduais.

A hipótese não é de mera prevaricação especial eleitoral, pois não há nenhuma elementar no tipo incriminador que enseje o exame subjetivo da intenção do agente, como, por exemplo, para satisfazer interesse pessoal; ao contrário, o tipo simplesmente foi edificado sob a égide na Carta Magna anterior a 1988, sem que a instituição do *Parquet* tivesse o perfil de proteção constitucional aos interesses difusos eleitorais do regime democrático e da cidadania.

O membro do Ministério Público, ao receber peças de informação, autos de inquérito policial ou processo para fins de execução, poderá denunciar, arquivar, propor a transação penal e requerer diligências. Impossível, pois, olvidar o papel institucional da defesa do regime democrático e da ordem jurídica ao fiscal e órgão interventor eleitoral.

O prazo legal mensurado no tipo penal, caso excedido, ensejará a ação penal privada subsidiária da pública, na forma do Código de Processo Penal e subsumida na Carta Magna; portanto, o mecanismo de controle popular do princípio da obrigatoriedade da ação penal pública eleitoral está garantido.

Percebe-se que o legislador autoritariamente erigiu ao patamar penalmente relevante conduta de natureza puramente administrativa funcional, extrapolando os limites do sistema de controle do princípio da obrigatoriedade da ação penal, inclusive hodiernamente mitigado pela possibilidade da propositura da transação penal perante os juízes eleitorais e tribunais superiores.

Outrossim, a inconstitucionalidade deve ser analisada sob o prisma formal, pois a iniciativa de leis que tratem da organização do Ministério Público, segundo determina o art. 61, § 1º, d, é de atribuição reservada ao Presidente da República.

Ora, a hipótese de impor-se a denúncia ou execução como conduta penal rompe a auto-organização da instituição do Ministério Público, cujo princípio da unidade também é quebrantado com a atuação do Ministério Público Federal e Estadual.

O Código Eleitoral, em razão do art. 121 da Constituição Federal, foi recepcionado, em parte, como lei complementar. Ou seja, a sua recepção apenas refere-se aos órgãos da Justiça Eleitoral, juízes e juntas eleitorais. Dessa forma, por lei ordinária, não pode o legislador criar tipicidade cujo sujeito ativo seja um membro do Ministério Público invadindo a reserva da lei complementar e da atribuição referente à iniciativa da lei.

Tipo subjetivo

Dolo.

Remissão

CE, arts. 284 e 357-363.

26.56. CONDESCENDÊNCIA DO JUIZ. ART. 343 DO CÓDIGO ELEI-TORAL

> Art. 343. Não cumprir o juiz o disposto no § 3º do art. 357:
>
> Pena: detenção até 2 (dois) meses ou pagamento de 60 (sessenta) a 90 (noventa) dias-multa.

Bem jurídico

Protege-se o bom andamento dos serviços eleitorais.

Sujeito ativo

O delito é crime próprio, funcional e personalíssimo, pois somente os membros do Poder Judiciário legalmente investidos no exercício das atribuições eleitorais podem ser sujeitos ativos.

Sujeito passivo

O Estado.

Tipo objetivo

O artigo é eivado de inconstitucionalidade, considerando os motivos elencados nos comentários anteriores, pois o delito é acessório ou parasitário do delito do art. 342.

Vislumbramos ainda a inconstitucionalidade em razão da violação ao princípio da imparcialidade que:

> É inseparável do órgão da jurisdição. O juiz coloca-se entre as partes e acima delas: esta é a primeira condição para que o juiz possa exercer sua função dentro do processo. A imparcialidade do juiz é pressuposto para que a relação processual se instaure validamente (*Cintra; Grinover; Dinamarco, 1993, p. 38*).

A lei está obrigando o juiz a violar o princípio da imparcialidade. O tipo remete ao § 3º do art. 357 do Código Eleitoral, obrigando o juiz eleitoral a representar contra o membro do Ministério Público como se fosse um fiscal absoluto do princípio da indisponibilidade ou obrigatoriedade da ação penal pública.

A representação subtrai o princípio da obrigatoriedade do exame do Ministério Público Federal. Por exemplo: se o promotor eleitoral não denunciar no prazo, o juiz eleitoral é obrigado a representar, sob pena de praticar crime. Ora, a própria legislação eleitoral possui regra similar ao art. 28 do Código de Processo Penal e no art. 357, § 1º, do próprio Código Eleitoral. A antinomia é evidente entre os §§ 1º e 3º, preferindo-se a posição topográfica do § 1º que está correlacionada, dentro de uma interpretação sistêmica, a toda a ordem jurídica processual e eleitoral.

Por fim, a independência funcional dos membros do Poder Judiciário é flagrantemente violada na redação remetida do tipo penal, até porque se o juiz representar na hipótese de o promotor não denunciar no prazo, estará em evidente suspeição ou impedimento para o julgamento do crime eleitoral quando receber a denúncia apresentada por outro promotor eleitoral.

Tipo subjetivo

Dolo.

Remissão

CE, art. 284.

26.57. RECUSA OU ABANDONO DO SERVIÇO ELEITORAL. ART. 344 DO CÓDIGO ELEITORAL

Art. 344. Recusar ou abandonar o serviço eleitoral sem justa causa:

Pena: detenção até 2 (dois) meses ou pagamento de 90 (noventa) a 120 (cento e vinte) dias-multa.

Bem jurídico

Tutela-se a regularidade da prestação dos serviços eleitorais, especialmente durante a fase de votação. Resguarda-se a Administração Pública Eleitoral.

Sujeito ativo

Crime próprio. As pessoas incumbidas do serviço eleitoral são os servidores públicos elencados no art. 283 do Código Eleitoral. O delito é muito praticado por mesários e, nas eleições manuais, pelos escrutinadores.

Sujeito passivo

O Estado, que é afetado pela regular e eficaz prestação do serviço eleitoral.

Tipo objetivo

A recusa tem o mesmo significado que a rejeição, oposição, negativa ou repulsa. Abandonar é desproteger, desprezar, largar ou deixar os serviços eleitorais.

O agente deve ter o dever jurídico de prestar os serviços recusados ou abandonados. Em um primeiro momento, o servidor é designado, investido ou lotado na função de prestador de serviços eleitorais e, posteriormente, em conduta omissiva, deixa de lado os deveres assumidos. Trata-se de delito comissivo por omissão.

Neste crime o servidor público viola uma norma mandamental (*norma de comando e imperativa*), causando danos à Administração Pública Eleitoral com a não realização do dever funcional.

940

A justa causa é elemento normativo que enseja exame de possível causa de justificação. Dessa forma, se o agente age com justa causa a conduta é atípica por ser elementar do tipo.

As hipóteses de justa causa podem ser: dificuldade de acesso aos meios de transporte; doença própria, ou em pessoa da família; caso fortuito ou força maior.

Não se admite a tentativa, porque se o agente recusa ou abandona o serviço, omite-se; o crime está consumado. Não se omitindo, ele realiza o mandamento legal que lhe foi imposto como dever funcional, não praticando crime.

Reconheceu-se o crime no comparecimento tardio à mesa receptora de votos (*TRE/SP-RC 107.826*).

Se o empregador constrange o empregado a não comparecer, além do delito do art. 146 do CP, poderá ainda responder como partícipe deste crime.

A responsabilidade do mesário pode ser: administrativa e penal ou somente administrativa.

De fato, a responsabilidade administrativa do mesário faltoso está prevista no art. 124 do Código Eleitoral, que determina como sanção o pagamento de multa e, no caso de servidor público, a suspensão por até 15 (quinze) dias.

Destaca-se no Egrégio Tribunal Regional Eleitoral do Rio de Janeiro, a decisão a seguir.

> Ementa: Recurso Eleitoral. Mesário faltoso. Ausência de justa causa. Aplicação de sanção administrativa pecuniária nos termos do art. 124 do diploma eleitoral. Crime eleitoral. Inexistência. – Para adequação do fato ao tipo descrito no art. 344 do Código Eleitoral é indispensável a prova de haver o mesário efetivamente demonstrado a vontade de não comparecer, sendo insuficiente para se cogitar da aplicabilidade da sanção penal a simples ausência injustificada, sem manifestação expressa da recusa ao serviço eleitoral. – Recurso a que se nega provimento (TRE/RJ Recurso eleitoral 13-4314, Acórdão nº 33.989. Duque de Caxias – RJ. 28/01/2008, Rel. Alberto Motta Moraes. Rel. designado Marcio Andre Mendes Costa, *DOERJ – Diário Oficial do Estado do Rio de Janeiro*, v. III, t. II, 14/02/2008, p. 05).

Verifica-se que só tem sido admitido o crime quando comprovada a recusa específica, não bastando para a configuração da infração a simples ausência injustificada do mesário. A recusa, portanto, teria que ser por ato manifestamente expresso em uma ação do mesário.

Assim, para a responsabilização administrativa, bastaria a simples ausência injustificada do mesário, enquanto para a responsabilização penal necessário que houvesse uma manifestação volitiva, não meramente omissiva, no sentido de expressar a recusa ao múnus público.

Deve-se ponderar, inclusive, que a ausência do mesário, em razão dos inúmeros prejuízos que pode vir a causar à administração da Justiça Eleitoral e ao bom andamento do exercício do direito público ao voto como corolário do regime democrático, não recebe a sanção proporcional com a simples aplicação de uma multa, que muitas vezes não é, sequer, cobrada. Trata-se de lesão a bem jurídico relevante, não havendo que se justificar a ausência de tutela do Direito Penal.

Por fim, a jurisprudência dos Tribunais está em regra geral aplicando apenas a sanção administrativa. Adotam-se em alguns casos, o princípio da insignificância (*irrelevância da lesão para imposição de pena*) ou o da intervenção mínima (*o Direito Penal só deve atuar em defesa de determinados bens indispensáveis à sociedade*).

É inegável a importância do mesário para a realização do processo de votação.

O Presidente da seção, por exemplo, possui diversas atribuições, como iniciar e encerrar a votação, receber as impugnações, resolver as dificuldades, esclarecer as dúvidas, adotar procedimentos de emissão de zerésima e praticar outros atos ao bom desempenho da votação.

Tipo subjetivo

Dolo.

Remissão

CE, arts. 120, § 4º, 122, 134, 189, 284, 313 e 379, §§.

Jurisprudência

Destaca-se a jurisprudência do TSE, no sentido de não configurar crime quando o mesário não comparece. Aplicação da sanção administrativa do art. 124 do Código Eleitoral.

> (...) O Supremo Tribunal Federal tem reconhecido, nos casos em que a decisão condenatória transitou em julgado, a excepcionalidade de manejo do *habeas corpus*, quando se busca o exame de nulidade ou de questão de direito, que independe da análise do conjunto fático-probatório. Precedentes.
>
> 2. **O não comparecimento de mesário no dia da votação não configura o crime estabelecido no art. 344 do CE**, pois prevista punição administrativa no art. 124 do referido diploma, o qual não contém ressalva quanto à possibilidade de cumulação com sanção de natureza penal.
>
> 3. Ordem concedida. **Decisão:** O Tribunal, por maioria, concedeu a ordem, nos termos do voto do Relator (HC nº 638 – Itapetininga/SP. Acórdão de 28/04/2009. Rel. Min. Marcelo Henriques Ribeiro de Oliveira. DJE de 21/05/2009, p. 19).

COMENTÁRIOS AOS CRIMES ELEITORAIS DO CÓDIGO ELEITORAL

26.58. DESCUMPRIMENTO DOS PRAZOS ELEITORAIS. ART. 345 DO CÓDIGO ELEITORAL

> Art. 345. Não cumprir a autoridade judiciária, ou qualquer funcionário dos órgãos da Justiça Eleitoral, nos prazos legais, os deveres impostos por este Código, se a infração não estiver sujeita a outra penalidade:
>
> Pena: pagamento de 30 (trinta) a 90 (noventa) dias-multa (artigo com redação dada pela Lei nº 4.961/1966).

Bem jurídico

Tutela-se a regularidade da prestação dos serviços processuais e cartorários afetos à Justiça Eleitoral. Resguarda-se a Administração Pública Eleitoral.

Sujeito ativo

Crime próprio. Os servidores e os juízes das zonas eleitorais, Tribunais Regionais Eleitorais e do Tribunal Superior Eleitoral.

Sujeito passivo

O Estado e a prestação de serviços da Justiça Eleitoral.

Tipo objetivo

O delito enseja tipicidade porosa e exagerada, pois pune criminalmente a falta de um dever funcional. Trata-se de flagrante violação aos princípios da culpabilidade, intervenção mínima, razoabilidade e proporcionalidade. *Vide* comentários anteriores que têm certa correlação (*CE, arts. 342 e 343*).

Sobre o assunto, ver ainda a regra do art. 94 da Lei nº 9.504/1997 (*norma com tipicidade penal suicida, pois remete a tipo inexistente na ordem jurídica vigente "crime de responsabilidade"*).

O Tribunal Superior Eleitoral expediu a Resolução TSE nº 23.478/2016 que trata dos prazos em razão do novo Código de Processo Civil.

O art. 16 da Lei Complementar nº 64, de 18 de maio de 1990 trata da celeridade em relação ao prazo registral durante o período do calendário eleitoral das eleições.

Tipo subjetivo

Dolo.

Remissões

CE, art. 30.

Lei nº 9.504/1997, arts. 58, § 7º, e 94.

Lei nº 4.410/1964, art. 2º.

26.59. USO INDEVIDO DE BENS PÚBLICOS. ART. 346 DO CÓDIGO ELEITORAL

> Art. 346. Violar o disposto no art. 377:
>
> Pena: detenção até 6 (seis) meses e pagamento de 30 (trinta) a 60 (sessenta) dias-multa.
>
> Parágrafo único. Incorrerão na pena, além da autoridade responsável, os servidores que prestarem serviços e os candidatos, membros ou diretores de partido que derem causa à infração.

Bem jurídico

Resguarda-se a probidade administrativa eleitoral.

Sujeito ativo

Crime comum. Candidatos, aspirantes a candidatos, pessoas comuns do povo, eleitores, empresários, políticos e servidores públicos em geral.

Sujeito passivo

O Estado e a Administração Pública Eleitoral.

Tipo objetivo

O legislador adotou a técnica da tipicidade remetida que preenche no art. 377 o preceito primário da norma incriminadora.

O tipo penal é norma em branco em sentido amplo, pois o complemento é da mesma fonte homogênea (*Código Eleitoral*).

Tutela-se os desvios e abusos do poder em favorecimento de determinado partido político ou candidatura, pois o agente serve-se dos serviços públicos (*sedes de repartições ou prédios, máquinas, servidores públicos e bens em geral*) para direcionar o uso da máquina administrativa em seu favor.

A conduta é bifronte, porque reflete-se nas normas dos arts. 73 a 78 da Lei nº 9.504/1997 – "*Condutas vedadas aos agentes públicos em campanhas eleitorais*". Dessa forma, o agente poderá ser alvo de ações de investigação judicial eleitoral; captação ilícita de sufrágio; impugnação ao pedido de registro de candidatura; reclamação; impugnação ao mandato eletivo ou recurso contra a diplomação, pois o fato enseja a análise da improbidade administrativa eleitoral.

Por fim, o agente ainda poderá ser responsabilizado pela Lei nº 8.625/1993 (*Lei de Improbidade Administrativa*) com as consequências e sanções legais, tais

Comentários aos Crimes Eleitorais do
Código Eleitoral

Capítulo 26

como: ressarcimento ao erário, perda do cargo público, indisponibilidade dos bens e, inclusive, a suspensão dos direitos políticos (*CF, art. 15, V*).

Suzana de Camargo Gomes (2000, p. 134) salienta que o delito atinge a moralidade administrativa e o patrimônio público, aduzindo que: "*o benefício referido no tipo penal pode ser de qualquer ordem, material ou moral, dotado de expressão econômica ou meramente aferível em termos de prestígio, de melhor posicionamento no meio social*".

A improbidade administrativa também é causa de inelegibilidade, segundo versa o art. 1º, I, letra "l" da LC nº 64/1990.

Tipo subjetivo

Dolo.

Remissões

CE, art. 284.

LC nº 101/2000 – Finanças públicas.

Decreto-Lei nº 201/1967 – Crime de Prefeitos.

26.60. DESOBEDIÊNCIA ELEITORAL. ART. 347 DO CÓDIGO ELEITORAL

Art. 347. Recusar alguém cumprimento ou obediência a diligência, ordens ou instruções da Justiça Eleitoral ou opor embaraços à sua execução:

Pena: detenção de 3 (três) meses a 1 (um) ano e pagamento de 10 (dez) a 20 (vinte) dias-multa.

Bem jurídico

Resguarda-se a autoridade da Justiça Eleitoral e a Administração Pública Eleitoral.

Sujeito ativo

É crime comum. Candidatos, eleitores e não eleitores.

Quanto ao funcionário público, citamos as lições expendidas por *Damásio Evangelista de Jesus* (2002, p. 997):

> Há três correntes: 1ª) pode ser sujeito ativo de desobediência: *RT*, 418:249, 656:334 e 726:600; 2ª) não pode: *RT*, 487:289 e 395:315; *JTACrimSP*, 83:143; STJ, RHC nº 4.546, 5ª T., *DJU*, 05/06/1995, p. 16.675; 3ª) se o funcionário desobedece a ordem como particular; se dentro de suas funções: não há crime de desobediência, podendo

945

existir prevaricação (*RTJ*, 103:139 e 92:1095; *RT* 567:397, 519:417 e 527:408; *JTACrimSP*, 78:386 e 12:96).

Sujeito passivo

O Estado e a Administração da Justiça Eleitoral.

Tipo objetivo

O delito aplica-se a todas as fases do processo eleitoral: alistamento; propaganda política partidária; propaganda intrapartidária; registro de candidatos; propaganda política eleitoral; votação; apuração e diplomação.

A recusa é a própria rejeição, denegação ou repulsa. Recusar é negar, total ou parcialmente, a determinação das ordens legalmente emanadas da Justiça Eleitoral.

O tipo não apenas refere-se à recusa propriamente dita, mas também ao embaraço à execução das ordens. O embaraço caracteriza-se pelo incômodo, a complicação, as dificuldades colocadas pelo sujeito ativo, ou seja, tolher de qualquer forma o exercício da jurisdição.

O delito é uma modalidade de desobediência eleitoral.

Se a ordem não estiver relacionada à matéria eleitoral, o crime poderá ser o de desobediência do art. 330 do Código Penal ou de prevaricação (*CP, art. 319*). Ocorrendo violência, por intermédio da resistência, o delito será o do art. 329 do Código Penal. E, ainda, tratando-se de decisão judicial desobedecida (*suspensão de direitos*), ver art. 359 do Código Penal.

Consuma-se o crime no momento em que o sujeito ativo deveria agir em razão da ordem recebida ou, ainda, tolhe de alguma forma o completo exercício da ordem legalmente expedida pela autoridade (*juízes eleitorais, TRE, TSE e STF*).

O tipo exige a ordem. Não pratica o crime quem não atende a uma solicitação.

O tipo penal é norma penal em branco em sentido restrito, cuja fonte de colmatação é heterogênea, portanto, as instruções do Tribunal Superior Eleitoral, na verdade, preenchem o vazio da ordem.

Admite-se até que as ordens estejam em portarias do Secretário de Segurança Pública, como no caso da proibição de venda de bebidas alcoólicas na véspera e no dia da eleição. Particularmente, entendemos que estas portarias não podem colmatar o tipo penal, exceto se foram expedidas pela própria Justiça Eleitoral. Impõe-se o reconhecimento da atipicidade, podendo o infrator responder pelo delito do art. 297 do Código Eleitoral e a contravenção penal do art. 62 da LCP.

De toda sorte, a ordem deve ser direta e revestir-se de legalidade formalística e substancial, sendo o agente mandante da ordem juiz eleitoral ou servidor público eleitoral.

A ordem genérica não é típica.

O crime de desobediência (*CP, art. 330*) só se configura se a ordem legal é endereçada diretamente a quem tem o dever legal de cumpri-la (*STJ, 5ª T., HC 10.150, Rel. Edson Vidigal, j. 07/12/1999, RSTJ 128/431*).

O art. 39, § 3º, incs. I, II e III, da Lei nº 9.504/1997 proíbe o funcionamento de alto-falantes em distância inferior a 200 (*duzentos*) metros, por exemplo, do prédio do Fórum.

É comum que em comarcas do interior, motoristas de candidatos utilizem carros de som sem respeitar esse limite. Assim, advertido o infrator pelo juiz eleitoral de forma escrita ou verbal ele poderá ser responsabilizado por esse crime.

O Egrégio TSE reconheceu a incidência do tipo penal na conduta de representante de empresa que não retira o vídeo ofensivo com danos à imagem da vítima da rede mundial de computadores (*Habeas Corpus nº 1.211-48, Campina Grande/PB, Rel.ª Min.ª Nancy Andrighi, em 21/3/2013*).

No art. 11 da Lei nº 6.091/1974 existem outras espécies de requisições e determinações emanadas da Justiça Eleitoral, por exemplo, a requisição de veículos pata atender ao transporte de urnas. O descumprimento é crime.

Tipo subjetivo

Dolo.

Jurisprudência

> Ementa: Representação. Agravo. Veiculação de propaganda eleitoral sem identificação do partido ou coligação. Sanção. Inexistência. Aplicação do *nullum crimen, nulla poena, sine lege*. Advertência. Verificando-se, na propaganda eleitoral gratuita, que o partido político ou a coligação não observa o que prescreve o art. 242 do Código Eleitoral ou o que determina o § 2º do art. 6º da Lei nº 9.504/1997, deve o julgador – à falta de norma sancionadora – advertir o autor da conduta ilícita, pena de desobediência (CE, art. 347).
>
> AERP – Agravo Regimental em Embargos de Declaração em Representação. Acórdão 439. Brasília-DF. 19/09/2002, art. 347, CE. Rel. Carlos Eduardo Caputo Bastos. Rel. designado. Publicação: *PSESS* – Publicado em Sessão, data 19/09/2002.
>
> Ementa: Recurso ordinário em *Habeas corpus*. Trancamento de ação penal. Crime de desobediência. Improvimento.
>
> 1. O descumprimento de ordem judicial direta e individualizada é suficiente para caracterizar o crime de desobediência previsto no art. 347 do Código Eleitoral.
>
> 2. Hipótese em que, advertido, expressamente, mais de uma vez, a não veicular programa de candidato à eleição majoritária em

horário exclusivo dos candidatos às eleições proporcionais, o partido político reiterou sua conduta.

3. Censura prévia. Inocorrência. O que caracteriza a censura prévia é o exame do programa antes de sua veiculação.

4. Código de Processo Penal, art. 252, III. Impedimento do juiz e do promotor eleitoral. A instância penal somente se instaura com o recebimento da denúncia; não houve, por conseguinte, *in casu*, dupla atuação por parte do juiz eleitoral. Quanto ao promotor, este não desempenhou seu mister na fase pré-processual da representação. Recurso improvido, determinando o prosseguimento da ação penal.

RHC – Recurso em *habeas corpus* – Acórdão 42 Americana-SP 02/04/2002 – art. 347, CE. Rel.ª Ellen Gracie Northfleet. Rel. designado. *DJ,* v. 1, 24/05/2002, p. 144. *RJTSE,* v. 13, t. 3, p. 17.

Ementa: Agravo de instrumento. Recurso especial. Propaganda partidária política. Veiculação de imagens de pessoas estranhas ao quadro da agremiação. Lei nº 9.096, art. 45, § 1º. Violação do art. 347 do Código Eleitoral. Inocorrência.

1. Para se caracterizar ofensa ao art. 45, § 1º, inc. I, não é suficiente a exibição de imagem de pessoa filiada à agremiação diversa da do responsável pelo programa, fazendo-se necessária a demonstração do benefício, com repercussão eleitoral, a outro partido político.

2. Não há violação do art. 347 do Código Eleitoral por reiteração da conduta ilícita uma vez que a propaganda veiculada não desrespeita a legislação atinente à matéria.

3. Recurso não conhecido.

AG – Agravo de Instrumento – Acórdão 2.956. Salvador-BA. 02/10/2001 – art. 347, CE. Rel. José Paulo Sepúlveda Pertence. Rel. designado. *DJ*, 01/02/2002, p. 248. *RJTSE,* v. 13, t. 2, p. 122.

Ementa: Desobediência – Crime – Resoluções da Justiça Eleitoral. O fato de se ter como olvidada Resolução da Justiça Eleitoral não revela o tipo do art. 347 do Código Eleitoral, que pressupõe ordem ou instrução formalizadas de maneira específica, ou seja, direcionadas ao agente. O teor abstrato das resoluções gera, no caso de inobservância, simples transgressão eleitoral, longe ficando de alcançar a prática do crime de desobediência, no que como tipo subjetivo o dolo, isto é, a vontade livre e consciente de desobedecer ordem legal direcionada – Precedentes: Recurso em *Habeas Corpus* 233, Acórdão publicado no *DJ* de 17/06/1994, p. 15.759, Rel. Min. Torquato Jardim e Acórdão 13.429, do Recurso 9.415, *DJ* de 10/12/1993, p. 27.155, Rel. Min. Carlos Velloso.

HC – *Habeas corpus* – Acórdão 240/PR. 06/09/1994 – art. 347, CE. Rel. Marco Aurélio Mendes de Farias Mello. Rel. designado.

DJ, 23/09/1994, p. 22.372. *RJTSE,* v. 7, t. 1, p. 29.

Ementa: Crime eleitoral. Desobediência à ordem de remoção de propaganda eleitoral. Fluxo do prazo prescricional desde a omissão do cumprimento do mandado judicial. O crime de desobediência à ordem judicial de remoção de propaganda eleitoral julgada irregular não tem por objetividade jurídica as regras que a disciplinam, mas, sim, a autoridade das decisões judiciais. Não se trata, pois, de crime permanente, mas de delito cuja consumação se exaure com a ação proibida ou com a omissão do ato determinado pelo mandado judicial, não a elidindo a sua observância extemporânea. Corre, em consequência, o prazo prescricional do momento de sua consumação instantânea.

Acórdão 3.384 – Agravo de Instrumento 3.384 – Brasília – DF. *DJ* de 06/09/2002. *JTSE*, v. 13, nº 4, p. 11-423, out./dez. 2002. Relª. Minª. Ellen Gracie. Redator designado Ministro Sepúlveda Pertence. Agravante; Cristovam Ricardo Cavalcante Buarque. Agravada: Procuradoria Regional Eleitoral do Distrito Federal.

No sentido de que a não prestação das contas não configura a prática do crime de desobediência eleitoral:

(...) Consoante firme jurisprudência desta Corte, para a configuração do delito de desobediência de ordem judicial é indispensável que inexista a previsão de sanção de natureza civil, processual civil ou administrativa, salvo quando a norma admitir expressamente a referida cumulação" (Precedente: STJ, *Habeas Corpus* nº 92.655, de 18/12/2007, Rel. Min. Napoleão Nunes Maia Filho). Acordam os Juízes do Tribunal Regional Eleitoral de Santa Catarina, à unanimidade, em conhecer do recurso e a ele negar provimento, nos termos do voto do Relator, que fica fazendo parte integrante da decisão. Rcrime – Recurso em Processo-Crime Eleitoral nº 3.496.308. Florianópolis/SC Acórdão nº 25.615 de 27/01/2011. Rel. Rafael de Assis Horn. DJE. Tomo 18, 02/02/2011, p. 3-4).

(TRE-MG). *Habeas Corpus*. Intimação para prestar contas. Desobediência. Crime do art. 347 do Código Eleitoral. Não configuração. O descumprimento da intimação judicial para prestar contas de campanha não se enquadra no tipo penal do art. 347 do Código Eleitoral. A ausência de prestação de contas representa a inobservância de um dever do candidato, cujo único efeito decorrente é o de impedir a obtenção de quitação eleitoral. Ordem concedida parcialmente para suspender em parte a notificação judicial, apenas no que se refere à aplicação do disposto no art. 347 do Código Eleitoral. Liminar confirmada. O Tribunal, à unanimidade, concedeu parcialmente a ordem, com recomendação, nos termos do voto do Relator. Deu-se por impedido o Juiz Benjamin Rabello (*Habeas Corpus* nº 1.104.923,

Belo Horizonte/MG. Acórdão de 24/11/2010. Rel. Ricardo Machado Rabelo. DJEMG, 02/12/2010).

(TRE-ES). 1. A falta de prestação de contas não caracteriza o crime de desobediência insculpido no art. 347 do Código Eleitoral.

2. A falta de justa causa dá ensejo ao trancamento da ação penal, de acordo com o art. 648, I, do CPP. "*Habeas Corpus*" concedido de ofício.

3. Recurso prejudicado. "Acordam os Membros do Egrégio Tribunal Regional Eleitoral do Espírito Santo, de conformidade com a ata e notas taquigráficas da sessão, que integram este julgado, à unanimidade de votos, conceder, de ofício, a ordem de *habeas corpus* para trancar a ação penal, nos termos do voto do eminente Relator" (RC nº 50. Vitória/ES. Acórdão nº 277 de 30/09/2009. Rel. Dair José Bregunce de Oliveira. DOE de 14/10/2009, p. 2, anexo).

Remissões

Lei nº 6.091/1974, art. 11.

Lei nº 1.079/1950 – Crimes de responsabilidade – art. 12, I.

Lei nº 7.716/1989 – Preconceito racial – art. 20, § 1º.

26.61. FALSIDADE DE DOCUMENTO PÚBLICO. ART. 348 DO CÓDIGO ELEITORAL

Art. 348. Falsificar, no todo ou em parte, documento público, ou alterar documento público verdadeiro, para fins eleitorais:

Pena: reclusão de 2 (dois) a 6 (seis) anos e pagamento de 15 (quinze) a 30 (trinta) dias-multa.

§ 1º Se o agente é funcionário público e comete o crime prevalecendo-se do cargo, a pena é agravada.

§ 2º Para os efeitos penais, equipara-se a documento público o emanado de entidade paraestatal, inclusive fundação do Estado.

Bem jurídico

Protege-se a fé pública eleitoral.

Sujeito ativo

Crime comum. Eleitores, não eleitores, candidatos ou cabos eleitorais. Se o agente for servidor público eleitoral ou não eleitoral, a pena é aumentada. Quanto ao aumento, art. 285 do Código Eleitoral.

Sujeito passivo

Estado e, secundariamente, a pessoa prejudicada pela falsificação (*eleitor ou não eleitor*).

Tipo objetivo

A falsificação pode ser total ou parcial do documento público. Trata-se da contrafação.

Quanto à alteração, o agente transforma ou modifica letras ou sinais característicos do documento.

Entende-se que se a falsificação for visível *primo occuli*, não haverá o crime em razão da carência de potencial lesivo.

É crime não transeunte e, portanto, exige prova pericial (*CPP, art. 158*).

Os documentos mais falsificados para fins eleitorais são as carteiras de identidade ou certidões de nascimento. Nesse sentido, não se aplica o art. 297 do Código Penal quando o agente visa, por exemplo, a alistar-se eleitoralmente. Sobre o alistamento eleitoral, ver a Res.-TSE nº 21.538/2003.

Poderá haver concurso material com o delito dos arts. 289 e 290 do Código Eleitoral diante da diversidade de bens jurídicos (*fé pública e alistamento eleitoral*).

O objeto material deste crime é o próprio documento falsificado ou alterado.

Os documentos autenticados são objeto material deste crime.

A lei puniu o uso no art. 353 do Código Eleitoral.

O § 2º tratou dos denominados documentos públicos por equiparação. No âmbito eleitoral estes documentos não são necessários ao alistamento eleitoral.

A legislação eleitoral, por meio de resolução específica do Tribunal Superior Eleitoral, prevê a fiscalização da arrecadação e aplicação dos recursos durante as campanhas eleitorais, por exemplo, arts. 80 a 83 da Resolução nº 23.463/2015, o que será regulamentado em sucessivas eleições.

Autoriza-se a produção de provas mediante o cruzamento de informações de órgãos públicos (art. 94-A da Lei nº 9.504/97), sendo que verificados indícios de irregularidades a Justiça Eleitoral encaminhará o conjunto probatório ao Ministério Público Eleitoral.

Por outra, cumpre ao Ministério Público Eleitoral requisitar à autoridade policial a instauração de inquérito, se for o caso, bem como informações aos candidatos, partidos políticos, doadores, terceiros, doadores e responsáveis pela arrecadação financeira da campanha.

Com relação à quebra do sigilo fiscal e bancário segue-se o postulado legal da Lei Complementar nº 105/2001.

Esse procedimento investigatório poderá subsidiar uma melhor análise no processo de prestação de contas dos candidatos, o que não impede a apuração penal e não penal que terá subsunção na representação do art. 30-A da Lei das Eleições, ou até mesmo na AIJE (art. 22 da LC nº 64/90).

A falsidade de informações poderá ensejar a análise do tipo penal do art. 348 do Código Eleitoral e a recusa ao cumprimento das determinações eleitorais se amolda ao art. 347 do mesmo diploma legal.

A investigação sobre os gastos eleitorais adquire uma máxima importância com a introdução de dinheiro público nas campanhas eleitorais em razão do Fundo Especial de Financiamento de Campanha, FEFC, conforme arts. 16-C e D da Lei nº 9.504/97 (redação das Leis nº 13.487 e nº 13.488, de 2017).

Nesse panorama financeiro eleitoral emerge vigorosa cautela para que o dinheiro público não seja gasto com propagandas ilegais, nem seja alvo de apropriação indébita.

Tipo subjetivo

Dolo.

Remissão

CP, arts. 297 e 337-A – Documento previdenciário.

26.62. FALSIDADE DE DOCUMENTO PARTICULAR. ART. 349 DO CÓDIGO ELEITORAL

Art. 349. Falsificar, no todo ou em parte, documento particular, ou alterar documento particular verdadeiro, para fins eleitorais:

Pena: reclusão até 5 (cinco) anos e pagamento de 3 (três) a 10 (dez) dias-multa.

Bem jurídico

Tutela-se a fé pública eleitoral.

Sujeito ativo

Crime comum.

Sujeito passivo

O Estado e, secundariamente, a pessoa prejudicada pela falsificação (*eleitor ou não eleitor*).

Tipo objetivo

Acresça-se, além do expendido aos comentários ao art. 348 do Código Eleitoral, que o objeto material deste crime é o documento caracterizado como particular.

O documento deve ser em regra geral: escrito; ter autor determinado; conter manifestação volitiva; e possuir relevância jurídica. Para fins eleitorais, o art. 351 o equiparou à fotografia, filme, disco e fita de ditafone. Vê-se que o legislador foi além da conceituação legal de documento, inclusive ao contrário do disposto no art. 298 do Código Penal.

Os documentos particulares podem ser os confeccionados sem a intervenção oficial do servidor público eleitoral ou não, ou os desprovidos dos requisitos formais públicos, v.g., contrato de locação.

O tipo penal é aplicável para as listas de apoiamento mínimo que objetivam a criação de partidos políticos.

A Resolução TSE nº 23.465/2015 disciplina a formação dessas listas que possuem assinaturas que não conferem com a lista de votação das zonas eleitorais.

É necessária perícia grafotécnica para restar comprovada a materialidade delitiva da falsidade da assinatura na lista de apoiamento partidário.

Ocorrendo dúvida entre as assinaturas, o chefe de cartório determinará diligências, sob pena de não se preencher o número necessário ao apoiamento, além de "em tese" ser configurado o delito em apreço.

O agente que apresenta uma lista inverídica dolosamente responderá pelo crime do art. 353 do Código Eleitoral. Nem sempre a diversidade de assinaturas, por si só, constitui crime de falsidade.

Tipo subjetivo

Dolo.

Remissões

CE, art. 284.

CP, art. 349.

Jurisprudência

Cópia apta a criar ilusão. Falsidade potencial.

> (TSE). Crime eleitoral. Falsificação de documento particular para fins eleitorais. Cópia não autenticada. Conduta típica. Segundo a jurisprudência do Tribunal Superior Eleitoral, a cópia reprográfica inautêntica, apta a iludir, macula a fé pública, bem jurídico protegido contra a falsificação documental. Logo, a sua utilização traduz fato relevante do ponto de vista penal, sendo típica a conduta. Em que pese o uso de fotocópia não autenticada possa afastar a potencialidade de dano à fé pública desqualificando a conduta típica, é preciso verificar, para tanto, se a falsificação é apta a iludir. Tratando-se de um crime de perigo, cabe avaliar a potencialidade

lesiva da falsidade levada a efeito pelo recorrente, ou seja, o perigo de dano e seu caráter eleitoral. A consumação do delito ocorre quanto o agente realiza a contrafação ou a alteração do documento particular verdadeiro com fins eleitorais, não sendo necessário, no entanto, tenha daí decorrido um dano efetivo ao processo eleitoral, em qualquer uma de suas fases. Assim, o simples fato de ter sido realizada a contrafação ou a alteração do documento particular com a finalidade eleitoral já resulta operada a consumação do delito, pois presente desde logo a potencialidade lesiva, o perigo de dano. Com efeito, cinco são os requisitos para configuração da falsidade material eleitoral: a) alteração da verdade sobre fato juridicamente relevante; b) imitação da verdade; c) potencialidade de dano; d) finalidade eleitoral; e) dolo. A utilização de conta de luz com nome e endereço adulterados, visando ao alistamento do eleitor em domicílio diverso do verdadeiro, revela a evidente finalidade eleitoral e a aptidão para macular a fé pública. O Tribunal *a quo* capitulou o crime como falsificação de documento particular, cuja pena varia de um a cinco anos de reclusão e pagamento de três a dez dias-multa, nos termos do art. 349 do Código Eleitoral. Embora a conta de luz, cuja cópia teria sido falsificada, se trate de documento público, nos termos do § 2º do art. 297 do Código Penal, havendo apenas recurso da defesa, não pode ser determinada a *mutatio libelli* para incidência do art. 348 do Código Eleitoral, sob pena de violação do princípio da *reformatio in pejus*. Nesse entendimento, o Tribunal, por unanimidade, desproveu o recurso (Recurso Especial Eleitoral nº 345-11/MG, Rel. Min. Aldir Passarinho Junior, em 25/11/2010. *Inf.* 38/2010).

26.63. FALSIDADE IDEOLÓGICA ELEITORAL. ART. 350 DO CÓDIGO ELEITORAL

> Art. 350. Omitir, em documento público ou particular, declaração que dele devia constar ou nele inserir ou fazer inserir declaração falsa ou diversa da que devia ser escrita, para fins eleitorais:
>
> Pena: reclusão até 5 (cinco) anos e pagamento de 5 (cinco) a 15 (quinze) dias-multa, se o documento é público, e reclusão até 3 (três) anos e pagamento de 3 (três) a 10 (dez) dias-multa, se o documento é particular.
>
> Parágrafo único. Se o agente da falsidade documental é funcionário público e comete o crime prevalecendo-se do cargo ou se a falsificação ou alteração é de assentamento de registro civil, a pena é agravada.

Bem jurídico

Fé pública eleitoral.

Sujeito ativo

Crime comum.

Sujeito passivo

O Estado e, secundariamente, a pessoa prejudicada pela falsificação (*eleitor ou não eleitor*).

Tipo objetivo

A falsidade ideológica ou intelectual é aquela definida por *Puglia*, (*Manual de Direito Penal*, v. 2, p. 218) como não revelada por sinais exteriores, porém concernente ao seu conteúdo, assim exemplificada: (i) atestar como verdadeiros atos feitos em sua presença ou fatos ou declarações contra a verdade; b) omitir declarações feitas pela parte; e c) alterar essas declarações.

Sobre o tema destaca-se artigo jurídico dos renomados *Karina e Amilton Kufa e Ana Luiza Sodré de Moraes,* na revista *Conjur.*

Todavia, quando as declarações forem provenientes de mera desatenção, esquecimento, sem intenção fraudulenta ou possibilidade de prejuízo público ou privado, não haverá crime. Nesse sentido, *Garraud* em sua obra *Tratado de Direito Penal.*

A declaração inverídica deve ser essencial ao documento. É importante que tenha relevância jurídica para modificar a higidez do alistamento eleitoral, domicílio eleitoral, local de votação, filiação partidária, registro de candidatos, propaganda eleitoral, prestação de contas e outros.

A assinatura de atestados ou declarações de domicílio eleitoral caracteriza este crime quando exibidos como documentos essenciais ao pedido de transferência de títulos eleitorais.

Se o documento está sujeito à verificação pelo juiz eleitoral ou chefe de cartório, como, por exemplo, as declarações inverídicas de domicílio eleitoral na comarca, uma corrente de pensamento entende que não há crime de falsidade intelectual. Trata-se de dever atribuído à autoridade. Uma segunda corrente entende que é crime, porque a declaração traduz uma presunção *juris tantum* de ser verdadeira.

De toda sorte, cumpre ao juiz eleitoral determinar a realização de diligências no local de residência ou moradia (*CE, art. 42, parágrafo único*) para perscrutar sobre a veracidade do endereço informado. Nos casos mais evidentes de fraude, deve-se requerer a revisão do eleitorado na forma legal. A revisão é requerida no Tribunal Regional Eleitoral.

Não é crime a transferência do título eleitoral lançando endereço de outras residências da família, pois, o eleitor poderá escolher o local de votação. Exemplo: o pai reside no Rio de Janeiro e o filho em São Paulo. Nada impede que o pai transfira o título eleitoral para o endereço do filho exercendo o voto em eleições futuras.

Sendo o agente ativo servidor público eleitoral ou não, a pena é aumentada, desde que invoque a função pública ou esteja exercendo suas funções.

Aumenta-se a pena se for falsidade de registro civil (*Lei nº 6.015, de 31 de dezembro de 1973*). Nesta hipótese, o agente deve ter o dolo voltado para a finalidade eleitoral. Não é progressão criminosa, mas crime progressivo e, sendo assim, o agente responde pela falsidade ideológica e por outro crime que venha a praticar, especialmente diante da diversidade de bens jurídicos.

O delito aqui previsto é incidente nas hipóteses de declarações falsas inseridas no requerimento de alistamento eleitoral, quando os eleitores fazem o primeiro ato de alistamento ou pleiteiam a transferência do título para zonas eleitorais situadas em Municípios diversos dos verdadeiros locais de suas residências.

É necessário sempre o dolo do eleitor, que na maioria dos casos age por determinação do cabo eleitoral ou do próprio candidato que compra o seu voto em troca de mercadorias e cestas básicas. É possível a cumulação material de crimes dos arts. 350 e 299 do Código Eleitoral.

Incide o delito na prestação de contas de campanhas eleitorais e partidárias, quando o agente ativo falsifica dados, contas, omite fontes vedadas (*art. 24 da Lei nº 9.504/1997*) para objetivar a aprovação ilegal das contas e fugir à sanção de falta de quitação eleitoral (*art. 11, § 7º, da Lei nº 9.504/1997*) ou até da inelegibilidade prevista na alínea *j* do art. 1º, inc. I, da Lei Complementar nº 64, de 18 de maio de 1990.

Se o candidato recebe dinheiro de "*Caixa 2*", não poderá declarar na prestação de contas de campanha eleitoral e estará "em tese" praticando o crime de falsidade ideológica eleitoral, quando apresentadas as contas de forma ilícita à Justiça Eleitoral. Trata-se da omissão dolosa.

Desse modo o processo de prestação de contas é objeto material desse crime.

O momento consumativo ocorre com a omissão ou inserção inverídica na prestação de contas de campanha eleitoral dentro do prazo de entrega das contas à Justiça Eleitoral.

O delito de corrupção passiva ou eleitoral poderá ser absorvido pelo crime--fim do falso ideológico, quando a conduta objetiva, exclusivamente, enganar a fé pública eleitoral no exame da prestação de contas e esconder a possível prática do abuso do poder econômico, considerando que o valor doado de "*Caixa 2*" ultrapassa os limites da doação ou é feito por doador impossibilitado de doar, *i.e.*, doador catalogado nas fontes vedadas (*art. 24 da Lei nº 9.504/97*).

No entanto, somos da posição contrária, ou seja, os crimes de corrupção e o falso atingem bens jurídicos diversos não havendo a consunção. A corrupção é delito contra a Administração Pública, enquanto o falso atinge a própria fé pública. Trata-se de concurso material de crimes.

Negativa de movimentação financeira. O Egrégio TSE reconheceu como atípica a conduta do candidato que negou a existência de movimentação financeira em conta de campanha em face da irrelevância do fato (*Habeas Corpus nº 715-19, Tatuí/SP, Rel.ª Min.ª Nancy Andrighi, em 20/3/2013*).

Informações falsas na prestação de contas. (...) *A omissão e a inserção de informações falsas nos documentos de prestação de contas, dado o suposto montante de despesas não declaradas, configuram, em tese, o ilícito previsto no art. 350 do CE.* (...)" (TSE. AC de 18/3/2008 no HC nº 581, Rel. Min. Cezar Peluso).

O erro culposo não é punido, é necessário demonstrar o dolo do falsário.

Tipo subjetivo

Deveras, agindo o candidato com culpa. O candidato ou terceiros devem agir com o intuito de prejudicar direitos, alterar verdades substanciais sobre fatos juridicamente relevantes. Só admite o tipo a modalidade dolosa.

Jurisprudência

Meras irregularidades na prestação de contas.

> (...) Meras irregularidades na prestação de contas de candidato devem ser apuradas no momento de seu julgamento, não configurando o crime previsto no Código Eleitoral, art. 350 (...) (Agravo de instrumento – Acórdão 1.913. Bragança Paulista/ SP. 22/2/2000 – art. 350 CE. Rel. Edson Carvalho Vidigal. Rel. designado. *DJ*, 07/04/2000, p. 125. *RJTSE*, v. 12, t. 1, p. 120).

> (...) Crime de falsidade ideológica. Declaração de bens. Ausência de potencialidade lesiva no caso concreto. Provimento do recurso para determinar o trancamento da ação penal.

> 1. Não apresenta relevante potencialidade lesiva declaração de bens apresentada no momento do registro de candidatura na qual são declarados vários bens, mas omitidos dois veículos.

> 2. Recurso ordinário provido. (Ac. de 4.12.2014 no RHC nº 12718, rel. Min. Gilmar Mendes, no mesmo sentido o Ac. de 18.3.2010 no AgR-REspe nº 36.417, Rel. Min. Felix Fischer.)

Declaração falsa de não efetuação da movimentação financeira.

> *Habeas corpus.* Ação penal. Art. 350 do Código Eleitoral. Falsidade ideológica eleitoral. Atipicidade da conduta. Concessão da ordem. 1. A configuração do crime de falsidade ideológica eleitoral exige que

a declaração falsa inserida no documento seja apta a provar um fato juridicamente relevante.

2. Na espécie, a declaração falsa do paciente de que não havia efetuado movimentação financeira na conta bancária de campanha é irrelevante no processo de prestação de contas de campanha, visto que o art. 30 da Resolução-TSE 22.715/2008 exige a apresentação do extrato bancário para demonstrar a movimentação financeira. Desse modo, a conduta é atípica, pois não possui aptidão para lesionar a fé pública eleitoral (...) (Ac. de 20/3/2013 no HC nº 71519, Rel.ª Min.ª Nancy Andrighi.)

Declaração incompleta de bens

Recurso Especial – Crime eleitoral – art. 350 do Código Eleitoral – Declaração incompleta de bens por ocasião do registro de candidatura não tipifica delito de falsidade ideológica – dissídio jurisprudencial não configurado – recurso não conhecido. (Recurso Especial Eleitoral – Acórdão 12.799/DF 02/09/1997 – art. 350 CE. Rel. José Eduardo Rangel de Alckmin. Rel. designado. *DJ*, 19/09/1997, p. 45.647. *RJTSE*, v. 9, t. 3, p. 74).

Declaração falsa deve ser conduta do próprio eleitor. Agente ativo

Recurso especial. Decisão regional. Absolvição. Art. 350 do Código Eleitoral. Transferência eleitoral. Declaração. Terceiro. Não caracterização. Conforme firme entendimento do Tribunal Superior Eleitoral, para a configuração do delito do art. 350 do Código Eleitoral é necessário que a declaração falsa prestada para fins eleitorais seja firmada pelo próprio eleitor interessado. Agravo regimental a que se nega provimento (Agravo Regimental no Agravo de Instrumento nº 11.535/MG. Rel. Min. Arnaldo Versiani. DJE de 16/10/2009. *Inf.* 32/2009).

Recurso Especial. Crime Eleitoral. Falsidade Ideológica. Art. 350. Para a adequação do tipo penal previsto no art. 350 do Código Eleitoral é necessário que a declaração falsa prestada para fins eleitorais seja firmada pelo próprio eleitor interessado, e não por terceiro. Recurso especial conhecido e provido (Recurso Especial Eleitoral – Acórdão 15.033/GO. 30/09/1997 – art. 350 CE. Rel. Maurício José Corrêa. Rel. designado. *DJ*, 24/10/1997, p. 54.234. *RJTSE*, v. 9, t. 4, p. 163).

Terceira pessoa. Agente ativo. Modalidade de fazer inserir.

Crime eleitoral. Fé pública. Documento. Autenticidade. Sujeito ativo. Terceiro. Possibilidade. A forma incriminadora "fazer inserir", prevista no art. 350 do Código Eleitoral, admite a realização por terceira pessoa que comprovadamente pretenda se beneficiar ou prejudicar outrem na esfera eleitoral, sendo o bem jurídico protegido pela norma a fé pública eleitoral referente à autenticidade dos documentos. O tipo refere-se à falsidade ideológica e não à material, diferenciando-se as duas de modo que, enquanto a falsidade material afeta a autenticidade ou a inalterabilidade do documento na sua forma extrínseca e conteúdo intrínseco, a falsidade ideológica afeta-o tão somente na sua ideação, no pensamento que suas letras encerram. A falsidade ideológica versa sobre o conteúdo do documento, enquanto a falsidade material diz respeito a sua forma. No falso ideológico, basta a potencialidade de dano independentemente de perícia. Nesse entendimento, o Tribunal, por unanimidade, conheceu parcialmente do recurso e, na parte conhecida, negou-lhe provimento (Recurso Especial Eleitoral nº 35.486/SP, Rel. Min. Gilson Dipp, em 04/08/2011. *Inf.* 21/2011).

STF. "[...] No caso, o parlamentar omitiu, na prestação de contas apresentada à Justiça Eleitoral, recursos utilizados em sua campanha para deputado federal no ano de 2010. Os valores são relacionados a despesas que foram pagas por pessoa jurídica, da qual é sócio, à empresa de comunicação visual para a confecção de material de sua campanha. Inicialmente, foi assentada, por maioria, a competência da Turma para o julgamento da ação penal, pois, em conformidade com entendimento firmado pelo Supremo Tribunal Federal (STF) na AP 937, após os autos ficarem conclusos para julgamento de mérito, a competência para processar e julgar ações penais não será mais afetada. [...] No mérito, a Turma considerou demonstrada a materialidade delitiva. O delito de falsidade ideológica é crime formal. Não exige, portanto, o recolhimento do material não declarado. Basta que as notas fiscais sejam relacionadas à campanha eleitoral do acusado. No caso, as notas foram enviadas à Justiça Eleitoral em resposta a procedimento de circularização prévia, destinado a verificar a validade das informações prestadas pelos candidatos em suas prestações de contas, sendo elas as únicas que a empresa fabricante de adesivos enviou à Justiça Eleitoral. Tais notas revelam padrão absolutamente diverso das demais notas apresentadas para alegar costumeira relação entre a empresa fabricante dos adesivos e a companhia na qual o deputado é sócio. A grande concentração de pedidos nos dois meses antecedentes às eleições de 2010 e a elevação exponencial dos valores verificados nas notas fiscais revelam a vinculação entre as notas fiscais emitidas e a campanha do parlamentar, mesmo que depoimento testemunhal, concebido como sem credibilidade, não confirme essa relação. A autoria delitiva também foi demonstrada. A ausência de assinatura do candidato, ou a assinatura "por procuração" pelo tesoureiro da campanha, não constitui elemento suficiente para afastar sua participação na inserção ou omissão dos dados que devem constar da prestação de contas, tampouco revela desconhecimento do candidato quanto às informações nela contidas. Além do mais, a quantia não declarada pelo réu corresponde a 21% dos gastos de sua campanha, montante com expressividade que não permite a alegação de desconhecimento pelo candidato. Tudo isso permite apontar o conhecimento e o dolo do deputado ao praticar a omissão" (STF, 1ª Turma, AP 968/SP, Rel. Min. Luiz Fux, j. 22/5/2018).

Remissões

CE, art. 284.

CP, art. 299.

26.64. EQUIPARAÇÃO DE DOCUMENTOS. ART. 351 DO CÓDIGO ELEITORAL

> Art. 351. Equipara-se a documento (348, 349 e 350), para os efeitos penais, a fotografia, o filme cinematográfico, o disco fonográfico ou fita de ditafone a que se incorpore declaração ou imagem destinada à prova de fato juridicamente relevante.

Trata-se de tipo penal explicativo.

Os documentos para fins penais, a princípio, são apenas os escritos; mas o legislador eleitoral tratou de ampliar o objeto material equiparando filmes, fitas e declarações de imagens.

Se o agente realiza fotomontagem de um candidato em cena degradante, desabonadora ou criminosa, a foto apresentada é periciada e comparada a documento. Vê-se que essa prova não será apenas valorada, mas constitui-se na própria falsidade documental.

26.65. FALSO RECONHECIMENTO DE FIRMA OU LETRA. ART. 352 DO CÓDIGO ELEITORAL

> Art. 352. Reconhecer como verdadeira, no exercício da função pública, firma ou letra que o não seja para fins eleitorais:
>
> Pena: reclusão até 5 (cinco) anos e pagamento de 5 (cinco) a 15 (quinze) dias-multa, se o documento é público, e reclusão até 3 (três) anos e pagamento de 3 (três) a 10 (dez) dias--multa, se o documento é particular.

Bem jurídico

Tutela-se a falsidade ideológica eleitoral.

Sujeito ativo

Crime próprio. Funcionário público no exercício da função de reconhecimento de firmas (escreventes, tabelião e oficial de registro civil).

Sujeito passivo

O Estado e, indiretamente, a pessoa atingida pelo falso reconhecimento.

Tipo objetivo

O reconhecimento ocorre na firma da pessoa. Assim, o escrevente, v.g., verifica se a assinatura é verdadeira. Não há crime na conduta negligente.

Tipo subjetivo

Dolo. Não há punição por culpa. O agente poderá pleitear a responsabilidade civil.

Remissão

CP, art. 300.

26.66. USO DE DOCUMENTO FALSO. ART. 353 DO CÓDIGO ELEITORAL

> Art. 353. Fazer uso de qualquer dos documentos falsificados ou alterados, a que se referem os arts. 348 a 352:
>
> Pena: a cominada à falsificação ou à alteração.

Bem jurídico

Tutela-se a fé pública eleitoral.

Sujeito ativo

Crime comum.

Sujeito passivo

O Estado e, indiretamente, a pessoa eventualmente atingida.

Tipo objetivo

O verbo "usar" deve ser entendido como empregar, exercer ou aplicar o documento.

A conduta "usar" é punida de forma comissiva.

O agente pode usar na vida pessoal, privada ou exibir em repartições públicas.

A jurisprudência não tem admitido o crime quando o agente usa o documento xerocopiado (*STJ, RHC nº 1.499, DJU, 04/05/1992*).

O delito consuma-se com o uso e não é exigível a produção do resultado.

Se o agente exibe o documento em razão de determinação da autoridade, emergem duas correntes: 1ª) não há crime (*RT, 579: 302*); e 2ª) é crime (*STJ, REspe 4.655, 5ª T., DJU, 22/10/1990*).

Quando o agente falsifica, existem três correntes: 1ª) é concurso material (*STF, RTJ 72:672*); 2ª) é apenas o crime de falsidade (*RT 530: 395*); e 3ª) o agente pratica apenas o crime de uso (*RT, 481:310*). Assiste razão para a segunda corrente, pois o uso atinge o mesmo bem jurídico tutelado pelo falso. Evita-se a duplicidade de punição quanto ao mesmo bem jurídico.

A exibição de lista falsa de apoiamento de eleitores na criação de partidos políticos para o juiz eleitoral da zona eleitoral configura esse crime.

Tipo subjetivo

Dolo.

Remissão

CP, art. 304.

26.67. OBTENÇÃO DE DOCUMENTO FALSO. ART. 354 DO CÓDIGO ELEITORAL

> Art. 354. Obter, para uso próprio ou de outrem, documento público ou particular, material ou ideologicamente falso para fins eleitorais:
>
> Pena: a cominada à falsificação ou à alteração.

Bem jurídico

Tutela-se a fé pública eleitoral.

Sujeito ativo

Crime comum.

Sujeito passivo

O Estado e, secundariamente, a pessoa atingida.

Tipo objetivo

A obtenção é conduta comissiva similar ao adquirir, apanhar, lograr ou conseguir.

Comentários aos Crimes Eleitorais do
Código Eleitoral

CAPÍTULO 26

A obtenção é própria ou para terceiros. Na verdade, o agente apodera-se do documento e o usa ludibriando a Justiça Eleitoral. A lei pune o assenhorear-se dos documentos públicos e particulares analisados nos tipos penais anteriores.

O legislador criou uma exceção pluralista à teoria monista do concurso de pessoas, porque, na verdade, o agente deveria responder pelo uso (*CE, art. 353*).

Tipo subjetivo

Dolo.

26.68. APROPRIAÇÃO INDÉBITA ELEITORAL

> Art. 354-A. Apropriar-se o candidato, o administrador financeiro da campanha, ou quem de fato exerça essa função, de bens, recursos ou valores destinados ao financiamento eleitoral, em proveito próprio ou alheio:
>
> Pena: reclusão, de dois a seis anos, e multa.

Bem jurídico

Tutela-se o patrimônio público e privado, recursos e valores destinados ao financiamento das campanhas eleitorais.

Sujeito ativo

O candidato, o administrador financeiro da campanha e quem de fato exerça essa função.

A figura do candidato surge com o requerimento do registro da candidatura, sendo o último dia do prazo, o dia 15 de agosto do ano de eleição até às 19 horas, nos termos do art. 11 da Lei nº 9.504/1997, ressalvando-se a possibilidade de requerimento de registro de candidatura individual (RRCI), no prazo de 48 (quarenta e oito) horas seguintes à publicação da lista dos candidatos pela Justiça Eleitoral, nos termos do § 4º do mesmo dispositivo legal.

Com a escolha do pleiteante à candidatura nas convenções partidárias emerge a figura jurídica da pré-candidatura.

Desse modo, o pré-candidato é aquele escolhido na convenção partidária que se realiza entre os dias 20 de julho e 5 de agosto do ano de eleição, conforme previsto no art. 8º da Lei nº 9.504/1997.

O tipo penal não faz menção à pré-candidatura nem ao aspirante à pré-candidatura, o que pode ensejar a atipicidade da conduta do art. 354-A em razão do princípio da reserva legal, considerando que no panorama punitivo não se pode adotar interpretação ampliativa ou analógica.

963

No entanto, ocorrendo a conduta dolosa de apropriação indébita por parte do pré-candidato ou aspirante à pré-candidatura, a capitulação penal desloca-se para o tipo do art. 168 do Código Penal, não sendo a ação penal processada e julgada pela Justiça Eleitoral.

Por exemplo, o aspirante à pré-candidatura, no dia 20 de maio de 2018, ano de eleição se apropria de valores decorrentes de uma arrecadação prévia, antes mesmo da liberação de recursos das entidades arrecadadoras. Nessa hipótese *sui generis*, a conduta amolda-se ao tipo do art. 168 do Código Penal.

A figura da arrecadação prévia está prevista no § 3º do art. 22-A da Lei nº 9.504/1997, que foi incluído pela Lei nº 13.488/2017.

Infere-se, portanto, que a qualidade de candidato é essencial para a incidência típica do art. 354-A do Código Eleitoral (Lei nº 4.737/1965), introduzido pela Lei nº 13.488, de 6 de outubro de 2017.

Trata-se de crime próprio que só pode ser praticado por um seleto grupo de pessoas que o legislador elencou, ou seja, que tenham uma condição especial consagrada no tipo penal.

Nessa linha, o crime pode ser praticado pelo administrador financeiro da campanha ou quem de fato exerça essa função.

Deveras, segundo previsto no art. 20 da Lei nº 9.504/1997, o candidato poderá fazer diretamente a administração financeira de sua campanha ou designar uma pessoa com essa finalidade, sendo ambos responsáveis solidários para os fins contábeis da campanha. Todavia, as responsabilidades eleitorais e penais são diversas.

A arrecadação de recursos e a realização de gastos eleitorais devem ser acompanhas por contador (profissional habilitado no Conselho Federal de Contabilidade). Não se confundem as figuras do contador com a do administrador financeiro da campanha, mas nada impede que o contador aceite essa função.

Na prestação de contas de campanhas eleitorais e partidárias, adotam-se as normas estabelecidas pelo Conselho Federal de Contabilidade e as regras contidas na resolução eleitoral que disciplina para cada eleição a arrecadação e os gastos de recursos por partidos políticos e candidatos. Por exemplo, nas eleições de 2016 foi editada a Resolução TSE nº 23.463, de 15 de dezembro de 2015.

O agente ativo pode ser o administrador financeiro de fato, ou seja, a pessoa que efetivamente é responsável pela arrecadação de recursos.

O agente ativo da empreitada delitiva é de atuação pessoal, pois exerce de fato ou de direito o dever e as responsabilidades da administração financeira da campanha tendo a posse ou detenção dos bens móveis, recursos e valores destinados ao financiamento eleitoral.

Para uma corrente pode-se defender que o delito é de atuação personalíssima, não admitindo a autoria mediata nos crimes de mão própria, porque a execução desse delito reserva-se para atos do núcleo do tipo penal. A conduta é intransferível para terceiros. Somente candidatos e administradores financeiros são passíveis de punição, portanto, não se admite nos crimes de mão própria a coautoria. No entanto, é possível a participação material ou moral.

Sustentamos que o delito admite coautoria e participação, pois trata-se de delito próprio, mas que em razão da circunstância de o sujeito ativo ser elementar do tipo, comunica-se ao terceiro que concorrer com o delito nos termos do art. 30 do Código Penal.

Por exemplo, se o candidato não devolve o dinheiro do Fundo Especial de Financiamento de Campanha (FEFC), previsto na Lei nº 9.504/1997, art. 16-C e seguintes (inclusão da Lei nº 13.487/2017), no prazo legal, com dolo de apropriação indébita e conta com a coautoria de terceiro, por exemplo, um contador que não é administrador da campanha, mas que em coautoria pratica atos que camuflam contabilmente a prestação de contas da campanha eleitoral com o objetivo ilícito, ambos respondem pelo art. 354-A do Código Eleitoral.

A Lei nº 13.488, de 6 de outubro de 2017, acrescentou os §§ 3º e 4º ao art. 22-A da Lei nº 9.504/1997, autorizando a arrecadação prévia de recursos, *verbo ad verbum*:

Art. 22-A. [...]

§ 3º Desde o dia 15 de maio do ano eleitoral, é facultada aos pré-candidatos a arrecadação prévia de recursos na modalidade prevista no inciso IV do § 4º do art. 23 desta Lei, mas a liberação de recursos por parte das entidades arrecadadoras fica condicionada ao registro da candidatura, e a realização de despesas de campanha deverá observar o calendário eleitoral.

§ 4º Na hipótese prevista no § 3º deste artigo, se não for efetivado o registro da candidatura, as entidades arrecadadoras deverão devolver os valores arrecadados aos doadores.

Cumpre enfatizar, que não existe uma definição normativa sobre a figura do pré-candidato, mas a jurisprudência e doutrina consideram a pessoa que foi escolhida na convenção partidária.

Todavia, no dia 15 de maio do ano eleitoral, ainda não temos a possibilidade de realização de convenções, pois, como visto alhures, as mesmas só ocorrem entre 20 de julho e 5 de agosto (art. 8º da Lei nº 9.504/1997).

A arrecadação prévia de recursos para a campanha se dá na modalidade de instituições que promovam técnicas e serviços de financiamento coletivo, conhecidas como *crowdfunding*. Uma espécie de "vaquinha pela internet".

Por outra, obriga-se a devolução dos recursos se não for efetivado o registro da candidatura nos termos do § 4º do art. 22-A da Lei das Eleições.

Os responsáveis pelas empresas de *crowdfunding* (financiamento coletivo) devem devolver os dinheiros dos doadores se porventura o candidato não conseguir o seu registro de candidatura, o que poderá ensejar a análise do tipo penal do art. 354-A do Código Penal.

Se porventura, os recursos foram entregues e o candidato, posteriormente, de forma dolosa não os devolve, caracteriza-se o tipo do art. 354-A. Ao contrário, se os recursos não chegaram a integrar a posse ou detenção do agente, o fato não caracteriza o delito de apropriação indébita eleitoral.

Sujeito passivo

A União Federal (no caso de recursos públicos, por exemplo, o Fundo Especial de Financiamento de Campanha – FEFC) e o titular dos recursos apropriados indevidamente (pessoa física, por exemplo, o doador de campanha), bem como a Administração da Justiça Eleitoral.

Tipo objetivo

A Lei nº 13.488, de 6 de outubro de 2017, acrescentou ao Código Eleitoral, Lei nº 4.737/1965, esse tipo de apropriação indébita eleitoral com o escopo de proteção ao patrimônio público e privado que destina ao financiamento eleitoral.

Esse tipo é uma especialidade do delito de apropriação indébita previsto no art. 168 do Código Penal e, portanto, a consumação deve ser vista no momento da exteriorização fática da vontade de apropriar-se dos bens, valores e recursos auferidos na arrecadação financeira da campanha.

A Lei nº 13.487, de 6 de outubro de 2017, criou o Fundo Especial de Financiamento de Campanha (FEFC), incluindo os arts. 16-C e 16-D, além de parágrafos na Lei nº 9.504/1997, sendo esse fundo constituído de recursos públicos nos termos do § 3º do art. 12 da Lei nº 13.473, de 8 de agosto de 2017, e provenientes do Tesouro Nacional.

O FEFC é constituído de parte dos recursos que são disponibilizados para emendas parlamentares de bancada e da compensação fiscal das emissoras de rádio e televisão para a veiculação da propaganda partidária, na moldura do art. 16-C da Lei nº 9.504/1997.

O § 11 do art. 16-C da Lei nº 9.504/1997 (inclusão da Lei nº 13.488/2017), inclusive determina que se os recursos não forem utilizados nas campanhas deverão ser devolvidos ao Tesouro Nacional, integralmente, quando no momento da apresentação de contas da campanha eleitoral.

Verifica-se, portanto, que se o administrador financeiro, v.g., não promove aponta ou indica os valores que devem ser devolvidos, é possível incidir nessa nova tipicidade penal.

O art. 17 da Lei das Eleições aponta a responsabilidade dos partidos e candidatos pelas despesas de campanha, quando se observam dezenas de regras previstas nessa lei e em resoluções temporárias do Tribunal Superior Eleitoral, sendo o candidato solidariamente responsável com a pessoa do administrador financeiro pela veracidade das informações financeiras e contábeis (contador), conforme versa o art. 21 da mesma norma.

A Lei nº 13.488/2017 adotou a figura do *crowdfunding* (financiamentos coletivos), por meio de sítios da internet, aplicativos eletrônicos e similares, sendo que as doações arrecadadas nos termos do § 4º-B do art. 23 da Lei das Eleições devem ser informadas à Justiça Eleitoral pelos candidatos e partidos, quando ocorrer o depósito na conta bancária.

Erros contábeis e decorrentes da administração financeira só ressoam na tipicidade penal se evidenciada a intenção dolosa do *animus rem sibi habendi*.

Por outra, o § 6º do art. 23 da Lei nº 9.504/1997 escusa a responsabilidade eleitoral, e.g., pela rejeição de contas do candidato, quando ocorrerem fraudes ou erros cometidos pelo doador sem conhecimento do beneficiado (candidatos, partidos ou coligações).

Nesse panorama, cumpre demonstrar a incidência da tipicidade penal da apropriação indébita eleitoral na negativa da devolução dos recursos, quando evidente pela legislação eleitoral a necessidade impostergável de cumprimento dessa obrigação em função da prestação de contas e do calendário eleitoral.

Com a **reparação do dano**, é possível a incidência do arrependimento posterior nos termos do art. 16 do Código Penal, que se aplica supletivamente aos crimes eleitorais.

Admite-se que sejam objeto de apropriação indébita eleitoral, os bens móveis e imóveis, porque um dos recursos destinados à campanha eleitoral são as doações estimáveis em dinheiro relativas a ambas as modalidades de bens (§ 7º do art. 23 da Lei nº 9.504/1997). No crime do art. 168 do Código Penal, somente são os bens móveis.

Por exemplo, o doador empresta um terreno (bem imóvel) para a campanha do candidato e ele se nega a devolvê-lo no prazo legal. Trata-se de um bem que integra parte do financiamento eleitoral. O financiamento eleitoral representa um conjunto patrimonial de bens públicos e privados.

Algumas despesas com a campanha não são consideradas gastos eleitorais e, portanto, não se sujeitam à prestação de contas, conforme previsto no art. 26, § 3º, da Lei nº 9.504/1997 (inclusão da Lei nº 13.488/2017), por exemplo, alimentação e hospedagem própria do candidato.

A **ação penal é pública incondicionada**, conforme art. 355 do Código Eleitoral e aplica-se a Resolução TSE nº 23.396/2013 na apuração dos crimes eleitorais, sendo de competência da Justiça Eleitoral o processo e julgamento desse crime.

Na hipótese de conexão com crime comum, a Justiça Eleitoral julgará ambos os delitos, conforme art. 35, II, do Código Eleitoral.

Tipo subjetivo

O delito não admite a modalidade culposa. Dolo manifestado na vontade livre e consciente da apropriação indevida. O agente ativo age com o propósito deliberado de não restituir os recursos, bens e valores que se destinam ao financiamento eleitoral, em proveito próprio ou alheio.

Capítulo 27

Comentários aos Crimes Eleitorais Tipificados em Leis Eleitorais Especiais

27.1. PESQUISA FRAUDULENTA. ART. 33, § 4º, DA LEI Nº 9.504/1997

> Das Pesquisas e Testes Pré-Eleitorais
>
> Art. 33. As entidades e empresas que realizarem pesquisas de opinião pública relativas às eleições ou aos candidatos, para conhecimento público, são obrigadas, para cada pesquisa, a registrar, junto à Justiça Eleitoral, até cinco dias antes da divulgação, as seguintes informações:
>
> (...)
>
> § 4º A divulgação de pesquisa fraudulenta constitui crime, punível com detenção de seis meses a um ano e multa no valor de cinqüenta mil a cem mil UFIR.

Bem jurídico

A esfera de proteção da norma jurídica é de alta relevância, pois quaisquer informações inverídicas durante as pesquisas de intenção de votos afetam o resultado da eleição, especialmente quando os candidatos disputam mandatos eletivos pelo sistema majoritário.

O desenvolvimento de técnicas cada vez mais sofisticadas de sedução e persuasão define o famoso sentido do **marketing eleitoral** como o conjunto de meios publicitários efetivados na divulgação das mensagens e intenções de voto mediante pesquisas que reflitam a verdadeira vontade popular.

O bem jurídico afetado é a propaganda política eleitoral.

Sujeito ativo

Trata-se de crime comum. A princípio, o agente é responsável pela elaboração de uma pesquisa nos moldes imperativos fixados no *caput* e parágrafos do art. 33; não é o agente ativo.

969

No entanto, se os dados foram manipulados com a finalidade objetiva de serem posteriormente divulgados para terceiros, os sócios das empresas elaboradoras das pesquisas podem ser autores ou partícipes. Neste caso, o raciocínio é similar quando a pesquisa é feita por órgão sem idoneidade e até mesmo sem o registro e obediência às regras formais.

Em geral, o agente ativo é o que divulga o teor de uma pesquisa fraudulenta, tendo a sabedoria de que o conteúdo integral ou parcial dos dados ali contidos é fraudulento, burlado ou espoliado.

Sujeito passivo

O delito é de plurissubjetividade passiva, pois atinge o eleitor, os candidatos contrários ao beneficiado pela pesquisa fraudulenta, os partidos políticos e a democracia.

Tipo objetivo

O crime pode ser classificado como de impressão, porque causa alteração na vontade do eleitor redirecionando a opinião pública eleitoral e violando o hígido direito de informação.

Pode o delito ter o caráter plurilocal, pois, dentro do mesmo país ou circunscrição eleitoral, a conduta de divulgação é realizada em um Estado e a produção do resultado se dá em outro Estado ou Município.

A hipótese é de delito transeunte, porque deixa vestígios formais contidos em documento específico cujo conteúdo é ideologicamente falso. Trata-se de documento fraudulento que ganha publicidade em dimensões pulverizadas.

A violação atinge o verdadeiro direito de informação (*art. 5º, inc. XIV, da Carta Magna*); além de afetar a igualdade dos candidatos perante as normas de propaganda política eleitoral.

Como se nota, o crime só pode ser praticado na fase da propaganda política eleitoral. Não se aplica à propaganda política partidária. No entanto, a pesquisa fraudulenta pode ocorrer em período pretérito ao do dia oficial de início da propaganda (*art. 36 da Lei nº 9.504/1997*).

As pesquisas eleitorais devem informar, por intermédio das empresas especializadas, qual foi a empresa ou pessoa física que contratou os serviços, o valor pago e a metodologia, que geralmente consiste em entrevistas pessoais com a aplicação de questionários estruturados e padronizados junto a uma amostra representativa do eleitorado.

Um dos dados fundamentais é o **plano amostral**, que consiste em identificar o público pesquisado, ou seja, o Município ou Estado, até mesmo bairro ou região de pesquisa; o tipo de amostra em relação a sexo, idade, função e posição social ocupada pelo eleitor entrevistado.

Outro dado de real identificação é o tamanho da amostra, que consiste em saber quantas entrevistas foram realizadas apresentando-se ao Tribunal Superior Eleitoral ou aos respectivos Tribunais Regionais Eleitorais o conteúdo dos questionários e dos demais dados por meio de registro prévio da pesquisa.

Quanto maior a repercussão dos dados fraudados e divulgados, deve-se adotar uma sanção maior na aplicação da pena. Todavia, o crime é considerado de menor potencial ofensivo incidindo os institutos despenalizadores da Lei nº 9.099/1995, tais como: transação penal e suspensão condicional do processo.

As pesquisas fraudulentas podem ser praticadas de forma livre, seja alterando dolosamente os dados de uma pesquisa regularmente feita, seja enganando terceiros dizendo que foram feitas determinadas sondagens que na verdade quiçá existiram.

Exemplo: se uma empresa de pesquisa é corretamente contratada, registra as técnicas de abordagem do eleitor nos moldes da lei eleitoral, mas frauda o conteúdo afirmando que foram entrevistadas 1.300 pessoas, quando se prova que só foram 100, ou ainda, quando os dados são preenchidos sem identificação de origem, certamente se estará na moldura do tipo penal, quando houver a divulgação.

O delito é tipicamente de **opinião**, ou seja, consiste no abuso da liberdade de pensamento, pois o eleitor passa a ser condicionado a votar no vitorioso, e de certa forma redireciona sua intenção de voto.

Classifica-se ainda como **crime vago**, considerando que atinge toda uma coletividade de eleitores e a população em geral.

Não são raros os episódios em que institutos responsáveis pelas pesquisas eleitorais falham gravemente na informação aos eleitores e comprometem o resultado nas urnas, considerando que grande parte dos votantes centra o seu voto apenas em candidatos possivelmente vencedores nas eleições.

A Justiça Eleitoral ao autorizar a divulgação da pesquisa não realiza diligências sobre os itens que formatam o conteúdo material da pesquisa que pretende ser divulgada. O registro é de natureza formal, sendo o material pesquisado sujeito a eventuais questionamentos que raramente ocorrem.

O inc. IV do art. 33 da Lei nº 9.504/1997 teve sua redação alterada (*Lei nº 12.891/2013*) para incluir a expressão: "*área física do trabalho a ser executado*", ao invés de "*área física de realização do trabalho*".

A expressão "*a ser executado*" enseja um serviço incompleto do instituto de pesquisa, pois não retrata a efetiva realização da pesquisa naquela circunscrição eleitoral.

O inc. VII do art. 33 da Lei das Eleições, também sofreu alteração legislativa pela Lei nº 12.891/2013 para incluir a "*cópia da respectiva nota fiscal*" da empresa que contratou os serviços de pesquisa. Trata-se de salutar medida que viabiliza o controle sobre a pessoa física ou jurídica que na realidade contratou o instituto de pesquisa eleitoral.

Se a contratação foi promovida pelo candidato ele deverá juntar a nota fiscal na prestação de contas das campanhas eleitorais, pois a hipótese é de gasto eleitoral, art. 26, XII, da Lei nº 9.504/1997.

O § 5º do art. 33 foi introduzido pela Lei nº 12.891/2013 e proíbe a realização de **enquetes** (*opiniões sobre candidatos e partidos políticos, bem como da atuação governamental, que sejam organizadas pelos meios de comunicação social*) no período da campanha eleitoral que se inicia no dia 16 de agosto do ano de eleição, art. 36 da Lei nº 9.504/1997.

Com efeito, o objetivo da nova norma proibitiva foi o de evitar a substituição das pesquisas eleitorais por enquetes, quando a informalidade desse último sistema é evidente e pode ser tendenciosa beneficiando determinado candidato e prejudicando o resultado das eleições.

A proibição imposta pela Lei nº 12.891/2013 não está imune ao controle jurisdicional, pois poderá lesar a liberdade de comunicação.

Tipo subjetivo

A conduta de divulgar fatos pesquisados de forma fraudada ou a própria divulgação sem lastro ou idoneidade pressupõe o dolo. Não há modalidade culposa. Havendo erro ou culpa, o agente responde apenas pela sanção de multa fixada no § 3º do art. 34.

O agente ativo da empreitada delitiva falseia intencionalmente dados totais ou simplesmente parciais de uma pesquisa apócrifa, objetivando beneficiar determinada candidatura eleitoral.

27.2. IMPEDIMENTO DA FISCALIZAÇÃO DE PARTIDOS. ART. 34, § 2º, DA LEI Nº 9.504/1997

> Art. 34. (Vetado).
>
> (...)
>
> § 2º O não cumprimento do disposto neste artigo ou qualquer ato que vise a retardar, impedir ou dificultar a ação fiscalizadora dos partidos constitui crime, punível com detenção, de 6 (seis) meses a 1 (um) ano, com a alternativa de prestação de serviços à comunidade pelo mesmo prazo, e multa no valor de 10.000 (dez mil) a 20.000 (vinte mil) Ufir.

Comentários aos Crimes Eleitorais Tipificados
em Leis Eleitorais Especiais

Bem jurídico

O delito atinge o controle sobre os atos administrativos de organização da Justiça Eleitoral, bem como o direito de fiscalização pelos partidos políticos das informações sobre pesquisas eleitorais.

Sujeito ativo

O crime é comum. Não se exige uma qualidade especial do agente ativo da infração penal, embora o art. 35 inclua na responsabilidade penal os representantes das empresas ou entidades de pesquisas e dos órgãos de veiculação.

Sujeito passivo

O delito é vago, pois atinge o público eleitor e a sociedade em geral, mas o tipo penal incluiu apenas os partidos políticos, deixando de fazer menção a coligações e candidatos.

Tipo objetivo

O trecho que faz a seguinte menção: "*O não cumprimento do disposto neste artigo*" estava condicionado ao *caput* do artigo. No entanto, considerando o veto atribuído ao dispositivo legal, ele perdeu sua incidência jurídica penal.

Como se nota, a figura penal restringe-se a punir atos retardatários, impeditivos ou dificultosos da atividade essencial de fiscalização pelos partidos políticos.

O delito é de menor potencial ofensivo podendo ser aplicada a transação penal, prevista na Lei nº 9.099/1995, em razão do disposto na Lei nº 10.259/2001, e o *sursis* processual.

A competência deve ser firmada no local onde se deu o retardamento ou embaraço que dificultou o acesso aos dados da pesquisa, não sendo necessariamente o mesmo local de coleta dos elementos pesquisados.

Confronto

Se existe precedente ordem judicial descumprida, o fato desloca-se para a incidência do tipo do art. 347 do Código Eleitoral.

Durante a fase de votação pode incidir o tipo especial do art. 87, § 4º, da Lei nº 9.504/1997, quando o agente (*mesário*) não faz a entrega da via do boletim de urna ao fiscal do partido, ou não é observada a distância mínima para a fiscalização dos votos em apuração pela Junta Eleitoral.

Tentativa

A tentativa não é possível, pois o agente que dificulta já incide na prática delitiva, não sendo necessário o impedimento, considerando que pode se dar a

973

figura do obstáculo parcial ao acesso das fontes e dos dados reais que nutriram o campo pesquisado.

Tipo subjetivo

O delito só pode ocorrer dolosamente. O agente deve manifestar em gestos, atos ou por escrito uma forma de dificuldade ou impedimento ao amplo direito de fiscalização pelos partidos políticos.

Remissões

Arts. 347 do Código Eleitoral.

Art. 87, § 4º, da Lei nº 9.504/1997.

27.3. RESPONSABILIDADE DE REPRESENTANTES DE EMPRESAS. ART. 35 DA LEI Nº 9.504/1997

> Art. 35. Pelos crimes definidos nos arts. 33, § 4º e 34, §§ 2º e 3º, podem ser responsabilizados penalmente os representantes legais da empresa ou entidade de pesquisa e do órgão veiculador.

Como se nota, a empresa contratante pode ser: uma concessionária, rádio, televisão ou jornal, sendo possível se identificar a coautoria com o órgão de pesquisa.

Trata-se da invidualização da responsabilidade penal eleitoral.

27.4. ALTO-FALANTES. SOM. COMÍCIO. CARREATA. ARREGIMEN-TAÇÃO. BOCA DE URNA E DIVULGAÇÃO. ART. 39, § 5º, I, II E III, DA LEI Nº 9.504/1997

> Art. 39. A realização de qualquer ato de propaganda partidária ou eleitoral, em recinto aberto ou fechado, não depende de licença da polícia.
>
> (...)
>
> § 5º Constituem crimes, no dia da eleição, puníveis com detenção, de seis meses a um ano, com a alternativa de prestação de serviços à comunidade pelo mesmo período, e multa no valor de cinco mil a quinze mil UFIR:
>
> I – o uso de alto-falantes e amplificadores de som ou a promoção de comício ou carreata;
>
> II – a arregimentação de eleitor ou a propaganda de boca de urna (redação dada pela Lei nº 11.300, de 2006);

COMENTÁRIOS AOS CRIMES ELEITORAIS TIPIFICADOS
EM LEIS ELEITORAIS ESPECIAIS

> III – a divulgação de qualquer espécie de propaganda de partidos políticos ou de seus candidatos (redação dada pela Lei nº 12.034, de 2009).
>
> IV – a publicação de novos conteúdos ou o impulsionamento de conteúdos nas aplicações de internet de que trata o art. 57-B desta Lei, podendo ser mantidos em funcionamento as aplicações e os conteúdos publicados anteriormente. (Inclusão da Lei nº 13.488, de 2017).

Bem jurídico

São delitos que atingem a liberdade do voto no dia da eleição. Retratam a propaganda criminosa.

Sujeito ativo

São delitos comuns. Podem praticar os simpatizantes, militantes, candidatos e qualquer pessoa, eleitor ou não.

Sujeito passivo

O Estado e a lisura da votação. Afetam-se regras do equilíbrio na propaganda política eleitoral.

Tipo objetivo

Ressaltamos, no entanto, que a lei coíbe a utilização de aparelhagens de som, comícios em praças públicas, locais públicos e estabelecimentos de acesso ao público em geral.

Se o infrator estiver até a 100 metros da seção eleitoral (*local de votação*) será o delito de "**boca de urna**". Depois dessa distância incidirá no tipo de "*divulgação*".

A divulgação compreende: cartazes e faixas colocadas nas ruas, distribuição de panfletos e a abordagem ao eleitor para solicitar votos.

Incide no delito de divulgação a aglomeração de pessoas portando vestuário padronizado e ações de manifestação coletiva utilizando ou não veículos. Nesse sentido, o art. 61, § 1º, da Resolução TSE nº 23.457, de 2015. O Egrégio TSE normatiza essa proibição de forma específica para cada pleito eleitoral.

Tem-se que no recinto das seções e juntas não podem os mesários ou escrutinadores usar vestuário ou objetos de propaganda eleitoral.

Os fiscais partidários não podem usar vestuário padrão, pois é crime de divulgação a manifestação coletiva.

975

O **derrame de material impresso** (santinhos, panfletos e outros) de propaganda na véspera ou no dia da eleição nas portas das seções eleitorais (locais de votação) ou em vias próximas, além de configurar propaganda eleitoral ensejará a persecução penal do crime de divulgação, art. 14, § 7º, e 66, § 2º, da Resolução TSE nº 23.457, de 2015.

Trata-se de prática de conduta penalmente relevante, mas de difícil apuração quando é reduzido o número de fiscais eleitorais e agentes policiais. No entanto, é possível a filmagem e fotografia com a lavratura de auto de constatação para a adoção das providências legais.

A Lei nº 13.448, de 2017, incluiu o inc. **IV no § 5º do art. 39** da Lei nº 9.504/1997, tratando como crime uma modalidade especial do delito de divulgação de conteúdo variado: (i) publicação de novos conteúdos; ou (ii) impulsionamento de conteúdos pela internet. Ambos os delitos só se consumam no dia da eleição.

Cumpre observar que o crime pode ser praticado por qualquer pessoa. É crime comum. Pune-se apenas na modalidade dolosa.

Exige-se que o agente ativo da empreitada delitiva tenha agido com o dolo específico de impulsionar conteúdos já existentes no site ou lançar novas espécies de vídeos, conteúdos ou qualquer mídia eletrônica.

A propaganda que já consta do site, *Facebook* ou outra forma de comunicação social pela internet pode ser mantida no dia da eleição. Todavia, o crime restará consumado se forem lançados novos conteúdos ou impulsionados os já existentes.

O crime é formal. A própria atividade do agente estará demonstrada com a publicação de novos conteúdos ou impulsionamento dos já preexistentes ou das novidades. É o *quantum sufficit*.

Trata-se de delito permanente na modalidade de publicação de novos conteúdos, considerando que o momento consumativo se protrai no tempo durante o dia da eleição, até que se faça cessar a veiculação ilícita.

Na modalidade de impulsionamento é crime instantâneo. Nesse caso consuma-se o crime com o efetivo impulsionamento, mesmo que não seja reiterado, pois é possível deflagrar diversos durante o dia da eleição (elemento temporal).

Classifica-se o delito como plurissubsistente. O processo executivo de publicação de novos conteúdos ou impulsionamento é composto de atos ou fases sucessivas no tempo ou espaço.

Por exemplo, um impulsionamento via *Facebook* é composto de certas etapas, a saber: (i) selecionar o público-alvo, v.g., idade ou região em que reside o eleitor; (ii) determinação do tempo de impulsionamento, ou seja, o agente pode fixar o número de dias; (iii) dependendo do valor pago para impulsionar, o candidato

COMENTÁRIOS AOS CRIMES ELEITORAIS TIPIFICADOS
EM LEIS ELEITORAIS ESPECIAIS

CAPÍTULO 27

atingirá um número maior de eleitores; e (iv) informação dos dados bancários do candidato.

O processo executivo do impulsionamento depende do tipo de anúncio ou propaganda. É possível impulsionar o site ou *post*.

Admite-se a tentativa, por exemplo, quando o agente confecciona uma nova propaganda política eleitoral e aciona o *Facebook* para impulsioná-la, mas por algum motivo alheio à sua vontade ocorre uma falha impeditiva da divulgação.

Para caracterizar o transporte como "**carreata**" é necessário que se adote uma espécie de analogia com o delito do art. 288 do Código Penal, a associação criminosa.

Assim, a tipicidade só se perfaz com no mínimo 3 (*três*) veículos, sejam eles automotores ou não, desde que direcionados a divulgar a campanha eleitoral de um determinado candidato ou o voto de legenda.

Os delitos de "boca de urna" e de divulgação são tipos de crimes de opinião que revelam o abuso na liberdade de votação atingindo o eleitor, além de ser uma espécie de crime de mera conduta ou sem resultado, pois independe se o eleitor ficou ou não convencido em votar no candidato pela abordagem realizada pelo infrator.

No Egrégio TSE: "(...) *O crime de boca de urna independe da obtenção do resultado, que, na espécie em foco, seria o aludido convencimento ou coação do eleitor. (...)*" (AC de 23/3/2010 no HC nº 669, Rel.ª Min.ª Cármen Lúcia).

O crime de "**boca de urna**" não pode incidir de forma indiscriminada, pois a liberdade de expressão do eleitor integra o núcleo fundamental da democracia. Reprimir o eleitor no dia da votação que é por excelência um ato democrático é uma lastimável forma de lesar o espírito de civismo que deve sempre conduzir o sentimento do sufrágio. Nesse rumo, permite-se a **manifestação individual nos termos do art. 39-A da Lei das Eleições.**

Verifica-se, no entanto, que se o agente ativo oferece alimentos, bebidas ou outras vantagens ao eleitor no dia da eleição realizando conjuntamente a obra delitiva da divulgação de sua propaganda, incide ainda no crime de compra de votos previsto no art. 299 do Código Eleitoral em concurso material ou formal com o delito em comento.

Os delitos são de menor potencial ofensivo e, portanto, é possível a transação penal.

A **Resolução TSE nº 23.396/2013** trata sobre a apuração dos crimes eleitorais, sendo de atribuição da polícia federal a **lavratura do termo circunstanciado** e, supletivamente da Polícia Civil, quando não existir a sede da Polícia Federal.

É comum a organização de centrais, núcleos ou polos. Locais para onde são conduzidos os detidos em flagrante delito que no dia da eleição estiverem praticando as condutas delitivas, mas é lavrado o termo circunstanciado na forma legal, após a identificação dos autores da infração penal.

O termo circunstanciado deve ser encaminhado ao juiz eleitoral da zona eleitoral do local do crime aplicando-se o art. **70 do Código de Processo Penal**.

Tipo subjetivo

Dolo.

27.5. USO INDEVIDO DE SÍMBOLOS, FRASES OU IMAGENS. ART. 40 DA LEI Nº 9.504/1997

> Art. 40. O uso, na propaganda eleitoral, de símbolos, frases ou imagens, associadas ou semelhantes às empregadas por órgão de governo, empresa pública ou sociedade de economia mista constitui crime, punível com detenção, de 6 (seis) meses a 1 (um) ano, com a alternativa de prestação de serviços à comunidade pelo mesmo período, e multa no valor de 10.000 (dez mil) a 20.000 (vinte mil) Ufir.

Bem jurídico

A norma protege atos similares à prática de improbidade administrativa.

A base legal constitucional está no art. 37 da Constituição Federal, especialmente nos princípios da impessoalidade e moralidade pública.

O objetivo da norma penal é coibir o uso da "máquina administrativa" do Estado nas campanhas eleitorais, procurando igualar as chances de competição entre os candidatos, obstaculizando os que almejam a reeleição ou aqueles que de alguma forma utilizam símbolos, frases ou imagens públicas para penetrarem na subliminar vontade do eleitor.

Tutela-se o bem imaterial da Administração Pública.

A sanção penal não inibe a ação de improbidade com base na Lei nº 8.429/1992, nem a adoção da ação de representação por abuso do poder político (*art. 22 da Lei Complementar nº 64, de 18 de maio de 1990*).

Trata-se de um delito não transeunte, pois o autor utiliza na propaganda política eleitoral, como sendo própria, uma criação autoral ou intelectual do órgão público, seja, pela frase, imagem ou símbolo.

É uma espécie de reprodução total ou parcial da propriedade imaterial cuja criação foi paga com recursos públicos pelo órgão público, mas o infrator se apropria da mesma com o intuito de confundir o eleitor fazendo uma simetria do símbolo público com a campanha eleitoral.

Sujeito ativo

É crime comum, a princípio qualquer pessoa poderá praticar o delito utilizando o bem imaterial (*símbolo, frase ou imagem*), mas admite-se a participação ou coautoria com o candidato infrator.

O servidor público poderá praticar o crime em concurso de pessoas com os representantes dos partidos políticos.

Sujeito passivo

O Estado, a Administração Pública direta ou indireta da União, Estados, Distrito Federal e Municípios.

Tipo objetivo

A norma penal evita condutas ilícitas de agentes públicos em campanhas eleitorais. Trata-se de uma especialidade penal do rol das condutas vedadas do art. 73 e incisos da Lei nº 9.504/1997, bem como uma forma de preservação da igualdade nas campanhas eleitorais.

Protege-se a propaganda política eleitoral dos desvios e da lavagem de dinheiro público, pois não se admite que o candidato se locuplete direta ou indiretamente do valor pago com recursos públicos a artistas, criadores e publicitários.

O art. 74 da Lei nº 9.504/1997 é aplicável no caso, pois a conduta é típica de abuso político, ensejando a sanção de inelegibilidade e o cancelamento do registro e quiçá do diploma com a adoção da representação cabível.

A lei procura evitar o desequilíbrio dos competidores nas campanhas eleitorais. Não se pode impedir a criação e utilização de um símbolo ou uso de uma cor, imagem e outras formas de publicidade legalmente aceitas pelo público e a sociedade, mas é vedado usar esses meios estratégicos de obtenção do voto, quando os gastos de criação, publicidade, divulgação são públicos.

O art. 24, inc. II, da Lei nº 9.504/1997 proíbe formas de doação por publicidade para as campanhas eleitorais, quando provenientes de pessoas jurídicas de direito público, ou seja, não pode o Prefeito usar uma cor, símbolo ou imagem custeada como característica de seu governo e gestão pública na campanha de sua reeleição, em especial se for razoavelmente significativa a quantidade da exibição de cores e imagens na época da atuação como chefe do Executivo. Uma coisa é criar uma imagem de sua gestão, outra é utilizá-la na campanha como se fosse o dono, senhor absoluto e proprietário imaterial, exceto se os custos de criação, exibição, divulgação e utilização em geral foram arcados pelo próprio dinheiro do chefe do Executivo.

Considerando a dificuldade de comprovar-se o dolo do agente neste fato, a tendência do tipo penal na prática forense eleitoral é ser residual, não ser aplicado como se fosse cultivada uma descriminalização da conduta, cujas sanções se buscam alcançar na esfera da improbidade administrativa por violação à moralidade e impessoalidade ou no próprio abuso do poder político e econômico na esfera eleitoral, e.g., veda-se o uso de brasão da Prefeitura na propaganda eleitoral.

O Egrégio TSE já respondeu a Consulta nº 1.271/2006, nos seguintes termos: "(...) *Consulta. Propaganda eleitoral. Símbolos nacionais, estaduais e municipais. Uso. Possibilidade. Não há vedação para o uso, na propaganda eleitoral, dos símbolos nacionais, estaduais e municipais, sendo punível a utilização indevida nos termos da legislação de regência*" (Resolução nº 22.268, de 29/06/2006. Rel. Min. Carlos Eduardo Caputo Bastos. Diário de Justiça, vol. I, 08/08/2006, p. 117).

O crime é classificado como de **forma vinculada**, quando o tipo descreve a atividade de modo particularizado, ou seja, a usurpação da criação intelectual para fins de propaganda eleitoral. Se a finalidade é outra, é possível a adoção da responsabilidade administrativa ou da ação de improbidade.

Tipo subjetivo

Crime doloso. A negligência do administrador é fato atípico.

Remissões

Art. 37 da CF, Lei nº 8.429/1992.

Arts. 73, inc. II, e 74 da Lei nº 9.504/1997.

27.6. CONTRATAÇÃO DE PESSOAS PARA FINS OFENSIVOS. ART. 57-H DA LEI Nº 9.504/1997

Art. 57-H.

(...)

§ 1º Constitui crime a contratação direta ou indireta de grupo de pessoas com a finalidade específica de emitir mensagens ou comentários na internet para ofender a honra ou denegrir a imagem de candidato, partido ou coligação, punível com detenção de 2 (dois) a 4 (quatro) anos e multa de R$ 15.000,00 (quinze mil reais) a R$ 50.000,00 (cinquenta mil reais) (Incluído pela Lei nº 12.891, de 11/12/2013).

§ 2º Igualmente incorrem em crime, punível com detenção de 6 (seis) meses a 1 (um) ano, com alternativa de prestação de serviços à comunidade pelo mesmo período, e multa de R$ 5.000,00 (cinco mil reais) a R$ 30.000,00 (trinta mil reais), as pessoas contratadas, na forma do § 1º (Incluído pela Lei nº 12.891, de 11/12/2013).

COMENTÁRIOS AOS CRIMES ELEITORAIS TIPIFICADOS
EM LEIS ELEITORAIS ESPECIAIS

CAPÍTULO 27

Bem jurídico

Tutela-se a honra objetiva ou subjetiva lesada por meio específico de comunicação. A proteção penal incide sobre a falsa imputação de um fato definido como crime, lesão à reputação ou afirmação que seja insultuosa atingindo a pessoa do candidato perante a opinião eleitoral.

Sujeito ativo

Pode-se dizer que é crime comum não se exigindo uma qualidade especial do agente ativo. Todavia, a maior incidência subjetiva ocorrerá em relação aos que exercem efetiva atividade militante e de mobilização nas redes sociais.

São sujeitos ativos como contratantes: o pré-candidato, candidato e terceiras pessoas. É uma espécie de delito bilateral ou de encontro que se caracteriza pelo concurso de mais de uma pessoa.

O pré-candidato (*escolhido na Convenção Partidária*) não é autor nem partícipe do delito.

O tipo penal previsto no § 1º do artigo em comento pune a conduta do contratante. Na verdade, o delito é de **concurso necessário**, ou seja, exige mais de um agente como sujeito na prática delitiva, pois o § 2º é uma exceção pluralista à teoria monista de concurso de pessoas, quando pune separadamente o contratado com pena menos severa.

Dessa forma, a sanção mais rigorosa está reservada ao contratante em razão do § 1º.

Sujeito passivo

O candidato (*pessoa física*), os partidos políticos (*pessoas jurídicas de direito privado*) e as coligações (*pessoas formais*).

O delito é de dupla subjetividade passiva, pois ao mesmo tempo pode atingir a honra do candidato e do partido político ou da coligação. Trata-se de delito pluriofensivo.

A infração penal ainda atinge a higidez da propaganda política eleitoral por meio da *internet*.

Tipo objetivo

O contrato pode ser escrito ou verbal, gratuito ou oneroso, direto ou indireto (*interposta pessoa*).

Tenha-se presente a figura pessoal do contratante e dos contratados, mas não é essencial que todos os envolvidos nas mensagens sejam efetivamente identificados.

981

O contrato deve ser de um grupo (*agrupamento, reunião, roda, aglomeração de pessoas*).

Não caracteriza esse crime a contratação de menos de 3 (*três*) pessoas para emitir mensagens pela *internet* que sejam ofensivas. É possível estabelecer uma certa analogia com o crime de associação criminosa do art. 288 do Código Penal.

Exige-se, assim, no mínimo 3 (*três*) pessoas com finalidade específica de ofender candidatos, partidos políticos e coligações apenas pelo uso da *internet* ou por mensagens, v.g., *WhatsApp*.

O tipo penal faz menção a "**mensagens e comentários**". Dessa forma a pluralidade de condutas é essencial para a tipificação. A hipótese, portanto, é de **crime plurissubsistente** que só se consuma com a prova da pluralidade de atos.

Dessa forma, mesmo que o agente contrate um grupo é essencial que sejam realizadas mais de uma mensagem ou comentário.

O delito é especial em relação aos crimes dos arts. 324, 325 e 326 do Código Eleitoral (*divulgação, calúnia, difamação e injúria eleitoral*), porque o **meio aqui empregado é por mensagens ou *internet***. É crime consuntivo, pois absorve os demais delitos contra a honra, mas em casos especiais é possível o concurso de crimes.

Trata-se de crime cometido por forma específica definida pelo legislador. É classificado como vinculado.

Todavia, ocorrendo a ofensa pela imprensa e por mensagens ou *internet* incidirão ambos os delitos em concurso de crimes.

De fato, a ofensa à honra objetiva pela calúnia ocorre quando se imputa um crime de forma falsa e precisa com conhecimento da inocência do caluniado.

Na difamação é suficiente a imputação de fato ofensivo.

A ação injuriosa é vinculada à pessoa física do candidato (*suas qualificações*). É um escárnio, impropério, ultraje ou menoscabo.

O tipo penal não tratou da exceção de verdade.

O ofendido poderá obter o **direito de resposta** na Justiça Eleitoral (*art. 58 da Lei nº 9.504/1997*).

O § 2º pune os contratados que deliberadamente decidiram divulgar as mensagens e os comentários.

Admite-se a transação penal e a suspensão condicional do processo, institutos despenalizadores da Lei nº 9.099/1995, que são ofertados na Justiça Eleitoral, v.g., perante o juiz eleitoral da zona eleitoral.

A **competência** para o processo e julgamento será do local da infração com a adoção do art. 70 do CPP, mas poderá incidir a regra da prevenção, quando for incerto o limite territorial entre duas jurisdições eleitorais. A regra da prevenção serve aos delitos plurilocais, pois a mensagem partiu de um telefone celular ou computador situado numa região e foi recebida por outras pessoas em local totalmente diverso.

A **prova** da infração penal pode ser testemunhal, documental e pericial, admitindo-se a adoção de medidas cautelares de busca e apreensão de objetos e documentos na forma legal.

Tipo subjetivo

O dolo direto e específico de denegrir a imagem e ofender a honra.

27.7. INOBSERVÂNCIA DO PRAZO DE DIREITO DE RESPOSTA. ART. 58, § 3º, ALÍNEA "A", E §§ 7º E 8º, DA LEI Nº 9.504/1997

Art. 58. A partir da escolha de candidatos em Convenção, é assegurado o direito de resposta a candidato, partido ou coligação atingidos, ainda que de forma indireta, por conceito, imagem ou afirmação caluniosa, difamatória, injuriosa ou sabidamente inverídica, difundidos por qualquer veículo de comunicação social.

(...)

§ 3º Observar-se-ão, ainda, as seguintes regras no caso de pedido de resposta relativo à ofensa veiculada:

(...)

II – em programação normal das emissoras de rádio e de televisão:

(...)

a) a Justiça Eleitoral, à vista do pedido, deverá notificar imediatamente o responsável pela emissora que realizou o programa para que entregue em vinte e quatro horas, sob as **penas do art. 347 da Lei nº 4.737, de 15 de julho de 1965 (Código Eleitoral)**, cópia da fita da transmissão, que será devolvida após a decisão;

(...)

§ 7º A inobservância do prazo previsto no parágrafo anterior sujeita a autoridade judiciária às penas previstas **no art. 345 da Lei nº 4.737, de 15 de julho de 1965 (Código Eleitoral).**

§ 8º O não cumprimento integral ou em parte da decisão que conceder a resposta sujeitará o infrator ao pagamento de multa no valor de 5.000 (cinco mil) a 15.000 (quinze mil) Ufir, duplicada em caso de reiteração de conduta, sem prejuízo do disposto **no art. 347 da Lei nº 4.737, de 15 de julho de 1965 (Código Eleitoral)** (grifos nossos).

As regras são remissivas aos crimes tipificados nos arts. 345 e 347 do Código Eleitoral.

É importante salientar o **direito de resposta** nas lições do renomado Freitas Nobre:

> (...) não aparece apenas como a preocupação da troca de mensagens, preocupação que caracteriza nossa civilização, mas ainda, como a defesa de terceiros envolvidos neste emaranhado de publicações, emissões e recepções (...) pode-se admitir esta similitude entre o Direito de Resposta e a **legítima defesa**, não somente quando respondemos através dos mesmos meios de informação à notícia injusta ou injuriosa, mas, essencialmente, quando a Justiça reconhece uma escusa legal à injúria publicada em retorsão a uma outra injúria, igualmente divulgada por um meio de informação. Defendendo seus bens morais, o homem defende, também, os interesses da sociedade à qual pertence" (*Comentários à Lei de Imprensa*, 2ª ed. São Paulo: Saraiva, 1978, p. 127 e 134) (grifos nossos).

Como se nota, o direito de resposta é uma **legítima defesa da honra** dos pré--candidatos, candidatos, partidos políticos e coligações.

Todavia, quando o ofendido for um terceiro (*não candidato*), que geralmente é o ocupante da chefia do Poder Executivo que não concorre à reeleição, caberá o direito de resposta na Justiça Eleitoral se for veiculada a ofensa no horário eleitoral gratuito. Assim, se não houver veiculação com esse horário, a parte ofendida deverá buscar a reparação na Justiça Comum.

27.8. DESCUMPRIMENTO DA ENTREGA DA CÓPIA DO BOLETIM DE URNA. ART. 68, § 2º, DA LEI Nº 9.504/1997

> Art. 68. O boletim de urna, segundo o modelo aprovado pelo Tribunal Superior Eleitoral, conterá os nomes e os números dos candidatos nela votados.
>
> § 1º O Presidente da mesa receptora é obrigado a entregar cópia do boletim de urna aos partidos e coligações concorrentes ao pleito cujos representantes o requeiram até uma hora após a expedição.
>
> § 2º O descumprimento do disposto no parágrafo anterior constitui crime, punível com detenção, de 1 (um) a 3 (três) meses, com a alternativa de prestação de serviço à comunidade pelo mesmo período, e multa no valor de 1.000 (um mil) a 5.000 (cinco mil) Ufir.

Bem jurídico

O Estado. Tutela-se a fé pública do resultado das eleições. O tipo protege a autenticidade ou fidedignidade da votação nos partidos políticos e candidatos especificamente votados naquela eleição.

Sujeito ativo

O crime é próprio. Trata-se de crime funcional, ou *delicta in officio* praticado pelo Presidente da mesa ou mesários, mas como a lei eleitoral permite a nomeação de mesário *ad hoc* entre eleitores que estejam aptos a votar, na falta do comparecimento do mesário oficial, é possível a extensão para esses mesários temporários, que se investem plenamente da função em razão da urgente necessidade de composição da seção eleitoral.

É crime que é processado e punido no âmbito da competência do juiz eleitoral responsável pela seção eleitoral. Aplica-se o critério territorial do art. 70 do CPP, de forma subsidiária.

Punem-se os agentes honoríficos que exercem funções de mesários, mas somente a título de dolo.

Sujeito passivo

Os partidos políticos, coligações e candidatos que não recebem o boletim expedido.

Tipo objetivo

A Justiça Eleitoral, por resolução temporária, expede regras cautelosas sobre o processo de votação e apuração, as quais servem de compreensão sistemática do exame do tipo penal, que é uma norma penal em branco.

Verifica-se que, na prática, os fiscais não solicitam as suas cópias de boletins de urna, e os gastos de impressão desses *Bus* são elevados.

Quando o candidato ou partido político já sabe que foi derrotado na eleição, a tendência é sobrarem muitas vias de boletins de urna sem que eles as solicitem, devendo o material ser aproveitado para reciclagem industrial.

Cumpre ao Ministério Público solicitar a sua cópia ou via de boletim, além de subscrever as demais vias.

Outrossim, o boletim é o documento oficial que permite a confrontação com o verdadeiro resultado da eleição, o que garante a lisura do pleito e normalidade das eleições.

Tipo subjetivo

O dolo. Não há crime culposo. Se o mesário esqueceu-se de entregar a via, o fato é atípico. Durante a fase de votação e seu regular encerramento podem ocorrer fatores externos imprevisíveis, que impliquem na não entrega da via, até porque não solicitada.

De toda sorte, cumpre ao mesário ou Presidente da seção levar em envelope o material fornecido pela Justiça Eleitoral até a sede da zona eleitoral prestando contas das vias de boletim de urna e outros documentos.

Remissões

Vide o crime de mapismo previsto no art. 315 do Código Eleitoral e o delito do art. 72 da Lei nº 9.504/1997, bem como as resoluções temporárias do TSE que disciplinam o processo de votação e apuração dos votos.

27.9. IMPEDIR O EXERCÍCIO DA FISCALIZAÇÃO. NÃO MENCIONAR OS PROTESTOS EM ATA. ART. 70 DA LEI Nº 9.504/97

> Art. 70. O Presidente de Junta Eleitoral que deixar de receber ou de mencionar em ata os protestos recebidos, ou ainda, impedir o exercício de fiscalização, pelos partidos ou coligações, deverá ser imediatamente afastado, além de responder pelos crimes previstos na Lei nº 4.737, de 15 de julho de 1965 (Código Eleitoral).

O tipo penal é de remissão aos arts. 87 da Lei nº 9.504/1997, e 316 e 347 do Código Eleitoral.

É possível que o crime seja praticado sem um motivo. Trata-se do denominado **crime gratuito**.

Em complemento ao tema, verifica-se que a hipótese é de rara aplicação, pois, com o sistema eletrônico de votação se preserva a transparência e ampla fiscalização das aplicações, inserções e inseminações de dados nas urnas eletrônicas; e, além de tudo, no próprio processo de transmissão de dados pelas zonas eleitorais aos Tribunais Regionais Eleitorais e destes ao Tribunal Superior Eleitoral, existe a obrigação da fiscalização do Ministério Público e de fiscais de partidos políticos.

No voto manual ou no "cantado" – quando não se consegue extrair da urna eletrônica o seu conteúdo, e os servidores da Justiça Eleitoral com base no boletim de urna impresso passam para outra urna os dados de votação para posterior transmissão – é possível incidir o tipo penal.

O tipo é mais remissivo ao art. 87 da Lei nº 9.504/1997.

COMENTÁRIOS AOS CRIMES ELEITORAIS TIPIFICADOS
EM LEIS ELEITORAIS ESPECIAIS

27.10. CRIMES CONTRA O SISTEMA INFORMATIZADO DE APURA-ÇÃO. ART. 72 DA LEI Nº 9.504/1997

Art. 72. Constituem crimes, puníveis com reclusão, de 5 (cinco) a 10 (dez) anos:

I – obter acesso a sistema de tratamento automático de dados usado pelo serviço eleitoral, a fim de alterar a apuração ou a contagem de votos;

II – desenvolver ou introduzir comando, instrução ou programa de computador capaz de destruir, apagar, eliminar, alterar, gravar ou transmitir dado, instrução ou programa ou provocar qualquer outro resultado diverso do esperado em sistema de tratamento automático de dados usado pelo serviço eleitoral;

III – causar, propositadamente, dano físico ao equipamento usado na votação ou na totalização de votos ou a suas partes.

Bem jurídico

A conduta atinge a regular Administração Eleitoral, a fé pública das eleições, além de, no inciso III, caracterizar um dano (*bem material*) ao patrimônio da Justiça Eleitoral. Trata-se de tipo penal de **múltipla lesão**, porque ainda pode ofender a paz pública das eleições na proteção de bens imateriais informatizados que possui componentes intangíveis, como o *software*.

Sujeito ativo

É crime comum, porque permite sua prática por qualquer pessoa, mas é inegável que o agente ativo tenha uma especial condição profissional na modalidade dos incisos I e II do artigo, sendo classificado como um *hacker* (*expressão designativa de estudantes de computação que pesquisam em laboratórios de informática*). Trata-se de um especialista do computador. Existe ainda, o *hacker* ético que se diferencia do *cracker*, que é um não ético.

Fala-se ainda em **guru**, que é na escala hierárquica de informática um ser supremo do conhecimento informatizado. Temos ainda outros adjetivos, tais como: *carders* (*fraudadores de cartões de crédito usando a informática*); *black hats* (*utilizam a informática para o crime*) e *phreaker* (*utilizam o sistema eletrônico e telefônico*).

O agente especialista pode contar com outros partícipes ou coautores que não tenham conhecimento de informática, inclusive na formação do delito de associação criminosa (*art. 288 do Código Penal*); neste caso, o delito comum é julgado pela Justiça Eleitoral (*art. 35, inc. II, do Código Eleitoral*).

Sujeito passivo

O Estado. A Administração da Justiça Eleitoral. O bem imaterial ou material da União e o eleitor, bem como o sistema eleitoral. Trata-se de delito de múltipla subjetividade passiva, especialmente nos casos dos incisos I e II.

A conduta lesa a credibilidade do sistema eleitoral de votação e apuração dos votos, causando uma demonstração de ineficiência dos serviços públicos e atingindo o sentimento de proteção social e fidedignidade das eleições.

A pena é elevada em função da diversidade de lesões causadas não apenas ao erário público, ao eleitor, à Administração da Justiça Eleitoral, mas principalmente ao sistema eleitoral cuja confiabilidade foi depositada no Estado.

Tipo objetivo

A ação envolve dois tipos básicos de lesões: uma ao **hardware** (*que são coisas alheias móveis, ou seja, equipamentos que ensejam a prática de ações, por exemplo, o monitor, o mouse etc.*); e outra, ao **software**, que é o programa de dados da Justiça Eleitoral na medida em que o agente altera a apuração e contagem dos votos eletrônicos, pois o tipo se difere, por exemplo, do crime de mapismo do art. 315 do Código Eleitoral.

O *software* é uma criação intelectual, um bem imaterial. Trata-se de uma obra de natureza intelectual em que incide a proteção do direito autoral.

Como se nota, o tipo penal é subdividido em três espécies, a saber: no **inciso I**, o agente consegue o acesso, a senha e os códigos, e invade o sistema privativo de criação do Egrégio Tribunal Superior Eleitoral. O objetivo do agente ativo da empreitada criminosa é delineado no tipo penal, ou seja, alterar a apuração (*fase específica*) ou a contagem dos votos.

O acesso pode ter sido obtido por corrupção do servidor ou de agente da empresa responsável pela senha e códigos. Outra forma de acesso se dá pela manipulação dos comandos e meios técnicos. É uma espécie de furto ou estelionato, quando a pessoa responsável pela guarda e proteção do sistema é enganada e o delinquente invade o sistema. O infrator ultrapassa as limitações impostas pelo equipamento e senhas. É uma verdadeira manipulação oculta, que pode ou não contar com a colaboração de terceiros integrantes do próprio sistema operacional.

O autor do delito é um verdadeiro "**pirata**" da informática, e ofende o direito pelo abuso das técnicas. Há invasão de privacidade do sistema eletrônico com o monitoramento do tráfego de informações, alterando a quantidade dos votos e modificando a apuração. Ao final, elege-se ilicitamente um mandatário político, que é o responsável pela engenharia criminosa.

Se o **mesário dolosamente vota pelo eleitor**, digitando código de habilitação diverso, a hipótese se amolda ao **inc. I do art. 72**, porque ele acessou ilicitamente o sistema de votação, e com esta conduta ocorreu alteração na contagem dos votos, exceto se estiver agindo negligentemente, quando o fato é atípico.

No **inciso II**, o tipo é **múltiplo alternativo**. Quaisquer das condutas caracterizam a consumação do delito. A hipótese de tentativa é de rara aplicação, pois, se o agente desenvolve o comando capaz de destruir, o ato que seria preparatório já restará consumado. O tipo não ameniza os atos preparatórios e os universaliza para fins de incidência criminal.

Se o invasor do sistema introduz vírus e dados que impedem o funcionamento regular ou até atrasam a apuração, ele estará sujeito ao tipo penal.

Trata-se de um delito especial de espionagem profissional, em que o agente contratado serve ao político fraudulento, valendo-se os coautores da corrupção.

A destruição é a própria eliminação ou demolição do sistema, seja de forma parcial ou total.

O resultado diverso do esperado pode ocorrer por aumento ou diminuição do número de votos, inclusive em apenas uma das seções eleitorais ou no conjunto da votação e das seções de uma zona eleitoral. A fraude pode abranger diversas zonas eleitorais do Município, Estado ou do território nacional.

O crime é plurilocal.

Atualmente, o modelo da urna eletrônica é um microcomputador IBM-PC, que possui matrizes armazenadas sobre dados de partidos políticos, candidatos e eleitores e uma memória chamada "não volátil", em *flash cards*.

As urnas são inseminadas por sistemas padronizados de instalação e segurança, são também usados algoritmos públicos e resumo criptográfico para fins de aferição da integridade do *software*.

A Lei nº 12.737, de 30 de novembro de 2012, "que dispõe sobre a tipificação criminal de delitos informáticos; altera o Decreto-Lei nº 2.848, de 7 de dezembro de 1940 – Código Penal; e dá outras providências", especialmente criou os arts. 154-A e B, além de alterar a redação dos arts. 266 e 298, todos do Código Penal.

As regras penais do Código Penal se aplicam **subsidiariamente**, quando não exatamente violados os incisos I, II e III do artigo em comento.

Amplia-se a proteção penal aos delitos que atentam contra a fidelidade dos dados informáticos inseridos em dispositivos como Cds, memórias internas, drives e outros, ainda que de natureza eleitoral.

O delito do Código Penal pune a invasão com finalidade de obtenção, adulteração ou destruição, mesmo que seja descoberta antes de materialmente atingir o resultado almejado.

No entanto, o art. 72, I, da Lei nº 9.504/1997, já pune o acesso ao sistema de tratamento automático de dados e atos de desenvolvimento de programas aptos a destruir, apagar e até eliminar resultados eleitorais. Prevalece a norma eleitoral de acesso no caso específico, não incidindo a duplicidade de punição. Adota-se o princípio da especialidade no conflito aparente de normas penais.

Quanto ao delito do art. 72 da Lei das Eleições é importante frisar que o agente criminoso pode ser ou não servidor público, inclusive servidor requisitado ou que presta um múnus público.

O controle do sistema é feito por agentes privados e públicos, e sofre fiscalização dos partidos políticos e do Ministério Público, além da própria Justiça Eleitoral, que zela cuidadosamente pela confiabilidade e integridade do sistema.

No caso do **inciso III**, verifica-se um tipo especial de delito de dano, sendo a conduta dolosa. Por exemplo, certa feita o eleitor colocou cola no número 2 da tecla de votação, impedindo que outros eleitores pudessem votar.

Em outro caso, o agente dolosamente destruiu o acesso de energia elétrica na seção eleitoral, impedindo o funcionamento da urna eletrônica.

O art. 266 do Código Penal (*redação da Lei nº 12.737/2012*) pode incidir na conduta do agente (*cabo eleitoral*) que danifica o sistema telefônico da rua que serve de transmissão de dados da zona eleitoral ao Tribunal Regional Eleitoral, causando atraso e transtornos da apuração e totalização dos resultados das eleições. Trata-se, no entanto, de conduta dolosa.

A lei também pune de forma dolosa o agente que dificulta o restabelecimento do sistema telefônico.

Tipo subjetivo

Dolo especial de agir. Não há previsão culposa.

Remissões

Vide arts. 5º, inc. X, da CF; 155, § 3º, do Código Penal; e Lei nº 9.296/1996 (interceptação telefônica). E ainda, arts. 154-A e B, 266 e 298 do Código Penal.

27.11. IMPEDIMENTO DO DIREITO DE OBSERVAÇÃO DA ABERTURA DA URNA, CÉDULA E BOLETINS. ART. 87 E PARÁGRAFOS DA LEI Nº 9.504/1997

Art. 87. Na apuração, será garantido aos fiscais e delegados dos partidos e coligações o direito de observar diretamente, à distância não superior a um metro da mesa, a abertura da urna, a abertura e a contagem das cédulas e o preenchimento do boletim.

§ 1º O não atendimento ao disposto no *caput* enseja a impugnação do resultado da urna, desde que apresentada antes da divulgação do boletim.

Comentários aos Crimes Eleitorais Tipificados em Leis Eleitorais Especiais

§ 2º Ao final da transcrição dos resultados apurados no boletim, o Presidente da Junta Eleitoral é obrigado a entregar cópia deste aos partidos e coligações concorrentes ao pleito cujos representantes o requeiram até uma hora após sua expedição.

§ 3º Para os fins do disposto no parágrafo anterior, cada partido ou coligação poderá credenciar até 3 (três) fiscais perante a Junta Eleitoral, funcionando um de cada vez.

§ 4º O descumprimento de qualquer das disposições deste artigo constitui crime, punível com detenção de 1 (um) a 3 (três) meses, com a alternativa de prestação de serviços à comunidade pelo mesmo período e multa, no valor de 1.000 (um mil) a 5.000 (cinco mil) Ufir.

Bem jurídico

O Estado. Tutela-se a fé pública das fases de votação e apuração.

Sujeito ativo

Trata-se de crime próprio. É ainda crime funcional, ou *delicta in officio* praticado pelos membros da Junta Eleitoral (*arts. 36 a 41 do Código Eleitoral*) que exercem abuso de autoridade, impedindo ou diminuindo as chances de igualdade de fiscalização do processo de votação e apuração.

Sujeito passivo

Os partidos políticos, coligações e candidatos, que são impedidos de fiscalizar as eleições (*votação ou apuração dos votos*), sendo obstaculizados no acesso, observação e verificação em geral da abertura das urnas de lona ou eletrônicas (*estas por mecanismos e ferramentas informatizadas*), a fiel contagem dos votos, inclusive os chamados "cantados" e a digitação ou lançamento do resultado verdadeiro nos boletins de urna.

O delito é de dupla subjetividade passiva. O Estado Democrático e os atores e participantes do processo eleitoral, especialmente quando estes são fiscais, tais como: o próprio Ministério Público, delegados de partidos políticos, fiscais de partidos, candidatos (*fiscais naturais da própria eleição*) e os representantes das alianças políticas (*coligações*).

Tipo objetivo

Na cabeça do art. 87 é assegurada ao fiscal a observância direta, sem a utilização de instrumentos manuais ou informatizados, da abertura da urna, contagem das cédulas e preenchimento do boletim.

A visualização é direta e deve respeitar a distância da Junta Apuradora "não superior a um metro".

O tipo penal é remissivo, pois sua completude está no art. 70 da Lei nº 9.504/1997.

O § 1º consagra a impugnação ao cerceamento do direito de fiscalização, mas não se pode utilizar esta defesa como tentativa fraudulenta de anulação das eleições. A regra não é absolutamente cogente se a metragem superar em centímetros a distância mínima de um metro. Veda-se, na verdade, a essência da fiscalização, e apenas a fotografia da cena fática local será capaz de moldar a correta incidência da norma penal.

Já o § 2º consagra a entrega do boletim de urna aos partidos políticos, por intermédio de seus representantes. Se a entrega foi feita ao representante ou fiscal eleito por todos os partidos naquela zona eleitoral, ou em determinadas seções, o fato será atípico.

O ato é bilateral, pois cumpre ao representante solicitar o boletim, o que é fato raro de ocorrer.

O § 3º prevê o credenciamento de fiscais, que é ato de atribuição dos próprios partidos políticos, pois a Justiça Eleitoral não está obrigada a fazer este credenciamento, mas apenas lhe compete a conferência dos nomes de acordo com a relação fornecida pela própria agremiação política (*art. 65, § 2º, da Lei nº 9.504/1997*).

Assim, fica difícil imaginar a aplicação do § 3º, exceto se o membro da Junta Eleitoral negar ou impedir o acesso dos fiscais desobedecendo naturalmente a ordem de alternância. É uma hipótese de singular aplicação.

Cabe a transação penal e a suspensão condicional do processo previstas na Lei nº 9.099/1995.

Tipo subjetivo

O tipo penal só ocorre por dolo. Em razão do princípio da excepcionalidade do crime culposo, não prevê a lei a punição por negligência ou imprudência nas atitudes e atos dos membros da Junta Eleitoral.

Remissões

Arts. 36 a 41 do Código Eleitoral, e 65, § 2º, e 70 da Lei nº 9.504/1997.

27.12. RESPONSABILIDADE PENAL DOS REPRESENTANTES. ART. 90 DA LEI Nº 9.504/1997

Art. 90. Aos crimes definidos nesta Lei, aplica-se o disposto nos arts. 287 e 355 a 364 da Lei nº 4.737, de 15 de julho de 1965 (Código Eleitoral).

COMENTÁRIOS AOS CRIMES ELEITORAIS TIPIFICADOS
EM LEIS ELEITORAIS ESPECIAIS
CAPÍTULO 27

> § 1º Para os efeitos desta Lei, respondem penalmente pelos partidos e coligações os seus representantes legais.
>
> § 2º Nos casos de reincidência, as penas pecuniárias previstas nesta Lei aplicam-se em dobro.

O art. 287 do Código Eleitoral faz menção à aplicação subsidiária do Código Penal, assim como já previsto no próprio art. 12 do Código Penal.

Na falta de regras sobre concursos de pessoas, de crimes e outras atinentes ao Direito Penal Eleitoral, o intérprete deve utilizar as normas gerais do Direito Penal, arts. 1º a 120 do Código Penal, ressalvando-se as normas dos arts. 283 a 288 do Código Eleitoral.

A menção à aplicação dos arts. 355 a 364 diz respeito ao Processo Penal Eleitoral, que incide em relação aos crimes eleitorais da Lei nº 9.504/1997, bem como aos tipificados na legislação eleitoral.

Cumpre, ainda, observar que em matéria processual penal eleitoral se aplica a Lei nº 9.099/1995 (*Lei dos Juizados Especiais Criminais*), bem como a Lei nº 8.038/1990.

O **§ 1º é tipo penal explicativo**, que indica a responsabilidade dos autores e partícipes (*art. 29 do Código Penal*), quando utilizam os partidos políticos (*pessoa jurídica de direito privado*) ou as coligações (*pessoas formais*).

É importante ainda verificar a regra do art. 336 do Código Eleitoral, pois, nos crimes ali remetidos é possível a identificação da autoria ou participação de fiscais, delegados, membros, filiados e agentes dos partidos políticos no âmbito dos respectivos diretórios.

Por exemplo, se um funcionário partidário, indicado na forma estatutária, falsifica ideologicamente a prestação de contas do partido político à Justiça Eleitoral, responderá, dentre outros delitos, pelo art. 350 do Código Eleitoral. Assim, ainda que não feita uma referência no art. 336, a análise da participação ou coautoria do agente ativo da empreitada delitiva será investigada.

Quanto ao § 2º, já vimos, anteriormente, que os crimes eleitorais não são crimes políticos, sendo inaplicável aos mesmos a regra do art. 64, inc. II, do Código Penal, ou seja, essa regra diz que não considera a condenação anterior para fins de reincidência se esta for de crime militar próprio e político. Os crimes eleitorais são crimes comuns, pois englobam todos os delitos, com exceção dos impropriamente chamados crimes de responsabilidade, definidos na Lei nº 1.079, de 1º de abril de 1950.

A diferença entre crimes comuns e políticos deve ser feita sob o prisma da Constituição da República Federativa do Brasil e por exclusão, ou seja, o que não é crime de responsabilidade é crime comum, sendo que os crimes políticos são os assim definidos apenas na Lei nº 7.170, de 14 de dezembro de 1983.

993

Os crimes eleitorais não são delitos contra a ordem política, mas delitos que atentam contra as eleições e a normalidade das etapas e fases do Direito Eleitoral.

Não se pode confundir os agentes ativos e passivos da infração penal e os bens jurídicos atingidos, e por via direta, se ampliar para os delitos eleitorais uma natureza própria dos delitos políticos, quando as sistemáticas legislativas e constitucionais fazem a diferença axiológica entre ambos os bens valorados.

Os delitos políticos atingem uma natureza mista que é formada pelo elemento subjetivo (*intenção de subversão do regime político*) e pelo elemento real, objetivo, que é a própria lesão à pessoa ou bem material do Estado, conforme exegese do art. 2º da lei acima referida.

Em conclusão: os delitos eleitorais acarretam a reincidência.

27.13. RETENÇÃO DO TÍTULO ELEITORAL. ART. 91 DA LEI Nº 9.504/1997

> Art. 91. Nenhum requerimento de inscrição eleitoral ou de transferência será recebido dentro dos 150 (cento e cinquenta) dias anteriores à data da eleição.
>
> Parágrafo único. A retenção de título eleitoral ou do comprovante de alistamento eleitoral constitui crime, punível com detenção, de 1 (um) a 3 (três) meses, com a alternativa de prestação de serviços à comunidade por igual período, e multa no valor de 5.000 (cinco mil) a 10.000 (dez mil) Ufir.

Bem jurídico

O alistamento eleitoral e indiretamente a fase de votação.

Sujeito ativo

A princípio, será o servidor da Justiça Eleitoral. Crime próprio, mas admite-se que um *extraneus* pratique o crime.

Sujeito passivo

O Estado. A Democracia. O cidadão, alistando ou eleitor.

Tipo objetivo

Neste aspecto, pedimos ao prezado leitor que consulte os comentários ao art. 295 do Código Eleitoral, na parte dos crimes eleitorais tipificados no Código Eleitoral, quando abordamos a questão do bem jurídico e os demais itens do crime aqui tratado, indicando a revogação do art. 295 pela norma do art. 91.

COMENTÁRIOS AOS CRIMES ELEITORAIS TIPIFICADOS
EM LEIS ELEITORAIS ESPECIAIS

CAPÍTULO 27

O agente que é contratado para prestar serviços referentes à atividade de militância e mobilização de rua nas campanhas eleitorais incidirá no tipo penal se retiver o título eleitoral de terceira pessoa.

27.14. CRIME DE RESPONSABILIDADE. ART. 94, § 2º, DA LEI Nº 9.504/1997

Art. 94. Os feitos eleitorais, no período entre o registro das candidaturas até 5 (cinco) dias após a realização do segundo turno das eleições, terão prioridade para a participação do Ministério Público e dos juízes de todas as Justiças e instâncias, ressalvados os processos de *habeas corpus* e mandado de segurança.

§ 1º É defeso às autoridades mencionadas neste artigo deixar de cumprir qualquer prazo desta Lei, em razão do exercício das funções regulares.

§ 2º O descumprimento do disposto neste artigo constitui crime de responsabilidade e será objeto de anotação funcional para efeito de promoção na carreira.

Bem jurídico

O Estado. A Justiça Eleitoral e o processo de registro de candidatos, propaganda política eleitoral e votação.

Sujeito ativo

Crime próprio. Trata-se de delito de qualidade ativa especial.

Sujeito passivo

A Justiça Eleitoral e a qualidade célere da prestação jurisdicional.

Tipo objetivo

O tipo penal é norma em branco, que exige complementação com a Resolução do Calendário das Eleições.

O art. 11 da Lei nº 9.504/1997 dispõe que o dia 15 de agosto do ano de eleição é a data limite para o requerimento de registro de candidatos; a partir desta data começa a contagem do prazo, que se prolonga no tempo até o dia das eleições, ou seja, primeiro turno, no primeiro domingo de outubro, e se houver o segundo turno, o último domingo de outubro.

Durante os espaços temporais anteriormente referidos existem diversos prazos previstos pela legislação eleitoral. Por exemplo, os arts. 52, 58, § 1º, e incs. I, II e III, 63 e 96, § 7º, da Lei nº 9.504/1997.

O tipo penal é **natimorto ou suicida**, porque a única sanção possível de aplicação é a administrativa, que ficará sob o encargo funcional das respectivas Corregedorias de Justiça e do Ministério Público, considerando que a lei faz apenas menção remissiva a outro tipo penal que seria um "crime de responsabilidade". Por outra, na Lei nº 1.079/1950, que é formada por infrações político-administrativas e penais, não há complemento ao tipo aqui mencionado.

Na verdade, a **remissão é inexistente** e a **norma é pedagógica**, pois suas repercussões atingem a conduta funcional das autoridades desidiosas sem ter nenhuma sanção pré-fixada no âmbito de preceito secundário de norma incriminadora.

Tipo subjetivo

Dolo.

Remissões

A Lei nº 4.410, de 24 de setembro de 1964, está revogada pelo artigo em comento.

27.15. DESCUMPRIMENTO DOS LIMITES DE CONTRATAÇÃO DE PESSOAL PARA A PRESTAÇÃO DE SERVIÇOS NA ATIVIDADE DE MILITÂNCIA. ART. 100-A, § 5º, DA LEI Nº 9.504/1997

> Art. 100-A. A contratação direta ou terceirizada de pessoal para prestação de serviços referentes a atividades de militância e mobilização de rua nas campanhas eleitorais observará os seguintes limites, impostos a cada candidato: (incluído pela Lei nº 12.891, de 11/12/2013).
>
> (...)
>
> § 5º O descumprimento dos limites previstos nesta lei sujeitará o candidato às penas previstas no art. 299 da Lei nº 4.737, de 15 de julho de 1965 (incluído pela Lei nº 12.891, de 11/12/2013).

Bem jurídico

Tutela-se a lisura dos gastos na propaganda eleitoral. É um crime que pune a compra de votos de pessoas contratadas para a campanha eleitoral.

996

Sujeito ativo

Trata-se de crime comum. O contratante é o candidato ou pessoa indicada por ele, inclusive empresários.

Sujeito passivo

A pessoa contratada por escrito ou verbalmente para laborar na campanha eleitoral. O tipo penal atinge a isonomia nas campanhas eleitorais e afeta o controle dos gastos com dinheiro ou publicidade.

Tipo objetivo

O tipo penal tutela o controle dos limites de contratação direta ou terceirizada de pessoal que objetiva exercer atividade de militância ou mobilização nas ruas.

Trata-se da mercantilização do voto em troca de trabalhos de militância política.

O tipo faz remição ao art. 299 do Código Eleitoral. É uma tipicidade complementar. Exige-se a especial finalidade de obtenção de vantagem em troca de votos ou promessas de emprego.

Não é crime a militância não remunerada ou o pessoal contratado para apoio administrativo e operacional, como fiscais, delegados credenciados e advogados, nos termos do § 6º do art. 100-A da Lei nº 9.504/1997.

Trata-se de tipo penal de difícil incidência, pois as investigações devem apontar o número excedente de militantes na prestação de serviços, especialmente qualificando-os.

Deveras, é um crime pedagógico, pois o juiz da fiscalização da propaganda eleitoral com raras exceções terá formada uma equipe de trabalho que possa mensurar a quantidade exata do excedente dos militantes.

Em virtude da extrema fragilidade probatória, a tipicidade pode não restar configurada, mas é possível a reunião de indícios da prova do abuso do poder econômico que será tratado na representação do art. 22 da LC nº 64/1990 ou na ação de impugnação ao mandato eletivo.

Tipo subjetivo

A conduta culposa não foi prevista. A configuração do tipo é apenas a título de dolo.

Remissões

Arts. 299 e 334 do Código Eleitoral.

27.16. DESCUMPRIMENTO DO SERVIÇO DE TRANSPORTE DE ELEITORES. ART. 11, I, DA LEI Nº 6.091, DE 15 DE AGOSTO DE 1974

Art. 11. Constitui crime eleitoral:

I – descumprir, o responsável por órgão, repartição ou unidade do serviço público, o dever imposto no art. 3º, ou prestar informações inexatas que visem a elidir, total ou parcialmente, a contribuição de que ele trata:

Pena: detenção de quinze dias a seis meses e pagamento de 60 a 100 dias-multa.

Bem jurídico

A administração pública da Justiça Eleitoral.

Sujeito ativo

É crime especial ou próprio. Quem desobedece a ordem é o responsável pela cedência dos veículos ou da correta prestação de informação.

Sujeito passivo

O Estado. A organização da Justiça Eleitoral.

Tipo objetivo

O bem jurídico protegido é a organização da Justiça Eleitoral, porque sem os veículos necessários ao transporte das urnas e mesários, simplesmente não haverá a própria eleição.

Se o infrator omite informações ou as falseia, o tipo consagra uma espécie da falsidade ideológica, inclusive podendo ocorrer a incidência do art. 350 do Código Eleitoral.

Trata-se de um crime de desobediência especial, que no conflito aparente de normas prevalece sobre o tipo penal do art. 347 do Código Eleitoral.

O descumprimento é o próprio desatendimento total ou parcial da ordem do juiz eleitoral da zona eleitoral, ou dos próprios juízes dos Tribunais, inclusive do Presidente do TSE.

O agente pratica o crime se informa um número insuficiente de veículos para atender os serviços eleitorais.

O tipo penal permite a transação penal. Assim, no caso de desobediência, não cabe prisão em flagrante delito, mas apenas a lavratura de termo circunstanciado na Polícia Federal.

Tipo subjetivo

Não se admite a modalidade culposa. Dolo.

Remissões

Vide arts. 347 do Código Eleitoral e 330 do Código Penal.

> II – desatender à requisição de que trata o art. 2º:
>
> Pena: pagamento de 200 (duzentos) a 300 (trezentos) dias-multa, além de apreensão do veículo para o fim previsto.

Bem jurídico

A administração pública da Justiça Eleitoral.

Sujeito ativo

É crime especial ou próprio. Quem desobedece a ordem é o responsável pela cedência dos veículos ou da correta prestação de informação. Admite-se a conduta do particular, p. ex., o proprietário do veículo.

Sujeito passivo

O Estado. A organização da Justiça Eleitoral.

Tipo objetivo

Trata-se de tipo similar e remissivo ao do inciso I. Aqui, a norma prolonga a punição até o agente que é empresário, proprietário comum ou particular dos veículos, incluindo as embarcações.

Tipo subjetivo

Dolo.

Remissões

Vide arts. 347 do Código Eleitoral e 330 do Código Penal.

> III – descumprir a proibição dos arts. 5º, 8º e 10:
>
> Pena: reclusão de quatro a seis anos e pagamento de 200 a 300 dias-multa (art. 302 do Código Eleitoral).

Bem jurídico

A administração pública da Justiça Eleitoral.

Sujeito ativo

Qualquer pessoa. Crime comum. A lei pune o agente que utiliza veículos particulares ou públicos para obter vantagem eleitoral transportando eleitores para as seções eleitorais, seja no trajeto de ida ou volta do local da votação.

Pode haver coautoria com o candidato e incidência em concurso de crimes como o crime de corrupção eleitoral (art. 299 do Código Eleitoral).

Sujeito passivo

O Estado. O eleitor. É delito pluriofensivo.

Tipo objetivo. Como se nota, o tipo pune diversas condutas pela técnica da remissão. Não é apenas um crime, mas vários que podem acarretar a incidência do concurso formal ou material. Não se trata de tipo múltiplo alternativo, mas de condutas individuais e autônomas.

O agente pode violar os arts. 5º, 8º ou 10 da lei em comento.

Na espécie, vê-se que, no art. 5º, o infrator age dolosamente utilizando seu veículo; veículo público: embarcações, carroças e qualquer tipo de locomoção para transporte de eleitores, inclusive trens e outros. Não precisa ser veículo automotor.

A lei impõe um limite temporal: o dia anterior ao domingo de outubro e o posterior à eleição. Trata-se de um delito especial de corrupção eleitoral, porque não se fornecem mercadorias, mas veículos.

Na hipótese do art. 8º, se o candidato fornece alimentos, refeições, ele estará sujeito a esta sanção, ressalvando-se os alimentos dados aos membros do próprio partido político. A "boca de urna" é crime, não se justificando o fornecimento de alimentos nos Comitês, pois seria um simulacro de estímulo aos infratores que vão panfletar e se alimentar, com o apoio financeiro e ilícito do candidato ou do próprio partido político. É possível cumular-se o tipo com o art. 299 do Código Eleitoral, quando na hipótese factual for adequada a cumulação.

No caso do art. 10, a norma consagra uma tipicidade especial para as zonas rurais.

Se o agente em plena área urbana transporta eleitores estará sujeito às penas do artigo em comento. Se ele ainda fornece alimentos, incidirá cumulativamente o tipo do art. 299 do Código Eleitoral.

Multiplicam-se os casos em eleições municipais, quando o candidato contrata o transporte de veículos, como vans, para transportar eleitores. Cabe aqui a prisão em flagrante delito.

Impossibilidade de aplicação do art. 89 da Lei nº 9.099/1995. Incabível a transação penal.

Tipo subjetivo

Dolo.

Remissões

Vide art. 299 do Código Eleitoral.

Jurisprudência

(TSE). *Habeas corpus*. Crime capitulado no art. 11, III, da Lei nº 6.091/1974. Sentença trânsita em julgado. Incompetência da Justiça Eleitoral. Afastada. Atipicidade da conduta. Alegação isolada e em descompasso com as provas colhidas ao longo da instrução criminal. Ordem denegada. NE: "Paciente foi preso em flagrante quando transportava eleitores gratuitamente no dia do pleito (...). Constatou-se ainda que o paciente portava a quantia de R$ 300,00 (trezentos reais) em notas de R$ 10,00 (dez reais) e material de campanha pertencente a seu pai, candidato a vereador naquele pleito (AC nº 478, de 16/12/2003, Rel. Min. Luiz Carlos Madeira).

IV – obstar por qualquer forma a prestação dos serviços previstos nos arts. 4º e 8º desta Lei, atribuídos à Justiça Eleitoral:

Pena: reclusão de 2 (dois) a 4 (quatro) anos.

Bem jurídico

A administração pública da Justiça Eleitoral.

Sujeito ativo

Qualquer pessoa. Crime comum. Pode ser praticado pelo eleitor, cabo eleitoral e candidato. Incide o concurso de pessoas, bem como o delito de formação de quadrilha (art. 288 do Código Penal). Ver art. 35, inc. II, do Código Eleitoral.

Sujeito passivo

O Estado. O eleitor. É delito pluriofensivo.

Tipo objetivo

O tipo nos remete aos arts. 4º e 8º. O art. 4º disciplina o trajeto ou quadro geral de percursos das urnas eletrônicas no itinerário de ida e volta das zonas eleitorais, ou dos locais de guarda e armazenamento.

O material necessário à votação deve ser transportado, sendo que os partidos políticos e candidatos devem saber o itinerário, inclusive podem formular protestos ou reclamações em relação ao quadro definitivo dos percursos.

Se o agente obsta a prestação do serviço, impedindo o transporte do material de votação, inclusive dos mesários, incide no tipo penal. A ação é dolosa.

Trata-se de crime de obstáculo parcial ou total.

Pune-se ainda conduta do agente que obsta parcial ou totalmente o fornecimento de alimentos pela Justiça Eleitoral aos eleitores quando imprescindível ao bom exercício do voto nas comunidades distantes das seções eleitorais.

É um crime de impedimento.

Impossibilidade de aplicação do art. 89 da Lei nº 9.099/1995. Incabível a transação penal.

Tipo subjetivo

Dolo.

Remissões

Art. 299 do Código Eleitoral.

> V – utilizar em campanha eleitoral, no decurso dos 90 (noventa) dias que antecedem o pleito, veículos e embarcações pertencentes à União, Estados, Territórios, Municípios e respectivas autarquias e sociedades de economia mista:
>
> Pena: cancelamento do registro do candidato ou de seu diploma, se já houver sido proclamado eleito.
>
> Parágrafo único. O responsável pela guarda do veículo ou da embarcação será punido com a pena de detenção, de 15 (quinze) dias a 6 (seis) meses, e pagamento de 60 (sessenta) a 100 (cem) dias-multa.

Bem jurídico

A administração pública da Justiça Eleitoral.

Sujeito ativo

Especial. O candidato ou pessoa responsável pela guarda do veículo. Admite-se a coautoria com cabos eleitorais.

Sujeito passivo

O Estado. O eleitor. É delito pluriofensivo.

1002

Tipo objetivo

A lei protege o patrimônio público. O agente pratica o crime, porque se vale de bens públicos móveis, veículos e embarcações pertencentes ao patrimônio da União, Estados ou Municípios, inclusive as autarquias e sociedades de economia mista.

A utilização dos veículos é para transporte próprio ou de eleitores, visando a fins eleitorais.

É uma conduta similar a atos de improbidade administrativa e enseja sanções no âmbito da Lei nº 8.429/1992; além de ser conduta vedada ao agente público em campanha eleitoral, art. 73, inc. I, da Lei nº 9.504/1997. É modalidade de abuso do poder político, que pode acarretar a cassação do registro, diploma e inelegibilidade.

O delito prevê pena de cassação do registro ou diploma. Trata-se de modalidade especial de sanção restritiva de direitos, que independe da ação de representação por abuso do poder econômico ou político, art. 22 da Lei Complementar nº 64/1990, bem como da própria ação de impugnação ao mandato eletivo, art. 14, §§ 10 e 11, da Constituição Federal, ou Recurso Contra a Diplomação, art. 262, inc. IV, do Código Eleitoral.

A sanção prevista no preceito secundário da norma incriminadora é autônoma em relação às sanções administrativas civis eleitorais. Não há inconstitucionalidade ou ilegalidade neste regramento legal.

A utilização deve estar comprovadamente vinculada por nexo de causalidade à campanha eleitoral, que se inicia oficialmente no dia 16 de agosto do ano da eleição, art. 36 da Lei nº 9.504/1997.

No parágrafo único, a conduta também é dolosa. Assim, se o responsável pela guarda do veículo agiu por negligência, o fato é atípico.

Admite-se em relação ao agente ativo do parágrafo único, a transação penal e o *sursis* processual da Lei nº 9.099/1995. Quanto ao autor da própria utilização do veículo, o tipo aparentemente veda a transação penal, assim como o art. 334 do Código Eleitoral, porque possui sistema punitivo especial, que é antagônico à transação penal. Todavia, é possível ser aplicada com a concordância do autor do fato e em função da qualidade do agente ativo quando a sua culpabilidade é analisada pelos elementos do art. 76, § 2º, da Lei dos Juizados Especiais Criminais.

Tipo subjetivo

Dolo especial.

Remissões

Lei nº 8.429/1992 e art. 15, inc. III, da CF.

27.17. IMPUGNAÇÕES TEMERÁRIAS. LEI COMPLEMENTAR Nº 64, DE 18 DE MAIO DE 1990

> Art. 25. Constitui crime eleitoral a arguição de inelegibilidade, ou a impugnação de registro de candidato feito por interferência do poder econômico, desvio ou abuso do poder de autoridade, deduzida de forma temerária ou de manifesta má-fé:
>
> Pena: detenção de 6 (seis) meses a 2 (dois) anos, e multa de 20 (vinte) a 50 (cinquenta) vezes o valor do Bônus do Tesouro Nacional (BTN) e, no caso de sua extinção, de título público que o substitua.

Bem jurídico

Tutela-se a administração da Justiça Eleitoral.

Sujeito ativo

Crime próprio. Somente os legitimados para as ações eleitorais, tais como: candidatos, representantes dos partidos políticos, das coligações e do Ministério Público.

As ações são: de representação ou investigação judicial eleitoral (*art. 22 da Lei Complementar nº 64, de 18 de maio de 1990*); impugnação ao mandato eletivo (*art. 14, §§ 10 e 11, da Carta Magna*); e impugnação ao requerimento de registro de candidatos (*art. 3º da Lei Complementar nº 64, de 18 de maio de 1990*).

Sujeito passivo

O Estado. A Justiça Eleitoral e, secundariamente, o ofendido, que pode ser o pré-candidato, candidato, diplomado eleito ou qualquer pessoa que tenha contribuído para a prática do abuso do poder econômico (*art. 22, inc. XIV, da Lei das Inelegibilidades*).

Tipo objetivo

A lei tutela a administração da Justiça Eleitoral. A conduta se dá pela arguição.

O tipo penal é natimorto, ou suicida, porque exige para sua completude a condenação do litigante de má-fé na forma do art. 18 do Código de Processo Civil, no novo CPC, art. 81. A condenação é *conditio sine qua non* para a deflagração de eventual ação penal.

Na verdade, a litigância de má-fé no âmbito das sanções processuais já é eficaz para a repressão, pois não são necessários a investigação criminal ou o processo criminal.

COMENTÁRIOS AOS CRIMES ELEITORAIS TIPIFICADOS
EM LEIS ELEITORAIS ESPECIAIS

CAPÍTULO 27

A norma é de rara aplicação.

O eleitor poderá ser partícipe na modalidade de instigação ou induzimento, aplicando-se o art. 29 do Código Penal.

Tipo subjetivo

Exige-se dolo especialíssimo do ânimo do agente ativo.

A imprudência ou negligência não são punidas criminalmente.

Remissões

Art. 18 do CPC (no novo CPC é o art. 81).

Lei Complementar nº 64/1990.

Art. 14, §§ 1º e 11, da Constituição Federal.

27.18. ALTERAÇÃO DE RESULTADOS. ART. 15 DA LEI Nº 6.996, DE 7 DE JUNHO DE 1982

> Art. 15. Incorrerá nas penas do art. 315 do Código Eleitoral quem, no processamento eletrônico das cédulas, alterar resultados, qualquer que seja o método utilizado.

O art. 315 do Código Eleitoral prevê o crime de mapismo referente à adulteração de boletins de apuração manual. A fraude eletrônica está tipificada no art. 72 da Lei nº 9.504/1997.

Sobre crimes atinentes ao boletim de urna, *vide*, ainda, o art. 87 da Lei nº 9.504/1997.

27.19. DESTRUIÇÃO DE LISTA DE CANDIDATOS. ART. 5º DA LEI Nº 7.021, DE 06 DE SETEMBRO DE 1982

> Art. 5º Constitui crime eleitoral destruir, suprimir ou, de qualquer modo, danificar relação de candidatos afixada na cabina indevassável.
>
> Pena – detenção, até seis meses, e pagamento de sessenta a cem dias-multa.

Bem jurídico

Trata-se de dano à organização da Justiça Eleitoral e, indiretamente se atinge o direito de informação e publicidade.

1005

Sujeito ativo

É crime comum. Pode ser praticado pelo eleitor, cabo eleitoral, candidato e qualquer pessoa interessada em danificar a lista que possui a relação dos candidatos.

Sujeito passivo

A Justiça Eleitoral, e secundariamente, o(s) candidato(s) atingido(s) pela supressão do seu nome da relação de candidatos.

Tipo objetivo

A norma protege o acesso do eleitor às informações relativas aos nomes e números de candidatos, bem como aos dados referentes ao partido político.

Não importa se o eleitor já tinha previamente anotado o nome ou número do candidato, mas o que é penalmente relevante é o fato de o agente ativo violar o acesso fidedigno da informação sobre a qualificação dos dados do candidato.

A norma penal aplica-se a todo tipo de eleição popular.

Vide norma do art. 129 do Código Eleitoral que trata da preservação das listas de candidatos afixadas dentro das cabines de votação.

A lista oficial é propaganda essencial. Assim, sua destruição, mesmo que parcial, é forma de atentado ao eleitor e ao lídimo exercício do voto.

De fato, muitos eleitores precisam consultar as listas para saberem o número correto dos seus candidatos, objetivando-se evitar o voto nulo e a boca de urna.

O crime permite a aplicação da transação penal e da suspensão condicional do processo na forma da Lei nº 9.099/1995.

Pode existir concurso material ou formal com os crimes dos arts. 297 e 339 do Código Eleitoral, bem como com o do art. 72 da Lei nº 9.504/1997.

Tipo subjetivo

Dolo. Se o eleitor culposamente rasgou a lista de forma total ou parcial, ou se ela sofreu danificação por fatores externos, o fato é atípico.

Remissões

Arts. 129, 297 e 339 do Código Eleitoral.

CAPÍTULO 28

PROCESSO PENAL ELEITORAL

28.1. APLICAÇÃO SUBSIDIÁRIA DO CÓDIGO DE PROCESSO PENAL

Dispõe o art. 364 do Código Eleitoral:

> Art. 364. No processo e julgamento dos crimes eleitorais e dos comuns que lhes forem conexos, assim como nos recursos e na execução que lhes digam respeito, aplicar-se-á, como lei subsidiária ou supletiva, o Código de Processo Penal.

Os crimes eleitorais previstos no Código Eleitoral, na Lei nº 9.504/1997, na Lei Complementar nº 64/1990, na Lei nº 6.091/1974 e em outras especiais estão submetidos ao procedimento dos arts. 355 *usque* 364 do Código Eleitoral. Em complemento, o Egrégio Tribunal Superior Eleitoral editou a Resolução nº 23.396, de 17/12/2013, dispondo sobre a apuração dos delitos eleitorais.

Como ensina José Frederico Marques, *in expressi verbis*:

> Conceito de crime eleitoral, para efeito de fixação da competência de acordo com a qualificação constitucional do artigo 119, nº VII, da CF/46, foi dado por Nélson Hungria nos seguintes termos: *"Os crimes eleitorais podem ser definidos, de modo geral, como ações tendentes a impedir a livre e genuína manifestação da vontade popular nas eleições políticas"* (*Da Competência em Matéria Penal.* Editora Millenium. 1ª ed. Campinas. São Paulo, 2000, p. 188).

O artigo 121 da Carta Magna atribui à Lei Complementar dispor sobre a organização e a competência dos Tribunais, juízes de direito e Juntas Eleitorais, assegurando-se a inamovibilidade.

A Lei Complementar nº 64, de 18 de maio de 1990, não disciplina a competência para as infrações penais, mas tão somente o tratamento das causas de inelegibilidades, conforme arts. 2º e 24. Assim, o Código Eleitoral vigente é recepcionado, em parte, como lei de perfil complementar até ulterior aperfeiçoamento normativo.

A Lei nº 1.164, de 24 de julho de 1950 (Código Eleitoral), foi revogada pela Lei nº 4.737/1965, atual Código Eleitoral. O art. 184 do revogado Código Eleitoral tratava da aplicação subsidiária ou supletiva do Código de Processo Penal.

O Código de Processo Penal, Decreto-Lei nº 3.689, de 3 de outubro de 1941, no parágrafo único do art. 1º, prevê a aplicação subsidiária das normas processuais, quando as leis especiais não dispuserem de modo diverso.

A Lei nº 4.737, de 15 de julho de 1965, Código Eleitoral, consagra no art. 364 a aplicação subsidiária e supletiva do Código de Processo Penal para o processo e julgamento das infrações penais eleitorais.

É sobremodo importante assinalar que o art. 15 do novo Código de Processo Civil, Lei nº 13.105, de 16/3/2015, igualmente contemplou a aplicação subsidiária e supletiva aos processos eleitorais, sendo inexorável a sua incidência ao processo penal em sentido amplo. Nesse sentido, precedentes do Superior Tribunal de Justiça no HC nº 186.875/PB, 5ª Turma, j. 11/12/2012, Rel.ª Min.ª Laurita Vaz, DJe de 17/12/2012 e HC nº 204.483/ES, 6ª Turma, j. 06.12.2012, Rel. Min. Geraldo Og Nicéas Marques Fernandes, DJe 19/12/2012.

Nessa linha, o art. 3º do Código de Processo Penal, *verbo ad verbum*: "A lei processual penal admitirá interpretação extensiva e aplicação analógica, bem como o suplemento dos princípios gerais de direito".

Vera ratio é que o ordenamento jurídico possui um tratamento isonômico e os princípios gerais do direito não estão afetos apenas a um ramo do arquétipo processual. Registre-se, e.g., os arts. 139 e 790 do Código de Processo Penal, que fazem menção expressa ao Código de Processo Civil.

No sistema processual penal eleitoral incidirá de forma subsidiária e supletiva o Código de Processo Penal em quase toda sua amplitude, por exemplo: (i) inquérito policial; (ii) ação penal; (iii) competência; (iv) questões e processos incidentes; (v) exceções; (vi) medidas assecuratórias; (vii) prova; (viii) prisão, medidas cautelares e liberdade provisória; (ix) citações e intimações; (x) sentença; (xi) instrução criminal; (xii) rito processual; (xiii) nulidades (xiv) recursos; e (xv) execução da pena.

Como exemplo da aplicação subsidiária, incide o disciplinamento sobre o inquérito policial, a prova processual e suas restrições, bem como as medidas cautelares (*prisão em flagrante, temporária e preventiva*) e a liberdade provisória.

Com efeito, o Código Eleitoral não disciplinou a investigação e o inquérito para apuração dos crimes eleitorais.

A Resolução TSE nº 23.396/2013 trata de alguns aspectos relevantes.

A **Polícia Federal** possui atribuição para investigar os delitos eleitorais, mas a **Polícia Civil** atua supletivamente nos locais em que não existem órgãos federais.

1008

PROCESSO PENAL ELEITORAL   CAPÍTULO 28

O inquérito policial eleitoral é instaurado segundo as regras do processo penal comum. Nesse sentido, o art. 8º da aludida resolução foi declarado inconstitucional na ADIN nº 5.104, pois limitava a instauração apenas por determinação da Justiça Eleitoral.

28.2. AÇÃO PENAL PÚBLICA

Art. 355. As infrações penais definidas neste Código são de ação pública.

Assim sendo, os crimes eleitorais são de ação penal pública incondicionada.

Embora o legislador tenha usado a expressão ação penal pública em seu gênero, não há previsão em nenhum tipo penal eleitoral do Código Eleitoral e da legislação especial penal eleitoral, v.g., Lei nº 9.504/1997, da ação penal pública condicionada ou da ação penal privada. Percebe-se que não existe menção em nenhum artigo ao instituto da representação ou da requisição do ministro da Justiça.

É importante frisar que nos crimes eleitorais contra a honra, arts. 323, 324, 325 e 326 do Código Eleitoral (*divulgação de fatos inverídicos, calúnia, difamação e injúria*) a ação penal é pública incondicionada.

Nos crimes que ofendem a honra de candidatos e partidos políticos, como é o caso da calúnia, difamação e injúria eleitorais, cumpre ponderar que, embora exista o interesse do Estado e, portanto, do órgão da *persecutio criminis* eleitoral (*Ministério Público*) na apuração destes delitos que ofendem interesses soberanos da democracia e da higidez das campanhas eleitorais, não resta dúvida de que são delitos dotados de dupla subjetividade passiva, sendo as pessoas físicas e jurídicas igualmente ofendidas.

Admite-se a ação penal privada subsidiária da pública (*Carta Magna, art. 5º, LIX*) quando o Ministério Público não oferecer a denúncia no prazo de 10 (*dez*) dias, segundo a regra especial do art. 357 do Código Eleitoral.

Mister se faz ressaltar que alguns crimes eleitorais permitem **a ação penal privada subsidiária da pública**, v.g., arts. 292, 295, 298, 299, 300, 301, 303, 304, 323, 324, 325, 326, 331, 332 e 334 do Código Eleitoral; porque podemos verificar de alguma forma ofendidos secundários (pessoas físicas ou jurídicas).

A ação penal privada subsidiária da pública, em tese, poderia ser admitida para todas as infrações penais eleitorais tendo por ofendido o cidadão, *simili modo* aos casos da ação popular. Nesse sentido, destaca-se a posição de Frederico Marques quanto ao crime do art. 295 do Código Eleitoral, retenção indevida do título eleitoral do eleitor. Assiste razão ao eminente doutrinador. Em uníssono, é a decisão do TSE:

1009

(...) **Na medida em que a própria Carta Magna não estabeleceu nenhuma restrição quanto à aplicação da ação penal privada subsidiária, nos processos relativos aos delitos previstos na legislação especial, deve ser ela admitida nas ações em que se apuram crimes eleitorais**.

3. A queixa-crime em ação penal privada subsidiária somente pode ser aceita caso o representante do Ministério Público não tenha oferecido denúncia, requerido diligências ou solicitado o arquivamento de inquérito policial, no prazo legal.

4. Tem-se incabível a ação supletiva na hipótese em que o representante do Ministério Público postulou providência ao juiz, razão pela qual não se pode concluir pela sua inércia. Recurso conhecido, mas improvido (Acórdão 21.295, de 14/08/2003. Recurso Especial Eleitoral 21.295/SP. Rel. Min. Fernando Neves) (grifos nossos).

Sobre a **excepcionalidade no oferecimento da ação penal privada eleitoral** destaca-se precedente do EgrégioTSE:

(...) Ação penal privada subsidiária. Apuração. Crime eleitoral.

1. Conforme decidido pelo Tribunal no julgamento do Recurso Especial nº 21.295, a queixa-crime em ação penal privada subsidiária somente pode ser aceita caso o representante do Ministério Público não tenha oferecido denúncia, requerido diligências ou solicitado o arquivamento de inquérito policial, no prazo legal.

2. Dada a notícia de eventual delito, o Ministério Público requereu diligências objetivando a colheita de mais elementos necessários à elucidação dos fatos, não se evidenciando, portanto, inércia apta a ensejar a possibilidade de propositura de ação privada supletiva (...) (AC de 24/02/2011 no ED-AI nº 181.917, Rel. Min. Arnaldo Versiani).

É cabível ação penal pública subsidiária da pública, como é o caso previsto no § 2º do art. 1º do Decreto-Lei nº 201/1967, quando o Ministério Público Federal pode ingressar com a ação penal na omissão do Ministério Público Estadual?

O art. 1º, §§ 1º e 2º, do Decreto-Lei nº 201, de 27 de fevereiro de 1967, "dispõe sobre a responsabilidade dos Prefeitos e vereadores, e dá outras providências":

A regra é apontada como exemplo de **ação penal pública subsidiária da pública**. Trata-se de norma inconstitucional em razão da divisão de atribuições do órgão do Ministério Público, cuja previsão se abriga no art. 128 da Carta Magna.

Em virtude dessas considerações não é cabível que o procurador regional eleitoral possa oferecer denúncia por crime eleitoral perante o juiz eleitoral da zona eleitoral, quando o promotor eleitoral quedar-se inerte. Nesse caso, caberá

PROCESSO PENAL ELEITORAL | CAPÍTULO 28

a ação penal privada subsidiária da pública ou representação ao Corregedor do Ministério Público Estadual.

28.3. NOTÍCIA DA INFRAÇÃO PENAL. ART. 356 DO CÓDIGO ELEI-TORAL

> Art. 356. Todo cidadão que tiver conhecimento de infração penal deste Código deverá comunicá-la ao juiz eleitoral da zona onde a mesma se verificou.
>
> § 1º Quando a comunicação for verbal, mandará a autoridade judicial reduzi-la a termo, assinado pelo apresentante e por duas testemunhas, e a remeterá ao órgão do Ministério Público local, que procederá na forma deste Código.
>
> § 2º Se o Ministério Público julgar necessários maiores esclarecimentos e documentos complementares ou outros elementos de convicção, deverá requisitá-los diretamente de quaisquer autoridades ou funcionários que possam fornecê-los.

A expressão "cidadão" é empregada pelo legislador em sentido amplo e abrange "qualquer pessoa do povo", conforme a regra geral do Código de Processo Penal (*art. 27*).

Não há razão nenhuma para limitar-se a *notitia criminis* apenas ao cidadão. A notícia da infração penal pode se dar por cognição imediata (*decorrente das atividades de investigação da polícia e do Ministério Público*); mediata (*quando qualquer pessoa do povo leva ao conhecimento da autoridade a notícia do crime eleitoral*) e por coerção (*nas hipóteses de prisão*).

O *caput* traduz, de certa maneira, uma regra de competência em razão do local, porque, ao obrigar a comunicação da *notitia criminis* ao juiz da zona eleitoral em que se verificou, procurou o legislador adotar a competência territorial (*CPP, art. 70*), ressalvando-se a regra do foro por prerrogativa de função e as hipóteses de conexão.

No art. 5º, § 3º, do Código de Processo Penal, é prevista a *delatio criminis*, quando qualquer pessoa poderá levar ao conhecimento da autoridade policial a comunicação de crime. Trata-se de mera faculdade do eleitor ou não eleitor. No entanto, poderá o agente ter o dever de comunicar e na omissão incidir no art. 66 da Lei de Contravenções Penais, nas hipóteses em que teve conhecimento no exercício da função pública eleitoral ou não eleitoral (*CE, art. 283*).

O § 1º trata da remessa pelo juiz da notícia criminal ao Ministério Público. Não é o caso do ofício requisitório (*CPP, art. 39, § 4º*), porque não se trata de representação.

1011

Cumpre ao juiz eleitoral da zona eleitoral encaminhar ao promotor eleitoral as testemunhas ou pessoas que noticiem a infração penal para que sejam ouvidas em procedimento preparatório e investigatório.

Quanto ao § 2º, caberá ao órgão do Ministério Público com atribuições eleitorais, (*promotor eleitoral, procurador regional eleitoral ou procurador-geral eleitoral*) verificar os elementos mínimos e indispensáveis para formular a exteriorização da *opinio delicti*.

É importante frisar que o Ministério Público Eleitoral deve observar os limites legais e constitucionais da requisição direta de documentos e outras provas. Por exemplo, o sigilo dos dados telefônicos e bancários.

28.4. COMPETÊNCIA PARA O PROCESSO E JULGAMENTO DOS CRIMES ELEITORAIS. FORO POR PRERROGATIVA DE FUNÇÃO

Conforme leciona Uadi Lammêgo Bulos, *in verbis*:

> [...] o fulcro da disciplina das imunidades formais na Constituição de 1988 encontra-se no art. 53, § 2º, da *Lex Mater*, juntamente com os §§ 2º e 5º, seus corolários. Mas, de modo específico, é no § 2º do art. 53 que encontramos a essência da imunidade propriamente dita, de cunho formal, processual ou instrumental, malversada em nossas Constituições, desde a Carta do Império, de 1824 (art. 27) (p. 1.127 da obra acima aludida).

E ainda:

> [...] Desde a expedição do diploma, deputados e senadores serão submetidos a julgamento perante o Supremo Tribunal Federal, pela prática de crimes comuns, por força do que dispõe o art. 53, § 1º, da *Lex Mater*. As infrações penais comuns abrangem, conforme a jurisprudência do Supremo Tribunal Federal, todas as modalidades de cometimentos ilícitos (RTJ, 33:590). Estendem-se, também, aos delitos eleitorais, alcançando até os crimes contra a vida e as próprias contravenções penais (RTJ 63:1,91:423).

> O direito constitucional garantido aos membros do Congresso Nacional de serem processados e julgados originariamente pelo Supremo Tribunal Federal, nas infrações penais comuns (foro por prerrogativa de função), não alcança as investigações instauradas pela Justiça Eleitoral porque tais investigações eleitorais, previstas no art. 22 da Lei Complementar nº 64/1990, com a redação dada pela Lei da Ficha Limpa (LC nº 135/2010), têm natureza extrapenal, porquanto sua finalidade restringe-se à imposição de sanções típicas de direito eleitoral (STF, RCL 13.286, Rel. Min. Celso de Mello, j. em 28/2/2012) (obra acima referida, p. 1.129).

O Egrégio Supremo Tribunal Federal está reexaminando o alcance do foro por prerrogativa de função. Em parcial decisão do dia 23/11/2017, na Ap nº 937QO/ RJ, Relator Ministro Roberto Barroso, por maioria de 8 (oito) votos, a conclusão é de que os parlamentares só têm esse direito em relação aos crimes praticados a partir da diplomação e até o término do mandato eletivo ou ainda até o final do julgamento.

O Ministro Alexandre de Moraes acrescentou em seu voto que o foro por prerrogativa de função não abrange as hipóteses de continência ou conexão, e o Relator Ministro Roberto Barroso limitou essa prerrogativa apenas aos crimes cometidos no exercício do cargo e relacionados às funções desempenhadas (Informativo nº 867 do STF), sendo que a maioria acompanhou o relator.

Pode-se dizer, então, que a interpretação moderna sobre o foro por prerrogativa de função está voltada para uma limitação mais significativa em razão da função e exercício do cargo ou mandato eletivo.

Sobre o foro por prerrogativa de função destaca-se o *Informativo* nº 920 de 2018 do STF, *in verbis*:

> "(...) Finalizada a instrução processual com a publicação do despacho de intimação para serem apresentadas as alegações finais, mantém-se a competência do Supremo Tribunal Federal (STF) para o julgamento de detentores de foro por prerrogativa de função, ainda que referentemente a crimes não relacionados ao cargo ou função desempenhada.
>
> Sob essa orientação, a Primeira Turma, por maioria, deu provimento a agravo regimental interposto em face de decisão que, com base no que decidido na Ação Penal (AP) 937, deslocou o processo para a primeira instância a fim de que fosse julgado o delito cometido quando o réu exercia cargo público estadual em momento anterior ao início do exercício do mandato de parlamentar federal.
>
> O Colegiado entendeu que, no caso em comento, toda a instrução processual penal ocorrera no STF, tendo sido apresentadas as alegações finais pela acusação e pela defesa. Uma das teses firmadas no julgamento da AP 937 foi precisamente a de que, após a instrução criminal, a competência do Tribunal se prorroga.
>
> No referido precedente, o Plenário firmou as seguintes teses: a) "O foro por prerrogativa de função aplica-se apenas aos crimes cometidos durante o exercício do cargo e relacionados às funções desempenhadas"; e b) "Após o final da instrução processual, com a publicação do despacho de intimação para apresentação de alegações finais, a competência para processar e julgar ações penais não será mais afetada em razão de o agente público vir a ocupar outro cargo ou deixar cargo que ocupava, qualquer que seja o motivo". A tese "b" – preservação da competência após o final da instrução processual – deve ser aplicada mesmo quando não for o

caso de aplicação da tese "a", ou seja, preserva-se a competência do STF na hipótese em que tenha sido finalizada a instrução processual, mesmo para o julgamento de acusados da prática de crime cometido fora do período de exercício do cargo ou que não seja relacionado às funções desempenhadas" (AP 962/DF, Rel. Min. Marco Aurélio, red. p/ o ac. Min. Roberto Barroso, j. 16/10/2018).

Os **vereadores** são processados e julgados por crimes eleitorais perante o juiz da zona eleitoral do local do crime. Não incide o foro por prerrogativa de função.

O Egrégio Supremo Tribunal Federal considera ser cabível a fixação, pela Constituição Estadual, do foro por prerrogativa de função **do vereador, no Tribunal de Justiça,** com o respaldo no disposto na Constituição da República, art. 125, § 1º:

> Art. 125. Os Estados organizarão sua Justiça, observados os princípios estabelecidos nesta Constituição.
>
> § 1º A competência dos tribunais será definida na Constituição do Estado, sendo a lei de organização judiciária de iniciativa do Tribunal de Justiça.

Alguns julgados seguem o entendimento de que a competência das Justiças especializadas não pode ser ampliada para julgar o vereador em foro por prerrogativa de função, pois tal fato implica em verdadeira inovação jurídica que não possui respaldo constitucional, já que o fundamento da competência prevista na Constituição Estadual possui limites antecedentes que não permitem sua extensão para além dos limites da competência do Tribunal de Justiça Estadual.

Nesse sentido: "(...) *Deve-se aplicar o dispositivo da Constituição Estadual, que contempla o foro especial por prerrogativa de função aos vereadores, **somente no que diz respeito aos crimes comuns**, em processo e julgamento **que não sejam de competência da Justiça da União**, ou seja, da Justiça Federal, Justiça Eleitoral e Auditoria Militar Federal* [...]" (TRE/PI, Acórdão 36C, Padre Marcos – PI, 10/06/2005, Rel. Bernardo de Sampaio Pereira, DJE-PI, vol. 5.427, 23/06/2005, p. 22).

Para uma corrente de pensamento, não seria possível olvidar o princípio da simetria, pois para as autoridades que têm foro por prerrogativa de função no âmbito dos Tribunais de Justiça, a regra é de extensão para a Justiça Eleitoral, como é o caso do Prefeito.

Verifica-se que o **Prefeito** responde no Tribunal de Justiça em crimes comuns, mas a própria Constituição Federal nada diz sobre os crimes eleitorais. Não há esta previsão na Constituição Federal.

O Egrégio TSE ao longo do tempo firmou posição de que todas as autoridades que tenham foro no Tribunal de Justiça, por simetria, devem responder no Tribunal Regional Eleitoral.

1014

Processo Penal Eleitoral

Capítulo 28

A extensão da regra em relação ao Prefeito foi retirada da Constituição Estadual, e nem por este motivo na ocasião se arguiu uma indevida extensão de foro, até porque o tema é interpretado de forma sistêmica e simétrica, adotando-se, inclusive a especialização das Justiças.

O **Prefeito**, na verdade, responde por crimes eleitorais no Tribunal Regional Eleitoral em função da interpretação sistemática dos arts. 29, X, e 96, III, da Constituição Federal. Ora, no art. 96, III, do diploma constitucional não existe expressa menção ao Prefeito na ressalva dos crimes eleitorais, mas, por simetria e aplicação da Constituição Estadual, o Prefeito responde por crimes eleitorais nos Tribunais Regionais Eleitorais.

Os secretários de Estado também respondem por crimes eleitorais nos Tribunais Regionais Eleitorais, e esta competência é firmada nas Cartas Estaduais. Assim, subsistiria neste assunto evidente regra simétrica, que, no fundo, preservaria o princípio da igualdade da jurisdição, até porque em casos de conexão entre crimes comuns e eleitorais, ambos são julgados pela Justiça Eleitoral.

Ocorre que a Suprema Corte Constitucional alterou o entendimento até então vigente, passando a declarar constitucionais dispositivos das Cartas Estaduais que estabelecem foro especial para vereadores (*Recurso Extraordinário, Rel. Min. Cezar Peluso, j. 03/06/2008, Órgão Julgador: Segunda Turma*).

Por fim, destaca-se a decisão do Colendo Tribunal Superior Eleitoral, *in expressi verbis*:

> Agravo regimental. *Habeas Corpus.* vereador. Crime eleitoral. Competência. Juiz Eleitoral. Foro privilegiado. Constituição Federal. Previsão. Ausência.
>
> 1. A despeito da competência do Tribunal de Justiça para o julgamento de vereador nos crimes comuns e de responsabilidade, tal como previsto na Constituição Estadual do Rio de Janeiro, não há na Constituição Federal previsão de foro privilegiado para vereador. Não há, pois, como aplicar o princípio do paralelismo constitucional, como pretende o impetrante, para se concluir pela competência originária do Tribunal Regional Eleitoral para o julgamento de vereador nos crimes eleitorais.
>
> 2. Agravo regimental a que se nega provimento. *DJE* de 17/05/2011. Informativo nº 9/2011.
>
> Agravo Regimental no *Habeas Corpus* nº 316-24/RJ. Rel. Min. Marcelo Ribeiro.

Em virtude dessas considerações, o vereador que pratica crime eleitoral é julgado pelo juiz eleitoral que exerce sua regular competência na zona eleitoral do local do crime.

Os **Prefeitos** são processados e julgados por crime eleitoral no Tribunal Regional Eleitoral, porque vige o princípio da simetria com o Tribunal de Justiça

1015

dos Estados, considerando o relevante fato de que a matéria eleitoral é de competência especial e de cunho federativo.

Por outra, sendo o Prefeito julgado pelo Tribunal Regional Eleitoral, terá maiores garantias de defesa, pois caberá recurso ao Tribunal Superior Eleitoral da decisão do TRE e, portanto, o princípio constitucional da amplitude de defesa tornar-se-á mais efetivo; e, por fim, a regra deve ser de interpretação sistêmica entre os arts. 29, X c/c 96, III, e 121, todos da Constituição Federal, ressalvando--se a competência da Justiça Eleitoral.

A interpretação para o processo e julgamento dos Prefeitos pelo TRE cria regra harmônica entre a competência por prerrogativa de função e em razão da natureza da matéria (*ver ainda, as decisões STJ CC 1.265, DJU 174, de 10 de setembro de 1990, pp. 9.111 e 1.447, DJU 235, de 10/12/1990, p. 14.791*);

Destaca-se no Colendo TSE: *"(...) Quando a investigação penal tiver como alvo o Prefeito, a competência para presidir o inquérito policial desloca-se do juiz eleitoral da comarca para o Tribunal Regional Eleitoral, cumprindo ao procurador regional eleitoral exercer suas atribuições na* persecutio criminis. Na jurisprudência do TSE, Recurso Especial Eleitoral nº 3479-83/MG, Min. Gilson Dipp, em 28/6/2012.

Por fim, o Supremo Tribunal Federal editou o verbete sumular nº **702**: "*A competência do Tribunal de Justiça para julgar Prefeitos restringe-se aos crimes da competência da Justiça Comum Estadual; nos demais casos, a competência originária caberá ao respectivo Tribunal de Segundo Grau*".

O **Vice-Prefeito** não teve o mesmo tratamento legislativo do Prefeito e, portanto, a competência para seu processo e julgamento é do juiz eleitoral. Trata-se de omissão no preceito constitucional. Não há foro por prerrogativa de função no âmbito eleitoral.

Os **Deputados estaduais** são processados e julgados pelo Tribunal Regional Eleitoral, porque sendo autoridades que têm foro por prerrogativa de função no Tribunal de Justiça, quando praticam crime eleitoral, respondem no TRE (*Carta Política, art. 96, III*). Outrossim, as Constituições Estaduais costumam ressalvar a competência da Justiça Eleitoral em relação aos crimes praticados por juízes estaduais, promotores de Justiça e secretários de Estado.

Quanto aos **Deputados federais, Senadores, Presidente e Vice-Presidente da República** são originariamente processados e julgados no Supremo Tribunal Federal (*Carta Magna, art. 102, I, b*).

Já os **Governadores** são processados e julgados no Superior Tribunal de Justiça por crimes eleitorais (Carta Magna, art. 105, I, *a*).

Os **Vice-Governadores** devem ser processados e julgados pelo juiz eleitoral, porque as Constituições Estaduais não podem legislar sobre foro por prerrogativa de função atribuindo competência reservada à matéria da Carta Magna.

1016

Processo Penal Eleitoral   Capítulo 28

Registre-se posição no sentido contrário nas lições de Tourinho Filho (1986, v. 2, p. 143), *in expressi verbis*:

> (...) O entendimento dominante, repetimos, no entanto, é no sentido de que as pessoas que têm o Tribunal de Justiça como seu foro privativo, se vierem a cometer infrações de alçada das Justiças Especializadas, serão processadas e julgadas pelos Órgãos Superiores dessas Justiças. Não obstante, continuamos entendendo que na CF não há nenhuma regra, explícita ou implícita, atribuindo aos Tribunais Regionais Federais e Tribunais Regionais Eleitorais competência para processar e julgar outras pessoas além daquelas expressamente listadas em lei. Mais: se a CF, no seu art. 125, § 1º, atribui às Constituições Estaduais poderes para definirem a competência dos Tribunais de Justiça, não nos parece estejam estes impossibilitados de processar e julgar as pessoas sujeitas à sua jurisdição, se cometerem crimes federais ou eleitorais. Certo que a competência das Justiças Especializadas é fixada na Lei Maior. Não é menos certo, também, que a Lei Maior pode excepcionar a si própria. É como se ela dissesse: os crimes federais e eleitorais devem ser processados e julgados pelas respectivas Justiças, salvo se o agente dever ser processado pelo Tribunal de Justiça. E, ao que nos parece, foi o que ela fez. (...) Insta acentuar que o Código Eleitoral dispõe, no art. 29, I, *d*, competir ao Tribunal Regional Eleitoral processar e julgar, nos crimes eleitorais, os juízes eleitorais. Indaga-se: e se o agente do crime eleitoral for um juiz que não exerça função eleitoral? *Quid inde?* Não podendo ser julgado por outro juiz, sê-lo-á pelo Tribunal de Justiça.

O Supremo Tribunal Federal já decidiu que o **suplente de parlamentar**, mesmo sendo diplomado não é detentor de foro por prerrogativa de função, pois os arts. 53, § 1º, e 102, I, "b", da Constituição Federal, que tratam do julgamento das ações penais, são aplicáveis aos parlamentares em exercício dos mandatos eletivos.

A diplomação é um requisito antecedente como ato solene da Justiça Eleitoral para viabilizar a posse interina ou definitiva, nos casos de licença do titular ou vacância. Nesse sentido STF, Inquérito nº 3.341/DF. Rel. Min. Celso de Mello.

28.5. CRIME ELEITORAL E COMUM. CONEXÃO

O art. 35, II, do Código Eleitoral trata do *forum attractionis* para a Justiça Eleitoral, quando ocorre um crime **eleitoral** e um **comum**.

Por exemplo, Faustino, na condição de militante político, pratica o delito de divulgação de propaganda no dia da eleição, art. 39, § 5º, III, da Lei nº 9.504/1997 e ao ser detido se verifica que porta arma de fogo sem autorização legal (*art. 14 da Lei*

1017

nº 10.826/2003). Ambos os delitos serão processados e julgados pelo juiz eleitoral da zona eleitoral que compreende a rua em que o agente criminoso foi detido.

Relembramos que a **conexão é classificada** como: a) intersubjetiva por simultaneidade (*CPP, art. 76, I*); b) intersubjetiva por concurso (*CPP, art. 76, I, 2ª parte*); c) intersubjetiva por reciprocidade (*CPP, art. 76, I, última parte*); d) conexão material, lógica ou teleológica (*CPP, art. 76, II*); e e) conexão probatória ou instrumental (*CPP, art. 76, III*).

A **continência** não foi referida no artigo em comento (*CPP, art. 77*). No entanto, é consectário legal que, se o agente pratica o crime com concurso de pessoas ou ocorrendo ainda concurso de crimes (*formal, material e continuado*), os fatos devem ser julgados em um *simultaneus processus,* sendo a Justiça Eleitoral competente.

O art. 35, inc. II, do Código Eleitoral disciplina: "Compete aos juízes: [...] II – processar e julgar os crimes eleitorais e os comuns que lhe forem conexos, ressalvada a competência originária do Tribunal Superior Eleitoral e dos Tribunais Regionais Eleitorais".

O inc. IV do art. 78 do Código de Processo Penal complementa essa conexão, no sentido de prevalecer a jurisdição especial eleitoral.

Ressalta-se a lição de Eugênio Pacelli, *verbo ad verbum*:

> Havendo conexão envolvendo procedimentos comuns e especiais, deverá o juiz adotar a unidade de Juízo e não a do processo, de tal maneira que cada um siga o respectivo rito. É dizer: os processos serão reunidos, naquele juízo, mas terão tramitação particularizada [...] Outra solução mais simples, seria a adoção geral do rito ordinário, atentando-se para a gravidade dos crimes envolvidos (obra referida, p. 845).

O *processus simultaneus* é constituído para assegurar o exercício efetivo do direito de defesa, como já lecionava Ada Pellegrini Grinover, e, assim, concluiu a eminente jurista:

> [...] ocorrendo qualquer das hipóteses legais, as regras normais de competência material ou territorial deixam de ter aplicação, diante desses fundamentos maiores, que visam à melhor qualidade da prestação jurisdicional e, também, ao mais efetivo desenvolvimento das atividades defensivas" (*A Marcha do Processo*, Editora Forense Universitária. Rio de Janeiro. 1ª ed., 2000, p. 420).

28.6. CONEXÃO ENTRE DELITOS ELEITORAIS E FEDERAIS

Destaca-se trecho do *Informativo* do STF nº 924/2018, no parecer da Procuradoria-Geral da República, na questão que envolve conexão entre crime eleitoral e federal, *in expressi verbis*:

Processo Penal Eleitoral

Capítulo 28

"(...)Sublinha a existência de indícios da prática dos crimes dos arts. 350 do CE; 317 e 333 do CP; 22 da Lei nº 7.492/1986; e 1º (lavagem de dinheiro) da Lei nº 9.613/1998. Infere a incompetência do STF para a investigação quanto a esses fatos, por não terem ocorrido durante o exercício do mandato de deputado federal. No tocante ao crime eleitoral, afirma a competência da Justiça Eleitoral; e, em relação aos demais fatos, a competência da primeira instância da Justiça Federal. Sustenta, no ponto, que uma eventual conexão entre crimes comuns de natureza federal e crimes eleitorais não se resolve subtraindo-se da Justiça Federal a competência prevista no art. 109, IV, da Constituição Federal (CF), e atribuindo-a à Justiça Eleitoral, em face do disposto nos arts. 35, II, do CE e 78, IV, do Código de Processo Penal (CPP) (3). Cabe repartição da atribuição, nessa hipótese, entre a Justiça Eleitoral e a Federal. Frisa a ausência de aparelhamento da Justiça Eleitoral para processar e julgar delitos de alta complexidade, como os relacionados ao caso. Registra que a questão alusiva à competência para processar e julgar crimes comuns federais conexos a delitos eleitorais tem recebido, na Segunda Turma, solução no sentido de caber a atuação à Justiça Eleitoral.

Prevaleceu o voto do Ministro Roberto Barroso, que decidiu remeter ao Plenário a análise integral do recurso, nos termos do art. 11, parágrafo único, combinado com o art. 22, parágrafo único, 'b', do Regimento Interno do STF (RISTF). O ministro entendeu ser necessária a interpretação conforme a Constituição do art. 35, II, do CE, o que importaria em declaração parcial de inconstitucionalidade. Considerou a relevância do tema debatido e a necessidade de haver uma decisão do Plenário que se aplique a todos os casos".

Na hipótese de conexão do crime eleitoral com um de natureza federal, o Superior Tribunal de Justiça possui jurisprudência majoritária no sentido de que deve ocorrer a cisão dos processos, cumprindo à Justiça Eleitoral julgar o crime eleitoral, considerando serem ambas as infrações penais de competência constitucional. Neste sentido, ressaltam-se os seguintes acórdãos, *in expressi verbis*:

> (...) Contudo, não pode permanecer a força atrativa da jurisdição especial, pois ocorreria conflito entre normas constitucionais, o que não é possível em nosso ordenamento jurídico.
>
> 3. Na hipótese vertente, não pode persistir a unidade processual, devendo o crime do art. 299 do Código Eleitoral ser julgado pela Justiça Eleitoral e o crime do art. 171, § 3º, do Código Penal pela Justiça Comum Federal (...) (STJ – CC: 39357 MG 2003/0098743-5, Rel.ª Min.ª Laurita Vaz, Data de Julgamento: 09/06/2004, S3, DJ 02/08/2004 p. 297).

1019

(...) Na eventualidade de ficar caracterizado o crime do art. 299 do Código Eleitoral, este deverá ser processado e julgado na Justiça Eleitoral, sem interferir no andamento do processo relacionado ao crime de falso testemunho, porquanto a competência da Justiça Federal está expressamente fixada na Constituição Federal, não se aplicando, dessa forma, o critério da especialidade, previsto nos arts. 78, IV, do CPP e 35, II, do Código Eleitoral, circunstância que impede a reunião dos processos na Justiça especializada (STJ – CC: 126729 RS 2013/0036278-6, Rel. Min. Marco Aurélio Bellizze, julgamento: 24/04/2013, S3, DJe 30/04/2013).

A separação dos processos por crime eleitoral e federal decorre do art. 109 da Constituição da República que fixa a competência taxativa da Justiça Federal, afastando a incidência do art. 78, IV, do Código de Processo Penal, à luz da interpretação que leva em conta o exame da filtragem constitucional. O referido dispositivo, assim prevê: *"no concurso entre jurisdição comum e a especial, prevalecerá esta"*. Entende-se por *"jurisdição comum"* apenas os crimes que não afetem bens e interesses da União, ou seja, de competência exclusivamente estadual.

Desse modo, quando o delito eleitoral for praticado em conexão com um crime federal, e.g., necessariamente haverá a cisão do processo e julgamento, e não se pode olvidar que ocorrerá irrefutavelmente um prejuízo ao princípio da unidade da jurisdição, mas não se perscruta outra solução, em razão do ordenamento jurídico constitucional e eleitoral vigente.

Na hipótese de o promotor eleitoral praticar um crime eleitoral, qual será o órgão judicial eleitoral com competência para processo e julgamento?

O art. 96, III, da Constituição Federal disciplina que:

> III – aos Tribunais de Justiça julgar os juízes estaduais e do Distrito Federal e territórios, bem como os membros do Ministério Público, nos crimes comuns e de responsabilidade, ressalvada a competência da Justiça Eleitoral.

Como se depreende, se um promotor de justiça ou procurador de justiça praticar um crime comum ou de responsabilidade será julgado originariamente pelo Tribunal de Justiça.

O art. 96, III, da Constituição Federal, excepciona a regra geral para permitir que o **Tribunal Regional Eleitoral** processe e julgue os crimes eleitorais e conexos praticados por essas autoridades.

Cumpre ao Tribunal Regional Eleitoral processar e julgar o **juiz eleitoral** da zona eleitoral por crime eleitoral, art. 96, III, da Carta Magna.

Quanto aos **membros dos Tribunais Regionais Eleitorais**, incluindo o **procurador regional eleitoral**, a competência será do Superior Tribunal de Justiça, nos termos do art. 105, I, "a", da Constituição Federal.

Como se percebe, o Tribunal Superior Eleitoral não possui competência originária para o processo e julgamento dos crimes eleitorais. A competência é apenas recursal em razão do acórdão prolatado pelos Tribunais Regionais Eleitorais.

28.7. CRIME DOLOSO CONTRA A VIDA E CRIME ELEITORAL

Ocorrendo um crime de competência do Tribunal do Júri (*homicídio, infanticídio, instigação, induzimento ou prestação de auxílio ao suicídio e aborto*) com um delito eleitoral, deverá ocorrer a cisão do processo e julgamento, cabendo ao Tribunal do Júri o julgamento do crime doloso contra a vida, e à Justiça Eleitoral, o crime eleitoral.

Os doutrinadores Fernando da Costa Tourinho Filho e Suzana de Camargo Gomes entendem que a regra do art. 35, II, do Código Eleitoral foi recepcionada como lei de natureza complementar (*Carta Magna, art. 121*). Diz o dispositivo legal. "*Compete ao juízes: (..) II – processar e julgar os crimes eleitorais e os comuns que lhe forem conexos, ressalvada a competência originária do Tribunal Superior e dos Tribunais Regionais*".

A competência para o processo e julgamento dos crimes dolosos contra a vida tem assento na Lei Maior, além de o processo ser escalonado ou bifásico, envolvendo um órgão colegiado, heterogêneo e temporário.

A soberania dos *veredicta* é de ordem constitucional, garantindo-se maior amplitude de defesa.

Por outra, o juiz eleitoral não pode realizar nas zonas eleitorais (*unidades de jurisdição eleitoral*) o julgamento bifásico, nem tampouco aplicar o rito especial do processo eleitoral para condenar réus acusados de homicídio e crime eleitoral na hipótese de conexão.

Ao admitir-se o processo e julgamento de crimes dolosos contra a vida por juízes titulares ou designados para zonas eleitorais (juízes eleitorais), certamente suprimir-se-ia o Conselho de Sentença, a soberania dos veredictos, e outras garantias à amplitude de defesa, além do que o rito processual pelos crimes eleitorais é especial e reduz a amplitude defensiva.

Impende frisar ainda que ambas as competências (*júri e eleitoral*) são de **natureza constitucional**.

Segundo o art. 78, IV, do CPP: "*no concurso entre a jurisdição comum e especial, prevalecerá esta*", assim, em um crime eleitoral **conexo** com um crime de competência da Justiça Comum, prevalecerá a competência da Justiça Eleitoral (*RT 550/375, 553/462, 557/310, 587/411, verbete sumular nº 30 do extinto TFR*).

No entanto, quando o crime for de competência do Tribunal do Júri não haverá unidade de processo e julgamento nem no Júri, nem na Justiça Eleitoral (juiz eleitoral), porque ambos são competências constitucionais que a lei ordinária ou complementar não poderá tratar de forma diversa. Nesses casos, deverá haver a separação dos processos. Vê-se ainda que, no Tribunal do Júri, o revel não poderá ser julgado (CPP, art. 414). Nesse sentido: *"A unidade do processo não importará a do julgamento, se houver corréu foragido que não possa ser julgado à revelia, ou ocorrer a hipótese do art. 461"* (CPP, art. 79, § 2º). O art. 461 trata das recusas dos jurados.

As exceções às regras de competência do Tribunal do Júri devem ter base constitucional.

28.8. CRIME ELEITORAL E MILITAR

Leciona *Rogério Carlos Born*, em sua obra *Direito Eleitoral Militar*:

> (...) A competência para o processo e julgamento dos crimes militares recai sobre a Justiça Militar da União, quando envolver os integrantes das Forças Armadas, conforme o art. 124 da Constituição da República e sobre a Justiça Militar estadual ou distrital quando envolver policiais, bombeiros militares ou membros da Brigada Militar do Rio Grande do Sul, consoante art. 125, § 4º, da Constituição da República" (Editora Juruá, 2ª ed., 2014, p. 80).

A Lei nº 13.491 alterou o art. 9º do Código Penal Militar, disciplinando que os crimes dolosos contra a vida cometidos por militares contra civil serão de competência do Tribunal do Júri.

A alteração legislativa tratou de separar os militares das Forças Armadas, que são julgados pela Justiça Militar da União em crimes dolosos contra a vida de um civil, enquanto o Tribunal do Júri estadual continuará competente para julgar os crimes de militares estaduais (policiais militares e bombeiros) dolosos contra a vida.

Ocorrendo concurso de agentes entre militar das Forças Armadas e estadual, é forçoso reconhecer a cisão ou separação obrigatória dos processos.

Emerge uma interpretação de que a redação do inc. II do art. 9º do atual Código Penal Militar, modificado pela Lei nº 13.491/2017, ampliou a competência da Justiça Militar da União e dos Estados para os crimes previstos na legislação penal, inclusive especial, ou seja, se um militar pratica um crime de abuso de autoridade será julgado pela Justiça Militar, não mais prevalecendo o Verbete sumular nº 172 do Superior Tribunal de Justiça, que tratava da competência da Justiça Comum.

Todavia, a amplitude interpretativa não pode atingir a competência para o processo e julgamento dos crimes eleitorais.

Os crimes eleitorais possuem competência especial e de natureza constitucional. Por exemplo, compete ao Tribunal Regional Eleitoral processar e julgar os Prefeitos e Deputados Estaduais (art. 96 da CRFB) quando praticarem crimes eleitorais. Trata-se de uma competência reservada pela Carta

Fundamental e de natureza especial, mesmo que esse delito seja praticado por um militar que seja agregado (licenciado) pela autoridade superior e exerça um mandato eletivo (art. 14, § 8º, II, da Carta Magna).

Como se nota, a nova alteração no Código Penal Militar não altera a competência para o processo e julgamento dos crimes eleitorais se praticados por militares.

Por outra, com relação aos delitos previstos na legislação penal especial, como abuso de autoridade, tortura, porte de armas e outros, surge relevante controvérsia se serão ou não julgados pela Justiça Militar. A dúvida emerge em razão da nova redação do inc. II do art. 9º do CPM: "os crimes previstos neste Código e os previstos na legislação penal, quando praticados" (legislação penal comum e especial).

Embora os crimes eleitorais se situem na legislação especial, e.g., a Lei nº 9.504/1997, quando trata do delito de "boca de urna" no dia da eleição, art. 39, § 5º, inc. II, se praticados por militares das Forças Armadas ou da Polícia Militar e Corpo de Bombeiros, a competência para o processo e julgamento **não se desloca ao âmbito militar**, pois a subsunção se baseia em regra constitucional.

O § 2º do art. 9º do CPM possui a seguinte redação:

> § 2º Os crimes de que trata este artigo, quando dolosos contra a vida e cometidos por militares das Forças Armadas contra civil, serão da competência da Justiça Militar da União, se praticados no contexto:
>
> [...]
>
> III – de atividade de natureza militar, de operação de paz, de garantia da lei e da ordem ou de atribuição subsidiária, realizadas em conformidade com o disposto no art. 142 da Constituição Federal e na forma dos seguintes diplomas legais:
>
> [...]
>
> d) Lei nº 4.737, de 15 de julho de 1965 – Código Eleitoral.

Percebe-se a menção expressa ao Código Eleitoral, na letra "d" do inc. III do § 2º do art. 9º do Código Penal Militar, ou seja, por exemplo, se o soldado das Forças Armadas efetua disparo de arma de fogo e pratica um homicídio doloso quando guarnece a seção eleitoral, ai sim, a competência será da Justiça Militar, mas se o crime só encontra tipicidade na legislação eleitoral específica, não se desloca para a competência militar.

Havendo conexão entre crime militar e eleitoral é inequívoca a separação dos processos.

Deveras, a Lei nº 13.491, de 13 de outubro de 2017, efetivamente alterou o sistema puro e simples que diferenciava os crimes militares em próprios, como por exemplo o abandono de posto, quando apenas previstos no Código Penal Militar, e impróprios, quando tipificados no Código Penal Militar e no Código Penal, como por exemplo o furto.

Em razão da nova sistemática é importante verificar a questão do bem jurídico e do interesse militar, porque sendo o agente ativo do crime um militar adota-se uma ampliação da competência para a Justiça Militar da União ou dos Estados.

Desse modo, o inc. II do art. 9º do Código Penal Militar efetivamente desloca para a Justiça Castrense os delitos comuns e de natureza especial, quando praticados por esse agente. Trata-se de um critério *ratione personae*.

Os delitos de natureza especial, como por exemplo o abuso de autoridade, quando praticados por militares serão processados e julgados na Justiça Militar.

28.9. CRIME ELEITORAL E ATO INFRACIONAL

No dia da eleição alguns maiores e adolescentes são detidos fazendo "boca de urna" incidindo no art. 39, § 5º, II, da Lei nº 9.504/1997. Nesse caso, a Justiça Eleitoral não será competente para o processo e julgamento dos adolescentes.

A competência é do Juizado da Infância. Trata-se da jurisdição por ato infracional com aplicação do Estatuto da Criança e Adolescente. Prioriza-se a especialidade. O art. 79, II, do CPP reza sobre a separação obrigatória dos processos. Desse modo a Justiça Eleitoral julgará os maiores e a Justiça Especial da Infância e Adolescência tratará dos menores.

28.10. PROVA EMPRESTADA NO PROCESSO ELEITORAL

Sem dúvida, a **prova emprestada** é inexorável e, portanto, a sua utilização deverá possuir requisitos para a validade e aproveitamento probatório.

Leciona Gustavo Henrique Badaró, *in expressi verbis*:

> [...] Para que a prova originária de um processo possa ser validamente trasladada para outro, é necessário que: (1) a prova do primeiro processo tenha sido produzida perante o juiz natural; (2) a prova produzida no primeiro processo tenha possibilitado o exercício do contraditório perante a parte do segundo processo; (3) que o objeto da prova seja o mesmo nos dois processos; (4) que o âmbito de cognição do primeiro processo seja o mesmo do segundo processo" (*Processo Penal*. 4ª ed., atual. e ampl. São Paulo: Revista dos Tribunais., 2016).

Em relação ao segundo requisito elencado acima, nem sempre estará presente, e.g., se na apuração de um crime eleitoral de divulgação eleitoral por derrame de material de propaganda, art. 39, § 5º, inc. III, da Lei nº 9.504/1997, a autoria estiver direcionada pela deflagração da ação penal contra ao cidadão X que

Processo Penal Eleitoral

Capítulo 28

praticou a conduta delitiva, mas o candidato Y teria comprado o seu voto para o êxito do delito, é necessária a participação no contraditório desse candidato para que se possa utilizar legalmente a prova emprestada.

Como se nota, a prova emprestada exige o preenchimento de requisitos básicos para sua correta validação.

28.11. PRINCÍPIO DA IDENTIDADE FÍSICA DO JUIZ ELEITORAL

Aplica-se o princípio da identidade física do juiz eleitoral que presidiu a instrução processual, conforme regra supletiva do art. 399, § 2º, do Código de Processo Penal. Trata-se de norma acrescentada pela Lei nº 11.719, de 20/06/2008 e está em consonância com a ampla defesa.

Sobre esse aspecto releva observar que a designação para atuação pelo juiz eleitoral na zona eleitoral está limitada no tempo, conforme previsão nos arts. 32 do Código Eleitoral e 1º da Resolução TSE nº 21.009/2002, ou seja, o exercício da jurisdição eleitoral, por juiz de direito da comarca, ocorre pelo prazo de 2 (dois) anos, sendo ainda observada a antiguidade entre os juízes da comarca em que se situa a sede da zona eleitoral.

Findo o prazo de designação de 2 (dois) anos, o juiz eleitoral não será, a princípio, novamente designado para o exercício da jurisdição temporária. No caso ele não terá mais a competência absoluta em razão da matéria.

Incide o antigo art. 132 do Código de Processo Civil, pois embora não referido no novo CPC, ainda se aplica em razão da interpretação lógico sistemática.

Dizia a norma: "O juiz, titular ou substituto, que concluir a audiência julgará a lide, salvo se estiver convocado, licenciado, afastado por qualquer motivo, promovido ou aposentado, casos em que passará os autos ao seu sucessor".

28.12. PROCEDIMENTO PROCESSUAL PENAL NA PRIMEIRA INSTÂNCIA. JUIZES ELEITORAIS DAS ZONAS ELEITORAIS

Infere-se que o procedimento penal eleitoral na primeira instância é especial e a sua regulamentação também se encontra prevista no art. 13 da Resolução TSE nº 23.396/2013 que assim diz:

> A ação penal eleitoral observará os procedimentos previstos no Código Eleitoral, com a aplicação obrigatória dos arts. 395, 396, 396-A, 397 e 400 do Código de Processo Penal, com redação dada pela Lei nº 11.971, de 2008. Após esta fase aplicar-se-ão os arts. 359 e seguintes do Código Eleitoral.

Ressalta-se a necessidade de observância da competência territorial para a ação penal, pois aplica-se a regra do art. 70 do Código de Processo Penal. Se o infrator praticou um crime de "boca de urna", art. 39, § 5º, inc. II, da Lei nº

1025

9.504/1997, verifica-se, primeiramente, em que seção eleitoral se deu a infração e, por via de consequência, a competência será do juiz eleitoral da zona eleitoral que abrange aquele local de votação.

Sendo crime de menor potencial ofensivo, cumpre ao órgão do Ministério Público Eleitoral, Promotor Eleitoral oferecer a transação penal. No Egrégio TSE: "[...] Uma vez verificada a recusa quanto à proposta de transação, cumpre observar o rito previsto no Código Eleitoral, afastando-se o da Lei nº 9.099/1995" (Ac. de 28/6/2012 no REspe nº 29.803, Rel. Min. Marco Aurélio).

28.13. PRAZO PARA OFERECER A DENÚNCIA

> Art. 357. Verificada a infração penal, o Ministério Público oferecerá a denúncia dentro do prazo de 10 (dez) dias.

Tenha-se presente que existem duas correntes doutrinárias que tratam do prazo para oferecimento da denúncia quando se tratar de acusado preso por crime eleitoral, considerando que o art. 357 do Código Eleitoral não faz a diferença entre acusado solto ou preso, estabelecendo o prazo genérico de 10 (*dez*) dias.

1ª corrente: o prazo é de 10 (*dez*) dias para indiciado solto ou preso. O art. 364 do Código Eleitoral trata da aplicação subsidiária do Código de Processo Penal nas hipóteses em que a lei for omissa, o que não é o caso, considerando que a matéria incidente no art. 357 do Código Eleitoral trata particularmente do prazo para o oferecimento da denúncia.

Na legislação eleitoral existem prazos específicos que se diferenciam das regras do Direito Processual, por exemplo, o prazo genérico de três dias para interposição dos recursos eleitorais, previsto nos arts. 258 e 264 do Código Eleitoral.

Outrossim, as regras eleitorais para determinada eleição são regulamentadas pelo Tribunal Superior Eleitoral em razão do poder normativo previsto nos arts. 1º, parágrafo único e 23, IX, do Código Eleitoral, 105 da Lei nº 9.504/1997 e 61 da Lei nº 9.096/1995. Nesse rumo, v.g., foi editada a Resolução do TSE nº 23.396/2013, que dispõe sobre a apuração dos crimes eleitorais, estabelecendo regras sobre a notícia do crime eleitoral e do inquérito policial eleitoral, com a utilização subsidiária de regras do Código de Processo Penal, não fazendo menção ao prazo de oferecimento da denúncia, o que enseja a confirmação de que não se pode fazer alterações da regra específica do art. 357 do Código Eleitoral (*prazo para o oferecimento da denúncia*).

Registre-se, ainda, que o verbete sumular nº **728** do Supremo Tribunal Federal estabelece que o prazo para a interposição de recurso extraordinário

Por outro lado, o Código Eleitoral é a Lei nº 4.737/1965, posterior ao Código de Processo Penal, que é o Decreto-Lei nº 3.689/1941. Como se nota, o prazo especial de 10 (dez) dias criado pelo legislador, que regula o oferecimento da denúncia pelo Ministério Público Eleitoral, considera peculiaridades do processo eleitoral.

Além disso, outras leis especiais fixam prazos diferenciados e não se utiliza a regra da aplicação subsidiária do CPP como, por exemplo, nos crimes de abuso de autoridade em que a denúncia é oferecida em 48 (*quarenta e oito*) horas, conforme dispõe o art. 13 da Lei nº 4.898/1965.

Todavia, se porventura o acusado estiver preso, deve-se adotar o prazo de menor amplitude previsto no art. 46 do Código de Processo Penal, ou seja, 5 (cinco) dias.

2ª corrente: o prazo para oferecimento da denúncia é de 10 (*dez*) dias para indiciado solto e de 5 (*cinco*) dias para o preso. Nesse sentido, lições de Eugênio Pacelli, *in expressi verbis*:

> (...) porque a referida legislação não prevê qualquer procedimento investigativo formal, limitando-se a mencionar a comunicação da infração, que poderá ser feita por qualquer cidadão (art. 356, CE). E mais: estabelece que a aludida comunicação deveria ser dirigida ao juiz eleitoral para posterior encaminhamento ao Ministério Público. Por isso, e, sobretudo, pela ausência de referência expressa ao inquérito policial, pensamos que o prazo de 10 dias para o oferecimento da denúncia diz respeito apenas ao réu que se encontrar solto (...) (Eugênio Pacelli. *Curso de Processo Penal*. 18ª ed. São Paulo: Ed. Atlas, p. 821 e 822).

Nesse caso, o princípio da especialidade deve se adequar ao valor maior da diminuição do prazo da instrução criminal na proteção do direito de liberdade.

28.14. ARQUIVAMENTO

O § 1º do art. 357 do Código Eleitoral assim versa:

> § 1º Se o órgão do Ministério Público, ao invés de apresentar a denúncia, requerer o arquivamento da comunicação, o juiz, no caso de considerar improcedentes as razões invocadas, fará remessa da comunicação ao procurador regional, e este oferecerá a denúncia, designará outro promotor para oferecê-la, ou insistirá no pedido de arquivamento, ao qual só então estará o juiz obrigado a atender.

A regra é similar à do art. 28 do Código de Processo Penal.

Pelo princípio da obrigatoriedade (*legalidade ou necessidade*) da ação penal pública, o Ministério Público possui o dever legal de promover a ação penal quando verificados elementos que indiquem a ocorrência de um fato delituoso e a sua autoria. Em razão da relevância desse princípio, o legislador dispôs, no art. 28 do Código de Processo Penal, uma forma de fiscalização de seu cumprimento, por meio do Poder Judiciário.

De forma similar, quando se trata de crime eleitoral, o arquivamento requerido pelo promotor eleitoral e não aceito pelo Juízo Eleitoral, **era** submetido à apreciação do procurador regional eleitoral para decisão definitiva sobre a questão.

Ocorre que a **2ª Câmara de Coordenação e Revisão do Ministério Público Federal**, especializada em matéria penal, deliberou emitir o enunciado **nº 29**, a seguir transcrito:

> Compete à 2ª Câmara de Coordenação e Revisão do Ministério Público Federal manifestar-se nas hipóteses em que o Juiz Eleitoral considerar improcedentes as razões invocadas pelo Promotor Eleitoral ao requerer o arquivamento de inquérito policial ou de peças de informação, derrogado o art. 357, § 1º, do Código Eleitoral pelo art. 62, inciso IV, da Lei Complementar nº 75/1993.

Com isso, a posição definitiva sobre o arquivamento caberá à Câmara de Coordenação e Revisão do Ministério Público Federal, e **não mais à Procuradoria Regional Eleitoral**. O art. 357, § 1º, do Código Eleitoral restou derrogado pelo art. 62, IV, da Lei Complementar nº 75/1993, *verbis*:

> Art. 62. Compete às Câmaras de Coordenação e Revisão:
>
> (...)
>
> IV – manifestar-se sobre o arquivamento de inquérito policial, inquérito parlamentar ou peças de informação, exceto nos casos de competência originária do Procurador-Geral;

É preciso insistir que o sistema de atribuições do Ministério Público Eleitoral não é exatamente similar ao do Ministério Público Federal, considerando que no primeiro grau de jurisdição perante os juízes eleitorais das zonas eleitorais atuam os promotores eleitorais do Ministério Público Estadual e nos Tribunais Regionais Eleitorais e Tribunal Superior Eleitoral, o Ministério Público Federal.

Dessa forma, mais correta deve ser a exegese da manutenção da regra eleitoral específica incumbindo ao procurador regional eleitoral, exclusivamente, deliberar sobre a manutenção ou não do arquivamento sobre a investigação por crime eleitoral.

Nesse sentido leciona *Eugênio Pacelli, in expressi verbis*: "(...) *Não há, enfim, previsão da atuação das Câmaras de Coordenação e Revisão como órgão do Ministério Público Eleitoral*" (obra referida, p. 823).

Processo Penal Eleitoral

O arquivamento formulado pelo procurador regional eleitoral nos Tribunais Regionais Eleitorais, quando o investigado tiver foro por prerrogativa de função se sujeita à revisão apenas pelo procurador-geral eleitoral.

Algumas questões básicas podem ser extraídas da regra singular aqui exposta: (i) o mesmo promotor eleitoral que arquivou não poderá ser designado para oferecer a denúncia. Como no CPP, a lei faz menção a outro promotor; (ii) o outro promotor designado estará agindo por delegação. É obrigado a propor a ação penal ou prosseguir nas diligências, age como *longa manus*. Exerce suas atribuições por delegação interna de atribuições; (iii) o juiz atende ao princípio da devolução, remetendo os autos à 2ª Câmara de Coordenação e Revisão do Ministério Público Federal para exame e decisão final quanto ao oferecimento ou não da peça acusatória. A função anômala do juiz ocorre porque ele está fiscalizando o princípio da obrigatoriedade. No entanto, o verdadeiro fiscal deste princípio é o próprio Ministério Público; e (iv) se a 2ª Câmara de Coordenação e Revisão do Ministério Público Federal insistir no pedido de arquivamento, o juiz é obrigado a atender.

Diante deste panorama, verificamos determinadas questões de relevante interesse institucional, a saber:

(i) o art. 77 da Lei Complementar nº 75/1993 atribui ao procurador regional eleitoral dirigir, nos Estados, a atividade do setor. Entende-se por setor as atividades eleitorais como, v.g., expedir instruções, recomendações e efetivamente coordenar as Promotorias Eleitorais.

Numa interpretação mais ampla, a direção dessas atividades engloba a solução dos conflitos de atribuição positivos ou negativos entre membros do Ministério Público Estadual no exercício das atividades e atribuições eleitorais no mesmo Estado, e a fiscalização final do princípio da obrigatoriedade da ação penal pública incondicionada.

(ii) a autonomia administrativa dos Ministérios Públicos Estaduais engloba o poder hierárquico e, em consequência, o poder de designação. Essa autonomia tem assento na Carta Magna (*art. 127, § 2º*) e na legislação infraconstitucional (*Lei nº 8.625/1993, art. 3º*), bem como em diversas leis orgânicas estaduais. Vê-se, portanto, que o procurador regional eleitoral (*membro do Ministério Público Federal*) não poderá designar, exclusivamente, membro do Ministério Público Estadual, em nenhuma hipótese legal, sob pena de quebrantar o princípio da unidade do Ministério Público Estadual, dignificado no poder hierárquico administrativo do procurador-geral de Justiça.

Admite-se, na jurisprudência do Tribunal Superior Eleitoral, que a perfectibilidade do ato de designação seja de natureza complexa (*manifestação de duas vontades autônomas para o interesse comum*), envolvendo a indicação do nome do promotor eleitoral pelo PGJ e a designação pelo PRE.

(iii) o sistema hodiernamente adotado é da designação pelo PRE com a indicação do nome do designado pelo PGJ (*matéria administrativa interna de cada Ministério Público Estadual*), sendo a questão resolvida protocolarmente e em homenagem ao princípio da respeitabilidade entre as instituições do *Parquet* visando à solução do interesse público comum.

O Conselho Nacional do Ministério Público regulamentou essa questão no texto da Resolução nº 30, de 19 de maio de 2008.

No Estado do Rio de Janeiro a regulamentação está contida na Resolução Conjunta nº 12, de 28 de março de 2016.

28.15. REQUISITOS DA DENÚNCIA

Diz o § 2º do art. 357 do Código Eleitoral:

> § 2º A denúncia conterá a exposição do fato criminoso com todas as suas circunstâncias, a qualificação do acusado ou esclarecimentos pelos quais se possa identificá-lo, a classificação do crime e, quando necessário, o rol das testemunhas.

O dispositivo trata dos requisitos formais da denúncia. A denúncia por crime eleitoral deve ser dirigida ao juiz eleitoral da zona eleitoral do local do fato. Aplica-se a regra do art. 70 do Código de Processo Penal, exceto se o réu tiver foro por prerrogativa de função.

28.16. NÚMERO DE TESTEMUNHAS DA ACUSAÇÃO E DEFESA

O limite máximo de testemunhas da acusação e da defesa é de 8 (oito) para cada fato imputado, seguindo-se a regra do art. 401 do Código de Processo Penal, mas não se incluem as que não prestam compromisso legal e as referidas.

Ensina Fernando da Costa Tourinho Filho:

> Há infrações eleitorais apenas com reclusão, com detenção ou simplesmente com multa. O procedimento é o mesmo, ressalvada, como veremos a seguir, a competência do Juizado. Alerta-se apenas o número de testemunhas: oito, quando de reclusão, e cinco, se de detenção ou multa (*Prática de Processo Penal*. 35ª ed. São Paulo: Editora Saraiva, 2014, p. 468).

Em relação às testemunhas da acusação, cumpre ao Promotor Eleitoral iniciar as perguntas e à defesa fazer as indagações em seguida. Quando a testemunha é arrolada pela defesa, quem inicia as perguntas é o defensor e, por último, o Ministério Público.

1030

PROCESSO PENAL ELEITORAL   CAPÍTULO 28

Segue-se o art. 212 do Código de Processo Penal com redação determinada pela Lei nº 11.690, de 9/6/2008.

As testemunhas que forem ouvidas por carta precatória não seguem a ordem sistemática dos arts. 360 do Código Eleitoral e 400 do CPP.

28.17. REPRESENTAÇÃO PELO MAGISTRADO ELEITORAL

O § 3º do art. 357 do Código Eleitoral assim diz:

> § 3º Se o órgão do Ministério Público não oferecer a denúncia no prazo legal, representará contra ele a autoridade judiciária, sem prejuízo da apuração da responsabilidade penal.

A representação deve ser dirigida ao corregedor do Ministério Público Estadual, quando a omissão decorre da atribuição do promotor eleitoral ou para a Corregedoria do Ministério Público Federal no caso dos procuradores regionais eleitorais.

O art. 342 do Código Eleitoral dispõe sobre a responsabilidade penal. Trata-se de tipo doloso.

Versa o § 4º do art. 357 do Código Eleitoral:

> § 4º Ocorrendo a hipótese prevista no parágrafo anterior, o juiz solicitará ao procurador regional a designação de outro promotor, que, no mesmo prazo, oferecerá a denúncia.

A designação do promotor eleitoral é um **ato complexo**. O ato de indicação é do procurador-geral de Justiça e o de designação é do procurador regional eleitoral. A previsão está no art. 1º, I, da Resolução nº 30, de 19 de maio de 2008, expedida pela Conselho Nacional do Ministério Público.

Acresce o § 5º do art. 357 do Código Eleitoral:

> § 5º Qualquer eleitor poderá provocar a representação contra o órgão do Ministério Público se o juiz, no prazo de 10 (dez) dias, não agir de ofício.

O dispositivo deve ser visto como norma de amplitude da cidadania. A representação aqui referida não é do direito de representação na ação penal pública condicionada. O artigo trata do direito de petição ao órgão correcional do promotor.

O dispositivo legal trata do direito de petição. A base constitucional do direito de petição está no art. 5º, XXXIV, alínea *a*, da Carta Magna.

1031

MARCOS RAMAYANA

DIREITO ELEITORAL

28.18. REJEIÇÃO DA DENÚNCIA

Ressalta o art. 358 do Código Eleitoral:

> Art. 358. A denúncia será rejeitada quando:
>
> I – o fato narrado evidentemente não constituir crime;
>
> II – já estiver extinta a punibilidade, pela prescrição ou outra causa;
>
> III – for manifesta a ilegitimidade da parte ou faltar condição exigida pela lei para o exercício da ação penal.
>
> Parágrafo único. Nos casos do número III, a rejeição da denúncia não obstará ao exercício da ação penal, desde que promovida por parte legítima ou satisfeita a condição.

A Lei nº 11.719, de 20 de junho de 2008, que: "*Altera dispositivos do Decreto-Lei nº 3.689, de 3 de outubro de 1941 – Código de Processo Penal, relativos à suspensão do processo,* emendatio libelli, mutatio libelli *e aos procedimentos*", produziu novidades no processo penal eleitoral.

A Lei nº 11.719, de 20 de junho de 2008, entrou em vigor 60 (*sessenta*) dias após a data de sua publicação, conforme previsão no art. 2º, e foi publicada no dia 23/06/2008. Assim, em conformidade com o disposto no § 1º do art. 8º da Lei Complementar nº 95, de 1998, a lei em comento entrou em vigor na data de 22 de agosto de 2008.

O art. 394 do Código de Processo Penal passa a consagrar espécies de procedimentos, tais como: o **comum** e o **especial**, sendo o comum dos tipos **ordinário, sumário** e **sumaríssimo**. Assim destaca-se:

> Art. 394. O procedimento será comum ou especial.
> § 1º O procedimento comum será ordinário, sumário ou sumaríssimo:
>
> I – ordinário, quando tiver por objeto crime cuja sanção máxima cominada for igual ou superior a 4 (quatro) anos de pena privativa de liberdade;
>
> II – sumário, quando tiver por objeto crime cuja sanção máxima cominada seja inferior a 4 (quatro) anos de pena privativa de liberdade;
>
> III – sumaríssimo, para as infrações penais de menor potencial ofensivo, na forma da lei.

No âmbito do processo penal eleitoral, o procedimento é **especial**, porque previsto no Código Eleitoral (*Lei nº 4.737/1965,* **arts. 355 a 364**).

O procedimento **comum** é aplicável a **todos os processos**, mas ressalva-se no § 2º do art. 394 do CPP (*lei nova*) as disposições contrárias do próprio CPP ou de

1032

PROCESSO PENAL ELEITORAL   CAPÍTULO 28

lei especial. Conclui-se que as regras sobre processo penal eleitoral, à primeira vista, por possuírem disciplina própria, não estariam sujeitas às alterações da nova lei. Não é assim.

A nova lei mantém a aplicação **subsidiária** do **procedimento ordinário** (*espécie do comum*) a todos os procedimentos especiais, **inclusive o eleitoral**. Neste sentido é expresso o § 5º do art. 394:

> Art. 394. (...)
>
> § 5º Aplicam-se subsidiariamente aos procedimentos especial, sumário e sumaríssimo as disposições do procedimento ordinário.

Não obstante o teor do § 2º do art. 394, *in verbis*: *Aplica-se a todos os processos o procedimento comum, salvo disposições em contrário deste Código ou de lei especial*; o § 4º trouxe uma regra específica para todos os procedimentos, inclusive o de natureza eleitoral, nos seguintes termos: *As disposições dos arts. 395 a 398 deste Código aplicam-se a todos os procedimentos penais de primeiro grau, ainda que não regulados neste Código* (*grifou-se*).

De fato, a norma geral não revoga a especial, mas, no caso, tal regra foi ressalvada, o que enseja o complemento da norma específica (*Código Eleitoral*) com a regra geral (*Código de Processo Penal*), não incidindo, neste ponto, o princípio da especialidade.

Em outras palavras: **o Código Eleitoral está preservado no que não foi alterado expressamente pelo § 4º do art. 394 do CPP.**

Desta forma, o § 2º resguarda o processo penal eleitoral previsto nos arts. 355 a 364 do Código Eleitoral, mas o § 4º determina a aplicação de regras processuais do CPP de forma específica, inclusive, no processo penal eleitoral.

Dentre as inovações, pergunta-se:

O art. 395 do CPP (lei nova) revogou o art. 358 do Código Eleitoral?

Sim, quanto ao artigo e seus incisos. A Lei de Introdução às Normas do Direito Brasileiro, art. 2º, § 1º, prevê que a lei posterior revoga a anterior, quando regule inteiramente a matéria por esta tratada.

Percebe-se, desta forma, que a nova lei é mais abrangente e técnica do que a lei revogada (*Código Eleitoral*) tratando integralmente da mesma disciplina, qual seja, a hipótese de rejeição da denúncia ou queixa.

Diz o texto antigo (*art. 358 do Código Eleitoral*):

> Art. 358. A denúncia será rejeitada, quando:
>
> I – o fato narrado evidentemente não constituir crime;
>
> II – já estiver extinta a punibilidade, pela prescrição ou outra causa;

1033

III – for manifesta a ilegitimidade da parte ou faltar condição exigida pela lei para o exercício da ação penal.

Diz o texto novo (*art. 395 do Código de Processo Penal*):

Art. 395. A denúncia ou queixa será rejeitada quando:

I – for manifestamente inepta;

II – faltar pressuposto processual ou condição para o exercício da ação penal; ou

III – faltar justa causa para o exercício da ação penal.

A nova lei abrange outras formas já consagradas pela doutrina e jurisprudência de rejeição da ação penal.

Assim, **no inc. I do art. 395** é prevista a rejeição da denúncia no caso de ser manifestamente inepta.

Conforme leciona *Marcellus Polastri Lima*, na sua obra *Manual de Processo Penal* (Lumen Juris, 2007, p. 185), a inépcia da inicial acusatória se configura pela ausência dos requisitos legais essenciais da denúncia, quais sejam, a qualificação do acusado e a exposição do fato criminoso. Tais requisitos se encontram previstos no art. 41 do CPP, e são classificados como essenciais, enquanto os demais nele previstos configuram-se como não essenciais, isto é, não são capazes de gerar a inépcia da inicial acusatória.

O **inciso II engloba a falta de pressupostos processuais**, o que é uma desejada mudança que se coaduna com a teoria geral do processo penal.

Os pressupostos processuais podem ser divididos em pressupostos processuais de existência e de validade. O autor acima mencionado ensina que: *"São três os chamados pressupostos de existência: 1. Necessidade de demanda; 2. Necessidade de órgão dotado de jurisdição, e 3. Necessidade de partes que possam figurar no processo".*

De outra forma, os pressupostos de validade:

São identificados no próprio decorrer da relação processual, e dizem respeito à regularidade dos atos processuais, sem vícios ou defeitos, e, assim, deve haver legitimidade da parte para aquele processo (*legitimatio ad processum*), não deve ser o juiz suspeito ou incompetente para aquele caso em concreto e não podem estar presentes a litispendência, a coisa julgada ou a perempção, além de hipóteses outras que maculem a relação processual (*apud Polastri Lima*, p. 162).

Já as condições da ação são esclarecidas pela teoria geral do processo como legitimidade *ad causam*, interesse de agir e possibilidade jurídica do pedido.

Verifica-se que a lei não definiu o que seriam as condições da ação e os pressupostos processuais; a tarefa está atribuída à doutrina.

Processo Penal Eleitoral   Capítulo 28

O **inciso III trata da justa causa**, colocando-a à parte da previsão das condições da ação, o que acaba por reforçar a corrente doutrinária que não a compreendia como uma condição da ação. De qualquer forma, trata-se de uma condição de admissibilidade.

A definição clássica de **justa causa** se refere à existência de prova do fato criminoso e indícios suficientes de autoria.

Outra questão que se apresenta é a seguinte: **o parágrafo único do art. 358 do Código Eleitoral está revogado tacitamente pela lei nova?**

O art. 43 do CPP, que tratava das hipóteses de rejeição da denúncia, possuía uma previsão em seu parágrafo único semelhante ao que consta, atualmente, no parágrafo único do art. 358 do Código Eleitoral, *in verbis*:

> Parágrafo único. Nos casos do número III, a rejeição da denúncia não obstará ao exercício da ação penal, desde que promovida por parte legítima ou satisfeita a condição.

Ocorre que o art. 358 e seu parágrafo único, do Código Eleitoral, não foram expressamente revogados, o que pode suscitar dúvidas sobre se tal disciplina teria sido ou não tacitamente revogada.

O que se pode perceber é que o parágrafo único do art. 395 do CPP (*lei nova*) não foi vetado, mas surgiu nesta lei nova como já tendo sido revogado, sendo que, de fato, nunca existiu.

É necessário frisar que as hipóteses de rejeição da denúncia eram tratadas pelo art. 43, e não pelo art. 395, que tem um parágrafo único que já surgiu como revogado.

Com isso, verifica-se que o parágrafo único do art. 358 do Código Eleitoral, **a princípio**, também teria sido revogado tacitamente pela Lei nº 11.719/2008.

Todavia, a lei nova errou ao fazer menção ao parágrafo único do art. 395 do CPP.

Desta forma, não é possível ampliar um equívoco do legislador de forma a atingir o dispositivo do Código Eleitoral, até porque ele contém normas inerentes à teoria geral do processo, quando permite que satisfeita uma condição da ação o processo seja aproveitado. Não subsiste nenhum sentido na revogação desta regra já imanente à prática do processo penal.

Todavia, há de se considerar que tal dispositivo faz menção ao antigo inciso III, que trata da ilegitimidade da parte ou da falta de uma condição da ação, e estas hipóteses já estão previstas no inc. II do atual art. 395.

Assim, não obstante deva ser tal regra ainda aplicável, não subsiste nenhuma razão para manutenção da referência contida no parágrafo único do art. 358 do atual Código Eleitoral.

1035

Desta forma, **podemos concluir que o art. 358 e seu parágrafo único estão revogados tacitamente pela nova moldura processual penal adotada no art. 395 da lei nova**. Entretanto, isso não significa que o seu teor não incida nos casos atuais, pois, como dito acima, é imanente à teoria geral do processo.

28.19. CITAÇÃO. INTERROGATÓRIO. DEFESA. ABSOLVIÇÃO SUMÁRIA. RITO PROCESSUAL

Versa o art. 359 do Código Eleitoral:

Art. 359. Recebida a denúncia, o juiz designará dia e hora para o depoimento pessoal do acusado, ordenando a citação deste e a notificação do Ministério Público (*caput* com redação dada pela Lei nº 10.732/2003).

Parágrafo único. O réu ou seu defensor terá o prazo de 10 (dez) dias para oferecer alegações escritas e arrolar testemunhas (Parágrafo acrescentado pela Lei nº 10.732/2003).

A redação anterior era: *"Recebida a denúncia e citado o infrator, terá este o prazo de 10 (dez) dias para contestá-la, podendo juntar documentos que ilidam a acusação e arrolar as testemunhas que tiver"*.

A Lei nº 10.732, de 5 de setembro de 2003, tratou do interrogatório do acusado, embora faça menção ao depoimento pessoal.

O Supremo Tribunal Federal já havia decidido quanto à desnecessidade de interrogatório no processo eleitoral, pois com a contestação estava assegurado o princípio da ampla defesa. No processo eleitoral impera o princípio da celeridade.

Note-se, contudo, que, na prática, vários juízes interrogavam os acusados sem a expressa previsão no rito do Código Eleitoral. Sempre entendemos que esta modificação procedimental em nada afetava a acusação penal, até porque o princípio da verdade real ou material é da maior importância para a sentença penal.

Como se nota, a introdução do instituto jurídico do interrogatório no processo penal especial eleitoral foi omisso no que diz respeito às providências que o juiz deve adotar. Desta forma, aplicam-se como regra subsidiária (*CE, art. 364*) as normas dos arts. 185 a 196 do Código de Processo Penal.

Impende frisar que o interrogatório passou a ser contraditório, conforme prevê o art. 188 do CPP, cabendo ao juiz indagar das partes se restou algum fato para ser esclarecido, inclusive formulando perguntas, caso a autoridade judiciária entenda pertinente e relevante.

Aplica-se o art. 212 do CPP, ou seja, as perguntas são formuladas diretamente pelas partes, cumprindo ao juiz indagar sobre os pontos não esclarecidos.

Deveras, o juiz eleitoral, assim como o juiz comum, não está obrigado a formular perguntas apresentadas pelas partes. Trata-se de uma faculdade

PROCESSO PENAL ELEITORAL   CAPÍTULO 28

processual, pois o critério quanto à pertinência e relevância é subjetivo, mas as partes interessadas podem pedir para consignar em ata seus protestos e perguntas, considerando que o interrogatório é meio de prova e de defesa.

Cabe ao juiz eleitoral indagar ao promotor eleitoral se ele tem perguntas e, por último, à defesa, pois a inversão da ordem, a nosso entender, não pode ser adotada, considerando que a defesa sempre será exercida com maior amplitude quando tiver uma visão completa do panorama probatório apresentado. No entanto, a inversão da ordem de perguntas é causa, apenas, de nulidade relativa do ato processual.

O interrogatório continua sendo um ato personalíssimo, no sentido de que só o acusado pode ser interrogado, mas a judicialidade foi mitigada ou temperada pela participação das partes na formulação de perguntas.

A presença do defensor ou advogado é obrigatória, sob pena de nulidade absoluta do feito (*aplicação dos princípios do contraditório e da ampla defesa*).

Por fim, quando existirem corréus, os mesmos devem ser interrogados separadamente, devendo o juiz eleitoral tomar o cuidado de evitar a intercomunicação entre os acusados após serem os mesmos devidamente interrogados (*CPP, art. 191*).

No que concerne ao procedimento específico do processo penal eleitoral, há de se acrescentar um novo perfil para a **defesa prévia ou alegação preliminar**.

A defesa prévia ou alegação preliminar não deverá estar restrita ao arrolamento de testemunhas, simples requerimento de diligências ou mera indicação da inocência do réu.

Caberá ao advogado de defesa abordar *"preliminares e tudo o que interesse à defesa do seu cliente"* (*art. 396-A do CPP*), ou seja, mérito.

Antes da alteração legislativa, a defesa prévia não se destinava a argumentações profundas de teses defensivas, pois estas eram reservadas para as alegações finais, como tática defensiva.

Agora, em razão da possibilidade de **absolvição sumária**, surge um novo sistema defensivo nas alegações preliminares, quando compete, nos moldes do processo moderno, a adoção da ampla defesa e de todas as teses possíveis, inclusive da contrainvestigação que poderá obstaculizar a acusação penal levando à absolvição sumária do acusado.

Assim, o juiz da causa terá três momentos para a absolvição do réu: (i) com a rejeição da denúncia; (ii) com a absolvição sumária prevista no art. 397 do CPP, e (iii) com a sentença final, após o término do procedimento em 1ª instância.

A **justificação**, nos moldes do processo civil (*art. 861 do antigo CPC e art. 381, § 5º, do novo CPC*), poderá ser utilizada na defesa prévia, quando o acusado terá a oportunidade de protestar por documentos essenciais, provas emprestadas e oitiva de testemunhas. Tudo no intuito de impedir o seguimento da ação penal e objetivar a **absolvição sumária**.

1037

Nos casos de **crimes eleitorais de menor potencial ofensivo,** ou seja, quando a pena máxima não for superior a 2 (*dois*) anos, antes de o Ministério Público oferecer a denúncia, caberá a transação penal no âmbito da competência da Justiça Eleitoral.

Por exemplo: se um militante político for detido fazendo "boca de urna" (*art. 39, § 5º, II, da Lei nº 9.504/1997 – pena de detenção de 6 meses a 1 ano e multa no valor de 5.000 a 15.000 UFIR*), cumprirá ao Promotor Eleitoral com atribuições na Zona Eleitoral do local do crime (*art. 70 do CPP, aplicável subsidiariamente conforme art. 364 do Código Eleitoral*) propor a transação penal ao autor do fato, antes de oferecer a denúncia ao juiz eleitoral.

Não sendo aceita a transação penal ou mesmo inviabilizada, segue-se no **rito especial do Código Eleitoral, arts. 357 a 362**, com as alterações do Código de Processo Penal, sendo ainda cabível a suspensão condicional do processo.

Todavia, não cumprido o *sursis* processual (*art. 89 da Lei nº 9.099/1995*), o processo penal seguirá nos seus termos legais. Confira-se o precedente do Egrégio TSE, *in expressi verbis*:

> **Sursis processual eleitoral e posterior descumprimento de condição estabelecida na transação penal**. O Plenário do Tribunal Superior Eleitoral, por unanimidade, reafirmou que o descumprimento da prestação de serviços à comunidade estipulada como condição de transação penal eleitoral, firmada com base no art. 89, § 2º, da Lei nº 9.099/1995, tem por corolário o restabelecimento do curso da ação penal eleitoral. Enfatizou que a jurisprudência do Superior Tribunal de Justiça, bem como do Supremo Tribunal Federal, é firme no sentido de considerar lícito condicionar o sursis processual à prestação de serviços à comunidade, desde que compatível com o fato e a situação pessoal do acusado, bem como seja por este aceita. Destacou ainda **não haver, na posterior revogação da suspensão do processo, ofensa ao princípio da presunção de não culpabilidade**. O Tribunal, por unanimidade, desproveu o recurso, nos termos do voto da relatora (Recurso em *Habeas Corpus* nº 756-55, São Paulo/SP, Rel.ª Min.ª Luciana Lóssio, em 15/10/2015. *Informativo* TSE Brasília, 12 a 18/10/2015 – Ano XVII – nº 14) (grifos nossos).

Cabe destacar que o rito especial dos crimes eleitorais previsto nos arts. 357 a 362 do Código Eleitoral se sujeita às novidades introduzidas pelos arts. 395 a 398 do Código de Processo Penal.

Nos casos de crimes eleitorais punidos com pena privativa de liberdade igual ou superior a **quatro anos** (*procedimento ordinário*), e nos casos de penas privativas de liberdade, cuja sanção máxima seja **inferior a quatro anos e superior a dois anos** (*procedimento sumário*), adotar-se-á o seguinte rito processual penal eleitoral:

Processo Penal Eleitoral   Capítulo 28

1) **oferecimento da denúncia: prazo de 10 dias**. Divergência do prazo com acusado preso, que é de 5 (*cinco*) dias. O prazo conta-se do recebimento do inquérito policial concluído e apto à exteriorização da *opinio delicti*. Art. 357 do Código Eleitoral;

2) **em casos de arquivamento do inquérito**, havendo discordância do juiz eleitoral (art. 357, § 1º, do Código Eleitoral), os autos são encaminhados à Câmara de Coordenação e Revisão do Ministério Público Federal;

3) **rejeição liminar da denúncia:** arts. 395 e 396 do Código de Processo Penal. A rejeição ocorre pela análise do art. 395 do CPP, pois cabe ao juiz expor as razões de fato e de direito de admissibilidade da acusação.

Cabe **recurso em sentido estrito** da decisão de rejeição da denúncia para o Tribunal Regional Eleitoral, conforme trata o art. 581, I, do Código de Processo Penal. O prazo de interposição e razões é de 3 (*três*) dias, que é a regra geral dos arts. 258 e 264 do Código Eleitoral.

O art. 399 do CPP não se aplica ao processo penal eleitoral, porque o § 4º do art. 394 se limitou apenas a prever a aplicação dos arts. 395 a 398 da lei instrumental penal.

Nesse diapasão, entendemos que o momento inicial de interrupção da prescrição ocorre com o recebimento da denúncia na forma do art. 396 do CPP, que se coaduna, neste aspecto, com o art. 359 do Código Eleitoral.

4) **recebimento da denúncia:** art. 359 do Código Eleitoral. Com a nova alteração, especialmente dos arts. 396 e 396-A do CPP, os juízes eleitorais não devem mais designar o interrogatório, mas, sim, determinar a citação do acusado para responder à acusação no prazo de 10 dias (*defesa prévia ou alegação preliminar*).

Após o oferecimento da defesa prévia, o juiz deve analisar se é caso ou não de **absolvição sumária**, cuja previsão está no **art. 397 do CPP**.

Somente após a decisão fundamentada sobre a absolvição sumária é que o juiz deverá dar impulso processual com a designação do interrogatório.

Podemos concluir que o interrogatório foi postergado para uma data que sucede à análise da absolvição sumária.

Cumpre salientar que a ampla defesa estará assegurada ao acusado, pois no processo penal eleitoral o interrogatório somente foi introduzido com a Lei nº 10.732/2003.

O TSE tem precedentes no sentido de que no processo penal eleitoral não há necessidade de interrogatório (*Recurso Especial Eleitoral 12658, Classe 22ª, Rel. Min. Eduardo Ribeiro*). Os precedentes são anteriores à vigência da Lei nº 10.732/2003, mas já sob a égide da Constituição da República de 1988.

1039

Como se nota, em razão das novas mudanças, não haverá prejuízo ao acusado, porque ele não deixará de ser interrogado, mas apenas será realizado este ato após a análise do novo instituto da absolvição sumária, não havendo que se falar em condenação antes de ser ouvido o réu, observando-se, assim, os pactos internacionais referentes à ampla defesa e ao contraditório.

No entanto, na prática, a maioria dos juízes eleitorais está adotando a regra do art. 400 do Código de Processo Penal, ou seja, **interrogando o acusado somente após o término da instrução criminal em audiência**.

Esta providência garante uma maior amplitude da defesa, mas, a nosso entender, todas as garantias defensivas já se fazem presentes apenas com a **inversão do ato**, admitindo-se **a defesa prévia antes do interrogatório e seguindo-se com a instrução criminal**. A nossa posição é minoritária.

Isso porque o legislador da Lei nº 11.719/2008 não determinou a aplicação do art. 400 no processo especial criminal eleitoral. Assim sendo, não se pode criar novos ritos processuais com a mistura do processo comum no procedimento especial.

Contudo, o Egrégio Tribunal Superior Eleitoral editou a Resolução **nº 23.396/2013**, que *"Dispõe sobre a apuração de crimes eleitorais"*, (*a resolução foi questionada pela **ADIn nº 5.104 no STF**, quando restou suspenso o **art. 8º***).

O art. 13 dessa norma assim reza:

> **Art. 13. A ação penal eleitoral observará os procedimentos previstos no Código Eleitoral, com a aplicação obrigatória dos arts. 395, 396, 396-A, 397 e 400 do Código de Processo Penal, com redação dada pela Lei nº 11.719/2008. Após esta fase aplicar-se-ão os arts. 359 e seguintes do Código Eleitoral.**

Por outro lado, para as Eleições de 2014, o TSE expediu a Resolução nº 23.404, de 27/02/2014 (Resolução sobre a Propaganda Eleitoral) e o art. 69 assim dizia: **"As infrações penais aludidas nesta resolução são puníveis mediante ação pública, e o processo seguirá o disposto nos arts. 357 e seguintes do Código Eleitoral (Código Eleitoral, art. 355 e Lei nº 9.504/1997, art. 90, *caput*)"**. Não é mais assim.

Com essa aparente contradição entre os dois artigos das resoluções acima apontadas, o menos duvidoso é o entendimento de que o ato do interrogatório passou para o final da instrução garantindo-se a ampla defesa e o contraditório e evitando-se a arguição de nulidades.

Na audiência de instrução serão coligidos os depoimentos da acusação e defesa e somente ao final o acusado será interrogado.

Deveras, frisamos que não se faz necessária a realização do interrogatório ao final da instrução, pois como já enfatizado, a ampla defesa pode ser garantida e

PROCESSO PENAL ELEITORAL   CAPÍTULO 28

ao mesmo tempo preservada a ritualidade do processo eleitoral especial com a realização do ato do interrogatório após a apresentação da defesa preliminar, porque, o § 4º do art. 394 do Código de Processo Penal não fez menção à obrigatoriedade de aplicação do art. 400 do CPP aos procedimentos penais especiais.

Registre-se que a Resolução nº 23.396/2013 do TSE foi questionada em artigos específicos por meio da ADIn nº 5.104, quando o Supremo Tribunal Federal não enfrentou especificamente o art. 13.

A menção tratada no art. 13 da resolução acima, ao art. 359 e seguintes do Código Eleitoral, quando já interrogado o acusado, não está correta, pois já ultrapassada essa fase.

E ainda no STF, registre-se destaque no *Informativo nº 918/2018:*

> "(...) A Primeira Turma, por maioria, deu provimento a agravo regimental interposto pela Procuradoria-Geral da República (PGR) em face de decisão monocrática que determinou o interrogatório do réu como ato inaugural do processo-crime, conforme previsão do art. 7º (1) da Lei nº 8.038/1990.
>
> A agravante aduziu que, em observância aos princípios do contraditório e da ampla defesa, o interrogatório deve ser realizado após o término da instrução processual (AP 988 AgR).
>
> Para o Colegiado, apesar de não haver uma alteração específica do art. 7º da Lei nº 8.038/1990, com base no Código de Processo Penal, entende-se que o interrogatório é um ato de defesa, mais bem exercido depois de toda a instrução, porque há possibilidade do contraditório mais amplo. Assim, determinou que a instrução processual penal se inicie com a oitiva das testemunhas arroladas pela acusação. Vencido o Ministro Marco Aurélio, que manteve a decisão impugnada com base no critério da especialidade, uma vez que não houve alteração da Lei nº 8.038/1990 quanto ao momento de o réu ser interrogado.
>
> (1) Lei nº 8.038/1990: "Art. 7º Recebida a denúncia ou a queixa, o relator designará dia e hora para o interrogatório, mandando citar o acusado ou querelado e intimar o órgão do Ministério Público, bem como o querelante ou o assistente, se for o caso" (AP 1.027/ DF, Rel. Min. Marco Aurélio, red. p/ o ac. Min. Luís Roberto Barroso, j. 02/10/2018).

5) **Defesa prévia ou alegação preliminar:** Prazo de 10 dias. Arguição de todas as matérias de defesa (*mérito*) e das preliminares (*art. 396-A do CPP*). Rol de testemunhas, aplicação subsidiária do CPP, máximo de 8 (*oito*). Requerimento de diligências pela defesa.

6) **Absolvição sumária:** Trata-se de nova regra prevista no art. 397 do Código de Processo Penal. Desta forma, o acusado tentará objetivar o encerramento da ação penal utilizando os fundamentos legais.

O art. 397 do CPP consagra um rol taxativo.

Os fundamentos da absolvição sumária previstos nos incs. I a IV do art. 397 do CPP, a nosso pensar, também são aptos a viabilizar a rejeição liminar da denúncia. Como exemplo, uma das causas é a prescrição (*hipótese de extinção da punibilidade do agente*), porque não se pode receber denúncia por crime já prescrito, até porque tal fato configura constrangimento ilegal e dá ensejo à impetração de *habeas corpus*.

Não sendo caso de absolvição sumária, o juiz eleitoral se pronunciará sobre as provas requeridas na defesa prévia, pois as da denúncia já podem ter sido deferidas na decisão de seu recebimento.

Destaca-se posição do próprio Egrégio TSE em sentido contrário à aplicação da Lei nº 11.719/2008:

> 1. As inovações do CPP introduzidas pela Lei nº 11.719/2008 não incidem no procedimento dos crimes eleitorais, pois o Código Eleitoral disciplina especificamente a matéria e consiste em lei especial, não podendo ser afastada por lei posterior de caráter geral. Precedente. 2. Recurso desprovido. (...) (Recurso em *Habeas Corpus* nº 429-94/PR. Rel.ª Min.ª Nancy Andrighi. DJE de 23/4/2013).

No entanto, o Supremo Tribunal Federal possui precedente no sentido da aplicação do instituto da absolvição sumária no processo penal eleitoral, *in verbis*:

> (...) Questão de ordem na ação penal. Processual Penal. Procedimento instituído pela Lei nº 11.719/2008, que alterou o Código de Processo Penal. Aplicação em matéria eleitoral, em primeiro grau de jurisdição. Admissibilidade. Denúncia. Recebimento, em primeira instância, antes da diplomação do réu como Deputado federal. Resposta à acusação. Competência do Supremo Tribunal Federal para examinar eventuais nulidades nela suscitadas e a possibilidade de absolvição sumária (art. 397, CPP), mesmo que o rito passe a ser o da Lei nº 8.038/1990. Precedentes. Crime eleitoral. Imputação a Prefeito. Foro, por prerrogativa de função, junto ao Tribunal Regional Eleitoral. Competência dessa Corte para supervisionar as investigações. Súmula 702 do Supremo Tribunal Federal. Apuração criminal em primeiro grau de jurisdição, com indiciamento do Prefeito. Inadmissibilidade. Usurpação de competência caracterizada. Impossibilidade de os elementos colhidos nesse inquérito servirem de substrato probatório válido para embasar a denúncia contra o titular de prerrogativa de foro. Falta de justa causa para a ação penal (art. 395, III, CPP). Questão de ordem que se resolve pela concessão de *habeas corpus*, de ofício, para extinguir a ação penal, por falta de justa causa.

PROCESSO PENAL ELEITORAL _____ CAPÍTULO 28

1. O rito instituído pela Lei nº 11.719/2008, que alterou o Código de Processo Penal, aplica-se, no primeiro grau de jurisdição, em matéria eleitoral.

2. Recebida a denúncia, em primeira instância, antes de o réu ter sido diplomado como Deputado federal e apresentada a resposta à acusação, compete ao Supremo Tribunal Federal, em face do deslocamento de competência, examinar, em questão de ordem, eventuais nulidades suscitadas e a possibilidade de absolvição sumária (art. 397 CPP), mesmo que o rito passe a ser o da Lei nº 8.038/90. Precedentes.

3. Tratando-se de crime eleitoral imputado a Prefeito, a competência para supervisionar as investigações é do Tribunal Regional Eleitoral, nos termos da Súmula 702 do Supremo Tribunal Federal.

4. Na espécie, no limiar das investigações, havia indícios de que o então Prefeito teria praticado crime eleitoral, por ter supostamente oferecido emprego a eleitores em troca de voto, valendo-se, para tanto, de sua condição de alcaide, por intermédio de uma empresa contratada pela municipalidade.

5. Nesse contexto, não poderia o inquérito ter sido supervisionado por juízo eleitoral de primeiro grau nem, muito menos, poderia a autoridade policial direcionar as diligências apuratórias para investigar o Prefeito e tê-lo indiciado.

6. A usurpação da competência do Tribunal Regional Eleitoral para supervisionar as investigações constitui vício que contamina de nulidade a investigação realizada em relação ao detentor de prerrogativa de foro, por violação do princípio do juiz natural (art. 5º, LIII, CF). Precedentes.

7. Questão de ordem que se resolve pela concessão de *habeas corpus*, de ofício, em favor do acusado, para extinguir a ação penal, por falta de justa causa (art. 395, III, CPP). (Questão de Ordem em AP nº 933/PB, Rel. Min. Dias Toffoli, *Informativo* do STF nº 813, fevereiro de 2016) (grifos nossos).

7) **Recurso contra absolvição sumária:** A absolvição sumária desafia **recurso de apelação**, pois se trata de sentença terminativa de mérito, similar ao art. 593, inc. I, do CPP. Assim sendo, o recurso cabível desta decisão é o previsto no art. 362 do próprio Código Eleitoral, apelação criminal eleitoral, sendo o prazo, de interposição e de apresentação de razões, de 10 (*dez*) dias.

Não sendo o caso de absolvição sumária, será designada a audiência de instrução nos moldes do art. 400 do CPP, segundo dispõe o art. 13 da Resolução TSE nº 23.396/2013, quando serão ouvidas as testemunhas de acusação e defesa numa só assentada (*art. 360 do Código Eleitoral*) e interrogado o acusado ao fim da audiência, conforme disciplinou o Egrégio TSE na aludida resolução.

8) **Requerimento de diligências** complementares e apreciação pelo juiz eleitoral para deferi-las ou não.

9) **Alegações finais do Ministério Público** no prazo de 5 (*cinco*) dias, art. 360 do Código Eleitoral.

1043

MARCOS RAMAYANA   DIREITO ELEITORAL

10) **Alegações finais da defesa** em 5 (*cinco*) dias, art. 360 do Código Eleitoral. Prazo único independente do número de acusados.

11) **Sentença**. Prazo de 10 (*dez*) dias, art. 361 do Código Eleitoral.

12) **Recurso Inominado ou Apelação Criminal Eleitoral**. Prazo de 10 (*dez*) dias. Art. 362 do Código Eleitoral. Prazo único para interpor e arrazoar.

13) **Contrarrazões** do apelado. Prazo de 10 (*dez*) dias. Art. 5º, inc. LV, da Constituição da República, considerando que não há previsão expressa no Código Eleitoral, mas em garantia ao princípio do contraditório adota-se prazo idêntico para as partes.

14) **Autos ao Tribunal Regional Eleitoral** seguindo-se na forma regimental.

28.20. OITIVA DE TESTEMUNHAS. DILIGÊNCIAS

Diz o art. 360 do Código Eleitoral:

> Art. 360. Ouvidas as testemunhas de acusação e da defesa e praticadas as diligências requeridas pelo Ministério Público e deferidas ou ordenadas pelo juiz, abrir-se-á o prazo de 5 (cinco) dias a cada uma das partes – acusação e defesa – para alegações finais.

Pode o juiz determinar a oitiva de testemunha por carta precatória (*CPP, art. 222 c/c CE, art. 364*). As partes devem ser intimadas por carta precatória, pois, caso contrário, ocorrerá a nulidade relativa do processo (*verbete sumular nº 155 do STF*).

Impõe-se no processo eleitoral (*princípio da celeridade*) que o acusado leve as testemunhas para a audiência, mas nada impede, e às vezes recomenda-se, que o juiz as notifique para o ato, sendo que o não comparecimento poderá ensejar a decisão pela condução, caso seja a mesma indispensável ao julgamento da causa.

Os militares e funcionários devem ser requisitados (*CPP, art. 221, § 2º, c/c CE, art. 364*).

O Ministério Público deverá ter vista pessoal para apresentar as alegações finais. Quanto ao advogado, o prazo transcorre em cartório.

28.21. PRAZO PARA PROLATAR A SENTENÇA

> Art. 361. Decorrido esse prazo, e, conclusos os autos ao juiz dentro de 48 horas, terá o mesmo 10 (dez) dias para proferir a sentença.

Quando a lei faz menção ao prazo decorrido, refere-se ao prazo das alegações finais. O servidor eleitoral deverá levar os autos conclusos ao juiz eleitoral no prazo de 48 (*quarenta e oito*) horas e o juiz decidirá em 10 (*dez*) dias.

1044

PROCESSO PENAL ELEITORAL

CAPÍTULO 28

28.22. DECISÃO FINAL. RECURSO

Versa o art. 362 do Código Eleitoral:

> Art. 362. Das decisões finais de condenação ou absolvição cabe recurso para o Tribunal Regional, a ser interposto no prazo de 10 (dez) dias.

O prazo para interposição e apresentação das razões é comum. Trata-se de regra especial, sendo inaplicável o prazo do Código de Processo Penal.

As partes (acusação ou defesa) terão o mesmo prazo de 10 (*dez*) dias para as contrarrazões recursais.

A decisão absolutória ou condenatória também desafia o recurso de embargos de declaração (*art. 275 do Código Eleitoral*).

28.23. EMBARGOS INFRINGENTES E INELEGIBILIDADE

Dos acórdãos dos Tribunais Regionais Eleitorais se admite **embargos infringentes**, conforme precedente do Egrégio TSE:

> (...) **Ainda que as cortes regionais eleitorais sejam órgãos que não se fracionam em turmas, câmaras ou seções, não há exceção prevista no art. 609 do CPP, no sentido de não serem cabíveis os embargos infringentes e de nulidade contra decisão do Pleno do próprio Tribunal.** 3. Conquanto no Código Eleitoral haja a previsão de um sistema processual especial para apuração dos crimes eleitorais, que prestigia a celeridade no processo e julgamento desses delitos, essa mesma celeridade não pode ser invocada para negar ao réu o direito de interpor um recurso exclusivo, que a lei lhe assegura, previsto apenas para situações em que haja divergência na Corte Regional. (...) (AC nº 4.590, de 17/6/2004, Rel. Min. Fernando Neves) (grifos nossos).

No tocante à oposição de embargos infringentes contra a decisão colegiada condenatória de segundo grau de jurisdição (*art. 609, parágrafo único, do Código de Processo Penal*), é possível destacar que se, na hipótese concreta, já houve a publicação do acórdão condenatório, ainda que caibam embargos infringentes, já se operará desde então a **inelegibilidade** na forma do art. 1º, inc. I, alínea "e", da Lei Complementar nº 64, de 18 de maio de 1990.

Quando da interposição dos embargos infringentes deverá o recorrente, se houver justo motivo, pleitear a suspensão da inelegibilidade, mas desde que o objeto de divergência que ensejou o cabimento do recurso tenha sido a própria condenação ou a desclassificação para crime que não gere a inelegibilidade, pois se o objeto de divergência foi tão somente o *quantum* de aplicação da pena, por exemplo, não haveria, a princípio, justo motivo recursal a ensejar a suspensão de inelegibilidade, pois o provimento do recurso não alteraria a condenação, mantendo a incidência da inelegibilidade.

1045

Contudo, se o objeto de divergência for a própria condenação, seria possível pleitear, em sede de embargos infringentes, a cautelar de suspensão da inelegibilidade (*art. 26-C da LC nº 64/1990*).

Sendo provido o recurso e absolvido o réu, ficarão afastados os efeitos da condenação e a inelegibilidade.

28.24. EXECUÇÃO DA SENTENÇA

> Art. 363. Se a decisão do Tribunal Regional for condenatória, baixarão imediatamente os autos à instância inferior para a execução da sentença, que será feita no prazo de 5 (cinco) dias, contados da data da vista ao Ministério Público.
>
> Parágrafo único. Se o órgão do Ministério Público deixar de promover a execução da sentença, serão aplicadas as normas constantes dos §§ 3º, 4º e 5º do art. 357.

O juiz eleitoral da zona eleitoral encaminhará os autos ao promotor eleitoral que promoverá a execução da pena com observância do prazo de 5 (*cinco*) dias (*Lei nº 7.210/1984*). Em caso de omissão no exercício da atribuição, o juiz eleitoral encaminhará os autos ao procurador regional eleitoral.

Uma das providências é a anotação na zona eleitoral do eleitor condenado por decisão transitada em julgado da causa de suspensão dos direitos políticos prevista no art. 15, III, da Constituição Federal e no art. 51 da Resolução TSE nº 21.538/2003.

Os efeitos da condenação previstos nos arts. 91 e 92 do Código Penal também devem ser verificados, assim como o período de prova fixado em razão da suspensão condicional da pena, *sursis,* nos termos do art. 77 do Código Penal.

Quanto à execução da pena de multa registre-se posição do Supremo Tribunal Federal:

> (...) Ainda a título argumentativo, não há falar em competência do Juízo da Execução Penal para decidir a respeito da pena de multa convertida em dívida de valor. Destarte, independentemente da origem penal da sanção, a multa restou convolada em obrigação de natureza fiscal e, por essa razão, a competência passou a ser da autoridade fiscal, por força da Lei nº 9.268/96, que deu nova redação ao art. 51 do Código Penal. 6. Agravo regimental desprovido (Ag. Reg. no *Habeas Corpus* nº 115.405/SP, 1ª Turma do STF, Rel. Luiz Fux. j. 13/11/2012, maioria, DJe 17/12/2012).

No Superior Tribunal de Justiça destaca-se:

> (...) compete ao Juízo da Execução Penal determinar a intimação do condenado para realizar o pagamento da pena de multa, a teor do que dispõe o art. 50 do Código Penal, e, acaso ocorra o inadimplemento

Processo Penal Eleitoral

da referida obrigação, o fato deve ser comunicado à Fazenda Pública a fim de que ajuíze a execução fiscal no foro competente, de acordo com as normas da Lei nº 6.830/1980, porquanto, a Lei nº 9.268/1996, ao alterar a redação do art. 51 do Código Penal, afastou a titularidade do Ministério Público (STJ, REsp 832.267, Rel.ª Min.ª Laurita Vaz, 5ª Turma, DJU de 14/05/2007).

O art. 367 do Código Eleitoral trata da execução da multa, "salvo no caso de condenações criminais" e a Resolução do TSE nº 21.975/2004 disciplina a cobrança de multas previstas no Código Eleitoral e leis conexas, sem essa distinção.

Se o apenado estiver recolhido em estabelecimento sujeito à administração estadual, a execução da pena é de competência da Justiça Comum, ou seja, do juízo da execução penal da Vara de Execuções Penais. Aplica-se o verbete sumular **nº 192** do Superior Tribunal de Justiça.

A execução da pena privativa de liberdade será efetivada pela Vara de Execução Penal, nos demais casos cumprirá ao juiz eleitoral da zona eleitoral (*arts. 105 e 106 da Lei de Execução Penal*).

Como visto, o art. 362 do Código Eleitoral trata das decisões finais de condenação ou absolvição. Desse modo, a interposição do recurso do Ministério Público Eleitoral para o Tribunal Regional Eleitoral, quando o acusado é absolvido **não possui efeito suspensivo**.

Os arts. 386, parágrafo único, inc. I, e 596 do Código de Processo Penal orientam o julgador a expedir o alvará de soltura.

Por outra, se a decisão é condenatória, cumprirá ao magistrado eleitoral fundamentar a necessidade de manutenção da cautela prisional ou a expedição de mandado de prisão para o efetivo cumprimento da pena privativa de liberdade, porque a apelação da sentença condenatória possui efeito suspensivo, art. 597 do Código de Processo Penal.

Não se aplica no caso da prisão decorrente de sentença penal por crime eleitoral a regra do art. 257 do Código Eleitoral, *in verbis*: "Os recursos eleitorais não terão efeito suspensivo", considerando que o sistema jurídico dos efeitos da apelação criminal previstos na lei processual penal é que norteia de forma supletiva o procedimento penal eleitoral. Ressalva-se, no entanto, a especificidade do art. 363 do Código Eleitoral, pois quando a decisão prolatada pelo Tribunal Regional Eleitoral for condenatória promove-se, de forma imediata, a execução da sentença.

Acresça-se ainda que quanto à prescrição da pretensão executória que impossibilita a execução da pena, o juiz eleitoral decretará a extinção da punibilidade na forma legal, art. 107, IV, do Código Penal.

Sobre prescrição, o TSE editou os verbetes sumulares números: **58, 59, 60** e **61**, *in expressi verbis*:

28.25. GRÁFICO DO RITO DO PROCESSO PENAL ELEITORAL PERANTE OS JUÍZES ELEITORAIS DAS ZONAS ELEITORAIS

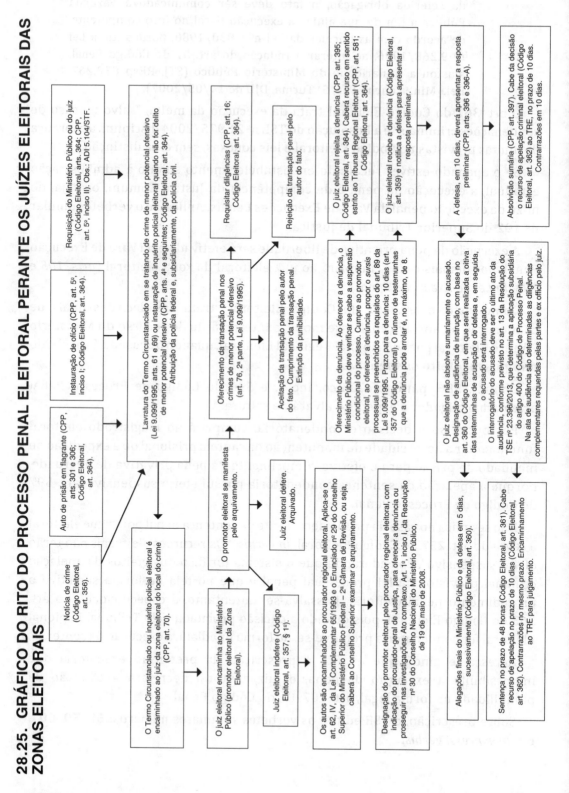

28.26. AÇÃO PENAL ORIGINÁRIA NO TRIBUNAL REGIONAL ELEITORAL

Quanto ao **rito do processo penal eleitoral nos Tribunais Regionais Eleitorais** para acusados com foro por prerrogativa de função, por exemplo, Deputados estaduais e Prefeitos, segue-se a Lei nº 8.038, de 28 de maio de 1990, e os respectivos Regimentos Internos.

Leciona *Eugênio Pacelli* que:

> Na verdade, embora a Lei nº 11.719/2008 faça remissão apenas aos procedimentos de primeira instância (art. 394, § 4º, CPP), nada impede que os Tribunais se apropriem, por analogia, de alguma das modalidades de decisões ali contidas (absolvição sumária, interrogatório etc.), perfeitamente adequadas ao modelo procedimental aplicado em segunda instância. Note-se que, a rigor, não se trataria de analogia, já que não existiria lacuna na Lei nº 8.038/1990 sobre a matéria. Tecnicamente, o mais adequado é falar-se em ab-rogação (revogação parcial) (página 789 da obra já referida).

Registramos posição do Egrégio TSE no sentido da não aplicação da Lei nº 11.719/2008, no processo penal eleitoral em segunda instância, em razão do procedimento da Lei nº 8.038/1990 (*norma aplicável ao rito do processo eleitoral nos Tribunais Regionais Eleitorais*). *"(...) As invocadas inovações do CPP somente incidiriam em relação ao rito estabelecido em lei especial, caso não houvesse disposições específicas, o que não se averigua na hipótese em questão. Ordem denegada. Acordam os ministros do Tribunal Superior Eleitoral, por unanimidade, em denegar a ordem, nos termos das notas taquigráficas. Brasília, 22 de outubro de 2009* (*Habeas Corpus nº 652/BA. Rel. Min. Arnaldo Versiani. Inf. 38/2009*).

E ainda no Colendo Superior Tribunal de Justiça:

> (...) Não é cabível, em se tratando de ação penal originária submetida ao procedimento especial da Lei nº 8.038/1990, que seja assegurado ao acusado citado para a apresentação da defesa prévia prevista no art. 8º da Lei nº 8.038/1990 o direito de se manifestar nos moldes preconizados no art. 396-A do CPP, com posterior deliberação acerca de absolvição sumária prevista no art. 397 do CPP (...)" (Precedente citado do STF: AP 630 AgR-MG, DJe 21/3/2012. AgRg na APN 697-RJ, Rel. Min. Teori Albino Zavascki, julgado em 3/10/2012).

O Supremo Tribunal Federal decidiu (*Ação Penal nº 528*) que o interrogatório é o último ato da instrução nos processos de competência originária, incidindo a Lei nº 11.719/2008 com maior garantia ao contraditório e ampla defesa. Assim, as ações penais originárias propostas nos Tribunais Regionais Eleitorais devem seguir essa orientação jurisprudencial.

Capítulo 29

Recursos Eleitorais

29.1. RECURSOS ELEITORAIS. GENERALIDADES

Os recursos eleitorais são tratados no Título III, Capítulos I, II, III e IV, arts. 257 *usque* 282 do Código Eleitoral.

Na Constituição da República Federativa do Brasil, o **art. 121** disciplina os recursos eleitorais.

O **parágrafo terceiro** trata do princípio da irrecorribilidade das decisões do Tribunal Superior Eleitoral, ressalvando a interposição dos recursos extraordinário, quando a decisão contrariar a Constituição, e ordinário nos casos de denegação do *habeas corpus* ou mandado de segurança.

O verbete sumular nº **728** do Supremo Tribunal Federal fixa o prazo diferenciado de 3 (*três*) dias para a interposição do recurso extraordinário. E o **parágrafo quarto** trata dos recursos: especial (*incisos I e II*) e do ordinário (*incisos III, IV e V*) cabíveis das decisões dos Tribunais Regionais Eleitorais.

Em matéria recursal é admissível, subsidiariamente, a aplicação dos Códigos de Processo Civil e Penal.

O art. 15 da Lei nº 13.105, de 16 de março de 2015 (*novo Código de Processo Civil*) é expresso: "*Na ausência de normas que regulem processos eleitorais, trabalhistas ou administrativos, as disposições deste Código lhes serão aplicadas supletiva e subsidiariamente*".

A subsidiariedade já era reconhecida pela doutrina e jurisprudência, mas o novo CPC estabeleceu expressamente previsão neste sentido. O Egrégio TSE já aplicava, subsidiariamente, o Código de Processo Civil aos processos eleitorais (*TSE, REsp 4221719.2008/RN; AgR-RO 41558.2014/RJ; AgR-AI 69210.2011/MG; AgR-AI 10019/PR; AgR-Resp 31116/MG*).

O Egrégio TSE editou a Resolução nº 23.478/2016 que: "Estabelece diretrizes gerais para a aplicação da Lei nº 13.105, de 16 de março de 2015, Novo Código de Processo Civil, no âmbito da Justiça Eleitoral". Nos artigos 16 *usque* 20 disciplina aspectos relevantes sobre os recursos eleitorais.

Sobre recursos eleitorais devem ainda ser observadas as regras específicas dos Regimentos Internos do Tribunal Superior Eleitoral e dos Tribunais Regionais Eleitorais.

É sempre oportuno lembrar que para cada eleição, o Egrégio TSE disciplina regras recursais, observando os limites do poder normativo, por meio de resoluções eleitorais temporárias que são efetivas fontes do Direito Eleitoral, v.g., a Resolução TSE nº 23.462, de 15/12/2015.

Algumas regras básicas incidem sobre o disciplinamento dos recursos eleitorais: (i) o prazo comum dos recursos é de três dias (*interposição com razões*), como determina o art. 258 do Código Eleitoral, sendo que, no período eleitoral, estipulado na Lei das Eleições e na resolução do Tribunal Superior Eleitoral, os prazos correm aos sábados, domingos e feriados (*art. 16 da Lei Complementar nº 64/1990*); (ii) os recursos eleitorais não possuem efeito suspensivo, o que significa dizer que as decisões são aplicáveis desde já, tendo ampla executoriedade, até porque o parágrafo único do art. 257 reza que: "*A execução de qualquer acórdão será feita imediatamente* (...)."

A produção de efeitos imediatos das decisões eleitorais ou cumprimento provisório da sentença está em consonância com o princípio da celeridade. No entanto, as exceções acabam transformando-se em regras gerais, e as decisões que importam em cassação do registro ou diploma são suspensas até pronunciamento colegiado ou final.

O art. 995 do novo Código de Processo Civil diz que: "*Os recursos não impedem a eficácia da decisão, salvo disposição legal ou decisão judicial em sentido diverso*".

O art. 257, § 2º, do Código Eleitoral foi incluído pela Lei nº 13.165/2015 (*minirreforma eleitoral*) nos seguintes termos: "*O recurso ordinário interposto contra decisão proferida por juiz eleitoral ou por Tribunal Regional Eleitoral que resulte em cassação de registro, afastamento do titular ou perda do mandato eletivo será recebido pelo Tribunal competente com efeito suspensivo*".

É nesse contexto que se pode afirmar a regra da suspensividade das decisões que: (i) determinam a cassação do registro ou diploma; e (ii) declaram a inelegibilidade, exceto quando a decisão é do órgão colegiado; e (iii) determinam a realização de novas eleições diretas ou indiretas (*§ 3º do art. 224 do Código Eleitoral*).

Desta forma, enquanto **não transitar em julgado**, por exemplo, o Recurso Contra a Diplomação, a Ação de Impugnação ao Requerimento de Registro de Candidatura, a Ação de Impugnação ao Mandato Eletivo, a Ação de Investigação Judicial Eleitoral por Abuso do Poder Político ou Econômico, a Ação de Captação Ilícita de Sufrágio, o diplomado exerce, em absoluta plenitude, o mandato eletivo.

O art. 216 do Código Eleitoral disciplina que no caso de interposição do Recurso Contra a Expedição do Diploma (*art. 262 do Código Eleitoral*), deve-se aguardar o acórdão do Tribunal Superior Eleitoral para que efetivamente se possa anular o diploma do eleito e, por via de consequência, decretar a perda do mandato eletivo.

Quando a legislação eleitoral não trata do duplo efeito dos recursos eleitorais, e é executada de forma imediata, a parte poderá valer-se da ação cautelar objetivando o efeito suspensivo ao recurso interposto.

Como as decisões interlocutórias não desafiam agravo de instrumento, art. 19 da Resolução TSE nº 23.478/2016, a parte poderá propor mandado de segurança ou aguardar a interposição do recurso cabível arguindo a questão que lhe foi prejudicial.

Outra regra de fundamental importância é a preclusão. Diz o art. 259 do Código Eleitoral.

> Art. 259. São preclusivos os prazos para interposição de recurso, salvo quando neste se discutir matéria constitucional.
>
> Parágrafo único. O recurso em que se discutir matéria constitucional não poderá ser interposto fora do prazo. Perdido o prazo numa fase própria, só em outra que se apresentar poderá ser interposto.

Não preclui uma questão constitucional, por exemplo, a filiação partidária. No entanto, se não for arguida na ação de impugnação ao pedido de registro, só poderá ser questionada nos autos do Recurso Contra a Expedição do Diploma (*art. 262 do Código Eleitoral*).

Assinala-se o verbete sumular **nº 47** do TSE: *"A inelegibilidade superveniente que autoriza a interposição de recurso contra a expedição de diploma, fundado no art. 262 do Código Eleitoral, é aquela de índole constitucional ou, se infraconstitucional, superveniente ao registro de candidatura, e que surge até a data da diplomação"*.

Outrossim, o enunciado sumular nº 11 do Tribunal Superior Eleitoral aduz que:

> No processo de registro de candidatos, o partido que não o impugnou não tem legitimidade para recorrer da sentença que o deferiu, salvo se se cuidar de matéria constitucional.

Vê-se que, sendo a matéria constitucional, qualquer partido pode recorrer da sentença que deferiu o registro maculado pelo vício da nulidade, não se operando o instituto da preclusão.

Em matéria eleitoral, a **regra do art. 260** é observada, tanto nos Tribunais Regionais Eleitorais como no Tribunal Superior Eleitoral, pois a distribuição do primeiro recurso gera a prevenção do relator para os demais recursos, sendo que, especificamente, no Tribunal Superior Eleitoral, existe previsão legal, disciplinando as divisões por relator, em razão da divisão por circunscrições judiciárias eleitorais. Assim, por exemplo, o Estado do Rio de Janeiro e o do Espírito Santo pertencem a uma mesma divisão para fins de prevenção do relator.

O **art. 263 do Código Eleitoral** trata da hipótese dos **prejulgados**. Foi declarada a inconstitucionalidade do dispositivo legal, mas a questão poderá ser reexaminada diante do novo parâmetro legal do efeito vinculante das decisões.

De fato, o TSE possui precedente no acórdão nº 12.501, Rel. Min. Sepúlveda Pertence, no DJU de 11/03/1993, pela inconstitucionalidade do art. 263 do Código Eleitoral.

Como se depreende, os arts. 926 *usque* 928 do Código de Processo Civil (*Lei nº 13.105/2015*) disciplinam a uniformização da jurisprudência pelos Tribunais, inclusive Eleitorais, o que demanda aos juízes eleitorais a observância dos enunciados sumulares e das circunstâncias factuais de precedentes que serviram de motivação para a criação de verbetes sumulares, nos termos do § 2º do art. 926 do diploma legal processual aplicável supletiva e subsidiariamente no processo judicial eleitoral.

Se, por exemplo, o juiz eleitoral diverge de uma orientação sumular terá que fundamentar essa decisão apontando a efetiva distinção do caso que está sendo julgado em função do outro caso que embasou o enunciado do Tribunal Superior Eleitoral.

29.2. AUTOCOMPOSIÇÃO. MEDIÇÃO OU CONCILIAÇÃO. *AMICUS CURIAE*. NÃO APLICABILIDADE NO PROCESSO ELEITORAL

As regras da Lei nº 13.105, de 16 de março de 2015, Código de Processo Civil, são aplicáveis subsidiária e supletivamente aos processos eleitorais.

O Tribunal Superior Eleitoral expediu a Resolução nº 23.478/2016, que no art. 6º assim diz: *"Não se aplica nos feitos eleitorais as regras relativas à conciliação ou mediação previstas nos arts. 165 e seguintes do novo Código de Processo Civil"*.

E ainda, versa o art. 5º da resolução acima: *"Não se aplica aos feitos eleitorais o instituto do Amicus Curiae de que trata o art. 138 da Lei nº 13.105, de 2015"*.

No entanto, o processo contencioso eleitoral possui uma especialidade que lhe é característica, considerando a natureza da celeridade dos procedimentos e as sanções decorrentes das ações eleitorais.

Tenha-se presente que o instituto jurígeno da autocomposição quanto ao procedimento previsto nos arts. 190 e 191 do CPC, não se coaduna com o processo eleitoral, pois diz respeito a direitos disponíveis.

A fortiori, considerando a natureza jurídica da lide eleitoral, ou seja, de ordem pública e indisponível, não se afigura cabível a aplicação dos **institutos da mediação e conciliação** disciplinados nos arts. 165 e ss. do Código de Processo Civil.

1054

29.3. GRATUIDADE

Por outro lado, os procedimentos eleitorais são de natureza gratuita, como já salientado alhures, e, portanto, incide o disposto na Lei nº 9.265/1996, sendo que somente com a revogação dessa norma se afigura pertinente a adoção subsidiária ou supletiva da norma processual civil.

29.4. PRAZOS

Quanto aos **prazos,** é importante salientar que o art. 220 do Código de Processo Civil trata da sua suspensão entre os dias 20 de dezembro e 20 de janeiro.

Essa regra se aplica, por exemplo, para a ação de impugnação do mandato eletivo ou o recurso contra a expedição do diploma.

Impõe-se uma cautela: o **prazo recursal** em matéria eleitoral segue a regra geral de 3 (*três*) dias com exceções específicas contidas na própria legislação eleitoral, inclusive o art. 1.067 do CPC, que alterou o art. 275 do Código Eleitoral disciplinando o recurso de embargos de declaração, no § 1º, considerou o prazo de 3 (três) dias contados da publicação da decisão embargada para fins de interposição.

Não se pode olvidar que a Lei Complementar nº 64/1990, no art. 16, cuida do prazo processual durante o registro de candidaturas.

Trata-se de regra especial. Desse modo não incide a suspensão durante os fins de semana ou feriados.

De observar-se, ainda, que fora do período acima aludido, os **prazos** contam-se na regra do **art. 219 do Código de Processo Civil**, porque não existe normatividade especial, ou seja, somente os dias úteis serão computados.

29.5. INCIDENTE DE RESOLUÇÃO DE DEMANDA REPETITIVA

O **incidente de resolução de demanda repetitiva,** previsto no novo CPC, arts. 976 *usque* 987, segundo lições de Teresa Arruda Alvim Wambier, objetiva:

> (...) proporcionar uniformização do entendimento acerca de certa tese jurídica. A decisão que deve ser considerada, a respeito de certa tese jurídica comum a inúmeras ações, ocorre, quando se utiliza este instituto, no segundo grau de jurisdição. O teor da decisão do Tribunal é ponto de partida para que os juízes singulares decidam seus processos (...) (Primeiros Comentários ao Novo Código de Processo Civil, Artigo por Artigo. 1ª ed. São Paulo: Revista dos Tribunais, 2015, p. 1.396).

Cumpre observar que se exigem requisitos para o incidente, por exemplo: (i) significativo número de processos (*algumas dezenas*); (ii) questões de direito (*trata-se de qualificação jurídica dos fatos, ou seja, fatos já comprovados*); e (iii) garantir a isonomia e a segurança jurídica.

A princípio, é possível aos Tribunais Regionais Eleitorais disciplinarem por resolução específica a possibilidade da instauração do incidente, observando-se a celeridade do processo contencioso eleitoral.

Assinale-se que o instituto da **Consulta Eleitoral**, previsto nos arts. 23, inc. XII, e 30, inc. VIII, do Código Eleitoral, já cumpre a função da uniformização da jurisprudência eleitoral garantindo uma segurança jurídica aos futuros candidatos e partidos políticos, mas parece conciliável a possibilidade de adoção do incidente de resolução de demandas repetitivas, no entanto, nesse caso uma das exigências é o significativo número de demandas sobre a mesma questão atinente à qualificação jurídica dos fatos.

Desse modo, enquanto a consulta é preventiva, o novo instituto de resolução de demandas repetitivas pressupõe processos eleitorais em curso.

29.6. PREJULGADOS

Salienta-se ainda o instituto dos **prejulgados**, cuja previsão está no art. 263 do Código Eleitoral.

Leciona Pinto Ferreira que: "(...) *o prejulgado teve origem no Direito lusitano com as Ordenações Manuelinas, daí se transladando para as Ordenações Filipinas. No Brasil foi admitido pelo Decreto nº 16.273, de 20 de dezembro de 1923, ao reorganizar a Justiça do Distrito Federal. Em seguida foi novamente regulado pela Lei nº 319, de 25 de novembro de 1936 (art. 2º), e mais tarde pelo Código de Processo Civil de 1939* (art. 861) (...)" (*Código Eleitoral Comentado*. 4ª ed. São Paulo: Saraiva, 1997, p. 334).

Deveras, esse instituto estava presente no Código Eleitoral de 1950, no art. 161, e segundo lições de *Gomes Neto*, referido por *Pinto Ferreira*, e do renomado *Antônio Tito Costa* (obra citada, p. 337) a aplicação do prejulgado exige: (i) um processo contencioso eleitoral; (ii) uma outra decisão referente à mesma eleição ou pleito eleitoral; e (iii) a efetiva divergência entre o prejulgado (*decisão anterior*) e a futura decisão.

Como se nota, a alegação sobre o **prejulgado** não necessita de múltiplas decisões, mas apenas de uma decisão anterior que tenha firmado uma posição jurídica sobre o fato.

Trata-se de questão de direito que objetiva uniformizar a jurisprudência.

O incidente de resolução de demandas repetitivas exige uma quantidade razoável de processos eleitorais.

A inconstitucionalidade do prejulgado foi reconhecida, *in expressi verbis*: "(...) *é suficiente a maioria absoluta dos membros do Tribunal para declarar a inconstitucionalidade de lei ou ato normativo do poder público, parece-me que a norma do art. 263 do Código Eleitoral, ao impor quórum de 2/3 para alteração de*

RECURSOS ELEITORAIS

CAPÍTULO 29

jurisprudência, revela-se incompatível com o sistema constitucional (...)" (Acórdão TSE nº 12.501/92. Rel. Min. Sepúlveda Pertence).

No entanto, a aludida decisão do Egrégio TSE não vincula, considerando que a inconstitucionalidade foi reconhecida em caráter incidental e não possui efeitos *erga omnes*.

29.7. RECURSOS CABÍVEIS DAS DECISÕES DOS JUÍZES ELEITORAIS

Em matéria criminal, cabe o recurso tratado no art. 362 do Código Eleitoral. A doutrina denomina esse recurso **Apelação Criminal**. Nesse sentido, conferir as lições de *Joel José Cândido* e *Tito Costa*.

O prazo de ajuizamento e oferecimento das razões é simultâneo, sendo de dez dias. A regra é similar à dos Juizados Especiais Criminais, pois o prazo é comum. O prazo para apresentação de contrarrazões também é de dez dias.

Esse recurso possui o **efeito suspensivo**. Significa dizer que, enquanto o Tribunal não julgar a apelação, o réu poderá pleitear o registro de sua candidatura e não se poderá ingressar com a AIRRC ou RCED, pois é inaplicável o art. 15, III, da Carta Magna (*suspensão dos direitos políticos, em razão de sentença criminal condenatória e, tampouco, o disposto no art. 1º, I, letra e, da Lei das Inelegibilidades, pois não há decisão colegiada*).

O Código Eleitoral não prevê o **recurso em sentido estrito ou restrito**, mas seu cabimento é admitido pela doutrina e jurisprudência (*Joel José Cândido, Adriano Soares da Costa, Tito Costa, Pedro Henrique Távora Niess, Lauro Barreto* e *outros renomados*) de forma pacífica, aplicando-se subsidiariamente o Código de Processo Penal, como, por exemplo, na hipótese em que o juiz eleitoral rejeita a denúncia oferecida pelo promotor eleitoral.

O promotor eleitoral poderá recorrer em sentido estrito da decisão, no prazo de três dias, na forma do disposto nos arts. 586 do Código de Processo Penal e 364 do Código Eleitoral. Quanto ao prazo se deve preservar a regra geral em matéria eleitoral, ou seja, 3 (*três*) dias, arts. 258 e 265 do Código Eleitoral.

O art. 364 do Código Eleitoral ressalta regra de fundamental importância:

> Art. 364. No processo e julgamento dos crimes eleitorais e dos comuns que lhes forem conexos, assim como nos recursos e na execução, que lhes digam respeito, aplicar-se-á, como lei subsidiária ou supletiva, o Código de Processo Penal.

Portanto, a defesa também disporá do prazo de três dias para contrarrazões, havendo possibilidade de retratação na forma do art. 589 do Código de Processo Penal.

Não se pode perder de vista o cabimento da **ação de revisão criminal**, aplicando-se o art. 364 do Código Eleitoral.

1057

A simples propositura de ação de revisão criminal não assegura ao seu autor o deferimento do pedido de registro de sua candidatura, com o afastamento da causa de suspensão dos direitos políticos, porque milita na hipótese a intangibilidade da coisa julgada.

O **recurso inominado** está previsto no art. 265 do Código Eleitoral:

> Art. 265. Dos atos, resoluções ou despachos dos juízes ou juntas eleitorais caberá recurso para o Tribunal Regional.

Esse recurso é cabível quando a matéria não for penal, porque, para as questões penais, as previsões recursais encontram-se na apelação, recurso em sentido estrito, *habeas corpus* e mandado de segurança criminal.

O Ministério Público sempre terá vista dos autos, possuindo o prazo de 48 horas para parecer ou promoção.

Nas lições da doutrina, especialmente de *Joel José Cândido*, e da jurisprudência, o cabimento do recurso inominado dá-se nas seguintes matérias: (i) decisões que julgam inelegibilidades, tais como ações de impugnação ao pedido de registro, investigação judicial eleitoral e impugnação ao mandato eletivo; (ii) decisão que julgar impugnação à designação de escrutinadores e auxiliares (art. 39 do CE); (iii) decisão que julgar pedido de inscrição eleitoral processada pelo Código Eleitoral (CE, art. 45, § 7º); (iv) decisão que julgar pedido de inscrição eleitoral processado pela Lei nº 6.996, de 07/06/1982 (art. 7º, § 1º); (v) decisão que julgar pedido de transferência de domicílio eleitoral (CE, art. 57, § 2º); (vi) decisão que julgar impugnação à indicação de preparador (CE, art. 62, § 4º); (vii) decisão que julgar pedido de cancelamento de inscrição e/ou exclusão do eleitor (CE, art. 80); (viii) decisão que julgar ligação de impedimento de mesário para o serviço eleitoral (CE, art. 120, § 4º); (ix) decisão que julgar reclamação à designação de mesário (art. 121, § 1º, do CE); e (x) decisão que julgar reclamação à designação das seções eleitorais (CE, art. 135, § 8º), dentre outras (*obra já referida*).

29.8. RECURSOS CONTRA AS DECISÕES DAS JUNTAS ELEITORAIS

As decisões das juntas eleitorais também desafiam recursos.

As juntas eleitorais são órgãos colegiados, compostos por juízes de fato e um juiz eleitoral, que é o Presidente da junta eleitoral.

As competências das juntas eleitorais estão tratadas no art. 40, I a IV, do Código Eleitoral.

Cabe a interposição imediata do recurso inominado do § 3º do art. 165 e do art. 169 do Código Eleitoral, sob pena de **preclusão instantânea**.

RECURSOS ELEITORAIS   CAPÍTULO 29

É admissível, ainda, o **recurso parcial**, com base no art. 261, e parágrafos, do Código Eleitoral.

Registre-se, ainda, o **recurso contra a diplomação**, com base no art. 262 do Código Eleitoral, que deve ser interposto e arrazoado no prazo de três dias, quando a junta eleitoral diploma os candidatos a Prefeito, Vice e vereadores.

No entanto, o juiz eleitoral é que preside a junta, nos termos do art. 40, inciso IV e parágrafo único do Código Eleitoral.

29.9. RECURSO CONTRA AS DECISÕES DOS TRIBUNAIS REGIONAIS ELEITORAIS

Por exemplo:

a) **Recurso parcial:** art. 261, § 1º, do Código Eleitoral;

b) **Recurso contra a diplomação:** no caso, a diplomação de Senadores, suplentes, Governador, Vice-Governador, Deputados federais, estaduais e distritais e suplentes (*arts. 89, 215 e 262 do Código Eleitoral*);

c) **Recurso inominado:** art. 264 do Código Eleitoral. Os regimentos internos disciplinam o julgamento desses recursos;

d) **Embargos de declaração:** art. 275 do Código Eleitoral. Prazo de **3 (três) dias**. O prazo será de **24 (vinte e quatro) horas** na representação por propaganda irregular. Registre-se: "(...) *O prazo recursal para o oferecimento de embargos de declaração em instância ordinária, nas representações relativas à propaganda irregular, é de 24 (vinte e quatro) horas, pois o disposto no art. 96, § 8º, da Lei nº 9.504/1997 também se aplica aos declaratórios opostos contra o acórdão regional*" (Agravo Regimental em Recurso Especial Eleitoral nº 240.512/CE. Acórdão de 17/10/2013. Rel. Min. José Antônio Dias Toffoli. Diário de justiça eletrônico, Tomo 226, 27/11/2013, p. 29). **O art. 1.067 do novo Código Civil alterou a redação do art. 275 do Código Eleitoral e fixou o prazo de 3 (*três*) dias para a interposição desse recurso**. Como norma posterior revoga a anterior, é possível sustentar que esse novo prazo de 3 (*três*) dias se aplica para todos os casos de representações eleitorais não subsistindo o prazo específico de 24 (*vinte e quatro*) horas;

e) **Recurso especial:** art. 121, § 4º, incs. I e II, da Constituição Federal, que produziu alteração no art. 276, I, alínea *a*, do Código Eleitoral. O prazo é de 3 (*três*) dias ao Tribunal Superior Eleitoral. Procedimento: arts. 276 e 277 do Código Eleitoral;

f) **Recurso ordinário:** art. 121, § 4º, incs. III, IV e V, da Constituição Federal e art. 276, II, alíneas *a* e *b*, do Código Eleitoral. Prazo de 3 (*três*) dias. Procedimento: arts. 276 e 277 do Código Eleitoral. Esse recurso é recebido no efeito suspensivo nos termos do § 2º do art. 257 do Código Eleitoral (*redação da Lei nº 13.165/2015*);

g) **Agravo de instrumento** (*art. 279 e parágrafos do Código Eleitoral*): Prazo – 3 (três) dias.

Cabimento: na hipótese em que a decisão do Tribunal Regional Eleitoral **denega o recurso especial**. Mesmo que interposto fora do prazo legal, a lei obriga o Presidente do TRE a dar-lhe seguimento, conforme disciplina o § 5º do art. 279 do Código Eleitoral. Denegado o recurso extraordinário ou ordinário da decisão do Egrégio TSE para o Supremo Tribunal Federal é cabível agravo de instrumento, art. 282 do Código Eleitoral;

h) **Revisão criminal:** nos moldes do Código de Processo Penal.

29.10. RECURSOS CONTRA AS DECISÕES DO TRIBUNAL SUPERIOR ELEITORAL

Cabem os **embargos de declaração**, art. 275 do Código Eleitoral, a **revisão criminal** (*que não é recurso*), o **agravo de instrumento**, quando for denegado o recurso extraordinário ou negado seguimento ao recurso ordinário, nos termos do art. 282 do Código Eleitoral e, ainda:

a) **recurso extraordinário para o STF**, cujo cabimento dá-se tanto em matéria civil como nas questões penais, desde que a pena cominada seja de reclusão (*art. 325, inc. II, do Regimento Interno do Supremo Tribunal Federal*). Base legal, arts. 121, § 3º, c/c 102, III, alíneas *a*, *b* e *c*, da Constituição Federal e Lei nº 6.055/1974. Prazo de três dias, aplicando-se nos processos criminais a regra dos arts. 637 e 638 do Código de Processo Penal. Nesse sentido é o verbete sumular **nº 728** do Supremo Tribunal Federal.

b) **recurso ordinário para o STF**, art. 281 do Código Eleitoral. Prazo de três dias. Cabimento: decisão do TSE que denegar *habeas corpus* ou mandado de segurança. Sendo negado seguimento, cabe agravo de instrumento, art. 282 do Código Eleitoral, proposto nos moldes do art. 279 e seus parágrafos.

29.11. ARTS. 264 E 265 DO CÓDIGO ELEITORAL

Os recursos implicam no reexame ou revisão do pronunciamento jurisdicional e, nas lições de *José Frederico Marques*, dilatam e ampliam a relação processual.

O art. 264 do CE diz que: "*Para os Tribunais Regionais e para o Tribunal Superior caberá dentro de 3 (três) dias, recurso dos atos, resoluções ou despachos dos respectivos Presidentes*".

O art. 265 do Código Eleitoral dispõe que: "*Dos atos, resoluções ou despachos dos juízos ou juntas eleitorais caberá recurso para o Tribunal*".

Assim, o direito subjetivo à rediscussão da matéria é previsto não apenas em relação aos "despachos", e neste sentido, complementa-se a norma com o disposto no art. 162 do Código de Processo Civil, no novo CPC é o art. 203.

Na interpretação dos artigos acima mencionados, vê-se a menção expressa ao termo **resoluções**, pois estas podem gerar efeitos concretos e desafiar os recursos legais cabíveis.

Neste sentido, por exemplo, tivemos o caso Mira Estrela que normatizou o número de vereadores, mas a hipótese não foi recursal, mas questionada em Ações Diretas de Inconstitucionalidade (*ADIn nº 3.345/DF e 3.365/DF*).

As **resoluções** dão sentido regulamentar às leis em vigor, como a Lei nº 9.504/1997, e, na verdade, devem disciplinar apenas de forma a ratificar em caráter pospositivo ou prepositivo as leis primárias vigentes, nunca invadindo esfera de competência privativa do Congresso Nacional defluente do poder legiferante.

Assim como os decretos e demais regulamentos, as resoluções podem ser gerais (*normativas*), cuja admissão se dá por força do art. 1º, parágrafo único, do Código Eleitoral, ou até mesmo com perfil de execução (*autônomo*), nos moldes do paradigma do art. 84, VI, *a* e *b*, da Carta Magna e art. 17 do Decreto nº 4.176/2002. Em ambos os casos, as resoluções podem ser reexaminadas pelo duplo grau de jurisdição, especialmente quando excedem ou invadem os limites da explicitação e aclaramento das disposições legais.

Leciona *Manoel Carlos de Almeida Neto* que as resoluções podem ser normativas, a saber:

> (...) possui conteúdo de ato normativo abstrato, genérico e impessoal e, portanto, tem força de lei em sentido material. Normalmente, essas resoluções são originárias dos processos autuados sob a classe "instrução" no âmbito do TSE, mas, em casos excepcionais, emanam de processos administrativos, jurisdicionais ou, em casos extraordinários, até mesmo de consultas. Por possuir conteúdo de ato normativo primário – lei em sentido material –, esse tipo de resolução pode ser objeto de controle abstrato de constitucionalidade no STF (*Direito Eleitoral Regulador*. 1ª ed. São Paulo: Editora Revista dos Tribunais, 2014, p. 149).

De fato, as resoluções devem seguir o disposto no art. 105 da Lei nº 9.504/1997, ou seja, "(...) *atendendo ao caráter regulamentar e sem restringir direitos ou estabelecer sanções distintas das previstas nesta Lei* (...)." Sobre a normatividade das resoluções disciplina o art. 25 do Regimento Interno do TSE.

Nesse contexto, seria oportuna a criação de uma Consolidação das Resoluções Eleitorais com objetivos regulamentares de cada espécie de pleito eleitoral; e.g., eleições nacionais, federais e estaduais e municipais. Deveras, seria o *quantum suffict* para tratar da vasta legislação eleitoral brasileira garantindo ao intérprete uma segurança na consulta ao texto legal.

O Tribunal Superior Eleitoral editou o verbete sumular **nº 35**, não admitindo reclamação contra atos normativos, *in expressi verbis*: "*Não é cabível reclamação* *para arguir o descumprimento de resposta a consulta ou de ato normativo do Tribunal Superior Eleitoral".*

29.12. DUPLO GRAU DE JURISDIÇÃO

É importante frisar que os recursos efetivam a garantia do duplo grau de jurisdição e, portanto, asseguram o binômio: justiça e segurança, pois devem evitar a perpetuação da lide e resolver o conflito de interesses nos moldes da Justiça Constitucional.

Cabe ressaltar que, diante da incidência do princípio do duplo grau de jurisdição, não pode o Egrégio Tribunal Superior Eleitoral realizar cognição sobre os fatos que não foram submetidos ao exame do Tribunal Regional, nem sobre fatos a respeito dos quais não houve pronunciamento judicial.

O enunciado sumular do TSE **nº 24** assim versa: *"Não cabe recurso especial eleitoral para simples reexame do conjunto fático-probatório".*

E ainda o verbete sumular **nº 25** do TSE: *"É indispensável o esgotamento das instâncias ordinárias para a interposição de recurso especial eleitoral".*

Todavia essa regra é mitigada em razão da análise do Recurso Contra a Expedição do Diploma (*art. 262 do Código Eleitoral*) que autoriza a produção de prova.

Nesse sentido: *"(...) No RCED, não se exige que a prova seja exclusivamente pré-constituída, admitindo-se a produção de todos os meios de prova legítimos e necessários à demonstração dos fatos arguidos, desde que indicados na inicial (...)"* (Agravo Regimental em Recurso Especial Eleitoral nº 178/AL. Acórdão de 26/08/2014. Rel.ª Min.ª Luciana Christina Guimarães Lóssio: DJE, Tomo 168, 9/9/2014, p. 133-134).

Insta esclarecer que cabe ao interessado, na hipótese excepcional de inércia quanto ao cumprimento do prazo razoável de julgamento pelo juiz eleitoral, dirigir a ação de representação prevista do **art. 96 da Lei nº 9.504/1997**, diretamente ao Tribunal Regional Eleitoral do respectivo Estado. Nestes casos, admite-se uma **exceção ao princípio do duplo grau de jurisdição**.

Assim decidiu o Tribunal Superior Eleitoral:

> "(...) A regra do art. 96, § 10, da Lei nº 9.504/1997 prevê a possibilidade de exame pelo órgão superior de representação eleitoral que não for julgada, nos prazos legais, pela autoridade competente. Não há como ser invocada tal regra, quando não se evidencia na espécie a morosidade arguida pelo representante, constatando-se que, na realidade, a maior parte dos processos foram ajuizados próximos às eleições. Poderá a representante, averiguando eventual inércia do juiz eleitoral, pleitear a adoção

das medidas previstas no mencionado § 10 do art. 96 da Lei das Eleições ou do art. 22, III, da Lei de Inelegibilidades, o que, *in casu*, deverá ser postulado ao Tribunal de origem, instância superior àquela competente ao processamento das demandas que tratam das eleições municipais. Nesse entendimento, o Tribunal julgou improcedente a representação. Unânime. Representação nº 732/AM, Rel. Min. Caputo Bastos, em 10/2/2005.

A **Lei nº 9.504/1997, no art. 69**, permite **excepcional supressão de instância**, quando a impugnação sobre os votos não for recebida pela Junta Eleitoral, autorizando o Tribunal Regional Eleitoral a decidir sobre a impugnação. Trata-se de hipótese excepcional, cuja solução atende ao primado da celeridade e economia processual.

Há, ainda, o aspecto criado pelo **§ 3º do art. 96 da Lei nº 9.504/1997**, que trata da designação pelos Tribunais Regionais Eleitorais de juízes auxiliares que apreciam as reclamações e representações. Nestes casos, a jurisprudência pacífica do TSE firmou-se no sentido da **não violação do duplo grau de jurisdição, pois os juízes auxiliares exercem competência cuja delegação está inserida por força de lei aos Tribunais.**[1] Neste sentido, TSE, Acórdão nº 12.374, Rel. Min. Torquato Jardim, em 10/11/1994; Acórdão nº 12.523, Rel. Min. Eduardo Alckmin, em 25/03/1997; Acórdão nº 15.325, Rel. Min. Costa Porto, em 31/08/1998 e Acórdão nº 15.840, Rel. Min. Edson Vidigal, em 17/06/1999.

29.13. PRAZOS RECURSAIS. CONSIDERAÇÕES

Os prazos recursais são peremptórios e decorrem do princípio da celeridade.

O Tribunal Superior Eleitoral expediu a Resolução nº 23.478/2016, e nos arts. 7º *usque* 10, disciplinou os prazos.

O art. 97 da Lei nº 9.504/1997 prevê a representação em face do órgão jurisdicional que descumprir prazos processuais, e o art. 94 da mesma lei estipula uma prioridade de participação dos juízes e membros do Ministério Público para fins de processamento dos feitos eleitorais.

O TSE já decidiu que o prazo exíguo de 24 (*vinte e quatro)* horas, previsto no art. 96 da Lei nº 9.504/1997 justifica-se pela solução imediata da lide (*AC nº 3.055, de 05/02/2002, Rel. Min. Fernando Neves*).

O Ministério Público, como já alhures anotado, deve ser intimado pessoalmente, inclusive nos casos que julgam ações atinentes às multas eleitorais sobre propaganda eleitoral e o prazo só passa a fluir de sua efetiva intimação. Neste sentido, *Acórdão TSE 15.750/1999, Rel. Min. Edson Vidigal e no mesmo sentido, Acórdão TSE 16.412/2001, de 15/05/2001. Rel. Min. Costa Porto.*

---

1 O tema foi abordado no capítulo sobre a ação de reclamação, nesta obra.

1063

Dessa forma, a intimação de forma pessoal é feita com a entrega dos autos na secretaria do órgão do *Parquet*, até porque a ausência do ato de intimação enseja a nulidade do processo nos termos do art. 246 do Código de Processo Civil, que é aplicável subsidiariamente na disciplina eleitoral.

A intimação deve sempre ocorrer em processos contenciosos e de natureza administrativa, por exemplo, duplicidade de filiação partidária e procedimentos de mesários faltosos.

Na Justiça Eleitoral não deve ser observado o prazo em dobro previsto no Código de Processo Civil (Fazenda Pública) e 128, I, da Lei Complementar nº 80/1994 (Defensoria Pública da União), considerando o princípio da **celeridade** na tramitação dos processos eleitorais, ressalvando-se a hipótese de execução fiscal (*art. 188 do CPC e art. 180 do novo CPC*), que é proposta após o calendário eleitoral e não interfere na dinâmica do procedimento organizatório das eleições, nem tampouco nas fases e subfases do processo eleitoral.

O art. 258 do Código Eleitoral fixa o prazo de três dias como regra genérica para os recursos eleitorais. As exceções defluem de outras normas expressas, como é o caso do art. 96, § 8º, da Lei nº 9.504/1997, que prevê o prazo de 24 horas para o recurso da decisão nas ações de reclamação em face da propaganda política eleitoral irregular (*decisões sobre multas eleitorais*). Neste sentido, *Agravo Regimental no Recurso Especial Eleitoral nº 24.600/RS, Rel. Min. Caputo Bastos, em 10/02/2005*.

O **art. 16 da Lei Complementar nº 64/1990** expressamente estabelece que os prazos relativos aos processos de registro de candidatura são peremptórios e contínuos e correm em secretaria ou cartório, não se suspendendo, durante o período eleitoral, aos sábados, domingos e feriados.

29.14. CONSIDERAÇÕES GERAIS SOBRE OS EFEITOS DEVOLUTIVO E SUSPENSIVO DOS RECURSOS ELEITORAIS

Quanto aos **efeitos dos recursos eleitorais**, o art. 257 do Código Eleitoral trata da regra genérica, ou seja, os recursos **não têm efeito suspensivo**.

Cumpre ressaltar o disposto no art. **15 da Lei Complementar nº 64, de 18 de maio de 1990**. A regra aplicável ao registro de candidatos implica o cancelamento do mesmo, ou do diploma, quando houver o trânsito em julgado da decisão impugnativa do aludido registro.

Assim, o recurso da parte (*candidato*), permite a participação dele nas eleições, inclusive sua diplomação e posse. Trata-se de uma exceção ao efeito devolutivo, pois na verdade o recurso passa a ter, neste caso, o efeito suspensivo.

O art. 15 da LC nº 64/1990 admite o efeito da causa negativa de inelegibilidade com a decisão do órgão colegiado, mas a perda do diploma e do mandato eletivo

RECURSOS ELEITORAIS

deve aguardar uma decisão do próprio Tribunal Superior Eleitoral ou o trânsito em julgado.

Assim, a inelegibilidade já produz seu efeito com a decisão colegiada, ou seja, em sentido oposto, a decisão proferida por juiz eleitoral de forma monocrática constituindo a inelegibilidade só surtirá o efeito se transitar em julgado ou for confirmada pelo órgão colegiado do Tribunal.

Como já salientado alhures, o art. 257 e parágrafos do Código Eleitoral foi alterado pela Lei nº 13.165, de 29 de setembro 2015, nos seguintes termos:

> Art. 257. Os recursos eleitorais não terão efeito suspensivo.
>
> § 1º A execução de qualquer acórdão será feita imediatamente, através de comunicação por ofício, telegrama, ou, em casos especiais, a critério do Presidente do Tribunal, através de cópia do acórdão. (Redação dada pela Lei nº 13.165, de 2015)
>
> § 2º O recurso ordinário interposto contra decisão proferida por juiz eleitoral ou por Tribunal Regional Eleitoral que resulte em cassação de registro, afastamento do titular ou perda de mandato eletivo será recebido pelo Tribunal competente com efeito suspensivo. (Incluído pela Lei nº 13.165, de 2015)
>
> § 3º O Tribunal dará preferência ao recurso sobre quaisquer outros processos, ressalvados os de *habeas corpus* e de mandado de segurança. (Incluído pela Lei nº 13.165, de 2015)

Foi revogado o parágrafo único do dispositivo legal, mas mantida a mesma redação no atual parágrafo primeiro, e ainda, incluídos os parágrafos segundo e terceiro.

A regra é a de que os recursos eleitorais **não possuem efeito suspensivo**, e.g., a decisão que concede o direito de resposta, a sanção de multa ou a suspensão da conduta vedada aos agentes públicos em campanhas eleitorais.

O efeito suspensivo está expresso no § 2º do art. 257, sendo interposto o recurso inominado da decisão do juiz eleitoral ou ordinário do acórdão do Tribunal Regional Eleitoral.

A lei fez menção apenas ao recurso ordinário, mas a norma se amplia ao recurso inominado em razão da referência à decisão singular do juiz eleitoral da zona eleitoral, e.g., nas eleições municipais. Infere-se a incidência dos arts. 265, 276, II, "a" e "b", do Código Eleitoral e 121, § 4º, III, IV e V, da Constituição da República Federativa do Brasil.

Nas eleições federais, distritais e estaduais (*Senadores, Deputados federais, Governadores, Vices, Deputados distritais e estaduais*), os julgamentos pelos Tribunais Regionais Eleitorais decorrem de eventuais impugnações que objetivam o indeferimento do registro e, no caso, de deferimento, a cassação do mesmo.

1065

O Egrégio TSE julgará: (i) o **recurso ordinário**, quando o caso versar sobre inelegibilidade, art. 121, § 4º, III, da Carta Magna; e (ii) o **recurso especial** nas hipóteses de falta de condição de elegibilidade, art. 121, § 4º, I e II, da Constituição Federal. Exemplo: art. 51 da Resolução TSE nº 23.405/2014.

Nas eleições municipais (*Prefeitos, Vices e vereadores*), a decisão do juiz eleitoral da zona eleitoral que indefere o registro da candidatura desafia o recurso inominado para o Tribunal Regional Eleitoral (*art. 8º e parágrafos da Lei Complementar nº 64/1990*), cumprindo ao relator a concessão do efeito suspensivo.

No caso desses recursos, invoca-se o art. 16-A da Lei nº 9.504/1997 que consagra a possibilidade do **efeito suspensivo** ao indeferimento ou cassação do pedido de registro de candidatura *sub judice, in expressi verbis*: "*O candidato cujo registro esteja* sub judice *poderá efetuar todos os atos relativos à campanha eleitoral, inclusive utilizar o horário eleitoral gratuito no rádio e na televisão e ter seu nome mantido na urna eletrônica enquanto estiver sob essa condição, ficando a validade dos votos a ele atribuídos condicionada ao deferimento de seu registro por instância superior*".

O acórdão do Tribunal Regional Eleitoral enseja recurso ao Tribunal Superior Eleitoral (*art. 11, § 2º, da Lei Complementar nº 64/1990*), no prazo de 3 (*três*) dias. Nesse caso, o relator no TSE concederá o efeito suspensivo.

Embora o § 2º do art. 257 do Código Eleitoral tenha feito referência apenas à "cassação do registro", o sentido teleológico alcança decisões que resultam no indeferimento do registro.

O indeferimento inviabiliza o postulado de uma candidatura e se comprovado um dano grave, ou até mesmo a probabilidade de provimento do recurso, o relator poderá conferir efeito suspensivo numa espécie de antecipação de tutela recursal.

Com efeito, o Código de Processo Civil consagra a sua aplicação subsidiária e supletiva para os procedimentos eleitorais (*ações eleitorais*), conforme expressa previsão no art. 15.

O art. 995 do Código de Processo Civil assim versa: "*Os recursos não impedem a eficácia da decisão, salvo disposição legal ou decisão judicial em sentido diverso. Parágrafo único. A eficácia da decisão recorrida poderá ser suspensa por decisão do relator, se da imediata produção de seus efeitos, houver risco de dano grave, de difícil ou impossível reparação, e ficar demonstrada a probabilidade de provimento do recurso*".

Quanto ao afastamento do titular ou perda do mandato eletivo, o efeito é suspensivo.

Acresça-se que o art. 224, § 3º, do Código Eleitoral assim dispõe: "*A decisão da Justiça Eleitoral que importe o indeferimento do registro, a cassação do diploma ou a perda do mandato de candidato eleito em pleito majoritário acarreta, após o trânsito em julgado, a realização de novas eleições, independentemente do número de votos anulados*". (Incluído pela Lei nº 13.165, de 2015).

RECURSOS ELEITORAIS   CAPÍTULO 29

Dessa forma, quando a eleição for pelo sistema eleitoral majoritário (*Presidente, Vice, Governador, Vice, Prefeito, Vice e Senador*), aguarda-se o trânsito em julgado da decisão para a determinação de novas eleições em razão da perda do mandato eletivo.

No caso de eleições proporcionais (*Deputados federais, distritais, estaduais e vereadores*), a decisão já é eficaz, mas estará sujeita a eventual concessão do efeito suspensivo para obstaculizar a imediata perda do mandato eletivo.

O art. 362 do Código Eleitoral prevê o recurso de apelação criminal eleitoral, sendo pacífico na doutrina e jurisprudência que o seu efeito é suspensivo, pois no silêncio da lei eleitoral aplica-se de forma subsidiária o art. 594 do Código de Processo Penal. Significa que o apelante não estará sujeito à execução provisória da sentença, exceto na forma da lei processual penal.

Em resumo: identifica-se o **efeito suspensivo** nas seguintes decisões:

a) decisões de **inelegibilidade** em razão do art. 15 da Lei Complementar nº 64/1990, o candidato é inelegível se a decisão transitar em julgado ou for proveniente de órgão colegiado;

b) **recurso criminal**, arts. 362 e 363 do Código Eleitoral;

c) decisão dos Tribunais Regionais Eleitorais que julgam pela **cassação da transmissão na propaganda partidária**, art. 45, § 5º, da Lei nº 9.096/1995;

d) decisão que desaprova a **prestação de contas** de natureza partidária, art. 37, § 4º, da Lei nº 9.096/1995; e

e) **decisão de indeferimento ou cassação do registro ou diploma, perda do mandato eletivo nos termos dos arts. 224, § 3º, e 257, § 1º, do Código Eleitoral.**

29.15. QUÓRUM NOS TRIBUNAIS REGIONAIS ELEITORAIS

A Lei nº 13.165, de 29 de setembro de 2015, acrescentou o **§ 4º ao art. 28 do Código Eleitoral** nos seguintes termos: "*As decisões dos Tribunais Regionais sobre quaisquer ações que importem cassação de registro, anulação geral das eleições ou perda de diplomas somente poderão ser tomadas com a presença de todos os seus membros*".

Assim, os Tribunais Regionais Eleitorais, para decidirem sobre os temas específicos como: cassação do registro; anulação de eleições e perda de diplomas, **não podem ter um quórum mínimo**, e.g., 5 (*cinco*) juízes. Exige-se o quórum completo de 7 (*sete*) juízes, sendo as decisões resolvidas pela maioria.

O Tribunal Superior Eleitoral expediu a Resolução nº 23.478/2016, e no art. 17 assim disse: "*Não se aplica, nos Tribunais Eleitorais, o quórum previsto no art. 941, § 2º, do novo Código de Processo Civil (arts. 19, parágrafo único, e 28, § 4º, do Código Eleitoral)*".

1067

Cumpre reconhecer que o legislador demonstrou lídimo interesse na preservação dos mandatos eletivos que decorrem da votação popular.

A presença de todos os membros, v.g., do Egrégio Tribunal Regional Eleitoral reforça o sentido de supervalorização do regime democrático e legítimo.

A cidadania ativa e passiva é um princípio fundamental (*art. 1º, II da Carta Magna*), e a votação de todos os membros do Tribunal Regional Eleitoral torna mais dialéticas as soluções que importam em anulação das eleições e do diploma dos candidatos eleitos.

A regra se aplica para: (i) ação de impugnação ao requerimento de registro de candidaturas; (ii) ação de perda do mandato eletivo por desfiliação partidária sem justa causa; (iii) ação de investigação judicial eleitoral por abuso do poder econômico ou político; (iv) ação de captação ou gastos ilícitos de recursos nas campanhas eleitorais; (v) ação de captação ilícita de sufrágio; (vi) representação contra condutas vedadas aos agentes públicos em campanhas eleitorais; (vii) ação de impugnação ao mandato eletivo e (viii) recurso contra a expedição do diploma.

Quando cabível a representação que segue o rito processual do **art. 96 e parágrafos da Lei nº 9.504/1997**, como não é utilizada para a resolução dos conflitos referidos no **§ 4º do art. 28 do Código Eleitoral** não precisa que para a realização da sessão estejam presentes todos os membros do Tribunal Regional Eleitoral, sendo suficiente o quórum de **5 (*cinco*) juízes**.

Na hipótese de impedimento de um magistrado eleitoral, o quórum não pode ficar incompleto cumprindo ao Presidente do Tribunal Regional Eleitoral convocar o suplente da mesma classe (*dos desembargadores, juízes estaduais, juiz federal ou advogados juristas*), nos termos do **§ 5º do art. 28 do Código Eleitoral**.

29.16. PREVENÇÃO ESPECIAL

O art. 260 do Código Eleitoral disciplina uma particular espécie de prevenção especial:

> Art. 260. A distribuição do primeiro recurso que chegar ao Tribunal Regional ou Tribunal Superior prevenirá a competência do relator para todos os demais casos do mesmo município ou estado.

A regra é regimentalmente prevista no Tribunal Superior Eleitoral e Tribunais Regionais Eleitorais, mas a prevenção ao relator diz respeito, a princípio, apenas aos recursos das fases da votação e apuração dos votos (*o exemplo seria do cabimento do recurso parcial do art. 261 do Código Eleitoral*).

RECURSOS ELEITORAIS

CAPÍTULO 29

Nestes casos, a competência do relator é extensível nas eleições para todos os demais casos da mesma circunscrição. No fundo deve existir um liame fático idêntico, pois a finalidade da regra é evitar decisões contraditórias e proporcionar uma visão global da situação vista a mesma circunscrição municipal ou estadual. Por exemplo, se a junta eleitoral anulou os votos por determinado defeito da urna eletrônica, e outras juntas adotaram o mesmo procedimento anulatório, todos os casos devem ser distribuídos ao mesmo relator por prevenção.

O art. 261, § 2º, do Código Eleitoral complementa a eficiência da regra, quando dispõe: "*As decisões, com os esclarecimentos necessários ao seu cumprimento, serão comunicadas, de uma só vez, ao juiz eleitoral ou ao Presidente do Tribunal Regional Eleitoral*", ou seja, o TSE ou TREs darão cumprimento imediato.

A regra da prevenção especial está em perfeita consonância com os princípios da celeridade e eficiência da prestação jurisdicional (*art. 5º, LXXVIII, da Carta Magna*).

29.17. CONSULTAS

As consultas estão previstas nos arts. 23, XII, e 30, VIII, do Código Eleitoral.

O consulente poderá indagar sobre matéria eleitoral, inclusive atinente às questões sobre plebiscito[2] e referendo.

É importante frisar que os Tribunais não têm admitido pedidos de consultas durante o processo eleitoral. Neste sentido podemos entender que o processo se inicia com as convenções, art. 8º da Lei nº 9.504/1997, e finda com a diplomação dos candidatos.[3]

As consultas são encaminhadas aos Presidentes dos Tribunais, e, não sendo matéria afeta às decisões da presidência, vice-presidência ou corregedoria, devem ser distribuídas a um relator.[4]

Ensina-nos o eminente jurista *Torquato Jardim* que as consultas atendem à celeridade eleitoral e à redução de conflitos, sem antecipação de julgamento ou supressão de grau de jurisdição. Nesta linha, de forma regimental, não se admite a sustentação oral nos pedidos de consultas, além da possibilidade de não

---

2 Mandado de segurança. Consulta plebiscitária. Emancipação de distrito. Decisão regional que indeferiu a realização de plebiscito. Inobservância dos requisitos previstos em lei complementar estadual. Ordem denegada.
Compete à Justiça Eleitoral, diante de processo administrativo visando à emancipação de distrito, perquirir a observância dos requisitos constitucionais e legais indispensáveis a tanto. Precedentes do TSE.
Acórdão nº 2.776, de 14/09/1999 – Mandado de Segurança nº 2.776 – Classe 14ª/SC (Florianópolis). Rel. Min. Eduardo Alckmin. Impetrante: Assembleia Legislativa do Estado de Santa Catarina, por seu Presidente.

3 Consulta. não conhecimento. Existe óbice ao conhecimento de consulta formulada no transcurso do período de realização das convenções partidárias para a escolha de candidatos e deliberação sobre coligações. Nesse entendimento, o Tribunal não conheceu da consulta. Unânime. Consulta nº 812/DF, Rel. Min. Barros Monteiro, em 27/06/2002.

4 Consulta. Possibilidade de instalação de seções eleitorais especiais em estabelecimentos penitenciários a fim de que os presos provisórios tenham assegurado o direito de voto. Consulta respondida afirmativamente. Resolução nº 20.471, de 14/09/99 – Processo Administrativo nº 18.352 – Classe 19ª/CE (Fortaleza). Rel. Min. Eduardo Alckmin. Interessado: Tribunal Regional Eleitoral/CE. Decisão: Unânime em responder afirmativamente à consulta.

conhecimento por decisão liminar do relator, quando for formulada por parte ilegítima ou versar sobre caso concreto.

Cumpre ainda enfatizar o não conhecimento de consulta que é formulada, quando a lide decorre de processo cognitivo sobre o mesmo assunto, ou em razão de competência para que a resposta seja do Tribunal Superior Eleitoral. Não é possível ao Tribunal Regional Eleitoral responder sobre matéria de competência do Tribunal Superior Eleitoral e vice-versa.

Premissas básicas sobre as consultas: (i) não podem suprimir instâncias; (ii) não geram respostas de efeitos concretos; (iii) traduzem recomendações; (iv) são atos normativos "em tese"; (v) são efetivadas em sessões administrativas dos Tribunais; (vi) não fazem coisa julgada material; (vii) apenas os legitimados nos arts. 23, XII, e 30, VIII, do Código Eleitoral podem requerer; (viii) as respostas dos Tribunais não vinculam os juízes eleitorais; e(ix) não está trancada a via própria dos recursos para reexame da matéria pelo próprio Tribunal, mas a resposta demonstra antecipadamente a posição normativa sobre um tema de direito eleitoral.

Nas lições de *Pedro Roberto Decomain* e *Péricles Prade* (*Código Eleitoral Comentado,* São Paulo: Editora Dialética, 2004, p. 40), ao comentarem sobre consultas assim ensinam:

> Em lugar de aguardar que se instale a lide, o Tribunal, respondendo às consultas que lhe são dirigidas, evita que as lides cheguem a surgir, eis que a resposta permite a todos que organizem a sua conduta de acordo com o que for respondido em cada consulta.

Ensina *Tito Costa*, ao comentar sobre as consultas em *Recursos em Matéria Eleitoral* (8ª ed. São Paulo: Editora Revista dos Tribunais, p. 73), que:

> As decisões da Justiça Eleitoral, mormente as consubstanciadas nas consultas, têm força normativa. Outro não foi o sentido da decisão proferida pelo TSE, em 7 de novembro de 1968, ao interpretar o art. 147, quanto à inelegibilidade de parente de Governador.
>
> Esse caráter normativo está para a Justiça Eleitoral como a Súmula do STF está para as decisões deste (...) Há a normatividade nessas respostas. A Justiça Eleitoral deve impor suas decisões.

O Tribunal Superior Eleitoral possui precedente no sentido de que as respostas das consultas não são vinculantes. Neste sentido:

> Consulta ao TSE: Natureza Administrativa. Não se conhece de ação direta ajuizada contra resposta do TSE, à consulta prevista no art. 23, inciso XII, do Código Eleitoral ("competem ainda, privativamente, ao Tribunal Superior (...) XXII – responder, sobre a matéria eleitoral, às consultas que lhe forem feitas em tese por autoridades com jurisdição federal ou órgão nacional de partido político.") por tratar-se de ato de caráter administrativo, sem eficácia vinculativa,

RECURSOS ELEITORAIS

CAPÍTULO 29

insusceptível de controle abstrato de constitucionalidade. Com esse fundamento, o Tribunal não conheceu em parte de ação direta de inconstitucionalidade ajuizada por diversos partidos políticos – PDT, PT, PC do B e PL – no ponto em que impugnam as Resoluções n°s 19.952, 19.953., 19.954 e 19.955, todas de 1997, do TSE, que responderam a consulta sobre a necessidade de desincompatibilização do Presidente da República, Governadores e Prefeitos, candidatos à reeleição. ADInMC 1, 805 – DF, Rel. Min. Néri da Silveira, 26/03/1998.

A princípio, as consultas não possuem caráter vinculativo, pois são decisões de natureza genérica, abstrata e de orientação ou recomendação.

O novo Código de Processo Civil, nos arts. 926 *usque* 928 trata da uniformização jurisprudencial no intuito de determinar uma estabilidade e coerência das decisões judiciais, sendo que o art. 927 apresenta um rol obrigatório para todos os juízes e tribunais.

Nesse rumo, entendemos *data venia*, que a consulta passa a ter uma natureza vinculativa, considerando que é espécie de súmula e representa a posição jurisprudencial dos Tribunais Eleitorais, até porque o § 3º do art. 927 do NCPC faz expressa referência à alteração jurisprudencial dos tribunais superiores, o que inclui o **Tribunal Superior Eleitoral.**

Nessa inovadora perspectiva processual em que a jurisprudência assume um papel de fonte primária efetiva, as recomendações firmadas no âmbito das Consultas Eleitorais ganham um perfil mais estável de precedentes que devem ser observados pelos aplicadores do Direito, o que na prática forense já vem sendo adotado, considerando que a consulta é fonte do Direito Eleitoral.

No entanto, a tese firmada na resposta à consulta não obstaculariza a rediscussão da matéria jurídica eleitoral num caso específico garantindo-se o contraditório.

O disciplinamento do trâmite procedimental da consulta é regulamentado pelo respectivo Tribunal, por intermédio do regimento interno.

As consultas são registradas e conclusas ao relator que encaminhará ao membro do Ministério Público (*procurador-geral eleitoral ou procuradores regionais eleitorais*) para emissão de parecer. Admite-se a dispensa do parecer escrito, quando a matéria ou assunto já tiver precedente do TSE ou TREs (*conforme o caso*).

Nestas hipóteses, a consulta é apresentada "em mesa", na primeira sessão que se seguir ao recebimento dos autos, sendo emitido o parecer de forma oral, visando à adoção da celeridade eleitoral. Todavia, o membro do Ministério Público (*PGE ou PRE*) poderá pedir vista pelo prazo regimental (*24 ou 48 horas, até 5 dias*).

1071

As respostas são comunicadas de forma imediata aos interessados, com a adoção do disposto no parágrafo único do art. 257 do Código Eleitoral.

Como já visto, os Tribunais não conhecem de consultas sobre casos concretos, pois haveria a supressão de graus de jurisdição e violação ao devido processo legal cuja tramitação deflui na via cognitiva natural.

Os legitimados em regra são: Diretório de Partido Político registrado no Tribunal, por seus delegados e autoridades públicas, quando a consulta se dirigir ao Tribunal Regional Eleitoral, sendo que ao Tribunal Superior Eleitoral só é possível ao consulente que seja autoridade com "jurisdição" federal ou o órgão nacional do partido político.

Os **juízes eleitorais não têm competência para responder a consultas**. Todavia são partes legítimas para formulá-las, inclusive os membros do Ministério Público Estadual, incluindo-se os promotores eleitorais e os procuradores de Justiça. O próprio procurador-geral de Justiça poderá formular um pedido de consulta, pois todos são autoridades públicas.

No Tribunal Superior Eleitoral, as consultas só podem ser formuladas por autoridades com **jurisdição federal**. A expressão é extensiva aos Deputados federais, Senadores e ao Presidente da República, pois o sentido não é restritivo ao membro do Poder Judiciário que exerce jurisdição, e sim, a todos os que tenham a qualidade de autoridade pública federal.

O **cidadão não pode formular consultas**, nem tampouco os candidatos. A restrição alcança até mesmo os juízes dos Tribunais Regionais Eleitorais, que não podem formular consultas ao Tribunal Superior Eleitoral, exceto o juiz federal integrante do TRE, cuja jurisdição é nacional, bem como o próprio procurador regional eleitoral (*não está impedido, mas deverá encaminhar a pergunta por intermédio de seu chefe, ou seja, o procurador-geral eleitoral*).

Como salutar exercício da jurisdição e fiscalização do processo eleitoral, o Poder Judiciário tem uma dupla missão: preventiva, quando responde às consultas e expede instruções para regulamentar as eleições, e sancionatória, quando julga as lides eleitorais.

Registre-se posição do Egrégio TSE sobre as consultas:

> Consulta. Tema. Complexidade. Resposta. Multiplicidade. Conhecimento. Impossibilidade. O Tribunal Superior Eleitoral não pode adiantar seu entendimento acerca de questões eleitorais complexas e, ao mesmo tempo, cercadas de peculiaridades. A atribuição legal estabelecida no inc. XII do art. 23 do Código Eleitoral deve ser exercida com cautela, de modo a não gerar dúvidas ou desigualdades no momento da aplicação da lei aos casos concretos. Os parâmetros para o conhecimento das consultas devem ser extremamente rigorosos, sendo imprescindível que os questionamentos sejam formulados em tese e, ainda, de

forma simples e objetiva, sem que haja a possibilidade de se darem múltiplas respostas. Nesse entendimento, o Tribunal, por unanimidade, não conheceu da consulta (Consulta nº 36-19/DF, Rel. Min. Gilson Dipp, em 21/03/2012).

Como referido, as consultas embora não sejam equiparadas às súmulas vinculantes, na prática forense eleitoral são acatadas pelos Tribunais Regionais Eleitorais e juízes eleitorais, ressaltando-se que o TSE editou o verbete sumular **nº 35** nos seguintes termos: *"Não é cabível reclamação para arguir o descumprimento de resposta a consulta ou de ato normativo do Tribunal Superior Eleitoral"*.

29.18. RECLAMAÇÕES

A reclamação (*correição parcial*) ou representação como sucedâneo de recurso pode ser utilizada para enfrentar as seguintes questões: (i) violação de regras de competência, ou melhor, usurpação; (ii) restabelecer o controle de prazos; (iii) avocar recursos não encaminhados à instância superior; (iv) cassar decisão exorbitante de juiz eleitoral em face de decisão de Tribunal Superior; (v) determinar a preservação da jurisdição do Tribunal; e (vi) corrigir a inversão tumultuária do processo.

Na verdade, como bem salientou *Tito Costa*, a reclamação anda junta com o direito de petição, visando a coibir abusos. Todavia, a reclamação não é extensível ao cidadão na condição de legitimado, pois as regras regimentais dos Tribunais não outorgam esta legitimidade.

Como se nota, por intermédio da reclamação (*cujas previsões legais se encontram em termos regimentais*) a parte lesada pela decisão poderá restabelecer a rota processual e a intangibilidade de seus direitos.

No rol dos legitimados para reclamar se encontram: o procurador-geral eleitoral e os procuradores regionais eleitorais, candidatos, partidos políticos, coligações e o promotor eleitoral.

A reclamação deve ser instruída com os documentos e será distribuída a um relator que requisitará informações à autoridade reclamada. A resposta é fixada em prazo regimental, em geral, em 5 (cinco) dias.

Outrossim, é possível ao relator suspender o trâmite processual quando perscrutada a certeza do ato alvo da reclamação.

É possível aos candidatos, partidos políticos, coligações e ao Ministério Público impugnar ou contra-arrazoar o pedido do reclamante, sendo que o processo receberá ainda parecer do procurador-geral eleitoral (*caso seja no TSE*), ou do respectivo procurador regional eleitoral (*competência do TRE*).

A decisão nos autos da reclamação poderá ser: (i) avocativa, nos casos de usurpação de competência, por exemplo, juiz eleitoral processando e julgando Prefeito por prática de crime eleitoral; (ii) saneatória, v.g., a ordenação da remessa de autos de recurso interposto; e (iii) anulatória da decisão, por ser a mesma frontalmente contrária a julgado da instância superior.

Com efeito, a decisão deverá ser efetivada de forma imediata nos termos do disposto no parágrafo único do art. 257 do Código Eleitoral.

Por fim, as reclamações formuladas contra juízes eleitorais em razão de violação de regras disciplinares devem ser encaminhadas ao corregedor regional eleitoral.

Quanto aos promotores eleitorais, a reclamação deve ser dirigida ao corregedor-geral do Ministério Público Estadual, pois cumpre ao órgão estadual o poder de impor sanções disciplinatórias, decorrentes de regras expressas na Lei nº 8.625/1993 e na legislação estadual específica.

29.19. RECURSO ORDINÁRIO

O cabimento do recurso ordinário se dá quando as decisões versarem sobre inelegibilidade ou expedições de diplomas nas eleições federais ou estaduais; denegarem *habeas corpus*, mandado de segurança, *habeas data* ou mandado de injunção; e anularem diplomas ou decretarem a perda de mandatos eletivos federais ou estaduais.

A base legal do recurso ordinário é arrimada nos arts. 276, II, letras *a* e *b*, do Código Eleitoral e 121, § 4º, III, IV e V, da Constituição da República Federativa do Brasil. E ainda, quanto ao efeito suspensivo, art. 257, § 2º, do Código Eleitoral.

Os incs. III, IV e V do § 4º do art. 121 da Carta Magna modificaram as alíneas *a* e *b*. As hipóteses de cabimento devem ser vistas à luz do texto constitucional. Desta forma, o novo texto constitucional recepcionou e ampliou o rol de cabimento.

O art. 276 faz expressa menção às **decisões dos Tribunais Regionais Eleitorais**. Nesta linha, o objeto de juízo de admissibilidade intrínseco (*aproveitando a classificação apresentada pelo eminente Barbosa Moreira*), atinente ao cabimento deste recurso, diz respeito a uma decisão de natureza não monocrática,[5] mas sim do colegiado.

---

5 Acórdão nº 286, de 09/12/2004. Agravo regimental no recurso em Mandado de Segurança nº 286/RR. Rel. Min. Carlos Velloso. Ementa: Mandado de segurança. Recurso ordinário. Acórdão nº 323, de 23/11/2004. recurso em Mandado de Segurança nº 323/RJ. Rel. Min. Francisco Peçanha Martins. Ementa: Recurso em mandado de segurança. Intempestividade. Decisão de relator. Não cabimento do recurso ordinário. É intempestivo o recurso interposto quando já ultrapassado o tríduo legal. Demais disso, contra decisão monocrática de relator, em mandado de segurança impetrado no TRE, incabível recurso ordinário para o TSE. *DJ* de 04/02/2005.

RECURSOS ELEITORAIS   CAPÍTULO 29

A interposição do recurso ordinário em face da decisão do Tribunal enseja a apresentação das contrarrazões em igual prazo com a adoção da regra do art. 277 do Código Eleitoral.

O prazo é de três dias (*razões e contrarrazões*) contados da publicação do acórdão, mas havendo intimação pessoal flui desta data.

Nas hipóteses de declaração de inelegibilidade e nos casos de registro de candidatos, o prazo para recurso começará a correr da publicação da decisão em sessão, conforme precedentes legais e regimentais. *Vide* a regra do art. 276, § 1º, do Código Eleitoral. E ainda, no caso de recurso contra a diplomação, o prazo conta-se a partir da sessão solene de diplomação.

Com a juntada das razões do recorrido, os autos são encaminhados ao Egrégio Tribunal Superior Eleitoral, na forma do art. 277, parágrafo único, do Código Eleitoral. Mesmo sem a apresentação das contrarrazões, os autos serão encaminhados ao TSE.

A letra *a* do inc. II do art. 276 trata da decisão que versar sobre inelegibilidade, conforme nova redação do art. 121, § 4º, III, da Constituição Federal.

A inelegibilidade referida na alínea *a* não é defluente de eleições municipais, pois o Egrégio Tribunal Superior Eleitoral firmou precedentes no sentido de fazer uma distinção.

Assim, quando as eleições forem referentes aos mandatos de **Prefeitos, Vice- -Prefeitos e vereadores**, o recurso cabível será o **especial. O recurso ordinário destina-se às eleições de Governadores, Vice-Governadores, Senadores, Deputados federais, estaduais e distritais**.

Como se nota, a lei limita o cabimento do recurso ordinário aos mandatos processados e julgados pelos Tribunais Regionais Eleitorais (*ver o art. 2º da Lei Complementar nº 64, de 18 de maio de 1990*). Em relação aos mandatos municipais, o recurso será o especial. Todavia, na prática forense eleitoral se perscruta diversos erros de interposição do recurso ordinário, quando seria caso do especial.

Como visto, o recurso ordinário é recebido com efeito suspensivo e, portanto, o recorrente poderá permanecer no exercício do mandato eletivo até decisão final do Tribunal Superior Eleitoral nos termos do art. 257, § 2º, do Código Eleitoral (*redação da Lei nº 13.165/2015*).

Por outro lado, a decisão do Tribunal Regional Eleitoral é prolatada com a presença de todos os seus membros nos termos do art. 28, § 4º, do Código Eleitoral (*redação da Lei nº 13.165/2015*).

Por fim, o **Tribunal Superior Eleitoral** editou os verbetes sumulares, abaixo em destaque:

> **Súmula nº 36**: *"Cabe recurso ordinário de acórdão de Tribunal Regional Eleitoral que decida sobre inelegibilidade, expedição ou*

1075

anulação de diploma ou perda de mandato eletivo nas eleições federais ou estaduais (art. 121, § 4º, incs. III e IV, da Constituição Federal)".

Súmula nº 64: *"Contra acórdão que discute, simultaneamente, condições de elegibilidade e de inelegibilidade, é cabível o recurso ordinário".*

29.20. EMBARGOS DE DECLARAÇÃO

O art. 275 do Código Eleitoral teve sua redação modificada pelo novo Código de Processo Civil, nos termos do art. 1.067, *in verbis*:

Art. 275. São admissíveis embargos de declaração nas hipóteses previstas no Código de Processo Civil.

§ 1º Os embargos de declaração serão opostos no prazo de 3 (três) dias, contado da data de publicação da decisão embargada, em petição dirigida ao juiz ou relator, com a indicação do ponto que lhes deu causa.

§ 2º Os embargos de declaração não estão sujeitos a preparo.

§ 3º O juiz julgará os embargos em 5 (cinco) dias.

§ 4º Nos tribunais:

I – o relator apresentará os embargos em mesa na sessão subsequente, proferindo voto;

II – não havendo julgamento na sessão referida no inciso I, será o recurso incluído em pauta;

III – vencido o relator, outro será designado para lavrar o acórdão.

§ 5º Os embargos de declaração interrompem o prazo para a interposição de recurso.

§ 6º Quando manifestamente protelatórios os embargos de declaração, o juiz ou o tribunal, em decisão fundamentada, condenará o embargante a pagar ao embargado multa não excedente a 2 (dois) salários-mínimos.

§ 7º Na reiteração de embargos de declaração manifestamente protelatórios, a multa será elevada a até 10 (dez) salários-mínimos.

Na anterior redação, o inc. I do art. 275 fazia menção ao "acórdão". A referência ao "acórdão" conduzia o cabimento dos embargos de declaração a uma interpretação literal. Nesse sentido, para parte da doutrina, não seria possível a interposição de embargos em face de sentenças, contudo, outros doutrinadores já sustentavam o cabimento.

RECURSOS ELEITORAIS

CAPÍTULO 29

A redação do § 1º do art. 275 do Código Eleitoral não faz mais menção ao acórdão, mas sim à "decisão embargada", o que engloba a sentença, acórdão ou decisões interlocutórias.

O § 4º do art. 275 fazia menção à suspensão dos prazos para interposição de outros recursos. Atualmente está expressa a interrupção do prazo no § 5º do art. 275 do Código Eleitoral.

O prazo de 3 (*três*) dias para a interposição dos embargos seguiu a regra geral dos prazos eleitorais; portanto, aplica-se para decisões não penais e penais.

O novo Código de Processo Civil consagrou a tendência jurisprudencial no sentido da admissão dos embargos de declaração para correção de simples erros materiais, o que pode ser feito por petição indicativa desse defeito contido na decisão. Os erros materiais devem ser corrigidos a qualquer tempo.

Quanto ao processo repetitivo se encontra no art. 976 do novo Código de Processo Civil, que possibilita maior agilidade na prestação jurisdicional e uniformidade da jurisprudência eleitoral, ensejando ampla previsibilidade, isonomia e segurança jurídica.

Significa, em síntese, que o Tribunal Superior Eleitoral poderá firmar uma tese jurídica relevante em matéria eleitoral e essa decisão vinculará os Tribunais Regionais Eleitorais e juízes eleitorais nas respectivas zonas eleitorais, quando obviamente se tratar de matéria jurídica amplamente repetida.

Havendo tese jurídica firmada em incidente de resolução de demanda repetitiva deverá o magistrado eleitoral na decisão aplicá-la, pois, do contrário, caberão embargos declaratórios.

O art. 489, § 1º, inc. VI, do novo Código de Processo Civil determina que a decisão judicial será considerada como não fundamentada quando "*deixar de seguir enunciado de súmula, jurisprudência ou precedente invocado pela parte, sem demonstrar a existência de distinção no caso em julgamento ou a superação do entendimento*".

Nesse rumo, emergindo tese de Direito Eleitoral firmada pelo Tribunal Superior Eleitoral, deverá o juiz eleitoral aplicá-la ou afastá-la sob os dois argumentos possíveis elencados na norma processual civil.

Não observado esse procedimento, incorrerá a decisão em omissão suscetível de impugnação via embargos de declaração, exceto em dois casos: (i) se a decisão demonstrar a distinção entre o caso concreto em análise e o precedente fixado ("*distinguishing*"); e (ii) se o magistrado, na decisão, sustentar que aquele precedente está ultrapassado, diante de novos posicionamentos acerca daquela matéria ("*overruling*").

O novo Código de Processo Civil disciplina expressamente o entendimento jurisprudencial no sentido da aplicação da fungibilidade recursal na hipótese de embargos de declaração interpostos contra decisões monocráticas do relator

1077

do Tribunal, sendo possível o seu conhecimento como agravo interno. Nesse sentido, art. 1.022, § 3º, do diploma processual.

O Egrégio TSE já tem precedente nesse sentido:

> (...) Os **embargos declaratórios opostos contra decisão monocrática**, com nítido **caráter infringente**, devem ser recebidos como **agravo regimental**. Precedentes (TSE. Embargos de Declaração em Recurso Especial Eleitoral nº 438.316/PI. Acórdão de 30/04/2013. Rel. Min. José Antônio Dias Toffoli. DJE. Tomo 104, Data 05/06/2013, p. 43).
>
> (...) Embargos de declaração opostos à decisão monocrática são recebidos como **agravo regimental.** Precedentes do TSE e do STF (Embargos de Declaração em Ação Rescisória nº 58.325/GO. Acórdão de 16/06/2014. Rel. Min. Gilmar Ferreira Mendes. DJE. Tomo 142, 04/08/2014, p. 54) (grifos nossos).

Sobre **o prazo de cabimento dos embargos de declaração**, como já visto, a lei nova fixou em 3 (*três*) dias. No entanto, existe uma peculiaridade para a representação prevista no § 8º do art. 96 da Lei nº 9.504/1997, ou seja, o prazo ali é de 24 horas para a interposição do recurso principal. Deste modo, o prazo dos embargos não poderá ser de 3 (*três*) dias, conforme previsão na nova lei, mas sim de 24 horas, pois o recurso principal não poderá ter prazo mais exíguo do que o recurso que apenas se destina ao suprimento de lacunas ou esclarecimento da decisão, em razão do princípio da celeridade.

A antevisão de **duas correntes** é evidente: a) 3 (*três*) dias, em razão da ampla defesa e contraditório, e; b) 24 (*vinte e quatro*) horas, em função do rito sumaríssimo eleitoral e celeridade.

Considerando a celeridade e a especialidade sumaríssima do processo eleitoral, os embargos de declaração interpostos em processos cujo rito é o do art. 96 e parágrafos da Lei nº 9.504/1997, devem seguir o **prazo de 24 (vinte e quatro) horas**, sendo a regra dos 3 (*três*) dias de natureza geral.

29.21. RECURSO ESPECIAL

O art. 276 do Código Eleitoral assim disciplina:

> Art. 276. As decisões dos Tribunais Regionais são terminativas, salvo os casos seguintes em que cabe recurso para o Tribunal Superior:
>
> I – especial:
>
> a) quando forem proferidas contra expressa disposição de lei;
>
> b) quando ocorrer divergência na interpretação de lei entre 2 (dois) ou mais Tribunais Eleitorais.

RECURSOS ELEITORAIS   CAPÍTULO 29

O art. 276, I, *a*, foi alterado pelo art. 121, § 4º, I, da Constituição da República Federativa do Brasil, *in verbis*: *"forem proferidas contra disposição expressa desta Constituição ou da lei"*. O inc. II do art. 121, § 4º, é idêntico ao disposto na alínea *b* do inc. I do art. 276 em comento.

É importante frisar que o processo e julgamento dos recursos eleitorais, inclusive do recurso especial, devem obedecer à legislação eleitoral que engloba as resoluções do Tribunal Superior Eleitoral e o regimento interno.

Os doutrinadores *Pinto Ferreira* e *Tito Costa* lembram que as resoluções eleitorais têm força de lei ordinária e desafiam recurso especial quando forem violadas em decisões dos Tribunais Regionais Eleitorais.

O prazo de interposição e razões é de 3 (*três*) dias. Idêntico prazo é o das contrarrazões, com a preservação dos princípios da igualdade e ampla defesa. Nesse sentido é a regra do art. 278, § 2º, do Código Eleitoral.

O processamento segue o disposto no art. 278 do Código Eleitoral.

O **Tribunal Superior Eleitoral** editou os verbetes sumulares abaixo indicados sobre o recurso especial:

> **Súmula nº 24***: "Não é cabível recurso especial eleitoral para simples reexame do conjunto fático-probatório".*

> **Súmula nº 25***: "É indispensável o esgotamento das instâncias ordinárias para a interposição de recurso especial eleitoral".*

> **Súmula nº 28***: "A divergência jurisprudencial que fundamenta o recurso especial interposto com base na alínea b do inciso I do art. 276 do Código Eleitoral somente estará demonstrada mediante a realização de cotejo analítico e a existência de similitude fática entre os acórdãos paradigma e o aresto recorrido".*

> **Súmula nº 29***: "A divergência entre julgados do mesmo Tribunal não se presta a configurar dissídio jurisprudencial apto a fundamentar recurso especial eleitoral".*

> **Súmula nº 30***: "Não se conhece de recurso especial eleitoral por dissídio jurisprudencial, quando a decisão recorrida estiver em conformidade com a jurisprudência do Tribunal Superior Eleitoral".*

> **Súmula nº 31***: "Não cabe reurso especial eleitoral contra acórdão que decide sobre pedido de medida liminar".*

> **Súmula nº 32***: "É inadmissível recurso especial eleitoral por violação à legislação municipal ou estadual, ao Regimento Interno dos Tribunais Eleitorais ou às normas partidárias".*

> **Súmula nº 71***: "Na hipótese de negativa de seguimento ao recurso especial e da consequente interposição de agravo, a parte deverá apresentar contrarrazões tanto ao agravo quanto ao recurso especial, dentro do mesmo tríduo legal".*

Súmula nº 72:"*É inadmissível o recurso especial eleitoral quando a questão suscitada não foi debatida na decisão recorrida e não foi objeto de embargos de declaração*".

O acórdão do Tribunal Regional Eleitoral, quando decide sobre recurso de eleição municipal desafia recurso especial eleitoral ao Tribunal Superior Eleitoral, no prazo de 3 (*três*) dias, contados da publicação, mas se for sobre direito de resposta, o prazo é mais exíguo, ou seja, de apenas 24 (*vinte e quatro*) horas, art. 58, § 6º, da Lei nº 9.504/1997.

Por fim, o disciplinamento do recurso especial eleitoral se encontra detalhado em resoluções temporárias do TSE, por exemplo, Resolução nº 23.462, de 15 de dezembro de 2015, arts. 37 e 38.

29.22. AGRAVO DE INSTRUMENTO

O art. 19 da Resolução TSE nº 23.478/2016 assim dispõe:

> As decisões interlocutórias ou sem caráter definitivo proferidas nos feitos eleitorais são irrecorríveis de imediato por não estarem sujeitas à preclusão, ficando os eventuais inconformismos para posterior manifestação em recurso contra a decisão definitiva de mérito.

O § 1º do art. 19 diz: "*O Juiz ou Tribunal conhecerá da matéria versada na decisão interlocutória como preliminar à decisão de mérito se as partes assim requererem em suas manifestações*".

E ainda o § 2º do art. 19 completa: "*O agravo contra decisão que inadmitir o recurso especial interposto contra decisão interlocutória será processado em autos suplementares prosseguindo o curso da demanda nos autos principais*".

O agravo de instrumento está previsto nos arts. 279 e 282 do Código Eleitoral, sendo interposto no prazo de 3 (*três*) dias. É cabível em caso de denegação do recurso especial ou extraordinário.

Cabe ao recorrente formar o instrumento do agravo (*certidão da intimação, traslado da decisão recorrida e outros documentos indispensáveis ao exame da questão*). Aplica-se, subsidiária e supletivamente, o Código de Processo Civil.

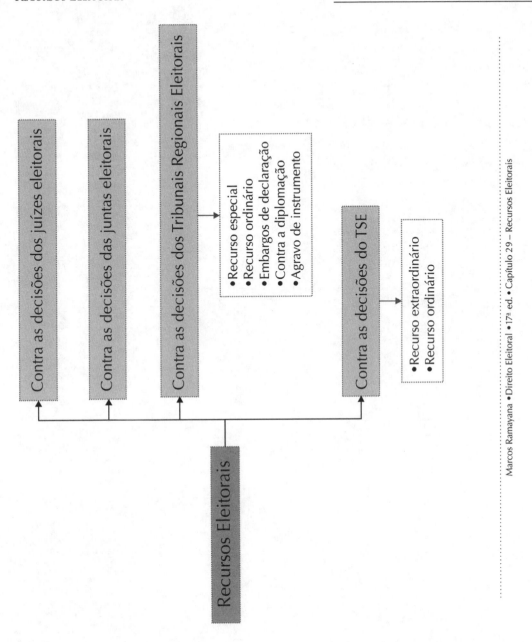

1082

BIBLIOGRAFIA

ACQUAVIVA, Marcus Cláudio. *Nova Lei dos Partidos Políticos Anotada*. São Paulo: Ed. Jurídica Brasileira, 1996.

AIRES Filho, Durval. *O Mandado de Segurança em Matéria Eleitoral*. São Paulo: Ed. Brasília Jurídica, 2002.

ALVIM, Frederico Franco. Curso de Direito Eleitoral. 2ª Edição. Revista e Atualizada. Editor Juruá. São Paulo.

ALMEIDA, Manoel Carlos de. *Direito Eleitoral Regulador*. 1ª ed. São Paulo: Editora Revista dos Tribunais, 2014.

AMADO, Gilberto. *Eleição e Representação*. Coleção Biblioteca Básica Brasileira. Brasília: Senado Federal, 1999.

AMARAL, Roberto e CUNHA, Sérgio Sérvulo da. *Manual das Eleições*. 2ª ed. São Paulo: Ed. Saraiva, 2002.

AMARAL, Roberto. *Legislação Eleitoral Comentada*. Rio de Janeiro: Ed. Revan, 1996.

AMARAL SANTOS, Moacyr. *Comentários ao Código de Processo Civil, Lei 5.869, de 11 de janeiro de 1973,*– arts. 332-475. Rio de Janeiro: Forense, 1986. v. IV

ANDRADE, Adriano. MASSON, Cleber. ANDRADE, Landolfo. *Interesses Difusos e Coletivos Esquematizado.* 7ª ed. rev., atual. e ampl. Rio de Janeiro: Forense; São Paulo: Método, 2017.

AZEVEDO, Fábio de Oliveira. *Direito Civil* – Introdução e Teoria Geral. 4ª ed. Rio de Janeiro: Forense, 2014.

BACELLAR, Rui Portugal. *Teoria e Prática da Nova Lei Eleitoral*. Curitiba: Ed. Juruá, 1994.

BARBI, Celso Agrícola. *Comentários ao Código de Processo Civil*. Rio de Janeiro: Forense, 1983. v. 1.

BARBOSA MOREIRA, José Carlos. *Comentários ao Código de Processo Civil*. 12ª ed. Rio de Janeiro: Forense, 2005, v. 5.

BARBOSA, Ruy e LINS, Manuel Joaquim. *Excursão Eleitoral ao Estado da Bahia*. 1910.

BARBOSA, Ruy. *Uma Campanha Política*. Rio de Janeiro: Ed. Livraria Acadêmica – Saraiva & CIA, 1932.

BARRETO, Lauro e CASTANHEIRA, Denise. *Manual de Fiscalização Eleitoral e Partidária*. Rio Grande do Sul: Ed. Edipro, 1998.

BARRETO, Lauro. *As Pesquisas de Opinião Pública no Processo Eleitoral Brasileiro*. Rio de Janeiro: Ed. Lumen Juris, 1997.

_____. *Comentários à Lei Orgânica dos Partidos Políticos*. Rio Grande do Sul: Ed. Edipro, 1995.

_____. *Direito Eleitoral – Comentários à Lei nº 8.713/1993. Eleições de 1994*. Rio Grande do Sul: Ed. Edipro, 1994.

_____. *Eleições 1998*. 1ª ed. Rio de Janeiro: Ed. Lumen Juris.

_____. *Escrúpulo e Poder. O Abuso de Poder nas Eleições Brasileiras*. Rio Grande do Sul: Ed. Edipro, 1995.

_____. *Investigação Judicial Eleitoral e Ação de Impugnação de Mandato Eletivo*. Rio Grande do Sul: Ed. Edipro, 1994.

_____. *Manual de Propaganda Eleitoral*. Rio Grande do Sul: Ed. Edipro, 2000.

_____. *Prefeitos e vereadores. Comentários à Lei nº 9.100/1995*. Rio Grande do Sul: Ed. Edipro, 1996.

_____. *Reeleição e Continuísmo*. Rio de Janeiro: Ed. Lumen Juris, 1998.

BARROS, Francisco Dirceu. Manual de Prática Eleitoral. Editora JHMIZUNO. Leme/São Paulo.

BASTOS, Celso Ribeiro. *Lei Complementar, Teoria e Comentários*. 1ª ed. São Paulo, Editora Saraiva, 1985.

BISPO SOBRINHO, José. *Comentários à Lei Orgânica dos Partidos Políticos*. Rio de Janeiro: Ed. Brasília Jurídica, 1996.

_____. *Eleições Municipais de 1996*. Rio de Janeiro: Ed. Sugestões Literárias, 1996.

BITENCOURT, Antônio Carlos dos Santos. *Eleições Municipais – Breves anotações à Lei nº 9.100/1995*. Rio de Janeiro: Ed. Ciência Jurídica, 1995.

_____. *Eleições Municipais*. Rio de Janeiro: Ed. Edições Ciência Jurídica, 1996.

BOMFIM, Benedito Calheiros. *A Visão Prospectiva do Direito na Obra de Pontes de Miranda*. Rio de Janeiro: Ed. Destaque, 2003.

BORN, Rogério Carlos. *Direito eleitoral militar*. 2ª ed. Curitiba: Juruá, 2014.

BUENO, Cassio Scarpinella. *Liminar em Mandado de Segurança*. 2ª ed. São Paulo: Ed. Revista dos Tribunais, 1994.

BULOS. Uadi Lammêgo. *Curso de Direito Constitucional*. 4ª ed. São Paulo: Ed. Saraiva, 2009.

CABRAL, João EGRÉGIO da Rocha. *Código Eleitoral da República dos Estados Unidos do Brasil*. Rio de Janeiro: Ed. Livraria Editora Freitas Bastos, 1932. v. II.

_____. *Código Eleitoral da República dos Estados Unidos do Brasil*. 3ª ed. Rio de Janeiro: Ed. Livraria Editora Freitas Bastos, 1934.

CÂMARA, Alexandre Freitas. O Novo Processo Civil Brasileiro. 3ª edição. Saraiva.

CAMBI, Eduardo. *Reforma do Poder Judiciário, primeiras reflexões sobre a Emenda Constitucional nº 45/2004.* 1ª ed. São Paulo, Editora Revista dos Tribunais, 2005.

CÂNDIDO, Joel José. *Direito Eleitoral Brasileiro.* 6ª ed. Rio Grande do Sul: Ed. Edipro, 1995.

_____. *Direito Eleitoral Brasileiro.* 8ª ed. Rio Grande do Sul: Ed. Edipro, 2000.

_____. *Inelegibilidades no Direito Brasileiro.* 2ª ed. Rio Grande do Sul: Ed. Edipro, 2003.

CANOTILHO, José Joaquim Gomes. *Direito constitucional.* 6ª ed. Coimbra: Livraria Almedina, 1993.

_____.MENDES, Gilmar Ferreira; SARLET, Ingo Wolfgang; STRECK, Lenio Luiz (Coords.). *Comentários à Constituição do Brasil.* São Paulo: Saraiva/Almedina, 2013. 2.380 p.

CARVALHO FILHO, José dos Santos. *Manual de Direito Administrativo.* 5ª ed. Rio de Janeiro: Ed. Lumen Juris, 1999.

CARVALHO, Orlando M. *Ensaio de Sociologia Eleitoral.* Brasília: Ed. Revista Brasileira de Estudos Políticos, 1958.

CARVALHO, Vladimir Souza. *Competência da Justiça Federal.* 4ª ed. Curitiba: Ed. Juruá, 2001.

CASTRO, Edson Resende. *Curso de Direito Eleitoral.* 7ª ed. Belo Horizonte: Editora Del Rey, 2014.

CERQUEIRA, Manfredi Mendes. *Matéria Eleitoral.* 2ª ed. São Paulo: Ed. Cejup, 1986.

CERQUEIRA, Thales Tácito Luz de Pádua. *Preleções de Direito Eleitoral. Direito Material.* Rio de Janeiro: Editora Lumen Juris, 2006.

CERQUEIRA, Thales Tácito e Camila Albuquerque Cerqueira. *Direito Eleitoral Esquematizado.* São Paulo: Editora Saraiva. Coordenação: Pedro Lenza. 2011.

CHIOVENDA, Giuseppe. *Instituições de Direito Processual Civil.* 3ª ed. São Paulo: Saraiva, 1969. v. I, n. 11.

CITADINI, Antonio Roque. *Código Eleitoral Anotado Comentado.* 4ª ed. São Paulo: Ed. Max Limonad Ltda., 1986.

COÊLHO, Marcus Vinicius Furtado. *Direito Eleitoral e Processo Eleitoral.* 3ª ed. Rio de Janeiro: Editora Renovar, 2012.

CONEGLIAN, Oliva. *Propaganda Eleitoral.* Curitiba: Ed. Juruá, 1992.

_____. *Lei das Eleições Comentada.* 4ª ed. Curitiba: Ed. Juruá, 2006.

CORDEIRO, Vinícius. *Crimes Eleitorais e seu processo.* Rio de Janeiro: Forense, 2006.

COSTA, Adriano Soares da. *Instituições de Direito Eleitoral.* 5ª ed. Belo Horizonte: Ed. Del Rey, 2002.

_____. *Teoria da Inelegibilidade e o Direito Processual Eleitoral.* Belo Horizonte: Ed. Del Rey, 1998.

COSTA, Elcias Ferreira. *Direito Eleitoral, Legislação, Doutrina e Jurisprudência.* Rio de Janeiro: Ed. Forense, 1992.

COSTA, Lopes da. *Manual Elementar de Direito Processual Civil*. 3ª ed. por Sálvio de Figueiredo Teixeira. Rio de Janeiro: Ed. Forense, 1982.

COSTA, Jorge José da. *Técnica Legislativa – Procedimentos e Normas*. Rio de Janeiro: Ed. Destaque, 1994.

COSTA, Otto. *Educação Moral e Cívica*. Editora do Brasil, S.A. 1985.

COSTA, Tito. *Crimes Eleitorais e Processo Penal Eleitoral*. São Paulo: Ed. Juarez de Oliveira, 2002.

_____. *Recursos em Matéria Eleitoral*. 7ª ed. São Paulo: Ed. Revista dos Tribunais, 1998.

CRAMER, Ronaldo. *Comentários ao Novo Código de Processo Civil*. Antônio do Passo Cabral, Ronaldo Cramer (Coords.). 2ª ed. Rio de Janeiro: Forense, 2016.

CUNHA, Fernando W. da. *Democracia e Cultura*. 2ª ed. Rio de Janeiro: Forense, 1973.

CURSO DE DIREITO ELEITORAL– Centro de Estudos Políticos– Tribunal Regional da Guanabara. Rio de Janeiro: Imprensa Oficial, 1964.

D'ALMEIDA, Noely Manfredini; SANTOS, Fernando José dos e RANCIARO, Antonio Júlio. *Crimes Eleitorais e Outras infringências*. Curitiba: Ed. Juruá, 1994.

DANTAS, San Tiago. *Programa de Direito Civil* – Parte Geral. Editora Rio, 1977.

DECOMAIN, Pedro Roberto. *Eleições Municipais de 1996 – Comentários à Lei nº 9.100, de 29 de setembro de 1995*. São Paulo: Ed. Obra Jurídica, 1996

_____. *Eleições. Comentários à Lei nº 9.504/1997*. São Paulo: Editora Dialética, 2004

_____. *Elegibilidade e Inelegibilidades*. São Paulo: Editora Dialética, 2004.

_____. *Comentários ao Código Eleitoral*. São Paulo: Editora Dialética, 2004.

DONIZETTI, Elpídio. *Curso Didático de Direito Civil*. Felipe Quintella. 2ª ed. São Paulo: Ed. Atlas, 2013.

DICIONÁRIO DE CIÊNCIAS SOCIAIS. 2ª ed. Rio de Janeiro: Editora da Fundação Getúlio Vargas, 1987.

DICIONÁRIO ENCICLOPÉDICO DE TEORIA E DE SOCIOLOGIA DO DIREITO. André Jean Arnaud – Rio de Janeiro: Revonar, 1999.

DIDIER JR., Fredie; CUNHA, Leonardo Carneiro da. *Curso de Direito Processual Civil*. 9. ed. Salvador: JusPodivm, 2008. v. 3.

DINIZ, Maria Helena. *Lei de Introdução às Normas do Direito Brasileiro Interpretada*. 18ª ed. São Paulo: Editora Saraiva, 2013.

DI PIETRO, Maria Sylvia Zanella. *Direito Administrativo*. 13ª ed. São Paulo: Ed. Atlas, 2001.

ECKARDT, Hans V. *Fundamentos de la Política*. Barcelona, Buenos Aires: Ed. Editorial Labor S.A., 1932.

ENCICLOPÉDIA SARAIVA DE DIREITO, São Paulo, 1977, Coordenador: Professor Limongi França.

FAUSTO, Boris. *História do Brasil*. São Paulo: Universidade de São Paulo-USP, 2004

FERREIRA, Pinto. *As Eleições Municipais e o Município na Constituição de 1998*. São Paulo: Ed. Saraiva, 1992.

BIBLIOGRAFIA

_____. *Código Eleitoral Comentado*. 4ª ed. ampliada e atualizada. São Paulo: Ed. Saraiva, 1997.

_____. *Comentários à Lei Orgânica dos Partidos Políticos*. São Paulo: Ed. Saraiva, 1992.

_____. *Manual Prático de Direito Eleitoral*. São Paulo: Ed. Saraiva, 1973.

FERREIRA, Pinto. *Código Eleitoral Comentado*. Rio de Janeiro: Ed. Rio, 1976.

FERREIRA, Rodrigues Manoel. *A Evolução do Sistema Eleitoral Brasileiro*. Coleção Biblioteca Básica Brasileira. Brasília: Senado Federal, 2001.

FICHA LIMPA. *Impacto nos Tribunais*: tensões e confrontos. Monica Herman Caggiano. 1ª ed. São Paulo: Editora Revista dos Tribunais, 2014.

FILHO, Afranio Faustino de Paula. *Sistemas de Controle do Processo Eleitoral*. Rio de Janeiro: Editora Lumen Juris, 1998.

FITCHNER, José Antonio. *Impugnação de Mandato Eletivo*. São Paulo: Ed. Renovar.

FRANCO, Afonso Arinos Melo de. *História e Teoria do Partido Político no Direito Constitucional Brasileiro*. Tese da Faculdade Nacional de Direito. Rio de Janeiro, 1948.

FRANCO SOBRINHO, Manoel de Oliveira. *Regimes Políticos*. Rio de Janeiro: Ed. Forense, 1984.

FUX, Luiz. Jurisdição Constitucional. Democracia e Direitos Fundamentais. Editora Fórum.

GAJARDONI, Fernando da Fonseca e outros. *Comentários à Lei de Improbidade administrativa*. 2ª ed. São Paulo: Editora Revista dos Tribunais, 2012.

GARCIA, Emerson. *Abuso de Poder nas Eleições*. Rio de Janeiro: Ed. Lumen Juris, 2000.

GASPAR, Hélio. *Legislação Eleitoral na Prática*. Rio de Janeiro: Ed. Lumen Juris, 1996.

GASPARINI, Diógenes. *Direito Administrativo*. 6ª ed. São Paulo: Ed. Saraiva, 2001.

GETTEL, Raymond G. *História das Ideias Políticas*. Rio de Janeiro: Editora Alba, 1941.

GILISSEN, John. *Introdução Histórica ao Direito*. Lisboa: Fundação Calouste Gulbenkian, 1979.

GOMES, Luiz Flávio. *Direito Penal*. São Paulo: Ed. Revista dos Tribunais, 2003.

GOMES NETO, A. F. *O Direito Eleitoral e a Realidade Democrática*. Rio de Janeiro: Ed. José Konfino, 1953.

GOMES, José Jairo. *Direito Eleitoral*. 3ª ed. Belo Horizonte: Editora Del Rey, 2008.

_____. *Direito Eleitoral*. 10ª ed. São Paulo: Ed. Atlas, 2014.

GOMES, Suzana Camargo. *A Justiça Eleitoral e sua Competência*. São Paulo: Ed. Revista dos Tribunais, 1998.

_____. *Crimes Eleitorais*. São Paulo: Ed. Revista dos Tribunais, 2000.

GRECO, Leonardo. *Relativização da Coisa Julgada*, 2ª ed., 2ª tir., 2008, JusPodivm, p. 254/255.

GRECO, Rogério. *Curso de Direito Penal – Parte Geral*. Niterói, RJ: Editora Impetus, 2005.

GRINOVER, Ada Pellegrini. DINAMARCO, Cândido Rangel. CINTRA, Antonio Carlos de Araújo. *Teoria Geral do Processo*. 28ª ed. São Paulo: Editora Malheiros. 2012.

_____ . *Ações Coletivas Ibero-Americanas:* novas questões sobre a legitimação e a coisa julgada. Revista Forense, n. 301.

GUERRA, Sidney. *Tratados e Convenções internacionais*. Rio de Janeiro: Editora Freitas Bastos, 2006.

HOFFMAN, Paulo; RIBEIRO, Leonardo Ferres da Silva. *Processo de Execução Civil.* Modificações da Lei nº 11.232/05. São Paulo: Quartier Latin, 2006.

HOFMANN, H. *Rappresentanza reppresentazione. Parola e concetto dall' antichità all' Ottocento*. Milano. Giuffrè, 2007.

HOLTZENDORFF, Franz Von. *Princípios de Política*. Rio de Janeiro: Ed. Laemmert & EGRÉGIO Livreiros – Editores, 1885.

Informativos do Tribunal Superior Eleitoral. Brasília: TSE, 2000 a 2003.

JARDIM, Torquato. *Direito Eleitoral Positivo*. São Paulo: Ed. Brasília Jurídica, 1996.

_____. *Introdução ao Direito Eleitoral Positivo*. Brasília – DF: Ed. Livraria e Editora Brasília Jurídica Ltda., 1994.

JATAHY, Carlos Roberto de Castro. *Curso de Princípios Institucionais do Ministério Público*. 1ª ed. Rio de Janeiro, Editora Roma Victor, 2005.

JELLINEK, G. *Reforma y mutación de la Constitución*. Madrid: Centro de estúdios Constitucionales, 1991.

JESUS, Damásio E. de. *Direito Penal*. 23ª ed. São Paulo: Ed. Saraiva, 1999. v. 1.

_____. *Prescrição Penal*. 13ª ed. São Paulo: Ed. Saraiva, 1999.

_____. *Código Penal Anotado*. 19ª ed. São Paulo: Saraiva, 2009.

JOBIM, Nelson e PORTO, Walter Costa. *Legislação Eleitoral no Brasil do Século XVI aos Nossos Dias*. Brasília: Ed. Senado Federal. v. 1, 2 e 3.

JORGE, Flávio Cheim. LIBERATO, Ludgero. Rodrigues, Marcelo Abelha. Curso de Direito Eleitoral. Editora Jus PODIVM. 2016.

JUNIOR, Nelson Nery. *Código de Processo Comentado e Legislação Processual Civil Extravagante em Vigor*, 6ª ed. São Paulo, Editora Revista dos Tribunais, 2005.

KANT, Emmanuel. *Doutrina do Direito*. Coleção Fundamentos do Direito. São Paulo: Editora Ícone, 1993.

KELSEN, Hans. *Teoria Geral do estado*. Coimbra, 1951.

_____. A Democracia. Editora Martins Fontes. São Paulo. 2000.

KEPPEN, Luiz Fernando Tomasi. SALGADO, Eneida Desiree. Direito Eleitoral Contemporâneo. Tribunal Regional Eleitoral do Paraná. 2016.

KUFA, Amilton e Karina. Artigos jurídicos.

LALANDI, André. *Vocabulário Técnico e Crítico da Filosofia*. São Paulo: Editora Martins Fontes. 1999.

LEÃO, José Anis. *Direito Eleitoral*. Belo Horizonte: Ed. Del Rey, 1994.

BIBLIOGRAFIA

LEIS ELEITORAIS PARA OS PARLAMENTOS DOS PAÍSES DA UNIÃO EUROPEIA. Imprensa Nacional. Casa da Moeda. Presidência do Conselho de Ministros.

LIMA, Renato Brasileiro de. *Manual de Processo Penal*. Niterói, RJ: Editora Impetus, 2011. v. 1.

LIMA SOBRINHO, Barbosa. *Sistemas Eleitorais e Partidos Políticos*. Rio de Janeiro: Ed. Fundação Getulio Vargas, 1956.

LOEWENSTEIN, K. *Teoría de la Constitución*. 2ª ed. Barcelona: Ariel, 1976.

LÔBO, Edilene. *Julgamento de Prefeitos e vereadores*. Belo Horizonte: Ed. Del Rey, 2003.

MALBERG, R.EGRÉGIO *Teoría general del estado*. Mexico: Fondo de Cultura Económica, 2001.

MANZZANTI, Manlio. *I Reati Elettorali*. Ed. Milano Dott. A. Giuffrè – Editore, 1966.

MAZZILLI, Hugo Nigro. *A Defesa dos Interesses Difusos em Juízo:* meio ambiente, consumidor, patrimônio cultural, patrimônio público e outros interesses. 17ª ed. São Paulo: Saraiva, 2004.

MARQUES, José Frederico. *Instituições de Direito Processual Civil*. Ed. Milênio, 2000.

_____ . *Instituições de Direito Processual Civil*. Rio de Janeiro: Forense, 1958. v. V.

MARTINS, Flavia Bahia. *Direito Constitucional*. 3ª ed. Niterói, RJ: Editora Impetus, 2013.

MASSENA, Nestor. *Direito Político*. Rio de Janeiro: Ed. Imprensa Oficial, 1929.

MEIRELLES, Lopes Hely. *Mandado de Segurança*. São Paulo: Ed. Malheiros Editores, 2000.

MELLO, Celso Antônio Bandeira de. *Curso de Direito Administrativo*. 14ª ed. São Paulo: Ed. Malheiros, 2002.

MINISTÉRIO PÚBLICO DO ESTADO DO RIO DE JANEIRO. Revista *Boletim do Centro de Apoio Operacional das Promotorias de Justiça Eleitoral*, nº 03, junho de 2002.

MENDES, Gilmar Ferreira. *Curso de Direito Constitucional*. 1ª ed. São Paulo: Ed. Saraiva, 2007.

MINISTÉRIO PÚBLICO DO ESTADO DO RIO GRANDE DO SUL. *Eleições 2000*. Manual.

MIRABETE, Julio Fabbrini. *Processo Penal*. 12ª ed. São Paulo: Ed. Atlas, 2001.

MIRANDA, Darcy Arruda. *Comentários à Lei de Imprensa*. 2ª ed. São Paulo: Revista dos Tribunais, 1994.

MIRANDA, Jorge. *Teoria do Estado e da Constituição*. Rio de Janeiro: Ed. Forense, 2002.

MIRANDA, Pontes de. *Comentários à Constituição de 1967, com Emenda nº 01/1969*. Rio de Janeiro: Ed. Forense, 1987.

_____ . *Tratado das Ações*. São Paulo: Editora Revista dos Tribunais, 1971.

MORAES, Alexandre de. *Constituição do Brasil Interpretada*. Rio de Janeiro: Ed. Atlas, 2002.

_____ . *Direito Constitucional Administrativo*. Rio de Janeiro: Ed. Atlas, 2002.

_____ . *Direito Constitucional*. Rio de Janeiro: Ed. Atlas, 2003.

_____. *Direitos Humanos Fundamentais*. 3ª ed. Rio de Janeiro: Ed Atlas, 2000.

MORAES, Guilherme Peña de. *Curso de direito constitucional*. 6ª ed. São Paulo: Ed. Atlas, 2014.

_____. *Justiça Constitucional*. São Paulo: Ed. Atlas, 2012.

MOREIRA NETO, Diogo de Figueiredo. *Direito da Participação Política*. Rio de Janeiro: Ed. Renovar.

_____. *Teoria do Poder* – Parte 1. São Paulo: Ed. Revista dos Tribunais, 1992.

MOTTA, Sylvio e DOUGLAS William. *Controle de Constitucionalidade*. 2ª ed. Rio de Janeiro: Ed. Impetus, 2002.

MOURA, Francinira Macedo de. *Direito Parlamentar*. Brasília: Ed. Brasília Jurídica Ltda., 1992.

NASCIMENTO, Tupinambá Miguel Castro do. *Lineamento de Direito Eleitoral*. São Paulo: Ed. Síntese, 1996.

NEGRÃO, Perseu Gentil. *Recurso Especial. Doutrina. Jurisprudência*. Prática e Legislação. São Paulo: São Paulo: Ed. Saraiva, 1997.

NEIVA, José Antonio Lisbôa. *Improbidade Administrativa*: estudo sobre a demanda na ação de conhecimento e cautelar. Niterói. RJ: Ed. Impetus, 2005.

NERY JUNIOR, Nelson. NERY, Rosa Maria de Andrade Nery. *Comentários ao Código de Processo Civil.* São Paulo: Editora Revista dos Tribunais, 2015.

NEVES, Daniel Amorim Assumpção. *Manual de direito processual civil.* 8. ed. Salvador: Ed. JusPodivm, 2016.

NICOLAU, Jairo Marconi. *Multipartidarismo e Democracia*. Rio de Janeiro: Ed. Fundação Getulio Vargas, 1964.

_____. *Sistema Eleitoral e Reforma Política*. Ed. Foglio, 1993.

_____. *Sistemas Eleitorais*. Rio de Janeiro: Ed. Fundação Getulio Vargas, 1999.

NIESS, Pedro Henrique Távora. *Ação de Impugnação de Mandato Eletivo*. Rio Grande do Sul: Ed. Edipro, 1996.

_____. *Condutas Vedadas aos Agentes Públicos em Campanhas Eleitorais*. Rio Grande do Sul: Ed. Edipro, 1998.

_____. *Direitos Políticos – Elegibilidade, Inelegibilidade e Ações Eleitorais*. 2ª ed. Rio Grande do Sul: Ed. Edipro, 2000.

NOBRE, Freitas. *Lei da Infomação*. Comentários à Lei de Imprensa. São Paulo: Saraiva, 1978.

NOGUEIRA, José da Cunha. *Manual Prático de Direito Eleitoral*. Rio de Janeiro: Ed. Forense, 1987.

OCTACIANO, Nogueira. *Vocabulário da Política*. Brasília: Edições Unilegis de Ciência Política. 2010.

_____. *Sistemas Políticos e o Modelo Brasileiro*. Edições Unilegis de Ciência Política. Volume III. Brasília, 2008.

OLIVEIRA, Alexandre Afonso Barros de. *Revista Direito Eleitoral Contemporâneo*. 1ª ed. Belo Horizonte, Del Rey, 2003.

OLIVEIRA, Eugênio Pacelli de. *Curso de Processo Penal*. 18ª ed. São Paulo: Ed. Atlas, 2014.

OLIVEIRA, Marco Aurélio Bellizze. *Abuso do Poder nas Eleições. A inefetividade da Ação de Investigação Judicial Eleitoral*. Rio de Janeiro: Editora Lumen Juris, 2005.

PACHECO, José da Silva. *O Mandado de Segurança e Outras Ações Constitucionais Típicas*. São Paulo: Ed. Revista dos Tribunais, 1990.

PEREIRA, Luiz Márcio e MOLINARO, Rodrigo. *Propaganda Política*. Rio de Janeiro/ São Paulo: Editora Renovar, 2012.

PEREIRA Neto, Domingos e CASTRO, Robson Gonçalves. *Direito Eleitoral*. Brasília: Ed. Vesticom, 1995.

PESSÔA, Eduardo. *Dicionário Jurídico*. Rio de Janeiro: Ed. Ideia Jurídica, 2003.

PICARD, Edmond. *O Direito Puro*. Nova York: Editorial Ibero-Americana, 1942.

PIMENTA, Joaquim. *Enciclopédia de Cultura, Sociologia e Ciências Correlatas*. 1ª ed. Rio de Janeiro: Freitas Bastos S/A, 1995.

PINSKY, Jaime. *História da Cidadania*. 3ª ed. São Paulo: Editora Contexto, 2005.

PINTO, Djalma. *Direito Eleitoral – Temas Polêmicos*. Rio de Janeiro: Ed. Forense, 1994.

PONTES DE MIRANDA, Francisco Cavalcanti. *Comentários ao Código de Processo Civil*. 3ª ed. Rio de Janeiro: Forense, 1998, t. IV.

PORTO, Walter Costa. *Reforma da Legislação Eleitoral – proposta do TSE*. Brasília: 1996.

PORTO, Walter Costa. *Dicionário do Voto*. Brasília: Imprensa Oficial, 2000.

REVISTA BRASILEIRA DE DIREITO ELEITORAL E CIÊNCIAS POLÍTICAS. Tribunal Regional Eleitoral do Paraná. Núcleo de Pesquisa em Sociologia Política Brasileira-UFPR. Curitiba, 2012. v.1.

RIBEIRO, Fávila. *Abuso de Poder no Direito Eleitoral*. Rio de Janeiro: Ed. Forense, 1998.

_____. *Pressupostos Constitucionais do Direito Eleitoral*. Porto Alegre: Ed. Sérgio Antônio Fabres, 1990.

RIBEIRO, Renato Ventura. *Lei Eleitoral Comentada*. São Paulo: Editora Quartier Latin, 2006.

RIZZARDO, Arnaldo. *Parte Geral do Código Civil*. Rio de Janeiro: Editora Forense, 2003.

RODRIGUES, Marcelo Abelha. *Suspensão de Segurança*. São Paulo: Ed. Revista dos Tribunais, 2000.

_____; JORGE, Flávio Cheim. *Manual de Direito Eleitoral*. São Paulo: Editora Revista dos Tribunais, 2014.

RODRIGUES, Maria Stella Villela Souto Lopes. *Recursos da Nova Constituição*. 3ª ed. São Paulo: Revista dos Tribunais, 1994.

ROLLO, Alberto e BRAGA, Enir. *Comentários à Lei nº 9.100, de 1995*. 1ª ed. Rio de Janeiro: Ed. Fiusa Editores, 1996.

_____. *Comentários às Eleições de 1992*. São Paulo: Ed. Saraiva, 1992.

_____. *Inelegibilidade à Luz da Jurisprudência*. Rio de Janeiro: Ed. Fiusa Editores, 1995.

ROLLO, Alberto *et alii*. *Propaganda Eleitoral – Teoria e Prática*. São Paulo: Ed. Revista dos Tribunais, 2002.

SAFFI, Aurélio. *O Poder Legislativo Municipal*. Rio Grande do Sul: Ed. Edipro, 1995.

SALOMÃO, Paulo Cesar. *Legislação Eleitoral Compilada*. Rio de Janeiro: Ed. Forense, 1994.

SANTANA, Jair Eduardo. *Competências Legislativas Municipais*. 2ª ed. Belo Horizonte: Ed. Del Rey, 1997.

SERVA, Mario Pinto. *A Reforma Eleitoral*. São Paulo: Ed. Livraria Zenith, 1931.

SILVA, Edward Carlyle. *Direito Processual Civil*. 3ª ed. Niterói, RJ: Ed. Impetus, 2014.

SILVA, José Afonso da. *Curso de Direito Constitucional Positivo*. 16ª ed. São Paulo: Ed. Malheiros, 1999.

SILVA, Kalina Vanderlei. *Dicionário de Conceitos Históricos*. 3ª ed. São Paulo: Editora Contexto, 2010.

SOARES, Antonio Carlos Martins. *Direito Eleitoral. Questões Controvertidas*. Rio de Janeiro: Editora Lumen Juris, 2006.

SOARES, Oscar de Macedo. *Consultor Eleitoral. Reforma a Legislação Eleitoral. Lei nº 1.269, de novembro de 1904*. Ed. H. Garnier, Livreiro – Editor, 1909.

SPENGLER, Fabiana Marion e Doglas Cesar Lucas. *Conflito, Jurisdição e Direitos Humanos*. Rio Grande do Sul: Editora Unijuí, 2008.

STARLING, Leão Vieira. *Eleições Federais e Estaduais: Comentário Completo das Instruções do Tribunal Superior de Justiça Eleitoral*. Belo Horizonte: Ed. Gráfica Queiroz Breyner Ltda., 1937.

STOCO, Rui. *Legislação Eleitoral Interpretada*. São Paulo: Revista dos Tribunais, 2004.

STOCO, Rui e OLIVEIRA, Leandro de. *Legislação Eleitoral Interpretada. Doutrina e Jurisprudência*. 2ª ed. São Paulo: Editora Revista dos Tribunais. 2006.

TARTUCE, Flávio. *Manual de Direito Civil*. Volume único. Rio de Janeiro: Forense, São Paulo: Método, 2011.

TAVARES, José Antônio Giusti. *Sistemas Eleitorais nas Democracias Contemporâneas*. Rio de Janeiro: Ed. Relume Dumará, 1994.

THEODORO JUNIOR, Humberto. *Curso de Direito Processual Civil*. 37ª ed. Rio de Janeiro: Ed. Forense, 2001.

_____. *Curso de Direito Processual Civil:* processo de conhecimento e procedimento comum. 56ª ed. rev., atual. e ampl. Rio de Janeiro: Forense, 2015. v. I.

_____. *Curso de Direito Processual Civil*. 48ª ed. rev., atual. e ampl. Rio de Janeiro: Forense, 2016. v. III.

TRIBUNAL REGIONAL ELEITORAL DE SANTA CATARINA. *Resenha Eleitoral Nova Série*. v. 4º, nº 2, 1997.

VALENTE, Luiz Ismaelino. *Crimes na Propaganda Eleitoral. Eleições de 1994.* 2ª ed. São Paulo: Ed. Cejup, 1994.

_____. *Das Condutas Vedadas aos Agentes Públicos em Campanhas Eleitorais.* 2ª ed. Belém do Pará: 2002.

VELLOSO, Carlos Mário da Silva. *Direito Eleitoral.* Belo Horizonte: Ed. Del Rey, 1996.

VELOSO, Zeno. *Controle Jurisdicional de Constitucionalidade.* Belo Horizonte: Ed. Del Rey, 2002.

VIANA, Oliveira. *Instituições Políticas Brasileiras.* Coleção Biblioteca Básica Brasileira. Senado Federal. Brasília, 1999.

WAMBIER, Teresa Arruda Alvim. JUNIOR, Fredie Didier. TALAWINI, Eduardo. DANTAS, Bruno. Breves Comentários ao Novo Código de Processo Civil. RT.

ZÍLIO, Rodrigo. *Direito Eleitoral*: noções preliminares, elegibilidade e inelegibilidade, processo eleitoral (da convenção à diplomação), ações eleitorais. 4ª ed. Porto Alegre: Verbo Jurídico, 2014.

Rua Alexandre Moura, 51
24210-200 – Gragoatá – Niterói – RJ
Telefax: (21) 2621-7007

www.impetus.com.br

Esta obra foi impressa em papel offset 63g/m².